上海师范大学七十周年校庆
历史学科论文集

世界史卷

上海师范大学人文学院世界史系 编

中西書局

图书在版编目（CIP）数据

上海师范大学七十周年校庆历史学科论文集. 世界史卷 / 上海师范大学人文学院世界史系编. -- 上海：中西书局, 2024. -- ISBN 978-7-5475-2311-7

Ⅰ. K-53

中国国家版本馆CIP数据核字第2024N5M320号

上海师范大学七十周年校庆历史学科论文集·世界史卷

上海师范大学人文学院世界史系 编

责任编辑 李碧妍　徐　衍
装帧设计 梁业礼
责任印制 朱人杰
出版发行 上海世纪出版集团
中西書局 (www.zxpress.com.cn)
地　　址 上海市闵行区号景路159弄B座（邮政编码：201101）
印　　刷 常熟市人民印刷有限公司
开　　本 787毫米×1092毫米 1/16
印　　张 40 插页 14
字　　数 845 000
版　　次 2024年11月第1版 2024年11月第1次印刷
书　　号 ISBN 978-7-5475-2311-7/K·476
定　　价 298.00元

上海师范大学世界史系部分教师合影(2019年)

第一排(左起):徐善伟、梁民愫、裔昭印、李尚君、蔡萌、陈恒、周春生、洪庆明。第二排(左起):王雯菲、刘晓晨、陈慧本、康凯、李新宽、杨廷智、刘保云。第三排(左起):黄艳红、李文硕、刘子奎、温珊珊。

叶书宗教授

舒运国教授

裔昭印教授

陈恒教授

徐善伟教授

张忠祥教授

梁民愫教授

2017年中国世界古代史年会

世界史学科主办的美国史研究会第17届年会（2018年）

南部非洲工业化及中国与南部非洲产能合作国际研讨会

《世界历史评论》新刊发布暨新中国世界史七十年学术研讨会

中国视野与本土实践：妇女与性别史研究学术研讨会

20世纪以来的中外史学理论及话语体系学术研讨会

“历史时代与史学变革：20世纪的历史学和历史学家”学术研讨会

“人类文明交流互鉴研究中心”成立仪式暨《世界五千年》（新时代版）签约仪式

“面向未来的中国世界史”国家社科基金系列项目开题暨学术研讨会

上海市级教学成果奖
获奖证书
获奖成果：中国城市化时代的全球城市史教学体系-模式的构建与实践
获 奖 者：陈 恒 洪庆明 李文硕 陆伟芳 戴 冰
完成单位：上海师范大学
获奖等级：二等奖
证书编号：G-2-2017003
上海市教育委员会
上海市人力资源和社会保障局
二〇一七年

上海市教学成果奖“中国城市化时代的全球城市史教学体系”

沪社证【2018】483号
裔昭印撰写的《当代史学变革中的西方古典性史研究》在上海市第十四届哲学社会科学优秀成果奖（2016-2017）评选中，获学科学术奖论文类二等奖，特发此证书。
上海市哲学社会科学优秀成果评奖委员会
二〇一八年十月

上海市哲学社会科学优秀成果奖《当代史学变革中的西方古典性史研究》

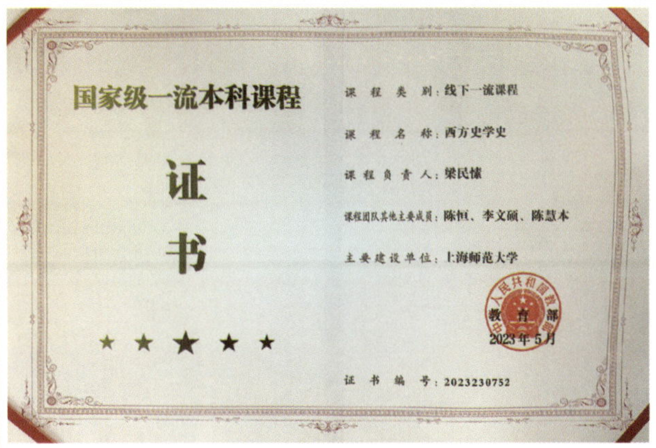
国家级一流本科课程
证书
课程类别：线下一流课程
课程名称：西方史学史
课程负责人：梁民愫
课程团队其他主要成员：陈恒、李文硕、陈慧本
主要建设单位：上海师范大学
教育部
2023年5月
证书编号：2023230752

国家级一流本科课程“西方史学史”

妇女史研究代表成果

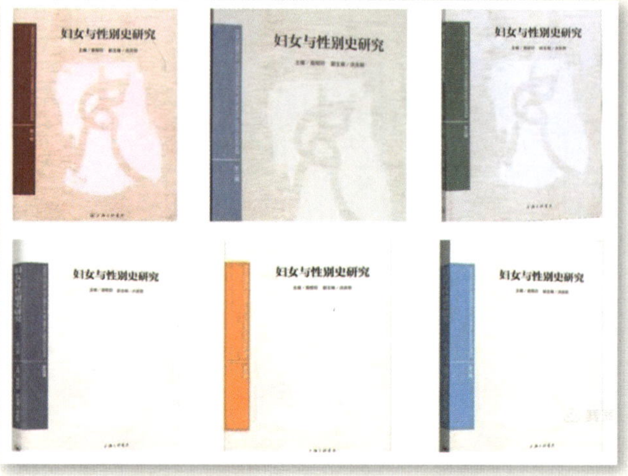

《妇女与性别史研究》

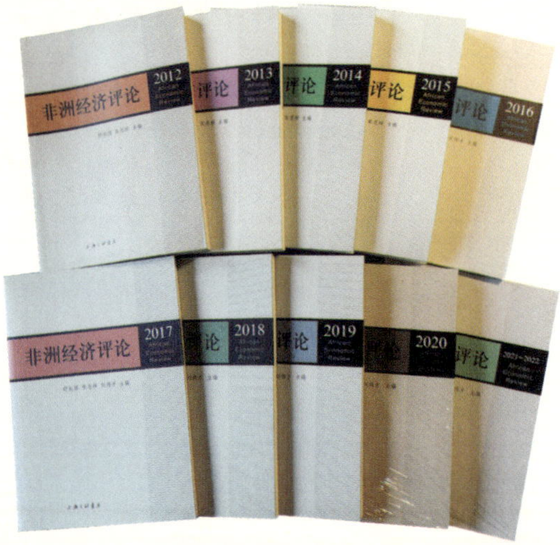

《非洲经济评论》

非洲研究代表成果

《外国史学史》

《世界文化史》

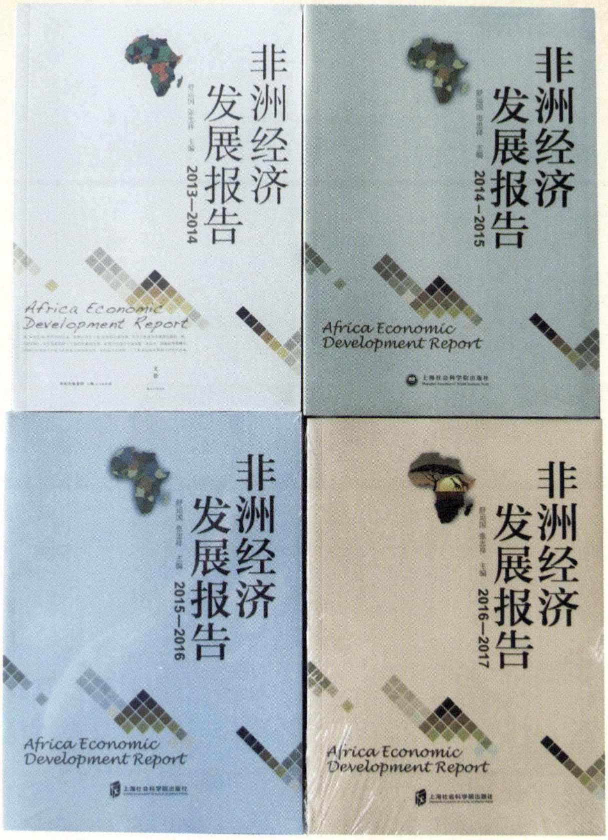

《非洲经济发展报告》

《世界历史评论》

《世界历史评论》

上海师范大学非洲研究中心

上海市社会科学创新基地·“人类历史重大理论问题话语体系建设”授牌仪式

世界史学科部分教师参加首届世界史专业本科生开学典礼与专业认同教育

世界史学科部分教师参加2019级本科生开学典礼与专业认同教育

2021届世界古代中世纪史硕博研究生毕业论文答辩

世界史系部分教师与2019级世界史专业本科毕业生合影

世界史专业本科生赴徐家汇藏书楼进行教学实践活动

世界史专业本科生赴汇丰银行进行学术考察

2019年首届世界史古代语言研修活动班教师与学员合影

世界史专业本科生在徐家汇藏书楼合影

上海师范大学历史学科的传承与特色（1954—2024）

苏智良

岁月悠悠，学府芳华，上海师范大学走过了 70 年的光辉历程，上海师大的历史学科也经历了 70 载的风风雨雨，经过数代学人的呕心沥血，谱写出一曲不懈奋斗、踔厉奋发的史学华章。

一、美好的开局

历史学科的主要奠基人是程应镠先生。

1949 年时代嬗变之时，程应镠先生是光华大学的教授。1954 年 7 月，上海师范专科学校在漕河泾畔诞生，程先生从高桥中学校长任上调入本校，担任历史科主任。当时，新生的上海师范专科学校只有中文、历史、物理、数学等寥寥几个学科。1956 年，上海师专的文科升格为上海第一师范学院，程应镠先生出任历史系首任系主任，并代理过学院教务主任。当时，他的主要工作就是招兵买马，聚拢史学教学与研究的队伍。

程应镠先生慧眼识人，他主张优先引进北大、清华、燕京等名牌大学的杰出人才。所以已故的李培栋教授（曾担任本校校长助理）曾言，1956 年的师院历史系，俨然是北京名校的校友会。程先生本人是燕京大学历史系 35 级学生；中国古代史及中世纪史教研室主任张家驹先生是燕京大学 32 级学生；中国近代史教研室主任魏建猷先生毕业于无锡国学专科学校，20 世纪 30 年代初曾在燕京大学的图书馆工作过数年；世界史的徐先麟先生为清华大学历史系 33 级学生，她是安徽省的会考状元、名气很响的才女；世界古代及中世纪史教研室主任朱延辉先生是清华大学历史系 34 级学生；主攻近代外交史的季平子先生是清华历史系 35 级学生；来历史系客串教研的徐孝通先生隶属于哲学系，他是清华大学哲学系 35 级学生、金岳霖先生的弟子；还有 40 级中央大学历史系的徐光烈先生，毕业后担任美军翻译官。这些“大先生”构成了上海师院历史系的基本教师队伍，从而为历史学科的发展打下了扎实的基础。

当年，程应镠先生对历史文物情有独钟。20 世纪 50 年代初，他写信给曾经的老师、故宫博物院的沈从文先生，请其代购一批文物。沈先生在当时条件允许的范围内精挑细拣官窑瓷器数十件，还有青铜器、玉器、书画、唐卡、钱币等，这批文物遂成为我校最基本的文物珍品。1957年，历史系文物陈列室建成。2001年，以这批文物为主要馆藏的上海师范大学博物馆落成，馆中至今镌刻着程应镠先生的奠基之功。

二、曲折之发展

学校、学科、学人与国家共命运。1957年反右派斗争中，程应镠先生被错划为右派，7月即被免去历史系主任的职务，进入资料室整理资料。历史系由魏建猷先生担任系主任，张家驹先生担任系副主任。在历次政治风波中，魏先生团结同仁，凝聚人心，推动历史学科的发展。1960年9月，程应镠先生摘去“右派”帽子，重返讲台。

随着学生的增加，毕业生相继充实师资队伍，1957年王铎全、郭豫明、刘克明入职，1958年叶书宗、郭绪印、陈昌福、马洪林、孙仲发、项立岭、裴汝诚等加盟。后来，他们在各自领域均有建树，成为历史学科承上启下的重要一代。

十年“文革”中程应镠、魏建猷等前辈学者经历了艰苦的岁月。1965年1月，姚文元发表《评新编历史剧〈海瑞罢官〉》，魏建猷先生在《学术月刊》发表《海瑞一生果真是“处处事事为百姓设想”吗?》，指出姚文的4个硬伤，却被指责为“转移斗争大方向”。压力之下，程应镠被迫将吴晗来函上交。程应镠、魏建猷、张家驹等先生遭到批斗，不少教师遭受长期审查，后来又到“五七干校”参加劳动和改造。这时，政府要求整理古籍资料，历史系的不少教师总算得以返回工作岗位。

1970年，根据周总理的指示，国家重新整理标点《二十四史》，程应镠、张家驹、魏建猷、马伯煌、裴汝诚等多位教师克服困难，青灯黄卷，精心标点了《续资治通鉴长编》《宋史》《商君书》《国语》《荀子》等。

1972年，上海师范学院与华东师范大学、上海教育学院、上海体育学院、上海半工半读师范学院五校合并，改名为上海师范大学。直到1978年4月，上海师院恢复建制。所以在这特殊的6年岁月里，上海师院与华东师大同仁和学生之间有着特殊的关联，结下了深厚的友谊。

三、凝心聚力迎春天

1978年底，国家进入改革开放的新时代。魏建猷先生复任系主任，程应镠先生出任历史系第一副主任，他们合作积极，重聚力量。1978年，程应镠先生担任中国史学会理事兼副秘书长。1985年，本校古代史学科成为我国第一批硕士学位授予点。聚集江辛眉、王育民、陶樾、王春瑜、李伯勉、李培栋、王关兴等英才，程、魏两位先生以他们珠联璧合的创造性合作，促成上海师大历史学科盎然春天的到来。

程应镠先生长期担任全国高校古籍整理委员会委员和上海市古籍整理领导小组成员。1978 年底，年逾花甲的程应镠先生发奋图强，主持历史系古籍整理研究室，开始策划以宋史为中心的古籍整理工作。1983 年，程应镠先生在原古籍整理研究室的基础上创办古籍整理研究所，担任首任所长，并聘请马茂元、钱伯城、魏同贤、胡道静、陈伯海等一批名家参与其事。他主持《宋史》《续资治通鉴》的点校，开创了古典文献学本科专业，并成功将其申请为上海市第一批文科重点学科。

继魏建猷教授之后担任系主任的是吴成平教授，主攻印度史的吴教授为人厚道，做事公正，在师生中颇有威望。先担任党总支书记后又继任系主任的叶书宗教授学术思维敏锐，锐意创新，苏联史做得风生水起。同样，党组织的负责人如张帼瑾、马友协等也付出了辛劳。

从改革开放初期到 20 世纪末，高校由于经费投入严重不足，日子并不好过，但历史学科的教师们心无旁骛，全身心投入教学科研，不仅成果迭出，更培育出一代史学新人。被传为美谈的是 77 级本科生刘昶在程应镠教授指导下在《上海师范学院学报》1980 年第 4 期发表《试论中国封建社会长期延续的原因》，然后该文被《历史研究》1981 年第 2 期全文转载。中国最权威的历史学杂志转载一所普通高校本科生的论文，可以说是空前绝后，刘昶也成为那时 77、78 级文科生中最早有影响力的学者。不论资排辈，唯才是举，这也体现了改革开放初期良好的学术风尚。

77、78 级留校（含回调）的刘昶、虞云国、周育民、范荧、邵雍、朱孝远、邢丙彦、杨康荪、丁果、李稚勇、庄韵勤、朱平平、吴忠锐等，加上曾维华、王廷洽、丁光勋、严耀中等青年教师，还有外校招聘入职的萧功秦、苏智良、裔昭印等，稍后还有叶江、俞钢、汤勤福、程郁、周春生、高红霞、张剑光、舒运国、陈恒、黄纯艳、许纪霖等，形成了一支朝气蓬勃的生力军。

四、承继传统　迈向辉煌

进入 21 世纪后，学科建设进入丰收期。随着唐力行、郝春文等骨干教授的相继引进，钱杭、徐茂明、尹玲玲、吴俊范、钟翀、洪煜、姚潇鸫、洪庆明、刘子奎、燕永成、陈大为、陈勇等入职。此后学科建设取得突破，在唐力行教授的统筹下，中国近现代史博士点、历史学博士后流动站、历史学一级学科博士点相继获得。2000 年起，历史学科几乎全员参与了上海市第二期教改历史教科书的编写工作。2004 年历史学科与中文学科共同努力，建立教育部人文社会科学重点研究基地都市文化研究中心，至今它还是上海市属高校中唯一的教育部重点研究基地。此外，非洲研究中心成为区域国别研究基地，中国史与世界史学科跻身上海市高峰高原建设学科。

如今历史学科一脉三支，枝繁叶茂。历史系、古籍整理研究所和年轻的世界史系各具特色，携手发展。

历史系的历任系主任有程应镠、魏建猷、吴成平、叶书宗、苏智良、陈恒、黄纯艳、高红霞和徐茂明。历史系保持着唐宋史研究的高度和地位，并不断开拓新的研究领域，形成新的优势方向。2019 年，历史教育学科首批入选国家一流本科专业，全系上下秣马厉兵，积蓄力量，跻身全国中国史学科的前茅。

古籍整理研究所 1983 年组建，程应镠先生 1986 年担任古籍整理研究所名誉所长，此后，在朱瑞熙、范能船、虞云国、朱易安、戴建国、张剑光、钟翀等历任所长的带领下，古籍整理研究所已成为我国该领域的重镇之一。2020 年，古典文献学专业入选国家一流本科专业。

中国史、世界史学科分立之后，世界史学科自然获得一级学科博士点和博士后流动站。在舒运国、裔昭印、陈恒等的先后领导下，世界史学科招兵买马，聚拢英才。2018 年，世界史系建立，开始培养世界史本科生。如今，世界史系已有 35 名教师，其中教授 12 名，获人才称号的有陈恒（国家"四个一批"文化名人、国家"万人计划"领军人才、"马工程"首席专家、教育部高等学校教学指导委员会委员、历史学副主任）、蔡萌（青年长江学者）、李文硕（"万人计划"青年拔尖人才）等两代学人。

历史学科的教学科研硕果累累：获得过省部级优秀成果一等奖的就有唐力行、苏智良、戴建国、钱杭、陈恒、钟翀、李文硕等；2023 年，朱瑞熙教授获得上海市人文社会科学杰出成就奖；陈恒成为全国最年轻的"马工程"教材首席专家；苏智良获得国家课程思政教学名师；《外国史学史》《世界现代史》入选"马工程"教材；"西方史学史"获评国家一流本科课程；"上海城市与红色文化"入选教育部课程思政示范课程。

12 年来，历史学科共获得 21 个国家社科重大攻关项目，蔚为壮观。首席专家依次为戴建国（2011）、张安福（2011）、汤勤福（2012）、苏智良（2013）、唐力行（2014）、舒运国（2014）、李孝聪（2015）、刘津瑜（2015）、王旭（2016）、陈恒（2017）、黄显功（2018）、于沛（2019）、钟翀（2019）、崔红芬（2019）、吴俊范（2020）、刘子奎（2020）、宋佩玉（2020）、洪煜（2021）、梁民愫（2022）、徐善伟（2023）、张忠祥（2023）。

我以为最值得骄傲的是，我们培养了上海市 60%以上的初高中历史教师，贡献了 60%以上的历史特级教师。代表人物有孔繁刚（上海中学）、钱君端（敬业中学）、凤光宇（嘉定教师进修学院）、於以传（上海市历史教研员）、吴国璋（青浦中学）、朱志浩（奉贤教师进修学院）、徐雅芳（行知中学）、邵清（大境中学）、李峻（复旦附中）、施洪昌（延安中学）、姚虹（南洋模范中学）、张曦琛（市二中学）、汪辉（奉贤中学）等数十名历史特级教师和校长。数千名教师耕耘在中学讲坛，无怨无悔，为上海这座城市的世界一流基础教育作出了不可磨灭的贡献。我们为这些系友感到自豪。最近，各地的中学都在议论：名校毕业生一定就是好教师吗？有一所高中一次高薪聘任 17 名名校高才生，但两三年后，这些"高才生教师"基本已离职或转岗做行政。这一案例告诉世人，成为优秀教师的前提并非一张名校的文凭，而是操守和教研俱佳的本事。

历史学科毕业的还有沈渭滨（复旦大学教授）、朱孝远（北京大学教授）、臧志军（复旦大学教授）、朱淑娣（复旦大学教授）、李昌宪（南京大学教授）、刘昶（华东师范大学教授）、陈江（华东师范大学教授)、程兆奇(上海交通大学教授)、陈挥(上海交通大学教授)、吴春梅(安徽大学教授)、夏斯云(上海工程技术大学教授)等数十名大学教授,还有在美国执教的徐小群教授、盛慕真教授,以及在日本执教的叶陵陵教授,等等。历史学科还培养了数千名各界精英人才,如曾任中国台联主席的梁国扬先生、中共中央党校副校长李君如教授等。

回望70年的历程,我们要弘扬上师大历史学科的特色与学风。什么是特色呢?第一是精诚合作、相互补台。特殊年代,同事之间尽管也有分歧,但求同存异,营造了良好的团结协作、美美与共的风尚。第二是学术创新、锐意进取。几代学人的奋斗,形成了宋史、人文历史地理、世界城市史、非洲史、江南社会、上海城市史等学术特色。第三是重视教育、重视课堂,以学生发展为本。长期以来,我们已形成培育学生的明确目标:基础知识扎实、教学能力强、具有良好心理素质和德育能力、具有教书育人的情怀。为此,历史学科的教师人人热衷教学,教书育人。如李培栋、萧功秦、范荧、裔昭印、陈恒等老师的课广受欢迎。萧功秦教授讲课是我们这代学人中最富激情与思辨的,他30多载的教学生涯感染了许多学生,让他们喜欢上历史学,热爱上三尺讲台。

今天我们弦歌一堂,共同祝贺校庆、系庆70周年。我们深深怀念每一位在师大史坛上执教过的老师,深情关注着每一位从历史学科毕业的系友。如今,建校时的历史学科元老仅剩赵宗颇教授。1927年出生于东北的赵宗颇老师,1954年由东北到上海,夫人夏菊芳老师到上海师院历史系执教,赵老师则先到华东师大历史系工作,当时该系只有他和吴泽、陈旭麓等4名党员。不久,在常溪萍书记关心下,赵老师调入本校并长期担任历史系的团总支书记和党总支委员等。赵老师为人正直厚道,做事细致,对本校、本系贡献良多。祝愿97岁的赵宗颇老师健康长寿。

文苑增辉,史坛毓秀,薪火相传,勇攀高峰。衷心祝愿上海师范大学历史学科的明天更美好。

甲辰年孟夏于桃源清水居

前　言

世界史是上海师范大学历史悠久、基础雄厚、特色鲜明的一级学科博士授权点学科，现有在编在岗人员31人，其中教授15人、副教授6人、讲师10人，包括全职外国专家4人、外专6人、省部级以上人才20余人。学科以立足上海、服务国家为宗旨，以错位竞争、凸显优势为发展思路，以学术平台建设为抓手，形成了覆盖本硕博（后）的人才培养体系，在高端平台与科研成果、一流师资、创新人才培育和社会服务等方面取得显著成绩。经过多年持续建设与团队成员共同努力，学科凝练了4个主要研究方向。

城市发展与人类文明交流互鉴：对接长三角城市群一体化国家战略，聚焦城市化进程、城市社会与文化和城市治理的历史规律，从城市出发探讨不同文明交流交融的机制、过程与影响。依托上海市哲社创新平台“全球城市与世界文明传承研究基地”、上海市首家重点智库“上海全球城市研究院”，在研国家社科重大项目3项、国家级重大人才项目青年计划1人、上海市外专计划1人。

区域国别研究与世界史自主知识体系构建：对接国际组织和区域国别研究战略需求，以跨学科交叉合作，构建符合中国式现代化战略需求的区域国别研究，打造自主的世界史知识体系。依托教育部区域国别研究基地“非洲研究中心”和“上海师范大学区域国别研究中心”，在研国家社科重大项目3项、国家级重大人才项目青年计划1人、上海市外专计划2人。

重大历史理论问题与话语体系建设：对接建设中国特色哲学社会科学“三大体系”战略需求，以唯物史观为指导，对重大历史理论问题进行系统性分析和整体性研究。依托上海市哲社创新基地“人类历史重大理论问题话语体系建设基地”，在研国家社科重大项目2项、国家级重大人才项目1人、上海市外专计划1人。

文献集成与民族共同体意识构建：对接筑牢中华民族共同体意识重大需求，在对相关文献进行系统性搜集、整理、校勘与翻译的基础上，强调多彩、平等、包容的文明互鉴，对历史经验进行整体性、系统性研究。依托与上海市社联和世纪出版集团共建的“人类文明交流互鉴中心”，与上海市外办、宣传部出版处和上海市哲社规划办公室共建的“全球知识研究信息平台”，在研国家社科重大项目3项、上海市外专计划2人。

学科重视平台内涵建设，以举办高端会议为契机，以期刊建设与丛书出版为抓手，为中国世界史学科发展贡献力量。“思南·光启·望道读书会”“光启古典学术月”“城市史学术月”“外国古代语言研修班”等活动持续举办多年，已成为文化品牌。《新史学》《都市文化研究》连续7次进入CSSCI集刊来源目录，创刊不久的《世界历史评论》已进入CSSCI扩展版，《非洲经济史评论》《妇女与性别史研究》等刊物也已具备学术影响力，即将创办《亚洲文明》，作为学科新的增长点。学科与商务印书馆、生活·读书·新知三联书店、北京大学出版社、上海三联书店、世纪出版集团等知名出版社形成良好合作关系，出版了“光启文库”“二十世纪人文译丛”“城市与社会译丛”“城市史译丛”“城市史研究指南”“历史学研究入门丛书”“光启新史学译丛”“新史学译丛”“史学源流丛书”“西方史学名著译丛”“大象学术译丛”“光启文景译丛”“光启译丛”“格致人文读本”“专题文明史译丛”等系列丛书，多次得到国家出版基金资助，规模已近千部，为世界史学科做基础性文献铺垫工作。

在学界同仁大力支持下，学科近年来先后入选上海市一流学科、上海市高峰高原学科和上海市高水平地方大学优势学科建设项目，努力成为特色亮点突出、水平高度优势兼具的全国一流学科，为中国世界史学术共同体建设做出贡献。

2024年5月

目　录

世界区域与国别史

外国史学史与史学理论

世界古代中世纪史

从家庭和私人生活看古雅典妇女的地位

裔昭印

摘　要：本文阐述了围绕古代雅典男性的“妻子”“妾”和“妓女”三类女性的状况，指出在以男性为中心的古雅典社会，不同类型的妇女在家庭和私人生活中，都处于屈从男性统治的低下地位；并通过与斯巴达妇女的比较分析了古代雅典妇女地位低下的原因，认为这是雅典的社会制度、经济、政治、教育、结婚年龄和社会风尚等多种社会文化因素相互作用的结果。此外，本文还探讨了古代雅典妇女的隐居和自由问题。

关键词：雅典　妇女　家庭　私人生活

法国著名哲学家西蒙娜·德·波伏娃指出：“女人并不是生就的，而宁可说是逐渐形成的。”[①]从一定意义上说，这句话深刻地揭示了女性长期屈从于男性统治是文化的产物这一真谛。妇女的处境是社会的多种文化因素相互作用的结果，因此，对某一个民族的妇女地位的研究必须从这个民族整体的文化背景来考察，对古代雅典妇女的研究也不例外。本文试图从家庭和私人生活的角度，考察古雅典妇女的地位，并对影响她们身份地位的各种文化因素进行探讨。

一、围绕雅典男性的不同类型妇女

德摩斯提尼笔下的阿波罗多洛斯声称：“我们有妓女为我们提供快乐，有妾满足我们的日常需要，而我们的妻子则能够为我们生育合法的子嗣，并且为我们忠实地料理家务。”[②]这段话生动地表述了雅典社会以男性为中心的特征，也为我们研究雅典妇女的私人生活提供了线索。这段话涉及三类妇女：妓女（hetairai）、妾（pallakai）和妻子（gynaikes）。其中，gynaikes 的含义在雅典实际生活中是明确的，她们是雅典妇女（astai），通过订婚（engue）与男性公民结婚，其所生子嗣是合法的。对于 hetairai 这个词，历史学家则有不同的解释。贾斯特把它看作是从妓院奴隶

① 西蒙娜·德·波伏娃：《第二性》，陶铁柱译，中国书籍出版社，1998 年，第 309 页。
② *Demosthenes*, LIX, 122.

女孩到自由富有的高等妓女的职业性服务者的统称，并说 hetairai 完全可以看作是妓女(prone)的委婉说法。[①] 而波梅罗伊和坦娜希尔则把该词理解为高等妓女的代名词。[②] 笔者倾向于后一种解释。而 pallakai 的含义更是模糊不清，有时一个妇女既是妾又是妓女。例如，被阿波罗多洛斯控告的科林斯妓女尼伊拉就同时具有这两种身份。在贾斯特看来，妾是或多或少与一个男人长久住在一起的任何女人，其监护人没有通过订婚程序而把她嫁出，此外长期与一个男人同居的妓女也可以称为妾。[③] 麦克道尔则认为，妾是指一个妇女住在一个男人的家中，与他有性关系，但是没有与他正式结婚。[④] 鉴于这种众说纷纭的情况，笔者在研究中拟对阿波罗多洛斯讲话中划分三类妇女的方法作一修正和调整，把雅典妇女分为合法的妻子和所有其他妇女两大类。第一类人包括合法的妻子和将会成为合法妻子的妇女在内，她们是受人尊敬的，是雅典男性公民的母亲、妻子、姊妹或者女儿，换一句话说，她们是通过或将通过订婚(engue)而结婚的雅典公民妇女，被要求保持性的贞节和忠诚；第二类人包括被人鄙视的妾、家内女奴隶、外邦妇女和妓女在内，是雅典男性自由地进行性利用的对象。

首先讨论合法的妻子与丈夫之间的关系。社会学理论认为，男女通过婚姻组成的家庭具有组织生产和消费的经济功能、人口再生产的功能、满足性需要的功能和感情交流等诸多功能。雅典公民夫妻在空间上被分离，妻子不是丈夫公共生活的伴侣。丈夫的兴趣在家外，他们白天把大部分时间都消耗在政治、公共事务和文化娱乐上，活跃在市场、体育馆、公民大会、法庭和酒会等公共场所，而妻子则呆在家中，丈夫的性要求在家外也能得到满足，因此，雅典家庭的功能集中在经济和人口再生产方面，夫妻之间缺乏感情的交流。

雅典公民妻子的职责之一是料理家务。色诺芬《经济论》中的重要人物伊斯可马可斯对妻子说："你的责任就是呆在家里，打发那些应该在外面工作的仆人出去工作。监督那些在家里工作的人，收受外面得到的东西，分配其中必须花费出去的部分，照管其中应该贮存起来的部分；要注意不要在一个月之中花掉留备一年使用的东西。当给你送来毛布的时候，你必须叫人为那些需要斗篷的人缝制斗篷。你还必须照管干的谷物使其不受损失以备制成食物。然而，你的责任之一恐怕是不大合算的：你必须注意让任何得病的仆人得到照顾。"[⑤]在这里，妻子的角色是家务的管理者和丈夫财产的守护者。弗拉塞列雷告诉我们，妻子的权力在于她携带的钥匙，特别是那些贮藏室和地窖的钥匙，如果一个妻子贪食、喝醉或者浪费，她的丈夫也许会把钥匙从她那里取走。[⑥]

妻子的另一个职责，并且是最重要的职责是为丈夫生育合法的子嗣，确保家庭的延续。这

---

① Roger Just, *Women in Athenian Law and Life*, London and New York, 1988, pp. 52, 144.

② S. B. Pomeroy, *Goddesses, Whores, Wives and Slaves*, New York, 1975, p. 89; Reay Tannahill, *Sex in History*, Scarborough House, 1992, p. 100.

③ R. Just, *Women in Athenian Law and Life*, p. 52.

④ D. M. MacDowell, *The Law in Classical Athens*, London, 1978, p. 89.

⑤ Xenophon, *Oeconomicus*, Ⅶ, 35 - 37；参见色诺芬《经济论》，张伯健、陆大年译，商务印书馆，1983 年，第 25—26 页。

⑥ R. Flaceliere, *Daily Life in Greece at the Time of Pericles*, New York, 1974, p. 68.

是妻子不同于其他妇女的根本之处。公元前 4 世纪,杀死了妻子的奸夫的尤菲利托斯对到庭者说:“雅典人,当决定结婚,并将一位妻子带进我家时,在一段时间内,我不去打扰她,但她也不至于自由得为所欲为,我以一种合理的态度尽可能去观察她。但当我的儿子出生时,我便开始信任她了,并把我所有的财产交给她掌管,认为这是亲近的最好证明。”[①]从这段讲话里我们注意到,尤菲利托斯因儿子的出生而开始信任妻子。如果说雅典公民的夫妻关系有什么亲近之处的话,那就是双方为他们的孩子而共同欢乐和烦恼,孩子与父母亲联系在一起。一个古典时期雅典的瓶画上,描绘着一个父亲看着他的年轻妻子鼓励幼小儿子爬行的情景。

然而,家庭的和谐绝不是雅典人的特征,正像弗拉塞列雷所说的那样:“古典时期的丈夫和妻子几乎没有亲密的关系和理性的交流,甚至没有真正的爱。”[②]雅典的丈夫和妻子之间缺乏共同的语言和爱情。苏格拉底曾问克利托布勒斯:“还有什么人,你对他讲的话比对你的妻子讲的更少吗?”后者回答说:“几乎没有。我承认。”[③]苏格拉底在生命临终的重要时刻叫人把妻子赞西普领回家,而与他的朋友克里托等人进行了有关灵魂的长谈。在谈话中间他冷静地对朋友们说道:“我已经把妇女打发走了,因为对于一个男人来说,在吉利的话中死去是必要的。”[④]这种有悖常情的冷漠体现了雅典丈夫对妻子的忽视,显示了夫妻之间思想和感情上的距离,还说明了他们不是精神生活的伴侣。

雅典丈夫和妻子之间的性生活也不和谐。从梭伦时代雅典法律有关夫妻性生活的规定中,我们可以想象出夫妻之间关系的冷淡。每月三次同房被认为是对贞洁的公民妻子足够的性关怀,许多妻子与丈夫共寝的机会肯定更少。正如波梅罗伊所指出的那样:“有关夫妇关系的法律规定可能会使丈夫和妻子之间的性生活成为一种义务行动(通过生育而实现,而不是一种亲密的情感的碰撞)。”[⑤]

雅典丈夫对妻子的忽视使他们之间的关系时常处于紧张状态。公元前 5 世纪雅典悲剧诗人欧里庇得斯在其著名悲剧《美狄亚》中,塑造了一个向丈夫的忘恩负义进行反抗和复仇的不幸妇女的形象。在剧中,美狄亚悲叹道:“在一切有理智、有灵性的生物当中,我们女人算是最不幸的。首先,我们得用重金争购一个丈夫,他反会变成我们的主人;但是,如果不去购买丈夫,那又是更可悲的事。而最重要的后果还要看我们得到的,是一个好丈夫,还是一个坏家伙。因为离婚对于我们女人是不名誉的事,我们又不能把我们的丈夫轰出去。……一个男人同家里的人住得烦恼了,可以到外面去散散他心里的郁积,不是找朋友,就是找玩耍的人;可是我们女人就只能靠着一个人。”[⑥]在这里,美狄亚不是悲叹个人的不幸命运,而是代表所有的雅典妇女和妻

---

① *Lysias*, Ⅰ, 6.
② R. Flaceliere, *Daily Life in Greece at the Time of Pericles*, p. 71.
③ Xenophon, *Oeconomicus*, Ⅲ, 12.
④ Plato, *Phaedo*, 117.
⑤ S. B. Pomeroy, *Goddesses*, *Whores*, *Wives and Slaves*, p. 87.
⑥ 欧里庇得斯:《美狄亚》,罗念生译,《外国剧作选》(一),上海文艺出版社,1979 年,第 136—137 页。

子讲话，表达了她们心中的不平和愤慨。

总之，雅典的合法妻子虽然受人尊重，但被丈夫忽视。她们不是丈夫公共生活和精神生活的伴侣，只是丈夫的生育工具和家庭的管理者、守护者。

其次，再让我们考察一下围绕着雅典男性的第二类妇女的情况。家内奴隶姑娘是主人的玩物，她们不得不在主人需要时向他提供性服务。尤菲利托斯在法庭上谈到了妻子对他的责难，当他让妻子去哄孩子时，妻子说道："是的，这样你就可以在此与这个小女奴调情了。当你喝醉时，你把她拉到你的面前。"[①]值得注意的是，尤菲利托斯毫不否认这一责难，并且不羞于向法庭供认事实，因为他知道，陪审团不会把主人与奴隶姑娘发生性关系看成可耻行为。在《经济论》中，当伊斯可马可斯年轻的妻子问他，为了使自己不只是显得漂亮，而是真正漂亮，并能保持下去，她能做些什么时，伊斯可马可斯的回答是，家务及家庭的管理是决定的因素。他进一步说道："如果妻子的容貌比女奴漂亮，并且穿着更鲜艳得体的衣服时，她们真是令人魂销，特别是在妻子心甘情愿地去愉悦丈夫，女奴屈从于压力身不由己的时候。"[②]在这段对话中，伊斯可马可斯试图解释，妻子具有女奴所不具备的优越性。但这本身说明，由于主人可以对家内女奴进行性利用，主人的妻子感到了失去丈夫欢心的威胁，她企图通过增强她的风姿来与任何一个会引起丈夫注意的女奴竞争。

雅典男性公民的妾由女奴隶、外邦自由妇女和不是通过 engue 结婚的雅典公民的女儿构成。雅典法律规定，要把用来生自由孩子的妾与其他妾区别开来。如果说在公元前 5 世纪末以前，由于战争中男性公民数量锐减等原因，本人身份是公民的妾所生的孩子还有可能成为雅典公民，那么在这之后他们就被完全剥夺了这种权力。[③] 妾不但要向与她同居的男人提供性服务，而且要照顾他的日常生活。妾的地位很不稳固，生活环境在绝大多数情况下是不如意的。正像坦娜希尔指出的那样："无论如何，妾所处的并不是幸福快乐的地位；她不仅不具有高等妓女的独立性，而且也不具备法律向一个妻子提供的名义上的保护。如果她的主人对她厌倦了，那么谁也不能阻止他把她卖掉，如果他乐意，他就会把她卖给妓院。"[④]

在围绕着雅典男性的第二类妇女中，妓女的社会影响最大，史料也最为丰富，她们由奴隶、定居于雅典的自由外邦妇女和自由的非公民妇女组成。卖淫业在雅典十分兴旺，雅典城邦用征税公开认可妓女的卖淫活动。苏格拉底对儿子朗普洛克莱说："当然，你不会认为，人们生育子女只是为了满足情欲，因为大街小巷满足情欲的娼寮妓院是很多的。"[⑤]在雅典城里，年轻人经常因一个妓女而大打出手或挨人揍。阿里斯托芬在喜剧《蛙》中提到了有关为旅行者提供服务的妓院的规定。在他的另一部喜剧《地母节妇女》的尾声中，欧里庇得斯与一个裸体演出的"吹

---

① *Lysias*, Ⅰ, 12.

② Xenophon, *Oeconomicus*, Ⅹ, 9－12.

③ D. M. MacDowell, *The Law in Classical Athens*, pp. 89－90.

④ R. Tannahill, *Sex in History*, pp. 103－104.

⑤ 色诺芬：《回忆苏格拉底》，吴永泉译，商务印书馆，1997 年，第 52 页。

长笛的女孩”一起出现，以帮助他的朋友逃跑，他允许西徐亚“警察”带着这个女孩到里面交媾。[1]

雅典的妓女分为不同阶层和种类。她们中有在街头漫步招揽顾客的流莺（street walker），也有在神庙服务的神妓，还有妓院女郎。雅典至少从梭伦时代起就存在妓院，它的部分收益被用来建造阿佛洛狄特·潘得摩斯神庙。梭伦建立了由奴隶提供服务的国家妓院，从而使雅典成为一个吸引外邦人的城邦。妓院女郎得到的酬金从一奥波尔到一斯塔特不等，这取决于房间的级别以及顾客要求的服务。

妓女中地位最高的是被称为 hetairai 的高等妓女，这个词在字面上是“伴侣”的意思。因为与呆在家中的合法妻子们不同，她们可以进入男性社会，是雅典男性公民社会生活和文化娱乐生活的伴侣。坦娜希尔认为，在男人的世界中，高等妓女是成功者，而且有时相当成功。她还下结论说，这些妓女是在有文字记载的历史上第一批与男人关系缓和的妓女。[2] 笔者认为，这种看法是不全面的，仅仅看到了问题的一个方面。

的确，在某种程度上说，一些高等妓女在雅典社会取得了很大的成功。雅典高等妓女中影响最大的是阿斯帕西亚。根据普鲁塔克的《伯里克利传》我们得知，阿斯帕西亚是阿克西奥科斯的女儿，生于小亚西亚的米利都。尽管她拥有一所房子，收养着许多年轻的妓女接待客人，但她很聪明，并且有政治头脑。苏格拉底有时带着门人到她家拜访，苏格拉底的朋友们也常把妻子带去听她高谈阔论。为了她，伯里克利遗弃了自己原先的妻子，而与她同居，两人十分恩爱，伯里克利每天出去和从市场上回来，都要和她亲吻。有人甚至认为，伯里克利之所以攻打萨摩斯，是为了讨好阿斯帕西亚。伯里克利去世以后，出身微贱的羊贩子吕西克勒斯因和她同居，竟然成了雅典第一号大人物。[3] 与雅典公民斯蒂法诺斯同居的科林斯高等妓女尼伊拉也取得了较大成功，斯蒂法诺斯把她的儿子介绍进了自己的胞族，并把她的女儿嫁给了后来成为王者执政官的雅典公民。雅典高等妓女拉米娅出钱为科林斯附近的西西雍人重新建造了一座已经塌毁的美术馆。[4] 公元前 4 世纪，彼奥提亚一个绰号叫作菲莱尼的高等妓女姆涅萨瑞特是雅典雕刻家普拉克西特利斯的情妇，并被后者当作制作阿佛洛狄特雕像的模特。她十分富有，竟能够把自己的金塑像矗立在德尔菲圣殿中，与那些将军和国王的塑像放在一起。[5] 她们的成功可谓令人瞩目。

但是，我们必须看到问题的另一方面。这样的妓女只占妓女中的极少数，而且就是这些少数成功的高级妓女也受到了雅典男性和整个社会的普遍歧视。阿斯帕西亚与伯里克利所生的

---

① R. Just, *Women in Athenian Law and Life*, p. 139.
② R. Tannahill, *Sex in History*, pp. 100 – 105.
③ Plutarch, *Pericles*, XXIV, 1 – 6.
④ R. Tannahill, *Sex in History*, p. 103.
⑤ R. Flaceliere, *Daily Life in Greece at the Time of Pericles*, p. 75.

孩子被人们视为私生子，没有雅典公民权，只是在伯里克利与前妻生的两个嫡出的儿子在伯罗奔尼撒战争期间死去，经过动了恻隐之心的雅典人民的特准，他才入了雅典籍。[①] 雅典人对于他们的第一公民伯里克利把雅典妻子打发掉，以一个外邦妇女来取代她感到愤愤不平，不少雅典文学作品对阿斯帕西亚进行了攻击和嘲笑。[②]

尼伊拉作为高级妓女的生涯更为悲惨，针对她的法庭演说无意中诉说了她在孩提时期和青年时代的不幸遭遇。两个男人在科林斯买了她，共同对她进行性利用。但是，当娶妻子的时候，他们把尼伊拉的人身自由卖给她自己，条件是他们不想见到她。有个叫作菲赖尼昂的人把她从科林斯带到雅典，"他没有任何体面或约束地对待她，带着她到处走，参加宴会，并使她成为纵酒狂欢的伴侣，无论何时何地，只要他希望，他就与她公开地性交，把他的特权展示给旁观者看。他带着她到许多人家里参加聚会，其中有查布利阿斯的家。在索克拉提达斯担任执政官时，他是皮提亚竞技会四轮马车竞赛的获胜者，这是他从米提斯的儿子阿吉夫那里买来的；从德尔菲回来时，他在科里阿斯举行宴会庆祝他的胜利。在那里，当她喝醉，菲赖尼昂睡觉之时，许多人与她性交，其中甚至包括查布利阿斯的奴隶。"[③]屈辱的状况令人触目惊心。社会舆论并不同情这样的妓女，雅典的公民妇女更是憎恶她们。反对尼伊拉的法庭演说词明确宣称，若陪审团宣布尼伊拉无罪，那么雅典的贤德妇女将会愤恨陪审员。

因此笔者认为：围绕着雅典男性的两类妇女的地位都是低下的。第一类妇女——合法的妻子虽然受人尊敬，但被丈夫忽视，她们不是丈夫的社会生活的伴侣，只是丈夫的生殖工具和家务管理者；以妓女为主体的第二类妇女虽然可以参与社会文化和公共生活，做雅典男性的"伴侣"，但这绝不是一种平等的伙伴关系，她们牺牲了人的尊严，成为雅典男性满足性欲和解除精神寂寞的工具，并受到全社会的歧视。在以男性为中心的雅典社会中，无论是妻子还是"伴侣"的角色都不是令人羡慕的。

二、雅典妇女的隐居和自由

对于雅典妇女的家庭和私人生活的探讨，不可避免地会涉及她们是否被隔绝在家中，究竟是隐居还是自由的问题。对于这个问题的讨论，古典史学家弗拉塞列雷的意见值得人们注意。在他看来，雅典女孩自由接触其他年轻人的问题是不存在的，因为她们几乎不离开妇女住区（gynaikeion）。已婚妇女很少穿过她们自己前门的门槛，少女们如果被允许到家内的庭院中走动已经是很幸运的了，因为她们不得不呆在不能被外人甚至是自己家庭的男人看到的地方。[④]

---

① Plutarch, *Pericles*, XXXⅦ, p. 5.

② Plutarch, *Pericles*, XXⅣ, 6；参见普鲁塔克《希腊罗马名人传》上册，陆永庭、彭鹏等译，商务印书馆，1995 年，第 486 页。

③ Demosthenes, LⅨ, 29－33, 111.

④ R. Flaceliere, *Daily Life in Greece at the Time of Pericles*, p. 55.

他的意见代表了不少学者的看法，但是与对雅典妇女地位持乐观估计的戈梅等人的观点相左。笔者认为，对雅典妇女是否隐居问题的研究，也要根据两种不同类型雅典妇女的实际情况进行分析。

围绕着雅典男性的第二类妇女，即奴隶、妾、妓女等显然是不受有关两性隔离和妇女隐居道德观念束缚的，也得不到性的保护，她们具有较多的与男性接触和到户外活动的自由。

女奴常被主人派到邻居家，借厨房或缝纫室所需之物。女奴和男奴一样，被主人打发到市场买东西。在色诺芬的《经济论》中，伊斯可马可斯对妻子说："我们都知道，整个城市所有的东西比我们多上万倍，可是你可以派遣任何仆人到市场上去把一样东西买回来。"①在女主人不得不外出时，女奴陪伴她出行。当男主人在家里宴请客人时，女奴被派在桌旁伺候，女奴还需完成到水池边打水的任务。

妓女可以陪伴雅典男性参加酒会和饮宴活动，与他们同桌进餐，一起讨论有关文化和公共事务的问题。不少妓女被雇来在宴会上吹奏笛子、唱歌和跳舞，供男性享乐。阿波罗多洛斯在控告尼伊拉时指出，她与许多妓女所做的一样，在许多男人在场的情况下，与他们饮酒吃饭。②雅典的彩绘陶器描绘了在酒会上，奴隶女孩、外国妓女、高等妓女被雇佣为性招待者的情景。

第二类妇女虽然享有较大的行动自由，但这恰恰是她们低下社会地位的标志，因为在雅典人的思想观念中，受人尊敬的妇女是呆在家中的。雅典的公民妇女绝不会羡慕这些能够进入男性社会充当伴侣的妓女，正像波梅罗伊所说："某些妓女也试图像一位受人尊敬的妻子一样活着，但是没有一位公民妻子想做妓女。"③那么，那些受人尊敬的第一类妇女，也就是雅典公民的妻子、女儿们是否过着隐居生活呢？让我们根据历史提供的各种信息来进行分析。

史料说明，雅典公民女性隐居生活的说法是有一定根据的。雅典公民女性的隐居在私人建筑的设计和安排上有所体现。雅典的私人建筑为男性和女性提供了分开的居住区，女性通常住在离街道和家中公共区域较远的房间。若房子是两层，那么妻子和女奴就住在上层。尤菲利托斯在法庭上告诉人们："我有一座两层的小屋，妇女的居处在楼上，男子的住区在楼下，每一层都有同样大的空间。当我的儿子出生时，他的母亲给他喂奶，为了让她避免每次抱着孩子下楼时出现危险，我就住到楼上，女人们住到楼下。"④这段话表明即使这样一个并不很富裕的雅典家庭，也为妇女们提供了与男性隔开的起居室。

雅典公民妇女所穿的服装同样显示了她们隐居生活的特征。她们穿着的衣服帮助她们躲开陌生男人的注意。与穿着像薄纱一样的橘黄色料子做的透明衣服的妓女不同，雅典受人尊敬的公民妇女的衣料通常是用毛与亚麻制作的。她们戴的披肩可以拉到头上做头巾，服装风格则

---

① Xenophon, *Oeconomicus*, Ⅷ, 22.

② Demosthenes, LⅨ, 24.

③ S. B. Pomeroy, *Goddesses*, *Whores*, *Wives and Slaves*, pp. 92, 83.

④ *Lysias*, Ⅰ, 9-10.

是爱奥尼亚与多利亚两种款式。由于爱奥尼亚服装是缝好不外露的，她们就在公共场合穿这种衣服，在家中则穿较短的束腰外衣。[①]

但是，史料也告诉我们，雅典公民妇女并不是完全与外界隔绝的，不同阶层的妇女隐居的程度也有所不同。比较贫穷的公民妇女不得不走出家门，出外谋生，一些公民妇女在市场上卖东西。根据阿里斯托芬在喜剧《地母节妇女》中的说法，欧里庇得斯的母亲是卖蔬菜的小贩。在这部剧作中，他还提到，一个公民妇女在丈夫死后靠编织和出卖花冠供养家庭。[②] 从一份雅典法庭原告的纲要中，我们得知，一个雅典妇女先后靠卖丝带和当乳母为生。[③] 当阿里斯托芬喜剧中的妇女领袖吕西斯特拉忒组织妇女罢工以图结束战争之时，她嚷道：

> 向前斗争，我的女战士同盟，
> 卖鸡蛋、种子、蔬菜的女孩子们啊！
> 卖蒜女、酒吧女和烤面包的女孩子们啊！[④]

雅典的一些法庭演说辞中提到，许多公民妇女被迫成为葡萄采摘者。

对于雅典公民妇女是否到剧场观剧，古典史学家仍有争议。但是从柏拉图的著作来看，雅典妇女完全可能观看所有的戏剧。他在《高尔吉亚篇》中说，诗歌特别是悲剧，是一种对男孩、妇女和男人，对奴隶和自由民发表的没有区别的语言。[⑤] 在《法律篇》里，柏拉图声称，如果观众被要求说明他们的偏爱，小孩子们会投票赞成魔术师，男孩们会投票赞成喜剧诗人，年轻男子和较有教养的妇女会投票赞成悲剧诗人。[⑥]

众所周知，雅典妇女被允许参加城邦的宗教生活。在宗教节日所举行的祭祀仪式中，人们都可以看到妇女的身影。地母节是仅限于雅典女性参加的宗教节日，但在每四年举行一次的泛雅典娜节里，雅典妇女则与男人们一起参加庆典和游行。在游行行列中，最引人注目的是雅典贵族家庭选出的提神圣篮子的女孩。在帕特嫩神庙的中楣上，刻画着雅典妇女与男子共同庆祝泛雅典娜节的情景。

雅典的婚礼和葬礼都离不开公民妇女的参与。婚礼的一个必要程序是新娘淋浴的净化仪式，雅典妇女和家人负责为新娘运水，花瓶绘画展现出妇女们结队到泉边汲水的情景，画面上，妇女们举着火炬，吹着笛子，一个妇女顶着预备用来装水的容器走在队伍的前面。淋浴后，新娘的女伴们为她涂上油膏。在新娘被用骡车或牛车送往新郎家时，送亲的队伍里有她的男女亲戚和朋友们。雅典人举行葬礼时，照料死者、洗净尸体并为之涂油几乎完全是妇女的任务。在正

---

① S. B. Pomeroy, *Goddesses*, *Whores*, *Wives and Slaves*, pp. 92, 83.
② Aristophanes, *The Thesmophoriazusae*, 338; 446 – 450.
③ Demosthenes, LⅦ, 35.
④ Aristophanes, *Lysistrata*, 456 – 460.
⑤ Plato, *Gorgias*, 502 b – e.
⑥ Plato, *Laws*, 658 a – d.

式的哀悼和到墓地的丧葬队伍中,妇女作为死者的哀悼者而扮演重要的角色。[1]

三、雅典妇女地位低下的原因

为什么雅典妇女的地位如此低下?笔者试图通过对雅典城邦文化背景的考察和对地位较低的雅典妇女与地位较高的斯巴达妇女状况的比较研究,对这一问题作出解释。

第一,雅典妇女经济上无权,决定了她们的社会和家庭地位。

在阶级社会中,人们的社会家庭地位从根本上来说,取决于他们的经济地位。恩格斯指出:"一夫一妻制是不以自然条件为基础,而以经济条件为基础,即以私有制对原始的自然长成的公有制的胜利为基础的第一个家庭形式。"[2]雅典男性之所以在家庭中居于统治地位是由于他们拥有并控制了家中的财产。反过来,雅典女性之所以处于屈从男性统治的地位,也与她们经济上的无权密切相关。

与法律上的未成年人一样,雅典妇女无权拥有或控制任何财产,不能签订价值一斗大麦以上的契约,她们的一切经济事务都由男性监护人负责处理。在家庭具有男性继承人的情况下,她们完全被排除在家庭继承的范围之外。当雅典男性公民没有合法的亲生儿子或养子,只有一个女儿时,这个女儿就成为"epikleros"。这个词虽然被翻译为"女继承人",但实际上它只意味着这个女子附属于家庭财产。这笔财产将随她带给丈夫,由丈夫来支配和控制,最后传给他们的儿子。对于古代世界财富的主要象征和与公民权密切相关的财产——土地,雅典妇女没有占有权。她们在名义上拥有的财产——嫁妆,其形式是现金,这笔现金无论数额大小,新娘都无权真正拥有和支配它。雅典妇女结婚时,以嫁妆为表现形式的财产由父亲监护转向由丈夫监护,父亲保留女儿离婚时收回嫁妆的权力。在婚姻关系保持期间,嫁妆由丈夫支配,他可以使用本金,只需从嫁妆收入中提取18%左右去养活妻子。丈夫死后,如果雅典妇女选择留在丈夫家中,她的嫁妆就由她的达到法定年龄的儿子来管理和最终继承。因此,雅典妇女永远都不能成为财产的真正主人,这与斯巴达妇女的经济地位形成了鲜明的对比。

与经济上没有自主权,不能处置一斗大麦以上交易事务的雅典妇女相比,斯巴达妇女享有很大的经济权力,她们能够真正拥有并控制其财产,支配自己的地产、嫁妆和货币等一切形式的财产。与多利安人建立的斯巴达情况相似的克里特岛多利安人社会产生的《格尔蒂法典》的有关法律规定:父亲负责管理财产及分配财产,母亲只管自己的财产;丈夫不可以出卖或抵押妻子的财产,儿子也不可以出卖或抵押其母亲的财产;父亲的财产将用于偿还父亲的债务,母亲的财产用于偿还母亲的债务;若母亲亡故后,父亲另娶新妇,孩子将负责管理其母亲的财产;若夫

---

① R. Just, *Women in Athenian Law and Life*, pp. 110-111, 118, 114, 154.

② 恩格斯:《家庭、私有制和国家的起源》,《马克思恩格斯全集》21卷,人民出版社,1965年,第77页。

妻离婚，妻子要得到她来夫家时所带来的自己的财产；若这私房财产有收益，得之一半，她在这家所编的某种物品，无论其为何物，亦得之一半；倘丈夫为离婚的起因，妻子还可得 5 斯塔特。[①]这些规定说明，在多利安人的社会中，丈夫和妻子的财产不是共同的，他们各自拥有并掌握、控制自己的财产，斯巴达人的情况也不例外。一些斯巴达妇女十分富有，她们掌握了大量的财富，并像富有的男人一样养马，雇人参加四匹马拉的战车比赛。西尼斯卡（Cynisca）是斯巴达国王阿吉西劳斯的妹妹，她在哥哥的说服下驯养参加四匹马拉战车比赛的赛马，[②]还获得过一次冠军的荣誉。充分的史实不但说明了某些斯巴达妇女的富有，而且说明了她们可以支配自己的财产。

与通常被排除在父亲家庭继承范围之外、无权拥有土地的雅典妇女不同，斯巴达妇女既可以继承父亲家庭的动产，也可以继承不动产。斯巴达与雅典一样盛行嫁妆制度，但妇女嫁妆的形式不仅表现为现金，而且也包括土地财产。亚里士多德在谈论斯巴达贫富不均的现象时指出："由于女继承人的众多和妇女所得嫁妆的丰厚，使得全邦约五分之二的土地归属于妇女。"[③]他的这段话说明，斯巴达妇女可以继承父亲家庭的财产，包括土地财产，土地是她们嫁妆的重要形式。

斯巴达女继承人的权力进一步说明了斯巴达妇女的经济地位。与仅仅附属于家庭财产的有名无实的女继承人（epikleros）不同，斯巴达的女继承人被希罗多德称为 patrouchos，其字面上的意思是"祖传财产的所有者"。[④] 卡特里奇认为斯巴达的 patrouchos 相当于格尔蒂的女继承人 patroiokos。[⑤]《格尔蒂法典》有关女继承人的法规概括起来主要有如下内容：女继承人应嫁给近亲，她选择丈夫的次序为父亲的兄弟、父亲兄弟的儿子，年长者优先。倘若轮中者或女继承人过于年幼不能结婚，如有房产，女继承人要得到该房产，轮中者得全部财产的一半。若轮中者虽未成年却已是青春少年但不愿结婚，则在结婚之前全部财产及产品将由女继承人支配。若女继承人不愿嫁给近亲中的轮中者，她可以嫁给本部落中的任何一个求婚者，但她必须把一份财产给近亲中的轮中者。倘若没有以上近亲，女继承人可以嫁给本部落中她所中意的任何一个求婚者。最后，如果本部落中没有人愿意娶她为妻，女继承人有权嫁给部落外的任何人。[⑥] 从法典的有关规定我们看到，多利安人社会中的女继承人不但有比雅典妇女更大的择偶自由，而且能够真正拥有和支配她们的财产。前面所引的亚里士多德关于斯巴达城邦贫富不均状况的评论，也说明斯巴达女继承人能够掌握自己的土地财产。因此我们可以说，斯巴达的 patrouchos 是真正的家庭财产继承人，接近"女继承人"这个名称的真正含义。雅典和斯巴达妇女经济地位的

---

① 《格尔蒂法典》，郝际陶译，高等教育出版社，1992 年，第 17、27、51、29、11 页。
② Xenophon, *Agesilaus*, Ⅸ, 6.
③ Aristotle, *Politics*, 1270a.
④ Herodotus, Ⅵ, 57.
⑤ Paul Cartledge, "Spartan Wives: Liberation or Licence?" in *Classical Quarterly*, 31, 1981, p. 98.
⑥ 《格尔蒂法典》，第 31—35 页。

差别是她们处境不同的根本原因。

第二,奴隶制和娼妓制的存在,影响到雅典公民妇女的处境。

由于奴隶制的存在,使雅典公民妇女鄙视劳动,不到迫不得已时,她们绝不外出谋生。许多工作被看成是只适合奴隶承担的差事,如果公民来做就降低了身份。从色诺芬的《回忆苏格拉底》中我们得知,由于寡头政治建立所带来的政治骚扰,阿里斯托哈斯的14位女眷跑到他家中寻求保护,而他却不能供养她们。当他向苏格拉底抱怨时,苏格拉底问他,为什么别人能养活许多人,并生活得丰丰足足? 他回答说,这是因为别人蓄养买来的奴隶,可以任意强迫他们做事,而和他一起的却是自由的妇女和亲属,情况就不同了。[①] 这说明,在阿里斯托哈斯和他的女眷的心目中,自由妇女是不习惯也不适合工作的。后来,在苏格拉底的劝告下,她们才在这危机之时改变了生活方式。在阿里斯托芬的喜剧《吕西斯特拉忒》中,一个不得不早上自己出去汲水的雅典妇女说:"在破晓之时,我就出去,到喷水池边装满我的水罐,这是什么样的生活呀! 人声、嘈杂声和罐子砰砰撞击的声音交织在一起,一大群仆人和打着烙印的奴隶从你身边挤过去……"[②]她的话语中充满着对这项与奴隶挤在一起共同汲水的工作的厌恶,这说明奴隶制为劳动打上了耻辱的烙印,这种观念必然加深妇女幽居的程度。

奴隶制和娼妓制的存在,影响到雅典公民妻子与丈夫的关系。在色诺芬的《经济论》中,伊斯可马可斯与妻子关于漂亮问题的讨论,反映了雅典公民男性对家内女奴的性利用形成了对妻子的心理压力。希巴格里斯特之所以想离婚,是因为她的丈夫阿尔西比德常常把妓女带到家里。[③] 在阿里斯托芬的《公民大会妇女》中,夺取了城邦政权的雅典妇女领袖对她的丈夫说:"我想废除所有的妓女。"丈夫问:"为什么?"她回答道:"显而易见,这些公民妇女就可以在年轻男人最身强力壮时拥有他们,没有什么理由可以使浓妆艳抹的奴隶偷走属于自由妇女的性爱。"[④] 这一切都说明,由于年轻漂亮的家内女奴和放荡不羁的妓女的竞争,雅典公民妇女的地位进一步恶化,并使雅典公民夫妻之间的关系变得更加冷淡。

斯巴达人虽然也拥有少量的奴隶,但他们主要剥削奴役的对象是黑劳士,黑劳士归斯巴达国家所有,被分配给单个的斯巴达人耕种份地,向主人交纳土地上的一部分收入,他们有自己的家庭和财产,黑劳士妇女不可能像雅典家内女奴那样为斯巴达男性提供性服务。而且,斯巴达男性长期过军营生活,对妇女的性贞洁又不像雅典人那么重视,娼妓也不可能成为影响斯巴达公民夫妻关系的重要因素。

第三,雅典的民主政治牺牲了妇女的利益。

民主政治是雅典城邦繁荣的源泉之一,也是雅典人留给西方的重要文化遗产。然而,民主

---

① Xenophon, *Memorabilia*, Ⅱ, 7, 1-12.

② Aristophanes, *Lysistrata*, pp. 327-334.

③ Plutarch, *Alcibiades*, Ⅷ, 5.

④ Aristophanes, *Ecclesiazusae*, pp. 718-722.

政治并没有给雅典妇女带来好处。雅典的民主政治与现代的民主政治不同，它的民主只是对在总人口中占少数的公民阶级，而不是对全部人口，外邦人和奴隶被排除在外。因此，雅典城邦只是一个公民集体。不仅如此，雅典城邦还是一个男性公民的集体，广大妇女被排斥在城邦的政治生活之外，她们不能参加公民大会和议事会商议国事，更不能担任陪审员和各级官职。雅典的一则神话提到了妇女的政治权力问题。据说，在神话中的阿提卡第一个国王刻克洛普斯（Cecrops）统治时期，智慧女神雅典娜和海神波塞冬为取得这个地区的庇护权而发生了争执。国王在请教了德尔斐的神谕之后，根据传统习惯召集了男女两性公民参加的公民大会进行表决，男人们投票赞成由波塞冬充任庇护神，而妇女们则支持雅典娜，由于妇女方面多了一票，所以雅典娜获得胜利。这个结局激起了波塞冬的愤怒，并驱使着男人们进行报复。于是从那以后，妇女们就失去了投票的权力，不再被称为雅典人。① 神话不仅反映了雅典妇女没有政治权力的社会现实，而且也为这种现实作出了神话学的解释。由于雅典妇女没有参加公民大会投票等政治权力，所以无论雅典的民主政治怎么发展，都没有她们的份儿。雅典城邦在产生民主政体以前处于贵族寡头的统治之下，战神山的贵族议事会掌握着城邦重大事务的决策权，普通的男性公民对城邦事务的发言权并不比妇女大多少。在这样的形势下，妇女无政治权力的问题还不十分明显。正如贾斯特所指出的那样："在狭窄的贵族寡头政治或者君主专制国家中，贵族妇女往往行使相当的权力，即使这种权力是不合法的。同时由于广大民众，不论是男性还是女性都没有政治权力，'政治'并不是把男性和女性分开的事物。"②然而，当雅典实行民主政治时，情况就不同了。公元前 6 世纪，雅典通过梭伦和克利斯提尼的改革确立了民主政体。在希波战争中，随着雅典海军力量的发展，第四等级公民在城邦政治生活中作用加强。到伯里克利时代，雅典民主政治达到极盛，公民大会成为雅典的最高权力机构，每个公民都能够以抽签和轮流的方式担任官职，直接参与城邦的管理。在民主政治发展，雅典男性公民对城邦事务享有越来越大的发言权的时候，妇女在政治上遭受排挤就显得格外突出。这时，在政治权力方面雅典公民妇女就与男性公民有了明显的区别。除了因为能够为城邦繁殖下一代公民的特殊地位而成为城邦公民团体的消极成员外，她们的政治权力几乎与外邦人和奴隶相差无几，都处于被统治的地位。

雅典妇女不仅被关在民主政治的门外，而且还随着民主政治的产生和发展被进一步剥夺了活动自由，这使她们与男性和社会更加隔绝。从某种程度上说，雅典妇女的地位在民主政治时期要比先前的时代更低。雅典民主政治的繁荣有赖于不同等级公民的团结，没有农民和从事工商业及航海的第四等级公民的合作，雅典的民主政治是不可能巩固的。为了缓和平民与贵族的矛盾，限制贵族的权力，雅典民主政府加强了对妇女的控制。公元前 6 世纪，在雅典城邦平民与

---

① S. Georgoudi, *Creating a Myth of Matriarchy*, 参见 P. S. Pantel, *A History of Women in the West*, Vol. I, Hardvard, 1992, pp. 460－461。

② R. Just, *Women in Athenian Law and Life*, p. 22.

贵族的矛盾极其尖锐，平民酝酿着起义的情况下，梭伦作为仲裁者和调停人而当选为执政官。在他上台后实行的改革中，包括不少针对妇女问题所采取的措施。他允许男性监护人把丧失童贞的未婚女子卖为奴隶，并对妇女在行走、节日庆典、丧葬、嫁妆和饮食等方面的行为规范都作了具体规定。他提出，妇女外出的时候，穿的衣服不许超过三件，所带饮食的价值不许超过一奥波尔，饭篮不许高过一肘。妇女不得夜行，除非是坐在四轮车上，在车前挂灯照路。禁止陪嫁妆奁，新娘结婚时只能带三套换洗衣服和一些不值钱的家具。[①] 从梭伦的改革措施我们可以断定，在公元前 6 世纪以前，雅典妇女还享有较多的活动自由，而在这以后，她们的行动直接受到了法律的干预和控制。梭伦以及后来古典时代雅典民主政府的统治者所采取的这一类针对妇女的措施，目的在于抑制贵族的势力，防止他们借婚礼、葬礼等机会炫耀自己的财富，消除男性公民之间的纷争，巩固民主政体的基础。但是，这些限制贵族势力的措施，却造成了对雅典全体妇女的压制。因此，从这个角度来说，雅典妇女是民主政治的牺牲品。当雅典的男性公民获得更多的平等权力的时候，妇女的行动却受到了更多的限制，她们的地位进一步降低。

斯巴达实行的是贵族寡头政治，城邦政权掌握在国王、长老和监察官等一小撮贵族手中，普通斯巴达男性公民对城邦事务的发言权并不比妇女大多少。而且，由于男子长期征战在外的原因，斯巴达公民妇女对城邦事务有一定的参与机会。亚里士多德说："在斯巴达人国力鼎盛的时期，他们的许多事情由妇女管理。执政者被妇女所统治和一个实际的妇女政府之间究竟有什么差别？"[②]普鲁塔克宣称，斯巴达的男人们服从她的妻子，并允许她们干预公共事务，这种干预比男性对私人事务的干预多。[③] 显然，斯巴达妇女的政治地位高于雅典妇女。这两个城邦妇女政治地位的比较，有力地说明在城邦制度下，民主政治并不能给被排除在公民大会之外的妇女以更多的权力。

第四，夫妻之间的年龄悬殊使雅典的妻子们处于不利地位。

关于雅典男女的成婚年龄，古典作家的著作为我们留下了一些线索。色诺芬在《经济论》中提到，克利托布勒斯娶妻时，他的妻子"还只是一个小孩子"。伊斯可马可斯的妻子出嫁的时候，还不到 15 岁。[④] 梭伦把男子娶妻的年龄订在 4×7 或 5×7，即 28 岁至 35 岁之间。[⑤] 柏拉图的《法律篇》告诉人们，男子成婚年龄应规定在 30 岁至 35 岁。[⑥] 亚里士多德在《政治学》中强调，妇女的出嫁年龄应规定在 18 岁，男子的成婚年龄则应当是 37 岁前后。倘若男女都遵守这样的规定而按时成为眷属，则两方媾配的开始同在人生健壮的岁月，他们的生殖能力的消失也不致有多大参差，子女的继承于双亲也恰好相当。[⑦] 根据古代作家的说法，波梅罗伊推断，雅典女孩

---

① Plutarch, *Solon*, XX-XXIII.
② Aristotle, *Politics*, 1269b.
③ Plutarch, *Agis*, 7, 3.
④ Xenophon, *Oeconomicus*, III, 13; VII, 5.
⑤ 亚里士多德：《政治学》，吴寿彭译，商务印书馆，1983 年，第 398 页注①。
⑥ Plato, *Laws*, 721b.
⑦ Aristotle, *Politics*, 1335a.

理想的初婚年龄是14岁，嫁给30岁的男子。[1] 不论这种说法是否准确，雅典新郎与新娘之间的年龄存在很大差距这一点是可以肯定的。

夫妻之间的年龄悬殊使雅典的丈夫们与妻子们之间缺乏共同的语言和共同的朋友，这就不难理解为什么克利托布勒斯与同住在一个屋檐下的妻子讲的话比任何其他人都要少。年龄的差异使雅典人夫妻之间的关系更像是父女，而不像是平等的伴侣。年龄上的优势使丈夫对妻子抱着家长式的统治情感，色诺芬著作中的克利托布勒斯和伊斯可马可斯都以长辈的口气教导着年轻幼稚的妻子。生了孩子的雅典妇女自己本身还是个孩子，她们不能不对年长而有经验的丈夫言听计从，像对父亲一样尊敬服从他们。

夫妻之间的年龄差距，也使雅典的丈夫们对年轻妻子的性忠诚十分担心。在阿里斯托芬的喜剧《地母节妇女》中，一个妇女说道，如果有妻子编织花冠，她就会被认为是在和别人搞恋爱；如果有妇女在屋里走动的时候把一只器皿掉在地上，他丈夫就会问，这只瓦罐是由于思念谁而打烂的？对妻子的性忠诚不放心的雅典丈夫们必然会加强对妻子的控制和监督。在同一喜剧中，阿里斯托芬提到，雅典的丈夫们在闺门上打上印记，安上插销，把妻子看管起来，还养了摩罗西亚狗来吓走妻子的情人。[2] 丈夫的严格监督使雅典的妻子们与男性和社会进一步隔绝。

相比之下，斯巴达男女两性成婚年龄的差距不如雅典人那样大。普鲁塔克提到，来库古为斯巴达男人们和女人们规定了结婚年龄，以便由成熟的父母生下健壮的孩子。[3] 他还说过，斯巴达女子是在她们的大好年华、丰满成熟时出嫁的。[4] 色诺芬告诉我们，来库古坚持男性应当在他们的盛年时期成婚。[5] 这些史料虽然没有提供关于斯巴达人成婚年龄的准确消息，但至少可以说明斯巴达女子结婚的年龄要比雅典女性年龄相对大一些，因为前者结婚时已经成熟，后者出嫁时还只是十四五岁的孩子。卡特里奇根据尼尔逊关于斯巴达的女性教育与男性教育相配合的设想推断，斯巴达女子较低的结婚年龄大约为18岁，斯巴达男性正常的结婚年龄大约为25岁。[6] 达到了比较成熟年纪的斯巴达女性在与丈夫的相处中，不会显得像雅典的新娘们那样年幼无知，因而在家中享有较多的发言权。

第五，男女教育水平的差别，使雅典妇女在夫妻关系中处于劣势。

由于雅典男女两性的成婚年龄、社会角色和道德标准的不同，他们受教育的程度也有很大差别。雅典男性公民的活动领域在户外，他们有权参加议事、担任公职和陪审员，还可以参军服兵役，因而受到较高程度的教育。他们学习修辞术，以便在公共会议上发表富有说服力的演讲；他们受到体育训练，以成为强壮合格的士兵。雅典女性公民的活动领域在家内，无权参加城邦

---

① S. B. Pomeroy, *Goddesses*, *Whores*, *Wives and Slaves*, p. 64.
② Aristophanes, *The Thesmophoriazusae*, pp. 401 – 416.
③ Plutarch, *Moralia*, 228A.
④ Plutarch, *Lycurgus*, XV, 3.
⑤ Xenophon, *Constitution of the Lacedaemonians*, I, 6.
⑥ P. Cartledge, "Spartan Wives: Liberation or Licence?" p. 94.

政治生活，社会舆论要求她们沉默寡言、恭顺服从，除了母亲教给的治家之术，她们很少有机会受到正式教育。当她们的男性同代人还居住在父母家中发展他们的智能和体能时，雅典的年轻女子早已成家，当了母亲。

雅典的社会舆论反对给妇女提供超过管理家务知识范围的教育。公元前4世纪的作家、教师特奥佛拉图斯教导人们："至于教育妇女懂文识字这件事，必须把它局限于管理家务的程度。更进一步的教育会使妇女在所有其他的领域里太空闲了，把她们变成话匣子和爱管闲事的人。"①

在社会舆论和传统道德观念的影响下，许多雅典父母力求用与外界隔绝不通信息的方法来使女儿保持纯真，结果使不少女孩在进入婚期时仍处于几乎什么都不懂的无知状态。克利托布勒斯的妻子结婚时，"所见所闻少得可怜"。伊斯可马可斯的妻子在出嫁以前，"一直受着约束，尽量少看少听、少说话"②。不谙世事的雅典妇女结婚后只能事事依赖丈夫的指点。

雅典男女两性受教育程度的差别扩大了男女之间的不平等，促使受到较高教育的雅典男性在夫妻关系中抱着居高临下的态度，而使因社会习俗和偏见失去受教育机会的雅典妇女处于不利地位。

斯巴达妇女在教育方面得到了比其他希腊城邦特别是雅典的妇女更多的机会。柏拉图在《普罗塔哥拉》中评论斯巴达妇女说："不仅有男人，而且有妇女，为他们的教育感到自豪，我说的是真的，斯巴达人在哲学方面受到过最好的教育。"③范撒姆等著的《古典世界的妇女》称："斯巴达妇女是惟一由城邦进行公共教育的希腊女性。"④像斯巴达男性一样，斯巴达妇女参加摔跤、扔铁饼和掷标枪等活动，并且参加具有宗教仪式意义的跑步比赛。除了参加体育锻炼之外，斯巴达妇女也受到一定的文化教育。参加合唱队表演合唱颂诗的斯巴达妇女知道如何唱歌、跳舞，并能背诵诗歌中叙述的神话故事。在斯巴达产生了两名女诗人——梅加洛斯特拉塔(Megalostrata)和克利塔戈拉(Cleitagora)。虽然她们的作品没有保存下来，但古代作家提到了她们的名字。除此之外，还有几名斯巴达妇女成了毕达哥拉斯学说的信奉者。⑤ 与沉默寡言的斯巴达男子相比，斯巴达妇女很有讲话才能，她们对精美的斯巴达省略语的发展作出了贡献。一些刻着奉献者名字的还愿奉献物的铭文资料表明，一些斯巴达妇女基本上是识字的。⑥ 大量的史实告诉我们，当斯巴达男性在接受城邦教育的同时，斯巴达女性也受到了体育和智育两方面的教育，并因此而获得了比深居在闺阁之中的雅典女性公民大得多的行动自由。达到盛年而知识水平并不比妻子高多少的斯巴达男性在与妻子相处时，也就没有了雅典男性的那种居高临

---

① A. Powell, *Athens and Sparta*, London and New York, 1988, p. 342.

② Xenophon, *Oeconomicus*, Ⅲ, 13; Ⅶ, 5.

③ Plato, *Protagoras*, 342D.

④ E. Fantham, et al., *Women in the Classical World*, p. 59.

⑤ E. Fantham, et al., *Women in the Classical* World, p. 60.

⑥ P. Cartledge, "Spartan Wives: Liberation or Licence?" p. 93.

下的优越感。

综上所述，笔者认为，在以男性为中心的古雅典社会，不同类型的妇女在家庭和私人生活中都处于屈从男性统治的低下地位，这种地位是由雅典的社会制度、经济、政治、教育、结婚年龄和社会风尚等多方面的社会文化因素造成的。古代雅典妇女问题的研究不但为我们认识西方文化增添了新的视角，也给当代人提供了宝贵的历史经验，促使我们为提高妇女地位和建设一个更美好和谐的社会，而对社会文化系统的各方面进行改造。

（本文原刊于《历史研究》2000 年第 2 期）

作者简介：

裔昭印，女，上海师范大学二级教授，博士生导师，复旦大学历史学博士，学术刊物《妇女与性别史研究》主编，历任中国世界古代中世纪史研究会古代史专业委员副理事长等学术职务；长期从事古希腊罗马史、西方社会文化史和妇女史研究；主持国家社会科学基金项目 3 项；在《历史研究》《世界历史》《史学理论研究》等刊物发表论文 60 多篇，出版著译作 7 部；主编《世界文化史》，代表著作《古希腊的妇女——文化视域中的研究》获上海市哲社优秀成果著作二等奖，领衔撰写的《西方妇女史》获教育部第六届高等学校优秀成果著作三等奖，论文《当代史学变革中的西方古典性史研究》获上海市哲社优秀成果论文二等奖；主讲的“世界文化史”被评为上海市精品课程，主讲的“西方文明史”被列为国家级双语教学示范课程建设项目。

“中世纪人文主义”概念史考察*

徐善伟

摘　要：“中世纪人文主义”概念萌发于19世纪末20世纪初的西方学界。20世纪20—50年代，它作为一个术语不断出现于史家著述中，并在60年代末获得学界普遍认可。其最初内涵是热衷于研究古典文化，后拓展为“基督教人文主义”、“精神人文主义”、美德和“完美之人”的塑造等。20世纪70年代，索森提出“经院哲学人文主义”概念，之后的研究大都是对索森的补白、更新和修正。迄今为止，西方学界已就这一概念的内涵达成诸多共识，但在它与经院哲学、文艺复兴人文主义的关系方面仍存在分歧。“中世纪人文主义”概念研究史表明，其产生和发展，与近现代西方社会变动、思想文化演变，以及史学专业化等因素密切相关。

关键词：中世纪人文主义　经院哲学　基督教　文艺复兴

西方史学在19世纪走向专业化，与此同时，史家开始结合自身研究领域建构其史学话语体系，提出诸多新概念。就中世纪史而言，“封建主义”“文艺复兴”“人文主义”无疑是三个最典型的概念。20世纪80年代，我国著名中世纪史家马克垚先生就提出，要“详尽考察”18、19世纪以来西方学者提出的一些关于西欧中古社会的概念，结合史料对之“重新认识”。[①] 到目前为止，中国学者已对上述三个概念作了不同程度的学术史梳理与反思。[②] 然而，还有一个较流行的概念即“中世纪人文主义”，国内学界甚少涉及。[③] 西方学术界对此亦几乎没有专文发表，一些研

---

* 感谢两位匿名评审专家提出的宝贵意见。感谢朱明教授和肖超、张楠、王玖玖博士在法文、德文和西班牙文资料的译校和复制方面给予的无私帮助。

① 马克垚：《西欧封建经济形态研究》，人民出版社，1985年，“序言”。

② 侯建新：《“封建主义”概念辨析》，《中国社会科学》2005年第6期；冯天瑜：《“封建”考论》，武汉大学出版社，2006年；刘友古：《论人文主义概念形成及其意义》，《兰州学刊》2005年第6期；周春生：《西方人文主义研究学术钩稽》，《史林》2010年第1期；刘耀春：《雅各布·布克哈特与意大利文艺复兴》，《四川大学学报》2011年第1期；章可：《中国“人文主义”的概念史》，复旦大学出版社，2015年。与“文艺复兴”概念相伴随，19世纪西方学者还提出“12世纪文艺复兴”概念。参见李腾《“12世纪文艺复兴”概念发展史》，《世界历史》2018年第3期；《哈斯金斯之后西方学界对“12世纪文艺复兴”的研究》，《世界历史》2022年第5期。

③ medieval humanism, mittelalterlichen Humanismus, humanisme médiévale. 有关“人文主义”这一术语的语源学考察，主要参见 Vito R. Giustiniani, “Homo, Humanus, and the Meanings of ‘Humanism’”, *Journal of the History of Ideas*, Vol. 46, No. 2 (Apr. - Jun., 1985), pp. 167 - 195；吕大年《人文主义二三事》，《外国文学评论》2002年第1期。

究"中世纪人文主义"的学者只是为了理清这一概念,在其著述中提及此前相关研究成果。[①] 有鉴于此,本文意欲通过梳理"中世纪人文主义"概念的学术史,以辨析其真正内涵及存在的合理尺度。

一、"中世纪人文主义"概念发轫

现代意义上的"人文主义"术语源于德国,是 18 世纪末 19 世纪初"新人文主义教育运动"的产物,其核心是通过古典教育尤其是古希腊文化教育,建立以自由、平等和个人主义为基础的新社会。[②]

Humanismus("人文主义")一词最早由德国神学家、哲学家、路德教育改革家伊曼纽尔·尼特哈摩尔于 1808 年发明,指其计划在德国高级中学实施的新古典课程,是基于古代语言教学的人文教育。[③] 1815 年版《布罗克豪斯百科全书》亦将"人文主义"界定为"所有基于古代语言教育的教育体系"[④]。后来,该术语被德国教育家威廉·克隆普在引起轰动的教育宣传册子中使用。[⑤] 基于此种教育理念建立的高级人文中学(humanistische Gymnasium)成为 19 世纪欧洲教育典范。因此,就"人文主义"术语产生过程看,其原初含义为:古典语言的教育及由此衍生的人文价值,尤其是人性的培养。它是该时期弥漫西方的自由主义思想——重视个人自由与个人意识发展的结果。

随着 Humanismus 这一具有特定含义的德语术语传播至英国、法国、意大利等,它在不同国家或语言中出现些微不同解读。19 世纪四五十年代后,西方学者普遍采纳该术语,用以指中世纪和文艺复兴时代历次与古代语言和文化复兴相关的运动。其中,将"人文主义"指代为 15 世纪意大利文艺复兴的观点占主导地位。如 19 世纪 40 年代初期,德国史家卡尔·哈根以"人文主义"指 15 世纪意大利人文主义者的新时代及其所取得的成就。[⑥] 1859 年,乔治·沃伊特将

---

① 如 C. 斯蒂芬·耶格尔、威廉·奥滕和延斯·齐默尔曼等对理查德·威廉·索森等前辈学者相关定义的评述,撒尔瓦多·马丁内斯对古代与 19 世纪人文主义概念的追溯,以及对当代欧洲相关研究成果的简要概括,等等。可参见下文所引用的相关作者的著述,此处不再一一罗列。

② Bas van Bommel, *Classical Humanism and the Challenge of Modernity: Debates on Classical Education in 19th-century Germany*, Berlin: De Gruyter, 2015, pp. 4, 8, 12.

③ Friedrich Immanuel Niethammer, *Der Streit des Philanthropismus und Humanismus in der Theorie des Erziehungs-Unterrichts unserer Zeit*, Jena, 1808. See also Wilfried Stroh, "Humanismus — ein Schlagwort aus München", *Forum Classicum*, Nr. 1 (2018), pp. 4 – 12.

④ *Conversations-Lexicon oder Encyclopädisches Handwörterbuch für gebildete Stände*, Vol. 4, Leipzig; Altenburg: Brockhaus, 1815, p. 835.

⑤ Friedrich Wilhelm Klumpp, *Die gelehrten Schulen, nach den Grundsätzen des wahren Humanismus und den Anforderungen der Zeit*, Stuttgart: Joh. Friedr. Steinkopf, 2 Bde, 1829 – 1930.

⑥ Karl Hagen, *Deutschlands literarische und religiöse Verhältnisse im Reformationszeitalter*, Erlangen: Palm, 1841 – 1844, 3 Bde, Bd. I, pp. 58 – 59, 132; Bd. 3, p. 3.

"人文主义"界定为古典学问的复兴和一种新的个人主义信念,并将之等同于"文艺复兴"概念。[①] 1860 年,意大利文艺复兴研究的另一位奠基者雅各布 · 布克哈特,在用德语写就的《意大利文艺复兴时期的文化: 一种尝试》中,将"人文主义"视为意大利文艺复兴核心思想观念,认为其宗旨不仅在于复兴古典文化,还在于对完美之人或个体的追求。[②] 可见,在西方学界尤其是德语学界,学者开始愈益将"人文主义"理解为历史分期术语,即指文艺复兴时代。[③] 而当哈根、沃伊特、布克哈特等史家将"人文主义"与 15 世纪意大利文艺复兴相联时,该术语就不仅指"古典文化的复兴",而且还被视为有别于中世纪的新思想观念。尤其是布克哈特,将"人文主义"视为与信仰至上的中世纪精神截然对立的近代精神,并由此将文艺复兴视为中世纪与近代的分野。这是 19 世纪中后期西方学界尤其是德语学界对 15 世纪意大利文艺复兴"人文主义"概念进行的一种建构。在第二次世界大战之前,此种观点一直占据统治地位。

同时,一些中世纪史家尤其是法国史家认为,"人文主义"不仅指 15 世纪意大利文艺复兴,还指加洛林文艺复兴和 12 世纪文艺复兴此类与古代语言和文化复兴相关的运动。19 世纪 40 年代初,法国文史学家让-雅克 · 安托万 · 安培最早提出并比较系统地阐述了中世纪西欧"三次文艺复兴"(即加洛林文艺复兴、12 世纪文艺复兴、15 和 16 世纪文艺复兴)的概念,将"人文主义"即"古代文化的复兴与研究"以及由此出现的新思想与艺术,视为三次文艺复兴的共同特征。[④] 19 世纪 60、70 年代,法国罗马法学家、意大利学家格巴尔认为,"个人灵魂的觉醒""个人价值的发现""个性的解放"等标志意大利文艺复兴的人文特征,都可追溯到法国 12 世纪文艺复兴。[⑤]

安培和格巴尔的观点明显带有民族主义色彩,与当时弥漫法国学界的民族主义和浪漫主义思潮密切相关。众所周知,法国大革命催生的民族主义,成了支配 19 世纪欧洲社会与政治的主导思想之一。革命与战争激发了法兰西民族主义思潮,知识分子群体成为其积极建构者。[⑥] 正是在此背景下,法国学者将眼光投向中世纪,并且"特别乐于将他们的中世纪拉丁文学包含在人文主义概念之中,以作为罗马遗产在中世纪法兰西延续的证据,更确切地说,是作为加洛林文艺

---

① G. Voigt, *Die Wiederbelebung des classischen Alterthums*, *oder das erste Jahrhundert des Humanismus*, Berlin: G. Reimer, 1859.

② Jacob Burckhardt, *Die Kultur der Renaissance in Italien: ein Versuch*, Basel: Schweighaurer'rchen Verlagsbuchhandlung, 1860.

③ Heidi Hakkarainen, "Contagious Humanism in Early Nineteenth-Century German Language Press", *Contributions to the History of Concepts*, Vol. 15, No. 1 (Summer 2020), pp. 22 – 46.

④ Jean-Jacques Antoine Ampère, *Histoire littéraire de la France avant la douzièmesiècle*, Tome III, Paris: L. Hachette, 1840, pp. 33, 237, 457.

⑤ Emile Gebhart, *Les Origines de la Renaissance en Italie*, Paris: Librairie Hachette et C., 1879, pp. 1 – 50; "La Renaissance Italienne et la Philosophie de l'Historie: La Théorie de Jacob Burckhardt", *Revue des deux mondes*, Vol. 72, No. 2(1885), pp. 342 – 379. 亦参见李腾《"12 世纪文艺复兴"概念发展史》。

⑥ 帕特里克 · 格里:《民族的神话: 欧洲的中世纪起源》,吕昭、杨光译,广西师范大学出版社,2022 年,第 1—33 页。

复兴赋予法兰西文学优越性,以使之在某个时期成为欧洲文化‘长女’的证据”①。可见,正是民族主义思潮使法国学者将中世纪法兰西文化视为15世纪意大利文艺复兴人文主义的源泉,而不愿让意大利人成为近代西方精神兴起的专美者。② 尽管法国学者的研究带有主观偏见,但却开启了西方学界“中世纪人文主义”研究的大门。

至19世纪末20世纪初,随着科学主义和实证主义的兴盛,以及史学进一步专业化,中世纪史研究不断走向深入,一种强调中世纪与文艺复兴之间具有连续性的观点出现了。这是中世纪史家基于实证性研究提出的“反布克哈特阐释传统”的学术思潮。③ 于是,德、英、法、美学者开始提出比较明确的“中世纪人文主义”概念。如英国史家雷金纳德·普尔、黑斯丁斯·拉什达尔和C. R. L. 弗莱彻分别将中世纪的“人文主义”称为“早产的人文主义”(a premature humanism)、“12世纪人文主义”(Twelfth-century humanism)和“新人文主义”。④ 法国史家查尔斯-维克多·朗格鲁瓦将12世纪前期十分崇拜古典作家并将热衷撰写拉丁抒情诗的老师与学生视为“最早的人文主义初学者”(premiers néophytes de l'humanisme)。⑤ 美国史家亨利·奥斯本·泰勒将希尔德伯特视为“深爱和勤奋研究古典学”的“人文主义者”,⑥约翰·裴拓则将12世纪的“古典知识复兴运动”称为“人文主义”运动。⑦

上述中世纪史家对12世纪文艺复兴人文主义的认识基本相同,即古典文化复兴及对古典文化的热爱、模仿和研究。他们大都认为,“人文主义”盛行于11世纪晚期和12世纪前期,至12世纪后期随着逻辑学和辩证法兴盛走向衰落。但他们所谓的“中世纪人文主义”,实际是狭义人文主义,认识水平较为粗浅。而且,其纯粹是从古典文化复兴层面对布克哈特阐释传统作出的机械回应,反映了急于扭转长期以来中世纪遭污名化局面的迫切心情。

20世纪20—40年代,随着“12世纪文艺复兴”概念得到较系统研究,以及“科学人文主义”“宗教人文主义”“基督教人文主义”等概念出现,“中世纪人文主义”被进一步阐发。尽管仍有

---

① Vito R. Giustiniani, "Homo, Humanus, and the Meanings of 'Humanism'".

② 这种有意抬高中世纪法国文化而贬低15世纪意大利文艺复兴的做法,成为法国学界的传统。参见 Edmond Faral, *La Littérature latine du Moyen Age*, Paris: H. Champion, 1925; Jacques Boulenger, "Le vrai siècle de la Renaissance", *Humanisme et Renaissance*, 1, 1934, pp. 9-30; Paul Renucci, *L'Aventure de l'humanisme européen au moyen-âge*, Paris: Les Belles Lettres, 1953。

③ Wallace K. Ferguson, *The Renaissance in Historical Thought: Five Centuries of Interpretation*, New York: Houghton Mifflin Company, 1948, p. 329.

④ Reginald Lane Poole, *Illustrations of the History of Medieval Thought and Learning*, London: Williams and Norgate, 1884, pp. 112, 117, 211; Hastings Rashdall, *The Universities of Europe in the Middle Ages*, Vol. 1, Oxford: Clarendon Press, 1895, p. 67; C. R. L. Fletcher, *The Making of Western Europe: being an Attempt to Trace the Fortunes of the Children of the Roman Empire, 1000-1090, Volume II-The First Renaissance*, London: John Murray, 1914, pp. 1, 7, 11.

⑤ Charles-Victor Langlois, *Questions d'histoire et d'enseignement*, Paris: Hachette, 1902, p. 14.

⑥ Henry Osborn Taylor, "A Medieval Humanist: Some Letters of Hildebert of Lavardin", *Annual Report of the American Historical Association, 1906*, vol. 1, pp. 51-60.

⑦ Louis John Paetow, *The Arts Course at Medieval Universities with Special Reference to Grammar and Rhetoric*, Ph. D Dissertation, The University of Pennsylvania, 1910, pp. 13, 92. See also *The Battle of the Seven Arts: A French Poem by Henri D'Andeli, Trouvère of the Thirteenth Century*, edited and translated, with Introduction and notes by Louis John Paetow, Berkeley: University of California Press, 1914, "Introduction", pp. 13-30.

极少数学者继续将其视为狭义的,但大多数学者已开始反思,从而开启了“中世纪人文主义”研究新局面。正是在该时期,德语、法语和英语中的“中世纪人文主义”术语出现了。这一方面得益于西方学者对中世纪盛期西欧科学与经院哲学的深入研究,另一方面则是由于他们受到了新托马斯主义、基督教人文主义思想的影响。前者使他们认识到中世纪经院哲学的科学和理性主义特征,后者使其认识到“中世纪人文主义”的宗教信仰背景。

德、法学者的“中世纪人文主义”研究,更多受到新托马斯主义的影响。如德国学者德里希·冯·贝佐尔德提出了“中世纪人文主义”(mittelalterlichen Humanismus)概念,并称之为“精神人文主义”(geistlichen Humanismus)。[①] 随后,法国哲学史家、新托马斯主义者艾蒂安·吉尔松提出该概念的法文版“humanisme médiévale”,认为“中世纪人文主义”由“文学和形式的人文主义”(l'Humanisme de la lettre et de la forme)与“精神人文主义”(humanisme de l'esprit)组成。作为哲学史家,他更看重后者,认为其含义是“对自然和人的稳定性、价值、效能的信心”,是中世纪通过吸收亚里士多德乃至具有“永恒价值的希腊文化”,而产生的“比写作艺术革命更深刻的革命,即思维艺术的革命”。[②] 他强调“中世纪人文主义”与文艺复兴人文主义之间的连续性,认为在某些方面,后者只不过是前者的延续与发展。[③]

吉尔松关于“中世纪人文主义”的观点奠定了相关研究的基石,为后来众多学者接受。如1933年法国三位学者在合写的12世纪文艺复兴著作中,较系统地讨论了“中世纪人文主义”。他们继承吉尔松的观点,认为12世纪文艺复兴首先培育的是“文学人文主义”(l'humanisme littéraire,指语法、修辞、文学学习),继而是“精神人文主义”(Humanisme de l'esprit,指通过科学与哲学学习塑造人的心灵或信仰)。“中世纪人文主义”(l'humanisme médiéval)就是上述两种人文主义的合体,其特征是“对人文价值的尊重,对理性的信任,对形式的崇拜”。[④] 他们并未像以前一些学者那样,将两种人文主义对立起来,而是分别将其视为塑造心灵或信仰的初级、高级工具,从而形成法语学界“中世纪人文主义”研究传统。

美国学者的“中世纪人文主义”研究,更多受到基督教人文主义思想影响。奠定了“12世纪文艺复兴”概念之基调的美国史家哈斯金斯,明确将“人文主义”视为此次文艺复兴两个核心特征之一。他将“中世纪人文主义”称为“新人文主义”,其含义不仅指狭义人文主义,而且更是指“一种整全的基督教人文主义”(a well rounded Christian humanism),即融合了古典人文精神与

---

① Friedrich von Bezold, *Das Fortleben der antiken Götter im mittelalterlichen Humanismus*, Bonn und Leipzig, Kurt Schroeder, 1922, pp. 20, 36, 46.

② Étienne Gilson, "Humanisme médiéval et Renaissance", in Étienne Gilson, *Les idées et les lettres*, 2e édition, Paris: Librairie philosophique J. Vrin, 1955, p. 190. 本文是吉尔松在1929年一次讨论会上的发言稿,次年发表于 *Revue trimestrielle canadienne*(mars 1930, pp. 1-17),1932年收入该书之中。

③ Étienne Gilson, "Humanisme médiéval et Renaissance", in Étienne Gilson, *Les idées et les lettres*, pp. 175, 189.

④ Gérard Marie Paré, Adrien Marie Brunet, Pierre Tremblay, *La renaissance du XIIe siècle: les écoles et l'enseignement*, Paris: Librairie philosophique J. Vrin; Ottawa: Institut d'études médiévales, 1933, pp. 139-145, 173-174, 177-178, 197-198, 205-207.

基督教信仰的"人文主义"。[①] 其观点对后世学者产生较大影响。[②] 至20世纪40年代，美国中世纪文化史教授杰拉尔德·格罗夫兰·沃尔什在英语学界首次明确提出"中世纪人文主义"概念，认为它是"五重努力追求幸福的综合体，希腊人的智慧、罗马人的良知、基督教的恩惠、凯尔特人的想象和日耳曼人的情感代表着五重因素"，而"最好的中世纪人文主义是基督教人文主义"，它使几种追求人类幸福的方式协调一致，并对异教人文主义作了补充。尤其是他将古典时代的"博爱"（即现代人道主义）纳入其中，作为"人文主义"崇高目标之一，以此定义"中世纪人文主义"，赋予其新内涵。[③] 美国学者马丁·R. P. 麦克圭尔遵循沃尔什的研究理路，延续了该讨论。[④] 沃尔什和麦克圭尔的"中世纪人文主义"概念，明显受到"基督教人文主义"理念影响。他们承袭哈斯金斯和兰德的思想，并作了更系统和深入的阐释，形成了具有北美学界特色的"中世纪人文主义"概念。

总体看来，布克哈特过分夸大了"人文主义"的世俗性特征，及其与宗教信仰的对立。早期的中世纪人文主义研究者深受其影响，过分强调12世纪文艺复兴拉丁作家的古典主义及世俗性特征，[⑤]反映出他们的相关研究还是比较幼稚的。而20世纪上半叶的学者的研究则在一定程度上纠正了上述传统观点，突出了"中世纪人文主义"的基督教背景。

二、"中世纪人文主义"概念的拓展

20世纪五六十年代，西方学界"中世纪人文主义"研究进入新阶段。学者不仅通过个案研究拓展了该概念的内涵，还通过专题研讨及编纂主题著作等方式，使其在60年代末得到学界尤其是中世纪史学界的普遍认可。

德国是"人文主义"这一术语的发明者，但该国中世纪史家一度对12世纪文艺复兴与中世纪人文主义研究并不热心，他们更关注意大利文艺复兴，因为布克哈特阐释传统的奠基者正是德语学界的学者。这种忽视也是他们自身所具有的潜在民族主义倾向所致。而到了20世纪50、60年代，针对法国学者在中世纪人文主义研究中的民族主义倾向，德国中世纪史家展开"清

① 他认为，索尔兹伯里的约翰即是此种人文主义典型代表，"对他而言，古典著作并不仅仅是为了神学而去学习，也是因为它们本身就值得研究以及因其道德裨益而值得去研究。罗马人与基督徒之间相互对立是没有意义的，两者可相互融合成为一种整全的基督教人文主义"。参见 C. H. Haskins, *The Renaissance of the Twelfth Century*, Cambridge: Harvard University Press, 1927, pp. 100－101。

② 如美国古典和中世纪史家爱德华·肯纳德·兰德就将中世纪的人文主义命名为"基督教人文主义"，即一种用古典文化来助力基督教信仰之阐发与传播的人文主义。参见 Edward Kennard Rand, *Founders of the Middle Ages*, Cambridge, MA: Harvard University Press, 1928, pp. 64－65。

③ Gerald Groveland Walsh, *Medieval Humanism*, New York: Macmillan, 1942, pp. 10, 2, 4, 87.

④ Martin R. p. McGuire, "Mediaeval Humanism", *The Catholic Historical Review*, Vol. 38, No. 4 (Jan., 1953), pp. 397－409. 虽然其论文名为《中世纪人文主义》，但他更偏爱"基督教人文主义"概念。

⑤ 如雷金纳德·普尔就认为，"对古典作家的过分热情甚至在他们（指沙特尔学校的老师——译者）身上出现了某种公然对基督教的敌视，并且把古典作家视为绝对的权威"。参见 Reginald Lane Poole, *Illustrations of the History of Medieval Thought and Learning*, p. 112。

算”。他们通过实证性研究深入考察这一概念，以期正本清源。于是，德国和德裔中世纪史家成了该时期探索这一概念的主力军，他们将美德与完美之人的塑造看作是中世纪人文主义的深层内涵。

拉瓦丁的希尔德伯特和莱兹伯里的约翰是学者公认的杰出的中世纪人文主义者。旅英德国中世纪史家汉斯·列别舒茨和德国12世纪文化史家彼得·冯·莫斯，先后出版了有关这两位中世纪人文主义者的厚重专著，希望通过个案研究阐释“中世纪人文主义”概念。他们认为，希尔德伯特和约翰的人文主义观，既是狭义人文主义，也是深层人文主义。如列别舒茨认为，约翰是用古典知识阐明政治思想、教育和伦理观念的人文主义者，“就其人文主义观点而言，古代是一本图解12世纪各种生活的画册”。在政治观念方面，约翰通过研读古代自然法、罗马法，解读人的高贵与自由；在教育思想方面，约翰强调“拉丁语、文风和逻辑训练是有学问的人必须具备的基础”；在伦理观念方面，约翰强调人们在社会交往中应遵循“文雅礼貌”(civilitas)准则，因为“远离了礼貌”，也就“远离了人性”。① 列别舒茨将约翰论及的宫廷文明礼貌教育和道德伦理观念，首次纳入“中世纪人文主义”概念，这是该概念研究史上的重要拓展。

彼得·冯·莫斯将希尔德伯特誉为“12世纪的彼特拉克”，认为文明礼貌(Höflichkeit)是其人文主义思想的重要内涵。它“确实是其道德伦理和文学目标。他在该领域更能如实将自己的修辞教育与实践伦理学结合起来”。而人道、理性和自然则是其人文主义的重要组成部分。希尔德伯特作为教师，“致力于对善和美的培养”；作为主教，他又“不得不为永恒的真理服务”。他“持有的一种道德性的基本态度”，使“人的形象及其所习得的伦理构成了其世界观的最大部分”，成为其人文主义的主要内容。② 莫斯的研究深化了列别舒茨有关“文雅礼貌”作为人文主义之内涵的阐释。

同时，德国学者还进一步确证中世纪人文主义的深层内涵，就是对人的美德之培育，对“完美之人”的塑造，强调中世纪人文主义是西方人文主义发展过程中的一个阶段。如德国文艺复兴和但丁研究专家奥格斯特·巴克通过实证性研究指出，从深层来看，中世纪人文主义是利用古典文化对人类道德的培养与完善，即美德塑造；从广义上看，它是起源于古代并延续至现代的一种“西方精神”。③ 另一位德国中世纪史学家冯·登·斯泰恩论道，人文主义的决定性因素是人们“为古代世界所吸引”，且“认识到了其中的价值”，“人们总是能跨越时间和信仰的所有距离，从其中看到某些实现了的人类规范”，即一种“完美的形象”。④

---

① Hans Liebeschütz, *Medieval Humanism in the Life and Writings of John of Salisbury*, London: The Warburg Institute, University of London, 1950, pp. 34, 44, 93－94, 55－57, 109, 85, 91.

② Peter von Moos, *Hildebert Von Lavardin, 1056－1133: Humanitas an der Schwelledes Höfischen Zeitalters*, Stuttgart: Anton Hiersemann, 1965, pp. 3－4, 240－253, 147－149, 263, 275, 282.

③ August Buck, “Gab es einen Humanismus im Mittelalter?” *Romanische Forschungen*, 75. Bd., 3./4. H. (1963), pp. 213－239.

④ Wolfram von den Steinen, “Humanismus um 1100”, *Archiv für Kulturgeschichte*, Vol. 46, No. 1 (1964), S. 1－20, pp. 5, 8, 9－15.

沙特尔学校是中世纪人文主义中心，美国学者玛丽·卡罗尔·萨立文对之作了系统研究。她认为，学界通常将人文主义定义为狭义的，或狭义的与“以人为中心”的人文主义的组合，但这两种定义都是片面的，前者忽视了人文主义者的更高目标——“人自身及其潜能的实现”，后者则忽视了人类的宗教利益。她于是提出了“第三种人文主义”——“基督教人文主义”，认为“人”的概念构成了基督教人文主义的核心。作为12世纪“基督教人文主义的最美之花”的沙特尔学校，其人文主义由三大要素构成：人与自然以及人与自然的创造者即上帝的关系、个人与社会的关系、关于人及其教育的理念。第一个要素确立了人“处于宇宙中心”以及人“独立自主的理性”认识能力；第二个确立了“个人自由”问题；第三个确立了通过教育以发展“人的天赋能力”，塑造人的美德等。三个要素都与基督教信仰密切相关。与此前学者不同，萨立文是从“以人为中心的人文主义”和哲学层面解读沙特尔人文主义的。[①]

总之，德国学者凭借深邃的哲学思维和扎实的实证研究，深入细致地梳理了中世纪人文主义，并指出它是以古典文化为基础，以基督教信仰为皈依，以“美德”或“完美之人”塑造为深层内涵的人文主义，进一步深化了人们对该概念的认识。德国学者之所以能在拓展该概念内涵方面作出最大贡献，一方面是他们继承了18世纪末19世纪初以威廉·洪堡为代表的新人文主义思想，以及20世纪20、30年代以耶格尔为代表的“第三波人文主义”观念。此种新人文主义的核心，就是强调对个人的教化(bildung)，即以古希腊人为榜样塑造个人品格，培养“有教养的”人。[②] 另一方面，其研究受到埃里亚斯西方文明化理论影响。[③] 上述德国学者从索莱兹伯里的约翰、希尔德伯特等中世纪人文主义者那里，挖掘出有关美德与完美之人的塑造这一深层内涵，拓展了对该概念的认识。当然，其中也暗含德国学者对布克哈特传统的追随，以及遵循“第三波人文主义”观念，为深处危机的现代欧洲提供精神救赎的理想。而萨立文的研究则延续了此前美国学者基督教人文主义的观念。可见，西方学界的中世纪人文主义研究，与各国不同的社会现实和学术文化传统存在密切联系。至1969年，学界出版三本以《12世纪文艺复兴》为名的书籍，[④]编者或作者力图梳理和总结12世纪文艺复兴研究，均将“中世纪人文主义”作为其中的专

---

① Mary Carol Sullivan, *The Concept of Man in the Twelfth-Century Humanism of Chartres*, PhD. Dissertation, Loyola University, 1967, pp. 2-6, 9, 77-80, 93-94, 115, 117, 145, 149, 150, 152, 174-187, 188-193, 200, 212, 218-219.

② 关于德国新人文主义，参见 Bas van Bommel, *Classical Humanism and the Challenge of Modernity: Debates on Classical Education in 19th-century Germany*; Heidi Hakkarainen, "Contagious Humanism in Early Nineteenth-Century German-Language Press", *Contributions to the History of Concepts*, Vol. 15, No. 1 (Summer 2020), pp. 22-46; 耶格尔：《教化：古希腊文化的理想》，陈文庆译，华东师范大学出版社，2021年；Christoph Horn, "Werner Jaeger's Paideia and his 'Third Humanism'", *Educational Philosophy and Theory*, Vol. 50, Nos. 6-7 (2018), pp. 682-691。

③ Norbert Elias, *Über den Prozeß der Zivilisation. Soziogenetische und psychogenetische Untersuchungen*. Zwei Bände. Band I, *Wandlungen des Verhaltens in den weltlichen Oberschichten des Abendlandes*; Band II, *Wandlungen der Gesellschaft. Entwurf einer Theorie der Zivilisation*. Basel: Verlag Haus zum Falken, 1939.

④ Charles R. Young ed., *The Twelfth-Century Renaissance*, New York: Holt, Rinehart & Winston, 1969; C. Warren Hollister ed., *The Twelfth Century Renaissance*, New York: Wiley, 1969; Christopher Brooke, *The Twelfth Century Renaissance*, London: Thames and Hudson, 1969. 前两本是文选，最后一本是研究著作。

题。这表明,经过一个多世纪持续研究,学界已基本达成共识:“中世纪人文主义”是“12 世纪文艺复兴”研究必不可少的主题。

三、“中世纪人文主义”概念研究集大成者

西方学界在 20 世纪 60 年代末已普遍承认“中世纪人文主义”的存在,但对其内涵及限度仍未达成一致,争论的焦点是经院哲学与“中世纪人文主义”的关系,以及文学人文主义与科学或经院哲学人文主义的关系问题。将经院哲学视为“中世纪人文主义”对立面的学者,大都认为经院哲学不属于人文主义范畴。他们通常将中世纪人文主义视为狭义的,认为它在 11 世纪晚期 12 世纪前期的古典拉丁文学复兴中走向鼎盛,随着 12 世纪后期逻辑学和辩证法兴盛而式微。这实际上是以文艺复兴人文主义概念为标准,对中世纪人文主义发展作出的解读。将“中世纪人文主义”视为古典文化与基督教信仰融为一体的人文主义,或“基督教人文主义”的学者,则不同程度认同经院哲学属于人文主义范畴。面对该难题,一方面需要学者具有恢宏研究视野和对中世纪思想史的深切理解,另一方面则需要他们长期浸润这一领域并作扎实个案研究。已故牛津大学著名中世纪史家理查德·威廉·索森就是这样的学者,他率先就这一问题提出了解决方案。[①]

索森从“人文主义”概念入手,作正本清源式探究。他认为,“人文主义”一词有两种不同含义:一为“自然理性领域之化身的人文主义观点”,即“‘科学的’人文主义”(“scientific” humanism);二为“对古代拉丁和希腊文学的研究”,即“文学人文主义”(literary humanism),又可称为“文艺复兴类型的人文主义”(Renaissance-type humanism)。[②] 在索森看来,“上述两种类型人文主义的倡导者,通常将中世纪视为敌意之国”,这种将两者对立起来的做法将导致讨论该问题时出现混乱,不利于深入研究。因此,他着力去证实的是,在大约 1050 年至 13 世纪末,那种“根深蒂固的人文主义存在的征兆是什么”。[③] 索森从三个方面作了归纳。

首先,它是“一种强烈的人类本性的高贵感”。索森认为,人类在“走向堕落”时丧失了“对上帝的直接认识”,“人类本能遭受巨大侵扰并经常与理性发生冲突”,于是“彻底走向紊乱并迷失方向”。12 世纪的学校通过古典著作和七艺的传授,使古代文化“再次成为人类指南与教

---

① 索森 1970 年出版了《中世纪人文主义及其他研究》一书,其中《中世纪人文主义》这篇长文较系统地阐述了其“中世纪人文主义”观念,成为作者关于“中世纪人文主义”研究的纲领。该文是他在 1964 年一篇演讲稿基础上扩展而成,但直至该书出版后,其观念才广为人知。此后,他出版《经院哲学人文主义与欧洲的统一》一书,又对上述“中世纪人文主义”观念作了细化研究。参见 R. W. Southern, *Medieval Humanism and Other Studies*, Oxford: Blackwell, 1970, “II Aspects of Humanism”, pp. 29 – 134; *Scholastic Humanism and the Unification of Europe*, Vol. I, Oxford: Blackwell, 1995; *Scholastic Humanism and the Unification of Europe*, Vol. II, Oxford: Blackwell, 2001。

② R. W. Southern, *Medieval Humanism and Other Studies*, pp. 29 – 30, 32, 49; *Scholastic Humanism and the Unification of Europe*, Vol. I, pp. 17, 18, 21 – 29. 谈中世纪人文主义时,索森常用“经院哲学人文主义”指代“科学人文主义”。

③ R. W. Southern, *Medieval Humanism and Other Studies*, pp. 30, 31; *Scholastic Humanism and the Unification of Europe*, Vol. I, p. 21.

导”，使“人文主义者不仅坚称人是上帝创造物中最高贵者，还坚称人甚至在堕落状态下仍是高贵的，而且人的高贵在现实世界中是能获得发展的”。其次，“自然本身是高贵的”。与“人天生高贵的通常观点相伴随，还必须承认自然本身是高贵的。人文主义的第二个特征是第一个特征的结果，因为如果人天生是高贵的，人所构成其一部分的自然秩序也必须是高贵的”。最后，“整个宇宙似乎是可以理解的，且是易于为人类理性所理解的”。因为“自然被视为有序体系，而人在理解自然法则的过程中，将自己看作自然的主要部分和关键基石”，因此，“没有这样的理解，就很难领会人们如何能感受到对人文主义意指的人类能力的信心”。① 索森将具有上述内涵与特征的中世纪人文主义，称为经院哲学人文主义（Scholastic Humanism），并将之视为科学类型的人文主义。笔者将之概括为索森经院哲学人文主义“三段论”。

正是从经院哲学人文主义概念出发，索森批评一些中世纪史家过分夸大文学人文主义重要性的做法。他认为，他们所认为的 11 世纪晚期和 12 世纪前期文学人文主义的盛行时期，正是经院哲学人文主义首次复兴期。因为约 1050 年后，拉丁西方出现从强调文学人文主义向强调经院哲学人文主义的急剧变化，其推动力量有两种：一是作为中世纪早期基督教文化中心的修道院，二是 11 世纪晚期后大量兴起的世俗学校。前者“更专注于人和人类经验，以其作为一种认识上帝之手段的形式”，这是“朝着复原人的高贵迈出的富有重大意义的一步，因为它使人的研究成为宗教生活不可或缺的一部分”。后者“重建一种人的尊严与高贵感”，确立了人类处于宇宙中心的意识。② 由此，他将世俗学校在 12 世纪前期所产生的人文主义，即学术人文主义（scholarly humanism），视为科学人文主义的“首次表现”。③ 这是索森建构其经院哲学人文主义之概念的第一步。

正是基于经院哲学人文主义概念，索森批驳了人文主义在 1150 年后随辩证法兴盛而走向衰亡的观点。索森认为，至 1150 年，人文主义因旧资料的枯竭以及新资料的匮乏而短暂“停歇”，但亦是从 1150 年始，随着新资料——古希腊著作大量涌现，它再次迈步向前，因此人文主义在 12 世纪中期后不仅没有衰退，而且继续发展，并在 13 世纪托马斯·阿奎那那里达到顶点。其《神学大全》即是“标志中世纪人文主义顶点”的杰作。由此，“人的高贵、世界和上帝的可理解性与理性应用于实际事务中，在 12 、13 世纪已获得如此进步，以至于成为所有思想与经验的核心特征”。④

索森不仅同意学者认为的 1050—1150 年是文学人文主义兴盛期，还将该时期看作是经院哲学人文主义的首次复兴期，认为前者在 12 世纪中期后确实走向衰微，但后者继续发展并在 13

---

① R. W. Southern, *Medieval Humanism and Other Studies*, pp. 31, 40, 32; *Scholastic Humanism and the Unification of Europe*, Vol. I, pp. 22 - 23.

② R. W. Southern, *Medieval Humanism and Other Studies*, pp. 32, 33, 39, 40, 42 - 44; Scholastic Humanism and the Unification of Europe, Vol. I, pp. 28, 32 - 33.

③ R. W. Southern, *Scholastic Humanism and the Unification of Europe*, Vol. I, p. 21.

④ R. W. Southern, *Medieval Humanism and Other Studies*, pp. 41, 44, 48, 49 - 58.

世纪达到顶峰。索森在一定程度上理顺了文学人文主义与经院哲学人文主义的关系，并认为两者并非截然分离，而是共存的，只是因其所接受的古代资料的先后顺序——先是接受古典拉丁作品，后更多接受的是古希腊作品，才出现前者先盛后衰，后者由弱走强的发展趋向。同时，索森的研究也在某种程度上化解了将经院哲学与人文主义对立起来的看法。

经院哲学人文主义与文艺复兴早期人文主义的关系如何？即经院哲学人文主义何以“被淹没在14世纪早期学校怀疑和否认的大海之中”，并被彼特拉克的新人文主义取代？[①] 此系必须解答的难题。索森认为，此种情况的出现，是由该时期的混乱与新知识的断流导致的中世纪科学思想走向停滞造成的。尽管如此，在该时期，“对于感知和个人德行的培养，与古典文学揭示的古代乌托邦怀旧愿景，仍是人文价值的首要支撑”，于是，一种继承12、13世纪人文主义遗产的新人文主义产生了。[②] 可见，在索森看来，中世纪人文主义与文艺复兴早期新人文主义有天然的继承关系。

索森最大的贡献是，他在一定程度上化解了将“中世纪人文主义”与“经院哲学”对立看待的观点，从科学类型人文主义视角出发，将1050—1320年的中世纪人文主义，视为有短暂停滞的经院哲学人文主义的发展过程，并且其“剩余遗产”还为以彼特拉克为代表的新人文主义者所继承。这一方面否认了12世纪中期后人文主义走向衰落的观点，另一方面则承认了中世纪人文主义与文艺复兴人文主义的连续性。索森的研究既可以避免学者过度夸大文学人文主义，但又未否认古代文化对人文主义兴起与发展的重要作用，因为中世纪人文主义者恰恰是利用“古代资料”阐述其思想的。与此同时，他将经院哲学或经院神学纳入中世纪人文主义框架，延续并发展了此前人文主义的原则与主题，因而众多经院哲学家也是人文主义者，索森将中世纪人文主义称为经院哲学人文主义的原因即在此。尽管索森并未明言，但他实际上是在继承麦克圭尔提出的“希腊神学人文主义”、E. J. 麦克克洛尔提出的人的理性能力、[③]吉尔松等提出的“精神人文主义”的基础上，通过深刻反思学界此前的研究，而对中世纪人文主义作出系统建构的。因此，我们可将索森称为“中世纪人文主义”研究的集大成者，其理论对后世产生了极其广泛和深入的影响。

美国学者C. 斯蒂芬·耶格尔一直致力于中世纪人文主义研究。他的中世纪人文主义观念既有对德国学术传统的继承，也不乏创新之处。不过，耶格尔是以公认的文艺复兴人文主义概念为标准去界定中世纪人文主义的。他认为，“文艺复兴人文主义有两个方面：一方面是学术—知识—艺术，另一方面是教会和国家机构的职业生活和管理服务”[④]。基于此，他将中世纪

---

① R. W. Southern, *Medieval Humanism and Other Studies*, p. 58; *Scholastic Humanism and the Unification of Europe*, Vol. I, p. 21.

② R. W. Southern, *Medieval Humanism and Other Studies*, pp. 58 – 60.

③ 参见 E. J. McCorkell, “Humanism and the Middle Ages”, *Speculum*, Vol. 24, No. 4 (Oct., 1949), pp. 516 – 519。

④ C. Stephen Jaeger, “What is Medieval Humanism, Anyway?” https://www.academia.edu/7949059/_What_is_Medieval_Humanism_Anyway，访问日期：2015年4月11日。

人文主义视为发生于 950—1150 年的“一场基于学校和宫廷、知识和政府联盟”的连贯性运动。①

索森将研究焦点放在了经院哲学上，耶格尔则放在了主教座堂学校和宫廷教育方面。耶格尔认为，中世纪人文主义更具世俗性内涵，是一种为适应世俗社会需要在主教座堂学校和宫廷进行的、以美德和礼仪教育（mores）为核心的人文主义，目的是为了培养“举止端庄、优雅”和具有“灵魂之美”（décor anini）的卓越管理人才。② 正是基于该理念，耶格尔将中世纪人文主义产生的时间提前到 10 世纪中期，而这恰恰是主教座堂学校教育走向复兴的时期。

耶格尔认为，10 世纪后期和 11 世纪，主教座堂学校的教育是基于“文学与礼仪”的艺学教育，“代表了对古代人文学科研究的复兴与重铸”，并由此成为“人文主义运动的繁殖地”。③ 这一运动在 12 世纪早期开始“迅速发展成为焦点”④，一大批 12 世纪人文主义者“通过有关宇宙和谐和人的高贵的理论，而把他们与先辈区别开来”。于是，对友谊的崇拜、对完美之人的塑造、对人的高贵的崇敬成为 12 世纪人文主义的主题，并在伯纳德·西尔维斯特和里尔的艾伦的论述中达到顶峰。⑤ 这是“此前 150 年教学计划的最终果实”⑥。12 世纪中期之后，随着“早期经院哲学在学校中取代了人文主义者的知识”，此前的“文学—诗学”学校生活所培育出来的中世纪人文主义走向衰落。⑦ 但是此种所谓的衰落仅指在学校中的衰落，而在贵族宫廷中，“人文主义的道德理想”通过宫廷教育“被注入贵族文化之中”，“躲过了消亡的厄运”。于是，12 世纪后期至 13 世纪初期，以“美德和礼貌教育”为核心的人文主义从主教座堂学校转移到了宫廷并成为宫廷教育的内容。⑧ 耶格尔称之为“宫廷人文主义”。⑨

作为研究德国语言与文学的中世纪史家，耶格尔的中世纪人文主义观念明显继承了列别舒

---

① C. Stephen Jaeger, *The Envy of Angels: Cathedral Schools and European Social Ideals, 950 - 1200*, Philadelphia: University of Pennsylvania Press, 1994, p. 291.

② C. Stephen Jaeger, *Medieval Humanism in Gottfried von Strassburg's Tristan und Isolde*, Heidelberg: Carl Winter · Universitätsverlag, 1977, pp. 8 - 9; "What is Medieval Humanism, Anyway?"; "Cathedral Schools and Humanist Learning, 950 - 1150", *Dtsch Vierteljahrsschr Literaturwiss Geistesgesch*, Vol. 61 (1987), pp. 569 - 616; *The Envy of Angels: Cathedral Schools and European Social Ideals, 950 - 1200*, p. 292.

③ C. Stephen Jaeger, *The Envy of Angels: Cathedral Schools and European Social Ideals, 950 - 1200*, pp. 36 - 198; "What is Medieval Humanism, Anyway?"; "Victorian Humanism", in Juliet Mousseau and Hugh Feiss eds., *A Companion to the Abbey of Saint Victor in Paris*, Leiden: Brill, 2017, p. 84.

④ C. Stephen Jaeger, "What is Medieval Humanism, Anyway?"

⑤ C. Stephen Jaeger, *Medieval Humanism in Gottfried von Strassburg's Tristan und Isolde*, p. 4, note 9, p. 7; *The Envy of Angels: Cathedral Schools and European Social Ideals*, 950 - 1200, p. 280; "What is Medieval Humanism, Anyway?"

⑥ C. Stephen Jaeger, "Cathedral Schools and Humanist Learning, 950 - 1150"; *The Envy of Angels: Cathedral Schools and European Social Ideals, 950 - 1200*, pp. 180, 291; "What is Medieval Humanism, Anyway?"

⑦ C. Stephen Jaeger, *The Envy of Angels: Cathedral Schools and European Social Ideals, 950 - 1200*, pp. 128, 217 - 238; "What is Medieval Humanism, Anyway?"; "Cathedral Schools and Humanist Learning, 950 - 1150".

⑧ C. Stephen Jaeger, "What is Medieval Humanism, Anyway?"; "Cathedral Schools and Humanist Learning, 950 - 1150"; *The Envy of Angels: Cathedral Schools and European Social Ideals, 950 - 1200*, p. 292.

⑨ C. Stephen Jaeger, *Medieval Humanism in Gottfried von Strassburg's Tristan und Isolde*, p. 19.

茨、巴克、莫斯、斯泰恩等德国学者的学术传统，将礼仪和美德塑造视为中世纪人文主义的深层内涵。但追本溯源，他们都继承了前述德国“新人文主义”观念和文明化理论。耶格尔是上述德国和德裔中世纪史家有关中世纪人文主义观念的集大成者。需要指出的是，作为中世纪文学史家，耶格尔特别强调中世纪人文主义的世俗性特征，这既是他遵循15、16世纪文艺复兴人文主义研究者的理念所致，也是大多数中世纪文学史家的共同特点。也正因如此，他并不认同索森的“经院哲学人文主义”，并对之公开提出批评。当然，在有关12世纪前期人文主义的内涵方面，耶格尔吸收了索森的研究成果。

总之，索森与耶格尔通过研究中世纪人文主义思想及其关键人物，从宏观视角出发分别提出“经院哲学人文主义”与“宫廷人文主义”理论，从而在很大程度上冲破了学界普遍认为的中世纪人文主义在12世纪后期随逻辑学与辩证法兴盛而走向衰亡的观点。尽管这两位学者在有关人文主义与经院哲学关系方面有着截然不同的观点，但他们都有承认中世纪人文主义与文艺复兴时代人文主义之间的连续性和统一性。同时，他们的研究也暗含相同的现实目的，即提倡欧洲统一，试图从中世纪欧洲思想文化的统一性中寻找答案并提供历史证据。此点在索森著作的标题“经院哲学人文主义与欧洲的统一”，以及耶格尔对战后德国人文主义思想代表者的崇敬中都有反映。可以说，他们的中世纪人文主义观念或多或少打上了西欧呼吁建立欧共体这一政治思潮的烙印。索森因其体大思精的“中世纪人文主义”观念体系和切实的研究成果，在学界获得崇高威望，其“中世纪人文主义”概念甫一提出便应者云集，迅速成为学术界的主导与主流观点，成为此后从事相关研究的学者绕不过去的权威理论。耶格尔在学界则显得有些落寞孤单，其理念后继者寥寥。①

四、“中世纪人文主义”概念的更新

20世纪七八十年代之后，中世纪人文主义成为西方中世纪史学界研究热点问题之一，呈现出多姿多彩的局面。但也出现了一些跟风、蹭热度和“打酱油”的著述。虽然一些学者仍遵循以前的研究理路，但更多学者致力于对该概念作进一步的更新。

首先，对索森“中世纪人文主义”概念的更新。索森的追随者众多，他们都是根据索森的理论，对各自感兴趣的问题或针对索森未触及或较少探讨的问题展开研究，对索森的不足之处加以补充。其中，最为卓著的当属威廉·奥滕和詹斯·齐默尔曼两位中世纪史家，他们分别从中世纪哲学和神学领域更新了索森“中世纪人文主义”概念的内涵。

---

① 明显受耶格尔观点影响的仅有格尔德·迪克（Gerd Dicke）。他运用历史语言学方法，通过考察*Homo facetus*在中世纪拉丁文献和方言作品中的含义，探讨文明礼貌在主教和王侯宫廷的发展状况，深化了耶格尔有关中世纪人文主义的文明化内涵的研究。参见Gerd Dicke，“*Homo facetus*：Vom Mittelalter eines humanistischen Ideals”，in Nicola McLelland and Hans-Jochen Schiewer，*Stefanie Schmitt（Hgg.）：Humanismus in der deutschen Literatur des Mittelalters und der Frühen Neuzeit*，XVIII，*Anglo-German Colloquium Hofgeismar 2003*，Tübingen：Niemeyer，2008，pp. 299－332。

威廉·奥滕一方面接受了索森的中世纪人文主义"三段论",[①]另一方面对索森理论造成的科学人文主义与文学人文主义的某种对立作了修正。她认为,索森对前者的过分强调,使他愈益将标志"经院哲学人文主义"的三个特征作为衡量中世纪人文主义者的标签,贬低了沙特尔人文主义者的贡献。在她看来,中世纪人文主义是科学人文主义与文学人文主义的统一体,12世纪人文主义恰恰将两个方面融合了起来。[②] 她还认为有必要更新索森的中世纪人文主义观点,将修院人文主义,以及介于经院主义和神秘主义之间的拉丁人文主义纳入"中世纪人文主义"概念。[③] 不过,奥滕似乎并未真正解决文学与科学两种人文主义如何融为一体的问题。

詹斯·齐默尔曼服膺索森的"中世纪人文主义"概念,并以之为指导从神学视角探讨其内涵。他认为,"道成肉身始终是任何恰切的基督教人文主义的核心",是"古代世界提升人类地位,并奠定今日人类尊严、团结和社会责任的关键"。他将中世纪人文主义称为"道成肉身"的人文主义或基督教人文主义,但他主要以索森的经院哲学人文主义称呼之。他与索森一样,认为经院哲学人文主义使人们确信上帝的爱和友谊,确信上帝所创造的自然和宇宙的可理解性,以及人类理性的可信赖性,而其正是基于基督教道成肉身的信条。同时,他也认为,12 和 13 世纪的经院学者是世俗人文主义的"直系祖先",或"更确切地说,它是科学人文主义的祖先,而非标志文艺复兴的文学人文主义的祖先"。[④] 齐默尔曼的观点似乎比索森更激进,反而类似于文艺复兴人文主义研究者所强调的世俗性特征。

其次,西班牙学者提出西班牙中世纪人文主义,修正了传统中世纪人文主义观念。由于法国是中世纪西欧学术文化中心,有关中世纪人文主义的研究大多集中于此,研究者也都是法、德、英、美学者。但相关研究几乎完全忽视了西班牙地区,西班牙学者似乎也长期置身事外。此种状况直至近年才被打破,其中尤以西班牙中世纪与文艺复兴文学史家萨尔瓦多·马丁内斯为代表,他长期致力于中世纪西班牙"卡斯蒂利亚语方言人文主义"(humanismo vernáculo castellano)研究。[⑤]

---

① Willemien Otten, *From Paradise to Paradigm: A Study of Twelfth-Century Humanism*, Leiden and Boston: Brill, 2004, p. 3; "Medieval Latin Humanism", in Houari Touati, ed., *Encyclopedia of Mediterranean Humanism*, https://www.encyclopedie-humanisme.com/?Medieval-Latin-Humanism,访问日期:2022 年 3 月 20 日。

② Willemien Otten, *From Paradise to Paradigm: A Study of Twelfth-Century Humanism*, pp. 35 – 36, 39 – 44; "Medieval Latin Humanism".

③ Willemien Otten, *From Paradise to Paradigm: A Study of Twelfth-Century Humanism*, pp. 35 – 36; "Medieval Latin Humanism". 奥滕认为,彼得·阿贝拉尔与以宾根的希尔德加德为代表的修院学者,致力于通过"内省"追求"德性的自我"(the ethical self),此系一种"自我的发现"。她称之为修院人文主义。而她所谓的中世纪拉丁人文主义,则是指带有强烈"自我意识"的经院主义和神秘主义作家所阐发的人文主义。

④ Jens Zimmermann, *Incarnational Humanism: A Philosophy of Culture for the Church in the World*, Downers Grove, IL: Inter Varsity Press, 2012, pp. 114 – 115, 117 – 118, 119, 120, 130, 131.

⑤ 2016 年,马丁内斯将他长期以来的研究成果结集出版,参见 H. Salvador Martínez, *El humanismo medieval y Alfonso X el Sabio: Ensayo sobre los orígenes del humanismo vernáculo*, Madrid, Ediciones Polifemo, 2016。他于 2018 年又将该书的中心思想凝练成论文发表,参见"Humanismo Medieval Y Humanismo Vernáculo, Observaciones Sobre la Obra Cultural de Alfonso X el Sabio", *Reviata de Literatura Medieval*, Vol. XXX (2018), pp. 181 – 217。同年,他还以问答方式回应了读者提出的诸多问题,参见"Alfonso X el Sabio, Humanista y Científico", *Argutorio: revista de la Asociación Cultural "Monte Irago"*, Año 20, N°. 40, 2018, págs. 4 – 24。

马丁内斯以梳理具有两种内涵的意大利文艺复兴人文主义，即古典文学人文主义(humanismo literario-clasicista)与科学人文主义(humanismo científico)作为开端。[①] 他认为，在19世纪西方学者看来，“真正的人文主义仅仅被认为是一种古典—佛罗伦萨人文主义，或被视为科学人文主义”，而且前者还“在传统上被视为所有人文主义的典范”。[②] 他对此追本溯源，从古罗马语法学家奥卢斯·格利乌斯的作品中探寻人文主义(humanitas)[③]的含义及演化过程，进而提出了他自己的观点。他认为，“早在佛罗伦萨古典人文主义诞生前，就存在一种文学和科学的人文主义，它已然与古代、中世纪的希腊哲学和科学产生共鸣，当人们需要寻求新科学方法解决尘世问题时，此种人文主义就会重现”。即便在宗教狂热时期的“最为恶劣的环境中”，此种自然科学人文主义潮流也在欧洲幸存了下来。[④] 可见，马丁内斯不仅确认了中世纪人文主义的存在，还认为人文主义作为解决尘世问题的思想方法，自古代产生以后一直延续了下来，且在不同时代具有不同特征。

基于上述观点，马丁内斯阐述了西班牙方言人文主义的起源、内涵及其特征。他认为，阿尔丰索继承并发扬了格里乌斯“博爱”和“博雅教育”的人文主义观念，遵循沙特尔开创的基督教人文主义(humanismo cristiano)构想，结合12世纪后期和13世纪伊比利亚半岛现实状况，在“因古典古代新文本的扩散所导致的一场伟大文化变革”中，创立了方言人文主义。其一，这种方言人文主义特别强调自然与理性，该特征使得它是一种“既包括神圣知识和人类知识也包括科学”的“全面的人文主义(un humanismo total)”。此点恰恰是它与15世纪古典学者人文主义的根本差异之一。阿尔丰索之所以能提出此种人文主义，一方面由于西班牙是阿威罗伊主义发源地，他深受其影响并相信“要理性地理解事物，就是要‘根据其本性’进行洞察”，而无需“外在的权威”。于是，他的“理性主义的、非宗教的和世俗的人文主义”(humanismo racionalista, seculary laico)在13世纪被“唤醒”，一直持续到文艺复兴时代。另一方面，还在于阿尔丰索深受沙特尔和圣维克多学校的影响，完全接受了沙特尔的科学人文主义观念，在自然科学研究中还大大超越沙特尔的学者。[⑤]

其二，马丁内斯还从这一全面的人文主义所具有的方言与自然主义特征出发，对之作了界定，“阿尔丰索人文主义代表着整体的关于人及其周围世界的观念，并包括‘博爱’(filantrópico)人文主义和‘博雅教育’(paideico)人文主义。其目标就是研究作为整体的人，作为由内容和形

① H. Salvador Martínez, “Humanismo Medieval Y Humanismo Vernáculo”, pp. 193－195.

② H. Salvador Martínez, “Humanismo Medieval Y Humanismo Vernáculo”, p. 185.

③ 该词具有“博爱”和“博雅教育”两种含义。参见 H. Salvador Martínez, “Humanismo Medieval Y Humanismo Vernáculo”, p. 186。

④ H. Salvador Martínez, “Humanismo Medieval Y Humanismo Vernáculo”, p. 199. 他列举了12—13世纪36位之多的中世纪人文主义者，称他们为“欧洲人文主义(humanismo europeo)真正创始人”。参见 H. Salvador Martínez, *El humanismo medieval y Alfonso X el Sabio: Ensayo sobre los orígenes del humanismo vernáculo*, pp. 55－67。

⑤ H. Salvador Martínez, “Humanismo Medieval Y Humanismo Vernáculo”, pp. 186－187, 193, 205, 210, 214, 200, 201－205, 206.

式或肉体和精神组成的实体的人”。此系马丁内斯从作为小宇宙的人之角度作出的另一种界定。他指出,阿尔丰索正是基于亚里士多德自然主义观念而认为,“理性与语言是人类独有的特权”,卡斯蒂利亚方言则是“识别阿尔丰索十世自然科学人文主义最为独特的特征”。他补充道,阿尔丰索强调“作为小宇宙的人”的思想,传达的是“以人为中心的历史观”,“人为宇宙的中心和尺度”。① 这与索森阐明的以法国为中心的经院人文主义不同,甚至更进了一步。马丁内斯将中世纪人文主义研究从中心地带带向边缘地区,通过探究西班牙中世纪人文主义的内涵与特征,纠正了19世纪学者将古典—佛罗伦萨人文主义视为“所有人文主义之典范”的片面观点,补充和修正了以法国为中心的传统中世纪人文主义观念。因为西班牙中世纪人文主义的“理性主义、非宗教和世俗性”特征尤为明显,这说明中世纪人文主义在西欧不同民族和地域体现出不同特性,其重要性不言而喻。②

结　论

西方学界经过一个半多世纪的研究,已就“中世纪人文主义”概念达成如下共识。首先,中世纪西欧确实存在着人文主义。其次,此概念的内涵主要包括:对古典文化的热衷与研究;在基督教信条下对人的尊严和价值,以及人的理性认识能力的肯定;对人的外在的“文明礼貌”和内在的心灵,以及“完美之人”的塑造。与此同时,西方学界在此概念的内涵方面仍然存有争议。一是经院哲学与人文主义的关系问题。索森在某种程度上化解了两者的对立,但耶格尔仍明确表示反对。在他看来,不论是12世纪还是14世纪的人文主义者,都不会将“由经院哲学所完成的基督教义的系统化”贴上“人文主义”标签。③ 而且文艺复兴时代的人文主义者大都是反经院哲学的,因此,将两者完全等同起来是无法圆满解释该问题的。二是中世纪人文主义与文艺复兴人文主义的联系。奥格斯特·巴克等学者认为人文主义是源于古代并延续至现代的“西方精神”,以索森为代表的学者亦强调两者存在连续性,即便是耶格尔也认可从古希腊到文艺复兴时期的西方文化中具有一种伟大的思想的统一性,但一些学者尤其是文艺复兴史家通常认为,两者有本质区别,属于不同的人文主义类型。

那么,如何看待中世纪人文主义与文艺复兴人文主义的区别与联系?布克哈特的阐释传统过分强调了两者的差异,但两者并不存在本质性区别,而是一种前后相继的关系。它们都是结合时代需要,以复兴古典文化为名进行的文化创新化运动。正是得益于研习古典与外来文化,

---

① H. Salvador Martínez, “Humanismo Medieval Y Humanismo Vernáculo”, pp. 210, 208–209, 212.

② 马丁内斯亦承认,西班牙方言人文主义继承并丰富和发展了中世纪欧洲人文主义。参见“Humanismo Medieval Y Humanismo Vernáculo”, p. 215。奥地利语文学家阿洛伊斯·沃尔夫(Alois Wolf)亦指出,中世纪盛期的方言文学发展出一种独特的人文主义。参见“Humanism in the High Middle Ages: The Case of Gottfried's *Tristan*”, in *A Companion to Gottfried von Strassburg's Tristan*, ed. James Hardin, Rochester, NY: Camden House, 2003, pp. 23–26。

③ C. Stephen Jaeger, “What is Medieval Humanism, Anyway?”

12 世纪西欧人文主义者的思维变得十分活跃，呈现出反传统、反权威、提倡学习新知的倾向。索莱兹伯里的约翰对其所在的沙特尔学校师生思想状况所作的生动描绘，可以印证此点。[①] 也正是因古典文化的浸润，12 世纪的人文主义者宣称他们是“新人”，是“站在巨人肩膀上的侏儒，要比古人知道得更多，看得更远”。[②] 这与意大利文化复兴时期人文主义者的思想状况极为相似。12 世纪人文主义者一如文艺复兴人文主义者，抨击教会腐败，反对贵族等级制，歌颂人类的高贵与创造力，赞美人类的友谊与爱情等。[③]

不过，12 世纪文艺复兴早期的较激进人文主义思想，逐渐在古典文化与基督教信仰的融合中走向平稳，经院哲学成为承载人文主义的主要载体。就此而言，笔者赞成索森的“经院哲学人文主义”理念。但随着经院哲学走向权威化、教条化和僵化，经院哲学人文主义者也必然随着 14—16 世纪文艺复兴时代的到来而遭到批判。于是，比 12 世纪文艺复兴人文主义者更大胆的人文主义者出现了。可以说，文艺复兴时期的人文主义思潮要比中世纪盛期更为高涨，其世俗性特征更突出。但其宗教特征并未消退，因为不仅中世纪人文主义者尽力将人的尊严与价值，以及理性能力融入基督教神学体系，使之达到人性与神性的统一，而且文艺复兴时代的人文主义者也“力图在理论上把人的价值纳入神学体系，为人性和人生活的价值在宗教中找到应有地位，达成人性和神性的统一”[④]。总而言之，人的神化与上帝的人性化，是中世纪和文艺复兴时代的共同趋向和特征。也只有到了 18 世纪第三次古典文化复兴时期，真正意义上的世俗人文主义才出现。这也是法国著名中世纪史家雅克·勒高夫反对将中世纪与文艺复兴割裂开来，并提出“漫长中世纪”（très long Moyen Âge）概念的原因。[⑤] 当然，进一步探讨两者的联系与区别，仍是学界的重要任务。

要恰当界定“中世纪人文主义”概念，理清它与文艺复兴人文主义的关系，就既要使之合乎中世纪、文艺复兴时代的历史实际，也要符合人们在不断变动的社会中产生的新认知，达到历史实际与现实认知的逻辑统一。时至今日，面对各种社会问题，大批人文学者和科学家再次呼吁建立一种适应现代社会的“新人文主义”，并赋予其新的含义。[⑥] 新人文主义必须超越西方学者

---

① John of Salisbury, *Entheticus*, lines - 42 - 54, in Lynn Thorndike ed., *University Records and Life in the Middle Ages*, New York: Columbia University Press, 1944, pp. 14 - 15. 徐善伟：《中世纪盛期西方理性主义的盛行及其意义》，《史学理论研究》2004 年第 2 期。

② John of Salisbury, *The Metalogicon of John of Salisbury*, Translated with an Introduction & Notes by Daniel D. Mcgarry, Berkeley and Los Angeles: University of California Press, 1955, III, 4, p. 167.

③ 参见笔者承担的上海市教育委员会科研项目“中世纪基督教人文主义”（06AS161）结项报告；徐恒霞《“哥利亚德”人文主义思想研究——以其诗歌为中心》，硕士学位论文，上海大学，2013 年。

④ 赵立行：《宗教与世俗的平衡及其相互制约——意大利人文主义者的宗教观》，《历史研究》2002 年第 2 期。

⑤ Jacques Le Goff, “For an Extended Middle Ages”, in Jacques Le Goff, *The Medieval Imagination*, Chicago: The University of Chicago Press, 1988, pp. 18 - 23.

⑥ 参见陈来《新人文主义应该充满道德意识》，2012 年 5 月 22 日，https://culture. ifeng. com/huodong/special/nishanluntan/content-4/detail_2012_05/22/14727790_0. shtml，访问日期：2022 年 3 月 2 日；乐黛云《人文主义与新人文主义》，《光明日报》2012 年 5 月 14 日，第 15 版；Gerhard Michael Ambrosi, “Towards a ‘Fourth Humanism’? Reflections on the Role of Humanism in Humanities Education”, November 30, 2015, https://ssrn. com/abstract=2696929or http://dx. doi. org/10. 2139/ssrn. 2696929，访问日期 2022 年 3 月 2 日。

强调的人类中心主义，超越对物（金钱）的依赖，超越抽象的绝对个人自由主义，超越民族国家单边的、排他性倾向，体现出敬天、畏地、尊人的全球思想意识。我们也应基于新人文主义理念，继续发掘中世纪人文主义的新内涵。

（本文原刊于《历史研究》2023 年第 3 期）

作者简介：

徐善伟，1964 年 10 月出生，山东省昌乐县人。现为上海师范大学人文学院世界史系教授、博士生导师，世界古代中世纪史博士点与硕士点带头人，上海师范大学申江学者，中国世界中世纪史学会常务理事，中国史学理论学会理事，上海市世界史学会理事。曾于 2014 年 10 月至 2015 年 10 月获国家留学基金资助在英国利物浦大学做访问学者一年，并应邀在“利物浦中世纪与文艺复兴研究中心”作了“中世纪牛津大学借贷基金的一些问题”（Some Questions about Medieval Loan Chests at the University of Oxford）的学术讲座。其主要研究方向为中世纪欧洲社会文化史（侧重于拉丁西方 12 世纪文化复兴研究）、中世纪欧洲大学史、西方史学史。曾主持国家社科基金及省部级科研项目 5 项，发表《东学西渐与西方文化的复兴》等著译作 4 部，在《历史研究》《世界历史》《史学理论研究》、*Chinese Studies in History* 等国内外学术刊物发表论文 20 余篇，其学术成果曾 3 次获得省部级优秀成果奖。

“蛮族”与罗马帝国关系研究述论

康 凯

摘 要：从罗马帝国晚期到中世纪早期这一历史时段是西方学术界争议颇多的领域：古典文明的衰亡、基督教的兴起以及“民族大迁徙”这三大问题相互交织在一起。自从近代民族国家兴起以后，民族主义总是将民族国家与古代族群直接联系起来。建立在罗马帝国西部的西哥特、东哥特以及法兰克等蛮族政权被看作是近代西欧各个民族国家的祖先。因此，蛮族研究从一开始就被抹上了浓重的政治色彩。近现代蛮族研究者对“民族大迁徙”时代的关注往往带有政治目的，蛮族研究总是与同时代的政治环境密切相关，这就是18世纪以来直到二战结束时蛮族研究的基调。

关键词：罗马帝国　蛮族　民族国家　西方学术界　中世纪早期　民族大迁徙　古典文明

从罗马帝国晚期到中世纪早期这一历史时段是西方学术界争议颇多的领域：古典文明的衰亡、基督教的兴起以及“民族大迁徙”这三大问题互相交织在一起。自从近代民族国家兴起以后，民族主义总是将民族国家与古代族群直接联系起来。建立在罗马帝国西部的西哥特、东哥特以及法兰克等蛮族政权被看作是近代西欧各个民族国家的祖先。因此，蛮族研究从一开始就被抹上了浓重的政治色彩，近现代蛮族研究者们对“民族大迁徙”时代的关注往往带有政治目的，蛮族研究总是和同时代的政治环境密切相关，这就是18世纪以来直到二战结束时蛮族研究的基调。

一、近代蛮族研究的兴起

在近代蛮族研究学术史上较有影响力的著作最先出现在18世纪的法国。法国贵族亨利·德·布兰维利(Henri de Boulainvilliers)是最早涉足蛮族研究的学者之一。布兰维利在他的文集《法兰西贵族论集》(*Essais sur la noblesse de France*)中，试图论证法国贵族阶层特权的合法性，并且将这种特权追溯到罗马帝国晚期的法兰克蛮族政权。他在著作中试图论证当时存在着一种由法兰克人统治阶层和高卢人被统治阶层所构成的严格的社会等级体系。布兰维利借古喻今,认为法国贵族作为法兰克人的后裔,理应享受到继承自祖先的各种统治特权。而作为“第三等级”的法国民众,则被布兰维利看成是高卢罗马人的后裔,他们理应处于被统治地位,为贵族阶层服务。[①]

18 世纪的法国正处于大动荡的前夜,布兰维利这种为贵族阶层的辩护只会进一步激化民众对旧制度的不满。启蒙思想家们在批判贵族制度时,顺势利用了布兰维利的解释模式来鼓动人民反对贵族阶层和专制政府的压迫:既然法兰克人是高卢的入侵者,长期以来压迫奴役着高卢人,那么现在高卢人就理应揭竿而起,反抗法兰克人的统治。孟德斯鸠在《罗马盛衰原因论》中认为,当时高卢人之所以能够勉强地接受法兰克人的统治,容忍法兰克贵族阶层对高卢人的压迫,只不过是因为之前罗马帝国的统治比法兰克人更加恶劣。[②] 包括孟德斯鸠在内,近代以来一些重要的思想家基于各自不同的立场表达了自己对蛮族问题的关注。西欧各国民族意识的觉醒和民族国家的兴起,使蛮族研究成了欧洲文化界所关注的主要问题之一。伏尔泰在肯定了蛮族征服罗马帝国西部的合理性的同时,也叹息古典文明的衰亡。[③] 黑格尔认为日耳曼蛮族对欧洲历史具有积极的意义,为衰亡中的罗马世界注入了新的生机。[④] 马克思、恩格斯认为,蛮族入侵的确给西欧带来了一定程度上的破坏,但是蛮族在征服罗马帝国西部期间消灭了奴隶制,也在一定程度上解放了被罗马帝国压迫的罗马人民,促进了西欧社会的进步。[⑤] 在这一大环境下,蛮族研究取得了较大的发展。

从具体的学术建设上来说,德国学者对蛮族研究作出了巨大的贡献,这其中代表性的成果便是如今中世纪研究最重要的文献集《德意志文献集成》(*Monumenta Germaniae Historica*)的出现。[⑥]《德意志文献集成》的编辑工程最初是由普鲁士政治家卡尔·冯·斯泰因(Karl Von Stein)在 1819 年发起的。斯泰因发起这一编辑工程的主要目的是希望德意志地区的人们通过对中世纪历史文献的研究,增强日耳曼国家的民族意识。直到如今,《德意志文献集成》仍然保留着其初创时的口号:“神圣的爱国情怀是精神力量的源泉。”而且《德意志文献集成》中“日耳曼”(Germaniae)的概念相当宽泛,这部庞大的文献集所涵盖的历史时段从罗马帝国晚期一直到 15 世纪。不过,《德意志文献集成》最初在文献的编辑和校勘上质量并不高。只有到了 1870 年

---

① Ian Wood, “The Use and Abuse of the Middle Ages, 1750 - 2000” in Marios Costambeys, Andrew Hamer and Martin Heale, eds., *The Making of the Middle Ages: Liverpool Essays*, Liverpool: Liverpool University Press, 2007, p. 38; “Barbarians, Historians, and the Construction of National Identities”, *Journal of Late Antiquity*, vol. 1, no. 1, 2008, pp. 63 - 64. 布兰维利本人的观点主要集中在他的《法兰西贵族论集》中,参见 Henri de Boulainvilliers, *Essais sur la noblesse de France*, Amsterdam, 1732;有关布兰维利的详细研究可参见 Harold A. Ellis, *Boulainvilliers and the French Monarchy: Aristocratic Politics in Early Eighteenth-Century France*, Ithaca, N. Y.: Cornell University Press, 1988。

② 孟德斯鸠:《罗马盛衰原因论》,婉玲译,商务印书馆,1995 年,第 104—105 页。

③ 伏尔泰:《风俗论》,梁守锵等译,商务印书馆,1997 年,第 300—308 页。

④ 黑格尔:《历史哲学》,王造时译,上海书店出版社,2006 年,第 322—323 页。

⑤ 恩格斯:《家庭、私有制和国家的起源》,中共中央马克思、恩格斯、列宁、斯大林著作编译局译,人民出版社,1972 年,第 148—155 页。

⑥ 有关《德意志文献集成》的详细论述,参见彭小瑜《近代西方古文献学的发源》,《世界历史》2001 年第 1 期,第 112—116 页。

以后，随着德国的统一，在国家的大力支持下，理想化的民族主义爱国热情才和专业的学术研究结合到了一起。以蒙森、德罗伊森为代表的一大批优秀学者陆续加入《德意志文献集成》的编辑校勘工作中来，将德国的蛮族研究带入了一个黄金时代。由于政治和文化上的原因，德国学者尤其注重研究和校勘有关哥特人历史的文献。当时德国研究者们对一些重要的蛮族史料如《哥特史》《书信集》以及《瓦勒西阿努斯匿名著作》的校勘和研究，直到如今依然具有重要的学术价值。①

1871 年是近代欧洲历史上重要的一年。普法战争的胜利和德国的统一激发了德国国内民族主义情绪的高涨，推动了蛮族研究的蓬勃发展。当时的德国学者普遍将哥特人、法兰克人等看成是日耳曼部落，他们在迁徙过程中征服了罗马帝国，建立了自己的王国。显然，这样的观点肯定会在其他民族国家引起巨大的争议。在作为普法战争另一方的法国内部，许多学者出于相同的民族主义热情和爱国热情，也积极地投身于蛮族研究中，以回应德国学术界的挑战。普法战争前，菲斯泰尔·德·古朗士（Numa Denis Fustel de Coulanges）在法国阿尔萨斯大区的首府斯特拉斯堡从事古代史研究，他早年的代表作是《古代城市》。② 普法战争的失败以及普鲁士军队对阿尔萨斯和洛林地区的侵占激发了古朗士的爱国热情。1870 年以后，古朗士将所有的精力都投入罗马帝国晚期的蛮族研究中。他从事蛮族研究的代表作是《古代法兰西的政治制度》。③ 不过，在这部著作中，古朗士的观点并没有被当时的政治环境和民族主义情绪所影响。他没有像当时的许多其他法国学者那样将古代日耳曼蛮族和当时的德国侵略者对应起来。在古朗士看来，哥特人和法兰克人等蛮族并没有像普法战争中德国对法国所作的那样给罗马帝国造成巨大的破坏；法兰克人和哥特人在罗马帝国西部建立的蛮族政权也并非是通过武力征服的，而是通过外交手段逐步地获得了罗马帝国的认可；同时，这些蛮族政权在政治制度和文化上也继承和延续了罗马传统。尽管古朗士是因为普法战争的激发而投身于蛮族研究中，但他保持了一位学者在学术上的中立，注意到了罗马帝国晚期的蛮族群体和当代民族国家具有本质的不同。

20 世纪上半叶，蛮族研究进一步被一些政客利用，作为宣传极端种族主义的工具。不过，

---

① 约尔达内斯的《哥特史》（*Getica*）是 6 世纪的一部拉丁语著作。《哥特史》追溯哥特人的起源和历史，并且在一定程度上颂扬东哥特政权的统治者阿玛尔（Amal）家族；《哥特史》如今最好的校勘本来自蒙森：*Iordanis Romana et Getica*, in T. Mommsen, ed., *Monumenta Germaniae Historica*, *Auctores Antiquissimi*, vol. 5, Berlin: Weidmann, 1882。卡西奥多路斯的《书信集》（*Variae*）是一部 6 世纪的拉丁语著作，保存了大量东哥特政权的官方书信，是研究东哥特政权的最重要文献；如今最好的校勘本来自弗里德：*Variae*, in A. J. Fridh, ed., *Corpus Christianorum Series Latina*, vol. 96, Turnout: Brepols, 1973。《瓦勒西阿努斯匿名著作》（*Anonymus Valesianus*）是一部 6 世纪的拉丁语著作，这部著作分成前后两部分，第一部分记载了君士坦丁大帝时代的罗马历史，第二部分记载了大约从 473 年到 526 年间罗马帝国西部意大利地区的历史；如今最好的校勘本来自蒙森：*Anonymi Valesiani pars posterior*, in T. Mommsen, ed., *Monumenta Germaniae Historica*, *Auctores Antiquissimi*, vol. 9, Berlin: Weidmann, 1892。

② 最新的译本见菲斯泰尔·德·古朗士《古代城市：希腊罗马宗教、法律及制度研究》，吴晓群译，上海人民出版社，2012 年。

③ Numa Denis Fustel de Coulanges, *Histoire des institutions politiques de l'ancienne France*, vols. 1–6, Paris: Hachette, 1892.

在时代的逆流中,仍然有一些学者坚持真正的学术研究。比利时学者亨利·皮朗的《穆罕默德和查理曼》是这一时期最重要的蛮族研究著作。[①] 皮朗赞同古朗士的观点,并且在古朗士的基础上进一步展开自己的论述。在皮朗看来,古典文明本质上是以地中海为中心的政治、经济和文化的共同体。罗马帝国晚期的蛮族政权并没有打破由罗马帝国统一起来的地中海文明的共同体。在地中海西部,西班牙的西哥特王国、高卢的法兰克王国、意大利的东哥特王国以及北非的汪达尔王国之间仍然保持着密切的交往,而这些蛮族政权也都和控制着地中海东部的东罗马帝国保持着紧密的联系。蛮族政权出现以后,地中海地区的政治、经济、文化体系并没有受到破坏,而真正打破这一共同体的事件,是7世纪以后伊斯兰文明的兴起。皮朗认为,是伊斯兰势力在地中海地区惊人的扩张造成了地中海东部和西部在政治、经济、文化上的隔绝:

> 日耳曼人入侵所遗留下来的完好无损的东方与西方的关系受到了严重创伤……日耳曼人数次入侵都未予伤害的地中海的统一性,如今则被伊斯兰教的骤然入侵砸得粉碎。这是自布匿战争以来,欧洲历史上所发生的最为重要的事件。古典传统就此终结。中世纪时代由此而开始,而这一事件就发生在欧洲越来越拜占庭化的这一关键时刻。[②]

在皮朗看来,伊斯兰文明的兴起不仅打破了罗马帝国所建立起来的地中海文明共同体,也促使西欧形成了自给自足的政治、经济和文化共同体。随着查理曼帝国的建立,西欧从此发展了具有自身特色的中世纪文明,走上了一条与希腊化的东罗马帝国完全不同的道路。在皮朗看来,加洛林王朝时期所建立起的这种新的文明共同体是基督教文化、罗马文化和蛮族文化三者的结合,也正是这一新的文明共同体孕育出了现代的西方文明。皮朗在《穆罕默德和查理曼》的最后一段中明确地表述了他的这种观点:[③]

> 此时,一个文明共同体已经形成了,而加洛林帝国就是这个文明的象征和工具。日耳曼各种因素就产生于这个文明之中,同时,这些日耳曼因素又是一种基督教教会加以罗马化的因素。……正如5世纪前后由各个蛮族王公所创建的各种西方政权继续保留着罗马帝国的痕迹一样,法兰西、德意志和意大利等中世纪政权也继续保留着加洛林帝国的痕迹。

《穆罕默德和查理曼》是皮朗生前的最后一部专著。在当时动荡的政治局势下,蛮族研究受到了严重的干扰和破坏,皮朗的著作也没有获得应有的地位,然而如今,这一著作及其学术地位都获得了学术界的重新肯定。[④]

---

① Henri Pirenne, *Mahomet et Charlemagne*, Paris: F. Alcan, 1937.

② 亨利·皮朗:《穆罕默德和查理曼》,王晋新译,上海三联书店,2011年,第169—170页。

③ 亨利·皮朗:《穆罕默德和查理曼》,第290页。

④ 在2010年6月于海德堡和法兰克福举行的"古代晚期地中海世界的地区化和融合"学术研讨会上,亨利·皮朗及其著作是与会学者着重讨论的问题之一。现代学术界对皮朗观点的反思可以参考p. Delogu, "Reading Pirenne Again", in R. Hodges and W. Bowden, eds., *The Sixth Century: Production, Distribution, and Demand*, Leiden: Brill, 1998, pp. 15-40。

二、二战后蛮族研究的发展

二战以后,欧洲的政治局势和社会状况都发生了巨大的变化,国际环境的变动对蛮族研究的范式产生了影响:一方面,德国等西欧各国逐渐从自己编织的民族神话中清醒过来,西欧学术界也开始反省近代以来过度宣扬民族主义所带来的灾难;另一方面,大量亚洲和非洲等地移民的涌入使得西欧诸国逐渐成了多民族多文化的国家,这也在一定程度上影响到了西方学术界蛮族研究的价值取向。二战后的蛮族研究不再是激化民族国家之间冲突的政治工具,建立于罗马帝国晚期的各个蛮族政权被看成是历史留给后人的一笔财富,为欧洲多民族多文化的共存与发展提供了丰富的历史经验。战后欧洲蛮族研究领域的主流观点从“入侵”和“衰亡”转变为了“多民族多文化的交流、融合”。欧洲科学基金会(European Science Foundation)人文社科部设立的名为“罗马世界的转型”的研究项目是学术界对新形势的代表性回应。[①] 这一研究项目集结起欧洲各地的学者,致力于通过对罗马帝国晚期和中世纪早期“民族大迁徙”时代的研究,来展现一个多民族多文化互相交流融合的欧洲共同体。而且,自从 20 世纪 80 年代末东欧剧变以来,东欧各国在政治、经济和文化上与西欧的联系日益紧密。随着东欧各国陆续加入欧盟,传统上以西欧为中心的“欧洲”概念难以适用了。何谓欧洲? 如何在当今多民族多文化的交流融合的国际趋势下重新定义“欧洲人”这一身份?[②] 二战以后,从事蛮族研究的学者们积极地参与到这一问题的讨论中。一些学者追本溯源,强调各个蛮族群体在它们形成之初,其本身就具有多民族多文化背景。他们强调,传统上人们所认为的哥特人、法兰克人、保加尔人、斯拉夫人等现代欧洲各民族的祖先,其本身就是多民族多文化共存的群体。

二战后蛮族研究领域有关族群起源问题较有影响力的研究最早来自奥地利。奥地利学者赖因哈德·文斯库斯在 1961 年的著作《蛮族部落的形成及其机制》中,通过考古学、语文学和历史学相结合的方法,对蛮族部落的起源提出了一种新的见解。[③] 文斯库斯认为,日耳曼蛮族群体最初以文化上,尤其是语言上的相似性为纽带逐渐地联系在一起。在罗马帝国晚期,当这些蛮族群体进入罗马帝国之后,他们在军事上的不断胜利吸引了更多的成员加入其中,而这些成员来自各个民族和各种文化背景下,于是蛮族群体便逐渐具有了多民族多文化的性质。不过文斯库斯认为,虽然蛮族群体吸收了来自其他民族和文化背景的成员,但是这并没有影响到这些群体所共有的身份认同。文斯库斯提出了一种“核心传统”(Traditionskerne)的观点:在这些蛮族群体不断迁徙的过程中,起领导作用的是一小群军事贵族,而这些贵族领导者的家族保留了

---

① 有关这一研究项目的宗旨和简介可以通过以下网址查看:http://www.brill.com/publications/transformation-roman-world,2014-07-09。

② 有关这一问题在更广泛层面上的讨论,参见哈贝马斯、德里达、艾柯等《旧欧洲·新欧洲·核心欧洲》,邓伯宸译,中央编译出版社,2010 年。

③ Reinhard Wenskus, *Stammesbildung und Verfassung: Das Werden der frühmittelalterlichen Gentes*, Köln: Böhlau, 1961.

一些口耳相传的有关家族起源的传说。这些传说和由此衍生的文化习俗在经历了几代贵族领导者的宣传后，慢慢地成了这些蛮族群体成员共同的记忆，最后变成了整个族群起源的传说。所谓“核心传统”指的就是由贵族家族世代保存下来的传说及其衍生出的文化习俗。这一“核心传统”被蛮族群体的贵族领导者家族世代相传，成为他们所领导的蛮族群体构建共有的身份认同的工具。在蛮族群体不断发展壮大的过程中，许多新加入的小部落事实上来自不同的民族，拥有各种各样的文化背景。然而当他们加入后，也会在几代人以后被这种“核心传统”所同化。文斯库斯认为，正是依靠着这些贵族所传承的“核心传统”，这些蛮族群体才没有被罗马帝国这个“民族大熔炉”完全同化，而仍然在一定程度上保留着蛮族群体的身份认同和文化习俗。

在文斯库斯看来，蛮族群体的身份认同更多地是基于文化上的认同，而不是基于生物学上的人种或者说种族认同。显然，文斯库斯的著作不仅仅是对当前欧洲所面临的身份认同问题的一种回应，他的著作也同样体现出二战后德语学者对 20 世纪上半叶尤其是纳粹统治时期所宣扬的极端种族主义的深刻反思。

在蛮族研究上继承和发展文斯库斯的这一理论的代表人物是他的学生赫尔维希·沃尔夫拉姆。[①] 沃尔夫拉姆比文斯库斯更加强调蛮族群体的文化认同，也竭力地避免使用任何具有种族认同含义的词。因此，就连文斯库斯在其著作中所经常使用的“部落”(Stamm)这一词，也被沃尔夫拉姆认为隐含着种族主义的倾向而抛弃了。沃尔夫拉姆对文斯库斯“核心传统”理论提出了进一步的解释。沃尔夫拉姆认为，“核心传统”形成后，至少要经过大约一代人的时间，才能够在蛮族群体内形成共有的身份认同。沃尔夫拉姆尤其注重对哥特人的研究，根据他的理论，西哥特人和东哥特人作为一个蛮族群体的出现，最晚也是在他们进入罗马帝国之前大约一代人以前。哥特人之所以能够成为一个群体，并非是由于其成员最初在文化上或者血缘上的联系，而是由于他们对领导这一群体的哥特贵族的效忠。哥特贵族家族所流传下来的古老传说被哥特人群体的所有成员逐渐接受，成为这一群体内所有人都认同的历史，而对这些古老传说的集体记忆随着时间的流逝便成了哥特人身份认同的基础。沃尔夫拉姆认为，约尔达内斯的《哥特史》很能说明这一问题：在《哥特史》中，哥特人的历史基本上就可以被看成是两大哥特家族——领导东哥特人的阿玛尔家族和领导西哥特人的巴尔提家族起源和发展的历史。

由于文斯库斯和沃尔夫拉姆最初都来自维也纳大学，因此他们的这种理论也被称为维也纳学派。维也纳学派的理论在学术界引起了很大反响，但也受到了一些学者的质疑，[②]其中的代表人物是长年生活在美国学术圈的德裔学者沃尔特·高法特。高法特在 1980 年出版的著作

---

① 沃尔夫拉姆的观点主要体现在他的一些文章中：Herwig Wolfram, “Gotische Studien I. Das Richtertum Athanarichs”, *MIÖG*, vol. 83, 1975, pp. 1 – 32; Herwig Wolfram, “Gotisches Königtum und römisches Kaisertum von Theodosius dem Großen bis Justinian I”, *FmSt*, vol. 14, 1979, pp. 1 – 28; Herwig Wolfram, “Zur Ansiedlungen reichsangehöriger Föderaten: Erklärungsversuche und Forschungsziele”, *MIÖG*, vol. 91, 1983, pp. 5 – 35。而他的《哥特史》(*Geschichte der Goten*, Münich: Beck, 1979)更多地是一部面向大众的通俗性读物。

② 有关维也纳学派理论的评述颇多，最新的评述可参见 Andrew Gillett, ed., *On Barbarian Identity: Critical Approaches to Ethnicity in the Early Middle Ages*, Turnhout: Brepols, 2002。

《蛮族与罗马人》中对维也纳学派的理论提出了异议，并且试图解构传统的"日耳曼蛮族入侵"和"民族大迁徙"的观点。[①] 维也纳学派的蛮族起源理论强调"核心传统"作用，以"核心传统"为内核的蛮族群体在迁徙的过程中不断吸收来自各个民族和文化背景的成员，像滚雪球一样地逐渐发展壮大。然而在这一理论中，维也纳学派也同样认为，蛮族群体内核最初的形成仍然是依靠着日耳曼语言上的相似性，即这些蛮族最初都使用着某种相似的日耳曼语言。因此，这些蛮族群体仍然可以被看作是日耳曼文化的产物。高法特不赞同这一观点。他认为所谓的"日耳曼蛮族"概念是近现代民族国家政治宣传的产物：古代的"日耳曼蛮族"不过是罗马人对这些蛮族群体笼统的归类，而近现代的"日耳曼性"（Germanity）概念其实是以雅各布·格林为代表的19世纪德国语文学家怀着浪漫主义民族情怀所发明的概念，迄今为止没有证据能够证明古代的各个蛮族群体中存在着某种具有日耳曼特性的文化认同。所以在高法特看来，维也纳学派的理论前提就是有问题的，他们并没有摆脱19世纪以来德国极端民族主义者所宣扬的"泛日耳曼主义"情结。[②] 此外，高法特也不赞同传统观点上所认为的蛮族群体是在不断迁徙过程中发展壮大的。高法特认为，考古学已经证明，所谓的日耳曼蛮族群体并非是游牧民族，他们过的是一种定居的生活。罗马帝国晚期，各个蛮族群体迁徙进入罗马帝国有着各种复杂的原因，这些蛮族群体在罗马帝国的所作所为也不能够用"入侵"来形容，更不能理想化地用"日耳曼蛮族"为了寻找理想的定居点而入侵罗马帝国来解释这一现象。[③]

针对这一问题，在1988年出版的《蛮族史的叙事》中，高法特从史料批判的角度对以维也纳学派为代表的蛮族起源理论提出了进一步的质疑。[④] 他认为，许多蛮族研究领域的学者在利用文献史料的时候，缺乏对史料本身的批判。文斯库斯和沃尔夫拉姆的理论以约尔达内斯《哥特史》中的叙述为基本的历史框架，但他们和二战前的许多蛮族研究者一样，将《哥特史》中的内容当成事实，因而完全忽视了约尔达内斯《哥特史》本身的写作背景和写作意图。

高法特在《蛮族史的叙事》中对传统上人们所认为的四大民族史，即约尔达内斯的《哥特史》、都尔主教格里高利的《法兰克人史》、比德的《英吉利教会史》和执事保罗的《伦巴德人史》提出了全新的解读。这些在传统史学上被定性为"民族史"的著作，长期以来被蛮族研究者看作是记录蛮族起源和发展的宝贵史料。然而在高法特看来，这些所谓的"民族史"并非是民族起源和发展的真实记述。只有将这些著作还原到其创作的时代环境中，才能够揭示出作者真正的意图。

高法特首先分析了争议最多也是最重要的《哥特史》。传统上认为，约尔达内斯本人并没

---

① Walter Goffart, *Barbarians and Romans, A. D. 418 – 584: The Techniques of Accommodation*, Princeton: Princeton University Press, 1980.

② Walter Goffart, *Barbarians and Romans, A. D. 418 – 584: The Techniques of Accommodation*, pp. 24 – 26.

③ Walter Goffart, *Barbarians and Romans, A. D. 418 – 584: The Techniques of Accommodation*, pp. 27 – 28.

④ Walter Goffart, *The Narrators of Barbarian History, A. D. 550 – 800: Jordanes, Gregory of Tours, Bede, and Paul the Deacon*, Princeton: Princeton University Press, 1988.

有多少原创性，他的著作不过是对卡西奥多路斯《哥特史》的缩写，并且增补了少量其他历史著作的内容。但是在高法特眼中，《哥特史》其实是充满原创性的著作。高法特认为，原先被卡西奥多路斯用来歌颂东哥特阿玛尔家族的《哥特史》经过了约尔达内斯的编辑，成了歌颂查士丁尼征服东哥特王国的著作。高法特认为，尽管约尔达内斯自称是一个哥特人，但是在他的《哥特史》中，罗马帝国无疑是主角。高法特结合对约尔达内斯的另一部著作《罗马史》的分析，认为约尔达内斯在《哥特史》和《罗马史》中所体现的其实是6世纪中期东罗马帝国的政治立场。约尔达内斯通过他的著作试图告诉刚刚经历过哥特战争的哥特人和罗马人：在查士丁尼发动的征服战争胜利之后，随着统治东哥特的阿玛尔家族和罗马历史悠久的名门望族阿尼奇乌斯家族的结合，哥特人从此融入了罗马帝国。对哥特人和罗马人来说，这其实是一个皆大欢喜的结局。①

高法特对《法兰克人史》的解读也颇有新意。对于蛮族研究者来说，格里高利的《法兰克人史》是蛮族研究的重要史料。然而，格里高利喜欢描写各种神迹，而且在全书中，格里高利往往忽然中断之前的论述，转而扯到与之完全无关的内容上，这使得全书的主线看起来十分模糊，给人一种结构混乱的感觉。传统的蛮族研究者在研究格里高利的著作时，注重书中所提及的具体历史事件，而对那些与神迹相关的内容不甚关心。而高法特认为，如果要了解格里高利著作的真实意图，就必须要将书中对神迹的论述和对历史事件的论述看成是一个整体。在高法特看来，格里高利在《法兰克人史》中的论述方式自有其深意：格里高利反对当时许多基督教著作热衷于运用哲学理论来解释圣经和基督教教义。格里高利认为，能够增强人们信心、感化人们皈依基督教的并不是矫揉造作的华丽言辞和抽象空洞的哲学理论，而是实实在在的圣人和神迹。因此，格里高利在他的著作中使用了一种旧约式的叙述方式，刻意使用平实甚至粗糙的语言，着力描述各种神迹，希望以此告诫人们上帝是赏罚分明、善恶有报的。而全书叙述结构上的混乱也是格里高利刻意为之，作者希望以此表现出尘世的混乱无常。②

同样，在高法特看来，比德的《英吉利教会史》和执事保罗的《伦巴德人史》也都必须返回到作者写作的时代环境中去解读，才能够体现出作者的真正意图。比德的《英吉利教会史》反映了诺森伯利亚王国教会内部的派系斗争，并且涉及当时的英吉利教会面临着两种基督教传统——爱尔兰基督教传统和罗马公教传统之间的矛盾；③而执事保罗的著作同样是一种旧约式的叙述，试图展现出上帝对尘世间人们的各种行为的奖惩。④

高法特的研究将蛮族研究者的目光拉回到罗马帝国晚期的大变局中。高法特在蛮族研究中所采用的视角和研究方法，体现出了古代晚期研究对蛮族研究的影响。自从20世纪70年代

① Walter Goffart, *The Narrators of Barbarian History*, *A. D. 550 - 800*, p. 83.
② Walter Goffart, *The Narrators of Barbarian History*, *A. D. 550 - 800*, pp. 233 - 234.
③ Walter Goffart, *The Narrators of Barbarian History*, *A. D. 550 - 800*, pp. 326 - 328.
④ Walter Goffart, *The Narrators of Barbarian History*, *A. D. 550 - 800*, pp. 429 - 432.

以来,古代晚期研究开始兴起。以美国学者彼得·布朗(Peter Brown)为代表的一些学者接受并且发展了20世纪初一些艺术史家的观点,强调这一历史时段的独特性,这一时段既不属于古典时代,也和中世纪不同,布朗称之为"古代晚期"。[①] 支持这一观点的研究者认为,古代晚期的基调并不是罗马帝国的衰亡,而是诸多新事物的兴起:新的艺术形式、新的思维方式、新的政治制度以及作为新兴宗教的基督教的兴起,这些是古代晚期研究者们最为关注的话题。古代晚期的研究者们认为,古典文明在古代晚期经过基督教改造之后以新的形式保存和延续了下来,因此,这一时期与其说是古典文明的"衰亡",不如说是古典文明的"转型"。从研究视角和研究方法上来看,以美国学者为主的古代晚期研究者关注的焦点主要集中在当时的宗教和文化上。他们注重对史料进行文本分析,将史料还原到具体的时代环境中进行解读,着重发掘出史料中所蕴含的言外之意。比如,许多被传统史学认为充满迷信和谬误、毫无史料价值的圣徒传记和基督教历史著作,在古代晚期研究者那里通过文本分析获得了新的诠释。高法特的著作也明显地体现出了古代晚期研究对蛮族研究的影响。

三、20世纪80年代以来蛮族研究的转型

从20世纪80年代以来,在古代晚期研究的影响下,许多蛮族研究者更加愿意使用"转型"替代原来的"衰亡"作为罗马帝国晚期和中世纪早期的主旋律。古朗士和皮朗的观点受到了越来越多研究者的支持。许多研究者认为,蛮族政权实际上是罗马文明的一种延续形式,蛮族政权继承并且发展了罗马传统,罗马、基督教和蛮族这三种文化传统的结合奠定了中世纪西欧文化的基础。因此,在古代晚期研究者看来,罗马帝国晚期和中世纪早期并不是一个文明之间互相冲突的时代,也不是蛮族对古典文明带来大破坏的时代,而是多文化多民族大交流、大融合的时代。古典文明没有"衰亡",而是在蛮族政权中被延续下来,并且逐渐"转型"。[②]

---

① 彼得·布朗在他的经典著作《古代晚期的世界》(Peter Brown, *The World of Late Antiquity*, London: Thames and Hudson, 1971)的前言中探讨了古代晚期(Late Antiquity)的概念,他可以算是最早使用这一概念的学者之一,也是提倡将古代晚期作为某个独特的历史阶段来进行专门研究的主导者。但是,这一概念所指的具体时间段并没有严格定论,基本历史时段大约是从公元3世纪到公元8世纪。学术界对古代晚期这一概念的认同体现在新版剑桥古代史的编排上。新版剑桥古代史在第14卷的标题即为《古代晚期》(Averil Cameron, Bryan Ward-Perkins and Michael Whitby, eds., *The Cambridge Ancient History*, vol. 14: *Late Antiquity: Empire and Successors, A. D. 425–600*, Cambridge: Cambridge University Press, 2000)。古代晚期这一概念的最新评论参见《古代晚期》杂志创刊号中爱德华·詹姆斯的文章(Edward James, "The Rise and Function of the Concept of 'Late Antiquity'", *Journal of Late Antiquity*, vol. 1, no. 1, 2008, pp. 20–30),作者不仅对这一概念的出现和兴起作了介绍,也对这一研究领域的研究现状进行了反思。

② "转型"论取代"衰亡"论的趋势从两套研究丛书的标题上即可看出:古代晚期研究的代表性丛书总标题为《古典传统的转型》(*Transformation of the Classical Heritage*),该丛书从80年代以来陆续出版了40余本,都是独立的研究专著。从该丛书的名称上即可看出古代晚期研究者们对这一历史时段的基本态度,即注重文明的"继承"和"转变"。无独有偶,如今蛮族研究领域的代表性丛书总标题为《罗马世界的转型》(*The Transformation of the Roman World*),这是由欧洲科学基金会人文社科部设立的一个研究项目。这套丛书从90年代以来一共出版了十余册,基本上都是论文集,注重以多学科交叉的方法研究从罗马帝国晚期和中世纪早期这一历史时段的历史,尤其注重研究罗马帝国西部的蛮族政权。国内研究者中有关"转型论"和"衰亡论"的详细论述,参见李隆国《从"罗马帝国衰亡"到"罗马世界转型"——晚期罗马史研究范式的转变》,《世界历史》2012年第3期。

在蛮族研究领域，最能够支持“转型”论的实证研究主要集中在东哥特政权的研究上。493—554年间在意大利建立的东哥特政权，是古代晚期留下史料最丰富的蛮族政权。罗马帝国晚期的政治和法律制度在东哥特政权统治下几乎没有变动。在东哥特政权的统治阶层中，来自罗马古老家族的元老们仍然担任着重要的官职。因此，即使是爱德华·吉本在论述东哥特王国时，也与他试图营造的“衰亡”这一主旋律不太一致：

> 作为共和国的恩主，哥特国王有必要，也有责任尽量获得元老们和人民的欢心。罗马贵族被用尽各种动听的名词和公开表示敬意的形式加以赞扬……任何一种致力于人民健康和幸福的官职都享有极大的荣誉。希腊使臣也会出于礼貌叫好的体育活动，隐约和约略表现出恺撒时代的宏伟气概……在提奥多里克统治的第七年，他访问了世界的旧都；众元老和人民列队庄严出迎这第二位图拉真，或新的瓦伦提尼安。[①]

即使在“衰亡”论最有影响力的宣传者吉本的眼中，东哥特王国及其统治者也具备了足够的罗马特性，完全不像蛮族政权。二战后最先提醒学术界重视东哥特研究的是古典学家阿纳尔多·莫米里亚诺。莫米里亚诺在1955年英国国家学术院的年会上发表了题为“卡西奥多路斯及其时代的意大利文化”的演讲，鼓励学者们关注东哥特王国的御用秘书和政务总管卡西奥多路斯及其所生活的时代。[②] 另一位古典学家琼斯在他晚年的代表作《晚期罗马帝国》中也认为，东哥特王国几乎原封不动地保留和沿用了罗马帝国西部的统治机构，在东哥特王国中，罗马元老院的地位甚至还得到了提高。[③] 随着20世纪70年代古代晚期研究的兴起以及沃尔夫拉姆和高法特等研究者在《哥特史》问题上的争议，东哥特政权的研究获得了更多研究者的关注。

东哥特研究的代表人物之一是约翰·莫尔海德。莫尔海德从20世纪80年代开始便一直致力于东哥特研究，并且发表了一系列有关东哥特政权的研究论文。[④] 莫尔海德对东哥特政权的研究属于传统的政治史范畴。他运用大量的一手史料，对东哥特政权的政治制度、外交事务

---

① 吉本：《罗马帝国衰亡史》（下册），黄宜思、黄雨石译，商务印书馆，1997年，第154—155页。

② Arnaldo Momigliano, “Cassiodorus and Italian Culture of His Time”, in Arnaldo Momigliano, *Studies in Historiography*, New York: Garland, 1966, pp. 181 – 210.

③ A. H. M. Jones, *The Later Roman Empire, 284 – 602: A Social, Economic, and Administrative Survey*, Norman: University of Oklahoma Press, 1964, pp. 253 – 257.

④ 莫尔海德的东哥特研究论文：John Moorhead, “Boethius and Romans in Ostrogothic Service”, *Historia*, vol. 27, no. 4, 1978, pp. 603 – 612; “The Laurentian Schism: East and West in the Roman Church”, *Church History*, vol. 47, no. 2, 1978, pp. 125 – 136; “Italian Loyalties during Justinian's Gothic War”, *Byzantion*, vol. 53, 1983, pp. 575 – 596; “The Last Years of Theoderic”, *Historia*, vol. 32, no. 2, 1983, pp. 106 – 120; “The West and the Roman Past: From Theoderic to Charlemagne”, in Brian Croke and Alanna M. Emmett, eds., *History and Historians in Late Antiquity*, Sydney: Pergamon Press, 1983, pp. 155 – 168; “Theoderic, Zeno and Odovacer”, *Byzantinische Zeitschrift*, Bd. 77, 1984, pp. 261 – 266; “The Decii under Theoderic”, *Historia*, vol. 33, no. 1, 1984, pp. 107 – 115; “Culture and Power among the Ostrogoths”, *Klio*, vol. 68, no. 1, 1986, pp. 112 – 122; “Libertas and Nomen Romanum in Ostrogothic Italy”, *Latomus*, vol. 46, 1987, pp. 161 – 168; “Goths and Romans”, *Carmina Philosophiae*, Bd. 7, 1998, pp. 81 – 88; “Cassiodorus on the Goths in Ostrogothic Italy”, *Romanobarbarica*, vol. 16, 1999, pp. 241 – 259; “Ostrogothic Italy and the Lombard Invasions”, in Paul Fouracre, ed., *The New Cambridge Medieval History*, vol. 1, *c. 500 – c. 700*, Cambridge: Cambridge University Press, 2005, pp. 140 – 161; “Western Approaches (500 – 600)”, in Jonathan Shephard, ed., *The Cambridge History of the Byzantine Empire*, *c. 500 – 1492*, Cambridge: Cambridge University Press, 2008, pp. 221 – 248。

和政教关系等问题进行探讨，莫尔海德在 1992 年出版的《狄奥德里克在意大利》是其东哥特研究的代表作。[1] 莫尔海德在其著作中以东哥特政权中罗马元老院几大家族的主要人物为主线，论述了东哥特王狄奥德里克统治时期东哥特政权的兴衰。莫尔海德认为，从实践层面上来看，尽管狄奥德里克拥有“王”的头衔，但是他的国家在实质上高度地保存和延续了罗马的传统。罗马帝国晚期政府机构的职能都被维持着。罗马的政治体制作为一种保持历史连续性的强有力的因素，在东哥特王国中保存得甚至比拜占庭还要好。罗马的法律程序仍然在起作用，尽管更多地是体现在土地法上。对于东哥特政权下的哥特人和罗马人来说，东哥特王狄奥德里克更适合于被归为罗马晚期的统治者，而并非中世纪早期的统治者。[2]

莫尔海德还认为，查士丁尼的征服战争实质上起到的效果是古典文明在西部的终结。罗马的政治和文化传统原来在东哥特王国中得以延续，并且在逐步复兴。然而在哥特战争中所有这一切都遭到了极大的破坏。由于战乱，许多生活在意大利的元老家族都举家迁往东部。在东哥特王国中享有很高政治地位的罗马元老院在哥特战争后消失了，由此终结了罗马元老院一千多年的历史。查士丁尼发动的战争及其许多其他措施，都是举着复兴传统的旗号，但实际上起到的效果却是将旧的传统连根拔除了。[3]

莫尔海德将东哥特政权看成是罗马政治和文化传统的延续，并且将罗马传统的衰亡归结于查士丁尼所发动的哥特战争。帕特里克·阿莫里在此问题上提出了更进一步的观点。他的《东哥特意大利的人民与身份：489—554》一书试图解构东哥特政权的蛮族特性，将东哥特政权仅仅看作是一个典型的罗马式的政权。[4] 从他的这种观点中多少也能够看到古代晚期研究的影响，古代晚期研究的代表人物彼得·布朗给予了该著作较高的评价。[5] 阿莫里在该书中认为，东哥特政权中所谓的“哥特人”身份，其本身就是政治意识形态斗争的产物：正是由于查士丁和查士丁尼相继即位以后，东罗马帝国高举复兴大旗有意地加强了对其自身“罗马性”的宣传，从而刺激了西部的东哥特政权这个具备充分的罗马特性的政权反射性地开始强调起自身的“哥特性”。

在《东哥特意大利的人民与身份：489—554》中，阿莫里将进入意大利之前的东哥特人看成是一个军事集团，这一集团实际上并没有多少“哥特人”的身份意识。当东哥特政权在意大利建立以后，东哥特王狄奥德里克支持复兴古典文化，他的所作所为就像是一个罗马皇帝。然而，到了 6 世纪 20 年代，在查士丁和查士丁尼掌权以后，东罗马帝国政府开始有意识地加强宣传其自身的“罗马性”，在外交政策上也一改以往的保守作风，显得较为强势。此外，由东罗马帝国所主导的西部教会和东部教会的复合，对信奉阿里乌派的东哥特政权也带来了消极的影响，这

---

① Jonh Moorhead, *Theoderic in Italy*, Oxford: Clarendon Press, 1992.
② Jonh Moorhead, *Theoderic in Italy*, p. 256.
③ Jonh Moorhead, *Theoderic in Italy*, pp. 253 – 256.
④ Patrick Amory, *People and Identity in Ostrogothic Italy*, *489 – 554*, Cambridge: Cambridge University Press, 1997.
⑤ Peter Brown, “The Study of Elites in Late Antiquity”, *Arethusa*, vol. 33, no. 3, 2000, pp. 321 – 346.

一切都让东哥特政权感受到了来自东部的威胁。正是为了对抗东罗马帝国咄咄逼人的“大一统基督教罗马帝国”意识形态的宣传，东哥特王狄奥德里克才有意识地加强对“哥特人”身份的宣传，委托卡西奥多路斯撰写《哥特史》，以此来宣传阿玛尔家族领导下东哥特人的光辉历史。阿莫里认为，从卡西奥多路斯所保留的官方档案《书信集》中来看，直到520年代以后，东哥特政府才开始逐渐强调其“哥特人”的身份意识，并且总是将“哥特人”和士兵勇猛好战的品质联系在一起。阿莫里注意到，东哥特政权所着力宣传的这种“哥特人”的形象，实际上只是以罗马古典著作中勇猛好战的“蛮族”为模板而人为构建出来的形象。[①] 因此，在阿莫里看来，在520年代和530年代的东哥特王国和东罗马帝国中，“哥特人”和“罗马人”或者说“蛮族”和“罗马人”之间的对立，很大程度上是统治者出于政治意图而人为构建起来的一种意识形态上的对立。这种意识形态对立的顶峰就是哥特战争，但是哥特战争除了导致罗马文明在意大利的衰亡以外，没有任何意义。哥特战争结束后，人为强调的这种“蛮族”和“罗马人”的身份对立也自然而然地消失了。正如阿莫里在全书正文的最后所评述的那样：

> 这种意识形态斗争的顶峰就是给意大利带来毁灭性的哥特战争，战争中的所有人都必须选择站队，为这种更高的理念效忠，并且为之受苦。但是实际上他们所效忠的是他们的家族、他们的财产和他们的工作。……哥特战争以后，意大利再度分裂了，但这次并不是罗马人和哥特人之间的分裂，因为这两群人都已经消失不见了。[②]

同样将蛮族政权看成罗马传统延续的还有乔治城大学的詹姆斯·奥唐纳。奥唐纳在其2008年出版的《罗马衰亡新史》中认为，罗马帝国西部的那些蛮族政权并非是罗马文明的破坏者，相反，他们在政治上和文化上都试图保存和延续罗马的传统。[③] 他认为其中最好的榜样就是东哥特王狄奥德里克。狄奥德里克实际上扮演的角色就是罗马帝国西部的皇帝。在他的统治下，东哥特政权几乎原封不动地沿用了罗马的政治制度，狄奥德里克与罗马元老院精诚合作，修缮了圆形大剧场，重建了庞培剧院，复兴了饱受战乱的意大利，狄奥德里克复兴罗马帝国西部的愿望几近实现。然而520年代以后，东罗马帝国开始打着复兴的旗号积极地为军事征服作准备，这种敌意迫使东哥特政权转变了政策。而随后查士丁尼发动的哥特战争给意大利带来的灾难则彻底破坏了东哥特政权所保存和延续的罗马传统。

当然，并不是所有的蛮族研究者都赞同将蛮族政权看成是罗马文明的继承者。一些学者也尝试着使用新的研究方法来支持传统的“衰亡”论，沃尔夫冈·利布施维茨是代表人物之一。利布施维茨是罗马晚期史研究领军人物琼斯的学生，他秉承了老师的观点，并不赞同古代晚期研究者将罗马帝国晚期看成是文明的“转型”期。他认为，罗马帝国晚期无疑处在一个大衰退

---

① Patrick Amory, *People and Identity in Ostrogothic Italy, 489–554*, pp. 291–307.

② Patrick Amory, *People and Identity in Ostrogothic Italy, 489–554*, p. 320.

③ James Joseph O'Donnell, *The Ruin of the Roman Empire: A New History*, New York: Ecco, 2008.

的过程中,而导致这一衰退的主要原因是蛮族和基督教。尽管利布施维茨的这一结论与吉本以来的传统史学观点如出一辙,看似毫无新意,但是除了这一结论以外,利布施维茨具体的解释框架与传统史学中"蛮族入侵"的观点颇有不同,这体现在他的著作《蛮族与主教》一书中。[①] 利布施维茨在其著作中并不认同传统史学中"蛮族入侵"的理论,相反,他支持高法特的观点,认为这些蛮族群体本身并不是因为他们在语言或者文化上的所谓"日耳曼性"而聚集在一起的。蛮族群体在罗马帝国中的目标也并非是为了寻找一个安稳的定居点。他们的主要目的是充当罗马帝国的雇佣军,为罗马帝国服务,并且以此从罗马帝国那里获取各种利益。由于雇佣这些蛮族的成本低廉,罗马帝国也更愿意使用这些雇佣军。他认为,正是由于罗马帝国政府过度地依靠蛮族雇佣军,使得蛮族雇佣军的首领逐渐成了罗马帝国举足轻重的政治人物。所以,西罗马帝国的衰亡在于罗马军队的"蛮族化"以及蛮族领袖对罗马帝国军政大权的把持。而东罗马帝国之所以没有遭到与西部同样的命运,是因为 399 年的盖纳斯事件后,东罗马帝国有意识地减少了对蛮族将领和蛮族雇佣军的依赖。[②]

在如今的蛮族研究领域,彼得 · 海瑟是"衰亡"论最积极的捍卫者。虽然和利布施维茨同样站在"衰亡"论的立场上反对蛮族研究的"古代晚期化",但是海瑟在"蛮族群体如何形成"这一问题上的看法和利布施维茨并不相同。诸如高法特、利布施维茨以及阿莫里等许多蛮族研究者所认为的,所谓的蛮族群体大体上只能够算是偶然聚集起来的军事集团。他们之所以被看成蛮族是因为在他们与罗马帝国的冲突中,被罗马帝国看成是外来的入侵者。并且,罗马人根据塔西佗、斯特拉波或者老普林尼等古典作家的记载,将这些军事集团视作是从境外迁徙而来的蛮族。海瑟试图重新证明蛮族群体是一个以共同的文化或者种族为基础和结合起来的族群。在早期的两部著作《哥特人和罗马人:332—489》和《哥特人》中,海瑟试图证明哥特人并不是偶尔聚集起来的军事集团,相反,他们早在进入罗马帝国之前便有意识地保持了他们的文化传统。海瑟也不赞同维也纳学派的理论。[③] 他认为,哥特人在迁徙的过程中的确吸收了来自地中海各地的成员,然而总体上来说,这些新加入的成员仅仅占据了这一群体中的少数。哥特人作为一个蛮族群体,之所以一直保持着自己原来的文化传统,并且具有族群的身份意识,并不是因为贵族领导者的宣传,而是由于这一群体的绝大多数成员本身就继承了他们祖先的传统。

由于《哥特史》等论述蛮族历史的文本史料的真实性已经饱受高法特等学者的质疑,因此海瑟试图从考古学上来寻找支持"蛮族入侵"理论的证据。通过对出土于乌克兰和罗马尼亚的大量哥特人的工艺品的考古研究以及罗马帝国各地哥特工艺品的研究,海瑟试图证明,在进入

---

① J. H. W. G. Liebeschuetz, *Barbarians and Bishops: Army, Church, and State in the Age of Arcadius and Chrysostom*, Oxford: Clarendon Press, 1990.

② 哥特人首领盖纳斯也试图仿效当时西部的蛮族统帅斯提利科,把持君士坦丁堡的朝政,他处死了权倾一时的宦官欧特洛庇乌斯,驱逐了朝廷中反对哥特人的势力。然而在主教金口约翰和皇后欧多克西娅的干涉下,盖纳斯的企图最终失败。

③ Peter Heather, *Goths and Romans, 332 - 489*, Oxford: Clarendon Press, 1991; Peter Heather, *The Goths*, Oxford: Blackwell Publishers, 1996.

罗马帝国后,蛮族群体和罗马人的冲突实际上是两种文明形态的冲突。海瑟在其最新的两部著作《罗马帝国的衰亡：罗马和蛮族新史》以及《帝国和蛮族：罗马帝国的衰亡和欧洲的诞生》中继续发展了他的这一观点。[①] 在这两部著作中,他将主要的视角从蛮族转向了罗马帝国,并且着重论述了蛮族与罗马帝国之间的关系。他认为,罗马帝国西部的衰亡主要还是由蛮族入侵这一外因所造成的,蛮族来到罗马帝国后破坏了其原来的军事制度和税收制度,导致了罗马帝国西部的衰亡。在《帝国和蛮族：罗马帝国的衰亡和欧洲的诞生》中,海瑟尝试进一步将自己的蛮族入侵理论应用于学术界关注程度较少的斯拉夫人、保加尔人甚至维京人等较晚出现的蛮族群体上。正如此书的标题所显示的,海瑟试图说明,罗马帝国晚期出现在地中海各地的哥特人、法兰克人以及后来出现的斯拉夫人及其所建立的政权,才是现代欧洲政治格局和民族身份的源头。

四、问题与前瞻

对古典文明来说,蛮族到底是入侵者、破坏者,还是继承者、改造者？古典文明到底是“衰亡”了,还是“转型”了？正是在对这些问题持续不断的探索和争论中,蛮族研究才逐渐地繁荣起来。总体上来说,如今蛮族研究的繁荣很大程度上得益于20世纪70年代以来古代晚期研究的兴起。按照古代晚期研究的观点,东哥特、西哥特和法兰克等蛮族政权是罗马文明的延续。正如高法特在其著作《蛮族潮：迁徙时代和晚期罗马帝国》中所说:“由拉丁教会所维系着的哥特人、法兰克人甚至英吉利人统治下的西部地区,他们和东部的拜占庭一样无疑都是晚期罗马帝国的分支;他们和君士坦丁堡一样,或多或少都具有罗马特性。”[②]

不过,如今日益繁荣的蛮族研究领域也存在一些问题。古代晚期研究领域中有关罗马帝国西部衰亡还是转型的讨论也对蛮族研究领域产生了影响,这样的讨论虽然有助于促进学术界的争鸣,但也在一定程度上影响了一些研究著作的客观性。在“蛮族入侵”和“罗马帝国衰亡”等问题上,坚持罗马帝国延续、试图解构蛮族入侵的研究者以当时留存的文本史料为主要论据,他们强调的是当时史料中所展现出的“罗马帝国延续”的观念。而坚持“罗马帝国衰亡”和“蛮族入侵”的研究者则以考古资料为主要论据,他们看重的是当时物质文化层面上的全面衰落。

虽然争论的双方分别以文本史料和考古资料为主要论据而各执一词,但是文本史料和考古资料都存在着各自的局限性：当时的文本史料主要来自有一定文化修养的社会上层,这些史料中所展现的可能主要是当时社会上层的观念。相对来说,考古资料中包括了许多普通民众的居

① Peter Heather, *The Fall of the Roman Empire: A New History of Rome and the Barbarians*, Oxford: Oxford University Press, 2007; Peter Heather, *Empires and Barbarians: The Fall of Rome and the Birth of Europe*, Oxford: Oxford University Press, 2010.

② Walter Goffart, *Barbarian Tides: The Migration Age and the Later Roman Empire*, Philadelphia: University of Pennsylvania Press, 2006, p. 39.

住、墓葬遗址和大量手工艺品,这些资料或许更多地反映了当时社会下层普通民众的生活状况。因此,如何调和文本史料中所呈现出的"延续"和考古资料中所展现出的"衰落",也是摆在蛮族研究者面前的一个重要问题。或许,只有将文本与考古两方面的资料进一步结合起来,才有助于我们对这一时期的历史有一个更加全面的认识。相信随着蛮族研究的进一步发展,研究者们将会在这一问题上逐步达成共识。

(本文原刊于《历史研究》2014 年第 4 期)

作者简介:

康凯,历史学博士,现任上海师范大学人文学院世界史系教授、硕士生导师。主要研究方向为罗马史和中世纪早期史,研究主要集中于政治史、城市史、民族大迁徙以及早期基督教等领域,同时也涉及近代拉丁语文献研究。在《历史研究》《世界历史》《史学月刊》等刊物发表论文数篇。

“效仿帝国”与基督教世界秩序的重构：重审11—12世纪的帝国与教会之争[*]

李 腾

摘 要：神圣罗马帝国与天主教会之争是中世纪盛期西欧的重要历史事件，也是理解中世纪拉丁西方文明的关键。以吉尔德·特伦巴赫为代表的学者们建构了“世界正确秩序论”等影响深远的研究范式，却对教会在进行基督教世界秩序重构中“效仿帝国”的策略缺乏清晰的阐释。从奥托一世以来，德意志王国一直试图恢复所谓的“帝国权威”并深度介入教宗选任和教会事务，在萨利安王朝到达顶峰，但在帝权刺激下的教权迅速崛起并发展成了一股反噬帝国的力量。以11—12世纪为中心的政教之争是基督教世界大一统秩序重建的最后努力，其背后的根本动力就是教会和帝国之间的互相模仿、互相竞争。到13世纪中后期，帝国的分权与衰落、民族国家的兴起使大一统的基督教世界秩序的建构走向崩溃。

关键词：帝国与教会关系　中世纪盛期　帝国权威　宗座帝权　神圣罗马帝国

“中世纪盛期”(the High Middle Ages)是中世纪西欧文明从“黑暗”走向复兴的关键时期，贯穿这一时期始终的重要事件便是政教之争。长期以来，西方学者关注的焦点汇聚在天主教会与神圣罗马帝国在主教授任问题上的争议，即所谓的“主教授任权之争”(Investiture Controversy/Investiturstreit)，[①]然而更值得思考的是，为什么这一争议于11世纪中后期在神圣罗马帝国与罗马教廷之间爆发？为何其他王国里有关主教任命的问题却从未演化成如此巨大的冲突呢？

要回答上述问题，就应当对狭义和广义的两种政教之争进行区分。笔者认为，如果仅以“主教授任权之争”来概括教会与帝国之间冲突的全部内涵，不仅过于简单化，更忽视了历史发展中

---

* 本文主体内容曾以《秩序重构下的11—12世纪欧洲政教之争》为题，发表于《历史研究》2022年第3期。此处版本与正式发表版本略有不同。

① Sandy B. Hicks, “The Investiture Controversy of the Middle Ages, 1075 - 1122: Agreement and Disagreement among Historians”, *Journal of Church and State*, Vol. 15, No. 1 (1973), pp. 5 - 20. 为行文方便，本文中使用的“神圣罗马帝国”以奥托一世时期的“罗马帝国”(Imperium Romanum)为起点。

的深层思想脉络。从帝权(imperium)、王权(regnum)和教权(potestas sacra)的相应关系和区别来看,政教冲突其实可以分为两个维度。① 其一是广义的世俗统治与教会属灵权的关系,其二则是狭义的帝权和教权的关系。广义上的政教之争不仅发生在拉丁西方的各个地区,而且贯穿了中世纪历史的始终,甚至一直延伸到近代。但狭义上的政教之争主要是指发生在神圣罗马帝国(德意志帝国)与罗马教廷之间,且集中爆发于11世纪中期到12世纪末。

本文即聚焦于这种狭义的政教冲突,尝试突破西方学术界形成的传统研究范式和局限,以"效仿帝国"(imitatio imperii)为切入点,分析11—12世纪"帝国权威"与"教会权威"之间既相互对立又相互模仿的历史现象,论证政教冲突的本质是对基督教世界秩序重构过程中"至高权"的争夺。在王朝主导下的教会改革过程中,11—12世纪的教廷仿照帝国形态建构起了"宗座帝权"(papal imperium)。到13世纪中期之后,随着帝国权威走向衰落,若干民族国家与教会的冲突进入了广义的"政教之争"阶段。② 重审11世纪到12世纪的帝国与教会之争,有助于更好地厘清西欧中世纪盛期教会与帝国之间关系的历史演变,更有助于从更深维度理解中世纪教会和世俗政权的关系。

一、"世界正确秩序"的局限与修正

从11世纪以来,拉丁西方的文人学者、教士廷臣等为理顺帝权和教权之间关系留下了立场各异、理路纷繁的丰富文献。③ 受到19世纪到20世纪初社会思潮的影响,教派立场和民族主义倾向在中世纪史学界关于政教关系的研究中相互交织,对理解中世纪盛期的政教冲突产生了深远影响。④ 整体而言,法国学者奥古斯丁·弗利什(Augustin Fliche, 1884—1951)和德国学者戈尔德·特伦巴赫(Gerd Tellenbach, 1903—1999)对中世纪盛期帝国与教会冲突的研究形成了20世纪学术史传统中两种影响深远的范式。

首先是奥古斯丁·弗利什的"凯旋式"格里高利改革叙事,他的历史观点与其保守的天主教信仰密切相关。弗利什将政教之争的历史背景追溯到9世纪末到10世纪初,聚焦于"格里高利式理念的形成"(la formation des idées grégoriennes)。他指出,这一时期政治上的混乱使世俗

① Eckhard Müller-Mertens, "Imperium und Regnum im Verhältnis zwischen Wormser Konkordat und Goldener Bulle: Analyse und neue Sicht im Lichte der Konstitutionen", *Historische Zeitschrift*, Vol. 284, No. 3 (2007), S. 561-595.

② 限于文章篇幅和笔者水平,本文所涉及的内容主要集中于11—12世纪。关于13世纪的教宗权威与帝国权威的最新讨论,可参见 Brett E. Whalen, *The Two Powers: The Papacy, the Empire, and the Struggle for Sovereignty in the Thirteenth Century*, University of Pennsylvania Press, 2019。

③ 目前最为全面的史料集仍然是19世纪整理出版的文献汇编:Ernst Dümmler, Lothar von Heinemann, Friedrich Thaner, ed., *Libelli de lite imperatorum et pontificum saeculis XI. et XII. conscripti*, 3 Vols., Hannover: Monumenta Germaniae Historica Scriptores, 1891-1897。后文简写为 *MGH*, *Ldl* 并标明卷数和页码。

④ 二战前德国学界的两部代表性的作品是 Lotte Knabe, *Die gelasianische Zweigewaltentheorie bis zum Ende des Investiturstreites*, Berlin: Ebering, 1936; Gerhard Kallen, "Der Investiturstreit als Kampf zwischen germanischem und romanischem Denken", *Zentralblatt für Bibliothekswesen*, Bd. 54 (1937), S. 409-412。

领主大肆侵占原先属于教会的土地,并直接干涉教会事务。这种世俗干预导致神职人员素质下降和宗教生活的整体堕落,继而引发了以克吕尼修院为代表的隐修主义改革运动。事实上,弗利什的叙述主线就是将政教之争描绘为教宗对教会进行改革和教宗权力"复兴"的历史。在《格里高利改革》的第二卷中,他以全景扫描的方式将格里高利七世(1073—1085 年在位)塑造为"教会的英雄"。弗利什认为,格里高利七世为了欧洲的和平而接受亨利四世(1056—1105 年在位)对主教授任的干涉,这是为最终实现教会自由而做出的重大妥协和让步,但"单纯而虔诚"的格里高利被"邪恶而包藏祸心"的亨利四世所愚弄,最终被迫绝罚皇帝,从而开启了引发整个西欧动荡的"格里高利改革"。正是由于这位伟大教宗的毫不妥协,使 12—13 世纪成为欧洲历史上伟大的"信仰时代"。[①] 虽然他在 1937 年出版的《格里高利改革》第三卷中也讨论了对格里高利七世改革的反对意见,但由于"凯旋式"叙事模式的限制,其整体描绘仍呈现为一种单面性叙事,重在突出格里高利七世的"良苦用心"和地方主教的"背信弃义"上。[②] 尽管这种具有浓厚目的论和教派倾向的研究受到一些学者的批判,弗利什仍进一步完善了格里高利改革的阐释体系,突出了格里高利七世作为改革者和殉道者的双重形象。[③]

其次是德国学者戈尔德·特伦巴赫的"世界正确秩序"论。在 1928 年到 1932 年写作《政教之争时期的教会、国家与基督教社会》期间,特伦巴赫正在罗马的德国历史研究所(Deutschen Historischen Institut in Rom)工作,当时天主教会与意大利法西斯政府的冲突斗争深刻影响了他对 11—12 世纪政教关系的理解。特伦巴赫将弗利什的"凯旋式"改革叙事转变为教会和国家对立的图景,指出政教之争的本质是圣事性神职权(sacramental-priestly)世界观与世俗君主神权政治(Royal-theocratic)世界观的冲突。[④] 特伦巴赫的解读深受德国传统思想史路径的影响。在他看来,10 世纪以来地方性的、以隐修院为主的改革与 11 世纪的教会改革存在本质区别,前者聚焦于自身的小团体,而后者则是为了使西欧世界更加基督教化,带有极为浓厚的"普世化"色彩。[⑤] 特伦巴赫将当时的冲突划分为教士与平信徒、教宗权威与主教权威、教会与世俗社会三

---

① Augustin Fliche, *La Réforme grégorienne*, Paris et Louvain: Edité par Honore Champion, Vol. 1 (1924), pp. 23 – 92, 108 – 159; Vol. 2 (1925), pp. 103 – 108, 420 – 424. 弗利什的相关构想在 1920 年出版的《圣格里高利七世》中就已系统地呈现了出来,参见 Augustin Fliche, *Saint Grégoire VII*, Paris: Lecoffre, 1920。本文中在教宗和君主名字后均标注其在位时间。

② Augustin Fliche, *La Réforme grégorienne*, *Band 3: L'opposition antigrégorienne*, Paris et Louvain: Edité par Honore Champion, 1937.

③ Augustin Fliche, *La Réforme grégorienne et la reconquête chrétienne (1057 – 1123)*, Paris: Bloud & Gay, 1950, pp. 58 – 64, 130 – 131; *La querelle des investitures*, Paris: Aubier, 1946.

④ Gerd Tellenbach, *Church*, *State and Christian Society at the Time of the Investiture Contest*, translated by R. F. Bennett, Oxford: Basil Blackwell, 1940, pp. 1, 55 – 60, 97 – 99, 108 – 109. 该书德文版首发于 1936 年,题为《自由:主教授任权之争时期的教会与世界秩序》(*Libertas: Kirche und Weltordnung in Zeitalter des Investiturstreites*)。特伦巴赫作品对英语学界的深远影响,参见 Brian Tierney, *The Crisis of Church and State: 1050 – 1300*, Toronto: University of Toronto Press, 1988, pp. 33 – 36; Maureen C. Miller, "New Religious Movements and Reform", in Carol Lansing and Edward D. English, eds. , *A Companion to the Medieval World*, Oxford: Wiley-Blackwell, 2009, pp. 215 – 218。

⑤ Gerd Tellenbach, *Church*, *State and Christian Society at the Time of the Investiture Contest*, pp. 82 – 83, 186 – 192.

个层面，指出：[1]

> 毋庸置疑，授任权之争的时代可被视为中世纪历史的顶峰。这是一个转折点，是同时蕴含着完成和开端的时代。这是对早期中世纪的完成，因为在这个时期，西欧民族与基督教灵性的融合达到了一个决定性阶段。另一方面，中世纪后期是从 1100 年前后数十年中的事件和思想中直接生发出来的。在这条主线最早出现的时候，后来独具特色的宗教性、精神性和政治性观点就已经奠定，也赋予了后续发展的主要推动力。

整体而言，特伦巴赫在历史重构中对“格里高利式”改革理念持否定态度，认为它是一场“悲剧”。尽管这场“悲剧”未能全面实现“激进原则”，但仍改变了整个西欧基督教世界，使原先属于全体基督徒的教会变成了“教士的教会”。特伦巴赫在后来出版的《10 世纪到 12 世纪早期的西欧教会》中，进一步完善了论述体系，并强化了政教双方在意识形态理念上的对立。[2]

虽然弗利什和特伦巴赫的两种阐释范式都强调了理念的冲突，但在预设前提上存在重要差异。弗利什认为教会应当享有的自由是不言而喻的，世俗君主践踏了这种自由；而特伦巴赫则认为，对主教授任权争夺的日益激化使教会愈发意识到摆脱世俗控制、独立管辖教会事务的必要性。弗利什的解读具有浓厚的教派倾向，在有天主教背景的历史学家中产生了更大影响。虽然现在学界仍习用弗利什所创立的“格里高利改革”这一词汇，但对其内涵的理解、界定以及思想倾向上，都与弗利什的立场有显著差距。在 20 世纪下半叶的学术研究中，特伦巴赫的“世界正确秩序”范式堪称对 11—12 世纪政教之争影响最为深远的阐释，直到今天仍广为学者们接受。[3]

进入 21 世纪之后，学界对中世纪盛期的政治秩序、社会文化乃至思想世界格局的变化都有了更为深入的认识，特伦巴赫模式中的诸多局限也需要修正。[4] 首先，特伦巴赫突出教会与帝国之间的竞争关系，相对忽视了双方在教会净化、体制建构等方面的一致性，更忽视了教会对帝国的模仿。学者们越发意识到，帝国与教会对主教授任权的争夺并非引发 11 世纪中后期冲突的原因，而是 11 世纪初期以来历史发展与理念差异所产生的结果。其次，特伦巴赫的论述主要聚焦于 11 世纪下半叶的教会改革派，虽然他在后来的作品中试图将视野扩展到 12 世纪早期，但构建“理念冲突”范式的基本视野仍局限于格里高利七世与亨利四世冲突时期。最后，特伦巴赫与大多数学者都将《沃尔姆斯协议》的签订作为论述的终结点，对 12 世纪中后期的演变缺

① Gerd Tellenbach, *Church, State and Christian Society at the Time of the Investiture Contest*, p. 162.

② Gerd Tellenbach, *The Church in Western Europe from the Tenth to the Early Twelfth Century*, translated by Timothy Reuter, Cambridge: Cambridge University Press, 1993, pp. 157 - 184, 187, 249 - 252, 334 - 337, 348, 351.

③ 特伦巴赫观点在英文学界的一个变型便是哈罗德·伯尔曼的“教皇革命”说，参见哈罗德·J. 伯尔曼《法律与革命（第一卷）：西方法律传统的形成》，贺卫方等译，法律出版社，2018 年，第 110—155 页。关于伯尔曼观点的评述，参见彭小瑜《西方历史误读的东方背景：法律革命、宗教改革与修道生活》，《历史研究》2006 年第 1 期。

④ Maureen C. Miller, "The Crisis in the Investiture Crisis Narrative", *History Compass*, Vol. 7, No. 6 (2009), pp. 1570 - 1580.

乏讨论。[①] 事实上,从《沃尔姆斯协议》到英诺森三世(Innocent III, 1198—1216 年在位)之间恰恰是教宗权威真正从法理原则、组织结构、阶层制度等方面重新形塑的关键时期。尽管这一时期关于教权和帝权的直接论辩文献大幅减少,却更多地以灵修指导、宗教和庆典活动的礼仪等方式强化教宗权威并削弱帝国的神圣性。

笔者认为,如果将 11 世纪到 12 世纪的政教冲突更加聚焦于"帝国与教会",而非泛泛而论"世俗权与属灵权"的冲突,或许能为我们提供更新的思考维度。具体来说,帝国与教会的冲突是建构基督教世界大一统秩序过程中对至高主导权的争夺,与其他王国、公国等区域性政权与教会的冲突存在着本质性差异。[②] 从建立集权化统治的角度来说,教会与帝国在基本方向上是一致的。与特伦巴赫同时代的德国学者卡尔·乔丹(Karl Jordan)认为,11 世纪后期到 12 世纪的教廷采取了"效仿帝国"(imitatio imperii)的策略,包括教宗的冠冕装饰上带有皇帝印记的标识物,在教廷内建立专门的掌礼官,以及建立枢机团、教宗上诉法庭等尚处于雏形期的政府管理机构等。[③] 在教会"效仿帝国"的问题上,"教宗封君制"(papal overlordship)的形成和发展也值得进一步反思。沃尔特·乌尔曼(Walter Ullman)认为,罗马教宗强化自身作为整个基督教世界主导者地位的主要方式就是将欧洲王权置于教宗的"封建领主权"下。世俗王权将他们的土地奉献给教宗,然后再以封地的形式收回,从而在圣彼得的保护权下获得用益权,并回报以年金或军事服役。[④] 斯蒂凡·文福特(Stefan Weinfurter)也指出,大约在《沃尔姆斯协议》签订前后,教宗采取了一系列封君封臣式的术语和仪式来建构他们与世俗统治者的关系,特别是表达"效忠"与"臣服"的行为。[⑤] 根据最新的研究,教宗和王国等地方政权间的保护性或领主性关系到 12 世纪得以确立,并形成了法典化的新型封建关系。[⑥] 但值得注意的是,这种"保护权"只存在于教廷与西西里、阿拉贡、英格兰、匈牙利、波兰、丹麦等王国的关系中,却并未体现在神圣罗马

---

① 如近年来出版的《发明公共空间:主教授任权之争时期的公共辩论》也仍以《沃尔姆斯协议》的签订为历史节点,参见 Leidulf Melve, *Inventing the Public Sphere: The Public Debate during the Investiture Contest (c. 1030 - 1122)*, Leiden and Boston: Brill, 2007。

② 以法莲·爱默顿就将这一时期的政教冲突视为基督教共同体(societas chistiana)的一场内战,是一场"集权化"和"去中心化"的斗争:教廷和帝国都希望权力集中在自己手中,而对德意志诸侯、法兰西领主和意大利城市以及地方主教和修道院长来说,将权力分化才更符合他们的利益。Ephraim Emerton, *The Correspondence of Pope Gregory VII: Selected Letters from the Registrum*, New York: Columbia University Press, 1932, pp. xxvi - xxvii. 扎迦利·纽金特·布鲁克也认为"主教授任权"的说法极度简化了这一时期错综复杂的政教冲突,参见 Zachary Nugent Brooke, "Lay Investiture and Its Relation to the Conflict of Empire and Papacy", *Proceedings of the British Academy* (1939), pp. 217 - 218。

③ Karl Jordan, "Die Entstehung der römischen Kurie", *Zeitschrift der Savigny-Stiftung für Rechtsgeschichte, Kanonistiche Abteilung*, Bd. 28 (1939), S. 97 - 152.

④ Walter Ullman, *The Growth of Papal Government in the Middle Ages: A Study in the Ideological Relation of Clerical to Lay Power*, London: Methuen & Company, 1962, pp. 310 - 343.

⑤ Stefan Weinfurter, "Die Päpste als 'Lehnsherren' von Königen und Kaisern im 11. Und 12. Jahrhundert?" in Karl-Heinz Spieß, hrsg., *Ausbildung und Verbreitung des Lehnswesens im Reich und in Italien im 12. und 13. Jahrhundert*, Ostfildern, 2013, S. 17 - 40.

⑥ Benedict Wiedemann, *Papal Overlordship and European Princes, 1000 - 1270*, Oxford: Oxford University Press, 2021. 更早的经典研究参见 Johannes Fried, *Der päpstliche Schutz für Laienfürsten: Die politische Geschichte des päpstlichen Schutzprivilegs für Laien (11. - 13. Jahrhundert)*, Heidelberg: C. Winter, Universitätsverlag, 1980。

帝国作为主权体的关系当中。这就体现出罗马教宗在“效仿帝国”策略的引导下，建立起了“宗座帝权”(papal imperium)，从而使教会与国家之间的“政教冲突”呈现为“帝国”与“王国”两个不同维度。[①]

因此，重新考察帝国与教会在中世纪盛期的历史发展，特别是呈现帝国与教会的“竞争与模仿”机制，[②]或能为理解西欧中世纪盛期政教关系演变提供一个不一样的视角。

二、帝国主导下的教会再造

正是在帝国的主导下，11 世纪以来的整肃教会内部纪律、完善教会管理体系的教会改革才得以展开，强化教宗职权并使教宗成为拉丁西方教会的领袖地位更是在效仿帝国和皇帝权威中建构起来的。[③] 帝国主导的权威在教会改革的早期发展中具有核心地位，但教宗权威随着教会改革的深入而获得了巨大提升，最终成为一股反噬乃至取代帝国的力量。

中世纪早期的君主职权带有浓厚的神圣性，帝国的理念逐渐脱离了带有外邦人或者蛮族王权的属性，而获得了“罗马—基督教”的普世性。即使君主放弃了从罗马帝国时期最高统治者所享有的大祭司(pontifex maximus)头衔，源于异教和犹太教混合的神圣王权观念仍未消亡，这些观念持续地影响着中世纪人对世俗政权与教会体系之间关系的理解，也使君主和地方贵族对教会事务干涉的实际权力及其合法性一直存在。9 世纪后期到 10 世纪的教宗权威堪称处于有史以来的最低点，教宗权威的勃兴在很大程度上得益于德意志王国君主们重建帝国和教会再造的努力，甚至可以说“普世帝国”再造的基础上催生了“教会至上”的理念。关于这个问题，可以选取奥托一世、亨利三世与亨利四世作为三个不同阶段的代表加以阐释。

首先，奥托一世(Otto the Great, 926—973 年在位)的帝国再造是由王权转向帝权的重要转折点，也是建构帝权与教权之间关系的开端。在成为德意志国王后，奥托借助“帝国教会体系”(Reichskirchensystem)利用地方主教打击地方世俗贵族的势力。[④] 作为中世纪西欧文明建构的核心元素之一，日耳曼传统对中世纪的政教关系产生了深远影响，特别是涉及主教和隐修院长

---

① 一个重要的事例是教宗阿德里安四世(Adrian IV, 1154—1159 年在位)在贝内文托协议后不得不向腓特烈·巴巴罗萨解释教廷绝没有将帝国视为教廷的“封地”(feudum)，参见 Colin Morris, *The Papal Monarchy: The Western Church from 1050 – 1250*, Oxford: Clarendon Press, 1989, pp. 191 – 192。

② Claudius Sieber-Lehmann, *Papst und Kaiser als Zwillinge? Ein anderer Blick auf die Universalgewalten im Investiturstreit*, Köln: Böhlau, 2015.

③ 本文中所使用的“改革”，主要指以罗马教宗为首的教会权威建立以及由上而下对教会纪律的整肃，并延伸到对教会与世界关系的调整。德裔美国学者格哈德·拉德纳(Gerhard Ladner)指出，“改革”的含义从奥古斯丁意义上的道德改良，即“成为更好的”(reformatio ad melius)，逐渐转化为作为体系制度的教会之改良。相关讨论可参见 Gerhard B. Ladner, *The Idea of Reform: Its Impact on Christian Thought and Action in the Age of the Fathers*, Cambridge, Massachusetts: Harvard University Press, 1959。

④ 关于“帝国教会体系”的学术史发展以及对德国学界传统认识的批驳，可参见 Timothy Reuter, “The ‘Imperial Church System’ of the Ottonian and Salian Rulers: A Reconsideration”, *The Journal of Ecclesiastical History*, Vol. 33, Issue 3 (June 1982), pp. 347 – 374。

的任命方面，世俗君主有相当大的权力。在许多地区，大主教、主教、修道院长们不仅享有公爵、伯爵的头衔，甚至还承担作为封臣的军事义务，对地方官员和其他领主形成制约。① 这种“授任”行为的本质是土地领主将自己的财产转交给新持有者进行管理，往往以权杖等某种象征物作为标志。在德意志地区普遍存在的私人教堂中，教堂所有者可以选择某位教士来管理这座教堂，国王自然也有权选择自己认为合适的候选人来管理建立在王室领地上的教堂。② 更为重要的是，一些地方主教还获得了组织集市、铸造货币乃至征收关税的权力，这都使他们成了帝国管理体系中的重要组成部分。③ 此外，也有大量资料表明，德意志和法兰西的地方贵族从 10 世纪开始就起到了支持乃至领导地方教会进行改革的重要作用，而此时的教宗还深陷罗马贵族的内斗之中。④

962 年，奥托带兵进入罗马，时任教宗约翰十二世（John XII, 955—964 年在位）是当时统治罗马的斯波莱托公爵之独子。在接受了约翰十二世的加冕后，奥托旋即将其废黜并另立利奥八世（Leo VIII, 963—965 年在位）为教宗，这一举动成了帝国掌控教宗职位的开端，而这两位教宗在任职时间上的重叠表明了罗马地方贵族与奥托大帝之间的博弈。在地位确立后，奥托对教宗选任提出了明确要求，亦即所谓的“奥托特权”（Privilegium Ottonianum），其核心要点就在于强调皇帝对教宗即位的确认权。奥托要求教宗需要经过皇帝的许可才能登上圣彼得的宝座，这显示出世俗统治者对教会管理的权力从地方教会延伸到了教廷中心，也使帝国理念渗透到教宗职权之中。⑤ 同时也可以看到，一旦脱离了帝国的庇护，教宗的权位很快就会落入罗马城贵族的争夺当中。⑥

奥托王朝和萨利安王朝特别强调其王权具有“国王兼祭司”（rex et sacerdos）的双重性，这在教会的宗教礼仪甚至圣像画中都有相当明确的表现。⑦ 萨利安王朝的第一位皇帝康拉德二世（Konrad II, 1024—1039 年为德意志国王，1027 年起为皇帝）甚至被当时著名的隐修士勃艮第的威坡（Wipo of Burgundy, 约 990—约 1046）称为“基督的代表”（vicarius Christi），而在 11—

---

① 侯树栋：《论 10—11 世纪德意志的帝国教会体制》，《史学月刊》2005 年第 12 期；Josef Fleckenstein, “Problematik und Gestalt der Reichskirche”, in Karl Schmid, ed., *Reich und Kirche vor dem Investiturstreit. Festschrift Gerd Tellenbach*, Sigmaringen: Thorbecke, 1985, S. 83 - 98。

② “授任”的拉丁文为“investitura”，中古德文为“gewere”，但在教会法和日耳曼法语境下却有非常不同的含义，可参考 Rudolf Hübner, *A History of German Private Law*, translated by Francis S. Philbrick, New Jersey: The Lawbook Exchange, Ltd., 2000, pp. 185 - 186, 191。

③ 关于奥托时代王权与地方主教关系的最新研究，可参见 Tina Bode, *König und Bischof in ottonischer Zeit. Herrschaftspraxis — Handlungsspielräume — Interaktionen*, Matthiesen: Husum, 2015。

④ John Howe, “The Nobility's Reform of the Medieval Church”, *American Historical Review*, Vol. 93, No. 2 (1988), pp. 317 - 339.

⑤ 关于“奥托特权”，参见 Thomas F. X. Noble, *The Republic of St. Peter: The Birth of the Papal State*, Philadelphia: University of Pennsylvania Press, 1984, pp. 149 - 152。

⑥ Heinrich Fichtenau, “Vom Ansehen des Papsttums im zehnten Jahrhundert”, in Hubert Mordek, hrsg., *Aus Kirche und Reich: Studien zu Theologie, Politik und Recht im Mittelalter. Festschrift für Friedrich Kempf zu seinem fünf und siebzigsten Geburtstag und fünfzigjährigen Doktorjubiläum*, Sigmaringen: Jan Thorbecke Verlag, 1983, S. 117 - 124.

⑦ Ernst H. Kantorowicz, *The King's Two Bodies: A Study in Medieval Political Theology*, Princeton: Princeton University Press, 1997, pp. 61 - 78.

12 世纪的教会改革后,这个称号是教宗所独享的尊荣。①

其次,德意志帝国君主对罗马教宗职权的保护和干涉在 11 世纪上半叶业已形成惯例,教会的改革运动基本上都由帝国主导并为之提供支持和保障。在 11 世纪中期之前,一般民众、王侯乃至主教、教宗,大多不会认为世俗权力和宗教权威之间存在截然对立,且多数教会改革者们也都将皇帝视为天然具有神圣权威的人,他们更期望虔诚的皇帝以强有力的手段帮助教会实现改革目标。

“圣王”对教会的保护和干预在亨利三世(1039—1056 年在位)时期达到顶峰,从克莱门二世(Clement II, 1046—1047 年在位)到维克多二世(Victor II, 1055—1057 年在位)的五位教宗选任都是在亨利三世的直接干预下进行的。从这个角度来说,亨利三世应当被视为 11 世纪教会改革真正的开启者。亨利三世特别强调君主作为“主所膏立者”(Christus Domini)的神圣性,②教廷中的改革派重要人物彼得·达米安(Peter Damian,约 1007—1072)也盛赞亨利三世的品德,并公开宣称他具有任免教宗的权力:“神圣的旨意赋予了他的历代祖先们都未曾享受到的尊位,亦即使神圣罗马教会而今要在他的意愿下得到整肃,且除了通过他的权威之外,没有人能够选择一位神父登上宗徒之宝座。”③

更为重要的是,“拯救教会”的行动为亨利三世带来了“罗马人贵族”(patricius Romanorum)的头衔。这个头衔背后具有深远的历史渊源,不仅涉及罗马城人民选举教宗的权力,更涉及原先由拉文纳总督代表的拜占庭帝国所享有的权力。这个头衔在墨洛温王朝和加洛林王朝早期曾多次出现,特别是在查理曼时代频繁使用,表明查理曼有意识地以罗马帝国作为最高政治权威。在 996 年奥托二世重新启用这个称号前,该头衔已经有相当长的时间不见于记载。而在 1012 年后,这个称号再次停用,直到 1046 年为亨利三世重新启用。④“罗马人贵族”称号的复归表明当时德意志王国希望重申自己从罗马帝国而来的合法性以及对教会的保护权,更强调皇帝在教宗选任中的首要地位。这一举措的核心就在于,皇帝作为“贵族”对选举结果表示认可后,教宗才得以加冕,虽与“奥托特权”中的要求相近,却为之赋予了更为古老的合法性来源,并强化了“帝国权威”的法统传承。这个头衔成了古老权力象征的传承,但其法律含义和政治含义

---

① Colin Morris, *The Papal Monarchy: The Western Church from 1050 - 1250*, pp. 19 - 21.

② 关于推动亨利三世进行改革的主要动因是基于他的虔诚还是政治考量有许多讨论,一般学者们认为亨利三世长期以来就计划将帝国教会体系中的主教任命为教宗,从而使罗马教宗职位掌控在他的手里,但将罗马教会囊括进入帝国教会体系与其追随者们的改革热情并非不相容。相关讨论参见 Werner Goez, “Papa qui et episcopus. Zum Selbstverständnis des Reformpapsttums im 11. Jahrhundert”, *Archivum Historiae Pontificiae*, Tl. 8 (1970), S. 27 - 59; Karl Augustin Frech, “Die deutschen Päpste. Kontinuität und Wandel”, in Stefan Weinfurter, hrsg., *Die Salier und das Reich, Band 2: Die Reichskirche in der Salierzeit*, Sigmaringen: Jan Thorbecke Verlag, 1991, S. 303 - 332。

③ Peter Damian, “Letter 40”, in K. Reindel, hrsg., *Die Briefe des Petrus Damiani*, *Vol. 1*, München: monumenta Germaniae Historica, 1983, S. 501 - 502.

④ Horst Fuhrmann, *Germany in the High Middle Ages*, *c. 1050 - 1200*, translated by Timothy Reuter, Cambridge: Cambridge University Press, 1986, pp. 44 - 45.

在亨利三世与亨利四世统治时期之间的剧变，成了政教关系急转直下的重要原因之一。[①]

在亨利三世的军事、政治力量的多重主导下，教宗职位不仅逐渐摆脱了罗马城内贵族们的干涉，更使一群分布在欧洲各处的改革派聚集到了罗马教廷。在亨利三世之前，罗马城的教会几乎没有受到所谓改革运动的影响，当时的图斯库鲁姆家族教宗（Tusculani Popes）对法兰西与德意志境内所开展的改革运动常常持有漠视乃至敌意的态度。[②] 但是，利奥九世（Leo IX，1049—1054 年在位）被亨利三世选任为教宗后，教会改革运动的中心迅速转移到罗马教廷，教廷日益成为教会管理和改革运动中的权威，罗马教廷克服了狭隘的地方观念，更为清晰的改革计划也逐渐成型。利奥九世作为教宗的任期中大约只有六个月待在罗马，大部分的时间都如同皇帝一般在各地巡视。他三次跨越阿尔卑斯山，不断在法兰西和德意志帝国境内召开宗教会议，处理教士姘居、买卖圣职和世俗暴力等问题。利奥九世将改革的精神带到了罗马，同时又以罗马教宗的权威将改革带回到了阿尔卑斯山以北。[③] 也正是从这个时候开始，罗马教廷开始意识到，教宗权威可以作为在整个西欧教会内部推行改革的有效工具，而支持教宗至高权的改革派也越发将皇帝视为教会权力的僭越者和教会实现一统秩序的绊脚石。《利奥九世传》中提到，康拉德二世日益爱慕当时还是图尔主教的利奥九世，“预见到他在未来将成为改革神圣宗教纪律以及强化罗马共同体的工具”[④]。与高举教宗形成鲜明对比的是，格里高利七世时期的历史书写对亨利三世极为敌视，抨击亨利三世“攫取了（罗马人）贵族头衔独断专权”，甚至指责亨利三世听信谗言以致未能使匈牙利王国纳入罗马教会和罗马共同体当中。[⑤]

最终，皇权与教权关系在亨利四世时期发生了重大转折，这是帝国主导下的教会再造发展到一定程度后使以教宗为中心的教廷形成了一股反噬的力量。在亨利三世去世后，帝国与教会关系的恶化与教会改革措施的激进化相辅相成。[⑥] 亨利四世即位之初尚为幼童，无法持续对教廷施加有力影响，而当时聚集在罗马教廷的改革派已经积蓄了极大的力量。帝国摄政政府在 1057 年认可了斯蒂芬九世（Stephen IX，1057—1058 年在位）的选举结果，但这位教宗的选举并未按照惯例进行事先申请。这一事件表明，教廷与帝国之间的力量对比正在发生变化，格里高利七世之前的教廷就已经显示出强烈的独立自主倾向，这种不符合前代惯例的做法更体现了教

---

① Guido Martin, “Der salische Herrscher als *Patricius Romanorum*: Zur Einflußnahme Heinrichs III. und Heinrichs IV. auf die Besetzung der Cathedra Petri”, *Frühmittelalterliche Studien*, Vol. 28, No. 1 (1994), S. 257 – 295.

② Mary Stroll, Popes and Antipopes: *The Politics of Eleventh Century Church Reform*, Leiden and Boston: Brill, 2012, pp. 21 – 31.

③ Geoffrey Barraclough, *Medieval Papacy*, London: Thames and Hudson, 1972, pp. 74 – 75. 过去的研究更多强调克吕尼运动的影响，但现在关于利奥九世以来的改革则更强调其他地区的地方性改革对 11 世纪中后期历史的影响，可参见 Kathleen G. Cushing, *Reform and the Papacy in the Eleventh Century: Spirituality and Social Change*, Manchester: Manchester University Press, 2005。

④ *The Papal Reform of the Eleventh Century: Lives of Pope Leo IX and Pope Gregory VII*, selected sources translated and annotated by I. S. Robinson, Manchester and New York: Manchester University Press, 2004, p. 108.

⑤ I. S. Robinson, *The Papal Reform of the Eleventh Century*, pp. 187, 144.

⑥ Uta-Renate Blumenthal, *The Investiture Controversy Church and Monarchy from the Ninth to the Twelfth Century*, Philadelphia: University of Pennsylvania Press, 1991, pp. 92 – 94.

会对自身地位的新认知。[①] 罗马教廷开始形成对教会本质的新认识，教会改革派对教宗职权的认识也发生了深刻变化。他们希望更加明确教会与世俗统治的界限，以使教会事务完全脱离于任何世俗权威的控制，甚至强调教宗职权与帝权的相似性。[②] 其中一个重要的表现就是，教宗开始在世俗统治领域主动出击，特别是在授予新政权合法性上展现了前所未有的魄力。教宗尼古拉二世（Nicolas II，1059—1061 年在位）在 1059 年与诺曼人达成协议，西西里和南意大利等地方诸侯向罗马教宗宣誓效忠，不仅每年向教宗进贡，且承诺在需要时帮助其保卫罗马教座。[③]

亨利三世在 1056 年的去世，教廷与诺曼人在 1059 年之后“封君封臣式”的联盟，都在很大程度上使原先帝国与教会的保护性关系破裂，以希尔德布兰德为首的激进改革派逐渐占据优势。亨利四世亲政后，双方在教会与帝国之间关系的理解上差异愈发增大，各种现实冲突也逐渐走向激化。1075 年亨利四世自行委任新的米兰大主教，使帝国与教会在萨克森战争期间的融洽关系迅速恶化，格里高利七世认为此举僭越了教宗的权力。从历史先例来看，亨利四世所坚守的是近一个世纪以来德意志王国在教会管理方面的一贯政策。整体而言，帝国和教会双方在整肃教会纪律、严格教会生活以及维系教会管理稳定等问题上并不存在分歧。亨利四世所使用的“重建、修复和归还”（restauravit, reparavit, reddidit）等与格里高利七世所习用的词汇如出一辙。有学者认为，格里高利不过是试图恢复 9 世纪时尼古拉一世（Nicolas I，858—867 年在位）教宗的理念，即主教的任命和罢免需要得到教宗的首肯。[④] 事实上，格里高利七世及其追随者们并不止步于此，他们所想要的是在教会内完全摒弃皇帝的权威并以教宗权威取而代之，这是在拉丁西方历史上从未出现过的崭新理念。

三、双剑论的转型与教宗权威的形塑

长期以来，“双剑论”（gladius spiritualis/gladius materialis）被视为阐释中世纪教会与帝国关系的重要理论。“双剑论”最早出现于公元 494 年教宗格拉修一世（Gelasius I，492—496 年在位）给拜占庭皇帝阿纳斯塔修斯一世（Anastasius I，491—518 年在位）的一封信中。教宗认为，

---

① Horst Fuhrmann, *Germany in the High Middle Ages, c. 1050 - 1200*, pp. 52 - 53. 弗利什认为，这个时期标志着德国与圣座由“亨利三世所封印的联盟破产了”，“神权与帝国的斗争也正在开始”，见 Augustin Fliche, *La Réforme grégorienne*, p. 325。

② 罗宾逊指出，在 750 年到 1150 年的现存文献中，没有迹象表明有专门的教会论（De ecclesia）著述，这在很大程度上表明了加洛林时代教会秩序理念一直延伸到了 11 世纪中期，可参见 I. S. Robinson, “Church and Papacy”, in J. H. Burns, ed., *The Cambridge History of Medieval Political Thought, c. 350 - c. 1450*, Cambridge: Cambridge University Press, 1988, pp. 254 - 255。

③ Donald Matthew, *The Norman Kingdom of Sicily*, Cambridge: Cambridge University Press, 1992, pp. 9 - 32. 后来格里高利七世被迫流亡时，正是诺曼人将其从罗马城救出的，参见 H. E. J. Cowdrey, *Pope Gregory VII, 1073 - 1085*, Oxford: Clarendon Press, 1998, pp. 230 - 232, 433 - 439。

④ Andre La Garde, *The Latin Church in the Middle Ages*, translated by Archibald Alexander, Edinburgh: Charles Scribner, 1915, pp. 193, 216.

统治世界的两种首要权柄分别是主教的神圣权威(sacrata auctoritas pontificum)和国王的权力(regalis potestas),主教的权柄在天主的审判台前更具分量,因此皇帝即使享有"统治万民的荣耀",在最高的司祭面前仍要俯身屈膝。① 到加洛林时代后期,这份文件在829年的巴黎主教会议上成为重新讨论王权与教权关系的核心文件,并被改革派纳入《伪伊西多尔教令集》中。② 中世纪的人们认为,司祭职和君主职源于同一天主,这两股力量有责任精诚合作以实现基督教世界的福祉,双方也都应当尊重彼此的边界。然而,如何界定各自权力边界的问题成了此后数个世纪中双方冲突的核心。在教会一方,理想中的黄金时代是从君士坦丁到格里高利一世时期。在一种对过去的浪漫想象和对伪《君士坦丁赠礼》的解释中,那个时代被描绘成皇帝遵从教宗,一切都处于有序且虔诚的状态。相反,帝国支持者则将更为晚近的奥托—萨利安王朝时期视为真正的黄金时代,由皇帝来主导整个教会的改革,从而为整个基督教世界带来了和平。③ 关于这个问题,可以从以下几个方面加以阐释。

其一,作为对帝国走向"普世化"的回应,最重要的就是使教宗摆脱皇帝的控制,以获得自身独立的合法性与至高权威。如上所述,弗利什认为这个时期改革的核心是教宗如何将教会从世俗君主和地方贵族的"干涉"中解放出来,但这一观点遭到了一些学者的批评,特别是德裔英国历史学家沃尔特·乌尔曼。他明确反对使用"格里高利改革"这个术语,也不认为这场改革的源头应当追溯到10世纪。在乌尔曼看来,至少在亨利四世之前,德意志王国的君主们是教会内部净化运动的真正领导者。④ 诚如我们在上文中所论证的,帝国和教会双方都试图对教会进行改革,也都试图建立大一统局面,但在双方同时走向"普世化"的过程中却产生了巨大分歧。格里高利七世所反对的,是从奥托重建帝国到萨利安王朝以来所确立的"帝国—教会"政策本身。格里高利认为,皇帝只有通过对教宗的服从才能够与神圣权威合作以管理人类社会,教权远远超过帝权,甚至教士中最小品级的驱魔员在神圣性上也高于皇帝。⑤ 在第二次绝罚亨利四世时,格里高利七世强调他不仅背弃了基督的律法,同时也是"教会和帝国的摧毁者",而享有捆绑和释放权力的教宗作为"普世教会"的首领,不仅在宗教事务上有教导权,同时也享有最高的仲裁和司法权。⑥ 这种分歧从理念上来说是对世界"正确秩序"和"终极领导者"的争夺,但从

---

① 关于格拉修教义在历史中的运用和转化,可参见 Robert L. Benson, "The Gelasian Doctrine: Uses and Transformations", George Makdisi, Dominique Sourdel, Janine Sourdel-Thomine, eds., *La notion d'autorité au Moyen-Âge: Islam, Byzance, Occident*, Paris: Presses Universitaires de France, 1982, pp. 13 – 44。

② Johannes Fried, *Donation of Constantine and Constitutum Constantini*, Berlin: De Gruyter, pp. 88 – 109.

③ I. S. Robinson, "Reform and the Church, 1073 – 1122", in David Luscombe and Jonathan Riley-Smith, eds., *The New Cambridge Medieval History IV*, Cambridge: Cambridge University Press, 2004, pp. 271 – 286.

④ Walter Ullman, *The Growth of Papal Government in the Middle Ages*, p. 262.

⑤ H. E. J. Cowdrey, *Pope Gregory VII, 1073 – 1085*, pp. 608 – 617.

⑥ 在写给梅茨的赫尔曼(Herman of Metz)的长信中,格里高利七世详尽解释了他绝罚亨利四世的原因以及历代类似行为的先例,参见 Erich Caspar, hrsg, *Das Register Gregors VII*, Vol. 2, VIII. 21, Berlin: Apud Weidmannos, 1923, pp. 546 – 563。节选的英文译本参见 Gregory VII, "A Letter to Herman of Metz", *The Correspondence of Pope Gregory VII*, pp. 166 – 175。格里高利七世对于"双剑论"的解读非常有倾向性,后来格拉提安编撰的教会法法典中分别有支持和反对格里高利解读的条目,参见 I. S. Robinson, *The Papacy, 1073 – 1198*, pp. 296 – 299。

更深层的结构来说，恰恰是因为教会对帝国、教宗对皇帝的模仿所导致的相似性，才使教宗要如此贬低皇帝。

格里高利七世时期作为帝国与教会冲突的高峰期，明确体现出了教宗试图模仿皇帝和帝国的形态，建立以罗马教廷为真正中心的大一统秩序。虽然《教宗如是说》中的条文从未付诸实施，但其中的若干内容都在理念和实践维度上彰显出了“效仿帝国”的倾向，特别是强调只有教宗才能够使用“帝国统治的印信”。① 从某种程度上来说，教宗国本身就是格里高利改革的产物。为了保卫改革后的成果，教宗开始加强对罗马周边地区的控制并开展一系列制度上的改革。虽然这些行动的最初目的是为了加强在宗教事务上的管理，但经过彻底重建后，原先被罗马贵族们所把持的机构被教宗主导的教廷（papal curia）所取代，使教廷甚至先于帝国具备了官僚体系形态。② 而且，格里高利七世处理与南意大利地区的王侯关系时，甚至会使用“授任”（investitura/investio）一词来确认诺曼人罗伯特·吉斯卡尔（Robert Guiscard，约 1015—1085）作为阿普利亚和卡拉布里亚公爵的身份，而这一做法直接源于帝国册封授任爵位的传统。③

其二，对应着德意志世俗君主重塑帝国权威和建立帝国“大一统”秩序，罗马教廷开始了将自身构建为“普世教会”核心领袖的进程，并特别强调教宗的特殊职权与至尊地位。在 11 世纪中期之前，罗马主教的地位主要建立在罗马作为圣彼得、圣保罗等宗徒的殉道朝圣地基础上。对许多阿尔卑斯山以北的地方教会而言，罗马教宗的权威只是存在于远方的缥缈意象，许多主教从未去过罗马，也从未收到过罗马教廷的任何谕令或接待过来自罗马的使节，罗马教廷和地方教区之间并没有建立常规的联系网络。这种事实上的疏离和各自为政，使得以沃尔姆斯的布尔夏德（Burchard of Worms，约 950—1025）为代表的教会法学者认为，虽然所有的主教职权都来自圣彼得，罗马作为圣彼得的殉道之所而被尊为主教中的首席，但并不意味着所有主教都要尊奉他为教会的首领而接受他关于地方教会运作的一切指令。④ 从罗马教廷的角度来看，教会改革的关键是提高教宗权威，建立管控拉丁西方甚至整个基督教世界的“普世权威”。特别是对像是阿拉贡、西西里等新兴王国，教宗的权威已经不限于宗教事务领域，更在很大程度上建立

---

① “Quod solus possit uti imperialibus insigniis”, in Erich Caspar, hrsg, *Das Register Gregors VII*, Vol. 1, II. 55a, Berlin: Apud Weidmannos, 1920, pp. 201 – 208; P. Schramm, “*Sacerdotium* und *Regnum* im Austausch ihrer Vorrechte: Eine Skizze der Entwicklung zur Beleuchtung des ‘Dictatus papae’ Gregors VII”, *Studi Gregoriani*, Vol. 2 (1947), S. 403 – 457.

② Sandro Carocci, “Popes as Princes? The Papal State (1000 – 1300)”, in Keith Sisson and Atria A. Larson, *A Companion to the Medieval Papacy: Growth of an Ideology and Institution*, Leiden and Boston: Brill, 2016, pp. 68 – 71.

③ Erich Caspar, hrsg, *Das Register Gregors VII*, Vol. 2, VIII. 1a, 1b, 1c, pp. 514 – 517. 当诺曼人在西西里的统治地位日益确立之后，从 1156 年起则以加冕典礼取而代之，参见 Benedict Wiedemann, *Papal Overlordship and Protectio of the King, c. 1000 – 1300*, Ph. D Thesis, University College of London, 2017, pp. 105 – 109; Graham Loud, *The Age of Robert Guiscard: Southern Italy and the Norman Conquest*, London: Longman, 2000, pp. 186, 207 – 209。

④ 在布尔夏德的《教会法汇编》中，明确反对使用“神职之长”（priceps sacerdotum）之类的用法，参见 Burchard, *Decretum*. I, 1 – 3; *Patrologia Latina*, Vol. 140, 549C – 550B。

了凌驾于国王之上的“宗座帝权”。[1]

格里高利七世所推行的激进政策开始于 11 世纪末，到 12 世纪初有所调整。在主教授任权问题上，沙特尔的伊沃（Ivo of Chartres，约 1040—1115）作为当世最重要的法学家，清晰地区分了聚焦于圣事和教会属灵事务的灵性权威（spiritualia）和侧重世俗管理相关的世俗权威（temporalia），并在这一基础上革新了主教授任的仪式。[2] 这一方案最早用于法王领土上的桑斯教区。在 1098 年桑斯的达姆波特（Daimbert of Sens，1098—1122 年在位）大主教就任时只接受了教宗特使所授予的权杖和权戒，并在没有封赐仪式的情况下宣誓效忠于国王。[3] 于是，主教对世俗统治者的效忠不再使用与教会礼仪和灵性权威相关的物品——特别是权杖，但同时仍然享有附属于教会的土地及相关权利。

然而，这一相互妥协的措施并未能在当时实现教会与帝国的和解，乌尔班二世时期的柔和措施被激进的帕斯卡二世（Paschal II，1099—1118 年在位）所否决。帕斯卡出身于克吕尼修院，具有高度理想主义情怀和绝不妥协的性格，他在很多方面都是格里高利七世激进理念的真正继承人和身体力行者。他不仅将对立教宗克莱门三世的尸体挫骨扬灰于台伯河中，更在 1102 年再度绝罚了亨利四世，即使亨利愿意到耶路撒冷参加十字军也未能幸免。更出乎意料的是，帕斯卡二世甚至提出皇帝应当停止对主教职位的干涉，同时教会也会放弃世俗管理权并归还属于皇帝的土地。[4] 这种不切实际的做法或许反映了这位教宗身处困境中的绝望，同时也表明他极大低估了德意志地区教会职务和世俗财产间的紧密关系。[5] 帕斯卡二世的言论中呈现出“双剑论”走向末路的另一种极端版本：他不再想要帝国与教会的合作，而是希望教会和帝国完全切割。更重要的是，这也清晰地展现出教宗权威在经过半个世纪的冲突后，已经获得了极大的提升，因为教宗本人的倾向已经能够深刻影响到整个教会政策的走向了。

其三，帝国与教会的相似性使教宗和皇帝之间的至尊权问题日益突显，催生了大量辩论文本，成为中世纪王权与政治理论的重要资源。身为教宗的格里高利七世对亨利四世皇帝的绝罚对当时人形成了巨大的冲击，教权脱离甚至凌驾于皇权之上的观念更是产生于格里高利七世时期的前所未有的“创新”，持续且剧烈的对立引发了中世纪盛期拉丁基督教世界史无前例的大分裂，帝权和教权的两派支持者们需要从神学、历史、法律等多个层面加以论证和辩驳。这个被

---

① Benedict G. E. Wiedemann, “*Super gentes et regna*: Papal ‘Empire’ in the Later Eleventh and Twelfth Centuries”, *Studies in Church History*, Vol. 54 (June 2018), pp. 109 – 122.

② Ivo Carnotensis, “Ep. 60”:“Cum ergo omnis institutio ecclesiasticarum legum ad salutem referenda sit animarum, istarum institutionum transgressiones aut districtius essent corrigende, ut saluti prodessent, aut interim silentio premende, ne spiritualia uel temporalia commoda supradictis modis impedirent”. *Patrologia Latina*, Vol. 162, 74B.

③ Christof Rolker, *Canon Law and the Letters of Ivo of Chartres*, Cambridge: Cambridge University Press, 2009, pp. 189 – 193.

④ 关于帕斯卡二世及其激进改革思想的产生与实践，参见 Uta-Renate Blumenthal, *The Early Councils of Pope Paschal II, 1100 – 1110*, Toronto: Pontifical Institute of Mediaeval Studies, 1978。

⑤ Uta-Renate Blumenthal, “Opposition to Pope Paschal II: Some Comments on the Lateran Council of 1112”, *Annuarium Historiae Conciliorum*, Vol. 10 (1978), pp. 82 – 98.

布莱恩·蒂尔尼(Brain Tierney)称之为“论战小册子前所未有的爆发”的时期,是中世纪政治思想传统的新起点。[①] 事实上,帝国和教会双方在宣传方面的力量并不均衡,在编写宣传小册子和编年史方面,皇权派的力量远逊于教宗派,因为皇室内廷中无法像教宗那样拥有诸多满怀热忱的宣传者,通过各种书信书写和巡回讲道来传播教宗的理念,并为政教冲突中教宗的做法进行辩护。[②]

在教权和帝权关于基督教世界秩序的争论中,帝权派和教权派明显采取了不一样的论证策略。帝权论者往往更倾向于从罗马法入手,论证帝权的特殊地位,更注重将法律、法统以及帝国与教会关系的历史先例作为讨论的重点。比如,作为服务于对立教宗克莱门三世(Clement III,1080—1100 年在位)的法学家彼得·克拉苏斯(Petrus Crassus,活跃于 11 世纪末)极力从罗马法的条文中寻找证据,以论证皇帝的主权权威及其尊位权威的不可撤销性。在《为亨利四世而辩》(*Defensio Henrici IV*)中,克拉苏斯认为格里高利七世创制了与前例相违逆的新律法,从而使这位所谓的“教宗”成了“神圣法典的背弃者”。克拉苏斯强调,亨利四世的王位并非教宗的私产而是天主的恩赐,其帝位的传袭来自康拉德二世和亨利三世两位皇帝。有基于此,他指责格里高利七世将教会视为自己的私产,并且在绝罚亨利四世时身兼指控人、见证人和仲裁者,严重违背了教会法和罗马法的基本法则。[③]

与之相对,教宗一方的支持者提出了更为激进的教会论。教权论者虽然也使用法条作为论据,但更倾向于使用习惯法的律令汇编,特别是教宗书信和谕令等,这几乎成了新教会法典的唯一来源。[④] 此外,教宗权威的支持者还采用“救恩史”写作来展现教会与帝国的关系,这也在很大程度上促进了 12 世纪文艺复兴时期历史书写的兴起。那些带有浓厚神学意识的历史书写,通过历史叙事重新建构教会与帝国在历史发展中的关系,进而论证教会与教宗权威的神圣性。[⑤] 例如弗莱辛的奥托(Otto of Freising,约 1114—1158),就以一种普世史的视野和框架建构了帝国与教会的关系。作为皇族后裔,他与帝国有着天然联系,而作为一名西多会士和主教,他在教会和帝国的关系上又常常处于一种焦虑之中。即便如此,奥托仍然承认,现今不仅全体人

---

① Brain Tierney, *The Crisis of Church and State, 1050 - 1300*, Englewood Cliffs: Prentiss-Hall, 1964, p. 74. 关于各种辩论小册子的经典分析,参见 Ian S. Robinson, *Authority and Resistance in the Investiture Contest: The Polemical Literature of the Late Eleventh Century*, Manchester: Manchester University Press, 1978。

② Horst Fuhrmann, *Germany in the High Middle Ages, c. 1050 - 1200*, p. 70.

③ Petri Crassi, *Defensio Henrici IV. Regis*, in *MGH*, *Ldl*, Vol. 1, pp. 432 - 453.

④ 比如重要的“74 条目汇编”大量征引了《伪伊西多尔教令集》作为支持教宗行为的证据,见 John Gilchrist, *A Collection in 745 Titles: A Canon Law Manual of the Gregorian Reform*, Toronto: University of Toronto Press, 1980。关于这一态度变化的趋势,参见 Atria A. Larson and Keith Sisson, "Papal Decretals", in Keith Sisson and Atria A. Larson, *A Companion to the Medieval Papacy: Growth of an Ideology and Institution*, pp. 162 - 173。

⑤ 关于 12 世纪救恩史写作的兴起,参见 M. -D. Chenu, "Theology and the New Awareness of History", in M. -D. Chenu, *Nature, Man and Society in the Twelfth Century*, translated by Jerome Taylor and Lester K. Little, Toronto: University of Toronto Press, 1997, pp. 162 - 201; Peter Classen, "*Res gestae*, Universal History, Apocalypse: Visions of Past and Future", in Robert L. Benson and Giles Constable, eds., *Renaissance and Renewal in the Twelfth Century*, Cambridge, Massachusetts: Harvard University Press, 1982, pp. 387 - 420。

民甚至几乎全部的王公都是天主教徒,他所书写的历史“不是两座城的,而是一座城的,我将之称为教会”[①]。奥托意识到,他自己所处的时代已经迥异于前代,从奥古斯丁以来的世界历史从未像他们所在的这个时代那样突破了前代的范式,这种突破最终导致帝国与教会的“精诚合作”瓦解。

四、从“效仿帝国”到消解帝国神圣性

有学者倾向使用“权力”与“神圣”这样更加抽象的词汇表达“教会”与“国家”的关系,因为中世纪盛期被卷入政教冲突的“国家”是一种王朝性的王权,君主的统治更多依靠着个人的关系与亲临,并没有一整套的官僚行政体系,君主要通过不断地在自己领地上巡行、通过封赐乃至威胁,才能与地方贵族建立或更新同盟关系。[②] 如上所述,从利奥九世以来的多位教宗也采取了同样的方式,通过亲自巡行、派遣使节、召开教宗会议以建立类似于帝权的统治模式。[③] 此外,像是税收、司法乃至发动战争等常被视为“世俗国家”职分之内的活动,在 11 世纪到 12 世纪的时候常常是由教会领袖所组织的。正是在这个帝国和教会的运作方式相互交织和相互模仿的意义上,才能更明确地呈现 11 世纪到 12 世纪政教冲突的本质,亦即帝国与教会在建构大一统秩序中对“至高权”的争夺。鉴于教会和帝国在传统思想脉络中都具有神圣性,因此最终打破这个僵局只有双方的合一或消解一方的神圣性这两种选择。在“效仿帝国”策略的引导下,《沃尔姆斯协议》后的教会开始突出教宗在属灵和属世事务上的最高权威并消解帝国的神圣性。

在经过半个世纪的激烈冲突后,“双剑论”相对稳定的形态出现在 12 世纪初叶。1122 年召开沃尔姆斯宗教会议时,身为教宗特使的枢机奥斯提亚的兰伯特(Lambert of Ostia)后来成了教宗洪诺留二世(Honorius II, 1124—1130 年在位)。在最终的文件中,“效忠”(hominium)的形式及其内涵被刻意模糊掉了。这个各方都能勉强接受的协议,在随后举行的第一次拉特朗大公会议上得到了再次确认。[④] 学者们普遍将 1122 年的《沃尔姆斯协议》视为政教之争中一个暂时的

---

① Ottonis episcopi frisingensis, *Chronica sive historia de duabus civitatibus*, Vol. V, prol., edited by A. Hofmeister, Hanover: Impensis Bibliopolii Hahniani, 1912, p. 229; *The Two Cities: A Chronicle of Universal History to the Year 1146 A. D.*, translated by Charles Christopher Mierow, New York: Columbia University Press, 2003, pp. 323 - 324.

② Maureen C. Miller, *Power and the Holy in the Age of the Investiture Conflict: A Brief History with Documents*, Boston and New York: Bedford/St. Martin's, 2005, pp. 13 - 14.

③ 在中世纪早期,教务会议曾被用于建构王权的合法性,参见刘虹男、陈文海《墨洛温王朝教务会议与法兰克王权的理论构建》,《历史研究》2021 年第 1 期。而到中世纪盛期,由教宗或教宗使节主导的教务会议则成了教宗直接控制地方教区运作的重要手段,参见 Danica Summerlin, "Papal Councils in the High Middle Ages", in Keith Sisson and Atria A. Larson, eds., *A Companion to Medieval Papacy: Growth of an Ideology and Institution*, Leiden and Boston: Brill, 2016, pp. 174 - 196。

④ 在帕斯卡二世去世之后,教廷与帝国之间在主教授任的问题上就已经取得了很大的缓和,可参见 Stanley Chodorow, "Ecclesiastical Politics and the Ending of the Investiture Contest: The Papal Election of 1119 and the Negotiations of Mouzon", *Speculum*, Vol. 46, No. 4 (1971), pp. 613 - 640。

休止符，并指出在这个节点前后，政教之争中的冲突焦点开始转移到更为细微和复杂的法律层面上。[①] 虽然《沃尔姆斯协议》签订后在一定程度上缓和了教会与帝国斗争的激烈程度，却并没有平息双方的冲突。更重要的是，还为后来教宗权力的伸张以及消除帝国本身的神圣性埋下了伏笔。关于这个问题，可以从以下几个方面加以分析。

首先，《沃尔姆斯协议》的签订虽然在形式上结束了政教之争，但教会却沿着"效仿帝国"的轨道向更激进的教宗至上论前进。圣德尼的苏热尔（Suger of St-Denis，1081—1151）作为见证者，记述了他在1131年列日宗教会议上的见闻。当时的教宗英诺森二世（Innocent II，1130—1143年在位）以罗马皇帝的仪轨出场，戴着装饰华美的三重冠骑在一匹白马上，而德意志国王罗泰尔三世（Lothar III，1125—1137年在位）则扮演了马僮（stratoris officium）的角色为教宗牵马。[②] 教宗这种对帝国的模仿体现出了11—12世纪教会与帝国关系的特殊张力。早期的政教之争源出于帝国对教会的模仿，亦即君主认为自己拥有保卫基督教世界的权力，故而享有处置教会事务的权力。到12世纪，关于教权至上的理论逐渐建立起来，双方关系也发生了逆转，教宗原先作为牧者的形象逐渐转化为了统治者的形象。

这种对教宗职权的新理解，使12世纪的教宗在许多方面迥异于11世纪的教宗，到12世纪中期，这种将教宗职权"皇帝化"的趋势越发明显。明谷的圣贝尔纳（St. Bernard of Clairvaux，1090—1153）甚至呼吁自己的学生尤金三世教宗不仅要做圣彼得的继承人，还要做君士坦丁大帝的继承人。[③] 作为12世纪最具影响力的神学家之一，圣贝尔纳明确阐发了教宗权至上的观点，使政教双方的关系进一步突破了传统双剑论的框架：

> 你应当谨记，你是正直的典范、圣德的镜鉴、虔诚的样板、真理的宣讲者、信仰的捍卫者、各民族的教师、基督徒的灵修、新郎的密友（伴郎）、教士的祝圣者、人类的牧者、世人之主人、受迫害者之避难所、穷人的呼吁者、沉没者的希望、孤儿的保护者、寡妇之判官、盲者之眼、哑者之舌、老者之助、罪者之罚、恶人之恐惧、善者之光荣。强者之鞭、专制之锤、国王之父、法律之仲裁者、教令之施予者，地上之盐、世上之光，最高之司祭，基督的代表，上主所傅油者。[④]

圣贝尔纳的理解源于对《圣经·路加福音》第22章38节的独特阐释，这一章节记载了耶稣在山园祈祷后遭遇犹太人袭击时与门徒们的对话。门徒对耶稣说："主，看，这里有两把剑。"耶稣对他们说："够了。"圣贝尔纳对这短短的两句话作出了极为精妙的阐发。他指出，如果世俗之剑并不属于教宗的话，那么耶稣在门徒们说"这有两把剑"时应当回答"太多了"而不是"够

---

① Geoffrey Barraclough, *The Medieval Papacy*, pp. 91－93.

② Suger of St Denis, *Vita Ludovici grossi regis*, Paris: les Belles lettres, 1964, p. 262. 关于皇帝为教宗牵马的意象，在13世纪变得更为普遍，特别是在罗马的圣四殉道者大殿（Santi Quattro Coronati）的壁画中，描绘了君士坦丁大帝为圣西尔维斯特牵马的场景。

③ I. S. Robinson, *The Papacy 1073－1198: Continuity and Innovation*, pp. 18－26.

④ Bernardus Claraevallensis, "De consideratione", IV, 7. 23, in *Patrologia Latina*, Vol. 182, 788B－788C.

了”，灵性之剑“由教会所挥舞”，而世俗之剑则是“为教会所挥舞”。① 与圣贝尔纳同时代的圣维克多的雨果（Hugh of St. Victor, 1096—1141）和活跃于12世纪下半叶的博洛尼亚的路费努斯（Rufinus of Bologna，约1130—1192）都认为，教宗在世俗事务上也具有更高的管辖权。因为教宗的圣事性权柄是尘世一切权力的基础，是世俗权力得以存在的前提。②

这种对教宗职权的新理解与《沃尔姆斯协议》签订后对教会结构的调整，形成了“双剑论”的新解读。原先的两元论被一种新的合一理念所取代，亦即两把剑的力量都掌控在教宗的至高领导权之下。一方面，教宗权威要求在教会内部享有至高无上的地位。如前所述，11世纪中期之前的地方教区运作很少受到罗马教廷的干涉，但是到了12世纪，教会组织原则在选举权和圣事权外，更增添了“确认权”（confirmatio），这就使平信徒和教士们在主教选举中的权力被削弱，而极大增强了身处教阶制度顶峰之教宗的权力，教宗在掌控主教任命的问题上更为积极。③ 另一方面，在经过11世纪中后期激烈的政教之争后，12世纪的教会主流越发强调世俗社会运作中的属灵部分全都应当完全纳入教宗的管辖下，同时通过制度的革新与宣传强化了“宗座帝权”和教宗作为“至高统治者”的形象。

其次，教会和帝国在神圣性上此消彼长的过程，体现了重构基督教世界秩序的博弈。随着奥托一世重建帝国的努力，帝国本身的神圣性日益凸显，此后历任皇帝都力图强调帝国和皇帝本身的神圣性以制衡教会。在教会和帝国不断冲突和调和的过程中，“神圣帝国”的概念逐步清晰起来。④ 进入12世纪下半叶，以罗马教廷为中心的教会对于司铎、主教和教宗的性质和功能有了更新的理解，对教会与帝国的关系和本质也产生了新的认识。对教宗职权的新理解、对教会改革的新诉求和对教会论的新阐释，不仅使皇帝身份遭遇“去神圣化”，更重要的是要消解“帝国”本身的神圣性，而教宗和教会的神圣性则在这个过程中不断增强。关于这一现象也可以分为三个层面加以考察。

第一个层面是消解皇帝的“祭司职”形象。从利奥九世以来，教廷所主导的教会改革越发强调神职人员在施行圣事上的重要性，无论是教士独身制的推行还是对买卖圣职的禁令，都是要严格区分神职人员和平信徒之间的界限，并借此强化教宗作为所有神职人员之首领的无上权

---

① I. S. Robison, “The Papacy, 1122 - 1198”, in David Luscombe and Jonathan Riley-Smith, eds., *The New Cambridge Medieval History, volume 4, Part 2, c. 1024 - c. 1198*, p. 318.

② Hugo de S. Victore, *De sacramentis Christiane fidei*, II. 2: “Quanto autem vita spiritualis dignior est quam terrena, et spiritus quam corpus, tanto spiritualis potestas terrenam sive saecularem potestatem honore, ac dignitate praecedit” in *Patrologia Latina*, Vol. 176, 418C; Rufinus von Bologna, *Summa Decretorum*, d. 22 c. 1, edited by Heinrich Singer, Paderborn: Ferdinand Schoningh, 1902, p. 47.

③ Robert L. Benson, *The Bishop-Elect: A Study in Medieval Ecclesiastical Office*, Princeton: Princeton University Press, 1968, p. 374; Kenneth Pennington, *Pope and Bishops: The Papal Monarchy in the Twelfth and Thirteenth Centuries*, Philadelphia: University of Pennsylvania Press, 1984.

④ 关于这一概念的经典研究，可参见 K. Zeumer, *Heiliges römisches Reich deutscher Nation: eine Studie über den Reichstitel*, Weimar: Böhlau, 1910。从语文学传统的详尽研究，可参见 Rainer Maria Herkenrath, “Reinald von Dassel als Verfasser und Schreiber von Kaiserurkunden”, *Mitteilungen Des Instituts für Österreichische Geschichtsforschung*, Vol. 72 (1964), S. 34 - 62。

威。这种强化“圣俗分野”的趋向清晰地展现在从 1123 年到 1215 年的四次拉特朗大公会议关于教士的要求上，除继续强化教士独身制外，那些将被遴选成为教士的人应当是“成年了的智慧和虔诚之人”，后来又加上了具有“文字上的知识”。[①] 正如马克·布洛赫所言，“格里高利改革运动”的终极目的就是要将教士与平信徒加以区隔，并将教士置于普通的信徒之上。[②]

第二个层面是消解帝国的神圣性。在 12 世纪中期的方言历史书写中，就已经出现了强化神圣罗马帝国与罗马帝国之间继承关系的重要作品《皇帝编年史》，其中特别凸显“帝国理念”以及虚拟化的政教关系，为神圣罗马帝国寻找坚实的合法性根基。[③] 这中间有一段重要的插曲，亦即“神圣帝国”（sacrum imperium）概念在 12 世纪中期腓特烈·巴巴罗萨（Friedrich Barbarossa, 1152—1190，1155 年起为皇帝）的统治时期重新占据重要位置。腓特烈·巴巴罗萨通过三个事件逐步推动了帝国的再神圣化：首先是在 1157 年将“神圣帝国”一词引入，其次是将东方三贤士的遗髑从米兰迁移到了科隆，最后则是查理曼的封圣。[④] 可以看到，这些行为事实上是试图将教会所代表的神圣性转移到帝国之上。然而，腓特烈·巴巴罗萨通过“模仿教会”而对帝国重新神圣化的措施并没能恢复帝国对于教会的主导权，更没有起到强化帝国神圣性的作用。最为重要的标志就是，亚历山大三世在 1160 年绝罚了支持对立教宗并组织军队进攻意大利的腓特烈·巴巴罗萨，还宣布他为暴君，但却不再以教宗身份废除其作为皇帝的身份。诚如李隆国所指出的，古代罗马帝国分别向中古加洛林帝国和拜占庭帝国的发展，体现了中古早期神圣政治的兴起和政治基督教化的大趋势。8 世纪中期以来，罗马教宗形成了新的神圣政治观，即政治的神圣性源自教宗的膏立，前提条件则是君王要保护罗马教会的利益。[⑤] 当教会不再需要君王的保护且君王开始“背叛”教会时，在基督教世界教会体系中的帝国与皇帝之神圣性也就不复存在了。也正因为如此，12 世纪中后期成型的新教会论将神圣性仅保留在教会和教宗身上，虽然教宗的加冕为皇帝职权赋予了神圣性，但作为神圣性根本来源的教会无须再动用教会的神圣权力来废除本身并不神圣的皇帝。[⑥]

---

① I. S. Robison, “The Papacy, 1122 – 1198”, pp. 328 – 329; C. 10, 16, Second Lateran Council-1139; C. 3, Third Lateran Council,-1179, in Norman P. Tanner, ed., *Decrees of the Ecumenical Councils*, *Volume. 1*, London and Washington: Sheed & Ward and Georgetown University Press, 1990, pp. 201, 212 – 213.

② ［法］马克·布洛赫：《封建社会（上卷）》，张绪山等译，商务印书馆，2004 年，第 192 页。在布洛赫看来，“格里高利改革”对拉丁基督教形成产生了“决定性影响”，认为其催生了欧洲社会自我意识的觉醒。

③ 参见李腾《〈皇帝编年史〉中的帝国与教会：对中世纪盛期方言历史书写的考察》，《世界历史》2020 年第 2 期。

④ 关于这一问题的最新研究成果，参见 Verdran Sulovsky, *The Sanctity of the State under Fredrick Barbarossa (1152 – 1190): Saint Charlemagne and the Sacrum Imperium*, Ph. D Thesis, University of Cambridge, 2020。其核心观点认为，腓特烈·巴巴罗萨的这一系列行为并没有将帝国“再神圣化”的明确计划，而是要强调现存帝国与查理曼之间的继承性权威关系，以突出延续性和合法性。这种解读与此前历代学者的认识具有很大差异，相关学术史回顾可参见 Verdran Sulovsky, “The Concept of sacrum imperium in Historical Scholarship”, *History Compass*, Vol. 17, No. 8 (August 2019), pp. 1 – 12。

⑤ 李隆国：《重建“神圣的罗马帝国”：中古早期欧洲的政治发展道路》，《历史研究》2020 年第 2 期。

⑥ 尽管如此，亚历山大三世对巴巴罗萨的绝罚在历史上形成了一个著名的意象，并自 16 世纪以来产生了极大的影响，可参见 Kurt Stadtwald, “Pope Alexander III's Humiliation of Emperor Frederick Barbarossa as an Episode in Sixteenth-Century German History”, *The Sixteenth Century Journal*, Vol. 23, No. 4 (1992), pp. 755 – 768。

第三个层面是强化教宗的神圣性，凸显其代表“帝权”的身份和形象。教宗职权和权威仿照着帝国的模式形成了独特的权力体系，并呈现为一种“神圣的教宗君主权”。教宗将自己视为“罗马皇帝在中世纪的继承人”，使用皇帝的印信，重现皇帝的典礼，穿戴皇帝的冠冕。从格里高利七世以来，在教宗印玺上刻有圣彼得和圣保罗的头像，这一形式在帕斯卡二世时期形成惯例。教宗所佩戴的礼帽也采取了尖顶形制，以区别于其他主教，并最终发展成为带有浓厚帝王特质的“三重冠”。[①] 在乌尔班二世时期，“罗马教廷”(curia Romana)取代了“拉特朗教士团”(Patriarchium Lateranense)成了教宗政府和管理机构的正式名称。在阿德里安四世和亚历山大三世(Alexander III, 1159—1181 年在位)期间，博索(Boso)枢机在教廷中编撰了大量从利奥九世到亚历山大三世的生平资料，表明教宗个人如同皇帝一般被赋予更多的神圣性色彩，且通过历史书写、圣迹描绘等强化其神圣性。[②] 正是在 12 世纪，教宗将自己的头衔由“圣彼得的代表”(Vicarius Petri)改为了“基督的代表”(Vicarius Christi)，更是明确彰显了教宗地位与自我认知的急剧上升。由此可见，教会效仿帝国、强化教宗权威的趋势在《沃尔姆斯协议》签订后非但没有减缓，反而是在持续加强。

最后，帝国神圣性的消泯在 13 世纪进一步强化，民族国家的出现使政教关系呈现为教会与多个民族国家的对抗。即使英诺森三世时期被视为中世纪教宗权威的巅峰，但无论是 1214 年的布汶战争，还是腓特烈二世(Frederick the Second, 1225—1250 年为神圣罗马帝国皇帝)的崛起，都标志着以教宗为中心的基督教世界秩序的构建努力走向了失败。到 13 世纪，“国家的奥秘之体”(corpus Reipublicae mysticum)在很大程度上被政治化了，失去了超验的神圣性，而这种国家的世俗化正是教会在 11 世纪到 12 世纪与帝国产生冲突并对帝国采取去神圣化措施所造成的。在这一时期，神圣罗马帝国在与教会的直接斗争中逐渐成了地方割据的牺牲品，英法等国则从 12 世纪中后期逐步建立了自成一体的中央集权国家，反对罗马教会或者神圣罗马帝国任何一方实现“大一统秩序”，体现了基督教世界在信仰上的统一理念和多元民族国家之间的巨大张力。到 13 世纪中后期，教宗虽然仍被尊奉为基督在地上的代表，但各个国家的宗教事务管理权又回到了各国统治者的手中，整个教宗制度的改革在某种形式上又回到了原点。特别是随着 13—14 世纪政治格局的变化，新的、民族性的国家强调自身独立于教会的天然合法性，更加之阿维农之囚和公会议运动，想象中的基督教世界大一统秩序在历史发展中被民族国家的兴起所取代，教宗君主制完全无力对抗日益强大的民族国家。到 14 世纪中期，佩纳的卢卡斯(Lucas de Pena，约 1325—1390)将君主与国家的关系视为伦理与政治的婚姻，将主教和教会的

---

① Ingo Herklotz, “Bildpropaganda und monumentale Selbstdarstellung des Papsttums”, in Ernst-Dieter Hehl, Ingrid Heike Ringel & Hubertus Seibert, hrsg. , *Das Papsttum in der Welt des 12. Jahrhunderts*, Stuttgart: Jan Thorbecke Verlag, 2002, S. 273 – 291; Francesca Pomarici, “Papal Imagery and Propoganda: Art. Architecture, and Liturgy”, in Keith Sisson and Atria A. Larson, eds. , *A Companion to Medieval Papacy*, pp. 85 – 120.

② 托马斯·诺伯指出，从 1000 年到 1300 年的教宗史开始具有自己独特的地位，而不再被视为世俗历史的附属品，原先在历史呈现中孱弱的教宗历史叙事变成了“耀武扬威”，可参见 Thomas F. X. Noble, “Narratives of Papal History”, in Keith Sisson and Atria A. Larson, eds. , *A Companion to Medieval Papacy*, pp. 19 – 20。

关系视为属灵和神圣的婚姻，体现出国家不再追求教会维度的神圣统一性，也不需要通过与教会争夺神圣性来彰显自身的合法性与权威。[①] 于是，世俗国家与教会关于“正确的世界秩序”不再使用同一套话语体系进行表达，而是建立了两个互相关联却又互不统属的体系。

结 论

综上所述，帝国与教会在11—12世纪的政教冲突体现出了历史发展中的“异数”，但这个“异数”进入13世纪后又被逐步消解了。一体多面的“政教之争”和“教会改革”是拉丁西方在11—12世纪时期的中心事件，奠定了中世纪盛期西欧世界的基调。这一时期教会和帝国之间呈现出前所未有的紧张关系，这既体现在具体的政治事件和军事活动上，更集中展现在教会管理体制以及政治思想范式的颠覆性变化上。虽然当时的改革者们往往打着“回到原初教会”黄金时代的旗号，事实上却塑造了一条“名为返本，实则开新”的道路。

在许多方面，基督教世界秩序的重构是一系列转变所共同塑造的。从更宏大的视角来看，这种演变事实上也是12世纪文艺复兴中文化革新的结果。首先，原先局限于区域化的农业社会在中世纪盛期越发冲破了原来的限制，通过与更多元文化的频繁交往变得更为复杂，一种新的社会和政治结构随之发展起来。其次，无论是从政治上还是宗教上来说，组织化和统一化都需要重新理顺内部关系，并为自身在整体的“世界秩序”中寻求具有合法性的定位。教会领袖和世俗君主在这个过程中都强化了集权的趋势，特别是对于教廷一方，建立了在教会司法管理层面上极为有效的罗马教宗首席权和最高仲裁权。最后，在11—12世纪的历史发展中，帝国和皇帝的神圣性被逐渐消解，教宗却在效仿帝国尊威的过程中形塑了自身的权威。但是，由于所谓的“神圣性”全部集中在教会领域，理念上的斗争不仅没有塑造出“大一统”的秩序，更进一步加强了教会与社会的“圣俗分野”。随着民族国家的兴起、发展与最终奠定，以普世统一为诉求的基督教世界秩序不可避免地走向崩塌。就此而言，11—12世纪的政教之争可以说是整个西欧中世纪文明中最后一次对大一统模式的尝试，这个时期所形成的若干理念也仍在未来的历史中发挥着重要作用。

（本文原刊于《历史研究》2022年第3期）

作者简介：

李腾，英国利物浦大学哲学博士（Medieval Studies），现任上海师范大学人文学院世界史系教授，兼任世界史系副系主任，英国皇家历史学会（Royal Historical Society）会员。主要研究方

① Ernst H. Kantorowicz, *The King's Two Bodies: A Study in Medieval Political Theology*, pp. 214－215.

向为欧洲中世纪思想文化史和天主教会史，侧重 12 世纪文艺复兴及其学术史，中世纪盛期（11—13 世纪）的宗教修会制度、历史书写和政教关系。现主持国家社科基金青年项目一项。在《世界历史》《道风：基督教文化评论》《史学史研究》《古代文明》等国内外学术刊物发表论文十余篇，并多次赴欧洲讲学。

Semantics and Etymology in Yāska's *Nirukta*: The *meghaḥ ... mehati iti sataḥ* Type of Etymological Explanation*

[意] Paolo Visigalli

Abstract: This paper provides a new interpretation of a type of etymological explanation (T) characteristic of Yāska's *Nirukta*. The proposed interpretation sheds light on Yāska's distinctive ideas on the relation between semantics and etymology. Exemplified by the occurrence *meghaḥ ... mehati iti sataḥ*, T conveys the following information: the noun to be explained is a name (*nāman-*) that denotes a certain thing (*sattva-*) as characterized by a certain action. In the example, the noun *meghaḥ* is a name that denotes the thing cloud as emitting rain-water (*mehati*). T operates with two ideas intersecting semantics and etymology: (1) names denote things in relation to the latter's association with a name-giving action; (2) one thing can receive various names in relation to various name-giving actions. While (1) underlies Yāska's etymologies in general, (2) informs T as well as the structural organization of noun groups in the *Nighaṇṭu* 'Thesaurus', the word-list constituting the root-text commented upon in the *Nirukta*. Recognition that (2) underlies both T and the *Nighaṇṭu* noun groups is consistent with the observation that most nouns explained with T occur in the *Nighaṇṭu*.

Keywords: etymology *Nighaṇṭu* *Nirukta* semantics Yāska

1. Introduction

This paper offers a new interpretation of a type of etymological explanation (henceforth T) that

---

* I would like to thank the journal reviewers for their constructive comments.

is characteristic of Yāska's *Nirukta* (ca 6th–3rd century BCE), the seminal text of the Indian discipline of etymology. ① It argues that a proper understanding of how T functions and of the kind of information it provides sheds light on Yāska's distinctive ideas pertaining to the relation between semantics and etymology.

T takes the form as exemplified by the following occurrence: *meghaḥ . . . mehati iti sataḥ* (Nir 2. 21). The noun to be explained is in the nominative (*meghaḥ* 'cloud'). The explanation consists in an etymologically related third personal singular verb (*mehati* 'it emits [rain-water]') followed by the particle *iti* and by the genitive present participle of √*as* 'be' (*sataḥ*). The latter agrees in gender and number with the noun to be explained. 27 occurrences of T are attested in the *Nirukta*. An annotated list of these occurrences is given in the Appendix.

Why is T important? *Nirukta* specialist Eivind Kahrs has discussed T extensively and emphasized 'its crucial importance for how we are to understand *nirvacana*s [i. e. Yāska's etymologies] in general' (1998: 158). Although my interpretation differs from Kahrs', I concur that a proper understanding of T allows us to gain clarity on Yāska's etymological project.

This paper is structured as follows. I first critically review three competing interpretations of T and then propose my own analysis. In doing so, I argue that T operates with two of Yāska's characteristic ideas pertaining to the relation between semantics and etymology. The first idea underlies Yāska's etymologies in general. The second one undergirds T in particular. Next, I consider the distribution of T and note that the majority of nouns thus explained are recorded in the first section of the *Nighaṇṭu* 'Thesaurus', the word-list constituting the root-text commented upon in the *Nirukta*. I then show that the organization of the nouns recorded in the *Nighaṇṭu* reflects the same basic idea pertaining to semantics and etymology that informs T.

2. Competing Interpretations

Before outlining my own analysis, I consider the interpretations of T advanced by the native commentators and the modern scholars Eivind Kahrs and Peter Scharf.

2. 1. Native Commentators

According to the Indian commentators Durga and Skandasvāmin, T conveys a restriction of

① Kahrs (1998: 168) notes that this type of etymological explanation is not found in texts prior to Yāska's *Nirukta*, but is 'uniquely characteristic' of it.

kāraka- (*kāraka-niyama-*, *kāraka-avadhāraṇa-*). ① The term *kāraka-* refers to the syntactic relation between the constituents of the sentence and its main element, the verbal action. Native commentators state that T is used when the etymological explanation of the noun in question requires one and only one *kāraka-* analysis. Recall the etymology of *megha-*. Here T is used because the noun *megha-* is explained restrictively as the agent (*kartr̥-*) of the action of emitting rain-water (√*mih*). This is known as a *kartr̥-kāraka-* analysis. ②

Contrast this case with the twofold etymological explanation of *go-* ('earth'), for example, which is an explanation that requires two distinct *kāraka-* analyses. Yāska explains *go-* as that which goes (√*gam*) far, i. e. extends far, and as that which is gone upon by creatures (Nir 2. 5: *yad dūraṃ gatā bhavati | yac cāsyāṃ bhūtāni gacchanti*). The former etymology explains *go-* as the agent (*kartr̥-*) of the action of going (√*gam*), i. e. it gives a *kartr̥-kāraka-* analysis. The latter explains it as the locus (*adhikaraṇa-*) where the going takes place, i. e. it provides an *adhikaraṇa-kāraka-* analysis.

2. 2. Eivind Kahrs

Kahrs (1998: 158–168) discusses T in detail. ③ He suggests that the native interpretation is unconvincing. He argues that if the point of using T is to convey a restriction as to *kāraka-* analysis, as postulated by the native commentators, then, an etymological explanation of the type * *mehati iti meghaḥ* would have sufficed to provide the same kind of information. ④ He believes that the presence of the genitive present participle of √*as* is significant and that an alternative interpretation is required.

Kahrs claims that T operates according to a model of substitution and that the genitive participle functions as a substitutional genitive. Both the model of substitution and the substitutional genitive are characteristic features of Pāṇini's grammar, the *Aṣṭādhyāyī*. One type of rule in the *Aṣṭādhyāyī* are substitution rules, whereby a given element subject to replacement, the substituend (*sthānin-*), is replaced by a specified substitute (*ādeśa-*). The substituend occurs in the genitive (I. 1. 49:

---

① Commentators make this view clear in the context of commenting on the first occurrence of T, i. e. *dyur... dyotate iti sataḥ* (Nir 1. 6); see NirD 1. 6 (77. 10–11/49. 3–5) and NirS 1. 6 (67. 7–10); cf. also Kahrs (1998: 159–160). (In citing Durga's commentary on the *Nirukta*, I refer to page and line in the editions by Bhadkamkar 1985 [1919]–1942 and by Rajavade 1921–1926.)

② See NirD 2. 21 (226. 4–5/186. 21–22).

③ See also Kahrs (1984: 150–152) and (1980: 130–134, 233–250). The latter reference, in Norwegian, is inaccessible to me.

④ The example * *mehati iti meghaḥ* is not attested in the *Nirukta* but is constructed by Kahrs, hence it is marked with an asterisk.

ṣaṣṭhī sthāneyogā), whereas the substitute occurs in the nominative. As a norm, the substitute behaves like the substituend (I. 1. 56: *sthānivad ādeśo 'nalvidhau*) (see Cardona 1997: 90, 100).

In Kahrs' interpretation of T, the nominative noun to be explained is the substitute, and the explanation terminating with the genitive participle of √*as* is the substituend. Substitute and substituend behave the same, i. e. they are semantically equivalent expressions. ① Kahrs (1998: 162) translates *meghaḥ* ... *mehati iti sataḥ* as follows: '"*meghaḥ*" is in the meaning of that which really exists (*sataḥ*) so that one says (*iti*) [of it]: "it rains"'.

Kahrs generalizes his interpretation of T and concludes that 'ultimately all *nirvacanas* are to be understood according to a substitutional model' (1998: 174).

2. 3. Peter Scharf

Peter Scharf (2001: 117 – 118) criticizes Kahrs' interpretation of T. ② Citing compelling evidence from the *Nirukta*, he argues that:

> (1) a proper syntactic analysis of T requires supplying an implied nominative of the term *nāman-* or *nāmadheya-*; ③
>
> (2) the relation between the noun to be explained in the nominative and the genitive present participle of √*as* is that between the denoting name and the denoted object or thing.

Thus, *meghaḥ* ... *mehati iti sataḥ* can be understood in its fullest form as *meghaḥ* ... *mehati iti sataḥ* [*nāma/nāmadheyam*]. The noun *meghaḥ* is 'a designation of the object under discussion referred to by the present active participle *sat* of the verb "to be"' (2001: 117). That is, *meghaḥ* is a designation or name of the object or thing cloud.

Scharf's analysis helps clarify the syntax of T. Scharf does not, however, comment on the exact nature of the relation existing between the *iti* clause (*mehati iti*) and the present participle of √*as* (*sataḥ*), nor does he offer a translation of any occurrence of T.

2. 4. Proposed Interpretation

T provides the following information: the noun under analysis (*meghaḥ*) is a name (*nāma, nāmadheyaṃ*) that denotes the thing referred to by the √*as* participle (*sataḥ*) *insofar as it*

---

① Kahrs (1984: 152) explains: '[t]he genitive, then, is expressive of a relation which makes *mehatīti san* a possible substitute for the word *meghaḥ*. In the place of "meghaḥ", we could say "*mehatīti san*" without changing the semantic content.'

② Scharf's critical remarks are part of his broader criticism of Kahrs' general claim that the *Nirukta* etymologies employ a substitutional genitive and operate with a substitutional model. Kahrs' claim has also been criticized by Bronkhorst (2001: 171–176) and Houben (2001: 131–132).

③ Cf. a similar brief remark in Houben (2001: 131).

participates in, or is associated with, the action signified by the verbal form within the *iti* clause (*mehati iti*). The phrases highlighted mark the new and crucial aspect of my interpretation. Unlike Kahrs (and presumably Scharf), I take the genitive present participle of √*as* to function not as a noun (Kahrs 'of that which really exists') but as a verbal participle. It refers to the thing denoted by the noun in the nominative as characterized by the verbal action expressed by the verb within the *iti* clause. The explanation terminating with the genitive participle of √*as* (*mehati iti sataḥ*) corresponds to, and could be replaced by, a genitive participle of the verb within the *iti* clause (*mehataḥ*).

The following three examples will clarify the interpretation proposed above.

(1) *meghaḥ ... mehati iti sataḥ* [*nāma*]: '*megha-* ("emitter [of rain-water]") [is a name] of [the thing cloud] as "it emits [rain-water]"'. ①

This etymological explanation conveys the following information: the noun *megha-* is a name (*nāman-*) that denotes the thing (*sattva-*) cloud insofar as the latter participates in, or is associated with, the action of emitting rain-water (*mehati*<√*mih*). ② The phrase *mehati iti sataḥ* corresponds to, and could be replaced by, the genitive present participle of √*mih*, i. e. *mehataḥ*. This replacement is illustrated by means of the following constructed Sanskrit gloss: *meghaḥ ... mehati iti sataḥ* [*nāma*] = *mehato meghasya megha iti nāma bhavati* '*megha-* is a name of [the thing] cloud as emitting [rain-water]'. ③

---

① A clarification about my translation. The phrase 'of [the thing cloud] as' corresponds to the genitive present participle *sataḥ*. The phrase within double quote "it emits [rain-water]" corresponds to the verbal form (*mehati*) marked by the quotative particle *iti*. The exact nature of the syntactic and logical relation between *sataḥ* and the *iti* clause is discussed below.

② Yāska uses the term *sattva-* ('thing') to refer to the thing denoted by a name, the name-bearer. See e. g. Nir 1. 14: ... *yaḥ kaśca tat karma kuryāt sarvaṃ tat sattvaṃ tathācakṣīran* '... anyone who would perform that act, they (i. e. people) would call all things thus [i. e. all things performing the same act would receive the same name]'; Nir 1. 20: *etāvanty asya sattvasya nāmadheyāni* 'there are so many names for this [same] thing'; Nir 2. 15: ... *kāṣṭhā ity etad anekasyāpi sattvasya* [*nāma*] *bhavati* '"*kāṣṭhāḥ*" is [the name] for several things'.

③ In constructing this and the following glosses, I take Vijayapāla's (1982: 25) Sanskrit glosses as model. In his Sanskrit introduction (*upodghātaḥ*) to his edition of the *Niruktaślokavārttika*, a verse commentary on the *Nirukta*, Vijayapāla (1982: 25) briefly discusses T in the context of noting the different types of etymological explanations used in the *Nirukta*. He cites three occurrences of T (Nir 3. 1: *ūrk*; Nir 2. 18: *uṣāḥ*; and Nir 3. 13: *gr̥hāḥ*) and glosses them in a way that is congruent with my analysis. He does not, however, elaborate further.
Hints at an interpretation of T that is consistent with the interpretation proposed in this paper are also found in Liebich (1919–20: 23 § 27) and, more expansively, in Rajavade (1940). Liebich cites four occurrences of T (Nir 1. 6: *dyuḥ*; Nir 2. 9: *vavriḥ*; Nir 2. 18: *uṣās*; and Nir 4. 16: *vāśī*) and translates three of them in a way that is congruent with the interpretation proposed here. For example, he translates *vāśīti vāṅnāma vāśyata iti satyāḥ* as '*vāśī* is a name of speech as the bellower' ('*vāśī* ist ein Name der Vāc als der brüllenden'). Liebich does not, however, focus on T, but on Yāska's practice of citing third person singular active and middle verbs (*vāśyate*) in his etymological explanations. (转下页)

(2) *uṣāḥ . . . ucchati iti satyāḥ* [*nāma*] (Nir 2. 18): '*uṣas*- ("dispeller [of darkness]") [is a name] of [the thing dawn] as "it dispels [darkness]"'.

The noun *uṣas*- is a name that denotes the thing dawn insofar as the latter participates in, or is associated with, the action of dispelling darkness (√*ucch*). The following gloss may be given: *uṣāḥ . . . ucchati iti satyāḥ* [*nāma*] = *ucchantyā uṣasa uṣā iti nāma bhavati* '*uṣas*- ("dispeller [of darkness]") is a name of [the thing] dawn as dispelling [darkness]'. ①

(3) *ūrj . . . ūrjayati iti sataḥ* [*nāma*] (Nir 3. 8): '*ūrk*- ("invigorator") is [a name] of [the thing food] as "it invigorates"'.

The noun *ūrk*- is a name that denotes the thing food insofar as the latter participates in, or is associated with, the action of invigorating (√*ūrj*). The following gloss may be given: *ūrj . . . ūrjayati iti sataḥ* [*nāma*] =*ūrjayato 'nnasya urg iti nāma bhavati*, '*ūrk*- ("invigorator") is a name of [the thing] food as invigorating'.

T presupposes and operates with the two following ideas pertaining to the relation between semantics and etymology. While the first idea underlies Yāska's etymologies in general, the second one characterizes T in particular.

(1) Yāska's etymologies are based on the assumption that there is an actual connection between names and things, and that this connection can be elucidated by means of etymological explanations. Names are neither assigned to things randomly, nor are they established by convention. But names denote things in relation to certain name-giving actions with which things are supposed to be associated. Yāska's etymologies are an explanation of the relation between denoting names, denoted things, and the associated name-giving actions expressed by verbal roots. In elucidating such a relation, etymologies focus on the etymological or derivational (*yaugika*-) meaning of the words under analysis, not on their conventional (*rūḍha*-) meaning. Indeed, etymologies are a means to establish the etymological meaning of the words in question in relation to associated name-giving actions. Recall the etymologies of *megha*- and of *go*-. While Yāska takes their conventional meanings ('cloud' and 'earth', respectively) for granted, he is not concerned with them. Instead, he aims to establish etymologically their etymological meaning in relation to

---

(接上页) In his abundant notes on his 1940 edition of the *Nirukta*, Rajavade offers some important seminal observations. Commenting on *uṣas*- (Nir 2. 18), he remarks that 'Dawn bears various names according to her qualities and the acts she performs' (1940: 377) and that the name *uṣas*- refers to the dawn's act of driving away (*ucchati*) darkness. See also his comments on *megha*- (1940: 387). While Rajavade's observations align with my interpretation, he does not develop them systematically, nor does he seem to discern a definite connection with T.

① Durga (NirD 2. 18 [220. 8–10/181. 22–182. 1]) explains that √*ucch* signifies to dispel darkness (*tamas*-).

name-giving actions. In other words, according to Yāska's etymological explanations, *megha-* does not signify 'cloud', but 'emitter of rain water' (√*mih*); *go-* does not signify 'earth', but 'that which goes, i. e. extends far' and 'that which is gone upon by creatures' (√*gam*).

(2) The second idea is entailed by the former and specifically pertains to T. Given that one thing receives its name on account of its association with a certain name-giving action, and given that one thing can be associated with various such actions, one thing can receive as many names as the name-giving actions with which it is associated. ① T explains that the noun under analysis is a name that denotes the thing in question in relation to one of several possible name-giving actions. For example, the names *megha-* and *uṣas-* denote the things dawn and cloud insofar as the latter relate to the name-giving action of emitting rain-water and dispelling darkness, respectively. Other names denoting the things cloud and dawn in relation to other name-giving actions are possible. What are such names? I believe these are the nouns recorded in the first section of the *Nighaṇṭu*. There various nouns denoting one single thing are recorded in noun groups. The evidence in support for this observation is discussed in the next section.

3. The Relation Between T and *Nighaṇṭu*

Most nouns explained by means of T occur in the first section of the *Nighaṇṭu*. I argue below that this distribution reveals a deeper connection, namely, both T and the noun groups recorded in the *Nighaṇṭu* operate according to idea (2) noted above.

It is first proper to gain clarity on the general structure of the *Nighaṇṭu* word-list. The *Nighaṇṭu* consists of five chapters (*adhyāya-*) arranged in three sections (*kāṇḍa-*). Comprising the first three chapters (*Nighaṇṭu* I, II, and III), the first section (*Nighaṇṭu* 1) lists two kinds of word-items, noun (*nāman-*) groups and verb (*dhātu-*) groups. (I elaborate on both groups presently.) Corresponding to the fourth chapter (*Nighaṇṭu* IV), the second section (*Nighaṇṭu* 2) records word-

① A relevant idea is discussed in Nir 1. 12–1. 14 in the context of a controversy between the etymologists and a certain Gārgya. While the grammarian Śākaṭāyana and the etymologists (*nairukta-*), including Yāska, maintain that all nouns (*nāmāni*) are derivable — literally, born from — verbs (*ākhyātajāni*), the etymologist Gārgya and some (*eke*) grammarians (*vaiyākaraṇa-*) state that only certain nouns are thus derivable. Gārgya raises seven objections, one of which is relevant to (2). Specifically, Gārgya objects that accepting the etymologists' view that all nouns are derivable from verbs entails that one thing would receive as many names as the actions (*bhāva-*) with which it is associated. For example, a pole, which is ordinarily called *sthūṇā-*, should also be named *dara-śayā* ('hole-resting') and *saṃjanī* ('fastener'), because it rests in a hole in the ground and because the rafters are fastened on it, respectively (Nir 1. 12: . . . *yāvadbhir bhāvaiḥ saṃprayujyeta tāvadbhyo nāmadheyapratilambhaḥ syāt |tatraivaṃ sthūṇā daraśayā vā saṃjanī ca syāt*). Gārgya's objection assumes that all actions with which a thing is associated are name-giving actions. This is not, however, the etymologists' view. On this controversy, see Visigalli (2023).

items that have an obscure morphological formation (Nir 4. 1: *anavagatasaṃskāra-*) and/or are polysemic (Nir 4. 1: *anekārtha-*). Corresponding to the fifth chapter (*Nighaṇṭu* V), the third section (*Nighaṇṭu* 3) lists word-items that refer to deities.

In 26/27 occurrences of T in the *Nirukta*, the noun to be explained occurs in the *Nighaṇṭu*. Specifically, it occurs in *Nighaṇṭu* 1 in 21/26 occurrences; it occurs in *Nighaṇṭu* 3 in 5/26 occurrences. (For a detailed breakdown of the evidence, see below the introduction to the Appendix.) The relation between T and the *Nighaṇṭu*, particularly *Nighaṇṭu* 1, can hardly be accidental. Understanding the nature of the relation between T and *Nighaṇṭu* 1 requires appreciating the organizational structure of the latter.

Nighaṇṭu 1 comprises two kinds of word-items, noun groups and verb groups. The latter are organized semantically: the verb-items of a given verb group share the same basic meaning. ① Such a meaning is expressed by a compound word occurring after the last verb-item which is in turn followed by the particle *iti*. The first member of the compound is an ordinary word that expresses the meaning shared by all verb-items; the second member is the nominative plural word *karmānaḥ* 'actions'. As Yāska explains whenever he comments on a verb group, such a compound is a *bahuvrīhi* that refers to an implied nominative plural *dhātavaḥ* 'verbal forms'. ② In sum, all the verb-items within a given verb group are verbal forms (*dhātavaḥ*) signifying the same action (*karmāṇaḥ*) expressed by the first member of the compound. For example, *Nighaṇṭu* I. 16 lists eleven verb-items: (1) *bhrājate*; (2) *bhrāśate*; (3) *bhrāśyati* ... (11) *dyumad iti jvalatikarmāṇaḥ*. This means that the eleven verb-items are verbal forms signifying the same action of blazing (*jvalati*°). ③

Noun groups consist mostly of noun-items in the nominative (Renou 1951: 213). ④ Each noun group terminates with the particle *iti* followed by what I call the head-word. The head-word occurs in two forms in the two recensions of the *Nighaṇṭu* (Sarup 1920: 9–10). In one recension, it is a genitive. In the other, it is the first member of a compound whose last member is the term °*nāmāni* or °*nāmadheyāni*. For example, *Nighaṇṭu* I. 1 lists twenty-one noun-items. In one recension, the

---

① Durga (NirD 4. 1 [348. 6–15/292. 5–16]) explains that the verb-items share a common semantic denominator, but are not perfect synonyms. For example, while all the verb-items listed in *Nighaṇṭu* II. 14 signify the general action of going (*gatikarman-*), *ścotati* (II. 14. 11) 'it percolates' refers to a flowing substance; it cannot be used to refer to the motion of an animate agent.

② While the term *dhātu-* refers to 'verbal root' in Sanskrit grammar (*vyākaraṇa-*), Yāska uses it somewhat loosely. Strictly speaking, the verb-items recorded in the *Nighaṇṭu* are not verbal roots, but finite verbal forms (*ākhyāta-*); cf. Liebich (1919: 22 § 25), Scharf (2012: 209–210), and Cardona (2019: 5 note 12).

③ Yāska explains this verb group as follows: 'the following eleven verbal roots [signify] the action of blazing' (Nir 2. 28: *jvalatikarmāṇa uttare dhātava ekādaśa*).

④ There are several exceptions, however. As Renou (Ibid.) notes, especially Rigvedic hapax or rare words are recorded in their inflected forms, e. g. the locative *duroṇé* (*Nighaṇṭu* III. 4. 7), instead of the relatively rare nominative *duroṇám*.

last noun-item, *gotrā*, is followed by the head-word *pṛthivī-* in the genitive, i. e. *gotrā iti pṛthivyāḥ*. In the other, the head-word occurs as the first member of a genitival *tatpuruṣa* compound, i. e. *pṛthivī-nāmadheyāni* (and is accompanied by the number indicating the noun-items, *ekaviṃśatiḥ*, twenty-one).

What is the principle that underlies the organization of noun groups? This question can be phrased more cogently: what is the relation between the noun-items and the head-word? It has often been suggested that the same semantic principle undergirding verb groups also underlies noun groups: namely, noun-items are 'synonyms' signifying the same meaning conveyed by the head-word. ① I believe that this interpretation is incorrect. ② Instead, I think that noun-items are various, semantically distinct names which denote the same thing referred to by the head-word.

This interpretation is supported by Yāska's explicit statement concerning the organization of noun groups. In a passage describing the *Nighaṇṭu*, Yāska explains that the noun groups recorded in *Nighaṇṭu* 1 consist of names (*nāmadheya-*) denoting one thing (*sattva-*): 'there are so many names for this [same] thing' (Nir 1. 20: *etāvanty asya sattvasya nāmadheyāni*). In other words, the mostly nominative noun-items listed within a given noun group are names (*nāmadheya-*) denoting the same thing (*sattva-*) referred to by the genitive head-word (or, in the other *Nighaṇṭu* recension,

---

① The term 'synonym' is widely used in scholarship; see e. g. Sieg (1902: 10); Sköld (1926: 9); Sarup (1920–27: [introduction] 13, 56; [translation] 21 [Nir 1. 20], 56 [Nir 4. 1]); Scharfe (1977: 117); and Mehendale (1978: 70). Some scholars (e. g. Sarup, Scharfe, and Mehendale loc. cit.) also use the term 'homonyms' (i. e. words that have the same speech-form but convey different meanings) to refer to the polysemic word-items recorded in *Nighaṇṭu* 2. However, while the terms 'synonyms' and 'homonyms' may appropriately be used to refer to the two major types of Indian classical lexica (*ekārtha-* or *samānārtha-*; *anekārtha-* or *nānārtha-*), they are misleading or downright wrong when applied to the *Nighaṇṭu*; cf. Zachariae (1897: 2, 4) and Vogel (1979: 305).
It seems that Max Müller is the first scholar to have used the terms 'synonyms' and 'homonyms' in relation to the *Nighaṇṭu* and the *Nirukta*; see Max Müller (1859: 167 note 2; 168); cf. Id. (1850: 35). Note however two differences that contradistinguish his use of these two terms from that by later scholars. First, he never says explicitly that *Nighaṇṭu* 1 contains synonyms and *Nighaṇṭu* 2 contains homonyms. Second, he sometimes uses both terms in a sense that is different from their later ordinary usage, i. e. he uses them as referring to things, not to words. Max Müller's usage is thus reminiscent of Aristotle's definition given in *Categories* chapter one, where the terms 'homonymous' and 'synonymous' 'apply not to words but to things' (Ackrill 2002 [1963]: 71).

② In support of this interpretation, Kahrs (1998: 101) notes that Yāska generally explains etymologically only the head-word of a given noun group. The argument underlying Kahrs' observation can be presented as follows: given that the noun-items are synonyms, and given that an etymology aims to elucidate the meaning of the nouns under analysis, one etymological explanation for the head-word suffices to explain also all the noun-items.
Two considerations show that this argument is not probative. First, although it is true that Yāska, commenting on a given noun groups, generally explains only the head-word, it is also true that several noun-items recorded in that given noun group are explained etymologically elsewhere in the *Nirukta*. Consider, for example, *Nighaṇṭu* II. 7, which lists twenty-eight names for food (*anna-*). When he comments on this noun group (Nir 3. 9), Yāska explains only the head-word *anna-*. Yet several noun-items are explained elsewhere in the *Nirukta* (e. g. *andhaḥ* [II. 7. 1], *śravaḥ* [II. 7. 4], and *ūrk* [II. 7. 15] are explained respectively in Nir 5. 1, 10. 3, 3. 8). Second, native interpreters unambiguously maintain that each noun-item requires a distinct etymology. So, whenever a new noun-group is introduced in the *Nirukta*, Durga explains the first few noun-items etymologically and says that the others too should likewise be explained etymologically. Further, in his commentary on the *Nighaṇṭu*, Devarājayajvan (1998) provides distinct etymological explanations for all noun-items.

by the first member of a genitival compound, i. e. *ṣaṣṭhī-tatpuruṣa*).

Consider for example *Nighaṇṭu* I. 1. The twenty-one nominative noun-items listed in this noun group (*gauḥ, gmā*, etc.) are various names denoting the one thing earth referred to by the head-word (*pr̥thivyāḥ/pr̥thivī-nāmadheyāni*). Each name denotes earth in relation to a distinct name-giving action with which the thing earth is associated. As such, each name has its own etymological explanation. As noted above, the name *gauḥ* (I. 1. 1) designates the thing earth in relation to the action of going (√*gam*). Other names for earth listed in the same noun group are explained etymologically in the *Nirukta*. Thus, for example, the name *pr̥thivī* (I. 1. 11) denotes earth in relation to the action of spreading (√*prath*), because earth appears to be spread wide (Nir 1. 13–14). The name *nirr̥tiḥ* (I. 1. 16) denotes earth in relation to the action of resting (*nir* √*ram*) (Nir 2. 7), because creatures rest on it (see Durga 2. 7 [188. 6–7/152. 24–25]). ①

In sum, the same basic idea underlying T also informs the organization of the noun groups in *Nighaṇṭu* 1, namely, one thing has various names each of which relates to a distinct name-giving action with which the thing in question is supposed to be associated. The affinity between T and the *Nighaṇṭu* noun groups is also expressed on the syntactic level. In T, the nominative nouns to be explained are names denoting the thing referred to by the genitive participle of √*as*. In the noun groups, the mostly nominative noun-items denote the thing referred to by the genitive head-word. ②

---

① Note that in the *Nighaṇṭu* I. 1 noun group, the same noun, *pr̥thivī*, occurs both as the head-word and as one of the noun-items. A few other similar cases are attested; e. g. *udaka-* is the head-word of *Nighaṇṭu* I. 2 as well as a noun-item (I. 2. 36). Such repetitions might perhaps be explained in accordance with the general interpretation of *Nighaṇṭu* noun groups that is proposed here. Repetitions are justified because the same noun has two distinct functions: when it is used as the head-word, it refers to the thing, the name-bearer denoted by all noun-items; when it is used as a noun-item, it instead is one of the denoting names.

② Recognition of the connection between T and *Nighaṇṭu* 1 noun groups does not explain all issues pertaining to the distribution of T. In particular, two questions are outstanding.

(1) Why is it that only certain *Nighaṇṭu* nouns are explained by means of T? Given that the ratio of head-words explained with T (9/51 head-words in total) is higher than the ratio of noun-items (12/several hundreds) thus explained, it is at first tempting to identify a special link between the former and T. But, if so, why is it that only certain head-words, not all, are explained with T? For example, why is the head-word *uṣas-* ('dawn') (*Nighaṇṭu* I. 8) explained with T, but not the head-word *rātri-* ('night') (*Nighaṇṭu* I. 7)?

A possible answer is suggested by the native interpretation. Recall that native commentators state that T is used when a given etymology requires only one *kāraka-* analysis. Indeed, while *uṣas-* is explained restrictively as the agent (*kartr̥-kāraka-*) of the action of dispelling (√*ucch*), *rātri-* is explained by means of several etymological explanations.

(2) How to account for the 5/26 occurrences in which the nouns explained with T occur in *Nighaṇṭu* 3, the section that records terms referring to the deities? A possible answer is suggested by Yāska's theological speculations as developed in *Nirukta* chapter seven (see Visigalli and Kawamura 2021: 257–258). In the final analysis, Yāska seems to believe that all the divine terms recorded in *Nighaṇṭu* 3 denote the various aspects or manifestations of one single great deity. It may thus be possible to identify the following similarity between *Nighaṇṭu* 3 and *Nighaṇṭu* 1 noun groups: while the latter record various names denoting one thing, the former records various divine names denoting the one single deity.

Both questions deserve fuller consideration.

4. Conclusion

This paper has proposed a new interpretation of the type of etymological explanation (T) that follows the pattern exemplified by *meghaḥ ... mehati iti sataḥ* [*nāma*]. It has argued that T conveys the following information: the nominative noun (*meghaḥ*) is a name (*nāma*) that denotes the thing (*sattva-*) referred to by the genitive participles of √*as* insofar as such a thing is associated with the name-giving action expressed by the verbal form within the *iti* clause (*mehati*). The noun to be explained does not convey its conventional meaning ('cloud'), but its derivational or etymological meaning, which is established through the etymological explanation ('emitter of [rain-water]').

T presupposes and operates with two ideas intersecting semantics and etymology:

(1) An etymology elucidates the relation between denoting names, denoted things, and name-giving actions expressed by verbal roots, actions with which the given things are supposed to be associated.

(2) Owing to its association with various name-giving actions, one thing can receive various names, each of which denotes the thing in question insofar as it relates to a distinct name-giving action.

(1) underlies Yāska's etymologies in general; (2) characterizes T specifically.

It has then been noted that in 21/27 occurrences of T in the *Nirukta*, the nouns to be explained occurs in *Nighaṇṭu* 1. It has been proposed that the relation between T and *Nighaṇṭu* 1 is consistent with the observation that (2) underlies the organization of the noun groups recorded in *Nighaṇṭu* 1. Both T and *Nighaṇṭu* 1 noun groups are united by a similar rationale: the nominative nouns (i. e. the nouns to be explained and the mostly nominative noun-items, respectively) are names denoting the thing referred to in the genitive (i. e. the genitive participle of √*as* and the genitive head-word, respectively) insofar as it relates to a distinct name-giving action.

At a deeper level of analysis, both (1) and (2) seem to be premised upon the following implicit assumption: names are not fixed labels that apply to substantive referents, but descriptive labels that apply to shifting referents in relation to name-giving actions. In other words, names are not a function of the things they denote but of the actions they convey. This assumption seems to reflect a view of the relation between language and things which takes the dynamic role of action as its focus. Its long-term implications reverberate in later Indian traditions. Two such implications can briefly be noted.

First, this assumption affords a hermeneutic attitude characterized by creative and open-ended dynamism. It reinforces the view that the semantic content of a name, or, more generally, of a term subject to analysis is not given once and for all. The term in question is not an inert, fixed label, but it entertains a vibrant and dynamic link with one or several actions. Accordingly, its sematic content can be interpreted in ever-new ways, in accordance with the interpreters' various agendas. Such a hermeneutic mode informs not only later interpreters' Vedic exegesis, but, more generally, became a commonly inherited hermeneutic practice deployed by authors of the most disparate religious and intellectual orientations to variously interpret terms. ①

Second, taking action as the defining factor in the process of coding and decoding the semantic content of a term is partly reminiscent of, and perhaps anticipates, comparable strands in Indian thought which take action as their speculative focus. Eivind Kahrs (2013) has proposed to identify Yāska and the etymologists as the early advocates of a vigorous strand in Brahmanical thought which would later flourish at the hands of grammarians and Mīmāṃsakas, a strand that is characterized by an emphasis set on the dynamic and creative role of action.

It is hoped that the analysis of T proposed here allows us to better appreciate the etymologists' and Yāska's ideas concerning the centrality of action and the latter's relation with etymology and semantics, ideas which constitute a fascinating and noteworthy episode in the history of early Indian engagements with language.

Appendix

I here give an annotated translation of the 27 occurrences of T in the *Nirukta*. The occurrences are given in full, whereas they are cited in a shortened form in the paper (e. g. *meghanāmāny uttarāṇi triṃśat, meghaḥ kasmāt, mehatīti sataḥ* versus *meghaḥ ... mehatīti sataḥ* [Nir 2. 21]). When the noun explained with T is a noun-item recorded in *Nighaṇṭu* 1 (e. g. *dyuḥ, Nighaṇṭu* I. 9. 2), I indicate the relevant head-word ('the head-word is *ahan-* ['day']'). Noun-items are cited in the form with which they occur in the *Nighaṇṭu* (e. g. *dyuḥ*); head-words are cited as stem-forms (e. g. *uṣas-*).

---

① Etymology-inspired hermeneutics plays a considerable role not only in Sāyaṇa's 'standard' Vedic commentaries, but it also informs radical reinterpretations of the Vedas. Consider two noticeable examples, Madhva (1238–1317), the founder of the Dvaita Vedānta system of thought, and the 17th century prolific author Nīlakaṇṭha Caturdhara. They both deploy Yāska-inspired etymological analyses. The former thus argues that every word of the Veda has Viṣṇu as its ultimate referent (see Stoker 2007). The latter reads the verses of the Rigveda in such a way as they come to narrate the story of the Rāmāyaṇa (see Minkowski 2002). On *Nirukta*-inspired mode of analysis as a pan-Indian hermeneutic practice, see Kahrs (1998), especially chapter 3.

Note three points.

(1) The noun to be explained is feminine singular in 2/27 occurrences (Nir 2. 18: *uṣās-*; Nir 4. 16: *vāśī*); it is masculine plural in 1/27 occurrence (Nir 3. 13[b]: *gṛhāḥ*); it is masculine singular in the remaining 24/27 occurrences.

(2) Excepting one problematic occurrence (Nir 2. 3), in 26/27 occurrences the noun to be explained occurs in the *Nighaṇṭu*. Specifically, it occurs in *Nighaṇṭu* 3 in 5/27 occurrences (Nir 10. 3[b]; 10. 5; 10. 19; 10. 35; and 11. 6); it occurs in *Nighaṇṭu* 1 in 21/27 occurrences. Of the latter 21 occurrences, it is a head-word in 9/21 occurrences (Nir 1. 6; 2. 18; 2. 21; 2. 24[b]; 3. 1; 3. 9; 3. 11[b]; 3. 13[a]; and 3. 13[b]); it is a noun-item in 12/21 occurrences (Nir 2. 7; 2. 9; 2. 13[a]; 2. 13[b]; 2. 24[a]; 3. 8; 3. 10; 3. 11[a]; 4. 16; 5. 8; 10. 3[a]; and 11. 25).

With respect to the figures just given, consider the two following points. First, I take Nir 2. 13 [a] and 2. 13[b] as two distinct occurrences of T. Even though they explain the same noun (*vratam*), they assign to it two distinct meanings ('binder' and 'preventer'). Second, I consider Nir 11. 25 as an occurrence in which T is used to explain a name (*takma*) recorded in the *Nighaṇṭu*. I do so even though the meaning assigned to *takma* in *Nighaṇṭu* II. 2. 5 (a name for offspring, *apatya-*) differs from the meaning assigned to it in Nir 11. 25 (a name for heat *uṣṇanāma*). Both points are further discussed below in their respective notes.

(3) The verbal form given within the *iti* clause is a third person singular active form, with two exceptions: it is a middle form in Nir 4. 16; it is a passive form in Nir 3. 1.

1. *dyuḥ* (*Nighaṇṭu* I. 9. 2), the head-word is *ahan-* ('day').

Nir 1. 6: *dyur ity ahno nāmadheyam, dyotata iti sataḥ*. '*dyuḥ* ("shiner") is a name of [the thing] day as "it shines"'.

2. Nir 2. 3: *cakadrāti kadrāti iti sato 'narthako 'bhyāsaḥ*. '[The noun *cakadra-* is a name denoting a thing] as [one can refer to it as] "it goes reproachfully" (*cakadrāti* 3rd person singular), "it goes contemptibly" (*kadrāti* 3rd person singular). The reduplication (i. e. the initial *ca-* in *cakadrāti*) is meaningless (i. e. *cakadrāti*=*kadrāti*)'. ①

---

① This occurrence is idiosyncratic. I assume that the noun *cakadra-* (see below) must be supplied as the noun to be explained by means of T. This occurrence is, therefore, the only one in which the noun to be explained does not occur in the *Nighaṇṭu*. Further, two verbal forms instead of one are given within the *iti* clause (*cakadrāti kadrāti*). This occurrence is part of Yāska's complex analysis of the hapax *viścakadrākarṣa* in Nir 2. 3. I cite and comment on the whole passage: *viścakadrākarṣaḥ | vīti cakadra iti śvagatau bhāṣyate | drātīti gatikutsanā | kadrātīti drātikutsanā | cakadrāti kadrātīti sato 'narthako 'bhyāsaḥ | tad asminn astīti viścakadraḥ*. Yāska analyzes *viścakadrākarṣa-* as *viścakadra-* + *ākarṣa-*; *viścakadra-* is further analyzed as preverb *vi-* (variously? intensifier?) plus *cakadra-*. *viścakadra-* denotes a referent (a dog, or, perhaps, a dog-like man) characterized by a particularly despicable gait. (Perhaps despicable gait may be understood more broadly as referring to contemptible behavior.) Next, Yāska further analyzes *cakadra-* in three steps. (转下页)

3. *bhūri* (*Nighaṇṭu* III. 1. 4), the head word is *bahu-* ('much').

Nir 2. 7: *bhūrīti bahuno nāmadheyaṃ prabhavatīti sataḥ.* '*bhūri* ("one that arises [again and again] (?)") is a name of [the thing] much[1] as "it arises [again and again] (?)"'.

4. *vavriḥ* (*Nighaṇṭu* III. 3. 2), the head word is *rūpa-* ('form').

Nir 2. 9: *vavrir iti rūpanāma, vr̥ṇotīti sataḥ* '*vavriḥ* ("one that covers") is a name of [the thing] form as "it covers"'.

5. *vratam* (*Nighaṇṭu* II. 17), the head word is *karman-* ('action').

Nir 2. 13(a): *vratam iti karmanāma. vr̥ṇotīti sataḥ* '*vratam* ("binder") is a name [of the thing] action as "it binds"'.[2]

6. Nir 2. 13(b): *nivr̥ttikarma vārayatīti sataḥ* '[*vratam* ("preventer") denoting the vow of religious abstinence, i. e.] action of cessation is [a name of the thing action/vow of religious abstinence] as "it prevents [people from having sex etc.]".

7. *uṣas-* (*Nighaṇṭu* II. 18), head-word ('dawn').

Nir 2. 18: *uṣonāmāny uttarāṇi ṣoḍaśa, uṣāḥ kasmāt, ucchatīti satyāḥ* 'the names for dawn that follow are sixteen. Where is *uṣas-* ("dispeller") from? [It is a name] of [the thing dawn] as

---

(接上页) (i) (*caka*)*dra-* is explained in relation to *drāti* (3rd person sing.), which conveys a reproach pertaining to gait (*dratīti gatikutsanā*). (ii) (*ca*)*ka*(*dra-*) is explained in relation to *kadrāti* (3rd person sing.), which, again, conveys a reproach pertaining to gait (*kadratīti drātikutsanā*). Hence, it seems, the term *kadra-* conveys a particularly strong reproach pertaining to gait. (iii) *ca*(*kadra-*) is explained as a meaningless reduplication (*anarthako 'bhyāsaḥ*). Yāska's analysis of *viścakadrākarṣa-* can be represented schematically as follows: *vi-* + {*ca* [*ka* (√*drā*)]} + *ākarṣa-*.

① Here and in some of the following occurrences the term 'thing' sounds stilted; perhaps 'object' would work better. Nonetheless, I keep 'thing' for the sake of consistency.

② *Nirukta* 2. 13 presents three major interpretive problems.

(i) Two different readings are attested. (a) Sarup and several manuscripts read: *vratam iti karmanāma* | *nivr̥ttikarma vārayatīti sataḥ* | *idam apītarad vratam etasmād eva vr̥ṇotīti sataḥ*. Sarup (1920–27: 30) translates this passage as follows: '[t]he word *vrata* is a synonym of action, having the sense of abstaining: because it enjoins. This other meaning of *vrata* (i. e. vow) is derived from the same root also: because it chooses.' (b) Durga (NirD 2. 13 [207. 15–208. 2/170. 13–17]) and Sāmaśrami (1885: 204) read *vratam iti karmanāma vr̥ṇotīti sataḥ, idam apītarad vratam etasmād eva, nivr̥ttikarma vārayatīti sataḥ*. Maheśvara (NirM 2. 13 [84. 18–85. 7]) records both readings.

(ii) The passage is syntactically difficult.

(iii) It is unclear what meaning should be given to *karman-* (action, ritual action, karmic power?) and to *vr̥ṇoti* (to bind, to choose?).

Given these problems, my interpretation of this passage is necessarily tentative. I follow the text given by Durga. I assume that Yāska's rationale is as follows. First, he explains that the noun *vratam* is a name that denotes action (*karman*) in relation to the name-giving action expressed by the root √*vr̥*('bind'). Second, he says that this etymological explanation applies also to vratam 'vow of religious abstinence'. Third, he mentions an alternative etymological explanation for the latter, glossing *vratam* 'vow of religious abstinence' with *nivr̥ttikarma* 'action of cessation'. A translation of the entire passage on the basis of this interpretation may be like this: '*vratam* ("binder") is a name [of the thing] action as "it binds". This other *vratam* [i. e. *vratam* "vow of religious abstinence"] too is on account of the same [etymological explanation, i. e. *vratam* "vow of religious abstinence" too can be explained etymologically in relation to √*vr̥* "to bind"]; [or rather, *vratam* "vow of religious abstinence", i. e.] the act of cessation [can be explained as "preventer"] [a name] of [the thing vow] as "it prevents" [people who take the vow from having sexual intercourse etc.]'

"it dispels [darkness] "' .

8. *megha-* (*Nighaṇṭu* I. 10), head-word (' cloud').

Nir 2. 21: *meghanāmāny uttarāṇi triṃśat, meghaḥ kasmāt, mehatīti sataḥ* ' The following names for cloud are thirty. Where is *megha-* ("emitter [of rain-water] ") from? [It is a name] of [the thing cloud] as "it emits [rain-water] "' .

9. *śuṣmam* (*Nighaṇṭu* II. 9. 12), the head-word is *bala-* (' strength').

Nir 2. 24(a): *śuṣmam iti balanāma śoṣayatīti sataḥ* ' *suṣmam* ("drier") is a name of [the thing] strength as "it dries"' .

10. *udaka-* (*Nighaṇṭu* I. 12), head-word (' water'); it also is a noun-item (I. 12. 36).

Nir 2. 24(b): *udakanāmāny uttarāṇy ekaśataṃ, udakaṃ kasmād, unattīti sataḥ* ' the names for water that follow are one-hundred-and-one. Where is *udakam* ("one that wets") from? [It is a name] of [the thing water] as "it wets"' .

11. *karma-* (*Nighaṇṭu* II. 1), head-word (' action').

Nir 3. 1: *karmanāmāni uttarāni ṣaḍviṃśatiḥ, karma kasmāt, kriyata iti sataḥ* ' the names for action that follow are twenty-six. Where is *karman-* ("what is done") from? [It is a name] of [the thing action] as "it is done"' .

12. *ūrk* (*Nighaṇṭu* II. 7. 15), head-word *anna-* (' food').

Nir 3. 8: *ūrg ity annanāma ūrjayatīti sataḥ* ' *ūrk* ("invigorator") is a name of [the thing] food as "it invigorates"' .

13. *dhana-* (*Nighaṇṭu* II. 10), head-word (' wealth').

Nir 3. 9: *dhananāmāni uttarāṇy aṣṭaviṃśatir eva, dhanaṃ kasmāt, dhinotīti satah* ' the names for wealth that follow are twenty-eight indeed (i. e. the same number as the noun-items of the preceding noun group, *Nighaṇṭu* II. 9). Where is *dhana-* ("one that satisfies") from? [It is a name] of [the thing wealth] as "it satisfies"' .

14. *taḷit* (*Nighaṇṭu* II. 19. 21). II. 19 is a verb group; it lists verbal roots signifying the action of killing (*vadhakarman-*).

Nir 3. 10: *taḷid antikavadhayoḥ saṃsr̥ṣṭanāma* [variant reading *saṃsr̥ṣṭakarma*], *tāḷayatīti sataḥ* ' *taḷit* ("hitter") is a mixed noun for proximity and for killing; it is a name of [the thing proximity/killing] as "it hits"' . ①

---

① The term *taḷit* occurs twice in the *Nighaṇṭu*, as a noun-item denoting proximity (*antika-*) (II. 16. 1), and as a verb-item signifying the action of killing (*vadhakarman-*) (II. 19. 21). Yāska (Nir 3. 10) explains that in the latter occurrence *taḷit* is not a verb but a noun (the same explanation applies to two other noun-items listed in the same verb group, i. e. *viyātaḥ* [II. 19. 18] and *ākhaṇḍala* [II. 19. 22]). Yāska then says that the noun *taḷit* denotes both proximity (*antika-*) and killing (*vadha-*). The meaning of ' mixed name' (*saṃsr̥ṣṭanāma*) is unclear (a noun-item that is mixed together with verb-items? A noun-item mixing together two meanings recorded in two distinct *Nighaṇṭu* groups, i. e. II. 16 and II. 19?).

15. *apnaḥ* (*Nighaṇṭu* III. 7. 8), the head-word is *rūpa-* ('form').

Nir 3. 11(a): *apna iti rūpanāma apnotīti sataḥ.* '*apnaḥ* ("one that obtains") is a name of [the thing] form as "it obtains"'.

16. *vajra-* (*Nighaṇṭu* II. 20), head-word ('thunderbolt'); it also is a noun-item (II. 20. 9).

Nir 3. 11(b): *vajranāmāni uttarāṇy aṣṭādaśa, vajraḥ kasmāt, varjayatīti sataḥ* 'the names for thunderbolt that follow are eighteen. Where is *vajra-* ("one that eliminates" [?]) from? [It is a name] of [the thing thunderbolt] as "it eliminates (?)"'.

17. *bahu-* (*Nighaṇṭu* III. 1), head-word ('much').

Nir 3. 13(a): *bahunāmāni dvādaśa, bahuḥ kasmāt, prabhavatīti sataḥ* 'the following names for much are twelve. Where is *bahu-* ("what arises [again and again]" [?]) from? [It is a name] of [the thing much] as "it arises [again and again] (?)"'.

18. *gṛha-* (*Nighaṇṭu* III. 4), head-word ('house').

Nir 3. 13(b): *gṛhanāmāni dvāviṃśati, gṛhāḥ kasmād, gṛhṇantīti satām* 'the following names for house are twenty-two. Where is *gṛhāḥ* ("one that grasps") from? [It is a name] of [the thing house] as "it grasps"'. ①

19. *vāśī* (*Nighaṇṭu* I. 11. 11), the head-word is *vāc-* ('speech').

Nir 4. 16: *vāśīti vāṅnāma vāśyata iti satyāḥ* '*vāśī* ("one that bellows") is a name of [the thing] speech as it "bellows"'. ②

20. *varpaḥ* (*Nighaṇṭu* III. 7. 3), the head-word is *rūpa-* ('form').

Nir 5. 8: *varpa iti rūpanāma vṛṇotīti sataḥ* '*varpaḥ* is a name of [the thing] form as "it covers (?)"'.

21. *śravaḥ* (*Nighaṇṭu* II. 7. 4), the head-word is *anna-* ('food').

Nir 10. 3(a): *śrava ity annanāma śrūyata iti sataḥ* '*śravaḥ* ("one that is [widely] heard of") is a name of [the thing] food as "it is heard of [widely]"'. ③

22. *varuṇaḥ* (*Nighaṇṭu* V. 4. 2).

Nir 10. 3(b): *varuṇa vṛṇotīti sataḥ* '*varuṇaḥ* ("coverer") is [a name] of [the thing deity] as

---

① As noted by Liebich (1919–23) and Kahrs (1998: 158–159), this occurrence allows us to determine that the √*as* present participle used in T is a genitive, not an ablative. While *sataḥ* (masc./neut.) and *satyāḥ* (fem.) can be either genitive or ablative singular, *satām* can only be genitive plural. Why is *gṛhāḥ* plural? PW (s. v. *gṛha-*) explains that this term regularly occurs as a masculine in the older language, but in the later language it occurs only as a masculine plural, or as a neuter. The semantic connection between house and 'grasper' is unclear.

② In his Sanskrit annotations (*ṭippaṇī*) to his edition of the *Nirukta*, Rajavade (1921: [*ṭippaṇī*] 131) takes *vāśyate* as a passive form meaning 'it is pronounced'. Liebich (1919–20: 23) takes *vāśyate* as a middle form. The latter interpretation seems preferable.

③ Durga (NirD 10. 3 [956. 4/824. 1]) explains that food is called *śravas-* because it is heard everywhere: *śrava iti etat annanāma, tad dhi sarvatra śrūyate.*

"it covers". ①

23. *rudraḥ* (*Nighaṇṭu* V. 4. 3).

Nir 10. 5: *rudro rautīti sataḥ* '*rudraḥ* ("resounder") is [a name] of [the thing deity] as "it resounds". ②

24. *yamaḥ* (*Nighaṇṭu* V. 4. 12).

Nir 10. 19: *yamo yacchatīti sataḥ* '*yamaḥ* ("subduer") is [a name] of [the thing deity] as "it subdues".

25. *vātaḥ* (*Nighaṇṭu* V. 4. 22).

Nir 10. 35: *vāto vātīti sataḥ* '*vātaḥ* ("blower") is [a name] of [the thing deity] as "it blows".

26. *mr̥tyuḥ* (*Nighaṇṭu* V. 5. 4).

Nir 11. 6: *mr̥tyur mārayatīti sataḥ mr̥taṃ cyāvayatīti* [*vā*] *śatabalākṣo maudgalyaḥ* '*mr̥tyuḥ* ("one that causes to die/one that causes to fall") is a [name] of [the thing deity] as "it causes [people] to die"; [or] it causes the dead one to fall — according to Śabalākṣa, Mudgala's son. ③

27. *takma* (*Nighaṇṭu* II. 2. 5). (On the meaning of *takma*, see my comments above.)

Nir 11. 25: *takma iti uṣṇanāma takata iti sataḥ* '*takma* ("one that goes" [?]) is a name of [the thing] heat as "it goes". ④

References

When two dates are given, e. g. (2002 [1963]), the first one refers to the year of publication of the edition I used; the latter refers to the year of publication of the original edition.

Ackrill, J. L. (2002 [1963]). *Aristotle Categories and De Interpretatione, Translated with Notes.* Clarendon Press: Oxford.

Bhadkamkar, H. M. (1985 [1919]). *The Nirukta of Yāska* (*with Nighaṇṭu*) *Edited with Durga's*

① Durga (NirD 10. 3 [956. 10/824. 11–12]) explains that it covers the sky (*viyad*) with nets of clouds (*meghajālena*).

② Durga (NirD 10. 5 [958. 16/826. 21–22]) explains that this refers to thunders (*sa hi stanayinuśabdaṃ karoti*).

③ Sarup (191. 19) puts *vā* within brackets; other editions do not. The two etymological explanations seem to differ as follows: the former explains *mr̥tyuḥ* as the agent causing living people to die; the latter explains it as the agent causing dead people to fall again, i. e. to undergo reincarnation; cf. NirD 11. 16 (1042. 15–1043. 3/892. 3–8).

④ The context is Yāska's comment on *páritakmyā* (R̥V. X. 108. 1c). Note that *takma* is recorded in *Nighaṇṭu* II. 2. 5 as a name for offspring (*apatya-*). Rajavade (1926: 912. 23) omits *takata*, which however occurs in his other two editions of the *Nirukta*; see Rajavade (1935: 905. 32; 1940: 155. 18). The rationale of this etymology is unclear. Durga (NirD 11. 25 [1069. 9/913. 15–16]) says that *takate* means going (*gatyartha-*) and that heat is so called because it has gone everywhere, i. e. it is present everywhere (*sarvato hi tad gataṃ bhavati*).

Commentary by H. M. Bhadkamkar Assisted by R. G. Bhadkamkar. Vol. I [*Nirukta* 1–7]. Poona: Bhandarkar Oriental Research Institute.

Bhadkamkar, R. G. (1942) *The Nirukta of Yāska* (*with Nighaṇṭu*) *Edited with Durga's Commentary by R. G. Bhadkamkar. Vol. II* [*Nirukta* 8–14]. Bombay: Tatva-Vivechaka Press.

Bronkhorst, J. (2001). 'Etymology and Magic: Yāska's *Nirukta*, Plato's *Cratylus*, and the Riddle of Semantic Etymologies'. *Numen* 48: 147–203.

Cardona, G. (1997). *Pāṇini: His Work and Its Traditions. Volume One. Background and Introduction*. Delhi: Motilal Banarsidass, 1988. Second edition, revised and enlarged.

Cardona (2019). 'Philology, Text History and History of Ideas'. *Nagoya Studies in Indian Culture and Buddhism: Saṃbhāṣā* 35: 1–34.

Devarājayajvan = Devarājayajvan's commentary on the *Nighaṇṭu*. See Sadyumrācārya and Vijayapālo Vidyāvāridhiḥ (1998).

Houben, J. E. M. (2001). Review of Kahrs (1998). *Bulletin of the School of Oriental and African Studies* 64. 1: 130–132.

Kahrs, E. (1980). *Bidrag til interpretasjonen av Nirukta* (*Studier i Yāskas tekniske metoder for analyse av ord, med spesiell vekt på analyser av type -anāt og iti sataḥ*), University of Oslo. (Diss.) (In Norvegian.)

Kahrs, E. (1984). 'Yāska's *Nirukta*: The Quest for a New Interpretation'. *Indologica Taurinensia* 12: 139–154.

Kahrs, E. (1998). *Indian Semantic Analysis: The Nirvacana Tradition*. Cambridge University Press.

Kahrs, E. (2013). 'Action, Being and *Brahman*'. *The Journal of Hindu Studies* 6. 317–332.

Liebich, B. (1919). 'Zur Einführung in die indische einheimische Sprachwissenschaft. II. Historische Einführung und Dhātupāṭha'. *Sitzungsberichte der Heidelberger Akademie der Wissenschaften* 15: 1–53.

Limaye, Acharya V. P. (2012 [1982]). *Commentary of Skandasvāmin & Maheśvara on the Nirukta* [*Chapters I-VI*] *Critically Edited by Dr. Lakshman Sarup, with Additions and Corrections by Acharya V. P. Limaye*. Delhi: Meharchand Lachhmandas Publications.

Max Müller, F. (1850). *Letter to Chevalier Bunsen on the Classification of the Turanian Languages*. London: A. and G. A. Spottiswoode.

Max Müller, F. (1859). *A History of Ancient Sanskrit Literature So Far As It Illustrates the Primitive Religion of the Brahmans*. London: Williams and Norgate.

Mehendale, M. A. (1978). 'The Science of Etymology (*niruktaśāstra*)'. in Mehendale *Nirukta Notes, Series II*, pp. 63–80. Pune: Deccan College Post-graduate and Research Institute.

Minkowski, Christopher (2002). 'Nīlakaṇṭha Caturdhara's Mantrakāśīkhaṇḍa'. *Journal of the*

American Oriental Society, Vol. 122, No. 2, Indic and Iranian Studies in Honor of Stanley Insler on His Sixty-Fifth Birthday (Apr.–Jun., 2002), pp. 329–344.

NirM = Maheśvara's commentary on the *Nirukta*. See Limaye (2012[1982]). [I refer to adhyāya, khaṇḍa, page, lines in Limaye]

NirD = Durga's commentary on the *Nirukta*. See Bhadkamkar (1985 [1919]) Rajavade (1921–1926). [I refer to adhyāya, khaṇḍa, page, lines in Bhadkamkar/Rajavade]

NirS = Skandasvāmin's commentary on the *Nirukta*. See Limaye (2012 [1982]). [I refer to adhyāya, khaṇḍa, page, lines in Limaye]

PW = Böhtlingk and Roth, Petersburger Wörterbuch, https://www.sanskrit-lexicon.uni-koeln.de/scans/PWGScan/2020/web/index.php

Rajavade, V. K. (1921). *Śrīmadyāskācāryapraṇītaṃ Durgācāryakṛtavṛttisametam Niruktam. Pūrvaṣaṭātmakaḥ prathamo bhāgaḥ*. Ānandāśrama Sanskrit Series 88. Poona: Ānandāśramamudrāṇālaya.

Rajavade, V. K. (1926). *Śrīmadyāskācāryapraṇītaṃ Durgācāryakṛtavṛttisametam Niruktam. Uttaraṣaṭātmakaḥ dvitīyo bhāgaḥ*. Ānandāśrama Sanskrit Series 88. Poona: Ānandāśramamudrāṇālaya.

Rajavade, V. K. (1935). *Nighaṇṭūvarīla yāskakṛta Niruktācemৃ marāṭhī bhāṣāṃtara*. Puṇeṃ: Icalakaraṃjīgraṃthamālākacerī. [Edition of the *Nirukta*, with translation and commentary in Marathi]

Rajavade, V. K. (1940). *Yāska's Nirukta; Volume 1: Introduction, Full Texts of Nighaṇṭu and Nirukta. Cursory Examination of Nighanṭu. Notes on Chapters I–III of Nirukta. 25 Indexes*. Poona: Bhandarkar Oriental Research Institute.

Renou. L. (1951). 'Sur les Nighantu védiques'. *Bulletin de l'Ecole française d'Extrême-Orient* 44.1: 211–221.

Sadyumrācārya and Vijayapālo Vidyāvāridhiḥ (1998). *Agnihotrīyaśrīdevarājayajvaviracitam Nighaṇṭu-Nirvacanam*. Delhi: Rādhā Pres.

Sāmaśramī, S. (1885). *The Nirukta. With Commentaries, vol. II*. Calcutta: printed by J. W. Thomas, Baptist Mission Press.

Sarup, L. (1984 [1920–1927]). *The Nighaṇṭu and the Nirukta, the Oldest Indian Treatise on Etymology, Philology, and Semantics*. Delhi: Motilal Banarsidass.

Scharf, P. (2001). 'Review of Kahrs (1998)'. *Journal of the American Oriental Society* 121.1: 116–120.

Scharf, P. (2012). 'The Natural-language Foundation of Metalinguistic Case-use in the *Aṣṭādhyāyī* and *Nirukta*'. *Papers of the 12th World Sanskrit Conference*. Vol. 4, *Indian Grammars: Philology and History*, ed. George Cardona and Madhav Deshpande, pp. 181–214. Delhi: Motilal Banarsidass.

Sieg, E. (1902). *Die Sagenstoffe des R̥gveda und die indische Itihāsatradition*. Stuttgart: Druck und Verlag von W. Kohlhammer.

Sköld, H. (1926). *The Nirukta, Its Place in Old Indian Literature, Its Etymologies* (Acta Regiae Societatis Humaniorum Litterarum Lundensis 8). Lund: Gleerup.

Stoker, Valerie (2007). 'Vedic Language and Vaiṣṇava Theology: Madhva's use of *Nirukta* in his *R̥gbhāṣya*'. *Journal of Indian Philosophy* 35: 169–199.

Vijayapāla. (1982). *Niruktaślokavārttikam*. Calcutta: Śrīmatī Sāvitrīdevī Bāgaḍiyā Trust [*upodghātaḥ* pp. 1–52, text pp. 1–588].

Visigalli, P. and Kawamura, Y. (2021). 'Classifying and Defining Deities in the Late Vedic Age: A Study and an Annotated Translation of Yāska's *Nirukta* Chapter Seven'. *Journal of the Royal Asiatic Society*, Series 3, 31(2): 243–282.

Visigalli, P. (2023). 'Reinterpreting the Gārgya Controversy in *Nirukta* 1.12–1.14'. *Acta Orientalia Academiae Scientiarum Hungaricae* 76.2: 169–192.

Vogel, C. (1979). *Indian Lexicography. A History of Indian Literature, vol. V*. Wiesbaden: Otto Harrassowitz.

Zachariae, T. (1897). Die Indische Wörterbücher (Kośa). *Grundriss der Indo-Arischen Philologien und Altertumskunde. Herausgegeben von G. Bühler. I. Band, Heft 3 B*. Strassburg: Verlag von Karl J. Trübner.

（本文原刊于 *Indo-Iranian Journal* 2022 年第 2 期）

作者简介：

Paolo Visigalli，在剑桥大学取得博士学位，现任上海师范大学人文学院全职特聘教授。主要研究方向为印度教与佛教哲学思想，通过对古典中印佛教经典文献进行深入的文本分析，探索古代中印佛教思想在印度、中国及中亚各国的思想流变、传播过程及其与历史和当代社会的关联。主要研究语言包括梵文、巴利文及古汉语，熟悉欧亚诸国哲学与宗教思想史，并可运用多种主要欧洲语言进行学术工作。曾任职于伦敦大学亚非学院、慕尼黑大学，兼任上海纽约大学环球大学研究中心学者（Scholar in Residence, Center for Global Asian Studies New York University Shanghai）、复旦大学甘地印度研究中心成员、剑桥大学沃尔夫森学院（Wolfson College）终身成员、英国巴利文研究协会（Pali Text Society）成员。

"一致的行动者"：德谟斯提尼公民大会演说中的民众政治角色

李尚君

摘　要： 在德谟斯提尼的公民大会演说中，"演说"与"行动"的对应关系成为一种修辞策略的主题。利用这一主题，他在激励雅典民众采取实际行动的同时，也对他们在公民大会场合的政治商议行为进行了批评，并且塑造和强化了民众作为"一致的行动者"的政治角色意识。本文将对此展开深入分析，结合德谟斯提尼所面对的特定政治问题和雅典民主政治的历史语境，试图探讨其如此塑造民众政治角色的意义所在。笔者指出，这种塑造的关键在于它对希腊城邦体制某些根本原则的诉求，其作用很可能是通过引导民众以"一致的行动者"角色参与公民大会的商议活动，让这些原则得到真切的认识与理解，使之体现在民众的政治行为之中，从而对雅典城邦政治的运作发挥一定程度的实际影响。

关键词： 德谟斯提尼　公民大会演说　修辞　雅典民主政治　政治角色

公民大会是雅典最主要的政治决策机构，在政治家的提议演说之后，与会民众进行表决，获得通过的提议则成为法令(*psēphisma*)，刻石公布，而法令中所指示的内容便需要及时付诸实施，也就是将当初的提议演说转化为有效的实际行动。因此，相应地，我们从保存至今的公民大会演说辞中可以看到，"演说"与"行动"的关系便受到特别关注，甚至成为一种修辞策略的主题，反复加以运用。本文将对此修辞策略加以分析，考察它在公民大会演说中是如何具体展开的，并且在激励雅典民众采取行动的同时，对于雅典城邦政治的运作还可能具有怎样的促进作用。

从研究路径上来看，通过对演说辞进行详细文本分析，特别是深入到修辞策略的层面，以考察雅典民主政治诸多方面的特征，是20世纪80年代以来西方学术界的主要研究趋势。西方学者倾向于认为，作为雅典民主政治运作主要手段的政治演说(尤其是公民大会演说)除了具有阐述事实、传达信息、提供建议和说服民众等基本功能之外，对于雅典民主政治的运作还发挥着更加深层的作用。目前西方较新的观点分别从两个角度探讨了这一问题。其一，表演文化研究指出，雅典政治演说除了上述基本功能之外，还是一种在更广泛意义上的公共表演行为，以戈德希尔（Simon Goldhill）和赫斯克（Hesk）为代表。[①] 其二，欧博尔（Ober）根据“语言—行为”理论提出，雅典政治演说的功能不仅是陈述和提议，更是一种具有创造功能的行为，具体而言，它不但表达了雅典民主政治的意识形态，还创造和建构了这种意识形态。[②] 这两种研究角度其实是具有内在相通性的。其基础都是不再将演说当作仅仅是对社会现象的消极表述，而是将它视为能够参与到建构社会现象的活动之中的一种积极行为。那么，雅典政治演说的这种建构功能是如何实现的，相关的学者给出了各自的阐发，并且分析了相应的案例。在这一思路的引导下，本文的分析或可作为探讨演说与雅典民主政治关系问题的一个例证。

在史料方面，大概是由于公民大会的商议过程往往需要提议者进行即席演说，事先准备演说辞文稿的情况非常少见，所以，在德谟斯提尼名下传世的 16 篇公民大会演说辞几乎是硕果仅存的真实的雅典公民大会演说辞，[③]它们成为我们今天研究雅典公民大会演说的最主要、最直接的史料。其中 3 篇《奥林图斯辞》和第一至第三篇《反腓力辞》的可信度最高，[④]它们不仅集中阐述了德谟斯提尼著名的反马其顿政策，同时也很好地呈现出他的高超修辞技巧和说服能力。虽然缺少同时代其他政治家的公民大会演说辞以资佐证，但是，德谟斯提尼所面对的特定政治形势和雅典民主制的历史语境可以有助于我们对其演说修辞策略的分析，讨论其意义所在，另外，他最终得以成功推行反马其顿政策的事实，也使这些公民大会演说辞能够成为颇具典型性的研究对象。[⑤]

一、“演说”与“行动”

“言”（*logos*）与“行”（*ergon*）是古希腊人所熟悉的一组基本对应范畴，多用于对人物的评价，其例不胜枚举。在文献上它可以追溯至荷马史诗，比如在《伊利亚特》中，当论及伟大的领

---

① 戈德希尔的表演文化研究思路详见：Simon Goldhill & Robin Osborne, eds., *Performance Culture and Athenian Democracy*, Cambridge University Press, 1999, pp. 11 – 15；Simon Goldhill, “Literary History without Literature: Reading Practices in the Ancient World”, *SubStance*, Vol. 28, No. 1, Issue 88: Special Issue: Literary History. (1999), pp. 57 – 89。赫斯克的主要论著：Jon Hesk, *Deception and Democracy in Classical Athens*, Cambridge: Cambridge University Press, 2000, pp. 4 – 5；并参见 John Hesk, “The Rhetoric of Anti-Rhetoric in Athenian Oratory”, Simon Goldhill & Robin Osborne, eds. *Performance Culture and Athenian Democracy*, p. 230。

② 欧博尔对这种研究思路的早期尝试是其代表作：Josiah Ober, *Mass and Elite in Democratic Athens: Rhetoric, Ideology and the Power of the People*, Princeton University Press, 1989。之后他又对此进行了更新的阐发，见其论文集：Josiah Ober, *The Athenian Revolution: Essays on Ancient Greek Democracy and Political Theory*, Princeton University Press, 1996, pp. 4 – 11。

③ 参见 Douglas M. MacDowell, *Demosthenes the Orator*, Oxford University Press, 2009, pp. 5 – 7。

④ 关于德谟斯提尼公民大会演说辞的情况，参见 R. D. Milns, “The Public Speeches of Demosthenes”, Ian Worthington, ed., *Demosthenes: Statesman and Orator*, Routledge, 2000, pp. 205 – 223。

⑤ 本文所使用的德谟斯提尼古希腊语文本为牛津新版校勘本：*Demosthenis Orationes*, edited by M. R. Dilts, tomus I, Oxford University Press, 200。同时参考洛布古典丛书的英译本：*Demosthenes*, Vol. I, with an English translation by J. H. Vince, Loeb Classical Library, Harvard University Press, 1930。

袖时,便着重说明他在言辞和行动两方面皆有优秀的表现。[①] 这很可能是与希腊古风时代以来的口述传统及其表演文化对公开演说能力所提出的特别要求有关。到古典时代,最具代表性的当属修昔底德笔下的伯利克里,他被评价为"在言行两方面皆有伟大的才能"[②]。而且,修昔底德还特别强调,伯利克里能够将自己在演说中的提议成功转化为实际行动。[③] 根据现代学者尤尼斯(Yunis)的分析,德谟斯提尼也似乎有意仿照修昔底德的以上描述,将自己塑造为伯利克里式的政治家。[④] 此外,"言"与"行"还类似于名与实的关系,作为衡量行为或事件的标准。比如欧里庇得斯《阿尔刻提斯》中所谓"言辞上(*logōi*)而非行动上(*ergōi*)的朋友"[⑤]。再如,修昔底德笔下的底比斯人曾经表示,所需要的应该是行动(*ergōn*),而非言辞(*logōn*),好的行为无需长篇大论,恶行才需要言辞予以掩盖。[⑥] 在这种思维模式之下,德谟斯提尼公民大会演说辞中的"演说"与"行动"主题就成为"言"与"行"对应范畴的另一种特殊运用形式。与前举诸例的不同之处在于,它主要不是用来对个别政治家的行为进行品评,而是指向雅典民众。其中的"言"不但专指特定场合的公民大会演说,更引申为民众在公民大会中参与政治商议的方式,与德谟斯提尼要求民众所需采取的必要"行动"形成对比。

公元前356年,由于弗基斯(Phocis)占领德尔菲而引发所谓"第三次神圣战争",雅典与斯巴达支持弗基斯,弗基斯的敌人忒拜则寻求马其顿国王腓力二世(Philip II)的援助,后者开始插手中部希腊的事务。与此同时,马其顿的扩张亦危及希腊北部与雅典利益息息相关的诸多城邦,直接影响雅典粮食运输的安全。这一矛盾最显著的表现是雅典与马其顿对安菲波利(Amphipolis)的争夺。直到公元前346年雅典与马其顿订立"腓罗克拉底和平协定"(Peace of Philocrates),"神圣战争"以及雅典与马其顿关于安菲波利的矛盾才告一段落。[⑦] 然而,该和平协定实际上给雅典带来的却是外交的失利:弗基斯陷落,腓力二世占领温泉关,对雅典以及所有中南部希腊城邦构成严重威胁。

从德谟斯提尼一系列以反马其顿为主题的公民大会演说辞来看,他的主要目的便是说服雅典民众采取必要的实际行动,抵抗马其顿的威胁。例如,第一篇《反腓力辞》一开始即指责民众不采取必要的行动(*ouden ... tōn deontōn poioutōn*),导致雅典的政治事务陷于困境(*kakōs ta pragmata ekhei*),促使腓力二世日益嚣张。[⑧] 第二篇《反腓力辞》则进一步从"演说"与"行动"的

---

① Homer, *Iliad*, 9. 443.
② Thucydides, *History of the Peloponnesian War*, I. 139. 4.
③ Thucydides, *History of the Peloponnesian War*, I. 144 – 145.
④ Harvey Yunis, *Taming Democracy: Models of Political Rhetoric in Classical Athens*, Cornell University Press, 1996, p. 274.
⑤ Euripides, *Alcestis*, 339.
⑥ Thucydides, *History of the Peloponnesian War*, III. 67. 6.
⑦ 关于雅典与马其顿的矛盾,参见 Edward M. Harris, *Aeschines and Athenian Politics*, Oxford, Oxford University Press, 1995, pp. 42 – 43; Raphael Sealey, *Demosthenes and His Time: A Study in Defeat*, Oxford University Press, 1993, pp. 104 – 108; Douglas M. MacDowell, *Demosthenes the Orator*, pp. 210 – 211。
⑧ Demosthenes 4 (*Philippic I*), 2.

角度将雅典民众与腓力二世对立起来：德谟斯提尼以讽刺的口吻指出，与腓力二世相比，雅典民众既更擅于进行“正义的演说”，也更擅于理解他人的演说；但是，当需要阻止腓力二世的侵略时，雅典民众却完全不采取行动（*pantelōs argōs*）。因此，在德谟斯提尼看来，“行动”（*hoi prakseis*）属于腓力二世，而“演说”（*hoi logoi*）则属于雅典民众。[①] 从德谟斯提尼所强调的这一对比关系中，我们可以明显看出他对演说的批评态度。然而，德谟斯提尼曾经承认雅典的政体（*politeia*）正是建立在演说之上的（*en logois*），[②]那么，在腓力二世的君主统治面前，德谟斯提尼难道开始怀疑雅典民主政治赖以运作的基础，从而在根本上否定民主政体本身吗？并且，德谟斯提尼进而在第三篇《反腓力辞》中明确表示，他所严厉批评的正是雅典民众的 *politeiai*，难道这里的 *politeiai* 同样是指“政体”吗？我们又该如何理解这种批评呢？

他在第三篇《反腓力辞》中指出，一些雅典政治家利用演说取悦民众，而不是提出最好的建议，他们只在意自己的声望与影响力，却不关心城邦将要面临的形势，结果致使城邦将造成不幸的责任归于城邦自身，腓力二世却得以逃脱惩罚，为所欲为。[③] 对此，德谟斯提尼强调说，“这就是你们所习惯的 *politeiai*”（*hai de toiautai politeiai sunētheis men eisin humin*）。他前后均使用“雅典人”（*ō andres Athēnaioi*）的呼语，说明这里的“你们”即指“雅典民众”。我们注意到，德谟斯提尼的批评所针对的似乎主要是政治家，但是他所谓的政治家的“取悦”却已经暗示出民众对待政治家演说的态度，而且，接下去德谟斯提尼也就此立即将批评的重点转向民众。他指责民众剥夺了政治家“自由言论”（*parrēsia*）的权利，阻止政治家进行政治提议。[④] 在德谟斯提尼看来，导致这一结果的原因在于民众听取演说的方式，他认为：在公民大会中，民众受到政治家的恭维，他们听取演说只是为了获得乐趣；但是，“在事务发展方面”（*en de tois pragmasi kai tois gignomenois*），民众却面临着极其危险的境地。[⑤]

通过以上这些表述，我们便可以理解德谟斯提尼对雅典民众的 *politeiai* 所提出的批评了。需要说明的是，*politeia* 固然有“政体”的意思，即古希腊城邦政治的运作方式及其原则；但是，它在本义上是指城邦公民身份的属性，这种属性主要体现在公民在城邦政治生活中的地位以及政治参与的权利。因此，法伦加（Farenga）将 *politeia* 译作 performance of citizenship，[⑥]笔者倾向于将法伦加所使用的 performance 一词理解为“践行”，那么，*politeia* 也就是“公民身份的践行”，具体而言，是指城邦公民通过政治参与而实践其公民身份的行为方式，而城邦政治的运作方式及其原则正是建立在这种“践行”的基础之上的。在德谟斯提尼的表述中，我们应该注意到，他使用了 *politeia* 的复数形式 *politeiai*，从古希腊语的词法来看，这表明，他的批评对象并非雅典民主

① Demosthenes 6 (*Philippic II*), 3－4.
② Demosthenes 19 (*On the False Embassy*), 184.
③ Demosthenes 9 (*Philippic III*), 2.
④ Demosthenes 9 (*Philippic III*), 3.
⑤ Demosthenes 9 (*Philippic III*), 4.
⑥ Vincent Farenga, *Citizen and Self in Ancient Greece: Individuals Performing Justice and the Law*, Cambridge University Press, 2006, p. 545.

政治运作的一般性抽象原则，而是雅典民众具体的政治参与方式，从他所阐释的内容上看，也就是民众在公民大会场合如何听取政治家的演说来参与政治商议。德谟斯提尼试图警示民众，他们偏好奉承之辞，而拒绝听取其他政治家的演说，这种不良的政治参与方式实际上损害了民主政治赖以运作的“自由言论”（*parrēsia*）原则。[①] 可见，德谟斯提尼认识到，民众实践政治参与的具体方式（*politeiai*）决定着城邦的政体（*politeia*）。他旨在以后者的原则来批评前者，而不是从根本上否定后者。

接下来，我们有必要特别关注，在上文所列举的批评中，德谟斯提尼曾经使用 *men/de* 句式以突出“在公民大会中”（*en men tais ekklēsiais*）与“在事务发展方面”（*en de tois pragmasi kai tois gignomenois*）的对比。[②] 其中，公民大会是民众听取政治演说的最主要场合；而 *pragmata* 源于动词 *prattein*（行动），既可以指“事务”，又可以根据其词源而指“行动”。因此可以说，“在公民大会中”与“在事务发展方面”的对比也就代表着“演说”与“行动”对应关系的主题，而正是这一主题贯穿于德谟斯提尼对民众政治参与方式的议论与批评之中。德谟斯提尼在第三篇《反腓力辞》中继续说，民众只要求“被收买者”进行演说，这些人的演说可以让民众发笑，因为民众喜欢政治家之间的互相污蔑、嫉妒与嘲笑，并且从这些人的谩骂中获得乐趣。[③] 德谟斯提尼进而指出，民众以这种恶劣的方式进行政治商议，却并不采取任何必要的行动（*mēden hōn prosēkei poiein*）。[④] 他反复强调，这体现了民众的“愚蠢”与“疯狂”。[⑤] 我们不难发现，德谟斯提尼主要关注的是民众在政治商议过程中的认知能力，他试图引导民众避免“愚蠢”与“疯狂”，以良好的方式听取政治家的演说。在德谟斯提尼看来，要做到这一点，民众在听取政治家的演说时必须以“行动”为出发点。这在《论和平》中有着更清楚的表达，德谟斯提尼批评道，雅典民众不是“在行动之前”（*pro tōn pragmatōn*）进行政治商议，而是“在行动之后”（*meta ta pragmata*），结果使得民众一方面（*men*）将那些指责他人过失的政治家视为“擅于演说”（*eu legein*），另一方面（*de*）却忽略了行动以及所商议的事务（*ta pragmata kai peri hōn bouleuesthe*）。[⑥] 在此，德谟斯提尼同样使用 *men/de* 句式来突出“演说”与“行动”的对应关系，很明显，他试图借此影响民众的政治商议方式，要求民众以“行动”为前提来听取政治家的演说，并且以“行动”为标准来对这些演说作出判断。同时，德谟斯提尼声明，他本人在从事政治活动和进行演说时（*egō pepoliteumai kai legō*），就是出于对实际事务与行动的理智思考（*ta pragmata krinō kai logizomai*），他提出的

---

① 关于 parrēsia，可以参考萨克森豪斯（Saxonhouse）最近的讨论，他指出，不能将 parrēsia 等同于现代意义上的“言论自由”权利，因为它所体现的不是民众被赋予了言论的权利，而是民众主动地掌控言论。见 Arlene W. Saxonhouse, *Free Speech and Democracy in Ancient Athens*, Cambridge University Press, 2006, pp. 85 – 99。

② 古希腊人习惯于在两个并列句或并列短语中分别使用小品词 *men* 和 *de*，一般用来表示这两个并列句或并列短语在意义上的对比。

③ Demosthenes 9 (*Philippic III*), 54.

④ Demosthenes 9 (*Philippic III*), 67.

⑤ Demosthenes 9 (*Philippic III*), 54, 67.

⑥ Demosthenes 5 (*On the Peace*), 2.

建议也是实际事务与行动所必需的(*ap'autōn huparkhēi pragmatōn*)。[①] 德谟斯提尼在此反复强调 *pragmata*(实际事务、行动),将它与自己的演说紧密联系在一起,目的在于为自己的演说寻求合理性,以赢得民众的赞同。

尤尼斯(Yunis)在对德谟斯提尼公民大会演说辞的"开场白"进行分析时,也注意到其中所强调的"演说"与"行动"的对应关系,他指出,这体现了德谟斯提尼对雅典民主政治商议方式的洞察,之所以如此议论雅典的政治商议方式,是为了向听众表明,他本人具有必要的批判智慧,并将这种智慧以有益的方式应用于政治活动,以此表现自己作为提议者的权威性以及动机的正当性。[②] 不过,笔者认为,德谟斯提尼这一修辞策略的目的还不止于此,他对民众政治参与方式的批评更在于试图塑造民众的政治角色,让民众意识到,他们并不只是公民大会演说现场的听众,而更是城邦事务方面的"行动者"。

在第三篇《反腓力辞》的结尾处,德谟斯提尼说,如果每个人都只"坐着"(*kathedeitai*)追求自己的喜好,考虑自己如何避免采取行动(*hopōs mēden autos poiēsei*),那么也就不会再有"行动者"(*tous poiēsontas*)。[③] 这里的"坐着"即指坐在公民大会现场听取演说,德谟斯提尼利用对"坐"这一具体动作的强调而将民众的注意力引向他们听取演说的公民大会现场,试图要求民众以"行动者"的角色意识参与公民大会的政治商议活动。

民众"坐"在公民大会现场的表述在另外两篇反腓力演说中得到反复重申,并且始终和"演说"与"行动"的对应关系主题结合在一起。第一篇《反腓力辞》批评道,当腓力二世不断实现其野心的时候,雅典民众却"迟疑而呆坐不动"(*mellontas ... kai kathēmenous*)。[④] 这里用 *mellontas*(迟疑着)与 *kathēmenous*(坐着)两个分词生动地描绘了民众参与政治商议的方式,其中,*kathēmenous* 即指民众坐在公民大会现场,*mellontas* 则说明他们只是在讨论和计划,却迟迟没有实际行动。德谟斯提尼还颇具讽刺地指出,雅典民众到处打听有关腓力二世的消息,而最严重的消息无非是雅典被腓力二世击败。他甚至警告说,如果民众依然以这种方式来对待事务,即使这个腓力二世死了,也还会出现另一个。[⑤] 第二篇《反腓力辞》更加明确地强调,要遏止腓力二世的野心,必须依靠实际行动(*ergōi ... kai praksesin*),而非演说(*oukhi logois*)。德谟斯提尼由此展开对雅典民众参与政治商议方式的批评:"走上前来的人"(*hoi pariontes*)不能在演说中提出有效的建议,只是担心引起听众的不快;而"坐在下面的人"(*hoi kathēmenoi*)又完全不采取行动。[⑥] 因此,德谟斯提尼要求改变这种政治商议的方式,并且提出,"所有的演说者与听

---

① Demosthenes 5 (*On the Peace*), 12.
② Harvey Yunis, *Taming Democracy: Models of Political Rhetoric in Classical Athens*, pp. 249-255.
③ Demosthenes 9 (*Philippic III*), 75.
④ Demosthenes 4 (*Philippic I*), 9-10.
⑤ Demosthenes 4 (*Philippic I*), 10-11.
⑥ Demosthenes 6 (*Philippic II*), 3.

众”(*tois legousin hapasi kai tois akouousin*)都应选择最好的建议。[1] 而在他看来,只有那些关于如何采取必要行动(*tōn deontōn*)的演说,才是值得听取的。[2]

至此,我们可以看到,德谟斯提尼对“行动”的强调与对“演说”的质疑,并非从根本上否定演说,而是批评民众参与政治商议的具体方式。事实上,这种批评是雅典民主政治的传统之一,修昔底德笔下的演说辞中即有相关内容。最有代表性的是克里昂在米提林辩论中指责那些参加公民大会的雅典民众是“演说的观众,行动的听众”(*theatai men tōn logōn . . . , akroatai de tōn ergōn*),[3]更像是“智者”的“观众”(*theatais*),而不再是“商议城邦事务的人”(*peri poleōs bouleuomenois*)。[4] 此处所谓的“智者”在当时主要是指那些掌握和运用演说技艺的大师,克里昂将公民大会中进行提议演说的政治家称为“智者”,将公民大会成员则称为“观众”(*theatais*),旨在讽刺公民大会演说竟然堕落为一种纯粹的演说技艺的表演,而这种表演功能已经取代了公民大会演说应有的政治商议功能。在这里,克里昂虽然也曾提及“演说”与“行动”,但是其中的“行动”意指“事实”,重在批评民众仅仅依靠演说不能获得关于事实的准确信息,并且就此指出“观众”与“商议者”的对比,提醒雅典民众作为“商议者”(*bouleuomenoi*)的政治角色。与克里昂不同,德谟斯提尼所强调的“行动”则是指演说提议内容的实施,是演说所要实现的真实结果,意在塑造民众作为“行动者”(*poiēsontes*)的政治角色。同时,他又反复提醒民众“坐”在公民大会演说现场的当下性,以这种生动而切近的方式影响民众的认知,不但试图影响民众在参与政治商议过程中对政治家提议的选择与判断,其效果更可能是引导民众从“行动者”的政治角色意识出发,来审视和反思自身在公民大会现场参与政治商议的方式。

二、“一致的行动者”

在前文分析的基础上,笔者将集中分析德谟斯提尼为我们提供的一个重要案例,看他在特定的历史语境下如何引申“演说”与“行动”的对应关系主题,并且如何深化对民众作为“行动者”的政治角色的塑造。

公元前 350 年前后,为了筹备对腓力二世的战争,德谟斯提尼曾经主张雅典必须派遣公民兵作战,同时实施相应的财政改革。在其属于这一时期的多篇公民大会演说辞中,第一篇《反腓力辞》、第二篇《奥林图斯辞》和第三篇《奥林图斯辞》,均围绕这一问题进行了详尽的阐述。从这些演说辞的内容来看,德谟斯提尼的这项提议将涉及雅典公民集体当中不同群体或阶层的利益。在公民大会现场,来自不同群体或阶层的民众之间在经济地位与政治职能方面存在着差

---

① Demosthenes 6 (*Philippic II*), 5.
② Demosthenes 6 (*Philippic II*), 1.
③ Thucydides, *History of the Peloponnesian War*, III. 38. 4.
④ Thucydides, *History of the Peloponnesian War*, III. 38. 7.

异，因而便会从自身利益出发，对这项提议做出不同的反映，产生意见分歧。德谟斯提尼明确意识到这一点，所以，他在演说中尽力使这些属于不同群体或阶层的民众达成共识，一致赞同他的提议。为此目的，德谟斯提尼着重塑造了民众作为“一致的行动者”的政治角色意识，以之作为民众在公民大会现场所共同具有的认知基础。

德谟斯提尼主张，不能单纯依靠由外邦人组成的雇佣军（*ksenoi*）进行战争，雅典公民（*politai*）应该与雇佣军配合作战。他给出具体数字，例如，2 000 名步兵中，要有 500 名雅典公民，200 名骑兵中，则要有 50 名雅典公民。[①] 德谟斯提尼解释说，这一方面是由于雅典的财力不足以支持一支庞大的雇佣军；另一方面，也是更重要的原因，则是出于对雇佣军自身缺点的考虑。他举例说明，雇佣军只是为了获取报酬而参加战斗，将军如果不能满足他们的利益要求，便无法率领他们，其结果是雅典盟邦受到攻击，敌人却得以壮大。[②] 因此，德谟斯提尼强调，要让将军能够做到令出必行，就必须给将军和士兵提供报酬，并且配备公民兵以监督战事。[③]

正是针对这项提议，德谟斯提尼将“演说”与“行动”转化为“法令”与“行动”的对应关系主题，因为公民大会法令（*psēphisma*）正是民众在参与政治商议的过程中通过听取政治家的提议演说而形成的政治认知的产物。[④] 德谟斯提尼在第三篇《奥林图斯辞》中曾经指出，如果不能付诸实际行动，公民大会法令就是毫无价值的（*psēphism'oudenos aksion estin*）。他更以讽刺的口吻说，如果法令能够自动地迫使民众采取必要的行动（*ha prosēkei prattein*），那么，民众本没有必要再通过许多法令；然而事实是，虽然有这些法令，民众却无所作为（*ouden eprattete*）。德谟斯提尼并且解释说，尽管在时间顺序上“行动”（*prattein*）后于“演说与表决”（*legein kai kheirotonein*）；但是，在效力上“行动”却重要于“演说与表决”。他由此激励民众将他们在演说方面的能力转化为实际行动。[⑤] 在第一篇《反腓力辞》中，德谟斯提尼在论及雅典需要筹备的军队规模时，则更以“法令”与“行动”对应关系的主题对民众提出批评。他说，“在法令中”（*en tois psēphismasin*），民众选择最大的军队规模，但是，“在行动中”（*en tōi prattein*）却连最小的规模都做不到。[⑥] 因此，他要求民众在表决时（*kheirotonēsete*）必须意识到，他们不是以“法令和命令”（*tois psēphismasi kai tais epistolais*）与腓力二世作战，而应该以“行动”（*tois ergois*）。[⑦] 他还重申，民众如果仍然热衷于听取政治家之间在演说中的互相攻击与谴责，就会丧失一切采取必要行动（*tōn deontōn*）的机会，所以，为了以“行动”抵抗腓力二世，民众便不能只给出“空洞的法

---

① Demosthenes 4 (*Philippic I*), 19 – 22.

② Demosthenes 4 (*Philippic I*), 24.

③ Demosthenes 4 (*Philippic I*), 25.

④ 雅典人将他们的公民大会法令（*psēphisma*）又称为 *dogma*，后者来自动词“认识”（*dokeō*），可见，公民大会法令被视为民众所达成的某种认识。

⑤ Demosthenes 3 (*Olynthiac Ⅲ*), 14 – 15.

⑥ Demosthenes 4 (*Philippic I*), 20.

⑦ Demosthenes 4 (*Philippic I*), 30.

令和来自演说台上的希望”(*psēphisma kenon kai tas apo tou bēmatos elpidas*)。[①] 从这些表述中,我们可以看到,“法令”与“行动”对应关系的主题与“演说”与“行动”对应关系的主题在德谟斯提尼公民大会演说中的修辞作用是相同的,都是用于将民众塑造为“行动者”的政治角色,提醒民众以这种角色意识来听取政治家的提议演说,商议城邦公共事务,并且作出政治决议。

现在我们更要注意的是,德谟斯提尼此处特别说明,民众在以不良的方式参与政治商议时,是 *kathōmeth' oikōi*。[②] 其中 *kathōmetha* 的意思是“我们坐着”,即指民众坐在公民大会现场听取演说,*oikōi* 本义是“在家中”,这里则转义为“在自己的城邦中”。再有,德谟斯提尼继而指出,民众不能只给出“空洞的法令和来自演说台上的希望”,他在这里其实还提及“将军”(*stratēgon*),并且把“将军”与“空洞的法令和来自演说台上的希望”并列起来,共同作为动词 *ekpempsēte*(给出、派出)的宾语。[③] 于是我们看到,在“法令”与“行动”的对应关系中,蕴含着另一组对比,即,“坐在自己城邦中的民众”与“被派出的将军”,或者可以概括为“商议者”与“将军”的对比。这也就是从“演说”与“行动”对应关系中引申出的两种不同政治角色之间的明确的对比。

关于这组对比关系,德谟斯提尼指出,像“将军”指挥战争一样,“商议者”应该负责指导实际的事务与行动(*tōn pragmatōn*);但是,偏好演说而延误行动却是一种羞耻,因为“演说的魅力”(*hē tōn logōn kharis*)于事无补,将有损于行动(*ergōi*)。[④] 这说明,德谟斯提尼意识到,“商议者”与“将军”实际上已处于分裂的状态,其具体表现就是民众对军事事务的漠不关心。他批评说,民众表决选出各类军事长官,只是为了让他们在市集广场上像泥偶一样进行表演,却不是到战场上作战。[⑤] 德谟斯提尼认为,之所以如此,是由于民众只考虑自己在城邦中的舒适生活。他将雅典的节日庆典与军事筹备加以对比:前者有着财政支持和缜密确定的计划,后者不但缺乏财政供给,而且往往仓促进行,结果延误了“行动的时机”(*ton tou prattein khronon*)。[⑥] 他还指出,不了解实际情况的民众将战事的失利归咎于将军,导致将军经常受到审判,却不敢战死疆场,这也是可耻的。所以,德谟斯提尼最后提出要求,雅典民众应该作为公民兵参加战争,在战场上监督军事行动,这样,他们对公共事务的了解便不再只是听取演说,而更得以亲眼见证,他们也就能够在掌握真相的情况下“回到自己的城邦”(*oikade*)对将军进行述职审查。[⑦] 这里的 *oikade* 与前面的 *oikōi* 相呼应,都是为了突出“在城邦中”作为“商议者”的民众与派遣在外的“将军”之间在政治职能方面的差异。德谟斯提尼提醒民众,这种差异不应演变为分裂,而需要

---

① Demosthenes 4 (*Philippic I*), 44 - 45.

② Demosthenes 4 (*Philippic I*), 44.

③ Demosthenes 4 (*Philippic I*), 45.

④ Demosthenes 4 (*Philippic I*), 38 - 39,引文中的 *tous bouleuomenous*,洛布古典丛书译作“政治家”(statesmen),见 *Demosthenes*, Vol. I, with an English translation by J. H. Vince, Loeb Classical Library, Harvard University Press, 1930, p. 93。笔者认为不准确,*tous bouleuomenous* 直译为“商议者”,在范围上不仅包括进行政治商议过程中进行提议的政治家,也包括出席公民大会的其他民众,例如 Thucydides, *History of the Peloponnesian War*, III. 38. 7。

⑤ Demosthenes 4 (*Philippic I*), 26.

⑥ Demosthenes 4 (*Philippic I*), 35 - 37.

⑦ Demosthenes 4 (*Philippic I*), 47.

通过行动加以弥合。对此，他在不久之后的第二篇《奥林图斯辞》中更加明确地提出，民众有必要实现 *koinon*。古希腊语中，该词有“共同”之义，也就是说，在德谟斯提尼看来，民众必须作为“一致的行动者”，采取共同的行动。

第二篇《奥林图斯辞》还同样论及“商议者”与“将军”之间的分裂：民众派出的将军只为个人利益从事战争，将军与士兵获得报酬，城邦的公共事务却陷于困境；当民众审判将军时，由于不了解真实情况，便仅根据他们的申辩演说而放过他们。① 德谟斯提尼并且进一步指出这种分裂的严重危害：如果一部分人像暴君一样发布命令，另一部分人出资装备战舰、交纳战争税并且参军作战，再有一部分人则只是投票判决这些出资参战的人们，那么，任何必要的行动（*tōn deontōn*）皆无法实施。② 此处所批评的已经不仅是“商议者”与“将军”之间的分裂状态，所谓“发布命令者”与“投票判决者”，暗指参与政治商议和法庭审判的民众，他们与富有阶层以及参加战争的公民之间同样可能产生分裂。至此，我们可以看到，从“演说”与“行动”的对应关系到“法令”与“行动”的对应关系，再到“商议者”与“将军”的对立，最终引申出雅典公民集体当中处于不同经济地位、具有不同政治职能的群体或阶层之间的差异和分裂。正是针对这一现象，德谟斯提尼才要求民众在商议、演说与行动方面必须做到“一致”（*koinon kai to bouleuesthai kai to legein kai to prattein*）。③ 他在演说结尾用夸张的方式强调说，“所有人”（*pantas*）都要根据自己的财产纳税，“所有人”（*pantas*）都要参军作战，“所有走上前来”（*pasi tois pariousi*）的演说者以及参与政治商议的听众也都要选择最好的建议。④ 德谟斯提尼对“一致”（*koinon*）的强调与对“所有人”的重复，都旨在弥合公民集体中的分裂，试图使公民大会现场的听众将自身认同为“一致的行动者”。

在第三篇《奥林图斯辞》中，德谟斯提尼提出了更具体的财政措施，建议将“观剧基金”（*ta theōrika*）用于军事筹备。所谓“观剧基金”，是雅典的一项重要财政制度，大约设立于公元前355年左右，主要用途是在节日庆典中向观看各种表演的雅典公民发放津贴，并且受到专项法律的保护，不得挪作他用。因此，德谟斯提尼在这里要求废除有关保护“观剧基金”的法律。⑤ 为了阐释这项提议，他特别指出，“观剧基金”是将本来用于军事的款项发放给“留在城邦中的人们”（*tois oikōi menousi*）。⑥ 我们注意到，此处再次出现 *oikōi*，也就是重申了“城邦中”的民众与“城邦外”的参战者之间的分裂。这意味着，在德谟斯提尼看来，“观剧基金”正是导致这一分裂的关键因素，他甚至将“观剧基金”指斥为某些政治家用以将民众“囚禁于自己城邦之中”的诱饵。⑦ 这成为取消“观剧基金”的根本原因，遵循这种逻辑，德谟斯提尼最后自然会将自己的

---

① Demosthenes 2 (*Olynthiac II*), 28 – 29.
② Demosthenes 2 (*Olynthiac II*), 30.
③ Demosthenes 2 (*Olynthiac II*), 30.
④ Demosthenes 2 (*Olynthiac II*), 31.
⑤ Demosthenes 3 (*Olynthiac III*), 10 – 11.
⑥ Demosthenes 3 (*Olynthiac III*), 11.
⑦ Demosthenes 3 (*Olynthiac III*), 31.

提议诉求于 *koinon*,他建议说,应该使每位公民都能够根据各自对城邦所履行的职责,从“共同”的基金(*tōn koinōn*)中获得相应份额的报酬,这样可以为城邦确定一种“秩序”,无论是参加战争的士兵,还是参与审判的陪审员,或者任何按其年龄或机遇的需要而做任何事的人,都要遵守该“秩序”。①

但是,德谟斯提尼的建议并没有立即为民众所接受,而是直到十余年后的公元前 339 年,雅典人才将“观剧基金”转用于军事,②并且采取了一系列相应的实际行动,抵抗马其顿,德谟斯提尼的政策也才逐渐占据主导地位。③ 不过,我们不能据此便对其修辞策略的效果作出粗率的评价,一方面因为民众意向的改变和公民大会的表决实际上必然是多种因素综合作用的结果,并非取决于某种修辞策略的单纯影响。另一方面,只有当我们考虑到德谟斯提尼所面临的特定历史语境的时候,才能更清晰地看出他将雅典民众塑造为“一致的行动者”的针对性和必要性,并理解其意义所在。

从公元前 350 年代中期以来,由于受到同盟战争(公元前 357—前 355 年)的打击,雅典人接受了政治家欧布鲁斯(Eubulus)的政策,对外订立和平协定,主要精力转向城邦内部事务,恢复雅典因战争而受创的经济。马其顿国王腓力二世利用“神圣战争”对希腊中南部城邦关系的干预也发生于这一时期,雅典人感受到马其顿的威胁,但是,在欧布鲁斯缩减开支政策的影响下,“神圣战争”以公元前 346 年雅典与马其顿之间订立的“腓罗克拉底和平协定”而告终。这种对外避免战争,对内复苏经济的政策,其核心环节就是“观剧基金”的设立。它除了能够发挥经济作用之外,同时更具有意识形态层面的重要意义,成为雅典民主政治凝聚力和公民身份认同的体现。根据德谟斯提尼后来的诉讼演说《使团辞》(公元前 343 年)的说法,欧布鲁斯在迫使雅典民众接受腓罗克拉底和平协定的时候,甚至将“观剧基金”作为其说服策略的王牌,以近乎威胁的口吻警告民众,若不接受埃斯基尼斯(Aeschines)和腓罗克拉底有关和平协定的提议,就只能以废除“观剧基金”为代价,必须二者择一。④ 和平协定果然最终获得通过,这说明,对“观剧基金”的维护在当时的确已经深入人心。而且,这种状态应该一直持续到公元前 340 年代末期。

德谟斯提尼的一系列《反腓力辞》和《奥林图斯辞》正是集中在公元前 351 年至公元前 341

---

① Demosthenes 3 (*Olynthiac III*), 34 - 35.

② *FGrH* 328 F 56a. 有关“观剧基金”制度的讨论,参见 R. J. Rhodes, *A Commentary on the Aristotelian Athenaion Politeia*, Oxford University Press, 1981, pp. 514 - 517; Raphael Sealey, *Demosthenes and His Time: A Study in Defeat*, pp. 256 - 258; Hansen, Mogens Herman, *The Athenian Democracy in the Age of Demosthenes: Structure, Principles and Ideology*, Blackwell, 1990, pp. 98, 263 - 264。

③ 包括改革战舰捐助制度,废除雅典与马其顿之间的“腓罗克拉底和平协定”,与忒拜建立联盟,并于公元前 338 年与马其顿开战,即喀罗尼亚战争。参见 Demosthenes 18 (*On the Crown*), 73, 102 - 107, 139; Aeschines 3 (*Against Ctesiphon*), 55, 222; Diodorus Siculus, *Library*, 16. 77. 2; Raphael Sealey, *Demosthenes and His Time: A Study in Defeat*, pp. 179 - 193。

④ Demosthenes 19 (*On the False Embassy*), 291,并参见 Gottfried Mder, “Pax Duello Mixta: Demosthenes and the Rhetoric of War and Peace”, *The Classical Journal*, Vol. 101, No. 1 (Oct. - Nov., 2005), p. 15。

年期间，也就是在他推行其反马其顿政策遭受巨大阻力的时期。[①] 因此，我们有理由相信，这些演说辞中所呈现出的必然是在德谟斯提尼看来最具说服效力的修辞策略。"演说"与"行动"的主题以及"一致的行动者"的角色塑造，便包含在其中，而且如此频繁地反复运用，可见它所受到的高度重视。如上文所述，德谟斯提尼为了实施反马其顿政策而提出的财政改革措施，尤其是废除"观剧基金"的建议，将被视为对民主政治的破坏而遭受强烈反对，这会成为他在进行公民大会演说时所面临的来自民众方面的最大阻力。于是，他一方面指责个别政治家利用"观剧基金"限制民众对政治活动的积极参与，才真正是剥夺民众的权力；另一方面，通过将民众的政治角色塑造为"一致的行动者"，从而为自己的提议寻求到更坚实的依据，即古希腊城邦体制的根本原则。德谟斯提尼强调，民众之所以要采取一致的行动，是为了防止他所谓的分裂状态，从前面的引文来看，这主要存在于"商议者"、军人和负责审判的陪审员之间，也就是民众当中具有不同政治职能的群体或阶层之间的差异和分裂。而正是此处所列举的这三种职能在亚里士多德那里被比喻为动物的灵魂。《政治学》中指出，类似动物灵魂的部分，就是战争职能（*polemikon*）、审判职能（*dikastikēs*）和商议职能（*bouleuomenon*），它们或者由同一些人承担，或者分别属于不同的群体。[②] 由此来看，德谟斯提尼的关注点已经超越了特定的民主政体，而上升到城邦得以存在的核心问题。同时，他要求"所有人"都能为城邦履行相同的责任，其实就是要求承担不同职能的公民群体必须在行动中达成"一致"（*koinon*），这也吻合于亚里士多德所强调的城邦属性：它是一个"一致的共同体"（*koinōnia*）。[③] 可以说，对城邦本质的这种诉求在很大程度上反映了古希腊人的普遍认识，能够使德谟斯提尼的演说更具说服力。

关于这种修辞策略，因为德谟斯提尼同时代其他政治家的公民大会演说辞没有保存下来，所以我们无法了解它在更广范围内的运用情况。不过，从修昔底德的《伯罗奔尼撒战争史》当中，仍然可以发现一些重要的线索，证明德谟斯提尼对"一致"和"行动"的强调在雅典公民大会演说的传统中是有其渊源的。修昔底德笔下的亚西比德为了说服民众发动西西里远征，也面临着与德谟斯提尼相似的阻碍，并且运用了与之相似的修辞策略。在记载其演说内容之前，修昔底德特别说明民众对亚西比德的一般看法：由于他热爱赛马，生活奢侈，具有很高的权势，又往往做出违法的行为，因此多数人担心他主张西西里远征的目的是要使自己成为僭主。[④] 可见，亚西比德的提议演说将有破坏民主政治之嫌，所以，他在演说的开始部分首先为自己张扬炫耀

---

① 关于德谟斯提尼存世演说辞的时间排列，参见 Douglas M. MacDowell, *Demosthenes the Orator*, p. 12。汉森推测，德谟斯提尼的存世公民大会演说辞之所以主要集中于这一时期，可能是由于当时雅典民众并未接受他的反马其顿政策，故而以文本形式发表演说辞，用来宣传自己的政策，而到公元前 330 年代民众普遍接受其政策时，则无须再发表这类演说辞了。见 Mogens Herman Hansen, *The Athenian Democracy in the Age of Demosthenes: Structure, Principles and Ideology*, p. 7。关于德谟斯提尼公民大会演说辞写作目的的问题，还可以参见 Adams 在更早的时候所进行的讨论，Charles Darwin Adams, "Are the Political 'Speech' of Demosthenes to Be Regarded as Political Pamphlets?" *Transactions and Proceedings of the American Philological Association*, Vol. 43. (1912), pp. 5 – 22.

② Aristotle, *Politics*, 1291a, 25 – 30.

③ Aristotle, *Politics*, 1252a, 1 – 5.

④ Thucydides, *History of the Peloponnesian War*, VI. 15. 3 – 4.

的生活方式加以辩护，声称他参加赛马和提供合唱队捐助是为了提高城邦的名誉。接下去讨论了平等问题，他认为，能力和地位差异所造成的人与人之间的不平等是正当的。[①] 我们知道，平等是雅典民主政治的基本要素之一，[②]而亚西比德的论调很可能会遭受民众的质疑。不过，当他转入西西里远征的主题以后，也像德谟斯提尼那样绕开民主政体，而诉求于更具普遍性的城邦存在的根本原则。他先是向雅典民众介绍西西里地区各城邦的劣势所在，特别指出，那些城邦中的每个人都想着如何利用演说（*legōn*）和暴动而从公家获利，像这样的民众是无法达成统一意见，也不可能投入一致行动的（*es ta erga koinōs trepesthai*）。[③] 通过这种方式的描述，亚西比德将西西里各城邦树立为典型的反面形象，之后又以同样的标准对雅典民众提出积极要求：各种人——包括次等的、中等的和擅于深思熟虑的人——只有联合起来才会发挥出最大的力量；而城邦也应当习惯于不以言辞而更以行动（*ou logōi all'ergōi mallon*）来捍卫它自己。[④] 我们注意到，这里不但涉及"演说"与"行动"的对比，还更明确地表达出对"一致"原则的强调，它们体现了古希腊人所公认的城邦属性及其存在的基本前提，在亚西比德的此次演说中构成修辞策略的关键环节，为演说提供了有力的依据，从而强化其说服效果。德谟斯提尼则继承了这种修辞策略，将"演说"与"行动"的关系充分展开，并依据城邦的"一致"原则，使之最终演绎为对民众政治角色的塑造。在这一修辞传统中，他所提出的"一致的行动者"的政治角色很可能会得到雅典民众的认同，而且在必要的情况下通过他们的政治参与行为而具体表现出来。

综合本文的分析来看，德谟斯提尼在公民大会演说中激励雅典民众采取实际行动，并且总是将"行动"与"演说"对立起来，对前者予以肯定，对后者则以某种方式进行批评。他在这种"演说"与"行动"的对立关系中论述"行动"的问题，其效果是将听众的注意力引向演说现场，让他们意识到公民大会中的政治参与行为将对城邦的政治运作具有怎样的重要意义，也不断提醒着他们在这种场合所应扮演的政治角色。因此，"演说"被引申为民众的政治商议乃至陪审员的判决，而参军作战和出资纳税则成为"行动"的具体体现，两者同样处于彼此对立的状态。德谟斯提尼警告说，这种分裂将对城邦事务造成严重危害，以此表明民众采取共同行动的必要性。他实际上是要求不同的公民群体在承担各自的城邦职能时，互相之间达成一致。针对公民大会演说本身，德谟斯提尼则强调现场的民众必须作为"一致的行动者"来参与政治商议，目的在于引导民众从这种政治角色意识出发去关注城邦的公共事务，在一定程度上摆脱对自身利益的考虑，免受其他政治家演说的影响，从而作出有利于城邦的决议，推动"行动"的实施。

更为重要的是，与某次个别演说中的劝勉、激励相比，民众的政治角色意识一旦形成，它对城邦政治运作的影响就将是更加深远的。根据现存的德谟斯提尼公民大会演说辞来看，他在尽

---

① Thucydides, *History of the Peloponnesian War*, VI. 16. 1 - 4.
② 参见亚里士多德《政治学》中有关平等问题的讨论：Aristotle, *Politics*, 1280a, 10 - 25。
③ Thucydides, *History of the Peloponnesian War*, VI. 17. 3 - 4.
④ Thucydides, *History of the Peloponnesian War*, VI. 18. 6.

力说服民众接受其反马其顿政策的十余年间，不断以同样的方式塑造着民众的政治角色，在此过程中，将每次公民大会演说现场的当下性与城邦政治原则和社会问题的普遍性结合在一起，并且反复重申。这一方面使民众在每一次参与政治商议时都得以反思那些普遍原则和社会问题，理解自身在城邦政治生活的整体中所扮演的角色，从而通过不断地参与政治商议实践逐渐形成长效性的政治角色意识；另一方面，这种角色意识作为民众政治商议实践的认知基础，反过来也会在很大程度上左右城邦政策的总体趋势。我们有理由认为，经过德谟斯提尼十余年的努力，雅典民众的凝聚力得以维系，为他们日后终于以实际行动接受反马其顿政策提供了某种保障。

（本文原刊于《历史研究》2011 年第 4 期，原文标题为《德谟斯提尼的修辞策略与雅典民众政治角色的塑造》）

作者简介：

李尚君，复旦大学历史学博士，现任上海师范大学人文学院世界史系副教授，硕士生导师，兼任世界史系主任，世界史本科专业负责人。主要研究方向为古希腊修辞学、雅典民主政治等。已出版专著《“演说舞台”上的雅典民主：德谟斯提尼的修辞表演与民众的政治认知》，在《历史研究》《世界历史》等刊物发表论文多篇，主持国家社科基金一般项目 1 项。主要讲授课程为古希腊文化史、古典希腊语等。

公元1—3世纪罗马帝国西部的城市捐助人
——以共餐捐助为中心的考察

温珊珊

摘　要：城市捐助人是古罗马社会的一个重要群体，集中出现于公元1世纪至3世纪。他们出资向城市提供捐助，共餐捐助是其中一项重要内容。经历了共和时期的发展，共餐捐助到帝国时不再囿于罗马一城，罗马城捐助人成为其他地区城市捐助人效仿的对象。在意大利和西部行省城市中，共餐捐助人的构成多样，不受性别限制，但绝大多数属于权贵阶层。个体捐助人的捐助行为似乎主要出于对自身利益的考虑。但从整体来看，城市捐助人不只是一个为个人利益对城市施恩的群体。对西部城市共餐捐助人群体的考察表明，以地方权贵为主体的城市捐助人，在维护帝国统治、促进城市发展和传播罗马文明等方面发挥了重要作用。

关键词：罗马帝国　城市共餐捐助　城市捐助人　意大利和西部行省城市

公益捐助(euergetism)是古典世界的一个重要社会现象，该词源于希腊语中的euergetes(εὐεργέτης)，意指做好事的人。[①] 法国学者给évergétisme一词赋予新意，用来描述古代社会中的公益捐助现象，即地位高者或富有之人自己出资向其所处社会进行捐助的现象。[②] 罗马帝国

---

① *Euergetism*一词的中文译文取自刘津瑜《罗马史研究入门》，北京大学出版社，2014年，第239页。对于公益捐助(*euergetism*)的解释，可参见S. 霍恩布洛尔、A. 斯鲍福斯、E. 艾丁诺编《牛津古典辞书》(S. Hornblower, A. Spawforth and E. Eidinow, eds., *The Oxford Classical Dictionary*)，牛津大学出版社，2012年，euergetism辞条。关于古希腊社会的公益捐助人，可参见K. 布林格曼《国王作为捐助人：论希腊化时代的理想王权》(K. Bringmann, "The King as Benefactor: Some Remarks on Ideal Kingship in the Age of Hellenism")，A. W. 布洛克、E. S. 格鲁恩、A. A. 朗及A. 斯图尔特编《形象与观念：希腊化世界的自我定义》(A. W. Bulloch, E. S. Gruen, A. A. Long and A. Stewart, eds., *Images and Ideologies: Self-definition in the Hellenistic World*)，加利福尼亚大学出版社，1993年，第7—24页；P. 戈蒂耶《希腊城市及其捐助人》(P. Gauthier, *Les Cités Grecques et Leurs Bienfaiteurs*)，法国雅典学院出版社，1985年。国内学者对古希腊捐助制度亦有所关注，可参见沈扬《雅典公益捐助制度研究》，复旦大学历史系博士学位论文，2010年。

② 法国学者布朗热在《公元2世纪亚细亚行省的埃利乌斯·阿利斯提德和诡辩术》(A. Boulanger, *Aelius Aristide et la Sophistique dans la Province d'Asie au IIe Siècle de Notre Ère*)(德博卡德出版社，1923年)中首次使用*euergetism*一词；而该词为学界熟知则源于法国学者保罗·韦内以公益捐助为课题所作的研究，可参见保罗·韦内《面包与竞技：政治多元化的历史社会学》(P. Veyne, *Le Pain et le Cirque: Sociologie Historique d'une Pluralisme Politique*)，塞伊出版社，1976年。

时期，尤其在公元1世纪至3世纪期间，个人向城市提供捐助的做法盛行。这些捐助人为城市提供的捐助物种类多样，包括修建公共建筑、安排娱乐活动、分发钱物等。本文以城市共餐捐助人为考察对象，其捐助活动以资助公共宴会或广泛分发食物为主。

20世纪60年代以来，学界开始关注古罗马社会的捐助活动。① 但直到21世纪，城市捐助人这一群体才开始在相关研究中得到重视。阿尔然·泽德后克(Arjan Zuiderhoek)从捐助人群体入手对小亚细亚地区捐助行为的政治内涵进行考察，②约翰·多纳休(John F. Donahue)介绍了在西部地区赞助公共宴会的一些群体，③海莫莱克(E. Hemelrijk)对西部城市女捐助人的捐助物品种类进行了梳理，就女捐助人的公共形象、捐助动机和回报等方面进行了探讨，④刘津瑜将目光聚焦在罗马帝国西部城市中的社团，对社团捐赠人这一群体予以关注。⑤ 以笔者所见，学者们的研究多围绕捐助人群体本身展开，对于该群体与其所处的社会环境、历史发展进程之间的关联，并未给予足够重视，且很少将捐助人根据捐助物的不同作出区分、细化研究。鉴于帝国的东西部地区在社会发展状况、历史传统、文化习惯等方面存在差异，限于笔者学力，本文仅将目光放在帝国西部地区，以城市共餐捐助人为样本，在厘清其人员组成及行为方式的基础上，对意大利及西部行省城市捐助人给罗马社会带来的影响作一考察。⑥

一、罗马城的共餐捐助人

作为帝国的统治中心，罗马城的独特性和影响力不言而喻。在对意大利及西部行省城市的

① R. 邓肯-琼斯：《罗马非洲的财富与捐助》(R. Duncan-Jones, "Wealth and Munificence in Roman Africa"),《英国驻罗马研究院刊》(*Papers of the British School at Rome*)第31卷,1963年,第159—177页;R. 邓肯-琼斯：《罗马帝国的经济：定量研究》(R. Duncan-Jones, *The Economy of the Roman Empire: Quantitative Studies*),剑桥大学出版社,1982年;S. 姆罗策克：《罗马帝国意大利城市的金钱及食物分发》(S. Mrozek, *Les Distributions d'argent et de Nourriture dans les Villes Italiennes á l'époque du Haut-Empire Romain*),拉图慕斯出版社,1987年;N. 麦基：《罗马西班牙城市捐助及城市意识的增长》(N. Mackie, "Urban Munificence and the Growth of Urban Consciousness in Roman Spain"),T. 布拉格、M. 米利特编《早期罗马帝国的西部地区》(T. Blagg, M. Millett, eds., *The Early Roman Empire in the West*),奥克斯波图书出版公司,1990年,第179—192页;T. 布拉格：《不列颠的建筑捐助：以铭文为证据》(T. Blagg, "Architectural Munificence in Britain: The Evidence of Inscriptions"),《布列塔尼亚》(*Britannia*)第21卷,1990年,第13—31页。

② A. 泽德后克：《罗马帝国的捐助政治：小亚细亚的公民、精英和捐助人》(A. Zuiderhoek, *The Politics of Munificence in the Roman Empire: Citizens, Elites and Benefactors in Asia Minor*),剑桥大学出版社,2009年。

③ J. F. 多纳休：《元首制时期的罗马共餐》(J. F. Donahue, *The Roman Community at Table during the Principate*),密歇根大学出版社,2004年,第93—116页。

④ E. 海莫莱克：《隐藏的生活与公众形象：罗马帝国西部的女性及城市生活》(E. Hemelrijk, *Hidden Lives, Public Personae: Women and Civic Life in the Roman West*),牛津大学出版社,2015年,第109—180页。

⑤ 刘津瑜：《织造社团：罗马帝国西部的纺织从业者行会》(*Collegia Centonariorum: The Guilds of Textile Dealers in the Roman West*),布里尔出版社,2009年,第213—245页。

⑥ 关于意大利及西部行省城市的社会生活，尤其是城市共餐捐助人的情况，古典文献所能提供的相关记载极为有限，而留存下来的铭文则为研究该群体提供了宝贵的史料。本文所使用的拉丁铭文主要来源为《拉丁铭文集成》(*Corpus Inscriptionum Latinarum*)、《铭文年鉴》(*L'Année Épigraphique*)及克劳斯-斯拉比铭文数据库(Epigraphik-Datenbank Clauss/Slaby, http://db.edcs.eu/epigr/epi_en.php,2016年10月1日)和海德堡铭文数据库(Epigraphic Database Heidelberg, http://edh-www.adw.uni-heidelberg.de/home/,2016年10月1日)。

捐助人进行考察之前,有必要对罗马城的共餐捐助情况作一概述。共和时期已经有个人为罗马城捐助共餐,主要在举办公共葬礼和庆祝军事胜利时进行。公元前328/前327年,马尔库斯·弗拉维乌斯(Marcus Flavius)在其母的葬礼上分食物给罗马城民众,感念自己在之前的道德指控中被无罪开释。[①] 公元前174年,提图斯·弗拉米尼乌斯(Titus Flaminius)为纪念去世的父亲举办了为期4天的角斗比赛,同时向公众分发肉食、提供宴会和资助戏剧表演。[②] 公元前129年,昆图斯·马克西姆斯(Quintus Maximus)在其叔父(Publius Africanus)的葬礼上宴请了罗马民众。[③] 就军事胜利后的庆祝活动而言,卢库鲁斯(Lucullus)在战胜密特里达提(Mithridates)和提格拉涅斯(Tigranes)后举行了庆祝仪式,除了胜利游行、展示各种战利品外,他还为罗马城及周边村庄提供了一场盛大的宴会。[④]

到共和末期时,恺撒成为有计划地利用公共宴会实现自己目的的代表人物。[⑤] 公元前66年,恺撒在担任营造官期间提供了包括公共宴会在内的多种娱乐活动,使"每个人都开始为他寻找新的职位,想用各种荣耀来报答他"[⑥]。随后他为民众提供了一场盛宴以纪念他的女儿,根据苏维托尼乌斯的记载,这是史无前例的。[⑦] 在恺撒捐助的公共宴会中,最引人注意的是他为庆祝军事胜利而举办的盛宴。公元前46年,当恺撒从阿非利加得胜回到罗马后,大宴民众,据说一次性提供了2万张用餐躺椅,[⑧]被认为是罗马城内参与共餐人数最多的一次。[⑨] 在从内战的最后战场西班牙凯旋后,恺撒又为民众提供了两次午餐盛宴(*duo prandia*)。[⑩] 相较之下,共和末期的另一重要人物庞培,有关其捐助共餐的记载则大大少于恺撒。[⑪] 恺撒捐助公共宴会,无论从频率还是规模上,都是空前的。从他开始,个人捐助共餐逐渐普遍起来。他带来的影响有两方面:其一,他为后来的罗马皇帝们树立了榜样,开创了利用公共宴会处理与民众关系的先河。恺撒对公共宴会的充分利用,如西塞罗所言,"为他赢得了无知民众的支持"[⑫]。其二,他成

---

① 李维:《罗马史》(Livy, *History of Rome*),洛布丛书,哈佛大学出版社,1919—1959年,8.22.2—3。

② 李维:《罗马史》,41.28.11。

③ 西塞罗:《为穆雷纳辩》(Cicero, *Pro Murena*),洛布丛书,哈佛大学出版社,1976年,75。

④ 普鲁塔克:《希腊罗马名人传》(Plutarch, *Parallel Lives*),洛布丛书,哈佛大学出版社,1914—1926年,《卢库鲁斯传》(*Lucullus*), 37.3—4。

⑤ 普林尼:《自然史》(Pliny the Elder, *Natural History*),洛布丛书,哈佛大学出版社,1938—1963年,14.66。普林尼称"恺撒是第一个对公共宴会给予重视的人",并说自己是依据恺撒的书信得出此结论的。

⑥ 普鲁塔克:《希腊罗马名人传》,《恺撒传》(*Caesar*), 5.9。

⑦ 苏维托尼乌斯:《罗马十二帝王传》(Suetonius, *Lives of the Caesars*),洛布丛书,哈佛大学出版社,1914年,《恺撒传》(*Divus Iulius*), 26.2。

⑧ 普鲁塔克:《希腊罗马名人传》,《恺撒传》,55.4。

⑨ J. H. 达阿姆斯:《公私之间:公共宴会与恺撒的越台伯河花园》(J. H. D'Arms, "Between Pubilc and Private: the *Epulum Publicum* and Caesar's *Horti trans Tiberim*"), M. 西玛、E. L. 罗卡编《罗马花园》(M. Cima, and E. L. Rocca, eds., *Horti Romani*),布雷特施奈德出版社,1998年,第38—39页。

⑩ 苏维托尼乌斯:《罗马十二帝王传》,《恺撒传》,38.2。

⑪ 普鲁塔克:《希腊罗马名人传》,《庞培传》(*Pompey*), 45。普鲁塔克在记述庞培凯旋后的庆祝仪式时,没有明确提及公众参与欢宴,但公共宴会在习惯上可能已经成为此类庆祝仪式的组成部分。

⑫ 西塞罗:《反腓力辞》(Cicero, *Philippics*),洛布丛书,哈佛大学出版社,1926年,2.45。

为地方精英和富人的模仿对象。[①] 在恺撒之前,除罗马城之外的其他西部城市没有留下有关捐助共餐的记录;在恺撒之后,为地方城市捐助共餐逐渐成为地方贵族和富人的惯常做法。[②]

进入帝国后,罗马皇帝成为罗马城无可匹敌的捐助人。古典作家们对皇帝参与的宴会多有着墨,皇帝宴会也表现出不同类型。[③] 其中捐助大规模公共宴会是皇帝展示自己至高无上地位的绝佳机会。庆祝军事胜利依然是提供共餐的重要契机,但元首制下,普通公民没有机会像共和时期那样举办凯旋宴,承办权逐渐转移到皇帝及其亲属手中。[④] 公元前 9 年,为了庆祝征服达尔马提亚人(Dalmatians)和潘诺尼亚人(Pannonians),提比略邀请各个阶层的人一同用餐,部分人在卡皮托山上,部分人在其他地方,同时利维娅(Livia)和朱里娅(Julia)负责招待女宾。[⑤] 公元 12 年,从日耳曼尼亚(Germania)得胜回到罗马后,提比略大设午宴(*prandium*),为民众准备了 1 000 张餐桌,每个人都得到价值 300 塞斯特斯的赏赐。[⑥] 对于图密善举办的凯旋宴,马提雅尔这样描绘道:"恺撒,庆祝您得胜的宴会如此美妙……每个骑士都伴您左右,人民和元老们也环绕着您,罗马人与他们的领袖一起享用这美味佳肴。虽然您曾许诺(给予我们)美好的东西,而你现在却给了我们更好的东西! 您许诺发给我们一点救济品,但是却为我们准备了这样一场正式的宴会。"[⑦]除了为庆祝皇室胜利而举办的公共宴会,庆祝公共节日同样是皇帝展现慷慨大方形象的重要时机。为了庆祝农神节,图密善为民众提供了多种娱乐活动并宴请他们。[⑧] 此外,捐献雕像是皇室宴请民众的又一重要契机。为了巩固统治、加强帝国的凝聚力,奥古斯都开创了"皇帝崇拜"制度,肖像雕塑和纪念性建筑也围绕皇帝崇拜发展起来。捐献雕像有助于让公众铭记重要人物及其贡献,这也需要通过庆祝活动来实现。利维娅在公元 14 年捐献了一座奥古斯都像,提比略自己宴请元老、骑士,其母则负责招待元老和骑士的妻子们。[⑨] 卡里古拉在公元 37 年捐献了一座奥古斯都神殿后,也宴请了民众。[⑩] 对皇帝来说,与个人有关的一些重要时刻,诸如成婚、生日等也可能成为捐助共餐的机会。公元 3 世纪埃拉加巴卢斯(Elagabalus)大婚时,邀请全城人民在宴会上自由畅饮。[⑪] 公元前 12 年,元老院准许未婚男女在奥古斯都生日

---

① N. 珀塞尔:《古代意大利的酒与财富》(N. Purcell, "Wine and Wealth in Ancient Italy"),《罗马研究》(*The Journal of Roman Studies*)第 75 卷,1985 年,第 14 页注释 65。

② J. H. 达阿姆斯:《P. 鲁奇乌斯·伽马拉为奥斯提亚人举办的宴会及其罗马原型》(J. H. D'Arms, "P. Lucilius Gamala's Feasts for the Ostians and Their Roman Models"),《罗马考古学杂志》(*Journal of Roman Archaeology*)第 13 卷,2000 年,第 197 页。

③ K. 沃辛:《皇室餐宴: 希腊化国王与罗马皇帝的盛宴》(K. Vössing, *Mensa Regia: das Bankett beim Hellenistischen König und beim Römischen Kaiser*),绍尔出版公司,2004 年,第 265—290 页;J. F. 多纳休:《元首制时期的罗马共餐》,第 66—82 页。

④ J. F. 多纳休:《元首制时期的罗马共餐》,第 78 页。

⑤ 卡西乌斯·狄奥:《罗马史》(Cassius Dio, *Roman History*),洛布丛书,哈佛大学出版社,1914—1927 年,55. 2. 4。

⑥ 苏维托尼乌斯:《罗马十二帝王传》,《提比略传》(*Tiberius*),20。

⑦ 马提雅尔:《铭辞集》(Martial, *Epigrams*),洛布丛书,哈佛大学出版社,1993 年,8. 50。

⑧ 斯塔提乌斯:《希尔瓦》(Statius, *Silvae*),洛布丛书,哈佛大学出版社,2003 年,1. 6。

⑨ 卡西乌斯·狄奥:《罗马史》,57. 12. 5。

⑩ 卡西乌斯·狄奥:《罗马史》,59. 7。

⑪ 卡西乌斯·狄奥:《罗马史》,80. 9。

的时候，与其他人一起欣赏表演，共同享用宴会，这在之前是不被允许的。[①] 至此，我们可以看到，在恺撒之后，帝国的统治者的确继承了捐赠公共用餐的做法。罗马皇帝通过捐助行为确立了自己的权威和独一无二的地位；为民众提供共享餐宴的机会，也有利于营造和谐氛围、赢得民众支持以及巩固统治地位。

二、意大利和西部行省城市的共餐捐助人

帝国时期，城市共餐捐助人在西部地区出现了分化。如前所述，对罗马城的捐助基本由皇帝垄断，但帝国中心之外的广袤疆域能得到的皇室福泽有限，各地城市捐助的主力多为当地贵族及富有者。关于城市共餐捐助人，史坦尼斯劳·姆罗策克（Stanislaw Mrozek）在对帝国时期意大利城市的金钱和食物捐助进行研究时，将其归为三大类：市议会成员（*decuriones*）、奥古斯塔里斯（*Augustales*）及所占比重较小的其他群体（包括被释奴、元老、女性捐赠人及城市或社团庇护人等）。[②] 其后，约翰·多纳休对捐赠人的类别进行了补充，增加了营造官（*aediles*）、骑士（*equites*）和祭司（*flamines/sacerdotes*）三个类别。[③] 笔者在梳理史料及借鉴前辈学者分类的基础上认为，西部城市共餐捐助人主要来自地方权贵阶层，既有男性，也有女性，同时包括少数被释奴。

城市中社会地位较高的男性最可能成为捐助人，包括行政官员、祭司、军人或城市庇护人以及一些不任公职的地方贵族。[④] 需要注意的是，一个人可能有不同身份或接续担任不同职务，多样的身份或职务表明其拥有较高的社会地位，更有能力为城市提供捐助。据记载，普布里乌斯·卢奇里乌斯·伽马拉（Publius Lucilius Gamala）担任过营造官（*aedile*）、市议会成员（*decurion*）、祭司（*pontifex*）、有监察权力的杜姆维里（*duumvir censoria potestate quinquennalis*）以及公共财产的负责人（*curator pecuniae publicae*），他曾捐助过三次大规模公共宴会。[⑤] 约翰·达阿姆斯（John D'Arms）认为伽马拉有意识地模仿恺撒的做法，成为首个在罗马城外捐助共餐的个人。[⑥]

男性捐助人的构成多样，主要来自城市上层。行政官员是男性捐助人的重要组成部分，充足的财富及较高的社会地位使其有为城市捐助共餐的能力。男性祭司是男性捐助人的另一重

---

① 卡西乌斯·狄奥：《罗马史》，54. 30. 5。

② S. 姆罗策克：《罗马帝国意大利城市的金钱及食物分发》，第 63—77 页。

③ J. F. 多纳休：《元首制时期的罗马共餐》，第 93—116 页。

④ 判断某人担任过何职或获得何头衔主要依据铭文中对其官职序列（*cursus honorum*）的记录。

⑤ 《拉丁铭文集成》第 14 卷，第 375 条。关于此条铭文存在的年代及伽马拉生活的时段，学界存在争议。达阿姆斯总结了梅格斯（R. Meiggs）和采维（F. Zevi）两位学者的观点，前者认为伽马拉可能生于公元前 80 年至公元前 60 年间，逝于奥古斯都治下，后者认为伽马拉约生于公元前 120 年，约公元前 57 年去世。达阿姆斯则提出伽马拉在公元前 45 年应活跃于奥斯提亚，甚至可能一直到奥古斯都时代的开端，可参见 J. H. 达阿姆斯《P. 鲁奇乌斯·伽马拉为奥斯提亚人举办的宴会及其罗马原型》，第 193—194 页。

⑥ J. H. 达阿姆斯：《P. 鲁奇乌斯·伽马拉为奥斯提亚人举办的宴会及其罗马原型》，第 196—197 页。

要组成部分。事实上,行政职务与祭司职经常由同一人兼任。[①] 祭司有不同分类,其中 *pontifex*、*flamen*、*augur* 以及 *sacerdos* 常以捐助人的身份出现在铭文中。此外,专门负责皇帝崇拜的特殊祭司团体——奥古斯塔里斯(*Augustales*)的成员也时常成为城市捐助人。虽然他们多为被释奴出身,但作为一个团体,其在城市中的地位仅次于市议会(*ordo decurionum*)。[②] 他们负责皇帝崇拜,这使其有机会超越原有阶层,获得较高社会地位,为其成为城市捐助人提供了可能。城市庇护人身份背景各异,但大多来自上流社会,不时会为城市提供捐助。[③] 军官成为捐助人再次表明城市捐助人的多样性。马尔库斯·纳塞里乌斯·萨宾努斯(Marcus Nasellius Sabinus)作为达尔马提亚第一步兵队的长官(praefectus of cohort I Dalmata),与其父一起分发现金以便民众可以在其生日时举办欢宴。[④] 另外,城市中的男性贵族,即便没有担任公职,由于其所拥有的声望、地位和财富,也可能成为城市捐助人。值得注意的是,除奥古斯塔里斯外,一些被释奴也扮演了捐助人的角色。虽然受制于出身,他们很难在政治领域发挥作用,但对于皇室释奴及善于经济活动者来说,其原本的出身并不妨碍他们变得有权势且富有。马尔库斯·奥里利尤斯·萨比尼安努斯(Marcus Aurelius Sabinianus)曾是皇室释奴,同时也是西部城市安纳哥尼亚(Anagnia)的庇护人。据铭文记录,他对自己的故乡和同胞充满感情,出资修缮了公共浴室。安纳哥尼亚市议会及民众同意为其树立一座公共雕像,在雕像建成时,萨比尼安努斯不仅分发现金,同时提供了一场满足所有人的公共宴会。[⑤] 虽然被释奴可以成为城市捐助人,但仅限于其中的佼佼者。总体而言,男性捐助人多出身于社会上层,尤其集中于担任公职者。

在古罗马的男权社会中,女性往往与家庭生活联系在一起。但事实上,女性并未被完全排除在公共生活领域之外。帝国时期,罗马女性拥有独立的财产支配权,并通过获得嫁妆、继承遗产以及参与经济活动等方式逐渐实现财富积累,[⑥]这为女性成为城市捐助人提供了可能。尤尼娅·鲁斯提卡(Iunia Rustica)是西班牙贝提卡(Baetica)行省城市卡尔提玛(Cartima)的第一位

① G. J. 赛姆勒:《罗马共和国的祭司:祭司与行政官相互作用研究》(G. J. Szemler, *The Priests of the Roman Republic: A Study of Interactions between Priesthoods and Magistracies*),拉图慕斯出版社,1972 年,第 21 页;M. 比尔德:《罗马共和时期的祭司》(M. Beard, "Priesthood in the Roman Republic"),M. 比尔德、J. 诺思编《异教祭司:古代世界的宗教与权力》(M. Beard and J. North, eds., *Pagan Priests: Religion and Power in the Ancient World*),达克沃斯出版社,1990 年,第 24 页。

② R. 杜斯伊:《奥古斯塔里斯的社会功能》(R. Duthoy, "La Fonction Sociale de l'Augustalité"),《铭文》(*Epigraphica*)第 36 卷,1974 年,第 150 页。

③ 关于庇护制的不同分类,参见 J. 尼科尔斯《普林尼与城市庇护》(J. Nicols, "Pliny and the Patronage of Communities"),《赫尔墨斯》(*Hermes*)第 108 卷,1980 年第 3 期,第 366 页;J. 尼科尔斯《罗马帝国城市庇护》(J. Nicols, *Civic Patronage in the Roman Empire*),布里尔出版社,2014 年,第 2—4 页。

④ 《拉丁铭文集成》第 9 卷,第 1618 条。

⑤ 《拉丁铭文集成》第 10 卷,第 5917 条。

⑥ 关于罗马女性嫁妆、遗产继承等问题,参见 J. F. 加德纳《罗马法律与社会中的女性》(J. F. Gardner, *Women in Roman Law and Society*),克鲁姆·赫尔姆出版社,1986 年;J. F. 加德纳《商业生活中的女性:一些来自普提奥利的证据》(J. F. Gardner, "Women in Business Life: Some Evidence from Puteoli"),P. 赛塔拉、L. 萨乌嫩编《罗马社会中的女性网络与公共领域》(P. Setälä and L. Savunen, eds., *Female Networks and the Public Sphere in Roman Society*),芬兰驻罗马研究所出版社,1999 年,第 11—27 页。

女祭司，且被授予永久祭司的荣誉头衔(*sacerdos perpetua et prima*)。公元70年左右，她为卡尔提玛提供了种类多样的捐助，包括出资修缮公共柱廊，为修建公共浴室提供土地，在广场建造玛尔斯铜像，捐赠浴室柱廊、水池和丘比特像，还自费举办公共宴会和演出。[①] 约翰·多纳休对其财富来源作了探讨，认为其夫家居住在富有矿产资源的地区，对矿产资源的开采很可能是其家族的主要财富来源；同时，贝提卡行省也以畜牧业、出产橄榄油和鱼酱等产品闻名，尤尼娅可能通过经营其中一种或几种资源而致富。此外，尤尼娅的母系家族很可能与卡尔提玛当地的统治阶层有关系，其父则是卡尔提玛的第一位骑士，显赫的家庭背景也可能为尤尼娅的富有提供支持和保障。[②] 以尤尼娅为代表的女祭司们是女性捐助人的重要组成部分。祭司身份在一定程度上表明其或其家庭具有较高的经济能力，因为担任公职，无论是行政官员还是祭司，都需要交纳一定数量的就职费(*summa honoraria*)。[③] 可以说，女祭司具备为城市提供捐助的经济能力。

除女祭司之外，还有一类女性，她们在本地城市中享有名望、声誉和地位，拥有良好的家庭背景，即使不任公职没有荣誉头衔也依然有影响力。她们可能独自进行捐助，[④]也可能与其他家庭成员一起捐助。[⑤] 与之相对的是被释女奴的捐助行为，有关文献证据不多，只有三条铭文留下相关记录，包括皇室释奴马尔库斯·乌皮乌斯·塔路斯(Marcus Ulpius Thallus)的妻子(Flavia Iuventa)和女儿(Ulpia Procula)，[⑥]及另两名被释女奴。[⑦] 可以想见，由于被释女奴在社会阶层等级中的位置较低，且女性在男权社会中处于弱势地位，因而她们更容易被排除在公共生活领域之外。值得注意的是，与单纯富有相比，社会地位和声望对女性是否能在公共领域发挥作用似乎有更为重要的影响。因此，担任公职的女祭司和拥有地位名望的上层女性，相对而言，有更多机会参与城市捐助活动。

三、捐助城市共餐的场合及动因

通过对史料的整理分析，笔者认为城市共餐捐助存在四种类型，即职务性捐助、回报性捐助、自愿捐助及遗嘱捐助。下文拟借助这四种类型分析捐助人何时、为何会捐助共餐。

---

① 《拉丁铭文集成》第2卷，第1956条。

② J. F. 多纳休：《卡尔提玛的尤尼娅·鲁斯提卡：罗马西部的女性捐助》(J. F. Donahue, "Iunia Rustica of Cartima: Female Munificence in the Roman West")，《拉图慕斯》(*Latomus*)第63卷，2004年第4期，第878—885页。

③ 关于就职费的讨论，可参见P. 加恩西《市议会成员的就职费》(P. Garnsey, "Honorarium decurionatus")，《历史：古代史期刊》(*Historia: Zeitschrift für Alte Geschichte*)第20卷，1971年第2/3期，第309页；R. 邓肯-琼斯《罗马非洲的支出、花费与就职费》(R. Duncan-Jones, "Costs, Outlays and Summae Honoriae from Roman Africa")，《英国驻罗马研究院刊》(*Papers of the British School at Rome*)第30卷，1962年，第65—69页。

④ 《拉丁铭文集成》第10卷，第5918、110条；《铭文年鉴》1946年，第174条。

⑤ 《铭文年鉴》1928年，第26条；《拉丁铭文集成》第8卷，第1578、12422条。

⑥ 《拉丁铭文集成》第11卷，第3206条。

⑦ 《拉丁铭文集成》第9卷，第5189条；《拉丁铭文集成》第14卷，第4057条。

1. 职务性捐助

职务性捐助指与公共职务有关联的捐助行为,包括三种情况。第一种情况与支付就职费(*summa honoraria/summa legitima*)有关。首先,被选为公职人员,当选者需支付就职费。[①] 在支付就职费时,当选者可能附加提供捐助。卢奇乌斯·普兰奇乌斯·维克托里亚努斯(Lucius Plancius Victorianus)和盖乌斯·沃卢西乌斯·斯塔提阿努斯(Gaius Volussius Statianus)两人获得营造官职位时,支付了超过原需就职费的费用,用于建造公共雕像;雕像建成之日,他们为民众捐助了一场盛宴。[②] 盖乌斯·卢奇里乌斯·阿特纳奥斯(Caius Lucilius Athenaeus)是切列斯神(Ceres)的祭司,他为获得该职位支付了1.2万塞斯特斯的就职费,同时自费为雕像基座提供装饰,并为市议会成员们[③]捐献了一场盛宴。[④] 其次,就职费会产生收益(*reditus*),捐助人可能会将该收益用于资助公共用餐。阿西奇亚·维多利亚(Asicia Victoria)分别支付了自己和女儿获得祭司职位的就职费,她用从中产生的收益为库里亚提供了一场宴会。[⑤]

第二种情况与获得公职荣誉有关。成为官员或祭司对当选者来说是极大的荣誉,"由于获得荣誉"(*ob honorem*)也是铭文中用来说明捐助原因的常见用语。获得公职的人一方面有责任为公众作出贡献,另一方面也可借由捐助行为来宣传自己获得的荣誉。就获得地方官职荣誉来说,成为市议员(decurion),[⑥]获得营造官职位(aedileship),[⑦]成为杜姆维里(*duumvir*)[⑧]或被授予检察权(*quinquennalis*)[⑨]都可为获得者带来荣耀。无论是为了庆祝当选还是表达感激,当选者往往会展示自己的慷慨大方,而捐助公共用餐则成为达成这些目的的常用手段。卢奇乌斯·科尔涅利乌斯·M□□□(Lucius Cornelius MXXX)因当选为杜姆维里而为市议会成员提供了一场盛大宴会(*magnam cenam*)。[⑩] 公职荣誉不仅包括成为官员,还包括获得祭司职位。"因成为祭司而得到荣誉"(*ob honorem flaminatus/pontificatus*)也常常成为捐助的理由。[⑪] 科尔涅利阿努斯(Cornelianus)因为获得祭司职位,捐助了两座雕像,在建成时分别捐赠了公共宴会。[⑫] 普布琉斯·马尔奇乌斯·夸德拉图斯(Publius Marcius Quadratus)"因为获得永久祭司的荣誉"(*ob honorem flaminatus perpetui*),进行了一系列捐助,包括剧院、巴西利卡、公共柱廊、戏台、戏

---

① P. 加恩西:《市议会成员的就职费》,第309页。

② 《拉丁铭文集成》第8卷,第769条。

③ 此例中共餐捐助的受益者是市议会成员(decuriones)。市议会可看作城市的代表和象征,在此情况下的用餐通常是公开的,用餐场所也很可能是公共场所,因此虽然不是大多数民众共同参加,本文仍将只有市议会成员参加的共餐看作城市公共用餐。

④ 《拉丁铭文集成》第8卷,第26255条。

⑤ 《拉丁铭文集成》第8卷,第26591条。

⑥ 《拉丁铭文集成》第8卷,第25468、14296条。

⑦ 《拉丁铭文集成》第8卷,第858、14296条。

⑧ 《拉丁铭文集成》第8卷,第862、863条。

⑨ 《铭文年鉴》1961年,第109条。

⑩ 《拉丁铭文集成》第10卷,第688条。

⑪ 《拉丁铭文集成》第8卷,第20853、26606条。

⑫ 《拉丁铭文集成》第8卷,第12018条。

剧表演、体育馆以及公共宴会等。[①] 除男祭司外，女祭司在获得祭司职时也会有捐赠行为。凯莱里娜（Celerina）[②]、帕特里奇亚（Patricia）[③]、尤利娅·帕特娜（Iulia Paterna）[④]、尤利娅·帕里纳（Iulia Paulina）[⑤]都因当选祭司而捐赠了公共宴会。除了当选者本人会因得到荣誉而进行捐赠外，当选者的家人也会因其为家庭带来荣誉而参与捐赠。卢奇乌斯·诺尼乌斯·罗加蒂阿努斯·霍诺拉提阿努斯（Lucius Nonius Rogatianus Honoratianus）的子女为了彰显其父成为永久祭司的荣誉（*ob honorem flamonii perpetui*），与其父一起为库里亚捐助了一场宴会。[⑥]

在职责范围内提供捐助可能构成职务性捐助的第三种情况。对于捐助行为是否与职责有关，史料中通常没有明确说明，因此笔者只能根据捐助人的身份及捐助物的性质进行推测。以盖乌斯·奥菲乌斯·卢齐斯库斯（Caius Orfius Luciscus）为例，他既是司法长官（*praefectus iure dicundo*）和杜姆维里（*duumvir*），又是负责凯莱斯提丝神（Caelestis）和埃斯库拉皮乌斯神（Aesculapius）崇拜的祭司（*sacerdos publicus*），他捐献了一座拱门和一座雅努斯帕特（Janus Pater）神像。根据记录，捐赠是出于对最神圣神灵的特别崇敬（*pro praecipua erga sanctissimum numen religione*）以及对故土的永恒感情（*perpetuo patriae amore*），在雕像建成时，他为库里亚提供了戏剧表演和一场公共宴会。[⑦] 在此例中，捐助人作为公职人员同时担任官职和祭司职，他的捐助行为很有可能是出于职务考虑，同时宣称自己对故乡的感情，也存在公职人员对民众尽责的可能性。除此之外，对于祭司提供"公共祭祀宴"（*viscerationem*），[⑧]或在捐助的有宗教性质的建筑（如神庙等）建成后提供盛宴的情况，[⑨]笔者认为不能排除其捐助是在职责范围内进行的可能性。

从支付就职费、回报公职荣誉、履行职责等方面来看，担任公职为进行公共捐助提供了平台。在此捐助类型中，基于捐助人的公职身份，其捐助共餐的行为可能披上了公职需要的外衣，但实际上，这里的共餐捐助仍具有一些自发的意味。如果担任公职带来的职务需求、舆论压力与大众期望是当选者或其家人做出这些额外"善举"的客观原因，那么对展示自己、树立形象、赢得支持这些出于自身的考虑则可能是其进行捐助的主观原因。

2. 回报性捐助

回报性捐助与得到认可和表达感激有关，前者是捐助前提，后者是捐助目的。得到认可的

---

① 《拉丁铭文集成》第 8 卷，第 26606 条。
② 《拉丁铭文集成》第 2 卷，第 1278 条。
③ 《拉丁铭文集成》第 2 卷，第 5514 条。
④ 《拉丁铭文集成》第 8 卷，第 1491、26525 条。
⑤ 《铭文年鉴》1954 年，第 165 条；1982 年，第 267 条。
⑥ 《铭文年鉴》1968 年，第 591 条。
⑦ 《拉丁铭文集成》第 8 卷，第 16417 条。
⑧ *Viscerationem* 通常与祭祀活动有关，是对祭祀牺牲的肉进行分配，共同分享。关于 *visceratio*，卡雅瓦认为它并不总与祭祀仪式相联系，可参见 M. 卡雅瓦《分享肉类食物》（M. Kajava, "Visceratio"），《阿克托斯》（*Arctos*）第 32 卷，1998 年，第 109—131 页。
⑨ 《拉丁铭文集成》第 2 卷，第 964 条；《铭文年鉴》1972 年，第 270 条。

方式通常是被授予公共雕像或获得资格建造公共雕像，对获得者来说这意味着巨大荣誉，为表达感激之情，他们往往提供捐助作为回报。此类捐助虽然也与获得荣誉有关，但与上文提及的因公职而获得的荣誉不同：获得公职后，慷慨捐助行为在民众的期望之中；而提供回报性捐助的捐助人获得的荣誉与公职头衔无关，往往由于自身的慷慨行为赢得大众认可。事实上，"由于具有慷慨高尚的品质"（*ob merita/munificentiam/liberalitatem/benevolentiam*）是授予某人公共荣誉时最常见的理由。① 需要注意的是，捐助人在获得荣誉之前的慷慨行为与获得荣誉后进行的捐赠有所不同。获得荣誉之前，捐助人表现出的对城市慷慨恩惠的一面为其赢得公众肯定，此时的捐助可能多为对城市财务上的资助。② 而获得荣誉之后，捐助人的捐赠则带有回报性质，表现在庆祝公共雕像建成时，捐助人往往会提供包括公共宴会在内的多种捐赠，以表达自己的感激之情。

官员和祭司有平台参与公共生活，且有能力表现自己对城市的慷慨，其慷慨行为可以为其赢得公共荣誉，获得公共雕像或修建公共雕像的权利。雕像落成时，他们通常会为民众提供公共用餐的机会。③ 从一定程度上来说，任何为城市作出贡献的人都有可能获得该荣誉。因此，除担任公职的官员和祭司外，城市庇护人④、其他有影响力的男性精英⑤及被释奴⑥都有可能因获得该荣誉而提供包括共餐捐助在内的回报性捐助。同样的情况也适用于女性捐助人，集中于社会地位较高者——女祭司和其他上层女性。⑦ 此外，女性也可能为获得该荣誉的男性家庭成员提供回报性捐助。埃格纳提亚（Egnatia）和法比娅·勒斯提图塔（Fabia Restituta）都在自己的儿子被授予公共雕像后，捐赠公共宴会作为回报。⑧ 玛丽亚·维多利亚（Maria Victoria）因其父获得公共荣誉而捐助了一场盛宴。⑨ 奥塔西丽亚·科米其（Otacilia Comice）因其夫获得一座由市民出资建造的雕像，向民众捐赠了一场公共宴会。⑩ 由此可见，回报性捐助似乎存在固定模式，即为城市作出贡献——得到认可并被授予公共雕像或修建公共雕像的权利——接受该荣誉——在雕像建成时提供共餐等捐赠。

---

① 铭文史料在绝大多数情况下并未记载捐助人如何赢得该荣誉，即 merits，munificence 或者 generosity 的具体指代内容无从知晓，这些词语通常只是用来抽象地表示某人的行为或品质值得获得该荣誉。*Ob merita*：《拉丁铭文集成》第 11 卷，第 7556 条；《拉丁铭文集成》第 11 卷，第 6014、6054 条；《拉丁铭文集成》第 9 卷，第 5831 条。*Ob munificentiam*：《拉丁铭文集成》第 11 卷，第 3303 条；《拉丁铭文集成》第 8 卷，第 5146 条；《铭文年鉴》1976 年，第 176 条。*Ob liberalitatem*：《铭文年鉴》1960 年，第 214 条。*Ob benevolentiam*：《铭文年鉴》1909 年，第 162 条。

② E. 福比斯：《罗马帝国的城市美德：以意大利的荣誉铭文为证据》（E. Forbis, *Municipal Virtues in the Roman Empire: The Evidence of Italian Honorary Inscriptions*），托伊布纳出版社，1996 年，第 29 页。

③ 《拉丁铭文集成》第 8 卷，第 25808b 条；《拉丁铭文集成》第 9 卷，第 5831、981 条；《拉丁铭文集成》第 11 卷，第 5635 条。

④ 《拉丁铭文集成》第 14 卷，第 2120 条。

⑤ 《拉丁铭文集成》第 8 卷，第 5146 条。

⑥ 《拉丁铭文集成》第 11 卷，第 4582 条。

⑦ 《拉丁铭文集成》第 2 卷，第 1341、5488、1046 条；《拉丁铭文集成》第 9 卷，第 4970 条；《拉丁铭文集成》第 10 卷，第 5918 条。

⑧ 《铭文年鉴》1996 年，第 647 条；《拉丁铭文集成》第 2 卷，第 2011 条。

⑨ 《拉丁铭文集成》第 8 卷，第 12422 条。

⑩ 《拉丁铭文集成》第 11 卷，第 3211 条。

回报性共餐捐助通常在庆祝雕像建成的场合进行。首先,获得公共荣誉给荣誉获得者带来社会压力,他们被期望表现得更加慷慨。此前为城市作的贡献为其赢得了由市议会授予的荣誉,但为了继续赢得认可和支持,他们仍然会选择捐赠共餐这种可以惠及大量民众的方式作为回馈,在表达感激的同时,继续展示自己的慷慨品质。其次,提供共餐可以最大限度地宣传已获得的荣誉,以便使名誉、地位和声望等象征性资本得到认可和巩固。在公共雕像建成之日进行捐赠,无疑可以吸引更多的观众和参与者,他们对捐赠福利的享受与捐助人个人目的的实现是同步的。

3. 自愿捐助

捐助人可以根据自己的意愿进行捐赠——既与公职义务无关,也不是为了回报获得的荣誉,而是自愿为城市提供捐助。无论"自愿"捐赠的背后是否存在隐秘动机,这种表面看来出自自愿的捐助行为在西部城市生活中并不少见。曾是杜姆维里的马库斯·卡西乌斯·切尔纳(Marcus Cacius Cerna)在他生日当天为西努埃萨(Sinuessa)的民众提供了一场晚餐。[①] 同样地,奥鲁斯·奎恩克提里乌斯·普里斯库斯(Aulus Quinctilius Priscus)为了庆祝自己的生日也向民众分发食物,包括蜂蜜酒(*mulsum*)和糕饼点心(*crustulum*)等。[②] 除了直接提供食物用于共餐外,捐助人还可能间接提供共餐机会。作为市议会成员的普布琉斯·里伽里乌斯·波提图斯(Publius Ligarius Potitus)许诺捐赠 4 000 塞斯特斯,以便其他市议会成员每年在他生日之时可以享用盛宴。[③] 盖乌斯·托拉苏斯·塞维鲁(Gaius Torasius Severus)同样捐赠大笔钱财,为的是每年都能举办公共宴会为其子庆生。[④] 一个名为阿波尼乌斯(Abonius)的祭司为其父母建造了两座大理石雕像,并在建成之日捐赠了一场公共宴会。[⑤] 这些例子表明捐助人自愿捐赠的行为的确存在,且通常与私人事务有关——这意味着他们本没有必要自费提供捐助。那么他们为何在本没有必要的情况下仍尽可能地表现自己的慷慨?又为何在自愿捐助的场合提供公共宴会等共餐机会?

对于第一个疑问,我们无法知晓捐助人当时的真实想法,笔者只能适当推测其捐赠动机。首先,对担任公职的捐助人来说,他们被期望为城市提供福利,[⑥]因为城市公库中的钱很少用于改善城市生活质量。[⑦] 一些候选人甚至在竞选期间就承诺要作出贡献。[⑧] 姆罗策克(Mrozek)曾

① 《拉丁铭文集成》第 10 卷,第 4736 条。

② 《拉丁铭文集成》第 10 卷,第 5853 条。

③ 《拉丁铭文集成》第 8 卷,第 12421 条。

④ 《拉丁铭文集成》第 11 卷,第 4815 条。

⑤ R. 卡尼亚、A. 默林、L. 夏特兰编:《非洲的拉丁铭文》(的黎波里塔尼亚、突尼斯、摩洛哥)[R. Cagnat, A. Merlin, L. Chatelain, eds., *Inscriptions Latines d'Afrique* (*Tripolitaine*, *Tunisie*, *Maroc*)],欧内斯特·勒鲁出版社,1923 年,第 90—91 页第 304 条铭文。

⑥ F. F. 阿伯特、A. C. 约翰逊:《罗马帝国的城市管理》(A. F. F. Abbott and A. C. Johnson, *Municipal administration in the Roman Empire*),普林斯顿大学出版社,1926 年,第 62 页。

⑦ E. 福比斯:《罗马帝国的城市美德:以意大利的荣誉铭文为证据》,第 29 页。

⑧ 《拉丁铭文集成》第 12 卷,第 697 条;《拉丁铭文集成》第 11 卷,第 6054 条;《拉丁铭文集成》第 8 卷,第 14296 条;《铭文年鉴》1968 年,第 591 条;《铭文年鉴》1901 年,第 191 条。

提出市议会的每个成员都可能借他们自己或家人生日之际捐赠一笔钱作为基金；私人捐助是充满竞争的，可能成为城市政治生活的一部分。[①] 社会期望和事业发展带来的双重压力在一定程度上使自愿捐助蒙上了一层被迫的色彩。[②] 其次，向公众展示自我对提升自身及家族声誉具有十分重要的作用。慷慨捐赠既有助于展现捐助人的经济能力和社会地位，[③]同时又能换取公众对其社会地位和良好公民形象的认可，个人和家庭的荣耀都可因此得到彰显。此外，希望被大众纪念可能是自愿捐助者的又一个考虑。捐助人设立基金，以间接提供共餐的形式，使自己或家人的生日每年都可以被庆祝，而经由此方式他们也会因自己的慷慨行为被大众记住。

第二个问题与组织宴会和广泛分发食物有关。与捐赠大型建筑物相比，提供公共用餐并不是特别突出的捐赠行为，但不同的捐助人不约而同捐赠共餐的事实表明，公共用餐的确在城市生活中占有一席之地。提供公共用餐可以以相对低廉的成本使尽可能多的民众参与进来，不论出于何种考虑——获得公众支持、得到认可或是被长久地纪念，捐赠共餐都有助于实现捐助人的目的。若从满足人类基本需求的角度来看，食物可以立即使享用者得到满足，因而提供食物绝不会出错。由此可见，捐助共餐对捐助人来说不失为一个好的选择。

4. 遗嘱捐助

遗嘱捐助是指为完成遗愿而进行的捐助。在该情况下，订立遗嘱的人就是捐助人。盖乌斯·埃特瑞斯·纳索（Gaius Aethrius Naso）在遗嘱中表明要为森提努姆（Sentinum）的民众捐赠宴会并遗赠了一笔钱。[④] 这场宴会可能会在其离世后由他人代为负责举办，但由于是遗嘱人主动表示要给予捐赠，因而将其而非代办者视作共餐捐助人。此外，遗嘱继承人也可能扮演捐助人的角色。遗嘱人在遗嘱中表明要把自己的部分财产遗赠给城市或提供其他捐赠（不包括捐赠共餐），其继承人在遵从遗嘱的同时，可能附加捐赠共餐。卢克雷蒂娅·坎帕娜（Lucretia Campana）按照其父在遗嘱中的要求捐赠雕像，在雕像建成时，她自发提供了为期四天的戏剧表演、竞技比赛和一场盛宴。[⑤] 此处的捐赠行为虽然带有自愿性质，但仍是以完成遗愿为前提。有些铭文记录比较简洁，我们无法判断捐赠共餐的意愿是出自遗嘱人还是继承人，[⑥]但无疑两者在考虑捐赠时，都认为提供共餐是适当的行为。

遗嘱人或继承人的捐助动机何在？这需要考虑到古罗马遗嘱的性质。与我们认为立遗嘱是“私人化”的行为不同，罗马人的遗嘱是公开的，被看作是“个人愿望与社会期望之间相互作

---

① S. 姆罗策克：《罗马帝国意大利城市的金钱及食物分发》，第 103 页。
② R. 拉曼尼乌斯：《意大利城市特勒西亚的公益捐助与城墙》（R. Ramanius, “Euergetism and city-walls in the Italian city of Telesia”），《奥普斯库拉》（*Opuscula*）第 5 卷，2012 年，第 114 页。
③ S. 姆罗策克：《罗马帝国意大利城市的金钱及食物分发》，第 105 页。
④ 《拉丁铭文集成》第 11 卷，第 5745 条。
⑤ 《拉丁铭文集成》第 2 卷，第 1663 条。
⑥ 《拉丁铭文集成》第 2 卷，第 1941 条。

用的产物”[①]。因此，在遗嘱中表明提供捐助既可能是个人对社会期望的妥协，也可能是个人利用公开性的遗嘱表达捐助意愿以实现个人目的的结果。当遗嘱人即捐助人时，他们进行捐赠的动机与自愿性捐助人有相似之处：为自己树立良好形象、赢得认可、给自己的家族带来荣耀以及被纪念等。而两者的不同之处主要在于捐助人是否可以亲自参与捐赠——与自愿捐助相比，遗嘱捐助一般发生在遗嘱人离世之后。因此，能够在死后被铭记，即“身后的名誉”可能是遗嘱人愿意进行捐赠的主要考虑。[②] 就继承人是捐助人的情况来说，他们可以在实现遗嘱人遗愿的同时提供捐赠。例如，马库斯·贝比乌斯·塞昆都斯（Marcus Baebius Secundus）的儿子们，作为继承人，不仅按照父亲的遗愿为他修建雕像，在雕像建成时，还给民众分发蜂蜜酒和糕饼点心。[③] 他们的目的也许可以概括为通过捐赠展示自己进而为自己和家族带来好处，同时尽可能地扩大捐赠的受众范围以赢得更多人对他们的支持认可和对其死去家人的纪念。对于个体捐助人的捐助动机，笔者无意否认纯粹自愿捐赠存在的可能，但从上文的分析来看，对潜在利益回报的看重可能是个体进行捐助的主要内驱力。[④]

此时再将目光转回罗马帝国的发源地，我们不难看出地方捐助人与罗马城捐助人之间的联系。作为第一公民（*princeps*），罗马皇帝在许多方面为地方贵族树立了榜样。就其作为罗马城的捐助人来说，其捐助的时机、场合为地方捐助人提供了参照。例如，与皇帝职能相关的凯旋宴，以及因个人事务而举办的欢宴，都可以在地方捐助人的职务性捐助和自愿捐助中找到对照。同时，笔者认为，皇帝的捐助行为展示出的“捐助—回报”机制对潜在的地方捐助人具有影响力，即地方捐助人也对捐赠后可能获得的回报有需求。[⑤] 理查德·戈登（Richard Gordon）就精英拥有的权力提出过一个公式：给予+感激/荣誉=精英的权力。[⑥] 在此，可以将其理解为：无论是皇帝还是地方捐助人，为城市提供捐助这种给予行为不仅可以凸显出捐助方的优势地位，还可以换来接受方的感激，捐助方也可从中得到荣誉等无形财富。在这个过程中，捐助方的权力和地位不仅得到确认，更得以巩固和加强。无论是地方城市捐助人还是罗马城捐助人，其出发点似乎是一致的，即占据主导地位以巩固权力、维护权威。

---

① E. 钱普林：《最后的判断：罗马遗嘱中的责任与情感（公元前200—公元250年）》（E. Champlin, *Final Judgments: Duty and Emotion in Roman Wills, 200 B. C. – A. D. 250*），加利福尼亚大学出版社，1991年，第6页。

② E. 钱普林：《最后的判断：罗马遗嘱中的责任与情感（公元前200—公元250年）》，第168页。

③ 《拉丁铭文集成》第10卷，第5714条。

④ R. 戈登（R. Gordon）和昂诺·范尼夫（Onno van Nijf）都指出非物质财富的回报是古代捐助行为的重要基础。参见R. 戈登《权力的面纱：皇帝、献祭者和捐助人》（R. Gordon, “The Veil of Power: Emperors, Sacrificers and Benefactors”），M. 比尔德、J. 诺思编《异教祭司：古代世界的宗教与权力》，第224—231页；昂诺·范尼夫《罗马帝国东部职业社团的城市生活》（Onno van Nijf, *The Civic World of Professional Associations in the Roman East*），希本出版社，1997，第111—120页。

⑤ 皇帝获得的回报包括权力的巩固以及受益的罗马城民众对其产生的依赖、尊重和感激之情，可参考R. 戈登《权力的面纱：皇帝、献祭者和捐助人》，第223页。

⑥ R. 戈登：《权力的面纱：皇帝、献祭者和捐助人》，第224页注释68。

四、意大利和西部行省城市捐助人的社会作用

以上分析表明,个体的捐助行为很可能出于与个人利益有关的考虑。然而,如果我们将关注点从个体捐助人扩大到捐助人群体,他们的社会形象就不再限于"以施恩为手段获取好处"的层面。个体捐助行为的发生可能源于个体捐助人在当下对利弊得失的判断,但作为一个群体,西部城市捐助人已成为帝国社会中一股不可忽视的力量,他们在罗马帝国的历史舞台上发挥了重要作用。

第一,城市捐助人维护着帝国的基层统治秩序。首先,城市捐助人大多担任公职或出身上层,就其本质来说,他们是帝国自上而下统治体系的组成部分。从共和时期开始的对外征服活动使得罗马统治的疆域不断扩大,对于新征服地区的管理,除了在当地建殖民地外,帝国统治者鼓励新征服地区的土著居民自己发展城市居住区。与此同时,统治者将治理地方的行政权尽可能留给土著居民,实际权力由本地贵族掌握,而且罗马官方只与地方权贵有往来。[①] 通过前文对捐助人身份地位的考察,我们可以看到大部分捐助人常有公职在身,在城市中负责行政、司法或宗教事务。他们相对于城市普通民众来说处于优势地位,同时捐助行为帮助他们赢得支持,进而巩固这种优势地位。捐赠行为表面看来是加强了地方捐助人的权威,实际则加强了皇帝在地方统治的权威。地方捐助人地位的巩固,也是帝国统治的巩固。其次,捐助行为强化了社会等级制度。随着帝国时期社会政治经济的发展,公民群体出现分化,精英权贵在社会地位、政治权力、经济状况等方面与普通民众的差距不断扩大。[②] 在此背景下,捐助人进行捐助既不是为了消除不平等,也不是针对穷人的单纯慈善行为。事实上,从中受益的主要群体仍然为特权阶层,[③]如城市议会成员、奥古斯塔里斯等"值得尊敬"(worthy of honor)[④]的团体。他们常常是捐助人优先考虑的捐赠对象。不仅如此,特权团体还会得到更好的待遇。据公元 1 世纪的一条铭文记载,普里斯库斯和埃特鲁斯库斯父子在捐助时,为市议会议员准备了正式餐宴(*epulum*),但只给民众(*plebes*)分发面饼(*crustulum*)和蜂蜜酒(*mulsum*)。[⑤] 保罗·韦内曾强调捐助是精英们用以将自己和普通民众区分开的手段。[⑥] 捐助人通过捐助展示了自己的优势地位,通过对捐助对象实行差别对待将受益群体根据社会等级作出区分,通过慷慨赠予使得受益群体接受并认可隐含其中的等级关系。简

---

① W. S. 汉森:《罗马帝国西部的管理、城市化及文化适应》(W. S. Hanson, "Administration, Urbanization and Acculturation in the Roman West"),D. C. 布朗德编《罗马帝国的行政管理,公元前 241—公元 193 年》(D. C. Braund, *The Administration of the Roman Empire, 241 B. C. - A. D. 193*),埃克塞特大学出版社,1988 年,第 65 页。

② A. 泽德后克:《罗马帝国的捐助政治:小亚细亚的公民、精英和捐助人》,第 74 页。

③ G. 伍尔夫:《食物、贫困及庇护:罗马帝国早期意大利儿童补助计划铭文的意义》(G. Woolf, "Food, Poverty and Patronage: the Significance of the Epigraphy of the Roman Alimentary Schemes in Early Imperial Italy"),《英国驻罗马研究院刊》(*Papers of the British School at Rome*)第 58 卷,1990 年,第 211 页。

④ A. R. 汉兹:《希腊罗马的慈善与社会救助:希腊罗马生活的几个方面》(A. R. Hands, *Charities and Social Aid in Greece and Rome: Aspects of Greek and Roman Life*),康奈尔大学出版社,1968 年,第 91 页。

⑤ 《铭文年鉴》2008 年,第 524 条。

⑥ 保罗·韦内:《面包与竞技:政治多元化的历史社会学》,第 237 页。

言之，等级制度借由捐助人的捐助行为嵌入了城市生活中。此外，虽然公益捐助并非纯粹的慈善行为，但不能否认捐助人通过提供捐助可以有效地使民众参与到城市生活中，进而维护社会的稳定。通过考察城市捐助的受益人，笔者发现这其中虽然以男性公民为主，但外来居民（*incolae*）、女性甚至儿童也都曾是受益人。[①] 由此可见，参与城市生活不再是男性公民的特权，捐助行为展现出其开放和包容的一面，这不仅有助于维护社会稳定，也符合庞大帝国的统治需要。

第二，城市捐助人是促进城市发展的重要力量。首先，他们增强了帝国境内各地区广大土著居民的城市意识。被罗马征服的大部分地区最初没有城市形态，因而缺乏发展城市生活的土壤。奥古斯都在内战中胜利后开始了西部地区的城市化运动，在行省中建立一系列殖民城市（*coloniae*）。[②] 在此过程中，捐助人的捐助行为使土著居民参与到城市生活中，使其对城市生活有了更加直接的体验。这不仅有助于土著居民接受源于罗马的城市形态，还带动了罗马式的城市化生活方式的传播与普及。其次，捐助人的捐助行为还有利于提高城市生活质量。尽管城市通过征税或出租土地获得收入，但这些收益无法满足城市生活各方面的需要，在这种情况下个人捐助起到了重要的补充作用。[③] 以前文提及的尤尼娅·鲁斯提卡（Iunia Rustica）为例，她曾为城市提供了多样的捐助。[④] 从出资修缮公共柱廊到举办公共宴会，尤尼娅凭借捐助行为为改善城市公共设施、丰富城市生活作出了贡献。可以说，不论捐助人选择何物进行捐助，也不论捐助物的价值如何，城市因此而受益是显而易见的。实体类捐助，如雕像、神庙、浴室等可能对城市面貌产生影响；消费类捐助，如公共宴会、演出、决斗比赛则对城市居民生活起到提升和改善作用。另外，捐助人的捐助场合多样，无论是出于职务需要、对城市授予荣誉的感激，还是出于自愿，甚至在遗嘱中表明死后继续对城市捐助的意愿，都可以反映出捐助人的捐助热情。如果说他们选择何物进行捐助实际上是城市生活需要的反映，[⑤]那么出现在各种场合的捐助行为则是对这些需要的充分回应，是对城市生活的切实贡献。

第三，城市捐助人推动了地方城市罗马化的进程。[⑥] 值得一提的是，“罗马化”与“城市化”

---

① 关于外来居民作为受益人，可见《拉丁铭文集成》第 9 卷，第 2252 条；《铭文年鉴》1975 年，第 354 条；《拉丁铭文集成》第 11 卷，第 5693 条；《拉丁铭文集成》第 2 卷，第 1191、2100 条。关于女性受益人，可见《拉丁铭文集成》第 11 卷，第 3811 条；《拉丁铭文集成》第 14 卷，第 2120 条。关于儿童受益人，可见《拉丁铭文集成》第 9 卷，第 2252 条；《拉丁铭文集成》第 11 卷，第 3206 条。

② L. 科皮：《公元前 47—前 14 年在意大利的殖民与老兵定居》（L. Keppie, *Colonisation and Veteran Settlement in Italy, 47 - 14 B. C.*），英国驻罗马研究院出版社，1983 年，第 73—86 页。

③ 福比斯认为公有资金很少用于改善城市生活，参见 E. 福比斯《罗马帝国的城市美德：以意大利的荣誉铭文为证据》，第 29 页。

④ 《拉丁铭文集成》第 2 卷，第 1956 条。

⑤ A. 泽德后克：《罗马帝国的捐助政治：小亚细亚的公民、精英和捐助人》，第 73 页。

⑥ 学界对“罗马化”一词的争论由来已久，可参见 G. 伍尔夫《超越罗马人与土著居民》（G. Woolf, “Beyond Romans and Natives”），《世界考古学》（*World Archaeology*）第 28 卷，1997 年第 3 期，第 339—350 页；D. J. 马丁利《成为罗马人：行省中的身份表达》（D. J. Mattingly, “Being Roman: Expressing Identity in a Provincial Setting”），《罗马考古学杂志》（*Journal of Roman Archaeology*）第 17 卷，2004 年，第 5—25 页；F. G. 纳伊罗鲍特《趋同与异化：一个帝国，多种文化》（F. G. Naerebout, “Convergence and Divergence: One Empire, Many Cultures”），G. 德科莱恩、S. 拜诺伊斯特编《罗马及罗马世界的融合》（G. De Kleijn and S. Benoist, eds., *Integration in Rome and in the Roman World*），布里尔出版社，2014 年，第 263—281 页。该词在此处主要指西部被征服地区对罗马式生活方式的认可和接受。

密切相关,城市的建立和发展可以看作罗马文明传播的载体。这些新建立的城市,无论是城市建筑,如广场、巴西利卡(basilica)、浴室或剧场,还是城市生活,如节日庆祝活动、体育竞技比赛,都带有罗马文化的烙印。① 地方捐助人效法罗马人,使得城市捐助逐渐成为地方城市生活的一部分,这不仅有利于丰富和改善城市生活,而且也有助于土著居民对罗马文化的接受。进一步来说,对罗马生活方式的接受和城市生活的发展也使土著居民与"罗马人"的差别逐渐缩小。斯特拉波曾对西班牙行省南部被称为图尔德塔尼(Turdetani)的地区有过如下记述:"图尔德塔尼人,尤其是那些沿巴伊提斯(Baetis)河居住的人,已经完全按照罗马人的方式生活,他们甚至不再记得自己的语言。大部分人成了拉丁人,接受罗马人作为殖民者,因此他们现在已经接近完全的罗马人了。"②由此可见,地方捐助人在以捐助为媒介使土著居民融入城市生活的过程中,不仅帮助其接触罗马文明进而接受罗马生活方式,同时也使其对"罗马人"产生身份认同,逐渐成为"罗马人"。此外,通过考察地方城市捐助人的出现时间与地区分布之间的关系,笔者发现在帝国建立后的3个世纪中,意大利城市是地方城市中最先出现共餐捐助人的,随着帝国的发展,北非、西班牙等地区也逐渐开始出现个人为城市捐助共餐的情况。笔者认为,城市共餐捐助人或者说捐助城市共餐的行为,呈现出从罗马城到意大利城市,再到其他行省城市的扩散路径,而这条扩散路径恰恰与帝国西部地区"罗马化"的进程相吻合。③ 可以说,在地方城市对罗马习惯做法逐渐接受的过程中,地方城市捐助人起到了重要的推动作用。

以帝国西部城市共餐捐助人为样本,将其与政治社会环境结合起来考察,不仅可以一窥帝国时期城市捐助人群体的行为模式,而且有助于深入探讨城市捐助人与罗马社会之间的关联,进而加深对罗马帝国发展进程的理解。在意大利和西部行省城市中,城市共餐捐助人的构成具有多样性,但以权贵阶层为主。这些捐助人或是由于担任公职"不得不"捐助,或是因为获得荣誉"自觉"捐助,或是自愿表现慷慨而捐助,甚至在设立遗嘱或完成遗愿时也考虑到为城市提供捐助。从义务到自愿,从生前到死后,这一方面表现出捐助行为的普遍性,另一方面也暗示着社会个体对捐助行为的热衷。这种热衷背后的原因似乎可以从罗马城捐助人的身上找到答案。事实上,罗马城的捐助人对地方捐助人的影响不容忽视。共和末期,恺撒充分展现了利用捐助共餐来实现个人目的的政治手腕,为后继的罗马皇帝和地方捐助人树立了榜样。进入帝国后,

---

① P. 赞克:《作为象征的城市:罗马及一个城市形象的建立》(P. Zanker, "The City as Symbol: Rome and the Creation of an Urban Image"),E. 芬特雷斯编《罗马化与城市:建立、转变与失败》(E. Fentress, ed., *Romanization and the City: Creation, Transformation, and Failures*),罗马考古学杂志出版社,2000年,第25—26页。赞克认为罗马城独一无二,很难被全面模仿。

② 斯特拉波:《地理学》(Strabo, *Geography*),洛布丛书,哈佛大学出版社,1923年,3.2.15。

③ 关于意大利及(罗马化程度较高的)西部行省的罗马化进程,可参见S. J. 凯伊、N. 泰雷纳托编《意大利与西部:罗马化的比较问题》(S. J. Keay and N. Terrenato, eds., *Italy and the West: Comparative Issues in Romanization*),奥克斯波图书出版公司,2001年;D. J. 马丁利、R. B. 希契纳《罗马非洲:基于考古学的述评》(D. J. Mattingly and R. B. Hitchner, "Roman Africa: An Archaeological Review"),《罗马研究》(*The Journal of Roman Studies*)第85卷,1995年,第165—213页;R. 麦克穆兰《奥古斯都时代的罗马化》(R. MacMullen, *Romanization in the Time of Augustus*),耶鲁大学出版社,2000年;L. A. 科勤《西班牙中部的罗马化:行省腹地的复杂性、多样性与变化》(L. A. Curchin, *The Romanization of Central Spain: Complexity, Diversity and Change in a Provincial Hinterland*),罗德里奇出版社,2004年。

皇帝为罗马城提供捐助的行为进一步影响着地方捐助人。借由捐助行为,皇帝与罗马民众之间的关系表现为统治与依赖、赠予与感激、展示权力地位与给予认可支持,这为以精英阶层为主体的地方城市捐助人在处理与城市的关系时提供了参照。地方贵族对罗马模式的效仿是罗马帝国成功统治的一个重要因素。[①] 这种效仿使罗马帝国的统治基础得以夯实,城市捐助人本身成为罗马社会发展的基层动力以及罗马文明向外传播的重要媒介。城市捐助活动的兴盛可以看作是社会生活与政治权力关系兼容、中央政府与地方贵族关系平衡的产物。3 世纪后中央权力集中,中央政府加强对地方城市的控制打破了这种平衡,城市捐助走向衰落。

(本文原刊于《世界历史》2017 年第 6 期)

作者简介:

温珊珊,荷兰莱顿大学历史学博士,上海师范大学世界史系副教授。研究方向为古罗马史,侧重罗马帝国社会政治史、城市史及拉丁铭文学。入选 2019 年度上海市浦江人才计划,主持国家社科基金青年项目 1 项,著有 *Communal Dining in the Roman West: Private Munificence Towards Cities and Associations in the First Three Centuries AD* (Leiden: Brill, 2022),在《世界历史》《史林》《古代文明》《光明日报》等刊物发表论文多篇。

---

① W. S. 汉森:《罗马帝国西部的管理、城市化及文化适应》,第 57 页。

从庞贝新发现墓志铭看庞贝城最后岁月里的地方政治

熊　莹

摘　要：2017 年在庞贝古城的斯塔比亚门外发现了公元 1 世纪下半叶的一座古罗马无名氏墓以及墓志铭。这篇墓志铭不但铭记了墓主人诸多的慷慨捐献和善行义举，还揭示了庞贝城最后岁月里的若干重大事件与关键信息，十分具有研究价值。在铭文释读的基础上对这些信息进行的分析可以帮助我们推测墓主人的身份，并透过该铭文探究罗马帝国初期庞贝殖民市的运作机制以及地方与中央两者之间的关系。

关键词：庞贝　墓志铭　罗马帝国　地方政治

2018 年 3 月 30 日，时任庞贝考古主管（Soprintendente Archeologico di Pompei）马西莫·奥桑纳教授（Prof. Massimo Osanna）在美国哥伦比亚大学的古代地中海研究中心（CAM）作了一场报告，介绍了于 2017 年 6 月在庞贝古城斯塔比亚城门外的墓地（Necropoli di Porta Stabia）新发现的一座墓葬。[①] 当时，工人们在整修 19 世纪的圣保利诺宫（Edificio di San Paolino，现为庞贝遗址公园办公楼）的地基时无意中发现了该墓葬的部分基座。考古发掘工作迅速展开，最终将一座宏伟的大理石表面的墓葬呈现在世人面前。最为引人注目的是，它的西面铭刻了迄今为止在庞贝所发现的最长的一篇罗马时代的墓志铭。这篇拉丁语铭文长度超过 4 米，总共有 7 行 183 个单词。一经发表，它就被誉为"近几十年来庞贝最重要的考古发现之一"，引发了学界内外的广泛兴趣。[②] 接着，奥桑纳教授在《罗马考古学报》2018 年第 31 卷上发表了该墓志铭最早

---

① 这篇报告题为《纪念碑与记忆：庞贝一座新发现的墓葬》（*Monument and Memory: A Newly Discovered Tomb in Pompeii*）。讲座海报及内容提要参见 http://www.centancmed.org/upcoming-events-1/2018/3/30/lecture-massimo-osanna-soprintendenza-pompeiuniversit-degli-studi-di-napoli-federico-ii。

② 最初的新闻稿参见庞贝遗址公园的网页 http://pompeiisites.org./Sezione.jsp?titolo = Scoperta% 20Tomba% 20Monumentale&idSezione =7545，发布时间 2017 年 7 月 26 日。就笔者所知，哥伦比亚大学与莱顿大学的古典学系一早就举办了专门针对新发现墓志铭的研讨班。2018 年 7 月 12—13 日，在那不勒斯大学和发现地也专门召开了一次学术研讨会，会议名称为 Studium erga populum, studium erga sapientiam, in ricordo di Enzo Lippolis，参加者全部是意大利国内的学者。

的校勘本，并提供了英语和意大利语的双语翻译以及简短的评注。① 波戴尔（John Bodel）等碑铭学家又在2019年最新一卷的《罗马考古学报》上发表了对它的校勘意见、新译以及长篇评注。②

新发现墓葬是斯塔比亚门墓地的一部分。③ 19世纪的考古学家在此发现了最接近城门的两座奥古斯都时期由庞贝市议会批准建造在公共土地上的贵族条凳墓（schola tombs）。④ 此次新发现的墓在城门以南约50米处，距离两座条凳墓并不远，且坐落于（萨尔诺河）码头通往城门的南北向大道与东西向的波皮利乌斯大道（Via Popilia，当时是连通庞贝与努凯里亚等内陆城市的一条重要的地区性交通枢纽）的交汇点上，在古时应当十分醒目。⑤

此外，这座墓呈现出在庞贝乃至整个意大利独一无二的一种形制：凝灰岩基座上矗立着一个方形石鼓，它嵌在上面一个凹形四边隔板与下面一个凹形四边底座当中。石鼓、隔板与底座的表面皆以大理石包裹。石鼓顶端还塑有檐口。在西面，也就是正对着码头—城门大道一侧的隔板的上方镌刻着长铭文。墓的上半部分包含了一座圆形的墓室，内部可见用于存放骨灰瓮的壁龛。该墓室在19世纪时因为圣保利诺宫的建造以及之后的盗掘而遭到破坏，但其下方檐口接缝处还留有用来固定墓室大理石盖板的枢轴痕迹。考古学家据此推测，上半部分原先或许也有一个类似下半部分的用大理石包裹的构件。墓的顶端则完全被毁，无法复原，可能是一座小庙（aedicula）。⑥

奥桑纳指出，鉴于该墓非同一般的保存状况，它应该是在公元79年8月庞贝毁于火山喷发之前不久才建造的。⑦ 而我们从墓志铭当中对尼禄皇帝隐晦地以“恺撒”而非其正式全名“尼禄·恺撒·奥古斯都”（Nero Caesar Augustus）相称这一点也可以推断出，墓葬的建造时间应该

---

① M. Osanna, “Games, banquets, handouts, and the population of Pompeii as deduced from a new tomb inscription”, *Journal of Roman Archaeology*, vol. 31 (2018), pp. 310–322.

② John Bodel, Andreas Bendlin, Seth Bernard, Christer Bruun & Jonathan Edmondson, “Notes on the *elogium* of a benefactor at Pompeii”, *Journal of Roman Archaeology*, vol. 32 (2019), pp. 148–182. 在文中，合作的各位学者并没有刻意回避和统一他们在铭文校勘和释读上的不同意见，而是一并加以呈现。

③ 斯塔比亚门墓地是庞贝五座大型城外墓地中的一个，其他四个分别是赫库兰尼姆门墓地、努凯里亚门墓地、维苏威门墓地以及诺拉门墓地。由于斯塔比亚门位于纵贯庞贝城的南北主干道（*cardo maximus*）的最南端，且是人员商旅从水路（萨尔诺河口）进入庞贝最近的一座城门，这使得其城外墓地成为一处理想的安葬地点。见 Virginia Campbell, *The Tombs of Pompeii: Organization, Space, Society*, Routledge, 2015, pp. 17–18, 34–35, 37。

④ 见《拉丁铭文集成》（*Corpus Inscriptionum Latinarum*，以下用其缩写 *CIL*）X. 820, 822, 824，《碑铭年鉴》（*L'Année épigraphique*，以下用其缩写 *AE*）1891, 166；Allison L. C. Emmerson, “Reconstructing the funerary landscape at Pompeii's Porta Stabia”, *Rivista di Studi Pompeiani*, vol. 21 (2010), pp. 78, 81–82。

⑤ Miko Flohr & Vincent Hunink, “Een gulle gever zonder naam: De nieuwe grafinscriptie uit Pompeii”, *Hermeneus* 91–1 (2019), p. 30.

⑥ 见 M. Osanna, *op. cit.*, pp. 310–313, figs. 1–6。波戴尔认为，这一奇特的“两形体”（bi-form）墓结合了相邻一侧的两座半圆形条凳墓与大道对面的两座方形祭坛墓的样式。另一方面，这种矩形和凹形的搭配又有点像卡普阿城外一座大型的“纺锤墓”（La Conocchia）。后者由三部分组成，最下面是一个包含墓室的方形高底座，中间是由四角半露柱围起的一个实心的凹形四面体，每一面都像一座神龛，顶端则是一座圆形的环壁柱小庙。见 J. Bodel, et al., *op. cit.*, pp. 148–149, n. 3; J. M. C. Toynbee, *Death and Burial in the Roman World*, Cornell University Press, 1971, pp. 129–130, fig. 38。

⑦ M. Osanna, *op. cit.*, p. 314.

是在公元 68 年 6 月尼禄自杀并被元老院“除名毁忆”(damnatio memoriae)之后。

至于墓志铭本身,它细致地阐述了墓主人的业绩(res gestae)和捐献(impensae),但却没有出现一般墓志铭中所包括的墓主人姓名、官职履历(cursus honorum)、寿数以及题献者等要素。考虑到如此醒目壮观的一座墓定然为庞贝的一名达官显贵所有,甚至有可能是公共奉献的,这一点就显得非同寻常。一个合理的猜测是,缺失的信息应该是被刻在了现已遗失的墓葬上半部分的某处。意大利碑铭学家马尤洛(Marco Maiuro)就认为,墓志铭起首的第三人称代词 hic 暗示了,主人公的名字已在其他地方被提到。[1] 此外,与一般墓志铭的简略和程式化修辞相比,这篇墓志铭的个性化表达、精心设置的重复句式(Et, cum ... Et, cum ... abducerent iussisset ... reduceret permisit)、少见省略缩写(除了第 1 行有两个词被省略,第 1、2、5、6 行各有一个词按照惯例词尾的屈折变化被缩略外),以及在列举各项事迹时习惯于“连词省略”(asyndeton)等特点都令人印象深刻。加之,最后一句在解释和强调墓主人婉拒殖民市“庇主”(patronus)的称号时,使用了墓志铭中极其罕见的现在分词短语 dicens non sustinere(“声明承受不起……”),[2]以上种种都使得这篇墓志铭看上去很像是最初经口头发表的一篇葬礼颂词(laudatio funebris)的摘要。[3] 无论如何,就篇幅之长、细节之丰富、对墓主人赞誉之盛来说,新发现墓志铭至少在庞贝现存的墓志铭中是无与伦比的。[4]

以下是最早由奥桑纳校勘的墓志铭原文。[5] 笔者在参考他及其他学者的译本、校勘意见和评注的情况下,将其译成中文,并加简要注释。[6]

[1] Hic togae virilis suae <die> epulum populo Pompeiano triclinis CCCCLVI <dedit> ita

---

① M. Maiuro, “Caritas Annonae a Pompeii”, *Uomini, Istituzioni, Mercati. Studi di Storia per Elio Lo Cascio*, a cura di M. Maiuro con Giovanna Daniela Merola, Mauro De Nardis, Gianluca Soricelli, EdiPuglia, 2019, p. 474.

② J. Bodel, et al., *op. cit.*, p. 178.

③ 最有名的一篇脱胎于葬礼颂词的拉丁语墓志铭当属罗马共和末年的所谓《图里娅颂》(*Laudatio Turiae*, *CIL* VI. 41062)。在帝国时期意大利的墓志铭中也可以找到很多例子。有关这类墓志铭的一些共性,见 Harriet I. Flower, *Ancestor Masks and Aristocratic Power in Roman Culture*, Clarendon Press, 1996, pp. 179 – 182。

④ 坎贝尔在对已有庞贝贵族墓葬和墓志铭进行梳理后发现,与新富释奴不同,很多贵族在这一领域似乎缺乏期待中的纪念冲动和竞争意识。除了个别例外,大多数贵族墓志铭的内容非常简略。哪怕是奥古斯都时期庞贝的最高女祭司、在公共广场上奉献了宏伟建筑并为自己及其释奴在努凯里亚门外建造了庞贝最大的一座墓的尤玛基娅,也没有在墓志铭[A. D'Ambrosio & S. De Caro, *Un Impegno per Pompei: Fotopiano e documentazione della necropoli di Porta Nocera*, Touring Club Italiano, 1983, 11OS: *Eumachia L(uci) f(ilia) sibi et suis*]中提及自己所履行的任何公职或功德。与新发现墓志铭有几分相似的庞贝墓志铭迄今只有两例:一例是奥古斯都时期的城邦要人奥卢斯·克洛狄乌斯·弗拉库斯的墓志铭(*CIL* X. 1074d),详细列举了他在三次担任双执法官之一期间所捐献的资金和赛会表演;另一例是看似同样来自葬礼颂词的献给克劳狄时期的城邦要人德奇姆斯·卢克莱提乌斯·瓦伦斯的墓志铭(*AE* 1994, 398: *D(ecimo) L[uc]retio [D(ecimi) f(ilio)] Men(enia) Valen[ti] ... hic ... dedit huic ordo de[curio]num ... censuit ...*)。不过它们在上述三点上都远不及新发现墓志铭。见 V. Campbell, *op. cit.*, pp. 114 – 115, 119。

⑤ M. Osanna, *op. cit.*, pp. 311, 313.

⑥ 笔者除了参考奥桑纳的意、英译本和评注外,还参考了波戴尔等学者最新发表的校勘和评注,连同莱顿大学米克·弗洛与奈梅亨大学文森特·胡宁克的荷兰语译本(M. Flohr & V. Hunink, *op. cit.*, pp. 27 – 28)以及哥伦比亚大学古典学系博士乔·谢帕德的英译和注释(Joe Sheppard, *Mass Spectacles in Roman Pompeii as a System of Communication*, PhD dissertation, Columbia University, 2019, pp. 401 – 420)。鉴于本文篇幅所限,请恕笔者仅在关键的专有名词和异读上作简要注释。

ut in triclinis quinideni homines discumberent. (hedera) Munus gladiat(orium)

[2] adeo magnum et splendidum dedit ut cuivis ab urbe lautissimae coloniae conferendum esset, ut pote cum CCCCXVI gladiatores in ludo habuer(it). Et, cum

[3] munus eius in caritate annonae incidisset, propter quod quadriennio eos pavit, potior ei cura civium suorum fuit quam rei familiaris; nam cum esset denaris quinis modius tritici, coemit

[4] et ternis victoriatis populo praestitit et, ut ad omnes haec liberalitas eius perveniret, viritim populo ad ternos victoriatos per amicos suos panis cocti pondus divisit. (hedera) Munere suo quod ante

[5] senatus consult(um) edidit, omnibus diebus lusionum et conpositione promiscue omnis generis bestias venationibus dedit. (hedera) Et, cum Caesar omnes familias ultra ducentesimum ab urbe ut abducerent iussisset, uni

[6] huic ut Pompeios in patriam suam reduceret permisit. □Idem quo die uxorem duxit, decurionibus quinquagenos nummos singulis, populo denarios, Augustalibus vicenos, pagan(is) vicenos nummos dedit. □Bis magnos ludos sine onere

[7] rei publicae fecit; propter quae postulante populo, cum universus ordo consentiret ut patronus cooptaretur et IIvir referret, ipse privatus intercessit, dicens non sustinere se civium suorum esse patronum.

圆括号中的内容代表对单词缩写的补全,如 gladiat(orium)。

尖括号中的内容代表误被铭刻者所省略(omissum ex mendo lapicidi)而由校勘者加上的词。<die>由克里斯特·布鲁恩(Christer Bruun)所加,<dedit>由安德雷亚斯·本德林(Andreas Bendlin)所加。[①]

(hedera),常春藤叶标记,罗马帝国时期的拉丁铭文中一种常见的标点符号(interpunct)。在这篇墓志铭中,它们同空格(以□来表示)一起被使用,以标记大的文本单元。

中译文:

此人在穿上成人托架的当天向庞贝人民捐献了一场有 456 张三边食榻的宴会,这样每张榻上都能躺 15 人。(常春藤叶标记)

他奉献了一场如此盛大豪华的角斗表演,足以媲美罗马最光荣的殖民市所举办的任何一场表演,因为他在角斗士学校里拥有 416 名角斗士。

此外,由于在这场角斗表演举行期间,庞贝正遭遇一场粮荒,为此他在四年的时间里供

① John Bodel, et al., *op. cit.*, p. 150.

养他们(角斗士)①,他对公民同胞的关心超过了对其私人财产的关心;

因为当小麦售价5狄纳里【20塞斯特斯】/1斗时,他将其购入,使民众以3胜利女神小银币【6塞斯特斯】/1斗的价格就能买到,②同时为了确保他的慷慨能够惠及每个人,他通过他的朋友们向民众逐一分发价值3胜利女神小银币的一份烤面包。③ (常春藤叶标记)

在相关元老院决议④出台前他所呈现的一场角斗表演上,在垫场赛的每一天,以及在配对赛的当天,⑤他都为斗兽表演提供各个种类的野兽。(常春藤叶标记)

此外,当恺撒(尼禄)下令所有的角斗士班子都要被驱逐至离罗马城200里以外的地方时,恺撒只允许他一人将其(角斗士班子)带回他的家乡庞贝。⑥

也是他,在其婚礼当天,赠予每位市议会元老50塞斯特斯,赠予每个平民10塞斯特斯,⑦赠

---

① 马尤洛认为,*eos*("他们")指的是上一句里提到的 *gladiatores*("角斗士")。波戴尔等人则主张,这里的 *eos* 是预示性的(proleptic),指代将要在下一句中出现的 *civium suorum*("公民同胞")。尽管这两种解读在语法上都能成立,然而笔者更倾向于前者。因为连续四年即便以补贴价格为全体公民提供口粮,其花费未免也太巨。相反,如果只是供养416名角斗士,则看似合理得多。详见下文论证。而之后以 *nam*("因为")开启的一个从句另外解释了他如何对民众进行粮食救济(有可能是一次性的),证明了他对公民同胞的关心超过对其私人财产的关心。尽管如此,这里仍有很多细节没有交代清楚。比如,粮价是否在这四年中一直维持在20塞斯特斯/1斗的高位上,以及受赈济者的范围,即此处的"民众"仅指平民,还是包括了所有公民。见 M. Maiuro, *op. cit.*, p. 480; John Bodel, et al., *op. cit.*, p. 164。

② 在此前庞贝发现的仅有的两条记载粮价的涂鸦(*CIL* IV. 1858, 4811)上,1斗小麦的零售价分别为12阿斯(3塞斯特斯)和30阿斯(7.5塞斯特斯)。20塞斯特斯/1斗的价格已远远超出粮价的正常区间,可见当时粮荒的严重性。而6塞斯特斯/1斗属于正常售价,这也意味着墓主人补贴了粮价的70%。

③ 整段话的意思其实是,墓主人先将高价小麦买进,然而接下来,他并没有采用直接降价出售的方式,而是将同等价值的小麦做成面包,再以低价分售给各人。这样做很可能是为了防止投机者囤积倒卖廉价粮食以获取暴利。因为烤面包比小麦容易变质得多,只能即时消费。铭文记载中庞贝一块面包的价格在1.5—5.5阿斯(0.375—1.375塞斯特斯)之间(见 *CIL* IV. 4227, 4422, 8561, 8566, 10674)。意在行善的墓主人当然不可能出售高价面包,因此这种每份售价6塞斯特斯的面包一定是为赈济特制且够吃不少时日的。

④ 大多数评注者都认为,这里的"相关元老院决议"其实就是对塔西佗《编年史》第14卷17章中提到的公元59年庞贝圆形剧场骚乱后罗马元老院所颁布的一项制裁性决议的委婉所指。见 M. Osanna, *op. cit.*, p. 317; J. Bodel, et al., *op. cit.*, p. 170; M. Maiuro, *op. cit.*, p. 474, n. 7。详见下文论述。

⑤ 在角斗表演的语境下,*lusio* 与 *conpositio* 有着特定的含义,分别是指正式角斗表演开始之前的"垫场赛"和角斗士的"配对赛"。在意大利普莱内斯特发现的公元3世纪中期的一篇铭文(*AE* 1987, 230)里,*dies lusionis*("垫场赛日")亦被称作 *dies conpositionis*("配对赛日"),表明两者是一起举行的。垫场赛也上演斗兽与角斗士之间的较量。只不过,同在正式表演中不同,这时的角斗比赛不流血,其主要意图在于决定正式表演中适宜出场的配对,同时也是向观众展示角斗士的素质,抬高他们对于正式表演的期待。见 Luciana Jacobelli, *Gladiators at Pompeii*, "L'Erma" di Bretschneider, 2003, p. 25。

⑥ *uni huic ut Pompeios in patriam suam reduceret permisit* 这句话由于表述模糊,存在多种解读。争议的焦点在于对 *Pompeios* 的理解。奥桑纳视其为 *reduceret* 的直接宾语,并认为其是指公元59年圆形剧场骚乱后可能遭到流放的当年的双执法官"庞培乌斯父子"——Cn. Pompeius Grosphus 与其养子 Cn. Pompeius Grosphus Gavianus。于是,他把这句话译为"只允许他一人将庞培乌斯父子带回他的家乡"。(M. Osanna, *op. cit.*, p. 318)本德林(A. Bendlin)则认为,*Pompeios* 在此并非宾语,也非人名,而是地名 Pompeii("庞贝")的宾格复数,亦即 *patriam suam*("他的家乡")的同位语。这句话的潜在宾语其实就是句法对称的上一句里的宾语"角斗士班子"(*familias gladiatorias*),因此它应被译作"只允许他一人将角斗士班子带回他的家乡庞贝"。(J. Bodel, et al., *op. cit.*, pp. 175-176)笔者赞同本德林的解读。最主要的原因还是在于,如果被召回的是两名官员,那么前后从句与主句之间将失去逻辑联系。

⑦ 笔者认为现金馈赠中使用的货币应是统一的,即都是 *sestertii*(*nummi*)。因此,这里的 *denarios* 应该不是货币单位,而是数字10。如果此句的意思如本德林所说是"赠予每个平民1狄纳里"(J. Bodel et al., pp. 151, 176-177),那么原文不应该是复数形式(*denarios*)。从现存铭文来看,似乎只有在 *denarios singulos* 这样的词组中,宾格复数形式才表示"给每人1第纳里"。如见 *CIL* XIV. 3005, *AE* 1916, 94, *CIL* IX. 976。

予每位“奥古斯塔里斯”[①]20 塞斯特斯，赠予每位乡贤[②] 20 塞斯特斯。

他在不给城邦带来任何财政负担的情况下举办了两次盛大的赛会。

鉴于以上这些事迹，在民众的提请下，当市议会一致同意他应被推选为庇主、且双执法官之一提交议案时，他本人却以私人身份加以否决，声明他承担不起作为其公民同胞之庇主。

一、墓主人的捐助规模和慷慨程度

毫无疑问，这篇像“业绩录”（Res Gestae）一样的墓志铭不但铭记了死者在生前的每一个重要关头（例如成年、结婚、担任城邦官职时）所做的善行义举和慷慨捐献，还揭示了庞贝城最后岁月里的若干重大事件与关键信息。它对于我们探究公元 1 世纪下半叶意大利殖民市的运作机制以及罗马帝国地方与中央两者之间的关系，意义十分重大。

例如，从铭文对墓主人成人式宴会的精确描述中——宴会一共摆放了 456 张三边食榻，每张榻可容纳 15 人，因此受邀参加宴会的总共有 6 840 人，学者们已经尝试对 1 世纪庞贝城的人口总数作出重新检讨和复原。[③]

---

① “奥古斯塔里斯”（*Augustales*，单数 *Augustalis*）是罗马帝国西部自治市与殖民市里一个相当重要的社会团体。从地位上来说，其介于市议会元老与平民之间。“奥古斯塔里斯”多由地方上的富裕释奴出任。近年来的研究发现，较之负责当地与皇帝崇拜有关的宗教和仪式性活动，他们更主要的角色在于捐助公共工程和福利。参见 Henrik Mouritsen, “*Honores libertini: Augustales* and *Seviri* in Italy”, in I. Nielsen, ed., *Zwischen Kult und Gesellschaft: Kosmopolitische Zentren des Antiken Mittelmeerraumes als Aktionsraum von Kultvereinen und Religionsgemeinschaften. Akten eines Symposiums des Archäologischen Instituts der Universität Hamburg, 12 - 14 Oktober 2005*, Camelion Verlag, 2007, pp. 237 - 248; Idem, *The Freedman in the Roman World*, Cambridge University Press, 2011, pp. 249 - 261。

② 因为在铭文中留存的记录较少，*pagani* 的具体所指向来存在争议。有学者主张，他们是住在庞贝城外的一个行政区、所谓“幸运的奥古斯都郊区”（*pagus Augustus Felix suburbanus*）的居民。然而，更多的学者认为，他们不是普通的“乡民”，而是基层的名誉官员，是无论在地位还是职能上都与城内的“奥古斯塔里斯”相似的一个团体和等级，同样多由富裕释奴出任，也被纳入地方行政、庇护与捐助体系之中。笔者认同后一种观点，因此比照“奥古斯塔里斯”暂将其译作“乡贤”。作为墓主人现金馈赠的对象之一，他们不仅与“奥古斯塔里斯”并列，且受赠的金额也一模一样。参见 G. Camodeca, “I *Lucretii Valentes* pompeiani e l'iscrizione funeraria del cavaliere d'età claudia *D. Lucretius Valens* (riedizione di *AE* 1994, 398)”, *Pompei, Capri e la Penisola Sorrentina. Atti del quinto ciclo di conferenze di geologia, storia e archeologia, Pompei, Anacapri, Scafati, Castellammare di Stabia, Ottobre 2002 - Aprile 2003*, a cura di F. Senatore, Oebalus, 2004, pp. 331 - 332; Antonella De Carlo, “*Pagi* e *Pagani* nella Documentazione Pompeiana”, *Forme di Aggregazione nel Mondo Romano*, a cura di Elio Lo Cascio con Giovanna D. Merola, EdiPuglia, 2007, pp. 78 - 80; Lucia Rossi, “Préambule: Caius Munatius Faustus, l'Augustalis et paganus pompéien aux deux tombeaux”, *Dialogues d'histoire ancienne*, vol. 42, n°2 (2016), pp. 25 - 27。

③ 复原的核心争议点在于如何界定这里的“庞贝人民”（*populus Pompeianus*），换言之，这 6 840 位宴会参加者究竟包括了哪些人。奥桑纳认为他们是庞贝城的成年男性公民。他继而根据著名的罗马人口史学家埃利奥·洛·卡西奥（Elio Lo Cascio）提出的罗马帝国时期男性公民占城市人口总数 27%—30% 的比例范围，估算出这一时期庞贝城包括成年男性、女性和儿童在内的居民总数（不包括奴隶和客籍居民）大概接近 3 万人。这个数字远高于之前学者对于庞贝人口的估算。传统的统计方法是依据住宅单位的类型和数量以及平均每个住宅单位可容纳的居民数，由此得出的庞贝人口在 7 500 至 2 万人之间浮动。华莱士-哈德里尔认为，这里的“庞贝人民”更可能指的是庞贝城墙内外所有的成年男性公民。再按照邓肯-琼斯（R. Duncan-Jones）提出的一个城市男性公民与全体自由民人数之比约为 2 : 7，以及奴隶与自由民人数之比最低 1 : 4、最高 2 : 3（据 P. Brunt）来计算，那么庞贝城乡的自由民总数大概是 2 万 4 千人，加上奴隶总人口则在 3 万至 4 万人之间。其中，1/3 居住在城里，即 1 万到 1 万 3 千人。这个数字与传统的估算也比较接近。见 M. Osanna, *op. cit.*, p. 316; M. Flohr, “Quantifying Pompeii: Population, Inequality, and the Urban Economy”, in M. Flohr & A. Wilson, eds., *The Economy of Pompeii*, Oxford University Press, 2017, pp. 53 - 84; A. Wallace-Hadrill, “Counting Pompeians”, *Uomini, Istituzioni, Mercati. Studi di Storia per Elio Lo Cascio*, pp. 173 - 181。

诚然，铭文中提到的共餐与表演捐助、粮食救济以及现金馈赠，都是我们从现存大量史料中已经非常熟悉的罗马帝国地方城市市政官员与富裕公民的一种普遍行为。[①] 它体现了作为地方共同体运作基础的"恩惠—荣誉交换机制"，即整个城邦以官职、地位和名声作为对精英公益捐助行为的认可与回报。[②] 墓志铭最后告诉我们（很可能是引用了双执法官之一提案中的原话），"鉴于以上这些事迹，在民众的提请下"，"市议会一致同意他应被推选为庇主"，这可以说是对"恩惠—荣誉交换机制"及其背后所蕴藏的城邦意识形态的最佳注脚。

然而，这个例子仍以空前的捐助规模和慷慨程度而独占鳌头。墓主人所奉献宴会和表演的盛大与豪华程度，所捐献钱粮的数额之多、受惠面之广，是墓志铭自始至终强调的重点。

例如，从铭文证据来看，意大利共餐捐助者的花费普遍在人均 2 至 8 塞斯特斯之间。[③] 即便我们按照人均开销的下限、即 2 塞斯特斯来计算，这场有 6 840 人参加的宴会也要花费 13 680 塞斯特斯。[④] 在公元 1 世纪前后，罗马以外整个意大利规模仅次于此的一场公共宴会是由三头统治时期奥斯提亚的一位地方领袖普布利乌斯·卢奇利乌斯·伽马拉（P. Lucilius Gamala）所捐助的，对象是全体殖民市公民，然而这场宴会也只有 217 张三边食榻。[⑤]

再如，墓主人所赞助的一场角斗表演是"如此盛大豪华"，"足以媲美罗马最光荣的殖民市所举办的任何一场表演"，全因为他有雄厚的财力和资源作支撑——其名下有 416 名角斗士。

---

① 例如，在意大利索伦托发现的一篇墓志铭（*CIL* X. 688b），记载了提比略时期一位名叫卢奇乌斯·科尔内利乌斯的地方显贵和皇帝祭司（类似我们的墓主人）的诸多慷慨捐助，包括"在举行成人式时向民众馈赠蛋糕和蜂蜜酒"（*hic togae vir*[*ilis die*] *crustulum et mulsum populo* [*dedit*]），"在市政官任上举办角斗表演与马车竞赛"（*aedilitate spectaculum gladia*[*tor*(*um*) *et*] *circensium edidit*），"为庆祝当选双执法官之一为市议会元老奉献了一场盛宴"（*ob honor*[*em IIvir*(*atus*)] *decurionib*(*us*) *magnam cenam d*[*edit*]），又"在五年度双执法官之一任上举办了一场壮观的赛会"（[*quin*]*quennalitate sua ludos spl*[*end*(*idos*) *edidit*]）。为此，市议会通过决议，在他去世时出资 5 000 塞斯特斯为其举行公共葬礼，并为其塑像。更多的事例参见 Elizabeth P. Forbis, *Municipal Virtues in the Roman Empire: the Evidence of Italian Honorary Inscriptions*, Teubner, 1996。

② 自从保罗·韦纳的《面包与竞技》一书问世以来，其有关公益捐助并无明确的功利性、只是为了让公民同胞对捐助者抱有"服从心态"、维持两者间地位差距的解释受到了越来越多学者的质疑。在一篇长书评中，安德罗、施密特和施纳普三位学者批评韦纳忽略了捐助者通过其行为所换来的荣誉、地位和声望等非物质性回报。近年来，又有学者利用法国社会学家布尔迪厄关于"象征性交流"与"象征性资本"的理论，指出地位和声望是罗马帝国福利捐助背后的重要推动力。例如，高登认为，充斥在荣誉铭文中的虔诚、爱国主义、城邦精神等话语，实际是通过将福利捐助包装为无功利色彩的慷慨之举而强化了精英的声望、权力及其对城邦的控制。范奈夫同样强调了与福利捐助有关的荣誉措施在塑造精英身份和权威中的角色。佐德霍克则指出，作为城邦内地位不平等成员之间象征性交流的一个渠道，福利捐助创造和强化而非消解了希腊罗马社会的等级秩序。它看似意在消弭社会不公，实则借助将精英控制自然化与内化，而使这种不平等关系得以长久维系下去。见 P. Veyne, *Le pain et le cirque: sociologie historique d'un pluralisme politique*, Seuil, 1976, pp. 230, 237, 319; J. Andreau, P. Schmitt, A. Schnapp, "Paul Veyne et l'évergétisme", *Annales: économies, sociétés, civilisations*, 33e Année, no. 2 (Mar. - Apr., 1978), pp. 317, 319; R. Gordon, "The veil of power: emperors, sacrificers and benefactors", in M. Beard & J. North, eds., *Pagan Priests: Religion and Power in the Ancient World*, Duckworth, 1990, pp. 223 - 224, 230; O. M. van Nijf, *The Civic World of Professional Associations in the Roman East*, J. C. Gieben, 1997, pp. 111 - 120; Arjan Zuiderhoek, *The Politics of Munificence in the Roman Empire: Citizens, Elites and Benefactors in Asia Minor*, Cambridge University Press, 2009, pp. 6 - 12, 94 - 106, 113 - 114。

③ J. F. Donahue, "Euergetic Self-Representation and the Inscriptions at *Satyricon* 71. 10", *Classical Philology*, Vol. 94, No. 1 (Jan., 1999), p. 72, n. 11.

④ 按照学者对公元 1 世纪庞贝物价的估算，500 塞斯特斯就可以维持一个四口之家一年的基本温饱。见 Mary Beard, *Pompeii: The Life of a Roman Town*, Profile Books, 2008, p. 158。

⑤ 见 *CIL* XIV. 375。

在罗马以外的地方城市里，此前一场角斗表演最高的角斗士出场人数是49对，而有30对角斗士参加的比赛已堪称壮观。[1] 我们的墓主人可以相当轻松地从416名角斗士里挑选出其中的佼佼者，呈现迄今为止殖民市里无可比拟的一场表演。[2] 通常，衡量一场角斗表演成功与否的主要标准就在于场面是否宏大，调动角斗士与野兽的数量和种类，以及持续的天数。由此评判墓主人所赞助的第二场角斗表演——“在垫场赛的每一天，以及在配对赛的当天，他都为斗兽表演提供各个种类的野兽”，可以说同样是罗马城皇帝赞助的表演之外罕有匹及的。[3] 不仅因为在表演中出现了“各个种类的野兽”（omnis generis bestias），还因为在该墓志铭被发现之前，我们所知的唯一一次在罗马以外的意大利举行的垫场赛是在公元3世纪中叶的普莱内斯特。[4] 它也是已知的唯一一次在庞贝举行的事先有“垫场赛”和“配对赛”的角斗表演。

墓主人的另一大善行义举是在遭逢粮荒时连续四年供养其名下的角斗士，并通过朋友“向民众逐一分发”（viritim populo ... divisit）廉价粮食（以实物面包的形式），“以确保他的慷慨能够惠及每个人”（ut ad omnes haec liberalitas eius perveniret）。假设庞贝每人每年约消耗27斗小麦，[5]而粮荒期间的小麦售价据说是每斗20塞斯特斯，那么在四年时间里为416名角斗士提供

---

① 这一时期罗马城的角斗表演大多由皇帝或其家族成员赞助，无论在规模还是豪华程度上都是地方所望尘莫及的。据奥古斯都在其《功德碑》（22.1）中自述，他生前曾以其个人或子孙名义举办了八次角斗表演，“约有一万人参与其间”。照此计算，平均每次表演就有1 250名/625对角斗士登场。而按照碑铭学家贝内菲儿对庞贝“表演告示”中所预告的角斗士出场人数的统计，20对角斗士是地方上一场角斗表演的通常规模。在提比略时期于意大利普特奥利举行的一场纪念奥古斯都家族的角斗表演上，曾有49对角斗士登场。（*CIL* IV. 7994）庞贝城本身一场表演最高的角斗士出场人数是40对——奥古斯都时期，三任双执法官之一的奥卢斯·克洛狄乌斯·弗拉库斯在第二次任职期间曾为圆形剧场里的一场表演单独提供了5对角斗士，与同僚一道又提供了35对角斗士。（*CIL* X. 1074d）克劳狄—尼禄时期，像德奇姆斯·卢克莱提乌斯·萨特里乌斯·瓦伦斯和格奈乌斯·阿雷尤斯·尼基狄乌斯·迈尤斯这样的殖民市领袖，他们所赞助的角斗表演每场最多也不超过30对角斗士。如见 *CIL* IV. 1179, 3884, 7991, 7992, 7995。另见 Rebecca R. Benefiel, “Regional Interaction”, in A. E. Cooley, ed., *A Companion to Roman Italy*, Wiley-Blackwell, 2016, p. 450。对《奥古斯都功德碑》的翻译依据库利的评注本（A. E. Cooley, RES GESTAE DIVI AUGUSTI: *Text, Translation, and Commentary*, Cambridge University Press, 2009）。

② 尽管墓志铭此处没有明言这场表演实际的角斗士上场人数，但其不太可能超过庞贝当地的最高纪录40对，否则未免太过招摇和灭他人威风了。恐怕这也是铭文转而强调墓主人名下有如此多角斗士的一个原因——既然不能突破上场人数的限制，至少在拥有角斗士数量这一点上，他可以傲视群雄。

③ 有垫场赛的角斗表演一般规模都比较大，持续时间也比较长。图拉真皇帝在107—109年间为庆祝第一次达契亚战争的胜利在罗马举办了若干场角斗表演。据《奥斯提亚历》（*Fasti Ostienses*）所记，光是在第二场正式表演开始前，就举行了三场垫场赛：第一场始于107年5月底6月初，有332对半角斗士参加；第二场持续了12天；最后一场结束于108年3月30日，为期13天，有340对角斗士参加。第二场正式表演本身从108年6月4日间断性地延续至109年11月1日，总计117天，共有4 941对半角斗士参与其中。哈德良皇帝在125年赞助的一场“献给维纳斯的角斗表演”，也分别在5月26日和6月4日举行了一场垫场赛，总计有195对角斗士参加，443头野兽被杀。见 *Inscriptiones Italiae* 13.1, no.5, frag.21 (AD 107), ll. 1–6, frag.22 (AD 108–109), ll. 1–4, 12–14; *Inscriptiones Italiae* 31.1, no.5, frag.36 (AD 125), ll. 1–6。

④ 当时一位殖民市庇主在得到皇帝授权的情况下，“在专门的一天垫场赛或配对赛中呈现了野兽连同成对的角斗士”（AE 1987, 230: ... *die lusionis seu* {*con*} *compositionis singul*(*ari*) *feras cum par*(*ibus*) *gladiator*(*um*) *ed*<*i* =*E*>*dit* ...）。另见 Guy Chamberland, *The Production of Shows in the Cities of the Roman Empire: A Study of the Latin Epigraphic Evidence*, PhD dissertation, MacMaster University, 2001, pp. 78–79。

⑤ 这里采用的是特敏的估算：罗马帝国初期平均每人每年约消耗175公斤小麦，1斗约等于6.5公斤。见 P. Temin, “Estimating GDP in the early Roman Empire”, *Innovazione tecnica e progresso economico nel mondo romano. Atti degli incontri Capresi di storia dell'economia antica* (*Capri, 13–16 aprile 2003*), a cura di E. Lo Cascio, EdiPuglia, 2006, p. 47。

口粮，墓主人每年需花费 224 640 塞斯特斯。再加上向民众分发廉价粮食——假设受惠者是参加墓主人成人式宴会的同一批人，他向这 6 840 人中的每个人都发放了一份用 1 斗小麦做成的售价 6 塞斯特斯的面包，也就是说，他在每份面包上补贴了 14 塞斯特斯，其中还不包括烤制面包的成本。这样算下来，墓主人至少需净补贴 95 760 塞斯特斯。任何手握如此庞大资金的人都已够得上元老的财富级别，甚至堪比其中的巨富。①

二、对庞贝圆形剧场骚乱的新证

最令罗马史学界感到激动的是，该墓志铭涉及庞贝末年的一桩大事，那就是塔西佗在《编年史》第 14 卷 17 章所记述的公元 59 年发生在庞贝圆形剧场里的骚乱。这起骚乱能够进入对罗马城以外或与罗马无关的事件甚少措意的塔西佗的视野中（塔西佗在相关段落中曾明确表达了对外地小城市人所谓“暴躁性情”的蔑视），足见它在当时所引起的举国震动。骚乱的起因是在角斗表演的过程中，庞贝城的主场观众与从邻近努凯里亚城（Nuceria）来的客场观众发生口角，继而升级为武装冲突，酿成人员伤亡。事后，努凯里亚的“苦主们”到罗马寻求司法正义和补偿，尼禄皇帝将此事责成元老院处理，后者又委托执政官进行调查。结果，庞贝被禁止在此后的十年内举行角斗表演，相关非法团体被解散，表演的组织者、一位罗马元老院的前元老李维涅乌斯·列古路斯（Livineius Regulus）连同其他被认定有煽动之责的人都遭到流放。②

在这篇墓志铭被发现之前，能够佐证塔西佗记载的考古证据，除了在庞贝阿克提乌斯·阿尼凯图斯之家（House of Actius Anicetus，I. 3. 23）列柱廊花园内所发现的描绘这场骚乱的一幅著名壁画（现藏于那不勒斯国家考古博物馆，编号 112222）③外，还有在狄俄斯库里兄弟之家（VI. 9. 6）大门外墙上所发现的一幅涂鸦画。它刻画了一名角斗士挥舞着一株象征获胜的棕榈树枝，下方写有“坎帕尼亚人，随着这场胜利，你们与努凯里亚人一同完蛋了”（Campani victoria

---

① 据谢德尔和弗里森针对罗马社会各个等级财富规模的估算［Walter Scheidel & Steven J. Friesen, “The Size of the Economy and the Distribution of Income in the Roman Empire”, *The Journal of Roman Studies*, vol. 99 (2009), p. 76, Table 6］，元老等级的平均财产在 500 万塞斯特斯以上，平均年收入在 30 万塞斯特斯以上；骑士等级的平均财产在 60 万塞斯特斯以上，平均年收入在 4 万塞斯特斯以上；市议会元老的平均财产在 15 万塞斯特斯以上，平均年收入在 9 000 塞斯特斯以上。堪称巨富的小普林尼的身家约有 2 000 万塞斯特斯。按照以上元老平均财产与年收入之比，墓主人的年收入大约有 120 万塞斯特斯。这也是为何笔者认为他连续四年供养的是角斗士、对公民同胞只是一次性地分发廉价粮食的重要原因。因为如若墓主人连续四年即便以补贴价格向全体公民供粮，那么他每年的净补贴（2 585 520 塞斯特斯，假设等于他的最低可能年收入）也将远远超出元老的平均年收入，连小普林尼都不抵他的一半，这一可能性很低。相反，如果墓主人只是为他名下的角斗士提供口粮，即或 20 塞斯特斯/1 斗的小麦价格维持了四年，那么他的年花费也就是 224 640 塞斯特斯。这个数额确实不菲，但仍未超过元老的平均年收入。

② 见 Tacitus, *Annales*, 14. 17。本文所引古典文献皆依据“牛津古典文本”（Oxford Classical Texts）版，除非特别注明。

③ 这幅画自 1868 年被发现之后，学者们便意识到，它再现了塔西佗笔下的圆形剧场骚乱。见 A. E. Cooley & M. G. L. Cooley, *Pompeii and Herculaneum: A Sourcebook*, 2nd ed., Routledge, 2014, Plate 4. 4a, p. 82; John R. Clarke, *Art in the Lives of Ordinary Romans: Visual Representation and Non-Elite Viewers in Italy, 100 B. C. – A. D. 315*, The University of California Press, 2003, p. 152, n. 64。

una cum Nucerinis peristis)。①

而据新发现的墓志铭所述,墓主人在奉献了那场冠绝所有殖民市的"盛大豪华"的角斗表演之后又举办过一次表演。有关这次表演的背景和原因不明。唯一透露出的信息是,它举办的时间是"在相关元老院决议出台之前"[ante senatus consult(um)]。此处的预设是,大家都对"相关元老院决议"指的是什么心知肚明,但因为说出来并不光彩,故而采用了隐笔。再加上铭文紧接着列举的墓主人的一项功绩也同很可能因圆形剧场骚乱而被流放的团体("角斗士班子")有关,那么这项元老院决议基本上可以肯定就是迄今所知唯一的一项罗马元老院有关庞贝的决议,即塔西佗笔下公元59年元老院所颁布的那项惩罚性决议。在墓志铭的行文中,几乎所有与此骚乱事件相关的负面细节及灾难性后果都被省略了,而是仅仅提供了对于体认墓主人力挽狂澜之功来说必不可少的那些内容。

可以说,新铭文不但证实了塔西佗笔下元老院禁令和制裁的存在,还补充了两条极为关键的信息。其一,尼禄皇帝又单独追加了惩罚,被流放者实际不止于表演的举办者,还有庞贝所有的角斗士班子,等于进一步落实了角斗表演的禁令。其二,罗马对庞贝的禁令和制裁因为我们墓主人的一人之力而出现了松动和缓和的迹象。因为尼禄皇帝稍后"只允许他一人"(uni huic ... permisit)将被流放在外的角斗士班子带回庞贝。

一个合理的推论是,墓主人必定在骚乱发生前就同皇帝本人或其身边亲信结成了某种私人纽带,于是仰仗其为奥援,自然而然地成了庞贝在罗马的代言人。虽然在庞贝遭受严谴和惩罚时他无能为力,但此后不久,他就动用这层私人关系为"他的家乡庞贝"(Pompeios ... suam patriam)求情,争取宽宥,并至少部分地达成了所愿(尽管我们不知道他是否也为其他被流放的涉案者求了情),角斗士班子被召回。铭文的措辞表明,皇帝并不是"依法"(de iure)召回了角斗士,而是完全把它当作了对墓主人个人的一种恩典和示惠。于是通过该铭文,我们知晓了,在庞贝城的最后岁月里,在它与罗马之间还有过这样一位举足轻重的中间代理人。

此外,皇帝恩准墓主人将角斗士带回庞贝,引发了他是否也被允许安排他们上场表演,以及角斗表演禁令有无可能就此被提前解除的问题。

---

① *CIL* IV. 1293; A. E. Cooley & M. G. L. Cooley, *op. cit.*, D42a－b, fig. 4.6, p. 83."坎帕尼亚人"在此意义不明。德拉考忒和毛乌等老派学者认为,他们是居住在庞贝城西北"坎帕尼亚区"(vicus Campanus)、曾和努凯里亚人并肩作战的一部分居民。然而,铭文中该区的居民一般被称为 *Campanienses* 而非 *Campani*。理查德森主张,"坎帕尼亚人"是由庞贝原有的萨莫奈贵族的后代所组成的一个团体,因此次挑起与努凯里亚人的冲突而如塔西佗所说的那样遭到解散。默勒推断,"坎帕尼亚人"是庞贝本地一个类似角斗士"应援团"(*fautores*)的下层团体。如此命名是为了与来自山区的努凯里亚人针锋相对,也隐含了收复被后者所侵占的坎帕尼亚土地的地方性诉求。贝内菲儿则认为,"坎帕尼亚人"最有可能是指与在骚乱中被击败的努凯里亚人同为庞贝宿敌的卡普阿城的居民。见 M. Della Corte, *Iuventus*, Tipografia di Giovanni Fraioli, 1924, p. 36; A. Mau, *Pompeii, Its Life and Art*, trans. F. W. Kelsey, new ed., Macmillan, 1902, p. 492; L. Richardson, Jr., "The Casa dei Dioscuri and Its Painters", *Memoirs of the American Academy in Rome*, vol. 23 (1955), pp. 88－89; Walter O. Moeller, "The Riot of A. D. 59 at Pompeii", *Historia*, Bd. 19, H. 1 (Jan., 1970), pp. 89－90; R. R. Benefiel, "Pompeii, Puteoli, and the status of a colonia in the mid-first century A. D.", *Pompei, Capri, e la Penisola Sorrentina. Atti del quinto ciclo di conferenze di geologia, storia, e archeologia. Pompei, Anacapri, Scafati, Castellammare di Stabia, Ottobre 2002－Aprile 2003*, p. 363, n. 53。

一方面,庞贝一些遗留至今的“表演告示”(edicta munerum)揭示了,在元老院禁令理论上生效的公元59年至69年间,包括游行、斗兽、竞技在内的大型表演(spectacula)看似并没有在庞贝中断,但却唯独缺少了角斗表演,似乎印证了禁令的有效执行。[①]

另一方面,在该墓志铭被发现之前,已有不少学者推测,角斗表演可能没被禁止达十年之久。其中最主要的一种声音认为,尼禄后期庞贝一些涂鸦中对“奥古斯都/尼禄裁决”(iudicia Augusti/Neronis)的歌颂同禁令的取消有关。并且,与庞贝素有渊源的尼禄的第二任妻子波派娅在这其中发挥了关键作用,正是她的说情使得角斗表演在庞贝提前恢复。波派娅的娘家是庞贝当地的名门望族,在城中拥有“米南德之家”与“金色丘比特之家”两座大宅。在庞贝也发现了多条单独向她或共同向她与尼禄赞美祝福的涂鸦。[②] 莫瑞特森和格拉德尔更是依据其中称颂“尼禄·奥古斯都与波派娅·奥古斯塔裁决”的两条涂鸦,猜测禁令是在波派娅作为“奥古斯塔”的63—65年间被取消的。[③] 富兰克林则进一步将年代范围缩小至公元64年。[④] 尽管这些说法看上去都颇具吸引力,然而始终缺乏直接的证据来证明它们。

新发现铭文无疑对禁令被提前解除的说法形成了强有力的支持。这一结果看来是角斗士班子被召回庞贝最合逻辑的发展。如若真地就此庞贝得以解除禁令,那么庞贝人看到的解禁后的首场表演很可能就是由墓主人赞助、由其名下的角斗士所呈现的。这么一场大功德,相信庞贝人不会轻易地忘记。此外,鉴于他看似是庞贝地方精英中唯一获此恩典之人,这无疑也大大

---

① 例如,公元61—62年的双执法官之一提比略·克劳狄乌斯·韦鲁斯计划在任上为祈福尼禄而举办的一场表演(因不久发生地震而未能举行)只包括了斗兽与竞技。(*CIL* IV. 7989a, 1181)同样地,(公元62年之后)格奈乌斯·阿雷尤斯·尼基狄乌斯·迈尤斯为庆祝圆形剧场的震后修复所举办的一场表演也只包括了游行、斗兽与竞技。(*CIL* IV. 1177, 7993, 3883)另见P. Sabbatini Tumolesi, Gladiatorum paria. *Annunci di spettacoli gladiatorii a Pompei*, Edizioni di storia e letteratura, 1980, pp. 40, 44 - 46; J. L. Franklin, Jr., “Cn. Alleius Nigidius Maius and the Amphitheatre: ‘Munera’ and a Distinguished Career at Ancient Pompeii”, *Historia*, Bd. 46, H. 4 (1997), pp. 442 - 444; Idem, Pompeis difficile est. *Studies in the Political Life of Imperial Pompeii*, The University of Michigan Press, 2001, p. 137; Steven L. Tuck, “Scheduling Spectacle: Factors Contributing to the Dates of Pompeian ‘Munera’”, *The Classical Journal*, vol. 104, no. 2 (Dec. - Jan., 2008/2009), p. 126。

② 如见*CIL* IV. 528, 670, 671a - b, 820a, 1074, 1612, 3525, 3726。另见E. Magaldi, “I ‘iudicia Augusti’ e la rissa nell' anfiteatro”, *Rivista di Studi Pompeiani*, vol. II. 1 (1936), pp. 82 ff., 87; A. W. Van Buren, “Pompeii - Nero - Poppaea”, in G. E. Mylonas & D. Raymond, eds., *Studies Presented to David Moore Robinson*, Vol. II, Washington University, 1953, pp. 970 - 973; R. R. Benefiel, *op. cit.*, p. 360。范布伦提醒我们注意,这么多歌颂尼禄英明决断及其他慷慨之举的铭文的留存,足以证明他在庞贝当地的受欢迎程度,以至于公元68年之后,他在庞贝并没有遭受像在罗马那样的大规模“除名毁忆”。见A. W. Van Buren, “Gnaeus Alleius Nigidius Maius of Pompeii”, *The American Journal of Philology*, Vol. 68, No. 4 (1947), p. 387。

③ 见*CIL* IV. 1074 (*Iudiciis Augusti Augustae feliciter*), *CIL* IV. 3726 [*Iudici(i)s Augusti p(atris) p(atriae) et Poppaeae Aug(ustae) feliciter*]; Henrik Mouritsen & Ittai Gradel, “Nero in Pompeian Politics. *Edicta Munerum* and Imperial Flaminates in Late Pompeii”, *Zeitschrift für Papyrologie und Epigraphik*, vol. 87 (1991), pp. 144 - 146, 152 - 153。

④ 他的依据来自在尤利乌斯·波利比乌斯之家所发现的两条涂鸦(*AE* 1985, 283 & *AE* 1985, 284)以及塔西佗《编年史》中的一段记载(Tacitus, *Annales*, 15. 33 - 34)。据前者所述,波派娅向遭到62年地震毁坏的庞贝的维纳斯神庙敬献珠宝首饰,尼禄则在亲自拜谒该神庙时赠送了大量黄金,可能是作神庙修复之用。而据后者所述,公元64年,尼禄在那不勒斯的剧场登台表演之后,又去贝内文托参加了一场由其宠臣举办的角斗表演。综合两者,富兰克林猜测,尼禄对庞贝的访问可能正是发生在他从那不勒斯前往贝内文托的路上。除了向维纳斯神庙敬献礼物之外,皇帝或许趁此机会解除了角斗表演的禁令,以安抚尚未走出地震灾难的庞贝人。见J. L. Franklin, Jr., Pompeis difficile est. *Studies in the Political Life of Imperial Pompeii*, pp. 119 - 129。

有助于提升其地位和声望。

三、墓主人的身份考证

尽管现存墓志铭没有提供墓主人的姓名或有关其身份的任何直接线索,然而,存在这样一位活跃于公元1世纪庞贝的地方政治生活当中、并在庞贝与罗马之间扮演如此重要之枢纽角色的大人物,不由更加让人好奇于他的真实身份。

在奥桑纳看来,对于判断墓主人身份最有价值的一条线索来自墓葬本身的发现地点——同侧不远处一座贵族条凳墓的主人是曾在奥古斯都时期担任双执法官之一(duovir iure dicundo)的玛尔库斯·阿雷尤斯·米尼乌斯(M. Alleius Minius)。而从尼禄到弗拉维时期,该家族最杰出的人物是格奈乌斯·阿雷尤斯·尼基狄乌斯·迈尤斯(Cn. Alleius Nigidius Maius)。因此,这座墓很可能就是他的。[①]

阿雷尤斯家族是罗马帝国时期庞贝最显赫的几大家族之一。在迈尤斯之前,除了阿雷尤斯·米尼乌斯之外,它还诞生了在提比略-卡里古拉时期历任双执法官之一、代理执法官(praefectus iure dicundo)和五年度双执法官之一(duovir iure dicundo quinquennalis)的玛尔库斯·阿雷尤斯·卢基乌斯·利贝拉(M. Alleius Luccius Libella)。[②]

从迈尤斯的名字可以看出,他是被收养进阿雷尤斯家族的。其养父名叫阿雷尤斯·诺比利斯(Alleius Nobilis),养母名叫庞波尼娅·德卡绮斯(Pomponia Decharcis),她死后被葬在了庞贝迄今发现的最大一座墓葬、努凯里亚门外的尤玛基娅(Eumachia)墓里。[③] 尤玛基娅是奥古斯都时代庞贝著名的女赞助人和公共女祭司。除她以外,安葬于此的还有迈尤斯的一个族人格奈乌斯·阿雷尤斯·罗古斯(Cn. Alleius Logus)及一名释奴格奈乌斯·阿雷尤斯·埃洛斯(Cn. Alleius Eros)。在这两人的墓志铭上,前者被誉为"为所有(职官或祭司)团体作出了杰出贡献"(omnium collegiorum benemeritus),很可能表明,他生前曾担任不止一项官职;[④]后者则被证实生前是一名"奥古斯塔里斯"。为表彰其功绩,在他死后,该团体和乡贤共同为其葬礼出资1 000塞斯特斯。[⑤] 迈尤斯的女儿阿雷娅(Alleia)是尼禄时期庞贝"维纳斯和刻瑞斯女神的公共女祭

---

① M. Osanna, *op. cit.*, p. 320.

② 见P. Castrén, Ordo Populusque Pompeianus: *Polity and Society in Roman Pompeii*, Bardi Editore, 1975, pp. 104, 133; J. L. Franklin, Jr., *op. cit.*, pp. 49-50。

③ 她的墓碑上刻有以下几行文字:"庞波尼娅·德卡绮斯,阿雷尤斯·诺比利斯之妻,阿雷尤斯·迈尤斯之母"(*POMPONIA DECH/ARCIS ALLEI NOBILIS/ALLEI MAI MATER*)。见A. E. Cooley & M. G. L. Cooley, *op. cit.*, E64, p. 147。

④ Jinyu Liu, "Pompeii and *collegia*: a new appraisal of the evidence", *Ancient History Bulletin*, vol. 22, no. 2 (2008), p. 57.

⑤ 见A. E. Cooley & M. G. L. Cooley, *op. cit.*, E65-66, p. 147。卡斯特伦和富兰克林认为,使用同一墓地的两个家族之间必然存在联系。他们甚至猜测,尤玛基娅家族因为后继无人,不但其墓葬,连其财富也被迈尤斯的家族接手掌控。坎贝尔指出这种说法并无实质依据。更有可能的是,尤玛基娅墓在其家族没落后被迈尤斯的家族接过来继续使用,以提升自身的政治与社会地位。见P. Castrén, *op. cit.*, p 109; J. L. Franklin, Jr., *op. cit.*, p. 92; V. Campbell, *op. cit.*, pp. 118-119, 257-259, Appendix 1, PNc 40。

司”(sacerdos publica Veneris et Cereris),而这一崇高职务只有城邦内最有权势家族的女性成员才能担任。市议会也曾通过决议,为她在市场(Marcellum)内树立荣誉塑像。[①] 族人、释奴和女儿的荣耀足以从侧面反映出迈尤斯自身的显赫。

迈尤斯本人可以说是庞贝留下铭文记录最多的人之一,其名字出现在 17 份现存的各种介质的铭文(包括蜡板、铭牌、街头涂鸦、竞选标语和表演告示)当中。他在克劳狄统治时期踏入仕途,曾任公元 45—46 年庞贝的市政官,49—50 年的双执法官之一。在尼禄时期,他攀升至政治生涯的顶峰:当选 55—56 年的五年度双执法官之一,并有可能在 61—62 年再次担任双执法官之一。[②] 令人称奇的是,他的仕途、地位和名声并没有因为尼禄的倒台而受到冲击。相反,他在内战后新的弗拉维王朝统治下依旧如鱼得水。他以皇帝祭司(flamen Augusti)的身份奉献了为韦巴芗及其子祈福的祭坛,并用一场(或许是公元 59 年庞贝被禁演以来的首场)盛大的角斗表演来庆祝祭坛的落成,[③]借此宣告庞贝对新王朝的效忠与新秩序的确立。因此,他绝对称得上是庞贝晚期最有影响力的政治家之一。

比照已有材料与新发现的墓志铭,笔者亦认为,墓主人是迈尤斯的可能性最大。除了奥桑纳提出的外部证据,我们从文本内部也可以找到若干支持。

首先,尽管墓志铭从未明确提及墓主人的任职经历,然而临近末尾的这句“他在不给城邦带来任何财政负担的情况下(sine onere rei publicae)举办了两次盛大的赛会”却暗示了,他至少曾两次担任市政官以上的官职。因为这类每年由在任高级官员所组织的官方赛会和表演本可以利用公共财政进行补贴,但他却主动放弃了这项权利,甘愿私人自掏腰包。[④] 马尤洛认为,墓志铭之前描述的两场盛大的角斗表演很可能是墓主人在分别担任市政官与双执法官之一期间所举办的,甚至是与赛会一同举办的,所以这里提到赛会时才会一笔带过。[⑤] 另一方面,我们从迈尤斯作为赞助者的“表演告示”中可知,他在公元 55 年担任五年度双执法官之一时恰好也曾经

---

① 见 A. E. Cooley & M. G. L. Cooley, *op. cit.*, E68 - 69, pp. 147 - 148; J. L. Franklin, Jr., *op. cit.*, p. 12。

② 见迈尤斯的“竞选标语”(*CIL* IV. 512, 499, 3453, 7989)以及记载其名字与任职年份的钱庄主凯奇利乌斯·尤昆杜斯的蜡板收据(*CIL* IV Suppl. I, *tabula cerata* 148, ll. 15 - 16)。另见 W. O. Moeller, “Gnaeus Alleius Nigidius Maius, Princeps Coloniae”, *Latomus*, T. 32, Fasc. 3 (Juillet-Septembre 1973), pp. 515 - 516; P. Castrén, *op. cit.*, pp. 111, 272; J. L. Franklin, Jr., *op. cit.*, pp. 91 - 96, 100。

③ 该事迹被铭刻在庞贝大剧场的舞台后方,见 *CIL* IV. 1180。

④ 就我们所知,恺撒—克劳狄时期西班牙拜提卡行省乌尔索殖民市(又称“尤利乌斯祖神殖民市”)的章程法(*lex coloniae Genetivae Iuliae Ursonensis*)中规定,除了首次当选的官员,凡是在任市政官与双执法官每年都必须举办一定天数的赛会与表演。其中,市政官必须举办三天。每位市政官的个人出资不得少于 2 000 塞斯特斯,从公共资金中的支出不得超过 1 000 塞斯特斯。执法官则必须举办四天,每位执法官的个人出资不得少于 2 000 塞斯特斯,从公共资金中的支出不得超过 2 000 塞斯特斯。(M. H. Crawford, ed., *Roman Statutes*, Institutes of Classcial Studies, 1996, vol. 1, no. 25, Tablet b, Col. I, LXX - LXXI, p. 403)这看似是帝国早期城市所普遍采用的一个标准。庞贝的殖民市章程尽管没有保存下来,然而有其他铭文证据显示,举办赛会或作为替代的修建纪念物是双执法官的一项法定义务。如见 *CIL* X. 829: ... *ex ea pequnia quod eos (IIviri iure dicundo) e lege in ludos aut in monumento consumere oportuit* .... 另见 *CIL* X. 854, 855a - b, 857a - d。而参照乌尔索的殖民市章程,官员获得一定数额的公共财政补贴也是应有之义。

⑤ M. Maiuro, *op. cit.*, pp. 478 - 479, 481.

举办过一场"不费公帑"(sine impensa publica)的角斗表演。[1] 而这样的修饰语至少在庞贝现存所有的"表演告示"中是绝无仅有的。

其次,公元55年迈尤斯举办的这场表演是目前已知的59年圆形剧场骚乱之前庞贝的最后一场角斗表演。[2] 而62年后某年的6月13日,迈尤斯为纪念他本人向震后修复的圆形剧场奉献护墙板画(opera tabularum),又举办了一场包括游行、斗兽和竞技却唯独缺少了角斗比赛的表演。[3] 萨巴提尼·图莫莱西推测,这套护墙板画再现的便是55年那场角斗表演的场景。这些充满纪念意义的绘画是在骚乱之后创作的。此时,角斗已无法再上演。然而通过奉献这套板画,迈尤斯想必是要唤起庞贝的公民同胞们对他在禁令颁布之前所举办的那场盛大表演的回忆,并为恢复角斗表演而造势。[4] 果真如此的话,这样的纪念意图与墓志铭中对"在相关元老院决议出台前他所呈现的一场角斗表演"及其空前盛况的强调也存在着某种一致性。

最后也是最为关键的,依据碑铭学家贝内菲儿对庞贝现存"表演告示"的统计,从奥古斯都时期到火山喷发前,庞贝曾经有八位最活跃的表演赞助者。迈尤斯在当中独占鳌头,他作为赞助人的"表演告示"数量(7份)与提供的表演次数(3或4次)都是最多的。[5] 此外,他在多篇铭文中被赞誉为"首屈一指的表演赞助者"(princeps munerariorum)与"殖民市领袖"(princeps coloniae)。[6] 考虑到墓主人空前的捐助规模和慷慨程度、他为解除禁令所作的贡献及其最后被整个城邦共同体推选为"庇主",可以说,墓志铭所呈现的这位无与伦比的捐助者和庇主形象同我们已知的迈尤斯其人的功绩和荣誉最为吻合。

值得一提的是,在贝内菲儿的统计名单上,唯一能在赞助表演的数量上与迈尤斯相抗衡的是尼禄时期庞贝的另一位政治领袖德奇姆斯·卢克莱提乌斯·萨特里乌斯·瓦伦斯(D. Lucretius Satrius Valens),后者留下了4份"表演告示",涉及3次不同的表演。[7] 有很多证据显示,他同尼禄交情匪浅:他不仅是"皇帝之子尼禄·恺撒的终身祭司"(flamen Neronis Caesaris

---

① *CIL* IV. 7991: *Cn(aei) Allei Nigidi Mai quinq(uennalis)* ***sine impensa publica*** *glad(iatorum) par(ia) XX et eorum supp(ositicii) pugn(abunt) Pompeis*. 这次表演有40名/20对角斗士加替补参加。

② J. L. Franklin, Jr., *op. cit.*, p.123.

③ *CIL* IV. 3883: *Dedication[e operis tabularum Cn(aei) Allei Nigidi Mai Pompeis Idibus Iuniis] pompa venatio [athletae spars] i[o] nes vela erunt.* 另见 *CIL* IV. 1177, 1178, 7993。缺少角斗比赛可能说明,庞贝此时仍处于禁赛期内。

④ P. Sabbatini Tumolesi, *op. cit.*, pp. 42–43. 庞贝圆形剧场舞台周围一圈的护墙板画在1851年被发掘后不久就因气温过低而剥落了。不过,根据当时弗朗切斯科·莫雷利(Francesco Morelli)留下的一组临摹画,这套板画主要描绘了圆形剧场里会上演的角斗和斗兽场景。见 L. Jacobelli, *op. cit.*, pp. 58–61, figs. 48–51。

⑤ R. R. Benefiel, "Regional Interaction", pp. 447, 451–452, Table 22. 1. 除了已经提到的他在公元55年(*CIL* IV. 7991),62年后某年的6月13日(*CIL* IV. 1177, 1178, 3883, 7993),以及韦巴芗时期(*CIL* IV. 1180)各举办的一次表演之外,迈尤斯在55年其五年度双执法官之一任上可能还举办过一次表演,它总共持续了三天,有60名/30对角斗士加替补参加,包括斗兽表演(*CIL* IV. 1179)。富兰克林认为,*CIL* IV. 7991 与 *CIL* IV. 1179 所涉及的其实是同一场表演,角斗士数目的不同可能是由告示粉刷者的疏忽大意所造成的,见 J. L. Franklin, Jr., "Cn. Alleius Nigidius Maius and the Amphitheatre: 'Munera' and a Distinguished Career at Ancient Pompeii", p. 438, n. 21。

⑥ 见 *CIL* IV. 7990, 1177, 7989b。

⑦ 有关卢克莱提乌斯·瓦伦斯父子作为赞助者的"表演告示",见 *CIL* IV. 3884, 7992, 7995, 1185。

Augusti filii perpetuus)，还与尼禄一起担任了公元 54 年庞贝的双执法官；[①]他和尼禄的名字一同出现在描绘圆形剧场骚乱的那幅著名壁画上。如果采纳萨巴提尼·图莫莱西的假说，此画的创作动机是为了纪念角斗表演禁令的取消，那么替庞贝向尼禄求情的人也有可能是他。[②] 此外，他也曾被奉为“殖民市领袖”(princeps coloniae)。[③]

然而，在瓦伦斯作为赞助者的全部“表演告示”中，其“尼禄·恺撒终身祭司”的头衔表明，他所举办的这些表演至迟不会晚于尼禄倒台的公元 68 年。事实上自此之后，他的名字便从所有的记录中消失了。[④] 而正如本文开头所介绍的，基于考古学断代与墓志铭内证，新发现的墓应该修建于庞贝城的最后十年内，墓主人理应在 68 年后还活跃着。最具决定性的一点是，可以确定，瓦伦斯死后被葬在了庞贝郊外斯卡法蒂(Scafati)的卢克莱提乌斯家族墓地内。[⑤] 因此，这座墓不会是他的。至此，能同时满足从尼禄时期一直活跃到弗拉维时期、[⑥]在表演赞助方面世所罕匹，以及曾被整个殖民市公认为领袖这三个条件的只有迈尤斯一人。

四、“中介—地方领袖”在地方政治生活中的重要性

在笔者看来，新发现墓志铭最重要的价值在于凸显了，罗马帝国时期在像庞贝这样的地方城市里，城邦领袖个人对于整个共同体的生存和发展所发挥的决定性作用。铭文的叙述为我们展示了一条清晰的逻辑因果链，即墓主人最后被庞贝市议会和全体公民奉为“庇主”，凭借的不

---

① 见 *CIL* IV Suppl. I, *tabula cerata* 139, *CIL* IV. 2993x－y, 1084。

② P. Sabbatini Tumolesi, *op. cit.*, pp. 24－26. 画中圆形剧场右侧、角斗士用来训练的体育场(Palastra)的两道门之间用希腊字母写有拉丁语“祝福萨特里乌斯·瓦伦斯与尼禄·奥古斯都”。[*CIL* IV. 2993y: *Σατρι(ω) Ουαλεντι Ο(γ)ουστω Νηρ(ωνι) φηλικιτ(ερ)*] 博姆加德纳认为，迈尤斯与瓦伦斯都有可能向尼禄求情。见 D. L. Bomgardner, *The Story of the Roman Amphitheatre*, Routledge, 2000, pp. 52, 58。

③ 见 *CIL* IV. 1185。

④ 如果我们采纳莫瑞特森和格拉德尔的意见，即“尼禄·恺撒的终身祭司”是一项荣誉头衔，在尼禄继位为“奥古斯都”之后仍可继续使用，那么对提及它的“表演告示”的年代推定就可后延至公元 68 年，而不是卡斯特伦、富兰克林等人所主张的 54 年(尼禄仍只作为“恺撒”的年份)。见 P. Castrén, *op. cit.*, p. 69; J. L. Franklin, Jr., “Notes on Pompeian Prosopography: two non-existent ancients and the DD. Lucretii Valentes”, *Past and Present*, vol. 34 (1979), pp. 408－414; H. Mouritsen & I. Gradel, *op. cit.*, pp. 146－155。富兰克林补充道，之所以公元 68 年后再未听闻瓦伦斯父子的任何消息，或许就源于其家族因与尼禄的密切关系而导致在政治上失势。见 J. L. Franklin, Jr., Pompeis difficile est. *Studies in the Political Life of Imperial Pompeii*, pp. 104－106。

⑤ 见 Maureen Carroll, *Spirits of the Dead: Roman Funerary Commemoration in Western Europe*, Oxford University Press, 2006, pp. 140－141; H. Mouritsen, “Freedmen and Decurions: Epitaphs and Social History in Imperial Italy”, *The Journal of Roman Studies*, vol. 95 (2005), p. 50。

⑥ 我们从庞贝的一条“租房广告”(*proscriptio locationis*, *CIL* IV. 138)中可知，紧邻浴场大街(Via delle Terme)的“阿里亚努斯·波利亚努斯公寓”(Insula Arriana Polliana, VI. 6. 18－19，现代考古学家误将其命名为“潘萨之家”)曾是迈尤斯名下的产业。他通过奴隶代理将其出租，起租日期是某年的 7 月 1 日。按理说房子一旦被租出去，这样一条粉刷在闹市沿街外墙上的广告就应该很快被清理。鉴于它依旧留在原地，学者们推测，其制作时间距离火山喷发不会太久。这样看来，迈尤斯也许活到了庞贝的末年。见 A. W. Van Buren, “Gnaeus Alleius Nigidius Maius of Pompeii”, p. 388, n. 22; J. L. Franklin, Jr., “Cn. Alleius Nigidius Maius and the Amphitheatre: ‘Munera’ and a Distinguished Career at Ancient Pompeii”, p. 441, n. 39。

仅仅是他慷慨无私的公益捐助，还由于他在庞贝与罗马之间所扮演的地方代言人和中介角色。[①] 尤其是，他利用与皇帝的私人关系，为遭到罗马制裁的家乡求情，推动了角斗表演禁令的解除。要充分体认墓主人这一中介角色的重要性，我们有必要追溯一下庞贝圆形剧场骚乱的前因后果，将其置于公元 1 世纪庞贝所处的复杂的地缘政治中去考察。

事实上，这一时期意大利坎帕尼亚地区诸多人口稠密且高度城市化的城镇之间存在着密切的互动以及激烈的竞争关系，它们在与罗马以及相互之间的交往中不断地争取和强调自身的身份、地位和权益。这一点已经被在庞贝发现的大量铭文和涂鸦所证实，其中至少提到了 11 座邻近城市的名字。[②]

庞贝最大的宿敌就是其东边约 11 公里处的努凯里亚，两个城市之间围绕着边界和权利的纷争由来已久。与庞贝不同，努凯里亚在同盟战争时期保持了对罗马的忠诚，因而在战后成为苏拉的老兵殖民市（Colonia Nuceria Constantia）的同时被酬赠以庞贝附近斯塔比亚的耕地。两者间的不和就此发端。[③] 公元 57 年和 60 年，尼禄分两次将努凯里亚、卡普阿、普特奥利、安提乌姆和塔伦图姆等意大利已有的几个战略位置特别重要的殖民市重新以自己的名字来命名，并把近卫军老兵和军团高级军官安置于此。这些全新的“尼禄殖民市”无论在荣耀还是在特权上都超越了包括庞贝在内的其他殖民市。或许更令庞贝人感到不忿的是，这次分配给努凯里亚新定居者的其中一部分土地原是属于庞贝的。[④]

墓志铭中的一句话——“他（墓主人）呈现了一场如此盛大豪华的角斗表演，足以媲美罗马最光荣的殖民市所举办的任何一场表演”——便明显透露出，庞贝人时刻以“最光荣的殖民市”（colonia lautissima）自居，以邻近的殖民市为竞争对手。在庞贝发现了数条诅咒努凯里亚人的街头涂鸦。其中在“维梯乌斯之家”（House of the Vettii）发现的一条被认为是庞贝人对于 57 年殖民运动的直接回应。它宣称，“在皇帝的英明裁决下，庞贝与普特奥利、安提乌姆和泰格阿努姆并称为真正的殖民市”[Iudicis Aug(usti) felic(iter) Puteolos Antium Tegeano Pompeios hae

① 社会学家和人类学家将庇护者直接掌控并能提供的物质与服务称作“一级资源”（resources of the first order）。与此同时，庇护者也可以作为“居间人”（broker），为被庇护者向比自己更高一级的庇护者争取各种好处，这些被称作“二级资源”（resources of the second order）。在此意义上，墓主人同时掌握了这两种庇护资源。另外，在古罗马，公共庇护关系（*patrocinium publicum*）的确立和庇主的推选（*patronum cooptare*）需要法律予以认定，通常是以市议会决议的方式。且福利捐助只是成为城邦庇主的一个必要却非充分条件，并不是所有的捐助人都能自动成为城邦庇主。归根结底，公共庇护关系的确立有赖于庇护者与被庇护城邦双方对这一关系可期有利且能长久维系的共识。见 John Nicols, “*Tabulae patronatus*: a study of agreement between patron and client-community”, in Hildegard Temporini & Wolfgang Haase, eds., *Aufstieg und Niedergang der römischen Welt*, Teil II, Band 13, Walter de Gruyter, 1980, pp. 548 ff.; Idem, *Civic Patronage in the Roman Empire*, Brill, 2014, pp. 7 – 16, 131 – 147, 273 – 277。

② 相关研究见 R. R. Benefiel, “Pompeii, Puteoli, and the status of a colonia in the mid-first century A. D.”, pp. 349 – 367; Eadem, “Regional Interaction”, pp. 441 – 457。

③ 庞贝是在公元前 80 年被苏拉变成了“维纳斯的科尔内利乌斯的庞贝殖民市”（Colonia Veneria Cornelia Pompeianorum）。见 Cicero, *Pro Sulla*, 62; A. Maiuri, “Pompei e Nocera”, *Rendiconti della Accademia di archeologia, lettere, e belle arti di Napoli*, nuova serie 33 (1958), pp. 35 – 40。

④ 见 Tacitus, *Annales*, 13. 3. 2; Suetonius, *De vita Caesarum*, *Nero*, 9; R. R. Benefiel, “Pompeii, Puteoli, and the status of a colonia in the mid-first century A. D.”, pp. 352 – 354, 363。

sunt verae coloniae]。[①] "真正的"这个形容词背后显然意有所指。庞贝与普特奥利、安提乌姆这两个"尼禄殖民市"抱团,为的是标榜自己才是更有资格获得皇帝恩宠、名副其实的殖民市,反讽某些"名不副实的殖民市"(colonia falsa)。明眼人一眼便能看出,它针对的是努凯里亚。因此,公元 59 年的圆形剧场骚乱很可能是庞贝人对努凯里亚人积怨的总爆发。从塔西佗笔下元老院的惩罚措施——"李维涅乌斯(表演组织者)和其他煽动骚乱的人遭到了放逐的惩罚"[②]中,我们似乎也嗅到了某种阴谋论的气息。显然史家暗示,这次骚乱是庞贝方面有预谋的。[③]

如此我们便不难想见,被排除在尼禄的殖民计划之外、甚至要被迫出让土地已让庞贝人心有不甘。再加上之后的圆形剧场骚乱,被宿敌上诉至罗马,继而被元老院和皇帝施加人员放逐的制裁及角斗表演的禁令。公元 62 年一场严重的地震又使城中的公私建筑大半被毁。这一连串的打击无疑重创了庞贝这座原本"最光荣的殖民市"。这个时候,我们的墓主人挺身而出,尽力斡旋,挽回君心,推动制裁和禁令的解除。毫不夸张地说,他凭一己之力挽救了庞贝外在的地位和声誉以及内在的繁荣和活力。

罗马帝国初期政治上的一个显著特征就是,随着罗马中央一个统治王朝("奥古斯都家族")的兴起,地方上的政治主动权也从传统的共和机构(例如市议会与公民大会)转移到了地方精英和皇帝崇拜祭司这些个人的手中。

首先,一个无可回避的政治现实是,与罗马中央王朝的交流已经成了关系到共同体兴衰的头等大事。以庞贝为例,用富兰克林的话来说,"她早就积极地向罗马统治者靠拢"[④]:她不仅授予历任储君"殖民市庇主"的头衔或双执法官之一的名誉官衔,[⑤]还针对在位皇帝和储君设立专门的祭司,[⑥]市议会、各团体与公民个人也争相向"奥古斯都家族"(domus Augusta)成员奉献荣誉铭文和塑像,[⑦]为其建造神庙、纪念物及举办庆典活动。[⑧] 在此背景下,能够代表地方直接与罗马打交道的个人成为城市庇主与领袖,便不足为奇了。新发现墓葬的主人显然就属于这一类

---

① *CIL* IV. 3525. 反映庞贝人与努凯里亚人之间互相攻击的更多涂鸦,见 *CIL* IV. 1293, 1329, 2183.

② Tacitus, *Annales*, 14. 17. 2.

③ 见 D. L. Bomgardner, *op. cit.*, p. 50。

④ J. L. Franklin, Jr., Pompeis difficile est. *Studies in the Political Life of Imperial Pompeii*, p. 44.

⑤ 庞贝的铭文证据表明,奥古斯都的外甥兼女婿玛尔凯鲁斯曾被奉为"殖民市庇主",提比略之子小德鲁苏斯、日耳曼尼库斯之子尼禄·恺撒、卡里古拉和尼禄在任储君时都曾被授予名誉双执法官之一。见 *CIL* X. 832, 798, 901 - 902, 904, *CIL* IV. 2993y, 3822。另见 P. Castrén, *op. cit.*, pp. 61, 67, 104 - 106, 108。

⑥ 如"皇帝大祭司"(*Flamen Augusti Caesaris*)、"尤利娅·奥古斯塔祭司"(*Sacerdos Iuliae Augustae*)、"尼禄·恺撒终身祭司"、"奥古斯塔里斯"、"奥古斯都助祭"(*Ministri Augusti*)、"奥古斯都幸运女神助祭"(*Ministri Fortunae Augustae*)等。见 P. Castrén, *op. cit.*, pp. 68 - 69, 73 - 78。

⑦ 相关铭文和塑像见 *CIL* X. 795, 796, 798, 799, 805, 823, 832, 904, 932, 933, 1416, *AE* 1979, 174;那不勒斯国家考古博物馆藏(*MANN*), inv. 5595, 5609, 6040, 6056, 6059; A. E. Cooley & M. G. L. Cooley, *op. cit.*, F135, 136, 139, 140a - b, 141, 142。

⑧ 例如,公共女祭司玛米娅奉献了"奥古斯都守护神"神庙(Temple of *Genius Augusti*, *CIL* X. 816),占卜官玛尔库斯·图利乌斯奉献了"奥古斯都幸运女神"神庙(Temple of *Fortuna Augusta*, *CIL* X. 820),尤玛基娅仿照奥古斯都之妻里维娅在罗马所奉献的柱廊(porticus Liviae)与"奥古斯都和谐女神"神庙,在庞贝公共广场的东侧兴建了"奥古斯都和谐女神与虔诚女神"门廊(*chalcidicum Concordiae Augustae Pietati*, *CIL* X. 810)。"奥古斯塔里斯"也在市场内建造了专门用于皇帝崇拜的圣祠(*CIL* X. 977)。另见 P. Castrén, *op. cit.*, pp. 96, 102 - 106, 123 - 124。

的"中介—地方领袖"。如其果真是阿雷尤斯·尼基狄乌斯·迈尤斯的话,那么他的这一角色从尼禄时期一直延续到了韦巴芗时期。而庞贝自公元前80年成为罗马的殖民市以来,就一直不缺这样往来交通的人物:从三头统治时期的昆图斯·撒路斯提乌斯(Q. Sallustius),[①]到奥古斯都时代的皇帝祭司玛尔库斯·霍尔柯尼乌斯·鲁弗斯(M. Holconius Rufus),[②]再到上文提到的与迈尤斯差不多同时代的"尼禄·恺撒的终身祭司"卢克莱提乌斯·萨特里乌斯·瓦伦斯。他们的事迹有力地证明了,"少数与罗马有关系的个人可以塑造像庞贝这样一座城市的面貌,并将罗马的统治观念带到地方城市里"[③]。

如果我们再放眼罗马帝国初期意大利的各个殖民市、自治市乃至行省城市,就可以发现,庞贝仅仅是罗马世界的一个缩影,实则几乎到处都有这样鼎鼎大名的"中介—地方领袖":在邻近庞贝的赫库兰尼姆有玛尔库斯·诺尼乌斯·巴尔布斯(M. Nonius Balbus),[④]在沃尔泰拉(Volaterrae)有凯奇纳兄弟(Caecinae),[⑤]在比萨则有提图斯·斯塔图列努斯·雍库斯(Titus Statulenus Iuncus),[⑥]等等。同我们在庞贝看到的情况一样:一方面,地方依靠这些人的庇护和捐助来维持城邦生活的正常运转与活力,提升本城市在一个地区乃至整个罗马世界的地位和权益;另一方面,借助他们在母邦的影响力,皇权观念渗透进了城市居民的日常生活当中,地方对于罗马的认同感也得以迅速建立。[⑦]

墓志铭的末尾告诉我们,墓主人谦逊地婉拒了城邦献给他的"庇主"称号。用波戴尔的话来说,"某一个人对自治市和殖民市精英所能期待的最高荣誉头衔表示婉拒,这在拉丁铭文中是

---

① 撒路斯提乌斯最高曾担任庞贝的五年度双执法官之一。他被奉为"殖民市庇主"的证据见其在庞贝公共广场上一尊荣誉骑马像的底座铭文(*CIL* X. 792)。

② 霍尔柯尼乌斯不但曾五任双执法官之一,两任五年度双执法官之一,还是意大利已知最早的皇帝祭司以及奥古斯都亲授的骑士级军官(*tribunus militum a populo*)。他与其弟玛尔库斯·霍尔柯尼乌斯·凯勒尔一起资助修建了庞贝大剧场内的座位以及奥古斯都家族成员像。剧场最下方元老座位区正中的荣誉双座椅(*bisellia*)上铭刻了市议会授予他"殖民市庇主"的决议。他的一尊荣誉塑像树立在庞贝最繁华的斯塔比亚大街与富裕大街的交叉口、一座奥古斯都凯旋门的墩柱下。见 *CIL* X. 838, 830; A. E. Cooley & M. G. L. Cooley, *op. cit.*, D54, 57, 59, F93a-b。另见 J. H. D'Arms, "Pompeii and Rome in the Augustan age and beyond: the eminence of the *Gens Holconia*", in R. I. Curtis, ed., Studia Pompeiana et Classica *in Honor of Wilhelmina F. Jashemski*, I Pompeiana, Aristide D. Caratzas, 1988, pp. 51-74。

③ Ray Lawrence, "Pompeii and the *Ager Pompeianus*", in A. E. Cooley, ed., *A Companion to Roman Italy*, p. 405.

④ 诺尼乌斯·巴尔布斯是奥古斯都时代的元老,曾担任罗马裁判官与克里特行省总督,同时也是赫库兰尼姆自治市的庇主。他赞助修建了赫库兰尼姆的巴西利卡、新的城墙和城门。市议会通过决议,为他在广场、剧场和巴西利卡等公共场所广为立像。见 *CIL* X. 1425, *AE* 1947, 53, *AE* 1976, 144; A. E. Cooley & M. G. L. Cooley, *op. cit.*, D66, F94, 95a-b, 99, 104, 105a-b。

⑤ 奥卢斯·凯奇纳·塞维鲁斯(A. Caecina Severus)与盖乌斯·凯奇纳·拉尔古斯(C. Caecina Largus)在奥古斯都时期都曾担任罗马的执政官,并在家乡共同赞助修建了一座宏伟的剧场。见 *AE* 1994, 610, *AE* 1998, 440。另见 A. E. Cooley, "Coming to Terms with Dynastic Power, 30 B. C.-A. D. 69", in Eadem, ed., *A Companion to Roman Italy*, p. 106。

⑥ 公元4年盖乌斯·恺撒去世后,比萨在双执法官空缺的情况下,由市议会和殖民市全体公民一致同意授予该储君诸项哀荣,并委托身为"奥古斯都祭司"与"殖民市领袖"的斯塔图列努斯·雍库斯将城邦的集体意愿通报给奥古斯都,并向后者呈上一份有关盖乌斯哀荣决议的备忘录。见《拉丁铭文选辑》(*ILS*) 140, ll. 42-51。另见 Greg Rowe, *Princes and Political Cultures. The New Tiberian Senatorial Decrees*, The University of Michigan Press, 2002, pp. 106, 115-116。

⑦ 罗在他的专著《储君与政治文化》中另外列举了米提林、阿芙罗狄西亚斯、米利都和萨迪斯等希腊化东部城市的例子来说明,"在元首制下,城邦历史是如何一步步地等同于个人传记的。君主制助长了地方权力,罗马的王朝催生出了一个个的地方王朝"。见 G. Rowe, *op. cit.*, pp. 124-148。

前所未见的"[①]。

像"殖民市领袖"(princeps coloniae)和"殖民市庇主"(patronus coloniae)这样的称号本身具有重大的意义,因为它们使人联想起罗马皇帝的称号——所谓的"元首"(princeps)与"祖国之父"(pater patriae)。作为荣誉头衔而非正式官职,其反映了某种道德上的优越性。诚如沃尔特·默勒对于迈尤斯的评价,"作为韦巴芗皇帝的祭司,他是联结皇权观念的直接纽带:不难想象,他对于庞贝人来说就是'一个微缩元首'(a microcosmic princeps),同在罗马的皇帝一样是民众的首要捐助者。由此,罗马的镜像在地方城市的层面上实现了,不仅体现在庞贝有自己的市政官员、元老院和民众大会,还体现在它有了自己的第一公民"[②]。从新发现墓志铭来看,它的确在好几个方面都将庞贝比作像罗马一样的共和城邦,将墓主人比作像元首一样的"第一公民"。

铭文通篇流露出对殖民市主人"庞贝人民"有如像对作为国家主权来源的"罗马人民"那样的推崇意识:比照 populus Romanus("罗马人民")这一概念的 populus Pompeianus("庞贝人民")在第 1、4、6、7 行反复出现,第 4 行甚至出现了两次;墓主人为庆祝成人式所举办的公共宴会、在粮荒期间进行的粮食救济都点明了是针对"庞贝人民"的;他打破等级惯例,将平民排在市议会元老之后、"奥古斯塔里斯"与乡贤之前接受婚礼上的现金馈赠,[③]也表现出对于"庞贝人民"的格外重视。此外,他赞助的一场角斗表演号称"足以媲美罗马最光荣的殖民市所举办的任何一场表演";他声称凭借与皇帝的私人关系,成功地将角斗士班子带回了"他的家乡庞贝",这些都彰显了他身上强烈的城邦自豪感与认同感。直至最后,庞贝被界定为像罗马一样的由"公民同胞"(civium suorum)所组成的"共和城邦"(rei publicae, l. 7),标志着对庞贝的定位与认同达到了顶点。

在此前提下,墓主人事事表现得有如这个"共和城邦"的"第一公民"。墓志铭以"他向庞贝人民捐献"作为开端,以"庞贝人民提请他"作为庇主、认可其功绩达到高潮。最能体现其"第一公民"形象的是,他在粮荒期间向民众提供廉价粮食,是以"他对公民同胞的关心超过了对其私人财产的关心",并且"为了确保他的慷慨能够惠及每个人",面包是"向民众逐一分发"的。

如果我们再拿这篇以"业绩录"形式呈现的墓志铭同堪称"业绩录"之范本的《奥古斯都功德碑》(Res Gestae Divi Augusti,以下缩写为 RGDA)作对比,不但可以发现墓主人和奥古斯都皇

---

① J. Bodel, et al., *op. cit.*, p. 178.

② W. O. Moeller, *op. cit.*, p. 520.

③ 在通常情况下,捐助者对城邦社会的现金和物质馈赠是按照等级高低依次发放的,数额也是由多到少:市议会元老几乎总是居首,接下来是"奥古斯塔里斯"及其他社会、宗教或职业团体,最后才轮到平民。其背后的逻辑是,接受馈赠和奖赏越多的人理应承担的公共义务也越多。正如理查德·高登所说,"馈赠意不在济贫,而是城邦的等级体系被赋予了货币体现"。值得注意的是,在此例中,尽管平民被"例外地"提前了位置,然而接收到的实际馈赠数额仍是最少的。在这个意义上,这次馈赠并没有真正打破等级规则。见 R. Gordon, *op. cit.*, p. 229; John F. Donahue, *The Roman Community at Table during the Principate*, new ed., The University of Michigan Press, 2017, pp. 118 - 125; K. Engfer, *Die private Munifizenz der römischen Oberschicht in Mittel-und Süditalien. Eine Untersuchung lateinischer Inschriften unter dem Aspekt der Fürsorge*, Harrassowitz, 2017, pp. 218, 272 - 279。

帝在捐助模式上十足的相似性——例如，选择人生重要的转折性时刻如成人、结婚、当选官职时向民众馈赠钱粮；[①]在饥荒时，一力承担起确保城邦全体公民粮食供应的责任；[②]自掏腰包举办各类赛会表演，以尽可能多的角斗士和野兽的数量及种类来取悦民众；[③]更为关键的是，他在地方政治运作中对于元首统治方式和理念的效仿。

墓志铭最后对他应得荣誉"经一致同意"（universus ... consentiret, l. 7）的强调，很像奥古斯都在其《功德碑》末尾对于统治共识的强调："元老院、骑士等级以及全体罗马人民一致欢呼我为'祖国之父'。"（RGDA 35.1）[④]而墓主人在"民众提请""市议会一致同意"的情况下却不肯接受这份荣誉，"声明他承担不起作为其公民同胞之庇主"，此举也深得元首统治中以退为进的"推就"（recusatio）法则之要义。奥古斯都一生同样多次婉拒"罗马元老院与人民"加诸己身的诸多职权和荣誉："元老院与人民授予我的独裁权力，我均谢绝未予接受"（RGDA 5.1）；"授予我的终身长年执政官职权，我拒未接受"（RGDA 5.3）；"罗马元老院与人民一致同意推举我为独一的、拥有最高权力的法律和道德监督，但我拒不接受加给我的任何违背祖先习俗的官职"。（RGDA 6.1）

在有关元首统治合法性的观念体系当中，以及在罗马人对于"好元首"的评价标准里，不追求过分逾矩之权力和荣誉，出于对国家和公民的责任而非私利行使统治权都是其中最核心的一条。无论是奥古斯都在其《功德碑》中所自诩的谦逊，还是塔西佗笔下提比略在继位时的"忸怩作态"——"仿佛古老的共和国依然存在，而他本人还不能肯定是否应当掌握统治大权似的"[⑤]，抑或者小普林尼在《颂词》中对于图拉真被涅尔瓦收为养子的赞美——"只有你一人不愿接受它，因为你不愿接过皇权（recusabas enim imperare），这是你会善加统治的一个确凿无疑的信号"[⑥]，无不是这一理想观念的再现。正如华莱士-哈德里尔所言，"（并非法定制度的）元首统治就是由从一任到下一任不断重复上演的'推就'仪式所确立的"[⑦]。显然，我们的墓主人忠实服膺和效仿了元首在这方面的榜样。很有可能也像元首一样，他在谦辞再三之后最终还是接受了

---

① 见 *RGDA* 15.1, 2, 4。

② 见 *RGDA* 5.2。

③ 见 *RGDA* 22。

④ 有关元首制建立和赖以维系的"共识"（consensus）基础，可重点参考德国学者埃贡·弗莱格的论述：Egon Flaig, *Den Kaiser herausfordern: Die Usurpation im Römischen Reich*, Campus Verlag, 1992, pp. 174–207；"How the Emperor Nero lost acceptance", in Björn C. Ewald & Carlos F. Noreña, eds., *The Emperor and Rome: Space, Representation, and Ritual*, Cambridge University Press, 2011, pp. 277–290；"The Transition from Republic to Principate: Loss of Legitimacy, Revolution, and Acceptance", in J. P. Arnason & K. A. Raaflaub, eds., *The Roman Empire in Context: Historical and Comparative Perspectives*, Wiley-Blackwell, 2011, pp. 67–84。

⑤ Tacitus, *Annales*, 1.7.3.

⑥ *C. Plini Caecili Secundi Panegyricus*, 5.5–6, cf. 7.1–3, recensuit Mauritius Schuster, B. G. Teubneri, 1952.

⑦ Andrew Wallace-Hadrill, "Civilis Princeps: Between Citizen and King", *The Journal of Roman Studies*, vol. 72 (1982), p. 36. 关于"推就"仪式在赋予元首统治合法性方面的重要作用，另见 J. Béranger, *Recherches sur l'aspect idéologique du principat*, F. Reinhard, 1953, pp. 137 ff.；Hannah M. Cotton & Alexander Yakobson, "*Arcanum Imperii*: The Powers of Augustus", in G. Clark & T. Rajak, eds., *Philosophy and Power in the Graeco-Roman World*, Oxford University Press, 2002, pp. 203–209。

“庇主”头衔,但这番“推就”会使到手的荣誉显得更加的名正言顺。

最后,尽管墓主人当时身无官职,然而在推却荣誉时却依然使用了类似保民官所握有的否决权(ipse privatus intercessit, l. 7)。他作为一介私人能够否决双执法官之一的提案,这一事实本身就说明了,他个人在地方上的权势并不取决于其是否担任官职或掌握了哪些具体职权,这一点也如同奥古斯都在《功德碑》里对自己在罗马国家中地位的界定——“我的权威超过了所有人,但是我握有的权力并不比在每个职位上我的同僚更多”。(RGDA 34.3)

(本文原刊于《世界历史》2020 年第 4 期)

作者简介:

熊莹,现任上海师范大学人文学院世界史系讲师,研究专长为拉丁铭文与古罗马的政治文化。本科和硕士就读于南京大学历史学系,2010 年博士毕业于复旦大学历史学系。博士毕业论文以公元 20 年罗马《审判老皮索的元老院决议》铭文为研究对象。2014 年 1 月至 10 月曾在意大利罗马第一大学高等研究院(Scuola Superiore di Studi Avanzati, Università degli Studi di Roma “La Sapienza”)访学。曾在《历史研究》《史林》和《古代文明》等期刊上发表论文。目前,在上海师范大学开设“古典拉丁语”“塔西佗《编年史》导读”“罗马帝国史”“意大利历史与文化”“罗马艺术史”等课程。

Disputed Devotion on the Deathbed: Lutherans' Dreams about Death in the Sixteenth and Seventeenth Centuries

杞支雅男

Abstract: This article explores the complexity of Lutherans' dreams about death in the sixteenth and seventeenth centuries by contextualizing and historicizing several dream narratives in funeral sermons and other devotional writings. Contemporary dream theories acknowledged both the physical and the spiritual dimensions of dreams. Protestant discourses created new conditions for dreaming as a legitimate form of religious experience related to death. Even the rise of Lutheran orthodoxy did not silence all talk about dreams. Instead, reports on divine dreams persisted in funeral sermons and other forms of published works throughout the seventeenth century. Publishing and reading activities further contributed to the emergence of patterns in narrating and interpreting dreams. The historical development of the Lutheran Church and the practical need for everyday devotion provided the foundation for the recording and interpretation of dreams. All in all, by regulating the relationship between the dreamer (the dying) and the dream interpreter (the pastor), as well as by providing registers for devotional norms and imageries, religion played a powerful role in shaping early modern Lutherans' dreams about death on both discursive and experiential levels.

Keywords: dream culture ideas of death the Reformation German Lutheranism

On January 15, 1657, around 7:15 in the morning, Johannes Nicolaus Finck, the physician of Schmalkalden, had a dream. He was so shocked by what he had dreamed of that he found himself trembling and shaking when waking up. On the next day, Finck kept saying that he would not stay long in this evil world and God would soon deliver him. While its content remains unknown, this unusual dream took place at the beginning of Finck's fatal illness, which led to his death after twelve days. Ortolph Neunese, the Lutheran pastor who accompanied the dying Finck and helped him to prepare for the final departure, had an entirely different view on what the dying called a 'divine dream' (*Göttlicher Traum*). ① According to the sermon the pastor addressed at Finck's funeral, the physician was merely 'struck by *Melancholia* and finally fell into error and confusion in his head'. ② To his pastor's relief, Finck did not fail to pray diligently even when he fell seriously ill. He was still able to sing *Psalms* and recite verses from the *Book of Job* as well as from other chapters of the *Bible*. The Lutheran pastor believed that this devotional act, rather than the so-called divine dream, carried Finck safely through the 'struggle in his twelve days of weakness' and granted him a chivalric and triumphant death. ③ At the end of the sermon, the pastor mentioned that on the morning of January 26, the dying physician was 'perfectly calm, showing great patience, and he said, he knew dear God would soon come and he should call for him'. ④ Between 9 and 10 o'clock Finck passed away peacefully, 'without excitement or movement, he merely slept soundly in (the bosom of) his Savior Jesus Christ. He was 36'. ⑤

This fascinating story about the Lutheran physician's last struggle was related by his pastor in a *Leichenpredigt*, or a funeral sermon, which was often held by the pastor as part of the funeral service in sixteenth- and seventeenth-century Lutheran communities. Though the funeral sermon was not an integral part of the medieval burial ritual, it 'slowly took root in evangelical practice in the first decades of the Wittenberg Reformation'. ⑥ A printed version of such a sermon often appeared shortly after the funeral, serving the purpose of both honoring the dead and providing imitable models for other pastors, who also accepted commissions to write such sermons. The large body of

---

① "Seine Krankheit belanget/so ist zu wissen/nachdenn er gestern vor 14. Tagen zu Abend mit den lieben Seinigen frisch und gesund zu Bette gangen/die Nacht über auch wol geruhet/ihn Morgends frü 1. Viertel auff Sieben Uhr ein Göttlicher Traum (wie er berichtet) erschreck", Ortolph Neunese: Christliche Leich-Predigt bey der ansehnlichen und volkreichen Leichbegängnuß des weiland Edlen/Großachtbaren und hochgelahrten Herr Johannis Nicolai Finchii. Schleusingen: 1658, p. 32. Unless otherwise noted, all translations in this article are the author's.

② "[D]arüber ihn zittern und Beben ankommen/dass ihm auch solcher den gantzen Tag nicht aus dem Sinn kommen/sondern gesagt/er sey numehro einen der Mensch/begehre nicht länger zu seyn in dieser bösen Welt/wüste gewiß/der liebe GOTT ihn bald daraus zu sich abholen würde/Dahero er immer geruffen und geschryen: Veni Domine Jesu, & noli tardare, Veniens veniet & non tardabit, und mal melancholia dazugeschlagen/ist endlich Irrthumb und Verwirrung im Häupt darzu kommen", Neunese, ibid., p. 32.

③ "Die besten Kern Sprüche hat er in der Bible gezeichnet/damit wann er derselbigen benöhtiget/wider die Anfechtung haben könnte/wie er dann auch machen Kampff in seiner 12. tägigen Schwachheiten gehalten/jedoch mit dem Siegs Fürsten Jesu Christo ritterlich überwunden", Neunese, ibid., p. 33.

④ "Ist er am vergangenen Montag früh umb 6. Uhr gantz still worden/sich gar gedultig erzeiget und gesagt: Er wüste wol, der liebe Gott bald kommen würde/man solte ihn immer zuruffen: Herr Jesu/dir leb ich/dir sterbe ich", Neunese, ibid., p. 34.

⑤ "[D]ass der selige Herr Doctor zwischen 9. und 10. Uhren ohn einige Regung und Bewegung in seinem Erlöser und Heyland Jesu Christo sanfft und selig entschlaffen/seines Alters 36", Neunese, ibid., p. 34.

⑥ Robert Kolb: Orders for Burial in the Sixteenth-century Wittenberg Circle. In: Irene Dingel and Armin Kohnle (ed.): Gute Ordnung. Ordnungsmodelle und Ordnungsvorstellungen in der Reformationszeit. Leipzig: Evangelische Verlagsanstalt 2014, pp. 257–279, here p. 267.

such literature speaks of its popularity in the first two centuries of Lutheranism. ① For historians, the most informative part of a *Leichenpredigt* is the *Personalia*, namely the biographical portrayal of the dead person's life, which usually followed the theological indoctrination and appeared as the concluding part of a printed funeral sermon. Medieval hagiography had certainly left traces on such popular devotional literature. However, instead of describing saint's deeds as a marker of sanctity, the *Personalia* centered on several milestones in the common believer's life, including birth, baptism, marriage, having or losing children, and finally, of course, death. The last moment often became a major subject and took several pages to describe. Dreams and visions were regarded as problematic when they were mentioned by the dying on their deathbeds. In the opening story, whereas the dying physician Finck insisted that he foretold his impending death through a 'divine dream', his pastor dismissed such dream visions as signs of mental disorder (*Melancholia* in this case) and urged him to prepare for the final departure by praying and reading the *Bible*. Several dream images, emerging in the dreams of other Lutherans during their last moments and recorded in printed funeral sermons, contrasted Finck's story. In these cases, the Lutheran pastors gave credit to the dream's role in the devotional life of the dying. Some of them not only seconded the dreamer's view on the predictive power of dreams, but also made a case for the ability to receive such dreams as a reward of a pious and Christian life.

This paper attempts to fathom the complexity of Lutherans' dreams about death in the sixteenth and seventeenth centuries by contextualizing and historicizing several dream narratives found in funeral sermons and other devotional writings. Though previous studies on the history of dreams have paid attention to funeral sermons, little has been said on dreams as religious experiences and dreaming as a devotional practice related to death in the specific context of Lutheranism. ②

I would like to show in this article, firstly, how dreams were defined in late medieval and early modern dream theories as well as in Reformation theology, and how they were related to death; secondly, why the rise of Lutheran orthodoxy did not eliminate all devotional discourse on dreams; and finally, how the Lutheran context provided new possibilities for dreams about death in specific situations. In addition to printed funeral sermons, I will also examine other types of devotional writings, which recorded and collected anecdotes about death predicted in dreams. Noticeably,

① There are two major centers for the collection of early modern *Leichenpredigten*: One is at the Forschungsstelle für Personalschriften in Marburg, the other is the Stolberg collection at the Herzog August Bibliothek in Wolfenbüttel.

② See Claire Gantet: Der Traum in der Frühen Neuzeit: Ansätze zu einer kulturellen Wissenschaftsgeschichte. Berlin: de Gruyter 2010, especially p. 15.

these are ‘secondhand’ reports about dreams, different from the *Ich*-form, or the first-person dream narrative that characterizes ego-documents such as diaries, correspondences and autobiographies. Despite their ‘secondhand’ nature, recounts of dreams in funeral sermons involved both the dreamers, namely the dying, and the dream interpreters, that is, the Lutheran pastors. In this way, they provided a middle ground between dreaming experiences and religious discourses, a valuable perspective on the role of religion in shaping Lutherans’ dreams about death on both discursive and experiential levels.

1. Conditions for Dreams about Death

For Christians, death meant only the physical demise of the body, while the soul began a new journey. The status of sleep resembled death in many ways, such as in the paralysis of body and the loss of consciousness. As a byproduct of sleep, dreams constituted a liminal space between the conscious and the unconscious. Like death, dreams in medieval and early modern theories had both physical and spiritual dimensions. According to Philip Melanchthon (1497–1560), the famous reformer and professor at the University of Wittenberg, who published an essay on Aristotle’s *De Anima* in 1540, dreams came under four categories: ①

(1) the natural dreams caused by the different combination of humors in the body during sleep;

(2) the divine dreams sent directly by God;

(3) the demonic dreams as the work of the devil;

(4) the prophetic dreams influenced by planetary movement.

Melanchthon compared the ability to receive prophetic dreams to talents such as singing and learning mathematics. ② Therefore, the capacity of having such prophetic dreams was not a privilege reserved only for the biblical prophets and saints, but a possible asset for common believers who were, either physically or spiritually, prone to the experience of such visions.

Melanchthon’s theorization of dreams and dreaming was widely accepted among learned

① See Philip Melanchthon: Erinnerung Philippi Melanchthonis von mancherley Geschlächten der Träume samt ihrer Bedeutung. In: Karl Gottlieb Bretschneide and Heinrich Ernst Bindseil (ed.): Corpus Reformatorum (CR), vol. 20. Braunschweig: 1854, pp. 677–685.

② “Dann wie ein Mensch mehr zu dieser oder jenen Kunst genaturt ist/dann ein anderer/einer mehr und weitere Naigung hat zur Musica und Singen/zur Arithmetick und Rechenkunst/u. dann ein anderer: Also auch hat ein Mensch etwa mehr dann der andere weissagende Natur in ihm/die da mit heimlicher Vorlosung oder sonst verborgenem Sinne zukünfftige Dinge einbildet und weissaget”, Melanchton, ibid., p. 679.

Lutherans well into the seventeenth century, though not without suspicion and criticism. In 1624, Conrad Dietrich, the Lutheran preacher and superintendent of the city of Ulm, published a treatise entitled *Philosophical and Theological Discussions on Dream.* ① In this book, Dietrich presented a critical review of Melanchthon's dream theory and provided his pastoral advice on dealing with different types of dreams. His suspicion against the 'divine dreams' originated more from his personal experience of illness than from theological contemplation. In August that year, Dietrich had experienced a high fever, fallen into unconsciousness and suffered from all kinds of strange dreams. He wrote:

> I suffered so much from these terrible, difficult, strange, rare and frightening dreams that I could neither sleep nor rest. For me, sleep itself became nothing but a growing nightmare ... Suffering and disturbance were growing from these dream illusions, which dangerously weakened me, and which I had to endure. ②

As a result, even though Dietrich did not deny the existence of true divine dreams in his time, he held skeptical views on such reports. In the case of the Schmakalden physician Finck, whereas the dying person regarded his vision as a 'divine dream' sent by God, his pastor interpreted it as the trigger for *Melancholia*, resulting from the excessive black bile in his body. The porous boundaries between different types of dreams and their changing definitions in dream theories thus prepared the ground for conflicting perceptions of dreams.

In addition to the similarity between the experiences of dying and dreaming, the emotional status of the persons lying on the deathbed also created the condition for dreaming. In medieval devotional literature, a Christian's last moment was characterized by tensions and anxieties caused by the uncertainty of salvation. This explained the popularity of the literature teaching the 'art of dying'. The most popular of its genre was the so-called *ars moriendi* book, which developed the notion of *Anfechtung*, a complex of spiritual trials and tribulations that brought about the dying person's struggle between fear and hope. The five causes of the *Anfechtung* included: the weakness in faith (*de fide*), desperation (*de desperatio*), impatience (*de impatientia*), false glory (*de vana gloria*) and avarice (*de avaritia*). ③ Such dying experiences, filled with fear and anxiety, became visualized in the woodcuts of the *ars moriendi* book as bitter struggles between satanic power and

---

① Conrad Dietrich: Philosophischer und Theologischer Traum Diskurß. Ulm: 1624.

② "Ich sonderlich mit bösen/schweren/Wunderbaren/seltsamen und schröcklichen Träumen/der massen belästiget/dass ich vür denenselbigen weder rechten schlaff noch ruhe haben mögen/Sondern der Schlaff mihr anders nichts/als ein immerwehrender schwerer Traum gewesen/... und also fast mehr molestias und beschwerung/ab dero Traumgaucherey/als der an sich gefehrlichen Schwacheit selbsten/gehabt und verdulden müssen", Dietrich, ibid., Dedicatio, pp. 13–14.

③ Ars moriendi. In: Gerhard Müller (ed.): Theologische Realenzyklopädie [TRE], vol. 4. Berlin: de Gruyter 1979, p. 145.

angelic appearance, represented respectively as demons and saints standing on the opposite sides of the deathbed and confronting one another.

Recent publishing has unraveled the profound influence of the Reformation on death culture in Protestant societies. ① Though dispute continues on how Protestantism penetrated the medieval notion of death and changed burial practice, it is generally accepted that Protestant theology did attempt to downplay the drama of death and turned instead to the more spiritual side of the final struggle on the deathbed. ② The Lutheran practice of preparing for a good death shifted away from traditional emphasis on sacraments, indulgence, intersession of the living for the dead, and focused instead on the dying person's final battle against sin, which was seen as the cause of mortality. This is a process German theologian Luise Schottroff calls 'the psychologizing of *Anfechtungen*'. ③ The suffering and the emotional turmoil experienced by the dying became less crucial as it used to be, while the outcome of these struggles, a peaceful Christian death as a triumph of faith over sins, was foregrounded. The Lutheran *Leichenpredigten* in the sixteenth and seventeenth centuries attest to this major change in the death culture. An ideal death was often described as a deep, sweet and sound sleep of the soul, preferably without dreams, as can be seen from the *Leichenpredigt* for Finck. The pastor interpreted Finck's dream not as a divine sign, but as part of his *Anfechtung* experience, which manifested itself in his impatient anticipation for a quick death and his unwillingness to throw himself into the final battle for salvation. To the pastor's relief, however, Finck eventually overcame these trials and achieved a peaceful death.

The general theological milieu of the sixteenth and seventeenth centuries also seems to have supported a skeptical view about dreams as a legitimate form of religious experience. Martin Luther and later Orthodox Lutherans wrote polemical writings against the so-called '*Schwärmer*', or enthusiasts, people who they believed held enthusiastic and superstitious ideas about dreams and visions as means of divination or communion with God. ④ Now it appears that Lutheranism, as a 'cultural superego' setting rules and moral standards for Lutherans' unconscious world, showed a

① See Craig M. Koslofsky. *The Reformation of the Dead: Death and Ritual in Early Modern Germany, 1450–1700*. London: Palgrave Macmillan 1999.

② For instance, Kolb argues that Koslofsky's conclusion somehow 'exaggerated' the impact of the Reformation on funeral rituals, but he agrees that the new burial order established in Reformation Germany 'diverted people's trust or faith in Christ' and helped recast the rituals and procedures related to the burial of the dead, see Kolb. *Orders for Burial*, p. 259.

③ Luise Schottroff: Die Bereitung zum Sterben. Studien zu den frühen reformatorischen Sterbebüchern. Göttingen: Vandenhoeck & Ruprecht 2012, p. 15.

④ See Gantet: Der Traum in der Frühen Neuzeit, p. 86. Also see her article 'Dreams, Standards of Knowledge and "Orthodoxy" in Germany in the Sixteenth Century'. In: Randolph C. Head and Daniel Christensen (ed.). *Orthodoxies and Heterodoxies in Early Modern German Culture. Order and Creativity 1550–1750*, Leiden: Brill 2007, pp. 69–87.

suspicious attitude towards dreams experienced by the dying. One can easily draw the conclusion that, together with the emotional turmoil that pervaded deathbed in the medieval and early modern era, dreams became either censored (by the pastor) or self-censored (by the dying themselves), during the long process of 'disenchantment' and 'secularization' in the seventeenth century.

2. Dreams about Death in Lutheran Devotional Culture

But is it true that the triumph of Lutheran orthodoxy in the seventeenth century necessarily discredited and eliminated all 'heretical' talk on dreams? No — in fact, paralleling the development of Lutheran orthodoxy, the call for church reforms and emphasis on true piety over dogmas continued to shape Lutherans' religious life throughout the seventeenth century. The staggering success of the Lutheran *Erbauungsliteratur* on the book market spoke of the general wish of common believers to live and die properly, according to true biblical teachings. The funeral sermons belonged to this kind of devotional literature that constituted a major staple of the book market in the early modern German-speaking world. The very structure of a *Leichenpredigt*, which combined doctrinal teachings with biographical portrayals of the dead, spoke of the contemporary notion that a good Christian life should bear witness to biblical truths. In other words, this genre of devotional writing conveyed the message that a true Lutheran faith was not just about learning and obeying theological teachings properly, but also about living a devotional life.

No one expressed this idea of living a faithful life better than Johann Arndt (1555–1621), the celebrated author of the enormously influential *Vier Bücher vom wahren Christentum* (*Four Books on True Christianity*), published between 1605 and 1610. ① While writing and publishing devotional pieces, Arndt also fulfilled his pastoral duty of taking care of the dying, holding funeral ceremonies and delivering *Leichenpredigten*. In 1603, when Arndt served at St. Martin's Church in Braunschweig, he gave a funeral sermon for Maria von Vechteld (1546–1603), the daughter of the former mayor of Braunschweig and wife of the mayor of Scheppensted, which was published the next year. One day during the final stage of her illness, Vechteld felt 'inner disturbance' (*Unruhe*) and could not sleep. She tried to read aloud the consoling verses from the *Book of Job*. When she finally fell asleep, she had a dream about a 'beautiful face', which 'clearness she could not express in words'. She also dreamed that she reached out her hands to pray. However, when trying to

① About Arndt and the influence of his works, see Erbauungsliteratur in TRE (vol. 10), p. 58.

speak, she woke up. ① The next day, Arndt was sent for and consulted about the meaning of Vechteld's dream. The dying lady then had a conversation with Arndt, giving him her own interpretation of this dream:

> I have been the bearer of cross for God since my childhood, and I have never hoped for such an intense encounter with our loving God at the end of my life. Perhaps God the Lord has let me see his beautiful face, and it was implanted so deeply in my heart that I could not forget it. It was as if he meant to say, 'See, since you have carried the cross for such a long time, you should not be impatient. Instead, think about what you have seen, it should be a sign that I have not forsaken you.' ②

In Vechteld's interpretation of her own dream, she showed familiarity with contemporary theories which suggested that dreams had the power of 'implanting' ideas into the human mind during sleep and that important dreams were less likely to be forgotten. More importantly, she read her dream as a personal 'encounter' with God, a blessing for her patient and well-prepared death, which helped her overcome the *Anfechtung* experience on her deathbed.

Unlike Fink's pastor in the opening story, Arndt took Vechteld's dream seriously. He immediately acknowledged the divine nature of her dream: '[T] his is not a natural, but a divine dream; and a sign [*Zeugnis*] that God would like her to go through this situation to be in his kingdom.' ③ Similar proof, or *Zeugnis*, could be found in the Bible or in church history, for example in the life of St. Stephen, who saw the vision of God and the Son of Man sitting next to him right before his martyrdom. ④ Arndt also mentioned a similar dream, experienced by Johan Wilhelm, the Duke of Saxony (1530–1573), on his deathbed. The duke 'saw, during sleep, from the window that a choir of holy angels was praising God. Among them was a great angel who had a

---

① "... und die selbige nacht nicht ruhen konnte/wie sie denn offte pfleget aus dem Job zusagen. Elende Nacht seind mir viel worden: Schlommert sie entlich ein weinig ein/da kahmen ihr im schlaff ey schöne Angesichter für das sie derselbigen klarheit nicht Ausreden kunte/unnd ihr dauchte im schlaff wie sie die hende auffheben wil und beten/sehet auch im schlaf an zu reden unnd erwacht dorüber", Johan Arndt: Außlegung. Des Trostreichen Spruchs/Aus dem 73. Psalm... Gehalten bey Dem Christlichen Begrebnus... Maria von Vechteldt. Brauschweig: 1604, p. 22.

② "Ich bin von kindauff Gotts Creutzträgerin gewest/unnd hette nicht vorhofft/das mich unser lieber Gott noch zu letzt so hart würde angreiffen: Unnd darumb hat mir vielleicht Gott der Herr sein schönes Angesicht sehen lassen, und hat mirs so tieff ins Hertze gebildet das ichs nicht vergessen kan: Als solte er sagen: Siehe, Wen ja dein Creutz lang wehren sölte so werde ja nicht ungedüldig, sondern gedenck daran was du gesehen hast, das sol dir ein Zeugnis sein, das ich dich nicht wil verlassen", Arndt, ibid., p. 23.

③ "Ich sagte, es wehre kein Natürlicher sondern ein Göttlicher traum/unnd ein zeugnis/sas sie Gott durch dis lager zu sich abfodderen würde in sein Reich", Arndt, ibid., p. 22.

④ "... den dessen hetten wihr zeignis in Gotts wort unnd in glaubwürdigen historien: denn da S. Steffanus der h. Märterer itzo sterben sollte/sahe er zuuohr die herrligkeit Gotts unnd des Menschen Sohn zur rechten Gottes stehen", Arndt, ibid.

line written on his back: "Bring me closer to peace"'. [1] Shortly after having had this dream, he passed away. Arndt did not doubt the authenticity of this story and he emphasized that it came directly from the report of the Lutheran theologian and pastor Tilemann Heshusius (1527–1588), who wrote a *Leichenpredigt* for the duke in 1573. [2]

Since Johan Arndt is often regarded as the precursor of the Pietist movement in Germany that upheld the value of devotional deeds, his positive evaluation of the dying woman's dream seems unsurprising. Nevertheless, references to divine dreams in a funeral sermon, delivered at the burial ceremony for members of the family of an orthodox Lutheran theologian, reflect on the more nuanced attitude of contemporary church leaders towards devotional dreams on the deathbed. Abraham Calov (1612–1686) was a renowned professor in Wittenberg and hardline defender of Lutheran orthodoxy. [3] On March 26, 1662, the death of his eldest son, also named Abraham, born to Calov's first marriage, was followed on the same day by the departure of his third wife, Elisabeth Dorothea. The Lutheran theologian Johan Meisner (1615–1681) held the *Leichenpredigt* for Calov's son and wife. Meisner mentioned a 'divine dream' experienced and told by Elisabeth Dorothea on her deathbed. [4] Shortly before her last breath, she dreamed about her stepson, whose death was not yet revealed to her, wearing a 'very beautiful wreath'. She told this dream to her father confessor as well as to other people who stood around her. [5] Meisner interpreted this dream as a truly divine dream: 'Dear God sent these gracious faces of angels or visions to the dying, so that she could have a taste of the eternal blessedness when she was still alive.' [6]

In order to underline the divinity of Elisabeth Dorothea's dream, Meisner also mentioned other

---

① "Und von dem hochlöblichen Fürsten Herzog Johann Whilhelm zu Sachsen scheidet Doctor Helshusius, das er im Schlaf durch ein fenster gesehen/hat einen Chor heiliger Engel die Gott gelobt/unnd unter denselbigen einen grossen Engel uff welchs Rügken sey geschrieben gewest: Bringt mir die en zur ruhe ist auch des larges nicht aufkommen/sondern nicht lang hernach seelichlich entschlafen", Arndt, ibid., p. 22.

② See Tilemann Heshusius: ORATIO FVNEBRIS || DE VITA, GVBER = || NATIONE, ET FELICI OBI- || tu Illustrissimi Principis & D. Domi- || ni IOANNIS VVILHEL- || MI Ducis Saxoniae, Landgra- || uij Thuringiae, Marchionis || Misniae. Habita || A || D. Tilemano Heshusio. || Episcopo Sambiense. || In Academia Ienensi 12. Martij, || Anno 1573. Königsberg: 1573.

③ About Abraham Calov's biography see Wilhelm Gaß: Calov, Abraham. In: Allgemeine Deutsche Biographie [ADB]. Band 3, Leipzig: Duncker & Humblot 1876, pp. 712–715.

④ See Johan Meisner: Duplex Diadema Speciei, Das ist/Zweyfaches Ehren-Kräntzlein/Aus den 5. Cap. des Buchs der Weißheit: Bey... Leichbegängniß Der... Frauen Dorotheen Elisabethen/... Wie auch Des... Hrn. M. Abraham Calovii. Wittenberg: 1662.

⑤ "Denn die Sel. Frau Superintendentin hats gesehen/und kurtz vor Ihrem Tode in Ihrer Beichte dem herrn Beichtvater und andern umbstehenden erzehlet/wie sie im Traum gesehen/welcher gestalt Ihr Sel. herr Stieff-Sohn/von dessen Tode man Ihr nichts hat wissen/einen sehr schönen Kranz auffgehat", Meisner, ibid., p. 14.

⑥ "Nun es pflege bisweilen der liebe Gott denen Sterbenden solcher anmutige Engelsgesichte oder Erscheinungen sehen zu lassen/dadurch sie denn noch bey ihrem Leben gleichsam einen Vorschmack der ewigen Seligkeit empfinden", Meisner, ibid.

famous divine dreams experienced by martyrs and famous Lutherans. In addition to the divine dream of Johan Wilhelm, the duke of Saxony, he also referred to a dream experienced by Luther's wife Katherina, which contemporary Lutherans believed predicted the death of her 13-year-old daughter Magdalena. ① On September 19th, 1542, when Magdalena fell seriously ill, Katharina dreamed that two handsome youths took the little girl to a wedding. When Philip Melanchthon came in and asked about the condition of Magdalena, Katharina told him about this vision. While saying nothing at the moment, Melanchthon made his interpretation of this dream: The two youths had to be angels, who were leading this little girl to a heavenly wedding. The next day, Magdalena passed away. Several years later, Melanchthon talked about this dream in a lecture at the University of Wittenberg. It was recorded by a student and became known to the public. ② Later, this story enjoyed a wide circulation among Lutheran communities and created a pattern for the narration about parents foreseeing their young children's death, which will be further discussed in last part of this article. Meisner, too, noticed this similarity between Katherina's dream about her daughter and Elisabeth Dorothea's dream about her stepson.

From the 1650s onward, compendiums of dreams from different sources became well received among lay readers. The translation of English Puritans' devotional works contributed significantly to the popularity of this genre in the German-speaking world. ③ German authors also produced numerous volumes of such books. One of the most widely read devotional writers in late seventeenth century, the Nuremberg poet and writer Erasmus Francisci (1627–1694), mentioned multiple dreams about death in some of his most popular books, such as *Die Brennende Lampen der Klugen* (1684, Engl.: *The Wise Men's Burning Lamps*). ④ Christian Scriver (1629–1693) also collected numerous dreams about death in his five-volume *Seelen-Schatz* (Engl.: *Treasure of the Souls*),

---

① Meisner, ibid., p. 15.

② "Anno 1542, pridie quam moreretur filia D. Martini Luther, Magdalena, viderat ipsa in somniis duos pulcherrimos adolescentes ornatos, ducentes eam ad convivium nuptiale. Mane cum ego Philippus Melanchton accederem matrem, interrogo eam de filiae suae valetudine; narravit ipsa mihi somnium, quod habuerat praecedente nocte. Ego audito somnio expavi et nihil dicebam, sed hoc ipsum suspicatus sum, quod angeli coelestes ducturi essent eam ad coeleste convivium", CR, vol. 20, p. 527, Nr. 24. See also Siegfried Bräuer: "... einige aber sind Natürliche, andere Göttliche, wieder andere Teuflische...". Melanchthon und die Träume. In: Id.: Spottgedichte, Träume und Polemik in den frühen Jahren der Reformation. Abhandlungen und Aufsätze. Ed. by Hans-Jürgen Goertz und Eike Wolgast. Leipzig: Evangelische Verlagsanstalt 2000, pp. 223–254, here p. 232, note 35.

③ See "Erbauungsliteratur" in TRE (10), p. 57.

④ Erasmus Francisci: Die Brennende Lampen der Klugen. Zu Sorgfältiger Beleuchtung der Sterblichkeit/fürsichtiger Bewachung der Seelen... beydes der natür- und geistlichen Furcht deß Todes/Anjetzo Durch Angiessung mehrern Oels... aufgefüllt/Und So wol für sich/als andre Sterbliche/aufgehenckt. Nürnberg: 1684.

published between 1675 and 1692.[①] Another similar work was *Mira Praesagia Mortis* (Engl.: *Miraculous Forecasts of Death*), authored by Lutheran pastor Johann Friedrich Stockhausen (1665–1693) and published in 1694.[②] Later publishing on dreams about death cited extensively from these works and other devotional literature. In 1714, Johann Christoph Männling (1658–1723) published a compendium of all types of dreams.[③] Männling paid special attention to dreams about death in this 'dream encyclopedia' and dedicated three chapters to this theme: chapter 24 'Der im Traume vorgebildeten Himmels-Freude' (Engl.: 'The Heavenly Joy Foretold by Dreams'); chapter 25 'Der vorher geträumte Tod' (Engl.: 'Predictively Dreamed Death'); and chapter 26 'Der Sterbenden denckwürdige Träume' (Engl.: 'Noteworthy Dreams of the Dying').

3. Situations and Patterns for Devotional Dreamson the Deathbed

The devotional literature provided a rich reservoir for dreams about death, while publishing and reading activities helped to establish patterns for the narration and interpretation of dreams. Therefore, instead of looking at dream cases in these Lutheran sources as merely remaining traces of medieval traditions, or as pure expressions of early modern 'enthusiast' ideas, one can see that these narratives were imbedded in the new Lutheran context and in the tradition of biographical writing. Based on who the dreamers were and what their dreams were about, at least three patterns of dreams about death emerged from the funeral sermons and other forms of devotional literature published in the sixteenth and seventeen centuries.

Firstly, dreaming experience found its way into the realm of devotional discourses when the dying were prominent figures of the Lutheran Church. Such dream narratives were especially typical of the first generation of Lutherans, who fought for both their independence from the Roman Catholic Church and their common identity as a confession. They borrowed heavily from medieval hagiography, in which Christian lives were regarded as testimonies of faith and dreams and visions as markers of sanctity. Nevertheless, the Reformation context also gave new meanings to such dreams. Lutheran reformer Philip Melanchthon's last days were recorded in great detail by the Wittenberg professors and theologians who accompanied him at the deathbed. Later, this record was

---

① Christian Scriver: M. Christian Scrivers/... Seelen-Schatz: Darinn von der menschlichen Seelen hohen Würde/tieffen und kläglichen Sünden-Fall/Busse und Erneurung durch Christum/... und ewiger Freude und Seligkeit/erbaulich und tröstlich gehandelt wird. Magdeburg: 1675–1692.

② Johann Friedrich Stockhausen: Mira Praesagia Mortis, Das ist: Wunderliche Todes-Vorboten. Leipzig/Frankfurt: 1698.

③ Johann Christoph Männling: Außerlesenster Curiositäten Merckwürdiger Traum-Tempel Nebst seinen Denck-würdigen Neben-Zimmern. Von allerhand SonderbahrenTräumen. Frankfurt/Leipzig: Michael Rohrlachs 1714.

published in both Latin and German. It mentioned a dream experienced by Melanchthon on the night of April 12, 1560, seven days before his death, on the Eve of Easter Sunday. In this dream, Melanchthon saw himself singing a hymnal, which used to be chanted in Latin in the old Church and was sung in German by the Lutherans. The lyric went, 'I have eagerly desired to eat this Passover lamb with you.' ① The timing of Melanchthon's dream, together with the image of the Easter lamb, certainly evoked the traditional Christian idea about sacrifice and martyrdom.

Similar dream cases could also be found in the devotional writings dedicated to Lutheran princes and their spouses. As has been shown, the divine dream of Johan Wilhelm, the duke of Saxony, was widely known and frequently cited in contemporary funeral sermons and collections of devotional dreams. His father John Friedrich I (1503–1554), the elector of Saxony, also experienced a wonderful dream vision on his deathbed. Lutheran theologian Christoph Irenäus (1522–1595) first described this dream in his writing. It then was cited and included in later devotional literature such as Männling's *Traum-Tempel*. On the day of his final departure, John Friedrich had a dream at 9 o'clock in the morning, in which a respectful man, noble and honorable in appearance, stood in front of him and said, '[Y]ou, dear sir, if you have the one who has always educated and nourished you, who has always been with you, as well as him who knows exactly your way, you will be helped.' ② The elector then woke up and told his father confessor about this dream. ③ Even in his lifetime, the elector enjoyed the reputation as the martyr of the Lutheran church, since he had been defeated and captured by the Holy Roman Emperor Charles V during the Schmalkaldic War in 1547 and consequently had to spend five years in prison. Contemporary Lutherans perceived John Friedrich's captivity as a marker of his sacrifice, the cross he carried for the survival of the Evangelical Church. Therefore, the divine dream on the elector's deathbed only confirmed his sanctity.

The omnipresence of premature death in the early modern era created another situation in which dreams were often mentioned. A large number of *Leichenpredigten* that exist today were written for

---

① "Die folgende nacht hat er wol geruhet und saffte geschlafen; und er saget, es hette im getreumet, wie er gesungen hette 'Mich verlanget hertzlich, mit euch dis Osterlamb zu essen' auf die Melodey, wie mans vor zeiten lateinisch in der Kirschen gesungen hat, und hette so laut geschrien, das er darüber erwacht were". See Nikolaus Müller (ed.): Philipp Melanchthons letzte Lebenstage, Heimgang und Bestattung nach den gleichzeitigen Berichten der Wittenberger Professoren. Zum 350. Todestage Melanchthons. Leipzig: Verlag von M. Heinsius Nachfolger 1910, p. 63. And the lyric Melanchthon heard in this dream is from Luke 22: 15. See Bräuer: "... einige aber sind Natürliche, andere Göttliche, wieder andere Teuflische...". Melanchthon und die Träume, p. 246.

② "An dem Tag/da Herzog Johan Friderich Churfürst zu Sachßen gestorben/erscheine Ihm umb 9. Uhr vormittag ein Mann/von Angesicht schon und ehrlich gestalt/welcher vür ihm stehet/und zu ihm gesaget: Du lieber Mann/wan du den hettest/der dich ernehret/vferzogen/und allzeit bey dir gewesen ist/und der deine Weise weiß/so-were dir geholffen. Welches der Churfürst/nach dem er aufgewacht/mit lachendem Munde und frölichem Hertzen erzehlet". See Dietrich: Traum Diskurß, p. 71.

③ According to Dietrich, this report on the elector's dream came from Irenaeus's 1584 book *Trostspiegel*, see Dietrich, ibid., p. 71. This dream was also included in Männling's *Traum-Tempel*, p. 448.

dead children and teenagers and addressed to their heartbroken parents. The salvation of this particular group of Christians was jeopardized by the fact that compared to adults they seemed less capable of carrying out proper preparations such as reciting the *Bible* and saying prayers in order to fight the spiritual battle on the deathbed. Dreams in such circumstances thus appeared as signs of their readiness to enter an eternal life. Luther's daughter Magdalena's death and his wife Katharina's dream about two angels leading her to a heavenly wedding became the fascination of later Lutheran authors of devotional literature. A certain kind of narrative for dreams about children's death emerged from it. Apart from Elisabeth Dorothea's dream about her dead stepson, mentioned above in the 1661 *Leichenpredigt*, more dreams related to young children's death were recorded in Lutheran funeral sermons. In 1585, a burial ceremony was held in Magdeburg for a four-year-old named Dorothea Kotzen. The pastor who held the *Leichenpredigt* mentioned that the little girl saw two angels waiting for her at her deathbed. According to the *Personalia*, despite her young age, the little girl was able to learn God's word under the instruction of her Christian parents, and the Lutheran pastor who gave the funeral sermon even insisted that her knowledge of the *Bible* was better than that of 'some middle-aged peasants in the countryside'.[①] In 1628, at the funeral of the eight-year-old Friedrich Erhardt von Kunheim, the pastor giving the sermon mentioned a dream the dead boy's mother had experienced, which had predicted the death of her child. One night before the boy fell ill, the mother had dreamed about two ignited candles on the altar of a local church. Their light was however very dim; then two other candles appeared in front of the altar with bright flames. The mother's dream, the pastor believed, prophesized her little boy's unfortunate, but fortunately Christian death.[②]

But not all those who recounted their dreams about death were children and well-known members of the Lutheran Church. Common believers also had the chance to have their dreams recorded and mentioned in the *Leichenpredigten* and other devotional writings. Frequently mentioned dream images included Christ, angels, the city of Jerusalem, or struggles with Satan. However, many of these dream narratives underlined the fact that the dying had such dreams long before they showed signs of physical illness. In the case where such dreams took place on the deathbed, the mental sanity of the dreamer was always emphasized. For instance, in the *Leichenpredigt* of

---

① Nicolas Hartung: Kurtze/einfeltige/aber doch Christliche Leichpredigte/so bey dem Begrebnis/des Jung frewleins/seligern Dorotheae Kotzen. Magdeburg: 1585.

② "Es ist aber solches absterben/dieses Wol Adelischen Söhnleins angedeuttet worden/durch ein Nächtliches gesicht/oder Traum. Denn seiner lieben Fraw Mutter vorkommen des Nachts: Als sehe sie zu Nippern in der Kirche auff dem Altar stehen 2. schöne Kertzen/so aber sehr dunckel brenneten: Vor dem Altar zwo andere/so da sehr helle leuchteten. Und diß ist Ihr also vorkommen/da Ihr hertzliebes Söhnlein noch frisch und gesundt gewesen", Caspar Cresting: Christliche Leich und Ehrenpredigt/Bey Wol=Adelicher und Christlicher Bestattung/des... Herrn Daniel von Kunhaimb/auff Nippern/ Kuckerwitz und Lohnschutz Erbfassen/hertzlieben Sohnes. Gissen: 1628, p. 35.

Christopher von Hagen, who died in 1637, the pastor reported that the dying had a difficult dream about his struggle with the evil spirit. When he woke up, he talked about this night vision to his pastor, wife, son, in-laws and other relatives who stood around his deathbed 'with reasonable mind and strong voice'. ① In fact, the Schmalkalden physician Fink, whose story was mentioned at the very beginning of this article, appears to have been a rare unfortunate. His dream took place too close to his fatal disease. Moreover, the Lutheran pastor who accompanied him at his deathbed showed indifference towards ideas about devotional dreams and instead took more interest in the physical dimension of dreams as causes of mental illness. That's why Fink's case seems more interesting than those in which the dying succeeded in having their dream recorded and evaluated in a positive way. Together, the successful and the unsuccessful cases show how religion functioned in regulating Lutherans' dreaming experiences on both discursive and experiential levels.

4. Conclusion

In both premodern and modern contexts, dreaming is a highly personal and individual experience. The situations in which people talk about dreams, as well as the ways in which they are narrated and interpreted, however, have been historically conditioned and follow certain cultural patterns. In the sixteenth and seventeenth centuries, religion played a crucial role in providing a language and models for those Lutherans who attempted to make sense of death through dreams. It is also necessary to distinguish the rigor of dogmatic teachings in Lutheran orthodoxy from the flexibility of devotional practice in seventeenth-century Lutheranism. Lutheran theology's general skeptical attitude towards dreams remained largely on a doctrinal level, whereas a certain degree of flexibility in terms of devotional acts related to dreams still existed. Remarkably, a number of dreams about death were narrated and interpreted by women and children, which highlights the value of sources such as funeral sermons and devotional literature in restoring the forgotten voices related to religion in the early modern world.

(本文原刊于 *An den Rändern des Lebens: Träumen vom Sterben und Geborenwerden in den Künsten*, Mauro Fosco Bertola, Christiane Solte-Gresser (hg.) Wilhelm Fink Verlag, 2019, pp. 135-150)

① "... hat er nach geendigtem Schlaff/seiner jetzt hinterlassenen hochtrawrigen Wittwen und Sohn/so wohl seinem H. Seelsorger/Schwägern und Verwandten/bey guter Vernufft/und mit starcker Stimme erzehlet", see Barward Rhesen, "Evangelische Trost- und Frewdenpunct: Auß dem schönen Hauptspruch des H. Evangelii: Also hat Gott die Welt geliebt/ Joh. 3. Bey Christlichem Leichbegängniß/des... Christoffer vom Hagen", Hildesheim: 1637, p. 67.

作者简介：

杞支雅男，1988 年生，云南昌宁人。研究领域包括德国近代早期史、宗教改革史和文艺复兴史。2007—2014 年就读于北京大学历史学系。2020 年毕业于美国宾夕法尼亚州立大学（the Pennsylvania State University）历史系，获博士学位。博士论文探讨了 1530—1730 年间德意志路德宗地区的梦文化。2016 年获德国历史研究所（the German Historical Institute in Washington DC）奖学金，前往德国施派耶和柏林参加“档案阅读暑期课”（Archival Summer Seminar）。2017—2018 年获德国莱布尼茨欧洲历史研究所（IEG）、德国哥达研究中心（FZG）和奥古斯特公爵图书馆（HAB）资助，在欧洲查阅档案，研究访学。2020—2021 年在美国宾夕法尼亚州立大学担任教学博士后（postdoctoral teaching fellow），为本科生开设课程。2021 年 9 月入职上海师范大学人文学院世界史系。

世界近现代史

评介英国诗人历史学家西蒙兹的性格文化史研究

——由《米开朗基罗传》《惠特曼研究》引出的历史思考

周春生

摘　要：性格问题向来是历史人物研究中的核心内容。就性格与文化的关系而言，性格影响到文化创造和人类文化的进程。同时，文化创造的进程也对个体性格的升华起催生作用。英国诗人历史学家西蒙兹的性格文化史研究以历史的广阔视角对个性与文化创造之间的相互关系作出独特的解读，并留下诸多启人深思的个案研究成果。在19世纪的西方史学界，像西蒙兹那样将学术层面的性格文化史研究与个人的人生解疑过程结合起来，在人物传记作品及其他历史研究作品中始终注意性格文化史的研究理念，力图书写一部西方同性恋文化史，这些堪称凤毛麟角并值得后现代史学理念逐渐推广的今天予以新的批评、探讨。

关键词：西蒙兹　性格　文化史

人生存于不同的文化环境之中，其性格中属于自然、本能的因素亦会受到文化的浸染并打上文化的印迹。就人的文化创造活动而言，历史上正是那些性格各异的文学艺术家们为人类留下值得永久回味的文化精品。品味之余更需要学人去探讨性格与文化创造之间的关系。特别是文艺复兴时期的文化领域，群星璀璨、百花争艳。这吸引同时代及往后的学人去撰写那些巨擘的生平，其中离不开对性格问题的探究。英国诗人历史学家约翰·阿丁顿·西蒙兹（John Addington Symonds，1840—1893）①的诸多历史人物研究作品一经发表便引来文坛各种关注的目光，并迅即成为历史学及文学艺术史研究不可或缺的参考资料，延之弥久。究其因，答案只能在西蒙兹独特的性格文化史研究理念、方法、成果中去寻找。

① 对西蒙兹其人、其著及其文化史研究的整体情况参见拙文《悲凉的维多利亚人——诗人历史学家西蒙兹及其文化史研究》（《世界历史评论》2015年第2期）。鉴于国内西蒙兹研究方面尚未形成学术气候，以下引注会就相关情况作必要的补充说明。

一、由两部历史人物评传作品引出的性格文化史思考

1892年,英国诗人历史学家西蒙兹的异国友人、“美国文艺复兴”[①]的代表惠特曼辞世。翌年,以史著《意大利文艺复兴》出名的西蒙兹步入54岁这一学术创作的黄金年份。但天年不济,病魔和劳累让这位19世纪的英国文坛奇才过早离世。还是1893年,西蒙兹为学术界奉献了一部其历史人物评传的巅峰之作《米开朗基罗传:基于佛罗伦萨邦纳罗蒂家族档案所作的研究》[②](以下简称《米开朗基罗传》)。《米开朗基罗传》出版3月即售罄,西蒙兹有幸见到随即付梓的第2版。惠特曼的辞世则让西蒙兹结集整理相关文稿,埋头创作《惠特曼研究》[③],并于大限之日发表。[④] 同年,有多种版本的《惠特曼研究》面世,数年后又出了新版。[⑤] 到了20世纪,学术圈内外仍以极大的兴趣品读、引证上述作品。当代米开朗基罗研究专家布尔将西蒙兹的《米开朗基罗传》放在19世纪该项研究参考文献的压轴之列。[⑥] 至于那些研究惠特曼在英国影响之类的著述更不会忽略西蒙兹的《惠特曼研究》,并以此为线索去收罗、评点两位文人之间的逸闻旧事、观念才气等。[⑦]

西蒙兹的上述作品究竟给学界带来什么新的气象呢?以《米开朗基罗传》为例,难道西蒙兹的研究渗透进更多资料来源方面的养分吗?事实上,西蒙兹像诸多文艺复兴史、米开朗基罗研究学者一样,其写作亦主要依据文艺复兴艺术史的开山之作即瓦萨利《意大利艺苑名人传》。[⑧] 同时参考孔迪威《米开朗基罗传》的内容。[⑨] 当然西蒙兹根据档案资料作了仔细的考订等。另外根据西蒙兹《米开朗基罗传》序言中的说法,其写作过程特别参考了米开朗基罗的书信。[⑩] 但这些情

---

① 此提法出自麦锡森《美国文艺复兴:爱默生与惠特曼时代的艺术及表达》(F. O. Matthiessen, *American Renaissance: Art and Expression in the Emerson and Whitman*,牛津大学出版社,1968年)一书。

② 西蒙兹:《米开朗基罗传:基于佛罗伦萨邦纳罗蒂家族档案所作的研究》(J. A. Symonds, *The Life of Michelangelo Buonarroti: Based on Studies in the Archives of the Buonarroti Family at Florence*),2卷本,J. C. 尼莫出版社,1893年。西蒙兹在第2版中作了稍许修改,后来学界一般使用第2版。本文亦遵此做法,使用斯科利内尔父子出版公司1893年第2版。

③ 西蒙兹:《惠特曼研究》(J. A. Symonds, *Walt Whitman: A Study*), J. C. 尼莫出版社,1893年。

④ 西蒙兹“序言”中的落款是3月10日,实际发表日是4月19日。——笔者注

⑤ 西蒙兹:《惠特曼研究》(J. A. Symonds, *Walt Whitman: A Study*),劳特利奇父子出版公司,1893年版;E. P. 杜顿出版公司,1893版;J. C. 尼莫出版社,1896年新版;等等。

⑥ 布尔:《米开朗基罗传》(G. Bull, *Michelangelo: A Biography*),企鹅丛书,1996年。

⑦ 布罗吉特:《惠特曼在英国》(H. Blodgett, *Walt Whitman in England*),罗素出版社,1973年。另参见迈尔森编《在惠特曼的时代》(*Whitman in His Own Time*, edited by J. Myerson),爱荷华大学出版社,1991年,第149页。

⑧ 西蒙兹写作时参考的版本是瓦萨利《意大利艺苑名人传》(Giorge Vasari, *Le Vite de' piu eccellenti Pittori Scultori e Architetti*),14卷本,佛罗伦萨穆尼尔出版社,1855年。

⑨ 西蒙兹写作时参考的版本是孔迪威《米开朗基罗传》(*Vita di Michelangelo Buonarroti*, scritta da Ascanio Condivi),N. 卡普罗出版社,1823年。

⑩ 西蒙兹:《米开朗基罗传》(J. A. Symonds, *The Life of Michelangelo Buonarroti*),“序言”,第Ⅷ-Ⅸ页。米开朗基罗的书信全集在20世纪已编译成英文出版,成为学人普遍使用的材料。其版本为:兰登编辑《米开朗基罗书信集》(*The Letters of Michelangelo*, translated from the original Tuscan, edited & annotated in two volumes by E. H. Ramsden),2卷本,斯坦福大学出版社,1963年。

况在19世纪的西方学界算不上首创。在西蒙兹之前,已经有许多米开朗基罗评传作品包含类似的学术努力。就以西蒙兹主要参考、推荐的作品如高迪[①]、格里姆[②]、哈弗得[③]、威尔森[④]等创作的米开朗基罗传记而言,此等学术努力跃然纸上。那么是西蒙兹的著述更详尽些吗?上述西蒙兹之前的作品在量的方面亦有几十万字之多,而且各有特色。至于20世纪随着文化史研究受到学界广泛重视,更有大部头、高水准的米开朗基罗编辑、研究著述相继面世。其中较著者有克莱门茨[⑤]、托奈[⑥]、艾尼姆[⑦]、穆雷[⑧]、布尔等学者的米开朗基罗研究。用今天的学术标准看,上述作品在资料运用等方面均有新的开拓。那么在诸多米开朗基罗研究作品特别是20世纪诸多思想性、学术性俱佳的作品面前,西蒙兹的学术立足之地何在?再看看西蒙兹的《惠特曼研究》,就数量而言也就是10万字左右的小册子。在学术参考资料方面除引证当时出版的惠特曼著作集外,传记资料得自布基《惠特曼传》[⑨]较多。这与20世纪那些更大规模的惠特曼研究学术参考资料相比,不能同日而语。例如,20世纪美国在惠特曼研究上的一项重大学术工程是《惠特曼著作集》的编辑、出版。由此学界在惠特曼研究方面有一个标准版可供凭依、参考。其中的许多资料是第一次与读者见面。[⑩] 那么继续问:西蒙兹笔下的惠特曼形象又有哪些出彩之处呢?

西蒙兹《米开朗基罗传》"序言"部分在评价自己学术特点时谦逊地指出,前人和同时代学人在米开朗基罗研究方面各有长处,例如认为格里姆的著作给了学人探讨米开朗基罗的新途径,[⑪]如此等等。西蒙兹自己则在米开朗基罗个性研究上着墨较浓,"我的目的是公允而完整地论述这位英雄的生平与作品,并且集中地关注其个性"[⑫]。也就是说,西蒙兹《米开朗基罗传》的魅力主要不在于传记资料丰富翔实如何,而来自贯穿始终的性格问题研究。批阅全书,给读者

---

① 高迪:《米开朗基罗传》(*Vita di Michelangelo Buonarroti*, narrata con l'Aiuto di Nuovi Documenti da Aurelio Gotti),2卷本,佛罗伦萨第波格拉费亚出版社,1875年。

② 格里姆著、邦内特译:《米开朗基罗传》(H. Grimm, *Life of Michael Angelo*, translated with the author's sanction by Fanny Elizabeth Bunnett),2卷本,小布朗出版公司,1865年。

③ 哈弗得:《米开朗基罗传》(J. S. Harford, *The Life of Michael Angelo Buonarroti, with Translations of Many of His Poems and Letters, also Memoirs of Savonarola, Raphael, and Vittorial Colonna*),2卷本,朗曼出版社,1858年。

④ 威尔森:《米开朗基罗的生平与著述》(C. H. Wilson, *Life and Works of Michelangelo Buonarroti*),J. 穆雷出版社,1876年。

⑤ 克莱门茨著有多种米开朗基罗研究作品(详后),其中一部方便学人引证且全方位勾稽米开朗基罗生平、观念的资料性学术参考著作是:克莱门茨评译《米开朗基罗的自画像:文本与资料》(*Michelangelo A Self-Portrait: Text and Sources*, Edited with Commentaries and New Translations by R. J Clements),纽约大学出版社,1968年。

⑥ 托奈:《米开朗基罗研究》(C. de Tolnay, *Michelangelo*),5卷本,普林斯顿大学出版社,1969—1971年。本书是学术界公认的全面评价米开朗基罗艺术人生的权威著作。其资料运用详备、评述公允,堪称翘楚。

⑦ 艾尼姆:《米开朗基罗传》(H. Von Einem, *Michelangelo*, tr. R. Taylor),梅休因出版公司,1973年。该书不仅史实方面的叙述可信度高,而且有许多关于米开朗基罗艺术特征、艺术人生的独特评论。

⑧ 穆雷:《米开朗基罗的生平、著述与时代》(L. Murray, *Michelangelo: His Life, Work and Times*),泰晤士·哈德逊出版社,1984年。

⑨ 布基:《惠特曼传》(R. M. Bucke, *Walt Whitman*),D. 迈克凯出版社,1883年。

⑩ 阿伦、布拉德雷总主编:《惠特曼著作集》(*The Collected Writings of Walt Whitman*, general editors, G. W. Allen and S. Bradley),纽约大学出版社,1961—1984年。目前已出22卷。

⑪ 西蒙兹:《米开朗基罗传》(J. A. Symonds, *The Life of Michelangelo Buonarroti*),第1卷,第XⅦ页。

⑫ 西蒙兹:《米开朗基罗传》(J. A. Symonds, *The Life of Michelangelo Buonarroti*),第1卷,第XX页。

的直观印象就是西蒙兹的评叙以性格问题作为中心线索，处处注意性格对米开朗基罗艺术人生方方面面的影响。同时，将米开朗基罗性格的演变史与文化创作之间的关系作了环环相扣的呈现。在最后的章节里，西蒙兹更是对米开朗基罗的性格及其与文化人生的关系作了集中点评，这也是全书最精彩的部分。这样，西蒙兹给学人奉献了一部学术上乘且感人至深的性格文化史著述。就文艺复兴的历史情境而言，西蒙兹强调性格问题的研究也是一种回归历史的史学创作态度。文艺复兴时期的文学艺术大家均充溢着新的人文精神，个个秉性鲜明。这需要后人特别是历史学家以自己纯净的心灵和同样富有个性的历史写作方法与先贤对话。回顾史学、艺术史的创作领域，那些文艺复兴时期开近代史学先河的大家已经在性格文化史方面探路先行了。其中艺术史家瓦萨利《意大利艺苑名人传》(Giorgio Vasari, *Lives of the Most Eminent Painters Sculptors and Architects*)“米开朗基罗传”章节对艺术大师性格的着力描述是这部作品名垂青史的重要因素。从瓦萨利的著述情况看，其性格研究并非学究式评论艺术家个性与艺术创作之间关系，而是比较强调对性格的叙事本身。在描述米开朗基罗的个性时集中地体现了这种叙事特点，如米开朗基罗与教皇尤利西斯二世发生龃龉的生动事例等。[①] 这些事例将米开朗基罗孤独、自我奋斗的性格栩栩如生地呈现在读者面前。瓦萨利的这种性格文化史研究取向被往后的历史研究工作者继承、发展，其中西蒙兹的研究可谓独树一帜。再从《惠特曼研究》全书的情况看，能够吸引学人之处也只能从西蒙兹聚焦性格与文化关系的角度进行分析寻找。

经启蒙时代的历史学练笔，19 世纪的史学大家在历史人物性格及其与文化创造关系问题研究方面又上新的台阶。那时经常有“As Man and His work”之类的书卷标题，其立意无非想探讨书中主人公的人格特点。哈弗得《米开朗基罗传》就辟专章介绍这位艺术家的性格问题。[②] 这些说明西蒙兹的前辈和当时的学界同仁已经在这方面下了不少工夫。20 世纪 60 年代，《米开朗基罗书信集》的编撰者拉姆斯顿在“导论”中就格里姆、哈弗得、杜巴[③]、西蒙兹各自对米开朗基罗性格的描述作了梳理和简要点评。[④] 可见学界对相关史学情况的关注度。西蒙兹之后的文艺复兴史研究领域，对当时诸多人文主义大家的性格问题的探讨仍是学人关注的重点。以 personality 和 character 为题的著述已经成为学界常谈。在这方面留下不少耐人品味的著述：泰勒《佛罗伦萨人列奥纳多：一项性格研究》[⑤]力图揭示这位艺术家复杂的个性；马修斯《弗兰西

① 瓦萨利：《意大利艺苑名人传》(Giorgio Vasari, *Lives of the Most Eminent Painters Sculptors and Architects*)，第 9 卷，德·维尔译，P. L. 瓦纳出版社与美狄奇协会，1915 年，第 24—25 页。

② 哈弗得：《米开朗基罗传》(J. S. Harford, *The Life of Michael Angelo Buonarroti, with Translations of Many of His Poems and Letters, also Memoirs of Savonarola, Raphael, and Vittorial Colonna*)，第 2 卷，第 9 章。

③ 杜巴：《米开朗基罗传》(R. Duppa, *The Lives and Works of Michael Angelo*)，有各种版本，如贝尔与达尔迪出版社 1872 年版等。

④ 拉姆斯顿译：《米开朗基罗书信集》(*The Letters of Michelangelo*, translated from the original Tuscan, edited & Annotated in two volumes by E. H. Ramsden)，“序言”，第 XⅧ-XⅨ页。拉姆斯顿的点评还有许多商榷之处，特别是作者对西蒙兹的批评显示是尚未吃透评论对象的性格文化史理念要点。但作为一家之言仍值得参考。

⑤ 泰勒：《佛罗伦萨人列奥纳多：一项性格研究》(R. A. Taylor, *Leonardo the Florentine: A Study in Personality*)，哈普尔兄弟出版社，1929 年。

斯·培根：一部性格扼杀的历史》则对培根温柔、直率的性格与其生平关系作铺陈性的研讨；[①]等等。至此仍旧要问：西蒙兹与众多涉猎性格问题研究的著述相比，其性格文化史研究的亮点何在？显然，前文提及的西蒙兹谦逊自评一定有其更深层面的意蕴，或者说一定注入了更多独到的思想、学术养分。为此，学人需要弄清楚西蒙兹性格文化史研究理念形成的来龙去脉及其整体框架。

二、西蒙兹的人生困惑与性格文化史研究理念的形成

笔者以为，诗人历史学家西蒙兹的性格文化史研究，其目的之一是要解答自我的人生难题并实现自我超越。西蒙兹是一位有性倒错倾向的诗人历史学家与文人。这种倾向隐匿在其内心深处，终生为之纠葛。[②] 同性恋现象在维多利亚时代会遇到一些社会的冷眼。西蒙兹去世后的1897年，由西蒙兹与蔼利斯共同撰写的《性倒错》[③]一书正式面世。《性倒错》中就有反映西蒙兹自己性倒错的案例。[④] 在《性倒错》以后的版本（包括选入蔼利斯代表作《性心理学研究》[⑤]的《性倒错》）中，西蒙兹的名字消失了。这里面有西蒙兹生前对家庭等诸多因素的考虑，也从一个侧面反映出时代狭隘的容忍度。西蒙兹在世时凡涉及自身同性恋问题的各种探讨都作了不同程度的"隐秘"处理。尽管有上述情况，西蒙兹仍以主要精力研究同性恋现象的生理、心理及与此相关的文化内涵，并第一个以回忆录的形式在近代文人领域说出自己的"隐秘"事例。不过作为有社会名望、为人处事讲究社会道德影响的文人，西蒙兹确实在如何处理同性恋问题上碰到棘手难处。从表面上看，西蒙兹的人生不乏"克制"的色彩。至少西蒙兹经常要在当时各种知名杂志上著文传道，又经常会登上讲台传播文化，凡此等等都需要"克制"。作为斯多葛主义者的西蒙兹还向往理性、情感、宗教三位一体的和谐人生。他在诗文中将理性、意志、情感称作"三姐妹"。[⑥] 但所有这些并不能真正"克制"住西蒙兹内心深处的那座火山，反而撮合成西

---

① 马修斯：《弗兰西斯·培根：一部性格扼杀的历史》（N. Mathews, *Francis Bacon: The History of a Character Assassination*），耶鲁大学出版社，1996年，第7页。

② 可参考格罗斯库特编辑的《西蒙兹回忆录》，尤其是编撰者在书名上加了一个副标题即"一位19世纪主要文人的隐秘同性恋生平"（*The Memoirs of John Addington Symonds: The Secret Homosexual Life of a Leading Nineteenth-Century Man of Letter*, ed. and intro. P. Grosskurth，该书由兰登书屋出版公司1984年出版），可见其用意。

③ 蔼利斯、西蒙兹：《性倒错》（H. Ellis and J. A. Symonds, *Sexual Inversion*），威尔森与麦克米兰出版社，1897年。蔼利斯是西蒙兹的好友，亦是该书的主要酝酿者和执笔者。西蒙兹作为合作者曾提供许多"历史"文本，但病殁致使提笔共书之事戛然而止，终为憾事。详情见蔼利斯《我的生平》（H. Ellis, *My Life*），W. 海涅曼出版有限公司，1940年，第295页。

④ 在《性倒错》的"案例XVIII"中，对西蒙兹的同性恋情况作了历史的回顾和具体的分析，内容已经很袒露了。参见克洛泽编、蔼利斯与西蒙兹合著《性倒错：批评版》（*Sexual Inversion: A Critical Edition*, Havelock Ellis and John Addington Symonds, ed. I. Crozier），帕尔格拉夫、麦克米兰出版社，2008年，第142—147页。

⑤ 蔼利斯：《性心理学研究》（H. Ellis, *Studies in the Psychology of Sex*），2卷本，兰登书屋出版公司，1942年。

⑥ 西蒙兹：《流浪者》"三姐妹：理性、意志、情感"（J. A. Symonds, *Vagabunduli Libellus*, "*Three Sister: Reason, Will, the Heart*"），K. P. 特伦奇出版公司，1884年，第89页。

蒙兹更为复杂的性格。西蒙兹的性格是孤僻、忧郁、独创与理想、激情、宽仁的混合物。[①] 因此西蒙兹的人生之路显得很焦虑。西蒙兹自己也承认其学术成就与焦虑的感情有直接的关系。[②] 西蒙兹始终被如下系列性格与文化关系问题缠绕：同性恋究竟是怎么回事？同性恋与文化的关系如何？能否以同性恋为一个学术的支撑点展开更大范围的文化研究？归结为一点，西蒙兹需要在思想文化观念上找到一种能够使人生更实在地走下去的目标，同时找到一个学术研究的突破口。

真正对西蒙兹的思想、人格、学术具有转折性影响的人物是美国诗人惠特曼。惠特曼使西蒙兹懂得如何表现本真的自我，进而形成完整的性格文化史研究理念。当然西蒙兹的性格文化史理念是由系列著述构成的，包括《思索与设想论集》[③]、《蓝之抒怀及其他文论》[④]等。西蒙兹对惠特曼的关注要追溯到19世纪60年代，那时惠特曼《草叶集》初版不久，西蒙兹立即被其中的文字和思想深深打动。[⑤] 1871年，西蒙兹再次致函惠特曼，说起自己6年前拜读《草叶集》时的激动心情。[⑥] 作者后来一再提起惠特曼的影响，"当我25岁第一次阅读《草叶集》时，它对我的影响超过除《圣经》外的任何一本曾经读过的著作；要比柏拉图的大，比歌德的大。要我审慎地说出究竟是何原因让它渗透进我生命的肌理和骨髓之中，这是不可能的"[⑦]。同时认为这种影响和启示是带给所有读者的。[⑧]

如何认识、表现无意识层面的各种心理因素及相关性格，这是19世纪西方文人心目中的前卫创作课题。惠特曼的伟大不仅仅因为其歌颂真善美、歌颂自我、歌颂民主自由、歌颂开放的事物而令人敬佩，从更深层的意义上讲，还因为惠特曼将无意识层面的丰富人性世界以诗的形式呈现给大家并让世人的心灵得到洗练。[⑨] 他让所有人懂得这样一个道理，即完整的个体不只存在着那些社会认同的适众因素，还存在着用社会普遍道德伦理无法解释且只属于自己的私下情理。于是惠特曼眼睛向下，在平常的人物和个性中探究美的个体世界。西蒙兹注意到惠特曼诗笔所呈现的那些平常的、自然的现象，即"惠特曼习惯于思考和书写的不是那种文化的人群、精致的品位、文学与社会传统的见解，而是被他称作'神圣平常'（the divine average）的需求与希

① 布鲁克斯：《西蒙兹生平研究》（V. W. Brooks, *John Addington Symonds: A Biographical Study*），G. 理查兹出版社，1914年，第Ⅶ-Ⅸ页；第32—33页。
② 格罗斯库特编：《西蒙兹回忆录》（*The Memoirs of John Addington Symonds: The Secret Homosexual Life of a Leading Nineteenth-Century Man of Letter*, ed. and intro. P. Grosskurth），第64页。
③ 西蒙兹：《思索与设想论集》（J. A. Symonds, *Essays, Speculative and Suggestive*），查普曼·豪尔出版社，1890年。
④ 西蒙兹：《蓝之抒怀及其他文论》（J. A. Symonds, *In the Key of Blue and Other Prose Essays*），E. 马修斯出版社，1893年。考虑到全面梳理的复杂性，本文特就《惠特曼研究》展开分析，其他已经由笔者另文详述或另撰文详述。
⑤ 布朗：《西蒙兹传》（F. Brown, *John Addington Symonds: A Biography*），J. 穆雷出版社，1903年，第240、251页。
⑥ 舒勒、彼得斯编：《西蒙兹书信集》第2卷（*The Letters of John Addington Symonds*, Vol. Ⅱ, ed. H. M. Schueller and R. L. Peters），韦恩州立大学出版社，1968年，第771封。
⑦ 西蒙兹：《惠特曼研究》（J. A. Symonds, *Walt Whitman: A Study*），第11页。
⑧ 西蒙兹：《惠特曼研究》（J. A. Symonds, *Walt Whitman: A Study*），第160页。
⑨ 阿塞利诺：《惠特曼成长史：一本著作的创造》（R. Asselineau, *The Evolution of Walt Whitman: The Creation of A Book*），哈佛大学出版社，1962年，第259页。

冀。他希望用其诗句去描述那种粗狂有力的、健康的人”①。这些平常之人说到底就是一个个性格各异的鲜活“自我”。后来西蒙兹仿而创作“自我辩”(Debate on Self)组诗并选入其《十四行诗集》。② 在诗集《新与旧》中用短诗“个性”(personality)③来表现自我内心世界。为了形象地说明这一点,西蒙兹《惠特曼研究》用整整一章(第 3 章“Personality or Self”)描述惠特曼的个性。西蒙兹向我们展现了一个开放的惠特曼,并认为这位美国诗人大胆地说出了自己内心深处的话语,“现在是到了我说出其中缘由的时候了。惠特曼投射出清晰的真理光芒,此真理是我模糊地感觉到的,它鼓动着我说出以前只是羞羞答答持有的想法”④。确实,《草叶集》中有大量赤裸的性描写(包括同性恋描写)内容。惠特曼是以诗歌的形式宣示性倒错等心理的自然正当性。相应地,西蒙兹《惠特曼研究》第 4、第 5 章着重探讨了性爱问题。这里有必要提及一事,即西蒙兹非常想知道惠特曼的同性恋问题。西蒙兹曾特别将《草叶集》中的《芦笛集》与同性恋挂钩并私下询问惠特曼对同性恋的看法,对此惠特曼作出冷淡甚至是不屑的答复。⑤ 长期以来学界对惠特曼生平中的同性恋问题持一种似是而非的态度,如知名惠特曼研究专家阿塞利诺的观点等。⑥ 今天大量资料和研究表明,惠特曼是有同性恋心理倾向的诗人。⑦ 对于当年惠特曼的“冷遇”,西蒙兹在一系列文字中作了得体的处理。事实上,就西蒙兹对性格问题的认识及西蒙兹《惠特曼研究》整部作品而言,这位诗人历史学家并非单一地聚焦于同性恋的生理、心理取向及与此相关的私下问题,而是看重性格(包括性倒错心理、性格)的复杂多样性及惠特曼笔下那些离经叛道的描述本身。对于《芦笛集》中的性爱亦作了文化层面的开掘、解释。⑧ 不过从惠特曼私下对同性恋问题的态度更见出西蒙兹在 19 世纪的“前卫性”。西蒙兹自己也喜用“前卫人士”(pioneers)之词来评论同性恋问题。⑨ 无论如何,惠特曼能够在 19 世纪的文坛将同性恋等各种压抑在心理底层的因素用诗的美感形式加以描述,并将各种在社会文化主流意识看来是离

---

① 西蒙兹:《惠特曼研究》(J. A. Symonds, *Walt Whitman: A Study*),第 60 页。

② 西蒙兹:《十四行诗集》(J. A. Symonds, *Animi Figura*),老史密斯出版公司,1882 年,第 18—28 页。

③ 西蒙兹:《新与旧:韵文诗一卷》(J. A. Symonds, *New and Old: A Volume of Verse*),J. R. 奥斯古德出版社,1880 年,第 219—220 页。

④ 西蒙兹:《惠特曼研究》(J. A. Symonds, *Walt Whitman: A Study*),第 11 页。

⑤ 米勒编:《惠特曼书信集》第 5 卷(*Walt Whitman*, *The Correspondence Vol. V: 1890–1892*, ed. E. H. Miller),纽约大学出版社,1969 年,第 72—73 页。研究西蒙兹与惠特曼关系的著述都会提及此事,并从不同角度予以评论,如布罗吉特《惠特曼在英国》(H. Blodgett, *Walt Whitman in England*),第 63—64 页;格林斯潘编《剑桥惠特曼指南》(*The Cambridge Companion to Walt Whitman*, ed. E. Greenspan),剑桥大学出版社,1995 年,第 15 页;等等。

⑥ 阿塞利诺:《惠特曼成长史:一种个性的创造》(R. Asselineau, *The Evolution of Walt Whitman: The Creation of A Personality*),哈佛大学出版社,1960 年,第 185—187 页。

⑦ 有好几部相关作品引起学界的重视,如施米伽尔《惠特曼:同性恋生平》(G. Schmidgall, *Walt Whitman: A Gay Life*),杜顿出版社,1997 年;波拉克《爱恋的惠特曼》(V. R. Pollak, *The Erotic Whitman*),加利福尼亚大学出版社,2000 年;等等。

⑧ 西蒙兹:《惠特曼研究》(J. A. Symonds, *Walt Whitman: A Study*),第 81—83 页。

⑨ 克洛泽编、蔼利斯与西蒙兹合著:《性倒错:批评版》(*Sexual Inversion: A Critical Edition*, Havelock Ellis and John Addington Symonds, ed. I. Crozier),第 92 页。

经叛道的内容和盘托出,这何其不是石破天惊之举,何其不是"孤独吟诵者"[①]心境的映照。无怪乎卡品特如此称道惠特曼,"在19世纪欧洲、美国那些传播爱、同志之谊的人群中,他是首屈一指者"[②]。

总之,西蒙兹从《草叶集》中得到启示,性倒错心理倾向是自然的,与此倾向相关的各种性格成分也是正当的。[③] 再联系到性格与文化的关系,西蒙兹引述惠特曼的设问:离开了具体个人、个性的文化又有什么意义呢?[④] 按照惠特曼的观点,任何文化现象都伴随着个体、个性而生发。换言之都是由个体、个性催生的。从某种意义上讲,惠特曼的《草叶集》就是对个性、本能的文化包装。以此为理论依据,西蒙兹认为文化创造、文化史研究等特别应当去关照性倒错心理现象,并给以此类个性以审美的外观。例如具有性倒错倾向的艺术家会将忧郁、孤独等个性与柏拉图理想之爱融合起来,并贯穿整个美的艺术创作过程。西蒙兹有一首诗作的题目就叫"艺术是爱"。[⑤] 这里很自然地涉及性格的升华问题。正如关注米开朗基罗一样,西蒙兹亦十分关注惠特曼的独特性格与文化修炼、诗歌创作的关系,注意惠特曼个性中的智者大气一面。西蒙兹将其概括为:宇宙整体的意念;自我与性的感受;渗透爱的同志之情;人人平等的民主观;等等。[⑥] 所以惠特曼性格中的自我是具有独立判断的个体,表现为人应当用自己的思想来分析一切、判断一切,也可以像撒旦那样反抗世界。[⑦] 或者说,个体的人由自己的精神引导着面对世界、投身生活。西蒙兹在《惠特曼研究》中特别提到惠特曼所主张的观点,即"个体的精神活力弥漫着整个世界"(one spiritual vitality pervades the whole)。[⑧] 从美国文化特质的角度看,上述评论点出了惠特曼身上所具有的美国超验主义个体精神。当个性取得如此精神、文化的外观,性格中自然的一面就和文化的因素黏合在一起,或者说性格进入一种升华的状态。这时就不能纯粹用自然的一面来理解性格,而要从性格与文化的整体角度给予诠释。用惠特曼自己的话来讲,就是养成一种多面性(diversity),[⑨]西蒙兹则称之为完美性(perfection)。[⑩] 也有学者从精神性、现实性和接受性等方面来综合分析惠特曼的性格。[⑪] 当然就性格与文化的关系而言,惠特曼认为"多面性"意义的根仍扎在自然性的土壤中。[⑫] 或者说有生命力的个体是原本性的,它会

---

① 惠特曼经常会提到"solitary"(孤独)之类用词。阿伦的名著《批评的惠特曼生平研究》(G. W. Allen, *The Solitary Singer: A Critical Biography of Walt Whitman*, 纽约大学出版社,1967年)即以"孤独的吟唱者"为正名。

② 引自莫舍《微型丛书》(*The Bibelot*, ed. T. B. Mosher),维斯出版公司,1912年,第18卷,第136页。

③ 克洛泽编、霭利斯与西蒙兹合著:《性倒错:批评版》(*Sexual Inversion: A Critical Edition*, Havelock Ellis and John Addington Symonds, ed. I. Crozier),第213页。

④ 西蒙兹:《惠特曼研究》(J. A. Symonds, *Walt Whitman: A Study*),第44页。

⑤ 西蒙兹:《新与旧:韵文诗一卷》(J. A. Symonds, *New and Old: A Volume of Verse*),第63—67页。

⑥ 西蒙兹:《惠特曼研究》(J. A. Symonds, *Walt Whitman: A Study*),第12页。

⑦ 西蒙兹:《惠特曼研究》(J. A. Symonds, *Walt Whitman: A Study*),第21—22页。

⑧ 西蒙兹:《惠特曼研究》(J. A. Symonds, *Walt Whitman: A Study*),第21页。

⑨ 西蒙兹:《惠特曼研究》(J. A. Symonds, *Walt Whitman: A Study*),第40页。

⑩ 西蒙兹:《惠特曼研究》(J. A. Symonds, *Walt Whitman: A Study*),第39页。

⑪ 斯穆兹:《惠特曼:一项性格演变研究》(J. C. Smuts, *Walt Whitman: A Study in the Evolution of Personality*),韦恩州立大学出版社,1973年,第42—49页。

⑫ 西蒙兹:《惠特曼研究》(J. A. Symonds, *Walt Whitman: A Study*),第40页。

呼吸美的世界,它会指引诗人走向唯美境界。当文化人找到了专属于自己的文化表达形式并投身于此类文化的创造活动之中,这时便实现了自我境界的超越。因此发生在惠特曼身上的那种自然天性与智慧的合体才是西蒙兹真正看重的文人境界。西蒙兹通过惠特曼的作品不仅认识到性倒错心理等的本质、认识到自身的性格升华途径,而且坚定了作者进一步研究具有性倒错心理倾向诗人、艺术家之性格及文化创作活动的信念。理所当然,撰写包含性倒错心理、性格与文化关系的历史作品成了未来西蒙兹学术研究的突破口与亮点。

从文化传承的角度讲,文人、诗人历史学家、文学艺术家的职责与功能就是用独特的文化符号去表现个性,表现完整的自我。为何文人能够恰当地担当起传达个性的文化使命?根据西蒙兹的观点,因为个性中有非逻辑的因素,就像人生有超出理性解释的内容。特别是那些浸透文化水分的个性充满美的意蕴,这时需要善于领略美感世界的文人去传达许多复杂的个性世界。西蒙兹并不像一些以心理分析见长的作者那样对各种性格进行详细的个案研究,西蒙兹觉得这不是他的专长。在很多场合,西蒙兹谦逊地将这种心理分析的任务交给专家去处理。这里表现出诗人历史学家西蒙兹的学者严谨态度。西蒙兹留给自己的任务是做那些情感学问。[①] 也就是从个人与社会的历史情景中探索研究对象的个性演变史。事实上西蒙兹的一生就是用自己丰富深厚的人文学养和带着文人风骨的流畅笔触[②]去开拓人物研究的新途径。以《米开朗基罗传》为例,西蒙兹力图使自己的文化创作成为柏拉图精神感召下的诗人历史学家与诗人艺术家之间的心灵对话。借此将读者引向唯美的境界,并激起学人在文化的创造中实现自我超越的内在冲动力。在惠特曼那边,他认为每一个灵魂都有自己的表达形式,于是选择诗歌来表现自我。[③] 这与作为诗人西蒙兹的理想不谋而合。西蒙兹如此表白,诗人具有完整的人性,因而能用诗歌来表达完整的人性。[④] 西蒙兹的诸多人物评传作品(如《西德尼传》《琼森传》《雪莱评传》等)择取诗人作为研究对象亦含此等诗性的文化传承考虑,其中不乏涉及各位作者充满爱意的个性及相关诗作的生动评述。

经过惠特曼的启迪,西蒙兹的性格文化史研究理念逐渐形成。笔者将其概括为:其一,就研究对象、目的而言,性格文化史重在梳理、评析文学艺术家的性格与文化创造之间的关系,特别关注具有性倒错心理倾向的文学艺术家的性格(如忧郁、孤独、追求理想美等)与文化创作活动的关系,以展示性格与文化互动关系中丰富、生动的历史内涵。其二,就研究方法而言,诗人历史学家需要发挥自身的天赋并从个案研究、专题研究及文化史研究各个角度全方位展示性格与文化创造之间的关系。其三,就研究价值而言,将性格(包括性倒错心理和性格)与文化互动

---

① 格罗斯库特编辑:《西蒙兹回忆录》(*The Memoirs of John Addington Symonds: The Secret Homosexual Life of a Leading Nineteenth-Century Man of Letter*, ed. and intro. P. Grosskurth),第 216 页。

② 与此相关的西蒙兹文风研究参见格罗斯库特《悲凉的维多利亚人:西蒙兹传》(P. Grosskurth, *The Woeful Victorian: A Biography of John Addington Symonds*),H. R. 温斯顿出版社,1964 年,第 220—222 页。

③ 波拉克特别注意到惠特曼放弃小说而选择诗歌作为自己主要创作形式的问题,参见波拉克《爱恋的惠特曼》(V. R. Pollak, *The Erotic Whitman*),第 54—55 页。

④ 西蒙兹:《思索与设想论集》(J. A. Symonds, *Essays, Speculative and Suggestive*),第 323 页。

过程中产生的美感文化成果及性格升华状态加以描述、阐释,给世人以积极的人生启示。

三、用性格文化史理念写活米开朗基罗的艺术人生

在具体的人物评传中,西蒙兹特别想了解历史上那些具有性倒错倾向、具有柏拉图式爱意的艺术家们的性格与文化创造互动状况。西蒙兹选择意大利文艺复兴艺术大师米开朗基罗作为性格文化史研究的对象就有上述考虑。米开朗基罗是一位有性倒错倾向的艺术家。[①] 这种生理、心理的因素再加上其他个性因素使米开朗基罗的艺术创造无一不带有独特的风格。西蒙兹明确指出,不了解米开朗基罗的个性就无法对其人生、作品作进一步的研究。[②] 为了更好地表达此等意思,西蒙兹将孔迪威给米开朗基罗的信件完整译出,附于文中。其中孔迪威指出"他们想象不出他的辉煌是性格使然"[③]。西蒙兹《米开朗基罗传》还就艺术大师的柏拉图式精神恋爱现象作了详细评述,如第 12 章评述涉及与科隆娜、卡夫里埃利等人关系的细节,以便读者透彻、形象地了解米开朗基罗的性格。与此学术研究相呼应,西蒙兹曾以同情、雅致、传神的韵文翻译米开朗基罗的情诗。[④] 反映在《米开朗基罗传》的写作中,西蒙兹运用米开朗基罗的献诗来描述复杂的感情,很有感染力。对于米开朗基罗来讲,这种爱既是神圣的,又是一种折磨。[⑤] 但西蒙兹不过多地去分析米开朗基罗性格中留有的性倒错等心理问题,而侧重展示由复杂心境支撑的艺术创作过程,即侧重于性格与文化关系问题。对于有些不甚理解、又难以解释的爱恋情节则给予保留性地提及而已,如已进入老年的米开朗基罗还迷恋于年轻时的情感问题,[⑥]等等。这再次表露出西蒙兹性格文化史研究中的一种大气。事实上,学人可以经过细致的比对指出米开朗基罗艺术作品中哪些画面具有同性恋的意蕴等(利博尔特对《神圣家族》中圣约翰形象背景中的同性恋分析就是典型的例子[⑦]),但缺乏米开朗基罗的自我陈述,任何评论也只能停留在评论家的他者想象之中。就米开朗基罗一生的艺术创作实践而言,其作品不是让人停留在忧郁、孤独、挣扎、力量、爱恋等的艺术形式上,而是让人的个性在艺术美的境界中得到陶冶与升

---

① 关于这方面的问题,利博尔特在其著作《米开朗基罗:生平与意念的心理研究》(R. S. Liebert, *Michelangelo: A Psychoanalytic Study of His Life and Images*, 耶鲁大学出版社,1983 年)中作了全面研究。

② 西蒙兹:《米开朗基罗传》(J. A. Symonds, *The Life of Michelangelo Buonarroti*),第 2 卷,第 332 页。

③ 西蒙兹:《米开朗基罗传》(J. A. Symonds, *The Life of Michelangelo Buonarroti*),第 2 卷,第 345 页。

④ 西蒙兹译:《米开朗基罗与坎帕内拉十四行诗》(*The Sonnets of Michael Angelo Buonarroti and Tommaso Campanella*, Now for the First Time Translated into Rhymed English by J. A. Symonds),老史密斯出版公司,1878 年。为了更好地理解西蒙兹的米开朗基罗诗译、诗评,可参见克莱门茨《米开朗基罗的诗艺》(R. J. Clements, *Poetry of Michelangelo*), P. 欧文出版社,1966 年。另参见萨斯洛《米开朗基罗诗歌注译》(J. M. Saslow, *The Poetry of Michelangelo: An Annotated Translation*),耶鲁大学出版社,1991 年。该书第 54 页还就西蒙兹的同性恋心理与其米开朗基罗诗译关系问题作了批评。

⑤ 西蒙兹:《米开朗基罗传》(J. A. Symonds, *The Life of Michelangelo Buonarroti*),第 1 卷,第 64—65 页。

⑥ 西蒙兹:《米开朗基罗传》(J. A. Symonds, *The Life of Michelangelo Buonarroti*),第 2 卷,第 174 页。

⑦ 利博尔特:《米开朗基罗:生平与意念的心理研究》(R. S. Liebert, *Michelangelo: A Psychoanalytic Study of His Life and Images*),第 89—92 页。

华。西蒙兹在评述时充分注意那些给读者带来美的精神享受因素。[①] 基于这方面的考虑，西蒙兹把米开朗基罗比作人类的“榜样和象征”[②]。

西蒙兹还进一步指出，米开朗基罗的艺术理想、艺术创作生涯又影响、充实着这位文艺复兴艺术巨擘的个性，使其成为一个完美的人文主义艺术大师。西蒙兹《米开朗基罗传》非常鲜明地表达出这样一种观点，即性格是自然天生的部分加后天精神渗透的合成物。因此对有些性格（例如米开朗基罗身上那些与性倒错心理黏合在一起的忧郁、孤独等）作就事论事的一般性解释，那等于把米开朗基罗拉回到常人的境界。至于米开朗基罗身上其他复杂的性格如激情与理想、爱意与宽厚、暴躁与计较等，对此亦不能作简单的处理。事实上米开朗基罗的一生沉浸在艺术创作独有的境界与欢愉之中。当那些性格特征与米开朗基罗的艺术境界交融在一起的时候，它们便显示出与常人不一样的色彩。在这一点上，西蒙兹十分赞赏瓦萨利、孔迪威对米开朗基罗性格的理解。正是这两位传记作者提醒世人要从米开朗基罗的艺术人生角度去评判那些看似众人都具有的性格。甚至有些看似缺陷的性格在很大程度上也应当视为米开朗基罗艺术专注所导致的现象。[③] 仍以忧郁、孤独性格为例，这些性格在米开朗基罗艺术创作历程的5个阶段都有体现。[④] 5个阶段的作品依次有《圣母怜子》《女先知德尔菲卡》《晨与暮》《垂死的奴隶》《耶稣下十字架》，等等。针对这些作品，《米开朗基罗传》的每一章都有相应的性格描写内容。仅仅从欣赏的角度看，西蒙兹让读者领略到米开朗基罗作品中那些英雄形象身上所散发出的孤独、忧郁感，圣母怜子中的悲伤之情，奴隶反抗之无望的挣扎，如此等等。如果从西蒙兹性格文化理念的角度进一步体验便不难意识到，西蒙兹着意呈现的米开朗基罗性格已经不是天性的方面，而是一种升华的性格。[⑤] 其中比较突出的是米开朗基罗性格中那些与更高境界关联在一起的成分，如柏拉图式的爱意、为艺术而生的情感等。为此西蒙兹特别留意美狄奇家族及柏拉图学院对米开朗基罗性格的影响。米开朗基罗在大洛伦佐开设的学院中结识了许多著名的人文主义者，接受新柏拉图主义的精神洗礼。[⑥] 虽然米开朗基罗自己不擅长从理论的方面来阐述新柏拉图主义的艺术理论，但那些大量记载日常事项的朴实信函加上其他类似的文件则淋漓尽致地透露出大师的新柏拉图主义艺术情怀。[⑦] 庇护人还为米开朗基罗的一生沉浸在艺术的天地

---

① 西蒙兹：《米开朗基罗传》(J. A. Symonds, *The Life of Michelangelo Buonarroti*)，第2卷，117—125页。

② 西蒙兹：《米开朗基罗传》(J. A. Symonds, *The Life of Michelangelo Buonarroti*)，第2卷，第372页。

③ 西蒙兹：《米开朗基罗传》(J. A. Symonds, *The Life of Michelangelo Buonarroti*)，第2卷，第360页。

④ 本文采用托奈的5阶段分析法。托奈《米开朗基罗传》用生平、作品交叉的方法提示了米开朗基罗人生的5个阶段，其著述相应地分成5卷，其标题分别为：第1卷“青年时代”(Vol. Ⅰ “Youth”)，第2卷“西斯廷圆顶画创作时期”(Vol. Ⅱ “The Sistine Ceiling”)，第3卷“美狄奇教堂创作时期”(Vol. Ⅲ “The Medici Chapel”)，第4卷“尤利乌斯二世陵寝创作时期”(Vol. Ⅳ “The Tomb of Julius Ⅱ”)，第5卷“最后的岁月”(Vol. Ⅴ “The Final Period”)。

⑤ 西蒙兹：《米开朗基罗传》(J. A. Symonds, *The Life of Michelangelo Buonarroti*)，第2卷，第166页。

⑥ 西蒙兹：《米开朗基罗传》(J. A. Symonds, *The Life of Michelangelo Buonarroti*)，第1卷，第24—27页。

⑦ 克莱门茨《米开朗基罗的艺术理论》(R. J. Clements, *Michelangelo's Theory of Art*，格雷梅西出版公司，1961年)对此曾有出色的研究。布伦特亦注意到米开朗基罗与卡夫里埃利通信、诗作等文本中所表达出的相关理论，参见布伦特《意大利艺术理论：1450—1600》(A. Blunt, *Artistic Theory in Italy: 1450－1600*)，牛津大学出版社，1962年，第5章“米开朗基罗”。

之中创造了必要的条件。所有这些使米开朗基罗为艺术而生的理想成为现实。在西蒙兹的心目中,米开朗基罗是纯洁的艺术家。[①] 西蒙兹认为米开朗基罗"在艺术中表达自己强烈的个性……,缠绕着米开朗基罗的是:深邃的哲学思考、死亡观念和评判、严肃的心灵斗争等,他用宗教的情怀来侍奉美的世界。……米开朗基罗将艺术当作高贵的和心灵指使的思想之工具"[②]。与此相关,米开朗基罗逐渐养成为艺术而生的性格并升华为所有性格要素中的主导成分。这样,一般的性格渗透进艺术家理想美的精髓并在艺术人生中发生新的作用。以孤独性格为例,米开朗基罗在艺术中的孤独蜕变为一种自我的放逐,是最大的自由,或者说是不孤独。[③]西蒙兹对米开朗基罗其他性格问题的研究(如与拉斐尔的性格作比较等[④])都是基于上述性格文化史理念所作的判断,是对瓦萨利相关性格研究的深化,[⑤]由此带来各种性格问题研究的新境界。例如在西蒙兹的笔下,米开朗基罗的忧郁、孤独因为有艺术精神的介入,从而产生一种艺术家的自我克制性。西蒙兹《米开朗基罗传》对艺术大师的"自我克制"(Self-control)性格作了高屋建瓴式的评述。[⑥] 从艺术人生的角度去反观米开朗基罗的性格就会对各种禀性产生新的理解。或者说,天才身上的性格因素直接与文化的创造过程交融在一起,并诞生完整的艺术与人生"自我实现"(self-realization)[⑦]的世界。如果说米开朗基罗没有将自己"克制"在艺术的境地里,那么所有惊世骇俗的创作都无从谈起。正是有了这份"克制",米开朗基罗将自己的人生塑造成一幅艺术史上的英雄形象。西蒙兹不无理由地将米开朗基罗与音乐家贝多芬作比较。[⑧]从历史对话的角度看,西蒙兹对米开朗基罗"克制"的评论亦是西蒙兹自我内心世界和性格的一种折射。前文述及,西蒙兹的文人境界始终有"克制"的因素,并造就其诗人历史学家的学术辉煌。两厢对照,互映互衬。

四、性格文化史研究的另一项工程——撰写西方同性恋文化史

西蒙兹的人生经历表明,其历史研究成为解答私人问题与文化史疑点的手段。经过惠特曼等大家的精神洗练,西蒙兹开启了一项撰写西方同性恋文化史的巨大学术创作工程。从某种意

---

① 西蒙兹:《米开朗基罗传》(J. A. Symonds, *The Life of Michelangelo Buonarroti*),第2卷,第164—166页。

② 西蒙兹:《意大利文艺复兴》第3卷(J. A. Symonds, *Renaissance in Italy*, Vol. Ⅲ),老史密斯出版公司,1897年新版,第281—282页。西蒙兹7卷本《意大利文艺复兴》由老史密斯出版公司1897年至1899年分卷出新版,学术界一般以"新版"(New Edition)标示,省略具体的出版年份,考虑到学术界的习惯,以下类似引注亦简注"新版"。

③ 西蒙兹:《米开朗基罗传》(J. A. Symonds, *The Life of Michelangelo Buonarroti*),第1卷,第123页;第2卷,第335页。

④ 西蒙兹:《米开朗基罗传》(J. A. Symonds, *The Life of Michelangelo Buonarroti*),第1卷,第122页;第2卷,第374页。

⑤ 对瓦萨利性格研究的思考,特别是涉及米开朗基罗与拉斐尔比较方面的研究可参考博厄斯《瓦萨利传》(T. S. R. Boase, *Giorgio Vasari: The Man and the Book*,普林斯顿大学出版社,1979年)的第10章"拉斐尔与米开朗基罗"。

⑥ 西蒙兹:《米开朗基罗传》(J. A. Symonds, *The Life of Michelangelo Buonarroti*),第2卷,第369—370页。

⑦ 西蒙兹:《米开朗基罗传》(J. A. Symonds, *The Life of Michelangelo Buonarroti*),第2卷,第372页。

⑧ 西蒙兹:《米开朗基罗传》(J. A. Symonds, *The Life of Michelangelo Buonarroti*),第2卷,第374页。无独有偶,麦克布尔内的新作《艺术巨擘》(T. R. McBurney, *Artistic Greatness: A Comparative Exploration of Michelangelo, Beethoven, Monet*,伽尔德出版公司,1999年)亦有此等比较的内容。

义上讲,西蒙兹的整个学术生涯都与撰写西方同性恋文化史有关联。为此,西蒙兹需要搞清楚历史上和同时代人对同性恋生理、心理倾向的看法,需要找到更多的资料证明具有同性恋倾向的文学艺术家在个性上有哪些特征,更需要向世人展示历史上具有同性恋倾向的文学艺术大师在各自的文化创造方面有何特点,如此等等。就这项工程而言,《性倒错》是带有专业性质的理论分析著作;《希腊伦理问题》[①]和《近代伦理问题》[②]则是历史性评述的代表作。其间离不开西蒙兹参考同时代诸位学者在同性恋问题上的各种探索和研究成果,更离不开与其好友蔼利斯在专业方面的相互切磋。在西蒙兹的年代,书写西方同性恋文化史无疑是一个创举。西蒙兹除了会遇到时代的和私下的各种难题外,另一项学术难题便是先前及同时代尽管有不少涉及同性恋的描述,但真正要找到那些以自叙的形式揭示作者本人之同性恋的历史作品谈何容易。不过所有上述障碍都并不影响西蒙兹在历史作品中梳理同性恋的内容,从而写出一本至少由文字记载的、稍显零散的西方同性恋史。同时需要说明的是,在西蒙兹的著述中并不存在"西方同性恋文化史"字样的作品,不过从西蒙兹相关研究的实际情况看,冠之以"史"的称号名副其实。目前西方学术界在西方同性恋史的文本梳理、评述方面有不少关系到西蒙兹的内容,其成绩不容小觑。[③]

西蒙兹在19世纪的80、90年代先后私人印制了两本涉及性倒错现象及其与文化的关系的论集,即前面提及的1883年的《希腊伦理问题》[④]和1891年的《近代伦理问题》[⑤]。《希腊伦理问题》由20章构成,全书以文化的大视野梳理希腊文学艺术中涉及的性倒错现象及其与文化环境的关系。时间上包括整个古代希腊文化的进程。其中第1章"导论"谈处理这一主题的方法,往后章节涉及《荷马史诗》、各种悲剧、喜剧、爱情诗、艺术作品中出现的同性恋情节,还着重分析柏拉图、阿提卡法律等相关论述,最后评点希腊的同性恋现象为何在罗马、基督教、骑士世代渐趋消沉的原因,等等。《近代伦理问题》由10章构成,从中世纪晚期一直论述到西蒙兹所在的

---

① 西蒙兹:《希腊伦理问题:特就性倒错现象向医学心理学家及法理学家所作的咨询》(J. A. Symonds, *A Problem in Greek Ethics: Being An Inquiry into the Phenomenon of Sexual Inversion, Addressed Especially to Medical Psychologists and Jurists*),1883年私人印制。

② 西蒙兹:《近代伦理问题:特就性倒错现象向医学心理学家及法理学家所作的咨询》(J. A. Symonds, *A Problem in Modern Ethics: Being An Inquiry into the Phenomenon of Sexual Inversion, Addressed Especially to Medical Psychologists and Jurists*),1891年在伦敦私人印制。

③ 如克劳夫特-库克《饕餮盛宴:对前维多利亚时代一些作家的新思考》(P. Croft-Cooke, *Feasting with Panthers: A New Consideration of Some Late Victorian Writers*),H. R. 温斯顿出版社,1967年,该书特别提及斯温伯恩、西蒙兹、维尔德三人的生平著述;里德选编《性的异端:1850年至1900年英国文学中的男同性恋》(*Sexual Heretics: Male Homosexuality in English Literature from 1850 to 1900*, An Anthology Selected with an Introduction by B. Reade),科沃德-迈克凯出版公司,1971年;佛尼《隐匿的遗产:同性恋想象与历史——文选》(B. R. S. Fone, *Hidden Heritage: History and the Gay Imagination — An Anthology*),爱沃凯逊出版公司,1980年;罗宾森《同性恋传:从西蒙兹到莫内特的同性恋自传》(P. Robinson, *Gay Lives: Homosexual Autobiography from John Addington Symonds to Paul Monette*),芝加哥大学出版社,1999年;等等。

④ 1883年只私人印了10本。笔者使用的是伦敦1901年私印本。更具体的情况参见巴宾顿《西蒙兹著述文献》(P. L. Babington, *Bibliography of the Writings of John Addington Symonds*), J. 卡守出版社,1925年,第49页。

⑤ 1891年私人印了50部。其中的第7节"Polemical: Karl Heinrich Ulrichs"收入《性倒错》的附录。本文使用伦敦1896年私印本。

19世纪。从不同的角度探讨性倒错现象,其中占较大篇幅的是对文学中的性倒错问题作了系列研究。全书首先评述基督教、一般大众对同性恋的偏见,随后就重要文学大家(如Carlier、Ulrichs等)著述中的观点逐一进行分析,包括专题评论惠特曼诗歌中所表露出的性倒错象征。[①]仅以此二书而论,它们叠加在一起便是一部简明西方同性恋文化史专著。西蒙兹的其他著述如《希腊诗人研究》[②]、《意大利文艺复兴》[③]、《但丁研究导论》[④]、《英国戏剧史上的莎士比亚前辈们》[⑤]与《米开朗基罗传》《惠特曼研究》等合在一起,共同构成西方同性恋文化史的学术大框架。在写作、出版的时间上,《英国戏剧史上的莎士比亚前辈们》起笔于1862年,历22年而成;《希腊伦理问题》写成于1873年;《但丁研究导论》于1872年面世;《希腊诗人研究》于1873年杀青付梓;《意大利文艺复兴》第1卷则于1875年出版;其他不一一列举。由此情况看,西蒙兹的大规模文化史写作的起步阶段就与其同性恋文化研究密切相关。西蒙兹力图证明或西蒙兹内心世界想的是,同性恋中包含的"爱"与文学艺术、形而上学思考中的爱关联在一起,会引申出意蕴无穷的审美意境。西蒙兹需要从历史的角度来解答性倒错现象与文化创作之间的关系问题。西蒙兹试图向世人展示这样一幅历史画卷,即具有同性恋生理、心理问题的文学艺术家是怎样在文化的苑地里升华自己的性格、人生,并将唯美的境界当作人生的希望。同时又如何通过创作将自己浸透着神圣之爱的内心世界表现出来。

稍稍涉猎《但丁研究导论》的相关内容便能体会到该书有特色的部分是最后一章即第8章。在这一章里,西蒙兹集中探讨了但丁的爱及但丁爱情诗的本质。西蒙兹认为,但丁所体现出的柏拉图之爱是对肉体的净化。这种爱既不是禁欲,也不是简单地听从肉体的驱使,而是将人的感情引向更高境界。[⑥] 所以西蒙兹从撰写《但丁研究导论》始就在有目的地进行性格文化史的探讨。《希腊诗人研究》的中心线索是总结希腊文化的特点、不同诗歌体裁的特点及不同诗人的生平创作特点等。但纵观全书不时有同性恋内容的描述。不过在涉及这些内容时运用比较婉转的史笔。例如《希腊诗人研究》涉及同性、异性之间那种"典雅"之爱时使用"chivalry"之类的用词。[⑦] 反观《希腊伦理问题》,它通篇直接使用"paiderastia""masculine love"之类与同性恋相关的词汇,并以此陈述、评论各种性倒错现象。无论如何,通读《希腊诗人研究》的文本有助

---

① 西蒙兹:《近代伦理问题》(J. A. Symonds, *A Problem in Greek Ethics*),第115—125页。

② 西蒙兹:《希腊诗人研究》(J. A. Symonds, *Studies of the Greek Poets*),第2系列,老史密斯出版公司,1879年。

③ 西蒙兹生前出版的7卷本《意大利文艺复兴》(J. A. Symonds, *Renaissance in Italy*,老史密斯出版公司,1875年至1886年分卷出版)如下:第1卷"暴君的时代"(Vol. Ⅰ "*The Age of the Despots*"),1875年;第2卷"学术的复兴"(Vol. Ⅱ "*The Revival of Learning*"),1877年;第3卷"美术"(Vol. Ⅲ "*The Fine Arts*"),1877年;第4、5卷"意大利文学"(Vol. Ⅳ-Ⅴ "*Italian Literature*"),1881年;第6、7卷"天主教的反应"(Vol. Ⅵ-Ⅶ "*The Catholic Reaction*"),1886年。

④ 西蒙兹:《但丁研究导论》(J. A. Symonds, *An Introduction to the Study of Dante*),老史密斯出版公司,1872年。

⑤ 西蒙兹:《英国戏剧史上的莎士比亚前辈们》(J. A. Symonds, *Shakespeare's Predecessors in the English Drama*),老史密斯出版公司,1884年。

⑥ 西蒙兹:《但丁研究导论》(J. A. Symonds, *An Introduction to the Study of Dante*),第4版,麦克米兰出版公司,1899年,第260页。

⑦ 西蒙兹:《希腊诗人研究》,第2系列,第60页。

于更好地理解《希腊伦理问题》的内容。例如《希腊诗人研究》(第 2 系列)第 2 章“阿基里斯”[①]中的内容不失为《希腊伦理问题》第 3 章[②]的一个详注。这种情况当然会引起相关文选编撰者的注意。[③] 其他对照性的内容不在此一一列举。《意大利文艺复兴》的核心内容是人物评传,并且用许多单章的形式进行人物评叙。[④] 其中对文学三杰与艺术三杰等柏拉图情爱的描述尤其生动。与《希腊诗人研究》相仿,西蒙兹在行文中也使用“chivalrous love”之类的词来表述存在于但丁、彼特拉克、薄伽丘等诗人身上的“典雅”之爱。[⑤]《意大利文艺复兴》关于米开朗基罗的生平部分也离不开评叙艺术大师与科隆娜、卡夫里埃利之间的爱恋问题。[⑥] 另外,《英国戏剧史上的莎士比亚前辈们》以单章形式评论马洛其人其著,而马洛自己恰恰在同性恋描写上留下笔墨。[⑦] 所有上述学术内容只是西蒙兹西方同性恋史研究中的冰山一角,要真正让其显山露水还需学人作进一步破冰的努力。

五、西蒙兹性格文化史研究之启示

西蒙兹的人生就是性格与文化创作之间的互动过程。从消极一面看,西蒙兹的文艺复兴史研究等成了自我的一种“逃避”。只要认真翻阅西蒙兹书信、回忆录等,便不难发现这种人生磨难的踪迹。对此,西蒙兹的远亲、文学评论家亚瑟·西蒙斯曾在文学评论集中作了感叹式的精辟分析。[⑧] 但从积极的角度看,西蒙兹的性格文化史研究可算作人生的探索。如果读者也以探索的心境去阅读西蒙兹的性格文化史著述,那么从中能获得启示与美的享受。例如沿着西蒙兹的性格文化史研究思路去分析米开朗基罗与惠特曼的文学艺术人生会使学人体验到：米开朗基罗与惠特曼两人在性格上都流淌着柏拉图式的爱恋情感;同样都通过文学艺术的美感创作活动而超越自我;同样都带着纯洁的人性冲动间或参与现实的政治活动,最终又折回文学艺术的殿堂;[⑨]同样都是不同时代中各以独特性格走向文学艺术巅峰之象征。有了这些启示,已经很

---

① 西蒙兹:《希腊诗人研究》,第 2 系列,第 40—71 页。

② 西蒙兹:《希腊伦理问题》(J. A. Symonds, *A Problem in Greek Ethics*),第 3 章“阿基里斯与帕特洛克洛斯”,伦敦 1901 年私印本。

③ 佛尼:《隐匿的遗产：同性恋想象与历史——文选》(B. R. S. Fone, *Hidden Heritage: History and the Gay Imagination — An Anthology*),第 1 章。

④ 详细内容参见拙文《在诗情与史实之间——英国诗人历史学家约翰·阿丁顿·西蒙兹评介》,《史学理论研究》2015 年第 2 期。

⑤ 西蒙兹:《意大利文艺复兴》(J. A. Symonds, *Renaissance in Italy*),新版,第 4 卷,第 2 章“文学三杰”(“The Triumvirate”)。

⑥ 西蒙兹:《意大利文艺复兴》(J. A. Symonds, *Renaissance in Italy*),新版,第 3 卷,第 8 章、第 9 章。

⑦ 佛尼:《隐匿的遗产：同性恋想象与历史——文选》(B. R. S. Fone, *Hidden Heritage: History and the Gay Imagination — An Anthology*),第 3 章。

⑧ 西蒙斯:《文学研究两篇》(A. Symons, *Studies in Two Literatures*),L. 施密舍尔出版社,1897 年,第 252—253 页。

⑨ 对米开朗基罗参与政事的情况需要引起进一步的关注,可参考托奈《米开朗基罗的艺术与思想》(C. de Tolnay, *The Art and Thought of Michelanelo*),兰登书屋出版公司,1964 年,第 1 章“米开朗基罗的政治观”(“Michelangelo's Political Opinions”)。

感谢西蒙兹的学术指引了。然而,在西蒙兹《米开朗基罗传》与《惠特曼研究》等著述的背后还有更深邃的性格文化史内容值得开掘。

上文清楚地表明,西蒙兹留给学界的是带着他个人情感、史识、文风的希腊诗歌史、意大利文艺复兴史、英国前莎士比亚戏剧史、系列人物评传等性格文化史作品。这些文化史学术成就拓宽了历史学研究的领域,同时提高了历史作品的可读性程度。在历史学领域,涉及性格问题的研究著述不乏其例。但像西蒙兹那样将性格文化史研究当作个人人生修炼的一个环节,并用性格(特别是性倒错心理、性格)与文化的相互关系理论穿引文化史代表人物的整个人生和创作过程,还力图从文化史、断代史和当代史的各个角度全方位展开研究,这些并不多见。从文化的广阔视野望去,还值得研究的有性格与政治史、性格与社会史等相互关系内容。只要有人类活动的地方,生理规律、环境影响等的支配作用就都是普遍的,但唯独性格与文化的合体将人之为人的独特之处呈现出来,并由此构成人类社会的绚烂精彩场景。西蒙兹的性格文化史研究能使读者产生如此共鸣:一种生命体加上相应的文化,这就是健全的人之象征。从某种意义上讲,文化使个体的性格得到一种救赎意义上的自我反观,于是个体赢得一种真正的自由。由此看来,只有文化才是体现个体自由的真正途径。或许这是西蒙兹性格文化史研究留给我们的终极遗产。在 19 世纪,个体自由等与人的存在密切相关的课题已经在工业文明的大环境下凸显了出来。学人需要更完整地认识人自己,从而在人类文明未来的演进中不至于失去生存的目标。其时的文艺复兴史研究领域,诸多历史学家以史为鉴、以史为线介入上述人学探究的潮流之中。布克哈特、西蒙兹、佩特等文艺复兴史研究引领者的人学探讨更有抛砖引玉的文化效应。其中西蒙兹的《米开朗基罗传》《惠特曼研究》等作品在主客观两个方面提供超越自我、完善自我的经典范本。作为历史学界的同仁,我们要以欣赏、理解、批判的多重角度与西蒙兹对话。我们也有责任用 21 世纪的性格文化史理念去创作具有提升人格、提升审美价值、沁人心脾等多重效应的历史人物评传作品。

(本文原刊于《世界历史》2017 年第 1 期)

作者简介:

周春生,上海师范大学人文学院世界史系教授、博士生导师,从事文艺复兴史、西方思想史、东西文化比较等领域的教学与学术研究。曾发表《悲剧精神与欧洲思想文化史论》《马基雅维里思想研究》《直觉与东西方文化》等专著,还发表《"取譬"与"是"——从判断系动词看中西方文化哲学的生成和框架》《道德的合理性与国家权力的合法性——西方马基雅维里思想批评史寻迹》《英国诗人历史学家西蒙兹的性格文化史研究——由〈米开朗基罗传〉〈惠特曼研究〉引出的历史思考》等学术论文,另有《实在主义的形而上学》《马基雅维里——一个被误解的人》等译著多部。目前主要从事文艺复兴学术史的资料整理和评述研究。

从社会史到文化史：
18 世纪法国书籍与社会研究

洪庆明

摘　要： 对 18 世纪法国书籍史进行大规模研究开始于 20 世纪 60 年代，其动力主要来自年鉴学派计量研究和社会经济史的成功。新一代的年鉴派史家，以"系列史"的方法为指导，研究书籍的社会经济史，解读书籍的社会文化功用，试图勾勒出 18 世纪法国的书籍社会学。但此后，在后现代主义理论、文化人类学和其他社会科学的影响下，史学家们的目光从以统计学为基础的书籍社会学转向强调解读的阅读社会学。因此，对 18 世纪法国书籍与社会的研究，总体上经历了从注重书籍计量到强调文本解读、从书籍社会学到阅读社会学、从文化社会史到社会文化史的转变。

关键词： 书籍史　"书籍与社会"学派　阅读史　计量与解读

18 世纪可以说是书籍征服世界的时代。但直到 20 世纪 60 年代，随着年鉴学派社会经济史研究的深入，法国史学界对 18 世纪书籍史的系统研究方才展开。年鉴派史学家们将浩繁的资料编制为可供计量的序列，试图以书籍为历史研究的切入点，不仅要重现书籍的社会经济史，而且欲通过对书籍发行和消费状况的研究，透视当时法国社会群体的心态世界。递及 20 世纪 70 年代后期，由于书籍计量史研究中存在的不足，加之这一时期在后现代主义、文化人类学和其他社会科学影响下西方史学观念发生转变，对 18 世纪法国的书籍与社会研究也随之转向，研究者们将目光深入读者对文本的使用方面，希望借此弄清文本的实体或话语形态以及读者的阅读方式，对读者理解和吸收文本的影响，从而勾勒出文本阅读与集体表象之间的复杂关系。

总的说来，40 余年里西方史学界对 18 世纪法国书籍与社会的研究，改变了过去仅注重启蒙思想巨擘及其著作中的思想原则的研究范式，从社会和文化的角度描摹了启蒙时代法国社会的思想图景。他们所取得的成果，已成为今天史学家认识和重构启蒙文化史的重要知识来源，[①]

① 譬如 Jean-Pierre Rioux & Jean-François Sirinelli (eds.), *Histoire culturelle de la France*, 4 tomes, Paris, 1998。这部著作已不是仅关注文学、艺术和哲学等高端文化的传统文化史，而是社会文化史，且其中第 3 卷前面牵涉到启蒙时代的内容，基本上是 20 世纪 80 年代以来西方史学界研究法国 18 世纪社会文化史成果的综合。

而且在史学视野和方法上引领着整个西方学界的书籍史研究潮流。在这个过程中,针对不同时期的具体成果,屡有同行学者的评论或反思文章问世,①但将书籍史研究整个历程置于西方当代史学思潮变革的视野中加以系统的评析,到目前为止笔者尚未见到。20 世纪 80 年代以来,中国学界对西方书籍史的零星介绍陆续出现,②但大多数是针对西方书籍史的研究方法或路径的概括性介绍,深入书籍史的具体研究领域,并探讨其成就和不足的文章尚付阙如。因此,笔者不避浅陋,试图结合 20 世纪六七十年代以来法国史学潮流演变的主要背景,对 18 世纪法国书籍与社会研究领域进行回顾评析,在简略地介绍该研究领域的“前史”之后,主要梳理它兴起与发展的基本背景、研究所据的材料来源、分析史料的方法理论以及探索的历史面向,并对不同阶段研究成果的贡献和不足略加评估。

本文希图通过这样的学术史回顾,能稍稍促进我们对 18 世纪法国社会文化转型的复杂性的了解,更企望我们能够从 18 世纪法国书籍与社会的研究实践中得到借鉴或启迪,将它所提供的史学视野和研究方法运用到西方不同历史时段、不同国家乃至中国自己的书籍史研究中。

一

美国史学家达恩顿在研究 18 世纪巴黎的新闻和媒体时说,法国旧制度时代如同今天一样,也拥有一个由各种媒体和体裁组成的密集传播网络,只不过今天它们早已被彻底地遗忘了。③但无论当时法国的传播媒介如何复杂,在一个处于前工业社会的世界里,书籍无疑属于信息和思想传播最重要的载体。1758 年,时任法国出版局局长的开明官僚马尔泽尔布就法国出版业问题,给王储所写的陈情书中提到,“整个民族都渴求书籍”,用以阅读和收藏。④ 而且,包括马尔泽尔布在内的诸多启蒙人物,都将书籍视为一个新的国民论坛,是理性得以普及和真理得以

① Alphonse Dupront, «Livre et culture dans la société française du XVIIIe siècle (réflexions sur une enquête)», *Annales: ESC*, Vol. 20e, no. 5(1965), pp. 867–896; Roger Chartier & Daniel Roche, «Le livre, un changement de perspective», Jaques Le Goff et Pierre Nora(dir.), *Faire de l'histoire: nouveaux objets*, Paris, 1974, pp. 115–136; Chartier & Roche, «L'Histoire quantitative du livre», *Revue française d'histoire du livre*, no. 16(1977), pp. 477–501; Robert Darnton, "Reading, Writing, and Publishing in Eighteenth-Century France: A Case Study in the Sociology of Literature", *Daedalus*, (Winter 1971), pp. 214–256; Raymond Birn, "Livre et Société after Ten Years: Formation of a Discipline", *Studies on Voltaire and the Eighteenth Century*, No. 151(1976), pp. 287–312; Roger Chartier, "Frenchness in the History of the Book: From the History of Publishing to the History of Reading", *Proceedings of American Antiquarian Society*, Vol. 97 (1988), pp. 299–3219.

② 安占华:《法国书籍史研究简介》,《世界史研究动态》1986 年第 1 期,第 30—33 页;李长声:《书、读书、读书史》,《读书》1993 年第 6 期,第 136—142 页;孙卫国:《西方书籍史研究漫谈》,《中国典籍文化》2003 年第 3 期,第 92—96 页;张仲民:《从书籍史到阅读史——关于晚清书籍史/阅读史研究的若干思考》,《史林》2007 年第 5 期,第 151—180 页;于文:《西方书籍史研究中的社会史转向》,《国外社会科学》2008 年第 4 期,第 917 页;秦曼仪:《书籍史方法论的反省与实践——马尔坦和夏提埃对于书籍、阅读及书写文化史的研究》,《台大历史学报》2008 年第 41 期,第 257—314 页。

③ Robert Darnton, "An Early Information Society: News and the Media in Eighteenth-Century Paris", *American Historical Review*, Vol. 105, No. 2 (2000), p. 7.

④ Guillaume de Malesherbes, *Mémoires sur la librairie et sur la liberté de la presse*, Paris, 1809, p. 427.

发扬的必要条件。[①]

尽管书籍在18世纪法国社会生活和文化思想里占有如此重要的地位，但法国学术界对18世纪书籍史的研究起步较晚，一直到19世纪中期之后才出现相关的研究著作。而且，最早的研究者既非史学家亦非文学家，而是一个名字叫欧仁·阿丹的图书馆员和书目学家。1859年至1861年间，他出版了长达8卷的《法国出版物的政治文学史》。因其特定的学术背景和兴趣，阿丹的著作依然是传统的书目学，主要是从政治和文学两个方面，介绍法国漫长历史中出版的书刊概况。有鉴于此，他需要面对浩繁的资料，因此，他所作的描述时常不可避免地显得短促草率，他所收录的书刊目录也存在大量的遗漏。[②]

递及20世纪早期，一些文学史家从不同的视角关注到18世纪旧制度下的法国书籍史。1913年，巴黎大学文学系的J.-P. 贝兰博士出版了一本有关18世纪下半期巴黎禁书贸易的著作。该书发掘了许多颇有价值的材料来源，如法国国家图书馆、巴黎印刷出版同业公会、巴士底监狱档案和私人回忆录，在内容上涉猎到了旧制度末期法国的书籍检查制度、禁书的出版和销售、当局的管理措施等多方面。[③] 作者从社会和政治这两个历史维度考察巴黎的禁书情况，明显不同于当时文学史和目录学的研究路径，但他也仅止步于对禁书出版销售和旧制度书籍管控状况的简单描述，没有关心到这种非法书籍的传播手段、流行程度以及对阅读公众的思想影响，在当时的学界影响不大。

与此同时，法国另一位文学史学者丹尼埃尔·莫尔内开始尝试着从思想的社会传播过程审视启蒙运动。他没有仿照当时文学史的流行做法，即仅从18世纪少数著名文本里寻找和归纳出启蒙时代的精神现象。相反，莫尔内通过检视旧制度末期法国私人图书馆的藏书清单，发现诸如卢梭的《社会契约论》等伟大著作极少被收藏，在2万册图书中他只发现了1本卢梭的《社会契约论》。[④] 因此，要弄清启蒙时代法国社会总体的精神氛围，必须另觅途径。经过10年的努力，加上在18世纪研究上积累的30年之功，莫尔内于1933年出版了他的《法国大革命的智识起源》。在这部业已成为经典的著作中，莫尔内一改文学领域传统的研究范式，把目光从经典作家的著名文本上转移开来，不再针对文本进行那种美学倾向的、非历史的文学解读，他转而从社会传播角度研究18世纪法国的出版物：不仅考察文本本身，更关注著作的传播及其读者，以及文学传播的机制，试图从总体上了解一个时代的文化出版状况。因为在莫尔内看来，“无论

---

① Denis Diderot, *Lettre sur le commerce de la librairie*, Paris, 1861，在这份力图声张作者权利的作品里，他认为书籍是人类知识传播和传承最重要的工具，随着时间的流逝它终会让真理战胜偏见；Marquis de Condorcet, *Esquisse d'un tableau historique des progrès de l'esprit humain*, Paris, 1900，将印刷术发明视为人类进步历程上的第八个时代，对印刷术促进人类思想解放的作用更是不吝赞美之辞；康德：《什么是启蒙运动?》，载《历史理性批判文集》，商务印书馆，1990年，第22—31页，把著作的出版视为学者公开地运用理性的基本条件。

② Eugène Hatin, *Histoire politique et littéraire de la presse en France*, 8tomes, Paris, 1859－1861.

③ J.-P. Belin, *Le Commerce des livres prohibés à Paris de 1750 à 1789*, Paris, 1913.

④ Daniel Mornet, «Les enseignements des bibliothèques privées, 1750－1780», *Revue d'histoire littéraire de la France*, no. 17 (1910), pp. 449－496.

（启蒙运动）在人们的思想中散播了什么样的政治不满和不轻信，我认为都没有更具普遍性和决定性的公众意见演变来得重要”①。也就是说，莫尔内认为，18 世纪法国革命思想的形成，不是那些少数一流作家或著名文本带来的，而是源自法国社会普遍的知识和文化变化。因此，那些名不见经传的文人作者和文学作品，以及煽动性小册子、报纸杂志都被他纳入了研究范围。他相信，要真正抓住这个社会总体的精神氛围变化，不能仅注意一流文人，也要研究二流三流乃至十流作者；不能仅关注著名文本，也要研究那些业已被遗忘的卷册。

实际上，莫尔内的这种思路在他的书名中即已得到体现，他使用的是包含了精英思想、民众思想、舆论气候、文学运动、思想传播、集体心态乃至世界观等一切思想形式的“智识”（intelligence），且在导言里明确宣称研究的目的在于“探究大革命准备过程中智识的作用”②，而非仅仅关注哲学论著里那种经艰深思考而形成系统的“观念”（idée）。为此，莫尔内不得不摆脱传统的文学史研究路径，寻求新的史料来源和研究方法。他以大革命后私人藏书的拍卖清单为材料，并使用统计的方法，弄清 18 世纪法国私人藏书的构成，希图借此衡量法国 18 世纪各种出版物在巴黎和外省的传播情况，进而了解到社会公众思想总体的演变轨迹。

通过研究，莫尔内对启蒙时代的思想转变提出了一套新的解释。在他看来，18 世纪中期到 1770 年代，并非伟大的启蒙作者们及其著作改变了人们的头脑，他们既非革命者，亦非坚定的改革者。相反，大量三流乃至十流作者撰写的书籍或小册子，论题大胆激烈且数量众多，使社会公众得到了普遍阅读的前提条件，“所有人都渴望去了解去学习，所有人都不仅要知其然而且要知其所以然”③。正是这种大量的广泛阅读，培育出怀疑和批判性的思想方式，并从社会精英向普通民众、从城市向乡村渐次传递渗透，使大革命前的法国社会形成了批判思考的总体思想氛围，“当人们获得‘观察’和‘实验’的习惯之时，当人们要求科学对其提出的解释加以证明之时，当人们在农学体系原理中想要了解该种植什么和费用几何之时，人们同时也就获得了这样的习惯，即相信政治与物理、化学或者小麦的生长并无不同之处，君主神话、秘密政治以及‘国家理性’（raison d’État）均应摒弃和排除，人们有权去观察、讨论和要求现实的各种改革”④。

莫尔内这部著作的经验研究如今在许多方面业已被超越，他的一些结论也遭到质疑或否定，如他认为卢梭的著作流传并不广泛，是因为他所使用的材料是拍卖的私人藏书清单，这些书在拍卖前是要经过官方检查的，所以被过滤掉了；他认为思想的传播遵循着从精英到大众的模式，实际上下层民众并非原封不动地接纳精英的思想，他们会按自己内在的经验加以接受和改造。但不容否认的是，他率先实现了研究范式的更新：试图将所有出版物都纳入考察范围，并引入了统计方法分析这些浩繁的材料；不是仅仅对少数著名文本中的思想原则进行精致的分析

① Mornet, *Les Origines intellectuelles de la Révolution française*, *1715 – 1787*, Lyon, 1989（1ère éd., Paris, 1933）, p. 528.

② Mornet, *Les Origines intellectuelles de la Révolution française*, p. 24.

③ Mornet, *Les Origines intellectuelles de la Révolution française*, p. 236.

④ Mornet, *Les Origines intellectuelles de la Révolution française*, pp. 529 – 530.

和归纳,而是将书籍与社会连接了起来,考察 18 世纪法国出版物在社会中的流播过程,以及由此带来的思想演变,从而开辟了“思想的社会史”研究之先河。[①] 就具体的历史认识而言,他的研究还提出了旧制度与大革命史领域的一个重要论题,即 18 世纪的法国人究竟在读什么书,是否是书籍引发了革命? 这些问题,仅仅依靠解读少数显赫文人的著作是不能解答的,必须把书籍置于社会当中考察才能给出答案。

然而,莫尔内的这部著作并未推动 18 世纪法国书籍史研究的兴起,甚至到 20 世纪 60 年代,法国史学界开始启动的 18 世纪法国书籍史研究——尽管与莫尔内类似,通过对书籍进行统计分析来衡量社会的集体心态,也与他的这部著作没有多大的直接关系。[②] 造成这种情况的原因主要有三: 一是当时年鉴学派在法国边陲城市斯特拉斯堡刚刚启动,他们倡导的新史学观念在史学界占据主导性地位尚需很长的时间;二是当时法国革命史领域牢牢地掌握在索邦大学左派史学家乔治·勒费弗尔和继后的阿尔贝·索布尔等人手中,他们强调革命的社会经济起源,将思想文化的转变视为居于次要地位的上层建筑;三是莫尔内作为文学史家,与年鉴学派并无联系,而且他所关注的是具备阅读能力的有教养阶层的心态世界,与马克·布洛赫和吕西安·费弗尔所关注的“默默无闻”的下等阶层存在着显著的不同。[③]

概言之,从 19 世纪后半期到 20 世纪前半期的漫长时间里,历史和文学领域对法国出版物历史的了解主要依据阿丹的著作,一直没有能与之匹敌的其他著作问世。书籍报刊之所以长期未能进入专业史学家的视野,原因主要有如下两点: 第一点是来自现实观念的制约。在大革命时期革命者们的政治舆论宣传中,把革命前时代的书籍出版描绘为波旁王朝严厉书报检查制度的产物,认为它们反映的仅仅是官方认可的意见。[④] 革命者这种掺杂着争夺意识形态合法性动机的话语策略,逐渐为后人所普遍接受,变为一种现实的观念,从而阻碍了人们对法国 18 世纪书籍的价值进行正确的估量和给予应有的关注。第二点是来自史学观念自身的制约。19 世纪下半期正是以兰克为代表的客观主义史学思想统领西方史坛之时。这种传统史学强调“让史料本身说话”,要求史学家对历史仅需按编年顺序作逐一的叙述,反对任何主观理解的介入,使得史学视野局限在政治史和研究材料限制在官方档案文献的狭隘范围内。20 世纪上半期,尽管这种传统史学不断遭到诟病,新的史学实践业已开始启动,但传统史学在西方各国仍然拥有强大的势力。书籍史研究登上舞台所需的认识论和方法论基础还远未成熟。与此同时,研究 18

---

① René Pomeau, «préface», *Les Origines intellectuelles de la Révolution française*, pp. 16 – 20. 文中对莫尔内在此一方面的影响作了简略的介绍。

② 书籍史研究的兴起,后文将提到,主要是二战后包括法国年鉴派在内的史学趋势演变的结果。但这并不等于说莫尔内的著作对年鉴学派在二战后的文化社会史研究没有影响。实际上,如美国史学家罗伯特·达恩顿所说,《法国大革命的智识起源》一书,为年鉴派史家六七十年代后对外省学院、教育、共济会、知识分子、新闻业、图书馆、非基督化和公众舆论的研究提供了蓝本。

③ Jack R. Censer & Jeremy D. Popkin (eds.), *Press and Politics in Pre-Revolutionary France*, Univ. of California Press, 1987, pp. 3 – 4.

④ Jack R. Censer & Jeremy D. Popkin (eds.), *Press and Politics in Pre-Revolutionary France*, p. 3.

世纪的观念史家和文学史家仍然遵循着传统的路径,以分析解读经典作家的著名文本为主,而18世纪大量不知名的文本,则被摒弃在了历史的重构过程之外。

借用伦敦大学法国革命史讲座教授A·科本的话来说,“历史哲学犹如探照灯之光柱”,历史实际上“取决于我们探视过去的光的投射方式,如果稍微变动一下角度,光柱可能在雾霭中迷失,或一幅新的图景进入清晰的光线之中”。[①] 因此,书籍计量史研究的真正兴起,还需等待整个史学思想业已发生深刻转变,也就是20世纪60年代年鉴学派开始统治法国史坛之时。

二

众所周知,早在20世纪30年代左右,西方学界就对传统史学较为狭隘的史学观念和研究范式表现出日益增长的不满和质疑,历史学家们开始转向社会科学,寻找新的认识能力和新的研究技术,一种具有新观念、新方法和新视野的“新的历史学”逐步崭露头角。到50年代中期,史学领域这种新旧交替的斗争,以新史学赢得胜利而告终。[②] 史学领域的此种变化,为18世纪法国书籍与社会史研究在20世纪60年代中期之后的兴起准备了基本条件。具体说来就是:

首先,西方史学总的转变趋势是构成法国书籍史研究兴起的基础性要素,尽管它们之间的联系看上去并不是那么直接。1955年左右开始出现的新历史学,主要动力来自社会科学。社会科学主要从两方面对历史学产生了影响,第一是它提炼出来的应用更加广泛的术语和范畴,为史学家将目光投向新问题和新领域——如大众行为或文化心态等问题,提供了可以利用的概念工具;第二是社会科学领域应用的计量方法,使历史学家拥有了面对新主题的分析工具,统计方法不仅能够用来反映物价、经济和人口的趋势,也可以用来衡量诸多无形之物,“如果我们知道哪些人在阅读哪些书籍,哪些书籍的发行数量是多少,那么,我们便把握了舆论的趋势”[③]。更重要的是,新历史学内在的精神实质,在于鼓励史学家们自由创造的精神,“它的目标不是为了推行某种新教条或新哲学,而是要求一种新态度和新方法。它不是把历史学家限制在某种严格的理论框架中,而是开拓新的视野”[④]。因此,20世纪西方史学的变动,不仅为包括书籍史在内的诸多新领域的拓展准备了方法工具,更是为史学家们向“未知之地”(terra incognita)的进发提供了精神动能。

其次,书籍史研究的兴起,与20世纪法国内部史学研究实践存在着直接的关联,其中主要是计量系列史的大规模应用。20世纪30年代,系列史被用于经济史领域,更准确地说是用于价

① Alfred Cobban, *The Myth of the French Revolution*, London, 1955, p. 5.
② 杰弗里·巴勒克拉夫:《当代史学主要趋势》,上海译文出版社,1987年。
③ 杰弗里·巴勒克拉夫:《当代史学主要趋势》,第137页。
④ 杰弗里·巴勒克拉夫:《当代史学主要趋势》,第63页。

格长期波动的研究。[①] 到50年代,随着布罗代尔以多元的时间观构建总体史图式,年鉴派史学家们开始大规模地采用计量系列史,研究人口和社会等中时段的"情势"(conjoncture)变化周期。尽管在布罗代尔时代,集体心态史和其他形式的文化史研究被降至边缘的地位,但正是对社会经济史领域研究的持续深入,酝酿了突破变革的因子。

最先引起连锁变化的是最富成果的人口史领域。这主要是因为,一方面,60年代初出现的一些有关集体心态史的论著,使人口史研究者开始注意到与人口行为有关的价值和心态因素;另一方面,计量系列史极大地扩展了能够纳入研究之用的材料,为史学家关注抽象的情感世界提供了支持,如"对整理分析贫民档案的资料卡片进行耐心的探究,导向了系列宗教史、生活态度史、夫妻婚姻史,进而是社会生活最根本的基础结构,导向爱情、生活和死亡史"[②]。人口史研究的这种递变过程,给予了一些年鉴学派学者启发,他们发现系列史同样可以延伸到第三层次的计量,开始倡导对集体心理、意识形态或文化观念层面进行研究,以便让总体史更趋完整。[③] 在他们看来,研究社会意识层面"拥有的资料与经济学或人口学领域一样丰富,拥有的系列一样同质:它们可用于研究大众的识字率、教育社会学、宗教情感、精英观念的形成过程以及政治意识形态的显性和隐性内容等"[④]。

年鉴派史学家们意欲将研究从基础的社会经济层面延展至文化心态层面,书籍史无疑是他们履践这种想法的适恰对象。因为它具有流通商品和文化载体的双重属性,既能够将它作为生产出来用以交易和谋利的商品来研究,又可以将它作为通过图像和文本传递着意义的文化符号来研究。[⑤]

最后,促进书籍史研究兴起不能忽略的因素,还有年鉴派在书籍史研究方面的典范的作用。1958年,吕西安·费弗尔和亨利-让·马丹合作著述的《书籍的出现》问世。该书以长达500多页的篇幅,缕述近代早期印刷物的发展演变史,分析书籍世界里变动的社会关系,阐明书籍在商业贸易动能下的传播方式,并透视书籍与社会文化变革之间的关系。[⑥] 两位作者既未像观念史那样,把书籍与生产以及当时的社会环境隔绝开来,文本被假定为一种独立抽象的存在,也没有

---

① 关于系列史研究的演进,参 Jacques Le Goff, Roger Chartier & Jacques Revel(dir.), *La nouvelle histoire*, Paris, 1978, pp. 508 – 509。

② Pierre Chaunu, « L' économiques — Dépassement et prospective», Le Goff et Nora(dir.), *Faire de l'histoire: nouvelles approches*, Paris, 1974, p. 65.

③ Alphonse Dupront, «Problèmes et méthodes d'une histoire de la psychologie collective», *Annales: ESC*, Vol. 16e, no. 1 (1961), pp. 3 – 11; Pierre Chaunu, «Un nouveau champ pour l'histoire sérielle: le quantitatif au troisème niveau», *Mélanges en l'honneur de Fernand Braudel*, Tome 2, pp. 105 – 125; François Furet, «Le quantitatif en histoire», Le Goff et Nora(dir.), *Faire de l'histoire: nouvelles problèmes*, Paris, 1974, pp. 42 – 61. 需要说明的是,肖努和孚雷倡导朝意识和文化层次研究进发的文章虽然出版于70年代,但他们早在1965年就有集体心态研究的论著问世,因此这里所注的文章实际上是思考并实践后的表达而已。

④ Furet, «Le quantitatif en histoire», p. 59.

⑤ Chartier & Roche, «Le livre, un changement de perspective», Le Goff et Nora(dir.), *Faire de l'histoire: nouveaux objets*, p. 115.

⑥ Lucien Febvre & Henri-Jean Martin, *L'Apparition du livre*, Paris, 1958.

像印刷史学者那样，仅关注出版印刷技术的变迁过程。从内容构成上看，吕西安·费弗尔和马丹所据的显然是年鉴学派社会经济史的视角，把书籍视为一种用专门技术生产出来的社会商品，同时具有文化传播功能的社会要素。因此，他们把书籍置于社会当中，研究它在经济、社会、政治乃至文化等不同层面的作用和影响，力图构建一部书籍的总体史，从而为后来者提供了一个可供仿效的模式。①

上述诸多因素的辐辏，为书籍史研究的兴起提供了较为完整的认识论和方法论支援。正是在这样的背景下，20 世纪 60 年代，高等研究实践院（École pratique des hautes études）第六部的一批学者组成了以弗朗索瓦·孚雷为首的研究团队——后来被称为“书籍与社会”学派，接管了过去主要是文学史家、目录学家和印刷史学者关注的问题。孚雷明确宣称，“斗胆跟上经济史的新近进展，追随其脚步”，利用计量方法和 18 世纪恰好具备的计量材料——旧制度当局授予书籍出版发行权的许可证，一方面对社会文化产品的总体情形给出全景式描述，另一方面对各社会文化阶层或群体进行大量的专门研究。② 把“物”与“人”这两个层面结合起来加以研究，在孚雷看来，“人们就可以对大趋势及其发展机制历史事实获得一定程度的认知”，从而得以弥补传统的书籍史研究内在（指对解读文本内容的路径）与外在（指书目学的路径）、个别例证（指个体文本）与一般结论（指社会思想趋势）二元割裂的局面。

孚雷等人这种重构法国出版物的社会经济史的努力，产生的基本成果是两卷本的《18 世纪法国的书籍与社会》。他们的研究实践，呈现了 18 世纪法国书籍与社会的种种面向，包括书籍的生产、流通、分布情况，以及与群体心态的关系；同时，更确立了一种书籍史研究的新范式。这种新范式大体上可以归纳如下：

第一，将计量系列法大规模地应用于书籍研究。在孚雷等人的书籍与社会研究开始之前，法国学者 R. 埃斯蒂瓦尔就开始以计量方法衡量旧制度时代的书籍生产状况。他利用出版备案局（Le Dépôt Légal）的档案，统计了自 16 世纪到波旁君主制倒台这个漫长时期内法国业已出版的书籍数量。③ 但出版备案记录没有涵盖王国的所有出版物，埃斯蒂瓦尔因此用其他材料加以补充，其中包括出版管理局（la Direction de la Librairie）批准书籍出版的特许和默许记录、海关查缉的禁书登记册以及出版同业公会的记录簿，此外还有诸如《文学法兰西》等报刊上登载的书评信息。埃斯蒂瓦尔于 1963 年完成的《18 世纪君主制下法国的书目统计》论文中，通过对这些材料的计量分析，基本廓清了 18 世纪法国旧制度时代的书籍出版周期变化状况，以及君主政府对出版业复杂的行政管制在其中的影响。④ 但他的目标更多地在于用简练科学的方式表达历史，也就是“历史的图式化”（schématisation historique）。因此，马克·博卢瓦佐在针对该书

---

① Jack R. Censer & Jeremy D. Popkin (eds.), *Press and Politics in Pre-Revolutionary France*, p. 4.

② François Furet, «La Libraire du royaume de France au XVIIIe siècle», Geneviève Bollème et al., *Livre et société dans la France du XVIIIe siècle*, Tome 1, Paris, 1965, p. 4.

③ Robert Estivals, *Le dépôt légal sous l'Ancien régime*, *1537 – 1791*, Paris, 1961.

④ Robert Estivals, *La statistique bibliographique de la France sous la monarchie*, *au XVIIIe siècle*, Paris, 1965.

的出版简介中提到,人们期待着综合性研究,通过出版物追索启蒙时代“法国思想总体的和量化的演变历程”[①]。

孚雷等人组成的研究团队正是根据埃斯蒂瓦尔发掘出来的材料源——法国出版管理局的特许和默许记录及官方文学报刊中登载的书评信息等,从事了这项任务。孚雷把1720年代到1788年旧制度当局特许和默许出版的书籍,按照书名提供的图书分类信息,分别归入不同的五大门类下——神学、科学和艺术、法律、历史、纯文学,[②]然后,选取几个间距均匀的时间段组成同质的、反复的和可比较的系列,并对它们进行计量。让·埃拉尔和雅克·罗热则选择《学者报》和《特雷武报》上刊载的书评作为计量材料。他们同样按照受评图书的内容性质,分别归入旧制度时代的五大图书分类中,据此观察这五种类型的图书出版数量的消长变化。[③]

第二,“书籍与社会”研究团体明确地将书籍出版发行状况与社会心态状况联系起来,希图借助研究书籍探明18世纪法国社会思想的演变。费弗尔和马丹的《书籍的出现》,在阐述“书籍的文化作用和影响”时,仍然只是从书籍的传播效应,讨论书籍对时代的文化思想大势变迁——如宗教改革和拉丁文化式微——所起的作用,尚未意识到将书籍内容与社会的心态取向联结起来。而在“书籍与社会”研究团体的实践中,则明确了此一方向。

孚雷通过对编排好的系列进行统计,呈现了18世纪法国书籍出版的基本趋势:在特许出版的书籍中,整个18世纪,法律、历史和纯文学方面的书籍出版数量在书籍出版总数中所占的份额基本保持不变。但从1724年到1789年间,两类书籍——“神学”与“科学和艺术”所占的份额颠倒了过来,宗教书籍从17世纪末占特许出版书籍总量的1/2降至1780年代的1/10,填补它空出来份额的是代表世俗文化的艺术和科学类书籍。默许出版的书籍也呈现类似的趋势,神学和法律书籍几近消失,纯文学、艺术和科学方面的题材占绝对的优势,其中科学和艺术增长尤为显著。[④] 孚雷得出结论说,这种趋势的变动,是18世纪法国集体趣味转变和易于接受新观念的显见征象,它表明了一个众所周知的现象,即启蒙哲人将神性从人的世界里排除出去的努力。法国社会和文化的非神圣化,就在“科学与艺术”和“道德与宗教”这两个作为对立类型的古老术语中表露无余。[⑤] 埃拉尔和罗热对两份文学报刊书评进行的统计也得出了同样的结论,“我们能够论证的总的事实是,神学书籍下降,自18世纪初开始,科学奇事书籍比重日增,各种传统

---

① Marc Bouloiseau, «Notices: La statistique bibliographique de la France sous la monarchie, au XVIIIe siècle», *Annales historiques de la Révolution française*, no. 186, 1966. pp. 612 – 613.

② Furet, «La Libraire du royaume de France au XVIIIe siècle», pp. 14 – 17。上述五大类是18世纪通行的图书分类法,当时长长的书名提供的信息,使人能够很容易判定书籍属于什么门类,但也有从书名上看不出来的,研究者们必须花费时间进行鉴定。

③ Jean Ehrard et Jaques Roger, «Deux périodiques francais du 18e siècle: ‘le Journal des Savants’ et ‘les Mémoires de Trévoux’», G. Bollème et al., *Livre et société dans la France du XVIIIe siècle*, Tome 1, pp. 33 – 60.

④ Furet, «La Librairc du royaume de France au XVIIIe siècle», pp. 20 – 22.

⑤ Furet, «La Libraire du royaume de France au XVIIIe siècle», p. 28.

形式的文学书籍持续不变”[①]。

第三，沿用社会史惯常的社会分层阐释图式，“书籍与社会”研究团体通过考察书籍在社会不同阶层中的传播或占有情况，探究18世纪法国特定环境下从大众到精英阶层的基本社会状况——既包括财富等级、经济地位、阶层差异和社会流动，也包括不同类型社会群体的知识结构和心态世界，从而在社会阶层与文化心态之间建立对应联结关系。

伯莱姆试图从“蓝皮丛书”(Bibliothèque bleue)和民间历书着手，解析18世纪法国大众文化心态的转变。她认为，17、18世纪以蓝皮丛书为代表的大众文学内容发生了缓慢的变化，原先的占星术和神鬼故事逐渐被关于社会现实和人本身的故事所取代。这种“朝着现实，朝着当下，朝着人本身的渐变”，反映了18世纪法国大众心灵世界中理性和世俗精神的滋长。她宣称：“受占星术控制和深信谚语的地道的农夫，也开始追寻方法道理。”[②]17、18世纪的民间历书内容反映了与蓝皮丛书类似的变化趋势，这表明了在启蒙运动的影响下，理性和怀疑精神开始渗透到法国大众心态世界当中。[③]

布朗科利尼和布伊西以1777年出现的“简单许可”(permission simple)[④]登记记录为计量材料，分析了外省的书籍消费情况。他们得出结论说，除教科书和宗教书籍外，18世纪法国外省的书籍消费非常微小。“启蒙世界的书籍根本没有渗透到法国外省，仅有小说开启了现代性的文化冒险历程，但微不足道。”[⑤]

那么，相比于深陷在惰性心态结构当中的外省受教育阶层，更高层次的外省知识精英阶层情况怎样？根据D. 罗什对外省学院界的研究，由传统精英(包括贵族和医生、律师等职业人士)组成的外省学院，不仅对社会的德能之士敞开大门，对新思想也持开放的态度，关心科学进步和社会福祉。[⑥] 在让-路易和玛丽·弗朗德兰研究的巴黎沙龙社会里，处于思想变革中心的知识精英更是热衷于启蒙的新思想。这些上流社会的人们谈论科学，尤其是人文科学，涉及时

---

① Jean Ehrard et Jaques Roger, «Deux périodiques francais du 18e siècle: ‘le Journal des Savants’ et ‘les Mémoires de Trévoux’», p. 56.

② G. Bollème, «Littérature populaire et literature de colportage au 18e siècle», G. Bollème et al., *Livre et société dans la France du XVIIIe siècle*, Tome 1, pp. 88－89. 与芒德鲁此前的研究不同，芒德鲁认为，流行在乡村世界的蓝皮丛书是“激情的囚笼”，与当时强调理性、反对宗教的精英文化相反，蓝皮丛书代表的大众文化反映的是17、18世纪法国大众惰性的心态结构，参 Robert Mandrou, *De la culture populaires aux XVIIe et XVIIIe Siècle*, Paris, 1964。

③ G. Bollème, *Les Almanachs populaires aux XVIIe et XVIIIe Siècle*, Paris, 1969.

④ 根据1777年8月30日国务会议决议，对特许权到期或作者去世后的著作，所有出版商都可以向出版总局申请再版。官方批准的许可状上带有掌玺大臣个人的简单签名。在巴黎占据着出版垄断权的情况下，该法令给外省出版商提供了一定的机会空间，因此96%的“简单许可”都是给予了外省。参 J. Brancolini et M. Bouyssy, «La vie provinciale du livre á la fin de l’Ancien Régime», M. T. Bouyssy, et al., *Livre et société dans la France du XVIIIe siècle*, Tome 2, Paris, 1970, p. 4。

⑤ J. Brancolini et M. Bouyssy, «La vie provinciale du livre à la fin de l’Ancien Régime», p. 32.

⑥ Daniel Roche, «Milieux académiques provinciaux et société des lumières», G. Bollème et al., *Livre et société dans la France du XVIIIe siècle*, pp. 93－184.

事、哲学、政治甚至经济学等各种类别。[①]

三

在“书籍与社会”学派的推动下，20世纪六七十年代，18世纪法国书籍史研究得以在广度和深度上进一步发展，[②]具体表现在两方面：一是资料范围继续扩大，如教会的结婚登记册、私人藏书清册和死后财产清册均被纳作新的计量材料；二是关注的主题更加广泛，更为细致的区域和个案研究开始出现，研究者们将目光对准18世纪的识字率、不同阶层读者的藏书偏好等主题，试图借此弄清楚18世纪法国“是谁在读书”“是谁在读什么书”和特定地区的阅读取向，进而以此辨析出这个时期法国不同社会群体或不同地区的心态状况。

18世纪的法国“是谁在读书”？研究识字率对回答这个问题有着至关重要的意义。1972年至1975年，孚雷和莫娜·奥佐夫与高等实践研究院第六部其他专家们一起，利用教区婚姻登记簿上的签名作为编制计量系列的材料，统计了从加尔文到茹尔·费里时代法国人读写能力的发展。研究结果表明，17世纪之前只有社会精英阶层能读能写会算；直到18世纪，由于资产阶级识字率大幅提高，因而拉升了法国总的识字率水平：从1686—1690年至1786—1790年期间，男性的识字率从29%上升到47%，女性则从14%上升到27%。但因为社会经济发展的差异，18世纪法国的读写水平存在着地域上的不平衡，北部要高于南部，城市要高于农村。[③] 丹尼埃尔·罗什对巴黎民众阅读的研究从侧面证明了这一点，他认为，在18世纪，“日益增长的识字率、阅读物的增加、图画和歌曲的流行，所有这些东西让巴黎普通人或多或少地介入阅读”[④]。

18世纪的法国“是谁在读什么书”？此一时期众多法国学者利用公证人记录、死后财产清册和私人藏书拍卖清单，研究某个阶层或个人的书籍占有情况，将关注的视野进一步拓展至阅读倾向的层面。M·马里翁统计了1750—1759年巴黎近4 000份财产清册，其中仅有841份提到至少1本以上的书。拥有书籍的人数比例，僧侣阶层是62.5%，贵族44.5%，而第三等级只有17.5%，这表明不同等级、不同财产水平的阶层具有各自不同的文化特点。[⑤] 罗什分析了法兰西科学院终身秘书迈朗的藏书，在18世纪这位贵族化资产阶级知识分子的藏书中，科学和艺术类藏书比例高达65%，而神学著作仅占5%。因此，罗什认为：18世纪法国贵族化资产阶级的精神

---

① Jean-Louis et Marie Flandrin, «La circulation du livre dans la société du 18e siècle: un sondage à travers quelques sources», M. T. Bouyssy, et al., *Livre et société dans la France du XVIIIe siècle*, pp. 39－72.

② 安占华：《法国书籍史研究简介》，载《世界史研究动态》1986年第1期，第30—33页。该文对法国书籍史研究在20世纪70、80年代的进展作了简要的介绍。

③ F. Furet & W. Sachs, «La Croissance de l'alphabétisation en France(XVIIIe et XIXe siècle)», *Annales: ESC*, Vol. 29e, no. 3(1974), pp. 714－737; Furet & M. Ozouf, *Lire et écrire: L'alphabétisation desFrançais de Calvin à Jules Ferry*, Paris, 1977.

④ D. Roche, *Le Peuple de Paris: essai sur la culture populaire au XVIIe siècle*, Paris, 1981, p. 315.

⑤ Michel Marion, *Recherches sur les bibliothèques privée à Paris au milieu du XVIIIe siècle, 1750－1759*, Paris, 1978.

状态，是对宗教的忽视和对知识的渴求。[1] 其他学者对巴黎教士、总包税人和外省知识精英的研究，也得出了类似的结论，即在18世纪法国人的阅读旨趣里，对知识和精神的世俗化追求超越了宗教虔诚，也就是孚雷所谓的“非神圣化”趋向。[2]

此外，一系列论著将目光对准地方性的书籍文化，以便能够更清晰地了解18世纪法国阅读社会学的景象。阿尔贝·隆萨对洛林的研究表明，这个不受法国司法控制的地区，尽管向邻近的省份供应书籍，但鉴于该地区较高的识字率和相对发达的文化，它所生产的书籍大部分用来满足本地消费，在宗教、哲学或淫秽书籍方面甚至是重要的进口者。莫利纳则研究了另一个不受王国政府司法控制的地区——阿维尼翁凯的印刷出版业情况，他发现为了避免王权的遏制，该地区向邻近市场供应的书籍主要是传统的宗教著作，向远距离的顾客则供以哲学、科学艺术和文学著作。[3] 凯尼亚尔早先用商业簿记、公证书和政府档案，研究了1760—1789年间鲁昂的书籍生产和销售情况，他从宗教书籍数量的大幅下降判定，这个城市的集体心态在旧制度末期呈现“非神圣化”的趋势。凯尼亚尔接着对18世纪法国整个西部地区阅读模式的研究，更是将书籍计量史的研究路径发挥到新的高度。他借助日趋成熟的计量分析路径，用结婚登记册计量读写水平，用财产清册探察书籍占有情况。凯尼亚尔精细入微地辨析出不同社会阶层所阅读的书籍类型，表明在不同时期西部各城市或地区间的阅读模式存在着复杂的变化。17世纪末只有雷恩和鲁昂这样的大城市读者数量较多；到1725—1730年，提到书籍的财产清册数量在西部各地都上升了10%。在此后的30年里，只有少数几个城市书籍持有量继续上升；1760年后除鲁昂外这个数字在各地都处于下降中。但他所计量的系列也显示了同样的大趋势，即宗教类型的书籍至18世纪中期数量急剧下降。[4]

概言之，20世纪60年代，“书籍与社会”学派主要追随年鉴学派社会经济史的成熟经验，利用计量方法，着重于从经济和社会的层面探索书籍的出版发行和社会传播情况，并根据此种情况加以分析，从中寻找出显示18世纪法国社会的群体心态和文化思想长时段的演变趋势。他们的研究成果，不仅丰富和深化了旧制度思想史的内容，而且拓展了史学研究的视域，构成了20世纪六七十年代史学演变进程的重要一环。

首先，就旧制度思想史研究而言，传统的文学史和观念史主要依靠传之后世的文字材料，解

---

① D. Roche, «Un savant et sa bibliothèque au XVIIIe siècle: les livres de Jean-Jaques Dortous de Mairan, secrétaire perpetual de l' Académie des sciences», *Dix-huitième siècle*, no. 1(1969), pp. 47 - 88. 该文后收录在作者的文化社会史研究论集 *Les républicains des lettres: Gens de culture et Lumière au XVIIIe siècle*(Paris, 1988, pp. 47 - 83)中。

② Christiane Thomassery, «Livre et culture cléricale à Paris au XVIIIe siècle: quarante bibliothèques d' ecclésiastiques parisiens», *Revue française d' histoire du livre*, Vol. 6(1973), pp. 281 - 300; Yves Durand, *Les Fermiers généraux au XVIIIe siècle*, Paris, 1971, pp. 561 - 573.

③ Albert Ronsin, «l'industrie et le commerce du livre en Lorraine au XVIIIe siècle», *La Lorraine dans l'Europe des lumières*, Nancy, 1968, pp. 139 - 176; René Moulinas, *L' imprimerie, la librairie et la presse à Avignon au XVIIIe siècle*, Grenoble, 1974.

④ Jean Quéniart, *l' Imprimerie et la librairie à Rouen au XVIIIe siècle*, Paris, 1969; idem, *Culture et société urbaine dans la France de l' ouest au XVIIIe siècle*, Paris, 1978.

析这个时代的思想原则。那些没有能力留下自己文字的社会群体,或留下了文字但被时间湮没的个人,他们的观念世界皆被排斥在了历史的重构之外。承袭着年鉴学派关注下层民众史观的"书籍与社会"研究,意欲祛除的正是这种依靠少数文本归纳时代思想的研究取径,孚雷在他的研究论文里明确地指出了这一点:"传统的文学研究导致根据个体的证据推定社会的和集体的现象,这个方面恰是史学家首先想要推翻的。"①他们试图利用计量系列法,将该时代生产的所有书籍都纳入研究范围,分析社会的总体思想趋势,同时对各阶层进行特定研究,通过探明书籍在不同社会阶层中的分布情况,来辨识社会的群体心态、观念和信仰。

正是在这样的史学观念背景下,书籍与 18 世纪法国下层社会的心灵世界之间的关联,被带到了历史的聚光灯下。多样的群体心态图景取代了单一抽象的思想原则,18 世纪法国社会的思想画面因此显得更加丰富和完整。我们从中可以看到,这个被称为"理性时代"的法国社会,并非如过去史学中所描述的某种新思想一往无前的简单画面,而是有着复杂的地区差异和阶层差异,呈变化和抵制变化的"惰性"并存的局面。

其次,就"书籍与社会"学派研究在促进史学进步方面的贡献而言,该团体将书籍置于社会当中进行考察,分析书籍在各个社会面向——从经济的、社会的、政治的到文化心态的——中的作用和影响,发展出一种书籍的社会学。这种研究路径,"揭示了 18 世纪法国芸芸大众所经历的、而非出现在后人所选择的少数经典中的书籍文化的总体轮廓"②,它既有别于观念史对上层精英文本进行精致解读的做法,也不同于社会史专注于对下层社会结构的深入探究,而是将文化观念与社会结合到一起进行考察。这种被史学界称为"观念的社会史"的研究路径,不像社会史那样,仅按财富或身份贵贱概括社会分层,而是按文化差别,如文化能力(读与写)、文化产品(如书籍的拥有)和文化态度(如生死观念)进行社会等级的划分。它也不像旧的观念史那样,仅解读少数著名的文本,将观念隔离在它所植根的社会环境之外,而是对书籍和心态进行全面总体的考察。更重要的是,从新的历史面向考察书籍,需要新的方法论,发掘新的材料或从旧资料中发现新的用途,"书籍与社会"学派经过大量的研究实践,最终确立了书籍史研究的范式。而且,这种范式逐步传布到欧洲和美国,促进了书籍史研究在整个西方世界的兴起。③

然而,他们利用计量方法研究 18 世纪法国的书籍和社会,在史料、方法和历史解释方面也存在着一些难以克服的问题,很快就遭到了质疑。

一是有关史料方面的。书籍计量史主要是建立在由可计量的材料编制成的用以比较和分析的时间系列上,但仅根据官方的出版许可登记编制而成的系列数据,来衡量 18 世纪法国书籍的生产和流通状况,这是否合理?答案自然是否定的,因为在 18 世纪法国流通和消费的书籍,

---

① Furet, «La Libraire du royaume de France au XVIIIe siècle», p. 3.

② Robert Darnton, "In Search of the Enlightenment: Recent Attempts to Create a Social History of Ideas", *The Journal of Modern History*, Vol. 43, No. 1(1971), p. 132.

③ Robert Darnton, "What is the History of Books?", David Finkelstein & Alistair McCleery (eds.), *The Book History Reader*, London & New York, 2002, p. 10.

不仅仅是那些得到官方准许出版的，还有大量在国外出版然后偷运到法国销售的非法书籍，以及外省的盗版书。自16世纪以降，法国边境甚或其他地方的国外出版商就已出版禁书，并秘密将它们输入法国市场，尤其是荷兰和瑞士，“这两个庇护着政治和宗教自由的小新教共和国，成为哲学和淫秽书籍生产的活跃家园”①。据法国国家文献学院的J·阿尔蒂埃后来的统计，1764年出版并存留至今的1 548种法文著作，只有22%得到官方的特许，另外还有18%默许出版，也就是说，还有60%的书籍没有被包括在孚雷的研究范围内。② 到18世纪后半期，两本法文书中有一本甚至更多的是在王国之外出版的。③

根据达恩顿后来的研究，这些为逃避旧制度官方的审查制度在境外出版的书籍，被巴黎的书籍警察称为“坏书”(mauvais livres)，印刷商的行业切口称之为marron，而出版商和售书商则用一个比较褒扬的词——“哲学书籍”。④ 它们既包括伏尔泰、卢梭、梅西耶等启蒙哲学家的严肃著作，也包括黄色小册子、政治流言和桃色故事。这些哲学书籍通过嘲笑宫廷的繁文缛节，消解国王的神圣面纱，并让读者感到自己是一个专制腐朽国家的受害者，从而在意识形态上对旧制度更具侵蚀作用。因此，孚雷仅凭官方的出版许可档案计量18世纪法国书籍，就得出“法国社会和文化非神圣化”的结论，这种论证实际上是不能令人信服的。

二是研究方法上，以计量方法研究作为文化载体的书籍是否合理，同样遭到了质疑。毫无疑问，计量方法可以澄清书籍生产的总体构成，也能够统计个人的藏书类型。但书籍计量史通过统计书籍在社会不同阶层中的分布情形来判定集体心态状况，在许多批评者看来，存在着化约论的倾向。首先，它套用社会史的分析框架，以阶级分层或社会环境界定思想心态，难道同一个社会中，精英和大众之间的文化心态世界完全隔绝两分？更重要的是，这种研究路径把思想内容化约为文化物品的数量，忽略了读者的能动作用和文本的具体内容，将书籍视为脱离具体内容的抽象存在，将阅读看作是不存在历史变量的普遍过程，读者是阅读物的完全被动的接受者。但事实上，即便属于同一类型的书籍，每一本具体的内容也千差万别；即便读者拥有同一本书，不同的读者或不同的阅读方式(如朗读或默读)，也会导致对文本的反应或理解不同。诚如夏蒂埃所说，读者的头脑不是随意印刻的蜡，“书籍提出的种种新表象(représentation)并不会印刻到读者的头脑当中，在任何时候，书籍都有可能产生不同的用途和多样的解释”⑤。美国启蒙史学者达恩顿对法国学者利用计量方法研究心态的做法，也提出了严厉的批评：“不同于经济学的物价系列、人口学的生命统计以及(更成问题的)社会史里的职业类别，文化对象不是由历史学家而是由他所研究的人们来制造。它们自行传递着意义，因此它们需要被解读，而非统计。”达恩顿甚至断言，曾经在法国势头强劲的心态史学，仅15年后就似乎动力耗竭，或许正是因为

① J.-P. Belin, *La Commerce des livres prohibés à Paris de 1750 à 1789*, p. 38.
② Roger Chartier, *The Cultural Origins of the French Revolution*, Duke Univ. Press, 1991, p. 72.
③ Chartier, “Frenchness in the History of the Book: From the History of Publishing to the History of Reading”, p. 305.
④ Robert Darnton, *The Forbidden Best-Sellers of Pre-Revolutionary France, 1769－1789*, New York, 1996, p. 7.
⑤ Chartier, *The Cultural Origins of the French Revolution*, pp. 82－85.

它过分使用文化的量化,而低估了社会交互过程中的象征元素。[①]

三是在历史解释方面,书籍计量史采用大规模的文献资料,组成长时段的均质系列,统计在此时段里书籍生产的总体变化和各门类数量的消长,并据此分析集体心态的演变过程。这种典型年鉴式研究取径本身,带来的历史结论必然是,18 世纪法国社会的心态世界充满惰性,连续性超过变化性。结论之所以在研究尚未开始时即已注定,因为他们要研究的心态,在年鉴派理论中属于长时段的"情势"之列,是一个连续稳固的结构。此后计量的操作路径,只是选取了书籍作为对象来证明理论的预设而已。大革命是一个突变,所以计量系列的时间范围只能限定在旧制度下,才能保证这个结论。

尽管政治在年鉴学派那里被看作是转瞬即逝的浪花,但大革命终究是法国现代历史上绕不开的重大事件。书籍计量史笔下旧制度下那波澜不惊的心态图景,怎样解释 1789 年革命的突然爆发和革命进程的风云激荡? 因此,有学者批评到,计量的系列史忽略了具有独创性的个体作品,罔顾了启蒙时代活跃的创造。20 世纪 70 年代,孚雷本人转向大革命史后,在自己那本著名的革命史著作中提出,1750 年后急剧生成的、以卢梭为代表的平等主义意识形态,是大革命发生和发展的原动力。[②] 前后短短数年间,他对 18 世纪法国社会精神图景的看法差异如此之大,只因其视角从长时段转向了政治史而已。

四

上述"书籍与社会"学派研究范式的诸多疑问之处,"削弱了方法论上的确定性,凸显了权威认知的局限性"[③]。为了应对质疑、弥补书籍计量史范式存在的不足,一些法国史学家不断地对既有的成果进行反思,探索新的研究路径。与此同时,在 20 世纪 60、70 年代,西方世界各种理论和思潮层出不穷,冲击着经济基础决定上层建筑的二分法的观念;各种新兴的社会科学,也对以社会经济史研究为主导的历史学霸主地位形成挑战。为了应对这种挑战,史学家们将这些学科开辟的研究视野和实践的研究方法纳为己用。这些因素,为包括书籍史在内的史学研究者向更新更广的领域开拓,提供了智识支持。

有关 18 世纪法国书籍史研究领域的新尝试,从马丹和夏蒂埃在 20 世纪 70 年代末着手编纂的《法国出版史》开始。[④] 夏蒂埃在阐释主编这部 4 卷本巨著的基本意图时特地强调说:"这是一部出版史,而不是一部书籍史。"因为在他看来,"出版活动显然是一个基本的过程,其中包括选择或定制文本、控制将文本变为书籍的操作过程以及确保书籍在购买者中的配送。在这个

① R. Darnton, *The Great Cat Massacre and Other Episodes in French Cultural History*, New York, 1984, p. 258.

② François Furet, *Penser la Révolution Française*, Paris, 1978.

③ Chartier, "Frenchness in the History of the Book", p. 308.

④ Henri-Jean Martin et Roger Chartier, *Histoire de l'Édition Française*, 4 tomes, Paris, 1982－1986.

过程里,书籍的技术史与生产史之间、书籍交易社会学与阅读社会学之间、书籍的实体研究与文本的文化研究之间产生了相互联系”。[①] 从他的这个言论中不难看出,夏蒂埃欲在继承此前书籍计量史开创的局面基础上,将研究进一步延伸到文本的实体形式和内在意涵以及读者的阅读实践上。夏蒂埃等人在这部著作里所展示的新的视野,与他此前持续数年的思考有着密切的关系。

早在 1974 年,他和罗什在一篇书籍史研究评述的文章里,除回顾书籍史研究已有的进展外,更针对现有成果中的不足提出了补正的路径。夏蒂埃和罗什不仅建议把书籍史研究范围扩展到文化社会学和书籍版本学领域,而且倡导借鉴语义分析、图像分析和符号学的方法,以非计量的路径探索书籍与心态。[②] 书籍计量史通过统计不同文类书籍的生产和占有情况判定心态世界,这一研究取径遭到了金兹伯格等人的批评。他们认为书籍计量史否认了社会行动者对待文化产品或思想内容时的变化性,读者如何使用读物才是决定性的问题,仅分析印刷物的主题和不同文类书籍的传播情况,是不能解答该问题的。[③] 有鉴于此,夏蒂埃和罗什在接下来的文章中,接收了来自批评者的视角,提出要关注“读者使用读物的方式”[④]。

1980 年,在一篇检讨观念史/心态史研究的文章中,夏蒂埃借鉴德·塞托的文化消费理论,就读者使用读物的问题给出了基本的理论构想:打破文化生产和消费遥相对立的观念,把读者的文化消费看作是另一种形式的生产,尽管它生产的不是产品,但是建构了表象(représentation),一种与生产者(作家或艺术家)在作品中引介的表象永不相同的表象。[⑤] 也就是说,读者在阅读书籍过程中,会对文本进行创造性和发明性的“挪用”(approprriation),生成自己的表象。然而,如何在研究中把读者的角色提升至中心的地位,夏蒂埃在这篇文章中尚未有清晰的思路。对于“什么是阅读?如何重构从前的阅读?”他还只是尝试性地提出了几种可能的解决办法。[⑥] 但接下来的一系列研究实践,透露了他解答此一问题的基本路径。这些研究表现出来的特点大体可以归纳为:

第一,突出文本研究,分析文本的话语和实体形式对读者阅读的影响。1982 年,在研究 17、18 世纪“蓝皮丛书”中有关社会流浪群体的文学时,夏蒂埃对六个代表性的文本进行解读。[⑦] 他详细爬梳了文本使用第一人称的叙述策略、出版商为适合大众阅读对内容的精心裁剪、书名的更改、插图的使用等各方面,试图解析文本的实体形制对读者阅读感受的影响。而且,夏蒂埃进

---

① Chartier, “Frenchness in the History of the Book”, p. 318.

② Chartier & Roche, «Le livre, un changement de perspective», pp. 122 – 131.

③ Carlo Ginzburg, *Il formaggio et I vermin. Il cosmo di un mugnaio del' 1500*, Turin, 1976. 本文参英译版 *The Cheese and the Worms: The Cosmos of a Sixteenth-Century Miller*, Johns Hopkins Univ. Press, 1980, xxii。

④ Chartier & Roche, «L' histoire quantitative du livre», p. 492.

⑤ Roger Chartier, *Cultural History: Between Practices and Representations*, Polity Press, 1988, p. 40.

⑥ Chartier, *Cultural History: Between Practices and Representations*, p. 42.

⑦ Chartier, «Figures littéraires et expériences sociales: la littérature de la gueuserie dans la Bibliothèque bleue», Roger Chartier (dir.), *Figures de la gueuserie*, Paris, 1982. 本文参该文的英译本, Chartier, “The Literature of Roguery in the *Bibliothèque bleue*”, *The Cultural Uses of Print in Early Modern France*, Princeton University Press, 1987。

一步深入文本的具体内容当中,分析故事主旨与现实之间的联结,如根据行会团体的规章描绘"乞丐王国"的入会仪式,把乞丐社会描写为一个与君主制法国类似的等级王国,用俚语叙述的乞丐生活与当时城市公共空间的习惯文化的交织。这些细节,为读者的阅读想象提供了熟悉的参照系,让他们相信内容的真实性,并在将社会上层与底层的比照中得到愉悦。"当共同的社会经历被转变为常见的文学形象时,关于乞丐和流氓的书籍——主旨契入对现实的统治阶级的想象中——就很可能被估量为确凿的事实"①。

1984 年出版的《法国出版史》第二卷,有大量篇幅用于阐述书籍的实体形式以及文本内容的传统和革新。因为在作者们看来,无论前者还是后者,都与读者的阅读体验密切相关,读者对"作品的接受,不仅仅取决于其作者所推介的阅读程式,也取决于诸多微末且多变的印刷排版现实,它们外在于文本,但却组织着对文本的诠释"②。

第二,加强对不同时间和空间中的阅读实践研究,探索读者对书籍的各种使用方式和多样的阅读习惯。书籍计量史将阅读假定为被动的和静态的,夏蒂埃和罗什对此提出批评说,阅读方式在历史上并非一成不变,相反,它是与特定文化和社会实践相联系的活动,受社会关系模式和时代观念的影响。因此,在《法国出版史》第二卷中,他们着力重构了 17 世纪中期到旧制度末期法国人的阅读实践模式。③ 夏蒂埃和罗什首先承袭此前书籍史的路径,描述了这个时期法国各个阶层对书籍的使用情况。接着,他们转向纠正过去研究中的偏颇,即根据私人藏书情况勾勒旧制度下法国人的阅读经验。他们提到:"所读之书并不总是拥有该书,绝非如此。1660—1780 年间,王国内有利于促进书籍阅读的机构和实践方式纷纷涌现,我们应该对这个私人藏书之外的领域加以研究。"④这个领域不仅包括各个层次的(国王的、城市的、教区的或修道院的)公共图书馆网络,还有读书会(sociétés littéraires)、阅览室(chambre de lecture)和租书店等民间网络。图书流通的公共机构的发展,拓宽了该时期法国人获取书籍的渠道。

那么,法国人怎样使用这些书?针对这个问题,夏蒂埃和罗什围绕着三个相对应的概念——私人独自阅读和公共场所阅读、朗读和默读、精英的阅读和民众的阅读,勾勒出 1760—1780 年代间法国人的阅读方式。他们利用 18 世纪画作呈现的阅读场景,观察到此一时期法国人阅读私密化的趋势,但集体的大声的阅读在城市空间仍时时可见,一些人向那些不识字者或阅读困难者大声朗读公告招贴的内容。然而,精英私密的静默的阅读和民众集体的大声的朗读并不是绝对的,精英在社交聚会时也高声朗读给朋友听,而依靠别人朗读的民众,也会在挪用过程中建立自己与读物的关系。

夏蒂埃希望通过对以上两方面的研究,描摹出书籍与集体表象形成之间精微复杂而又至关

① Chartier, "The Literature of Roguery in the *Bibliothèque bleue*", p. 334.

② H.-J. Martin et R. Chartier, *Histoire de l'Édition Française*, Tome 2, Paris, 1990(1ère éd., 1984), p. 148.

③ H.-J. Martin et R. Chartier, *Histoire de l'Édition Française*, Tome 2, pp. 521 – 558.

④ H.-J. Martin et R. Chartier, *Histoire de l'Édition Française*, Tome 2, p. 533.

重要的"中间环节"——读者的阅读实践，它决定着读者对文本的最终接受。这样的研究路径，在他看来，可以矫正书籍计量史的简单化取向，即仅通过衡量书籍在不同社会群体中的不均衡分布判定文化心态的差别。[①]

夏蒂埃等人的努力，首先极大地丰富了书籍史研究的领域，关乎读物获取途径的社会传播机制、[②]关乎读者挪用文本的各种阅读方式和文本的实体形制及内容，都成为研究的新对象，此前围绕着书籍的各种社会面向的书籍社会学研究，转变为围绕着影响阅读活动的各种因素的阅读社会学研究。其次，他们也实现了方法论的更新，将书籍计量史对书名的分类统计，发展到深入文本的具体内容进行解读。更重要的是，《法国出版史》的面世，标志着法国书籍文化史研究范式的成功转型。如果说前期书籍史阐释的基本脉络是"书籍文类及分布→集体心态状况"，那么到夏蒂埃这里则发展为"文本的实体和话语形式→读者的利用和接受→集体表象的形成"，后者考虑了从书籍到心态之间种种复杂的变量。但值得一提的是，新兴的阅读史与前期的书籍史是彼此相连的。夏蒂埃坦承，计量书籍史研究累积下来的大量专业论著，为大型的综合性研究提供了基础。在《法国出版史》中，他不仅大量引用了书籍计量史的研究成果，而且继承了年鉴派的传统，研讨书籍的经济、社会和政治面向仍然是该书的重要组成部分。他的目的，只是希望纠正书籍计量史对历史简约化的阐释，通过研究读者接受文本的复杂情境，更全面地认识印刷物的文化作用和影响，让书籍史生成新的"法国性"。

在1990年出版的《法国大革命的文化起源》中，夏蒂埃进一步检验了他的"文本→阅读实践→集体表象"的阐释脉络。他声称，旧制度末期法国传统权威的"非神圣化"，既不是因为那些蕴含启蒙话语的书籍，也不是因为攻击权威的诽谤性小册子。读者读什么类型的书籍并不重要，重要的是他们怎么读。他提出，18世纪法国经历了一场"阅读革命"，法国人从精读细读为数甚少的权威著作，开始转向广泛的、自由的和带有批判性的阅读。所以，"问题的症结不在于'哲学'书籍的内容，它们可能没有一般认为的那样影响巨大。更可能是一种新的阅读模式——即便人们阅读的书籍内容完全遵从宗教和政治规范——发展出一种批判的态度，从而把人们从对先前的表象的尊崇和依赖关系中解放出来"[③]。

与此同时，"作为年鉴派思想在大西洋彼岸主要传播者"的达恩顿，在启蒙时代的书籍/阅读史方面也作出了重要贡献。他的第一部力作是《启蒙运动的生意：百科全书出版史》。该书是达恩顿受法国60年代书籍史研究的影响和英国史学训练的教益相结合的产物。他在序言里指出，法国人将书籍史研究领入了广阔的总体史道路，他们的研究倾向于统计学和社会学，对书籍生产进行宏观考察或对私人藏书予以微观分析，但忽视了书籍的生产和流通过程。而这个过

① Roger Chartier, "Labourers and Voyagers: From the Text to Reader", David Finkelstein & Alistair McCleery (eds.), *The Book History Reader*, London & New York, 2002, p. 49.

② 夏蒂埃对书籍公共传播机制的关注，给一些学者提供了新的研究领地，如 Claude Jolly, *Histoire des bibliothèques française: Les bibliothèques sous l'Ancien Régime, 1530-1789*, Paris, 1988。

③ Chartier, *The Cultural Origins of the French Revolution*, pp. 90-91.

程在英国得到了最好的研究，英国人从出版商的账簿和销售商的分类账簿中挖掘材料，不同于法国人主要利用国家的出版登记档案或私人财产公证档案。所以，他试图将英国人的经验主义和法国人的社会史视野结合起来，在美国开创出具有原创性的书籍史。①

在这样的雄心下，达恩顿以百科全书作为切入点，首先静态地追溯了它的版本史和印刷史，接着从动态上描绘18世纪法国社会各色人等围绕着百科全书出版所进行的各种活动：出版、盗版和反盗版、运输、销售、阅读和沉思活动，这些人的活动构成了社会史、经济史和文化史的内容。这样，达恩顿将纷繁复杂的书史及宏大社会经济史，水乳交融地契合到了一起。后来，他把这种研究路径归结为"传播循环"理论，②作为书籍史研究的一种范式。

但达恩顿对法国人过度地使用计量方法研究文化心态的不满，使他很快转向文化人类学的术语。他的灵感主要来自人类学家格尔茨，他们曾在普林斯顿大学共同开办"历史—人类学"讨论班。格尔茨将文化定义为"由人自己编织的意义之网"，礼仪、习俗、行为或文本等象征符号则是意义的承载物，人们通过这些象征形式交流、传承和发展他们关于生活的知识和对生活的态度。③ 那么，怎样解码蕴含在这些难以理解的、隐晦的象征符号里的意义，以勾勒异文化的生活与心灵世界？格尔茨给出的破译工具是"深描说"(thick description)，也就是研究者要深入其研究对象的文化系统内部，对捕捉到的符号行动进行密集的描述，析出其中的意义。

达恩顿试图按照上述格尔茨提供的文化概念、方法和研究程序，开辟18世纪法国书籍文化史研究的新范式。此后，在研究旧制度书籍阅读史的著作里，他走上了对具体文本进行微观释读的道路。按照他的思路，所有文本都带有它产生的时代特定的通行话语习惯——显然是来自格尔茨的文化观；且它们都具有激起读者反应的潜在策略——用他自己的语汇来说就是文本的"说服技巧"(technique of persuasion)；文本内外相通的文化编码使读者与文本角色发生共振，④文本的主旨由此进入读者的头脑。因而，通过深入文本及其语境当中，就能较好地明了旧制度读者在面对文本时的阅读反应。达恩顿对18世纪法国读者怎么读卢梭作品和非法的"哲学书籍"的分析，就是根据这样的思路进行的。⑤

综上所述，在法国18世纪阅读史研究中，夏蒂埃和达恩顿发展出了两种不同的路径。夏蒂埃主要接受了社会学理论的影响，因此他关注的是具体实在的阅读实践，认为阅读行为的历史

---

① Darnton, *The Business of Enlightement: A Publishing History of the Encyclopédie, 1775 - 1800*, Harvard Univ. Press, pp. 2 - 3.

② Darnton, "What is the History of Books?", p. 11.

③ Clifford Geertz, *The Interpretation of Cultures*, New York, 1973, pp. 6, 89.

④ 这里达恩顿借鉴了文学批评中的"身临其境"(mise-en-abîme)理论，也就是读者无形中把自己与文本中的角色等同起来，使自己追随文本角色的认同和情感，有时候停下来进行反思。

⑤ Darnton, "Readers Respond to Rousseau: the Fabrication of Romantic Sensitivity", *The Great Cat Massacre and Other Episodes in French Cultural History*, pp. 215 - 255. ; idem, *The Forbidden Best-Sellers of Pre-Revolutionary France*, New York & London, 1996. 篇幅所限，这里不拟对达恩顿研究的具体内容加以复述。譬如，在《新爱绮络丝中》，卢梭就自己和文本主角的阅读经验的说教，给读者提供了阅读的策略；在色情书籍《哲人泰雷丝》里，主角泰雷丝窥视他人性爱的经历，促成了读者的阅读策略，也就是窥淫癖。读者也因此进入文本的角色状态中，文本的主旨变成读者的信仰。

变化，是造成18世纪法国社会集体心态转变的关键因素。达恩顿则主要接受了文化人类学和文学理论的影响，因而将研究的焦点投向了文本的文化意义的解读，认为"读者的内在经验与文本说教之间的沟通"，决定了他对文本内容的吸纳和世界观的形成。

两者的不同，实际上从一个侧面反映了20世纪七八十年代以来法美两国在文化史研究方向上的差异。与美国相比，社会史传统极其深厚的法国，尽管也借鉴其他学科新开辟的视野和方法，但其重心未脱具体的社会实在，如年鉴学派的历史人类学，只是将人类学的研究主题引入到历史研究领域，而非完全仿效文化人类学的阐释路径。由是之故，对于达恩顿将经过创作的文本等同于实际发生的实践行为，夏蒂埃表示质疑，他们之间因此曾爆发过一场争论。① 但无论如何，他们的研究成果，为我们呈现了从文本向心态转变过程中复杂的历史机制，有助于我们更深入全面地思索启蒙话语与革命意识形态之间的关系。

然而，阅读史研究所存在的弊端也是显而易见的。首先，这种研究背后的理论影响过大，导致史学家们更多地沉浸在寻求理论视角和构建解释模式中，而在档案材料挖掘和拓展方面比前期大为逊色，如夏蒂埃的《法国大革命的文化起源》，主要是根据既定的研究路径，利用众多二手材料构建起来的解释模式。其次，阅读史研究过度地注重对文本、表象或象征符号的解读，使历史看上去不像是真实发生的客观存在，而更多地像是观念构建的产物，如果每个人的观念不同，对同样的历史就会给出不同的解释。接受文化人类学和文学影响的达恩顿的阅读史研究尤其如此，乃至他自己都不无担心地说："这种文化史属于解释性科学，它看上去也许太过文学化，在英语世界难以列入'科学'的名册。"②

结　语

20世纪60年代迄今，尤其是80年代后，有关18世纪法国书籍与社会研究的成果浩如烟海，本文仅希望能够廓清该领域基本的发展演变脉络，并努力辨识不同阶段的贡献及存在的弱点。通过上述回顾我们可以看到，18世纪法国书籍与社会的学术研究有前史，有高峰，也有延续，研究所涉的内容非常丰富，过程也充满了变化。它主要的发展历程可分为两大阶段，且在这两个前后不同的阶段当中，充满着方法论、认识论和研究主题的转变。

第一阶段，20世纪六七十年代的书籍与社会学派研究，采用的是计量方法，研究作为社会商品的书籍的出版和发行情况，希图通过书籍交易透视经济与社会。与此同时，他们也将目光延伸到社会文化层面，试图通过研究书籍发行和消费情况观察18世纪法国社会的集体心态。他们没有像观念史那样进行精致的文本解读，也没有像社会史那样仅关注现实的社会结构，而

---

① Chartier, "Text, Symbols, and Frenchness", *Journal of Modern History*, Vol. 55, No. 4(1985), pp. 682－695；回应见 Darnton, "The Symbolic Element in History", *Journal of Modern History*, Vol. 56, No. 2(1986), pp. 218－234。

② Darnton, *The Great Cat Massacre and Other Episodes in French Cultural History*, p. 6.

是将社会经济与文化心态结合起来进行总体的考察。但在这个时期,文化心态虽然已经进入历史学家的视野,但依然是意在让历史大厦看上去显得更为完整,社会和经济仍然是基础和主要架构,而文化心态不过是耸立在它们之上的“第三层次”的阁楼。因此,这种研究取向被丹尼埃尔·罗什和夏蒂埃等人称为文化的社会史。

第二阶段,自 20 世纪 70 年代末开始,随着夏蒂埃等人将文本、阅读实践、表象等作为构建书籍史的中心概念,“从以非常强烈的统计学和社会学为基础的历史转向读者接受的历史、实践行为的历史和意义重构的历史”[①],书籍史研究由此进入了一个新的阶段。这个时期的特点是放弃了对计量史学的过度依赖,转而强调对文本内容的解读。更重要的是,与先前的文化社会史不同,史学家们不再仅仅将书籍作为切入社会经济史的工具,廓清 18 世纪法国人复杂的阅读实践图景,本身便是史学家工作的中心和追求的目标之一。而且,他们也不再把文化心态看作是社会经济的附属物,相反,他们认为社会经济是通过文化实践来构建和表述的,这种强调文化优先的历史研究,被人们称为社会文化史。

尽管 18 世纪法国书籍与社会研究存在着这样两个不同的阶段,但需要说明的是,它们并非截然分开的过程,而是一个相互联系的渐变过程,早期的研究成果依然影响着后来史学家的基本思路,计量方法在后来的研究中也并未消失,只是放弃了对它的过度依赖。而且,后起的阅读史研究也同样存在着这样那样的问题。但无论如何,40 余年来的 18 世纪法国书籍与社会研究成果是丰硕的。年鉴派的史学家们把书籍和印刷品研究从书目版本学家和印刷史学者那里接了过来,改变了传统的文学史和观念史的研究范式,将它们放在社会中,作为一种经济的、社会的、政治的和文化思想的力量加以研究,极大地加深了我们对 18 世纪法国社会经济和文化思想演变历程复杂性的了解和认识。

更重要的是,他们的研究让人们看到书籍在历史进程中的重要作用,并为如何研究书籍/阅读史开创了一条行之有效的范式。《法国出版史》的研究视角和撰写体例,为包括美国、加拿大、英国、西班牙、意大利和澳大利亚等各国史学家仿效,是西方书籍史研究勃兴过程中的标志性事件。20 世纪九十年代以来,包括夏蒂埃、达恩顿在内的西方史学工作者继续在该领域耕耘,[②]着力研究西方世界近 500 年来的书籍的出版史、印刷史、传播史、阅读史和书写文化史等各个方面。既有国家以上层面的宏观研究,也有地区层面的专门研究;既有纵贯百年的长时段研究,也有某一具体时间或事件里的短时段研究;既有总体的计量统计,也有单独的文本解析;研究主题扩展到人们能够想得到的任何与书籍相关的方面。甚至有学者将这种视野转向遥远的

① 夏蒂埃:《过去的表象:罗杰·夏蒂埃访谈录》,李宏图(选编)《表象的叙述——新社会文化史》,上海三联书店,2003 年,第 133—137 页。

② 夏蒂埃主要沿着他此前的阅读史研究路径,继续探索文本被读者接受过程中的种种可变因素,如文本的书写、编排和话语形式,达恩顿在 1990 年代后期开始关注社会传播史的研究,关注传播网络与公众舆论的形成。这些已超越本文的主题范围,因此不拟置喙。有关夏蒂埃在书写文化史方面的探索,可参秦曼仪《书籍史方法论的反省与实践——马尔坦和夏提埃对于书籍、阅读及书写文化史的研究》,《台大历史学报》2008 年第 41 期,第 286—306 页。

古希腊罗马世界,研究那个时代人的识字率、写作和阅读活动。[①] 递及 20 世纪 90 年代中期,由 18 世纪法国书籍与社会研究形成和引申而来的范式,也开始被用于中国的书籍史研究。国外汉学界借鉴和移植有关西方近代早期书籍史研究的术语,考察中国的书籍出版史。[②] 由此可见,时至今日,西方学界的书籍/阅读史研究依然方兴未艾,人类文明史中——无论从纵向的历史时间还是从横向的地域空间来说,都还有广阔的未知地带有待它去填补。

(本文原刊于《历史研究》2011 年第 1 期)

作者简介:

洪庆明,现任上海师范大学人文学院世界史系教授、博士生导师,主要研究领域为 18 世纪法国政治文化史和西方城市史。兼任《上海师范大学学报(哲社版)》主编,《世界历史评论》(季刊)联合主编。在《历史研究》《世界历史》《史学理论研究》等历史学主流期刊和《光明日报·理论版》《中国社会科学报》上发表文章数十篇,出版论/译著六部,近年来主持上海市哲社项目 1 项、国家社科项目 2 项、国家社科重大项目子项目 3 项。

---

① Jesper Svenbro, *Phrasikleia: Anthropologie de la lecture en Grèce ancienne*, Paris, 1988; William Allen Johnson & Holt N. Parker, *Ancient Literacies: The Cultre of Reading in Greece and Rome*, Oxford University Press, 2009.

② 以美日为主的海外学者利用西方书籍史的视野研究中国书籍出版史的回顾评述,参梅尔清《印刷的世界: 书籍、出版文化和中华帝国晚期的社会》,刘宗灵、鞠北平译,载《史林》2008 年第 4 期,第 1—19 页。张仲民《从书籍史到阅读史》,《史林》2007 年第 5 期,第 161—163 页,其中也有部分介绍。

乔治·舒尔茨与美苏中导谈判

刘子奎　袁　怡

摘　要：里根上台后，美苏在日内瓦就影响欧洲安全与稳定的中程核导弹问题进行了会谈。作为里根在军备控制方面的代言人，舒尔茨在这一过程的每一阶段都发挥了重要作用。他提出了自称为“园艺”的新外交理论，加强与苏联的联系和交往，努力促成美苏首脑会谈，建立美苏信任；同时，他信奉以实力求和平，支持北约的双轨决定和里根的战略防御倡议，促使美苏开展持续的核军控谈判。舒尔茨在主动适应和正确理解里根对外战略思想的基础上，利用与里根本人的友好关系，把从根本上削弱苏联对美国威胁的原则性和达成协议的灵活性相结合，实际上是里根意志的执行者。

关键词：乔治·舒尔茨　开创性外交　美苏关系　中导谈判

冷战是激烈和高度危险的，毁灭人类的核大战随时可能因为意外或美苏误解而爆发。1987年12月8日，美国总统里根与苏共总书记戈尔巴乔夫签署销毁两国所有中程核力量的《中导条约》，不仅大大降低了确保相互摧毁的可能性，而且在相当程度上结束了冷战。然而，里根刚上台的时候，达成这一协议的前景看起来遥不可及，即使到1983年，美苏关系仍像古巴导弹危机时期一样危险而脆弱。尽管美苏两国政府都为缓和关系作出了努力，但战争边缘政策的可能性在里根任期内一直存在。既如此，美苏何以能达成《中导条约》？

国内外学者极为关注这一里程碑意义的条约，他们充分探讨了里根、戈尔巴乔夫在核裁军和核军控会谈中的地位和作用，对于在中导谈判中发挥重要作用的乔治·舒尔茨却没有给予应有的重视。① 基宁格(Stephan Kieninger)注意到这一缺陷，但他的研究存在两个方面的不足，即

① Melvyn P. Leffler, *For the Soul of Mankind: The United States*, *The Soviet Union*, *and the Cold War*, Hill and Wang, 2007; John Lewis Gaddis, *The Cold War: A New History*, Penguin Press, 2005; Maynard W. Glitman, *The Last Battle of the Cold War. An Inside Account of Negotiating the Intermediate Range Nuclear Forces Treaty*, Palgrave Macmillan, 2006; Jeremi Suri, “Explaining the End of the Cold War: A New Historical Consensus?”, *Journal of Cold War Studies*, Vol. 4, No 4, Fall 2002, pp. 60 – 92; Michael Krepon, *Arms Control in the Reagan Administration*, University Press of America, 1989; Svetlana Savranskaya and Thomas Blanton eds., *The Last Superpower Summits. Gorbachev*, *Reagan and Bush. Conversations that Ended the Cold War*, Central European University Press, 2016;国内较有代表性的成果可 （转下页）

实际上仍以里根和戈尔巴乔夫为讨论的中心，同时，没有认识到里根与戈尔巴乔夫信任的建立主要是舒尔茨努力的结果；而且，认为是舒尔茨“为冷战画上了句号”，[①]这又夸大或过分突出了舒尔茨的作用。

本文认为，舒尔茨确实对美苏达成《中导条约》发挥了重大作用，但他仅是里根意志的执行者，之所以在中导条约会谈中能发挥重要作用和影响，是在主动适应和正确理解里根对外战略思想的基础上，利用与里根本人的友好关系，把削弱苏联的原则性和达成协议的灵活性相结合，提出他自称为“园艺”的新外交理论，努力建立美苏信任，加强与苏联的联系和交往，同时，信奉以实力求和平，促使美苏开展持续的核军控谈判。在戈尔巴乔夫执政后，舒尔茨充分利用里根与戈尔巴乔夫举行美苏首脑峰会的意愿，积极促成里根和戈尔巴乔夫在华盛顿召开峰会并最终签署《中导条约》。

一、中导问题的缘起与里根政府初期的中导谈判

核军备竞赛是冷战时期美苏竞争的最明显特征。[②] 1955 年，西德成为北约成员国并重新武装，美国在西德布置了大量战术核武器，以便用较少的常规部队进行前沿防御。[③] 一旦苏联触发西方在前沿布置的常规力量这一“绊线”，美将对苏发起核打击。苏联奋起直追，于 1957 年获得洲际打击能力。美国再也不能在对苏联进行核威胁的同时免于苏联的核报复。为维持优势，美国于 1959 年开始在欧洲部署射程为 2 500 公里的雷神和朱庇特导弹。苏联不甘示弱，于 1960 年开始在其欧洲地区部署射程为 2 000 公里和 4 000 公里 SS－4 和 SS－5 中程导弹。对冷战局势产生重要影响的中程导弹问题产生。

古巴导弹危机后，苏联痛定思痛，加速发展核力量。1964 年，苏联开始对 SS－4 和 SS－5 进行现代化改造。[④] 1973 年，苏联决定布置 5 000 公里的 SS－20 中程导弹，1977 年，开始实际布置。[⑤] 该导弹可携带三个独立的分导式弹头，机动性强，打击精度高。SS－20 的布置打破了欧

（接上页）参见于智勇《从中导条约看美苏在军控方面的新变化》，《美国研究》1988 年第 2 期；顾德欣《中导条约对西欧安全和军事的影响》，《西欧研究》1988 年第 5 期；顾德欣《中导条约签署的动因及美苏核裁军前景》，《世界经济与政治》1988 年第 3 期；朱明权《美国舆论对中导条约的反思与批评》，《世界经济与政治》1989 年第 5 期等。

① Stephan Kieninger, George Shultz and the Road to the INF Treaty, Process and Personal Diplomacy, Hoover Institution, Dec., 1, 2020, https://www.hoover.org/research/george-shultz-and-road-inf-treaty-process-and-personal-diplomacy.

② Aiden Warren and Joseph M. Siracusa, *US Presidents and Cold War Nuclear Diplomacy*, *Palgrave*, 2021, p. 8.

③ U. S. Arms Control & Disarmament Agency, *Understanding the INF Treaty*, Washington, DC: Government Printing Office, 1989, p. 4.

④ National Academy of Sciences and Committee on International Security and Arms Control, *Nuclear Arms Control*, *Background and Issues*, National Academy of Sciences, 1985, pp. 108－110.

⑤ Steven K. Smith and Douglas A. Wertman, *US-West European Relations during the Reagan Years*, St. Martin's Press. 1992, p. 52.

洲东西方军事力量平衡,苏联现在有能力将战争升级,由于缺乏类似中导,北约无法做出可靠反应。[①] 这引发西欧各国对自身安全的极大关切。

为平衡苏联升级中导,美国几乎在苏联开发 SS－20 的同时,决定开发可投入使用的中子弹和与 SS－20 等效的潘兴 II 中导。卡特上台后,以布置中子弹为筹码,[②]要求苏联削减核武器和承诺“不侵犯西欧”。但在世界反核和平运动持续发展并再次成为一股强大政治力量的背景下,[③]西欧多国反对布置中子弹,他们声称,布置中子弹将使欧洲核战争更有可能发生,并增加西德毁灭的可能性。[④] 苏联坚决反对美国部署中子弹,不允许美国将 SS－20 与中子弹挂钩,并把中子弹称为“资本主义的炸弹”。[⑤] 同时,卡特本人把继续缓和美苏关系作为美国对外政策的中心任务,为不影响这一中心任务,卡特于 1978 年 4 月宣布推迟核武器现代化进程和取消中子弹计划。[⑥] 卡特的行为加剧了西欧对苏联中程核力量优势的忧虑,被西欧盟国,尤其是西德政府视为软弱和背叛。

为缓解西欧盟国对苏联部署 SS－20 导弹所产生的恐惧, 1979 年 12 月 12 日,北约外长和防长会议一致通过根据西德总理施密特的建议制定的“双轨决定”,即要求美苏尽早就限制欧洲中导进行谈判,签订把双方中导削减到同等水平的可核查协议;如果到 1983 年底还不能达成协议,北约将在西欧部署 464 枚陆基巡航导弹和 108 枚潘兴 II 导弹。潘兴导弹在机动性和命中精度上都优于 SS－20,一旦布置到西德,华约所有国家和苏联包括莫斯科在内的主要工业及人口中心都处于其威胁之下,苏联在欧洲的战区核力量优势将荡然无存。[⑦] 就像北约对 SS－20 的布置感到不安一样,苏联对潘兴 II 的布置同样极为忧虑。

由于苏联经济自 1970 年代中期开始逐步陷入停滞,入侵阿富汗后,巨大的军费投入更让苏联经济雪上加霜。为用一种“和平”的方式解决“双轨决定”给苏联带来的消极影响,苏联呼吁美苏就中导问题谈判。1981 年 2 月底,勃列日涅夫提议美苏暂停在欧洲部署新型中导及发射装置。[⑧]

但里根政府希望拖延会谈。作为“现实主义的保守派”的代表,[⑨]里根认为苏联是世界上一

---

① John Cartwright, and Julian Critchley, *Cruise, Pershing and SS－20. The Search for Consensus*, Washington D. C.: Brassey's Defence Publishers, Inc., 1988, p. 12.

② Milton Leitenberg, “The Neutron Bomb-Enhanced Radiation Warheads”, *Journal of Strategic Studies*, vol. 5, 1982, pp. 341－369.

③ Lawrence S. Wittner, “The Forgotten Years of the World Nuclear Disarmament Movement, 1975－78”, *Journal of Peace Research*, vol. 40, no. 4, 2003, pp. 435－456.

④ Theo Sommer, “The Neutron Bomb: Nuclear War Without Tears”, *Survival*, vol. 19, 1977, pp. 263－266.

⑤ John Newhouse, *War and Peace in the Nuclear Age*, Alfred A. Knopf, Inc., 1988, p. 310.

⑥ Brendan R. Green, *The Revolution that Failed: Nuclear Competition, Arms Control, and the Cold War*, New York: Cambridge University Press, 2020, p. 199.

⑦ Alexander Haig, *Caveat: Realism, Reagan, and Foreign Policy*, MacMillan, 1984, p. 231.

⑧ National Academy of Sciences and Committee on International Security and Arms Control, *Nuclear Arms Control, Background and Issues*, p. 112.

⑨ 杨生茂主编:《美国外交政策史: 1775—1989》,人民出版社,1991 年,第 596 页。

切不安宁的根源，公开称苏联为"邪恶帝国"，向来主张对苏强硬，要求发动对共产主义的"十字军讨伐"和"改变苏联帝国主义"。在1980年总统大选中，他严厉抨击卡特政府的对苏缓和政策，指责卡特对中子弹的处理加剧了西欧的担忧。[①] 因此，上台伊始，他就主张从实力地位出发应对苏联威胁，但美国当时的核力量并不处于有利地位，在美苏战略核力量大致平衡的情况下，在战区核力量，尤其是在中程核武器方面，美国不能与苏联抗衡。里根不能允许这种情况持续下去，他要扭转这种被认为是美苏关系特点的"脆弱窗口"，使美国从弱势地位转为强势地位。[②] 为此，他决心"重整国威"和大力发展军备，决定在增强美国军事和核态势前，不与苏联重开裁军会谈，只能显示强硬。[③] 这样，核军控和核裁军就成为里根政府加强国防的手段，从属于取得军事优势的目标。

但里根政府无法反对苏联进行中导会谈的建议，不然势必损害美国维护世界和平的形象，不利于美苏冷战；另一方面，里根对确保相互摧毁的政策深感忧虑，因而，他非常担心美苏因误会而爆发核战争。[④] 那如何应对呢？里根把是否就欧洲中导问题进行谈判与苏联的国际行为联系起来。[⑤] 美国国务院表示，只要苏联不干涉波兰，美国将在欧洲努力限制核武器，但"如果苏联干涉波兰"，则中导会谈的前景堪忧。[⑥] 不仅如此，里根政府还要求，如开展谈判，苏联应遵守此前正式签署的国际行为准则，如从阿富汗撤军、取消中导部署等。[⑦]

勃列日涅夫坚决反对里根的联系战略，1981年3月6日，他致信里根，要求毫不拖延地进行谈判，建议美苏暂停在欧洲部署新的中程核导弹，即从数量和质量上冻结中导的现有水平。[⑧] 这就是所谓的"冻结方案"。尽管勃列日涅夫表示苏联过去、现在都不会寻求军事优势，但这一建议的实质是维持苏联在中程核力量上的优势。如前所述，里根本不愿立即谈判。联系策略只是拖延谈判的有用工具。在给勃列日涅夫的回信中，里根继续坚持联系原则，说会谈成功"在很大程度上取决于认真的筹备工作和有利的国际气氛"[⑨]。显然，里根希望继续拖延中导会谈。

美国拖延谈判让西欧盟国倍感焦虑，因为如不立即谈判，苏联将以此为借口在欧洲继续布置中导，西欧的安全环境将进一步恶化。为促使美国尽快进行会谈，苏联一方面增加对西欧的军事压力，勃列日涅夫警告积极主张布置潘兴导弹的西德说，一旦引入潘兴导弹，苏联必将退出

---

① 亨利·基辛格著，顾淑馨等译：《大外交》，海南出版社，1997年，第710页。

② Kiron Skinner, Annelise Anderson, and Martin Anderson, *Reagan: In His Own Hand*, Free Press, 2001, p. 484.

③ 资中筠：《战后美国外交史》（下册），世界知识出版社，1994年，第593页。

④ Lou Canon, "Ronald Regan: Foreign Affairs", https://millercenter.org/president/reagan/foreign-affairs.

⑤ Deborah Welch Larson, *Anatomy of Mistrust: U. S.-Soviet Relations during the Cold War*, Cornell University Press, 1997, p. 158.

⑥ 资中筠：《战后美国外交史》（下册），第860页。

⑦ Memorandum from Richard Pipes of the National Security Council Staff to the President's Assistant for National Security Affairs (Allen), February 17, 1981, *FRUS*, *1981 - 1988*, vol. 3, p. 47.

⑧ Letter from Soviet General Secretary Brezhnev to President Reagan, March 6, 1981. *FRUS*, *1981 - 1988*, vol. 3 pp. 61 - 62.

⑨ Letter from President Reagan to Soviet General Secretary Brezhnev, April 24, 1981, *FRUS*, *1981 - 1988*, vol. 3, p. 119.

日内瓦裁军会谈,“针对西德的军事威胁将大增”;另一方面,苏联发起“和平攻势”,试图在美国与其西欧盟友之间打入楔子。勃列日涅夫不仅公开提出美苏进行限制战略武器会谈和达成在欧洲延缓布置中导的协议,还多次给西欧国家的领导人写信,表达了苏联渴望和平、希望谈判的意图。[①] 这非常符合西欧的利益,它们希望美苏迅速就中导问题展开会谈。

里根政府还面临在世界范围内正蓬勃发展的和平运动的压力。由于欧洲直接面临苏联中程核力量的威胁,西欧的反核运动尤其迅猛。与里根上台同步,西欧各地掀起了声势浩大的、具有鲜明反美色彩的反核和平运动,要求“退出北约”,高呼“美国佬滚回去”;与此同时,美国国内也爆发“冻结核武器运动”,乔治·凯南、麦乔治·邦迪和罗伯特·麦克纳马拉等公开要求“不首先使用核武器”。[②] 面临内外压力,里根认识到,如果继续拖延,美国不仅会丧失在世界舆论中的和平形象,而且会给西方联盟带来消极影响,甚至可能会导致联盟分裂;如果参加会谈,则可以利用会谈限制乃至削弱苏联的军事力量。权衡利弊,里根政府决定参加会谈。3 月 31 日,助理国务卿伊格尔伯格(Lawrence Eagleburger)在北约总部明确表示,美国不再拖延会谈,并将在中导问题上发挥关键作用。[③] 为确保盟国站在美国一边,伊格尔伯格说,美国军备控制的具体目标是限制苏联的军事力量,希望西欧盟国同美国一起,充分利用各种途径对抗苏联的冒险主义。[④] 里根政府的目的很清楚,就是在不得已参加军控会谈的情况下以军控会谈削弱苏联,同时主导军控会谈。削弱苏联也是西欧各国的要求。美国与西欧很容易找到共同基础。这为中导谈判扫除了西方联盟内部的障碍。

安抚盟国后,4 月下旬,里根给勃列日涅夫写信,表示愿意就中导问题展开谈判,但会谈必须符合北约商定的标准和目标,必须以平等、可核查的原则达成具体协定。[⑤] 里根的本意是想以北约确定的标准和目标以及有效的核查为条件让苏联方面知难而退,以便继续拖延会谈。实际上,提出这一新条件,无论苏联同意与否,美国都将获利。如果苏联同意,根据里根的新条件,谈判结果势必完全符合美国的要求,如果苏联不同意,则美国正好有了继续拖延的借口。

但苏联没有按照里根政府设定的思路出牌,而是继续发动和平攻势,苏联提出,如果北约放弃在欧洲部署巡航导弹和潘兴 II 计划,苏联将减少在欧洲的中导部署。[⑥] 法国的密特朗

---

① Memorandum From Secretary of State Haig to President Reagan, March 7, 1981, *FRUS*, *1981 – 1988*, vol. 3, p. 65.

② 关于这一时期的和平运动,参阅 Lawrence S. Wittner, *Confronting the Bomb*, Stanford University Press, 2009, pp. 142 – 177。

③ Maynard W. Glitman, *The Last Battle of the Cold War: An Inside Account of Negotiating the Intermediate Range Nuclear Forces Treaty*, p. 49.

④ Action Memorandum From the Assistant Secretary of State-Designate for European Affairs (Eagleburger) and the Director of the Bureau of Political and Military Affairs (Burt) to Secretary of State Haig, March 16, 1981, *FRUS*, *1981 – 1988*, vol. 3, p. 71.

⑤ Memorandum From Richard Pipes of the National Security Council Staff to the President's Assistant for National Security Affairs, February 17, 1981, *FRUS*, *1981 – 1988*, vol. 3, p. 47.

⑥ Maynard W. Glitman, *The Last Battle of the Cold War. An Inside Account of Negotiating the Intermediate Range Nuclear Forces Treaty*, p. 52.

(Francois Mitterrand)积极回应,宣称法国愿意和美国达成基本谅解,但不会屈从于美国的政治和思想统制。[①] 如不立即行动,苏联不仅会成功在西方联盟内部打入楔子,而且,法国的表率作用可能引发欧洲其他国家效仿,这最终可能会破坏整个西方联盟大厦。为阻止苏联的和平攻势、防止西欧离心倾向的进一步发展,进而破坏苏联分裂联盟的企图,同时,回应国内反核运动的呼声,里根政府决定与苏联就中导问题正式进行磋商。

9 月 24 日,美国国务卿黑格(Alexander Haig)和苏联外长葛罗米科(Andrei Gromyko)宣布,美苏将于 11 月 30 日在日内瓦正式开始中导谈判。美国代表是保罗·尼采,苏联代表是尤里·维辛斯基。为通过会谈限制乃至削弱苏联的核力量,里根政府于 11 月 16 日就抛出所谓的“零点方案”,即如果苏联拆除在欧洲部署的 SS-20 和退役 SS-4 及 SS-5 导弹,美国将取消在欧洲部署潘兴 II 的计划。[②] 这样,双方在欧洲的中程核导弹数均为零。美国的意图在于用即将布置的 572 枚陆基中导来换取苏联已经布置的 SS-20。[③] 苏联非常清楚美国的意图,针锋相对地提出“冻结方案”,勃列日涅夫表示,苏联永远不会同意这种让苏联单方面裁军的方案,[④]希望里根在欧洲中导问题上采取更为客观的态度。

苏联的立场正是里根政府需要的,它帮助美国达到一箭三雕的目的,即进行西欧希望的会谈,减轻西欧的安全忧虑,安抚盟国,确保盟国团结一致;同时,西方可以苏联拒绝接受美国的建议为由,根据双轨决定照常在欧洲部署中导,从而结束苏联在欧洲的中导优势;还让外界产生苏联是欧洲消除核武器主要障碍的印象。正如美国的一位评论员所言,“通过口头支持‘零点’这样理想的解决方案,美国可以在与苏联的宣传战中占据制高点,即使它实际上是为实现一个现实的目标——部署与苏联同样数量的核弹头”[⑤]。所以,零点方案的根本目的是为实际布置新式中导创造舆论环境和争取时间。

由于立场迥异,都想削弱对方,双方在 1982 年 5 月 20 日开始的第二轮谈判以继续坚持自己的既定方案作为谈判的基础。[⑥] 因而谈判没有任何进展。

美苏最初的谈判不理想,这是双方意图迥异的必然结果。苏联希望通过中导会谈,保住本国已部署的 SS-20,同时阻止美国部署新式中导;美国则以不部署计划中的导弹为条件,要求苏联应撤出在欧洲部署的中程导弹。双方立场南辕北辙,任何一方都不愿做出让步。1982 年 6 月 25 日,黑格辞职,舒尔茨继任国务卿,中导会谈进入新阶段。

---

① (法)弗朗索瓦·密特朗著,曾令保译:《被死神打断的回忆——密特朗回忆录》,中国书籍出版社,1998 年,第 178 页。

② “Presidents Statement, February, 4, 192”, *Department of State Bulletin*, vol. 82, 1982, p. 50.

③ “INF Negotiations Open in Geneva”, *Department of State Bulletin*, Jan. 1982, vol. 82, 1982, p. 30.

④ Maynard W. Glitman, *The Last Battle of the Cold War. An Inside Account of Negotiating the Intermediate Range Nuclear Forces Treaty*, p. 62.

⑤ Michael Krepon, Dan Caldwell eds, *The Politics of Arms Control Treaty Ratification*, p. 361.

⑥ “Negotiating With the Soviet”, *Department of State Bulletin*, Aug. 1984, vol. 84, 1984, pp. 34-36.

二、舒尔茨对苏外交新构想与个人外交的尝试

里根之所以解除黑格的职务，因为黑格不断与白宫发生冲突，不赞成为里根赞赏的“零点方案”，认为这很难行得通；同时，黑格性格孤傲，独断专行。这不仅招致里根其他主要顾问如国防部长温伯格的不满，也让里根不快。[①] 里根曾说，黑格“认为对外事务是他的地盘，他不想执行总统的对外政策，而想由他自己制定和执行对外政策”[②]。与黑格不同，舒尔茨性格温和，擅长与人交流，能很好处理与里根的关系，突出里根的作用，始终保持低姿态宣称自己是里根政策的忠实执行者。他说：“我的工作是帮助他制定政策并执行，但它是总统的外交政策。”[③]而且，舒尔茨与里根关系匪浅，他是里根竞选班子的高级顾问，还在 1980 年访问西欧各国，向西欧各国领导人解释里根的为人和观点。里根也很信任舒尔茨，里根的夫人南希经常邀请舒尔茨夫妇到白宫共进晚餐。里根也愿意采纳舒尔茨的建议。

舒尔茨并非仅依靠他温和的性格和与里根的个人关系才被任命为国务卿的。更重要的是，他对美苏关系和推进军控会谈有自己系统的认识和主张。

首先，舒尔茨提出了处理美苏关系的新方法和新策略。如前所述，里根认为苏联是“邪恶帝国”和世界不稳定的根源。这意味着“苏联在哪里干涉，就在哪里同它对抗”。这显然不可能达成任何协议。舒尔茨帮助里根改变了这种局面。舒尔茨同样讨厌苏联，但他认为这不应该妨碍美苏就在涉及共同安全问题上达成协议。这就涉及如何管理美苏分歧。如何管理呢？他提出了“园艺”（gardening）理论。何为“园艺”？舒尔茨说，就像花园里的杂草一样，在变成真正的问题之前把它们除掉，就不会发展成重大问题。[④] 据此，美苏关系中的小问题在成为不可调和的矛盾前就解决，就可能不会影响美苏关系，即使美苏在其他领域存在矛盾，也不会影响中导谈判的进程。

其次，舒尔茨认为，加强美苏高层联系和交往，建立信任关系是促进双边关系和解决问题的重要途径。他说：“外交主要是你四处走动，与人交谈，发展信任和信心，然后如果有事情发生，你就有了解决问题的基础。如果你以前从未见过某人，而你现在却试图解决一个微妙、困难的问题，那就很困难。没有人际交往的情况是危险的，苏联人读不懂你，也就不会信任你。”[⑤]没有美苏彼此相当的信任，就没有中导会谈的成功。

---

① Ronald Reagan, *The Reagan Diaries Unabridged: Volume 1: January 1981 – October 1985*, Harper, 2009, p. 138.

② Ronald Reagan, *An American Life: The Autobiography*, Simon & Schuster, 1990, p. 270.

③ James Goodby, “Groundbreaking Diplomacy: An Interview with George Shultz”, *The Foreign Service Journal*, December 2016.

④ James E. Goodby, Interview with George P. Shultz, 8 December 2016, Hoover Institution, https://afsa.org/groundbreaking-diplomacy-interview-george-shultz.

⑤ James Goodby, “Groundbreaking Diplomacy: An Interview with George Shultz”, *The Foreign Service Journal*, December 2016.

第三，舒尔茨认为，美国对苏政策应该建立在实力基础上，随时准备对抗苏联的挑战，但同时保持灵活性，在有取得成功的现实可能时进行谈判。舒尔茨说，美国"应做好谈判的准备和拥有谈判的实力，以现实的态度观察苏联的能力、局限性、意图和军事发展，用美国的立场和利益观察局势，美国认为能够取得成果时则进行谈判"[①]。这实际上是里根以实力求和平原原则的体现。

就任国务卿后，舒尔茨立即采取措施，寻求打破中导会谈的僵局。出于缓和美苏关系和阻止美国布置潘兴II的考虑，苏联也积极寻求推进会谈。在第二轮会谈结束前，苏联会谈代表克维辛斯基告诉美国会谈代表保罗·尼采，苏联希望谈判取得尽可能多的进展。舒尔茨抓住机会，1982年7月，他指示尼采与克维辛斯基会谈，达成被称为"林中散步"的非正式协议，美方放弃销毁所有中导的建议，苏方接受美国在欧洲布置部分新式巡航导弹，实现双方在欧洲中程核力量上的平衡。[②] 但里根政府内部强硬派坚决反对，认为"林中散步"不符合美国的安全利益，应以"零点方案"继续作为其官方谈判立场。[③] 最终，里根放弃此方案。

虽然谈判方案没有通过，但舒尔茨的尝试得到里根的认可。舒尔茨决定进一步通过个人外交缓和美苏关系，为谈判的顺利进行营造良好的外交环境。[④] 首先，他努力与苏联同行建立和谐的私人关系。在联大会议上，舒尔茨对葛罗米柯说，应该多进行一些私人会晤，这样有助于解决中导问题。[⑤] 得到葛罗米柯的同意后，他开始筹划每周与苏联驻美大使多勃雷宁的会面。[⑥]

其次，舒尔茨鼓励里根在中导问题上采取主动行动。在与里根的长期交往中，舒尔茨对里根的想法有了全面的认识。就美苏关系和中导问题而言，舒尔茨意识到他的想法与里根很相似，都愿意促进美苏关系，只是经常被军方和五角大楼的强硬派所阻挠。舒尔茨认为，里根态度的转变对美苏关系以及接下来的中导谈判尤为关键。[⑦] 因此，舒尔茨尽可能抓住机会向里根阐述自己对苏政策的想法，希望里根可以在与苏联的关系上向前迈进。

第三，协调美国与西欧在欧洲中导问题上的立场，解除西欧的担忧和维护西方联盟的团结。中导会谈开始后，西欧不愿正视自身安全的威胁，同时，越来越多地怀疑美国在军控方面的诚意，并对美国在欧洲扮演的角色越来越不满。舒尔茨担心苏联利用欧洲与美国的关系现状，促使美欧分裂。[⑧] 为防止这种情况出现，1982年12月，舒尔茨访问部署中导的西德、荷兰、意大

---

① George P. Shultz, *Turmoil and Triumph: My Years as Secretary of State*, Charles Scribner's Sons, 1993, p. 160.

② "Negotiating With the Soviet", *Department of State Bulletin*, Aug. 1984, vol. 84, 1984, p. 36.

③ Christian Tuschhoff, *Moral Containment of Military Challenge: The Reagan Administration and the Soviet Union*, pp. 186 – 194.

④ George P. Shultz, *Turmoil and Triumph: My Years as Secretary of State*, p. 149.

⑤ George P. Shultz, *Turmoil and Triumph: My Years as Secretary of State*, p. 123.

⑥ Memorandum From the President's Assistant for National Security Affairs (Clark) to President Reagan, Washington, November 27, 1982, *FRUS*, *1981 – 1988*, vol. 3, pp. 810 – 811.

⑦ Ronald Reagan, *The Reagan Diaries*, Harper Perennial, 2007, p. 188.

⑧ Memorandum from the Special Representative for Arms Control and Disarmament to Acting Secretary of State Dam, December 13, 1982, *FRUS*, *1981 – 1988*, vol. 11, pp. 138 – 139.

利、法国和西班牙等国，全面了解盟国对美国部署新式导弹的想法。清楚认识到西欧既希望美苏就中导问题举行会谈，以缓和关系，又希望美国布置导弹，确保安全无虞。① 12月20日，舒尔茨向里根汇报了欧洲的想法，他说，"欧洲盟国，尤其是民众对核武器深感厌恶，既希望美国部署中导，又希望美苏进行谈判。部署和谈判是交织在一起的，美国不能只考虑部署而放弃谈判"②。这坚定了里根执行双轨决定并进行中导会谈的立场，里根极为赞赏。

苏联也热烈回应舒尔茨的建议。12月下旬，多勃雷宁致信舒尔茨，提议美苏开始在各个层面进行讨论。舒尔茨认为这是与苏联方接触、改善美苏关系的机会。③ 由于美苏关系仍相当紧张，国防部、国家安全委员会甚至国务院内部都有许多人反对任何弥合美苏鸿沟的努力。舒尔茨很难像他设想的那样开展行动。他意识到与苏联增加接触需要采取更加灵活的方式和里根总统的支持。1983年1月19日，舒尔茨致信里根，建议利用与苏联的对话为解决中导问题创造可能，并提出了具体设想，即不放弃自身的谈判原则；赢得公众舆论支持，这将表明是苏联而不是美国在阻碍谈判的进展；为首脑会议作准备，为使首脑会议顺利进行，可先进行部长级接触。④ 这实际上为此后美国参加会谈设定了路线图。

国家安全委员会坚决反对舒尔茨对苏采取的缓和的建议和措施，国家安全顾问威廉·克拉克的反应尤其强烈，他对里根建议说，美国"应拒绝与苏联进行任何领域，尤其在军备控制领域的对话，任何准备在中导谈判上妥协的信号都会被苏联视为软弱，我们不应在中导谈判立场上作出重大改变"⑤。在克拉克的支持下，国家安全委员会主张，如果苏联不真正改变立场，美国就应按计划部署中导。目前，任何美国单方面准备或认真考虑放弃"零点方案"的迹象都极其有害，它将使欧洲的反部署力量更为激进，使欧洲一些政府感到尴尬，并向苏联妥协。⑥

另一方面，为干扰乃至阻止美国实施双轨决定，苏联继续发动和平攻势，建议华约和北约缔结互不使用武力条约，提出完全"撤除欧洲中程核武器和战术核武器"的"真正零点方案"，苏联外长葛罗米柯还访问西欧主要国家，推销苏联的建议。西欧各国出现不同程度的动摇，主张达成"折中协议"的舆论升温。这打乱了里根政府的计划。

权衡再三，里根决定采纳舒尔茨的建议，要求舒尔茨与多勃雷宁展开认真对话。⑦ 为改变诸多官员，尤其是国家安全委员会反对美苏中导会谈的局面，舒尔茨建议派副总统布什访问西欧，说服西欧支持美苏对话。舒尔茨认为，通过改变西欧对美国的看法，可以争取国家安全委员

---

① George P. Shultz, *Turmoil and Triumph: My Years as Secretary of State*, pp. 150 – 152.

② George P. Shultz, *Turmoil and Triumph: My Years as Secretary of State*, p. 156.

③ George P. Shultz, *Turmoil and Triumph: My Years as Secretary of State*, p. 159.

④ Memorandum from Secretary of State Shultz to President Reagan, January 19, 1983, *FRUS*, *1981 – 1988*, vol. 4, pp. 2 – 3.

⑤ Memorandum From the President's Assistant for National Security Affairs (Clark) to President Reagan, January 28, 1983, *FRUS*, *1981 – 1988*, vol. 4, pp. 11 – 12.

⑥ Memorandum From Paula Dobriansky of the National Security Council Staff to the President's Assistant for National Security Affairs (Clark) January 28, 1983, *FRUS*, *1981 – 1988*, vol. 4, pp. 16 – 17.

⑦ George P. Shultz, *Turmoil and Triumph: My Years as Secretary of State*, p. 162.

会成员的支持。里根欣然接受舒尔茨的建议，1983 年 1 月 30 日，副总统布什访问西欧，为向北约表示美国达成协议的诚意并赢得公众支持。布什在西柏林宣读了里根给欧洲的公开信，建议美苏举行首脑会晤，签署禁止所有中程陆基导弹的条约。[①] 安德罗波夫立即拒绝了美国的提议。西欧各国政府和舆论因而认为是苏联而不是美国在阻挠谈判。这样，里根政府成功阻止西欧滑向苏联，并赢得了公众舆论支持。

如舒尔茨所设想，国家安全委员会成员目睹了舒尔茨外交的效果，开始更多支持舒尔茨的主张和做法。2 月 15 日，舒尔茨邀请多勃雷宁到白宫与里根会晤。里根阐述了中导谈判等问题上的立场。里根会亲自接待让多勃雷宁的虚荣心得到很大满足。他表示，这是一个具有历史意义的时刻。作为回应，他建议舒尔茨去莫斯科与安德罗波夫会晤。[②] 多勃雷宁的合作对促进舒尔茨设想的美苏首脑会谈具有重要作用，也为美苏继续中导会谈准备了良好氛围。

3 月 30 日，为向盟国显示美国对待谈判的主动性与灵活性，里根提出被称为“临时协议”的建议，即如果苏联将其在全球范围内的中程导弹的弹头数量减少到同等水平，美国将大幅度减少部署潘兴 II。[③] 北约支持“临时协议”。为让苏联接受美国的新提议，舒尔茨邀请多勃雷宁会面，他告诉多勃雷宁，“零点方案”仍在谈判桌上，提出临时协议是表明美国的灵活性和愿意讨论任何基于平等的合理方法。[④] 但安德罗波夫认为美国的新建议危及了苏联安全，破坏了业已形成的力量均衡，于 4 月 19 日拒绝。[⑤] 5 月 27 日，为影响将于次日召开的七国首脑会议，苏联威胁说，一旦美国和北约开始在欧洲部署美国新式导弹，苏联将重新考虑是否单方面暂停在欧洲进一步部署中导系统，并与华约成员国协商后采取其他措施。[⑥] 苏联的拒绝正是美国所希望的。

因为此时美国的政治和经济状况都发生了根本变化。经济上，美国在 1982 年底已经走出危机谷底，国民生产总值增长率和经济回升率都快于其他工业发达国家；政治上，5 月 28 日的西方七国领导人峰会宣布，一致支持美国部署潘兴 II 和巡航导弹的立场。[⑦] 苏联试图通过在峰会前夕发出威胁来阻止西方布置中导的如意算盘落空了。作为政治、经济形势变化的结果，美国开始转守为攻，6 月 15 日，舒尔茨发表得到里根批准的对苏政策声明，他说，在中导问题上，单

---

① Nuclear Arms Control. Background and Issues. *Committee on International Security and Arms Control National Academy of Sciences*, p. 117; George P. Shultz, *Turmoil and Triumph: My Years as Secretary of State*, p. 350.

② Memorandum of Conversation, February 15, 1983, *FRUS*, *1981 – 1988*, vol. 4, pp. 31 – 32.

③ Karl W. Ryavec, *United States Soviet Relations*, New York: Longman Inc., 1989, p. 149.

④ Memorandum From Secretary of State Shultz to President Reagan, April 21, 1983, *FRUS*, *1981 – 1988*, vol. 4, p. 157.

⑤ Maynard W. Glitman, *The Last Battle of the Cold War. An Inside Account of Negotiating the Intermediate Range Nuclear Forces Treaty*, p. 87.

⑥ George P. Shultz, *Turmoil and Triumph: My Years as Secretary of State*, p. 351.

⑦ George P. Shultz, *Turmoil and Triumph: My Years as Secretary of State*, p. 355.

纯的“胡萝卜”不能发挥作用,必须加上“大棒”才可以使苏联认真谈判。[①]

尽管宣布要采取“胡萝卜”加“大棒”的政策,但舒尔茨强调个人外交方式的独特价值,因此,6月到7月,他与多勃雷宁就即将到来的部署以及苏联的反应、美苏峰会前景等问题举行多次会晤。舒尔茨的想法是,即使谈判无法取得进展,也应尽可能使美国处于能够利用任何可能性的立场上,并使苏联更为克制,接受美国的谈判议程。[②] 舒尔茨的做法获得了成功,安德罗波夫不再提北约峰会前的威胁,开始表现出灵活性。[③] 7月初,安德罗波夫给里根写信,表示苏联希望减少核威胁。舒尔茨建议里根接受苏联的“善意”,以便继续尝试让苏联接受美国的谈判议程。7月11日,里根表示,美国有同样的愿望,保证将致力于“和平进程”和“消除核威胁”。他建议美苏在中导会谈中交换意见,并采取具体行动实现这一目标。[④]

里根与安德罗波夫的交流使中导会谈出现光明前景。8月26日,安德罗波夫给里根回信说,如果达成双方都能接受的协议,苏联将减少在欧洲布置的SS-20,当苏联与英法导弹数量相等时,将销毁所有导弹。美国积极回应,因为这是苏联首次提出销毁一类武器系统,这是一个“积极的信号”。但同时,美国怀疑苏联动机不纯,主要是想赢得欧洲舆论和拖延美国部署的时间。因此,里根表示,如不能达成协议,美国将按计划部署中程导弹。[⑤]

舒尔茨坚决支持里根按计划布置新式导弹的强硬路线。为此,他频繁与西欧磋商,以巩固西方联盟,为在欧洲部署潘兴II作准备。[⑥] 同时,他准备在美苏第六轮中导会谈中对苏联施加最大限度压力。在8月30日给里根的备忘录中,他说,由于美国决定按计划在欧洲布置中导,所以不希望与苏联的会谈有重大突破,甚至不希望美苏关系有重大改善。他建议,把预定于在第六轮会谈期间举行的美苏外长马德里会晤作为最大限度地对苏联施加压力的机会。同时,面对部分盟国的担忧,美国应在美苏关系的其他领域表现出适当灵活性,不至于使美苏关系毫无进展。[⑦] 舒尔茨的计划非常高明,如果实施,苏联很难应对。

但8月31日发生的大韩航空007号班机被苏军击落事件严重恶化了美苏关系。国防部长温伯格和国家安全委员会强烈反对进行中导谈判,要求舒尔茨不得与葛罗米柯在马德里会

---

① George. Shultz, “U. S. -Soviet Relations in the Context of U. S. Foreign Policy”, *Department of State Bulletin*, July 1983, vol. 83, 1983, pp. 65 - 72.

② Information Memorandum from the Assistant Secretary of State for European Affairs (Burt) to Secretary of State Shultz, June 14, 1983, *FRUS*, *1981 - 1988*, vol. 4, p. 190.

③ Nuclear Arms Control. Background and Issues. *Committee on International Security and Arms Control National Academy of Sciences*, p. 119.

④ George P. Shultz, *Turmoil and Triumph: My Years as Secretary of State*, p. 359.

⑤ George P. Shultz, *Turmoil and Triumph: My Years as Secretary of State*, p. 361.

⑥ Maynard W. Glitman, *The Last Battle of the Cold War. An Inside Account of Negotiating the Intermediate Range Nuclear Forces Treaty*, p. 88.

⑦ Memorandum from Secretary of State Shultz to President Reagan, August 30, 1983, *FRUS*, *1981 - 1988*, vol. 4, pp. 287 - 288.

面。[1] 舒尔茨深知里根的想法，他建议继续与葛罗米柯会晤，但主题限于007航班和人权问题，里根同意。[2] 舒尔茨的目的是充分利用苏联击落韩国客机事件，向世界展示苏联的"野蛮"和"邪恶"，为美国布置新式导弹创造道义条件；同时不中断会谈，向世界展示美国是坚持和平和削减中导的，并以人权等为幌子对苏联施加压力，迫使苏联在中导问题上让步。即舒尔茨所说："我们需要保持克制，但也需要采取行动。"舒尔茨表现得更为精明、圆滑和老道，也更为理智和客观。

更重要的是，事件使里根认识到，核战争可能因为误判开始。他进一步坚定了销毁核武器的立场，并准备发挥更大的个人作用，但拒绝改变中导谈判的立场，重申"零点方案"和继续部署潘兴Ⅱ。[3] 实践证明，这是现实而有效的。9月8日，舒尔茨与葛罗米柯在马德里举行会晤，根据此前的安排，舒尔茨大谈特谈人权问题，并把会谈与多边外交结合起来，在安理会及欧安会等国际场合谴责苏联，迫使苏联在中导问题上接受美国的立场。

舒尔茨的策略起效了。9月20日，安德罗波夫表示希望结束军备竞赛，呼吁"采取最有力和果断的行动"突破当前军控谈判的僵局。美国认为，苏联此举是将西欧的注意力重新集中到中导谈判上，从而淡化韩国航班事件的影响，认为苏联对会谈缺乏诚意。美国政府决定继续发动攻势，9月26日，以临时协议为基础，里根在联大提出看起来公平、灵活而实质上是争取世界舆论的建议，即在临时协议框架内，美苏在全球范围内布置同等数量的中程导弹；美国保留在其他地区部署导弹的权利并将就部署潘兴Ⅱ进行谈判。苏联不接受美国的新提议，葛罗米柯批判美国只想拖延时间，把谈判作为部署的烟幕，并称苏联不寻求主导地位，但将采取措施保证其地位不被削弱。[4] 安德罗波夫还攻击了里根本人。[5] 美苏关系恶化到危险的地步。

美国利用会谈陷入僵局加紧新导弹的布置。10月底到11月中旬，英国、意大利和联邦德国相继决定部署美国新式导弹。舒尔茨认为，美国"从成功实施双轨决定中获得很大好处"[6]。这不仅粉碎了苏联分裂美国与北约的企图，而且为后来美国从实力地位出发达成中导协议奠定了基础。作为回应，苏联宣布在东德和捷克布置新的战役战术导弹系统，并于11月23日退出日内瓦谈判。[7] 美苏第一阶段中导谈判失败。

---

① Memorandum From the President's Assistant for National Security Affairs to President Reagan, September 2, 1983, *FRUS*, *1981 - 1988*, vol. 4, p. 313.

② Editorial Note, *FRUS*, *1981 - 1988*, vol. 4, p. 324.

③ Ronald E. Powaski, *Return to Armageddon. The United States and the Nuclear Arms Race*, 1981 - 1999, p. 26.

④ Telegram From the Embassy in the Soviet Union to the Department of State, October 19, 1983, *FRUS*, *1981 - 1988*, vol. 4, pp. 435 - 436.

⑤ 资中筠编：《战后美国外交史》（下册），第883—884页。

⑥ Memcon Reagan and Federal German President Carstens, 4 October 1983, Executive Secretariat, NSC, Subject Files, Reagan Memcons, Box 52.

⑦ National Academy of Sciences and Committee on International Security and Arms Control, *Nuclear Arms Control, Background and Issues*, p. 121.

三、美苏关系的缓和与舒尔茨重启谈判的努力

按计划,美国将在5年内完成导弹布置,但1985年已完成在西德的全部潘兴II的布置。美苏还大力研制和布置新一代核武器,双方在欧洲的军事对峙进一步加剧。不仅如此,美苏联系非常少。这种几乎断交的状态使欧美公众感到恐慌,他们害怕苏联会带来军事威胁,[①]纷纷要求恢复中导谈判。

国内政治也需要改善美苏关系。1984年是大选年,为再次赢得大选,里根需要在美苏关系上有所作为。为此,他努力塑造自己致力于和平的形象,以弥补第一任期内因裁军失败而导致公众形象受损的缺陷。[②] 更重要的是,里根认为美国已经重获优势。他在1984年4月的外交政策演讲中说:美国被视为"一个没有方向盘的超级大国、一个听任世界形势摆布的国家的年代已一去不复返了,美国的领导地位也已恢复"[③]。有鉴于此,里根希望缓和与苏联剑拔弩张的关系,中导会谈成为里根缓和美苏关系的最佳突破口。

舒尔茨敏锐地意识到里根对苏政策的转变,积极利用他擅长的个人外交帮助里根恢复美苏关系。里根对此大为赞赏,明确表示舒尔茨"实际上是在执行我的政策"。从1984年初开始,舒尔茨多次邀请多勃雷宁会面,解释里根对苏政策意图。他明确告诉多勃雷宁,里根已经决定与苏联重新接触。多勃雷宁许诺说,苏联会对来自华盛顿的任何建设性的提议作出回应。[④] 舒尔茨还建议里根就美苏关系发表公开讲话,表达改善美苏关系的愿望。在1984年1月16日的讲话中,里根努力淡化美苏意识形态竞争,反复提到两国的"共同利益",表示美国"希望美苏之间进行真正的合作"[⑤]。这为缓和美苏关系和恢复中导会谈奠定了基础。

苏联也希望缓和美苏关系。入侵阿富汗后,苏联面临政治、经济和外交的全面危机。为避免在不利局面下与美国的对抗加剧,1984年2月初,苏联新领导人契尔年科说苏联寻求"双方都能接受的"解决方案,甚至承诺不首先使用核武器。[⑥] 这是中导会谈停顿以来苏联第一次没有要求美国对两国关系的低迷负责,没有对美国部署中导表示愤怒,反而表示要缓解美苏紧张关系和促进悬而未决问题的谈判。这是苏联向美国传达的改善关系的积极信号,国务院和国家安全委员会认为这是促进美苏关系的良机,决定邀请葛罗米柯访美。[⑦] 考虑到苏联入侵阿富汗

---

① Telegram From the Embassy in the Soviet Union to the Department of State, December 7, 1983, *FRUS*, *1981–1988*, vol. 4, p. 493.

② Michael Staack, *The Reagan Administration*, De Gruyter, 1988, pp. 95–96.

③ President Reagan, "American Foreign Policy Challenges in the 1980s", *Department of State Bulletin*, May, 1984, vol. 84, 1984, p. 5.

④ Memorandum From Secretary of State Shultz to President Reagan, January 4, 1984, *FRUS*, *1981–1988*, vol. 4, p. 518.

⑤ Beth A. Fischer, *The Reagan Reversal Foreign Policy and the End of the Cold War*, p. 43.

⑥ Information Memorandum From the Assistant Secretary of State for European and Canadian Affairs (Burt) to Secretary of State Shultz, February 16, 1984, *FRUS*, *1981–1988*, vol. 4, pp. 635–636.

⑦ George P. Shultz, *Turmoil and Triumph: My Years as Secretary of State*, p. 473.

后美国对苏联实施全面的经济、政治和军事制裁，邀请葛罗米柯访问华盛顿无疑是里根政府改善美苏关系的一个重大举措。

为确保葛罗米柯成功访美，舒尔茨多次与多勃雷宁会晤，表达改善双边关系和在中导问题上进行合作的愿望，还说，美国愿意就苏联关心的具体问题先采取步骤。[①] 苏联对舒尔茨的表态非常高兴，[②]但在研究里根 1984 年 1 月批准的战略防御倡议（SDI）后，苏联的态度发生了变化，拒绝在美国布置 SDI 的情况下实现美苏缓和，苏联新领导人契尔年科在 3 月 20 日给里根的信中说，美国在西欧部署导弹不仅是对苏联的战略威胁，而且将直接导致全面军备竞赛。因此，美国需要的不是谈判，而是放弃建立 SDI。[③]

舒尔茨认为，要改变这种局面，最好的办法是举行领导人峰会。峰会可以增加领导人彼此的了解，消除误解和分歧；也可以推动双方就一些重要而困难的问题达成共识，中导问题也就迎刃而解。[④] 里根对舒尔茨的看法大为赞赏。因此，对契尔年科要求美国放弃 SDI，里根没有像过去那样反驳，而是表示苏联的要求值得思考。他告诉舒尔茨和国家安全事务助理麦克法兰（Robert C. McFarlane），他欢迎美苏首脑峰会，他说，美国应努力促成首脑峰会。舒尔茨鼓励里根的想法，他告诉里根，“对话可以解决问题……让我们重新开始开放的和全面的东西方对话”[⑤]。里根是希望以强大的实力为后盾，在谈判中“改变苏联帝国主义”。

为促使苏联同意举行首脑会谈，舒尔茨建议里根利用外部压力。在 6 月的一次记者招待会上，里根说：“我们已经准备好，愿意、也有能力与苏联领导人在任何时候会晤。”同时，里根政府不再僵硬地把美苏关系与苏联的国际行为联系在一起，而是既要坚持联系原则，又不机械运用。[⑥] 这向世界明确展示了美国对美苏首脑会议的诚意，契尔年科如果拒绝，将在世界舆论方面陷于非常被动的地位。

11 月 6 日，里根以压倒优势再次当选总统，他因而相信他的对苏政策具有深厚的民众基础，无论是国会还是行政部门内部的对苏强硬派都无法阻止他的美苏首脑会晤设想。舒尔茨对此心领神会，他建议里根借胜选之机，向契尔年科提出美苏关系未来建议，里根欣然接受。他于 11 月 15 日给契尔年科写信，希望不设任何先决条件与契尔年科会晤。为改善日益孤立的外交处境和避免美苏进一步对抗，减轻沉重的军备负担对苏联经济的巨大压力，契尔年科反应神速，17 日就回信说，苏联“愿意接受最激进的全面禁止并最终消除核武器的解决方案”[⑦]。这把举行

---

① Matlock, Jack F., *Reagan and Gorbachev, How the Cold War Ended*, p. 102.

② George P. Shultz, *Turmoil and Triumph: My Years as Secretary of State*, p. 473.

③ Memorandum From Secretary of State Shultz to President Reagan, March 21, 1984, *FRUS*, *1981 – 1988*, vol. 4, pp. 718 – 719.

④ George P. Shultz, *Turmoil and Triumph: My Years as Secretary of State*, p. 476.

⑤ James Graham Wilson, *The Triumph of Improvisation, Gorbachev's Adaptability, Reagan's Engagement, and the End of the Cold War*, p. 83.

⑥ George P. Shultz, "A Forward Look at Foreign Policy", *Department of State Bulletin*, Dec., 1984, vol. 84, 1984, pp. 5 – 10.

⑦ George P. Shultz, *Turmoil and Triumph: My Years as Secretary of State*, p. 500.

首脑会晤推上快车道。11 月 22 日，美苏同时宣布次年 1 月在日内瓦举行外长会晤，就核武器和太空武器谈判进行初步讨论。[①] 舒尔茨建议将日内瓦会议作为美苏重开中导谈判的开端。[②] 但苏联坚持过去的立场，不愿意在美国布置 SDI 的情况下解决中导问题，同时，为分裂西方联盟并阻止美国进一步布置中导，契尔年科计划访问欧洲各国。舒尔茨认为，这表明苏联不会很快与美国就中导达成协议，而是利用会谈来追求政治目标。[③]

里根希望举行首脑会晤并赞成销毁核武器，但坚持布置 SDI，认为 SDI 不是谋求优势，而是防御。[④] 舒尔茨不完全认同里根的看法，认为 SDI 不能取代一切，但他没有直接反对里根，而是将里根废除核武器和依靠 SDI 的设想融合在新的军控指导思想中。[⑤] 要实现这一目标，必须进行美苏会谈，美苏要恢复会谈，美国就不应急于就有较大分歧的问题进行辩论，而应首先打破与苏联此前谈判的僵局，主张先恢复美苏日内瓦旧会谈。[⑥] 这一主张显示了美国在中导问题上的灵活性和进行会谈的诚意。里根大加赞赏。据此，12 月 11 日举行的北约外长年度会议强调，在没有“具体谈判结果”的情况下，盟国将“继续部署中导”，同时希望舒尔茨与葛罗米柯的会议能“改善东西方关系”。[⑦] 这既体现了舒尔茨与里根的设想，也是美国以西方的团结来迫使苏联恢复中导会谈的努力。

在里根政府努力恢复中导会谈的同时，苏联政治也发生了有利于恢复中导会谈的巨大转变。主张缓和美苏关系的戈尔巴乔夫成为苏共二号人物，在 12 月访问伦敦期间，戈氏不仅说苏联的中心任务是发展经济，而且表示“已经准备好朝着全面禁止和最终消除核武器的方向前进”。英国首相撒切尔夫人在随后飞往美国并对里根说，戈氏是一个“不寻常的俄罗斯人，少了很多约束，更有魅力”，在人权问题上也没有苏联人惯有的防御性，是“可以与我们做交易的人”。[⑧] 舒尔茨也认为戈氏不会盲目遵循前任政策。[⑨] 撒切尔夫人是里根意识形态的同路人，舒尔茨是他在政治上最信任的人。受他们的影响，里根也相信戈氏是美国可与之达成持久军控协议的人。[⑩] 这在相当程度上消除了里根与苏联会谈的意识形态障碍。

---

① Maynard W. Glitman, *The Last Battle of the Cold War. An Inside Account of Negotiating the Intermediate Range Nuclear Forces Treaty*, p. 105.

② Briefing Memorandum From the Assistant Secretary of State for European and Canadian Affairs and the Director of the Bureau of Politico-Military Affairs to Secretary of State Shultz, November 27, 1984, *FRUS*, *1981－1988*, vol. 4, p. 1138.

③ Minutes of a National Security Planning Group Meeting, November 30, 1984, *FRUS*, *1981－1988*, vol. 4, pp. 1154－1155.

④ Minutes of a National Security Planning Group Meeting, December 5, 1984, *FRUS*, *1981－1988*, vol. 4, p. 1166.

⑤ Briefing Memorandum From the Assistant Secretary of State for European and Canadian Affairs (Burt) and the Director of the Bureau of Politico-Military Affairs (Chain) to Secretary of State Shultz, December 4, 1984, *FRUS*, *1981－1988*, vol. 4, p. 1163.

⑥ Memorandum From Ronald Lehman of the National Security Council Staff to the President's Assistant for National Security Affairs, December 1, 1984, *FRUS*, *1981－1988*, vol. 4, p. 1160.

⑦ George P. Shultz, *Turmoil and Triumph: My Years as Secretary of State*, p. 506.

⑧ Reagan letter to Gorbachev, March 11, 1985, Mar 11, 1985, Margaret Thatcher Foundation.

⑨ Matlock, Jack F. Reagan and Gorbachev, *How the Cold War Ended*, Random House, 2004, p. 120.

⑩ George P. Shultz, *Turmoil and Triumph: My Years as Secretary of State*, p. 507.

经过磋商,美苏决定1985年3月12日恢复日内瓦会谈,就战略核武器、太空武器和欧洲中程武器进行一揽子谈判。[①] 为促进会谈,舒尔茨建议,谈判代表和顾问可以通过国务卿和国家安全顾问直接与里根讨论。[②] 1985年3月11日,戈尔巴乔夫当选苏共总书记。当天,美国副总统乔治·布什将里根的亲笔信交给戈尔巴乔夫,邀请戈氏访美,希望军控谈判"为我们提供真正的机会,朝着消除核武器的共同最终目标前进"[③]。戈尔巴乔夫很高兴,他表示军控会谈将如期举行。

3月12日,中导会谈在日内瓦恢复。美国谈判代表为坎珀尔曼(Max M. Kampelman),苏联谈判代表是维克多·卡尔波夫(Viktor P. Karpov)。会谈一开始,美国就重申1983年关于消除全球中导的条约草案。根据"新思维"外交,戈尔巴乔夫迫切希望减轻军备竞赛给苏联经济的巨大压力,削减军备被作为改善苏联在西方的形象和美苏缓和的关键因素。所以,当美国重新提出消除全球中导的建议后,戈尔巴乔夫立即同意。舒尔茨确信,苏联新领导人对核军控有浓厚兴趣,美苏有举行峰会的可能性。[④] 他对里根说:"如果想要达成中导协议,应尽快举行首脑会议。"[⑤]里根表示同意。

为尽快举行美苏峰会。5月后,舒尔茨更经常地与苏联新外长谢瓦尔德纳泽接触,阐述美苏峰会的必要性以及峰会对裁军谈判的影响。舒尔茨强调,尽管美苏在各个领域都存在着深刻分歧,但峰会可让双方首脑互相了解,从而促成争端解决。[⑥] 谢瓦尔德纳泽赞成舒尔茨的看法,[⑦]双方很快达成11月中旬在日内瓦举行美苏首脑峰会的协议。

11月19—21日,里根与戈尔巴乔夫在日内瓦会晤,双方一开始就在SDI问题上产生激烈争论。戈尔巴乔夫认为SDI违反《反导条约》,除非美国放弃它,否则苏联不会削减进攻性武器。他说,苏联只会在没有太空军事化的条件下才做出妥协,如果美国试图利用SDI获得优势,苏联不仅不会减少进攻性导弹,相反,将积极发展军事力量,以打破美国的SDI。[⑧] 里根不愿妥协,坚持布置SDI。他说,即使美苏消除了这些武器,"一些疯子可能在未来发展这些武器;如果要消除这些武器,就需要对它们进行防御",为让苏联接受,他甚至说一旦建成SDI,苏联可以共享。[⑨] 对此,戈尔巴乔夫明确表示怀疑。

舒尔茨认为信任是顺利谈判的基础,面对苏联的立场,他没有立即为SDI争辩,而是提出"求同存异"的谈判方针,即采用迂回战术,与戈尔巴乔夫就信息技术问题进行讨论,并探讨美

---

① George P. Shultz, *Turmoil and Triumph: My Years as Secretary of State*, p. 523.

② National Security Decision Directive 160, Washington, January 24, 1985, *FRUS*, *1981 - 1988*, vol. 4, pp. 1364 - 1365.

③ Reagan letter to Gorbachev, March 11, 1985, https://nsarchive.gwu.edu/document/22549-document-02-reagan-letter-gorbachev-march-11.

④ Ronald E. Powaski, *Return to Armageddon. The United States and the Nuclear Arms Race*, 1981 - 1999, p. 47.

⑤ Letter From President Reagan to Soviet General Secretary Gorbachev, April 4, 1985, *FRUS*, *1981 - 1988*, vol. 5, p. 48.

⑥ Telegram From Secretary of State Shultz to the White House, July 31, 1985, *FRUS*, *1981 - 1988*, vol. 5, p. 294.

⑦ George P. Shultz, *Turmoil and Triumph: My Years as Secretary of State*, p. 571.

⑧ *FRUS*, *1981 - 1988*, Soviet Union March 1985 - October 1986, vol. 5 p. 593.

⑨ Memcon Reagan and Gorbachev, 20 November 1985, *FRUS*, *1981 - 1988*, vol. 5, p. 703.

苏的政治和经济自由问题，同时，将谈判重点放在美苏应摒弃意识形态分歧和解决全球冲突上。舒尔茨的建议完全迎合了戈尔巴乔夫急于发展经济和缓和美苏关系的心理。结果，双方不仅达成"核战争不能打也打不赢"的历史性协议，而且决定未来再次举行峰会。①

尽管最终双方在军备控制的问题上没有达成一致，考虑到军备竞赛和中导问题的复杂性以及美苏长期敌对的现实，这一结果已经是最好的了。更重要的是，舒尔茨"求同存异"的谈判方针为美苏提供了一种解决问题的新模式，美苏领导人之间更重视合作，不会再因为个别争论和分歧而否定全部成果。

四、舒尔茨与美苏中导条约的签署

戈尔巴乔夫在上台之初就有废除核武器的想法，里根在 1986 年新年到来之际发表对苏讲话，表示希望建立一个没有核武器的世界。② 戈尔巴乔夫觉得他与里根惺惺相惜。同时，他对日内瓦峰会美苏关系的发展势头非常满意。因此，他认为向美国提出废除核武器想法的时机已经成熟。1986 年 1 月 14 日，戈尔巴乔夫给里根写信，提出了一个史无前例的三阶段彻底消除核武器的计划。用 5 到 8 年时间削减 50%的战略核武器，并消除欧洲所有中程核力量；1990 年开始，英国、法国和中国加入并冻结核武库，所有核国家销毁战术武器并禁止核试验；1995 年开始销毁所有核武器。③ 第二天，戈尔巴乔夫就公开了这一建议。

如何回应苏联的公开建议？1 月 25 日，军控支持小组提交了一份 3 个应对方案草案文件，方案一不采取任何应对措施，因为戈尔巴乔夫的提议是出于宣传目的。方案二建议作一般性回应，没有具体计划。方案三建议制定具体计划，从削减 INF 和 START 开始，满足戈尔巴乔夫对 SDI 和《反导条约》的关注。④

该选择哪个方案？里根政府产生了激烈争论。1 月 29 日，国家安全顾问约翰·波因德克斯特（John Poindexter）、ACDA 主任阿德曼（Adelman）和里根的军备控制特别顾问罗尼（Rowny）认为，戈尔巴乔夫建议的主要目的是想"在美国和盟国之间制造障碍"，从而破坏西方联盟的团结；同时，利用里根的无核世界愿景作为诱饵扼杀 SDI。接受苏联的建议不仅会影响美国国家安全，而且会对赢得冷战至关重要的西方联盟的团结产生破坏性作用。因此，他们建议选择方

---

① Joint Soviet-United States Statement on the Summit Meeting in Geneva, 21 November 1985, https://www.reaganlibrary.gov/research/speeches/112185a.

② General Secretary Mikhail Gorbachev Letter to President Ronald Reagan, January 14, 1986, Ronald Reagan Presidential Library.

③ Letter Gorbachev to Reagan, 14 January 1986, *FRUS*, *1981–1988*, vol. 5, pp. 772–776.

④ Arms Control Support Group paper for Senior Arms Control Group, "OWL 20: Responding to Gorbachev's January Proposals", January 25, 1986, Ronald Reagan Presidential Library.

案二。[1] 因为方案三让步"太多,所得却太少",即使要削减,也是"原则上"同意朝着消除核武库的方向发展,但不得超过"在日内瓦达成的双边削减水平"。[2] 国防部和军方的反应更激烈,1月31日,国防部长温伯格和参谋长联席会议告诉里根,方案三"损害了美国的整体利益"。国防部助理部长理查德·珀尔认为里根的无核武器世界梦想是一场灾难和十足的妄想。他甚至反对召开国家安全委员会讨论戈尔巴乔夫的建议,因为这将暗示总统赞成戈尔巴乔夫的建议。[3] 显然,军方和国防部强烈主张消极应对而不采取任何具体措施。

以舒尔茨为代表的国务院主张接受戈尔巴乔夫的建议。舒尔茨认为消除核武器是政治热点,美国必须研究没有核武器的世界对美国意味着什么以及美国应采取什么样的措施。在1月29日给里根的备忘录中,他说戈氏的提议符合里根的无核世界愿景,主张用美国的术语重新包装戈氏提案,使之看起来像美国的建议,即美国应"改变戈尔巴乔夫的概念,使之与你自己的无核世界设想相匹配。我们的答复应详细说明我们自己消除核武器进程的概念,集中说明第一阶段所需的双边裁减"[4]。显然,他主张采用方案三。这样将为防止完全"取消核武器"提供保障,同时仍然"考虑消除核武器",他建议抓住机会,启动进一步谈判。[5] 不过,舒尔茨的意图是削减苏联核力量,彻底破坏苏联作为超级大国的最根本基础,他说:"苏联成为超级大国,只因为它是核和弹道导弹超级大国。"[6]显然,舒尔茨认为,苏联抗衡美国的关键是核力量,除掉核武器和导弹,苏联再也不是超级大国,就根本无法与美国相抗衡。对苏联来说,这无异于釜底抽薪。

里根赞成戈尔巴乔夫的废除核武器的"总体目标",认为很难拒绝戈氏的建议。[7] 因为戈尔巴乔夫已经确定具体时段,实现的可能非常大。他甚至表示"为什么要等到2000年才消除所有的核武器"呢?[8] 显然,里根赞同舒尔茨的主张,但这并未消弭内部的反对意见。

西方盟国也不赞成美国积极回应戈尔巴乔夫的建议。欧洲担心,欧洲消除中导将使美国与欧洲"脱钩";日本人担心,如果零点方案只包含欧洲,则苏联将继续在亚洲布置中导。英国反对尤其强烈,认为在欧洲实现零中导的解决方案将使北约部署潘兴II和巡航导弹的决定受到质疑,而这是西方联盟核威慑力量的重要组成部分,因此,戈尔巴乔夫的提议"很危险",称"无核

① United States Arms Control and Disarmament Agency, Office of the Director, Memorandum for the President from Kenneth L. Adelman, "Responding to Gorbachev's January Proposal", January 29, 1986, Jan 29, 1986, Ronald Reagan Presidential Library.

② Department of State, Memorandum from E. L. Rowny to Admiral Poindexter, "Preferred Option for Responding to Gorbachev", January 29, 1986, Jan 29, 1986, Ronald Reagan Presidential Library.

③ George P. Shultz, *Turmoil and Triumph: My Years as Secretary of State*, pp. 699 – 705.

④ Memo Shultz to Reagan, "Responding to Gorbachev's Arms Control Proposal", 29 January 1986, *FRUS*, *1981 – 1988*, vol. 5, p. 810.

⑤ Department of State, Secretary of State, from George P. Shultz to the President, "Responding to Gorbachev's Arms Control Proposal", January 29, 1986, Jan 29, 1986, Ronald Reagan Presidential Library.

⑥ George P. Shultz, *Turmoil and Triumph: My Years as Secretary of State*, p. 701.

⑦ Douglas Brinkley, *The Reagan Diaries*, Volume II, November 1985 – January 1989, Harper Collins, 2009, pp. 562 – 568.

⑧ Paul Nitze, *From Hiroshima to Glasnost*, Grove Weidenfeld, 1989, p. 422.

武器世界有利于东方”。西德倾向于临时解决方案，也反对欧洲零中导。①

考虑到政府内部和西方盟国的反应，里根和舒尔茨都从原来的立场后退。在 2 月 3 日的国家安全委员会会议上，舒尔茨转而支持方案二，但仍主张继续执行《反导条约》。为缓和军方和国防部的强烈情绪，里根也调整立场，不主张作任何积极回应。② 在起草的对苏军控谈判指导原则中，他将重点从强调消除核武器转移到了大幅削减进攻性武器等，说苏联立场存在的“不可接受”的成分，苏联的建议“在事实上延续苏联的优势并造成危险的不平衡”，但他同时强调“严肃考虑”实现无核世界的前提条件，将苏联的想法转化为是对“我们主张的回应”，避免将它看作是“戈尔巴乔夫的建议”。③ 这实际上是舒尔茨的主张。另一方面，里根向盟国保证，美苏会谈不仅涉及消除进攻性核武器，而且必须解决其他盟国关注的问题，强调必须“保持全面而有效”的核威慑。④ 这实际上是将废除核武器的目标推向未来。从本质上讲，这限制了在欧洲和亚洲对《中导条约》提议的回应，同时保持 SDI 的完整。这在相当程度上满足了军方和国防部的要求和消除了盟国对美国脱钩的担心。

在协调内部立场和安抚盟国后，作为回应，2 月 22 日，里根给戈尔巴乔夫写信，根据舒尔茨把戈尔巴乔夫的建议转为美国立场的设想，里根提出消除核武器的具体步骤，首先由美苏领导人在日内瓦讨论核弹头削减，继而在 1989 年前销毁中程核导弹，在美苏完成削减后，其他核大国加入削减进程。此外，里根把全面核裁军与地区问题、人权问题挂钩，强调美国需要核武器威慑常规攻击和建立信任关系，并要求拆除苏联在亚洲和欧洲的中导。⑤ 里根的回应除在中导问题上重复苏联的建议外，在其他方面都不积极。不仅不积极，相反，里根决定坚持以前的“部署计划”。⑥

里根政府迟迟回应和坚持原来的“部署计划”让戈尔巴乔夫深感沮丧，认为美国对他们的建议根本不感兴趣。戈尔巴乔夫在 4 月 4 日接见美国国会议员代表团时抱怨说，日内瓦会议以来，苏联不断提出新倡议，但美国反应消极。⑦ 显然，戈尔巴乔夫认为在日内瓦取得的势头已经

---

① Memcon Younger and Wörner “Note for the Record of a Meeting with Dr. Manfred Woerner at the German Air Force Base at Fassberg at 1500 Hours on Monday 17th February 1986”, TNA, Records of the Prime Minister's Office (PREM) 19/1764, https://www.margaretthatcher.org/document/201460.

② The White House, National Security Decision Directive Number 210, Ronald Reagan, “Allied Consultations on the U. S. Response to General Secretary Gorbachev's January 14, 1986, Arms Control Proposal”, February 4, 1986, Ronald Reagan Presidential Library.

③ National Security Council, Memorandum for John M. Poindexter from Steven E. Steiner, “Response to Gorbachev-Public Diplomacy Plan”, February 22, 1986, Feb 22, 1986, Ronald Reagan Presidential Library.

④ National Security Council John M. Poindexter Memorandum for George P. Shultz, “Transmission of Geneva Material”, Draft Letter to Allies and Guidance for NST delegation on Soviet proposal, February 21, 1986, Ronald Reagan Presidential Library.

⑤ Reagan Letter to Gorbachev, February 22, 1986, Feb 22, 1986, Ronald Reagan Presidential Library.

⑥ National Security Council, Memorandum from Bob Linhard and Ron Lehman to John M. Poindexter, “Additional INF Options”, Feb 22, 1986, Ronald Reagan Presidential Library.

⑦ Record of Conversation between Gorbachev and Members of the U. S. Congress Fascell and Broomfield, April 4, 1986, Apr 4, 1986, The Gorbachev Foundation Archive.

丧失，对举行美苏峰会以裁减核力量的热情也逐渐消退。

实际上里根对美苏削减核力量裹足不前的状况同样不满意。在4月8日接见多勃雷宁时，里根对中导会谈“缺乏进展”表示失望。[①] 实际上，这种局面主要是里根对政府内部意见不一造成的。在6月份的国家安全会议上，国防部长温伯格仍反对“用SDI讨价还价”，中央情报局局长凯西(Casey)和参谋长联席会议主席威克姆(Wickham)认为苏联提议的“目的是打掉SDI”，因而，没必要“提出新提议”。舒尔茨不同意温伯格等人的主张，认为美国“必须加入正在进行的核裁军进程”。[②] 国家安全事务顾问波因德克斯特赞成舒尔茨的主张，认为美国应该对苏联提案采取“积极立场”，甚至主张“制定一项倡议，以解决苏联对SDI提供美国第一打击优势的担忧”。[③] 波因德克斯特的赞成使舒尔茨对再次举行美苏首脑会晤的设想变得更加可能。

舒尔茨对首脑会晤非常积极，他认为，如果峰会间隔太久，会影响解决中导问题的速度。于是，舒尔茨决定增加美苏间各种人员的交流活动。根据舒尔茨的建议，许多国会议员、商人和政治家开始在美苏间穿梭，他们一方面向戈尔巴乔夫保证，里根真想和他打交道。他们又告诉里根，戈尔巴乔夫真的想找到摆脱僵局的办法。[④] 此举效果明显，9月15日，在给里根的信中，戈尔巴乔建议加强《反导条约》机制和大规模削减进攻性战略武器，销毁欧洲所有中程核力量，答应讨论亚洲的中程核力量。他还表示，美苏中程核力量协议不会计算英国和法国的核力量。最后，他同意与里根在冰岛或伦敦举行“一对一会议”。[⑤] 里根很快同意举行美苏“一对一会议”。应该承认，戈尔巴乔夫的建议是建设性的，有助于打破美苏日内瓦首脑会议后关于中导问题的无结果外交谈判循环。

10月11—12日，里根与戈尔巴乔夫在雷克雅未克举行第二次峰会。戈尔巴乔夫一开始就呼吁美苏应关注对方的关切，“不要把对方逼到墙角”，双方很快达成口头协议，即10年内禁止除实验室和研究以外的太空武器项目，加强反弹道导弹条约。但戈尔巴乔夫把中导和SDI联系起来，要求美国暂停布置SDI。[⑥] 里根一直重视SDI，他直率拒绝了苏联的SDI提议，转而要求在欧洲和亚洲按比例削减中导弹头。[⑦] 为降低苏联对SDI的忧虑，他表示将与苏联分享SDI技术。戈尔巴乔夫对里根的分享SDI技术深表怀疑，里根辩解说，他曾向美国人民承诺，SDI有助

---

① Memcon Reagan and Dobrynin, “The President’s Meeting with Ambassador Anatoli Dobrynin of the Soviet Union”, 8 April 1986, *FRUS*, *1981-1988*, vol. 5, pp. 902-904.

② National Security Council, Minutes of the National Security Planning Group Meeting, “Subject: US-Soviet Relations”, Jun 12, 1986, Ronald Reagan Presidential Library.

③ The White House. Draft Memorandum for the President from John M. Poindexter, “Guidance for the Arms Control Support Group”, June 21, 1986. [Top Secret/SAGE], Ronald Reagan Presidential Library.

④ Matlock, Jack F, *Reagan and Gorbachev*, *How the Cold War Ended*, p. 217.

⑤ Letter Gorbachev to Reagan, 15 September 1986, *FRUS*, 1981-1988, vol. 5, pp. 1122-1125.

⑥ US Department of State. Memorandum of Conversation. “Reagan-Gorbachev meetings in Reykjavik, October, 1986. Final meeting”, Oct 16, 1986, Ronald Reagan Presidential Library, https://nsarchive.gwu.edu/document/22123-document-32-us-department-state-memorandum.

⑦ US Department of State. Memorandum of Conversation. “Reagan-Gorbachev meetings in Reykjavik, October, 1986. Third meeting”, October 12, 1986, Ronald Reagan Presidential Library.

于裁军与和平,而不是进攻性武器。他不能放弃承诺。[①] 尽管戈尔巴乔夫不接受里根的苍白辩解,但他妥协了,在中导问题上大幅让步,同意削减50%的弹道导弹,消除欧洲所有中程核力量、将苏联在亚洲的SS－20弹头减少到100个,以换取美国消除本土以外的所有潘兴Ⅱ。苏联还表示,已准备好签订《中导条约》,同意建立全面核查制度。[②] 戈尔巴乔夫之所以妥协,主要是经过舒尔茨长时间的努力,美苏关系不再像之前那样紧张。与里根的多次会谈和信件交流让戈尔巴乔夫相信,美苏是可以打交道的,核裁军问题是可以解决的。

中导问题上的突破让舒尔茨喜出望外。实际上,他对自己参与导演的美苏峰会的结局是有预感的。他说:“军备控制是关键,不是因为那是苏联人想要的,而是因为我们已经把他们带到了他们基本上按照我们的剧本说话的地步。这并不意味着我们认为戈尔巴乔夫在雷克雅未克很容易对付,但这意味着我们有理由希望在那里取得一些有用的成果。”[③]

戈尔巴乔夫在中导问题上的让步促使西方舆论要求美国抓住机会,削减威胁人类的核武库。舒尔茨决定利用这一有利时机推动中导会谈向前发展。他对里根说,雷克雅未克峰会后,“苏联已经接受我们的军备控制概念框架,以可核查的方式将进攻性力量大幅削减至较低的同等水平。尽管雷克雅未克会议的成果未能转化为具体协议,但从政治角度看,这些成果不可逆转”[④]。他建议继续采取多种外交方式与苏联接触。里根深以为然。这预示中导会谈将进入快车道。

根据舒尔茨的上述建议,1987年2月初,美国国会外交关系委员会小组访问莫斯科,戈尔巴乔夫说,苏联愿意推进核裁军,但把中导问题、削减战略进攻性武器和SDI联系起来。美国代表表示,苏联一揽子方案不可能促进会谈,为使之成为可能,中导应与其他问题脱钩,而不是联系起来。[⑤] 实际上,苏联也在探索放弃一揽子方案的可能。这从戈尔巴乔夫高度评价雷克雅未克峰会可看出端倪,他说峰会是个突破,达到了“新的、更高的水平”,表示“必须从这里开始为清算和彻底禁止核军备而斗争”,[⑥]苏共政治局同意戈尔巴乔夫的这一立场,这为戈尔巴乔夫不再把中导问题与SDI联系起来扫清了国内政治障碍。

1987年2月28日,戈尔巴乔夫宣布放弃联系战略,愿意就中导单独谈判并达成协议,同意里根1981年的“零点方案”。五年内消除欧洲的全部中程导弹;苏联在亚洲、美国在本土各保留

---

① Memorandum of Conversation. Reykjavik, October 12, 1986, *FRUS*, 1981－1988, Vol. V, pp. 1315－1316.

② Memo for the Record “Reykjavik Chronology”, 18 October 1986, *FRUS*, 1981－1988, Soviet Union, October 1986－January 1989, vol. 6, pp. 1－14.

③ Memo Shultz to Reagan “Reykjavik”, 2 October 1986, *FRUS*, 1981－1988, vol. 5, p. 1240.

④ Memorandum From Secretary of State Shultz to President Reagan. November 14, 1986, *FRUS*, 1981－1988, vol. 6, pp. 59－60.

⑤ Record of Conversation of Chief of General Staff of the USSR Armed Forces Marshal of the Soviet Union S. F. Akhromeev and H. Brown, C. Vance, H. Kissinger, and D. Jones, February 4, 1987, https://nsarchive2.gwu.edu/NSAEBB/NSAEBB238/russian/Final1987-02-04Akhromeev-Americans.pdf.

⑥ Soviet Politburo meeting, October 14, 1986, https://nsarchive.gwu.edu/document/22552-document-05-soviet-politburo-meeting-october-14.

100 枚中程导弹;苏联将从民主德国和捷克撤出战役战术导弹,并就严格的核查进行谈判。同时,他要求舒尔茨访苏。[1] 包括舒尔茨在内的许多人认为戈尔巴乔夫之所以让步,是因为美国坚持 SDI 和西方联盟的团结一致。[2] 实际上,戈尔巴乔夫的单方面让步更富考量。

首先,也是最重要的,苏联国内形势需要缓和美苏关系。一方面,苏联经济持续衰退,无法支撑维持高达 1 万枚核弹头所需的费用,中导谈判成功后将大大缓解军备竞赛对苏联经济的巨大压力;另一方面,放弃一揽子计划不会影响苏联安全。同时,苏联将在 2 月 26 日恢复核试验,这势必损害苏联在欧洲的形象,如果苏联放弃一揽子计划,将抵消恢复试验所产生的损害,进而恢复欧洲公众舆论对苏联的信任。[3] 第二,戈尔巴乔夫意识到里根政府不可能放弃 SDI,而 SDI 会使包括中导在内的弹道导弹失效,与其最后失效,不如主动消除中导,重新获得战略平衡。第三,里根上台后,美国保守势力开始复兴,伊朗门丑闻又大大削弱了里根的地位。另一方面,欧洲对美苏雷克雅未克峰会反应复杂,他们既赞同里根与戈尔巴乔夫缓和东西方紧张的努力,防止欧洲成为美苏争夺的牺牲品,同时担心峰会对北约防务产生消极影响,英国甚至认为消除核武器会让苏联占尽优势,进而可能会破坏北约的安全,使欧洲没有足够的防御能力。[4] 苏联担心,内外压力可能促使里根重新回到过去的立场。如果苏联要想在未来两年与里根达成军备控制协议,就需要有重大的新举措。因此,解除一揽子计划的时机已经成熟。

让戈尔巴乔夫高兴的是,里根欢迎他的决定,认为苏联的建议"消除了中导谈判的重大障碍"。舒尔茨也认为,戈尔巴乔夫的建议为缔结单独的中导条约扫清了障碍。[5] 他欣然接受戈尔巴乔夫的访苏邀请,并要求里根给戈尔巴乔夫写信,这既体现了舒尔茨一贯的"园艺"风格,又在一定程度上提高了他与戈尔巴乔夫谈判的地位,同时体现了美国对中导会谈的重视。

4 月 10 日,舒尔茨携里根给戈尔巴乔夫的亲笔信前往莫斯科与戈尔巴乔夫会谈。会谈中,当舒尔茨首先要求苏联消除新部署的、高度机动的现代化导弹(SS - 23 时),戈尔巴乔夫同意,但要求美国及欧洲盟国也不部署此类导弹,即欧洲中导"双零方案"。至于核查问题,戈尔巴乔夫一让到底,提出最深入和最全面的核查制度,甚至超出了美国的范围,他还接受美国的"平等"裁减原则。[6] 这次会谈是 INF 谈判的真正突破。

---

① Editorial Note. *FRUS*, *1981 - 1988*, vol. 6, p. 88.

② William C. Wohlforth, ed., *Witnesses to the End of the Cold War*, Baltimore: Johns Hopkins University Press, 1996, pp. 33 - 35.

③ Alexander Yakovlev, Memorandum for Gorbachev "Toward an Analysis of the Fact of the Visit of Prominent American Political Leaders to the USSR", February 25, 1987, State Archive of the Russian Federation, Fond 10063, Opis 1 Delo 388.

④ Richard Aldous, *Reagan and Thatcher. The Difficult Relationship*, Random House, 2012, p. 185.

⑤ Telegram From Secretary of State Shultz's Delegation to the Department of State and the White House, Beijing, March 2, 1987, *FRUS*, *1981 - 1988*, vol. 11, p. 809.

⑥ Memorandum of Conversation between M. S. Gorbachev and U. S. Secretary of State George Shultz, April 14, 1987, *FRUS*, 1981 - 1988, vol. 6, pp. 210 - 214. National Security Decision Directive Number 278: Establishing a U. S. Negotiating Position on SRINF Missiles, June 13, 1987, https://nsarchive2. gwu. edu/NSAEBB/NSAEBB238/usdocs/Doc%203%20. pdf.

由于这涉及美国承担的对欧洲的安全义务，接受戈尔巴乔夫的“双零方案”还需要欧洲的首肯。受里根派遣，舒尔茨前往欧洲说明和解释，经过激烈辩论，6 月 11 日，北约半年度部长级会议接受“双零方案”。6 月 15 日，里根宣布接受苏联欧洲“双零”，同时，里根主张消除美苏在欧洲和亚洲全部中、短程核武器，即全球“双零”。这实际上是戈尔巴乔夫 4 月份在与舒尔茨的会谈中提出的建议，只不过按照变苏联方案为美国方案的方针，里根用美国的语言包装后提出，目的是与苏联争夺世界舆论。7 月 23 日，戈尔巴乔夫宣布接受里根的全球双零方案，前提是撤除西德境内的潘兴导弹。西德最初不同意，经里根争取，西德 8 月 26 日宣布，一旦美苏销毁导弹，德国将销毁潘兴导弹。[①] 但美国防部反对该协议，提议将布置在西德的潘兴 II 型导弹改装成射程较短的潘兴- 1B 导弹，尽管美国保证这些弹头不会以其他方式使用，但不愿以书面形式承诺销毁潘兴弹头。[②] 对此，苏联怀疑美国会倒退。

戈尔巴乔夫不愿意美苏军控会谈倒退，他设想通过达成中导协议来进一步缓和美苏关系和推行国内政治、经济改革，甚至把与美国达成核军控和核裁军的协议看作是对其国内改革政策的支持。因而，他派谢瓦尔德纳泽携带给里根的亲笔信于 9 月 15 日访问华盛顿，双方就《反导条约》和在华盛顿举行首脑会议达成原则协议。[③] 这意味着苏联在今后的会谈中将继续妥协。果然，在 10 月 23 日与舒尔茨会晤时，戈尔巴乔夫表现出更大的灵活性，但舒尔茨不愿明确回应，但他仍在战略力量和非战略力量的上限问题上向美国立场靠拢，只保留较低水平的重型洲际弹道导弹、允许美国进行 SDI 实验室测试等。[④] 这实际上允许美国发展 SDI。

尽管戈尔巴乔夫不断让步，但美苏在“关键条款”上没有达成任何决定，甚至连峰会的日期都没有确定。舒尔茨决定推动美苏首脑会晤尽快举行。戈尔巴乔夫积极响应。10 月 28 日，他给里根写信，呼吁美苏就会谈的“关键条款”达成一致，以此作为他本人未来访问华盛顿将签署的协议蓝本。舒尔茨认为戈尔巴乔夫的信“相当积极”且灵活，根据一贯的主张和认识，他建议里根接受戈尔巴乔夫的建议并宣布 12 月举行美苏峰会。当里根接受这一建议并宣布的时候，舒尔茨就站在他身边。[⑤] 这凸显并表明里根非常认可舒尔茨在美苏中导会谈中的地位和作用。

12 月 8 日，戈尔巴乔夫访问华盛顿，与里根签署了具有里程碑意义的《中导条约》。峰会更多地是实现了美国政府单方面的目标，因为在峰会开始前一天，里根签署了会谈指令，提出苏联应同意美国进行太空试验、允许美国在双方就《反导条约》生效商定期限结束后部署战略防御

---

① National Seccurity Decision Directive Number 278: Establishing a U. S. Negotiating Position on SRINF Missiles, June 13, 1987, https://nsarchive2. gwu. edu/NSAEBB/NSAEBB238/usdocs/Doc%203%20. pdf.

② Should the U. S. change its current stance on U. S. warheads on FRG Pershing IA missiles?, September 5, 1987, https://nsarchive2. gwu. edu/NSAEBB/NSAEBB238/usdocs/Doc%205%20. pdf.

③ Letter from General Secretary Gorbachev to President Reagan, Russian and English versions, https://nsarchive2. gwu. edu/NSAEBB/NSAEBB238/usdocs/Doc%207a%20. pdf.

④ Memorandum of conversation between M. S. Gorbachev and U. S. Secretary of State G. Shultz, https://nsarchive2. gwu. edu/NSAEBB/NSAEBB238/russian/Final1987-10-23%20Gorbachev-Shultz. pdf.

⑤ Memorandum For: The President From: George P. Shultz [Secretary of State] Subject: Gorbachev's Letter, October 30, 1987, https://nsarchive2. gwu. edu/NSAEBB/NSAEBB238/usdocs/Doc%208%20. pdf.

系统等。[1] 即峰会所达成的协议不能影响 SDI 的实施。对此,苏方非常不满,但戈尔巴乔夫把"苏美关系的整个发展和整个国际局势的正常化"当作最高任务和目标,而达成中导条约则是实现这一目标的基本保证。[2] 为确保峰会成功,苏联甚至做出美国都没有提及进而感到惊讶的让步。因此,对于峰会的成果,舒尔茨非常满意,说华盛顿峰会在战略武器方面"使我们向前迈出了巨大的一步"[3]。就此而言,峰会之所以能签署《中导条约》,主要是苏联单方面让步的结果,是苏联单方面裁军。

结　语

《中导条约》是国际军控和裁军史上具有里程碑意义的条约,它不是简单地谈论控制军备竞赛,而是彻底消除全部中程核力量。它解决了威胁欧洲安全的导弹问题,推动了削减战略武器条约谈判,促进了冷战的和平结束。正如论者所言,"没有里根,冷战就不会结束,但如果没有舒尔茨,里根就不会结束冷战"[4]。作为里根在军备控制方面的代言人,舒尔茨在这一过程的每一阶段都发挥了重要作用。

舒尔茨就任国务卿时,美苏核对峙,尤其是在欧洲的中程核力量竞赛不断升级,美苏关系处于危险的低谷。更严重的是,美国充斥着对苏联的不信任,不仅精英阶层普遍认为与一个寻求统治世界并经常谈论埋葬美国的对手打交道是值得怀疑的,而且里根政府内部也存在浓厚的反苏情绪,里根本人甚至称苏联为"邪恶帝国"。为改变这种状况,舒尔茨创造性地提出"园艺"理论,并用它来处理美苏分歧,把可能的争端消除在萌芽状态;同时,他摒弃美国政府一直以来对苏的意识形态攻击,努力培养美苏信任,不厌其烦地主动寻求与苏联官员会晤,并邀请苏联代表参与各种谈判会议,甚至还促成苏联代表与里根的私人会晤,努力用信任和信心取代彼此的恐惧和仇恨。据统计,1985 年至 1988 年间,舒尔茨仅与谢瓦尔德纳泽就举行了 30 多次会晤。舒尔茨的努力不仅换来了苏联相当大程度的信任,苏联私下称舒尔茨为美国总理,而且逐渐改变了里根对苏的强硬态度。美苏关系逐步缓和。戈尔巴乔夫的上台加速了美苏关系的缓和。

以美苏关系改善和增加信任为基础,舒尔茨全力促使美苏就中导达成协议。第一阶段会谈失败后,随着美国国力的恢复和重新获得对苏战略优势,舒尔茨敏锐抓住戈尔巴乔夫急于打破外交孤立和防止国内政治、经济形势进一步恶化的愿望以及里根主要出于国内政治需要而改善

---

① Memo: National Security Decision Directive (NSDD-290) on Arms Control Position for the US-USSR Summit, December 7, 1987, https://nsarchive2.gwu.edu/NSAEBB/NSAEBB238/usdocs/Doc%2013%20.pdf.

② Politburo Session. December 17, 1987, Archive of the Gorbachev Foundation, Moscow Translated by Anna Melyakova for the National Security Archive.

③ Telegram: Secretary's 12/11 NAC Briefing on Washington Summit, December 12, 1987, https://nsarchive2.gwu.edu/NSAEBB/NSAEBB238/usdocs/Doc%2022%20.pdf.

④ https://www.nytimes.com/2021/02/08/opinion/george-shultz-dead.html.

美苏关系的心理，在推动里根发表对苏善意讲话的同时，不仅努力主动与苏联展开各种形式的外交接触和交流，而且努力促成美苏首脑会晤。这种最高级别的外交形式进一步缓和了美苏双边关系，为最终达成中导协议确定了框架和方向。

尽管舒尔茨竭力推动美苏会谈和美苏达成中导协议，但舒尔茨绝非一味追求对苏缓和，而是自始至终都在深刻理解里根对苏冷战战略原则的基础上，坚持对话和威慑相结合，在削弱苏联这一根本目标的前提下，奉行以实力求和平，坚定支持双轨决定和支持里根部署 SDI；同时，又表现出与苏联建立建设性关系的意愿，其目的是在不与苏联发生直接对抗乃至冲突的前提下，促使美苏达成实现全球零中导的协议，既从根本上削弱了苏联与美国争霸乃至对抗的最根本基础，又维持西方联盟的团结，还迎合世界各国无核武器的愿望，使美国在世界舆论中处于更好的地位。

（本文原刊于《世界历史》2023 年第 6 期）

作者简介：

刘子奎，现任上海师范大学人文学院教授、博士生导师。主要研究方向为中美关系、美国外交、美国防扩散和美国出口控制。著有《肯尼迪、约翰逊时期美国对华政策》《美国防扩散政策研究》和《20 世纪东西方关系》等专著。在《历史研究》《世界历史》等杂志发表论文多篇。

19 世纪初美国工匠对于工资劳动的性别想象

蔡　萌

摘　要： 19 世纪初，美国东北部地区卷入早期工业化的男性工匠们往往是带着一种性别想象来认识社会变迁和衡量个人利益得失的。他们用道德的眼光来批判妇女从事工资劳动的弊端；以男性气概和家庭地位为依据来提出工资诉求；以对理想性别秩序的期待作为标准来选择是否支持女工的抗争。而在当时的女工群体中，有相当一部分与男性工匠分享同一套性别想象，始终从自己的性别身份和所谓的“妇女美德”出发来思考问题；还有另一些女工则力图淡化自己的女性身份，通过强调自己与男性工匠的共性来挑战现有的性别想象。考察 19 世纪初美国男性工匠的性别想象及其与女工之间的互动，有助于我们超越结构化的阶级研究，重新审视“阶级”作为一种社会范畴的建构性、异质性和不稳定性，思考其与另一种建构起来的社会范畴——“性别”之间复杂的交互作用。

关键词： 美国工业化　工匠　女工　工厂　家庭工资

19 世纪初，以新英格兰为中心的美国东北部一些地区率先开启了早期工业化的进程。在这一深刻的社会变迁中，较早进入学者研究视野并得到充分阐述的，是出现在某些手工行业中的生产方式的转变，包括商业资本的涌入，机器的发明，技术的革新，家庭与劳动场所的分离，市场、生产规模和劳动力需求的不断扩大，等等。[①] 20 世纪七八十年代，随着美国新劳工史家的研究视角从结构性因素转向人的因素，工匠作为历史当事人的经验和感受，以及他们对社会变迁的认识和应对，一时间成为热门的研究课题。

---

① 关于美国工业化早期手工行业的情况，研究成果非常丰富，有代表性的包括：Rolla Tryon, *Household Manufactures in the United States, 1640 - 1860*, Chicago: University of Chicago Press, 1917; Peter Temin, *Iron and Steel in Nineteenth-Century America: An Economy Inquiry*, Cambridge, Mass. ,: MIT Press, 1964; Susan E. Hirsch, *Roots of the American Working Class: The Industrialization of the Crafts in Newark, 1800 - 1860*, Philadelphia: University of Pennsylvania Press, 1978; David A. Hounshell, *From the American System to Mass Production, 1800 - 1932: The Development of Manufacturing Technology in the United States*, Baltimore: The John Hopkins University Press, 1984; Brooke Hindle and Steven Lubar, *Engines of Change: The American Industrial Revolution, 1790 - 1860*, Washington D. C. : Smithsonian Books, 1986。

在这些新劳工史家中，有人着眼于考察工匠与雇主之间关系的变化，即传统工匠体制是如何遭遇危机，工匠共同体是如何发生分化，熟练工群体是如何丧失经济独立，沦为工资劳动力的，并且往往把这些发生在生产领域的变化与“阶级意识的出现”“工人阶级形成”这些经典问题联系起来。他们不太重视性别维度，也不太关心女工群体，认为这些与“阶级形成”没有直接关联。[①] 与此同时，另一些新劳工史家却强调说，生产领域并非工匠生活的全部，与雇主之间的关系也并非是工匠关心的唯一问题。他们主张向社会史取法，通过重现工人日常生活的方方面面来理解他们的信仰和行动。随着家庭、社区、邻里等非生产领域进入史家的研究视野，性别维度在劳工史中也依稀有了身影。[②]

1990 年代以后，在琼·斯科特的影响下，性别维度在劳工史研究中得到前所未有的强调。[③] 这一时期的劳工史家们倾向于把阶级、性别、种族等社会范畴视为一种为了建构权力而进行的知识生产，试图揭示具体历史语境下多重知识权力体系之间的交互作用。[④] 在他们的笔下，主体身份不再是确凿无疑、固定不变的，而是流动的、协商性的；主体的重要性远远压倒了结构性因素；分析性别、阶级等多个社会范畴之间的“互构”(mutual construction)取代了探讨“工人阶级的形成”。然而令人有些费解的是，这些学者几乎都对 19 世纪初避而不谈。[⑤]

本文将在劳工史发展变革的基础上，把视线移至 90 年代以来被学者们“集体遗忘”的 19 世

---

① 对 19 世纪早期美国工匠体制和工匠群体的相关研究，可参考：Howard B. Rock, *Artisans of the New Republic: The Tradesmen of New York City in the Age of Jefferson*, New York: New York University Press, 1979; Bruce Laurie, *Working People of Philadelphia, 1800 - 1850*, Philadelphia: Temple University Press, 1980; Sean Wilentz, *Chants Democratic: New York City and the Rise of the American Working Class, 1788 - 1850*, New York: Oxford University Press, 1984; W. J. Rorabaugh, *The Craft Apprentice: From Franklin to the Machine Age in America*, New York: Oxford University Press, 1986; Bruce Laurie, *Artisans into Workers: Labor in Nineteenth-Century America*, Chicago: University of Illinois Press, 1997; Ronald Schultz, *The Republic of Labor: Philadelphia Artisans and the Politics of Class, 1720 - 1830*, New York: Oxford University Press, 1993。近年来，国内也有学者关注工匠对美国早期工业化的认识和应对，例如王心扬《论罗德州多尔起义的性质——兼议美国早期工匠的政治性格》，《世界历史》2006 年第 2 期，第 50—60 页；董瑜《模糊不清的“共和主义”：费城工匠的诉求与美国早期资本主义的发展》，《世界历史》2021 年第 3 期，第 61—79 页。

② 例如，一些新劳工史家关注男性工人作为家庭成员的角色，以及他们的家庭责任对其组织和斗争的影响等问题，相关代表性研究包括：Tamara Harevan, *Family Time and Industrial Time: The Relationship between Family and Work in a New England Industrial Community*, New York: Cambridge University Press, 1981; Brian Greenberg, *Worker and Community: Response to Industrialization in a Nineteenth-Century American City: Albany, New York, 1850 - 1884*, Albany: SUNY Press, 1985; John Bodnar, *Workers' World: Kinship, Community, and Protest in an Industrial Society*, Baltimore: John Hopkins University Press, 1982。

③ 1986 年，琼·斯科特的论文《性别：历史分析中的一个有用范畴》极大地启发了关注劳工史和阶级形成问题的学者，促使他们开始反思自己的分析工具和概念。Joan W. Scott, “Gender: A Useful Category of Historical Analysis”, *The American Historical Review*, Vol. 91, No. 5 (Dec., 1986), pp. 1053 - 1075.

④ 史学界的这种研究取向与同时期社会科学领域的“交叉性研究”(intersectionality)有异曲同工之处。“交叉性研究”最初产生于女性研究之中，90 年代以后，其概念、视角和方法逐渐被女权主义者普遍接受，成为女权主义最重要的理论之一，也逐渐渗透到社会科学的其他研究领域。关于“交叉性研究”，可参考苏熠慧《“交叉性”流派的观点、方法及其对中国性别社会学的启发》，《社会学研究》2016 年第 4 期，第 218—241 页。

⑤ 相关代表性研究包括：Ava Baron, ed., *Work Engendered: Toward a New History of American Labor*, Ithaca: Cornell University Press, 1991; Eileen Boris, *Home to Work: Motherhood and the Politics of Industrial Homework in the United States*, Cambridge, 1994; Angel Kwolek-Folland, *Engendering Business: Men and Women in the Corporate Office, 1870 - 1930*, Baltimore: John Hopkins University Press, 1994; Dorothy Sue Cobble, ed., *The Sex of Class: Women Transforming American Labor*, Ithaca: Cornell University Press, 2007。这些研究基本上都是聚焦于 19 世纪后期到 20 世纪。

纪初,从对女工问题的态度入手来考察性别想象如何塑造了工匠对于工资劳动的认知。[①] 本文认为,与阶级一样,性别也是区分社会差异的一种重要方式,是人们用以界定自己身份和社会位置的重要坐标。在很多情况下,工业化早期的工匠们是带着一种性别想象来认识社会变迁、衡量个人利益得失的。在他们看来,女工问题同样重要。当时,工匠们对于和自己一样沦为工资劳动力的妇女倾注了大量关注。他们在为自己命运奋力抗争的同时,也热烈地讨论着妇女从事工资劳动对家庭关系、社会秩序以及自己身份、利益和地位的影响。可以说,除了雇主之外,女工是工匠用来认识社会和自我的另一个重要的"他者"。回到 19 世纪初这一工业化的"初始时刻"来探讨工匠的性别想象,揭示其世界观的多重面向和复杂内涵,有助于我们勾勒以人为中心的劳工史完整叙事,也有助于我们重新审视"能动性""互构说"等劳工史经典研究范式。

一、工资劳动与妇女美德

在 19 世纪初美国率先开启工业化的地区,妇女从事工资劳动主要有两种形式,一种是分包制(putting——out system),即工厂主或商人把生产资料分配给个人,让其在自己家里完成部分工序,按件计酬,然后把所有人生产的产品收集起来出售。在 19 世纪初工业化刚刚起步、工厂制尚未确立的阶段,分包制广泛存在于制鞋、制帽、纺织、服装等多个行业,其主要的劳动者是妇女。这些分包制中的妇女,一开始主要来自同行业男性工匠的女性家庭成员,后来范围不断扩展,越来越多离开家庭自我谋生的年轻未婚女性和独立养活儿女的寡妇也加入其中。妇女从事工资劳动的另一种形式是工厂制。美国最早的工厂出现在棉纺织业。1815 年,一群波士顿商人引入了英国的动力织布机,并在马萨诸塞州的沃尔瑟姆(Waltham)建立工厂,第一次实现了纺线、漂白、染色、织布等整个生产工序的一体化,成为棉纺织业建立工厂制的标志。很快,随着棉纺织业中心转移到水力资源更丰富的洛厄尔(Lowell),工厂制在整个新英格兰乃至美国东北部地区广泛确立起来。在二三十年代的棉纺织厂中,除了少数监工、重体力劳动者和技术工人为男性以外,90%以上的劳动力来自附近地区的农妇。即便 30 年代末 40 年代初经济萧条时有不少女工离厂返乡,到 1840 年代末,该地区棉纺织厂中的女工比例仍高达 69%。[②] 这些离开家庭庇护的纺织厂女工,以及那些领取计件工资的分包制女工,成为当时美国各阶层热烈讨论的社会议题。

在美国男性工匠们看来,女工问题首先是一个道德问题。他们对女工的认知大体没有超出

① 自 20 世纪六七十年代建构主义社会性别理论提出以来,"性别想象"一词便频繁出现在文学、社会学、历史学、女性研究、教育学、公共政策等多个研究领域。使用"性别想象"一词,意在强调所谓的"男性""女性"不是基于生理特征而作出的区分,而是一组被人们所创造和接受的概念,是社会关系和文化观念的产物。

② 关于棉纺织厂中的女工比例,参见 Alice Kessler-Harris, *Out to Work: A History of Wage-Earning Women in the United States*, New York: Oxford University Press, 2003, p. 48, 68。

“共和母性”“两分领域”等当时美国主流性别观的范畴。他们强调妇女的女性气质、道德优势和家庭责任，以及在培育共和公民、维系共和政体方面的重要作用，并警告说，无论哪一种形式的工资劳动，都将摧毁妇女与生俱来的天性和品质，都将威胁到美国的共和政体。

其实，“工厂制是否有损于共和母性和妇女美德”在整个早期工业化时代是一个极富争议的社会议题。早在洛厄尔棉纺织厂建立之初，其设计者就精心打造了一套家长制的管理机制，包括建造女工集体宿舍，制定严格的作息时间，设立舍监、门禁和黑名单制度，安排丰富多彩的宗教和文学艺术活动等，目的都在于协调工业化与共和主义之间的冲突，化解全社会对妇女从事工资劳动的道德担忧。当时，有一大批社会改革家、慈善家、宗教人士、政界商界和文化精英，以及关心工业化与道德问题的欧洲名流等，对这种家长制管理赞誉有加，甚至将其视作道德的楷模和工业化的样板。① 然而在工匠们口中，几乎听不到对工厂制的任何正面描述。在不计其数的报刊、演说、小册子和会议决议中，工匠们把工厂比作监狱，把女工说成是奴隶。他们用绘声绘色的语言描述工厂生活对女工健康和道德的损害，用极其强烈的措辞谴责工厂里劳动繁重、环境恶劣、疾病横行和教育缺失，并对共和国的未来充满担忧。

1830 年代中叶，东北部各行业工匠的联合组织——全国行业工会联盟（National Trades' Union）连续三次在年会上把女工问题列入议程。在 1834 年的第一次年会上，波士顿工会联盟代表痛心疾首地指出：“在洛厄尔一地就有 4 000 名女工处于悲惨境地。看到这些堕落的妇女走出工厂，脸色苍白，面露悲伤，这一幕实在令人心痛。……这些体弱多病、年老色衰的女工们结婚以后，能繁育出什么样的下一代?!”这番话立即得到宾夕法尼亚皮革工代表、纽约制衣工和木工代表等多人的响应。这些人一致认为，纺织女工的堕落已经成为严峻的社会问题，“关乎共和政体的命运和未来一代的福祉”，“每一位自由共和国的公民都有责任站出来，遏止罪恶的蔓延”。② 在 1836 年该联盟的第三次年会上，负责调查女工问题的特别委员会也得出结论：工厂制“对年轻妇女的身体健康造成了严重损害，剥夺了女工身上那些对于养育健康子女来说至关重要的品质”③。

工匠口中所谓的“妇女的天性与品质”，不仅体现在“共和母性”的层面，更表现为一种家庭责任和道德纯洁，在他们眼中，工资劳动在损害母性的同时，把妇女的家庭责任感和道德感也一并摧毁了。1844 年，发行量最大的劳工刊物之一《工人倡导者报》（*Workingman's Advocate*）上

---

① 关于洛厄尔纺织厂的家长制管理，代表性研究有：Norman Ware, *The Industrial Worker, 1840－1860: The Reaction of American Industrial Society to the Advance of the Industrial Revolution*, Boston: Houghton Mifflin Company, 1924; Carolina F. Warre, *The Early New England Cotton Manufacture: A Study in Industrial Beginnings*, Boston: Houghton Mifflin Company, 1931; Hannah Josephson, *The Golden Threads: New England's Mill Girls and Magnates*, New York: Duell Sloan and Pearce, 1949; Thomas Dublin, *Women at Work: The Transformation of Work and Community in Lowell, Massachusetts, 1826－1860*, New York: Columbia University Press, 1979。

② "Trades' Union National Convention: Sketch of the Discussion on the Condition of Females in the Manufacturing Establishments in this Country", *Workingman's Advocate*, Sep. 20, 1834.

③ "Report of the Committee on Female Labor", in John R. Commons, eds., *A Documentary History of Industrial Society*, Vol. 6, Cleveland, Ohio: The Arthur H. Clark Company, 1910, p. 282.

刊登了这样一篇女工“访谈”：

> W 小姐在工厂工作了 17 年，存了不少积蓄。有人问她：“工厂是否让妇女丧失了做家务的能力？”她回答说：“我对家务一无所知，甚至不懂如何照顾病人。”接着她讲起自己有一次去姐姐家做蛋糕失败的糟糕经历。
>
> B 小姐是一名熟练的织布工，20 岁不到就在工厂做工。在被问到工厂生活如何时，她说：“越来越差。绝大多数监工口中满是污言秽语，让我非常害怕。……我们每时每刻都害怕遭到他的虐待。”
>
> A 小姐在工厂工作多年，在被问到工厂生活是否会让妇女忽略家庭责任时，她沉思片刻后回答说：“还能怎样呢？我们除了不断地加快速度以外，没有时间做任何事。”
>
> 有人问一位女工的母亲：“工厂生活是否让妇女无法适应家庭生活？”她回答说：“是的，很多女工根本不知家庭生活为何物。我们隔壁的姑娘每天衣着靓丽，但她连如何洗自己的手帕都不知道。”①

没人追究甚至没人在乎这些所谓的“证词”是否真实，只要能展现工资劳动对于妇女德行的破坏，工匠报刊就乐于发表和传播。因此，类似的文字俯拾皆是。有文章哀叹，如今妇女“完全无法承担属于她们的家务事。……怪不得很多谨慎的年轻男人选择单身”②。还有文章苦口婆心地劝女孩们：“你们想要嫁个好男人吗？那就不要做傻事。任何一个有常识的人都不会娶一个不会做家务的女人。只要你把时间花在工资劳动，而不是做饭照料家务上，你就会与所有好男人无缘。他们看都不会看你一眼。”③

《工人倡导者报》的访谈中特意提到“监工口中满是污言秽语”和“女工害怕遭到虐待”，其目的显然在于引发读者对于女工性纯洁问题的担忧。1835 年，全国行业工会联盟在有关女工问题的决议中也隐晦地暗示，女工有失去贞操的风险，因为这些“离开家庭，在工厂独立谋生”的年轻妇女“被迫与各式各样的男人交往”，她们“身处一个充满谎言的世界中却得不到教导”，“她的知识不适合用来抵御周遭环境的诱惑”。④ 在次年再度讨论女工议题时，该联盟更是毫不掩饰地把工厂女工同妓女联系在一起：“由于常常和男性以及各种品性不一的人混在一起，她们的道德早已不存在了。……据统计，仅伦敦一个城市就有 50 000 名妓女，其中 90% 是为生活所迫，因为她们从工厂拿到的工资少得可怜。”⑤

---

① 《工人倡导者报》是由著名劳工活动家乔治·亨利·伊文斯在纽约创立的，1844 年 10 月与另一份劳工报刊《底层》(*Subterranean*)合并。“Testimony of Females to the Evils of the Factory System”, *Subterranean*, *United with the Workingman's Advocate*, Dec., 1844。

② *Voice of Industry*, Jan. 17, 1847.

③ “Advice to the Girls”, *Subterranean*, *United with the Workingman's Advocate*, Nov. 23, 1844.

④ John R. Commons, eds., *A Documentary History of Industrial Society*, Vol. 6, Cleveland, Ohio: The Arthur H. Clark Company, 1910, p. 250.

⑤ “Report of the Committee on Female Labor”, in John R. Commons, eds., *A Documentary History of Industrial Society*, Vol. 6, Cleveland, Ohio: The Arthur H. Clark Company, 1910, p. 286.

与工厂女工相比，在分包制下为鞋厂或服装厂工作的女工不仅劳动时间更长、强度更大，而且工资还要低得多。据当时著名经济学家、社会改革家马修·凯里(Matthew Carey)的统计，1830年代初，费城最熟练的缝衣女工即便每天工作13—14小时，不受任何干扰，一周最多也只能缝9件衬衣，按每件衬衣10美分来算，最多只能拿到90美分工资。这其中的三分之二要用于支付房租，再除去肥皂、蜡烛、燃料等生活必需品的开支，只有约20美分能用于填饱肚子，也就是说每天只有2.75美分。波士顿和纽约市的房租更贵，那里的缝衣女工的实际生活状况更糟糕。[①]

工匠们对于这些在城市谋生的女工倾注了极大关注。在长达十余年的时间里，各大工匠报刊但凡哀叹女工困苦，总会想到援引凯里的统计数字，然后强调，这些女工"是这个国家的母亲和女儿，对共和国的道德、繁荣、命运和福祉有最难以估量的影响。妇女被迫劳动，所得报酬却很难满足生活所需，除了乞讨和挨饿以外没有任何前景。这种情况的可怕结果想必人人都很清楚"[②]。在谈到分包制下的女工时，美国第一份劳工日报《每日哨兵报》(*Daily Sentinel*)充满同情地说道："女工的遭遇是多么可悲啊！……她们中的不少人……对追求舒适生活彻底失去希望，最终沦落到用最低贱的方式谋生，把自己变成了妓女。"[③]另一份长期致力于推进劳工权益的报纸《波士顿调查者报》(*Boston Investigator*)则把对女工的同情化为了对雇主的控诉："一件衬衫8美分，这就是女工的报酬。这么多妇女被迫成为妓女，这有什么奇怪吗？这些可怜的人选择唯一能满足生计所需的谋生方式，这有什么奇怪吗？罪过在谁呢？……她们是被迫声名狼藉，有罪的是压迫她们的人。"[④]

19世纪初，积极投身抗争活动的工匠们围绕女工问题进行了大量讨论。在同情女工时，他们态度殷切诚恳，在谴责工资劳动制度时，他们句句言辞犀利，其力度不可谓不大。然而，这一切并不是因为工匠能够"以己度人"或者有"阶级觉悟"，而是因为他们心中对于"模范妇女"有着根深蒂固的性别想象：她应当纯洁、温柔、正直、富有美德；她应当是男人的贤内助和孩子的慈母，应当成为家庭和共和国道德秩序的坚定捍卫者。总之，他们是从道德的角度来审视女工问题，是在家庭的领域来评判妇女价值的。

二、"家庭工资"与男性气概

在19世纪初投身政治运动的工匠眼中，捍卫工资水平无疑是头等重要的大事。这一时期

---

① 凯里对费城、波士顿、纽约等多个城市的缝衣女工的经济状况做出了详细统计，引用了很多女工的自述和慈善组织的数据。Matthew Carey, *Appeal to the Wealthy of the Land, Ladies As Well As Gentlemen, on the Character, Conduct, Situation, and Prospects of Those Whose Sole Dependence for Subsistence is on the Labour of Their Hands*, Philadelphia: Stereotyped by L. Johnson, No. 6 George Street, Aug. 15, 1833, p. 3, 14 - 17。

② "American Female Labor", *The Daily Atlas* (Boston, Massachusetts), Saturday, April 23, 1842.

③ Philip S. Foner, *Women and the American Labor Movement from the First Trade Unions to the Present*, New York: The Free Press, 1979, pp. 4 - 5.

④ "Female Labor", *Boston Investigator* (Boston, Massachusetts), Wednesday, December 21, 1842.

各地此起彼伏的工匠请愿、罢工、游行等抗议活动,大多都是由于雇主试图削减或者拒绝增加工资而引发的。虽然雇主们往往用供需关系的市场法则来为自己辩解,但实际上,正如劳工史家爱丽斯·凯斯勒-哈里斯(Alice Kessler-Harris)所指出的,在大众观念中,工资从来就不是一种纯粹的经济现象,而是一系列复杂的社会关系的建构物。它隐含了当时社会对于正义和公正的理解,界定了不同场合中人与人之间的关系,也寄托了个人对于自己家庭和社会地位的期许。① 19 世纪初美国工匠对工资的理解也是如此。他们不认同雇主的说法,坚称自己的劳动力价格不应以市场法则为依据,而应与自己在家庭和社会中的传统角色相匹配。具体来说,当时的工匠抗争活动中活跃着两种工资话语:一种可以概括为"生产者工资"(producers wage),即要求工资与自己付出的劳动量成正比,从而体现自己作为"财富生产者"的社会地位。对这一问题笔者曾撰文进行过相关探讨,在此不予赘述。② 另一种话语便是不少学者所指出的"家庭工资"(family wage),即要求自己的工资能够负担得起家庭的主要开支,从而彰显自己作为男性在家庭中的支配地位。

20 世纪七八十年代,劳工史和妇女史领域对"家庭工资"进行过深入研究。学者们一致认为,"家庭工资"观念在 19 世纪到 20 世纪上半叶的美国社会中极具影响力和号召力,其拥护者不仅有数量庞大的工人群体,还有关心贫困问题的慈善工作者和社会改革家,以及致力于进行社会统计和调查的经济学家、社会学家,等等。关于"家庭工资"观念的影响,不同研究阵营的学者得出的结论也各有侧重。有的学者旨在颂扬底层民众的能动性,挖掘美国政治中的激进主义传统,他们看到的是,"家庭工资"观念为诉诸社会正义的工人提供了"家庭"这样一个共同的支点,起到了团结和激励阶级斗争的作用。③ 有的学者深受第二波女权主义思潮影响,致力于揭露妇女遭受压迫的根源,他们强调,"家庭工资"强化了妇女在家庭中的依附性和在劳动力市场上的次等地位,体现了资本主义与父权制两种压迫性社会体系的"合谋"。④ 这些研究从不同的角度提醒我们,"家庭工资"是一份复杂的意识形态遗产。它不是由某种单一力量打造的,而是深嵌于社会关系网络的交叉重叠地带,是社会生产与再生产机制交互作用的产物。

在 19 世纪初美国工匠的抗议声中,"家庭工资"的说法屡见不鲜。在与雇主谈判时,工匠们常常以一家之长自居,以"需要养活家庭"为依据,要求增加工资。1835 年 5 月,纽约市鞋匠工

---

① Alice Kessler-Harris, *A Woman's Wage: Historical Meanings and Social Consequences*, Lexington, Kentucky: University of Kentucky, 1990.

② 参见拙作《自然权利观念与美国早期的劳工运动》,《历史教学》2018 年第 6 期,第 37—50 页。文章专题探讨了美国早期劳工运动中的"生产者"话语。

③ Jane Humphries, "The Working Class Family, Women's Liberation, and Class Struggle: The Case of Nineteenth Century British History", *Review of Radical Political Economics*, Vol. 9 (Fall 1977).

④ 这是 20 世纪七八十年代女性主义学者的普遍观点。相关研究可参考:Heidi Hartmann, "The Unhappy Marriage of Marxism and Feminism: Towards a More Progressive Union", Capital and Class, no. 8, Summer 1979; Martha May, "The Historical Problem of the Family Wage: The Ford Motor Company and the Five Dollar Day", Feminist Studies, Summer 1982, Vol. 8, No. 2, pp. 399 - 424; Mary McIntosh and Michelle Barrett, "The Family Wage: Some Problems for Socialists and Feminists", Capital and Class, no. 11, Summer 1980, pp. 51 - 72; Maxine Molyneux, "Beyond the Housework Debate", *New Left Review*, no. 116 (July-August 1979), pp. 3 - 28。

会决定发起罢工,理由是:"最近物价上涨,生活成本持续增加,目前的工资不足以养活家庭。"同年,纽瓦克鞋匠在罢工中要求工资提高 12 美分,理由也是"为了能够养活家庭"。[①] 费城鞋匠工会精心计算后指出,"以目前该行业熟练工每周 5.64 美元的工资来看,扣除房租、医疗、工具损耗费等,要想维系一个小家庭的全部开支十分困难"[②]。在工资标准的问题上,波士顿行业工会联盟宣称,工匠"有权利依据自己的健康、道德以及养活家庭的需要,来决定出售自己劳动力的数量和价格";而费城行业工会联盟给出的标准则更为翔实——每位工匠的工资"要让他有能力给家庭提供舒适生活;要让他有能力给孩子提供良好的教育,使之成为社会中有用和受尊敬的人;要让他有能力抵御淡季和疾病的不利影响,并积蓄一笔钱,以备因年老体衰不能劳动时之用"。[③]

可以说,"家庭工资"是一种 19 世纪初美国工匠的"道德经济"。[④] 在工匠们看来,劳动报酬从来不是一个简单的数字,它关乎个人的温饱和经济独立,也关乎自己的男性气概和家庭地位,很大程度上承载了自己对一个理想的社会和家庭秩序的期望。然而,工业化进程的开启却让他们感到,实现理想似乎越来越渺茫了。机器的发明正在削弱工匠在某些行业的技术优势,不仅阻断了他们自立门户、独立营生的机会,而且不断拉低他们的工资,让他们与没有技术的女工一样,沦为可随时被替代的廉价劳动力。

实际上,妇女从事有报酬的劳动,并不是工业化带来的新事物。在工业资本主义兴起之前的很长时间里,很多妇女都在家接零活,用自己的劳动报酬来补贴家用。当时之所以没有被男性工匠视为威胁,很重要的一个因素在于,后者凭借技术垄断而享有稳定的、相对丰厚的收入,从而能在家庭经济中占据绝对支配地位。技术,是工匠们领取"家庭工资"的底气,与他们的独立、自尊、地位、荣耀乃至身份认同都息息相关。长久以来,各行各业的工匠用严格的学徒制来维持这一身份的准入门槛,用一些象征性物品(如特殊的服装、工具等)来彰显自己与非技术劳

---

① John R. Commons, eds., *A Documentary History of Industrial Society*, Vol. 5, Cleveland, Ohio: The Arthur H. Clark Company, 1910, p. 240.

② "The Advance in Wages and Prices: Preamble and Resolutions Adopted at a Meeting of the Journeymen Cordwainers (ladies branch), April 13, 1836", in John R. Commons, eds., *A Documentary History of Industrial Society*, Vol. 6, Cleveland, Ohio: The Arthur H. Clark Company, 1910, p. 37.

③ John R. Commons, eds., *A Documentary History of Industrial Society*, Vol. 5, Cleveland, Ohio: The Arthur H. Clark Company, 1910, p. 252; "Address to Mechanics and Working Men", in John R. Commons, eds., *A Documentary History of Industrial Society*, Vol. 6, Cleveland, Ohio: The Arthur H. Clark Company, 1910, p. 340.

④ 汤普森在 1971 年提出"道德经济"(moral economy)的概念时,认为其仅应限于解释市场上围绕"生存必需品"(如粮食)而引发的对抗。1970 年代后期到 1980 年代,很多学者从更宽泛的意义上重新界定了这一概念的含义,大大增强了其解释力。例如,查尔斯沃斯(A. Charlesworth)和兰德尔(Adrian Randall)认为,"道德经济"是在抵制自由市场经济的号召中产生的,"其基础是对资本主义工业的共同经历所产生的社区意识"。威廉·雷迪(William Reddy)认为,"道德经济"是"被技术和商业变化所扰乱的一套价值观念和道德标准"。保罗·格里诺(Paul R. Greenough)认为,"道德经济"指的是"各社会集团和个人之间的一组交换关系,在这种关系中,对交换双方的福利和价值的考虑,优先于其他诸如某一方利益的考虑"。相关内容可参考 E. P. 汤普森《共有的习惯:18 世纪英国的平民文化》,上海人民出版社,2020 年,第 402—415 页。

动者的差别，用建立行业协会和互助团体的方式来强化自己作为技术劳动者的集体身份认同。[①] 而在当时，技术、非技术的差异与性别差异是大体重合的——男人垄断技术，领取高工资，在社会和家庭中都扮演支配性角色；妇女由于没有技术，工资低廉，在家庭经济中只能起非必需的、辅助性的作用。因此，对有着深厚工匠传统的行业来说，捍卫以技术为基础的性别分工，便成为维护工匠收入和身份的关键。哪些工序可以由妇女来做，哪些工序由男性工匠来做，必须泾渭分明。例如，在制鞋业中，初步工序——鞋面和鞋底成型，和最后工序——把鞋面、鞋跟、内鞋底和外鞋底固定在一起，是技术难度最高的，由男性工匠在制鞋作坊里完成，而缝制鞋面的中间工序则被分包给附近地区的妇女，由她们在家里完成。在印刷业中，最需要技术的两个环节——排字和装订由男性工匠在印刷作坊里完成，折纸和裁纸这两道工序则由妇女在家完成。缝纫业的情况类似。马裤、背心等需要量身定制或者外套、披风等缝制难度比较大的男士服装，由男裁缝在手工作坊里完成，缝制女士衬衫、裙子、儿童服装等低技术劳动则被分包给妇女。

工业化进程开启之后，随着某些行业和工序中新机器的不断发明，以往以技术为基础的传统性别分工遭到了严重挑战。在一些机械化程度较高、工业化发展较快的行业，男性工匠失去技术优势，沦为和女工一样的低工资劳动力甚至被女工所替代，已在意料之中。早在 1829 年，纽约市工匠团体就表示，该市工匠普遍陷入困境，只有奢侈品行业例外。[②] 1836 年，全国行业工会联盟第三次年会的女工问题报告，除了历数工资劳动对女工道德的摧毁以外，另一个重点便是控诉分包制下女工带来的毁灭性经济竞争。报告指出，在机器的辅助下，“妇女在短时间内便能成为熟练工，能够完全取代对男工的需求”。接着，报告列举了多个地区和行业的数据：

> 仅在新英格兰各州，女工制度的危害就已充分显现——印刷业、制刷业、裁缝业、制鞭业以及很多其他行业，已经在某种程度上为女工所垄断；有理由相信，这一制度一定会拓展到全国。有数据显示，全国范围内对男工构成竞争的女工的数量超过 140 000 人……从费城一地来说，费城有 58 个劳工团体，其中 24 个受到女工的严重影响，工人家庭陷入贫困，除了雇主以外，没人从中获益。……有理由相信，各种不同的操作工部门总有一天会被女工替代，把男工完全排除出去。[③]

男工的饭碗被抢，当然主要归咎于机器的“助纣为虐”，但其中也有女工和雇主“合谋算计”的因素，尤其是当男工以罢工为手段向雇主施压时，女工往往会“趁虚而入”，取而代之。在目

① 关于技术在工匠身份中的重要性，可参考 John Rule, “The Property of Skill in the Period of Manufacture”, in Patrick Joyce, ed., *The Historical Meanings of Work*, New York: Cambridge University Press, 1987。

② “A Report of Standing Committee of the New York Association for the Protection of Industry, and for the Promotion of National Education, made at a meeting of the Association, held at the Hall of Science, on Tuesday evening, Sep., 22, 1829”, *Workingman's Advocate*, Oct. 31, 1829.

③ “Report of the Committee on Female Labor”, in John R. Commons, eds., *A Documentary History of Industrial Society*, Vol. 6, Cleveland, Ohio: The Arthur H. Clark Company, 1910, p. 283, 286.

前我们所能看到的为数不多的材料中,有多份报刊曾提到纽约市印刷工联盟发起的一次罢工。一位印刷厂厂主拒绝了男工的诉求,并向妇女求助。短短几天内,他就收到将近60份求职申请,都是急切寻找工作的年轻女孩。她们中的一些人懂一点简单的排字技术,以前在印刷厂工作过。于是,该厂立刻开工,机器照样运转,报纸当天晚上就印刷出来了。该工厂主说,“在女工的帮助下,自己再也不会被印刷工联盟的暴政压垮了”①。在机器不断改进、妇女受雇人数不断增加的情况下,想必此类事件绝非个案。

这种来自女工的经济竞争,威胁到长久以来男性工匠以技术为基础建立起来的工资优势。他们纷纷哀叹:工匠怎么办?——“他们把人生最美好的少年时光用于学习专业知识和技能,并热切地期盼,长大成人后能够凭借技能获得充裕生活。然而,女工的引入让他们的希望化为了泡影。”“那些从小就在某个行业做学徒学习技术的人,如今发现自己突然失去了赖以生存的手段。”还有人愤怒地控诉:“这合理吗?!最好的工人失业在家,而妇女仅仅工作几个月,就因工资低廉而受到雇主的青睐和支持。”②而对于工匠来说,失业就意味着“家庭工资”理想的破灭,就意味着自己丧失了作为一家之长的男性气概和家庭地位。“毁了男人”,是全国行业工会联盟在痛斥女工问题时的关键词:

> 女工制度对男性劳动力构成了毁灭性竞争。……因为当雇主发现,女工能满足自己的需求和目标,那么当然他就会解雇男工,或者把男工的工资降低到和女工一样的水平。这样一来,父亲、丈夫或兄长们便无力养活自己和整个家庭,而在以前,在没有家中女性成员的帮助的情况下,他们仅凭自己的劳动便足以给自己和家人提供舒适得体的生活,他们的妻子和女性家庭成员只需待在家里做家务就可以了。③

对于从事工资劳动的妇女,该联盟警告说,她们在家庭经济中只能起非必需的、辅助性的作用,“养活自己和家庭”永远只能是一种男性的“特权”:

> 妇女的生理特征、天然责任和道德感确凿无疑地证明,她们的劳动只应当是家内的特性。……每一位妇女必须明白如下事实:她们的劳动是无法养活自己的;她们劳动力的价格逐年降低;她们在某种程度上阻碍了男工争取提高工资的斗争;她们试图养活自己和家庭,实际结果却是给她们的天然保护者——男人套上了锁链;她们越想帮助男人,就越是毁了男人。这就是妇女劳动一旦超出家庭需要之后所带来的真实、自然的结果。④

---

① “Female Labor”, *The Daily Cleveland Herald* (Cleveland, Ohio), Saturday, April 16, 1853; “Female Type-Setters, Journal of Commerce”, *Daily National Intelligencer* (Washington, District of Columbia), Tuesday, July 12, 1853.

② “Female Labor”, *Ariel*, August 22, 1829; “Machinery”, *Phalanx*, Sep. 7, 1844; *Evening Post*, July 13, 1819.

③ “Report of the Committee on Female Labor”, in John R. Commons, eds., *A Documentary History of Industrial Society*, Vol. 6, Cleveland, Ohio: The Arthur H. Clark Company, 1910, p. 282.

④ “Report of the Committee on Female Labor”, in John R. Commons, eds., *A Documentary History of Industrial Society*, Vol. 6, Cleveland, Ohio: The Arthur H. Clark Company, 1910, p. 284.

无论是以男性气概和家庭地位为依据来提出工资诉求，还是从是否破坏妇女美德的角度来评判工资劳动的弊端，19 世纪初的很多工匠都是以性别为坐标，以女工为他者，来衡量工资劳动给社会和个人带来的影响。可以说，性别想象作为一种历史极为悠久的文化观念和思维方式，持续塑造着工匠的认知和行动。

三、性别想象与“阶级团结”

从性别想象的滤镜来看，女工的确对男性工匠构成了多方面的威胁。对于后者来说，最希望看到的当然是把女工全部赶出工资劳动领域。当时，诸如“让女工回归家庭”“回到妇女应属的领域”“展现自己真正的价值和美德”“履行属于妇女的义务”之类的呼吁不时见诸报端。这些文章给出的理由是：女工们总有一天会结婚生育，必然会辞掉工作、回归家庭，那么又何必现在跟男工抢工作、惹麻烦呢？女工回归家庭后，男工就会有更多的工作机会，“家庭工资”、社会道德等一切问题都将迎刃而解。[①]

即便把女工全部赶回家庭不够现实，那么退而求其次，有人提出，既然机器的介入导致劳动分工中原有的技术和性别界限出现错位，那么如今就不能再以技术为基础，而应当以两性的自然差异为基础来重新划分劳动分工，把妇女赶到“其他更有利于维护身体健康、培育思想和道德品质的工业部门中去”[②]。赞同该提议的人认为，根据劳动性质和特点的不同，职业有“男性化”“女性化”之分，“我们必须谨慎区分不同性别的劳动领域，努力划清界限，并使之神圣化”；“然而现实情况是，男人的劳动和妇女的劳动并没有严格区分开来，双方都违反了各自应该恪守的界限”，有的妇女侵入男人的领域，“但更多时候是男人侵犯到妇女的领域”。[③] 从他们列举的情况来看，这些本应属于妇女却被男人占据的职业主要指的是缝纫、零售店售货员和排字工。

缝纫之所以被点名，是因为“与针线有关的工作或多或少具有女性化的特征，除了个别需要高超手艺的工序以外，整个裁缝行业都应当交给妇女”[④]。售货员被认为适合妇女，因为一、“它只需站在柜台后面，最不需要体力”；二、“它的顾客主要都是妇女”。排字工被视为“一个专为妇女打造的行业”，理由是：“排字和学校教书一样，从业者只有具备相当程度的精神力量和文化素质才能胜任。任何人，无论是男人还是妇女，如果没有掌握很好的文法的话，是无法成为一个好的排字工的。这一行业本身就是一座学校，能提供关于拼写、读音、语法的整套知识。因

① “Female Labor”, *Ariel*, August 22, 1829; John Bertram Andrews and W. D. P. Bliss, *History of Women in Trade Unions* (Document, 61st Congress, 2d Session, no. 645. *Report of Condition of Woman and Child Wage-Earners in the United States* in 19 volumes, v. 10), Washington: Government Printing Office, 1911, p. 48.

② “Report of the Committee on Female Labor”, in John R. Commons, eds., *A Documentary History of Industrial Society*, Vol. 6, Cleveland, Ohio: The Arthur H. Clark Company, 1910, p. 287.

③ “The Workingman's Friend-Female Labor”, *Boston Courier*, July 9, 1840.

④ “Female Strikes”, *United States' Telegraph*, June 30, 1835.

此，这一行业非但不会像工厂制和其他行业那样拉低妇女的品性，反而会改进和提升她们。"① 可见，在应对女工威胁时，这些工匠想到的是进一步加固工资劳动领域的性别藩篱，把妇女更严格地禁锢在"真正属于妇女的领域"。

19 世纪初，多个北部城市和地区都出现了有组织的女工请愿和罢工。既然男性工匠视女工为威胁，那么他们理应对女工的抗争和诉求置之不理才对。然而，从目前保留下来的文献来看，一些女工的抗争却得到了男性工匠的有力声援。

1834 年 1 月，当时美国的制鞋业中心——马萨诸塞州林恩市的缝鞋女工举行了一次超过 1 000 人参加的集会，决定以罢工的方式要求提高工资。在罢工的两个月期间，女工们得到了该地区鞋匠工会的支持。后者作出决议，拒绝为不满足女工诉求的雇主干活。作为感谢，女工选了一位男鞋匠作为自己的代表，出席 3 月波士顿市行业工会联盟（Boston Trades' Union）的会议。缝鞋女工的罢工还得到了当时新英格兰地区最有威望的工匠领袖赛斯·路德（Seth Luther）的声援。1834 年 2 月，他在波士顿法尼尔厅演讲时鼓励女工们说："在这里，我必须要提到林恩制鞋业中的妇女。……她们正庄严地提出自己的权利诉求，如果正义没有完全泯灭的话，她们的斗争必将取得胜利。"②1836 年 3 月，费城约 500 名缝鞋女工成立了自己的组织，并发起罢工来抗议雇主削减工资。同样，她们几乎立刻得到了该市鞋匠工会的全力支持。工会呼吁成员们参与到罢工中来，并表示，女工的诉求得不到满足就不返回工厂工作。鞋匠工会还组织了专门的委员会来筹集资金，帮女工渡过难关。与此同时，费城最重要的劳工报纸《全国劳动者报》（*National Laborer*）也表达了对女工的赞扬："她们勇敢站出来维护自己的权利，其团结一致的程度让男工甚为骄傲。"③

在 1840 年代马萨诸塞州争取十小时工时的运动中，更是不乏男工女工并肩作战的身影。1845 年，洛厄尔向州议会递交的请愿书中有 1 150 个签名，其中四分之三是纺织女工，四分之一是男工。在随后举行的州议会听证会中，6 名女工和 2 名男工共同出席作证。1845 年 2 月，以实现十小时工时为目标的组织——新英格兰工人协会（New England Workingmen's Association）是在 20 名男工和 10 名女工的共同见证下成立的。该协会的副主席为当时洛厄尔地区最有影响力的女工领袖莎拉·巴格利（Sarah Bagley），其官方刊物《工业之声》（*Voice of*

---

① "Female Strikes", *United States' Telegraph*, June 30, 1835; "The Workingman's Friend-Female Labor", *Boston Courier*, July 9, 1840; "Female Labor, Cincinnati Gazette", *The Daily Cleveland Herald*, December 09, 1853; "Compensation of Female Labor", *Boston Investigator*, March 24, 1847; "Wages of Female Labor", *The North American and Daily Advertiser*, March 10, 1845; "Female Type-Setters, Journal of Commerce", *Daily National Intelligencer*, July 12, 1853; "Male and Female Labor", *Daily Evening Bulletin*, November 25, 1857.

② Seth Luther, *An Address on the Origin and Progress of Avarice and Its Deleterious Effects on Human Happiness*, Boston, 1834, p. 5.

③ Philip S. Foner, *Women and the American Labor Movement from the First Trade Unions to the Present*, New York: The Free Press, 1979, p. 11.

Industry)由巴格利和另外2名男工共同担任编辑。[①] 除了制鞋业、纺织业以外,还有材料显示,1835年纽约印刷业的男装订工也曾支持该行业女工的罢工活动,还声称要"使用所有手段支持她们渡过难关",一些工匠或工匠团体也建议和鼓励女工成立组织。[②]

为什么这些男性工匠愿意声援、支持女工抗争,甚至在某些时候与之结盟呢? 如何理解他们的行动逻辑呢?

首先,从目标上来看,很多工匠支持女工抗争并非源于发自内心的关怀,更不是因为把女工视作自己的阶级盟友,恰恰相反,是因为他们把女工视作对手,认为女工低廉的工资和超长的劳动时间破坏了行业规则。在他们看来,女工抗争的意义,不在于它在多大程度上改善了女工的生存境况,而在于它有助于缓解自己所面临的经济竞争。虽然他们嘴上说"支持女工建立组织",但心里想的却是,这些组织只能作为男工组织的附属而存在,必须以后者的利益要求为准绳。在1836年全国行业工会联盟的年会上,来自新泽西的代表呼吁各工会支持女工成立组织,以便"消除目前女工对男工形成的毁灭性竞争"。这一呼吁得到了大会的响应。大会在最终决议中也指出,解决工匠和女工生活困境的途径之一是,"所有受女工制度影响的行业规范自己的制度,以便承认妇女在其团体内部的存在,这样一来在困难的时候,女工就将受到行业规则的制约,并得到男工的支持——建立女工团体,让其成为男工组织的附属机构"。[③]

工匠们也从来没有放弃"家庭工资"的理想。虽然他们嘴上说"支持女工为自己劳动争取更公正的报酬",但他们真正期待的从来不是女工在经济权利上的平等,而是让女工失去经济竞争力,回归家庭,从而确保自己的高工资,以及在家庭和劳动力市场中的支配地位。1835年,费城行业协会(Philadelphia Trades' Assembly)鼓励该市女工成立一个工会组织来争取更高的工资和更短的工时,并畅想道:

> 这样的话,留给男人的工作就更多了,男人的工资也会更高。最终,你们会变成你们应有的样子,再也不需要从事那些只适合男人的劳动。然后,作为人妻的你们就能把时间都奉献给家庭;就能提升自己的精神和道德,把美德的训诫灌输给孩子们;就能欣赏自身价值,实现婚姻的幸福。你们当中的未婚者也能享受单纯的消遣时光,这对身体健康至关重要,以后也能更好地胜任作为妻子、母亲和家庭主妇的责任。[④]

1846年,投身十小时工时运动的工匠们也由衷地表示:"已婚妇女最好在家做家务,而不是跟随机器永不疲倦地运动。我们希望这一天不太远:丈夫能够养活自己的妻子和家庭,不需要

---

① 相关内容可参考:Thomas Dublin, *Women at Work: The Transformation of Work and Community in Lowell, Massachusetts, 1826-1860*, New York: Columbia University Press, 1979, pp. 108-119。

② Christine Stansell, *City of Women: Sex and Class in New York, 1789-1860*, University of Illinois Press, 1987, p. 142.

③ "Report of the Committee on Female Labor", in John R. Commons, eds., *A Documentary History of Industrial Society*, Vol. 6, Cleveland, Ohio: The Arthur H. Clark Company, 1910, pp. 279, 281-291.

④ Philip S. Foner, *Women and the American Labor Movement: From the First Trade Unions to the Present*, New York: The Free Press, 1979, p. 16.

让前者忍受棉纺织厂劳动的辛苦。"[①]

其次,在同情女工处境、声援女工抗争时,男性工匠们常常把自己置于一种"保护者"的立场。1835 年 12 月,《波士顿调查者报》发文支持费城女裁缝的工资诉求,强调妇女是"较弱的性别","她们的虚弱是自然使然,她们本应得到男人的保护","男人能够凭借自己的男性气概和品格联合起来,寻求自我保护,能够调控自己的工资,申诉自己的权利,但虚弱的、孤立无援的、习惯于依附的妇女们该怎么办呢? 她们能向谁寻求帮助或保护呢?"[②]1836 年 3 月,费城鞋匠在全力支持女缝鞋工罢工时,庄严地表示:"虽然雇主们忘记他们有母亲,但我们决定把妇女置于我们的保护之下,与她们共沉浮!"为了动员更多男性加入声援的行列,《全国劳动者报》也不出预料地诉诸男性气概的话语,呼吁"工会成员们像个男人一样自告奋勇地站出来提供援助"[③]。同样诉诸男性气概话语的还有全国行业工会联盟,其 1836 年著名的女工委员会报告援引罗马共和国早期的两个故事,以借古讽今,唤起男性工匠对女工的保护欲。一个故事是备受爱戴的卢修斯·维吉纽斯(Lucius Verginius)为维护女儿的声誉而不惜杀了她,另一个故事是倒戈敌人的前罗马将领科利奥兰纳斯(Coriolanus)为了自己的母亲和妻子而与罗马重新缔约。报告痛心疾首地呼吁道:"看着自己女儿陷入困苦而袖手旁观,既不力争提升她们的生活水平,也不竭力捍卫她们的名誉,这样的男人心中还有爱国主义的情感吗? ……我们即便做不成罗马人,至少也要像个男人!"[④]

这些慷慨施以援手的工匠们把自己的行为理解为男性对妇女的一种居高临下的保护。从这一点来看,他们不是在阶级的范畴内,而是在性别的范畴内看待自己与女工之间的关系。在他们眼中,女工的性别身份压倒一切,而阶级身份则微不足道——她们不是与自己平等的工资劳动者,而是亟待自己保护和拯救的弱者。

更重要的一点是,从行业分布来看,得到工匠声援的女工主要来自制鞋业、纺织业以及印刷业,而同时期缝衣女工的抗争却回应者寥寥。1831 年,纽约市的缝衣女工成立了自己的组织,要求雇主提高工资。时任《每日哨兵报》和《工人倡导者报》两份劳工报纸主编的乔治·亨利·伊文斯(George Henry Evans)个人很同情女工。他在自己的报纸上多次撰文,呼吁工会成员集体抵制拒绝女工诉求的雇主,以配合她们的抗争,但始终没有得到回应。孤立无援之下,纽约市的缝衣女工只能放弃斗争。1835 年 6 月,费城缝衣女工筹划建立组织,不少慈善人士和社会改革家都参加了成立大会,唯独男工团体没有派任何代表参加。

---

① Heidi Hartmann, "The Unhappy Marriage of Marxism and Feminism: Towards a More Progressive Union", *Capital and Class*, no. 8, Summer 1979, p. 16.

② "Female Labor", Boston Investigator (Boston, Massachusetts), Friday, September 4, 1835.

③ Philip S. Foner, *Women and the American Labor Movement from the First Trade Unions to the Present*, New York: The Free Press, 1979, p. 11.

④ "Report of the Committee on Female Labor", in John R. Commons, eds., *A Documentary History of Industrial Society*, Vol. 6, Cleveland, Ohio: The Arthur H. Clark Company, 1910, p. 285.

在面对女工抗争时,男性工匠的态度之所以会呈现出鲜明的行业差异,其重要原因之一在于,不同行业中男性工匠的技术垄断程度不同,对女工威胁的感受程度也不同。虽然各行业都存在以技术为基础的性别分工,但相对来说,男裁缝拥有的技术优势不够大。随着制衣业最先引入机器缝纫,男裁缝技术优势的流失速度更快,危机感更重,对本行业中女裁缝的容忍度自然也更低。"缝纫机"是 19 世纪三四十年代的热门词汇。来自巴黎、里昂、曼彻斯特、波士顿、费城、纽约等地缝纫机技术革新的各种消息,第一时间便会在各地报刊上广为传播——"一分钟能缝 250—300 针""能在 45 秒内缝一码长的纱线""能在 30 分钟内缝完一条男士裤子","除了扣眼以外,男士服装、外套、背心、裤子的任何部分都能缝,裙子、衬衫、帽子、衣领等也都能缝","这个机器能胜任缝纫业的任何一种工序,而且比手工缝纫要快 10 倍、精细 10 倍、牢固 10 倍"。[①] 缝纫业中机械化的快速推进和性别分工的模糊,至少能部分解释为什么男裁缝对本行业女工抗争的态度格外冷漠。与缝纫业相比,制鞋业中性别分工的危机来得较晚。在 1860 年代中叶戈登·麦凯(Gordon McKay)改革缝纫技术之前,把鞋面、鞋跟、内鞋底和外鞋底固定在一起的关键工序一直由男鞋匠垄断。[②] 在自己地位暂无大患的前提下,男鞋匠愿意以家长的姿态支持缝鞋女工的抗争,也是情理之中。

关于美国早期工业化时期男性工匠对女工的态度,20 世纪中叶以菲利普·方纳为代表的一些传统劳工史家,往往侧重于渲染两者之间的并肩斗争,赞扬工资劳动者的"阶级团结"。对于男女工之间不合作的一面,他们要么刻意忽略,要么将之归咎于工人的"虚假意识"(false consciousness)。[③] 然而,正如有学者所批评的,"虚假意识"这个概念只是理论在遭遇解释乏力时的一种自我解围。"阶级团结"理论之所以会解释乏力,是因为它仅着眼于抽象的社会结构,对现实世界里工匠独特的价值观念体系缺乏细致考察。[④] 对于工资劳动的性别想象是男性工匠价值观念体系的重要组成部分,只有从这一点出发,才能对他们的态度作出合乎逻辑的解释——在面对女工抗争时,男性工匠是以对理想性别秩序的期待作为标准,来决定支持与否的:当在某些行业中,支持女工抗争非但不会动摇,反而有助于凸显自己的男性气概和支撑自己的权利诉求时,他们往往乐于伸出援手;当在某些行业中,女工的存在已经对性别分工和男性的技术优势构成严重威胁时,他们便持冷漠甚至反对的态度。也就是说,19 世纪早期的美国工匠在很大程度上是透过性别这面棱镜来理解社会变迁、判断自身境遇和选择应对策略的。不理解这

---

① *Milwaukee Sentinel*, Mar. 13, 1846; *Ohio Observer*, May 27, 1846; *Arkansas State Gazette*, May 5, 1848; *Cleveland Daily Herald*, May 5, 1848; *Boston Investigator*, Oct. 4, 1848; *Mountaineer*, Apr. 27, 1849; *Dover Gazette & Strafford Advertiser*, Oct. 13, 1849; *Cleveland Daily Herald*, Jan. 4, 1851; *Ohio Observer*, Apr. 16, 1851.

② 1862 年,马萨诸塞人戈登·麦凯发明了第一台能够把鞋子本体和内鞋底、外鞋底缝合在一起的缝纫机,给制鞋业带来了革命性影响。

③ 相关研究可参考:Philip S. Foner, *History of the Labor Movement in the United States*, Vol. 1, New York: International Publishers, 1972; Philip S. Foner, *Women and the American Labor Movement*, New York: The Free Press, 1979。

④ 詹姆斯·C. 斯科特:《农民的道义经济学:东南亚的反叛与生存》,程立显、刘建等译,译林出版社,2013 年,第 203—206 页。

一点，便难以解释他们在面对女工抗争时看似前后不一的态度，难以避开"阶级团结"的理论陷阱。

四、另一种版本的性别想象

19 世纪初，美国东北部地区那些被卷入资本主义雇佣体系的工匠们，很多情况下是用一种性别想象来认识社会变迁的。在他们看来，工资劳动的兴起将摧毁那个以两性差异为基础建立起来的理想社会，会让女人丧失美德和家庭责任感，变得"不像女人"，会让男人失去在家庭和劳动力市场中的支配地位，变得"不像男人"。他们为解决社会危机开出的药方——把女工赶回家庭，重新划分劳动分工，支持或反对女工抗争等，其目的也都是为了匡扶受到威胁的社会秩序。在工匠这种带有性别想象的世界观中，妇女只能作为"他者"而存在，即便她们和男性工匠一样卷入了资本主义雇佣体系，一样为温饱生计而奋力挣扎，她们也没有资格被平等相待。

然而必须指出的是，这种性别想象并非男性工匠的发明，更非他们的专属。被视为"他者"的女工中有相当一部分与男性工匠分享同一套性别想象。她们用同样的性别坐标来衡量工资劳动的社会影响，用社会通行的性别规范来审视自己的言行。她们中有人为工资劳动辩护，主动维护工厂的家长制管理；也有人谴责工资劳动，要求提高工资和缩短工时，但无论持何种态度，她们思考问题的出发点始终是自己的性别身份和所谓的"妇女美德"。

研究 19 世纪早期美国工业化的学者们指出，洛厄尔纺织厂对女工的家长制管理主要并不是依靠强制力。管理机制的运转、工厂纪律的执行、惩戒手段的落实、文化活动的开展，所有这些都依赖于女工自身的主动配合。同宿舍、同厂房的女工之间相互监督，彼此充当道德警察，共同维护着小共同体的道德纯洁。据一位名叫亨利 · 迈尔斯(Henry A. Miles)的当地人观察，女工们竭力"维护自己的品行，她们把其他女工的道德污点看作是对自己的侮辱。这种舆论的强大力量是无所不在的，且没有任何妥协余地"。一位女工一旦被怀疑道德有亏，便会立刻失去所有。如果舍监不立刻开除她的话，她的室友会马上搬走，工友也会拒绝和她一起工作，甚至一起走路。无论她走到哪里，都会发现被人指指点点。① 当地刊物上的一则报道则证实了迈尔斯的观察：一名女工怀疑自己的室友品行不端，理由是晚上常有一个不明身份的男人来找她。虽然其室友辩解说这个男人是自家亲戚，但没人相信。女工们立刻向舍监和监工告发，还纷纷表示，如果不把她赶走的话，自己就走。很快这名女工便被开除，而且上了"黑名单"，被洛厄尔的所有工厂拒之门外。②

在雇主和管理层的支持下，洛厄尔的女工们组建了若干个"提升小组"(Improvement Circles)，学习撰写小说、诗歌和评论文章。其中一些小组还创办了自己的期刊，包括《操作工杂

---

① Henry A. Miles, *Lowell, As It Was, and As It Is*, Lowell: Powers and Bagley and N. L. Dayton, 1845, pp. 144 – 145.

② "The Affections Illustrated in Factory Life", *Lowell Offering*, Nov. 1843, pp. 14 – 23.

志》(*Operatives' Magazine*)、《洛厄尔奉献》(*Lowell Offering*)、《新英格兰奉献》(*New England Offering*),等等。据编者自己所述,创办这些期刊的宗旨就是要现身说法,反驳外界的质疑,"破除不公正的偏见,证明洛厄尔女工作为一个阶层是有智慧、有美德的","工厂生活非但没有损害她们的美德",反而"增加了她们的智慧,强化了她们的道德感","让她们整个人的品德都得到了提升和改进"。①

影响力最大的女工刊物《洛厄尔奉献》上经常刊登以"工厂女孩"(*Factory Girl*)为题材的小说。小说中,女孩们来工厂做工的理由,要么是父母双亡,要么是丈夫早逝,要么是为了帮家里还贷款,要么是为了帮兄弟攒学费,反正绝不可能是为了满足私欲或反抗父亲权威,争取个人独立。② 在她们看来,性别身份比"工资劳动者"的身份更重要,家庭责任比个人的经济独立更值得追求。初期《洛厄尔奉献》的主要内容之一是与当时新英格兰地区著名的劳工改革派奥里斯特斯·布朗森(Orestes A. Brownson)展开论战。布朗森此前曾撰文谴责工资劳动制度践踏个体尊严,败坏社会道德,而女工的论战策略则是把自己与一般意义上的"工资劳动者"区别开来,强调自己的性别身份和为人妻母的家庭角色——"洛厄尔女工普遍来自宁静的乡村,是在清教徒家庭的监管下长大的,(以后)她们还要回归家庭,成为新英格兰拥有自由意志的自耕农的妻子,和未来共和国顶梁柱的母亲"③。

女工对家长制管理的认同和配合很大程度上是建立在高工资的基础之上。洛厄尔工厂初期较为丰厚的盈利缓解了工资劳动制度的残酷性。但 1830 年代中期以后,随着债务的累积和竞争的加剧,工厂加大了劳动强度,压低了工资。女工的态度也出现了明显分野。认同工厂制的仍坚守《洛厄尔奉献》的阵地,而批评者人数逐渐增加,她们组织起请愿、游行、罢工等抗议活动,建立起自己的团体和刊物,参与到当时沸沸扬扬的劳工改革大潮当中。在表达自身诉求——主要是缩短工时和提高工资——时,相当一部分女工仍然倾向于诉诸"共和母性"的话语。

洛厄尔妇女劳工改革协会(Lowell Female Labor Reform Association)是工厂女工建立的第一个工会组织,目标旨在争取十小时工时。其主席莎拉·巴格利在陈述理由时,特别强调女工的母亲身份,以及在培育共和公民方面无可取代的作用:"自由制度的基础是美国人民的美德和智慧,母亲的影响塑造了一个人,但现在,共和国下一代公民的母亲被禁锢在棉纺织厂的砖墙

---

① "Editorial", *Lowell Offering*, January 1845, p. 22; "Duties and Rights of Mill Girls", *New England Offering*, No. 5 (August 1848), p. 101.

② 后来,有些女工在撰写回忆录时也极力强调自己动机的无私。相关内容可参考: Harriet H. Robinson, *Loom and Spindle, or Life amongst the Early Mill Girls, with a Sketch of the Lowell Offering*, New York: Thomas Y. Crowell & Company, 1898, pp. 46 – 47; Lucy Larcom, "Among Lowell Mill-Girls: A Reminiscence", *Atlantic Monthly* (November, 1881)。

③ "Factory Girls", *Lowell Offering*, December 1840, p. 17.

内，每天被迫工作 12 个半小时到 13 个半小时。智慧和美德从何而来？”[①]她以自己 10 年的纺织女工经历警告说：“在工厂劳动足以让最高尚、最贞洁的女孩蒙羞。”[②]协会在其舆论阵地《工业之声》（*Voice of Industry*）上发表了多篇谴责工厂制的文章，其口吻如出一辙：

> 13 个小时的辛苦劳动，日复一日年复一年，还有多少精力能用于培育美德和提升道德呢？女工们被禁锢在狭小拥挤的厂房里，不会比机器更有活力。让我们再想得长远一些。这些女工在社会里还有另外的责任——妻子和母亲！关于这些神圣的名字，她们一无所知。……母亲能成就一个人，那么我们可以想象，新英格兰的下一代会拥有什么样的精神和智力？[③]

这些女工是用性别想象来思考工时问题的。在她们看来，争取十小时工时的意义在于维护妇女美德和“共和母性”。在这一点上，她们与前文所述对工厂制持批评态度的男性工匠并无二致。

同样，在一些发出抗议声音的女工看来，提高工资的意义也在于能帮助自己履行家庭责任，彰显妇女美德。

1833 年底，约 1 000 名林恩地区的缝鞋女工集会，抗议计件工资的削减。她们以自己作为妻子或女儿的身份为依据，提出工资诉求。对于已婚女工的工资，她们主张，应当以牺牲家庭责任的量为尺度来衡量：“雇一个妇女料理家内杂事每天要付 1.25 美元，雇一个妇女做针线活每天要付 50 美分，雇一个妇女洗衣每天要付 75 美分或 1 美元，雇一个妇女护理病患每周要付 2—3 美元。因此我们有理由提出要求：那些由于为鞋厂工作而牺牲家庭责任的工匠妻子们，她们的工资应当至少能够支付以上开销。”至于未婚女工的工资，她们认为，也应当提高到足以支付她在家庭内的所有花销，以便不给她的父亲增加经济负担：“工匠给自己女儿付住宿费每周要花 1 美元，……此外，他还要给女儿们花钱添置衣物，这样一来，工匠的收入就持续减少了。……只要合理地提高女工工资，让她们能够支付自己的住宿费和花销，所有这些问题都能轻而易举地解决。”[④]

这些女工从“家内”的角度来思考自己的劳动价值和利益诉求，把自己的工资视为对丈夫或父亲“家庭工资”的一种辅助和补充，而非争取自身经济独立的资本。她们向雇主发出的抗争，体现的不是她们的“阶级意识”，而是她们的“女性意识”，其基础便是分享社会主流的性别想象，接受社会通行的性别规范。

---

① “The Ten Hour System and Its Advocates”, *Voice of Industry*, January 16, 1846, http://www.industrialrevolution.org/10-hour-system.html（获取时间 2021 年 8 月 15 日）。

② *Voice of Industry*, July 15, 1845, http://www.industrialrevolution.org/10-hour-system.html（获取时间 2021 年 8 月 15 日）。

③ “The Evils of Factory Life”, *Factory Tracts*, Number One, October 1845, http://www.industrialrevolution.org/factory-tracts.html（获取时间 2021 年 8 月 15 日）。

④ Mary H. Blewett, *Men, Women and Work: Class, Gender, and Protest in the New England Shoe Industry, 1780-1910*, University of Illinois Press, 1988, pp. 37-38.

当然,与男性工匠一样,19 世纪初沦为工资劳动力的妇女也绝非一个同质化的群体。地区、行业和个体之间的差异让她们的态度和行动错综复杂,难以一言蔽之。20 世纪 80 年代以后美国女性史研究最重要的进展之一,便是“超越姐妹情谊”,不再竭力证明妇女之间的“团结一致”,而是强调妇女内部的差异和经验的多样性。[①] 因此,我们在考察工业化早期美国女工的性别想象时,也必须抑制本质主义和普遍主义的冲动,必须注意到,不是所有的女工都分享同一套性别想象,认可同一种性别规范。与上文提到的那些女工不同,当时还有一些女工,她们不愿从家庭或道德角度来声张自身价值,更不愿被视作“他者”。她们竭力淡化自己的女性身份,通过强调自己与男性工匠的共性来挑战现有的性别想象。

在这些女工的抗争话语中,最常被援引的共性要素便是美国革命的传统。在 1834 年首次大规模罢工游行中,洛厄尔女工把自己比作 1776 年精神的继承者,把工厂主比作当年意图实施暴政的托利派,认为自己的罢工游行与美国革命的性质是一致的,都是为了捍卫自由与独立,反抗奴役。她们在决议中宣称:“试图降低我们工资的行为,是不同制造行业的业主们妄图将雇佣女工降格为依附地位的总计划的一部分,他们现在隐秘地羞辱我们,而以后他们便能公开称我们为‘奴隶’了。当我们感受到自己的独立性时,我们既不会被奉承所诱使,也不会被威胁所吓住,我们不会放弃使用一切可能手段来阻止雇主实现意图。”[②]1836 年,洛厄尔女工再次组织大规模罢工游行,抗议工厂主削减工资。1 500 名女工走上街头,庄严宣称:“正如我们的先辈们抵抗英国政府的贪婪一样,我们作为他们的女儿,也将绝不会背负枷锁。”[③]

除了共同继承美国革命的自由精神以外,这些女工用来证明自己与男工“志同道合”的另一个重要依据是:她们与男工一样,通过自己的辛勤劳动创造了财富,却被剥夺了大部分劳动成果。她们熟练地运用当时工匠抗争中深入人心的劳动价值论和“生产者”话语,来谴责财富和权利的不平等分配。她们控诉说:“我们能允许暴政和残酷的压迫把身心奴役的锁链钉在我国千百万人民身上吗?他们才是一切进步和财富的真正生产者。”“男工女工们,你们是否充分认识到自己的真正价值和尊严?……作为社会中最有用、创造最多财富的人,你们是否获得了应有的社会地位?”[④]她们自称是“劳工改革和人权进步事业中的姐妹”,说自己的伟大目标是“推进所有劳工阶级的共同利益”,呼吁“所有辛勤的劳动者和纺织工人”携起手来,结束“把大多数人贬低为旧世界奴隶同等地位的社会状态”,“为共和国开启一个新的、更光明的时代,给

① 关于 20 世纪 80 年代以后美国女性史研究的范式转换,国内史学界已有不少专题论著,可参考刘军《美国妇女史研究的新特点:论妇女的不团结》,《美国研究》1998 年第 4 期,第 98—114 页;倪婷《女性、阶级与种族因素的互动——美国妇女史研究》,《世界历史》2009 年第 6 期,第 124—136 页;原祖杰、武玉红《从“姐妹情谊”到“女性差异”——美国女性史研究范式的转变》,《社会科学战线》2021 年第 7 期,第 121—130 页。

② “Factory Girls’ Meeting”, *The Man*, March 8, 1834.

③ Harriet H. Robinson, *Loom and Spindle*, *or Life amongst the Early Mill Girls*, *with a Sketch of the Lowell Offering*, New York: Thomas Y. Crowell & Company, 1898, p. 84.

④ “Factory Life As It Is”, *Factory Tracts*, Number One, October 1845, http://www.industrialrevolution.org/factory-tracts.html. “The Cause is Onward”, *Voice of Industry*, April 24, 1846, http://industrialrevolution.org/original-issues/1846/1846-04-24.pdf(获取时间均为 2021 年 8 月 15 日)。

予所有人平等的权利和真正的自由”。[①]

在这些言论中,女工们想要强调的是自己与男性工匠有共同的文化传统、社会境遇和利益诉求。她们不再从“家内”的角度来判断自己的劳动价值,而是试图以一种与男工平等的身份进入公共领域的讨论,实际上是在挑战现有的性别想象。这一点,在女工的工资抗争中体现得最为明显。早在1829年,《全国通讯者报》(*National Intelligencer*)上就出现过这样的文章:

> 妇女和男人平等地劳动,她们的生命不比男人长,痛苦不比男人少,需求和男人也一样,而且她们还比男人更有美德、更勤奋。……男人与妇女的工资不成比例的一个重要原因是,有人声称男人要养活家庭。难道一个妇女、一个寡妇不需要养活家庭吗?她把一天24小时中的三分之二用于劳动,难道她还没有资格获得足以养活自己和孩子的工资吗?[②]

1831年,纽约市的缝衣女工要求提高工资,遭到雇主拒绝,后者以传统的“家庭工资”观念为理由,说女工工资与男工一样高是荒谬的,因为男工需要养家糊口而女工不需要。对此,缝衣女工们义正词严地指出,自己与男工一样,也是家庭的经济支柱,也需要获得经济独立:“有很多女工都需要养家糊口,而有很多单身男工却不需要,他们像孩子一般把工资挥霍一空,而辛劳的、有年幼子女需要养育的母亲们却发现,自己的劳动报酬远远不够自给自足!”[③]

总之,19世纪早期美国男性工匠与女工之间既有合作,也有张力和对立。两者合作的基础是共享同一套性别想象。一些男工支持女工的抗争,目的在于匡扶以两性差异为基础建立起来的社会秩序,让女人有“女人样”,男人有“男人样”。一些女工为了搭便车,分享男工抗争的红利,也主动用社会通行的性别规范来审视自己的言行,用“家内主义”和道德话语来伸张自身权益。男女工相互声援、并肩作战的结果是,共同充当了社会性别再生产机制的参与者。而一些男工和女工之间出现的张力——无论是前者在后者抗争活动中的袖手旁观,还是后者对前者话语资源的借用、转义和驳斥,则可以被理解为一场不同版本的性别想象之间的竞争。

结　语

E. P. 汤普森在考察工业化早期英国的平民反抗时,特别强调生存伦理、互惠观念、家长制

① “Letter to the Operatives of Manchester from the Secretary of the Lowell Female Labor Reform Association”, in Philip S. Foner, ed., *The Factory Girls: A Collection of Writings on Life and Struggles in the New England Factories of the 1840s by the Factory Girls Themselves, and the Story, in Their Own Words, of the First Trade Unions of Women Workers in the United States*, Chicago: Univerisity of Illinois Press, 1977, pp. 117 - 118.

② “On the Employment of Females”, *National Intelligencer*, 29, Apr. 1829.

③ “An Address Delivered by Louise Mitchell United Tailoresses Society”, in Philip S. Foner, *Women and the American Labor Movement from the First Trade Unions to the Present*, New York: The Free Press, 1979, p. 6.

的社会控制、闲散的劳动节奏等传统“习惯”的塑造作用。[①] 场景置换到大洋彼岸的美国。本文认为,性别想象在美国也是一种根深蒂固的传统“习惯”,是文化和价值观念的重要组成部分。其重要性,如果借用社会建构论的经典概念来表述的话就是:性别想象是理解社会差异的一种“常识性知识”(Common-sense Knowledge)。它先于个人经验而存在,且在日常生活中为大多数美国人所共享。它是每个人为自己编织的意义之网,整合并确立了社会赖以为系的制度秩序,同时,它也调节着社会客观结构在个人意识中被内化的过程,是人们认识世界的“程序化通道”(“programme” the channels)。[②] 19 世纪初美国东北部那些最早卷入工业资本主义体系的工匠们,正是通过这一“程序化通道”来理解社会变迁和个人境遇,并做出反应的。

本文从性别想象的角度来探讨工匠对工业化的认知和应对,得出的结论与 20 世纪 60 到 80 年代美国新劳工史家们可谓遥相呼应:在任何历史时期,美国的工资劳动者都不是铁板一块,无论在文化传统、利益诉求还是抗争策略上,其内部都差异甚大。新劳工史家竭力展现差异性,为的是回答“美国工人阶级为什么没有形成”[③],然而事实上,差异性并非必然对集体行动构成障碍。本文的主人公——19 世纪初美国的男性工匠和女工们,并没有因为彼此之间存在张力而放弃对资本的抗争。80 年代以后,研究其他国家劳工问题的学者用大量实例证明:世界历史上那些轰轰烈烈、影响深远的工人运动,如英国宪章运动、法国七月王朝时期的工人起义和 19 世纪末的社会主义运动、20 世纪前期中国的城市工人罢工等,其参与群体、组织网络、话语资源往往也都是复杂的、异质化的。[④] 这些研究再次证明以人为中心的劳工史的必要性。只有把工人看作有血有肉有能动性的人,正视他们自身多样化的文化背景、生活环境、工作经历和利益诉求,才能真正理解他们集体行动的动机和逻辑,才有可能呈现工人政治错综复杂的真实面貌。

站在 20 世纪 90 年代以后劳工史的学术脉络中来看,本文以性别想象为切入点,也揭示了“阶级”与“性别”在某种程度上的“互构”特性。19 世纪初的美国工匠身上背负着双重身份的

---

① E. P. 汤普森:《共有的习惯:18 世纪英国的平民文化》,上海人民出版社,2020 年。该书与汤普森的另一部名著《英国工人阶级的形成》一样,都没有考虑到性别想象在英国平民文化中的重要性。缺乏性别维度,也成为八九十年代不少妇女史学者批评汤普森的主要理由之一。Joan W. Scott, “Women in the Making of the English Working Class”, in *Gender and the Politics of History*, New York: Columbia University Press, 1999, pp. 68 – 90。

② Peter L. Berger and Thomas Luckmann, *The Social Construction of Reality: A Treatise in the Sociology of Knowledge*, New York: Penguin Books, 1991, pp. 37, 84. “常识性知识”和“程序性通道”的说法源自中译本。彼得·伯格、托马斯·卢克曼:《现实的社会建构:知识社会学论纲》,吴肃然译,北京大学出版社,2019 年,第 32、85 页。

③ 20 世纪 60 到 80 年代的新劳工史家强调美国工人群体内部在种族、族裔、性别、地区、行业、技术水平等方面具有高度的复杂性和多样性,并认为这是导致美国工人阶级四分五裂的主要原因。相关论述参见拙文《美国劳工史研究中“阶级”的概念重构与范式更新》,《世界历史》2020 年第 1 期,第 142—155 页。

④ 相关研究可参考:Gareth Stedman Jones, “The Language of Chartism”, in James Epstein and Dorothy Thompson eds., *The Chartist Experience: Studies in Working-Class Radicalism and Culture, 1830 – 1860*, London: Macmillan, 1982, pp. 3 – 58; Iorwerth Prothero, *Artisans and Politics in Early Nineteenth Century London: John Gast and His Times*, Baton Rouge: Louisiana State University Press. 1979; Bernard Moss, *Origins of the French Labor Movement: The Socialism of Skilled Workers*, Berkeley: University of California Press, 1978; William H. Sewell, Jr., *Work and Revolution in France: The Language of Labor from the Old Regime to 1848*, Cambridge: Cambridge University Press, 1980; Joan W. Scott, “Social History and the History of Socialism: French Socialist Municipalities in the 1890s”, *Le Mouvement Social*, Vol. 111, 1980, pp. 145 – 153;裴宜理:《上海罢工:中国工人政治研究》,刘平译,江苏人民出版社,2001 年。

复杂纠缠——他们是正在形成中的“工人阶级”，是逐渐丧失生产资料、不得不忍受雇主剥削的工资劳动者；与此同时，他们也是男性，自视为一家之长和社会性别秩序的守卫者。他们对于工资劳动的态度，除了像以往很多研究论著所指出的，有反抗资本主义剥削的诉求以外，也有维护男权地位的动机。这两种意图是交织在一起的，只不过有时并行不悖，有时互为掣肘。当他们以“家庭工资”为依据与雇主谈判时，显然能在道德和舆论上占据优势；当他们以两性差异为由在组织和行动上排斥女工时，他们实际上也失去了潜在的“阶级盟友”。这个例子同时也提醒我们：在考察“阶级”和“性别”两种社会范畴之间的“互构”时，要作语境化的、细致入微的研究，万不可一概而论。

同样重要的一点是，强调“阶级”“性别”等社会范畴的建构性，从广义上说属于 20 世纪 60—90 年代文化理论的一部分。它颠覆了“把经济与社会关系”当作“文化与政治表达的基础”这一基本假设，主张“文化有其自身的逻辑”，“语言与文化表达并塑造了包括经济在内的人类社会”。① 进入 1980 年代末以后，文化理论受到后结构主义影响尤甚，包括琼·斯科特在内的很多青睐文化研究的学者越来越强调话语的决定性作用，认为所谓的“经验”不过是一个“语言事件”，主体不过是话语的建构物。② 本文讨论女工的案例，其意义之一就在于提醒我们：虽然社会是由语言与文化建构的，但人并不仅仅是话语建构的产物，更不是其俘虏。人是历史的行动者和创造者。所有的社会建构都是人类活动的历史产物，会随着人类的具体活动发生变化。当 19 世纪初一些女工反复重申自己与男性工匠的平等性——同为工资劳动者、财富生产者，或是家中的经济支柱——时，她们不仅是在质疑当时美国社会的那套“常识性知识”，更是在挑战其背后那个由“性别”和“阶级”合谋打造的不平等的社会秩序。

（本文原刊于《历史研究》2022 年第 4 期，收录时有改动）

作者简介：

蔡萌，北京大学历史学博士，现任上海师范大学人文学院副院长，世界史系教授、博士生导师。主要研究领域为美国政治文化史、劳工史。曾在美国宾夕法尼亚大学历史系、美国杰弗逊国际研究中心访学，开设课程有世界现代史、美国史等。

---

① 林恩·亨特：《全球时代的史学写作》，赵辉兵译，大象出版社，2017 年，第 14 页。

② 琼·斯科特：《经验的证据》，载蔡一平、杜芳琴主编《妇女性别史研究的理论与方法》，湖南大学出版社，2016 年，第 108—137 页。认为后结构主义会扼杀作为一种认识主体与政治行动基石的个人，会否定一个连贯的、可知的过去，走向相对主义的深渊，这是很多历史学家，尤其是很多女性主义史家批评后结构主义的主要理由。相关批评可参考：Laura Lee Downs, "If 'Woman' is Just an Empty Category, Then Why Am I Afraid to Walk Alone at Night? Identity Politics Meets the Postmodern Subject", *Comparative Studies in Society and History*, Vol. 35, No. 2 (Apr., 1993), pp. 414 - 437; Joan Hoff, "Gender as a Postmodern Category of Paralysis", *Women's History Review*, Vol. 3, No. 2 (1994), pp. 149 - 168; Bryan Palmer, *Descent into Discourse*, Philadelphia: Temple University Press, 1990; Kathleen Canning, *Gender History in Practice: Historical Perspectives on Bodies, Class, and Citizenship*, Ithaca: Cornell University Press, 2006；林恩·亨特：《全球时代的史学写作》，赵辉兵译，大象出版社，2017 年，第 10—33 页。

寻找“合适的衰败区”：联邦与城市关系视角下的美国城市更新*

李文硕

摘　要： 城市更新是第二次世界大战后美国政府发起的大规模城市再开发，通过清理城市中的贫民窟并在原址进行以住房为主的重建，解决城市问题，推动城市复兴。在此期间，许多美国城市在联邦政府资助下清理贫民窟，代之以商业设施、高端住宅或会议中心，而住房问题却被忽视，也导致许多真正的贫民窟因不具备商业开发价值而被忽视。导致这一现象的原因很多，但学术界大多忽视了城市更新中联邦与城市在更新目标上的差异，前者希望首先解决城市住房问题，后者则更关注城市经济发展，由此产生了诸多矛盾和摩擦。这一现象的产生与美国的联邦制政治结构密切相关，联邦制下联邦政府与地方政府的分权与合作制约了联邦干预地方事务的能力，并形成了不同的责任和功能。本文从联邦与城市的关系入手，试图从这一角度深化对城市更新以及美国联邦制的认识。

关键词： 城市更新　联邦政府　地方政府　联邦—城市关系

1966 年 1 月底，民权运动领袖马丁·路德·金在访问亚特兰大市维尼城社区（Vine City）后，将其称为自己“所见过的条件最恶劣的贫民窟”[①]。随后，亚特兰大市长小伊凡·艾伦回应称，市政府将对贫民窟居民展开救助，并清理全市的贫民窟。[②] 实际上自美国联邦政府发起城市更新（Urban Renewal）以来，亚特兰大市已利用大笔联邦资金用于城市改造，位于市中心的多个非洲裔美国人社区被拆除以建造新的体育馆和商业中心；但这些社区大多设施基本良好，居民主要为非洲裔美国人中产阶级，相反维尼城这样的贫困社区却不在更新之列，甚至维尼城的改造在市长做出承诺之后仍然迟迟不见动静，到 1970 年代已成为城市中的毒品泛滥之地。

上述现象——市中心被有选择地重新改造但真正的贫民窟被忽视——在城市更新中并不

*　基金项目：国家社会科学基金重大项目（17ZDA229），国家社会科学基金青年项目（16CSS022）。

① Bill Shipp, “King Says Slum Here Is the Worst He’s Seen”, Atlanta Constitution, February 1, 1966.

② Walker Lundy, “Allen Moves to Aid City Slum Dwellers”, *Atlanta Journal*, February 1, 1966.

罕见。城市更新始于《1949 年住房法》(Housing Act of 1949),1973 年由尼克松总统正式宣布结束,是联邦政府资助、城市政府和私人企业共同参与的城市再开发,旨在通过清理城市中的贫民窟并在原址进行以住房为主的重建来解决城市问题、推动城市复兴。在此期间,大量美国城市在联邦政府资助下清理贫民窟,代之以商业设施、高端住宅或会议中心;然而,低收入家庭的居住问题并未得到解决,甚至有学者认为城市更新是在"贫民窟清理名义下的黑人清理"①。自城市更新大规模开展即 20 世纪五六十年代以来,学术界已充分意识到城市更新对原有社区的破坏和对城市贫困家庭尤其是非洲裔美国人的冲击;但关于城市更新这一试图挽救城市衰败的再开发项目何以造成恶劣后果,研究者却有不同的看法。一方面,有学者从政策的角度出发,检讨城市更新政策的内在矛盾和先天不足,最具代表性的是马丁·安德森,他将城市更新概括为"联邦推土机"(Federal Bulldozer),认为大拆大建的简单方式无法满足城市不同利益集团的多样化需求;②另一方面,更多学者从模式的角度出发,指出私人资本与地方政府的合作模式导致城市更新偏离方向,使得商业开发成为主流。③ 上述研究深刻分析了城市更新的运行机制,揭示了其弊端的生成路径,然而却将城市更新的参与者简化为政府与私人资本双方的对立,忽视了政府内部的差异,没有注意到城市更新中联邦政府与城市政府的分歧和差异,似乎联邦与城市有着一致的动机和目标。虽然有学者从联邦制结构的角度出发探讨这一时期联邦与城市间关系的变迁,但从双方关系入手分析城市更新的研究却并不多见。④ 近年来,学术界尝试从跨国史、环境史等新视角重新思考城市更新,并试图突破已有的关于城市更新是政府与商界合谋进行商业开发的叙事模式和话语体系,但依然很少意识到联邦与城市在这一问题上的分歧。⑤ 中国学

---

① Murray Hausknecht and Jewel Bellush, eds., *Urban Renewal: People, Politics and Planning*, New York: Doubleday, 1967, p. 287.

② Martin Anderson, *The Federal Bulldozer*, Cambridge, Mass: MIT Press, 1967. 其他代表性成果主要有:Harold Kaplan, *Urban Renewal Politics: Slum Clearance in Newark*, New York: Columbia University Press, 1963; Jeanne R. Lowe, *Cities in a Race with Time: Progress and Poverty in America's Renewing Cities*, New York: Random House, 1967; Jon C. Teaford, "Urban Renewal and Its Aftermath", *Housing Policy Debate*, Vol. 11, No. 2, 2000, pp. 443 – 465; Robert M. Fogelson, *Downtown: Its Rise and Fall, 1880 – 1950*, New Haven: Yale University Press, 2001, pp. 317 – 380。

③ Gregory Squires, *Unequal Partnerships: The Political Economy of Urban Redevelopment in Postwar America*, London: Rutgers University Press, 1989. 乔尔·施瓦茨则探讨了纽约市城市更新中市政府与商界在幕后的合作和共谋,将其称为"纽约道路",认为自由主义者为了推进城市更新,逐渐牺牲了为贫困家庭提供更好住房的初衷,Joel Schwartz, *The New York Approach: Robert Moses, Urban Liberals, and Redevelopment of the Inner City*, Ohio State University Press, 1993。

④ 典型如丹尼尔·伊莱扎,他将 20 世纪美国联邦制概括为"合作式联邦主义"(Cooperative Federalism)并划分为四个阶段,认为城市更新代表了第三个阶段,即联邦主义大规模扩张并直接与城市政府相关联的阶段,见 Daniel J. Elazar, "The Shaping of Intergovernmental Relations in the Twentieth Century", *The Annals of American Academy of Political and Social Science*, Vol. 359, May 1965, pp. 10 – 22。也就是说,城市更新意味着联邦与城市关系的进一步密切,但这一密切关系背后的矛盾却被掩盖了。

⑤ 例如 Samuel Zipp, *Manhattan Projects: The Rise and Fall of Urban Renewal in Cold War New York*, New York: Oxford University Press, 2010; Christopher Klemek, *The Transatlantic Collapse of Urban Renewal: Postwar Urbanism from New York to Berlin*, Chicago: University of Chicago Press, 2011; Michael Carrie, "Chicago, the South Side Planning Board, and the Search for Order: Toward an Intellectual Lineage of Urban Renewal in Postwar America", *Journal of Urban History*, Vol. 39, No. 3, May 2013, pp. 411 – 432; Jeremy Bryson, "Greening Urban Renewal: Expo'74, Urban Environmentalism and Green Space on the Spokane Riverfront, 1965 – 1974", *Journal of Urban History*, Vol. 39, No. 3, May 2013, pp. 495 – 512。

术界对于美国城市更新的研究则更少，且主要关注城市更新的经过和模式，对于联邦与地方的不同诉求鲜有涉及。①

实际上，城市更新中的联邦政府与城市政府并非协同一致。对于联邦政府而言，城市更新始终被纳入其住房政策的系统之中，其每一次调整都是通过住房法及其修订条款来实现，首要目标是解决城市贫困居民的住房问题；对于城市政府而言，城市更新则是发展经济尤其是复兴下城（Downtown）的重要政策工具，因而更新区域往往集中于下城及其附近，商业开发成为主流，而住房开发退居其次。有鉴于此，本文尝试以联邦政府与城市政府的不同认识为切入点，探讨城市更新为何会偏离为低收入家庭提供可负担住房的基本目标，试图以此更全面地理解城市更新，也更深入地理解联邦与城市的关系。

一、二战前联邦城市政策的演变

联邦政府对城市的关注始于19世纪后期。东北部和中西部的大城市以及南部和西部的新兴城市在工业化推动下迅速扩张，吸引了来自美国其他地区和欧洲的大量移民，城市公共服务不堪重负，城市中出现了大片贫民窟。其中，住房问题由于其影响面广、利益攸关方多以及直接冲击城市美观而首先引起改革者和政府的关注。最初是城市政府、继而州和联邦政府也逐渐介入。19世纪末，国会曾发起专门委员会调查城市贫民窟问题，但并未出台系统的城市政策；进步运动时代的市政改革尽管席卷美国多地，但改革者们主要以城市或州政府为平台，鲜少推进联邦城市政策的出台。此后直到20世纪30年代，联邦政府才在大萧条的刺激下正式通过城市政策有力参与城市事务，罗斯福新政期间的公共工程建设、失业培训与再就业以及福利措施都涉及城市，对住房市场的干预更是直接影响到城市。

在20世纪20年代的经济繁荣时期，贷款成为美国消费者尤其是中产阶级的生活方式，利用贷款购买住房成为许多中产阶级家庭的选择。大萧条开始后，大量失业人口无力偿还房贷，导致抵押贷款被赎回而成为无家可归者；银行由于现金不足而陷入危机，影响到更多的贷款者；房地产市场受到波及，形成恶性循环。据统计，到1933年，违约的抵押贷款总额已超过200亿美元，平均每天新增大约1 000起违约。② 为了解决上述危机，1933年，联邦政府以行政命令的

---

① 国内学术界大多将“城市更新”理解为一般意义上的旧城改造或城市再开发，如董玛力、陈田、王丽《西方城市更新发展历程和政策演变》，《人文地理》2009年第5期。真正探讨美国城市更新运动的著述并不多，其中李艳玲在博士论文基础上出版的《美国城市更新运动与内城改造》（上海大学出版社，2004年）系统梳理了美国城市更新运动的启动、主要项目和结果。其他成果主要包括王旭《美国城市发展模式：从城市化到大都市区化》，清华大学出版社，2006年，第214—233页；洪文迁《纽约大都市规划百年：新城市化时期的探索与创新》，厦门大学出版社，2010年，第141—164页。另外，相对于作为历史事件的城市更新，国内学术界对“城市更新”的运行机制更感兴趣，如黄静、王铮铮《上海旧区改造的模式创新研究：来自美国城市更新三方合作伙伴关系的经验》，《城市发展研究》2015年第1期；张更立《走向三方合作的伙伴关系：西方城市更新政策的演变及其对中国的启示》，《城市发展研究》2004年第4期。

② Gertrude S. Fish, ed., *The Story of Housing*, New York: Macmillan, 1979, pp. 185 - 186.

方式创建了房主贷款公司(Home Owners Loan Corporation),为承担房贷的家庭提供长期的低息贷款,以此来偿还房贷。随后,《1934 年住房法》授权成立的联邦住房管理局(Federal Housing Administration)是美国首个直接干预城市事务的正式联邦机构,在前者的基础上功能有所扩大。联邦住房管理局旨在为购房者提供抵押贷款担保,[①]以此来激活房地产市场,带动银行业和整个经济走出困境。同时,随着 20 年代以来私人汽车的普及,房地产、建筑业和金融业的发展,私人拥有住房逐渐为中产阶级和富裕群体所认可,赫伯特·胡佛在担任商务部长期间曾大力支持"我有我家"运动(Own Your Own Home Movement),[②]富兰克林·罗斯福也将私人拥有住房视作美国梦的核心要义。新政及此后,联邦住房管理局与房主贷款公司、联邦国民抵押贷款协会(Federal National Mortgage Association,即房利美)等机构一道,通过抵押贷款担保等方式使更多美国家庭拥有住房。1934 年,新建住房开工量在 8 年下降后迎来首次上涨,直到美国加入二战,这一数字始终持增加势头。[③]

如果说联邦住房管理局等机构缓解了有房者的压力,那么,城市贫困人口的居住问题也摆在了联邦政府案头,由此,公共住房成为新政时期联邦城市政策的另一个方向。但与刺激住房市场相比,联邦政府对待公共住房的态度要冷淡得多。联邦公共住房政策可以追溯到第一次世界大战期间为国防行业工人建造住房,但战争结束后趋于停滞,甚至因为开支超出预算而遭到国会调查,最终所建住房被拍卖。[④] 在 20 年代经济繁荣的表象之下,公共住房诉求一度势微,大萧条期间则随着失业和贫困现象的加剧而再度浮出水面。尽管罗斯福本人并不热衷,尽管再安置管理局局长雷克斯福德·塔格威尔秉承将城市贫困人口外迁以在廉价土地上建设完整社区的理念,[⑤]尽管有美国商会等利益集团的反对,公共住房在联邦政策中还是赢得了一席之地。《全国工业复兴法》(National Industry Recovery Act)第 202 条规定,公共工程管理局 4 年内应当建成 51 个公共住房项目、共计 2.18 万套住房;根据《瓦格纳-斯蒂格尔法》(Wagner-Steagall Act)于 1937 年成立的合众国住房管理局(U. S. Housing Authority),获得国会授权向建造公共住房的地方政府提供不超过建造成本 90%的低息贷款。在如此慷慨的条件下,公共住房建设数量迅速增加,到 1941 年,合众国住房管理局已为超过 300 个公共住房项目、约 13 万套公共住房提供了资助。[⑥]

---

① 抵押贷款担保(Mortgage Insurance)是一种保险政策,为贷款者向贷款机构提供担保,在违约时由担保方进行赔付。

② Ellis W. Hawley, "Herbert Hoover, the Commerce Secretariat, and the Vision of an 'Associative State', 1921 - 1928", *Journal of American History*, Vol. 61, No. 1, Jun., 1974, pp. 116 - 140.

③ Federal Housing Administration, *Tenth Annual Report of the Federal Housing Administration*, Washington D. C.: Government Printing Office, 1957, pp. 144 - 145. http://babel.hathitrust.org/cgi/pt?id=osu.32435063081210;view=1up;seq=146,2018 年 10 月 1 日。

④ Christian Topalov, "Scientific Urban Planning and the Ordering of Daily Life: The First 'War Housing' Experiment in the United States, 1917 - 1919", *Journal of Urban History*, Vol. 17, No. 1, Nov., 1990, pp. 14 - 45.

⑤ Michael Namorato, *Rexford G. Tugwell: A Biography*, New York: Praeger, 1988, p. 310.

⑥ Roger Biles, *The Fate of Cities: Urban America and the Federal Government, 1945 - 2000*, Lawrence: University Press of Kansas, 2011, pp. 8 - 9.

除了上述住房政策，罗斯福执政期间的联邦城市政策也包含其他内容，特别是资助城市兴建大型公共工程、完善基础设施。虽然还有其他内容，但相对边缘化，并且以临时性的应急措施为主。工程振兴署（Works Progress Administration）在全美城市中铺设了累计50万英里的街道，其后继者公共工程管理局（Public Works Administration）则留下了纽约市林肯隧道、费城第13街火车站、俄克拉荷马城市民中心等大型市政工程，但其主要目标并非振兴城市，而是缓解失业问题。交通是城市政策的另一个重要方面，但交通建设并非针对城市的专项措施。1916年的《联邦道路法》是美国联邦政府的第一部高速公路法案，根据该法案成立的公路管理局在1923年规划了全国高速公路网，将所有人口超过5万的城市纳入其中。新政时期，联邦政府则进一步完善道路交通大型工程，修建桥梁、隧道等基础设施。

整体看来，联邦城市政策在新政时期正式形成，其基本出发点是缓解大萧条对经济社会生活的剧烈冲击。这也是新政的首要目标，无论在城市还是乡村，无论在银行业还是制造业，新政期间联邦政府的干预首先都是对大萧条的回应。因此可以说，这一时期的联邦城市政策带有一定的救急色彩，也并非特别针对城市的专项政策；在新政城市政策中，住房是其核心，并初步形成了私人住房市场和公共住房的双层政策结构。

二战的爆发影响了美国的方方面面，城市也不例外。随着国家进入战时状态，生产和物资受到控制，民用建筑材料的匮乏制约了城市住房建设，开工数量迅速下降；战后退伍军人回国以及生育率提升使得住房紧缺成为城市面临的首要挑战，据估计住房缺口高达300万套，[①]这成为美国各界亟待解决的棘手难题。罗斯福的继任者哈里·杜鲁门虽然来自乡村，但早在参议员任上就意识到城市尤其是住房问题的严峻性，他是《瓦格纳-斯蒂格尔法》的支持者，在担任参议院国防工程调查委员会主席期间多次呼吁重视住房短缺现象。他支持联邦政府参与住房事务，1944年在担任副总统时宣称，"住房是社区的核心"，只有联邦参与才能"保证每一个公民更大的福祉"。[②] 1945年9月6日，杜鲁门向国会提交战后美国复苏计划时发言称，"合众国人民是全世界最富裕的人口，理应拥有全世界最好的住房……我们必须立即行动起来"[③]。在他提交国会的21条建议中，共有11条涉及住房、贫民窟清理等城市问题。

杜鲁门政府的城市政策开始于为退伍军人提供紧急住房援助。战争结束后，海外的美国军人逐渐复员回国，他们恶劣的居住条件受到媒体的广泛关注。退伍兵安德鲁·伍里奇作证时

---

① Mann Library, Cornell University, "Fast and Affordable: A Century of Prefab Housing", http://exhibits.mannlib.cornell.edu/prefabhousing/prefab.php?content=seven, 2018年9月17日。

② Richard O. Davies, *Housing Reform during the Truman Administration*, New York: Columbia University Press, 1966, p. 31.

③ Harry S. Truman, "Special Message to the Congress Presenting a 21-Point Program for the Reconversion Period", June 6, 1949, http://www.presidency.ucsb.edu/ws/index.php?pid=12359&st=&st1=, 2018年10月13日。The American Presidency Project(http://www.presidency.ucsb.edu/index.php)收录了美国历任总统的文件，包括《总统公共文件集》《国情咨文》《总统新闻会》《行政命令》《就职演说》等25类文件，是一家非营利性网络数据库，以下所引文件除特殊说明外均出自该数据库，下文不再赘述。

说,三年来自己一家和岳父一家共 9 人挤在一起,当听证会主席问他有什么需要时,伍里奇简单地答道"急需住处"。[①] 杜鲁门政府除了为退伍军人提供租房和住房补贴外,还任命原路易斯维尔市长威尔逊·怀亚特负责退伍军人紧急住房项目(Veterans' Emergency Housing Program),计划在未来两年中为退伍军人提供 270 万套住房。与此同时,联邦政府酝酿出台综合性的全面住房政策。1945 年,共和党议员威廉·塔夫脱(William A. Taft)与民主党议员罗伯特·瓦格纳(Robert F. Wagner)和艾伦·艾伦德(Allen J. Ellender)共同发起一项住房法案,一方面要求联邦政府加大投资力度,增加对清理贫民窟的资金投入;另一方面要求 4 年内建设 50 万套公共住房。但该法案一直受到共和党保守派和房地产商的阻挠,直到作出巨大调整并在 1948 年大选杜鲁门继任总统、民主党控制国会后才得以通过,即《1949 年住房法》,标志着城市更新这一持续近 30 年的城市再开发活动的开始。

从 19 世纪末国会对大城市贫民窟的调查到新政时期以走出萧条为主要目标的种种举措,美国联邦城市政策开始成型;到《1949 年住房法》,联邦政府形成了综合性的全面城市政策。如果说前者带有一定的救急色彩并且以复兴经济为主,那么城市更新则有着明确而长期的目标。在其存在的二十多年中,尽管联邦政府多次调整城市更新的措施,但其基本目标并未改变,即扭转城市萧条、实现城市复兴,而其中最重要的环节就是解决住房问题。

二、提供住房:城市更新中联邦政府的首要诉求

1949 年 7 月 15 日,杜鲁门总统正式签署《1949 年住房法》。在签字仪式上,杜鲁门发表演讲,赞扬国会批准该法案生效,认为法案"是摆在联邦政府、地方政府以及房地产行业和劳工面前的巨大挑战,尽管法案给予我们一定年限实现目标,但在目前急需大量廉价住房和急需清理贫民窟之际,我们需要将开始这些项目的时间压缩到最短"[②]。根据法案规定,联邦政府成立了城市更新管理局总负其责,并拨款 15 亿美元用于城市再开发;城市成立专门机构负责清除城市的贫民窟和衰败地区,必要时可以使用征地权(Eminent Domain),即为了满足公共利益而强行购买土地;五年内建造 81 万套公共住房单元以供低收入家庭居住。法案同时规定了城市更新的具体程序,即城市以市场价格购买贫民窟土地并将其拆除和清理,然后将清理后的土地以空地价格出售给私人开发商,其中的差价由联邦政府负担三分之二,城市政府以现金或建造配套设施的方式负担余下的三分之一。简单地说,城市更新就是将城市中的贫民窟拆除后在原址进行以住房为主的重建,同时还要建造一定数量的公共住房以满足低收入家庭的需求。

《1949 年住房法》是国会首次在一项全国性城市政策中宣称"将尽快以多种方式为全体美

① The U. S. Survey Course on the Web, http://historymatters.gmu.edu/d/6908/,2018 年 9 月 17 日。

② Harry S. Truman, "Statement by the President Upon Signing the Housing Act of 1949", July 15, 1949,2018 年 10 月 17 日。

国家庭提供舒适、优雅的居住环境”。该法案也是杜鲁门“公平施政”的种种提案中唯一得到国会批准的方案——在民主党控制的国会中，杜鲁门关于建立全国性医保体系、成立常设的公平就业委员会、增加联邦教育拨款和废除保守的《塔夫脱-哈特利法》（Taft-Hartley Act）等措施都失败了，唯独住房法案得以通过，因此被研究者视作“公平施政”的顶峰。[①] 为了保证充足的住房建设，法案特别规定清理和重建贫民窟必须以住房建设为主，再开发必须保证住房占据绝对多数（Predominantly Residential），而被选择用来清理的贫民窟也必须是住房占据绝对多数；同时将再开发中的商业开发限制在总投资的10%以下。法案采纳了整体规划、整体开发的思路，要求城市政府预先准备整体规划方案，将贫民窟及其周边地区全面清理再造。

但随后的朝鲜战争和50年代初的经济波动重创美国财政，加上城市对大量的住房建设犹豫不决，法案的规定，尤其是公共住房建设只能完成一小部分。继任的共和党总统艾森豪威尔提出“有活力的保守主义”，主张减少联邦政府对地方事务的干预。在竞选期间，艾森豪威尔几乎对城市政策未置一词，他所任命的检讨杜鲁门政府城市政策的负责人阿克塞尔·尼尔森历来反对公共住房。即便如此，艾森豪威尔上任后也没有全面推翻城市更新，更没有停止联邦对城市尤其是城市住房的干预，而是任命专门委员会研究如何修改《1949年住房法》，新方案经国会通过，即《1954年住房法》（Housing Act of 1954）。艾森豪威尔政府认为，纯粹的住宅建设会减弱开发商进行城市再开发的热情，只有商业开发才能促使他们投入城市更新中来，从而加快整个城市的整体改造。[②] 新法案把清理贫民窟和中心城市的全面再开发结合起来，并将拨款额提高到2年内4亿美元，还允许联邦拨款的10%用于商业等非住房建设，1959年上涨到20%。[③]

新法案保持了城市更新的基本模式，依然以拆除贫民窟为前提，但提高了商业开发的比例，同时削减公共住房数量。《1949年住房法》通过后遭到40余个城市的抵制——主要集中在西部和南部——认为公共住房的数量过多，[④]率先提交城市更新申请的城市往往也避开关于公共住房的第三款，房地产和银行等利益集团更是猛烈抨击。在政治理念、党派利益和竞选考虑等因素影响下，艾森豪威尔政府将公共住房作为城市政策调整的重点，不但在新法案中将公共住房数量大幅下调至4年内建成35万套，还任命公共住房的强烈反对者艾伯特·科尔负责低收入住房项目。[⑤] 但艾森豪威尔政府并未放弃对城市尤其是住房的干预。新法案虽然削减了公共住房的数量，但将原本分离的贫民窟清理再造与公共住房建设相结合，使公共住房成为贫民

---

① Richard O. Davies, *Housing Reform during the Truman Administration*, New York: Columbia University Press, 1966, p. 112.

② B. T. McGraw, "The Housing Act of 1954 and Implications for Minorities", *Phylon (1940 - 1956)*, Vol. 16, No. 2, 2nd, Oct 1955, pp. 171 - 182.

③ 王旭：《美国城市发展模式：从城市化到大都市区化》，清华大学出版社，2006年，第218页。

④ Benjamin Kleinberg, *Urban America in Transformation: Perspectives on Urban Policy and Development*, Thousand Oaks: SAGE Publications, 1995, p. 139.

⑤ 低收入住房项目（Low-income Housing）是为中位收入以下家庭解决居住问题的政策安排，包括公共住房，也包括租金补贴等不同方式；此外该项目并不局限在城市，也涵盖农村地区的低收入家庭。

窟原居民的新的安身之所,用以解决再安置难题。对于低收入家庭的住房问题,艾森豪威尔政府更多依赖与市场合作,即提高对租房家庭的补贴,以及为建设低收入住房的开发商提供资助。在1960年预算案中艾森豪威尔提到,联邦政府截至1960年已建造公共住房47.5万套,当年开工量预计为11万套;三年来每年为城市更新的拨款均超过2亿美元;他要求国会削减公共住房资金,理由就是私人开发商将承担更多的低收入住房建设。[①] 总体看来,艾森豪威尔政府虽然主张减少联邦对城市的干预,但并未改变城市更新的模式,住房依然是其重点。

进入60年代后,城市问题非但没有缓解反而愈演愈烈,经济萧条、种族骚乱、基础设施破败、公共服务水平下降等问题困扰着许多美国大城市,城市更新也广受批评。保守派学者马丁·安德森批评联邦政府的介入扰乱了住房市场的正常秩序,自由派学者简·雅各布斯则批评大规模拆除和重建破坏了城市社区的有机生活。[②] 尽管如此,大城市的市长们依然要求追加城市更新拨款,历来主张联邦干预社会经济事务的民主党在赢得大选后也坚持城市更新在联邦城市政策中的主导地位。[③] 肯尼迪在其短暂任期内对城市政策投入大量精力,不仅致力于推动成立主管城市事物的内阁级部门,而且率先尝试住房市场中的种族平等。对于城市更新,肯尼迪政府未作重大调整,只是增加了低收入家庭项目中的老年人租房补贴,并在《1961年住房法》(Housing Act of 1961)中将拨款从20亿美元增加到40亿。随着强势的林登·约翰逊成为总统,联邦城市政策大幅度扩容,城市更新则逐渐趋于停滞。来自贫困乡村的约翰逊始终关心城市,从1930年代担任得克萨斯州国会议员开始,就对新政式的联邦干预青睐有加,为自己的选区赢得公共住房项目而积极奔走;担任总统期间联邦对城市事务的干预达到顶峰,“伟大社会”和“向贫困开战”的许多项目均面向城市。

面对越来越严重的城市危机以及城市更新引发的批评,约翰逊着手调整以城市更新为核心的联邦城市政策,在物质空间改造之外,开始关注对贫困人群的救济。在1964年的《经济机会法》中,约翰逊政府计划创建就业队(Job Corps)、社区行动项目(Community Action Program)以及为贫困的农村居民提供贷款和再就业培训等活动,并要求国会提供9.6亿美元的拨款。但城市更新并未停止。1964年,国会批准为城市更新继续提供11.3亿美元的拨款。[④] 次年,约翰逊就城市问题向国会提交报告,这也是美国总统首次专门针对城市向国会提交报告。约翰逊承认,美国正面临日益严峻的城市危机,“这也是合众国面临的最为严重的国内挑战之一”,为此联邦政府将调动一切资源予以应对。[⑤]

---

① Dwight D. Eisenhower, “Annual Budget Message to the Congress: Fiscal Year 1960”, *Public Papers of the Presidents of the United States, 1959*, Washington D. C.: Government Printing Office, 1959, pp. 36 – 39.

② Jane Jacobs, *The Death and Life of Great American Cities*, New York: Random House, 2011.

③ Jon C. Teaford, *The Rough Road to Renaissance: Urban Revitalization in America, 1940 – 1985*, Baltimore: Johns Hopkins University Press, 1990, pp. 160 – 161.

④ Roger Biles, *The Fate of Cities: Urban America and the Federal Government, 1945 – 2000*, Lawrence: University Press of Kansas, 2011, p. 119.

⑤ Lyndon B. Johnson, “Special Message to the Congress on the Nation’s Cities”, March 2, 1965,2017年6月6日。

住房仍然是约翰逊政府城市政策的核心。1964 年 1 月 27 日,也就是发表首个国情咨文后的 19 天,约翰逊向国会提交关于住房问题的特别报告。该报告共分为 7 部分,除结论部分外,分别涉及住房、社区开发、就业培训、公共交通等 6 大方面,其中第二部分为城市更新。报告指出,“虽然萧条和战争造成的住房问题已全面缓解,但最近 10 年间人口的快速增长依然带来了巨大的住房压力”;自 1961 年以来已新建公共住房超过 10 万套,约翰逊建议在未来 4 年中新增 20 万套。关于城市更新,约翰逊仍然将其置于城市政策的首要位置,是“今天让老城市和破败社区恢复活力、让美国人重振希望的主要手段”;在具体措施上,约翰逊更关注贫民窟清理和改造带来的再安置问题,要求按照每套增加 120 美元的标准向地方公共住房管理机构提供补贴,为拆迁的中低收入家庭额外按月提供连续两年不超过收入 20%的补助,并建议国会增加对现有破败住房的修缮和维护拨款。[①] 最终通过的《1965 年住房法》(Housing Act of 1965)要求未来 4 年内建造 24 万套低收入住房,并提供 29 亿美元用于城市更新。相比此前的法案,该住房法最大的不同在于促使联邦政府承担了更多提供住房的职能,尤其是向年收入低于 3 000 美元的低收入家庭提供住房。[②]

整体看来,约翰逊政府的城市政策较之此前范围更广,联邦干预城市的广度和深度都有所增加。在此期间,国会不但通过了《经济机会法》等改善城市贫困人口生活境遇和就业条件的法案;也在 1964 年、1965 年和 1968 年相继通过了住房法案,试图将住房和种族问题相结合;此外还在 1965 年成立了内阁级的住房与城市发展部。但城市更新在约翰逊第二任期逐渐趋于停滞,1966 年开始的示范城市计划更加重视社区开发(Community Development),更强调地方政府和社区居民的参与。约翰逊政府的城市政策,其执行受到越南战争、民权运动等外部事件的强烈制约,新政以来联邦政府对社会经济不断强化的干预也引起了越来越多的反对。共和党人理查德·尼克松入主白宫后,联邦对城市的干预从停止扩张转为急剧收缩,从依靠此前的城市政策到全面冻结所有联邦住房补贴,并通过收入分享计划(Revenue Sharing Program)使州和地方政府承担更多责任。1973 年,尼克松正式宣布城市更新终止。

从启动到终止,城市更新始终被置于《住房法》的框架之中;而通过历次《住房法》及其修订,联邦政府对住房领域的干预呈现强化的趋势——即便是主张“现代共和主义”的艾森豪威尔政府,也积极鼓励私人企业参与低收入住房。联邦政府之所以将住房置于城市更新的首要任务,与其社会服务功能的增强有关。研究者普遍认为,联邦政府对社会事务的参与整体上呈强化趋势。19 世纪尤其是内战前的联邦政府鲜少承担福利职责,相关职责主要由州和地方政府

① Lyndon B. Johnson, “Special Message to the Congress on Housing and Community Development”, January 27, 1964,2017 年 6 月 6 日。

② U. S. Government Publishing Office, “Title I-Special Provisions for Disadvantaged Persons”, http://www.gpo.gov/fdsys/pkg/STATUTE-79/pdf/STATUTE-79-Pg451.pdf,2019 年 10 月 20 日。

负担;[①]尽管这一观点尚有争议,但新政以来尤其是 1935 年《社会保障法》通过后联邦政府的社会政策逐步扩大,是学界普遍接受的看法。[②] 正如哥伦比亚大学伊芙琳·伯恩斯教授所言,"到 20 世纪中期,联邦政府已经通过这样那样的方式参与到广泛的社会福利之中。美国人已经普遍相信,保障经济安全是联邦政府的职责"[③]。美国自 1920 年成为城市国家后,二战后越来越多的美国人生活在大都市区(Metropolitan),即中心城市与郊区共同构成的一体化的地域实体,因此大都市区成为联邦政策的重点。面对大都市区的城郊失衡现象,联邦政府干预郊区的同时也不断出台和调整城市政策,城市更新正是 1949—1973 年间城市政策的核心。在城市中,居住是人的首要需求,城市问题的严峻进一步凸显了居住的政治和社会意义。因此整体看来,1949—1973 年间,在民主党主导下的联邦政策不断强化对经济社会事务的干预,以城市更新为工具强力干预城市事务尤其是住房。可以说,联邦政府希望通过城市更新为城市居民提供更多和更好的住房,在此基础上改善城市环境、缓解社会矛盾、吸引中高收入人群,最终实现城市复兴。

三、振兴经济: 城市更新中城市政府的首要诉求

然而事实却与联邦政府的计划背道而驰。尽管联邦政府一再强调住房的重要性,但住房尤其是低收入住房供应不足始终是困扰城市更新的弊病。关于城市更新在当时产生的负面影响,学术界已经有了广泛而深入的研究,从种族、私人资本、规划理念等不同角度进行了分析,虽然有不少学者强调城市政府在其中扮演的角色,但从联邦与城市关系角度切入的分析并不多。

实际上,城市政府对于城市更新基本持欢迎态度,对于联邦政府的干预,大多数城市在 70 年代前也并不反对。《1949 年住房法》甫一通过,纽约、底特律等大城市便向联邦政府提交城市更新计划和申请。这些城市大多面临严峻的城市问题,已经与州政府多次协商贫民窟清理和重建,早已做好准备向联邦政府要求援助。在纽约,市政府早在 1943 年就利用州政府拨款在下东区贫民窟建设了施泰因文森特城住房项目;在圣路易斯,市政府、规划专家与市民组织合作,共

---

① William E. Leuchtenburg, "The Pertinence of Political History: Reflections on the Significance of the State in American History", *Journal of American History*, Vol. 73, No. 3, December 1986, pp. 585 – 600.

② 例如爱德华·伯科威茨和金·麦奎德探讨了胡佛政府的社会政策,认为与之相比,新政时期的社会政策有了大规模扩张,见 Edward D. Berkowitz and Kim McQuaid, "Bureaucrats as 'Social Engineers': Federal Welfare Programs in Herbert Hoover's America", *The American Journal of Economics and Sociology*, Vol. 39, No. 4, Oct. 1980, pp. 321 – 335;罗伯特·布朗宁探讨了二战之后联邦社会政策的增长及其主要模式,见 Robert X. Browning, *Politics and Social Welfare Policy in the United States*, Knoxville: University of Tennessee Press, 1986;克里斯托弗·霍华德则通过研究税收政策提出了"隐形福利国家"的概念,认为二战后联邦政府的社会政策比以往所认为的更加广泛而深入,见 Christopher Howard, *The Hidden Welfare State: Tax Expenditures and Social Policy in the United States*, Princeton, NJ: Princeton University Press, 1997。

③ Eveline M. Burns, "The Role of Government in Social Welfare", *Social Work Journal*, Vol. 35, No. 3, July 1954, p. 95.

同制定了再开发方案并提交联邦政府。[①] 1950 年 2 月,联邦政府已经开始支付用于清理贫民窟的费用,10 个城市得到了总额 1 600 万美元的资助;[②]3 月初又向 4 个城市提供了经费,其中费城得到了最大份额,630 万美元。[③] 但大多数城市的方案只包括《1949 年住房法》的第一款,即贫民窟清理和再开发;而不包括第三款即建设公共住房。实际上在整个城市更新期间,大多数城市政府均有意无意地忽略了城市更新所要求的"以住房为主",对于公共住房更是置若罔闻,以种种借口有意推脱。

在本文开头提到的亚特兰大市,与联邦政府在城市更新中的龃龉不时出现。与被忽视的维尼城不同,亚特兰大市政府对另一个贫民窟巴特米尔克谷(Buttermilk Bottoms)却情有独钟。刚刚担任市长的艾伦便提议利用城市更新将这里改造为市政中心。在其督促下,市规划局对这里进行调查后认为,巴特米尔克谷的住房破败严重,尤其缺少足够的排水设施;1963 年,市政府将此处列入城市更新项目名单之中。大约与此同时,市政府也启动了对另一贫民窟的调查,即罗森-华盛顿地区(Rawson-Washington),希望通过城市更新在这里建造亚特兰大-富尔顿县立体育馆。这两个地区虽然都被视作贫民窟,但其衰败程度远远比不上被忽视的维尼城。更重要的是,亚特兰大市政府重新开发这两个地区,其目标也并非解决原居民的居住问题,而是要发展城市经济。市政府之所以重视巴特米尔克谷和罗森-华盛顿地区,首先是因为两地优越的地理位置。前者位于奥伯恩街北侧,这条街道被称作亚特兰大非洲裔美国人的主街(Main Street),不但是少数族裔的商业中心,本身也靠近亚特兰大中心商务区,这是其开发得到亚特兰大黑人选民联盟和城市同盟支持的重要原因。实际上自二战结束以来,亚特兰大商界一直希望将此地开发为商业区,代表城市商业利益集团的中央亚特兰大改进协会(Central Atlanta Improvement Association)曾在 1955 年与大都市区规划委员会(Metropolitan Planning Commission)联合出台规划动议,呼吁将此地改造为商业区。罗森-华盛顿地区与之类似,坐落在城市核心地段,靠近亚特兰大市政厅、佐治亚州议会大厦,位于中心商务区的东南侧。这两个城市更新项目都被市长艾伦视作振兴城市经济的重要工程。小伊凡·艾伦与亚特兰大商界渊源颇深,曾经跻身中央亚特兰大改进协会高层,后来出任亚特兰大商会主席。当选市长后,艾伦将振兴城市经济视作自己的首要任务,认为政府在高速公路、会议中心、大型体育场馆等基础设施方面的投资将刺激私人资本投入酒店、写字楼和购物中心,这些投资以及随之而来的就业、房地产升值和财政收入增加将推动城市经济走出阴霾。这一观点也得到了城市少数族裔领袖的认可,有色人种协进会亚特兰大分会主席塞缪尔·威廉姆斯、州众议员格雷斯·汉密尔顿等均支持巴特米尔克谷更新计划。经济发展在罗森-华盛顿地区更新中同样被置于首要位置,体育馆的建立正是为了吸引

---

① Joseph Heathcott, "The City Quietly Remade: National Programs and Local Agendas in the Movement to Clear the Slums, 1942 - 1952", *Journal of Urban History*, Vol. 34, No. 2, January 2008, pp. 221 - 242.

② "City Gets Slum Funds", *New York Times*, February 11, 1950.

③ "U. S. Allots 4 Slum Funds", *New York Times*, March 4, 1950.

大联盟球队堪萨斯城皇家棒球队将主场放在亚特兰大，以便吸引人口、投资和就业。

小伊凡·艾伦的看法并非特例，而是战后美国大城市领导者的主流看法。作为南部为数不多的大型工业城市，经济增长是亚特兰大长期追求的目标，早在1920年代市政府和商会就曾发起"前进亚特兰大"(Forward Atlanta)运动，出资100万美元启动资金用于推广这座城市，并提供减税等优惠措施。亚特兰大的城市规划也遵循着"越大越好"的理念，财政资金大笔投入基础设施建设。① 二战后的亚特兰大在联邦军事投资的刺激下快速发展，城市政商精英依然将经济增长置于首位，市政府与商界构筑起紧密的合作关系——艾伦的前任威廉·哈斯菲尔德曾亲自推销本地最大企业可口可乐公司，艾伦时代更是有海湾石油公司的两位副总裁同时担任市议员。② 其他美国大城市大多与之类似，也将振兴经济作为头等大事。尤其是50年代后期城市问题愈演愈烈之时，社会各界纷纷倡言城市复兴，商界、学者和媒体大量发表调查报告，指出零售下降、商品房空置、交通拥堵、消费降级等问题。附属于全美房地产商联合会(National Association of Real Estate Boards)的城市土地研究所(Urban Land Institute)指出城市零售业正逐渐萧条，知名建筑师维克多·格鲁恩也撰文呼吁城市为零售业做好规划。③ 在纽黑文，市政府耗资数百万美元建成教堂广场购物中心，最终却在90年代后期关门歇业。波士顿城市更新虽然没有直接用于商业开发，但市政府致力于通过增加城市白领就业岗位来间接发展商业，为此建设了规模庞大的行政中心，还成立了由本地零售巨头组成的委员会参与规划。但波士顿商业却并未因此复苏，市政府不得不在2006年聘请新的咨询公司制订了新的开发方案。④

许多美国大城市早在二战之前就已经面临严峻的问题，因此在城市更新启动之前，部分城市已经开始采取措施。它们往往与私人企业合作，通过政策引导企业投资；城市更新启动后，这些城市也积极申请联邦资助。这些与私人企业合作的开发项目必然首先关注振兴经济而非提供住房，申请到的联邦资金也用于继续或扩大已有项目。巴尔的摩、芝加哥、明尼阿波利斯和匹兹堡等城市在1948年前就已出台地方性城市重建项目。芝加哥选民在1947年授权市政府发行一笔1 500万美元的债券用于城市再开发；次年巴尔的摩为城市重建发行了500万美元债券；1949年，明尼阿波利斯批准加征特别房产税，所得款项全部用于城市建设；底特律则拨出100万美元专门用于购买贫民窟土地。⑤ 匹兹堡堪称典型。这座工业重镇在20世纪初即面临环境污染、人口下降等压力，在二战之后展开全面治理。市政府与大企业家组成的阿勒根尼社区发展

---

① Margaret P. O'Mara, *Cities of Knowledge: Cold War Science and the Search for the Next Silicon Valley*, Princeton: Princeton University Press, 2005, pp. 187 – 188.

② Ernest Holsendolph, "Atlanta's Black Mayor and Its Business Image", *New York Times*, November 4, 1973.

③ Victor Gruen, "Dynamic Planning for Retail Areas", *Harvard Business Review*, Vol. 32, No. 2, November-December 1954, pp. 53 – 54.

④ Lizabeth Cohen, "Buying into Downtown Revival: The Centrality of Retail to Postwar Urban Renewal in American Cities", *The Annals of the American Academy of Political and Social Science*, Vol. 611, May 2007, pp. 82 – 94.

⑤ Jon C. Teaford, *The Rough Road to Renaissance: Urban Revitalization in America, 1940 – 1985*, Baltimore: Johns Hopkins University Press, 1990, p. 106.

会议(Allegheny Conference on Community Development)往来密切,以商务区重建、环境治理和建造低收入住房为重点共同推进城市再开发。二战之前,市政府曾以设立国家历史遗迹保护公园的名义申请联邦资助,但以失败告终;城市更新开始后则顺利获得拨款,将金三角地区(Golden Triangle,即莫农加希拉河、阿勒根尼河与俄亥俄河交汇处)的破败工厂改造为三幢20—24层高的钢架构摩天大楼。以此为中心,这座老工业城市迎来了"匹兹堡复兴"(Pittsburgh Renaissance)。甚至有些城市最初利用城市更新建设住房,但后来却转向发展经济。在费城,市政府曾尝试通过城市更新为中低收入者提供住房,东波普勒地区首先开始更新项目,这里的佩恩堂(Penn Towne)是全美第一个完工的城市更新项目,面向中产阶级提供138个住宅单元,甚至一度为费城赢得了"复兴之城"的美誉。同时,费城城市规划委员会则划定了16个区域建设公共住房,计划在5年内完工;相比之下,芝加哥住房管理局只规划建设了两处公共住房。① 但从50年代中期开始,费城市政府发现"中产阶级并没有涌入新建住宅区,因为周边社区仍然破败",住房建设也逐步放弃,转而开始了以社区居民主动参与为主的"费城领航者计划"(Philadelphia Leadership Program)。

相比低收入住房,公共住房更是引起城市政府的极大反感。随着《1954年住房法》下调公共住房建设数量,城市政府更加积极地规避住房要求。从50年代末开始,许多城市将城市更新管理局负责公共住房的部门整合进入当地住房管理局,使前者不再负责公共住房。一方面,机构调整使得城市更新管理局可以集中精力应对贫民窟的拆除和再开发,而关于公共住房的要求则由住房管理局解决;结果是很多城市的公共住房建设严重滞后于更新项目,住房管理局不但难以分享联邦资金,而且不得不在城市边缘地区而非项目附近选址开工。另一方面,机构调整使得公民表达抗议的渠道受到更多限制,受到城市更新影响的居民不得不在两个机构之间疲于奔命,其反对意见和利益诉求很快便淹没在官僚机构的日常冗务之中。②《1949年住房法》规定城市应当成立负责城市更新的专门机构,机构调整后,城市更新管理局继续与联邦政府对接,其公共住房管理部门则失去了这一有利条件。因此,城市更新管理局在信息获取、下情上达等技术层面上具有明显优势,在更新项目中相比住房管理局也有更大的发言权。③ 机构调整满足了私人资本的利益,实际上在《1949年住房法》尚处于国会辩论中时,城市土地研究所便呼吁机构调整,此举同时也得到了美国商会(U. S. Chamber of Commerce)的大力支持。城市更新开始后,研究所和商会则试图改变美国社会对于城市更新是住房项目的认识,通过发布调查报告、举办演讲等方式鼓吹机构调整。

---

① Pennsylvania Historical and Museum Commission, "Overview of Philadelphia's Post World War II Public Housing Projects and the Philadelphia Housing Authority", p. 3. http://www.phmc.state.pa.us/portal/communities/pa-suburbs/files/Public_Housing_Phila_PHA_Postwar.pdf,2020年7月11日。

② Benjamin Kleinberg, *Urban America in Transformation: Perspectives on Urban Policy and Development*, Thousand Oaks: SAGE Publications, 1995, pp. 145 - 146.

③ Roger Friedland, *Power and Crisis in the City: Corporations, Unions and Urban Policy*, London: Macmillan, 1982, pp. 78 - 90.

城市更新并未能及时解决城市住房问题,也未能快速缓解城市面临的种种压力。有学者将城市更新与种族问题相联系,认为前者加剧了城市中的种族矛盾,这是60年代城市危机爆发的原因;[①]也有学者将城市更新称作"美国富人的社会主义",即原本设计来帮助贫困者的政策,到头来却服务于那些无需帮助的人。[②] 关于城市更新在当时造成的种种问题,体制机制的不完善、私人资本的逐利动机、规划理念的偏狭、"权力掮客"式强权人物的存在都是原因,同样不可忽视的还有联邦与地方在城市更新目标上的不一致。联邦政府希望通过清理贫民窟为低收入家庭提供合适的住房并缓解城市危机,城市政府则希望在此过程中促进经济发展并增加财政收入,双方目标的差异导致城市更新并未按照联邦预定的轨道运行。尤其是在美国联邦制和地方自治的体制下,城市政府拥有巨大的发言权,以至于有研究者称,不是所有衰败地区、而只有那些"合适的衰败区"才能得到更新。[③]

四、联邦与城市目标分歧的原因

联邦与城市在城市更新目标上的分歧一定程度上来源于两者不同的功能和角色。联邦制本质上是一种权力分配法则,这种制度下的高层政府和低层政府按照一定规则分享权力,分别为其辖域内的人口提供不同且相互独立的社会和经济服务,即瓦茨所言,"一种由组成单元和总体政府构成的混合政治实体,公民通过宪法分别授予它们各自的权力,各自向公民行使权力"[④]。因此在美国,联邦政府与地方政府分别具备不同的职责,[⑤]甚至在某些方面有所抵触。总体看来,"地方政府更加重视效率,以保护其经济基础;而联邦政府的国内政策则更关注发展与再分配之间的平衡"[⑥]。

这并不意味着联邦政府不重视经济发展,实际上,联邦政府高度关注国民经济,税收、货币、能源等与国民经济密切相关的领域是其政策的焦点;但联邦政府在关注经济发展的同时往往也要兼顾平等,教育、医疗、社会保障当然还有住房,都是联邦政府兼顾公平的政策。

城市政府之重视振兴经济与其权力结构密不可分,哈维·莫洛特克的"增长机器"理论(Growth Machine)借鉴马克思关于交换价值(Exchange Value)与使用价值(Use Value)的论断,

---

① Thomas J. Sugrue, "Crabgrass-Roots Politics: Race, Rights, and the Reaction against Liberalism in the Urban North, 1940 - 1964", *Journal of American History*, Vol. 82, No. 2, September 1995, pp. 551 - 578.

② Roger Friedland, *Power and Crisis in the City: Corporations, Unions and Urban Policy*, London: Macmillan, 1982, p. xix.

③ Harold Kaplan, *Urban Renewal Politics: Slum Clearance in Newark*, New York: Columbia University Press, 1963, p. 24.

④ Ronald. L. Watts, "Federalism, Federal Political Systems, and Federations", *Annual Review of Political Science*, Vol. 1, June 1998, p. 120.

⑤ 美国政府结构分为联邦政府、州政府和地方政府三级,其中地方政府又包括县(County)、城市(Municipality)、镇区(Township)以及针对某些事项专门成立的校区(School District)和专区(Special District),此外部分州设有相当于县的自治镇(Borough)或教区(Parish),还有少数县只有地域而没有政府。本文主要探讨联邦政府与城市政府的关系。

⑥ Paul E. Peterson, *City Limits*, Chicago: University of Chicago Press, 1981, p. 68.

揭示了地方政府对于发展的追求。莫洛特克认为,在市场经济国家尤其是美国,场所(Place)不仅是生活的空间,而且是财富的重要源泉,即土地的商品化;生活空间和财富源泉之间,即场所的交换价值与使用价值之间存在矛盾,交换价值的追求者被称作"场所企业家"(Place Entrepreneurs),他们构成了"增长机器",目标就是实现城市发展。"场所企业家"包括所有致力于从土地中获得收益的群体,因此土地开发商、银行、建筑业等多个产业都致力于城市发展。除此之外,莫洛特克还特别指出三个群体也是"增长机器"的核心成员,即本地官员、当地媒体以及公用事业机构。"增长机器"本身以及与之密切相关的群体如职业体育组织、工会、企业、大学等共同与其他地区以及同一地区内的其他群体争夺数量有限的流动资本,并塑造出服务于城市公益的形象,因而整合成一股强大力量影响地方政府。① 约翰·莫伦科夫对旧金山和波士顿的研究,以及克拉伦斯·斯通对亚特兰大的研究都证明了城市更新背景下城市"增长机器"的崛起及其对城市政策的主导。② 相比之下,联邦政府的权力结构更加开放,并且不面临资源争夺的压力,政党制度和选举机制使得社会福利更容易成为关注焦点,因此联邦政府更加重视发展与再分配的平衡。此外财政收入来源的差别也影响了双方的政策目标。联邦政府的收入遵循支付能力原则(Ability to Pay Principal)主要来自累进所得税、企业所得税和奢侈品税;城市政府的税收则遵循受益原则(Benefits-received Principal),即根据所获得的服务支付费用。③ 因此,城市政府只有提供更多服务才能获得更多收入。例如,作为城市主要税收来源的房地产税(Property Tax)受制于房地产价格,政府只有努力促进经济发展才能推高房价,从而获得更高的房地产税收入。

城市政府走上以城市更新振兴经济的道路也与其发展理念有关,最重要的就是私利主义(Privatism)。私利主义指的是私人对物品拥有所有权的理念,在公共政策领域则指赋予私人机构优先权,优先满足其经济和社会需求,并将"私人活动的公共结果合法化"④。战后,美国城市普遍接受了私利主义的理念,用格里高利·斯夸尔斯的话说,"政府的角色就是通过最大化个人自由和选择的方式来强化和补充市场"⑤。美国学者凯文·戈瑟姆在研究堪萨斯城城市更新时发现,在私利主义观念影响下,堪萨斯城的城市更新受到当地企业尤其是房地产开发商的强烈影响,他们不仅在《1949 年住房法》出台之前就积极游说州政府为城市再开发提供资助,而且对住房要求置若罔闻,有意将配套住房建在城市边缘地区。与亚特兰大一样,联邦政府除了拨款

---

① Harvey Molotch, "The City as a Growth Machine: Toward a Political Economy of Place", *American Journal of Sociology*, Vol. 82, No. 2, Sep. 1976, pp. 309 – 332; John R. Logan, Harvey Molotch, *Urban Fortunes: The Political Economy of Place*, Berkeley: University of California Press, 2007.

② John H. Mollenkopf, *The Contested City*, Princeton: Princeton University Press, 1983, pp. 139 – 179; Clarence N. Stone, *Regime Politics: Governing Atlanta, 1946 – 1988*, Lawrence: University Press of Kansas, 1989, pp. 179 – 233.

③ Paul E. Peterson, *City Limits*, Chicago: University of Chicago Press, 1981, p. 71.

④ Timothy Barnekov, Robin Boyle, and Daniel Rich, *Privatism and Urban Policy in Britain and the United States*, Oxford: Oxford University Press, 1989, p. 1.

⑤ Gregory Squires, "The Political Economy of Housing: All the Discomforts of Home", in Ray Hutchison, ed., *Research in Urban Sociology: Urban Sociology in Transition*, Bingley, UK: Emerald Group Publishing Limited, 1993, pp. 127 – 139.

之外，对于堪萨斯城城市更新的具体措施无法直接干预，“从1953年到60年代末，联邦资金占该市城市更新总开支的三分之二；但联邦官员却扮演了次要角色，在拨出大笔经费的同时却把决策权拱手让给”[①]堪萨斯城并非特例，学术界的研究早已指出私人资本对于城市政策的巨大影响力。丹尼斯·贾德认为，由于城市公共政策“来自那些有能力改变城市景观的企业，因此美国城市的增长总是受制于私人机构而非公共政策”[②]；萨姆·沃纳在研究费城时强调了市场与城市发展的关系，“凡是私人市场做得好的地方，美国城市就做得好；凡是私人市场所忽视的地方，我们的城市就束手无策”[③]；伊凡·麦肯齐则指出，“美国城市规划中长期扮演主导角色的是私人开发商和商人，而非政府”[④]。尽管私人资本同样能够影响联邦政府，例如在《1949年住房法》博弈过程中全美房地产商联合会的影响，但联邦政府相对复杂的政治结构、面向全国而非特殊地区的政策诉求以及利益集团的多样化等因素制约了私人资本的影响。

面对城市政府的“跑偏”，联邦政府并非无所作为。对于亚特兰大在城市更新中忽视住房的现象，联邦政府早在哈斯菲尔德担任市长期间就出手干预。由于亚特兰大未能在更新项目中建设面向非洲裔美国人的公共住房，联邦城市更新管理局曾发出警告。1963年，联邦政府决定不再受理亚特兰大的新申请，除非市政府建造1 000套住房。[⑤] 不过联邦政府的措施并未取得显著成效，尽管亚特兰大非洲裔美国人在受理暂停后对城市更新重燃希望，但市政府并没有采取实质措施改变城市更新的方向，否则维尼城抗议也许就不会爆发了。也就是说，尽管城市政府没有遵循联邦的规划，联邦政府也难以有效干预，这是联邦制的独特现象。

在美国联邦制下，联邦政府与州和地方政府的影响受制于多重因素，具有明显的不确定性，尤其是内战前，联邦几乎从不干预州和地方的事务，有学者甚至认为此时的美国存在“双重主权”(Dual Sovereignty)，权力在联邦与地方之间划分以保护公民自由。由于宪法对于联邦与城市关系未置一词，整个19世纪联邦对于城市几乎毫无干预，直到19世纪末才参与城市事务。联邦与城市关系的深刻改变始于罗斯福新政，甚至直到此时最高法院才在斯图尔特机械公司诉戴维斯(*Steward Machine Co. vs Davis*)中将联邦向州和地方的拨款合法化；战后随着民主党的长期执政，双方关系也不断深化，到70年代在美国政治氛围倾向保守后逐渐收缩。然而即便是从新政到60年代末，尽管联邦政府通过新政、公平施政和“伟大社会”等政策强化干预社会经济事务，其影响力仍不能过于夸大。正如罗杰·拜尔斯的研究，新政对大萧条期间城市摆脱危机

---

① Kevin Fox Gotham, “A City without Slums: Urban Renewal, Public Housing, and Downtown Revitalization in Kansas City, Missouri”, *American Journal of Economics and Sociology*, Vol. 60, No. 1, January 2001, pp. 285－316.

② Dennis Judd, *The Politics of American Cities: Private Power and Public Policy*, Boston: Little Brown & Company, 1979, pp. 412－413.

③ Sam Bass Warner, *The Private City: Philadelphia in Three Periods of Its Growth*, Philadelphia: University of Pennsylvania Press, 1968, p. x.

④ Evan McKenzie, *Privatopia: Homeowner Associations and the Rise of Residential Private Government*, New Haven: Yale University Press, 1994, p. 7.

⑤ Irene V. Holliman, “From Crackertown to Model City? Urban Renewal and Community Building in Atlanta, 1963－1966”, *Journal of Urban History*, Vol. 35, No. 3, March 2009, p. 373.

意义有限,联邦政府面对南部种族隔离和城市精英的抵制束手无策。通过亚特兰大的维尼城抗议也能看出,联邦政府的回应措施只有暂停拨款。因此,从法律的角度说,联邦与城市的关系并没有清晰的法律定位,因而受制于政治文化、领导者个人风格和具体事件以及舆论的影响;从执行的角度看,联邦政府并没有直接指挥和控制城市政府的权力,联邦对经济社会事务的干预、对地方事务的参与几乎只能通过资金援助来引导,因而既没有强制力,也缺少惩戒机制。也许正因为如此,莫伦科夫才将联邦政府称为"银行家政府"(Banker Government),即只能以资金援助的方式间接干预地方事务,通过这种方式推动地方政府实现联邦政府的诉求。[①] 不但是联邦制政治结构使得联邦政府干预地方的权力受到极大限制,地方自治(Local Autonomy)及其悠久传统赋予地方政府抵制联邦权力的强大力量。地方自治是美国政治的突出特色,美国的地方自治可以追溯到殖民地时代新英格兰地区的市镇自治,居民通过镇民大会制定政策、选举官员,是自我管理的直接民主。严格说来,地方自治并非城市与联邦的关系而是城市与州的关系,并且 19 世纪联邦对城市的干预微乎其微;但随着城市在 19 世纪后期逐渐削弱了州政府对自己的影响,在"硬"的政治结构和"软"的政治文化等方面,城市政府越发强调自我管理。即便是大萧条期间,美国市政同盟领导人莫里 · 西曾古德依然认为新政的救济政策是"对地方自治的巨大冲击",是高效节俭政府的绊脚石,建议"城市制订自救方案,依靠自己的力量走出危机"。[②] 二战以后,尽管城市需要联邦政府的救济和帮助,但地方自治并未消失,城市也并非心甘情愿地接受联邦政府的控制。总之,权力受到限制的联邦政府以及地方自治的传统和精神,确保城市保持了相对独立的地位,是城市抵挡联邦干预的有力防御,但也使得联邦政府无法有效贯彻其主张。

综上所述,城市政府在城市更新中扮演着关键角色,直接决定着城市更新的走向,其重要性甚至超过作为发起者的联邦政府。但在既有的研究中,地方政府与联邦政府的分歧却常常被忽略,研究者大多重视私人资本在城市更新中的作用,视其为导致城市更新变形为城市中心商务区之商业改造的最重要因素;或者虽然注意到城市政府与私人资本的"共谋",却没有区分联邦政府与地方政府的差异。作为联邦政策的城市更新之所以无法一以贯之、按照联邦的目的有序推进,与美国的联邦制政治结构有莫大关系。在联邦制中,联邦政府与地方政府按照一定的原则分享权力,联邦干预地方事务的能力极其有限,双方在政治中行使不同功能、承担不同职责,即使地方政府背离联邦政策,联邦政府也很难给予有效干预。因此在城市更新中,联邦政府几乎只是以"金主"的身份出现,充其量只是以暂停援助威胁城市"就范",这也使得研究者容易忽视联邦在其中的角色及其与城市的不同诉求。

(本文原刊于《社会科学战线》2021 年第 7 期)

---

① John H. Mollenkopf, *The Contested City*, Princeton: Princeton University Press, 1983, p. 139.

② Murray Seasongood, "The Local Government Muddle", *The Annals of the American Academy of Political and Social Science*, Vol. 181, September 1935, pp. 161 - 162.

作者简介：

李文硕，厦门大学历史学博士，现任上海师范大学世界史系教授。先后主持国家社科基金项目、上海市哲社项目和上海市决策咨询项目等多类课题，在《中国社会科学》《历史研究》《世界历史》《美国研究》等刊物发表论文多篇。兼任民革上海市委文化委员会委员、中国美国史研究会理事。

“殖民情境”理论与法国殖民史研究的转向*

王雯菲

摘　要: 20世纪90年代,“殖民情境”理论运用于法国历史学领域。该理论强调,殖民主义的冲击是整体性的,不仅仅是政治和经济统治形式的改变,而且造成了深刻的社会与文化转变。受其影响,近年来法国殖民史研究大体围绕三方面展开:其一,改变被殖民者笼统的、模糊的以及无行动力的固有形象,强调殖民地社会的主体性;其二,弥合宗主国与殖民地之间的叙事分离,关注帝国内部流通;其三,跨越殖民帝国的空间限制,重视人、物质与思想在帝国间的循环。“殖民情境”理论与新帝国史、历史学的全球转向汇合,共同促成了法国殖民史研究的重要转向。

关键词: “殖民情境”理论　法国殖民史研究　后殖民史学

21世纪以来,殖民研究方兴未艾。受后殖民理论影响,西方史学界围绕帝国意识形态、殖民话语、政策的制定与统治实践展开热烈讨论。① 该理论的支持者认为,后殖民史学关注“权力话语”,重视被殖民者的经历与体验,重塑了殖民话语结构;而反对者质疑,后殖民史学忽视殖民社会的多样性及帝国间的互动,并倾向于将西方殖民形象固有化。② “殖民情境”(la situation coloniale)理论正是在这一论战背景下被引入历史学领域,作为“反对早期殖民史研究中的非反思性经验主义和后殖民研究中去语境化倾向”③的利器。它所倡导的突破单一分析单位、审视

---

* 本文是国家社会科学基金项目“法国与布雷顿森林体系的解体研究(1958—1974)”(项目编号: 20CSS026)的阶段性成果。

① Claire Eldridge and Jennifer E. Sessions, “French Colonial Histories from Below”, *French History*, Vol. 32, No. 4, 2018, p. 464. 中国学者对后殖民史学研究的成果,参见张旭鹏《后殖民主义与历史研究》,《世界历史》2006年第4期;张旭鹏《“庶民研究”与后殖民史学》,《史学理论研究》2006年第4期;魏孝稷《英帝国史研究的“后殖民转向”》,《史学理论研究》2020年第3期;包茂红《后殖民主义与亚非拉环境史研究》,《中国非洲研究评论》第9辑,社会科学文献出版社,2021年。

② Pierre Singaravélou, dir., *Les empires coloniaux, XIXe - XXe siècle*, Le Seuil, 2013, “Introduction”, p. 28.

③ Isabelle Merle, “ La situation colonial chez Georges Balandier: relecture historienne”, *Monde(s). Histoire*, *Espaces*, *Relations*, Vol. 2, No. 4, 2013, p. 232.

殖民社会的复杂背景、关注帝国间的流动与比较,[①]使之成为当前法国殖民史研究最重要的理论参考之一。基于“殖民情境”理论,近年来法国殖民史研究取得长足发展。一是深入殖民地内部,考察殖民社会的形成;注重帝国内部、帝国之间的人员、思想、物质流通;二是研究对象下沉,关注女性、移民、混血、囚徒等群体;三是广泛运用地理学、人类学、社会学等方法。《年鉴》杂志在 2008 年第 3 期的“引言”中对此现象作了精确概括:“殖民史备受关注。民族模式枯竭的假设、全球史,旨在摆脱‘欧洲中心论’的诱惑,以及后殖民主义的出现,很大程度上促成了学界对殖民史的合理兴趣。”[②]

中国学界业已关注法属殖民地独立运动与法国大革命的关联等问题,[③]但尚未聚焦法国殖民史学的流变和殖民史书写的多元尝试。法国殖民史学的发展趋势,反映地是一系列研究愈益重视殖民社会的异质性、宗主国与殖民地之间的联系,以及帝国的流通与停滞、统一与分裂进程。笔者拟爬梳法国殖民史研究的发展阶段、前沿问题,以此为据揭示“殖民情境”理论对法国殖民史学的整体影响,以及其与法国史学传统之间的联系。

一、法国殖民史研究的发展阶段

法国的殖民史研究始于 16 世纪,与其海外扩张的时间基本同步。早期殖民地纪实文学与史学作品大多由传教士、军人和探险家书写,向外界传递了美洲殖民地的风土人情、战争与贸易信息。[④] 这些研究代表了大航海时代法国海外叙事的一般模式,即以基督教史学为主要特征,从“他者”角度审视异邦,目的在于服务宗教使命,或为政治和商业活动提供历史注解。18 世纪末至 19 世纪初,学界对殖民地历史的兴趣因法国大革命及拿破仑帝国的瓦解而减弱。但是,自 19 世纪中叶起,法国积极参与瓜分世界浪潮,国内相关研究随之复兴,并表现出与旧制度时期不同的特点。

第一,殖民研究更具系统性。在此需要特别指出两类研究:一类是由政府职员[⑤]或受聘于

---

① Frederick Cooper and Ann Laura Stoler, eds., *Tensions of Empire, Colonial Cultures in a Bourgeois World*, University of California Press, 1997, “Preface”, p. viii.

② “Empire”, *Annales. Histoire, Sciences Sociales*, Vol. 63, No. 3, 2008, p. 489.

③ 庞冠群等学者在此领域作了较有洞见的研究。庞冠群考察了法国革命与殖民地的互动,指出对海地革命的分析是全球史维度下法国革命研究的重要分支。参见庞冠群《全球史与跨国史:法国革命研究的新动向》,《史学理论研究》2017 年第 1 期。张智指出,法国大革命的全球转向主要是从帝国史和殖民史而非政治史中发展起来的。参见张智《全球史视域下的法国大革命研究》,《中国社会科学报》2014 年 12 月 31 日。

④ Marc Lescarbot, *Histoire de la Nouvelle France: contenant les navigations, découvertes, & habitations faites par les françois és Indes Occidentales & Nouvelle-France*, Adrian Perier, 1617; Jean-Baptiste Du Tertre, *Histoire générale des îles Saint-Christophe, de la Guadeloupe, de la Martinique et autres de l'Amérique*, Jacques Langlois, 1654; Jean-Baptiste Du Tertre, *Histoire générale des Antilles habitées par les François*, 4 Vols., Thomas Jolly, 1667 - 1671.

⑤ 皮埃尔·马杰里的成果颇具代表性。马杰里自 1844 年起任职于海军与殖民地部,负责整理 17—18 世纪新法兰西建立前后的相关材料。他主编的史料集不仅包括 17 世纪法国开辟美洲据点的经历,还收录了路易十四及其幕僚与军方针对墨西哥湾自由航行而展开的信件往来,这类档案汇编为 19—20 世纪法国的海外殖民活动提供了丰富的史料参考。Pierre Margry, *Découvertes et établissements des Français dans l'ouest et dans le sud de l'Amérique Septentionale*, 6 Vols., Maisonneuve, 1879 - 1888.

政府的学者所作的智库研究；另一类是由高校研究者编纂的殖民地史。1880—1900 年，高等教育的发展与殖民扩张相结合，催生出“殖民高等教育”，内容涵盖历史与殖民地理学、殖民立法和经济、本土心理学、殖民农学等领域。① 以高中和大学为中心，一个充满活力的多学科空间应运而生。可以说，这 20 年是法国“殖民知识”制度化②的重要阶段，人文学科交叉发展，乃至为年鉴学派的区域研究提供了方法上的支持。③

第二，殖民研究的“欧洲中心论”色彩浓厚。北非马格里布、撒哈拉以南非洲引起法国学界的强烈兴趣。④ 然而，这些成果都着眼于法国人的行动，以“彰显法式英雄主义，强调法国的文明使命和无尽的努力给数百万非洲人带来的和平与繁荣”⑤。为了将殖民主义合理化，有学者回溯了法国长达三个世纪的殖民历程，以此表明殖民扩张是国家发展的重要组成部分。⑥ 该研究指出，法国的殖民历史需要从其外交而非国内政治的维度加以理解。殖民帝国与“天然的大陆”是两条并行路径，共和原则并不适用于殖民地。⑦ 此后，虽然还有学者尝试弥合殖民主义与共和政治原则间的矛盾，将殖民统治理解为法国历史和国家身份的表达，⑧但学术界未能在殖民帝国的定义、殖民帝国与民族国家的关系、殖民主义与共和原则间的差异上达成共识。⑨ 上述论点实际上反映了 20 世纪中叶以前法国学界对殖民问题的主流认识：殖民史由法国海外历史演变而来，书写殖民史旨在突出法国作为帝国和欧洲代理人的形象与地位。

第三，各类殖民研究学会、官方与民间史料中心问世。长期较为活跃的学术机构有 1902 年建立的马达加斯加学会、1904 年建立的法国西非殖民地档案馆、1912 年成立的法国殖民历史协

---

① Pierre Singaravélou, *Professer l'Empire. Les "sciences coloniales" en France sous la IIIe République*, Publications de la Sorbonne (Histoire contemporaine), 2011. 由高校研究者编写的殖民地史研究不胜枚举，在此仅列举几例：Prosper Cultru, *Histoire de la Cochinchine française: des origines à 1883*, A. Challamel, 1910; Christian Schefer, *L'Algérie et l'évolution de la colonisation française: la politique coloniale de la Monarchie de Juillet*, Champion, 1928; Joannès Tramond, *Des conclusions sur la colonisation comparé*, Au siège de la Société, 1933。

② Pierre Singaravélou, "'L'enseignement supérieur colonial'. Un état des lieux", *Histoire de l'éducation*, Vol. 122, 2009, p. 71.

③ 年鉴学派的发展得益于 19 世纪后期现代地理学的出现。《地理年鉴》(*Annales de Géographie*)创始人之一的维达尔·白兰士是吕西安·费弗尔的导师。1891 年《地理年鉴》杂志创刊，创刊号首篇文章即回顾了法国海外殖民地及建设“更伟大的法国”的动机。Pierre Foncin, "La France extérieure en 1891", *Annales de Géographie*, Vol. 1, No. 1, 1892, pp. 1 – 8.

④ 如 1874 年刊出的第一篇殖民史研究博士论文《安德烈·布鲁：法国在塞内加尔殖民地的缘起》，考察了 17、18 世纪之交活跃在塞内加尔的法国贵族安德烈·布鲁的商业探险经历。Étienne Berlioux, *André Brue ou l'origine de la colonie française du Sénégal*, Librairie de Guillaumin, 1874. 法国在亚洲和拉美的殖民地研究见于殖民地综合研究中，例如 Alfred Rambaud, dirs., *La France coloniale, histoire, géographie commerce*, A. Colin, 1886; Paul Gaffarel, *Histoire de l'expansion coloniale de la France depuis 1870 jusqu'en 1905*, F. Alcan, 1893。

⑤ Sophie Dulucq, "Writing African History in France during the Colonial Era", in Thomas Spear, ed., *Oxford Research Encyclopedia of African History*, Oxford University Press, 2019, p. 10.

⑥ Léon Deschamps, *Histoire sommaire de la colonisation française, Fernand Nathan, 1894*; Louis Vignon, *l'Expansion de la France*, Librairie Guillaumin, 1891.

⑦ 维农在《法国的扩张》一书中，通过比较英帝国治理与法国的殖民政策后表示，英国的殖民政策不受国内政治影响，因而是连贯的、成功的。Louis Vignon, *l'Expansion de la France*, p. 371.

⑧ Marcel Dubois and Auguste Terrier, *Les colonies françaises, Un siècle d'expansion coloniale*, A. Challamel, 1900.

⑨ Christina Carroll, "Republican Imperialisms: Narrating the History of 'Empire' in France, 1885 – 1900", *French Politics, Culture & Society*, Vol. 36, No. 3, 2018, p. 134.

会，以及1915年成立的法国西非历史和科学研究委员会。大部分学会受殖民当局资助，以帮助后者更好地熟悉殖民地历史与现状。客观来看，殖民学术机构搭建了殖民地知识精英与法国史学界合作的平台，拓宽了史料来源渠道，殖民口述史学也是在这一阶段发展起来的。

总的来说，至19世纪晚期，针对殖民研究的官方—学界—社会网络已经形成，三方推动使得法国殖民史学以前所未有的规模和方式呈现出来。但是，这样的呈现又是片面的与功利的，它勾勒出法国人居中而背景模糊的画面。直到第二次世界大战结束前，相关研究成果仍基本上是帝国扩张的话语载体。

20世纪50年代，非殖民化运动的蓬勃发展与人文社会学科的重组，致使法国殖民史研究日益敏感。在第一次印支战争和阿尔及利亚战争的冲击下，法国的殖民史学转变为挞伐殖民主义的政治话语，"服务于帝国利益"的殖民史学最终被区域国别史取代。20世纪六七十年代中期，马克思主义史学和社会科学的文化转向打开了殖民帝国研究的新思路。马克思主义史学家猛烈抨击殖民主义，将其视为法国"对非洲的谋杀，或者至少是对非洲的剥削"。① 在方法论上，马克思主义学派强调，殖民地的概念应划分至"第三世界"范畴内，②将殖民史纳入帝国主义与资本主义的分析框架。其中，贡德·弗兰克、萨米尔·阿明的依附论，伊曼纽尔·沃勒斯坦的世界体系理论，在法国引发强烈反响。文化研究则主张从长时段考察殖民地在殖民前和独立后的历史，视"殖民时刻"为悠久的土著社会发展中的插曲。③ 文化理论为殖民地社会变迁划定了系统性框架，相关成果不再致力于研究帝国或帝国时代产生的认识论，而是将殖民地视为承载社会、文化和技术变革的土地。受文化理论影响，法国的非洲古代史、近现代史研究在20世纪六七十年代取得突破性进展，与同时期英美学者的成果遥相呼应。④ 世界范围内殖民研究的文化转向为后殖民理论提供了重要参考，推动历史学家关注殖民地社会、文化的连续性和内生性，以及批判西方对殖民地历史叙事的垄断权力。

二、"殖民情境"理论对后殖民史学的补充

20世纪七八十年代，后殖民主义在与"欧洲中心论"的对抗中兴起，它既是对西方话语影响

---

① Jean Suret-Canale, *Afrique Noire- l'ère coloniale (1900 - 1945)*, éditions sociales, 1961.

② Sophie Dulucq and Colette Zytnicki, "Penser le passé colonial français, entre perspectives historiographiques et résurgence des mémoires", *Vingtième Siècle. Revue d'histoire*, No. 86, 2005, p. 62.

③ 参见 Isabelle Merle and Emmanuelle Sibeud, " Histoire en marge ou histoire en marche? La colonisation entre repentance et patrimonialisation", in Maryline Crivello, Patrick Garcia and Nicolas Offenstadt, dirs., *Concurrence des passés*, Presses universitaires de Provence, 2006, pp. 245 - 255; Raymond Mauny, *Les siècles obscurs de l'Afrique noire: histoire et archéologie*, Fayard, 1970; Yves Person, *Samori, une révolution dyula*, IFAN, 1968 - 1975, 3 Tomes; Nathan Waachtel, La vision des vaincus. *Les Indiens du Pérou devant la Conquête espagnole (1530 - 1570)*, Gallimard, 1971。

④ 英国学者巴塞尔·戴维森(Basil Davidson)的《古老非洲的重新发现》(*Old Africa Rediscovered*, Gollancz, 1959)、《非洲母亲：非洲，岁月的考验》(Black Mother, *Africa: The Years of Trial*, Goulds Book Arcade, 1961) 在法国引起热烈讨论，两本书的法译版本于1962年和1965年问世。

的反思，也是对早前文化转向的回应。学术界普遍将爱德华·萨义德的《东方学》[①]视为后殖民研究的发端。“东方主义”(Orientalism)分析殖民话语文本，解构西方对他者的表征，关注被殖民者的凝视与体验，引起了英、美、印度学界经久不衰的讨论。20世纪90年代，后殖民研究的英文成果已蔚为壮观，集中体现在文学、史学、人类学和政治学等领域。[②] 法语学界则从旁而观，质疑后殖民主义简化了前殖民地的民族文化，是过度政治化的“盎格鲁-撒克逊”模式。[③] 甚至有学者表示，后殖民理论是“分裂的思想”：一方面依赖反殖民主义和反帝国主义斗争，另一方面依赖西方哲学和欧洲人文学科的遗产。[④]

虽然后殖民理论争议不断，但是后殖民性的历史学却在20世纪90年代获得了一批学者的认同。后殖民性的历史学，顾名思义，指的是后殖民研究的历史化表现，[⑤]殖民史学在其影响下发生了四个方面的变化。首先，研究客体经历“双重转变”，即从经济、政治到殖民文化的转变，从被殖民者的反抗到殖民者话语的转变。其次，后殖民理论提出的一系列根本性问题——权力的认知结构与抵抗的文化基础、中心与边缘之间的多重关系、国家形成中群体身份的构建，乃至史料的辨别与使用，[⑥]对历史学有深刻的启示。再次，知识与文化路径是后殖民史学观察社会的窗口。如果说马克思主义史学重点考察物权关系，那么后殖民史学则强调智权互动，[⑦]以及殖民意识形态如何运用于社会实践之中。最后，后殖民史学主张重塑中心与边缘关系。殖民地的科学研究实践不能简单地概括为殖民者操控所有知识，[⑧]文化差异的构建是相互的，殖民者在定义被殖民者时也被后者赋予了意义。

除上述变化，近二十年来，法国的殖民史研究大有超越后殖民史学的趋势。为了批判后殖民理论中的非历史性，厘清殖民问题的复杂性，殖民史研究者开始借用法国社会学家乔治·巴兰迪(Georges Balandier)于20世纪50年代提出的“殖民情境”概念。这一概念可以总结为三点。第一，“殖民情境”由压迫和暴力、不真实和不平等组成，它产生了杂交、混合与来往。殖民化是一种权力关系，源于特定的历史进程，具有深刻而复杂的社会、经济、政治和文化意义。[⑨]

---

① 爱德华·W. 萨义德：《东方学》，王宇根译，上海三联书店，2005年。

② 相关研究包括 David Spurr, *The Rhetoric of Empire: Colonial Discourse in Journalism, Travel Writing, and Imperial Administration*, Duke University Press, 1993; Patrick Williams and Laura Chrisman, eds., *Colonial Discourse and Post-Colonial Theory: A Reader*, Columbia University Press, 1994; Ranajit Guhe, ed., *Subaltern Studies Reader, 1986 - 1995*, University of Minnesota Press, 1997。

③ Jean-Marc Moura, “Sur la situation des études postcoloniales francophones”, *Neohelicon*, Vol. 35, No. 2, 2008, p. 55.

④ Achille Mbembe, “Pour comprendre la pensée postcoloniale”, *Esprit*, Vol. 330, No. 12, 2006.

⑤ Emmanuelle Sibeud, “Post-colonial et colonial studies: enjeux et débats”, *Revue d'histoire moderne & contemporaine*, Vol. 5, No. 51 - 4bis, 2004, p. 92.

⑥ Dane Kennedy, “Imperial History and Post-colonial Theory”, *The Journal of Imperial and Commonwealth History*, Vol. 24, No. 3, 1996, p. 356.

⑦ Dane Kennedy, “Imperial History and Post-colonial Theory”, p. 357.

⑧ Emmanuelle Sibeud, “Post-colonial et colonial studies: enjeux et débats”, p. 93.

⑨ Georges Balandier, “La situation coloniale: approche théorique”, *Cahiers Internationaux de Sociologie*, Vol. 11, 1951, pp. 44 - 79.

第二,“殖民情境”应被视为一个“整体”,所有参与者都是历史的角色。在这一“整体”之中,有土著首领参与的殖民统治阶级,有社会“政治变性”(dénaturation politique)的发生,还有因个人主义或生活方式改变而产生的“心理冲突”。第三,殖民者可以被划分为垦荒者、殖民当局、传教士、商人等群体,且在土著社会同样存在等级差异和阶层对立。由此可见,“殖民情境”概念囊括了统治关系、意识形态与心理层面的内涵,关注殖民社会的多层次性。

值得注意的是,“殖民情境”概念受到了法国社会学方法论上的“整体主义”影响。它与乔治·古列维奇(Georges Gurvitch)的“特定社会局势”概念、马塞尔·莫斯(Marcel Mauss)的“整体社会现象”,[①]以及英国学者埃里克·安德森·沃克(Eric Anderson Walker)的“整体社会”概念相关联。它们都试图通过特定的社会情境,展示社会的复杂性、多样性,以及社会现象的整体性,强调特定情境对于社会行动和变革的意义。但是,巴兰迪的“殖民情境”理论并不局限于社会学和人类学领域。巴兰迪曾抨击人类学研究者不受任何文化交融的影响,将研究对象所处的社会与历史背景抽象化。他呼吁殖民社会学借鉴其他领域的成果,保持与历史学、政治学等学科的对话。巴兰迪还重视殖民的政治行政层面,强调族群首领在殖民统治机器中的重要性和社会的“政治异化”。这也是他本人针对加蓬和刚果地区的调研得出的结论。[②]

此外,“殖民情境”理论并非一成不变。1951 年该概念首次提出时,巴兰迪主要关注的是殖民统治者对被统治者的剥削与利用。他深受马克思主义学者影响,在文章中引用了斯大林的言论,也阐发了查尔斯-安德烈·朱利安(Charles-André Julien)有关资本主义与殖民垄断之间联系的观点。[③] 但在 1955 年出版的《黑非洲当代社会学》一书中,马克思主义观点被大量隐去。巴兰迪开始侧重于殖民统治与被统治关系,以及殖民主义对非洲的社会结构、权力关系、价值观及文化认同的影响。在他看来,殖民主义的冲击是整体性的,不仅仅是政治和经济统治形式的改变,更造成了深刻的社会与文化转变,而殖民社会是不断变化的社会,处于一种“动态和动荡”的状态。巴兰迪指出,我们不能通过描绘的方式理解社会传统,而是要关注社会和历史变迁的过程,并考虑殖民主义与现代化的影响。他还重视被殖民者的反抗与抵抗形式,考察反殖民运动、民族主义运动和文化复兴运动,强调被殖民者的主体性。[④]

这种基于情境和过程分析的方法是巴兰迪为社会科学所作的最突出贡献。[⑤] 他引入情境理论概念,强调社会行动和结构的相互作用。“殖民情境”被视为不断变化的社会现实,是一种涉及政治、经济、文化和意识形态的复杂关系网络。巴兰迪主张,社会科学家应该摆脱对静态模

---

① Georges Balandier, “La situation coloniale: ancien concept, nouvelle réalité”, *French Politics, Culture &Society*, Vol. 20, No. 2, 2002, p. 5.

② Georges Balandier, *Sociologie actuelle de l'Afrique noire*, Presses Universitaires de France, 1982, pp. 39 – 72.

③ Georges Balandier, “La situation coloniale: approche théorique”, *Cahiers Internationaux de Sociologie*, Vol. 11, 1951, p. 53.

④ Georges Balandier, *Sociologie actuelle de l'Afrique noire*, pp. 1 – 38.

⑤ J. Copans, “Pour s'accorder à ce siècle, il faut l'explorer: hommage à Georges Balandier”, *Anthropologie et Sociétés*, Vol. 41, No. 1, 2017, pp. 317 – 329.

式的依赖，关注社会变迁和历史进程中的动态因素。总的来说，“殖民情境”理论对于理解殖民时期的社会、文化和政治动态具有重要意义，为殖民时代和后殖民时期的历史、社会研究提供了重要分析框架。虽然理论在提出伊始并未获得社会学和人类学同行的普遍接受，但是该研究思路启示后来的历史学研究者深入探索殖民状况，剖析被殖民者与殖民者的复杂关系。

最早将“殖民情境”理论引入历史学研究的是美国的非洲史学家弗雷德里克·库珀和人类学家安·劳拉·斯托勒。在1997年出版的《帝国的紧张局势：资产阶级世界中的殖民文化》一书中，两位编者通过对南非、东南亚、刚果、阿尔及利亚等地的政治、文化和社会实践，探讨了殖民地社会中的权力动态、文化交流与抵抗行为。库珀与斯托勒表示，欧洲的海外殖民地从来不是可以按照欧洲形象或利益改造的空白，统治与被统治阶级、白人与黑人、殖民者与被殖民者的二分法只反映了部分事实。殖民研究不能再局限于“被殖民者”这一分析单位，也不能理所应当地将欧洲、西方与资本主义视为一体，而应该考虑不断变化的政治形势，探寻殖民者与被殖民者在亲密接触、吸引和对抗中塑造彼此的过程。关注权力关系、身份认同与文化交流，实际上正是“殖民情境”理论的核心要义。库珀和斯托勒在研究中力图展现殖民地和宗主国如何在包容与排斥的辩证法中共处，以及考察在共享但存在差异的帝国空间中出现的生产、权力与知识阶层。[①]

其后，库珀在专著《殖民主义问题：理论、知识、历史》中进一步阐释了“殖民情境”理论的内涵。他表示，帝国必然会产生差异，但不一定会产生自我与他者的差异。土著的世袭权威，通过族群网络施加的统治，以及从被征服省份招募的高级行政人员，都使得统治者与被统治者、内部与外部的关系更为复杂。如果资产阶级想要利用殖民地劳动力，则不得不将自身利益与土著精英的利益捆绑在一起。[②] 与此同时，库珀还将研究视域扩大至帝国间的联系，考察帝国的竞争与协作。在他看来，帝国间的联系，“不仅是外交议题，而且是一个如何以不同方式传播意识形态和社会规范的问题”；帝国建立了人员、商品和思想的流动路线，同样也被这些不受控制的变数所撕裂。[③]

整体来看，库珀与斯托勒的研究突破了二元对立的传统殖民史叙事模式，突出了复数的“殖民情境”。他们揭示了殖民社会中的阶级、种族和性别关系，以及殖民地人民如何在权力关系中生活和反抗，“殖民情境”理论因此得到了更广泛的历史学应用。除此之外，库珀和斯托勒充分重视情境概念中的“整体”分析视角，回应了巴兰迪提出的“如何将殖民社会和被殖民社会理解为一个‘整体’”和“如何看待殖民社会与被殖民社会的互动”等问题。[④] 这为非殖民运动以来徘徊在边缘地位且方法模糊的法国殖民史研究带来了理论准备。

在复数的“殖民情境”理论启发下，20世纪90年代末，法国新兴的殖民研究着力于剖析殖

---

① Frederick Cooper and Ann Laura Stoler, eds., *Tensions of Empire*, *Colonial Cultures in a Bourgeois World*, p. 3.

② Frederick Cooper, *Colonialism in Question*, *Theory*, *Knowledge*, *History*, University of California Press, 2005, pp. 51 – 52.

③ Frederick Cooper, *Colonialism in Question*, *Theory*, *Knowledge*, History, p. 53.

④ Georges Balandier, “La situation coloniale: approche théorique”, pp. 44 – 79.

民经验的多样性，展示殖民动机、代理人和行政形态的复杂性，以此表明殖民社会不能简单归结为从属社会与统治社会的总和。事实上，殖民者试图分享政治和财政权力，获得被殖民者同意，使其统治合法化；土著本地人也并不是非合作即对抗的，他们可以接受个人或集体的回避或适应策略，通过非暴力形式弱化殖民权威。① 新的殖民研究还试图展现宗主国与殖民地、殖民帝国内部的各殖民地、跨帝国间的人口、思想与资本交往。② 正如 A. G. 霍普金斯主张的，帝国是跨国组织，是为了调动世界资源而建立的，超越国家的联系使帝国的存在与延续成为可能。③新的殖民研究以交叉视角打破帝国历史与共和历史之间的壁垒，树立了多元化的观点与研究路径。

三、基于“殖民情境”理论的前沿研究

基于“殖民情境”理论以及库珀和斯托勒的研究，近年来法国殖民史学主要围绕以下三方面展开：第一，改变被殖民者笼统的、模糊的以及无行动力的固有形象，强调被殖民社会的主体性；第二，以“整体”视角考察帝国，突破宗主国与殖民地分离的或二元对立的叙事模式，形成“连贯的帝国”概念；④第三，跨越殖民帝国的空间限制，重视人、物质与思想在帝国间的流动。

（一）殖民社会的结构与形态

法国学界重点关注殖民社会的形成问题，以动态的眼光考察殖民社会的历史变迁，从经济、社会、法律等方面更为细致地区分法国在美洲、非洲、亚洲和大洋洲的治理模式。正因为各殖民地具有不同的社会形态、处于差异化发展阶段，针对法属殖民地的研究便无法一概而论。

研究者瞄准了法国殖民统治的具体实践，其中尤以新喀里多尼亚岛、印度支那半岛和北非马格里布地区受到关注最多。新喀里多尼亚岛在 19 世纪法帝国历史上占有独特地位，⑤法国在此实行定居殖民主义统治形式。监狱管理局和殖民当局通过“双重殖民计划”——承诺给予刑事犯以农民身份、承诺给予自由移民以土地财产⑥——推动法国在大洋洲的扩张。罪犯和自由移民组建了一个单一而矛盾的喀里多尼亚社会，其特点是白人与土著卡纳克人之间的结构性对

---

① Pierre Singaravélou, dir., *Les empires coloniaux, XIXe - XXe siècle*, “Introduction”, p. 32.

② Sebastian Conrad, “Rethinking German Colonialism in a Global Age”, *The Journal of Imperial and Commonwealth History*, Vol. 41, No. 4, 2013, pp. 543 - 566.

③ A. G. Hopkins, “Back to the Future: From National History to Imperial History”, *Past &Present*, Vol. 164, No. 1, 1999, p. 205.

④ Emmanuelle Saada, “‘La Situation Coloniale’vue d’ailleurs: regards croisés transatlantiques”, *Cahiers Internationaux de Sociologie*, Vol. 110, No. 1, 2001, p. 6.

⑤ Isabelle Merle, *Expériences Coloniales. La Nouvelle-Calédonie. 1853 - 1920*, Belin, 1995.

⑥ Isabelle Merle, “La Nouvelle-Calédonie, terre d’expériences coloniales”, *Hermès, La Revue*, Vol. 65, No. 1, 2013, p. 50.

立。[1] 在权力关系、工作关系、邻里关系和对抗关系的交互影响下,新喀里多尼亚社会遭遇分化重组。与新喀里多尼亚殖民政策不同的是,法国在印度支那的统治分散于印支半岛两端的大城市及城市中心。从社会分层的角度来看,印度支那存在一个全球社会:殖民者占据金字塔顶端,其下是早已存在的等级社会。法国的统治没有消除旧有的等级制度,而是对其进行了整合。[2] 在殖民进程中,法国定居者指责行政当局冗官冗员,吞没了本可以用于殖民地基础设施建设的资金;他们还反对以印度支那银行为首的金融垄断。殖民当局在印度支那的统治经历,重复了法国本土国家与个人、行政与个人之间的矛盾,这在一定程度上鼓励了土著群体反对殖民统治。[3]

由新喀里多尼亚和印支半岛的个案研究可见,研究者重视殖民地的主体性和殖民社会分层情况,尤其关注其中的权力关系。研究者以整体的眼光观察殖民社会,而这一整体性不仅包括组成"整体社会"的各类群体,还展示了各类群体的独特表现。群体的异质性、不同文化间的碰撞以及为维持统治关系而进行的系统性变革,使得殖民情境深刻而快速地变化。

相较于大洋洲、亚洲的法属殖民社会研究,更多学者将视野投向非洲。[4] 近年来的研究侧重于法国在阿尔及利亚的定居殖民主义政策实践,表明法国在阿尔及利亚的政策存在理念与实施间的差距。一方面,政府和殖民行政当局鼓励移民征用当地人土地,以扩大公共空间,并试图通过殖民定居点同化阿尔及利亚,将后者打造成法国领土的一部分。[5] 另一方面,殖民者依旧依赖土著劳动力。盖·伯维尔将阿尔及利亚的"殖民情境"总结为"鲁莽干预主义的半自愿结果",[6]殖民者对阿尔及利亚土地不成比例的控制,造就了殖民者和土著群体之间的统治与依赖关系。另外,围绕"黑脚"[7]的产生、经历、集体记忆,以及阿尔及利亚公民权的分配等议题,学界

---

① Christelle Taraud, "La colonie de peuplement, c'est la confiscation des terres 'indigènes' pour les colons", in *Idées reçues sur la colonisation*, Le Cavalier Bleu, 2018, p. 50.

② Pierre Brocheux et Daniel Hémery, *Indochine, la colonisation ambiguë*, La Découverte, 2001, p. 177.

③ Pierre Brocheux et Daniel Hémery, *Indochine, la colonisation ambiguë*, p. 184.

④ 针对阿尔及利亚独立战争,学界已有丰富的论述。盖·伯维尔考察了阿尔及利亚人和法国人对于阿尔及利亚战争的记忆。参见 Guy Pervillé, *Histoire de la mémoire de la guerre d'Algérie*, édition Soteca, 2022。拉法莱尔·布朗什利用法国军团的行军日志,研究了阿尔及利亚战争期间的军队和酷刑。参见 Raphaëlle Branche, *La torture et l'armée pendant la guerre d'Algérie. 1954-1962*, Gallimard, 2016。狄诺特考察了阿尔及利亚战争期间的司法与豁免权。参见 Sylvie Thénault, "Justice et droit d'exception en guerre d'Algérie (1954-1962)", *Les Cahiers de la Justice*, Vol. 2, No. 2, 2013, pp. 71-81。本杰明·斯特拉通过摩洛哥与阿尔及利亚的对比研究表明,摩洛哥人经历了不同于阿尔及利亚的殖民时期与模式,塑造了"植根于传统并强调连续性"的历史观念,而阿尔及利亚人是在反抗奥斯曼帝国和法国的行动中形成了强烈的领土意识。这些不同的观念带来民族国家合法化的两种形式——摩洛哥依靠历史,阿尔及利亚依靠地缘势力。参见 Benjamin Stora, *Algérie, Maroc, histoires parallèles, destins croisés*, Maisonneuve et Larose, 2002。

⑤ Guy Pervillé, "Le rôle de la colonisation de peuplement dans la politique de la France en Algérie et dans l'organisation de la colonie", in Alain Saussol et Joseph Zitomerski, dirs., *Colonies, territoires, sociétés, l'enjeu français*, L'Harmattan, 1996, pp. 167-180.

⑥ Charles Robert Ageron, *Les Algériens musulmans et la France*, 1871-1919, 2 Tomes, PUF, 1968.

⑦ 法国的定居殖民政策催生出新的族群——阿尔及利亚法国人(les Français d'Algérie),或更大范围来讲,欧裔阿尔及利亚人("黑脚",les pieds-noirs)。

也展开了深入讨论。[①] 有研究通过梳理 1865—1920 年的土著入籍材料后指出，虽然法国的公民身份与伊斯兰教信仰之间具有不相容性，[②]但阿尔及利亚的殖民群体与被殖民群体依然存在互动。部分穆斯林利用法律漏洞成功转变为“法国公民”。[③] 对穆斯林群体加入法籍的研究，有助于了解殖民地国籍归属的司法解释，以及殖民时代海外“法国公民”的划定标准。

由阿尔及利亚土著居民入籍研究引申出殖民帝国背景下国籍与公民权分离问题。18—19 世纪，法国的殖民地民众与国家权力的关系并没有通过革命或新的主权形式在民族国家中得到明确塑造。殖民地土著又被称为“臣民”（les sujets），并无公民权。这种殖民地特性不仅揭示了共和原则与“殖民地例外”之间的内在紧张关系，还深刻影响着国族认同的定义。[④] 为了厘清“臣民”与“公民”身份间的巨大差异，部分学者展开了针对殖民地弱势群体，如青少年、混血儿、妓女、罪犯等的考察。以混血儿的群体认同为切入点，相关研究展示了殖民行政当局和法国政府在地方与帝国层面处理“混血儿问题”的尝试：未被父亲承认的混血儿无法获得公民身份，尽管他们在父亲离开前接受了法式教育，但仍然是帝国的“臣民”；殖民地混血儿被双重排斥于土著世界和欧洲世界之外：处于殖民社会的边缘，很难在社会、政治及律法中找到一席之地；被帝国视为诱发混乱、威胁到帝国社会网络一致性的因素。[⑤] “殖民情境”理论同样谈及混血儿问题。巴兰迪在 1951 年发表的论文《殖民情境：理论方法》中表示，混血儿注定会被孤立，因为他们体现了一种无法归类或扰乱殖民地等级秩序的“种族妥协”。尽管是“种族妥协”，但混血儿却不是“社会的妥协”，因为很难将他们视为被殖民社会和殖民社会之间的纽带。[⑥] 当前法国学界对混血儿问题的研究，可以说延续了情境理论对等级制度与排他性的讨论。

（二）殖民帝国内部的空间与流动

帝国与移民流动互为因果。自 16 世纪起，尤其是 19 世纪下半叶至 20 世纪上半叶，随着强迫劳动制的发展、雇佣劳动力的涌入、城市化的深入推进，殖民社会经历了前所未有的剧烈变

---

① 相关研究包括 Michèle Baussant, “Exils et construction de la mémoire généalogique: l'exemple des Pieds-Noirs, Le silence de la mémoire”, *Pôle Sud*, Vol. 24, No. 1, 2006, pp. 29 - 44; Sylvie Thénault, “Migrations, colonisation. France-Algérie, XIXe - XXe siècles”, *Le Mouvement Social*, Vol. 258, No. 1, 2017, pp. 3 - 12。2019 年，法国《海外历史杂志》（*Outre-Mers, Revue d'Histoire*）第 2 期专门讨论帝国公民权问题。这一期收录的 12 篇论文讨论了法国在大洋洲、非洲（索马里、喀麦隆、阿尔及利亚）、美洲（瓜德罗普）公民身份的分配与困境。

② 第二次世界大战后，“公民”和“臣民”之间的巨大分歧被打破，政治权利不再与个人地位挂钩。1944 年阿尔及利亚法令承认“法国穆斯林”的公民身份，1946 年第四共和国宪法引入了“法国联盟公民身份”（citoyenneté de l'Union française）。

③ Laure Blévis, “La citoyenneté française au miroir de la colonisation: étude des demandes de naturalisation des ‘sujets français’ en Algérie coloniale”, *Genèses*, Vol. 53, No. 4, 2003, p. 28.

④ Emmanuelle Saada, “Nationalité et citoyenneté en situation coloniale et post-coloniale”, *Pouvoirs*, Vol. 160, No. 1, 2017, pp. 113 - 124.

⑤ Emmanuelle Saada, *Les enfants de la colonie. Les métis de l'Empire français entre sujétion et citoyenneté*, La Découverte, 2007.

⑥ Georges Balandier, “La situation coloniale: approche théorique”, *Cahiers internationaux de sociologie*, Vol. 11, 1951, pp. 44 - 79.

动。如果说第三共和国的第一个十年是法国本土向外移民的黄金时代,那么第二个十年就是海外移民长期定居的十年。[①] 此后,由殖民地向宗主国的反向流动以及帝国内部各殖民地之间的横向流动加剧。移民拓展了帝国空间,商品、资本、思想随之加速流通。基于“殖民情境”理论的研究致力于以殖民地精英、劳工群体的迁移来展现“流动的帝国”景象。

精英阶层的形成与流动是近年来殖民史研究的热点。有论著以殖民地新精英为研究对象,将殖民地行政管理置于帝国空间中进行考察,揭示了新精英阶层——定居者、贵族、公务员、军官的多样性。[②] 宗主国与殖民地之间的移民往往是双向的。有学者在考察了法国当代史上三次极具规模的移民潮后指出,伴随着第二次工业革命的发生,法国面临非技术工人和农业工人的结构性短缺,从殖民地向宗主国的反向移民逻辑符合资本主义劳动力市场需求。20 世纪 20 年代,重建热潮导致法国本土劳动力短缺,超过 10 万阿尔及利亚人、1.5 万摩洛哥人在法国工作。[③] 法国学者辛加拉维鲁的研究强调,交通的发展促进了受教于宗主国的知识分子、军官、学生返回原籍。“循环移民”的流动增加了殖民地与宗主国之间的互动。[④] 还有学者的研究旨在剖析法国不同时期在法属西非、法属赤道非洲、马达加斯加和印度支那采取的强迫劳动手段,以及分析由强迫劳动带来的大规模人口流动现象:如法国殖民当局在西非组织强迫劳动力从人口相对稠密的地区迁移到劳动力缺乏地区;在法属交趾种植园招募北方安南人种植等。[⑤] 另外,近年来有学术成果开创性地揭示了战争与殖民地人口流动的深层关系。历史学家热拉尔·诺瓦里埃尔认为,第一次世界大战构成了移民史的“根本性断裂”,见证了“选择性”移民的诞生。[⑥] 据估算,战争期间约有 22.5 万殖民地劳工来到法国工作,其中绝大多数人来自北非。他们当中一部分人是自愿被招募的,一部分人是被征用的,还有一部分人屈从于暴力征召。与签

---

① Hugo Vermeren, “Les migrations françaises et européennes vers l'Algérie au début de la IIIe République”, in Abderrahmane Bouchène, Jean-Pierre Peyroulou, Ouanassa Siari Tengour et Sylvie Thénault, dirs., *Histoire de l'Algérie à la période coloniale*, La Découverte, 2014, p. 195.

② Claire Laux, François-Joseph Ruggiu et Pierre Singaravélou, dirs., *Au Sommet De L'empire*, *Les élites Européennes Dans Les Colonies* (*XVIe - XXe Siècle*), Peterlang, 2009.

③ 热瓦尔·诺瓦里埃尔深入剖析了法国近现代史上的三次移民浪潮,指出每一次移民浪潮都对应着经济扩张。第一波浪潮可以追溯到 19 世纪末第二帝国繁荣时期;第二次浪潮发生在 20 世纪 20 年代前后,这也是殖民移民开始的阶段;第三次浪潮对应着战后“辉煌的 30 年”。Gérard Noiriel, “Une histoire du modèle français d'immigration”, *Regards croisés sur l'économie*, Vol. 2, No. 8, 2010, pp. 32 - 38.

④ Pierre Singaravélou, *Les empires coloniaux*, *XIXe - XXe siècle*, pp. 125 - 126.

⑤ 盖达主张,强迫劳动是 19—20 世纪法国殖民主义的关键要素。因此,他的研究关注强迫劳动与法殖民帝国的构建联系。Peter Gaida, *Le Travail forcé dans les colonies françaises*, *1900 - 1946: L'empire de la contrainte*, Indes Savantes, 2021. 相关研究还可参见 Alessandro Stanziani, dir., *Le travail contraint en Asie et en Europe*, *XVIIe - XXe siècles*, Éditions de la MSH, 2010; Ferruccio Ricciardi, “Qu'est-ce qu'un ‘travailleur africain’? Marché, coercition et mobilité en Afrique équatoriale française (1911 - 1940)”, *Cahiers d'études africaines*, Vol. 245 - 246, 2022, pp. 153 - 182。

⑥ 战争期间,阿尔及利亚各省与法国本土之间的交通管制暂时放松。1924 年,法国政府决定结束殖民地与本土之间的人口自由流动,土著人口需出示身份证件和就业证明才能进入法国本土。相关研究参见 Emmanuel Blanchard, *Histoire de l'immigration algérienne en France* (*1900 - 1990*), La Découverte, 2018; Gérard Noiriel, *Immigration*, *antisémitisme et racisme en France* (*XIXe - XXe siècle*): *discours publics*, *humiliations privées*, Éd. Fayard, 2007, pp. 287 - 301。

订民事合同的外籍劳工不同，殖民地工人受制于军事管制。[①] 大多数殖民地劳工在停战后的几个月内被遣返，然而这段经历让他们认识了宗主国，与宗主国社会有了第一次接触。对此，有研究指出，战后遣散殖民地劳工的安排一度陷入混乱，返回殖民地的工人面对日益收紧的殖民统治政策，表现出心理落差与不适，他们随后成为引发帝国分裂的因素之一。[②]

除了人的流动，物质、资本与知识的流动进一步推动了殖民帝国的内部整合。有学者通过解读19世纪末阿尔及尔中央警察局的特别报告，展示了一个被国际新闻笼罩、同时殖民当局投入大量资源控制信息的社会。这在一定程度上表明，法属阿尔及利亚当局对外部颠覆具有持续性恐惧，而管控等做法根本无法阻挡本地人对外部世界的好奇："即使在最偏远的地区，也会有受过教育的土著穆斯林阅读法语报纸，并附有翻译与评论。"[③]法语新闻与本地信息紧密交织，使得国际新闻在阿尔及利亚政治文化中占有重要影响力，殖民社会更为全球化与多元化。另有研究聚焦殖民地理知识的更新与传播。在后殖民研究看来，地理学和帝国主义是一个整体的两个部分：地理知识是压迫和殖民控制的工具，对人口和领土进行分类的过程则是帝国统治的证据。[④] 而事实上，制图活动和地图的使用使帝国与殖民地在文化上的对话成为可能，展现了西方文化和土著文化之间、科学知识和方言知识之间的关系。地图是知识与行动工具：地图的制作过程，使制图师与殖民行政当局和当地人民建立了充分联系。制图师一方面利用当地人的常识，另一方面不断向殖民地行政官员和军官传授相关知识。[⑤]

（三）殖民帝国之间的网络与互联

近年来，法国殖民史研究除关注帝国内部循环，还重视帝国间的竞争、合作与联通。该研究动态承续了全球史、新帝国史和庶民研究趋势，并且受到"殖民情境"理论的影响。[⑥]

事实上，库珀和斯托勒在《帝国的紧张局势》中，已兼论帝国间的人、思想与制度的多重循环，强调改变旧有观察尺度。[⑦] 但是，库珀和斯托勒研究中的跨帝国指向与全球史又存在差异。在其阐述之下，广泛的非国家框架可能会掩盖国家殖民政策之间的差异，因而需要以关注空间

---

① Gérard Noiriel, "L'immigration algérienne en France", https://histoirecoloniale.net/l-immigration-algerienne-en-France-par-Gerard-Noiriel.html#ps[2023-01-23].

② Laurent Dornel, "La démobilisation des travailleurs coloniaux et étrangers (1918-1922)", *Outre-Mers, Revue d'histoire*, Vol. 106, No. 400-401, 2018, pp. 79-98.

③ Arthur Asseraf, "La société coloniale face à l'actualité internationale: diffusion, contrôle, usages (1881-1899)", *Revue d'histoire moderne & contemporaine*, Vol. 63, No. 2, 2016, pp. 110-132.

④ Hélène Blais, Florence Deprest and Pierre Singaravelou, "French Geography, Cartography and Colonialism: Introduction", *Journal of Historical Geography*, Vol. 37, No. 2, 2011, p. 146.

⑤ Houda Baïr, "Hybridation du savoir cartographique et du savoir vernaculaire dans la Tunisie du XIXe siècle", *Cybergeo: European Journal of Geography* [En ligne], https://journals.openedition.org/cybergeo/29581[2023-03-20].

⑥ Damiano Matasci et Miguel Bandeira Jerónimo, "Une histoire transimpériale de l'Afrique Concepts, approches et perspectives", *Revue d'Histoire Contemporaine de l'Afrique*, Vol. 275, No. 3, 2022, p. 1.

⑦ Anna Laura Stoler and Fredlerick Cooper, "Between Metropole and Colony: Rethinking a Research Agenda", in Frederick Cooper and Ann Laura Stoler, eds., *Tensions of Empire*, *Colonial Cultures in a Bourgeois World*, p. 28.

联系而不假定“全球”的方式来考察殖民主义的扩张。库珀等学者以非洲殖民化为例提出，殖民化并不是全球“网格”中的一部分；殖民帝国划分势力范围，通过新的领土边界切断非洲大陆已有的贸易网络，破坏乃至摧毁了跨印度洋、撒哈拉以及西非海岸的贸易体系；非洲被迫融入以宗主国为中心的帝国经济体之内。① 研究殖民化，实际上是研究空间的重组、联系的建立与破坏。

当前，基于“殖民情境”理论的跨帝国研究大多从以下三个层面展开。第一，梳理殖民帝国在某一殖民地的竞争与合作关系。如，辛加拉维鲁将视野投向了 1900—1902 年的天津。当时，八国联军在天津成立了镇压义和团起义且兼顾治理城市的国际军政府。该临时政府的存在，反映了“集体帝国主义”的尝试。可以说，殖民势力“既是合作伙伴，也是竞争对手，有时甚至是街道上的敌人”。② 学者伊莎贝尔·谢勒聚焦 1884—1914 年德、法在多哥和贝宁的跨殖民地交往，展示殖民地行政官员、军人、贸易代表和传教士对彼此行为的认知。作者提炼了一个与辛加拉维鲁天津研究颇为相似的观点，即法德在西非的关系以“白人之间普遍的热诚、反复的合作和高度重视团结为特点”，至少在两次摩洛哥危机发生前，柏林和巴黎都将防止法德在非洲发生冲突视为首要任务。③ 第二，追踪某一群体的跨帝国行动轨迹。有学者关注法属殖民地的华裔劳工，指出 1895—1901 年间法属印度支那当局曾协助马达加斯加当局招募华人合同工。华工由东亚至非洲东部的流动，直接展示了法帝国内部和跨帝国网络中的各类参与者，如殖民行政当局、受利益驱动的中间商、远洋运输船队的表现，以及支持或拒绝这些劳动力迁移的条件与手段。④ 还有研究重点考察了 20 世纪 30—60 年代日本在非洲的商业活动。以往大多数关于殖民背景下亚非关系的论述都集中于非殖民化进程和社会主义国家对非洲民族主义者的资助，而该研究突出亚非、欧非关系的跨帝国层面，强调日本是第一个在欧洲殖民扩张高潮时期在喀麦隆进行重大经济活动的亚洲国家。⑤ 对日本海外殖民活动的研究，有助于理解第三方殖民力量在法属殖民地的存在，以及判明双方对殖民地负有的共同责任。第三，知识和思想以“帝国云端”（the imperial cloud）的共享形式存在，⑥服务于殖民统治。1894 年，国际殖民研究所（Institut colonial international，ICI）成立，目的是在“学者、政治家和高级官员之间的跨国交流”基础上，向处于优势帝国地位的各个国家提供专业知识。有学者通过解读该研究所推出的第九套丛

---

① Frederick Cooper, “Le concept de mondialisation sert-il à quelque chose? Un point de vue d’historien”, *Critique internationale*, Vol. 10, No. 1, 2001, pp. 101 – 124.

② 辛加拉维鲁：《万国天津：全球化历史的另类视角》，郭可译，商务印书馆，2021 年。

③ Isabell Scheele, *Les relations transimpériales. L’exemple du Togo allemand et du Dahomey français à l’apogée de l’impérialisme européen*, Peter Lang, 2021.

④ Éric Guerassimoff, “Des coolies chinois pour Madagascar (1895 – 1902): négociations transimpériales et circulation de la main-d’œuvre dans les mondes coloniaux”, *Revue d’Histoire Contemporaine de l’Afrique*, Vol. 275, No. 3, 2022, pp. 111 – 127.

⑤ Souleymanou Amadou, “Impérialisme et immersion coloniale du Japon au Cameroun sous domination française (1933 – 1960)”, *Revue d’Histoire Contemporaine de l’Afrique*, Vol. 275, No. 3, 2022, pp. 145 – 155.

⑥ Christoph Kamissek and Jonas Kreienbaum, “An Imperial Cloud? Conceptualising Interimperial Connections and Transimperial Knowledge”, *Journal of Modern European History*, Vol. 14, No. 2, 2016, pp. 164 – 182.

书——“土著教育”研究报告，证明1850—1930年亚洲殖民地高等教育实践正体现了思想在帝国之间的循环。它超越殖民地和帝国，是全球殖民知识生产与运输中的一环。① 无独有偶，辛加拉维鲁在《19世纪末殖民问题的国际化策略与殖民科学的跨国建设》一文中花了大量篇幅介绍国际殖民研究所的诞生。他提出，殖民专家、协会、委员会、专家代表团、期刊以及展览等个人或团体，从19世纪70年代开始致力于在国际非政府组织框架内将新形式的知识合作和新学科制度化。这些个人和集体行为者的“持续性互联工作”，促进了殖民地知识的跨国传播。②

四、“殖民情境”理论及相关研究的总体评价

新航路开辟以来，西方殖民研究的视角和分析框架不外乎“欧洲中心论”，以二元对立的方式突出殖民地与宗主国、宗主国与宗主国之间的冲突竞争。关于帝国扩张的诸多论述中，无论约翰·西利（John Seeley）、保罗·肯尼迪（Paul Kennedy），还是尼尔·弗格森（Niall Ferguson），均未能展现殖民帝国的复杂性。相较于英帝国研究，法国殖民史学还存在起步晚、研究对象长期被置于民族叙事之后等问题。共和教育与民族记忆构成了法国史的一体两面，而帝国史学被塑造为一幅三联画：公民的政治参与，国家的形成，最后才是帝国的建立。③

法国殖民史学的边缘处境一直到20世纪末才发生改变。新帝国史、后殖民研究不仅冲击着旧式帝国史学，而且提醒法国学界跳出“民族痴迷”的情愫，关注与讨论更大的世界。因此，“殖民情境”理论的历史学应用并非偶然，它是法国殖民史学家借助帝国内外人与物的流通、知识与思想的互鉴，向“欧洲中心论”和民族叙事传统发起的挑战，同时旨在纠正后殖民理论的偏颇。但是，如果仅认为“殖民情境”理论是对法国史学传统的背离，则有失公允。事实上，“殖民情境”理论深深地植根于法国经验。从方法论上看，它综合借鉴了人类学、社会学、地理学等研究方法，其历史学应用正体现了法国人文学科注重跨领域交叉研究的特色。从研究视角看，“殖民情境”理论强调的“特定时刻的文化和政治构建，所有参与其中的人都是历史参与者”④，呼应了年鉴学派“从下方而不是从高处看历史”的倡议，⑤促使法国殖民史学者深入殖民地内部，展示殖民地的主体性与生命力，探索殖民主义的复杂性、多样性和在局部的具体表现。从研究框

① Sara Legrandjacques, “Interconnexions universitaires. Pour une approche transimpériale de l’enseignement supérieur en Asie coloniale, années 1850 – 1930”, *Les Cahiers Sirice*, Vol. 20, No. 1, 2018, pp. 29 – 48.

② Pierre Singaravélou, “Les stratégies d’internationalisation de la question coloniale et la construction transnationale d’une science de la colonisation à la fin du xixe siècle”, *Monde(s). Histoire, Espaces, Relations*, Vol. 1, No. 1, 2012, pp. 135 – 157.

③ Jean-Frédéric Schaub, “La catégorie ‘études coloniales’ est-elle indispensable?”, *Annales. Histoire, Sciences Sociales*, Vol. 63, No. 3, 2008, p. 629.

④ Anna Laura Stoler and Frederick Cooper, “Between Metropole and Colony: Rethinking a Research Agenda”, p. 15.

⑤ Lucien Febvre, “Albert Mathiez: un tempérament, une éducation”, *Annales d’histoire économique et sociale*, Vol. 18, No. 4, 1932, p. 576.

架来看,“殖民情境”理论着眼于“动态的整体”,主张殖民社会所有的组成部分均相互作用,且根据统治和依赖模式的变化不断调整关系。这一主张与近年来兴起的跨国史和全球史潮流汇合。或者说,跨国史和全球史研究为动态的殖民社会提供了更为丰富的素材参考,使殖民社会与被殖民社会有机地整合在“连贯的帝国”之中。

当然,基于“殖民情境”理论的史学研究还有延展空间。到目前为止,相关研究实际上只是把殖民帝国作为殖民事实来处理,缺乏对殖民主义的批判与反思,淡化了对殖民地人民反抗运动和殖民主义消极影响的论述。这可能是与殖民问题高度的敏感性,以及法国政府近年来刻意强调法国殖民地与本土共有的记忆有关。① 因此,相关研究亟需与后殖民史学参考互鉴,使之真正成为具有批判性意识的史学研究。

此外,相关研究还应考察个体在殖民地及全球流通中的经历,深入挖掘殖民帝国的全球影响。通过个体流动研究,相关论点得以在“对小规模行动领域的深入描述和广阔的全景图”②中交替呈现,最终实现以小见大、细节融入整体。这也符合近年来“微观全球史”研究的要义。

最后,根据殖民帝国的“全球化效应”重新解读帝国史,法国殖民史学者除了聚焦帝国间的联系,还需要进一步考察殖民地之间的往来。在这一点上,德国与英美学界作出了启发性尝试,展示了诸如印度的“自治”概念是如何影响了肯尼亚民权运动,③孟加拉激进分子、爱尔兰民族主义者和埃及政治家是如何联络沟通的。④

总之,“殖民情境”理论为法国殖民史学注入了新的活力,使其形成一种有异于传统但又兼具法国特色的研究范式。它展示了殖民化的复杂内涵,不过,无论理论本身还是相关史学研究,至今仍在不断深化发展,且与外界始终保持对话。因此,这种来自法国的殖民史研究值得学界持续关注。

(本文原刊于《史学理论研究》2023 年第 6 期)

作者简介:

王雯菲,巴黎高师历史学博士,上海师范大学世界史系副教授。从事世界现当代史研究,专

---

① 近年来,法国政府致力于构建殖民地—宗主国共有的记忆。2021 年 1 月,历史学家斯特拉发布一份长达 146 页的研究报告,提出通过建立和解渠道,在阿尔及利亚和法国的不同记忆之间开启对话。Benjamin Stora, “Les questions mémorielles portant sur la Colonisation et la Guerre d'Algérie”, https://www.elysee.fr/admin/upload/default/0001/09/0586b6b0ef1c2fc2540589c6d56a1ae63a 65d97c.pdf [2023 - 04 - 30].

② Romain Bertrand et Guillaume Calafat, “La microhistoire globale: affaire(s) à suivre”, *Annales. Histoire, Sciences Sociales*, Vol. 73, No. 1, 2018, pp. 1 - 18. 目前,英语学界针对殖民问题的微观研究相对丰富,例如 Rebecca Rogers, *A Frenchwoman's Imperial Story: Madame Luce in Nineteenth-Century Algeria*, Stanford University Press, 2013; M'hamed Oualdi, *A Slave Between Empires: A Transimperial History of North Africa*, Columbia University Press, 2020。

③ Margret Frenz, “Swaraj for Kenya, 1949 - 1965: The Ambiguities of Transnational Politics”, *Past & Present*, Vol. 218, 2013, pp. 151 - 177.

④ Durba Gosh and Dane Kennedy, *Decentring Empire: Britain India and the Transcolonial World*, Orient Longman, 2006.

长方向是法国史与冷战国际关系史，主持国家社科基金青年项目1项，论文发表于《史学理论研究》《北京师范大学学报》等中文核心期刊及《法国经济史评论》（*Revue française d'histoire économique*）等国外期刊。

论美国内战前女性公共演说
——以女性废奴社团[①]为中心的考察

鲁迪秋

摘　要： 随着19世纪30年代废奴运动在美国兴起，1833年10月，波士顿出现首个白人女性废奴社团。此后至内战前夕，美国出现大量类似的女性废奴社团。这些社团在为女性提供公共演说的机会和训练方面发挥关键作用。一方面，女性废奴社团支持、鼓励女性就废奴主题发表公共演说。格里姆克姐妹是女性废奴演说者的典范，她们的演说事业体现出女性运用公共演说来推动社会改革的过程与意义。另一方面，美国女性废奴社团三次召集全国性女性反奴隶制会议。这些会议让女性得以在家庭之外的公共场合就奴隶制问题发表见解，也进一步暴露出女性群体内部以及公众对待女性发表公共演说的不同态度。公共演说是一种历史悠久的表达方式，具有深厚的政治性质和明显的性别界限。不同于女性在印刷文化中的活跃表现，女性发表公共演说遭遇更强劲的阻力。所以，女性废奴社团为女性提供了公共演说的重要平台与必要支持，促使女性成为推动废奴运动发展的积极力量，拓宽了女性公共参与的维度。

关键词： 公共演说　女性废奴社团　格里姆克姐妹　女性反奴隶制会议　废奴运动

禁酒改革者和女性主义者阿梅莉亚·布卢默（Amelia Bloomer）在自述中曾说，1853年2月她们受邀在纽约市公开发表演说，有幸成为第一批面向纽约听众公开发表演说的女性。她回忆道："那是妇女运动的初期，在贵格会礼拜堂外，女性公开演说还是一件新鲜事。"[②]然而，她忘记

① 美国学者一般对"antislavery"与"abolition"不作明确区分。不过，也有学者为两个概念划分界限，以"antislavery"指代渐进解放的主张，以"abolition"指代要求立即、无条件解放的主张。尽管如此，他们在研究中都沿用这些社团本来的称呼。参见约翰·松井《事与愿违：全国反奴隶制运动的形成（1836—1838）》（John Matsui, "Kindling Backfires: Cultivating a National Antislavery Movement, 1836 - 1838"），《奴隶制与废奴》（*Slavery & Abolition*）第34卷第3期（2013年），第466页；杜华《废奴运动与内战前美国民主政治的演化（1830—1850）》，北京大学博士学位论文，2015年，第3—4页。本文按照字面意思翻译，将"antislavery"译为"反奴隶制"，将"abolition"译为"废奴"，对两者不作意义上的区分。

② D. C. 布卢默：《阿梅莉亚·布卢默的生平与作品》（D. C. Bloomer, *Life and Writings of Amelia Bloomer*），波士顿：阿里纳出版公司，1895年，第98—99页。

了 30 年代在新英格兰为废奴事业从事巡回演说的格里姆克姐妹。美国内战前，女性废奴社团深知公共演说的效用。"波士顿女性反奴隶制协会"(Boston Female Anti-Slavery Society)在第八次年度报告中提出，"自由演说是我们最有效的方法"[①]。后世历史学家也指出，由女性演说者向男女混合观众就政治问题发表演说，是女性废奴主义者最重要的策略创新。[②] 在废奴运动中，美国女性开始充分利用公共演说来影响公众意见，推动废奴事业发展的同时，也深化了女性的公共参与。

美国学界关于女性废奴社团的研究较为丰富。已有研究经历了从社会史向文化史、从妇女史向性别史的转变，并且逐渐摆脱从女性废奴社团的历史寻找妇女权利运动根源的叙事。[③] 不过，已有研究主要关注女性废奴社团如何帮助女性获取政治权利和政治地位，聚焦于选举权和请愿，忽视了女性的其他权益与活动，因而也未能给予女性废奴主义者的公共演说足够的关注。也有学者关注到这些女性废奴演说者，但其着眼点在于她们的宗教信仰，所以仍有许多问题有待进一步探究。[④] 国内学界较少关注这一问题。

---

① 《波士顿女性反奴隶制协会第八次年度报告(1841 年 10 月 13 日提交)》(*Eighth Annual Report of the Boston Female Anti-slavery Society. Presented October 13, 1841*)，波士顿：该协会，1841 年，第 22 页。

② 琼·费根·耶林、约翰·C. 范霍恩编：《废奴主义姐妹情谊：美国内战前的女性政治文化》(Jean Fagan Yellin and John C. Van Horne, eds., *The Abolitionist Sisterhood: Women's Political Culture in Antebellum America*)，伊萨克和伦敦：康奈尔大学出版社，1994 年，第 3 页。

③ 早期强调废奴运动与妇女权利运动因果联系的研究，参见艾拉·V. 布朗《女性主义的摇篮：费城女性反奴隶制协会(1833—1840)》(Ira V. Brown, "Cradle of Feminism: The Philadelphia Female Anti-Slavery Society, 1833 - 1840")，《宾夕法尼亚历史和传记杂志》(*Pennsylvania Magazine of History & Biography*)第 102 卷第 2 期(1978 年 4 月)，第 143—166 页；德布拉·戈尔德·汉森《紧张的姐妹情谊：波士顿女性反奴隶制协会的性别和阶层》(Debra Gold Hansen, *Strained Sisterhood: Gender and Class in the Boston Female Anti-slavery Society*)，阿默斯特：马萨诸塞大学出版社，1993 年；洛丽·D. 金兹伯格《美国内战前改革运动中的女性》(Lori D. Ginzberg, *Women in Antebellum Reform*)，惠灵：哈伦·戴维森公司，2000 年；凯瑟琳·基什·斯克拉《妇女权利运动产生于反奴隶制运动(1830—1870)：简史与文献》(Kathryn Kish Sklar, *Women's Rights Emerges within the Antislavery Movement, 1830 - 1870: A Brief History with Documents*)，波士顿：帕尔格雷夫麦克米伦，2000 年；凯瑟琳·基什·斯克拉、詹姆斯·布鲁尔·斯图尔特编《奴隶解放时代的妇女权利运动和跨大西洋的反奴隶制运动》(Kathryn Kish Sklar and James Brewer Stewart, eds., *Women's Rights and Transatlantic Antislavery in the Era of Emancipation*)，纽黑文：耶鲁大学出版社，2007 年；卡萝尔·福克纳《柳克丽霞·莫特的离经叛道：19 世纪美国的废奴运动和妇女权利运动》(Carol Faulkner, *Lucretia Mott's Heresy: Abolition and Women's Rights in Nineteenth-Century America*)，费城：宾夕法尼亚大学出版社，2011 年。挑战这一研究路径的著作有朱莉·罗伊·杰弗里《沉默的废奴大军：反奴隶制运动中的普通女性》(Julie Roy Jeffrey, *The Great Silent Army of Abolitionism: Ordinary Women in the Antislavery Movement*)，教堂山：北卡罗来纳大学出版社，1998 年。以上这些研究都带有社会史的印记。受文化史影响、采用政治文化路径的研究论著，参见琼·费根·耶林、约翰·C. 范霍恩编《废奴主义姐妹情谊：美国内战前的女性政治文化》；朱莉·罗伊·杰弗里《具有渗透性的边界：女性废奴主义者和分离领域》(Julie Roy Jeffrey, "Permeable Boundaries: Abolitionist Women and Separate Spheres")，《早期共和国杂志》(*Journal of the Early Republic*)第 21 卷第 1 期(2001 年春季)，第 79—93 页；苏珊·曾斯科《公民身份的标志：请愿、反奴隶制和女性的政治认同》(Susan Zaeske, *Signatures of Citizenship: Petitioning, Antislavery, and Women's Political Identity*)，教堂山和伦敦：北卡罗来纳大学出版社，2003 年。采用性别视角的研究，参见布鲁斯·多尔西《改造男性和女性：美国内战前城市中的性别》(Bruce Dorsey, *Reforming Men and Women: Gender in the Antebellum City*)，伊萨卡：康奈尔大学出版社，2002 年，第 136—194 页。

④ 安娜·M. 斯派克：《反奴隶制女性的宗教世界：五位废奴演说者生活中的精神性》(Anna M. Speicher, *The Religious World of Antislavery Women: Spirituality in the Lives of Five Abolitionist Lecturers*)，纽约：雪城大学出版社，2000 年；凯瑟琳·基什·斯克拉：《"我心中的宝座"：1828—1838 年安杰利娜·格里姆克发起女性权利运动中的宗教、演讲术和跨大西洋共同体》(Kathryn Kish Sklar, "'The Throne of My Heart': Religion, Oratory, and Transatlantic Community in Angelina Grimké's Launching of Women's Rights, 1828 - 1838")，凯瑟琳·基什·斯克拉、詹姆斯·布鲁尔·斯图尔特编：《奴隶解放时代的妇女权利运动和跨大西洋的反奴隶制运动》，第 211—241 页。

女性废奴社团为美国女性提供了哪些公共演说的渠道？女性废奴主义者的公共演说为何引发社会争议？公共演说对女性来说具有哪些特殊意义？本文将在已有研究成果的基础上，以兴起较早且较为成熟的东部地区女性废奴社团为例，分析女性废奴演说者的经历与影响，探讨女性公共演说对美国废奴运动以及女性公共参与的意义。

一、格里姆克姐妹与女性公共演说的实践

出身于南卡罗来纳州奴隶主家庭的萨拉·M.格里姆克（Sarah M. Grimké）和安杰利娜·埃米莉·格里姆克（Angelina Emily Grimké）是女性废奴演说者的代表与典范。考察她们发表废奴公共演说的经历，有助于我们理解这一时期女性废奴社团在推动女性发表公共演说中发挥的作用，以及女性发表公共演说面临的阻碍。

格里姆克姐妹后来常常把1835年3月3日在费城一座教堂中聆听英国废奴主义者乔治·汤普森（George Thompson）的演说，视为她们参与反奴隶制事业的开端。[①] 可以说，她们的废奴生涯自一开始便与公共演说联系在一起。1835年年初，经过理性思考，安杰利娜加入“费城女性反奴隶制协会”（Philadelphia Female Anti-Slavery Society），她同时也是苏格兰“格拉斯哥女性附属奴隶解放协会”（Glasgow Ladies' Auxiliary Emancipation Society）的通讯成员；与此同时，姐妹俩都是波士顿女性反奴隶制协会的终身成员。[②] 她们的公共演说事业推动了美国东北部各地女性反奴隶制协会的创建，与此同时，她们也得到了这些女性废奴社团的帮助和鼓励。

1836年12月，格里姆克姐妹在纽约首次尝试向公众发表演说。一位浸礼会牧师提议，姐妹俩使用他的会议室举办一场集会。“纽约女性反奴隶制协会”（Ladies' New York City Anti-Slavery Society）也打算以这场演说开启她们的季度会议。但是在演说公告发布后，安杰利娜·格里姆克却十分担忧。她在给友人的书信中坦陈道：“我们对这场会议几乎感到绝望，因为我们知道这儿有些人非常担心，如果我们向我们的姐妹发表演说，这将被称为贵格派讲道；并且，这里的人们抱有根深蒂固的偏见，反对女性在公共生活中发言，一旦他们持有那样的观点，我们宝贵的事业将受到损害。”她们的朋友、纽约慈善家、废奴主义者格里特·史密斯（Gerrit Smith）则

---

① 格尔达·勒纳：《来自南卡罗来纳的格里姆克姐妹：妇女权利运动和废奴运动的先驱》（Gerda Lerner, *The Grimké Sisters from South Carolina: Pioneers for Women's Rights and Abolition*），教堂山和伦敦：北卡罗来纳大学出版社，2004年，第83页。

② 格尔达·勒纳：《来自南卡罗来纳的格里姆克姐妹：妇女权利运动和废奴运动的先驱》，第83页；安杰利娜·埃米莉·格里姆克：《呼吁南部的女性基督教徒》（Angelina Emily Grimké, *Appeal to the Christian Women of the South*），纽约：美国反奴隶制协会，1836年，第29页；《捐赠成员和通讯成员》（“Donorary and Corresponding Members”），格拉斯哥女性附属奴隶解放协会《三年来英国和美国的女性反奴隶制活动》（Glasgow Ladies' Auxiliary Emancipation Society, *Three Years' Female Anti-Slavery Effort, in Britain and America*），格拉斯哥：艾尔德和拉塞尔，1837年，第6页；《波士顿女性反奴隶制协会终身成员》（“Life Members of The Boston Female Anti-Slavery Society”），《波士顿女性反奴隶制协会第五次年度报告》（*Fifth Annual Report of the Boston Female Anti-Slavery Society*），波士顿：艾萨克·纳普，1838年，第51页。

担心,她们的举动会被视为“范妮·赖特(Fanny Wright)[①]集会”,因而建议她们只在客厅里发表演说。最终,安杰利娜·格里姆克面对300名女性听众发表了40分钟演说,之后姐妹俩一起给听众朗读一些文献和书信,并回答了几个提问。[②] 姐妹俩对第一次公开演说的经历有着不同的感受与体会:安杰利娜感到既痛苦又欣喜,但更多地是为自己能够像男性一样外出、演说而兴奋不已;萨拉则表示自己还未适应这项工作。[③] 随后不久,她们便前往新泽西州的布卢姆菲尔德(Bloomfield)和纽瓦克(Newark)发表演说,并与当地女性交谈,见证她们成立起女性反奴隶制协会。[④]

事实证明,格里姆克姐妹特别是妹妹安杰利娜,在公共演说方面颇有天赋才能,加上她们南部奴隶主的身份,她们的演说注定不会只限于女性听众。自1837年6月到1838年4月,姐妹俩在新英格兰地区开展巡回演说。波士顿女性反奴隶制协会率先邀请她们发表演说,在演说结束后成功吸引了35名女性加入协会。为此,该协会称赞姐妹俩是奴隶制“雄辩的无可怀疑的见证人”,向所有新英格兰女性反奴隶制协会发出呼吁,推介格里姆克姐妹的同时,恳请这些协会为两位女性的活动提供方便与协助。[⑤] 在波士顿女性反奴隶制协会的呼吁下,安多弗(Andover)、波塔基特(Pawtucket)等其他地方的女性反奴隶制协会纷纷邀请格里姆克姐妹前去演说,并给予她们热忱欢迎。[⑥]

在为期10个月的时间里,姐妹俩不断挑战自我与传统,成就了一番对女性而言前所未有的公共演说事业。她们的演说大多以奴隶制和废奴为主题。她们作为南部人尤其是奴隶主的身份,帮助她们吸引北部人的关注、取得听众的信任。姐妹俩的演说会场每次都是人满为患,听众人数从70多人到1 500多人不等;听众涵盖社会各个群体:从成年人到儿童,从女性到男性,从普通民众到一州立法者。1837年6月21日在林恩(Lynn)反奴隶制协会的周年活动上,姐妹俩首次面对大量男性听众发表演说。当时现场约有1 000位听众,其中近乎一半是男性。1838年2月,安杰利娜在马萨诸塞州众议院,坦然自若、滔滔不绝地面对立法委员会发表了两场精彩的

---

① 即“弗朗西丝·赖特”(Frances Wright),生活于19世纪上半期的激进社会改革者。后文将会详细述及。

② 《安杰利娜·E. 格里姆克致简·史密斯(1836年12月17日)》(“Angelina E. Grimké to Jane Smith, Dec. 17, 1836”),拉里·切普莱尔编《萨拉·格里姆克和安杰利娜·格里姆克公开活动时期:作品选编(1835—1839)》(Larry Ceplair, ed., *The Public Years of Sarah and Angelina Grimké: Selected Writings, 1835 – 1839*),纽约:哥伦比亚大学出版社,1989年,第88—89页。

③ 《安杰利娜·E. 格里姆克和萨拉·M. 格里姆克致简·史密斯(1837年1月20日)》(“Angelina E. and Sarah M. Grimké to Jane Smith, Jan. 20, 1837”),拉里·切普莱尔编《萨拉·格里姆克和安杰利娜·格里姆克公开活动时期:作品选编(1835—1839)》,第116页。

④ 《萨拉·M. 格里姆克和安杰利娜·E. 格里姆克致萨拉·道格拉斯(1837年2月22日)》(“Sarah M. and Angelina E. Grimké to Sarah Douglass, Feb. 22, 1837”),拉里·切普莱尔编《萨拉·格里姆克和安杰利娜·格里姆克公开活动时期:作品选编(1835—1839)》,第117页。

⑤ 《波士顿女性反奴隶制协会》(“Boston Female A. S. Society”),《解放者》(*The Liberator*)1837 – 06 – 09,第7卷第24期,第95页。

⑥ 《安多弗女性反奴隶制协会》(“Andover Female Anti-Slavery Society”),《解放者》1837 – 08 – 25,第7卷第35期,第139页;《波塔基特女性反奴隶制协会》(“Pawtucket Female A. S. Society”),《解放者》1838 – 01 – 19,第8卷第3期,第10页。

演说。至此,她们已经能够自信地面对听众,连续不断地讲上一个半到两个小时。仅至 1837 年 10 月时,姐妹俩已在波士顿、布鲁克莱恩(Brookline)、林恩、塞勒姆(Salem)、纽伯里波特(Newburyport)、南丹弗斯(South Danvers)、布拉德福德(Bradford)、黑弗里尔(Haverhill)、安多弗、洛厄尔(Lowell)、伍斯特(Worcester)等 52 个城镇发表过演说,有些地方还不止一场。不过,她们所到之处并非都是掌声与鼓励,也遇到过挫折与反对:有些牧师不愿出借教堂,甚至不愿发布演说通知;有些地方则支持奴隶制,或主张黑人殖民。①

格里姆克姐妹以她们的滔滔雄辩和得体举止,更重要的是她们奴隶主的出身,赢得了赞美,也招致了批评。废奴主义者看到人头济济的会场,赞赏姐妹俩发挥了她们的价值,宣称"无论她们去到哪里,她们都能唤起人们对不幸的奴隶的深切而强烈的兴趣"②。另一篇报道则心满意足地评论道:"高贵的仪态真诚自然、姿势和举止得体、安排巧妙、论证明确、吐字发音优美悦耳,简直无可挑剔。这是我们听过最为完美无缺、值得赞赏的表演了。"③在他们看来,格里姆克姐妹是南部奴隶制的亲历者,是体面的南部仕女,她们以自身经历为基础的演说,既传播了有关奴隶制与奴隶境遇的真实信息,也极易唤起北部人的同情。废奴主义者关注的是她们与奴隶制的密切联系及其对废奴事业的意义,而不是她们的女性身份。

与此同时,新英格兰的牧师等反对者强调格里姆克姐妹身为女性,应当遵从女性的行为规范。他们捍卫已有的性别秩序,也反对废奴主义,其动机是复杂多元的。1837 年 6 月 27 日,就在格里姆克姐妹刚刚开启她们在新英格兰的演说之旅不久,"马萨诸塞公理会牧师联合会"(Massachusetts General Association of Congregational Ministers)发表了一封公开信,严厉谴责她们的行为。之后,一些牧师也在自己的布道中响应这封公开信的观点,反对格里姆克姐妹发表公开演说。④ 这封"牧师信"(pastoral letter)强调牧师的权威,以《新约》为依据阐述女性的职责,指出女性的影响力来自她的依附地位。该信把女性比作攀附的葡萄藤,宣称要是葡萄藤企图像榆树那样挺拔独立、浓荫密布,则不仅毫无结果,还将蒙羞、丢脸,跌入尘埃之中。据此,该信谴责格里姆克姐妹"以公共演说者和教师的身份巡回传教而忘乎所以","在改革措施中承担了扎

---

① 《格里姆克小姐们的工作》("Labors of the Misses Grimke"),《解放者》1837 - 07 - 07,第 7 卷第 28 期,第 110—111 页;H. C. 赖特:《格里姆克小姐们的工作》(H. C. Wright, "Labors of the Misses Grimke"),《解放者》1837 - 08 - 04,第 7 卷第 32 期,第 126 页;《多种新闻》("Multiple News Items"),《解放者》1837 - 08 - 04,第 7 卷第 32 期,第 127 页;《波士顿的是与非:波士顿女性反奴隶制协会年度报告,以及概述 1837 年某些废奴主义牧师和主张女性服从的人给奴隶解放制造的阻碍》(*Right and Wrong in Boston: Annual Report of the Boston Female Anti-Slavery Society, with A Sketch of the Obstacles Thrown in the Way of Emancipation by Certain Clerical Abolitionists and Advocates for the Subjection of Woman, in 1837*),波士顿:艾萨克·纳普,1837 年,第 60 页;《安杰利娜·E. 格里姆克致简·史密斯(1837 年 6 月)》("Angelina E. Grimké to Jane Smith, June 1837"),拉里·切普莱尔编《萨拉·格里姆克和安杰利娜·格里姆克公开活动时期:作品选编(1835—1839)》,第 145 页。黑人殖民的主张旨在把美国的自由黑人和被解放的黑人奴隶送往非洲。1816 年"美国殖民协会"(American Colonization Society)成立,标志黑人殖民成为全国性的改革运动。该协会在非洲建立了利比里亚(Liberia)殖民地。

② 《格里姆克小姐们的工作》,《解放者》1837 - 07 - 07,第 7 卷第 28 期,第 110—111 页。

③ 《女人们!》("The Women!"),《解放者》1837 - 09 - 01,第 7 卷第 36 期,第 142 页。

④ 国内学者曾将新英格兰牧师与格里姆克姐妹的这场争论置于美国女权运动发展的脉络中加以分析,参见张聚国《19 世纪 30 年代末美国有关女权的争论》,《世界历史》2013 年第 2 期。

眼和招摇的角色”。[①]

此后，报纸上经常出现类似的观点，即以女性行为规范为着眼点，批评女性发表以废奴为主题的公共演说，进而反对北部的废奴事业。有报纸撰文宣称，奴隶制问题是政治问题，不是女性应当关注的问题。女性应该专注于“缝纫、编织、弹钢琴、做馅饼、养儿育女”。像格里姆克姐妹这样向男女听众发表公共演说的行为，是篡夺男性的职权。只有两性各司其职，社会才能正常运转。[②] 还有报道指出，观众人数众多只是因为人们对来自南部州的女性发表演说感到好奇，而非真心想要理解废奴主义原则；此外，作者还质疑女性公共演说的适当性，认为此举已经越界，有违女性的温柔和得体。[③] 更有报纸讽刺她们雄辩的演说终将事与愿违：“**比起解放奴隶，她将使更多人沦为奴隶**。”[④]批评的声音既来自反对废奴的人，也来自废奴主义者群体内部。有人质疑女性发表公共演说的合理性，有人反对女性面向男女混合观众发表公共演说的适当性。可见，反对者的动机与观点难以一概而论。然而，女性公共演说因为演说者的女性身份，以及奴隶制这一争议话题而受到双重甚至多重的抨击与打压，却是不争的事实。

在当时公众心目中，范妮·赖特代表了所有公开发表演说的女性。出生于苏格兰的赖特是“美国首位就世俗和政治议题向大量男女听众发表公开演说的女性”[⑤]。1836 年，凯瑟琳·E. 比彻(Catharine E. Beecher)出版了她与友人探讨宗教问题的书信，其中包含一段对赖特的评论，反映出当时美国公众对赖特的看法。比彻按照她自己对女性气质的定义，认为赖特“非常男性化，嗓门大，打扮毫无品味，在无人陪伴的情况下四处走动，觉得没有必要接受保护，和男性一起参与唇枪舌剑的辩论，厚颜无耻地向公众发表演说”；并表示自己“无法想象还有其他女性比她还要无礼、还要令人厌恶”。[⑥] 这段评论被一家报纸特意摘录并刊登出来，[⑦]说明有人认可比彻对赖特的负面评价。因此，身为美国首位就政治话题发表公共演说的女性，赖特代表的是一种负面形象。

如前文所述，格里姆克姐妹首次发表公共演说时，她们的朋友格里特·史密斯就担心人们把这当作“范妮·赖特集会”。1837 年 8 月 20 日，安杰利娜写信给废奴主义者朋友，抱怨人们将自己与范妮·赖特相提并论：“要是我们敢于挺身而出，按照**我们自己的**良知履行自己的责

---

① 《波士顿的是与非：波士顿女性反奴隶制协会年度报告，以及概述 1837 年某些废奴主义牧师和主张女性服从的人给奴隶解放制造的阻碍》，第 45—48 页。

② 《女政客》(“Female Politicians”)，《多佛公报 & 斯特拉福德广告报》(*Dover Gazette & Strafford Advertiser*) 1837 - 10 - 10，第 12 卷第 46 期。

③ 《解放者》1837 - 10 - 27，第 7 卷第 44 期。

④ 《大大恭维》(“A Handsome Compliment”)，《宾夕法尼亚问询报和每日信使报》(*Pennsylvania Inquirer and Daily Courier*) 1837 - 10 - 17，第 17 卷第 92 期。黑体原文为斜体。

⑤ 艾莉森·M. 帕克：《表明权利：19 世纪美国女性论种族、改革和国家》(Alison M. Parker, *Articulating Rights: Nineteenth-Century American Women on Race, Reform, and the State*)，迪尔卡布：北伊利诺伊大学出版社，2010 年，第 54 页。

⑥ 凯瑟琳·E. 比彻：《关于宗教问题的书信》(Catharine E. Beecher, *Letters on the Difficulties of Religion*)，哈特福德：贝尔纳普和哈默斯利，1836 年，第 23 页。

⑦ 《快箭》(“A Well Sped Arrow”)，《俄亥俄观察者》(*The Ohio Observer*) 1836 - 08 - 11，第 10 卷第 21 期。

任,为什么要把我们和范妮·赖特相比。”她认为,这是牧师群体反对她们发表公共演说而进行的“处心积虑的阴谋”。[①] 纽约《黎明先驱报》(*Morning Herald*)刊登了格里姆克姐妹即将抵达并发表演说的通知,特别指出她们与范妮·赖特不同:“这些女士的一些观点与范妮·赖特相同,但她们富有诗意、极为虔诚,这是范妮假装不了的。此外,我们还获悉,她们相当漂亮,外貌和行动都引人注目,举止端庄娴雅。”[②]这一支持性言论意图通过强调格里姆克姐妹的女性气质,来去除人们因为赖特而产生的对女性公共演说者的刻板印象。赖特开创了女性就政治问题公开发表演说的先河,步其后尘的美国女性却极力想要撇清与她的关系,来巩固她们公共演说的权利。这一悖论恰恰说明当时女性发表公共演说的艰难与不易。女性意识到自己有权发表公共演说,也想将之用于社会改革,但她们在实践中却因为性别身份而面临阻力。

二、美国女性反奴隶制会议与女性公共演说引发的分歧

1837 年 8 月 18 日,《解放者》报(*The Liberator*)转载《奴隶解放者》报(*Emancipator*)上的一篇文章,与公众探讨格里姆克姐妹向男女听众发表公共演说的行为是否得体。在这篇文章中,作者要求发布“牧师信”的马萨诸塞牧师进一步解释“**适当的**举措”的含义:“如果她们必须远离神圣的讲道坛,那么在格里姆克小姐**本人同意**的情况下,她们在私人客厅向男士发表演说**适当**吗? 在公共马车、蒸汽船上适当吗? 在租用的礼堂呢? 在地区学校的教室呢?”[③]随后不到一年,1838 年 5 月 16 日晚上,第二次“美国女性反奴隶制会议”(Anti-Slavery Convention of American Women)部分与会者与费城民众以自己的态度与行为,代替新英格兰牧师做出了回答:即便在租用的礼堂,女性同样不应面向男女混合听众发表公共演说。

召集跨地域的美国女性反奴隶制会议,是女性废奴社团不同于同时期其他女性慈善与改革社团的重要特征,是女性废奴社团创造的“改革的**新方法**”[④]。内战前,在波士顿、费城和纽约三地女性反奴隶制协会的主导下,美国各地女性反奴隶制协会通力协作,先后在纽约(1837 年 5 月 9—12 日)和费城(1838 年 5 月 15—18 日、1839 年 5 月 1—3 日)举办了三次全国范围的美国女性反奴隶制会议。各个女性反奴隶制协会自行推选代表,自费前往集会地点。代表们在会议上提案、表决、自由讨论、交流,并在会议结束后,通过报刊和小册子向社会公众发布会议成果,传播立即废奴的观点。美国女性反奴隶制会议的召开,为女性废奴主义者提供了在家庭之外就

---

① 《安杰利娜·E. 格里姆克致西奥多·德怀特·韦尔德和约翰·格林利夫·惠蒂尔(1837 年 8 月 20 日)》(“Angelina E. Grimké to Theodore Dwight Weld and John Greenleaf Whittier, August 20, 1837”),拉里·切普莱尔编《萨拉·格里姆克和安杰利娜·格里姆克公开活动时期:作品选编(1835—1839)》,第 283 页。黑体原文为斜体。

② 《一件令人激动的新鲜事》(“A New Excitement”),《黎明先驱报》(*Morning Herald*)1838 - 03 - 28,第 3 卷第 256 期。

③ 《格里姆克小姐们》(“The Misses Grimke”),《解放者》1837 - 08 - 18,第 7 卷第 34 期,第 135 页。黑体原文为斜体。

④ 费城女性反奴隶制协会:《费城女性反奴隶制协会第五次年度报告(1839 年 1 月 10 日)》(Philadelphia Female Anti-slavery Society, *Fifth Annual Report of the Philadelphia Female Anti-Slavery Society, January 10, 1839*),费城:梅里休和汤普森,1839 年,第 5 页。黑体原文为斜体。

奴隶制问题畅所欲言的机会。

在与会代表看来，集会的目的是为了推进废奴事业、让女性有机会发声。1837 年 5 月，在首次美国女性反奴隶制会议上，萨拉·M. 格里姆克这样阐释召集会议的目标："为了使女性对反奴隶制问题感兴趣，为了在自由州的每一个村镇建立能对废除美国奴隶制产生有力影响的运作体系。"①费城女性反奴隶制协会在年度报告中更为详尽地解释道："为不同的协会提供机会，一起商议活动方式、制定联合行动的方案；同时，那些为天底下的压迫而感到愤怒的美国女性，也能有机会代表她们遭受奴役的兄弟姐妹、代表永恒的公正原则，一起高声抗议和恳求。"②然而，与会者就女性应该如何发声未能达成共识。

从一开始，美国女性反奴隶制会议就引起了社会公众的批评，批评者的着眼点在于女性的家庭职责。1837 年 5 月 18 日，《纽约观察者》报（*New-York Spectator*）发表文章讽刺上周刚刚在当地举办的美国女性反奴隶制会议及其代表，开篇引用 1675 年英国下议院议长的问话："这些女士效力于哪个自治市镇？"作者称这场会议是"亚马逊女战士的闹剧"，"主持的女神【我们还能用其他什么词？——那里没有主席——女主席（presidentesses）和女副主席（vice-presidentesses）又过于冗长，不便发出悦耳的声音】——家庭女教师——【是的，这就对了】——这些家庭女教师努力想要模仿男性公共集会的程序"。③ 作者居高临下地嘲讽这些会议代表："老姑娘把纺纱杆扔到一旁——妙龄女子把她的六弦琴扔到一旁——主妇把她的织补针扔到一旁——讨人喜欢的小说家把她的羽毛笔扔到一旁；年轻的母亲把婴儿独自留在摇篮中——厨房女仆把她的锅碗瓢盆扔到一旁——来讨论国家大事——决定国际政治的复杂问题——用精确的重量体系来权衡均势。"④对作者来说，当女性在公共礼堂自由讨论奴隶制问题时，她们便抛却了自己的家庭职责。

1838 年费城集会期间，公众的态度变得更加明朗，而与会者内部也出现了分歧。根据 1838 年波士顿女性反奴隶制协会的年度报告，5 月 16 日晚上，宾夕法尼亚礼堂举办了一场集会，玛丽亚·韦斯顿·查普曼（Maria Weston Chapman）、安杰利娜·格里姆克、阿比·凯利（Abby Kelley）、埃丝特·穆尔（Esther Moore）、柳克丽霞·科芬·莫特（Lucretia Coffin Mott）等人都作了发言。⑤ 然而，同年出版的美国女性反奴隶制会议的会议记录，并无任何关于这场集会的说

---

① 美国女性反奴隶制会议：《美国女性反奴隶制会议会议记录：1837 年 5 月 9、10、11、12 日在纽约举办》（Anti-Slavery Convention of American Women, *Proceedings of the Anti-Slavery Convention of American Women: Held in the City of New York, May 9th, 10th, 11th, and 12th, 1837*），纽约：威廉·S. 多尔，1837 年，第 3—4 页。

② 费城女性反奴隶制协会：《费城女性反奴隶制协会第四次年度报告（1838 年 1 月 11 日）》（Philadelphia Female Anti-slavery Society, *Fourth Annual Report of the Philadelphia Female Anti-Slavery Society, January 11, 1838*），费城：梅里休和冈恩，1838 年，第 5 页。

③ 《纽约观察者》（*New-York Spectator*）1837 - 05 - 18，第 15 卷第 46 期。

④ 《纽约观察者》1837 - 05 - 18，第 15 卷第 46 期。

⑤ 《波士顿女性反奴隶制协会第五次年度报告》，第 12 页。

明。会议记录显示,5 月 16 日当天,会议议程仅涉及上午的安排。① 同样,派遣众多代表出席会议的费城女性反奴隶制协会,在年度报告中谈论 1838 年美国女性反奴隶制会议时,也没有提到 16 日晚上的这场集会。② 其间的出入该如何解释? 是无意的疏漏,还是有意的选择? 宾夕法尼亚礼堂协会出版的小册子《宾夕法尼亚礼堂的历史》,为我们揭示了其中的原委。5 月 16 日白天,有人向该协会理事提出申请,想要在晚上使用礼堂,举办一场公共集会,届时安杰利娜・格里姆克与玛丽亚・查普曼等人将发表演说。当时,协会了解到这场会议属于正在费城召开的美国女性反奴隶制会议的一部分。不过,后来他们才得知,由于很多与会者不同意女性向男女混合听众发表演说,晚上的这场会议并不是以美国女性反奴隶制会议的名义召集的。③ 因此,正式出版的会议记录中对这场集会只字不提,这种处理方式可以看作是对与会代表意见分歧的妥协。费城女性反奴隶制协会在其年度报告中的沉默,表明该协会总体上也反对女性向混合听众发表演说。

不仅部分与会女性废奴主义者反对女性发表公共演说,在整个集会期间,费城公众制造的骚乱也表明了公众意见的方向。会议期间,会场外的人群不停地用石头砸礼堂的窗户,会场里也有捣乱者反复恐吓听众。第一位演说者是威廉・劳埃德・加里森(William Lloyd Garrison),当他讲完落座后,会场内的捣乱者想要掀起混乱。这时,来自波士顿的玛丽亚・韦斯顿・查普曼起身,向听众挥手,示意他们安静下来,并介绍下一位演说者,也就是当时已经与废奴主义者西奥多・韦尔德(Theodore Weld)结为连理的安杰利娜・格里姆克・韦尔德。尽管会场被暴民包围,伴随着呼喊声和不时砸进来的石头,安杰利娜・韦尔德沉着冷静又不失雄辩地表达了自己的观点。她反复质问"北部与奴隶制有什么关系?""北部能够做什么?""我们能够做什么?"她呼吁费城和全国的女性采取行动,投身请愿活动。在她之后,马萨诸塞州林恩县的阿比・凯利和费城的柳克丽霞・科芬・莫特都发表了讲话。莫特特别谈到,目前的状况并非一些人所想象的女性反奴隶制会议。她们的会议之所以限制在女性群体中,是因为很多与会代表认为女性向混合听众发表演说有失体统。对此,她表示,"希望这种有关女性温柔得体的错误观点在美国这个开明的国家不再流行"。④ 公众的愤怒并未因这场集会的结束而消散。第二天(17 日),美

---

① 美国女性反奴隶制会议:《美国女性反奴隶制会议会议记录: 1838 年 5 月 15、16、17、18 日在费城举办》(Anti-Slavery Convention of American Women, *Proceedings of the Anti-Slavery Convention of American Women, Held in Philadelphia, May 15th, 16th, 17th, and 18th, 1838*),费城: 梅里休和冈恩,1838 年,第 4—6 页。

② 费城女性反奴隶制协会:《费城女性反奴隶制协会第五次年度报告(1839 年 1 月 10 日)》,第 5 页。

③ 宾夕法尼亚礼堂协会:《宾夕法尼亚礼堂的历史: 被暴民毁于 1838 年 5 月 17 日》(Pennsylvania Hall Association, *History of Pennsylvania Hall, Which Was Destroyed by a Mob, on the 17th of May*, 1838),费城: 梅里休和冈恩,1838 年,第 117 页。

④ 宾夕法尼亚礼堂协会:《宾夕法尼亚礼堂的历史: 被暴民毁于 1838 年 5 月 17 日》,第 117—127 页。安杰利娜・韦尔德的这篇演说还被收录在格尔达・勒纳《来自南卡罗来纳的格里姆克姐妹: 妇女权利运动和废奴运动的先驱》,第 270—274 页;拉里・切普莱尔编《萨拉・格里姆克和安杰利娜・格里姆克公开活动时期: 作品选编(1835—1839)》,第 318—323 页;凯瑟琳・基什・斯克拉《妇女权利运动产生于反奴隶制运动(1830—1870): 简史与文献》,第 153—156 页。

国女性反奴隶制协会整个白天都在使用宾夕法尼亚礼堂开会。大量民众聚集在建筑物周围,高喊“终止会议”。下午集会时,会场外的喧嚣甚至盖过了演说者的声音。人们向离开会场的与会代表扔了“**石头、泥巴、土豆、洋葱**等任何随手拿到的东西”。当天晚上,民众放火烧毁了这座礼堂。①

当然,女性向男女混合听众发表演说并非导致费城民众暴乱的唯一因素。美国女性反奴隶制会议接受黑人女性代表这一事实,也是促成暴乱的原因之一。此外,在美国女性废奴主义者发表公共演说的场合,黑人男性、女性与白人男性、女性夹杂在一起,同样触动了费城白人民众的神经。1839 年召集会议前夕,费城市长曾登门拜访柳克丽霞·莫特,询问会议召集的地点、是否只有女性出席、是否有黑人女性参与、是否只在白天进行、会议要举办多久等问题。为了避免暴乱再次发生,市长建议莫特,在白天他安排人看守的地点集会,并尽早结束会议;而且避免与黑人并肩行走。② 费城市长关切询问的种种细节,实际上就反映出引起民众暴乱的多种因素。此外,当时还出现了一幅题为“废奴礼堂”的讽刺画,将 1838 年第二次美国女性反奴隶制会议期间的宾夕法尼亚礼堂描绘成“种族混合的妓院”③。因此,这就变成了一个性别与种族相互交织的复杂问题。

1835 年 4 月 11 日下午,受波士顿女性反奴隶制协会的邀请,英国废奴主义者乔治·汤普森发表演说,听众多达千人。他在当天的日记中信心满满地写道:“对我来说,这场集会证明了奴隶制即将终结。一个城市中一千名女性在家庭之外聚集起来,一起聆听一个使人激动不安、不得人心的问题的讨论!就让参议员轻视反奴隶制事业,让密谋的政治家忙着树立和推倒偶像,让牧师沉默不语;就让奴隶主胡说八道;我看到这个国家的女性行动起来了,对此我坚信不疑。”④如果单单是美国女性集会聆听废奴演说,就让汤普森对废奴事业信心满怀,那么美国女性废奴主义者却另有打算,她们不满足于听众的角色,想要自己集会、发声。美国女性反奴隶制会议既为美国女性提供了自由讨论的空间,也进一步暴露社会公众(包括女性废奴主义者)在女性公共演说问题上的分歧。尽管面临重重阻力,一旦成为公共演说者,美国女性便不愿意放弃这一身份了。

三、性别视野下的女性公共演说及其意义

公共演说的传统能够上溯到古代希腊、罗马,其绵长的历史源流、强烈的政治性质导致这种

① 《波士顿女性反奴隶制协会第五次年度报告》,第 12—15 页。黑体原文为斜体。

② 美国女性反奴隶制协会:《美国女性反奴隶制会议会议记录:1839 年 5 月 1、2、3 日在费城举办》(Anti-slavery Convention of American Women, *Proceedings of the Third Anti-Slavery Convention of American Women, Held in Philadelphia, May 1st, 2[n]d and 3[r]d, 1839*),费城:梅里休和汤普森,1839 年,第 6 页。

③ 菲利普·洛普尚斯基:《生动的不和:主张废奴和反对废奴的图像》(Phillip Lapsansky, “Graphic Discord: Abolitionist and Antiabolitionist Images”),琼·费根·耶林、约翰·C. 范霍恩编《废奴主义姐妹情谊:美国内战前的女性政治文化》,第 226 页。

④ 格拉斯哥女性附属奴隶解放协会:《三年来英国和美国的女性反奴隶制活动》,第 17 页。

表达形式带有明显的性别界限。相较于女性在新兴印刷文化中的活跃表现,[①]女性发表公共演说面临更广泛、更强劲的阻碍。为了争取并维护公共演说的权利,美国女性付出了很多努力。女性废奴社团在这一过程中起到了不容忽视的作用,为女性废奴主义者提供了公共演说的机会与支持,推动了废奴事业的发展,拓宽了女性公共参与的维度。

自殖民地时期以来,美国女性在一定程度上拥有发表公共演说的自由。一方面,美国早期女性布道的宗教传统为之后女性改革者发表公共演说奠定了基础。根据美国学者迈克尔·W.凯西(Michael W. Casey)的研究,当 19 世纪初第一批女性世俗演说者开始出现的时候,女性演说已经积累了 200 年的传统。女性布道者以四种方式构筑起这一传统:第一,以先知的身份确立自己的权威;第二,依据《圣经》来捍卫自己演说的权利;第三,抨击父权制和种族主义的打压;第四,帮助建立地方布道,强调口头表达。凯西还指出,这些女性布道者开创的传统为 19 世纪初期的女性公共演说者提供了策略资源。[②] 但在殖民地时期,这些为数不多的女性布道者常常面临骚扰和惩罚;[③]时人认为这些女性"越界"了,威胁到家庭和社会的秩序与安宁。[④]

另一方面,18 世纪末 19 世纪初,一些精英家庭出身的女孩能够得到演说方面的教育和训练。无论是公立学校,还是专门的女子学园,都为女学生开设了传授演说技巧的课程。这些课程的内容与男性接受的教育几乎是一样的。女学生能够在学校展示或在毕业典礼上致辞,施展习得的演说技能,向家长和公众展现她们在教育上的进步。[⑤] 18 世纪 80 年代至 19 世纪初,一些由女学生撰写和发表的优秀演说,还刊登在书籍、杂志和报纸上,从而得到更广泛的传播。[⑥]教育者虽然为部分女性提供演说技巧的训练,但又对此施加重重束缚。父母和教科书编辑常常告诫男孩和女孩,尤其是女孩,不受控制的演说是有害的;教科书有时会给女性演说划定界限,警告女性读者,追求掌声会危及女性气质。[⑦] 因此,19 世纪最初十年,当有关女性公共角色的话语发生改变、社会强调女性言语应谦卑时,出版女学生毕业典礼演说的做法逐渐消失;女学生也

---

① 关于这一时期女性与印刷文化的研究,参见贝瑟-莫妮卡·斯特恩斯《改革期刊与女性改革者,1830—1860 年》(Bertha-Monica Stearns, "Reform Periodicals and Female Reformers, 1830 - 1860"),《美国历史评论》(*The American Historical Review*)第 37 卷第 4 期(1932 年 7 月),第 678—699 页;埃米·贝丝·阿伦森《自作主张:美国早期女性杂志及其读者》(Amy Beth Aronson, *Taking Liberties: Early American Women's Magazines and Their Readers*),韦斯特波特和伦敦:普雷格出版社,2002 年;张晓梅《美国建国初期妇女在印刷文化中的参与及其意义》,《史学集刊》2014 年第 1 期;笔者的文章《内战前美国女性禁酒报纸与女性的公共参与》,《史学集刊》2022 年第 4 期。

② 迈克尔·W. 凯西:《美国第一批女性公共演说家(1630—1840):追寻平等主义基督教原始主义》(Michael W. Casey, "The First Female Public Speakers in America (1630 - 1840): Searching for Egalitarian Christian Primitivism"),《交流与宗教杂志》(*Journal of Communication and Religion*)第 23 卷第 1 期(2000 年 3 月),第 2、23 页。

③ 罗斯玛丽·扎加里:《革命的反冲:美国建国初期的女性和政治》(Rosemarie Zagarri, *Revolutionary Backlash: Women and Politics in the Early American Republic*),费城:宾夕法尼亚大学出版社,2007 年,第 72 页。

④ 简·凯梅斯基:《控制舌头:新英格兰早期的说话政治》(Jane Kamensky, *Governing the Tongue: The Politics of Speech in Early New England*),纽约和牛津:牛津大学出版社,1997 年,第 71—98 页。

⑤ 卡罗琳·伊斯门:《演说者的国度:美国革命后美国公众的塑造》(Carolyn Eastman, *A Nation of Speechifiers: Making an American Public after the Revolution*),芝加哥和伦敦:芝加哥大学出版社,2009 年,第 8、11 页。

⑥ 卡罗琳·伊斯门:《演说者的国度:美国革命后美国公众的塑造》,第 54 页。

⑦ 卡罗琳·伊斯门:《演说者的国度:美国革命后美国公众的塑造》,第 56、71—72 页。

很少在学校展示演出和在毕业典礼上发表演说。即使公立学校和女子学园继续开设演说与修辞方面的课程，但是女学生只能够在文学社团、辩论俱乐部等学校内部的团体活动上运用这一技能。① 与此同时，在女子学园之外，有些地方也允许普通女性在独立日庆典上发表公共演说。在这样的场合，发言的女性通常以美国独立为主题，有时也会就女性的爱国权利、角色和责任发表自己的观点。② 由此可见，美国建国初期的社会习俗并非自始便反对女性发表公共演说；在划定的界限内，社会公众和教育者也曾支持女性公开演说。

尽管女性公共演说具有宗教传统，社会习俗也有限度地鼓励女性公开演说，然而，公共演说的悠久历史与政治性质都蕴含了排斥女性的因素。美国建国初期的公共演说受到古典修辞理论与实践的深刻影响。古典修辞学者提出了三种演说类型：说明性质、协商性质和法庭性质。说明性演说，即公共庆典上的演说，“旨在庆贺特殊场合，以赞扬或谴责的演说来重申公共价值，建立和推进对公共人物的集体记忆”；协商性演说，即政治会议上的演说，演说者通过辩论“决定国家政策的重大问题，帮助建立国家个性”；法庭演说则涉及“以起诉或辩护演说来处理公正和不公正的事务”。这三种类型也体现了美国早期演说的状况。③ 这些演说发生的空间分别是公共场合、议会和法庭。根据当时的性别规范，这些空间理论上排斥女性。长期以来，无论是教堂布道坛上的牧师，还是议会中的政治代表，抑或是法庭上的律师，在公共和政治场合滔滔不绝的都是白人男性。因此，上溯到古典时期的公共演说传统，具有显而易见的性别界限，阻碍了女性发表公共演说。

此外，公共演说具有鲜明的政治性质，也是女性发表公共演说遭到批评的重要因素。美国革命以前，唯一面向公众的世俗演说仅有法庭上的法律辩论。④ 革命期间，演说成为北美主要的政治手段，是最具影响力的一种口头表达形式。⑤ 革命领袖打破演说的传统模式，尝试向公众发表演说，其中尤以律师居多。⑥ 激情澎湃的公共演说能够激发公众的爱国热情，促使他们支持北美的独立事业。建国后，公共演说依旧在政治生活中发挥重要作用。1805 年，约翰·昆西·亚当斯(John Quincy Adams)担任哈佛大学首位博伊尔斯顿修辞和讲演讲席教授。他在就职演说中侃侃而谈演说对于公民与共和国的重要意义：“在纯粹的共和政府之下，每个公民都对国家事务有着浓厚的兴趣，在公共集会或其他场合，有办法和机会表达他的观点，以演说的方式传递他的看法；政府本身除了劝说之外没有其他武器；偏见还未占据主流地位，党派斗争仍维持

---

① 卡罗琳·伊斯门：《演说者的国度：美国革命后美国公众的塑造》，第 55、77、79 页。

② 罗斯玛丽·扎加里：《革命的反冲：美国建国初期的女性和政治》，第 72—73 页。

③ 詹姆斯·M. 法雷尔：《“希腊、罗马名声至上”：美国殖民地时期与建国初期的古典修辞》(James M. Farrell, “‘Above all Greek, above all Roman fame’: Classical Rhetoric in America during the Colonial and Early National Periods”)，《国际古典传统杂志》(*International Journal of the Classical Tradition*)第 18 卷第 3 期(2011 年 9 月)，第 417—420 页。

④ 理查德·D. 布朗：《知识就是权力：美国早期信息的传播(1700—1865)》(Richard D. Brown, *Knowledge Is Power: The Diffusion of Information in Early America, 1700–1865*)，纽约和牛津：牛津大学出版社，1989 年，第 12 页。

⑤ 桑德拉·M. 古斯塔夫森：《雄辩就是权力：美国早期的讲演术和表演》(Sandra M. Gustafson, *Eloquence Is Power: Oratory & Performance in Early America*)，教堂山和伦敦：北卡罗来纳大学出版社，2000 年，第 xxiii、xxv 页。

⑥ 桑德拉·M. 古斯塔夫森：《雄辩就是权力：美国早期的讲演术和表演》，第 141 页。

和睦的氛围;雄辩的声音发出之后不会毫无结果。”[①]他相信,演说是公民就公共事务表达自己观点、塑造公众意见的渠道,与政治民主密切相关。

考虑到公共演说的性别界限,女性想要就政治议题发表公共演说,显然比参与正在兴起的印刷文化困难得多。白人男性深知,谁能在公共场合发声,谁就更有可能掌握影响他人与公共政策的权力。为了维护这项特权,白人男性不仅严格控制女性发表公共演说,还限制印第安人、黑人发表公共演说。[②] 因此,即便社会公众能够接受女性以作者的身份撰写、发表文章,却难以容忍女性以演说者的身份公开发表演说。这种态度与看法清楚地体现在凯瑟琳·E. 比彻批判范妮·赖特的言论中。比彻本人是一位著作颇丰、名声在外的作家,撰写并出版了若干小册子,公开探讨奴隶制、宗教、女性角色等政治与社会问题。但是,她仍然强烈谴责赖特抛头露面发表公共演说,认为女性应当“避免哗众取宠和公众的注视”[③]。在她看来,写作与发表符合女性气质,暴露在公众目光之下的公共演说则完全有悖顺从、谦卑的女性气质。她的看法体现出女性群体内部在这一问题上的分歧,也部分表露出社会公众对待女性公共演说的矛盾心态。问题的关键实际上不在于构成女性气质的具体内容,而在于谁拥有权力定义女性气质。具有讽刺意义的是,饱受争议的女性公共演说正是女性有可能掌握权力、重新定义女性气质的重要手段。

在奴隶制的衬托下,女性废奴主义者对自由与权利,特别是发表演说的权利,有着深切的认识与感知。波士顿女性反奴隶制协会在年度报告中,把反奴隶制运动视为“自由和奴隶制争取民众倾听的斗争”;她们指出,“民众有权了解并自行作出判断,而牧师却想要以他们自己的判断作为最终的决断”。[④] 在这一基础上,她们进而强调,她们有权利让公众知晓她们集会的通知,因为这是“我们自由讨论权利的一部分”[⑤]。数年后,该协会在年度报告中宣称,废奴主义者能够借助自由演说传达她们的“诚挚认真与全心全意”:“那些无视我们观点力量的人,必须感受我们的热情;每个人心中都承认,受到好事情的影响本身就是好事情”。[⑥] 安杰利娜·格里姆克在首次女性反奴隶制会议上提出决议,主张女性有责任投身奴隶事业,有权利采用演说、写作、捐款等各种方式来支持废奴运动。这一主张得到莫特的附议,经过激烈争论后最终被会议采纳。[⑦]

---

① 约翰·昆西·亚当斯:《面向哈佛大学三年级、四年级学生的关于修辞和讲演术的讲座》第 1 卷(John Quincy Adams, *Lectures on Rhetoric and Oratory, Delivered to the Classes of Senior and Junior Sophisters in Harvard University*, Vol. 1),剑桥:希利亚德和梅特卡夫,1810 年,第 30—31 页。

② 桑德拉·M. 古斯塔夫森:《雄辩就是权力:美国早期的讲演术和表演》,第 xix 页。

③ 凯瑟琳·E. 比彻:《关于宗教问题的书信》,第 22 页。

④ 《波士顿的是与非:波士顿女性反奴隶制协会年度报告,以及概述 1837 年某些废奴主义牧师和主张女性服从的人给奴隶解放制造的阻碍》,第 29 页。

⑤ 《波士顿的是与非:波士顿女性反奴隶制协会年度报告,以及概述 1837 年某些废奴主义牧师和主张女性服从的人给奴隶解放制造的阻碍》,第 30 页。

⑥ 《波士顿女性反奴隶制协会第八次年度报告(1841 年 10 月 13 日提交)》,第 22 页。

⑦ 多萝西·斯特林编:《翻天覆地:美国女性反奴隶制会议,1837 年 5 月 9—12 日在纽约市举行》(Dorothy Sterling, ed., *Turning the World Upside Down: The Anti-Slavery Convention of American Women, Held in New York City, May 9–12, 1837*),纽约:纽约市立大学女性主义出版社,1987 年,第 13 页。

基于这种认识,公共演说成为各个女性废奴社团日常开展的重要活动之一。这些社团不仅邀请男性废奴主义者为社团成员发表演说,雇佣男性作为废奴代理人,组织反奴隶制讲座,还委托女性担任公共演说者甚至代理人。英国废奴主义者乔治·汤普森在美国的主要活动,即向美国各个女性慈善社团发表演说,传达英国女性反奴隶制社团的进展,鼓励美国女性加入废奴事业。① 波士顿女性反奴隶制协会也经常邀请美国废奴主义者亨利·B. 斯坦顿(Henry B. Stanton)在社团会议上发表演说。② 发表公共演说不仅能够激发民众对废奴事业的兴趣,还能够有效地筹集资金。1837 年,斯坦顿为该协会发表公共演说,筹得 100 美元。③ 同时,波士顿女性反奴隶制协会还以 1 000 美元雇佣阿莫斯·A. 费尔普斯(Amos A. Phelps)作为废奴代理人,在波士顿周边发表巡回演说。费尔普斯是正统派公理会牧师,他的妻子夏洛特·费尔普斯(Charlotte Phelps)正是波士顿女性反奴隶制协会的首任主席和终身成员。④ 除了邀请知名废奴主义者演说、雇佣代理人之外,举办讲座也是女性废奴社团运用公共演说的重要方式。费城女性反奴隶制协会借助举办讲座,来提高成员对废奴事业的兴趣、吸引新成员。⑤ 波士顿女性反奴隶制协会也在 1842 年的年会上通过决议,以奴隶制的各个方面为主题,举办 12 场系列讲座。⑥

最重要的是,女性废奴社团为女性公共演说者提供了机会与支持。除了前文提及的赖特,在格里姆克姐妹之前,自由黑人女性玛丽亚·斯图尔特(Maria Stewart)被称为首位面向公众发表公共演说的美国女性。1832—1833 年期间,斯图尔特在波士顿发表了四场公共演说,从宗教立场主张种族和性别平等。由于没能在黑人和白人群体中得到支持,斯图尔特在 1833 年末失望地离开波士顿,移居纽约,此后很少发表公开演说。⑦ 赖特和斯图尔特公共演说生涯的坎坷,凸显了女性废奴社团对女性公共演说者的重要意义。如前所述,波士顿女性反奴隶制协会最早

---

① 格拉斯哥女性附属奴隶解放协会:《三年来英国和美国的女性反奴隶制活动》,第 12—17 页。

② 《波士顿女性反奴隶制协会第五次年度报告》,第 21 页;《波士顿女性反奴隶制协会第六次年度报告》(*Sixth Annual Report of the Boston Female Anti-slavery Society*),波士顿: 道和杰克逊,1839 年,第 4 页。

③ 《波士顿的是与非: 波士顿女性反奴隶制协会年度报告,以及概述 1837 年某些废奴主义牧师和主张女性服从的人给奴隶解放制造的阻碍》,第 83 页。

④ 《波士顿的是与非: 波士顿女性反奴隶制协会年度报告,以及概述 1837 年某些废奴主义牧师和主张女性服从的人给奴隶解放制造的阻碍》,第 25、27 页;《玛丽·格鲁小姐致阿莫斯·A. 费尔普斯夫人,1834 年 4 月 12 日》("From Miss Mary Grew to Mrs. Amos A. Phelps, April 12th 1834"), https://ia801301.us.archive.org/2/items/copyoflettertode00bost/39999032921692.pdf, 2018 - 05 - 11。

⑤ 费城女性反奴隶制协会:《费城女性反奴隶制协会第六次年度报告(1840 年 1 月 9 日)》(Philadelphia Female Anti-slavery Society, *Sixth Annual Report of the Philadelphia Female Anti-Slavery Society, January 9, 1840*),费城: 梅里休和汤普森,1840 年,宾夕法尼亚历史协会数字图书馆: https://digitallibrary.hsp.org/index.php/Detail/objects/10682#, 2018 - 03 - 23,第 6 页。

⑥ 萨拉·H. 索思威克:《波士顿女性反奴隶制协会第九次年会》(Sarah H. Southwick, "Ninth Annual Meeting of the Boston Female Anti-Slavery Society"),《解放者》1842 - 10 - 21,第 10 卷第 42 期,第 167 页。

⑦ 参见玛丽莲·理查森编《玛丽亚·W. 斯图尔特: 美国首位黑人女性政治作家,散文和演说》(Marilyn Richardson, ed., *Maria W. Stewart: America's First Black Woman Political Writer, Essays and Speeches*),布卢明顿和印第安纳波利斯: 印第安大学出版社,1987 年,第 xiii—xvi 页;凯瑟琳·基什·斯克拉《妇女权利运动产生于反奴隶制运动(1830—1870): 简史与文献》,第 10—11 页。

邀请格里姆克姐妹发表演说，同时也致信新英格兰各地女性反奴隶制协会，恳请她们尽力帮助格里姆克姐妹在当地举办演说。在新英格兰牧师发布"牧师信"后，协会成员更是公开声援格里姆克姐妹的行动："我们每个人都愿意说，'只要你们高贵的名字、财产和声誉受到威胁，我乐意把自己的名字、财产和声誉置于同样境地'。"①纽约州"尤蒂卡女性反奴隶制协会"（Utica Female Anti-Slavery Society）还再三向当时已经结婚的安杰利娜·格里姆克发出邀请，殷切希望她能够前去发表演说："要是你在奴隶事业的女性同道，再次坚持请求你同意发表演说，谈论她们对可怜的奴隶的责任，你可别认为她们唐突无礼、不切实际。"②费城女性反奴隶制协会则在第三次年度报告中颇感自豪地披露，她们的一位成员有幸成为"美国反奴隶制协会"（American Anti-Slavery Society）的代理人，负责"通过社交圈子、炉边交谈，或者通过更为公开的教导，致力于让北部女性相信，她们与奴隶制有关，劝说她们即刻采取行动"。不过，协会成员也预感到，这将是一项备受争议的重任：有人会感到惊讶，不少人更是会公然抨击，因为这种做法"有违女性的身份"。③

在女性废奴社团支持下的女性公共演说，推动了废奴运动的进展。美国废奴运动研究的翘楚马尼沙·辛哈（Manisha Sinha）如此评价女性在废奴运动中的角色："女性是废奴运动中担当重任的普通工作者，更引人争议的是，她们还是领袖和演说者。"④公共演说无疑成为女性废奴主义者投身废奴事业的主要方式。格里姆克姐妹的演说在新英格兰公众中间引起强烈反响，一些女性废奴社团因之成立，很多人从无动于衷的旁观者转变为废奴事业的支持者，还有一些听众为南部奴隶留下同情的泪水。⑤ 19 世纪 30 年代末，格里姆克姐妹在安杰利娜结婚生子后退出了公共演说的舞台。但阿比·凯利以其在 1838 年女性反奴隶制会议上的出色表现，让西奥多·韦尔德印象深刻，被指定为安杰利娜·格里姆克的继任者。⑥ 1843—1844 年期间，凯利成为美国反奴隶制协会的代理人，1854 年成为该协会的总代理人，并一直工作到 1860 年。凯利、露西·斯通（Lucy Stone）、苏珊·B. 安东尼（Susan B. Anthony）等其他女性废奴主义者继续以

---

① 《波士顿的是与非：波士顿女性反奴隶制协会年度报告，以及概述 1837 年某些废奴主义牧师和主张女性服从的人给奴隶解放制造的阻碍》，第 42、60 页。

② 《尤蒂卡女性反奴隶制协会致安杰利娜·G. 韦尔德（1838 年 6 月 15 日）》（"Utica Female Anti-Slavery Society to Angelina G. Weld, June 15th, 1838"），吉尔伯特·H. 巴恩斯、德怀特·L. 杜蒙德编《西奥多·德怀特·韦尔德、安杰利娜·格里姆克·韦尔德和萨拉·格里姆克的书信（1822—1844）》（Gilbert H. Barnes and Dwight L. Dumond, eds., *Letters of Theodore Dwight Weld, Angelina Grimké Weld and Sarah Grimké, 1822 - 1844*），格洛斯特：彼得·史密斯，1965 年，第 682 页。

③ 费城女性反奴隶制协会：《费城女性反奴隶制协会第三次年度报告（1837 年 1 月 1 日）》（Philadelphia Female Anti-slavery Society, *Third Annual Report of the Philadelphia Female Anti-Slavery Society, January 1, 1837*），费城：梅里休和冈恩，1837 年，第 6—8 页。

④ 马尼沙·辛哈：《奴隶的事业：一部废奴史》（Manisha Sinha, *The Slave's Cause: A History of Abolition*），纽黑文和伦敦：耶鲁大学出版社，2016 年，第 2 页。

⑤ 《S. M. 格里姆克和 A. E. 格里姆克启程》（"Departure of S. M. And A. E. Grimke"），《解放者》1838 - 04 - 27，第 8 卷第 17 期，第 67 页。

⑥ 马尼沙·辛哈：《奴隶的事业：一部废奴史》，第 283 页。

代理人的身份开展公共演说事业，在美国北部大大小小的城镇发表公共演说，传播立即废奴理念。[1] 其中也包括索杰纳·特鲁斯（Sojourner Truth）和弗朗斯·哈珀（France Harper）等黑人女性公共演说者。[2]

在格里姆克姐妹发表公共演说引起轩然大波的时候，有读者致信加里森，支持女性公开发表演说。他写道："我们的宪法规定，'国会不应立法损害言论或出版自由'。我们承认女性的出版自由。那为什么我们剥夺她们的言论自由？"[3]与新兴的印刷文化相比，历史悠久的公共演说承载了更为深厚的政治与性别内涵。因此，尽管女性有着宗教布道的传统与学校教育的训练，她们在实际生活中仍然很少能够就世俗事务发表公共演说。得益于女性废奴社团提供的空间和机会，女性能够以公共演说者甚至专业代理人的身份，发表公共演说，用自己的声音和观点影响公众意见，推动废奴事业发展，更广泛、更深入地参与到公共生活中。

女性废奴主义者以公共演说为手段，塑造公众意见的同时也重新定义了女性的公共角色。女性废奴社团在这个过程中发挥了关键作用。在波士顿、费城、纽约三地女性反奴隶制协会的带领下，女性废奴社团不仅促成格里姆克姐妹巡回演说取得成功，还突破地域界限组织全国范围的女性反奴隶制会议。在女性废奴社团鼓励与支持下的女性废奴演说，动摇了公共演说的性别界限。到 19 世纪 50 年代，公共演说也成为女性禁酒改革者的重要手段。美国内战前，女性公共演说已经不再是"太阳底下的新鲜事"。从现身到发声，从书面表达到口头表达，女性公共参与的范围和程度都得到了发展。

（本文原刊于《史学月刊》2022 年第 4 期）

作者简介：

鲁迪秋，复旦大学历史学博士，现为上海师范大学人文学院世界史系青年教师，主要研究方向为美国史、女性与性别史，侧重社会性别视野下的公民身份研究、女性志愿社团研究等方面。2017—2018 学年，受中美富布赖特联合培养博士生项目资助，在美国弗吉尼亚大学访学。近年来代表作包括：《美国建国初期女性慈善社团与白人女性公民身份的初步建构：以波士顿科班社为中心的考察》，《世界历史》2020 年第 1 期；《中国学者关于美国早期史上民主问题的研究（2007—2017）》，《史学月刊》2018 年第 10 期。

---

① J. R. 奥德菲尔德：《联系在一起的纽带：改革时代的跨大西洋废奴运动（1820—1865）》（J. R. Oldfield, *The Ties That Bind: Transatlantic Abolitionism in the Age of Reform, c. 1820 - 1865*），利物浦：利物浦大学出版社，2020 年，第 80—82 页。

② 玛丽莲·理查森编：《玛丽亚·W. 斯图尔特：美国首位黑人女性政治作家，散文和演说》，第 xiv 页。

③ E. B. K.：《女性的言论自由》（E. B. K.，"Female Liberty of Speech"），《解放者》1837 - 10 - 20，第 7 卷第 43 期，第 170 页。

伊丽莎白一世时期伦敦的食物危机与社会治理*

冯雅琼

摘　要： 伊丽莎白一世时期，伦敦作为英国政治、经济与文化中心，对外来人口有着巨大吸引力，食物需求量随之达到空前规模。日益发达的市场贸易、优渥的水陆运输条件以及物产丰饶的周边地区，通常能够保障伦敦的食物供应。然而在16世纪八九十年代荒歉时期，英国各地区普遍面临食物匮乏的困扰，高度依赖市场的伦敦居民无法像往常那样获取充足、廉价的食物，不满之声不绝于耳，铤而走险者亦不罕见。食物危机不仅关乎经济社会的发展，更直接危及伦敦乃至整个英国社会秩序的稳定，故引起伊丽莎白政府与伦敦市政当局等的高度重视。伦敦食物危机之应对，有赖于从中央到地方各类行为主体的合作，体现了伊丽莎白一世时期社会治理的基本特征。

关键词： 伊丽莎白一世　伦敦　食物危机　社会治理

在前现代社会，周期性的食物短缺是时常面临的严峻问题，也是人类生存危机的一大诱因。随着外来人口源源不断地涌入，近代早期伦敦的食物需求量达到了前所未有的规模。据统计，1600年伦敦需要的谷物数量是1500年的3倍，1700年又达到1600年的3倍。① 在正常年份，伦敦食物需求可依靠周边地区得到满足，并且对这些地区农业商品化和专业化的发展起到促进作用。而在荒歉时期，伦敦超高的食物需求难免与其他地区希望将更多食物用于供给当地的考量发生矛盾。在伊丽莎白一世统治后半期，尤其是16世纪八九十年代，英格兰普遍遭遇食物短缺乃至饥荒，伦敦无法像往常那样获取充足、廉价的食物，民众怨声载道，社会秩序岌岌可危。尽管当时伦敦也发生了一些骚乱，但与同时期的法国相比，食物危机给英国社会秩序造成的破坏要小得多，其原因值得深思。同时，危机的发生以及应对，也最能检验一个社会的治理能力和成效。

---

*　本文系国家社科基金青年项目“近代早期英国的食物危机与社会治理研究”（项目批准号：21CSS006）的阶段性成果。

①　N. S. B. Gras, *The Evolution of the English Corn Market*, Cambridge, Mass.: Harvard University Press, 1926, p. 76.

基于伦敦在近代早期英国的重要地位，有关其食物供应问题的研究比较丰富且由来已久。20 世纪上半叶，加拿大史学家格拉斯（N. S. B. Gras）的著作《英国谷物市场的演化》[①]和英国学者费希尔（F. J. Fisher）的论文《伦敦食品市场的发展，1540—1640 年》[②]，为我们了解近代早期伦敦食物市场的发展以及不同年份的食物来源提供了具体数据。此外，学者们在考察近代早期英国的城市发展和商贸活动时，多会涉及伦敦的食物供应问题。如英国史学家克拉克（P. Clark）和保罗·斯莱克（P. Slack）的《过渡时期的英国城市》[③]、以研究近代早期英国贫困问题见长的史学家贝耶尔（A. L. Beier）和城市史家芬利（R. Finlay）主编的《1500—1700 年的伦敦：都会的形成》[④]、史学家帕顿（J. Patten）的《1500—1700 年的英国城镇》[⑤]，以及国内学者赵秀荣的《1500—1700 年英国商业与商人研究》[⑥]、张卫良《英国社会的商业化历史进程：1500—1750》[⑦]、谢丰斋的《比较中西方古代城市的粮食供应》[⑧]等。不过总体而言，学者们多关注正常年份伦敦的食物问题，对于危机时期尤其是荒歉年份伦敦的食物状况则着墨较少。于美玲在硕士学位论文《16—18 世纪中期伦敦食品供给状况探析》[⑨]中，讨论了农业歉收时期伦敦的食品供给状况以及政府的干预政策和商人的作用，而关于伦敦市政府与普通民众等其他社会力量所扮演的角色，则有进一步研究的空间。因此，本文拟在借鉴前辈学者研究的基础上，从档案材料出发，分析各行为主体在应对伦敦食物危机中的作用，从而加深对伊丽莎白一世时期社会治理特征的认识。

一、伦敦的食物需求与面临的挑战

在近代早期英国所有城市中，伦敦人口最多，食物需求量巨大，且大量人口依赖市场获取食物。按照当时欧陆国家的标准，英格兰的城镇规模普遍较小，唯有伦敦例外。1600 年，在英格兰共计 700 个城市中，四分之三的城市人口少于 2 000 人，产品主要供当地人口消费；更大的、第二层的郡首府，经济结构更为复杂，有更大的自治权；只有少数城市——像诺里奇、约克和布里斯托尔这样的地区首府，居民多达 10 000—15 000 人；伦敦似鹤立鸡群，1520 年人口为 60 000，

---

① N. S. B. Gras, *The Evolution of the English Corn Market*.

② F. J. Fisher, "The Development of the London Food Market, 1540 - 1640", *The Economic History Review*, Vol. 5, No. 2 (Apr., 1935), pp. 46 - 64.

③ P. Clark and P. Slack, *English Towns in Transition, 1500 - 1700*, London: Oxford University Press, 1976.

④ A. L. Beier and R. Finlay (eds.), *London, 1500 - 1700: The Making of the Metropolis*, London and New York: Longman Group Ltd., 1985.

⑤ John Patten, *English Towns, 1500 - 1700*, Hamden, Conn: Archon Books, 1978.

⑥ 赵秀荣：《1500—1700 年英国商业与商人研究》，社会科学文献出版社，2004 年。

⑦ 张卫良：《英国社会的商业化历史进程：1500—1750》，人民出版社，2004 年。

⑧ 谢丰斋：《比较中西方古代城市的粮食供应》，《中国农史》2007 年第 4 期。

⑨ 于美玲：《16—18 世纪中期伦敦食品供给状况探析》，华东师范大学硕士学位论文，2007 年。

到16世纪90年代激增到200 000,在17世纪中叶又翻了近一番,达到375 000左右。[①] 随着人口的持续增加,伦敦逐渐跻身欧洲城市的前列。在1500年,欧洲有10个城市的人口多于伦敦,另有6个城市的人口数量和伦敦相当;至1600年,只有两个城市——那不勒斯和巴黎——的人口规模超过伦敦,且只是略微超过;到1700年,伦敦成为欧洲最大的城市,唯有巴黎可与之匹敌。[②] 人口的增长为促进伦敦经济发展提供了源源不断的劳动力,但同时这些不以农业为生的人也给伦敦的食物供给增加了负担。

在近代早期大部分时间中,伦敦的食物多来自国内市场,海外进口粮食所占比例较低。伦敦巨大的食物需求,促进了周边地区农业生产专门化与商品化的发展。从16世纪中叶开始,伦敦的粮食供应不再仅仅依靠周边地区,而扩展至南部和东部的沿海诸郡,向北延伸到赫尔,[③]还有相当一部分粮食来自东米德兰和南米德兰。[④]

具体来说,近代早期伦敦的谷物主要来自诺福克郡和埃塞克斯郡。奶酪和黄油在16世纪来自埃塞克斯郡和萨福克郡,17世纪扩大到诺福克郡、林肯郡、约克郡、达勒姆郡和诺森伯兰郡。伦敦还有一定数量的蛋和禽来自贝德福德郡和北安普敦郡。伦敦肉食的来源范围更加广泛,几乎覆盖了整个国家——羊最远从格洛斯特郡和北安普敦郡引入,还有许多牲畜是在威尔士、英格兰北部和西部繁殖,在米德兰、东盎格利亚或伦敦周边地区养肥后,再售卖给伦敦城的屠夫。[⑤] 虽然直到伊丽莎白一世时期伦敦的水果仍然主要来自低地国家和法国,但肯特郡输送到伦敦的苹果和樱桃数量已经超过国外进口量,其他地区的果园也逐渐发展起来。[⑥]

伊丽莎白统治后期,伦敦从海外进口谷物的数量增加,但仍主要依赖国内供给。根据伦敦烘焙商小麦账簿的记载,1582—1631年他们共购买了132船谷物,其中47船来自海外,其他85船来自国内以下地区:诺福克郡(41船)、肯特郡(27船)、东埃塞克斯(4船)、约克郡(4船)、泰晤士河上游地区(3船)、泰晤士河下游地区(2船)、萨福克郡(2船)、苏塞克斯郡(1船)、西南地区(1船)。[⑦] 正如格拉斯所言,伦敦未过度依赖外国粮食,其中一个重要原因就是它"被一群较为富饶的郡围绕着":诺福克郡、沼泽郡、上泰晤士地区、苏塞克斯郡和肯特郡的土地均十分肥沃,适合农作物生长。[⑧] 这些农业产区能够为伦敦供应大部分食粮。

---

① Peter Clark, "A Crisis Contained? The Condition of English Towns in the 1590s", in Peter Clark (ed.), *The European Crisis of the 1590s*, London: George Allen and Unwin, pp. 44-45; P. Clark and P. Slack, *English Towns in Transition, 1500-1700*; John Patten, *English Towns, 1500-1700*; Paul Griffiths, *Lost Londons: Change, Crime, and Control in the Capital City, 1550-1660*, Cambridge: Cambridge University Press, 2008, p. 1.

② David Harris Sacks, "London's Dominion: The Metropolis, the Market Economy, and the State", in Lena Cowen Orlin (ed.), *Material London, ca. 1600*, Philadelphia: University of Pennsylvania Press, 2000, p. 22.

③ 赫尔(Hull),英格兰东北部的港口城市,位于约克郡。

④ N. S. B. Gras, *The Evolution of the English Corn Market*, p. 109.

⑤ F. J. Fisher, "The Development of the London Food Market, 1540-1640", pp. 50-51.

⑥ J. Chartres, *Agricultural Markets and Trade, 1500-1750*, Cambridge: Cambridge University Press, 1990, pp. 59-60.

⑦ N. S. B. Gras, *The Evolution of the English Corn Market*, p. 107.

⑧ N. S. B. Gras, *The Evolution of the English Corn Market*, p. 125.

然而这种供应并不总是可靠的，尤其是当地方通过水路向伦敦运输粮食时，粮船时常遭到劫掠。水路运输虽然能够降低粮食运输的成本，但也意味着运输途中会遭遇更多不测——战时的敌人与和平时期的海盗都会劫掠粮船。如1586年，“敦刻尔克人在海上劫走了四五艘开往伦敦的粮船”。1630年，伦敦委员会在探寻粮食匮乏和价格居高原因时发现：“因为担心遭到敦刻尔克人劫掠，不再有谷物、黄油、奶酪等从诺福克郡、萨福克郡和其他地区通过海洋运输到伦敦。”①

除担心粮食被劫掠外，匮乏时期英国各个地区自顾不暇，伦敦很难从周边郡获得充足的食物，导致市场上食物价格高涨。拉帕波特（S. Rappaport）的研究表明，1593—1597年伦敦面粉价格上涨了190%，其他食品的价格亦呈高涨态势，只有鱼和麦芽酒的涨幅相对较小。与此同时，伦敦的实际工资逐年下跌：16世纪60—80年代的工资指数在80左右徘徊，到1597年骤然跌至52。② 面临食物价格上涨与实际工资下降的双重压力，加之大量人口失业，伦敦居民的食物困境亟待解决。

能否成功应对食物危机，直接关乎伦敦乃至整个英国社会的安宁，是社会治理的重要一环。伦敦在上升为英国乃至欧洲最重要城市的同时，社会问题也日益突出。③ 伦敦的穷人数量远多于英国其他任何一个地区，暴力活动随处可见，伦敦市政长官需比其他地区的统治者和管理者更加小心谨慎、时时提防。因为在近代早期，伦敦人口的增加并非源于自然增长，而主要依靠乡村地区和其他城镇外来人口的大量涌入，伦敦可以说是一个“移民城市”。④ 而在伦敦的外来人口中，相当一部分是年轻人和贫民，他们通常处于家庭和家户的正常控制之外。这些人构成了伦敦的临时雇工大军，一旦失去工作，容易沦为流民、乞丐，甚或偷鸡摸狗、出卖肉体，危及社会秩序。⑤ 在伊丽莎白一世统治后半期，随着贸易的衰退，大量人口处于失业或待业状态，穷人数量激增、贫富悬殊、两极分化，伦敦各种社会问题日益突出。尤其是从16世纪80年代开始，伦敦居民和市政当局对伦敦城内人口过多会带来犯罪和其他社会问题的担忧，远多于以往任何时候。⑥ 而伦敦一旦发生骚动，会直接危及中央政府乃至王室，影响力远大于其他地区；并且伦敦的骚动往往对其他地区产生不良影响，因此伊丽莎白一世时期中央与地方政府不得不小心防范。

---

① N. S. B. Gras, *The Evolution of the English Corn Market*, p. 128.

② S. Rappaport, “Social Structure and Mobility in Sixteenth-century London, Part I”, *London Journal*, No. 9 (1983), pp. 128 – 131. 转引自 M. J. Power, “London and the Control of the ‘Crisis’ of the 1590s”, *History*, Vol. 70 (October, 1985), p. 371。

③ A. L. Beier, “Social Problems in Elizabethan London”, *The Journal of Interdisciplinary History*, Vol. 9, No. 2 (Autumn, 1978), p. 204.

④ Steve Rappaport, *Worlds within Worlds: Structures of Life in Sixteenth-century*, Cambridge: Cambridge University Press, 1989, pp. 3, 76 – 77.

⑤ J. A. Sharpe, “Social Strain and Social Dislocation, 1585 – 1603”, in J. A. Guy, *The Reign of Elizabeth I: Court and Culture in the Last Decade*, Cambridge: Cambridge University Press, 1995, p. 207.

⑥ Steve Rappaport, *Worlds within Worlds: Structures of Life in Sixteenth-century*, pp. 3, 65.

二、伦敦市政当局的主导作用

在保障本地食物供应方面，伦敦市政当局一直发挥着主导作用，采取了一系列积极举措。具体而言，主要包括在危机时期从海外进口粮食，增加本地食物储备，完善粮仓体系，尽力控制价格，并向伊丽莎白政府请愿，呼吁更多援助等。

（一）增加粮储，管控价格

早在 1391 和 1429 年粮食歉收时，伦敦市政府就从欧洲大陆购买粮食，来供给城市人口。[①]在 16 世纪八九十年代的饥荒年份中，伦敦市政当局更加努力地扩大本市的粮食供应，增加粮食储备，压低粮食价格，保障穷人需求。

首先，在周边郡无法提供充足粮食时，伦敦市政当局积极从海外采购。如 16 世纪 90 年代荒歉时期，伦敦多次从东部郡购买谷物。1594 年伦敦成立委员会，考虑从 7 月开始进口谷物，"或许是因为预见到了收成不佳"，1595 年 9 月 27 日，伦敦市长给财务大臣写信，阐明粮食进口计划，因为"粮食收成不足，本市小麦储备已经耗尽"。同年 10 月，伦敦市长两次请求将公海上的粮船开往伦敦。在粮食接连歉收的第三年（1596），伦敦进口粮食的决心最为坚决。该年 9 月 7 日，伦敦成立委员会与东部郡商人商谈。几天后，双方在格林威治召开会议，讨论谷物进口问题，鲍尔（M. J. Power）认为这次会议可能是导致该年 12 月 5 日王室免除谷物关税的直接原因。[②] 1596 年伦敦市政长官亨利·比林斯利（Henry Billingsley）和理查德·索顿斯托尔（Richard Saltonstall）依照命令，向财务大臣伯利勋爵（Lord Burghley）汇报五名外国商人为伦敦运来的货物：自米迦勒节以来，除布匹外，两名法国商人共运来 1 300 夸脱谷物；他们还准备为女王军队供应小麦，要求预付 5 000 镑。[③] 1596 年 10 月 20 日，伦敦市议会下令为公共粮仓采购 10 000 夸脱谷物；到 10 月底，共有 20 艘装满外国谷物的船只在泰晤士河靠岸，这些粮食一定程度上缓解了伦敦食物匮乏的状况，"对穷人来说尤其如此"。伦敦市政当局主动进口粮食的活动持续到 1597 年春季。在 16 世纪 90 年代，伦敦粮食进口取得了显著成效，粮食储备量增加，以至于枢密院开始下令伦敦救济其他郡。[④]

然而，对于市政当局进口粮食的举措，伦敦民众似乎并不感激，甚至认为市场粮价上涨是市政当局有意为之。"近来有谣言称，伦敦市长有意提高粮价，目的在于以高价出售他从国外进口

---

① Buchanan Sharp, *Famine and Scarcity in Late Medieval and Early Modern England: The Regulation of Grain Marketing, 1256–1631*, Cambridge: Cambridge University Press, 2016, p. 3.

② M. J. Power, "London and the Control of the 'Crisis' of the 1590s", p. 373.

③ "Alderman Henry Billingsley and Richard Saltonstall to Lord Burghley", in *Calendar of the Manuscripts of the Marquis of Salisbury Preserved at Hatfield House*, London: H. M. S. O, 1895, Vol. 6, p. 501.

④ M. J. Power, "London and the Control of the 'Crisis' of the 1590s", p. 373.

的粮食。”1597 年 9 月 15 日，枢密院专门发布王室公告辟谣：除了供给家户需要外，伦敦市长没有私自购买过任何粮食；与谣言相反，他从国外进口粮食，完全是为了救济本地饱受粮食短缺之苦的穷人。公告进一步指出：任何散播不实消息、有意污蔑公职人员者，将受到严厉惩罚。[①] 可见，对于伦敦市政当局在匮乏时期积极进口粮食的行为，伊丽莎白中央政府持肯定和支持的态度。

其次，完善市政粮食储备体系，也是伦敦当局应对食物危机的重要举措。虽然早在 15 世纪伦敦就已有市政粮仓，但直到亨利八世统治初期，所有粮仓都仅为应急之举，而无常设的公共粮仓，人们通常只是利用烘焙商的地窖来存储粮食。[②] 转折点发生在 1514 年，政府下令在古老的船桥楼建立粮仓。自此之后，船桥楼成为都铎和斯图亚特时期伦敦粮仓体系的核心，维持船桥楼粮仓的费用由个人或市政承担。1521 年前后，前伦敦市政长官斯蒂芬·格宁斯(Stephen Genyns)骑士留下一笔遗产，用于每年购买一定数量的谷物存储在船桥楼。1522 年，伦敦市政当局下令船桥长官购买谷物，费用由伦敦城承担。船桥楼落成之初，被市民用来存储私人粮食，甚至国王本人也用之存储自己的粮食，直到 1559 年才完全成为市政公共粮仓。[③] 除了船桥楼外，伦敦肉类市场和感化院也有附属粮仓，能够在食物匮乏时期起到缓解危机的作用。

至伊丽莎白一世时期，公共粮仓已然成为伦敦市政管理的重要机构，且主要由伦敦同业公会负责购买和存储粮食。拥有雄厚经济实力、广泛政治影响力和较高社会责任感的伦敦同业公会，弥补了宗教改革后教会力量在慈善救济事业中的缺位。在 16 世纪八九十年代的荒歉年份中，伦敦市政当局多次要求同业公会购买应急谷物，然后以较为低廉的价格卖给穷人。如 1594 年 8 月，伦敦市政官员要求同业公会在船桥楼粮仓存储谷物，并指出，会长或会员若拒绝购买谷物用于公共粮储，将被处以囚禁；1594 年 11 月，伦敦市长指派此前不合作的同业公会购买一定数量的外国谷物；1595 年，伦敦市政当局要求同业公会于该年 11 月 4 日支付相应金额的费用，用于为市政粮仓购买黑麦和小麦；1596 年 10 月 12 日，伦敦成立城市委员会，决议直接向进口托运人批量购买粮食，用于公共仓储，并将一部分任务委派给同业公会。[④]

再次，除扩大市政粮食储备外，伦敦市政府还采取措施压低食物售价，力图将市场价格控制在穷人可承受的范围内。其实早在 15 世纪下半叶，伦敦就已采取严格的措施来确定谷物的最高限价，在谷物价格超出均价时推行。到 16 世纪上半叶，随着城市规模壮大和人口迅速增加，伦敦急需新的举措来确保粮食供应。[⑤] 尤其是 16 世纪 90 年代，由于供应不稳定，市场上食物价格上涨迅猛。针对该问题，伦敦政务议事厅于 1597 年 1 月下令，每周碾磨 300 夸脱小麦和黑

---

① P. L. Hughes and J. F. Larkin (eds.), *Tudor Royal Proclamations*, Vol. 3: The Later Tudors (1588 - 1603), New Haven and London: Yale University Press, 1969, pp. 182 - 183.

② N. S. B. Gras, *The Evolution of the English Corn Market*, p. 80.

③ N. S. B. Gras, *The Evolution of the English Corn Market*, pp. 80 - 81.

④ M. J. Power, “London and the Control of the ‘Crisis’ of the 1590s”, pp. 373 - 374.

⑤ N. S. B. Gras, *The Evolution of the English Corn Market*, p. 73.

麦,在市场上出售。① 除此之外,更常见的做法是为食物设置法定标准,比如一便士面包(loaf)的规格。② 但是,该规定的执行效果似乎不佳。学者本博(R. M. Benbow)在考察该标准在伦敦的执行状况时发现,一便士面包的重量在1594年12月为20盎司,到1595年7月降到13盎司,之后继续下跌,到1597年11月仅有8盎司,一年后又恢复到16盎司。③ 吊诡的是,随着危机的加剧,伦敦市政官员对面包重量的管控反倒越发懈怠;1594—1596年,对违反法定标准的烘焙商的罚款金额也有所降低。直到1598年食物价格趋向缓和,市政长官才再次积极设置面包法定标准,惩治违反法规的同业公会。本博对此的解释是,当时其他问题转移了市政长官的注意力,比如谷物供应、战争和流民问题;还有一种可能是,市政长官只在法定标准行得通时才会加强管控,因此管控行动常发生在危机早期和行将结束之时。④ 缺少强制手段,也是造成食物法定标准难以执行的原因。例如1598年9月13日,威斯敏斯特的副执达官拉夫·多宾森(Raphe Dobbinson)向罗伯特·塞西尔(Robert Cecil)报告称,一些面包商不愿意遵守伦敦面包规格的法定标准,而自己又缺少强迫他们服从的手段,故请求塞西尔颁布令状,严惩这些违法者。⑤ 总体而言,伦敦市政当局设置面包和其他食品法定标准的做法,在谷物严重匮乏时期的可行性较低,未达到预期目的。

最后,伦敦市政当局通常会积极执行中央政府的救荒命令,并"向上向下"——中央和民众——展现这种态度。1596年8月18日,伦敦市长致信中央政府,对女王新近颁布的饥馑《政令书》作出回应:他首先表达了对女王陛下关心民生疾苦的感激之情,认同女王及枢密院对当前谷物和其他食物价格上涨原因的分析,尤其是两个原因——伦敦城内、郊区和周边郡的同住者数量过多,市民(尤其是在饥荒时期)大吃大喝、挥霍无度。伦敦市长表示会遣返伦敦城内的寄居者,让他们返回之前的常住地或出生地。同时,还会要求人们饮食适度,周三和周五不得吃晚餐。伦敦市长说他将散布女王敕令,让人们知晓。⑥

虽然伦敦市政当局的不少举措,尤其是借助同业公会等力量来增加本地食物储备的做法,对于缓解食物危机起到了积极作用,但同时他们发现,只有借助中央政府的强制力,才能够为本市争取更多利益。

---

① M. J. Power, "London and the Control of the 'Crisis' of the 1590s", p. 374.

② 在粗磨粉(meal)价格持续上涨时期,法规允许烘焙商在保持一便士面包价格稳定的情况下减轻面包的重量,并为此设置最低标准。参见 F. J. Nicholas, "The Assize of Bread in London during the Sixteenth Century", *Economic History*, Supplement to the *Economic History*, II (1932), p. 324。转引自 M. J. Power, "London and the Control of the 'Crisis' of the 1590s", p. 374。

③ R. M. Benbow, "The Court of Aldermen and the Assizes: The Policy of Price Control in Elizabethan London", *Guildhall Studies*, IV (1980), p. 104. 转引自 M. J. Power, "London and the Control of the 'Crisis' of the 1590s", *History*, p. 374。

④ M. J. Power, "London and the Control of the 'Crisis' of the 1590s", pp. 374 - 375.

⑤ "Ra. Dobbinson to Sir Robert Cecil", in *Calendar of the Manuscripts of the Marquis of Salisbury Preserved at Hatfield House*, Vol. 8, London: H. M. S. O, 1899, p. 344.

⑥ "Lord Mayor's Orders Concerning the Dearth in the Growing Metropolis, 18 August, 1596", in N. S. B. Gras, *The Evolution of the English Corn Market*, pp. 456 - 457.

（二）向中央政府请愿

为应对食物危机，伦敦市政当局时常通过请愿的方式向中央政府施压，希望为当地争取更多权益和照顾，而且它们往往故意夸大伦敦食物危机的严重程度。

首先，伦敦常向伊丽莎白政府请愿，希冀加强对全国范围内食物出口的管控，以让更多国内食物输送到伦敦而非海外。1582 年 11 月 21 日，伦敦市长托马斯 · 布兰克（Thomas Blank）向伯利勋爵汇报“本市小麦极为短缺”，因为“今年苏塞克斯的小麦严重歉收，多空壳、遭病害，我们不能从这里获得足够的小麦。同时肯特郡的供给也有所减少，而我们已经习惯从肯特郡获取大部分小麦”。他在附录中列举了之前几位市长在位期间，肯特郡小麦运到伦敦的数目：尼古拉斯 · 伍德罗夫（Nicholas Woodroffe）在任时期共 4 791 夸脱——1580 年 11 月为 2 000 夸脱、10 月为 1 163 夸脱、9 月为 1 628 夸脱；詹姆斯 · 哈维（James Harvey）在任时期共 1 019 夸脱——1581 年 11 月为 931 夸脱、10 月为 60 夸脱、9 月为 28 夸脱；托马斯 · 布兰克在任时期——1582 年 11 月为 101 夸脱。布兰克进一步指出，粮价已经开始上涨，如今（通常是一年中粮价最低的时候）达到了每夸脱 23、24 先令，故请求禁止停靠在肯特郡法弗舍姆附近的三艘粮船开往海外。这三艘船分别是纽卡斯尔的“罗韦”（Rowe）号、伦敦的“伯尔”（Burre）号和“玛丽 · 凯瑟琳”（Marie Katherine）号，它们共装载了 1 500 夸脱小麦。[①] 总之，伦敦市长布兰克认为肯特郡等地区向海外出口粮食的行为，是导致它们不能像以往那样为伦敦输送粮食的主要原因，因此希望中央政府阻止这些地区的粮食外运。

在 16 世纪 90 年代中叶至 17 世纪初遭受粮食短缺之时，伦敦也多次请求中央政府管控粮食出口。1594 年 1 月，伦敦请求财政大臣或枢密院下令禁止粮食出口；1595 年 9 月，伦敦希望中央政府能够撤回已经发放的粮食出口许可；1595 年 10 月，伦敦请求禁止啤酒出口；1603 年 11 月，伦敦请求枢密院中止粮食出口许可的效力；1606—1607 年，伦敦再次请求中央政府下达出口禁令；1613 年，伦敦进一步要求限制粮食出口。不过从 17 世纪中叶往后，随着粮食状况的改善，伦敦不再像之前匮乏时期那样倾向于控制粮食出口，甚至开始希望能够自由出口谷物。[②]

其次，在匮乏时期，除限制粮食外运外，伦敦还请求将英国舰队截获的粮食用于当地需求。1598 年 12 月 7 日，伦敦市长斯蒂芬 · 索姆（Stephen Soame）及其他市政官员向枢密院请愿，他们说：得知几艘来自东部国家、准备向西班牙输送谷物的船只，途经英吉利海峡与爱尔兰海时被女王陛下的船舰拦截。“鉴于本市来年需要大批谷物，如果外国谷物能够满足部分需求，将大大减轻那些经常需要为伦敦供应谷物的郡和地区的负担。”因此，他们请求枢密院允许将这些谷

---

① “Thomas Blank, Lord Mayor of London, to Lord Burghley”, in *Calendar of the Manuscripts of the Marquis of Salisbury Preserved at Hatfield House*, Vol. 2, London: H. M. S. O, 1888, p. 534.

② R. B. Outhwaite, “Dearth and Government Intervention in English Grain Markets, 1590 - 1700”, *Economic History Review*, Vol. 34, No. 3 (Aug. 1981), p. 400.

物中质量较好的部分，以合理的价格卖给伦敦。① 伊丽莎白政府往往会同意此类请求。

再次，伦敦反对粮食流向海外，这与匮乏时期中央政府的政策相吻合；但伦敦并不希望限制粮食在国内各地区之间的流通，这有别于伊丽莎白政府颁布的"饥馑政令书"的规定。1595 年 10 月，发出中止粮食出口许可的请求四天后，伦敦市长向枢密院抱怨：肯特郡和埃塞克斯郡的限制政策"会给其他郡造成恐慌"；相反，如果允许人们自由买卖，谷物价格居高不下的状况就会得到缓解。同样，伦敦也不希望给粮食定价。1596 年 8 月，伦敦市长对此的解释是"遵循自由市场规律"。② 事实上，伦敦市长的这些请求完全是以本地利益为出发点。因为伦敦市场上食物的价格往往高于其他地区，能够产生吸引力，粮食卖家更喜欢到伦敦市场交易，以获取更高利润，这样就间接导致其他地区的市场供应不足。

最后，在匮乏时期，伦敦还请求允许增设磨坊，为民众提供方便。1588 年 3 月 31 日，枢密院致信圣凯瑟琳长官（the Master of Saint Katherin's）范肖先生（Mr. Fanshow）和奥斯本先生（Mr. Osborn），说最近伦敦市长、市政长官和一些平民百姓向伊丽莎白女王请愿，他们指出近几年谷物短缺、价格上涨时，伦敦城内由于缺少磨坊而给人们的生活带来极大不便，因此请求在泰晤士河沿岸、伦敦桥附近建造 4 个磨坊。枢密院要求相关人员前去调查，若此举不会对泰晤士河造成破坏，可批准建造新磨坊。③

如上所述，伦敦市政当局除了采取积极措施以增加本地粮食供给外，还通过请愿等方式向中央政府施压来获得更多照顾和特权。伊丽莎白政府在收到请愿后，常常会答应伦敦市政当局的请求，甚至不惜冒着引起其他地区不满的风险，体现了其对伦敦食物供应问题的重视。

三、中央政府的对策

英国中央政府对伦敦食物供应的特别关注由来已久。在爱德华三世（1327—1377 年在位）、理查二世（1377—1399 年在位）和亨利四世（1399—1413 年在位）统治时期，为了保证伦敦的粮食供应，中央政府都曾授予商人许可证，允许他们将英格兰其他地区乃至爱尔兰的粮食通过海运输送到伦敦，同时鼓励伦敦从海外进口粮食。④ 1482 年，爱德华四世发布王室公告，以免税方式鼓励苏塞克斯郡、康沃尔郡、德文郡、汉普郡、萨默塞特郡、肯特郡、诺福克郡、萨福克郡、林肯郡、剑桥郡、亨廷顿郡、哈特福德郡、贝德福德郡、白金汉郡、牛津郡、伯克郡和埃塞克斯郡等

---

① "Stephen Soame, Lord Mayor of London, and others to the Council", in *Calendar of the Manuscripts of the Marquis of Salisbury Preserved at Hatfield House*, Vol. 8, London: H. M. S. O, 1899, p. 481.

② R. B. Outhwaite, "Dearth and Government Intervention in English Grain Markets, 1590 - 1700", p. 400.

③ "Sondaye, the last of Marche, 1588, at Greenewyche", in John Roche Dasent (ed.), *Acts of the Privy Council of England*, New Series, Vol. 16: 1588, London: Her Majesty's Stationery Office, 1897, p. 8.

④ Buchanan Sharp, *Famine and Scarcity in Late Medieval and Early Modern England: The Regulation of Grain Marketing, 1256 - 1631*, p. 3.

向伦敦运送粮食，以缓解伦敦小麦和其他粮食匮乏的状况。该公告指出，因为伦敦城聚集了大量贵族、英格兰臣民以及外国人，所以国王极其关注这里的粮食问题。[①]

至伊丽莎白一世时期，中央政府对伦敦食物需求的特殊关照有增无减。该时期，议会通过的与食物问题直接相关的法令较少，伊丽莎白女王和枢密院发挥的作用更为突出。从1586年下半年—1587年上半年以及1594—1598年枢密院发布的一系列指令来看，伊丽莎白政府对伦敦粮食供应问题的重视达到了新的高度。从1594年开始，中央政府发布的有关谷物供应、贫困、流民与公共秩序的命令显著增加，在1596和1597年达到顶峰，1598年以后开始减少。具体而言，1593年命令数量为9个，1594年为22个，1595年为18个，1596年为43个，1597年为31个，1598年为20个，1599年为7个。这与伦敦面包价格的波动趋势相一致：伦敦面包价格从1594年开始骤然上升，在1596和1597年达到顶峰，1598年以后开始下跌。在这些命令中，与谷物和食物短缺有关的最多：1595年为12个，1596年为17个，1597年为14个。这些命令的发布集中在秋季至春季这段时间，表明收获季节后到再次播种前，食物短缺状况最为严重，最能激发当局有所行动。[②] 那么，伊丽莎白政府具体采取了哪些举措，来帮助伦敦应对16世纪八九十年代的食物危机呢？

首先，中央政府要求周边诸郡像往常一样为伦敦供应食物。1587年恰逢议会开庭期，伦敦的粮食需求大幅增加。然而，由于当时各个郡普遍歉收，它们都希望将粮食用于满足本地需求，而不是卖到伦敦谋利，伦敦食物危机因之加剧。针对该问题，枢密院多次给伦敦周边各郡的长官下达指令，要求他们尽力满足伦敦的食物需求。1587年2月7日，枢密院给汉普郡的郡守和治安法官写信，说收到了伦敦市长和高级市政官的报告，得知伦敦烘焙商在法令和枢密院指令许可范围内采购的谷物，以及一些准备前往伦敦的谷物批发商和贩售商，被汉普郡的治安法官等扣留，导致伦敦谷物严重短缺。鉴于目前"大量人员在伦敦市内居住和活动"，对谷物和其他食品的需求量巨大，枢密院要求汉普郡的郡守和治安法官保证伦敦烘焙商和谷物商贩的买卖与通行安全，准许他们依照王国法令和新近敕令的规定，购买不超过许可范围的谷物。类似信函还发送给了牛津郡、肯特郡、埃塞克斯郡、伯克郡、哈福德郡和萨里郡，要求各郡均不得阻碍伦敦粮商在当地的采购活动。[③]

16世纪90年代中叶，伦敦粮食库存再次告急，枢密院多次要求周边郡为之提供粮食，并明确指出伦敦是中央政府的考虑重心。1595年11月9日，枢密院给赫尔河畔金斯顿的罗伯特·道尔顿(Robert Dalton)发放许可证，并向约克郡和林肯郡的港口官员下令，要求他们不得阻拦道尔顿向伦敦运送700夸脱粮食。同时，枢密院又致函萨福克郡、诺福克郡、肯特郡的治安法官

① R. R. Sharpe (ed.), *Calendar of the Letter-Books of the City of London, 1275 - 1509*, Vol. L, London: Francis, 1907, p. 199; N. S. B. Gras, *The Evolution of the English Corn Market*, pp. 447 - 448.

② M. J. Power, "London and the Control of the 'Crisis' of the 1590s", pp. 384 - 385.

③ "At Grenewich the said daie, 1586", in John Roche Dasent (ed.), *Acts of the Privy Council of England*, New Series, Vol. 14: 1586 - 1587, London: Her Majesty's Stationery Office, 1897, pp. 319 - 320.

和港口官员，要求他们允许伦敦商人采购奶酪、黄油和 2 180 夸脱小麦。[①] 1596 年 10 月 22 日，枢密院要求诺福克郡治安法官允许伦敦公共烘焙商从当地采购 1 520 夸脱小麦，枢密院指出："尽管如今全国大部分地区粮食普遍匮乏，我们也毫不怀疑你们郡没有多余的粮食可以外运"，但是伦敦作为"这个王国的核心区域和胜地(the chief place and resort of this realme)，无论如何也不能弹尽粮绝"。枢密院也给萨福克郡和埃塞克斯郡的粮食禁运委员会发送了类似令状。[②] 在枢密院看来，为了供应伦敦这个英国最重要的地区，可以暂时牺牲其他地区的利益。

其次，当周边郡不能像往常那样按时向伦敦提供粮食时，枢密院的命令会触及距离伦敦较远的郡。1587 年 2 月 28 日，枢密院给肯特郡、伯克郡、白金汉郡、贝德福德郡、诺福克郡、剑桥郡和牛津郡等 7 个郡的郡守和治安法官发送了信函。信中指出，伦敦市长和高级市政官向枢密院汇报该市严峻的谷物短缺状况，原因一方面在于"霜冻导致外国粮食难以运入"，另一方面在于"几个邻近的郡不再像往常一样为该市提供粮食"，因此他们希望枢密院能够采取举措缓解该市艰难的处境。最终，枢密院召集上述各郡的议员和伦敦市的主要市政官员一起协商，这些郡同意每周为伦敦提供一定数量的小麦或粗磨粉(200 夸脱、150 夸脱或 100 夸脱)；伦敦市长答应会确保烘焙商采购的数量不超过上述限额。[③]

在 16 世纪 90 年代议会召开期间，由于人口的大量聚集，枢密院多次号召各地区全力保障伦敦的食物供应。1597 年 10 月，枢密院指出"尽管我们发布了公告和敕令，严格禁止在市场外买卖任何粮食"，但是"在此大量人口聚集会合之时"，伦敦汇集了全国几乎所有的贵族、大绅士以及市镇人口，因此要求各地为之输送粮食。最终，多达 15 200 夸脱的小麦从地方郡运到伦敦，分别来自肯特郡(6 000 夸脱)、诺福克郡(1 100 夸脱)、埃塞克斯郡(2 500 夸脱)、伯克郡(1 000 夸脱)、苏塞克斯郡(1 500 夸脱)、白金汉郡(1 000 夸脱)、萨福克郡(1 000 夸脱)和牛津郡(1 100 夸脱)。[④] 1598 年 2 月议会开庭期间，枢密院再次发布类似指令，要求几个郡为伦敦提供食物，授权它们暂时违背粮食禁运的公告和敕令。[⑤]

再者，与上述指令类似，为了保证匮乏时期伦敦的食物供应，枢密院时常准许伦敦违背"饥馑政令书"及其他指令的普遍要求，甚至会依据伦敦需求而修订命令。如 1587 年 2 月 24 日，枢密院给苏塞克斯郡粮食禁运委员会的蒙塔古勋爵(Lord Montague)等人写信，说得知他们在收到枢密院最近下达的"为穷人提供粮食"的指令后，拦截了伦敦市长从该郡采购的用于供给他

---

① "At Richmond, the ixth of November", in John Roche Dasent (ed.), *Acts of the Privy Council of England*, New Series, Vol. 25: 1595 – 1596, London: Her Majesty's Stationery Office, 1901, pp. 55 – 57.

② "22 October, 1596. At the Starr Chamber", in John Roche Dasent (ed.), *Acts of the Privy Council of England*, New Series, Vol. 26: 1596 – 1597, London: Her Majesty's Stationery Office, 1902, pp. 269 – 270.

③ "At Grenewich the last of February, 1586", in John Roche Dasent (ed.), *Acts of the Privy Council of England*, New Series, Vol. 14: 1586 – 1587, pp. 359 – 360.

④ "Sonday. At the Courte at Richemond, 16 of October, 1597", in John Roche Dasent (ed.), *Acts of the Privy Council of England*, New Series, Vol. 28: 1597 – 1598, London: Her Majesty's Stationery Office, 1904, pp. 42 – 44.

⑤ "At the Court of Whitehall, February 1, 1597", in John Roche Dasent (ed.), *Acts of the Privy Council of England*, New Series, Vol. 28: 1597 – 1598, pp. 291 – 292.

自己家户的 100 夸脱粮食。枢密院指出，新近指令并不是要阻挠伦敦市的粮食供应，因而要求该郡粮食禁运委员会准许这批粮食通过。[①] 与之类似，1587 年 3 月 13 日，枢密院致信哈福德郡的郡守和治安法官，说得知西伦敦的阿克斯布里奇及周边地区的居民遭受饥馑之苦，这主要是因为哈福德郡限制谷物运出的政策让他们无法像往常那样获取谷物。枢密院希望哈福德郡准许农场主依旧每周为阿克斯布里奇供应一定数量的谷物，用于改善伦敦贫民的境遇。枢密院强调，新近颁布的有关遏制粮价的敕令，并不是要中断匮乏时期相邻地区的互援互助。枢密院要求这些农场主缴纳保证金，保证只将谷物运到阿克斯布里奇，而不会运到其他地区。类似的信函也发放给了白金汉郡郡守和治安法官。[②]

在 1595—1598 年的饥荒年份中，枢密院也频繁致信南部和东南部郡的治安官，要求他们撤销一些粮食运输限制，因为这些限制要么完全禁止持有许可证的伦敦商人进入地方粮食市场，要么阻挠他们将自己从地方市场上购置的粮食运到伦敦。枢密院认为这种做法与 1587 年和 1594 年"饥馑政令书"中要求保障市镇食物供应的要求相违背。不唯如此，在 1595 年及之后的"饥馑政令书"中，枢密院不仅明确规定在禁运政策之外"允许向伦敦输送粮食"，而且进一步规定"为了更好地满足城市需求，枢密院大臣可以根据需要下达进一步指令，随时调整政策"，意图在于为将来保证城市的粮食供应铺平道路。[③] 当然，伦敦的施压是中央政府调整敕令的重要原因之一。如前所述，伦敦市政官员时常向枢密院抱怨其他郡的粮食限运政策，并认为如果允许自由买卖的话，谷物价格反倒会得到抑制。[④] 总之，为了满足伦敦的食物需求，伊丽莎白政府要求地方政府给予伦敦特殊待遇，地方限制粮食外运的政策不得干扰向伦敦的食物输送活动。

最后，伊丽莎白政府也对伦敦市政当局提出要求，包括加强对穷人的救济，帮助他们度过食物危机。例如在 1597 年，伊丽莎白一世要求停止举办同业公会宴会，"以避免食物浪费"，并要求伦敦市政厅(the court of aldermen)下令将节余的一半钱用于救济穷人。1597 年的议会法令也起到了敦促伦敦市政当局担负救济穷人责任的作用，[⑤]这与近代早期英国慈善施舍活动的减少有关。当时的小册子作者也注意到从 16 世纪 90 年代开始，好客行为逐渐减少。[⑥] 乔丹(W. K. Jordan)有关伦敦施舍的证据表明，16 世纪八九十年代施舍的数量和金额明显减少，如果考虑到物价上涨的状况，实际减少量当更多。[⑦] 因此，在匮乏时期物价上涨、施舍活动减少的背景

---

① "At Grenewich, the xxivth of February, 1586", in John Roche Dasent (ed.), *Acts of the Privy Council of England*, New Series, Vol. 14: 1586 – 1587, pp. 338 – 339.

② "At Grenewich, the xiiith of March, 1586", in John Roche Dasent (ed.), *Acts of the Privy Council of England*, New Series, Vol. 14: 1586 – 1587, pp. 369 – 370.

③ *Books of Orders*, 1587, sig. C1v, C2r-v; *Books of Orders*, 1595, sig. C1r-v, C2v; Buchanan Sharp, *Famine and Scarcity in Late Medieval and Early Modern England: The Regulation of Grain Marketing, 1256 – 1631*, p. 9.

④ R. B. Outhwaite, "Dearth and Government Intervention in English Grain Markets, 1590 – 1700", p. 400.

⑤ M. J. Power, "London and the Control of the 'Crisis' of the 1590s", pp. 376 – 377.

⑥ Felicity Heal, "The Idea of Hospitality in Early Modern England", *Past & Present*, No. 102 (Feb., 1984), pp. 92 – 93.

⑦ 在 16 世纪 80 年代，私人慈善施舍的金额为 26 815 镑，16 世纪 90 年代为 25 250 镑。参见 W. K. Jordan, *The Charities of London*, New York: Russell Sage Foundation, 1960, p. 423。

下，中央政府呼吁富人关注慈善是有必要的。

枢密院除了呼吁伦敦当局认真履行供养穷人的职责，还号召聚集在伦敦城的乡绅回到乡村，尽到照管佃户的家长责任。[①] 在1596年11月2日的公告中，伊丽莎白一世除了要求保障饥荒时期市场上谷物的供应，还禁止乡村有能力维持好客习俗的人在饥荒时期移居伦敦或其他城镇，因为这样会导致他们穷困的邻居得不到食物救济、失去好的领袖。[②] 除伦敦外，中央政府对其他自治市镇也有类似要求。在1600年6月14日的星室法庭上，掌玺大臣"像往常一样"，规劝各法官和治安法官要各司其职，认真履行自己的职责。……对于治安法官，掌玺大臣首先要求他们必须回到乡村，保持慈善好客的习惯。而现如今许多治安法官离开乡村，前往自治市镇，抛弃了他们祖祖辈辈定居的地方以及好客的习俗……如若不听劝告，法律将予以严惩。[③]

综上，在伊丽莎白时期，为帮助伦敦应对食物危机，中央政府常给予伦敦特殊关照，哪怕这些关照有时建立在牺牲其他地区利益的基础上。这与伦敦在英国的地位以及伦敦食物危机会给整个英国社会秩序带来的挑战有关，也离不开伦敦市政当局的努力，尤其是向伊丽莎白政府施加的压力。

四、伦敦食物危机的缓解

在伊丽莎白政府的干预及伦敦市政当局的努力下，匮乏时期伦敦的食物供应得到了一定程度的保障，虽然粮价仍高于平时，但总体情况明显好于其他地区。1595年8月23日，罗伯特·塞西尔的岳父——科巴姆勋爵(Lord Cobham)向罗伯特·塞西尔汇报伦敦的食物状况时说，他与散播谣言的商人谈过，发现该商人的仆从正在从事数拉斯特(last)[④]的面粉买卖，且不存在任何安全隐患；伦敦城也没有面临任何食物短缺问题。只有乡村地区的农民极其恐慌，已经成群结队地来到城镇边界。[⑤] 科巴姆勋爵出于个人目的，其言论可能不尽可信，但当时记载表明，在荒歉时期，运至伦敦的食物数量的确远高于其他地区。1596年11月30日，伦敦港口向枢密院

---

① 参见 P. L. Hughes and J. F. Larkin (eds.), *Tudor Royal Proclamations*, Vol. 3: The Later Tudors (1588 – 1603), no. 784；以及枢密院在1595年5月、1596年7月1日和1506年12月29日下达的指令："At Richmond, the vth of November", in John Roche Dasent (ed.), *Acts of the Privy Council of England*, New Series, Vol. 25: 1595 – 1596, p. 47; "29 Decembris, 1596", in John Roche Dasent (ed.), *Acts of the Privy Council of England*, New Series, Vol. 26: 1596 – 1597, p. 405; E. P. Cheyney, *A History of England from the Defeat of the Armada to the Death of Elizabeth*, Vol. II, London: Longmans, Green and Co., 1926, p. 13。

② P. L. Hughes and J. F. Larkin (eds.), *Tudor Royal Proclamations*, Vol. 3: The Later Tudors (1588 – 1603), pp. 169 – 172; "Proclamation against Engrossing and Transporting Wheat, & c", in *Calendar of the Manuscripts of the Marquis of Salisbury Preserved at Hatfield House*, Vol. 14, London: H. M. S. O, 1923, p. 294.

③ "The Court of Star Chamber", in *Calendar of the Manuscripts of the Marquis of Salisbury Preserved at Hatfield House*, Vol. 5, London: H. M. S. O, 1894, pp. 182 – 185.

④ 谷物容量单位，1拉斯特等于10夸脱或80蒲式耳。

⑤ "Lord Cobham to Sir Robert Cecil", in *Calendar of the Manuscripts of the Marquis of Salisbury Preserved at Hatfield House*, Vol. 5, London: H. M. S. O, 1894, p. 340.

汇报该港口的粮食流入状况：1596 年 11 月，伦敦港口往来船只共 129 艘，运载了大量粮食（小麦、黑麦、粗磨粉和燕麦）和 330 大桶葡萄酒。[①]

更为重要的是，伴随着食物危机的缓解，伦敦社会的秩序维持了相对的稳定。无论是对于中央政府还是伦敦市政当局来说，避免食物短缺引起骚乱、破坏社会秩序，是其制定救荒政策、采取措施应对食物危机的根本出发点。诚如学者鲍尔所言，伦敦市政当局致力于解决民众的食物问题，其主要原因在于担心社会秩序的瓦解，而不是出于对穷人受苦受难的人道主义关怀。在 1595 年 6 月伦敦发生的几起学徒骚动中，有两次涉及强行购买鱼和黄油，这似乎是伦敦市政当局"第一次注意到食物危机与社会失序之间的关联"[②]。1596 年 6 月，伦敦市长禁止传播托马斯·德洛尼（Thomas Deloney）所写的歌谣。德洛尼在其歌谣中描绘了女王对那些遭受食物短缺折磨的民众的同情，伦敦市长因为担心该歌谣会"强化民众的悲伤，（以至于他们）趁机发泄不满"而禁止传唱。他还担心民众的不满会产生更大的影响，刺激 1596 年 11 月牛津郡骚动的领袖向伦敦进军，加入伦敦学徒抗议食物短缺的活动，[③]给伦敦带来混乱。1597 年 4 月 9 日，伦敦市长亨利·比林斯利在写给罗伯特·塞西尔爵士的信中也表达了这一态度。比林斯利说，他不能将谷物输送到西部地区，因为"这会导致人民——尤其是穷人的不满和抱怨，而自己非常希望能够让所有穷人保持服从，举止平和"[④]。

这些努力的确取得了一定成效。与欧洲大陆国家的主要城市相比，伦敦在整个都铎时期骚乱活动的规模要小得多、次数也少得多。[⑤] 16 世纪八九十年代爆发的一系列动乱，例如 1581 年 7 月的学徒骚乱、1582 年 7 月的船工骚动、1592 年 5 月发生在萨瑟克的毛毡工骚动以及 1594 年 6 月发生在伦敦塔的针对市长的起义，参与人数、波及范围和影响力均较小。虽然在 16 世纪 90 年代中期的饥荒年份，伦敦的骚乱活动比以往有所增加，但在危机顶峰的 1594—1597 年，伦敦仅发生过一起大规模的暴力活动（1595 年），而且其规模不足以对伦敦城社会秩序构成严重威胁。[⑥] 而在这些年份中，英格兰其他地区至少发生过 12 起食物骚乱。[⑦]

伦敦在食物危机发生期间能够维持社会秩序的相对稳定，很大程度上得益于伦敦市政当局和伊丽莎白政府的努力。正如学者史蒂夫·拉波特（Steve Rappaport）所言，在 16 世纪 90 年代的危机年份中，伦敦能够保持社会秩序稳定的部分原因在于"统治者面对被统治者不满时的回

---

① "Port of London", in *Calendar of the Manuscripts of the Marquis of Salisbury Preserved at Hatfield House*, Vol. 6, p. 497.

② M. J. Power, "London and the Control of the 'Crisis' of the 1590s", p. 379.

③ E. P. Cheyney, *A History of England from the Defeat of the Armada to the Death of Elizabeth*, Vol. II, p. 27; M. J. Power, "London and the Control of the 'Crisis' of the 1590s", p. 380.

④ "Henry Billingsley, [Lord Mayor of London,] to Sir Robert Cecil", in *Calendar of the Manuscripts of the Marquis of Salisbury Preserved at Hatfield House*, Vol. 7, London: H. M. S. O, 1899, p. 148.

⑤ Steve Rappaport, *Worlds within Worlds: Structures of Life in Sixteenth-century*, pp. 7 – 8.

⑥ E. P. Cheyney, *A History of England from the Defeat of the Armada to the Death of Elizabeth*, Vol. II, pp. 27, 32 – 34; M. J. Power, "London and the Control of the 'Crisis' of the 1590s", p. 380.

⑦ Steve Rappaport, *Worlds within Worlds: Structures of Life in Sixteenth-century*, p. 15; John Walter, "The Geography of Food Riots 1585 – 1649", in Andrew Charlesworth (ed.), *An Atlas of Rural Protest in Britain, 1548 – 1900*, London & Canberra: Croom Helm, 1983, pp. 72 – 74.

应”,统治者向不满的民众展现了愿意考虑他们诉求的态度。[①] 这也是伊丽莎白一世政府实现社会治理的重要方式,即依靠中央与地方的通力合作,地方政府享有较大的自主权与话语权。

结 语

伊丽莎白一世时期伦敦食物危机的发生,在增加英国社会不稳定因素的同时,也刺激了一系列应对措施与政策的出台,强化了中央政府与伦敦市政当局的合作,因为它们有着共同的目标——减少民众不满、维持社会稳定。如学者鲍尔所言,农业歉收、食物短缺和高粮价并不必然给一个社会带来危机;是否发生危机要取决于一个社区在面临这些问题时的农业产量、财富和政治力量。[②] 较之其他地区,伦敦在诸多方面的优越性使其食物危机能够更快得到缓解。

其一,作为英国首都,其政治地位、财政作用使伦敦能够得到中央政府更多的偏爱,有时建立在牺牲其他地区利益的基础上。虽然无论是在平时还是饥荒年份,伦敦的食物供给状况都好于其他地区,但是中央政府仍频繁要求伦敦周边地区乃至整个英国为之输送食物,甚至不惜为之修改敕令。尽管此举会引起其他地区的不满,但是在中央政府看来,伦敦的不满和骚乱带来的负面影响更大、会殃及更广大的地区,这是决定其政策导向的首要原因。其二,伦敦市政当局能够充分利用自身权力向中央政府施压,且往往能够达到目的。正如格拉斯所说,虽然伦敦不是中央政府本身,伦敦官员的权力名义上局限在城墙之内,但是他们经常通过请愿等方式让自己的政策越过地理边界,促使中央政府采纳。迫于伦敦的压力,伊丽莎白政府最终发布了一系列以伦敦利益为出发点的公告。[③] 其三,伦敦优越的贸易条件,同业公会的经济实力与慈善传统,也是其他地区无法企及的。尤其是同业公会,在进口粮食、调控市场粮价、增加伦敦粮储等方面,发挥着积极作用。

同时,伦敦食物危机的应对过程也体现了近代早期英国社会治理的普遍特征,即依赖中央与地方各类行为主体的通力合作,地方社会享有较大的自主权,且能够对中央政府的决策产生一定影响。伦敦之外的地区也享有“国王治下的地方自治”。这些地区在应对食物危机以及解决各类社会问题的过程中,除了发挥地方的主导作用,也时常会向中央政府施压,迫使其顾及当地的利益。学者小文森特·彭克(Vincent Ponko, Jr.)指出,在都铎时期,伦敦并非谷物政策制定唯一重要的出发点。中央政府不仅想维持伦敦的安宁,还努力避免食物供应不均衡导致乡村地区发生骚乱。[④] 的确,在要求地方为伦敦提供食物时,伊丽莎白一世时期的枢密院会强调不

---

① Steve Rappaport, *Worlds within Worlds: Structures of Life in Sixteenth-century*, p. 380.

② M. J. Power, “London and the Control of the ‘Crisis’ of the 1590s”, p. 372.

③ N. S. B. Gras, *The Evolution of the English Corn Market*, pp. 223, 225.

④ Vincent Ponko, Jr., “N. S. B. Gras and Elizabethan Corn Policy; A Re-Examination of the Problem”, *Economic History Review*, New Series, Vol. 17, No. 1 (1964), p. 27.

能造成当地粮食匮乏、价格上涨；在一些特殊时刻，中央政府也的确会将其他地区的利益摆在首位，比如在 1597 年春西部地区粮食严重短缺、民众濒临饿死之际，中央政府也会将其他地区的利益摆在首位。但总体而言，在伊丽莎白时期包括救荒政策在内的各项社会政策中，伦敦等大城市的需求高于其他市镇；城市的需求又高于乡村。这是中央政府权衡利弊得失之后的决策，其根本出发点是维持社会秩序，并以最大限度减少食物匮乏给整个国家造成的损失为最高目标。

（本文原刊于《山东社会科学》2023 年第 7 期，略有改动）

作者简介：

冯雅琼，上海师范大学人文学院青年教师。先后就读于武汉大学、复旦大学，获历史学博士学位。研究方向为近代早期英国史。代表论文有《近代早期英国救荒知识的产生及传播：以乡绅为主体的考察》《从食谱书看近代早期英国的饮食观念》等。

世界区域与国别史

试析独立后非洲国家经济发展的主要矛盾*

舒运国

摘　要：非洲大陆整体独立60年来，经济发展经历了曲折起伏的过程。总体看，尽管非洲经济发展持续取得进步，但与世界其他地区相比，经济发展相对缓慢，与世界发展步伐的距离正在拉大。究其原因，不但众多，而且复杂。其中，非洲经济发展中遭遇的长期的政局动荡与经济持续发展的矛盾、经济发展模式外部性与本土适应性的矛盾、单一经济殖民遗产与完善的民族经济体系的矛盾、严重依赖外援与自力更生的矛盾，以及人口快速增长与经济协调发展的矛盾，影响了非洲的经济发展。造成上述原因的因素十分复杂，既有殖民地遗产与现实发展的冲突，也有内部发展与外部模式的冲撞，更有非洲传统文化与现代化的矛盾。因此，非洲国家要实现可持续发展，还必须着力进行经济结构转型，摆脱对外依赖性，改善政府治理。

关键词：非洲经济　政局　对外依赖　经济发展模式　单一经济结构　人口负担

自20世纪60年代非洲大陆获得政治独立至今，已有60年。在这60年里，世界经济发生了巨大变化，一些昔日的殖民地，诸如亚洲和拉丁美洲的一些国家，正在迅速摆脱落后面貌，向现代化进军。相比之下，非洲国家经历20世纪六七十年代经济的快速增长、八九十年代的经济危机与停滞不前、21世纪十几年的恢复与中高速增长阶段，当下非洲国家整体经济增长步入3%—4%的发展期。值得注意的是，在非洲经济增速变化的背后，其经济发展质量未获根本变化。总体看，非洲大陆在60年里虽然也取得一定的进步，但是发展十分缓慢，与世界发展步伐的差距正在拉大。非洲经济为什么发展迟缓？这个问题已经引起国际社会的关注和讨论。

加州大学伯克利分校的学者对此进行了专门研究，他们试图从社会、文化、宗教、政治、经济和国际关系等方面来回答这个问题。他们认为，要了解非洲的经济问题，不能只看国内生产总

* 本文系国家社科基金重大课题“多卷本非洲经济史”（14ZDB063）阶段性研究成果，并受上海高校高峰高原学科（世界史）建设计划赞助。

值、国民生产总值等经济指标,而要把制约非洲发展的其他非经济因素放在一起考论。[①] 而哈佛大学的学者则对 1965—1990 年期间撒哈拉以南非洲经济增长缓慢的原因进行了研究。他们指出,尽管非洲的自然地理条件很差,但并没有对更快的增长构成难以逾越的挑战,糟糕的政策和机构在缓慢增长中起了很大作用。[②] 曾经担任非洲开发银行行长(2005—2015 年在任)的卡培鲁卡(Donald Kaberuka)指出: 在解释非洲经济发展迟缓时,人们通常提出两种原因: 其一,非洲无法控制的结构因素,即自然、地理和历史等因素,包括地理和生态、非洲任意的边界、内陆国家的高度集中、热带土壤和流行病等。其二,所谓的选择因素,非洲国家对此具有一定程度的选择权,包括非洲国家所选择的政策、治理方法和机构等。卡培鲁卡认为,两者相比,选择因素的作用更加关键。[③]

关于这个问题的讨论还在继续。纵观非洲国家独立以来的经济发展历程,不容忽视的是,它们的经济发展已经产生一定的路径依赖,由此引发目标取向与经济现实之间的一些矛盾。本文希望通过对非洲国家经济发展中遭遇的矛盾进行评析,寻找非洲国家经济发展迟缓的具体原因,为其未来发展提供一些启示。

一、长期的政局动荡与经济持续发展的矛盾

美国学者多多(Mahamat K. Dodo)曾指出:"自独立初期(20 世纪 60 年代)以来,政局不稳定和危机一直是非洲政治文化的一部分。政变、国内动乱、内战和地区战争都是非洲政治的主要内容。它们对于非洲社会经济的发展带来了严重的冲击。"[④]回顾历史,非洲国家政局虽总体趋稳,但在独立后的相当长时间或一些国家,政局动荡不安,不稳定的社会环境严重阻碍了经济发展。这是非洲国家独立后经济发展迟缓的原因之一。

(一)不利的政局动荡环境

引发非洲国家政局不稳定的因素十分复杂,但是如果加以区分,大致有以下三类:

第一,非洲国家政治体制不适应非洲国情,经济发展受挫,民族矛盾激化,群众对政府不满,从而引发了军事政变或者国内动乱(包括内战)。非洲国家独立后,为了巩固和壮大新生的民族国家,必须首先建立自己的政治体制,内容包括国家政权的组织形式、国家结构形式、政党制

---

① Mahamat K. Dodo, "Why is Africa Lagging Behind in Economic Development? A Critical Review", *Journal of Asia Pacific Studies*, Volume 5, Issue 1, 2018, p. 93.

② Jeffrey D. Sachs and Andrew M. Warner, "Sources of Slow Growth in African Economies", *Journal of African Economies*, Vol. 6, No 3, 2013, pp. 335 - 376.

③ https://www.afdb.org/en/news-and-events/the-african-economy-fifty-years-after-independence-afdb-president-donald-kaberuka-11311, 2019 - 11 - 18.

④ Mahamat K. Dodo, op. cit., p. 103.

度及选举制度等。然而，非洲国家建立现代政治体制的基础十分薄弱：其一，大部分非洲国家（主要是撒哈拉以南非洲国家）在西方殖民入侵前，尚处于原始社会后期，故未建立现代国家组织，部落是基层社会组织。因此，缺少建立和运行现代国家政治体制的历史经验。其二，西方入侵后，殖民主义者无视非洲各族发展的历史与现状，不但任意瓜分和建立殖民地，而且把殖民地政治体制直接强加给非洲各族。殖民地政治体制的根本出发点就是剥夺殖民地财富，一切为宗主国利益服务。十分明显，非洲国家独立后既无法恢复部落社会的政治体制，也无法沿用殖民地的政治体制。那么，什么样的政治体制适合于非洲国家呢？非洲国家为此进行了长期的探索，大致经历了3个阶段。独立之初，非洲国家大多搬用或者模仿西方宗主国的政治体制，实行三权分立的政治体制，采用多党制；进入20世纪70至80年代，非洲国家又大多改用中央集权和一党制的政治体制；直至90年代中后期，非洲国家再次改革政治体制，多数国家完成了多党民主政体的制度性安排，采用民主政体和多党制。

这些主要来自外部的政治体制在实践中都被证明不完全适合非洲国家的国情：其一，非洲国家缺乏民众的认同，政府缺乏权威。由于非洲国家大多建立在西方殖民地基础上，因此非洲民众缺乏对于国家的认同感。相反，对于本民族的认同感却十分普遍和强烈，民族认同感甚至超过国家认同感。于是，在多民族的非洲国家，中央政府在国内缺乏权威性和号召力，中央政府的组成往往成为国内各族争夺权力的场合。其二，建立现代政党的条件不成熟。独立之初的非洲国家缺乏建立现代政党制度的社会阶级基础，于是非洲的政党往往以各个民族为基础，一个政党代表一个民族，政党成为各民族争夺政治利益的工具。因此，多党制加剧了国内各族的矛盾和斗争。其三，一党制出现的弊端。虽然一党制有利于保持国内政治的稳定，有利于强化政府的权威，但是由于非洲国家缺乏现代政党的运作机制，因此一党制往往垄断政治权力，排斥异己，形成独断专行的局面。另外，由于缺乏必要的监督，一党制也难免导致腐败问题的出现。

由此可见，非洲国家独立后虽然模仿外部政治体制，但是由于非洲国家的国情截然不同，因此外部政治体制在非洲国家必然水土不服，问题频出。过去几十年里，由于政治体制不能适应非洲国家国情，使多数非洲国家均出现了不同程度的发展困境。非洲国家的发展困境最为极端的表现形式就是出现政治不稳定（政治动乱和军事政变）。仅军事政变一项，1958至1985年期间，就发生了60多起成功政变、70起流产政变和125起政变阴谋。[①]

第二，殖民统治遗留的民族矛盾和边界冲突，引发了边界战争或者地区战争。边界冲突在世界各地并不罕见，但这个问题在非洲则更普遍，几乎每个国家都受到了这个问题的影响。究其原因，就是欧洲列强进入非洲后，不顾非洲各族历史发展沿革和不同的社会文化背景，人为瓜分殖民地，使许多民族被强制割裂，为今日非洲国家的边界冲突埋下了祸根。有专家指出："当

---

① Augustin Kwasi Fosu, "Mapping Growth into Economic Development: Has Elite Political Instability Mattered in Sub-Saharan Africa?", *The American Journal of Economics and Sociology*, Vol. 63, No. 5, Nov. 2004, p. 1174.

欧洲人瓜分非洲时,他们很少或根本没有注意到民族的分布情况。他们在地图上画直线,既不遵循自然物理界限,也不遵循文化界限。因此,同一个民族被划入不同的国家,而关系对立的不同民族现在却生活在同一国家。”①今天,非洲国家之间的边界争端十分普遍,诸如肯尼亚和乌干达、厄立特里亚和埃塞俄比亚、喀麦隆和尼日利亚、加蓬和赤道几内亚、布基纳法索和尼日尔、贝宁和尼日尔等国之间都存在着边界争端。尽管非洲统一组织和非洲联盟都通过了相应的政策措施,“郑重宣布所有成员国保证尊重它们取得民族独立时存在的边界”,“迫切需要通过和平方式,并在严格的非洲范围内解决非洲国家之间的一切争端”。② 但是边界冲突还是时有发生。20 世纪 60 至 80 年代末,撒哈拉以南非洲平均每年有 12 起边界冲突,国家成为冲突的一方。每年平均有 17 000 名非洲人在这些以国家为基础的冲突中直接死亡。边界冲突所引起的战争不但给交战双方带来了极大伤害,而且大量难民的产生和无规则流动,也给其他邻国造成了极大的经济压力。③ 据非盟 2009 年统计,非洲有 1 700 多万难民和国内流离失所者,其中战争和军事冲突造成的难民占很大比例。联合国难民事务高级专员办事处估计,仅在 16 个中部和东部非洲国家,难民和国内流离失所者的人数就超过 1 100 万。④

第三,恐怖活动蔓延,造成社会动乱和不稳定。非洲地区近年来出现了一些恐怖组织,诸如尼日利亚的“博科圣地”、以马里为基地的“伊斯兰马格里布基地组织”和索马里的“青年党”,它们的活动日益猖獗,并且有扩展的态势。美国国务院 2012 年 7 月发布的《2011 年恐怖主义国别报告》称,仅 2011 年,非洲就发生了 978 起恐怖主义袭击,同比增加 11.5%。2012 年 12 月 7 日,澳大利亚“经济与和平研究所”发布 2012 年《全球恐怖主义指数》报告指出,撒哈拉以南非洲地区是国际恐怖主义威胁最严重的区域。⑤ 究其原因,一些专家认为,“非洲大陆的大部分地区可能会继续经历冲突、疾病、对日益减少的资源的竞争以及许多其他疾病,其中一些是非洲自己造成的,另一些是外来力量强加的。正是这些持续存在的问题,加上解决这些问题的希望渺茫,助长了日益严重的极端主义运动。总之,它们是非洲恐怖主义的根源”⑥。

恐怖活动对于非洲经济发展产生了恶劣的影响。2016 年联合国难民事务高级专员办事处和世界银行的一份报告显示,仅“博科圣地”2009 年至今,已经实施了超过 3 416 起恐怖事件,导致超过 36 000 人死亡,200 多万人流离失所。⑦

---

① Robert L. Feldman, “The Root Causes of Terrorism”, *Defense & Security Analysis*, Vol. 25, No. 4, December 2009, p. 358.

② 非洲统一组织:《关于非洲边界不得改变的决议》(1964 年 7 月 21 日),载葛佶《简明非洲百科全书(撒哈拉以南)》,中国社会科学出版社,2000 年,第 762—763 页。

③ “Resolving African Boundary Disputes”, https://africaoilandpower.com/2018/03/20/resolving-boundary-disputes-in-africa, 2019-03-06.

④ “Refugee Problem in Africa Deserves Full Attention, Thorough Solution”, http://en.people.cn/90001/90777/90855/6791422.html, 2019-08-11.

⑤ 严帅:《非洲恐怖主义发展趋势及其影响》,《当代世界》2013 年第 6 期,第 52—54 页。

⑥ Robert L. Feldman, op. cit., p. 355.

⑦ Lwendo Kambela, “Terrorism in Africa”, https://www.accord.org.za/conflict-trends/terrorism-in-africa, 2019-10-07.

（二）政局动荡对经济发展的影响

经济发展的首要条件是需要一个和平和安定的客观环境。在不稳定或者动荡的社会里，经济发展几乎就是一句空话。一些学者在研究中发现，政治不稳定是造成非洲经济增长缓慢的一个特别重要的因素。福苏（Fosu）在长期研究后发现，1960—1986 年期间，政治不稳定对撒哈拉以南非洲经济增长的直接不利影响高达 33%。[①] 计量经济学家阐述这种不利影响包括：其一，投资减少。因为一旦政治体制发生变动，未来净回报率的不确定性就会大大增加，从而降低预期实际利率与投资项目相关的回报。这种风险的增加也会提高资本成本，因为贷款违约的可能性会上升。由于这些风险，国内储蓄和进口资本都会受到打击。事实上，资本外逃是政局不稳的一个突出表现。其二，基于对政治不稳定的高度担忧，大量人才外流，以寻找更加好的工作和生活机会，这直接影响到劳动力的数量和质量，从而进一步影响经济发展。其三，政治不稳定可能会对生产过程的时间和组织产生负面影响。伴随政治不稳定而来的对操作规则的变化和不确定性的预期增加，不仅会减少投资，而且会导致投资项目的频繁停止和启动。[②]

的确，政局不稳定对于经济发展的阻碍作用十分明显。一个非常明确的事实就是，非洲国家在政局稳定时期，经济发展就相对平稳，而每逢政局动荡，经济发展就出现下降。非洲大陆独立后经历了两个较快增长时期：一个是 1961 至 1975 年，另一个是 1995 年至现在，其间停滞不前。只要回顾一下，我们就能发现，两个经济增长时期恰恰是非洲大陆政治相对稳定的时期，而在 1975—1995 年间，正是非洲大陆政治比较动荡的时期，军事政变频繁，冲突不断。在这种形势下，20 世纪 80 年代，人均国内生产总值下降了 1.3%，比所有低收入发展中国家的平均水平低整整 5 个百分点。在 1990 至 1994 年间，年增长率加速下降至 1.8%，两者之间的差距扩大至 6.2 个百分点。在 20 世纪 90 年代中期后，非洲国家总结了独立以来政治体制的沿革，在政治体制上进行了一定程度的改革。这种调整使非洲整体上趋于“由乱转治”，经济随之开始复苏。1999 至 2008 年，非洲经济年均增长率为 4.9%，是此前 10 年的两倍。[③]

二、经济发展模式外部性与本土适应性的矛盾

与传统经济学强调土地、制度、资本对一国经济发展起关键作用、而制度因素仅是其中变量因素不同，当下颇为引人关注的制度经济学却十分重视制度在经济发展中的作用，认为制度是影响一国经济发展的重要因素。事实上，非洲国家独立后，发展经济是一个十分重要的任务。

---

① Augustin Kwasi Fosu, “Political Instability and Economic Growth: Implications of Coup Events in Sub-Saharan Africa”, *The American Journal of Economics and Sociology*, Vol. 61, No. 1, 2002, p. 330.

② Augustin Kwasi Fosu, “Political Instability and Economic Growth: Evidence from Sub-Saharan Africa”, *Economic Development and Cultural Change*, Vol. 40, No. 4, Jul, 1992, pp. 830 – 831.

③ Paul Collier and Jan Willem Gunning, “Explaining African Economic Performance”, *Journal of Economic Literature*, Vol. 37, No. 1, March 1999, p. 64.

从殖民地经济向现代化经济过渡对于非洲国家而言，是一件完全陌生的重大社会经济变革。在经济发展道路上，非洲国家在毫无经验的前提下，采用了两种经济制度，盲目模仿外来经济发展模式，为此付出了巨大的代价。

（一）社会主义经济发展道路的探索

独立之初，基于殖民地历史的经历，非洲国家对于西方资本主义制度十分反感；相反，由于苏联一直支持非洲民族解放运动，而使非洲国家倾向社会主义制度。然而，非洲领导人所提倡的社会主义并非真正的科学社会主义，而是所谓的"非洲社会主义"。非洲社会主义思潮强调非洲具有独特性，认为非洲传统社会的村社制度本来就具有社会主义的一些特点（比如生产资料公有和劳动成果共享等），所以只要采用苏联社会主义国家的一些做法，就能够建设社会主义。为此，非洲领导人建立了中央集权的经济体制，在农村和城市推行集体所有制和国有化，在分配方面实行平均主义。

实践证明，非洲社会主义并不符合非洲国家的国情。其一，社会主义是阶级社会的产物，而独立之初的非洲国家阶级分化尚在进行之中，阶级阵线也不分明；相反，部落组织在社会生活中依然起着重要作用。其二，工人阶级是社会主义社会的基石和领导力量。但是非洲国家资本主义生产关系十分薄弱，资产阶级力量弱小，工人阶级尚在形成和发展。值得指出的是，非洲工人阶级队伍因为其流动性而很不稳定，因此组织涣散，阶级意识淡漠，在政治上还不具备作为领导阶级的水平与能力。其三，非洲国家还是自给自足的自然经济占优势地位的农业社会，生产力和经济发展水平低下，因此资本主义在非洲还有很大的发展空间。如果过早把资本主义作为变革对象，就违背了历史发展趋势。由此可见，非洲国家的社会现实不具备实行社会主义的政治和经济基础，非洲社会主义提倡的经济发展战略和措施，大多超越了非洲国家的社会发展水平，对于生产力的发展造成了不利的影响。

实践证明，由于非洲国家不具备实行社会主义制度的社会基础、组织结构和经济发展水平，因此非洲社会主义并不符合非洲国家的国情。非洲社会主义提倡的经济发展战略和措施，大多超越了非洲国家的社会发展水平，对于生产力的发展造成了不利的影响：第一，过早推行国有化或者集体所有制，超越了非洲居民的觉悟程度，遏制了他们的生产积极性，生产力受到破坏。第二，政府对于经济的行政干预，不但使市场机制受到压抑，也束缚了企业的积极性和创造性。企业缺乏活力，尤其是国有企业的运作很快出现了效率低下、管理混乱、人浮于事、负债累累等问题。第三，中央集权型的经济管理体制，造成管理机关重叠，工作效率低下，官僚主义盛行，官员贪污之风蔓延。

到 20 世纪 70 年代后期，进行非洲社会主义试验的国家大都陷入了困境。国民经济得不到发展，几十年社会主义实践，不但没有提高非洲国家的生产率，相反生产力不断下降。

（二）《结构调整方案》的实施与推进

非洲国家第二次大规模经济发展道路的试验和探索发生在20世纪80年代。当时，非洲国家急需得到来自西方国家和世界银行等国际组织的经济援助，以期破解经济危机之困境。由此，大多数国家被迫执行了世界银行和国际货币基金组织制定的《结构调整方案》。结构调整方案基于西方市场经济的运作模式，以推行经济市场化、贸易自由化和产业私有化为主要原则，以此在非洲大陆引入市场经济模式，加快非洲经济的发展。

由于《结构调整方案》是以西方国家完善的市场经济运作规则为蓝本而制定的，与非洲国家当时的经济形态存在诸多差异。其一，从经济结构看，由于历史的惯性，非洲国家在20世纪80年代仍有较强的殖民地经济遗痕且根深蒂固，存在传统市场和现代市场并存的市场二元结构。其二，非洲国家自然经济占主导地位，广大农村居民的劳动产品主要是满足自给自足的消费，只有很少部分用于市场交换。而且，在产品交换中，货币关系也不普遍，以货易货的交换方式更为常用。因此，非洲的商品经济、货币关系很不发达，由此也必然造成非洲市场发育的不健全。在此情境下，西方市场经济在非洲"硬着陆"，其冲突可想而知。

《结构调整方案》在非洲国家推行十余年，在给非洲国家引入市场经济的同时，亦产生了诸多负面效应：第一，贸易自由化使民族工业发展受到阻碍。由于非洲民族工业和私人经济发展的起点低，与西方工业的发展水平差距较大，因此在西方保护主义盛行的情况下，结构调整方案所倡导的贸易自由化政策给非洲民族工业发展带来致命打击，非洲本地产品遭到了进口商品的大量排挤，民族企业受到了外资企业和跨国公司的严峻挑战。第二，扩大开放却加深了非洲国家对外部世界的依赖。随着结构调整中开放力度的加大，外部援助急剧增加，一则外债大幅度上升，二则非洲国家对于外部世界的依赖性更加严重。第三，鼓励经济作物的生产和出口与改造殖民地经济结构产生了矛盾。结构调整方案为了增加外汇收入以平衡国际收支，一味要求非洲国家扩大单一经济作物的生产和出口，按此办理，非洲国家经济难以改造殖民地经济结构，发展民族经济的努力将付诸东流。第四，结构调整产生了不安定因素。结构调整方案所设计的改造公共部门（含国有企业和政府机构）的政策，冲击了非洲国家的原有秩序，导致大量政府工作人员失业，产生了社会不安定因素，最终对非洲国家的经济发展和政治稳定产生负面作用。1990年召开的26届非统首脑会议发表《关于非洲政治、社会、经济形势和世界发生根本变化的宣言》中明确指出：非洲国家"大都曾同国际货币与金融组织一道实行经济结构调整，并为此付出了重大的政治和社会代价。但我们认识到，这些短期措施不足以在牢固的基点上完全恢复我们的经济，也不能为今后的发展奠定坚实的基础"①。

非洲社会主义与经济结构调整都是非洲国家探索经济发展道路的尝试，而且带有全非性质。非洲社会主义先后有30多个非洲国家实践，时间长达20多年，而结构调整也有30多个非

① 葛佶：《简明非洲百科全书（撒哈拉以南）》，第801页。

洲国家实施，时间长达 10 多年。这两次对于经济发展道路的探索，尽管具有历史必然性和合理性，但是毕竟使大多数非洲国家花费了几十年的时间，消耗了大量的人力、物力和财力。这也是非洲国家在独立后，经济发展缓慢的重要原因之一。

三、单一经济殖民遗产与完善的民族经济体系的矛盾

西方在非洲大陆的殖民统治，对于非洲国家的发展产生了深刻而又持久的影响。有人把这种影响称为“殖民遗产”。殖民遗产的内容十分庞杂，涉及各个领域，其中殖民地遗产在经济领域的最大表现就是畸形的单一经济结构。

（一）畸形经济结构的历史与现实

所谓单一经济结构，就是一个国家动用其全部或者主要的人力资源和自然资源，大量生产一种或者几种农矿初级原料产品。单一经济结构的特点是：其一，这些产品并不是供国内消费所用，而是直接出口国外市场。在殖民地时期，这些产品主要运往宗主国，供其作为工业原料和生活消费品所用；在非洲独立后，则主要输往世界市场。其二，在国民经济中，一种或者几种农矿初级原料生产得到快速发展，成为国民经济发展的主要基础。其他经济部门，诸如工业、粮食生产等都得不到应有发展，于是造成了经济发展失衡的状态，因此经济发展基础十分脆弱。其三，单一经济结构是一种畸形的经济结构，它对于外部经济具有严重的依赖性，不但产品销售依赖外部市场，而且工业制成品和粮食也需要从外部进口，因此非洲经济发展缺乏自主性和独立性，而且经济增长驱动力单一、脆弱。

非洲国家独立后，一直试图改造殖民地经济结构。在 70 年代末非统组织发表的《蒙罗维亚宣言》和《拉各斯行动计划》中，非洲国家一再重申独立自主和自力更生的立场，但是改造单一经济结构在实际中收效不大。非洲开发银行在 2015 年公布了非洲国家出口商品的统计资料，从中我们不难发现：第一，从出口商品的品种和数量来看，非洲国家几乎毫无例外处于单一经济结构。其中一种产品出口占总出口量在 50%以上的，就有 21 个国家，占非洲国家总数的 39%，①如果把两项出口商品和三项出口商品占总出口量 50%的国家一起计入，那么这个数字要更大。第二，从非洲国家出口的商品品种和种类来看，几乎是清一色的农、矿初级原料产品。其中一类是自然资源的矿产品，如黄金、石油、天然气、锰、铜、铁、镍、铝、铌、钽、磷酸盐和钻石等；另一类是农业经济作物，诸如腰果、棉花、芝麻、丁香、蔬菜、烟草、咖啡、可可豆等；还有一类是鱼、木等产品，诸如金枪鱼、其他鱼类、木材、鲜花等。在非洲国家出口商品中，几乎找不到工业制成品或者加工产品。

---

① https://www.africaneconomicoutlook.org/en/statistics, 2018-04-08.

联合国非洲经济委员会在1989年发表的《替代结构调整计划的非洲方案：变革与复兴的框架》中指出，非洲经济结构，即“非洲经济的生产、消费和交换格局，是导致不发达和倒退的最根本原因”①。

（二）单一经济结构的负面经济效应

第一，由于非洲国家的生产、流通和销售都与国外市场紧密联系，因此，世界市场的供需变化和价格消长直接制约了非洲国家的经济发展。如果遭遇西方国家经济不景气或者世界市场对原料产品的需求下降，那么，这些国家的经济发展就会受到冲击，具体表现为：产品出口受阻，国家财政大幅度减少；经济发展速度明显趋缓；国内通货膨胀压力加大。回顾非洲国家独立后的历史，凡是国际经济形势不佳、原料产品价格下降的年代，就一定是非洲经济出现下行的时期。最典型的例证是，20世纪70年代的两次能源危机直接引发了非洲国家的经济危机；而2013年开始的大宗商品价格暴跌，使原本形势一直不错的非洲经济遭受严重冲击，依赖大宗商品出口的非洲国家已然陷入了困境。世界银行专家指出，大宗商品价格下跌对撒哈拉以南非洲地区是一个重大冲击，因为燃料、矿石和金属占该地区出口的60%以上。非洲国家普通民众感受到了货币贬值和通胀上升的影响。低油价已导致尼日利亚20年来首次陷入衰退，而在矿产品占出口一半的南非，增长已放缓至几乎为零。②

第二，由于不合理的国际经济秩序的作用，非洲国家生产的初级原料成品，在国际市场上的附加值很低。因此非洲国家在国际市场上出口附加值很低的初级原料成品，而进口附加值高的制成品，其明显处于一种不平等的国际贸易交换之中。

第三，单一经济结构使非洲国家的生产基础十分狭窄。联合国非洲经济委员会在1989年指出：“农业和制造业在国内生产总值中所占的比重从20世纪60年代的50%左右降到80年代的约30%。农业仍然以传统生产技术和低生产率为特征，粮食和原料生产受到忽视。工业结构狭窄，发展薄弱，部门之间缺乏联系，资金、人才、技术仰赖外国。”③1990至2014年间，制造业在非洲国内生产总值中所占比重从12.8%降至9.8%。④ 单一经济结构造成非洲经济处于畸形发展状态，少数农矿原料产品生产片面发展，农业生产受到轻视，工业生产十分弱小和落后，许多国家的粮食和工业制成品都需要从外部大量进口。

由此可见，殖民地时期形成的单一经济结构，严重阻碍了独立而完善的非洲民族经济体系的建立和发展。单一经济结构使非洲国家的经济发展丧失了自主权，一直处于世界经济结构中

---

① 联合国非洲经济委员会：《替代结构调整计划的非洲方案：变革与复兴的框架》，载葛佶《简明非洲百科全书（撒哈拉以南）》，第784页。

② Kingsley Ighobor, “Commodity Prices Crash Hits Africa”, https://www.un.org/africarenewal/magazine/december-2016-march-2017/commodity-prices-crash-hits-africa, 2019-02-01.

③ 葛佶：《简明非洲百科全书（撒哈拉以南）》，第784页。

④ AFDB, *African Economic Outlook 2018*, Africa Development Bank, 2018, p.7.

的附庸地位。如果单一经济结构不得到根本的改变,那么非洲国家永远只能为世界市场提供初级原料成品,只能处于产品附加值的最低端,深受经济结构低度化之累,掣肘向现代化的完善的国家经济体系转变。

当然,非洲国家正视单一经济结构的负面效应,采取了一系列政策与措施,努力调整产业结构,推进经济结构的多元化。但是单一经济结构在非洲国家已经扎根多年,因此要进行改造必然遇到巨大困难:从单一经济结构转向多元化的经济结构,不但需要足够的技术,也需要大量资金;现存的国际经济秩序是以西方国家占主导地位,因此它们会千方百计维护这种不合理的经济秩序。显然,单一经济结构要得到根本的改造,非洲国家还需要很长时间。

四、严重依赖外援与自力更生的矛盾

客观而言,贫穷国家的经济发展既需要内部资金动员,也离不开从外部获得资金支持。如何处理好两者关系,对于国民经济的健康发展至为重要。

(一)经济发展严重依赖外援

非洲国家领导人在国家获得政治独立后,认识到发展民族经济,必须实现经济独立。无论是1979年非洲统一组织通过的《拉各斯行动计划》,还是2001年的《非洲发展新伙伴计划》,均强调以集体自力更生为主,同时积极争取国际援助。然而,现实与理想往往存在落差。

贫穷落后的经济发展水平无法为非洲提供经济建设所需的大量资金。一方面,非洲国家的资本形成能力低下。直至1997年,非洲的国内储蓄仅占国内生产总值的17.6%,投资仅占国内生产总值的18.3%,这两个数字均大大低于消灭贫困所需的32%以上的标准。[①] 这种状况至今没有根本改变,2017年,撒哈拉以南非洲国家公共储蓄占国内生产总值的比例为18.2%。[②] 十分明显,资金缺乏必然严重制约非洲国家的社会经济发展,因此,非洲国家大量利用外援发展经济。另一方面,非洲国家独立后,急于通过经济发展来摆脱贫穷落后的状态,因此制定的经济发展计划往往过于庞大,这又加重了对于资金的压力。在非洲国家雄心勃勃的发展计划与十分短缺的资金之间矛盾尖锐。于是,在非洲国家建设和发展计划中,外部经济援助变得越发不可或缺。欧洲开发银行指出:“非洲国家在绝大部分发展计划中,都制定了获取外来援助的目标。”[③] 在20世纪80年代非洲国家进行的经济结构调整中,估计需要资金1 280亿美元,非洲国家能自筹的仅820亿,其余的460亿美元则需国际社会援助。[④] 在基础设施建设领域,非洲大陆的基础

---

① 舒运国:《外援在非洲经济发展中的作用》,《西亚非洲》2001年第2期,第35—40页。

② 参见世界银行数据库:https://data.worldbank.org/region/sub-saharan-africa-excluding-high-income?view=chart,2019-12-02。

③ *Report of the Conference of African Planners*, Second Session, Document E/CN. I4/4o7, Addis Ababa, January 1968.

④ 参见舒运国《外援在非洲经济发展中的作用》,《西亚非洲》2001年第2期。

设施建设大约需要 6 万亿美元，各国政府迄今已投资 4.3 万亿美元，仍然有约 1.7 万亿美元的巨大投资缺口。[①]

经合组织的统计表明，非洲国家接受官方发展援助的数字在 20 世纪 70 年代为年均 174.5 亿美元，80 年代为年均 260.09 亿美元，90 年代为年均 278.61 亿美元，21 世纪前十年平均为 347.25 亿美元，2010—2016 年为年均 485.22 亿美元。[②] 20 世纪 60 年代后，随着外部援助的增加，它在非洲国民生产总值（GNP）中的比例也同步上升。据统计，1960—1961 年，外部援助占非洲国民生产总值的 1.9%；1970—1971 年占 2.9%；1983—1984 年为 5.0%；1994 年达到 11%。1991 年撒哈拉以南非洲每人年均受援 33 美元，2015 年为 42.8 美元，2016 年为 40.8 美元。[③]

长期以来，非洲是接受国际援助的主要地域，2017 年约占经合组织发展援助委员会对外援助总额的 28.6%，[④]国际援助已成为大多数非洲国家解决经济发展资金不足的重要补充。当前，非洲国家高度依赖国际援助，这清楚地表明国际援助在非洲国家经济与社会发展中具有重要地位。

（二）西方外援在一定程度上削弱了非洲国家经济发展的自主性

从理论上讲，外援可以部分弥补非洲国家资金短缺的问题，有利于推动非洲国家的经济发展。但是研究非洲国家的具体情况，其结果常常相反。一些批评人士甚至声称，接受外援本身助长了非洲的依赖综合征，削弱了非洲国家的治理或行政能力，从而加剧了非洲经济发展的困难。彼得·鲍尔（Peter Bauer）认为对政府援助是没有必要的，因为它只带来危险，会增强政府权力，促进腐败和资源的分配不当，破坏经济激励，侵蚀公民倡议和活力。另一位批评者金斯利·奇杜·莫加卢（Kingsley Chiedu Moghalu）指出，导致非洲大陆发展缓慢的主要因素可能是外国援助。在过去的 60 年里，至少有 1 万亿美元的外国援助转移到了非洲，但是今天非洲的实际人均收入低于 20 世纪 70 年代。[⑤] 上述批评人士的观点或许偏激，但是也反映了过分依赖外援所带来的负面影响。

第一，外债不断增加。举借外债是获取外援的重要手段之一。1980 年非洲外债总额为 1 092 亿美元，1992 年为 2 900 亿美元，1998 年为 3 500 亿美元。1999 年，非洲人均收入 221 美元，而其中偿还债务所需却高达 203 美元。[⑥] 根据世界银行 2018 年《非洲脉搏》报告，2012 至

---

① "Africa Lags behind in Infrastructure Development", http://www.sabcnews.com/sabcnews/holdafrica-lags-behind-in-infrastructure-development, 2017-09-23.

② OECD, *Development Aid at a Glance* (*Africa, 2018 edition*), https://www.oecd.org/dac/financing-sustainable-development/development-finance-data/Africa-Development-Aid-at-a-Glance-2018.pdf, 2019-03-05.

③ R. C. Riddell, "The End of Foreign Aid To Africa? Concern About Donor Policies", *African Affairs*, Vol. 98, 200, p. 312; OECD, op. cit., p. 2.

④ 宋微：《国际对非洲援助》，载张宏明《非洲发展报告》（2018~2019），社会科学文献出版社，2019 年，第 314 页。

⑤ Jong-Dae Park, "Assessing the Role of Foreign Aid, Donors and Recipients", https://link.springer.com/chapter/10.1007/978-3-030-03946-2_2, 2019-04-03.

⑥ 参见舒运国《外援在非洲经济发展中的作用》，《西亚非洲》2001 年第 2 期。

2016 年间,撒哈拉以南非洲地区的平均公共债务占国内生产总值的比例从 37% 上升至 56%。到 2018 年,40%的撒哈拉以南非洲国家面临债务危机的高风险,是 5 年前的两倍。① 据统计,撒哈拉以南非洲国家的平均负债率(外债余额与国内生产总值的比率)明显持续攀高,2013 年为 23.4%,2014 年为 24.6%,2015 年为 27.6%,2016 年为 31.8%,2017 年为 36.6%,2018 年已经达到 37.2%。②

第二,获得西方外援的主动权在援助方一边,而不是在非洲国家一边。因此,非洲国家的经济发展项目往往会受到援助方的制约和束缚。许多西方捐助者常常附加条件,使援助难以有效地用于经济和社会发展。在许多情况下,援助是由发达国家的利益集团推动的,他们出售不适合非洲发展的产品、服务和技术,因为这些产品、服务和技术往往过时,不适合非洲的条件。③

第三,援助方的经济发展形势是外援规模大小的决定因素。援助方的经济形势好,可能提供令人满意的援助金额;反之,情况就可能相反。例如,1992 年非洲获得外援为 109.74 亿美元,1994 年降到 104.54 亿美元。20 世纪 90 年代初,西方国家对非洲援助占其国民生产总值的 0.33%, 1996 年为 0.25%,1997 年降至 0.22%。④

第四,西方援助方在为非洲国家提供经济援助时,往往带有一些额外的政治条件。比如西方在为非洲国家结构调整提供援助时,就提出了一整套方案,诸如私有化、自由化等。如果受援方不接受这些条件,援助往往被减少甚至取消。

更为严重的是,过多依靠外部援助直接冲击了非洲国家奉行的自力更生的方针。比如,西方援助附带某些条件,而这些附带条件与非洲国家坚持的发展路线发生冲突时,这些外部援助方利用其强势话语权和支配地位,决定援助资金流向,对于非洲国家的发展就不会带来推动作用;相反,可能产生负面作用。体现非洲自力更生、自主发展理念的《拉各斯行动计划》未竟实施,而代之以西方发展价值观理念的《结构调整方案》,就是一个实例。由此,非洲国家不得不吞下 20 世纪 80 年代"失去的十年"这一发展苦果。美国布鲁金斯学会的专家认为,对外援助在非洲形成了一种依赖文化,助长了家长式作风,而不是伙伴关系。⑤ 2017 年,加纳总统纳纳·阿库福-阿多(Nana Akufo-Addo)在一次讲话中强调,非洲国家不应再以外国财政援助为基础制定政策。他强调,这样的做法过去没有奏效,现在不会奏效,将来也不会奏效。⑥

综上,我们不能一概否定外部援助,因为合理的外部援助确实能够推动非洲国家的经济发

① "Is a New Debt Crisis Mounting in Africa?", https://www.worldfinance.com/special-reports/is-a-new-debt-crisis-mounting-in-africa, 2010-01-05.

② UNECA, AfDB, and AU, *African Statistical Yearbook 2019*, Addis Ababa, 2019, p. 99.

③ Aye Mengistu Alemul, & Jin-Sang Lee, "Foreign Aid on Economic Growth in Africa: A Comparison of Low and Middle-income Countries", *South African Journal of Economic and Management Science*, Vol. 18, No. 4, 2015.

④ 联合国:《世界投资报告(2018)》,纽约和日内瓦,2018 年,第 viii 页。

⑤ Angelle B. Kweme, "Making Africa Great Again: Reducing Aid Dependency", https://www.brookings.edu/blog/africa-in-focus/2017/04/20/making-africa-great-again-reducing-aid-dependency, 2018-01-09.

⑥ "Africa Should not Need Foreign Aid", https://www.esi-africa.com/industry-sectors/finance-and-policy/video-africa-should-not-need-foreign-aid, 2019-02-02.

展。但是,如果过分依赖外部援助,而且援助又带有不合理的附加条件,那么它对于非洲国家的自力更生发展战略无疑会带来负面影响。

五、人口快速增长与经济协调发展的矛盾

人类社会有两种生产,即物质资料生产与人口生产。两种生产的关系首先表现在物质资料生产决定着人类自身生产;其次,人类自身生产对物质资料生产具有反作用。当两种生产处于和谐关系时,能够相互促进,共同发展;而当两种生产处于矛盾状态时,则可能相互制约,甚至出现人口生产压迫生产力的现象。就非洲国家而言,处理好两种生产的关系成为影响经济良性发展的重要因素。

(一)人口资源持续高增长态势

20 世纪六七十年代,大多数非洲国家对于人口高速增长所产生的问题没有引起足够的重视,甚至采取一种放任自流的态度。进入 70 年代,关注人口问题的国家逐步增加,但是总体格局没有根本的改变。进入 80 年代,由于人口快速增长已经产生了一系列问题,并且严重制约了经济发展,非洲国家政府才开始重视人口问题,一些国家开始制定人口政策。从 90 年代至今,由于受到传统文化、宗教等各种因素的制约,控制人口过快增长的政策措施效果不是很好,人口增长速度始终在高位运行。

自 20 世纪 60 年代至今,非洲大陆年均人口增长率始终在 2.3%—3%之间浮动。非洲大陆成为全球人口增长最快的地区。目前,非洲人口以年均 2.5%左右的速度增长,远高于世界其他地区。根据《2019 年非洲统计年鉴》,2011 年非洲人口规模已经突破 10 亿,达 10.7 亿,2015 年达 11.9 亿,2017 年为 12.2 亿,2019 年将达 13.1 亿。[①] 据非洲人口和卫生研究中心估计,这种增长速度还将保持一段时间。[②] 联合国经济和社会事务部 2015 年发布的《世界人口展望》报告称,世界总人口 2015 年约为 73 亿,这一数字到 2030 年预计将增加到 85 亿,到 2050 年升至 97 亿,并在 2100 年达到 112 亿,其中超过一半的人口增长将主要集中在非洲地区。[③]

在人口高速增长的背后,人口资源并未转化为推动经济与社会发展所需的人力资源(或称人力资本)。从劳动力知识水平看,受教育程度决定了他们的知识水平。据统计,2008—2014 年间,非洲的南苏丹(73.2%)、几内亚(68%)、塞拉利昂(67.7%)、马里(66.4%)、布基纳法索(65.4%)、中非共和国(63.3%)、冈比亚(58.1%)、塞内加尔(57.2%)、科特迪瓦(56.1%)、几内

---

① UNECA, AfDB, and AU, op. cit., p. 73.
② "Population of Africa (2019 and Historical)", https://www.worldometers.info/world-population/africa-population, 2019-02-02.
③ https://www.un.org/development/desa/zh/news/population/2015-report.html, 2018-03-05.

亚比绍(54.4%)等国成人文盲率都在50%以上。[①] 这些低素质劳动力无法满足国家推进工业化乃至信息时代生产力的发展需要。

(二)人口增长对经济发展的挑战

十分明显,非洲国家独立后人口增长迅速,甚至超过经济增长速度,于是非洲国家的人口生产速度和规模超越了物质资料生产所能够承受的程度,因此人口生产对于经济发展带来了诸多严峻挑战。

第一,人口快速增长,对于生活和生产资料的需求迅速上升,尤其对土地资源的需求有增无减。随着每一代家庭的土地面积越来越小,只有通过砍伐森林的手段扩大土地面积。非洲森林面积占总面积的比例不断下降,2000年为22.3%,2010年降为21.2%,2015年已经减少至20.7%。[②]

第二,人口快速增长给农业生产带来巨大压力,粮食短缺问题突出。联合国粮农组织使用1960—2007年期间的数据,解释了非洲自20世纪70年代中期以来粮食贸易逆差的原因。研究表明,从1980到2007年,非洲的粮食净进口以每年3.4%的速度增长,这种增长主要是由人口增长推动的,因为每年人口增长约2.6%;而粮食产量的增长速度则很小,不到0.1%。[③] 为解决非洲国家日益增长的粮食不足问题,政府不得不持续加大粮食进口,从2000年的不到100亿美元增至2016年的约350亿美元。[④] 这显然增大了政府的财政负担。对此,联合国前秘书长安南曾一针见血地指出:"今天仍有数亿人在挨饿。非洲花费350亿美元进口粮食,但是非洲拥有世界上65%的可耕地,可以养活自己,并产生盈余用于出口。"[⑤]

第三,过快的人口增速弱化了政府的减贫效果。人口增长越快,对于住房、医疗、教育和就业就都提出了更高的要求。对于非洲国家而言,经济原本落后,人口高速增长,迫使非洲国家不得不从本来就十分短缺的资金中抽出一部分作为人口投资。于是,用于社会扩大再生产的资金相应减少,经济发展受到影响,难以显著推进国家的减贫进程。据统计,非洲国家政府和金融机构对于农业生产的投入很少,不足政府预算支出的1%。商业银行向农民发放的贷款占非洲信贷总额的比例也十分低。在几内亚比绍为0.06%,在乌干达和坦桑尼亚为9.2%,摩洛哥是4%。投资和贷款的严重不足导致农业生产出现危机。在非洲国家的不懈努力下,尽管非洲大陆的贫困发生率(以人均日支出低于1.9美元国际贫困线为标准)从1990年的54%下降到2015年的

① UNECA, AfDB, and AU, op. cit., p.77.

② UNECA, AfDB, and AU, op. cit., p.122.

③ FAO, "Why has Africa Become A Net Food Importer?", http://www.fao.org/3/a-i2497e.pdf, 2019-07-08.

④ The World Bank, "Accelerating Poverty Reduction in Africa: in Five Charts", https://www.worldbank.org/en/region/afr/publication/accelerating-poverty-reduction-in-africa-in-five-charts, 2019-12-02.

⑤ Kofi Annan Foundation, "Scaling-up Investment in African Agriculture and Food Systems", https://www.kofiannanfoundation.org/app/uploads/suia.pdf, 2019-06-05.

41%,但由于人口增长保持高位,贫困人口数量却由 2.78 亿扩大到 4.13 亿。[①]

非洲国家在独立后的很长时间里,未能充分注意协调人口增长与经济发展之间的关系。过高的出生率和生育率带来人口激增,给经济社会发展和资源环境带来了巨大压力。非洲国家领导人对此颇有感触,莱索托首相指出,人口的高速增长,"同时必须有与人口数量相适应的生活必需品。对于这一点,我们已经认识到它的艰难程度。遗憾的是,一些基本的经济资源,如土地、就业机会和社会服务,都跟不上人口日益增长提出的要求"[②]。鉴于此,近年来,非洲国家逐步认识到控制人口增长的必要性,开始制定计划生育政策,人口增长率有所下降。1955 年育龄妇女生育率为 6.5,2005 年下降到 5.4,2016 年为 4.8。[③] 未来,如何保持人口增速与经济发展之间的协调发展,仍是非洲国家面临的难题。

结 语

非洲国家独立 60 余年,经济发展长期缓慢,重要原因是经济发展中遭遇到诸多矛盾(本文只是阐述了其中的一些主要矛盾)。纵观这些矛盾,产生原因十分复杂,既有历史与现实的冲突,也有内部发展与外部模式的碰撞,更有非洲传统与现代化的矛盾。

所谓历史与现实的冲突,主要指殖民地遗产对于非洲国家独立后产生的恶劣影响。政治上,人为瓜分的殖民地成为日后非洲国家的基础,被扭曲的政治体制、民族关系都为日后独立的非洲国家的政治发展埋下了祸根。经济上,殖民地畸形经济结构(单一经济结构)使独立后的非洲经济依然难以摆脱对于外部经济(主要是西方国家经济)的严重依赖,因而在经济发展中缺少自主性。所谓内部发展与外部模式的碰撞,主要指非洲国家在经济发展进程中,引入外部世界的发展模式。实践证明,外部发展模式在非洲大陆内部发展中表现出"水土不服"的特点。这种"水土不服"突出反映了非洲国家独特的国情,而正是这种与世界其他国家不同的国情,注定了非洲国家无法照搬外部世界的发展模式。所谓非洲传统与现代化的矛盾,主要指非洲传统文化中的一些理念(诸如"多子多孙便是福"的生育观,成为非洲国家控制人口生育政策的拦路虎),虽然已经不适应现代社会的发展趋势,但是它们依然在社会生活中发挥强劲作用,因此实际上成为阻碍现代化的因素。

无论是历史与现实的冲突,还是内部发展与外部模式的碰撞,抑或非洲传统与现代化的矛盾,其背后有一共同特点,就是非洲国家独立后,所采取的发展战略、政策和方针路线,都不同程度脱离了非洲国家的具体国情,或者超前或者滞后于当时的发展形势,于是,现实与追求的目标

① The World Bank, "Accelerating Poverty Reduction in Africa: in Five Charts".

② 中国成都计划生育宣传教育分中心:《人口展望:世界各国领导人言论集》,1984 年,第 93 页。

③ World Bank, "Africa's Population Boom: Will It Mean Disaster or Economic and Human Development Gains?", https://www.worldbank.org/en/region/afr/publication/africas-demographic-transition, 2019-02-03.

出现了巨大的落差。追求的目标脱离了现实或者与现实不符，在执行过程中必然出现矛盾。因此，要解决影响非洲经济发展的长期性问题，非洲国家需要反思历史，立足当下，思考未来。必须指出，进入 20 世纪 90 年代中期以后，非洲国家对于独立以后的发展进程进行了反思，在总结经验教训的基础上，对于妨碍发展的一些问题进行了探讨和改革。进入 21 世纪，非洲国家成立了非洲联盟，制定和执行《非洲发展新伙伴计划》。在新发展战略的指引下，非洲经济形势发生了明显的改变，经济增长率得到提升。当然，影响非洲经济发展的负面因素仍然存在，仍然会发挥作用。因此，非洲国家要实现可持续发展，还必须下大力气，进行经济结构转型，摆脱对外依赖性，改善政府治理。只有这样，非洲国家的经济发展才能真正走上健康发展的道路。

（本文原刊于《西亚非洲》2020 年第 2 期）

作者简介：

舒运国，上海师范大学人文学院世界史系教授、博士生导师。主要研究方向为非洲历史。曾任中国亚非学会副会长、中国非洲史研究会副会长、上海世界史学会副会长、中国非洲研究院特约研究员、北京大学非洲研究中心特约研究员、《西亚非洲》杂志编委。

艾周昌教授与非洲史研究

张忠祥

摘　要：中国的非洲史研究已经走过半个多世纪的历程，经过几代非洲研究者的不懈努力，取得了可喜的成绩；与此同时，与国际水平相比，也存在较大的差距。当前，随着中国国力的迅速提升和中非关系的大发展，中国的非洲史研究遇到了好时机，为了今后的发展，有必要进行学术史的回顾。艾周昌教授是新中国培养的第一代世界史学者，在非洲史研究领域颇具贡献。本文以艾周昌教授为个案，回顾艾教授的学术之旅，主要从学术观点、研究方法与特点两个层面，比较全面地总结其对中国非洲史研究的学术贡献。

关键词：艾周昌　非洲史　“500 年中断说”　非洲黑人文明

中国与非洲交往的历史源远流长，但中国的非洲史研究起步比较晚，大致肇始于新中国成立之后。1955 年的万隆会议促进了新中国与非洲邦交关系的开启，加之非洲民族独立运动的高涨，中国视非洲为外交上的重要依靠力量。从这时候起，我国开始重视对非洲的研究，原先从事世界史其他领域研究的学者转到非洲史领域，如北京大学杨人楩先生原先研究法国史，他为了国家的需要，转向非洲史的研究。此外，向达、张铁生、陈翰笙和纳忠等先生都是新中国非洲史研究的开拓者。而艾周昌、吴秉真、陆庭恩、郑家馨、何芳川、张象、顾章义、张文淳、许永璋、彭坤元、李广一等先生都是新中国自己培养的第一代非洲史研究专家。改革开放以后，非洲史研究队伍逐渐扩大，舒运国、李安山、刘鸿武、张宏明、沐涛、包茂红等教授都是其中的代表。

时至今日，中国的非洲史研究已经走过半个多世纪的历程，尽管中间遭受“文革”的冲击，有过 10 年的停顿，但是经过几代非洲研究者的不懈努力，取得了可喜的成绩，在非洲通史、非洲殖民史、非洲文明与文化史、非洲国别史、中非关系史等领域都有较大的建树。与此同时，我们也应该清醒地认识到中国的非洲史研究与国际水平相比，仍然存在着较大的差距。当前，随着中国国力的迅速提升和中非关系的大发展，中国的非洲史研究遇到了难得的好时机，为了今后的发展，把中国非洲史研究不断推向前进，有必要对非洲史研究的学术史进行回顾。因为，学术研究薪火相传很重要，后人的研究需要在前人研究的基础上继续前进。目前，从总体层面回顾中国的非洲史研究的论文已经有了若干篇,[1]但是个案研究几乎是空白。[2]

艾周昌教授是新中国培养的第一代世界史学者,在非洲史研究领域颇具贡献。本文以艾周昌教授为个案,回顾艾教授的学术之旅,主要从学术观点、研究方法与特点两个层面,比较全面地总结其对中国非洲史研究的学术贡献。

一、艾周昌教授的学术历程

艾周昌教授(1930.8—2018.9),湖北松滋市人,他是新中国培养的第一代非洲史研究专家。1953年毕业于东北师范大学历史系,同年到华东师范大学任教。1955年重返东北师范大学历史系,师从苏联专家科切托夫。结业后艾老师回到华东师范大学历史系从事教学和研究工作直至退休,长期讲授世界近代史、非洲史、亚洲史等课程。他曾任华东师范大学历史系世界近代史教研室主任、亚非研究室主任,兼任中国非洲史研究会副会长、顾问等职。

艾周昌先生最初研究亚洲史,1956年,艾先生在《华东师范大学学报》上发表了第一篇论文——《论基马尔革命》,认为基马尔革命是"以反帝为主的民族解放运动,这是一次民族商业资产阶级的上层革命"[3]。1965年艾周昌先生在《人民日报》发表了《美国对非洲的早期侵略》,标志着他开始转向对非洲史的研究。可是好景不长,"文革"接踵而至。"文革"期间,他被下放到干校和农场劳动,个人学术研究和教学工作受到严重冲击。1976年"四人帮"被粉碎后,艾先生的学术研究进入了丰收期。1982年艾先生与程纯合著的《早期殖民主义侵略史》由人民出版社出版,该书在1984年获得上海市哲学社会科学优秀成果三等奖。

艾周昌先生的学术研究涵盖三个领域:非洲史、亚洲史和世界近代史。

在世界近代史领域,艾周昌先生的主要贡献之一是与校内外专家一起,编撰出版了数部《世界近代史》。早在1970年代,艾先生就协助林举岱教授,主编了近55万字的《世界近代史》,解决了历史系的教材问题。此书不但成为华东师范大学历史系的教材,而且被国内许多高校所采用。此书重版多次,成为20世纪七八十年代中国高校历史系采用较有影响的教材之一,并由日本东方书店翻译出版了日文版。后来,艾先生又参与教育部的教材建设。当时教育部委托20所高校历史系合作编撰世界史教材。艾先生与刘祚昌、光仁洪、韩承文先生共同主编了教育部统编教材《世界近代史》(上、下册)。这套教材被国内许多高校历史系所采用,产生了广泛的影响。1982年和1984年发表了《华盛顿二任研究》和《华盛顿与中国》两篇文章,将中美关系推进

---

① Li Anshan, "African Studies in China in the Twentieth Century: A Historiographical Survey", *African Studies Review*, Vol. 48, No. 1, 2005, pp. 59–87. 张宏明:《中国的非洲研究发展述要》,《西亚非洲》2011年第5期,第3—13页。沐涛:《非洲历史研究综述》,《西亚非洲》2011年第5期,第14—18页。

② 目前仅见吴秉真《陈翰老与非洲史学——悼念我的老师陈翰笙》,《西亚非洲》2004年第4期。与之相类似的有高岱《王觉非教授与欧洲近代史研究》,《世界历史》1996年第3期。

③ 艾周昌、李德清著:《艾周昌李德清文选》,上海辞书出版社,2012年,第3页。

到美国建国初期的华盛顿当政时期。1996 年发表了《世纪之交——读 1871—1900 的世界史》一文,阐述了他自己对这段时期世界历史发展道路的看法。

在亚洲史方面,艾周昌先生在 1981 年发表了《亚洲资产阶级革命运动与中国》和《评叶尔玛克》两篇文章。1989 年在《史学月刊》第 6 期发表了《试论 16 至 18 世纪中叶太平洋航海贸易》,认为在这段时期,环太平洋航路网基本形成,太平洋国际市场初具雏形。1994 年发表了《东亚地区的三次历史机遇》,总结了东亚地区的主要国家在世界历次现代化浪潮中利用历史机遇的经验教训。

1991 年受上海市政府外事办公室的委托,艾周昌先生与沐涛和孙科志一起考证大韩民国临时政府在上海的旧址,该址现已被确定为上海市文物保护单位,布置成"大韩民国临时政府旧址纪念馆"。这一成果不但丰富了韩国现代历史的内容,也推动了中韩关系的发展。

艾周昌先生最大的学术贡献还是在非洲史研究领域。新中国成立之初,百废待兴。老一辈的知名史学家为填补空白,毅然挑起研究非洲史的拓荒重担。他们组建研究机构,开设非洲史课程,培养研究人才,出版研究成果,如杨人楩的《非洲通史简编》、纳忠的《埃及近现代简史》、张铁生的《中非交通史初探》,等等。艾周昌先生也是较早研究非洲史的中国学者之一。

艾周昌先生从 20 世纪 60 年代开始准备,1981 年发表了《近代华工在南非》一文,随后相继写出了《1889 年中刚条约与华工》《黑人来华考》《埃及穆罕默德·阿里改革在中国的反响》《民国时期的中非关系》等文章。1984 年发表的《近代时期的中非关系》获 1984 年中国社会科学院优秀论文三等奖。在这些研究的基础上,1989 年编纂出版了《中非关系史文选(1500—1918)》,1995 年又出版了《中非关系史》。这些著作和文章否定了西方学者关于中非关系在近代曾中断 500 年的论点。此外,艾先生还发表了中非古代关系的文章,如《杜环非洲之行考辩》等。

1982 年艾周昌先生发表了《关于近代非洲殖民史研究的几个问题》一文,是他注重研究非洲近代史的开端。后来相继发表了《恩克鲁玛》《奥拉比运动》《加纳土地制度的演变》《南非的现代化和传统文化》和《19 世纪非洲国家改革散论》等文章。从 1985 年开始,艾先生与陆庭恩教授共同负责,主持国家哲学社会科学"七五"重点研究项目《非洲通史》,组织中国非洲史研究会的人员编写了《非洲通史》(古代、近代和现代三卷),共 192 万字,1995 年正式出版。编著一部有中国特色和风格的《非洲通史》是我国几代非洲史学者梦寐以求的。三卷本《非洲通史》的出版可以说是圆了这个梦。李安山教授评论说:"三卷本《非洲通史》的出版是我国非洲史研究的一个里程碑。尽管她表明我国的非洲史研究与国外的研究尚有一定差距,尽管还存在着这样那样的缺陷,但她仍不失为我国学者史论结合的呕心沥血之作,是集体研究的结晶。"[①]该书获得了多项省部级以上的奖励,包括 1995 年上海市优秀图书一等奖、1996 年中国图书优秀奖、1995 年上海市社会科学优秀著作二等奖、教育部普通高校第二届人文社会科学研究成果一等

① 李安山:《新的辉煌,新的起点——评三卷本〈非洲通史〉》,《西亚非洲》1996 年第 1 期,第 19 页。

奖等。毫无疑问,《非洲通史》的撰写和出版,是中国非洲史学者共同努力的结果,但其中艾先生更是功不可没。

1990年艾周昌先生受国家教委委托,又和北京大学亚非研究所所长陆庭恩教授联合编著了《非洲史教程》,作为高等学校文科教材。由于该书写作严谨、观点公允,尽管出版已有20多年,至今仍然被当作大学非洲史的教科书使用。1995年艾先生又接受了国家哲学社会科学“八五”研究课题“南非现代化研究”和中国社会科学院“八五”研究课题“非洲黑人文明研究”,这些项目的完成,有助于我国对黑人传统文明和现代化的南非的进一步了解。

1995年10月,艾周昌先生告别了工作40多年的教学岗位,但研究工作却从未停顿。2002年7月,艾先生积劳成疾,突患脑溢血,自此落下行动不便的后遗症。但先生笔耕不止,先后合著或主编了《走进黑非洲》《亚非发展中国家和地区现代化研究》等著作,发表了《知识经济与亚非国家现代化模式的选择》《渐进论思想的历史演进》和《泛论发展中国家的新型工业化道路》等论文,在国内率先运用知识经济理论,论述亚非国家的现代化道路和发展前景,在非洲史研究领域继续谱写“夕阳红”。①

2012年《艾周昌李德清文选》由上海辞书出版社出版。李德清系艾周昌先生夫人,是古籍整理领域的专家,曾任复旦大学谭其骧教授的助手。该文选上部为“艾周昌文选”,收录了艾先生各个时期发表的代表性论文21篇,其中,涉及非洲史的论文有16篇。上海师范大学非洲研究中心主任舒运国教授说:“艾先生的研究比较广泛,研究成果十分丰富,在非洲史研究领域,他的学术贡献尤为突出。毫无疑问,他对中国的非洲史研究作出了积极的贡献。”②

二、艾周昌教授的主要学术观点

艾周昌教授与其他老一辈专家一样,是在比较困难的环境下开展对非洲史研究的,如遭受“文革”的冲击,粉碎“四人帮”后又因条件所限不能到非洲去实地考察,后来条件改善了,又因年事已高、身体不好不能出国。但是,艾先生能够克服重重困难,潜心研究,甘坐冷板凳,取得了非洲史研究的一个又一个成绩。艾先生之所以成为国内著名的非洲史研究专家,是因为他提出了一些自己的学术观点。

1. “500年中断说”是不存在的

所谓“500年中断说”,是20世纪70年代以前西方学者,如戴闻达和哈奇逊等人对近代中非关系的一个基本判断,认为郑和下西洋后,直到新中国的成立,中非关系有一个500年的中断。哈奇逊在《中国的非洲革命》一书中说:“据《明史》记载,中世纪中非之间的最后一次接触

---

① 沐涛:《艾先生——学术研究领域的一位辛勤耕耘者》,《中国非洲史研究会三十年》编委会《中国非洲史研究会三十年》(未刊稿),2011年5月,第41—43页。

② 艾周昌、李德清著:《艾周昌李德清文选》,序第4页。

是在 1441 年,其时米昔尔(即埃及)统治者遣使至明廷,'贡骡、马及方物'。这种特殊的历史链条到此为止,两个地区下一次有记载的官方接触 500 年后才到来。在万隆会议上,中华人民共和国总理周恩来与埃及总统纳赛尔握了手,这才开创了中国与非洲的现代联系。"①

对近代中非关系的研究,艾周昌先生不是最早,也不是唯一的。早期代表性的成果有张芝联先生的《1904~1910 年南非英属德兰斯瓦尔招用华工事件的真相》(《北京大学学报》1956 年第 3 期)。20 世纪 80 年代,陈翰笙先生根据中国第一历史档案馆和北京图书馆馆藏的清代文献,主编了十辑的《华工出国史料汇编》,其中,第一辑、第四辑和第九辑都与非洲有关。另有方积根编注的《非洲华侨史资料选辑》,涉及早期华侨史,早在开普殖民地建立之初,荷兰东印度公司就将在印尼的华人送去那里做工。有一个名叫"万寿"的华人,于 1660 年抵达好望角。②但是,回应"500 年中断说",艾周昌教授是中国学者中最直接、最系统的一位,他依据历史事实否定了"500 年中断说",这成为他在近代中非关系研究领域最大的学术贡献。

1981 年艾周昌在《近代华工在南非》一文中,就开始从华工赴非、人员交流的角度回应"500 年中断说",他说:"有些学者认为,自从葡萄牙殖民者东来,中非关系似乎已经'中断',直到中国和非洲各族人民反帝斗争的胜利,中国和非洲人民的传统关系才得到恢复。其实,葡萄牙殖民者侵入亚非,固然使中非友好关系遭到了破坏,造成了阻隔。但是中非之间的关系,不论是民间,还是'官方'的接触,都没有中断,只不过是具有新的特点罢了。南非华工的沧桑,是近代中非关系史上重要的一页,从一个侧面体现了近代中非关系的新特点。"③

1984 年艾周昌在《近代时期的中国与非洲》一文中,系统回应了"500 年中断说"。他说:"果真存在一个'500 年中断期'吗？当然不是。从 15 世纪末西方殖民者东来,到中华人民共和国成立之间,中国与非洲各族关系的发展,其地区更广泛,内容更丰富,形式更多样。"④他认为,近代时期中国与非洲国家的关系并未"中断",而是在新的历史条件下,以新的形式继续着。首先,人员交流没有中断。中国有澳门黑奴,非洲有华工。鸦片战争之后,中国开始与外界接触,外交人员、留学生和政治家访问欧美者,大都要途径非洲,或过好望角,或经苏伊士运河去欧洲。他们之中有王韬、康有为、梁启超、孙中山等。他们留下的一些回忆和游记,是近代中非关系的历史见证。

第二,经济文化交流的发展。随着华工和华侨侨寓非洲,中非贸易也有相应的发展。在南非、莫桑比克、马达加斯加、毛里求斯、扎伊尔(今刚果金)等国均有华商从事贸易,茶叶成为中国输入非洲的大宗商品。如中国向埃及等地出口的茶叶,1903 年红茶为 1 416 担,1904 年红茶 6 209 担、砖茶 35 405 担。

---

① A. Hutchsion, *China's African Revolution*, London, 1975, p. 11.
② 方积根编:《非洲华侨史资料选辑》,新华出版社,1986 年,第 30—31 页。
③ 艾周昌:《近代华工在南非》,《历史研究》1981 年第 6 期。
④ 艾周昌:《近代时期的中国与非洲》,《西亚非洲》1984 年第 1 期。

第三,19 世纪末 20 世纪初,清政府同非洲一些国家的殖民政府建立了官方接触。1898 年签订《中国与刚果国专章》,刚果自由邦成为与中国订立条约的第一个非洲国家。1904 年清政府与英国签订《保工章程》,规定清政府可派领事,赴招收华工之英国属地“妥行保护”。据此,清政府于 1905 年派刘玉麟为首任驻南非领事。

1989 年艾周昌教授出版的《中非关系史文选(1500—1918)》,以更加详细的史料,进一步回应了“500 年中断说”。这部文选包括 5 部分内容:(1) 黑人在中国;(2) 非洲见闻录;(3) 时人论说;(4) 华工与华侨;(5) 中外关系。编注《中非关系史文选(1500—1918)》的工作始于 20 世纪 60 年代初,经过十余年的停顿,艾先生说:“1978 年我重新辑录资料,约得百万字左右,从中精选编成此书。”[①]18 世纪起,有不少中国商人、学者和政要陆续访问非洲。该文选辑录了谢清高、王大海、马德新、容闳、郭连城、张德彝、王韬、丁廉、王芝、郭嵩焘、康有为等人的旅非游记。马德新在去麦加朝见途中访问埃及,曾得到埃及穆斯林的友好接待,并亲眼目睹了穆罕默德·阿里改革的成就。他写到:“谜思尔,巨城也。时穆罕默德·尔里为王。王大智大勇,善治理,其治谜思尔,条建树,蓄货殖,各种技艺由浦浪西(今译法兰西)习来,诸凡制造,无求于他国。”[②]这些记载不仅印证了中非人员交往的连续不断,而且成为研究当时非洲政治经济社会生活的宝贵资料。

在文选的“中非外交”部分,艾先生收录了《中国与刚果国专章》和清政府在英属南非和葡属莫桑比克设领的相关文件。比如,关于刘玉麟任清政府驻英属南非总领事,文选引用了“外务部奏请以刘玉麟为南非英属总领事折”,并且使用了中国第一历史档案馆外务部的档案,对刘玉麟任南非总领事的过程、刘玉麟与外务部的函件等都作了收录,增加了该资料的权威性。

艾周昌教授不仅系统回应了“500 年中断说”,而且提出了近代中非关系的新特点。他认为,同古代中非关系相比,近代中非关系有如下特点:(1) 新航路的开辟,使中国人的交往范围从原来的北非、东非逐渐扩大到南部非洲以及西非、中非的一些地区;(2) 殖民者的入侵使我国同非洲国家的官方关系由主权国家间的关系演变为经由宗主国的间接关系,未能得到应有的发展;(3) 民间往来并未因此中断,而且日益具有相互同情的性质,为中非现代友好关系奠定了坚实的政治基础。[③]

2. 关于非洲近代史的观点

在非洲史研究领域,艾周昌教授把他的研究重点放在非洲近代史方面,在他与陆庭恩教授负责主编三卷本《非洲通史》时,具体主编《非洲通史·近代卷》。在非洲近代史研究方面,艾先生在早期殖民侵略史、19 世纪非洲国家的改革,以及殖民时期非洲土地制度的变化等问题上都有独到的研究。

---

① 艾周昌编注:《中非关系史文选(1500—1918)》,华东师范大学出版社,1989 年,前言第 1 页。
② 艾周昌编注:《中非关系史文选(1500—1918)》,第 26—27 页。
③ 艾周昌编注:《中非关系史文选(1500—1918)》,第 1—2 页。

关于非洲殖民史的历史分期。在历史研究领域,历史分期问题是一个重大的必须首先解决的问题。艾周昌先生主张,以16世纪为非洲近代史的开端,因为这时在非洲已经开始了早期殖民侵略和奴隶贸易。艾周昌教授将西方对非洲的殖民侵略史分为两个时期:第一时期为16世纪至19世纪中叶,它以奴隶贸易为主要特征,辅以局部的领土占领。这个时期,欧洲殖民者所占非洲领土面积不到10%。第二时期开始于19世纪中叶,直到第一次世界大战为止,这是以侵占和瓜分非洲为主要特征的时期。①

关于19世纪非洲国家改革的性质。从19世纪初至70年代中期,一些非洲文明古国进行过富国强兵的改革,这场改革由埃及穆罕默德·阿里改革开端,突尼斯继之,摩洛哥结束。关于19世纪非洲国家改革的性质,国内外学者主要有两种意见:一种认为是封建主义的,另一种认为是资本主义的。后一种意见在西方和埃及颇为流行。②

在19世纪非洲国家的改革中,各国都涉及军事、政治、经济和文化的诸多领域,各有侧重,各有不同内容。也有共性,主要有两点:一方面是对外开放,引进先进的科学技术,实行近代化;另一方面是对封建制度实行若干调整和改良,用以巩固封建统治。关于19世纪非洲国家改革的性质,艾周昌先生认为:"诸如此类的改革,不能说成是近代化的改革,而是属于世界史上反复出现过的封建制度的自我调整。"③就其原因,改革的目的不是建立资产阶级的统治,而是为了巩固封建统治。不仅如此,就连这些国家建立的近代机器工业,实行的都是相当严苛的封建式管理。工人多半是强征来的农民,工人按军事编制进行管理,没有人身自由,工资又很低,相当于生活费。这场改革失败的原因,是非洲国家的改革基本上没有触动封建制度的基础及矗立其上的封建上层建筑,在改革的过程中,又没有一个国家的改革领导者准备摧毁旧制度的基础——封建土地所有制。④

关于殖民地时期加纳土地制度的变化。土地是非洲传统社会最重要的财产,社会财富主要来自土地。除了南非等少数国家外,中国学者对非洲国家的土地问题总体上缺乏研究。艾周昌先生在《殖民地时期加纳土地制度的变化》一文中,以加纳为个案研究了殖民时期非洲国家土地制度的变化。

艾先生认为,殖民统治前加纳的土地归公社所有,根据使用权分为三类:"凳子土地"(Stool Land)、家族土地和公共土地。"凳子土地"就是酋长的土地。"凳子土地"的收益归酋长家族所有,用于酋长及其家庭的自身需要,或作为举行部族各种仪式的费用。"家族土地"在本族各个家庭中分配。各个家庭掌握着土地的用益权,但土地不归他们所有。他们可以继承,只有无人继承时,才归公有。使用这些土地的家庭,有义务到"凳子土地"上耕作,并把自己收成的一部

① 艾周昌:《关于近代非洲殖民史研究的几个问题》,《河南师范大学学报》1980年第6期。
② 杨灏城:《穆罕默德·阿里经济改革的几个问题》,《世界历史》1980年第5期,第52页。
③ 艾周昌:《19世纪非洲国家改革散论》,《苏州铁道师范学院学报》1991年第1期。
④ 艾周昌:《19世纪非洲国家改革散论》,《苏州铁道师范学院学报》1991年第1期。

分交纳给酋长。“公共土地”是一种未分配和未开垦的土地,包括荒地和森林等。

英国侵占加纳之后,要把加纳变成它的商品市场和原料产地。而公社土地占有制,不可能为英国资产阶级提供广阔的市场和大量的原料。为此,英国殖民当局采取措施来破坏这种社会机体。1894 年殖民当局提出一切荒地、森林和矿藏归英国皇家所有。1897 年又提出耕者有其田。这两项措施因上层的反对而作罢。然而,英国殖民者却利用经济杠杆,最终还是破坏了旧的公社土地所有制,使加纳变成了英国殖民者所需要的单一作物(可可)产区。

加纳公社土地公有制的瓦解大体有以下几种途径:第一,昔日的酋长和贵族,利用他们的特权,集聚财富,扩大土地占有面积。第二,土地使用权的买卖和转让。第三,开垦荒地。随着公社土地制的逐步瓦解,农村中的阶级关系也发生了变化,出现了地主、富农、自耕农和雇农。[①]

3. 关于非洲黑人文明的观点

长期以来,在西方主流学者看来,非洲是没有历史的大陆。19 世纪德国哲学家黑格尔认为,非洲本土不是一个历史的大陆,“尚笼罩在夜的黑幕里,看不到自己意识的(自觉的)历史之光明”[②]。继黑格尔之后,一些欧洲人类学家、历史学家认为,在撒哈拉以南非洲发现的一切文明成就都是含米特人带来的。如德国地理学家卡尔·毛赫考察大津巴布韦遗址后,认为这是外来人建造的。艾周昌教授与中国多数学者一样,都肯定非洲黑人文明的存在。但在非洲黑人文明的内涵、特性与外界的关系等方面,他也有自己的独到见解。

艾周昌先生为非洲黑人文明的概念作了界定,他说:“非洲黑人文明,是撒哈拉以南非洲黑人各民族在过去所创造的物质文明和精神文明的总和。”[③]从野蛮进入文明有三大关键要素:金属冶炼、文字的使用、城市的出现。这三大要素在撒哈拉以南非洲都已具备。非洲黑人不仅有自己的语言文字(麦罗埃文、斯瓦希里语文、豪萨语文、瓦伊文等)、文学、史学、宗教和其他著作存留,而且有大量精湛的艺术、音乐、舞蹈、建筑和医学、科学技术遗存。所以他说:非洲黑人文明的存在是一个不争的事实,“只要不存种族偏见的人,都会承认世界上有一个独特的非洲黑人文明存在”[④]。

艾周昌教授总结出非洲黑人文明的两大特性:一是具有强烈的“非洲个性”,它是和多样性结合在一起的。“非洲个性”是西非民族主义思想先驱布莱登最早提出的,布莱登提倡非洲个性,是为了反对当时日益猖獗的种族歧视,维护非洲黑人的尊严,保持黑人文明的传统精神。“布莱登对传统非洲黑人文明特点的分析,除去他对村社制度和传统精神理想化的成分以外,我们可以把它提炼为两点,即集体主义精神和天(神)人合一思想。这种‘非洲个性’在文学、音乐、舞蹈以及习俗各个方面都有体现。”[⑤]

---

① 艾周昌:《殖民地时期加纳土地制度的变化》,《西亚非洲》1991 年第 5 期。
② 黑格尔:《历史哲学》,王造时、谢诒微译,商务印书馆,1936 年,第 152 页。
③ 艾周昌主编:《非洲黑人文明》,中国社会科学出版社,1999 年,第 1 页。
④ 艾周昌主编:《非洲黑人文明》,第 2 页。
⑤ 艾周昌主编:《非洲黑人文明》,第 349 页。

二是以大众文化(俗文化)为主体。人类文明史表明,各地区各民族的文明,都有雅文化与俗文化、精英文化和大众文化之分。“但非洲黑人传统文明是一种以通俗文明为主的文明。也就是说,撒哈拉以南非洲各地的传统文明,包括传统社会里的哲学、伦理道德、法律、宗教信仰、政治制度、教育、文学、音乐、舞蹈、雕刻、绘画、历史、经济和政治思想,以及科学技术、医学等等是一代一代地言传身教相沿为习的,或者存在于深山老林的石雕之上、古代遗址的废墟之中。”①当然,不是说非洲黑人文明没有雅文化、没有文字记录的精英文化。只是说,相比之下,雅文化、精英文化相比于大众文化、通俗文化要相对少一些。

艾周昌教授认为非洲黑人文明不是孤立的,它一直与外界保持交流与碰撞。但在碰撞和交流中,不应是一种文明取代另一种文明、消灭另一种文明,而是一种互动的关系,互相吸收、丰富有自己特点的文明。他说:“撒哈拉以南的黑人文明,自古以来就吸收了世界各民族有益的东西,同时它也对世界各族文明发生影响,被世界各种文明吸收。即使在近代,西方国家认为黑非洲是‘野蛮的’‘不文明的’,但非洲文明对西方文明确实发生了影响,特别是在音乐、舞蹈、艺术方面对近代西方文明做出了特殊的贡献。”②19 世纪末 20 世纪初,黑人作曲家创作了一种独特的轻音乐风格。拉格泰姆和布鲁斯就是其表现形式。拉格泰姆、布鲁斯和黑人灵歌传统的结合,导致了爵士音乐的诞生。毕加索受黑非洲艺术的启发,把变形手法和非洲黑人传统艺术结合起来,创作了《亚威农少女》《吉他和香水瓶》等作品。这些都受黑非洲艺术的影响。

4. 关于非洲法系的观点

自 20 世纪 80 年代开始,国内以湘潭大学为代表,推出了一系列非洲法研究方面的成果,产生了较大的学术影响。2002 年艾周昌先生在他的古稀之年,写了一篇论文《关于非洲法系的若干问题》,提出他对非洲法系一些问题的看法。

艾先生对非洲法系的概念进行了界定,他说:“非洲法系是指近代以前撒哈拉以南非洲各国以习惯为主的习惯法、制定法和成文法的总称。”艾周昌教授在这篇文章中提出了 3 个观点:(1) 非洲法不应该只限于习惯法。他认为非洲法系存在成文法。非洲成文法存在于考古发现的碑铭、阿姆哈拉文、麦罗埃文和豪萨文、阿拉伯人的记载中。如 1955 年在埃塞俄比亚萨文拉地方发现的碑文,出现了“第七法”的字样。这说明阿克苏姆王国颁布过一系列法律和法令。(2) 不仅存在一个非洲法系,而且它至少有两个共同特点:第一,非洲传统法在所有权问题上大体是一致的,以村社公有制为主。在非洲法系国家中,土地仍然属于祖先所有,即村社所有。第二,非洲法系一般关注集体利益甚于个人利益。(3) 对“非洲传统习惯法几乎没有商法”之说表示怀疑,认为,“非洲商法是非洲法系的一个重要方面”。③ 这些观点都相当犀利,引发人们对非洲法系的深入思考。

① 艾周昌主编:《非洲黑人文明》,第 351 页。
② 艾周昌主编:《非洲黑人文明》,第 386 页。
③ 艾周昌:《关于非洲法系的若干问题》,《西亚非洲》2002 年第 1 期。

5. 关于亚非国家现代化的观点

20 世纪 80—90 年代，现代化问题是中国学术界研究的一大热点，北京大学罗荣渠教授著《现代化新论》等书，开启中国现代化研究之先河。艾周昌教授在亚非国家现代化领域也提出了自己的一些看法。

艾周昌教授给现代化作定义时引进了知识经济的概念，他说："现代化是指世界从传统的自给自足的农牧业经济社会，向以市场为主导的工业经济并最终过渡到以知识经济为基础的社会的大转变过程。"①知识经济一词，现在已不再流行，但是它的基本含义还在，比如现在提倡"创新驱动，转型发展"。艾周昌教授认为，亚非国家的现代化要选择适合自己的发展道路，并且要循序渐进，他说："正在从传统文明向现代文明过渡的非洲黑人国家，要从传统文明向现代文明转变，没有现成的模式可用，只能根据自己的国情，采取推陈出新的方法，在政治、经济、文化和社会各个领域全面推进。"②这个过程要循序渐进，因为世界上万事万物都有质变和量变两种运动形式。人类社会的前进也有两种运动形式——量变和质变，并通过量变达到质变。

艾周昌先生在《南非现代化研究》一书中，将南非现代化放在世界现代化的过程中加以考察，并和澳大利亚、新西兰进行比较。南非、澳大利亚、新西兰三国都是在 19 世纪下半叶第二次现代化浪潮中，抓住世界淘金热的机会，由开发金矿而起飞的，都是属于追赶型的现代化模式。艾先生总结了南非现代化的经验教训。一百余年的现代化进程给新南非，也给第三世界国家留下了丰富的值得吸取的经验教训。第一，从国际比较研究中可以看到，凡属于外源型现代化的国家，首先必须抓住机遇，适时起飞。第二，现代化既有突变（起飞），也有一个长期的渐进过程。第三，现代化必须是经济、政治和社会文化的全面现代化。在南非这类多种族国家，实现现代化必须伴随各种族（民族）平等的发展和地区经济的平衡发展。③

三、研究方法与特点

中国的非洲史研究经过半个多世纪的发展逐渐形成了自己的特色，这一特色与中国的国情、中国的传统文化，乃至研究者的指导思想都是密切相关的。当前，中国已经有学者提出非洲研究的"中国学派"问题。如刘鸿武认为："中国非洲学的核心使命，是要立足于中非关系的民族实践，形成可以说明指导这一民族实践的理论话语体系。"④非洲研究的"中国学派"的形成，需要一代又一代中国学者的不懈努力，作为老一辈中国非洲研究学者的代表之一——艾周昌先生，已经在中国的非洲史方面做出了应有的贡献，并在研究方法方面形成了"中国学派"一些共

① 艾周昌、舒运国、沐涛、张忠祥：《南非现代化研究》，华东师范大学出版社，2000 年，第 1 页。
② 艾周昌主编：《非洲黑人文明》，第 394 页。
③ 艾周昌、舒运国、沐涛、张忠祥：《南非现代化研究》，第 264—265 页。
④ 刘鸿武：《非洲研究的"中国学派"：如何可能》，《西亚非洲》2016 年第 5 期，第 3 页。

有的特点。

第一,以马克思主义理论为指导。

作为老一辈的知名非洲史学家,艾周昌教授在他的研究中,坚持以马克思主义理论为指导。其实,这也是中国老一辈史学家的优良传统。艾先生是新中国培养的第一批大学生,又跟随苏联专家研究亚非史,所以,从一开始就树立了马克思主义的历史观。1982 年艾周昌与程纯合写的《早期殖民主义侵略史》一书,以马克思主义理论为指导,论述了资本原始积累时期欧洲列强侵略、征服和奴役非洲、亚洲、美洲各国人民的历史。该书的主要观点和不少史料都来自《马克思恩格斯全集》。比如关于资本原始积累的起讫时间,艾周昌教授写道:"根据马克思恩格斯的界说,资本原始积累阶段的殖民,开始于十五世纪末美洲的发现和新航路的开辟,一直延续到十八世纪末。"①

艾周昌先生作为两大总主编之一的三卷本《非洲通史》,也是一本以马克思主义为指导的凝聚中国几代非洲史学者心血的著作。编写三卷本《非洲通史》的初衷,就是要出版一部以历史唯物主义为指导思想的多卷本非洲通史。艾周昌先生在总序里说:"献给大家的这套《非洲通史》,是中国几代非洲史学者梦寐以求、艰苦创业的结晶。"该书反对"黑人自古天生低劣"的观点,也不承认以"欧洲模式硬套非洲各族历史的方法论",而是"采取实事求是的科学态度,以历史发展的统一性和多样性相结合的观点,才能从驳杂纷繁的现象中得出规律性的认识"。②

2009 年艾周昌先生主编出版了《亚非发展中国家和地区现代化研究》一书,在这本书的序言中,他明确提出:"以马克思主义发展观指导亚非发展中国家和地区现代化研究",他说:"以马克思主义发展观指导发展中国家和地区现代化研究,不但不会陷入宿命论历史观和一元化发展观的泥潭,而且丰富了对多种多样现代化模式的认识。"③他把亚非发展中国家和地区现代化模式归结为五类,即石油资源和矿产资源驱动型、农业发展驱动型、出口加工导向型、大国综合驱动发展型和科技知识启动型。艾周昌先生认为西方现代化之路在亚非行不通,他说,除日本因其特殊的国内外条件外,亚非国家在 19 世纪的现代化尝试都以失败告终。"亚非各国走'欧式'或'西式'的现代化模式的道路是走不通的。究其原因有二:一曰水土不服,二曰先生打学生。"④

第二,以发展的眼光看待非洲。

艾周昌先生秉承中国非洲史学者的优良传统,以发展的眼光看待非洲。这种视角与西方学者长期以来对非洲文明和非洲历史的否定形成了鲜明的对照。因为西方学者长期认为,非洲是没有历史的大陆。不仅 19 世纪的德国哲学家黑格尔持这样的观点,直到 20 世纪 60 年代,仍然

① 艾周昌、程纯:《早期殖民主义侵略史》,人民出版社,1982 年,第 1 页。
② 艾周昌、郑家馨主编:《非洲通史·近代卷》,华东师范大学出版社,1995 年,总序第 3 页。
③ 艾周昌主编:《亚非发展中国家和地区现代化研究》,上海辞书出版社,2009 年,第 4 页。
④ 艾周昌主编:《亚非发展中国家和地区现代化研究》,第 14 页。

有西方学者否认非洲历史的存在。1963 年牛津大学现代史讲座教授休·特雷沃尔-罗珀(Hugh Trevor-Roper)说:“也许将来有一些可以讲授的非洲史。但现在还没有,只有在非洲的欧洲人的历史。其余的就是黑暗……而黑暗不能成为历史的主题。”[①]

艾先生根据自己的研究,从事实出发,肯定非洲历史和非洲文明的存在,他认为“非洲的文明,既是悠久的,又是多彩的;既有统一规律可循,又有许多特殊性。人类历史上最早的一次技术革命,即从旧石器向新石器的过渡,可能首先发生在非洲。非洲也是世界上最先出现奴隶制社会形态和国家组织的一个大洲”[②]。近代非洲的落后也是殖民主义造成的,他说:“无可讳言,今日非洲在整体上是落后的,但这主要不是古代历史遗存的因素所造成的,而是 15 世纪以来殖民主义侵略和统治留下的恶果。”[③]

他对非洲历史发展保持乐观,相信非洲有美好的未来,1999 年艾周昌先生在《非洲黑人文明》一书中说:“现在,黑非洲各国面临着现代化建设的巨大机遇和挑战。只要各国人民排除各种障碍,团结一致,迎接挑战,一定会在非洲黑人文明的基础上,建立一个更加繁荣昌盛现代化的非洲黑人文明。我们有理由相信,魏源的‘与欧罗巴埒’的预言,一定会到来。”[④]当前,非洲形势与冷战结束之初相比,已有很大改观,非洲已经成为世界政治舞台上的重要一极、全球经济增长的重要一极和人类文明的多彩一极。西方主流媒体《经济学人》杂志也从 2000 年对非洲定位的“失望大陆”,到 2011 年变成“希望大陆”。[⑤] 非洲联盟已制订《2063 议程》,提出要在非洲统一组织成立 100 年之际,实现非洲的真正复兴。总之,非洲已经开始显示出她美好的未来。

以发展的眼光看待非洲,这也是中国学者研究非洲历史的普遍立场。因为一方面,中国与非洲有着相似的历史遭遇,为弱者,为包括非洲在内的第三世界或发展中国家呐喊,这是中国学者的一个历史传统;另一方面,非洲的“落后”,不是与生俱来的宿命,更非“黑人天生低劣的产物”,而是西方殖民侵略的产物,这是一个发展问题。事实上,近些年来,西方学者对非洲的看法也在改变,那种认为非洲没有历史、没有文明的观点也变得越来越没有市场。[⑥]

第三,踏实的学风与现实关怀相结合。

从艾周昌先生的身上,可以看到老一辈史学家所提倡并践行的“板凳要坐十年冷,文章不写一句空”的优良学风。艾周昌先生为了研究近代中非关系,专门从编辑文献下手,整理出版《中非关系史文选(1500—1918)》。外交部原副部长、时任中非人民友好协会会长的宫达非先生对此书给予高度评价,他说:“艾周昌同志广搜博采,孜孜不倦,倾十余年之心血,编注了这部《中

① “The Rise of Christian Europe”, by Hugh Trevor-Roper, *The Listener*, 28 November 1963, p. 871.

② 艾周昌、郑家馨主编:《非洲通史·近代卷》,总序第 2 页。

③ 艾周昌、郑家馨主编:《非洲通史·近代卷》,总序第 3 页。

④ 艾周昌主编:《非洲黑人文明》,第 414 页。

⑤ “The hopeful continent: Africa rising”, http://www.economist.com/node/21541015(上网时间:2017 年 1 月 10 日)。

⑥ 参见 J. 基-泽博主编《非洲通史》第一卷,中国对外翻译出版公司,1984 年,第 19—30 页;张忠祥《20 世纪非洲史学的复兴》,《史学理论研究》2012 年第 4 期;John Edward Philips ed., *Writing African History*, University of Rochester press, 2005, pp. 25 - 50。

非关系史文选》，为研究我国同非洲大陆的交往史辑集了宝贵的资料，为增进中非人民之间的了解和友谊作出了贡献。”①为了完成高质量的三卷本《非洲通史》，艾周昌教授带领编委会从两方面进行了准备：一是编译《非洲通史资料选辑》，分册出版，每册约 20 万字；二是就非洲史的若干理论问题展开讨论，例如非洲社会的演进和变革、撒哈拉以南非洲社会经济形态的嬗变和更替、非洲的政治体制，等等。

艾周昌先生一方面以踏实的学风，在条件比较艰苦的环境下进行非洲史的研究，另一方面现实关怀跃然纸上，将自己的研究服务于国家战略，服务于中非关系的发展。因为中非之间战略上的相互依靠，用今天的话来说，中非历来就是命运共同体，艾先生高度肯定研究非洲史的现实意义，他说：“我们迫切需要了解非洲历史发展的客观规律及其趋势，需要搞清非洲政治、经济‘热点’的来龙去脉。”②

艾周昌先生与其他老一辈学者一样，他们研究非洲具有一种使命感。新中国成立之初，百废待兴。老一辈的知名史学家为填补空白，毅然挑起研究非洲史的拓荒重担。后因“文革”的冲击，戛然而止。就在我们止步不前的 20 世纪 60—70 年代，世界非洲史学正蓬勃发展，先后出版了一大批有价值的国别史、地区史和多卷本通史，中国与世界非洲史学的差距再次拉大。粉碎“四人帮”后，中国学者奋起直追。艾周昌先生回忆说：“我将研究的重点放到了近代中非关系史方面，连续发表了一些论文，出版了一本资料书《中非关系史文选（1500—1918）》。后来我与沐涛同志合作完成了《中非关系史》，了却了一桩心愿。”③

艾周昌先生与老一辈史学家一样，他们做非洲史研究是克服了种种困难的，如遭受“文革”十年的冲击，又如不能到研究对象国进行实地的考察和调研。尽管如此，因为有很高的理论素养和很强的敬业精神，他们成就了不少的学术精品，并且回应了他所处时代的关切，包括回应了“500 年中断说”，编纂 3 卷本《非洲通史》，撰写了《非洲黑人文明》等。每个时代都有各自的研究重点，如 20 世纪 60、70 年代，殖民主义对非洲的侵略史、非洲民族独立运动史和古代中非关系史等是当时的研究重点。当下，非洲经济史、非洲医疗史、非洲口述史、非洲妇女史、非洲史学史、非洲国别史、中非关系史等的研究方兴未艾。在学术研究的长河中，需要每一代人都做出自己的贡献，新一代非洲研究学者要紧紧抓住当前中非关系大发展和研究条件大改善的历史机遇，在前辈研究的基础上将中国的非洲史研究不断推向前进，努力树立非洲史研究的中国话语权，交出无愧于时代要求的答卷。

（本文原刊于《史学理论研究》2017 年第 4 期）

① 宫达非：《了解非洲，研究非洲——读〈中非关系史文选（1500—1918）〉》，《世界知识》1989 年第 19 期，第 26 页。
② 艾周昌、郑家馨主编：《非洲通史·近代卷》，总序第 2 页。
③ 艾周昌、舒运国、沐涛、张忠祥：《南非现代化研究》，序第 1 页。

作者简介：

张忠祥，上海师范大学人文学院世界史系教授、博士生导师，教育部区域和国别研究（培育）基地——上海师范大学非洲研究中心主任。1987 年 7 月毕业于浙江师范大学历史系，并留校任教。2001 年 7 月毕业于华东师范大学历史系，获得世界史博士学位。2005—2007 年任浙江师范大学历史系主任，2008 年 1 月—2011 年 8 月任上海国际问题研究院研究员、西亚非洲研究中心副主任。2011 年 9 月起在上海师范大学任教。兼任中国亚非学会副会长、中国非洲史研究会副会长和上海市世界史学会副会长。曾在肯尼亚肯雅塔大学做访问学者，多次访问非洲。主要研究非洲历史和中非关系。主持完成国家社科基金重点项目和一般项目各 1 项，完成省部级项目 7 项，两次获得省部级优秀成果奖。目前主持国家社科基金重大项目“泛非主义与非洲一体化历史文献整理与研究（1900—2021）”。出版《尼赫鲁外交研究》、《中非合作论坛研究》、《列国志马里》、《南非现代研究》（合著）、《非洲智慧》（合著）、《奥斯曼帝国》（合译）、《非洲史学实践——非洲史学史》（译校），主编《非洲经济评论》和《非洲经济发展报告》10 余部（册），在《西亚非洲》《史学理论研究》《史林》《史学集刊》《现代国际关系》《当代世界》《探索与争鸣》《国际展望》《上海师范大学学报》等刊物发表论文多篇，其中数篇被《中国社会科学文摘》和人大复印资料《世界史》转载。

明代中国军事技术的传播和东南亚北部大陆的崛起(1390—1527年)

[美] 孙来臣 著　李新平　邱普艳 译

摘　要：本文以明朝火器自陆路传入东南亚北部大陆为例，挑战东南亚历史研究中长期存在的"海洋思维"，即片面强调海洋因素(例如海洋贸易和自海路传入的技术)而忽略陆路因素的作用，从而忽略了明朝早期对东南亚北部大陆的巨大影响。本文也挑战"欧洲中心论"影响下的世界军事史，一是视欧洲火器的传入为东南亚火器之滥觞，二是认为只有等欧洲火器传入亚洲后火器技术才对该地区的战争和历史产生重大影响。本文指出，中国火器至迟在1390年已经传入东南亚地区，比欧洲火器自1511年开始传入的传统观点要早120多年。本文还揭示东南亚北部大陆地区各国或政体(包括大越即越南、阿瓦即北部缅甸、木掸人、清迈等)在新军事技术面前并非消极被动，而是在与其对手(包括明朝军队)的战争中积极主动，争先恐后采纳中国式火器，以至中国式火器在东南亚北部大陆的崛起中扮演了重要的角色。最后，本文从世界军事史的高度出发，提出明朝是全球历史上的第一个"火药帝国"，在引领全球进入"火药时代"和"近世"中都起到了举足轻重的作用。

关键词：明朝　火器技术　火药帝国　东南亚北部大陆　近世时期(约1400—1800年)

研究东南亚史和中国与东南亚关系史的学者们应该把视角作一个从海上到陆上的重大转变。大约60年前，J. C. 范勒在抨击东南亚历史中的欧洲中心论时，写下了下面这句意味深长的话："东印度群岛是从轮船的甲板、要塞的壁垒、商栈的走廊里观察到的。"[①]从那时起，特别是自从已故的约翰·斯梅尔的重要论文《自主性历史》出版以来，许多东南亚史学家(借用斯梅尔的一个词)已经"上岸了"，[②]并且从非欧洲中心的角度来考察这一地区的历史。然而，从海洋的角度来观察的殖民遗风依然存在：在寻找影响东南亚历史发展的外在原因时，学者们在很大程

---

① J. C. 范勒：《印度尼西亚的贸易与社会：亚洲社会和经济史评论》(海牙：W. 范厚维出版社，1955年)，第261页。

② 约翰·斯梅尔：《关于近代东南亚自主性历史的可能性》，劳里·西尔斯编《自主性历史，特别的真理：约翰 R. W. 斯梅尔纪念文集》重印本(麦迪逊：威斯康星大学东南亚研究中心，1993年)第39—70页，引自第46页。

度上研究了自海路而来的中国、印度和欧洲的因素。正像我所指出的那样,学者们的著作都或隐或现地折射出了这种“海洋思维”。例如,“纵观东南亚文化发展历程,正是通过与印度、中国和西亚的交往,推动了其贸易范围的逐步扩展。到马六甲王国时代,这一地区通过海路和西至威尼斯东到广州的长途贩运贸易联结在了一起”①。

这些观点都忽略了这样的事实:当水手与商船在这片海域频繁往来时,许多马帮正在现今中国南部与东南亚北部大陆之间的商路上日夜奔波。换句话说,他们只看到了大海,而忽略了陆地。与那些观点相反,本文讨论的是来自中国的陆路影响,尤其对东南亚大陆来讲,这种影响是深刻的,中国的火器技术正是一个例证。学者们往往把近代金属管状火器在东南亚的传播和1511年葡萄牙人攻陷马六甲联系起来,因此,我们所看到重要的著作,它们关注的都是欧洲军事技术的传播及其对东南亚历史的影响。② 尽管越来越多的学者已经开始意识到,在此之前来自中国和伊斯兰地区的火器已传入了下缅甸和东南亚海岛国家。但是,14世纪末15世纪初武器从明代中国向东南亚地区的传播和它所产生的深远影响,迄今为止仍然被人们忽视。即便是李约瑟在其巨著《中国科学技术史》一书中,对中国火器在欧洲和亚洲其他地区,诸如朝鲜和日本等地的传播都作了详细探讨,但对东南亚也只字未提。③

这种错误的观点是因为他们没能密切关注中国火器的发展,没有查阅当时和稍后中国和东南亚的重要原始资料,特别是越南、缅甸和泰人(泰泐人、泰原人等)的史料。本文通过对这些史料细致和批判性的考订,意在说明在欧洲人来到东南亚水域之前,中国的火器(包括火箭、铳和炮)已开始在东南亚北部大陆(包括云南南部和印度东北部)传播,并对该地区的历史产生了重要影响。尽管有关这方面的资料还不够全面,但已显示出东南亚地区的大越、兰那和麓川(今云南西南部的木掸)的统治者们为了他们的利益,不失时机地获取并使用了这种新的中国技术,而采用很少或者根本没有采用过这种技术的占婆和阿瑜陀耶则要自食其果了。

---

① 哲亚马拉·卡提里塔姆贝-韦尔斯:《1800年以前东南亚商业资本主义发展受到的限制》,安东尼·瑞德编《前近代的东南亚:贸易、权力和信仰》,(纽约,伊萨卡:康奈尔大学出版社,1993年),第123—124页;相似的评论可参考列昂纳多Y. 安达亚《与外部世界的联系和东南亚社会的适应性》,尼古拉斯·塔林主编《剑桥东南亚史》(剑桥:剑桥大学出版社,1992年),第一卷,第372页。

② 两篇具有开创性的研究是维克多·李伯曼《欧洲人,贸易和缅甸的统一,1540—1620》,《远东学报》1980年第27卷,第2期,第203—26页和安东尼·瑞德《欧洲和东南亚的军事平衡》(汤士维尔,昆士兰:詹姆斯库克大学东南亚研究中心,1982年)。几乎所有撰于20世纪的论著都强调了1511年的重要性,由于数量太多,在此不再赘述。查尔斯·R. 博克瑟在他的《16—18世纪亚洲的统治者和欧洲的大炮:对吉布森-希尔论文的注释》,《皇家亚洲学会马来西亚分会杂志》38,1965年第2期,第168页,正确估计了越南人在葡萄牙人到来之前已开始使用炮,但没有提出任何证据。李塔娜仅在其《阮氏交趾支那:17和18世纪的南越》里提到火炮从中国传入越南的可能性,但只是一笔带过(纽约,伊萨卡:康奈尔大学东南亚研究项目,1998年),第43—44页。

③ 李约瑟:《中国科学技术史》(剑桥大学出版社,1986年),第五卷,第七分册(化学及相关技术:军事技术;火药的史诗),第569页;除非特别指出,对于《中国科学技术史》的所有引文都来自该卷;王兆春《中国火器史》(北京:军事科学出版社,1991年)代表了过去几十年中国学术成就的巅峰,也仅提到朝鲜和日本(第449—4450页);关于东南亚背景知识的参考资料可见M. A. P. 迈林克·罗洛夫斯《1500—1630年间的亚洲贸易和欧洲在印度尼西亚群岛的影响》(海牙:马蒂努斯·尼约夫出版社,1962年),第123页;李伯曼《欧洲人》,第207、211页;瑞德《欧洲和东南亚的军事平衡》,第3页;安东尼·瑞德《贸易时代的东南亚》,第二卷(扩张和危机)(纽黑文:耶鲁大学出版社,1993年),第220—221页。

一、作为军事超级大国的明朝前期(1368—1450)

蒙古人征服了大片欧亚领土,把中原的火药技术和一些早期的火器比如火枪和火弹(但不是铳和炮)传向更远的西方,包括中东、欧洲和印度的西北部。这是因为在蒙古的全盛时期,真正的火器比如铳和炮还没有被制造出来,他们的主要武器是弩;总的来说,甚至连抛石机这样的武器也很少被使用。[①] 长期以来学者们坚持认为元朝在1281年和1293年入侵日本和爪哇时使用了火炮,但事实并非如此。元军在这些战争中和在1274年对日本的战争中所使用的武器一样,是一种能够投掷具有很强爆破力的铁炮弹的抛石机,称作"铁火炮"。[②] 在蒙古早期的征服战争中,传统的中原抛石机和新式的穆斯林抛石机都起着重要的作用。考古发现证实直到1288年真正的火铳才出现;据我们目前所知,最早的火炮大约14世纪前半期才被制造出来,到明初甚至直到明朝中叶才被称作炮。[③]

真正重要的转折是1368年明王朝的建立,它不仅在中国而且在世界史上开启了"军事革命"时代。[④] 火器帮助朱元璋(1368—1398年在位)打败了蒙古人和其他对手,建立了一个新的王朝。这一点从一部军事著作的作者在1561前后的评论中可以看出:"太祖(朱元璋)以神武定天下,尽古今火攻之具,靡所不有,藏之武库。"[⑤]明朝建立后,更加重视火器制造。虽然缺乏当时的统计数字,但下面的信息足以证实那时的生产规模。明朝开国之时,军队的规模在1 200 000人和1 800 000人之间,其中10%装备了铳。1380到1488年间,京城有两个重要的武器制造局:其

---

① 冯家昇:《火药的发明和西传》(香港:日新书店,1956年),第45—65页;伊克蒂塔·阿拉姆·坎:《1250—1500年火药技术在印度的起源和发展》,《印度历史评论》1997年第4卷,第1期,第20—29页;坎:《火药传入伊斯兰世界与北印度:凸现蒙古人的作用》,《亚洲历史杂志》1996年第30卷,第1期,第27—45页;坎:《火药与火器传入南亚过程中蒙古人的作用》,布伦达J. 布查曼编《火药:国际技术史》(巴斯大学出版社,1996年),第33—44页;李约瑟:《中国科学技术史》,第568—579页。

② 冯家昇:《火药的发明和西传》,第4页;李约瑟:《中国科学技术史》,第176—178、294—295页和第五卷,第六分册(化学及相关技术:军事技术,抛射武器和攻守城技术),第226页;王兆春:《中国火器史》,第39页。对于"炮"一词错误理解的原因在于,从明朝开始其意思为火炮。但它早期的意思或是指"石弩",或是指石弩投掷的石头和爆炸物(李约瑟:《中国科学技术史》,第11页,注c);对于13世纪战争错误理解的例子之一是杰弗里·帕克的《军事革命:军事革新和西方的崛起,1500—1800》(剑桥大学出版社,1988年),第83页;关于元朝在爪哇的军事战争,中国最早的记载可参考苏天爵《元文类》(南京:江苏书局,1889年重印),卷41,第20b页。

③ 李约瑟:《中国科学技术史》,第276—341、569页;刘旭:《中国古代火炮史》(上海人民出版社,1989年),第33—41页;史卫民:《元代军事史》,《中国军事通史》卷14(北京:军事科学出版社,1998年),第353—355页;钟少异:《铳、炮、枪等火器名称的由来和演变》,《中国古代火药火器史研究》(北京:中国社会科学出版社,1995年);王兆春:《中国火器史》,第50—53页。根据英国的用法,我按照李约瑟的翻译把"火铳"译作"hand-gun手枪"。

④ 用欧洲军事史学家所设标准来衡量的"军事革命"仍值得进一步研究(见帕克的《军事革命》),然而毋庸置疑的是,火器在明初得以大量制造和使用,并且对中国的战争和对外关系产生了巨大的影响;王兆春《中国火器史》指出这是一个"大变革",第111页。

⑤ 引自李约瑟《中国科学技术史》,第431页;对李约瑟的译文我稍微作了修改。关于火器和蒙古人的失败则参考茅元仪《武备志》(1621)(北京、沈阳:解放军出版社和辽沈书社,1987年重印),卷6,第5072页;冯应京《皇明经世实用编》(1603)(台北:晨文出版社,1967年重印),第三册,第1248页;爱德华·L. 德雷尔《1363年:明朝建立中的内陆海战》,载弗兰克·A. 基尔曼与费正清主编《中国式的战争》(剑桥:哈佛大学出版社,1974年),第221页、第358页注36。

中军器局,每三年要造碗口铳3 000门、手铳3 000支、铳箭头90 000个、信号炮3 000门;兵仗局则制造其他种类的炮和铳,但具体数目不详。此外,主要任务是铸钱的宝元局也造火铳。同时,火器也在京城外的行省驻军和当地的军事机构制造。① 根据现有已发掘出来的火铳的数量,估计1403—1521年间至少制造了160 106件该类武器。1462年,制造了1 200个炮架,包括为大铜铳制造的炮架。而1465年,制造了300件不同种类的大将军铳和500具炮架。②

在此情况下,明朝军队中装备的火器与日俱增也就不足为奇了,特别是15世纪他们在边境增强其军事力量时。到1450年,北方边境50%的军队配备有火铳。到1466年,1/3的明朝军队可能已经携带火器了。③ 与元代末期的火筒相比,明初的火器在几个方面都得到了改进,并且被用于步军和水军。1363年,中国的火器第一次被用于水战。10年后"碗口铳"被安装在战船上,1393年规定每艘大船上应配有16个火筒、4个碗口铳、20把火枪、20个火箭和其他火器。④

明初的军事行动是相当成功的,原因之一可能就是有效地使用了火器,这可以从当时人的评述中看出。明朝伟大的政治家丘浚评论道:"自有此器以来,中国所以得志于四夷者。"撰于1598年的一部重要军事著作的作者写到,"成祖文皇帝……延置神机诸营,专习枪炮……是以武功超迈前王"⑤。

二、中国军事技术传入东南亚北部大陆

1. 木掸(麓川)

麓川是一个建立在木河(或瑞丽、麓川)流域的泰人政权,因此在缅甸史籍中称当地人为木人或木掸人(本文的"泰人"与"木掸人"都指的是这个群体,在不同的语言里他们有不同的名字)。14世纪末期,云南西南部的木掸人仍仅用大象、矛和弩来武装自己。⑥ 可是,来自中国内地的火器改变了这种状况。早在1378年,包括在四川永宁(今叙永县)制造的小"碗口铳"就被明朝的步兵用在对云南的战争中。1381年12月26日,在进入云南之前,傅友德、蓝玉、沐英率明军攻取贵州西北部的普定,火器在这场战争中得到了使用。⑦ 1381年12月31日,明朝在云

---

① 有关火器制造的材料来自如下著作:王兆春《中国火器史》,第75—76页;李约瑟《中国科学技术史》,第292页注释h;《明史》(北京:中华书局,1974年)92卷第2265页;范中义《明代军事史》(北京:军事科学出版社,1998年),卷1第201页。有关明朝军队规模的统计见王兆春《中国火器史》,第103页。

② 李约瑟:《中国科学技术史》,第337页(火器);1403—1524年的数字来自王兆春《中国火器史》,第101—102页。

③ 王兆春:《中国火器史》,第106—108页;关于边防的加强,见《明史》卷92,第2264页和李约瑟的《中国科学技术史》,第313—314页。

④ 王兆春:《中国火器史》,第57、74、104页;李约瑟:《中国科学技术史》,第292页注h。

⑤ 丘浚:《大学衍义补》卷122,第126页;引自王兆春《中国火器史》,第106页。

⑥ 江应梁:《百夷传校注》(昆明:云南人民出版社,1980年),第85—86页;《明实录有关云南历史资料摘抄》(以下简称《明实录》)(昆明:云南人民出版社,1959年)卷1,第97—98、130、154页。

⑦ 《明实录》卷1,第23页;《明史》卷144,第4074页。根据后者,炮是被作为信炮使用的,但能据此推断也使用了其他的火器;见王兆春《中国火器史》,第83—85页;中国明代的地名可见谭其骧编《中国历史地图集》(北京:地图出版社,1982年)卷7和《云南省地图册》(北京:中国地图出版社,1999年)。

南东北部的曲靖打败100 000名强悍的蒙古军队,火器在这场战役中起着决定性的作用;有史料描述当时"鼓炮震天"。结果,蒙古人在云南的统治土崩瓦解。1383年末,明朝火器打败了围困通海一个多月的40 000人的云南地方武装。① 1387年4月13日,明朝皇帝向驻在云南的沐英和其他将领发布诏令:

> 此蛮夷(麓川百夷或木掸)甚有窥伺之谋,或早或晚,必有扰边之患。敕符到日,昼夜缉垒。金齿、楚雄、品甸及兰苍江中道,务要城高濠深,排栅龐大,每处火铳收拾一二千条或数千百条,云南有造火药处,星夜煎熬以备守御。

第二年,为了攻击木掸人的营栅,皇帝又下令建造107具七稍炮。②

1388年5月6日,150 000木掸人带着100头大象攻打定边(今云南的南涧),明军15 000人昼夜兼行15天与之展开激战。起初,掸人的大象吓得明军战马四散而溃;明军随之使用了火筒、火铳、神机箭和包括同时能发射九个箭头的"九龙筒"在内的火箭。③ 明军的齐射火器对打垮象军尤其见效。配有火器的明朝士兵被分成三排。第一排首先向正在逼近的大象射击,如果大象不撤退,第二排接着上,然后是第三排。一时间,明军士兵"炮弩并发,象皆反走"。据《明实录》记载,30 000木掸士兵被杀,10 000人和37头大象被俘。面对势不可挡的明朝军队,木掸人只好纳贡以示屈服。这是两支军队之间的第一次较量,战争持续了两天,极为迅速。④ 显然,火器和新的军事策略在打垮掸人的象群和明军取得最终胜利中起着决定性的作用。同年(1388),明朝军队在云南东北部的东川打败了彝人;尽管只有信炮记录在册,但是战争中一定也使用了火器。⑤

不过,明朝对火器技术的垄断好景不长。1397年,明朝的汉人士兵从金齿(今云南的保山)逃到木掸,并帮助他们制造火炮和火铳。他们的技术深受木掸土司思伦发的喜爱,这些士兵被允许佩戴金带,并且受到比来自云南内地的僧人还好的待遇。这种特殊的礼遇甚至激怒了思伦

---

① 关于这些事件,参考陈文等编《景泰云南图经志书》(上海古籍出版社,1995年)卷10,第160页;《正德云南志》(上海书店,1990年)卷19,第一分册,第3b页和第二分册,第2b页(关于鼓和炮的引用来自这些资料);《明实录》卷1,第24页;弗雷德里克·F. 莫特和丹尼斯·特威特编《剑桥中国史》卷7(中国明朝,1368—1644),第一分册(剑桥:剑桥大学出版社,1988年),第144—146页。所有日期的转换参考基思·黑兹尔顿的《中西日历对照表,1341—1661》(明尼阿波利斯:明尼苏达州大学历史系,1988年)。

② 张纨:《云南机务抄黄》(1387)(长沙:商务印书馆,1937年重印),第35—36、44—45页;王世贞:《弇山堂别集》(北京:中华书局,1985年),卷4,第1669页;《明实录》卷1,第84页。

③ 惠麓酒民:《洴澼百金方》(1884年重印)卷4,第23b—24a、26b页;卷13,第29a—30a页。由于"九龙筒"在抗击木掸人的战争中表现出色,从1464年起开始在明朝的边防上得到广泛应用(《明史》卷92,第2264页);一部撰于万历(1573—1619)早期的明朝著作提到了火炮;严从简:《殊域周咨录》(北京:中华书局,1993年),第326—327页。

④ 张洪:《南夷书》,《四库全书存目丛书》(台南:庄严文化实业有限公司,1997年),第255册,第199页;《明实录》卷1,第98、110—111、130页;严从简:《殊域周咨录》,第326—327页;汪国楠编:《皇明名臣言行录新编》(台北:明文书局,1991年),第1册,卷1,第16b页;万斯同:《明史》,见《续修四库全书》(上海古籍出版社,1995年)卷162,第240—241页;《明史》卷92,第2264页;卷126,第3758页。在《明实录》中,明朝和掸人军队的数字分别被夸大为30 000和300 000人,《南夷书》把这些数字减掉了一半,这至少接近事实。魏源:《圣武记》(北京:中华书局,1984年,卷2,第492页)对有关明朝军队人数的记载也提出了质疑。

⑤ 张洪:《南夷书》,第199页;《明实录》卷1,第101—104页。

发的部下刀干孟,刀干孟发动叛乱并被驱逐出去。逃亡的汉人士兵数目巨大,1442 年的一份奏折指出,洪武(1368—1398)年间,有 20 000 多名汉人士兵驻扎在金齿,但许多已经逃亡。到 1442 年时,仅余 3 000 多人,逃亡率高达 85%。①

这些资料证实了王骥(负责木掸战争的军事指挥官)写于 1444 年的一份奏折:

> 曩者,麓川之叛多因近边牟利之徒,私载军器诸物潜入木邦、缅甸、车里、八百诸蛮,结交土官人等,以有易无,亦有教之治兵器,贪女色,留家不归者。

20 世纪傣人的口头传说也证实了火器技术由汉人那里传入的史实。②

2. 阿瓦王国

缅甸人和孟族人的史籍记载,在 16 世纪初叶欧洲人的火器到来之前,火炮和火铳主要在缅甸的中部和下缅甸得到使用。③

表一　缅甸人和孟人史籍中出现的火器

年　　份	地　　点	武　　器	持 有 者
1057	直通	炮,铳	孟人
1287	白古	铳	印度人,勃英机
1333 以前	阿拉干	铳	阿拉干人
1333 以前	吉大港	炮,火药罐	阿拉干人
1293—1349	马达班	炮,铳	孟人和清迈人
1386	钦	铳	为孟人打仗的印度人
1388	马达班	武器种类不明/铳	为孟人打仗的印度人
1389	阿拉干	铳	阿拉干人

① 《明实录》卷 2,第 614 页。关于刀干孟叛乱,参考卷 1 第 162 页和张洪《南夷书》第 67—68 页;对于叛乱的原因,后者有不同的解释。

② 王骥的奏折见《明实录》卷 2,第 642 页。对于傣人的观点,见桑耀华《略论宋元明时期傣族之北迁》,《云南省历史研究所研究集刊》1982 年第 2 期,第 465 页。傣人资料记录明朝准许把火器给木掸人,但如果考虑到明朝一直坚持严格禁止火药技术的扩散,这就不太可能了;宋子皋《勐勐土司世系》(昆明: 云南民族出版社,1990 年),第 74 页。

③ 这些资料来源甚广: 吴哥拉《大史》(仰光: 汉沙瓦底三藏经出版社,1960—1961 年)卷 1,第 183、366—367、395、406 页;卷 2,第 3、6、11、16、42—43、45、72、104、107、117、123、125—127 页;《六部缅甸国王事迹史》(仰光: 高宫文学出版社,1970 年),第 156、165、222、224、229、232、268、276、310、328—329 页;普亚・坎达坎托编写,H. L. 肖托翻译《拉玛迪勃底国王的皇家历史(达马塞底国王的伟大皇家历史)》(帕科拉特出版社,1912 年)第 10 页;敦丁代旺麻哈悉督《敦丁新史》(仰光: 明格拉出版社,1968 年)卷 1,第 90、223、289、407、409—410 页;《琉璃宫史》卷 1,第 248、419、447、457 页;卷 2,第 3、5、9—10、48—50、51、116、126、132、134—136 页;阿瑟・P. 藩尔《缅甸史》(曼谷: 兰花出版社,1998 年重印),第 69—70、74 页;G. E. 哈威《缅甸史》(伦敦: 弗朗克卡斯公司,1967 年重印),第 340 页。

续 表

年　份	地　点	武　器	持 有 者
1404	卑谬	炮,铳	阿瓦(对白古)
1404	美德	炮,铳	阿瓦(对白古)
1404	白古	武器种类不明	印度人,勃英机
1405	来应	炮,铳	阿瓦(对白古)
1405	卑谬	炮,铳	阿瓦(对白古)
1408	卑谬	铳	阿瓦(对白古)
1409	白古	炮,铳	阿瓦(对孟人)
1409	勃生	炮,铳	白古(对阿瓦)
1411/1412	卑谬	炮,铳	阿瓦
1415	勃生	炮,铳	白古
1415	达拉	炮,铳	白古
1416	勃生	炮,铳	印度人,勃英机
1418	茂篾	炮,铳	阿瓦
1440	平梨	武器种类不明	平乐(对阿瓦)
1466	阿乐	炮和火枪	阿瓦(对白古)
1481	央米丁	炮,铳	央米丁(对阿瓦)
1485	央米丁	炮,铳	央米丁(对阿瓦)
1511	美都	炮,铳	掸人对阿瓦
1524	皎德弄	炮,铳	阿瓦(对掸人)
1524	当比露	铳	掸人对阿瓦
1524	东吁	炮,铳	东吁
1525	阿瓦	炮	阿瓦
1526	阿瓦	炮,铳	阿瓦(对掸人)
1527	阿瓦	铳	掸人(对阿瓦)

粗略浏览一下表一的内容，可以看到火器从海路到下缅甸然后到上缅甸的传播模式。基于缅甸史料中关于印度人与下缅甸火器联系的记述和现代印度火器史的研究，维克多·李伯曼认为下缅甸的火器是在 1300 年代末从印度引进的。然而，这个问题至少有两个方面需要密切关注。第一，这些记载一定出现了年代错误。这首先是 G. E. 哈威指出的，李伯曼也同意。① 对于下缅甸出现的火器，除了太早和明显不可能的日期外（如 1057 年），还需要指出的是，诸如"勃英机"（"佛朗机"来自法兰克，一般指欧洲人）和得拿 senat（来自荷兰语思那潘 snaphaan）之类的词，其来源不会早于 16 世纪葡萄牙人和 17 世纪荷兰人到来之前。② 第二，近来关于印度火器更为深入的研究已证实，火炮和火枪直到 15 世纪中期才在印度次大陆得以使用。③

鉴于到 14 世纪 90 年代明朝的火器已传播到木掸（见上文）、大越和兰那（见下文），如果阿瓦主要通过边境贸易与明朝发生联系，明朝火器广泛用于与木掸的战争，那么我们就有充分的理由断定缅甸的火器源于明朝，而且是从陆路而来的。④ 15 世纪，缅—汉词典里出现炮和铳这样的词条就意味着缅甸人已经知道甚至拥有了这些火器。炮这个单词是"米保爰 mibok nye"，意思是小火器，而铳这个词是"米保革里 mibok kyi"，意思是大火器。当然这与常识——炮要比铳大——正好相反。对于字典里这种费解的注释，一种解释就是在元末和明代，这两个词并没有明显的区别，在一些地方，炮就是铳，在另外一些地方，铳就是炮。有趣的是，米保 mibok 这个词（字面意思是喷发的火焰）使人想到中国那种原始和真正带喷火的火器（最典型的就是"突火枪"）。⑤ 因此，这使我们不得不考虑缅甸语言借鉴汉语的可能性。

仔细阅读缅甸人和孟族人的记载就会发现火器在缅甸自北向南的传播模式。表中列出的 1057—1389 年的内容肯定存在着年代错误，1404 年却是个值得考虑的重要时间。因为从 1404 到 1527 年，在阿瓦控制之下的城市，特别是卑谬已经使用了火器。我们可以想象，把卑谬看作是抗击白古的最重要堡垒的阿瓦，用中国式武器来武装自己。可是白古人很快就学会了这种技术，到 1409 年他们已会使用炮和铳来抗击阿瓦人。根据一个缅甸人的记述，1445 年，一支明朝军队来到缅甸中部的央米丁，赶走了那里原来的土司，而代之一新土司，并向他提供了种类不明的武器。⑥

甚至在火器技术传播之前，出于战争和娱乐的目的，烟火和火箭已从云南传到了缅甸。有

① G. E. 哈威：《缅甸史》，第 340 页；李伯曼：《欧洲人》，第 224 页注 61（年代错误）和第 207、211 页。

② 关于"佛郎机"，见玉尔和 A. C. 伯内尔《豪布森-州布森：通用英印词汇集》（新德里：鲁帕出版公司，1994 年重印），第 352—354 页。关于"火枪"，见《缅英词典》（仰光：缅甸语言委员会，教育部，1993 年），第 500 页与吉布森-希尔《马来亚出土荷兰古炮考释》，《皇家亚洲学会马来西亚分会杂志》1953 年第 26 卷，第 1 期，第 170 页注 9。

③ 伊奎蒂达·阿拉姆·坎：《印度火炮和火枪的早期使用：1442—1526》，《东方经济和社会历史杂志》1981 年第 24 卷，第 2 期，第 146—164 页。印度作为雇佣兵与缅甸火器的联系和孟人的记录暗示他们已掌握了军事技术。

④ 王骥的奏折明确地把阿瓦包括在云南火器传播的目的地中；《明实录》卷 2，第 642 页。

⑤ 李约瑟：《中国科学技术史》，第 60、62、227、230—232 页。关于专有名词的问题，见西田竜雄《缅甸馆译语研究：缅甸言语学序说》（京都：1972 年），第 8、126 页。关于铳和砲，见丘浚《大学衍义补》卷 122，第 11、106 页；刘旭《中国古代火炮史》，第 680 页。那明显不合逻辑的错误用法可能系抄写错误。

⑥ 敦丁代旺麻哈悉督：《敦丁新史》卷 1，第 61—62 页。

关这方面的资料很少,但是烟火已于1491年出现在白古国王达摩悉提(1472—1491年在位)的葬礼上。原来的记载有必要在这里引述一下:“所有地区的行政长官和领主们都带来了烟火,并把它们拿到院子外面燃放,这些绽放的烟火有的像‘威武的大象’,有的像‘手上戴的钻石’,而其他的则像‘丽珂罗不睦 *li krok bhum*’和‘乐加 *le ga*’,‘星星’和‘月亮’,中国式烟火,双星星和双月亮,中国人做的烟火是双星和双月亮。”18世纪末到20世纪初,大量的缅甸游记都记录了在节庆活动和僧人的葬礼上燃放烟火尤其是大型烟火的情节。有的记载还饶有兴致地注意到在1824—1826年的第一次英缅战争期间,中国人在缅甸沿海地区的勃生制造火药和烟火的情况。①

3. 印度东北部

印度的东北部,主要是阿萨姆地区,可能也是经缅甸从中国获得火器技术的。传统的观点认为火器最初是在1527年或1532年由穆斯林从孟加拉引进到阿萨姆的,但这种观点是站不住脚的。一些阿洪姆人的编年史记载表明在此之前就已经开始使用火器了。这些武器是1502或1523年,阿洪姆人征服了居住在西藏和阿萨姆之间的朱迪亚人之后,从他们那儿获得了火炮。②朱迪亚人可能也是从西藏获得火器技术的。更多的资料证实在穆斯林开始传播火器之前,阿洪姆人已学会了使用火器。关于阿萨姆的火药和包括火箭在内的火器,17世纪在印度旅行的让-巴普蒂斯特·塔弗尼尔留下了一些有趣的信息:

> 据说古时候是这里的人们最先发明了火药和铳,它们从阿萨姆传到白古,从白古传到中国;这就是为什么总是把这一发明归功于中国人的原因。米尔·朱马拉(他于1662—1663年入侵阿萨姆,1651年遇见塔弗尼尔)从那场战争中带回大量的铁铳,阿萨姆制造的火药非常精良,它的颗粒不像不丹王国的那样长,而是像我们的一样,又圆又小,其威力也远大于其他火药……阿萨姆国王有许多火铳,还有大量的烟火,有点儿像我们的手榴弹。它被固定在一根像矛的棍子的末端……射程超过500步。③

---

① 约翰·克劳弗德:《使暹日记》(伦敦:R. 本特利出版社,1824年)卷2,第169页。有关这一葬礼的描述常见肖托《拉玛迪勃底国王的皇家历史》,第26—27页。包括桑格马诺神父在内的许多访问者的记载中都有关于烟火的记录,见《缅甸帝国记》(纽约:A, M. 凯利出版公司,1969年重印本),第123—124页与威廉·凯里《一位缅甸牧师对葬礼仪式的记录》,《亚洲研究》1818年第12期,第187—190页。

② 莱拉·戈戈因:《布朗记:阿萨姆历史文学述评》(新德里:阿姆逊出版社,1986年),第215页;S. L. 巴鲁什:《阿萨姆通史》(新德里:穆恩西拉姆·马努哈拉尔出版社,1985年),第230、397页;帕德梅斯沃·戈戈因:《泰人和泰王国;更全面地认识雅鲁藏布江大流域的泰-阿洪姆王国》(高哈蒂大学,1968年),第289页。例如,在葛拉普·钱德拉·巴鲁的《阿洪姆布朗记:阿霍姆统治兴衰历程》(高哈蒂:光谱出版社,1985年)第61—68页中可以看到一种传统的观点。

③ 让-巴普蒂斯特·塔弗尼尔:《让-巴普蒂斯特·塔弗尼尔的印度之行》(伦敦:牛津大学出版社,1925)卷1,第15页与卷2,第217—218页;杰达纳斯·萨卡尔:《1660年的阿萨姆邦与阿洪姆人》,《比哈尔和奥里萨研究协会杂志》1915年第1期,第192页。在其他时候,塔弗尼尔(卷2,第210页)也记录了不丹的一些情况:“不丹人使用火枪、铁炮和火药已经很久了,颗粒很长,药性也非常强。这些枪支上的数字和文字让我确信它无疑已经历了500多年的岁月……这些枪炮上依稀可辨的文字使我坚信它已经有180多年的历史。”即便“500年”这个数字令人怀疑,180年的历史依然可以追溯到1470年前后。塔弗尼尔的记载并不是牵强附会,火器从中原传入西藏然后到达不丹的可能性是存在的,包括火枪在内的军用武器堂而皇之地出现在这个地方的新年庆典上。这一节日在1408年传入了西藏(来自中原?),随后于17世纪又传入了不丹;迈克尔·阿里斯:《〈霹雳弹的警告〉和它在不丹新年中的地位》,《伦敦大学东方与非洲研究院院刊》1976年第39期,第608、617、632页。1408年对于中原火器向西藏的传播来说,也是一个非常好的时机。

1662 年的一份记录记述阿萨姆人“造出了精良的火绳枪和巴查达尔大炮，显示了他们在这项工艺方面的杰出技能。他们会制造一流的火药……”。曾于 1660 年和 1670 年入侵阿萨姆的孟加拉总督拉姆·辛格赞道：“每个阿萨姆战士都擅长划船、射箭、挖壕沟**和使用火器，我从没在印度的其他地方见过如此多才多艺的人**。”①

这些评论和观察表明，在 16 世纪穆斯林的火器到来之前阿萨姆人的火药知识已为他们熟练使用火器作好了准备。阿萨姆人拥有他们自己的火药制造工艺，并且阿萨姆西部的卡西人在英国人到来之前也会制造火药。② 特别是梅泰人或者曼尼坡人，他们在 1630 年（甚至有可能更早）从访问曼尼坡的中国商人那里学会了制造火药的方法，并且尝试制造出更大口径的金属铳。库基人又从曼尼坡人那儿得到了火器技术，直到 20 世纪初他们还在使用。在这种背景下很有必要指出 18 世纪初曼尼坡人已使用了火箭（“美卡皮 meikappi”，意为“喷火”）——一种他们很久以前就获得的战争技术。此外，曼尼坡的那迦人制造木炭粉末并把它当作火药出售。③

火器可能是从阿萨姆或下缅甸传入印度的。伊克蒂塔·阿拉姆·坎坚持认为火枪和火炮是从 15 世纪中期开始，首次出现在印度的。据帕舒拉姆·克里虚那·高德的看法，巴拿（在梵文中意思为“箭”）在印度史料中首次以“火箭”的意思出现是在 1400 年以后。1435—1467 年战争中明确把火箭作为武器使用的记载证实了高德的观点。④ 这个时间对我们的研究极为关键。因为既然证实了 1390 到 1474/1475 年间火器、火炮和火箭技术从明朝传入缅甸和东南亚北部大陆的其他地区，人们完全能够推断这种技术也传到了印度。据说火箭首先发明和使用于巴赫曼利王国的哒亲。如果这样的话，这些技术可能是从这里传到了德里苏丹，或从南方传到北方，而不是像坎所说的那样，是从北向南传播的。⑤ 厄尔凡·哈比布认为火箭“不是通过伊斯兰世界传来的，而明显是直接经海路通过德干高原从中国传来的”⑥。不过，它更可能是通过陆路，经云南从中国而来的。

---

① 引自爱德华·盖特《阿萨姆史》（加尔各答：撒克尔·斯平克出版社，1963 年重印），第 253 页，黑体为笔者所加。塔弗尼尔的记载支持了这样一种观点：“（莫卧儿）皇帝身边也有 300 或 400 名火枪手——他们都非常胆小，射击技巧也不高明——和一些并不特别出色的骑兵。100 名欧洲士兵可以非常轻松地击败 1 000 名印度士兵”（《印度之旅》卷 1，第 311 页）。1662 年的描述引自萨卡尔《阿萨姆邦与阿洪姆人》，第 192 页。

② 尼尔马·库玛尔·巴苏：《阿洪姆时代（1228—1826）的阿萨姆邦：政治经济和社会文化研究》（加尔各答：梵文普斯塔克·班达尔出版社，1970 年），第 178 页；P. R. 戈登：《卡西人》（伦敦：麦克米伦有限公司，1914 年），第 24 页。

③ T. C. 霍德森：《梅泰人》（伦敦：D. 纳特，1908 年），第 21 页；L. 乔伊钱德拉·辛格：《消失的王国：曼尼坡王室纪年》（英帕尔：民主出版社，1995 年），第 10 页；乔特莫伊·罗易：《曼尼坡史》（加尔各答：东方之光出版社，1973 年），第 161 页；贾拉吉特·辛格：《曼尼坡简史》（英帕尔：O. K. 书店，1965 年），第 158 页；B. C. 阿伦：《那迦山与曼尼坡：社会经济史》（德里：嘉利出版社，1980 年重印），第 60 页。

④ 有关 1435—1467 年的记述见坎《1250—1500 年火药技术在印度的起源和发展》第 28 页和《火药与火器传入南亚过程中蒙古人的作用》第 40—41 页；关于这一问题也可参见其《火药传入伊斯兰世界与北印度》一文第 43 页。关于“箭”，见帕舒拉姆·克里虚那·高德《1400—1900 年印度烟火史》，P. K. 高德《印度文化史研究》（普纳：P. K. 高德教授选集出版委员会，1960 年）卷 2，第 50 页。

⑤ 威廉·阿尔文：《莫卧儿印度的军队：它的组织与管理》（新德里：欧亚出版社，1962 年），第 148 页；坎：《1250—1500 年火药技术在印度的起源与发展》，第 27 页。也参见坎《印度火炮和火枪的早期使用》第 157 页和《火药与火器传入南亚过程中蒙古人的作用》第 39—40 页。

⑥ 厄尔凡·哈比布：《印度中世纪的技术变革》，《历史研究》1980 年第 2 卷，第 1 期，第 32 页。

4. 西双版纳，兰那，澜沧

据《明实录》记载，1405 年 12 月 27 日，以兰那阻碍明朝使团前往阿萨姆（古剌）为借口，明朝军队在西双版纳、兴威、景栋和素可泰的支持下，侵入兰那，包括清盛在内几个地方都被占领，兰那被迫投降。关于军队的人数，明朝方面没有记载，《明实录》仅提及了来自云南的 2 000 人，和可能是来自西双版纳的 15 000 人。根据《清迈纪年》，明朝军队曾两次攻打兰那，一次在 1402/1403 年，另一次在 1405/1406 年。在第一次入侵中，明军拥有“一支庞大的部队”，兰那则动员了 52 000 人的军队；清盛两次都是主战场，并且明军两次都被打败。① 难府也感觉到了明朝的威胁，《难府纪年》记述，在 1389 到 1405 年间，难府人的幽灵吓退了来自云南的明朝军队的入侵。明军从兰那撤退到勐永和景洪（西双版纳的首府），并在那儿滞留了三年，引起了巨大的混乱。②

尚不清楚明军方面使用了哪类武器，但毫无疑问使用了火器。《清迈纪年》里记载明朝士兵穿着能抵挡兰那军队矛、剑、枪和箭头的铁制或铜制或皮制的盔甲。③ 兰那一方使用了“枪”，应该指的是火器。这并不令人惊奇，就像发生在木掸的那样，来自云南的商人或逃兵带来了火器技术；这一推论已被前文引用的王骥的奏折所证实，他在奏折中提到来自云南的武器被贩卖到了兰那。

更直接的证据来自兰那人的记载。大约 1411 年，帕耀人铸造一门铜炮攻击入侵的阿瑜陀耶军队：“他们向塔楼齐射，城堡里的两百南方（阿瑜陀耶）人被炸死。”这是火炮第一次出现在兰那人的记载里，看起来他们花费了好几年的时间才学会熟练地使用火器。1443 年火炮帮助兰那人征服了帕府。④ 1457/1458 年，兰那军队“向南方人发射了[火器?]，大量南方人战死”。也是在这场战斗中，阿瑜陀耶王子被射中前额的一枚子弹杀死。1461/1462 年，甘烹碧人使用了“枪”。1462/1463 年，兰那国王为孟乃、孟杜图和孟景东的三个掸人指挥官每人提供了两门火炮和 200 支火绳枪。⑤ 火炮在 1476 年兰那征服难府的战斗中也起了重要作用：“他们架起火炮，轰击城门，然后占领了这座城市。”1485 年火枪被兰那军队用在与卡瓦（拉瓦或瓦）人的战

---

① 《明实录》卷 1，第 199—120、204、208、219 页；大卫·K. 怀亚特和阿如恩鲁特·威奇恩凯沃：《清迈纪年》（清迈：桑蚕出版社，1995 年），第 72—74 页；大卫·K. 怀亚特：《泰国简史》（纽黑文：耶鲁大学出版社，1984 年），第 76—77 页。

② 马尼奇·琼赛：《老挝史》第二版（曼谷：查拉姆尼特出版社，1971 年），第 64—65 页；詹姆斯·乔治·斯科特和 J. P. 哈德曼：《上缅甸与掸邦地名词典》（纽约：AMS 出版社，1983 年重印）卷 2，第一分册，第 401 页。大卫·K. 怀亚特的《主席报告：来自东南亚历史的五种声音》一文中也提及了幽灵，《亚洲研究杂志》1994 年第 53 卷，第 4 期，第 1079—1080 页。

③ 《清迈纪年》，第 73 页。

④ W. A. R. 伍德：《暹罗史》（曼谷：查拉姆尼特出版社，1959 年重印），第 78 页；《清迈纪年》第 69—70 页（帕耀的攻击），第 80—81 页（难府）。披耶巴差吉功札：《庸那迦纪年》（昆明：云南民族学院云南东南亚研究所，1990 年）第 176 页，指出素可泰一方使用了一种汉语中称为“火枪”的火器。

⑤ 《清迈纪年》第 86 页和伍德《暹罗史》第 89 页都提到了 1457/1458 年的这场战斗。见《清迈纪年》第 89 页甘烹碧人和第 97 页掸人首领。在这里被翻译为“火绳枪”的武器应该是一种中国式火铳，欧洲人发明的火绳枪只有在 16 世纪后才传到了东南亚。

斗中。[①]

而且,在《清迈纪年》里,对火炮及其使用有着更为详尽的描述,这为火炮在兰那的存在提供了更可信的证据:

> 1443年,(提罗卡拉托)国王来到难府,并派遣了一支由王太后率领的军队去攻打帕府……这名官员对王太后说:"如果它不屈服的话,我们将(向这个城市)发射 pu cao 炮。"王太后问:"谁会操作 pu cao 炮?"有一个名叫潘桑凯的越南籍千夫长对王太后说:"我知道怎么使用 pu cao 炮……"他说,"我将用炮击落靠近城门的一棵糖棕树的树冠,(国王)看见了一定会害怕,并慑于 pu cao 的威力而屈服。"然后潘桑凯准确地击落了那棵糖棕树的树冠。刀孟坤仍没有屈服,潘桑凯说:"我要发射 pu cao 炮射击糖棕树的树干,使它从树根到树冠都被劈裂。"于是潘桑凯照他说的那样去做了。刀孟坤看到这种情形极度害怕,最后就投降了……[②]

尽管15世纪早期兰那已从明朝获得了火器技术,但有趣的是在这场战斗中越南人被认为是能够熟练操纵火炮的人。这证明由于明朝的入侵,越南人在掌握火器技术方面具有优势(与其他东南亚国家相比),也意味着他们甚至把火器传到了像兰那这样的王国。[③] 这份记载也证明了火炮的有效性、威力和相对准确性。无论这个射击糖棕树的故事是否真实,它说明了由于火炮的使用而使帕府屈服。有趣的是,在兰那人的记载里,火炮被称作 pu cao,这个词汇至少部分来源于汉语词"炮"。这种对汉语词汇的借用也从下列事实中得到间接证实。在16世纪晚期缅甸征服和统治兰那后,清迈和难府的纪年里都使用了缅甸人称呼火器的术语(阿妙得那 amrok senat)。[④] 下面将在更广阔的地区背景里讨论这个泰北王国。

另一种火器技术——火箭,也是通过陆路从明朝传播到西双版纳、兰那和澜沧,以及缅甸、印度和大越。作为一种军事武器,火箭头早在1388年就被明朝军队在木掸地区使用过,对此前文已有述及。几种泰语系的人在15世纪中期学会了如何制造火箭。1465年,自制的火箭(傣泐、老挝语和泰语中叫"旁发伊",掸语叫"努法医")在西双版纳开始被用作武器,勐泐借助于火

---

① 《庸那迦纪年》,第198页;也见《清迈纪年》,第101—102页。大卫·K. 怀亚特的《难府纪年》中列有难人的战利品(伊萨卡,纽约:康奈尔大学东南亚研究项目,1994年),第53页及注释3和4。

② 《清迈纪年》,第80—81页。这里的"潘 pan"应该是"潘 phan",这是个非常常见的越南姓氏,尽管"松克拉 Songkhram"在泰语中的意思是战争(与克里斯托夫·戈斯查之间的私人通信)。

③ 有关细节可见孙来臣《中国军事技术与大越:1390—1497》,见陈绒雪与安东尼·瑞德编《越南:没有边界的历史》(麦迪逊:威斯康星大学出版社,2006年)。

④ 《清迈纪年》,第73页;怀亚特:《难府纪年》,第53页与注释3和4。在《清迈纪年》中除了有汉语和缅甸语火器词条以外,也出现了当地的泰原词,例如 lambu/labu, kongnaa 等(与阿如恩鲁特·威奇恩凯沃的私人通信)。对于 pu cao 一词,玛莎·拉特利夫(私人通信)给了我如下解释:它的第一部分 pu 似乎来自 pào。苗-瑶语中关于火器的词汇也来自汉语(均为炮和枪),因此很可能他们既从中国人那里学来了技术,也借用了汉语名词的拼法。如果是这样的话,问题就在于——"cao"是什么意思呢?例如,在叙永苗那里,"大炮"一词就被称为"炮母"或"母炮",在这里"母"即是"大"的意思。威奇恩凯沃教授也告诉我"pu cao"在《清迈纪年》中仅出现了一次,肯定不是泰原(泰北)词汇,因此从汉语词汇中借用的可能性非常大。在拉特利夫建议的基础上,威奇恩凯沃进一步指出,"cao"在泰原语中的确意味着"君主、王、大的、强有力的、高的";所以,"pu cao"也就是指"威力巨大的炮"。

箭仅用600名士兵就打败了孟琏10 000人的军队。此外，在1470年，火铳和火炮（中文译作"枪弩炮火"）也被用于西双版纳的内部争斗。[①] 1568年，澜沧国王在与东吁缅甸军队的交战中也使用了火箭。到17世纪，处于大越松散统治下的川圹的普安（今在老挝），也把火箭和其他火器用于军事目的。[②]

5. 大越

中国军事技术向越南传播的重要课题已经在另一篇文章里进行了详细的探讨，在此出于比较的目的，我仅作简要概述。[③] 这一传播历程可以追溯到公元前中国统治的初期，但新的高潮却发生在明初。14世纪大越的主要敌人是南方的占婆，在这个世纪的大部分时间里，双方都在征战不休，1370年起，战事日趋惨烈。1390年，在越南国内威名远扬的占婆统治者制蓬峨死于一场海战。越南人的记载把他的死归功于一种名为火铳的武器——长期以来一直被认为是火炮但更可能是火铳。（明初"铳"这个词可能指的是这两者中的任何一种。）[④]这种新武器技术的使用帮助越南人彻底扭转了两个王国之间力量的平衡。

这些武器可能是从中国商人或逃兵那儿获得的，但是随后的属明时代则使军事技术在大越的传播更加系统。在击溃越南抵抗的过程中，中国的火器起着至关重要的作用；特别是在与象军的作战中尤其见效。（过去的几个世纪里，大象一直是中国对东南亚战事中难以克服的障碍。）

然而，在占领的过程中，在黎利领导下的抵抗运动逐渐兴起。在1418—1425年的几场重大战役中，他们俘获了大量的中国武器和军事装备，明朝军队遂逐渐丧失了自己的军事优势。此外被俘和投诚的明军士兵也提供了一些越南人能够仿制的军事技术。[⑤] 最终，黎利和他的军队击退了中国人，并于1428年建立了黎朝。明军撤退后，独立的大越开始扩充它的海军和军火库。同时，越南统治者更加注重诸如硝石、铜之类原料的供给。越南人已经经历了他们自己的"军事革命"，并且依靠自己的力量成为一个"火药帝国"。

三、军事技术在东南亚北部大陆崛起中的作用

15世纪中期到16世纪初东南亚北部大陆作为一个重要的地缘政治地区全面崛起。这个时

---

① 1465年的战斗可见刀永明《车里宣慰使世系集解》（昆明：云南民族出版社，1989年），第93、335页。李拂一《泐史》（台北：辅仁书屋）第20页和陈序经《泐史漫笔：西双版纳历史释补》（广州：中山大学出版社，1994年）第96页则提到了1470年的事件。

② 肖托：《拉玛迪勃底国王的皇家历史》，第132—133页（澜沧）；潘辉注《历朝宪章类志》（西贡：国务院文化部，1972年）卷1，第113页中也提及了普安。

③ 见孙来臣《中国的军事技术与大越》对这一问题有更全面的分析。

④ 《大越史记全书》（东京大学东洋文化研究所，1984—1986）卷1，第464页。19世纪的《钦定越史通鉴纲目》（台北："中央图书馆"，1969年）卷6，第12a页使用了"火炮"这个词，但是该词系后来修改所致。

⑤ 《大越史记全书》卷2，第532—533页；《大越通史》，第30a页（西贡：文化教育和青年部，1973年）。

期的重要发展包括木掸的兴起及它们在 1430 和 1440 年代与明朝的对抗;包括兰那(清迈)的扩张,特别是 1430—1480 年间大越的扩张;1480 年与 1527 年间孟密和孟养掸人的兴起与 16 世纪初阿萨姆人的扩张。① 在这个地区,这些新兴力量的兴起源于几个方面的因素,包括贸易、农业和人口的增长,但是明朝军事技术的传播必定也起了作用。尽管现有的资料尚不足以让我们清晰地描述出军事技术与这些力量兴起之间的联系,但是它们之间的相互关联也不容轻易否认。

1. 木掸的兴起

1388 年被明朝暂时打败后不久,麓川再次崛起。1413 年,思任发在其父思伦发和兄长思兴发死后被明朝皇帝授予"宣慰使"的称号,但是"狡狯逾于父兄,欲尽复其父所失故地"。大约十年后,麓川已积蓄了足够的力量来做这件事,思任发开始了一系列扩张活动。1422 年 12 月,麓川占领了南甸的一些土地,直到 1430 年才将其归还,同时还占据了孟养。1436 年它侵入孟定和湾甸,杀害人民,破坏营栅。据报告两年后它再次入侵南甸和其他几个地区。1439 年 7 月 3 日之前的一段时间里,它劫掠了景东、孟定、大侯和孟琏。② 有关麓川扩张的情况在泰人的记述里也有所反映。一份资料生动地描述了木掸人怎么利用它们的火器(包括自制的火炮和火铳)四处扩张,征服孟缅和其他不讲泰语的部族居住地区。一则口头传说讲述了这支泰族部落由勐卯迁到耿马定居,汉人官员教他们使用铜铳和火炮,使他们打败土著瓦人并且把后者赶进大山中。③

明政府对此予以申斥和警告,但木掸人不以为然,1439 年和 1440 年云南军队(分别是 6 000 人和 50 000 人)两次讨伐麓川均以失败告终。④ 朝廷最终决定出动大军去解决这个问题,从而导致了著名的从 1441 年开始到 1449 年结束的"三征麓川"。在这些战役中,明军和木掸人都使用了火器。例如,大约是 1441 年 9 月 12 日,木掸派 30 000 军队和 80 头大象入侵景东和威远,明朝军队使用火铳和火箭("铳矢俱发")打败了它们,杀死 352 人,缴获了大量旗帜、鼓、头盔、成片的盔甲和火铳、火炮。从 1441 年 11 月 14 日到 23 日,双方军队在金齿附近一个叫上江的掸人要塞周围进行了一系列战斗;20 000 多明军从不同的方向发起攻击,但掸人拒守严密。掸人发射火器和箭弩,正如《明实录》描绘的那样:"铳弩飞石,交下如雨。"四天后,明军乘风纵火,毁其排栅;据称有 50 000 多木掸人被杀。⑤ 1441 年 12 月的后半个月,明军 8 000 精兵在杉木笼山(今梁河与陇川交界处)与 20 000 多掸人展开激战,掸人的连环七营寨被毁,数百掸人战死。

---

① 有关细节参见笔者的博士学位论文《明朝与东南亚的陆上交通,1368—1644 年》第七章(安娜堡:密歇根大学,2000 年)。

② 《明实录》卷 1,第 377、493—494(南甸)、495—496(1430);卷 2,第 538(1436 和引文)、550—552(1438)、560、574(1439)页。

③ 桑耀华:《略论宋元明时期傣族之北迁》,第 465 页;占达混洪著,刀永明等译:《景谷土司世系》(昆明:云南民族出版社,1990 年),第 83—87 页。

④ 桑耀华:《略论宋元明时期傣族之北迁》,第 557—558、560、568—570 页。

⑤ 《明实录》卷 2,第 600、603—604 页;1444 年 9 月的行动,也见占达混洪《景谷土司世系》第 21—26 页。

1442年1月初，明军和掸人在木掸的首府勐卯或姐兰进行了一场最大的战斗。最初，掸人派遣大象攻击明军，但没有成功；明朝军队最终包围了掸人的首府，并从六个不同的方向发动攻击。三份不同泰人资料的作者对明朝的火力印象深刻，都强调明军的火炮（包括把宫殿顶层炸飞的一种牛尾炮）猛烈地轰击勐卯，不过《明实录》则强调帝国军队是再次趁着风势使用火攻烧毁了建筑物，杀死了"无数"的掸人。思任发和他的家眷逃到孟养，但是他数以万计的部下（一份资料说是100 000人）却淹死在卯（瑞丽）河里。1442年1月26日，明军在勐卯进行了一场持续两周的战斗，随后撤退。几年后的1449年3月，最后一场战斗发生在沿着伊洛瓦底江西岸的鬼哭（直译为"魔鬼哭泣"）山。为了打破掸人的防御工事，明军使用了滚木、礌石和火器，用《明实录》的话来说就是"木石如雷，铳箭如雨"①。

尽管如此，这次失败并没有结束木掸人的事业。思伦发的小儿子思禄逃到孟养（今缅甸北部）并占据此地。三十年后，孟养的木掸人第三次崛起，并最终于1527年攻陷了阿瓦王国，开始了缅甸历史上一个短暂的"掸人时期"。就所能发现的资料来看，孟养的兴起得益于它与明朝的珠宝贸易，但军事技术也起着一定的作用。② 事实上这两种因素一直是紧密相联的，因为日益增长的经济力量已经允许掸人动员更多的军队和生产、购买更多的火器。从勐卯逃到孟养的木掸人无疑带去了火器技术。例如，1511年和1527年之间，来自孟养的掸人在他们与缅甸人的战斗中使用了火器（见表一）。

木掸人掌握的火器技术至少部分解释了它们在15世纪前半期迅速扩张的原因和它们第二次与明军交战时与先前遭遇的不同。第二次战争极其漫长，从1441年到1449年，持续了将近十年时间，明朝动员了一支数量庞大的军队（每场战役都在50 000至150 000人之间），另外还有500 000人的后勤人员和数目巨大的泰人部队。掸人的史料承认明军最后打垮了木掸，那是因为它们数量和军事的优势，但却付出了巨大的努力和惊人的代价。一位同时代的历史学家评论说"王骥倾国家之力，集数镇之兵，而先后十年之久，卒不能歼殄渠魁"③。

2. 清迈的"黄金时代"

兰那进入一个领土扩张、经济繁荣、宗教文化昌盛的时期，特别是在1400—1525年间表现得格外突出。本节仅涉及其扩张问题。提罗卡拉托（1441/1442—1487）统治时期，兰那进入它的黄金时代，也随之加快了扩张的步伐。（1436年，甚至在他即位之前，明朝皇帝已收到一份关于此前兰那攻击澜沧的奏疏。）大约就在这一时期，景东（Keng Tung）成为兰那的附庸，因为

---

① 《明实录》卷2，第697页；有关1442年活动的叙述见第605—606页，后一活动见高岱《鸿猷录》（上海古籍出版社，1992年重印）第213页。召帕雅坦玛铁：《嘿勐沽勐：勐卯古代诸王史》，见《勐果占壁及勐卯古代诸王史》（昆明：云南民族出版社，1990年）第102页；刀派汉：《孟连宣抚史》（昆明：云南民族出版社，1986年）第47页及宋子皋：《勐勐土司世系》第88—89页。

② 有关细节可见孙来臣《掸族宝石，中国白银与缅甸北部掸邦的兴起》，见韦杰夫和孙来臣编《十五世纪的东南亚：明朝的作用》（新加坡：新加坡大学出版社，2010年）。

③ 高岱：《鸿猷录》，第215页。有关对掸的评论可见召帕雅坦玛铁的《嘿勐沽勐》，第102页。

1443/1444 年它的统治者受到来自清迈的册封。[①] 与难府的战争爆发于 1443/1444 年，几年后，这个王国就走向了衰亡；1443 年，正如前文所述，借助一个越南人操纵的火炮又征服了帕府。1449 年，与琅勃拉邦的战争发生了，随之而来的是与西双版纳将近十年的零星战事。对掸人地区的军事行动则发生在 1462—1471 年间，与此相伴的还有与拉瓦的战争，与西双版纳也再次开战，以及 1520 年第二次进攻景东（Keng Tung）。在这种情况下，寮人向明朝抱怨兰那入侵澜沧的领土就不足为奇了。[②]

在兰那和阿瑜陀漫长的战争中，特别是在提洛克统治时期，双方至少是势均力敌。好几次兰那都主动发动攻势，1463 年，面对来自清迈的威胁，阿瑜陀迁都彭世洛。[③] 用戴维·怀亚特的话说，"尽管（提洛克）对阿瑜陀的战争没有决定性的进展，兰那王国现在比以前任何时期都更为强大。提洛克已建立了一个别人不可轻视的国家，其影响波及方圆数百英里，超越了此前任何一位国王"。基思·泰勒甚至批评这种"没有决定性的进展"的观点，他说："这一时期的大城府—兰那战争经常被认为是僵持不下，但是这不符合事实；它具有决定性的意义，因为在这个过程中兰那成功地驱逐大城府军队，变得更强大，更有凝聚力……"[④]考虑到大城府的领土和人口远多于它的对手，资源也丰富得多，尤其是在吞并了素可泰以后，那么兰那的成功就更显得令人印象深刻。可是 1515 年，大城府军队给予了兰那多年来不曾有过的"最严重的打击"，W. A. R. 伍德把这归因于来自葡萄牙人在军事上的建议和援助。[⑤]

兰那令人惊讶的繁荣和它成功地抗击阿瑜陀使暹罗的统治者甚感困惑，后者派了一个间谍去清迈搜寻有关他对手成功的情报。[⑥] 的确，兰那的强大给同时代的暹罗人和现代的学者都留下了深刻的印象。怀亚特把兰那"令人惊奇不已"的成功归因于它的管理和战略。迈克尔·维克里也指出从现存的 15 和 16 世纪的建筑遗迹来判断，清盛已经变得极其富裕和重要；他认为它必定是从沿河的贸易中获得财富的。[⑦] 不过，其他的因素比如兰那采用中国式的火器技术也应该被考虑进去。

---

① A. B. 格里斯沃尔德与普拉斯特·难·那加拉：《来自景栋（1451）的一篇铭文》，《暹罗学会杂志》1978 年第 66 卷第 1 期，第 71、82 页。也见《胜纪絮语索引：塔塔纳版纳所著编年史〈胜纪絮语〉中泰国部分之注释目录》（牛津：巴利圣典学会，1994 年），第 51—52 页。《明实录》卷 2 第 539 页提及了兰那与澜沧之间的冲突。

② 泉井久之助：《八百杂字解读》，《京都大学文学部研究纪要》1951 年第 2 期，第 77 页。有关这里提到的 15 世纪冲突的记载，可见《清迈纪年》第 80—90、97—98、101—102 页；怀亚特《难府纪年》第 55—63 页和李拂一《泐史》第 16—17 页。对景栋的第二次进攻可见《清迈纪年》第 107 页和斯科特与哈迪曼所著《地名词典》第二分册第一章第 404 页。

③ 查斯维特·凯塞特西里：《阿瑜陀耶王朝的兴起：14 和 15 世纪的暹罗史》（吉隆坡：牛津大学出版社，1976 年），第 137—138 页；怀亚特：《泰国简史》，第 77—80 页。

④ 怀亚特：《泰国简史》，第 80 页；基思·W. 泰勒：《早期王国》，见塔林编《剑桥东南亚史》卷 1，第 171 页。

⑤ 伍德：《暹罗史》，第 99 页。通过查阅怀亚特《泰国简史》（第 87 页）中的地图，可以得出一个有关兰那王朝和阿瑜陀耶王朝领土的大致看法，但却无法获得有关的人口数据。

⑥ 《清迈纪年》，第 84 页。

⑦ 迈克尔·维克里：《狮王与相关的北方历史述评》，《暹罗社会杂志》1976 年第 64 卷，第 1 期。怀亚特的评论在其《泰国简史》第 74—75 页；也可参见李伯曼《欧洲人》第 212 页。暹罗人对其北方邻居尤其是帕府和难府力量增长的评论可见维克里《2/k. 125 残卷，阿瑜陀耶王朝编年史佚本》，《暹罗社会杂志》1977 年第 65 卷，第 1 期，第 47 页。

3. 大越(15世纪70和80年代)向南方和向西方的扩张

黎圣宗统治时期经常被看作越南历史上的“黄金时代”。它见证了一个迅速、前所未有的国内稳定、对外扩张(该扩张变成永久的领土占有)的时期。扩张的最重要的例子就是大越对占婆的重创,在此之前占婆利用明朝的占领重新收复了一些它先前丢失给邻国的领土。15世纪中期,这两个对手再次开战。[①] 到1470年末,占婆看起来仍然能够支撑下去,这时圣宗亲自指挥了一场重要的战役,在这次军事行动中明显使用了火器,就像他作的一首诗里所说的那样“雷炮轰轰动地声”。1471年3月,占婆的首府拂逝在经历了四天的围困后最终陷落。在此期间,越南人发射了信炮,可能也使用了其他种类的火器,尽管有关这方面的材料非常有限。大越吞并了占婆4/5的领土,占婆再也没有恢复过来。没有证据显示占婆曾获得过火器;一份1441年的中国资料记述,占婆的军队衰弱,守卫城墙的士兵仅用竹矛来武装。没有理由怀疑黎圣宗在他对占婆王国的战争文告中所宣称的:大越拥有更多的军队和更好的武器。[②]

越南也开始对它西边的领土发起主动进攻。1479年秋,大越(越南史籍声称拥有180 000的兵力)发动侵略盆蛮和澜沧的战争。它们继续侵略难府(仍在兰那的控制下),威胁西双版纳。[③] 最后,越南军队的渗透一直远达阿瓦王朝的伊洛瓦底江,这一侵略行为已被中国和越南的资料所证实。明朝的警告和兰那、澜沧军队的抵抗最终结束了大越贯穿东南亚大陆的“长征”,1484年,越南撤军。[④]

最终,越南人凭借其庞大的军队数量和熟练地使用火器在东南亚脱颖而出。16世纪初,在欧洲的武器到来之前,大越(而不是占婆、缅甸、阿瑜陀耶或任何其他王国)大规模的火器生产给汤姆·皮雷斯留下了深刻的印象,他看到:

> 他(黎朝的统治者)有无数的火枪手和小炮。火药在他的国家得到大量使用,它不仅用于战争,也用于通宵达旦的宴会和娱乐。他王国里的达官贵人们都这样使用火药。火药每天都被用在火箭和所有其他的娱乐活动中……[⑤]

---

① 《明实录》卷1,第244、332页。

② 《天南余暇集》(法国远东学院缩微胶卷A. 334),“诗歌”,第102a页,“占婆”,第2b页引文;G. 马司伯乐:《占婆王国:消失的越南文化史》(曼谷:白莲花出版社,2002年),第117页。中国人有关这方面的记述可参见王鏊《震泽纪闻》,载沈云龙编《明清史料汇编》(台北:文海出版社,1967年)卷1,第26b页;也可见《明实录》卷2,第599页。在一部15世纪的占婆—汉语词典中,有关武器的条目都明确指出了那些传统的武器(长矛、骑兵用长枪等),这一事实支持了中国人的记载。白剌顿和E. D. 爱德华:《占城国译语注》,《伦敦大学东方学与非洲研究院院刊》1940—1942年,第10卷,第53—91页。

③ 有关老挝人的活动可见《西南边寨录》(巴黎亚洲学会所藏手稿缩微胶卷),第23a—33a页;《大越史记全书》卷2,第705—710页;以及马丁·斯图亚特·福克斯《澜沧王朝:兴起与衰落》(曼谷:白莲花出版社,1998年),第65—66页。《难府纪年》第57页和《清迈纪年》第98—99页提到了对难府的攻击。关于对西双版纳的威胁,可见《明实录》卷2,第813、818、828页。

④ 在《西南边寨录》第31a页和《大越史记全书》卷2第710页中提到了对阿瓦王朝的攻击;有关越南人的撤离可参见《明实录》卷2第837页。

⑤ 皮雷斯:《东方志》卷1,第175、203页。

结 论

火器技术并不是东南亚大陆所独有的，它已经通过郑和下西洋和海上贸易传到了东南亚的海岛国家。例如，在爪哇发现了一件注明是1421年的中国铜铳。到15世纪中期，中国的穆斯林已经在那里制造火炮和烟火。[①] 即使这样，现代的历史学家仍指出海岛国家的人们（如马来人、爪哇人和亚齐人）尽管1511年以前已很熟悉火器，但从来没有"把他们的大炮发展成强有力的武器"[②]。（这对暹罗人和缅甸人来说，至少与越南人相比是这样的。）同样重要的是，在东南亚的海岛国家，人们更重视的是火器的精神力量，而不是其实用价值。[③]

来自几种语言的比较丰富的资料已令人信服地说明：14世纪末和15世纪初，在欧洲人的火器到达之前的相当长一段时间里，中国的火器技术通过陆路和海路已经传入了整个东南亚。中国火器经陆路传到东南亚北部大陆，它对本地区历史产生的影响要比西方武器深远。正如本文的研究试图去证明的那样，在一定程度上由于明朝技术的影响，火器在麓川（木掸）、兰那，特别是大越的领土扩张中扮演了重要角色。利用源于中国的军事技术，越南人最终打败了他们的宿敌占婆（占婆的灭亡只是个时间问题而已），并进行了一次短暂却空前的远达阿瓦王国的"长征"。

因而，东南亚大陆东部地区的政治地理发生了永久改变，在一定程度上军事技术为这种改变铺平了道路。[④] 本研究对"海洋思维"提出挑战，该思维强调东南亚历史中来自海路的外部刺激因素，却忽略了陆路的影响。明朝军事技术在东南亚北部大陆的传播和它对该地区与明朝交往历史的影响都是意义深远甚至是决定性的。

本研究也与"前近代"的东南亚，甚至世界史研究有关。包括火器技术在内的技术的传播与扩散已经被视为"近世"的标志之一。[⑤] 可是，由于对中国火器技术从14世纪末向东南亚的传播缺乏研究，所以，16世纪葡萄牙人的火器到达该地区一直被当作（这情有可原）前近代革命

---

① 关于郑和的远航和对东南亚海岛国家的军事技术传播，可见J. P. 帕廷顿《希腊燃烧剂与火药的历史》（剑桥：W. H. 赫非尔出版社，1960年），第223、275页；《明实录》卷1；骆荣邦《明初海上探险的终结》，见詹姆斯·班扬·帕森斯主编《宾板桥教授七十五岁华诞纪念文集》（旧金山：中国资料中心，1976年），第137页；李约瑟《中国科学技术史》卷4《物理学及相关技术》第三分册（土木工程与航海）第516页注b。至于有关爪哇的例证，可参见H. J. 德·格拉夫和Th. G. Th. 皮高德《15—16世纪爪哇的华人穆斯林：马来文〈三宝垄纪年〉与〈井里汶纪年〉》（墨尔本：莫纳什出版社，1984年），第18、24、32、85、198页。

② 博克瑟：《亚洲的统治者》第162（引文）、165—166页；李塔娜：《阮氏交趾支那》，第44—45页。

③ 安达亚：《与外部世界的联系和东南亚社会的适应性》，第392—393、395页。

④ 该研究反对技术决定论，赞同用多种因素来解释占婆的衰落，见孙来臣《中国的军事技术与大越》。

⑤ 费尔南·布罗代尔著，塞思·雷诺兹译：《15—18世纪的物质文明与资本主义》（纽约：哈珀&罗出版公司，1981年）卷1，第六章；安东尼·瑞德《导言：时间与地点》，见瑞德编《前近代的东南亚》，第12—14页；约翰F·里查兹《前近代的印度与世界历史》，《世界历史杂志》1997年第8卷，第2期，第197—209页。

性技术变革的起点。[①]

在更高的层次上，这项研究与全球或世界史是密不可分的。理论上讲，“军事史”不再是“欧洲军事史”，现在已成为“全球军事史”，但事实上仍是以欧洲为中心。卡洛·M. 西波拉、杰弗里·帕克和威廉·H. 麦克尼尔都已阐明先进的欧洲军事技术怎么从 1450 年开始导致“西方的崛起”，在“火药帝国时代”，后来者（比如明末和清朝）仅是欧洲火器到来的产物。[②] 从这些著作中人们会得到这样的印象：中国仅仅是发明了火器但从来或很少投入使用；只是在欧洲人对它们进行改进后，中国人和其他亚洲人才有效地使用它们，从而影响了历史。一般认为包括欧洲火器在内的早期火器都是毫无用处的，早在 1520 年就有这样的表述：

> 1494 年以前，战争是漫长的，且流血甚少。用于围攻城镇的方法既拖延时间又靠不住；尽管大炮已被使用，但它的操纵如此缺乏技巧以至于造成的杀害不大。[③]

这些作者没看到的是充满活力的前欧洲时代（大体在 1350—1450 年间）的亚洲，在这里火器已得到广泛运用。我们有必要努力去寻找更多的统计资料，但资料可能会允许我们宣称，明代早期的中国和早期的大越（以及早期的朝鲜）都是世界上最早的火药帝国。除了几个与欧洲火器的使用与传播相关的重要日期外——比如 1453 年，由于匈牙利人和德意志炮手的帮助，君士坦丁堡在土耳其人面前崩溃了，法国人也动用重炮驱逐了来自诺曼底的英格兰人，结束了百年战争；1511 年（马六甲的陷落）；1543 年（欧洲火器到达日本）——其他与亚洲（中国）火器有关的日期同样重要。具有重要意义的里程碑应包括 1368 年（明朝的建立）、1388 年（木掸人的失败）、1406—1427 年（明朝入侵并占领大越）和 1471 年（占婆首府佛逝的崩溃），所有这些都应当、至少应该在一定程度上，归因于火器的帮助。

本文引用的资料证明了中国人和来自中国的火器确实带来了大量伤亡。一方面必须承认经过改进的欧洲火器具有更大的威力和精确性，这就是当它们到达这个地区时，迅速取代中国武器的原因。另一方面，也必须承认在欧洲火器到来之前，中国式的火器也成效巨大，特别是被用在对付那些没有火器的人的时候。

（本文原刊于《东南亚研究杂志》[*Journal of Southeast Asian Studies*]2003 年第 34 卷第 3 期）

---

① 瑞德：《导言》，第 12—14 页；维克多·B. 李伯曼：《超越东西方的差异：六个不同地区国家与文化的形成》，见维克多·李伯曼《超越二元历史：重新构想欧亚大陆》（安娜堡：密西根大学出版社，1999 年），第 70—72 页。

② 卡洛·M. 西波洛：《枪炮、航海和帝国：技术革新与欧洲的早期扩张，1400—1700》（纽约：万神殿出版社，1966 年）；威廉·H. 麦克尼尔：《追求权力：公元 1000 年来的技术、军事力量与社会》（芝加哥：芝加哥大学出版社，1982 年）第二章；麦克尼尔：《火药帝国的时代，1450—1800》（华盛顿，美国历史协会，1989 年）；帕克：《军事革命》；杰里米·布莱克通过对世界其他地区和没有欧洲武器参与的军事冲突的研究，已经成功纠正了军事史上的欧洲中心论倾向，参见其《战争与世界：军事力量与大陆的命运，1450—2000》（纽黑文：耶鲁大学出版社，1998 年）与《前近代世界的战争，1450—1815》（波德：西景出版社，1999 年）。然而，由于固守传统的前近代时期的划分，他忽略了 1350—1450 年这一亚洲历史上颇具活力的一百年。

③ 弗兰西斯科·盖斯阿迪尼：《忠告和想法》（1528），引自帕克《军事革命》，第 10 页。

作者加注：

旅居美国加州的越南裔学者吴北（Ngô Bắc）将此文全文翻译为越南文［http://www.gio——o.com/NgoBacSunLaichen.htm］；中文由李新平与邱普艳翻译为《明朝中国军事技术的传播和东南亚北部大陆的崛起》，发表在《中国东南亚研究会通讯》1［2005］：27—39；另收入范宏贵主编《论说东南亚》（北京：民族出版社，2010 年）。2021 年此文又被大卫·劳伦兹（David Alegre Lorenz）翻译为西班牙文在《大学军事史杂志》上发表："Transferencias de tecnología militar desde la China Ming y la emergencia del norte de Indochina（c. 1390－1527）"，*RUHM*（*Revista Universitaria de Historia Militar/University Journal of Military History*）10，21（2021）：306－335。

作者简介：

孙来臣，加州州立大学富勒敦分校历史系教授及上海师范大学世界史系特聘教授，新加坡国立大学亚洲研究所高级访问研究员（2003 年）。这篇文章源于其论文《明朝与东南亚的陆上交通，1368—1644 年》（密西根大学，2000 年）。它建立在 2002 年华盛顿特区亚洲研究协会的一次小组讨论会上提交的一篇论文的基础之上。在此作者感谢布鲁斯·洛克哈特和两位匿名评审员的建设性意见；感谢韦杰夫的建议和允许作者使用他的个人藏书；感谢威廉·巴克斯特、马莎·拉特利夫、F·K·莱曼和阿如恩鲁特·威奇恩凯沃帮助作者解决语言上的问题；特别感谢维克多·李伯曼和约翰 K·惠特莫尔指导作者的博士研究；感谢克里斯托夫·戈斯查对作者论文内容和格式所提的建议；感谢亚洲研究所所长安东尼·瑞德给作者时间修改论文。

港口城市：18—19 世纪上海与利物浦发展的比较研究

陆伟芳

摘　要：18—19 世纪，中国上海与英国利物浦的发展进程，既有类似之处，又各具特色。它们都是以港口为依托，从事进出口贸易而成为首屈一指的国际商港的。今天，利物浦的繁华已成昨日黄花，而上海却依然是闻名遐迩的海港和工商业、金融、文化中心。比较这两座城市在 18—19 世纪的历史发展，研究它们在自然地理条件、历史条件、经济结构和人口状况方面的异同，从而找出它们的兴衰缘由是一件十分有意义的事情。

关键词：18—19 世纪　港口城市　上海　利物浦　经济发展

一

从自然地理条件来看，濒江临海是这两座城市的共同特色。上海与利物浦均位于各自国家海岸线的中部，背倚广袤的内陆腹地，面向浩瀚的海洋。上海位于我国绵长的海岸线的中段、美丽富饶的长江三角洲东缘，它北扼长江，通过与大运河相通，直连京津和杭州；东南临太平洋，傍依港阔水深的黄浦江，利于大型深水货轮的装卸；西连太湖流域的水网沃野。

利物浦在不列颠的西海岸，面向大西洋，宽阔的莫西河（Mersey）则是良港发展的天然所在；再加上新航路的通航，近代运河、公路、铁路等交通运输基础建设的完善，使利物浦不仅与内地的工业区紧密相依，更有商船队出没于世界各地，陆海交通俱备。

从历史上看，这种滨海的地理条件，在不同的时代意义迥然不同。在古代自给自足的自然经济状况下，人类控制自然的能力较差，因此内陆地带是文明程度较高、经济较发达的中心。相反，偏僻海滨，因为天堑海洋，阻隔着人类的交往，便无足轻重。近代以来，随着新航路的开辟，各大陆间商贸活动频繁，人类历史进入了一个新时代。天堑海洋变通途，原先荒蛮的海边城镇从灰姑娘变成了骄人的公主，备受青睐。欧洲边陲的不列颠成了世界商路的中心和货物的重要集散地。冒险家、商人、殖民者和传教士沿着商路，奔赴世界各地，处于前资本主义诸社会形态的亚、非、拉，被迫打开国门，听凭资本主义的侵入。曾经创造了优秀辉煌的古代东方文明的中华大地也在劫难逃。于是，上海这个海孤城镇，我国东南沿海的港口一跃而为中国的进出口基地、国际商港和东西方文明的交汇之所，迅速发展成国际性大都市，焕发出惊人的异彩。

18 世纪以前，在中国的港口中，上海因地处偏远而默默无闻。沿海各地，自唐宋以来，北有天津，南有厦门、宁波、广州诸商港，再加上长江沿岸的南京、扬州、武汉等港口，使中国早就有了一整套的内河与远洋港口体系。到明代中叶，伴随着松江腹地棉纺织业的繁荣，松江棉布远销南北各地，上海才成为东南沿海较重要的商港，除中国商船外，偶尔还有东南亚、东北亚国家的商船来此。清雍正年间海禁完全开放，国内外来上海的商船就更多了。18 世纪中期(乾隆中晚期)每年来上海的商船已增至 300 多艘，既有江南的沙船，南方的估船、乌船、疍船，也有北方的卫船，还有东洋的日本、朝鲜和南洋的安南、暹罗等外国船只。据时人叶梦龙在《阅世编》中说“往来船舶俱入黄浦编号，中外百货俱集……邑(上海)商船有愿行货海外者，较远人颇便，大概商于浙闽及日本居多”。当时从上海运出的货物有生丝、纱绩、棉布、纸张、茶叶、药材、瓷器、文具和书籍等，从日本长崎运回银、铜、海货、漆器、珍珠，向安南、暹罗运去丝绸、棉布、陶器，载回砂糖、苏木、槟榔、樟脑和檀香等。① 18 世纪末 19 世纪初(嘉庆道光年间)，随着海运漕粮的复兴，沙船运输更加繁荣，上海已发展成为一座以港口为特点、商业经济异常活跃的城市。嘉庆《上海县志》称“闽、广、辽、沈之货，鳞萃羽集，远及西洋暹罗之舟，岁亦间至。地大物博，号称繁剧，诚江海之通津，东南之都会也”。可见，19 世纪初的上海已是中国东南沿海的一大商港，成了国内外、南北方商品交换和转运中心。

上海港日益繁荣，逐渐引起了英国人的注意。1832 年，英属东印度公司派林赛(Lindsey)前来考察。考察使林赛认识到这个亚洲商业中心的重要地位，他向公司报告说：“考虑到上海这个地方对外贸易所拥有的特殊有利条件，它至今没有受到更多的注意是十分奇怪的。”五口通商后，上海被卷进了世界资本主义市场体系，发展成一个开放性的国际商港，成为列强掠夺中国的丝茶、倾销商品及进行资本输出乃至于控制势力范围的重要据点和基地。

据《中英南京条约》规定，上海于 1843 年 1 月 7 日对外开埠。西方商人、外交官和传教士纷至沓来，不久，一个“国中之国”——租界便诞生了。西方资本主义文明这个催化剂伴随着剑与火、商品与鸦片，一同进入了上海。上海由此突破渐进的发展历程，进入飞跃阶段，蜕变成近代都市。到 1853 年，在进出口贸易额方面，上海超过广州跃居首位，1856 年，上海比广州的进出口货值多 1 460 万美元。② 从此，上海取代广州成为对外贸易的中心。

英国是个岛国，多天然良港。直到 17 世纪，伦敦、赫尔、布里斯托尔、普利茅斯都是其主要港口，承接着有限的欧洲国家间的进出口贸易。由于与欧洲大陆隔英吉利海峡相望，英格兰东

① 唐振常、沈恒春主编：《上海史研究》二编，学林出版社，1988 年，第 327—328 页。
② 马克思：《中国和英国的条约》，《马克思恩格斯选集》第 1 卷，人民出版社，2012 年，第 819 页。

部和南部港口处于地理上的优势,伦敦、赫尔受益匪浅。大航海时代开始,洲际之间交往增多,大西洋由禁区一变而为主要的国际商道,由此英格兰西海岸的布里斯托尔、切斯特和利物浦开始崭露头角。不久,利物浦因其港阔水深,适于大型货轮进出而取代切斯特,成了仅次于伦敦的大港。

总之,上海与利物浦的发展,一方面得益于其优越的自然条件,另一方面也是时代演进的结果。大航海时代和世界市场的逐步形成,国际交往的增多,天时和地利,造就了近代上海与利物浦的发展。

二

上海和利物浦都是区域性的经济中心,依托港口经济,为其周围的工业区提供服务,从事进出口业务,因此是服务性的城市。

上海是长江流域的商业中心及进出口基地。在半封建半殖民地中国,上海主要是作为帝国主义国家对中国进行掠夺性贸易的商港,英国公使璞鼎查(H. Pottinger)在订立南京条约后回到上海,就以所谓"战略的眼光"选择了上海城郊这滨江通海之处作为将来英商图谋发展之地。西方工业品经由上海向内地倾销,像洋布、灯油、火柴、肥皂,等等,而从中国出口的只是大量原棉、丝茶和矿物。五口通商以后,当西方殖民者的战略重点由华南移向长江流域的时候,上海被迅速确立为西方列强对华经济侵略的重要基地。正如马克思在《中国和英国的条约》中指出的,"如伦敦一家报纸所说,这些口岸'一般都是偏僻的或者位于海岛上'……让出五个新口岸……使贸易渐渐地由广州转移到上海"①。

由于上海紧邻苏、浙、皖丝茶生产基地,外商大量收购丝茶,运销欧洲。进出口贸易的发展直接刺激了近代上海的繁荣,继租界开辟后,洋行与库房随之建立。外商经由买办之手以上海为龙头,建立起商品销售网和原料收购网,倾销西方工业品,掠夺中国的丝茶,并进而加强对华经济渗透,垄断与控制中国的进出口贸易。于是租界内外,经营洋货或为洋人服务的商店越来越多。到19世纪末,上海占有了全国外贸总值的53.44%,②成为倾销商品和掠夺原料的主要集散城市,和全国许多地方结成了广泛的商品推销网和原料收购网,成为名副其实的中国商业中心。

中世纪时,利物浦的外贸对象主要是爱尔兰。都铎王朝时,与北部各郡工业发展相适应,利物浦的商业活动活跃起来,与爱尔兰贸易的品种增加了,利物浦向爱尔兰运销煤、铁、铜、织物、羊毛制品,输入亚麻、皮革、盐、鲜鱼和牛肉,还从事香料及其他外国奢侈品的转运。17世纪起,由于英荷、英法战火频繁,威胁着英格兰东部和南部各港口的安全,利物浦得以扩大贸易范围。

---

① 马克思:《中国和英国的条约》,《马克思恩格斯选集》第1卷,第818—819页。

② 唐振常、沈恒春主编:《上海史研究》二编,第47页。

1700 年，利物浦已拥有 70 艘商船，雇用着大约 800 名水手。① 其海关关税收入已占全英关税收入的 1/3，到 1702 年时，就商船吨位和拥有的水手数量而言，利物浦已是全英第三大港口了。②

随着 1715 年利物浦第一个泊船坞（Wet Dock）的启用及其成功，一系列的船坞纷纷修筑，港区设施的建设为利物浦外贸的繁荣打下了坚实的物质基础。利物浦不仅垄断了爱尔兰贸易，与欧洲大陆的贸易也在发展，在西班牙、法国甚至波罗的海各港口都能见到利物浦的商船出没，它甚至控制了大部分美洲贸易。在早期，利物浦与美洲的贸易主要有两大块：一是与英属西印度群岛及北美殖民地的贸易，主要商品为烟草、蔗糖和棉花。据统计，从 1704—1711 年，由利物浦进口的烟草数量增加了约 250%，糖则增加约 50%。到 1785—1810 年间，其增长速度更加惊人，烟草的年进口量从 250 吨增到 8 400 吨，糖则从 16 600 吨增加到 46 000 吨。③ 二是与西属美洲，即古巴和墨西哥的走私贸易，据说 1757 年时，利物浦有 106 艘商船涉足这类走私贸易，净得 25 镑的年利润。④

从 18 世纪中叶起，利物浦这个名字便与奴隶贸易须臾不可分了。虽然早在 1700 年就有关于利物浦商船从非洲向西印度携带黑奴的记载，但直到 18 世纪 40 年代，大规模的奴隶贸易才开始。由于西班牙王位继承战争、英西战争及七年战争（1756—1763 年）的影响，伦敦与布里斯托尔的贩奴船受到牵制，因而利物浦的贩奴船包揽了大部分的黑奴贸易，以期尽可能地捞取财富。要知道奴隶贸易的利润最高达 500%！这样，利物浦与美洲贸易的贸易链中又加上了新的一环，演变成英国—非洲—美洲的三角贸易。当 1792 年奴隶贸易达到顶峰时，利物浦独占了全英 5/8 的奴隶贸易、3/7 的全欧奴隶贸易量。仅仅在 1783—1793 年这 10 年间，利物浦就大约有 878 个船次涉足奴隶贸易，总计贩卖了 303 737 个非洲黑奴到西印度群岛，获利 15 186 850 英镑。⑤

工业革命时代，利物浦充当兰开夏工业腹地的进出口基地。从进口情况来看，19 世纪 40—50 年代，大约 75%—90%的兰开夏原棉由利物浦输入，从 1810—1850 年，由利物浦进口的原棉从 4 万吨增加到近 36 万吨，由美洲进口的小麦从 8 000 吨增加到近 75 000 吨，面粉从 900 吨增加到 10 万吨，蔗糖从 46 000 吨增加到 726 000 吨。从出口情况看，到 1852 年，由利物浦输出的煤为 25 万吨，铁锭、铁块等 325 000 吨、亚麻 25 000 吨，其他工业品 8 000 吨、陶器 54 000 吨、工业用铜 5 600 吨。1857 年利物浦的出口总量达到了 5 500 万吨。⑥

---

① J. Ramsay Muir, *A History of Liverpool*, S. R. Publication, 1907, p. 181.

② Francois Vigier, *Change and Apathy: Liverpool and Manchester during the Industrial Revolution*, The MIT Press, England, p. 37.

③ Francis E. Hyde, *Liverpool and the Mersey: An Economic History of a Port 1700 – 1970*, Newlow Abbol: David & Charles, 1971, p. 26.

④ J. Ramsay Muir, *A History of Liverpool*, p. 182.

⑤ John B. Sharpless, "The Economic Structure of Port Cities in the Mid-nineteenth Century: Boston and Liverpool 1840 – 1860", *Journal of History Geography*, 1976, Vol. 22, p. 134.

⑥ Francis E. Hyde, *Liverpool and the Mersey: An Economic History of a Port 1700 – 1970*, p. 41.

由此可见,经过两个多世纪的发展,利物浦已成为重要的进出口商港,为英格兰西北部工业腹地提供服务。

上海与利物浦的周边都有一批工业城市为港口提供出口货物。利物浦不仅有兰开夏的工业腹地,还控制着英格兰西北部的进出口贸易;上海有长江三角洲成长中的工业城市,近有苏州、杭州、无锡等,远有南京、武汉等。但中国是个后发现代化国家,地区间发展差距颇大,因此,得风气之先的上海在港口吞吐能力、对内地的影响力和控制力等方面要优于利物浦。

在产业发展趋向方面,两市更大相径庭:上海以港口城市为起点向多功能、多种经济结构并重的方向发展;利物浦则由一个工商业俱备的城市向经济结构相对单一的港口城市发展。

特殊的历史机遇使上海由港口发展成多种经济、产业门类齐全的城市。租界的设立、港区和商业的交汇,使西方的工业文明开始嫁接到上海。19世纪40年代后半期起,与港区发展相适应,出现了一批船舶修造厂和船厂,不久,面粉厂、汽水厂、酿酒厂、制药厂和印刷厂等一批轻工业及食品加工业相继出现,80年代又建起了电厂和自来水厂。清政府于1865年创办了江南制造总局,从60—70年代起,民族资本家开始投资重工业,创办了发昌机器厂、建昌铜铁机器厂。这样,中外、官民多方兴办工业,形成了前所未有的工业热点。当然,上海工业的真正发展是在甲午战争之后。当西方列强加强在华的直接投资时,其资本犹如决堤的洪水,倾泻入中华大地,尤其是上海。外资企业就像雨后春笋,大量涌现。由于技术、人才、信息及环境等方面的原因,华资企业也相对地集中到上海。因此,到19世纪末20世纪初,上海已不再仅仅是商业中心,更是近代中国当之无愧的工业中心了。

上海为什么能保持港区发展与工业发展并重呢?从资金面来看,一是来自殖民者在华对人民的掠夺与搜刮;二来西方列强对华的资本输出,外资银行竞相跻身上海,投资工业;三是上海并没有像利物浦一样拥有一支庞大的船队,这就无形中节约了许多资金,因而在上海的发展历程中,似乎从未出现过严重的资金不足问题。从地缘条件看,上海所辐射的内陆腹地,远较利物浦工业腹地宽广,但却没有像兰开夏这样集中的工业中心、这样强有力的工业基地。再由于中国工业化历程的特殊性,内地较上海,除了拥有原材料的优势外,在资金、技术、人才、信息、交通设施等方面样样落后,只有上海具备了向工业中心发展的有利条件。

利物浦除传统的陶器工业外,18世纪因港口的活跃而发展出一批相关工业,如造船工业、制绳工业、铸铁工业和制糖工业,并进入了陶器工业的辉煌时代,开始出产优质白釉蓝彩陶器,18世纪中叶以后,甚至给陶都斯坦福郡运来的瓷器绘图上色,而且利物浦的钟表业也很突出。然而,所有这一切,与港区和商业活动相比,在利物浦的经济比重中都分量不足。不仅如此,到18世纪下半叶和19世纪初,大部分的工业陷于衰退或迁出利物浦。首先,传统的制陶工业日益衰败,利物浦大多数的陶瓷技术人员和工人迁往黑乡斯坦福郡。其次,造船工业虽然在18世纪末达到发展顶峰,但从19世纪开始也走向下坡路。最后,在1764—1823年间,利物浦还经历了捕鲸业及与之相关的炼油业的兴衰历程。到19世纪初,在利物浦工业中还值得一提的只有炼糖业、制绳业及钟表业。由此可见,随着利物浦作为一个港口城市的繁荣发展,伴随而来的是工业的衰落。换言之,作为港口功能的利物浦越发展,就越排斥作为工业城市的利物浦,利物浦日益走上功能单一、经济结构简单的港口城市之路。利物浦缘何走上这样一条发展道路呢?

答案只能从经济领域中去寻找。一方面,利物浦在从一个外省小镇变成一个闻名的商港过程中,利物浦商人们不惜巨资修筑一个又一个码头,庞大的利物浦商船队伍则又耗资甚巨。所以从资金面来说,利物浦尽管从海外贸易中获得了巨额利润,但这种远程贸易是投资大、风险大而且资金周转长的事业,所获利润绝大部分又投资到港区建设中。从某种意义上说,正是大规模的港区设施的建设吸纳了商人的大部分资金,使得 18 世纪末 19 世纪初人们对工业投资不足、重视不够,最终导致大部分工业的衰落。另一方面,也是由于英国城市专业分化的结果,① 其他地区的制造业与利物浦的转口贸易相得益彰,利物浦商人不耐烦工业,因为只要投资于港口建设即可获得丰厚的回报,无怪乎利物浦产业结构愈趋单一。

因而,从经济发展趋势来说,上海向着多种产业结构的方向发展,利物浦向着单一经济结构方向发展,正是这种经济结构方面的差异决定了这两个港口城市以后的发展走向。随着历史条件的改变,一些偶然因素的消失,英欧战火的平息,伦敦、赫尔、布里斯托尔等港口雄风重振,利物浦作为港口城市的战略优势就丧失了。同时,由于功能单一,缺乏工业的依托,因而港口优势的丧失也就意味着利物浦本身的衰落。上海则因合理的多种经济结构、齐全的产业门类,能始终保持旺盛的发展势头。只要世界贸易存在,只要航运依然是洲际大宗贸易的最廉价便捷方式,那么,港口上海就兴盛;只要有充裕的资金、人力、先进的技术,那么作为工业城市的上海就会发达,保持"东方纽约"的声誉。

三

上海与利物浦不仅在历史地理条件和经济结构方面同中有异,并且在人口状况方面也有不少令人感兴趣的地方。

上海的人口增长主要依靠移民。鸦片战争以前,上海全县人口 50 多万,县城及近郊人口 20 多万。到 19 世纪末,上海人口已突破百万大关,短短 60 年间,上海人口增加 5 倍多!这与上海的特殊政治状况相关。华洋杂居的租界,对长江中下游地区的人们具有极大的吸引力。租界开辟后,洋人独居其中的局面不久就被打破,租界特殊的政治状况、发达的经济,吸引着大量外地移民,买办、服务人员、运输业工人、产业工人等携家带口,涌入上海。近代中国的社会动荡把相当数量的人推向上海,因为人们渴望租界的稳定与安全。

从移民队伍看,大体包括两个群体。第一个群体是富商、豪绅和通晓外语的买办。上海对

---

① 见拙文《近代英国城市专业化研究》,《扬州大学学报》1997 年第 6 期。

外贸易的发展、外商在华业务的扩展、银行和工厂的设立等,无不需要中间人——买办和通事的介入。"沪地百货阗集,中外贸易惟凭通事一言,半皆广东人为之"①。由于广东与西方接触最早,因此不少广东人会说"夷语",并有经商经验。伴随着租界扩大,对买办的需求日益增多,浙江人也厕身其中。许多人通过同乡、亲戚、师生关系陆续进入买办队伍。再则,太平天国革命和小刀会起义期间,江浙一带的地主、豪绅、富商和官吏慑于革命风暴,纷纷逃往上海,托庇于租界。另外,还有大批劳苦大众因"水灾、饥荒乃至全国范围的贫困"来上海谋生。② 从职业来看,分为产业工人和服务业人员。产业工人有码头搬运工人、工厂中的工人。租界内的洋人为维持其豪华的生活,需要一批随从服务人员,如佣人、厨师、车夫,等等。于是各种第三产业也发展迅速,从饭店、浴室、理发室到洗衣店等服务设施一应俱全,娱乐业中舞厅、赌台、妓院、游乐场和夜总会等纷然杂呈,从业人数无法估计。由此可见,到上海来的移民,既有权倾一时或腰缠万贯的豪绅和富商,也有从内地来的贫苦百姓。

18 世纪初,利物浦的人口刚超过 5 000 人。1750 年,人口已增至 6 万人,超过了格拉斯哥,成为仅次于伦敦的港口城市,在大城市序列中,仅居伦敦和曼彻斯特之后,名列第三。到 1831 年,则更加达到 165 000 人。城区如此,一些郊区的增长更为惊人,如伊文顿(Everton)、西德比(West Derby)和托克塞斯(Toxteth)等,都超过 4 000 人。③

利物浦人口在 18—19 世纪的急剧膨胀,除了人口的自然增殖外,更多地则是利物浦的繁荣吸引了大批外来移民。这些移民既有短距离的英格兰移民,也有大批远距离的爱尔兰移民。像其他的英国大城市一样,在城市化浪潮中,大批农村和中小城镇的居民移向就近的大城市,形成向心短距离移民模式,此其一。同时,19 世纪 40 年代爱尔兰人民的苦难则形成一股巨大的排斥力,把爱尔兰人赶离家园。马铃薯欠收造成的饥馑以及谷物法的废除,爱尔兰地主改耕地为牧场的历程,将难以计数的爱尔兰人逼上移民之路。除了移向美洲外,不少人选择到英国。由于利物浦与爱尔兰有着历史悠久的贸易往来,两地之间接触较多,因而成为爱尔兰移英的首选落脚点。爱尔兰人在此从事码头搬运等低收入高强度的工作。据估计,到 19 世纪 50 年代,当爱尔兰移民潮达到顶点时,爱尔兰人占了利物浦 1/3 的人口(另一说在 1851 年时爱尔兰的人口占 22%)。④ 不过,无论是国内移民,还是爱尔兰移民,都属于社会下层,是从事低收入工作的非熟练工人,这使利物浦的低收入群体人数激增。

总之,从上海与利物浦的人口构成与来源看,利物浦的移民主要来自英格兰农村和爱尔兰,

---

① 王韬:《瀛壖杂志》。

② [美]欧内斯特·O. 霍塞:《出卖的上海滩》,周育民译,上海书店出版社,2019 年,第 129 页。

③ E. A. Wrigley, "Urban Growth and Agricultural Change: England and the Continent in the Early Modern Period", in E. A. Wrigley, ed., *People, Cities and Wealth*, New York: Basil Blackwell, 1989, pp. 160 - 161.

④ John B Sharpless, "The Economic Structure of Port Cities in the Mid-nineteenth Century: Boston and Liverpool, 1840 - 1860", *Journal of History Geography*, 1976, Vol. 22, p. 134; John B. Sharpless, p. 134. 另据 Richard Dennis, *English Industrial Cities of the 19 Century*, *Social Geography*, Cambridge University Press, 1984, p. 36. Table, 1851 年 Liverpool 的爱尔兰人口为 22. 3%。

从事码头搬运工作和水手等体力活；而上海移民主要是内地移民，与利物浦几乎清一色的下层移民不同，上海不只吸引了大批贫苦百姓，也吸引了不少中上层的移民队伍，还有不少西方冒险家，1900 年时，上海租界已有 7 396 个外国侨民，[1]构成了更加多样化的移民队伍，因而职业成分也较复杂，有从事工商业活动的，也有码头工人和产业工人，还有为洋人服务的买办队伍，以及从事皮肉生意的娼妓队伍。

四

通过对两市历史地理条件、经济结构以及人口状况的比较研究，我们可以看出，利物浦在英国走向全球扩张、建立殖民帝国的过程中，扮演了领头羊的角色。在 18—19 世纪的英欧军事冲突中，利物浦以其独特的地理位置而免遭战火纷扰，经历了对外贸易的全盛时期，充当英国的进出口基地和兰开夏的门户。利物浦的发展，固然得益于特殊的地理条件、广阔的工业腹地等必然因素，也得益于美洲贸易与奴隶贸易，以及英欧战事等偶然因素，一旦历史条件改变，偶然因素消失，那么东南诸港必然会夺走其令人羡慕的贸易优势，所以，利物浦的繁荣注定是有时间性和阶段性的。

利物浦由于进出口贸易的繁荣，促使商人们一而再、再而三地增建船坞码头，扩大商船队伍，耗费了大量的人力、财力，又缺乏外来资金的支撑，因而利物浦商港的繁荣最终扼杀了自身工业的发展，逐渐成为一个功能单一的港口城市、英格兰西北部的商品集散地。而一旦商业衰落，利物浦并没有赖以支撑的工业体系，所以 19 世纪末利物浦走向衰落便在情理之中。今天的利物浦码头只是个旅游观光之处，让人遥想利物浦昔日的风光，却再也见不到商船的影子，利物浦已几乎沦为全西欧最贫穷的城市了。

相反，上海不仅仅是个港口，而且向着工业中心、金融中心和文化中心的方向发展。它自开埠以来，以其优越的自然地理条件，对中国，尤其是长江流域的经济发展起着十分重要的作用。由于西方列强在此前后已纷纷进入工业社会，它们又普遍在上海设立租界，因而上海不仅成为中国的主要港口，更是西方工业文明向传统的农业中国展示其成就与优势的窗口。

而利物浦即使在其全盛时期，也是次于伦敦的进出口基地和港口城市，它虽曾作为兰开夏、约克夏等工业腹地的进出口门户，作为对美洲、非洲贸易的主力军，但从未取得对这些地区贸易的支配与控制权，唯一由它主宰的恐怕只有爱尔兰贸易了。相反，上海以其优越的自然地理条件、独特的租界制度，促使它成为中国潜力巨大的商港，在帝国主义掠夺中国的过程中，上海对内地的工业、商业活动常常具有极大的影响力。

上海与利物浦一盛一衰的历史，使我们认识到，每一个城市和地区应充分利用自己的优势，

---

① 唐振常、沈恒春主编：《上海史研究》二编，第 4 页。

把握历史机遇,多方筹措建设与发展资金,引导人口的合理流动,保证技术、人力优势,既要注意各城市、地区间的专业分工,又要杜绝功能过分单一、只靠一口锅吃饭的现象,优化产业布局和经济结构,确保城市的生命力和可持续发展性。

(本文原刊于《学术月刊》2000 年第 3 期)

作者简介:

陆伟芳,上海师范大学人文学院世界史系教授、博士生导师,主要研究方向为城市史、妇女史、社会性别等。中国致公党成员,扬州市第六、七届政协委员,上海市徐汇区第 14 届政协委员。

1985 年毕业于苏州大学,2003 年获南京大学博士学位。先后在扬州大学、上海师范大学任教,先后为英国利浦大学访问学者、威尔士大学访问研究员、莱斯特大学高级访问学者、罗马第一大学访问学者,并担任中国世界史研究会理事。在《世界历史》《史学理论研究》《学术月刊》《史学月刊》等刊物发表论文 90 余篇。出版著作《英国妇女选举权运动》、《英吉利的智慧》(合著)、《世界视野中的扬州区域社会发展》、《二分明月:当代扬州女性》(合著)。

关于近代早期英国“中等阶层”的术语争议及定义标准*

李新宽

摘　要： 近年来西方社会史家提出用“中等阶层”这一术语来取代过去常用的“中产阶级”，来指代近代早期英国社会转型过程中形成的社会中间阶层，虽然受到了史学界的广泛认同和接受，但也引发了诸多争议。在所有研究领域完全用“中等阶层”取代“中产阶级”不一定恰当，但在研究近代早期英国经济和社会现象时，用“中等阶层”比“中产阶级”更符合当时社会转型的复杂史实。从当时人阶层区分标准的变迁和对中等阶层的描述出发，将生活方式作为定义中等阶层的标准，以生活方式界定中等阶层的群体构成，能够有效地消解部分学术争议。

关键词： 英国史　中等阶层　中产阶级　定义标准

17 世纪法国人米耶热到英格兰后发现，“任何人既没有盾形纹章，也没接受博雅教育或绅士教育，只要看上去像绅士（不管他是不是绅士），只要有钱能自由体面地生活，英国人通常会尊称其为绅士”①。米耶热的观察说明，当时英国社会的转型分化，已经使得社会群体的阶层区分标准，从过去等级制度下的血统、等级、家世等标准，向财富、生活方式和行为方式等现代标准转变。这些能够体面生活并追求绅士风度的人，正是逐渐分化形成中的“中等阶层”。中等阶层是最近三四十年来西方社会史家最为关注的历史社会群体之一。② 英国著名社会史家基思·赖特森多次研究探讨过这一社会群体，指出：“尽管其成员混杂，‘中等阶层’这一介于拥有

---

*　本文为国家社科基金重大项目“英国经济社会史文献学专题研究”（批准文号：17ZDA225）子课题的阶段性研究成果，上海市高校高峰高原学科建设计划资助的上海师范大学世界史学科阶段性研究成果。

①　G. Miège, *New State of England*, Part II, London: Printed for R. Clavel, H. Mortlock and J. Robinson, 1699, p. 149.

②　把英国中等阶层作为直接研究对象的西方历史学者有基思·赖特森、乔纳森·巴里、克里斯托弗·布鲁克斯、彼得·厄尔、尼古拉斯·罗杰斯、琼·肯特、玛格丽特·亨特、H. R. 弗伦奇等，由于这些学者的相关研究著作和文章都会在文中引用和提及，这里不再一一列举。从国内研究来说，只有几篇硕士学位论文的研究对象是近代早期英国的中等阶层。对这一问题的研究重心一般放在英国中产阶级的兴起，特别是 18、19 世纪中产阶级形成的问题上，比如胡玲、陈祖洲对西方学者研究近代英国中产阶级形成中的问题的成果进行了述评，见胡玲、陈祖洲《近代英国中产阶级形成中的问题》，《历史研究》2010 年第 1 期；曹瑞臣《18 世纪英国中产阶级崛起研究》，《合肥工业大学学报》2012 年第 3 期。

地产的乡绅阶层和劳动阶级之间的概念,获得了广泛的认可,正如当时人通过经常使用这一术语所认可的那样。”①随着中等阶层这一概念越来越受到经济和社会史家的重视,中等阶层的学术意义也越来越凸显。

中等阶层的形成,是理解英国近代早期社会转型的关键社会现象之一,但是直到目前为止,围绕中等阶层的定义、群体构成等诸多问题仍争议不断,有必要进一步审视和探讨。因此,本文将集中完成两项研究任务,首先,在考察中等阶层术语来源的基础上,分析能否用“中等阶层”取代“中产阶级”;其次,考察中等阶层的定义标准并提出自己的定义标准,以此检视中等阶层的群体构成。

一、“中等阶层”术语的来源及争议

英国近代早期的“the middling sort”②这一社会群体,介于地主精英(the landed elite)和穷人(the poor)之间,国内学界目前一般翻译为“中间阶层”“中等阶层”或者“中等收入者”。笔者认为,将这一术语翻译为“中等阶层”是比较合适的,因为这样既契合当时的历史语境,又符合社会学社会分层理论,因为任何历史专业名词的翻译,都必须关照当时的历史语境和社会背景。“中等阶层”这一术语既揭示了当时的社会分化,又涵括了当时社会不平等的关系意蕴。

近三四十年,英国近代社会史家用术语“中等阶层”来代替“中产阶级”(the middle class),是因为从20世纪80年代以来,随着“新社会史”“新文化史”的兴起和“语言学的转向”,西方社会史家认为“阶级”(class)一词的现代含义出现于18世纪后期,把“中产阶级”用于18世纪后期之前是一种时代错置,因为只有“在1770至1840年间,class开始演变成具有现代意涵的词,且对于特别的阶层皆有相对的固定名词来称呼”③。因此,为了准确理解近代早期英国社会的转型,就迫切需要找到一个新的词汇,对当时社会进行分类,既能够承认近代早期社会分化持续不断,和当时人自己的社会分类模棱两可的历史事实,又不能完全照搬沿用当时人托马斯·史密斯爵士和格里高利·金参照等级制度进行的社会分类。④ 要精确分析近代早期英国社会分层的特点,就必须把握现代社会学分层理论和当时历史事实之间的平衡,找到一个能兼顾两者

---

① Keith Wrightson, *Earthly Necessities: Economic Lives in Early Modern Britain*, *1470–1750*, Penguin Book, 2002, p. 290.

② 当然,当时还有人偶尔使用the middle ranks或者the middle station这两种表达方法,这说明当时人的社会分层概念各不相同,有的侧重于等级,有的侧重于生活状态,再加上近代早期英语处于从中古英语向现代英语转变的过程中,方言众多,并没有形成统一的语言规范,知识人的知识结构比较复杂,不但同一个单词可能有十多种甚至几十种拼写方式,同一现象采用不同的表达方式也甚为常见,参见Terttu Nevalainen, *An Introduction to Early Modern English*, Edinburgh University Press, 2006等英语史著作。由于大多数表达用的是the middling sort,故本文主要采用这种表达。

③ 雷蒙·威廉斯著,刘建基译:《关键词:文化与社会的词汇》,生活·读书·新知三联书店,2005年,第98页。

④ 托马斯·史密斯爵士根据传统封建区分方式把当时的英国人分成四类:“绅士、市民或自治市市民、约曼工匠和劳工”,见Sir Thomas Smith, *De Repulica Anglorum*, London: Printed by Henrie Midleton, 1635, p. 39。格里高利·金对17世纪末的分类核心标准仍是等级制度,只不过参照社会变迁,把财富和其他因素也考虑了进来。见Joan Thirsk and J. P. Cooper, ed., *Seventeenth-Century Economic Documents*, Clarendon Press, 1972, pp. 768–769。

的术语。在这种情况下,基思·赖特森考察了当时英国人使用的“居民层级”(Sorts of People)话语,指出在16世纪和17世纪初当时人简单地把社会划分为两个层级,“富人和穷人”,或者“智者和无知者”,等等,到17世纪40年代开始使用三分法,插入了第三个层级“中等阶层”,[①] 开始谈到“‘绅士’‘中等阶层’和‘穷人’”[②]。基思·赖特森为这一术语的发展梳理出一条清晰的年代顺序:最早在16世纪的伦敦出现,在内战期间的小册子中得到广泛使用,之后成为描述社会分层的专门词汇。[③] 他因而建议使用“中等阶层”这一术语来指称近代早期英国社会中位于中间地位的这一社会阶层,并且被英国社会史家广泛接受。

面对“中等阶层”和“中产阶级”两种提法,学术界同样争议不断,形成了不同的解释模式,有的关注历史过程和基于经济基础之上的社会冲突,有的受后现代主义语言学解释模式的影响,注重话语的决定性作用,有的则强调中等阶层的社会功能和社会认同,这些不同角度的解释都面临着学界的质疑和挑战。实际上,围绕中等阶层术语争议的核心问题,是究竟能不能用“中等阶层”这一概念取代“中产阶级”,用来指代近代早期英国出现的社会中间阶层。笔者认为,在所有研究领域完全用“中等阶层”取代“中产阶级”是不恰当的。虽然新社会史试图绕过阶级解释模式,不再采用阶级来进行社会分层,但许多围绕阶级的历史问题仍然存在。在考察资产阶级的起源时,仍需追溯到近代早期甚至中世纪,在解释近代早期的政治演进等问题时,仍需要考虑和参照英国史家过去所作的阶级划分。但在研究近代早期英国经济和社会现象时,用“中等阶层”比“中产阶级”更具有历史感,更符合近代早期英国的社会现实,因而“中等阶层”完全可以替代“中产阶级”,作为学术术语使用。

首先,“中等阶层”是近代早期英国人使用的术语,而“中产阶级”话语进入英国书面语言体系,是在1800年前后,使用中等阶层更符合当时人对社会分层的看法,在一定程度上更符合历史现实状况,可以避免术语和现实之间存在的时代错位。

近代早期英国不少小册子作家已经在使用“中等阶层”这一表达,比如约翰·弥尔顿在分析当时的社会状况时就使用了“中等阶层”(the middle sort of people)这一表达。[④] 扎卡里·克罗夫顿认为,中等阶层是“国家财富的主要源泉,从其永不停歇地涓涓流入”[⑤]。威廉·普林在谈到税收问题时,认为“中等阶层和穷苦阶层比最富阶层缴税要多”[⑥]。斐洛-迪凯欧斯也认为,英国所有的税费都落到了中等阶层身上,这些人对国家最有贡献,应该得到支持和鼓励。[⑦] 18

---

① Keith Wrightson, “‘Sorts of People’ in Tudor and Stuart England”, in Jonathan Barry and Christopher Brooks, *The Middling Sort of People: Culture, Society and Politics in England, 1550-1800*, The Macmillan Press Ltd, 1994, pp. 28-51.

② Keith Wrightson, *English Society, 1580-1680*, Routledge, 1982, p. 19.

③ H. R. French, “The Search for the ‘Middle Sort of People’ in England, 1600-1800”, *The Historical Journal*, Vol. 43, No. 1 (Mar. 2000), pp. 279-280.

④ John Milton, *A Sovereign Slave to Cure the Blind*, London: Printed by T. P. and M. S., 1643, p. 26.

⑤ Zachary Crofton, *Excise Anatomiz'd and Trade Epitomiz'd*, London: Printed for Fran. Cossinet, 1659, p. 2.

⑥ William Prynne, *An Humble Remonstrance to His Majesty Against the Tax of Ship-Money*, London: s. n., 1641, p. 23.

⑦ Philo-Dicaeus, *The Standard of Equality in Subsidiary Taxes & Payments*, London: Printed by D. H., 1733, pp. 11-12.

世纪小册子作家雅各布·范德林特以当时社会为参照,认为:“中等阶层占据绝大多数的社会,永远是最强盛、最幸福的社会。”[①]这些表达都反映了当时人对社会结构变迁的看法及其概念的逐渐转变。从当时人的著述中可以证实,到1800年前后,中产阶级这一概念才开始流行起来,比如亨利·约克在他的著作《公民知识的诸要素》中,专门谈了中产阶级的教育问题。[②]

对于语言学解释模式,把中等阶层和中产阶级都视为一种政治修辞,可以随意互换使用的观点,[③]笔者同意约翰·斯梅尔的批评:这些看法虽然极大地丰富了历史分析,但是它所带来的问题与所解决的问题一样多。[④] 基思·赖特森提出采用“中等阶层”,是从当时人的表达中提取的历史概念,更具有历史感和穿透力。弗伦奇就认为,中等阶层术语“表达了一种对具有相似财富、行政权力和威望的职业群体之间宽泛、粗糙的密切关系的初步认识”,“尽管这一术语缺乏‘阶级’一词那样明确的边界、隐隐浮现的团结一致、辩证的动力,但它比术语‘等级、等第、身份(Rank,Order,and Degree)’这一温柔顺从的等级制度对近代早期社会的运作和模棱两可的性质拥有更深刻的洞察潜力”。[⑤]

其次,中产阶级的核心特征是,具有明确的阶级认同和共同的政治经济利益,分享共有的文化价值观,而中等阶层成员复杂,职业多样,即使是同一职业,收入也存在地区差异,除了在生活方式上享有共同特点和价值态度外,没有形成共有的阶级意识,当然更谈不上拥有共同的政治主张,正如弗伦奇的实证研究所表明的那样,中等阶层参与政治和社会事务的视野始终局限在自己的堂区内,并没有形成全国范围内的政治意识形态和政治影响力。

由于19世纪中产阶级有着清晰的阶级认同和共有的价值观,历史学家对中等阶层的群体认同就十分关注。基思·赖特森认为,中等阶层这一词汇的使用就是“一种自我认同的手段”[⑥]。研究乡村中等阶层的琼·肯特认为,不管他们是不是把自己看作中等阶层,这些被历史学家定义为中等阶层的人们,看起来都分享一些共有的价值观和世界观,因为“乡村中等阶层拥有特定的特点、态度和价值,帮助来界定他们,把他们和那些下层人士有时是上层人士区分开来”[⑦]。约翰·斯梅尔则认为中等阶层尚不具备内部的自我认同,只有中产阶级才形成了自己的阶级认同。[⑧]

笔者的观点是,中等阶层是社会转型时期的一个过渡性社会群体,职业五花八门,即使是职业相同,收入也可能存在差异。比如从17世纪60年代的遗嘱清单来看,剑桥郡的约曼财富中

---

① Jacob Vanderlint, *Money Answers All Things*, London: Printed for T. Cox, 1734, p. 101.

② Henry Redhead Yorke, *Elements of Civil Knowledge*, Dorchester: Printed by T. Lockett, 1800, pp. 156–197.

③ 约翰·斯梅尔著,陈勇译:《中产阶级文化的起源》,上海人民出版社,2006年,第7页。

④ 约翰·斯梅尔著,陈勇译:《中产阶级文化的起源》,第10页。

⑤ H. R. French, “The Search for the ‘Middle Sort of People’ in England, 1600–1800”, p. 280.

⑥ Jonathan Barry and Christopher Brooks, T*he Middling Sort of People: Culture, Society and Politics in England, 1550–1800*, p. 48.

⑦ Joan Kent, “The Rural ‘Middling Sort’ in Early Modern England, circa 1640–1740: Some Economic, Political and Socio-Cultural Characteristics”, *Rural History*, Vol. 10, Issue. 1 (April, 1999), pp. 21, 42.

⑧ 约翰·斯梅尔著,陈勇译:《中产阶级文化的起源》,第115页。

值是 180 英镑，而切本哈姆的约曼财富中值则达到了 299 英镑。[①] 由于中等阶层不断由其他阶层分化而来且内部成员复杂，再加上社会流动频繁，不可能形成类似于阶级认同那样全国统一的群体意识和政治理念，但是这不代表中等阶层完全没有群体认同。在中等阶层居住的堂区共同体内，中等阶层在面对其他阶层，特别是社会下层的时候，是具有清晰的自我认同和社会区分的。弗伦奇指出，中等阶层最经常使用的称呼自己的社会用语是“居民”（the inhabitants）和“主要居民”（chief inhabitants），堂区“主要居民”的认同是中等阶层典型的社会表达，因为堂区居民更愿意在堂区范围内，根据缴纳税赋的能力，基于年收入的概念来考虑身份和地位，这样一种地方性的、以堂区为中心的身份概念，在全国范围内相当普遍和统一，原因可能是伊丽莎白济贫法的制度形式向全国各个角落逐渐渗透的社会副产品。居民或主要居民表示的不仅仅是居住在某一堂区这一事实，而且暗含着深刻的社会区分和界线，它把纳税人和其他次要居民区分开来，前者是堂区里有完全选举权的市民，后者处于依赖堂区供养的边缘，没有选举权。[②] 琼·肯特对乡村中等阶层的研究也印证了这一点，不管是在经济地位、识字水平或者在对法律的遵守上，中等阶层展现出多样性，但是就整个时期而言，乡村中等阶层的经验和反应也有共同之处。他们经常使用术语诸如“主要居民”（principal inhabitants）或者“堂区优秀阶层”（the better sort of the parish）而不是“中等阶层”来描绘他们自己。[③] 这一点在当时位处中等阶层的理查德·高夫描写什罗普郡米德尔堂区居民的著作中，得到了证实，他就多次提到“主要居民”（the cheife inhabitants）。[④]

再次，在近代早期社会大转型时期，社会各阶层都处于一个不断分化重组的过程，位于社会分层中间的“中等阶层”作为一个过渡群体，不断有新社会成员加入，旧社会成员退出，并没有完全定型，所以不能构成一个完整意义上的中产阶级。

在中外学界对“从封建主义向资本主义过渡”这一重大命题的讨论中，近代早期社会结构的变迁是其中的核心问题之一，中国学界对英国贵族、乡绅、富裕农民、商人等群体的分化瓦解或发展变迁，都作出了富有成效的研究。近代早期中等阶层成员，既包括约曼、工匠和小商人等在中世纪封建社会就形成的社会阶层，是前资本主义生产方式和交换方式的“残余”，也包括随着近代资本主义发展而形成的金融家、制造商、出口商、店主、政府文职人员和职业人士等，但必须要强调的是，两者都仍处于不断的分化重组过程之中，所以中等阶层并不能构成一个独立的社会阶级，称之为中产阶级并不合适。

---

① Margaret Spufford, *Contrasting Communities: English Villages in the Sixteenth and Seventeenth Centuries*, Cambridge University Press, 1974, p. 72.

② H. R. French, *The Middle Sort of People in Provincial England 1600 – 1750*, Oxford University Press, 2007, pp. 263 – 264.

③ Joan Kent, “The Rural ‘Middling Sort’ in Early Modern England, circa 1640 – 1740: Some Economic, Political and Socio-Cultural Characteristics”, pp. 41 – 42.

④ Richard Gough, *Antiquities and Memoirs of the Parish of Myddle*, *County of Salop*, London: Henry Sotheran & Co., 1875. 理查德·高夫生于 1634 年，死于 1723 年，本书写于 1700 年左右，直到 19 世纪才被出版。

中等阶层是一个社会学意义上的分类，通过这种三层分立的社会学视野，一方面有利于宏观把握近代早期英国社会转型的历史进程，另一方面更能体现从封建主义向资本主义过渡过程中，中间群体的过渡性质，因为随着市场经济的深化和社会的剧烈分化，中等阶层也随时都在分化，不断有新成员加入，也有人通过购买土地上升到上等阶层，或家道衰落退出了中等阶层。这样的事例非常多，比如从16世纪晚期到1671年，特林堂区的14个家庭中，只有5个还维持原有的社会地位，其他的3个家庭社会地位上升，5个家庭下降，1个摇摆不定，先是家道衰落，然后又恢复了以前的约曼身份。① 租地农通过积极经营，也能步入中等阶层的行列。特巴特家族就是这样一个成功的例子。罗伯特·特巴特在1668年去世时，遗产清单表明他有104英亩土地在耕种，这样他就至少租种了150英亩土地，部分土地是他购买而来，已经变为公簿持有。他的住家相当舒适，楼下有前厅和客厅，1个制酪室，1个食品室，1个后屋和1个地下室，前厅和客厅都有壁炉。尽管他在观念上并不是特别现代，仍把客厅用作就座和睡觉的地方，把前厅用作做饭和生活的地方，但都装饰得相当不错，客厅配有皮椅，前厅配有扶手椅和组合家具，前厅壁炉上方悬挂着2把滑膛枪和1把猎枪，以及一把剑和子弹带。楼上分成几个房间和阁楼。他的遗物估值为258英镑19先令8便士。他儿子1682年去世时尽管租地规模没有多少变化，但留下的个人财产增加到了412英镑，生前曾充任地方首席估价官之一，虽然仍住在这座住宅，但布置得更为舒适，卧室配有2把椅子，还有1个银啤酒杯、2个平底玻璃杯、2个葡萄酒杯、7把银勺、1包书籍。② 当然，乡绅阶层中的骑士、缙绅和绅士也可能因为从事商业活动，或加入职业群体，在价值观和生活方式上更认可中等阶层，可以视为中等阶层。由此可见，中等阶层作为一个变动不居的社会群体，并不具备过去所使用的“中产阶级”概念中所蕴含的群体独立性。

最后，中等阶层只是近代早期社会转型过程中形成的过渡性社会阶层，而中产阶级是伴随着资本主义生产方式兴起，同步形成的社会阶级，具有统一的阶级意识和阶级文化，虽然中等阶层和中产阶级的社会分野都是从财富水平出发，但中等阶层的定义标准是在经济基础之上的生活方式，而中产阶级的定义标准是在经济基础之上的生产方式，中等阶层到18世纪中后期并不一定就能成长为中产阶级，也就是说中产阶级的前身并不必然是近代早期的中等阶层。

对中等阶层是不是中产阶级或中产阶级的先驱，学术界一直存在争议。最早关注中等阶层的布赖恩·曼宁认为，在英国革命前共存于社会的两个中等群体——中等阶层和中产阶级是不同的。中等阶层就是“农民和工匠”，而中产阶级是大农场主（或约曼）和大工匠师傅。在英国革命期间，这两个群体在共同反对查理一世的革命中掩盖了分歧。但资本的逻辑最终使中等阶层和中产阶级这两个中等群体联盟向两个方向分裂：富裕者通过剥削工资劳动者，产出利润并积累资本，境况较差者开始丧失生产手段和经济自主性，被迫进入工资劳动者行列，接受日益增

① Keith Wrightson and David Levine, *Poverty and Piety in an English Village: Terling, 1525 – 1700*, Academic Press, 1979. p. 107.

② Margaret Spufford, *Contrasting Communities: English Villages in the Sixteenth and Seventeenth Centuries*, pp. 74 – 75.

长的剥削。[1] 中等阶层通过把英国推入资本主义发展道路而完成了自己的历史使命。由此可见,在布赖恩·曼宁看来,中等阶层不是中产阶级的先驱,只是其原料矿石,但这种对社会分层的过分细化并不容易在历史中找到一一对应的史实。基思·赖特森虽然推荐使用当时人摆脱等级语言使用的“中等阶层”新概念,他也承认中等阶层概念暗含着“阶级”的含义,但他努力不把中等阶层看作是中产阶级的同义语,因为他认为“阶级”作为社会基本结构的新术语出现于18世纪,到19世纪早期才开始占据主导地位,区分和评价阶级主要是依据经济标准,之前区分社会阶层主要根据的是“等级”(estates)或“等第”(orders),区分的标准是社会功能。[2] 基思·赖特森的社会阶层区分,为中等阶层向中产阶级演变勾勒出一个较为清晰的轮廓和时间线。

约翰·斯梅尔通过哈利法克斯的个案研究,认为中等阶层不是中产阶级,17世纪“在哈利法克斯社会结构中占优势地位的是人数众多而难以分化的社会中层”,也就是中等阶层,其文化有两项显著的特征,那就是在有条件的前提下承认乡绅的社会优势,中等阶层内部的社会关系是相对平等主义的关系。[3] 18世纪上半叶兴起的中产阶级,则“逐步形成了一套新的社会关系、一套新的经济实践、一系列新的嗜好和欲望——简言之,即形成了一种新的文化”,也就是“中产阶级的阶级认同”。[4] 这一观点可以从史实中得到印证,因为到1725—1750年间,中等阶层开始形成许多明显的特点,向中产阶级转变,“中产阶级认同”在此基础上才开始构建,但“承认这一点并不必须承认城市‘中等阶层’是后来‘中产阶级’唯一的先驱”[5]。因为中产阶级虽然也接收了原来中等阶层的部分成员,但也吸纳了18世纪中期经济变化所产生的新成员。

因此,使用“中等阶层”来指代近代早期英国社会的中间阶层,比“中产阶级”更贴近经济和社会的现实。

二、对中等阶层定义标准的重新审视

学术界对中等阶层争议不断的根本原因,在于对中等阶层的定义没有形成共识。弗伦奇指出,尽管近年来对中等阶层这一社会群体的定义、身份和成员进行了大量研究,但“结果是,这些相互重叠的群体和截然不同的定义方法导致(中等阶层)这一群体的性质和身份仍晦暗不明”[6]。也有学者认为,由于分析视角的不同,导致“不存在一个定义‘中等阶层’的简单方法”[7]。不管是从当时人的社会分析语言,还是从家庭收入、从家庭独立或政治独立进行定义,

---

① Brian Manning, *Aritocrats, Plebeians and Revolution in England 1640 - 1660*, Pluto Press, 1996, p. 62.
② P. J. Corfield, ed., *Language, History and Class, Basil Blackwell*, 1991, pp. 30 - 31.
③ 约翰·斯梅尔著,陈勇译:《中产阶级文化的起源》,第29、32—50页。
④ 约翰·斯梅尔著,陈勇译:《中产阶级文化的起源》,第115页。
⑤ H. R. French, *The Middle Sort of People in Provincial England 1600 - 1750*, p. 265.
⑥ H. R. French, “The Search for the ‘Middle Sort of People’ in England, 1600 - 1800”, p. 277.
⑦ Jonathan Barry and Christopher Brooks, *The Middling Sort of People: Culture, Society and Politics in England, 1550 - 1800*, p. 2.

都不能令关注其他视角的学者满意。近代早期英国社会演变的复杂性,和当时人关注点的变化,都使得中等阶层的定义标准成为难题。

围绕中等阶层定义标准的混乱,不禁让人产生疑问:到底有没有一个标准能让中等阶层的研究形成共识?中等阶层出现的根本原因在于经济的增长和人均财富的增多,现代史家的研究表明,随着英国全要素生产率的提高,英国的 GDP 在 17 世纪翻了一番,人均 GDP 表明英国在 1610—1630 年间开始了现代经济增长,到 17 世纪下半期英国人已经比以往更为富有。[①] 笔者认为,在这一历史时期,英国虽然历经 1640 年资产阶级革命和之后的光荣革命,但国家的最高统治权基本上仍掌控在大贵族手中,传统封建等级制度并未完全消亡,等级观念仍根深蒂固。但是也要看到,市场经济发展让财富积累速度加快,社会分化剧烈,社会流动频繁,新的社会要素出现并不断扩大其影响力。因此,近代早期英国社会的阶层区分标准正处于交替的时期,旧的着眼于身份、等级、世系的阶层区分标准,正逐步让位于新的基于财富、生活方式、行为方式和教育的阶层区分标准,旧有的等级术语已经不能反映当时的社会变迁,新的社会分层术语必须突出当时的社会现实,"中等阶层"这一概念本身既凸显了社会不平等的存在,以及当时社会流动的复杂历史事实,又反映了在英国社会从封建主义向资本主义过渡时期中间阶层的历史过渡性。

笔者根据中等阶层兴起时,新的阶层区分标准逐渐占据主导地位的历史事实,从当时人阶层区分标准的变迁和他们对中等阶层的描述出发,提出定义中等阶层的主要标准应该是生活方式。

首先,当时人对社会分层的描述主要着眼点是生活方式。比如丹尼尔·迪福在诸多作品中提到中等阶层时关注的就是生活方式,在《鲁宾逊漂流记》开头鲁宾逊的父亲就告诉他,"中等状态"是"世界上最好的状态,最适合人类幸福,既不受穷苦和贫困影响,又免于人类机械劳动的劳力和痛苦,也不用为上层人士的傲慢、奢侈、野心和嫉妒难堪"[②]。1694 年,艾塞克斯梳毛工约瑟夫·布夫顿抄下了几首诗,其中写道:"过着中等生活,享有三倍幸福/既不想也不寻求成为大人物/吃得好,喝得好,在家活得十分舒服。"[③]雅各布·范德林特也认为,中等阶层的生活方式对社会发展是有益的,"一个人的生活状态、衣着服饰和生活方式,不管多么豪华,只要和自身的地位或条件并行不悖,又不超越财力的限度,使他能按自己的身份和尊严的要求供养家庭,我都不称为有害于社会的奢侈,因为在我看来,这种生活状况和生活方式只要符合上述的标准,对于社会不仅是必不可少的,而且是极其有益的"[④]。

---

① Paul Slack, *The Invention of Improvement: Information and Material Progress in Seventeenth-Century England*, Oxford University Press, 2015. p. 154; Jan Luiten van Zanden, *The Long Road to the Industrial Revolution: The European Economy in a Global Perspective, 1000-1800*, Brill, 2009. pp. 235-238.

② Daniel Defoe, *The Life, and Strange Superizing Adventures of Robinson Crusoe*, London: Printed for W. Taylor, 1719, pp. 3-4.

③ H. R. French, *The Middle Sort of People in Provincial England 1600-1750*, p. 247.

④ Jacob Vanderlint, *Money Answers All Things*, p. 102.

其次，近代早期英国社会流动性极大，即使在堂区这一最基层单位，大多数家庭也会进行短距离流动，快速判断其社会地位的最直观方法是依据其生活方式。凡伯伦指出，在这种流动性加大的社会，一个人所接触到的广大人群要推断他的声望和地位，只能以他们直接观察之下他所消费的物品为依据，也许可以加上他表现出的教养。[①] 此外，中等阶层的财富在剧烈的社会变动状态下也不具有稳定性，奥利弗·海伍德就描述了他父亲理查德，通过向伦敦出口商出售粗棉布，从贫穷和债务中脱身而出，积累起相当程度的财产，购买了价值 800—1 000 英镑的土地，过上了中等阶层的生活，把孩子们都送进了大学，帮助两个儿子在伦敦创立了产业，并拿出 200 英镑投资于造纸坊，但由于粗棉布贸易的衰落，理查德很快欠下巨债，官司缠身。[②] 社会结构的不稳定性，使得能够确定中等阶层或在堂区被接受为中等阶层的最重要因素，是必要财富之上的生活方式。

最后，财富是所有社会分层的基础，把财富转化为身份和社会地位的关键在于社会阶层的社会表现，因为身份来源于社会其他成员的判断，构成了一个人在社会中的地位，要确立这一地位就必须展示财富。在近代早期这个过渡阶段，中等阶层不可能像贵族那样，通过等级头衔来彰显自己的社会地位，或者通过禁奢法来展示财富和标示身份，中等阶层只有一种方式来展示其财富和突出其社会地位，那就是生活方式。

考察近代早期中等阶层的生活方式有三个维度：生活方式的条件，也就是中等阶层的财产水平和购买力；生活方式的内容，定义和诠释生活方式的核心内容是消费方式；生活方式的认同，也就是中等阶层行为方式中体现的价值取向和世界观，这三个维度缺一不可。当时人科利尔就认为，要进入体面的中等阶层行业并以此为生，"除了有可观的财富，还应该接受绅士教育，至少是接受有关礼貌行为的教育"[③]。社会史家彼得·厄尔也认为，只根据财富或收入来定义中等阶层没有抓住要领，还要考虑衣着、笔迹以及在信件和其他文件中的表达方式等等诸多精细的方面。[④] 下面就从生活方式的三个维度考察中等阶层的群体构成。

虽然阶层内部个人的财富水平千差万别，但中等阶层首先是中等收入者，必须具备一定的购买力和消费能力，这已是学界的共识。丹尼尔·迪福描绘了中等阶层所谓的"中等生活的状态"："他位于大人物的圈子之下，高于受轻视的被称为底层的那些人，他的职业就是一条生活之路……富裕萦绕在他的四周，财富每天都在流入。"[⑤]当时人格里高利·金和约瑟夫·马西都认为，中等阶层的最低收入门槛是每年至少 40 英镑，洛娜·韦瑟里尔也认同这一收入标准，她

① Thorstein Veblen, *The Theory of the Leisure Class*, Oxford University Press, 2007. p. 60.

② J. Horsfall Turner, ed., *The Rev. Oliver Heywood B. A.*, *1630 – 1702: His Autobiography*, *Diaries*, *Anecdote and Event Books*, Vol. I, Bingley: Printed for the editor, 1883, pp. 19 – 32.

③ J. Collyer, *Parents and Guardians Directory*, London: Printed for R. Griffiths, 1761, p. 45.

④ Jonathan Barry and Christopher Brooks, *The Middling Sort of People: Culture*, *Society and Politics in England*, *1550 – 1800*, p. 147.

⑤ Daniel Defoe, *The Compleat English Tradesman*, Vol. I, London: Printed for Charles Rivington, 1727, p. 107.

指出,其他证据也证实一年 40 英镑是维持中等阶层生活方式的最低收入数。① 玛格丽特·亨特认为,在 18 世纪一个城市家庭要维持一种中等阶层的生活方式和独立的社会身份,每年最低需要 50—80 镑的收入,多数中等之家收入在 50—2 000 镑之间,大多数集中在 80—150 镑范围之间。② 当时人范德林特估算伦敦一对夫妇加 4 个子女的家庭,一年最低的消费费用是 54 英镑 10 先令 4 便士。③ 由此可见,中等阶层的最低收入标准是乡村每年 40 镑,城市每年 50 英镑。按照这一标准,在乡村地区,可以视为中等阶层的是殷实的农场主和富裕的工匠与生意人。④ 中等阶层通常指那些非乡绅出身的人,但也有学者把小乡绅确定为中等阶层,因为他们的家庭从新兴职业中获益,也因为他们在传统的王室、贵族和大众框架内,能够从贵族精英中被区分出来。尼古拉斯·罗杰斯指出,在 17 世纪层级语言首次出现的时候,中等阶层主要是指农业和手工业中独立的小生产者,随着资本主义和乡村工业的发展,各类商人和职业人士加入进来,这一词语仍然是指那些不容易吸收进以出生、等级或绅士身份为基础的传统社会概念中的人,但其社会内涵已经改变,这一词汇现在总体上侧重于城市职业:出口商人、商人、殷实的店主和工匠制造商,也包括新兴的医疗、教育、法律、官僚和军队人员,当然这个词语仍旧适用于富有的自由持有农和租地农场主,适用于乡村资本家。⑤ 弗伦奇的认定更为宽泛,他认为,除了土地贵族和那些接受救济的人,在近代早期几乎每个处于社会中间的人,都有可能成为中等阶层的候选人,当然,中等阶层可能主要是由管辖堂区、缴纳税赋、把自己描述为"主要居民"的人构成。⑥

中等阶层虽然难以定义,但作为一般术语使用,是没有太大问题的。彼得·厄尔认为,社会上层是贵族和乡绅,他们拥有个人收入,不用劳作来谋生;社会下层是劳动阶层,靠自己的双手来生活;处于两者之间的就是中等阶层,他们工作但在理想情况下不用弄脏自己的双手,大多数是商业或工业资本家,拥有货币积蓄。⑦ 洛娜·韦瑟里尔则根据遗产清单和消费行为,把小乡绅和职业人士都确定为中等阶层。她认为,那些在格里高利·金和约瑟夫·马西的社会分类表中,既不是在底层(仆从、劳工和工资收入者),也不是在顶层(贵族和郡乡绅)的社会阶层就是中等阶层,具体来说,包括小乡绅、职业人士、出口商、店主、农场主、约曼、农夫和工匠。⑧ 由此可见,根据财产水平或其体现的购买力来确定中等阶层是学界最基本的标准之一。

---

① Lorna Weatherill, *Consumer Behaviour and Material Culture in Britain*, *1660 - 1760*, Routledge, 1988, p. 98.

② Margaret R. Hunt, *The Middling Sort: Commerce, Gender, and the Family in England, 1680 - 1780*, University of California Press, 1996, p. 15.

③ Jacob Vanderlint, *Money Answers All Things*, pp. 75 - 76.

④ Joan Kent, "The Rural 'Middling Sort' in Early Modern England, circa 1640 - 1740: Some Economic, Political and Socio-Cultural Characteristics", p. 19.

⑤ Nicholas Rogers, "The Middling Sort in Eighteenth-Century Politics", in Jonathan Barry and Christopher Brooks, *The Middling Sort of People: Culture, Society and Politics in England, 1550 - 1800*, p. 161.

⑥ H. R. French, "The Search for the 'Middle Sort of People' in England, 1600 - 1800", pp. 281, 293.

⑦ Peter Earle, *The Making of English Middle Class: Business, Society and Family Life in London, 1660 - 1730*, University of California Press, 1989, p. 3.

⑧ Lorna Weatherill, *Consumer Behaviour and Material Culture in Britian*, *1660 - 1760*, p. 13.

关于中等阶层定义和构成的考察,必须注意中等阶层生活方式的内容。这是中等阶层研究与中产阶级研究最大的不同点之一,因为中等阶层是一个变动不居的社会阶层,职业、行业的不同导致身份各异,政治立场和宗教观点各不相同,只有生活方式是中等阶层相互之间能够认同的基础。在西方古典社会学理论中,生活方式是辨识阶级、阶层的一项有效指标,而体现生活方式的是消费方式,消费方式逐渐成为生活方式的代名词,人们通过特定的消费行为来整合、形成和维持群体认同感,使自己成为想要成为的阶层或阶级。彼得·厄尔认为,中等阶层在消费方式上,具有"惊人的相似性",不管是积累了几百英镑,或者是有 10 倍以上的收入。[①] 也就是说,尽管收入差距可能很大、权威大小不等、社会关系网不同,但中等阶层通过消费代表着时尚、休闲、知识和社交的物品和服务,来共享一种社会认同感,建构自身和中等群体的形象。虽然一些学者对职业人士是否属于中等阶层有争议,但彼得·厄尔根据收入和生活方式标准,认为大多数职业人士如教士、律师和医生等属于中等阶层。[②] 克里斯托弗·布鲁克斯也指出,应该重新审视过去学界想当然认为的、在 1750 年之前职业群体在人数上微不足道、并且把他们和贵族与乡绅的利益紧密联系在一起的偏见。[③] 职业群体应属于中等阶层。

近年来,遵从生活方式标准来定义中等阶层有成为学界共识的趋势。琼·肯特认为,"不管收入是来自土地或来自贸易,或者来自两者,中等阶层这些人的经济地位使他们能维持一定的生活水准,这一阶层常被看作部分是由其生活方式来定义的"[④]。在乡村地区,小乡绅、约曼和富裕的工匠和生意人,之所以可以用经济和社会术语将其混为一谈,统称之为中等阶层,就是他们的遗嘱财产目录展现出他们的消费能力,体现了他们的生活方式。[⑤] 彼得·邦塞认为,不断膨胀的中等阶层的财富,是城市复兴背后的决定性力量,律师、医生、药剂师、军官和海军官员、商业精英、军火制造商、富裕的生意人和工匠,通过在房屋和装修、个人的装饰品、休闲度假、游戏娱乐、慈善捐赠等消费方面的社会竞争,体现他们与众不同的生活方式,是他们追求社会地位的一部分。[⑥]

对绅士风度和绅士身份的追求,是中等阶层通过行为方式主动构建外部认同的重要标志之一。法国人亨利·梅森在他写的游历英国的回忆录和观察记时就提到,"必须谨记,我总是谈到中等阶层,在一个国家中等阶层的习俗是最应该了解的"[⑦]。这一时期,英国中等阶层的习俗就

---

① Peter Earle, *The Making of English Middle Class: Business, Society and Family Life in London, 1660 – 1730*, p. 332.

② Peter Earle, *The Making of English Middle Class: Business, Society and Family Life in London, 1660 – 1730*, p. 5.

③ Jonathan Barry and Christopher Brooks, *The Middling Sort of People: Culture, Society and Politics in England, 1550 – 1800*, pp. 113 – 115.

④ Joan Kent, "The Rural ' Middling Sort ' in Early Modern England, circa 1640 – 1740: Some Economic, Political and Socio-Cultural Characteristics", p. 22.

⑤ Joan Kent, "The Rural ' Middling Sort ' in Early Modern England, circa 1640 – 1740: Some Economic, Political and Socio-Cultural Characteristics", p. 24.

⑥ Peter Borsay, *The English Urban Renaissance: Culture and Society in The Provincial Town 1660 – 1770*, Clarendon Press, 1989, pp. 199 – 256.

⑦ Henri Misson, *Memoirs and Observations in His Travels over England*, London: Printed for D. Browne, 1719, p. 92.

是追求绅士身份,缺乏绅士风度的表现有多种形式,比如粗鲁或穿着不时尚、举止不雅。也可以从消费决定中看出来,比如有绅士风度的商人很快就采纳了家具新时尚,他们也比没有绅士风度的人花更多的钱用于摆设。[①] 达勒姆郡的约翰·哈丁,尽管经济状况每况愈下,仍能自称为"绅士",他的邻居也这样称呼他,只因为他穿得像绅士,他的"行头"与他的邻居相比,不同寻常地昂贵。虽然很明显他是攀附上一个等级,但邻居都承认他的绅士身份。[②] 这说明消费和行为方式开始成为维持身份的重要标准。此前"身份的等级区分反映在称呼方式上,等级和权力在着装上可以识别,在行为举止的规矩上可以识别,这一规矩支配着上下等级之间面对面的交流,在教堂落座的次序、桌边就座的位置、公众游行的排序上可以识别"[③]。但从16世纪开始,军队的职业化使得贵族不再是一个提供军事服务以获得土地头衔的等级,人文主义者开始为"绅士"概念创造出新的含义,确定绅士的标志不仅仅是拥有财富和休闲能力,而且是拥有教养和统治所需的个人美德。绅士被定义为统治者,真正的绅士身份被定义为有品行和能力进行统治。[④] 彼得·邦塞指出,复辟之后绅士身份的传统模式被严重侵蚀,尽管血统仍是一项重要的资格条件,土地仍是有用的助益,但是绅士的定义逐渐成为一种文化界定。[⑤] 绅士从一个等级头衔变成了一个泛称,当时人就认为"绅士变得不值钱了"[⑥]。一位匿名作者断言,"在那些自称是绅士的人们之间,看起来没有品行素养的不同,因为不能假定每个人都是先知,知道正和他谈话的人的家族是多么古老。事实上,没人拿它来冒犯别人,任何人都应该被假定为是比他们更优秀的绅士"[⑦]。而且,"中等阶层寻求创造一种适合他们金融和社会环境的绅士身份形式,从中休闲、社交和教育的象征能和通过生意谋生的现实联系起来"[⑧]。中等阶层力图通过对绅士风度的追求和对绅士行为的展示来体现本阶层鲜明的社会特征,实现与社会下层的区分。

近代早期英国中等阶层的群体构成虽然随着社会分化而不断变动,且规模越来越大,人数越来越多,但从中等阶层消费方式体现出的生活方式和行为方式来看,约曼、手工工匠、制造商、店主,包括出口商在内的各类商人和生意人、职业人士等都属于中等阶层。殷实的农夫和小乡绅是中等阶层同下层和上层区分边界重合的人群,因为中等阶层仍处于一个动态演变的过程,殷实的农夫在经济形势不佳或遭遇饥荒时可能会滑入穷人行列,职业人士、大商人或小乡绅在生意兴隆时也可能富埒王侯,跻身上流社会。

---

① Jonathan Barry and Christopher Brooks, *The Middling Sort of People: Culture, Society and Politics in England, 1550–1800*, p. 147.

② Keith Wrightson, "The Social Order of Early Modern England: Three Approaches", in Lloyd Bonfield, Richard M. Smith and Keith Wrightson, *The World We Have Gained: Histories of Population and Social Structure*, Basil Blackwell, 1986, p. 181.

③ Keith Wrightson, *English Society, 1580–1680*, p. 2.

④ P. J. Corfield, ed., *Language, History and Class*, pp. 36–38.

⑤ Peter Borsay, *The English Urban Renaissance: Culture and Society in the Provincial Town 1660–1770*, p. 226.

⑥ Sir Thomas Smith, *De Repulica Anglorum*, p. 55.

⑦ S. C., *The Art of Complaisance: or the Means to Oblige in Conversation*, London: Printed for John Starkey, 1673, pp. 146–147.

⑧ H. R. French, *The Middle Sort of People in Provincial England 1600–1750*, p. 186.

结　语

以上分析表明，中等阶层作为现代社会史家建议使用的社会史术语，之所以能够为学术界普遍接受，在于这一当时人的社会分类用语本身对社会分化和不平等状态具有高度概括性和契合性。同时，"中等阶层"作为一个不断分化的过渡性社会群体，比"中产阶级"更符合近代早期英国财富流动的状态、社会转型的现实图景。

厘清"中等阶层"的术语来源和定义标准，其意义在于能够深化我们对英国近代早期社会转型过程中社会分化的认知，使我们可以对中等阶层的内部群体构成作出较为清晰的界定，对中等阶层的外部形象勾勒出清晰的轮廓，能够有效地消解研究近代早期英国经济和社会问题时产生的部分学术争议。

本文由于主题和篇幅所限，对中等阶层与近代早期英国经济发展、政治文化变迁和政府管理体制变革的关系未能进行深入探讨，如果我们把中等阶层的出现，放到近代早期圈地运动、行政革命、英国内战、光荣革命、金融革命等一系列宏阔的经济和政治历史进程中来看，其历史意义将更为凸显：首先，中等阶层是近代早期英国生产和消费的社会中坚力量。约曼、手工工匠、制造商等都是工农业生产的组织者，各类商人和店主以及职业群体是商业和服务业的推动者，就连可以划归中等阶层的小乡绅，也不但面向市场组织农业和乡村手工业生产，推动技术革新，而且积极参与谷物、羊毛和呢绒的贸易。① 在消费上，中等阶层到斯图亚特王朝复辟前后就已经成为英国社会的消费主体，彼得·邦塞指出，"尽管单个来说，他们没有土地精英富有，但整体来说，他们创造的总需求可能与他们的上层势均力敌，甚至可能使上层黯然失色"②。其次，中等阶层尽管没有参与全国政治的抱负，但随着近代民族国家的形成和国家社会治理职能的拓展，特别是济贫法的推行，堂区开始承接国家的治理功能如收税、济贫等，基层治理开始向堂区治理转变。在此过程中，堂会理事、堂区委员、济贫官等都逐渐从中等阶层中选任，堂区委员会开始掌握在中等阶层手中。③ 中等阶层成为参与堂区政治的核心力量和基层社会治理的中流砥柱。所有这些都表明，在理清中等阶层的概念之后，中等阶层的诸多主题仍有待进一步拓展研究。

（本文原刊于《世界历史》2020 年第 3 期）

---

① 李新宽：《论英国重商主义政策的阶段性演进》，《世界历史》2008 年第 5 期，第 78—79 页；Felicity Heal and Clive Holmes, *The Gentry in England and Wales, 1500－1700*, The Macmillan Press Ltd, 1994. pp. 97－135。

② Peter Borsay, *The English Urban Renaissance: Culture and Society in the Provincial Town 1660－1770*, p. 205.

③ Keith Wrightson, *English Society, 1580－1680*, p. 18; Steve Hindle, *The State and Social Change in Early Modern England, 1550－1640*, Palgrave, 2002. p. 206.

作者简介：

李新宽，历史学博士，现任上海师范大学人文学院教授，博士生导师，主要研究方向为中世纪晚期和近代早期英国经济史和社会史。

2005 年在东北师范大学获得博士学位，2006 至 2008 年在武汉大学从事博士后研究，2012 年入选“东师学者”青年学术骨干，2014 至 2015 年在英国伯明翰大学做访问学者。主持完成国家社科基金项目 2 项，主持在研国家社科基金重点项目“近代早期英国金融创新与资本主义的成长”，主持完成教育部项目 1 项；出版学术专著《国家与市场——英国重商主义时代的历史解读》《英国市场经济体制的起源》等、译著《南海泡沫与现代金融的诞生》《私人铸币：工业革命时代的货币世界 1775—1821》；发表学术论文 50 多篇，其中 C 刊及 C 刊以上论文 39 篇，著作《但丁——意大利民族诗人之冠》曾获全国优秀社会科学普及作品奖。

记忆建构与民族主义：近代塞尔维亚历史中的科索沃传奇

黄艳红

摘 要： 科索沃传奇在近代塞尔维亚民族认同中扮演着关键角色，它起源于1389年6月28日塞尔维亚人与土耳其人之间的科索沃战役。尽管这个事件不能被视为塞尔维亚历史真正的转折点，但经过口传加工和民族主义者的书面建构，科索沃战役成为塞尔维亚历史的核心事件，并深深植根于民众的集体记忆中，拉扎尔所象征的国家复兴、米罗什所代表的英雄主义和布朗科维奇的背叛等主题成为理解整个塞尔维亚历史的基本参照。在19世纪，科索沃传奇为塞尔维亚的民族独立和解放运动提供了意识形态支撑和强大的情感力量，但民族主义者对科索沃记忆的政治利用也使其烙上了复仇主义的色彩；科索沃记忆环境中孕育的塞尔维亚青年终于在科索沃战役的纪念日、在萨拉热窝点燃了世界大战的导火索。

关键词： 科索沃传奇 塞尔维亚 集体记忆 民族主义

1914年6月28日，在波斯尼亚首府萨拉热窝，塞尔维亚黑手社的几个青年刺杀了奥匈帝国的皇储斐迪南大公。参与这次行动的，除了射杀皇储夫妇的加夫里洛·普林西普（Gavrilo Principe），还有一位名叫涅杰里科·查布里诺维奇（Nedeljko Čabrinović）的年轻人，在普林西普开枪前，他曾向大公投掷炸弹，但炸弹未命中目标，他旋即被捕。① 在随后的审讯中，查布里诺维奇说大公选择6月28日访问萨拉热窝是一种挑衅：

> 这件事让我很愤怒，我决心采取行动。我们的民间传说告诉我，米罗什（Miloš）曾在圣维特日前夜被指控为叛徒，当时他回答说："圣维特日你们将看到谁是叛徒谁又不是。"奥比利奇（Obilić）成了第一个进入敌营刺杀穆拉德（Murad）苏丹的人。本地的社会主义者总说我像我父亲一样，是个暗探。②

① Christopher Clark, *The Sleepwalkers. How Europe Went to War in 1914*, Hapercollins Publishers, 2012, pp. 367 – 376.
② Vladimir Dedijer, *The Road to Sarajevo*, Simon & Schuster Com. , 1967, p. 320.

他讲的是近代塞尔维亚人集体记忆的中心故事：1389 年 6 月 28 日塞尔维亚和土耳其之间的科索沃战役。米罗什和奥比利奇是一个人（米罗什·奥比利奇），传说他是刺杀土耳其苏丹穆拉德一世的勇士。除了这位英雄，这个故事还有另两位主人公：塞军主帅拉扎尔（Lazar）和叛徒武科·布朗科维奇（Vuk Branković）。查布里诺维奇的父亲给奥地利警察当过线人，他显然想以米罗什式的壮举来洗刷父亲的污点。① 他提到的圣维特日（Vidovdan）是塞尔维亚东正教会的纪念日，也是塞尔维亚纪念科索沃战役的国家节日。②

查布里诺维奇只是众多在上述"民间传说"中成长起来的塞尔维亚青年中的一员。1389 年科索沃战役之后，塞尔维亚人围绕这一事件，以各种方式构建和延续的传统，被称为科索沃神话或传奇。对于这一神话的形成和发展过程，国际学界已有相当专深的研究。在科索沃战役 600 周年前后，南斯拉夫学者拉德·米哈里契奇和美国人托马斯·伊麦特分别发表专著，③详细探讨了科索沃战役的背景和科索沃传奇的形成过程。伊麦特的著作用一半的篇幅对相关史料作了注解，并收入了很多图像资料。米哈里契奇是一位享有国际声望的中世纪史学者，④他严格遵守批判历史学的标准，在阐述科索沃神话的形成时，尤其注重与当时历史背景的联系。经过他们的努力，科索沃战役和科索沃传奇形成的轮廓已经相当清晰。20 世纪 90 年代以后，受南斯拉夫内战和科索沃危机的触发，这一问题再次引起国际学界的关注，学者们从集体记忆、民族认同等角度反思巴尔干地区的历史冲突和现实困境。作为塞尔维亚民族记忆的核心，科索沃传奇也已成为记忆研究的经典课题。⑤ 随着相关学术研究的国际化，与科索沃传奇相关的一些重要文本也被译成英文。⑥ 鉴于国内学界对这一问题尚缺乏了解，本文将在国际学界现有研究的基础上，借助一些西语文献，对科索沃传奇的历史背景、形成过程，尤其是它对第一次世界大战前塞尔维亚民族主义的影响作一个较为详尽的梳理；本文将借鉴记忆研究的某些理论，对科索沃传奇的历史认知意义作一点探讨。

---

① Christopher Clark, *The Sleepwalkers. How Europe Went to War in 1914*, pp. 49 – 50.

② Olga Zirojević, "Kosovo in the Collective Memory", in Nebojša Popov ed. , *The Road to War in Serbia, Trauma and Catharsis*, Central Europe University Press, 2000, pp. 191 – 212.

③ Rade Mihaljčić, *The Battle of Kosovo in History and in Popular Tradition*, trans. Milica Hrgović, BIGZ Press, 1989; Thomas A. Emmert, *Serbian Golgotha: Kosovo, 1389*, Columbia University Press, 1990.

④ Marko Šuica, "The Image of the Battle of Kosovo (1389) Today: a Historical Event, a Moral Pattern, or the Tool of Political Manipulation", in R. J. W. Evans and Guy P. Marchal eds. , *The Uses of the Middles Ages in Modern European States*, Macmillan Ltd. , 2011, 152 – 174.

⑤ 仅举数例：Alexander Greenawalt, "Kosovo Myths: Karadzic, Njegos, and the Transformation of Serb Memory", *Spaces of Identity*, 3/2001, pp. 49 – 65; Dejan Djokic, "Whose Myth? Which Nation? The Serbian Kosovo Myth Revisited", in Janos M. Bak etc. eds. , *Uses and Abuses of the Middle Ages: 19th – 21st Century*, W. Fink Verlag, 2009, 215 – 234; Paul A. Cohen, "The Battle of Kosovo of 1389 and Serbian Nationalism", in Paul A. Cohen, *History and Popular Memory: The Power of Story in Moments of Crisis*, Columbia University Press, 2014, pp. 1 – 32。

⑥ 如以下文献：*The Battle of Kosovo*, trans. John Matthias and Vladeta Vučković, Ohio University Press, 1987; Milne Holton and Vasa D. Mihailovich eds. , *Songs of the Serbian People: From the Collections of Vuk Karadzic*, Pittsburg University Press, 1997; *Marko the Prince, Serbo-Croat Heroic Songs*, trans. by Anne Pennington and Peter Levi, Gerald Duckworth Co. Ltd. , 1984。

一、作为历史事件的科索沃战役

1989 年 6 月 28 日，塞尔维亚总统米洛舍维奇在纪念科索沃战役 600 周年的大会上说："今天，我们已经很难分清哪些是科索沃战役的历史真相，哪些又是传说。但这一点并不重要。"① 这一说法本身就暗示，科索沃传说与科索沃战役的真相有所不同，笼统地说，这是记忆与历史之间的差别。在塞尔维亚人的记忆中，1389 年的这场战役标志着塞尔维亚帝国的灭亡和奥斯曼奴役的开端，是民族独立的终结和"全部不幸的过去"的开端。② 但历史学的研究表明，这种记忆放大了科索沃战役的意义，这个事件很难被视为中世纪塞尔维亚历史命运的根本转折。

从 12 世纪后半期到 14 世纪中叶，塞尔维亚人是巴尔干的一支重要力量，当时涅曼尼奇王朝统一了塞尔维亚各部落，并首次将科索沃地区并入塞尔维亚王国。③ 1346 年，国王杜山（Dušan）称"塞尔维亚人和希腊人的皇帝"，并向拜占庭帝国大举扩张。④ 这段辉煌的历史后来在塞尔维亚人的记忆中烙下了深刻的印记。但当杜山皇帝于 1355 年去世时，帝国开始解体。在有些传说中，杜山之后塞尔维亚的不幸源于其继任者的无能。但米哈里契奇认为，这是中世纪封建国家急剧扩张之后的自然结局，地方诸侯的独立性和居民在种族和文化方面的多样化很容易导致国家的解体。⑤

在杜山去世的前一年，土耳其人进入巴尔干半岛。1371 年 9 月，土军与塞尔维亚人在今希腊和保加利亚边境地带的马理查（Maritsa）河谷展开激战，塞军战败。学界认为，对土耳其征服巴尔干的历史而言，这场战役的重要性仅次于 1453 年攻占君士坦丁堡，从此土耳其人确立对巴尔干的统治只是个时间问题。⑥ 同一年，涅曼尼奇王朝随着末代皇帝死去而解体。在随后出现的地方势力中，一个出身并不显赫的诸侯拉扎尔实力最强，此人就是科索沃战役中的塞军首领。米哈里契奇已经对他崛起的历程进行了考证。他之所以能在分裂后的塞尔维亚取得特殊地位，主要得益于两点：联姻策略和东正教会的支持。拉扎尔的领地位于塞尔维亚人聚居区的核心地带，大致在今日塞尔维亚境内，在他的南翼是控制着科索沃的武科・布朗科维奇，此人是拉扎尔的女婿；拉扎尔领地周边的其他一些领主也与他有姻亲关系。教会的支持则对拉扎尔后来的声望起到了决定性的作用。土耳其人侵入涅曼尼奇王朝的领地之后，一些僧侣逃往他的领地。当时，以科索沃境内的佩奇修道院为驻地的塞尔维亚东正教牧首，与君士坦丁堡的牧首之间关

① "Slobodan Milosevic's 1989 St. Vitus Day Speech", http://www.slobodan-milosevic.org/spch-kosovo1989.htm，2018 年 5 月 15 日。

② Milica Bakić-Hayden, "National Memory as Narrative Memory: The Case of Kosovo", in Maria Todorova ed., *Balkan Identities. Nation and Memory*, New York University Press, 2004, pp. 25 – 40.

③ Tim Judah, *The Serbs. History, Myth and the Destruction of Yugoslavia*, 2nd edition, Yale University Press, 2000, p. 9.

④ Thomas A. Emmert, *Serbian Golgotha: Kosovo, 1389*, pp. 13 – 20.

⑤ Rade Mihaljčić, *The Battle of Kosovo in History and in Popular Tradition*, pp. 15 – 31.

⑥ Thomas A. Emmert, *Serbian Golgotha: Kosovo, 1389*, pp. 24 – 26.

系紧张。经拉扎尔调停,双方的关系有所缓和,以致有塞尔维亚僧侣记载说,塞尔维亚教会的地位从大主教区提升为牧首应归功于拉扎尔。此外,他还大量兴建教堂,向修道院广赠田产。这些举措让他被塞尔维亚教会视为涅曼尼奇王朝的继承人,在科索沃战役前后,僧侣们杜撰说,他妻子具有纯粹的帝国血统,牧首达尼洛(Danilo)甚至说拉扎尔的父亲就是皇帝杜山。① 于是,塞尔维亚帝国通过一个地方诸侯在记忆中延续了下来。

土耳其人早在1381年就已开始进攻拉扎尔的领地。1388年,土军被一支波斯尼亚军队击溃,这可能坚定了苏丹征服巴尔干的决心。② 次年,土耳其人向科索沃进军,这个地方是巴尔干半岛南部的地理中心和交通枢纽。6月28日,③拉扎尔和布朗科维奇率领的塞尔维亚军队,与土耳其苏丹穆拉德一世统帅的军队,在离普里什蒂纳不远的科索沃原野展开战斗,拉扎尔和穆拉德都在战役中死去。

对于这场战役的详细经过、两位统帅死亡的细节,历史学家至今难以得出清晰的结论。伊麦特和米哈里契奇都对战役发生后不久的相关文献记载作过仔细的梳理,但它们充满矛盾和含混。④ 现存最早记载这场战役的书面资料,来自一位前往君士坦丁堡旅途中的俄罗斯僧侣,他只是提及,穆拉德和拉扎尔在冲突中丧生,但并未指出战斗的胜负。这是战役发生12天之后的事。⑤ 与后来的科索沃传说大不相同的是,14世纪末15世纪初西欧的一些文献,都认为塞尔维亚人是战争的胜利者,这可能是因为穆拉德一世的死和土军撤离科索沃造成的错觉。实际情况是,虽然双方都伤亡惨重,但从实力对比来看,土耳其远比塞尔维亚更能承受这种损失。至于战役的规模,米哈里契奇认为双方各投入两万兵力是比较可信的。⑥ 在后来的集体记忆中,科索沃战役被视为塞尔维亚丧失民族独立的日子,这个说法并不确切。实际上,战役之后不久,拉扎尔的继承人仍以苏丹封臣的身份保持着半自治的地位,塞尔维亚真正完全丧失独立是在1459年。⑦

二、传奇的构建

查布里诺维奇在审讯中提到了科索沃传说中的英雄主义和背叛两大主题。米罗什·奥比

---

① Rade Mihaljčić, *The Battle of Kosovo in History and in Popular Tradition*, pp. 32 - 41.
② Thomas A. Emmert, *Serbian Golgotha: Kosovo, 1389*, p. 39.
③ 6月28日是按后来格里高利历的日期,在16世纪之前的文献中,这场战役的日期被记为6月15日。
④ Thomas A. Emmert, *Serbian Golgotha: Kosovo, 1389*, pp. 42 - 60; Rade Mihaljčić, *The Battle of Kosovo in History and in Popular Tradition*, pp. 42 - 51. 伊麦特还专门就科索沃战役的早期文字报道作过梳理: Thomas A. Emmert, "The Battle of Kosovo: Early Reports of Victory and Defeat", https://web.archive.org/web/20110716072235/http://www.deremilitari.org/resources/articles/emmert.htm, 2018年5月20日。1937年,德国学者曾搜集了22份关于科索沃战役的早期文献,并附有德语翻译: Maximilian Braun, "Die Schlacht auf dem Amselfelde im geschichtlicher und epischer Überlieferung", *Slavisch-Baltische Quellen und Forschungen*, Vol. 8, 1937, pp. 1 - 140。
⑤ Thomas A. Emmert, *Serbian Golgotha: Kosovo, 1389*, p. 43.
⑥ Rade Mihaljčić, *The Battle of Kosovo in History and in Popular Tradition*, pp. 48 - 50.
⑦ Tim Judah, *The Serbs. History, Myth and the Destruction of Yugoslavia*, pp. 32 - 33.

利奇是英雄主义的化身，背叛者就是拉扎尔的女婿武科·布朗科维奇，相传他与岳父一起出征但临阵叛逃，这导致塞军战败。这三个人构成传说的核心。① 从现有的文本看，第一个将科索沃传奇的关键情节作为一个整体呈现出来的，是杜布罗夫尼克的作家毛罗·奥尔比尼，②他于1601 年以意大利语出版的《斯拉夫人的王国》较为详细地描绘了战役的经过，并展现了英雄主义和背叛这两个关键主题。③ 但这一叙述不仅放大了科索沃战役的意义，其主要角色与历史实际也相差甚大。米哈里契奇说，有关科索沃战役的资料"越是后来的，便越是属于传说的领域"，对这个事件的有限了解很快就转变成了神话，并在随后几个世纪中进一步传播，其主题也不断被刷新。④ 换言之，在科索沃战役结束之后，有关它的各种表述便进入皮埃尔·诺拉所谓的"第二层次的历史"。我们对这种历史的考察，"较少对事件本身感兴趣，而是对它们在时间中的构建、消失和其意义的重现感兴趣；较少对实际发生的过去感兴趣，而是对过去的不断被利用、再利用和滥用，以及过去对于……当下的全部意义感兴趣……对过去在当下的整体功能和被操控感兴趣"⑤。如果说重建真实发生的科索沃战役属于"第一层次的历史"，本文的重点则是关注从这一历史事件衍生出的神话的构建和演变，以及对它在特定时代的意义，尤其是它作为集体记忆的政治功能，简言之，这是科索沃战役的"第二层次的历史"。

在科索沃传奇的三个男主人公中，拉扎尔作为殉道者和圣徒的角色是最早被定型的，在这个过程中，教会起了关键作用。科索沃战役两年后，牧首达尼洛将拉扎尔的遗骨从科索沃的一座教堂迁往拉扎尔建立的拉瓦尼查修道院，并在同期撰写了有关拉扎尔的颂词，在此后约三十年的时间内，又有一些匿名作者撰写了颂词。这些文字将拉扎尔在科索沃的命运解释为圣徒一般的殉道，他为了天国而放弃尘世。据记载，拉扎尔曾在战前发表演说："我们宁愿战斗而死也不愿在屈辱中求生"，"要赞美基督就必须承担基督的战士的责任"，"有块原野将收留我们的尸骨，但我们将带着荣光走进天国的园地"。⑥ 当时很少有人能读到这些文字，但它通过教会的布道仪式而进入口传文化，⑦这是民间史诗中关于拉扎尔选择"天上帝国"摈弃"尘世帝国"的源头，一首著名歌谣这样唱道：

> 拉扎尔，光荣的皇帝
> 你要选择哪个帝国？

---

① 经过数个世纪的演绎，科索沃传奇成为一个人物众多的完整故事。对传说的故事梗概和人物简介，可参阅 Dejan Djokic, "Whose Myth? Which Nation? The Serbian Kosovo Myth Revisited", pp. 216 – 220；相对完整的故事版本可见 *The Battle of Kosovo*。

② Thomas A. Emmert, *Serbian Golgotha: Kosovo, 1389*, p. 105; Rade Mihaljčić, *The Battle of Kosovo in History and in Popular Tradition*, p. 90.

③ Mauro Orbini, *Il regno degli slavi*, In Pesaro, 1601, pp. 313 – 321.

④ Rade Mihaljčić, *The Battle of Kosovo in History and in Popular Tradition*, p. 50.

⑤ Pierre Nora, "Les Lieux de mémoire, mode d'emploi", in Pierre Nora, *Présent, nation, mémoire*, Gallimard, 2011, p. 169.

⑥ Thomas A. Emmert, *Serbian Golgotha: Kosovo, 1389*, pp. 63 – 64.

⑦ Branimir Anzulovic, *Heavenly Serbia. From Myth to Genocide*, New York University Press, 1999, p. 12.

天上的帝国，
还是地上的帝国？
……
他思忖再三，
“仁慈的神啊，
我要选择哪个帝国？
……
地上的帝国短暂，
但天上的帝国长久且永恒”。①

塞尔维亚国家灭亡后，教会在延续过去的宗教—政治传统方面发挥了至关重要的作用。拉扎尔死后不久即被封为圣徒，就像大部分塞尔维亚君主一样。在奥斯曼统治时期，塞尔维亚的教堂和修道院的壁画上依然保留着这些君主的画像。而拉扎尔之所以处于核心位置，是因为他为了民族不受奴役而选择天国，就像耶稣为公义而牺牲自己，他就是塞尔维亚的耶稣；正如耶稣将再临，拉扎尔也会护佑塞尔维亚重获自由和独立。于是，教会把基督教的教理与塞尔维亚人的苦难和希望结合在了一起。当塞尔维亚农民走进这些圣地，当他们看到基督和使徒，以及失落的黄金时代的圣徒国王时，他们理解的复活可能不仅是灵魂的复活，塞尔维亚国家也将获得再生。②

教会对拉扎尔的神圣化带来的一个后果是，科索沃战役具有了它本来没有的历史转折意义。这些歌颂者并不关心 1389 年到 1459 年之间的曲折历史，他们只是强烈地意识到拉扎尔的死使塞尔维亚丧失了抵抗异教徒的最后希望，科索沃战役仿佛让塞尔维亚的历史冻结了。③ 这是导致后来塞尔维亚人的集体记忆中过分简单的历史分期的重要原因：④塞尔维亚的历史被划分为前科索沃时期和后科索沃时期，前者是光荣和独立的时代，后者是奴役和期待被解放的苦难期。科索沃战役被视为一场民族灾难，那首歌唱拉扎尔选择天国的著名诗歌，其标题就是“塞尔维亚王国的覆亡”。⑤

科索沃传说中的基督教色彩还体现在其他元素上。根据 19 世纪初记录的一首民歌的说法，拉扎尔曾在战役前夜与其武士们举行“最后的晚餐”，他在席间说有人将会出卖他，并说这个人就是米罗什·奥比利奇。奥比利奇愤然起誓，说他绝不是背叛者，叛徒是坐在拉扎尔身边

① *Marko the Prince*, *Serbo-Croat Heroic Songs*, pp. 17 – 18.
② Tim Judah, “The Serbs: The Sweet and Rotten Smell of History”, *Daedalus*, Vol. 126, No. 3 (Summer, 1997), pp. 23 – 45.
③ Thomas A. Emmert, *Serbian Golgotha: Kosovo, 1389*, pp. 77 – 78.
④ Rade Mihaljčić, *The Battle of Kosovo in History and in Popular Tradition*, pp. 50 – 51.
⑤ *The Battle of Kosovo*, p. 30.

的武科·布朗科维奇;明天,也就是圣维特日,在科索沃的战场上,人们将亲眼见证这一点。[①]前文查布里诺维奇提到的就是这个情节。在有的故事中,拉扎尔身边的武士有12个,就像基督身边的门徒一样,他们中间的犹大就是布朗科维奇。[②] 但是,最后的晚餐、晚餐上的指控以及随后奥比利奇刺杀苏丹、布朗科维奇勾结土耳其人并临阵脱逃,在文本资料中都是相当晚才出现的,而最早将它们串联在一起的,则是战役过去两个多世纪后毛罗·奥尔比尼的著作。

1389年10月,佛罗伦萨议会给波斯尼亚国王的来信的回函中提到,12位基督教勇士冲入敌阵,杀死了大帐中的穆拉德一世,[③]但信中没有指出究竟是谁刺杀了苏丹。不过从这些记录可以判断,苏丹被塞军勇士刺杀一事很早就有流传。但令人困惑的是,在塞尔维亚的文献中,不仅长期不见米罗什的名字,甚至这一英雄事迹从一开始就无人提及。米哈里契奇判断,这个名字最早出现在15世纪初的一份保加利亚纪年中,但仅仅是一句话:“异教徒穆拉德被一位名叫米罗什的青年勇士用长矛刺死。”随后土耳其的文献也有提及。直到15世纪末,塞尔维亚语的文字记录中才提到米罗什,稍后,这位英雄的名字以页边注的形式出现在塞尔维亚的君主传记中。[④]

为什么塞尔维亚的记录会有滞后?米哈里契奇认为,这与塞尔维亚官方和教会的记忆策略有关,因为它们完全专注于地位最高的人物,地位较低的角色一律被忽略;很可能米罗什的名字曾流传于塞尔维亚民间,保加利亚和土耳其的文献可能就是从民间传说中得知这个名字的。但可以确定的是,米罗什即使确有其人,他的地位也不可能像后来传说中的那样高[⑤]——否则他的名字就很可能出现在早期的官方记录中,因为传说他和布朗科维奇都是拉扎尔的女婿,18世纪记录下的《科索沃战役之歌》就是这么说的。1601年毛罗·奥尔比尼的《斯拉夫人的王国》中,米罗什(记作Milosc Chobilich)也已经被说成拉扎尔的女婿,他与布朗科维奇的不和起因于双方妻子之间的一次口角。[⑥]《斯拉夫人的王国》于1722年在圣彼得堡被译成与塞尔维亚语相当接近的俄语并在塞尔维亚人中间流传,《科索沃战役之歌》文字版的问世大约是在同一时期,[⑦]米罗什的故事在塞尔维亚被进一步确立下来。

作为米罗什的对立面,科索沃传奇中的背叛主题则是对武科·布朗科维奇这一历史人物的严重歪曲,他在民众记忆中的形象突出地反映了记忆与历史之间的张力,这种情形让人想起我国民间文学对唐代名将苏定方的再现。[⑧] 1389年时,科索沃是布朗科维奇的领地,土耳其人的进攻对他的威胁最大。19世纪末以来,不断有历史学家指出,没有任何证据表明布朗科维奇在

---

① *The Battle of Kosovo*, pp. 33 – 35.
② Paul A. Cohen, “The Battle of Kosovo of 1389 and Serbian Nationalism”, p. 6.
③ Thomas A. Emmert, *Serbian Golgotha: Kosovo, 1389*, pp. 45 – 47.
④ Rade Mihaljčić, *The Battle of Kosovo in History and in Popular Tradition*, pp. 86 – 88.
⑤ Rade Mihaljčić, *The Battle of Kosovo in History and in Popular Tradition*, pp. 85 – 92.
⑥ Mauro Orbini, *Il regno degli slavi*, p. 314.
⑦ Thomas A. Emmert, *Serbian Golgotha: Kosovo, 1389*, pp. 110 – 111.
⑧ 梁山:《苏定方历史与文学形象的对比研究》,《乾陵文化研究》第6卷(2011年),第138—150页。

战场上背叛拉扎尔并不战而退。从战役之后的实际行动来看,布朗科维奇比拉扎尔的继承人更有气节,因为后者一度是土耳其人忠实的附庸,但布朗科维奇却始终在抵抗,最后死在土耳其人的牢狱中。[①]

为什么布朗科维奇会成为科索沃传奇中的叛徒?首先,教会最初关于拉扎尔的记忆对布朗科维奇不利。[②] 拉扎尔是殉道者,像无数塞尔维亚战士一样牺牲在科索沃,他们"宁愿战斗而死也不愿在屈辱中求生";但布朗科维奇是活下来的身份最高的贵族,他选择了尘世的屈辱;在这种极具基督教色彩的叙事中,他是犹大的不二人选。不过,在16世纪之前的文献中,尽管偶尔也有人提到背叛一事,但对于背叛者的身份都闪烁其词,最终将元凶确定为布朗科维奇是两个多世纪后奥尔比尼的记录:"拉扎尔的女婿武科·布朗科维奇带着自己的全部人马离开了,他跟穆拉德此前有过秘密接触,要在战场上背叛岳父,以便控制拉扎尔的国家。"[③]

米哈里契奇推测,布朗科维奇背叛一说可能在16世纪的口传文化中就已经存在,它与米罗什的英雄主义主题平行发展,奥尔比尼肯定吸收了口传故事的元素,并将这两个关键主题结合成一个合乎逻辑的完整故事。[④] 他还对这一记忆主题的历史背景作了解释。在科索沃战役前后,土耳其人一直在巴尔干拉拢当地头面人物,的确有一位拉扎尔的女婿曾与土耳其人暗通款曲。随着奥斯曼势力的推进,塞尔维亚贵族的通敌和背叛现象越来越多。有理由认为,布朗科维奇由于是科索沃战场上最显赫的苟活者而成为表达背叛主题的最佳人选。[⑤] 从这个意义上说,记忆中的背叛主题是塞尔维亚民众情绪的某种投射,但投射很不幸地聚焦在了布朗科维奇个人身上。

这个负面形象的影响力十分强大。查布里诺维奇的刺杀行动固然受到米罗什形象的激励,但他也想洗雪因为父亲而背负的背叛嫌疑,这种心理动机可能更为强大。2010年对塞尔维亚青年的一份民调显示,布朗科维奇留下的印记非常深刻,超过一半的受访者仍然相信他是塞尔维亚的叛徒。[⑥] 此外,布朗科维奇的背叛为科索沃的战败提供了一个简单但听起来颇为合理的解释,对于不了解或不关心复杂历史背景的民众而言尤其如此。[⑦] "叛徒布朗科维奇"随着《科索沃战役之歌》[⑧]这样的民间歌谣而植根于塞尔维亚人的集体记忆;与此同时,完整的科索沃传奇也成为塞尔维亚民族意识中的"元叙事":分裂和背叛、英雄主义和复仇、民族和国家的复活。这些元素将在19世纪兴起的民族主义运动中被进一步发挥。

---

① Rade Mihaljčić, *The Battle of Kosovo in History and in Popular Tradition*, pp. 115 – 125.

② Rade Mihaljčić, *The Battle of Kosovo in History and in Popular Tradition*, p. 116.

③ Mauro Orbini, *Il regno degli slavi*, p. 319.

④ Rade Mihaljčić, *The Battle of Kosovo in History and in Popular Tradition*, pp. 160 – 163.

⑤ Rade Mihaljčić, *The Battle of Kosovo in History and in Popular Tradition*, pp. 175 – 189.

⑥ Tamara Pavosovic Trost, *Dealing with the Past: History and Identity in Serbia and Croatia*, PhD diss., Harvard University, 2012, p. 220.

⑦ Rade Mihaljčić, *The Battle of Kosovo in History and in Popular Tradition*, p. 173.

⑧ "Song of the Battle of Kosovo", in *Marko the Prince*, *Serbo-Croat Heroic Songs*, p. 6.

三、记忆的再造：两座丰碑

囿于历史研究的局限性，学者们在追溯科索沃传说的形成时不得不严重依赖文字记录。但研究者们都清楚地意识到，口传文化对科索沃故事的创造、保存、改造和传播，应该起过关键作用，尤其是在奥斯曼统治时期。人们尤其强调民间史诗的重要性，认为科索沃传说的一些关键要素是通过这种形式而进入集体记忆的。塞尔维亚的民间歌手使用一种叫古斯拉的单弦乐器，一边弹奏一边吟唱，传唱诗歌易于为文盲大众接受，塞尔维亚人的文化和身份意识也得以延续。[①] 我们绝不可低估古斯拉的感染力。塞尔维亚裔美国诗人查尔斯·西米奇(Charles Simic)回忆说，当他小时候听到一个老农弹奏古斯拉，唱起科索沃传说中的"英雄母亲之死"[②]时，他感觉"古老的伤口再次撕裂"，古斯拉的声音就是"战败的声音"。[③] 20 世纪 90 年代波黑战争中的塞族首领拉多万·卡拉季奇(Radovan Karadžić)也是一位古斯拉歌手。[④]

真正以这些民间传统塑造民族认同并将其融入现代民族主义运动，是从 19 世纪初开始的。在民族主义知识分子和政治领导人的大力推动下，科索沃传奇为塞尔维亚人争取独立和解放的斗争提供了强大的意识形态支撑。这一进程与塞尔维亚书面文化的创生和发展息息相关，其中尤其值得一提的有两个人：一个是塞尔维亚现代语言的主要缔造者和科索沃史诗的编辑出版者武科·卡拉季奇(Vuk Stefanović Karadžić)，另一个是诗剧《山地花环》的作者、黑山的诸侯兼主教涅果什(Petar II Petrović-Njegoš)。[⑤]

像欧洲其他民族一样，启蒙运动和法国大革命也对塞尔维亚人产生了影响。尽管这个民族在文化上十分落后——1827 年，塞尔维亚公国的识字率不到 0.5%，[⑥]但它的知识分子在启蒙和革命精神的感召下创作了塞尔维亚人的历史，这是民族精神觉醒的标志。[⑦] 1804—1815 年，塞尔维亚人发动反对土耳其人的起义，1830 年，塞尔维亚公国成立。[⑧] 武科·卡拉季奇是这场民族运动的参与者。1813 年，这位出身农家的年轻人来到维也纳。卡拉季奇是塞尔维亚语言和书写系统的改革者，致力于实现民族文学语言的现代化，以接近普通人的日常口语。对本文的主题而言，他最大的贡献是搜集和出版了有关科索沃战役的民间史诗，以书面形式实现了这一

---

① Paul A. Cohen, "The Battle of Kosovo of 1389 and Serbian Nationalism", p. 10.

② Cf. *Marko the Prince*, *Serbo-Croat Heroic Songs*, pp. 24 – 26.

③ *The Battle of Kosovo*, p. 8.

④ Paul A. Cohen, "The Battle of Kosovo of 1389 and Serbian Nationalism", p. 29.

⑤ 关于他们与科索沃神话的关系的简介，可参阅 Alexander Greenawalt, "Kosovo Myths: Karadzic, Njegos, and the Transformation of Serb Memory"。

⑥ Traian Stoianovich, "The Pattern of Serbian Intellectual Evolution, 1830 – 1880", *Comparative Studies in Society and History*, Vol. 1, No. 3 (Mar., 1959), pp. 242 – 272.

⑦ Michael Antolovic, "Modern Serbian Historiography between Nation-Building and Critical Scholarship: The Case of Ilarion Ruvarac (1832 – 1905)", *The Hungarian Historical Review*, Vol. 5, No. 2 (2016), pp. 332 – 356.

⑧ Radovan Samardžić, "Les destin d'un peuple: les serbes du XIVe au XIX siècle", *Revue des études slaves*, Vol. 56, No. 3 (1984), pp. 345 – 361.

传说的经典化，进而给塞尔维亚的民族意识提供了神话基石。① 武科・卡拉季奇在哈布斯堡境内外的塞尔维亚人中搜集口传诗歌，并于 1814—1862 年之间结集出版，共计 10 卷。他的工作在当时的中欧和东欧名噪一时。在浪漫主义氛围下成长的中东欧著名知识分子，如德国的雅各布・格林、歌德和兰克等人，都曾赞赏卡拉季奇的工作，涅果什则是他的追随者。在民族传统的"发明"过程中，这些知识分子赋予民间传统或口传文化很重要的角色。这一观念有明显的德国源头。18 世纪末，赫尔德和格林兄弟等浪漫主义者提出，民歌是一个民族的灵魂，是民族精神的最伟大的表现。塞尔维亚没有深厚的书面文学传统，知识分子们便转向了口头文学，而德国的浪漫主义者则提供了理论支持乃至优越感：在民间文学中能发现最纯粹的民族语言、最纯正的道德观念和社会财富。②

19 世纪初卡拉季奇出版的科索沃史诗具有这种浪漫主义民族传统的全部特征。它包含大约 15 个独立的诗篇，内容彼此有关联。但最近的研究表明，卡拉季奇的科索沃史诗并不像浪漫主义所期待的那样，是对"未受污染"的天然诗歌的记录，毋宁说，他进行的是一次民族传统的再造。卡拉季奇和他的助手的确走访了很多乡村歌手，但这些歌手吟唱的诗歌题材十分广泛，而他特别感兴趣的是歌颂中世纪塞尔维亚帝国及其英雄们的歌谣，科索沃战役自然是其关注的中心。他头十年记录的几乎全都是"保存着古老的塞尔维亚历史和荣耀"的民歌。但在一些塞尔维亚人聚居地区，科索沃主题的歌谣流传并不很广，萨拉热窝的歌手甚至完全不知道科索沃战役中的主要角色。这就意味着，到 19 世纪初，科索沃传说在塞尔维亚的民间文化并不占有突出位置。实际上，他所搜集的科索沃主题的诗歌，几乎完全来自生活在塞尔维亚中北部、哈布斯堡帝国边境两侧的塞族歌手。③

因此当时的科索沃传奇有转变成地方传统的趋势。这是土耳其人的征服造成的。在奥斯曼统治期间，不少塞族人从科索沃等南方地带向北迁移，并大量进入哈布斯堡领地。最重要的一次迁徙发生在 1690 年，当时塞尔维亚牧首在起义失败后跟随奥地利军队向北迁移至今伏伊伏丁那境内。④ 1766 年，奥斯曼当局废除了位于科索沃佩奇修道院的塞尔维亚牧首。⑤ 因此，在 17—18 世纪之交，塞尔维亚的宗教中心发生了一次大转移，拉扎尔的遗骨也迁往当时哈布斯堡境内的弗尔德尼克(Vrdnik)修道院，围绕拉扎尔和科索沃战役的纪念和传说中心亦随之转移。当卡拉季奇为弘扬塞尔维亚的光荣历史而记录科索沃史诗时，实际上是将一种走向地方化的传

① Paul A. Cohen, "The Battle of Kosovo of 1389 and Serbian Nationalism", pp. 11 – 12.

② Aleksandar Pavlović and Srdan Atanasovski, "From Myth to Territory: Vuk Karadžić, Kosovo Epics and the Role of Nineteenth-Century Intellectuals in Establishing National Narratives", *The Hungarian Historical Review*, Vol. 5, No. 2 (2016), pp. 357 – 376.

③ Aleksandar Pavlović and Srdan Atanasovski, "From Myth to Territory: Vuk Karadžić, Kosovo Epics and the Role of Nineteenth-Century Intellectuals in Establishing National Narratives", p. 364.

④ Tim Judah, "The Serbs: The Sweet and Rotten Smell of History", p. 28.

⑤ Radovan Samardžić, "Les destin d'un peuple: les serbes du XIVe au XIX siècle", p. 351.

统确立为全民族的遗产,他在民歌搜集的选材中有意识地突出了科索沃传奇的核心位置。①

卡拉季奇还对口传的科索沃史诗进行了分割和编排。在弗尔德尼克修道院的周边地带,所有有关科索沃的歌谣都来自一首长诗(其长度是塞尔维亚口传民歌平均长度的20倍),吟唱这些歌谣的是一些得到修道院资助的盲人歌手,他们接受过一定的专业训练,形成一个类似于行会的职业组织。但是,这种形态的科索沃歌谣并不符合浪漫主义者对于民歌的理想化的定义,它不是源自"人民的热情之口"的自发创作。为了显示科索沃歌谣的民众性和纯洁性,卡拉季奇没有出版长诗,而是对它进行分割剪裁,以短歌集的形式出版并流传至今。②

由于武科·卡拉季奇的努力,科索沃传奇在民族主义兴起的关键时刻被唤醒,并被赋予民众主义的色彩。科索沃的记忆被再造和强化了,随着民族主义宣传运动及新的语言文字的推广——1884年塞尔维亚的识字率已逼近10%,③科索沃传奇有了各种改编和演绎,④并成功地植入塞尔维亚人的集体记忆中,第一次世界大战前一个士兵的回忆就揭示了这一点:

> 科索沃,单单这个词就引起了难以名状的冲动。它指向的是我们黑暗的过去——五个世纪了!它包含着我们整个悲惨的过去,从拉扎尔的悲剧到全体塞尔维亚人的不幸……我们每个人还在摇篮的时候就有了自己关于科索沃的形象。我们的母亲唱着科索沃的歌谣哄我们入睡,学校的老师总是在讲述拉扎尔和米罗什的故事……⑤

这个神话的动员力量不仅在于其悲情叙事,也在于它能唤醒人们关于塞尔维亚辉煌历史的记忆,而这种记忆很容易为民族主义者的政治诉求,尤其是领土扩张提供依据。在这个问题上,学界都会提到伊利亚·加拉塞宁所起的作用。此人曾于1843—1867年间在塞尔维亚公国政府中担任要职,他在1844年撰写的《方略》(*Nacertanije*)被视为第一次世界大战前塞尔维亚扩张政策的纲领。⑥ 加拉塞宁是个现实主义者,被称为"巴尔干的俾斯麦",他认为塞尔维亚为了自己的安全利益必须兼并境外的塞尔维亚人聚居地,其中包括科索沃和世界大战的策源地波斯尼亚;他还为自己的扩张政策寻找历史依据:塞尔维亚本来有取代拜占庭帝国的历史使命,杜山皇帝已经戴上了希腊人的皇冠,但土耳其人的到来打断了这一进程。⑦

《方略》问世三年之后,涅果什发表了塞尔维亚文学史上的杰作《山地花环》(*Gorski*

① Alksandar Pavlović and Srdan Atanasovski, "From Myth to Territory: Vuk Karadžić, Kosovo Epics and the Role of Nineteenth-Century Intellectuals in Establishing National Narratives", p. 365.

② Alksandar Pavlović and Srdan Atanasovski, "From Myth to Territory: Vuk Karadžić, Kosovo Epics and the Role of Nineteenth-Century Intellectuals in Establishing National Narratives", pp. 365 - 370.

③ Traian Stoianovich, "The Pattern of Serbian Intellectual Evolution, 1830 - 1880", pp. 250 - 251.

④ Alksandar Pavlović and Srdan Atanasovski, "From Myth to Territory: Vuk Karadžić, Kosovo Epics and the Role of Nineteenth-Century Intellectuals in Establishing National Narratives", p. 371.

⑤ Thomas A. Emmert, *Serbian Golgotha: Kosovo, 1389*, pp. 133.

⑥ Manetovic Edislav, "Ilija Garašanin: *Nacertanije* and Nationalism", *The Historical Review/La Revue Historique*, Vol. 3 (2006), pp. 137 - 173.

⑦ Branimir Anzulovic, *Heavenly Serbia. From Myth to Genocide*, pp. 89 - 91.

vijenac),它为这一扩张计划提供了精神动力。萨拉热窝的刺客普林西普会背诵《山地花环》,[1] 拉多万·卡拉季奇也会背诵。[2] 由于它的巨大影响力,科索沃记忆的重心发生了位移:此前的重心是对拉扎尔的崇拜,它带有明显的宗教色彩,武科·卡拉季奇出版的科索沃史诗仍可看到这一特征,例如拉扎尔最后的晚餐和他死后头颅与身体再次弥合的神迹。[3] 但此后米罗什所象征的英雄主义占有更加突出的位置。[4] 这是一种带有暴力色彩和复仇观念的英雄主义。

在 1878 年获得完全独立之前,黑山是奥斯曼帝国中享有较高自治权的地区,但这里的居民在与土耳其人长期的斗争中,产生出一种独特的集体意识:他们是 1389 年科索沃战役后为逃避土耳其的奴役而藏身这个险峻山区的。[5] 19 世纪初塞尔维亚人的起义进一步激发了反抗斗争,涅果什则将科索沃记忆融入当地人的日常生活中。他设计了一种帽子,上面的黑丝是对科索沃的哀悼,红丝象征被血浸染的塞尔维亚人的土地;涅曼尼奇王朝的徽章位于帽子中间,周围是五道金线,象征五个世纪以来黑山人的抗争。他还设计了奥比利奇勇敢奖章;而他创作的《山地花环》则让"黑山人的头脑和心灵都与科索沃神话生活在一起……他们对其中诗句的了解,比主保圣徒日的圣歌懂得都多"。[6]

《山地花环》的情节源自一个真实性十分可疑的故事,故事发生在 18 世纪初的一个圣诞节前夜,其核心是黑山起义者"消灭投靠土耳其的改宗者"[7]。作品虽然选取了较近的历史背景,但科索沃记忆是其根本的参照。[8] 在 800 多行诗句(英译版)中,科索沃出现了 12 次,但更重要的是科索沃的意象:那里是"巨大的坟场",是"最后的审判之地";米罗什(或奥比利奇)的名字出现约 20 次,它取得了神灵一般的地位。这一英雄主义的记忆是被用来动员血腥复仇的行动的,诗中流露出塞尔维亚人与改宗伊斯兰教的斯拉夫人不共戴天的仇恨;穆斯林是"恶魔",黑山战士凭奥比利奇的名字起誓,要让两种信仰"浸在血泊中";诗中提到鲜血和带血的意象(如血染的河流)超过 40 次。在宣扬勇敢和复仇的同时,《山地花环》对背叛者——"叛徒"和"走狗"布朗科维奇的后继者——的极端仇恨尤其令人瞩目:

> 谁背叛那些勇敢的战士,

---

① Branimir Anzulovic, *Heavenly Serbia. From Myth to Genocide*, p. 92.

② Paul A. Cohen, "The Battle of Kosovo of 1389 and Serbian Nationalism", p. 29.

③ *The Battle of Kosovo*, pp. 74 – 77.

④ Dejan Djokic, "Whose Myth? Which Nation? The Serbian Kosovo Myth Revisited", pp. 221 – 228.

⑤ 在 19 世纪初到第一次世界大战之间的巴尔干民族主义运动时期,黑山人认为自己是塞尔维亚民族最杰出的代表,但一些部落首领并不赞成完全并入塞尔维亚,他们认同自己的塞尔维亚民族身份,但希望保持一定的政治独立。相关问题参阅 Srdja Pavlović, "Literature, Social Poetics, and Identity Construction in Montenegro", *International Journal of Politics, Culture, and Society*, Vol. 17, No. 1 (Fall, 2003), pp. 131 – 165。

⑥ Olga Zirojević, "Kosovo in the Collective Memory", pp. 196 – 198.

⑦ 参阅这部作品的英译:Petar II Petrovic Njegos, "The Mountain Wreath", https://web.archive.org/web/20090226210356/http://www.rastko.org.rs/knjizevnost/njegos/njegos-mountain_wreath.html, 2018 年 6 月 18 日。亦可参阅中译本:彼得·涅果什《山地花环》,白一堃译,外国文学出版社,1982 年。

⑧ 关于作品的背景及分析,参阅 Branimir Anzulovic, *Heavenly Serbia. From Myth to Genocide*, pp. 45 – 67。

愿他们都化成石头和灰烬！
愿主以他的万能之力
将他们原野上的所有种子变成石子！
他们妻子腹中的胎儿变成石头！
他们的后人世代都患麻风病！

科索沃史诗中也有血腥的意象和对怯懦者的诅咒，[①]但《山地花环》将这种情绪推向了极端，并将对异教徒的暴力行为神圣化了，作品中也不再有天国与尘世抉择之类的宗教主题。但这两部作品在有一点上是一致的，那就是对历史事实的简化和歪曲。《山地花环》所歌颂的黑山人对异教徒的灭绝行动，是涅果什的诗意想象，与历史实际相差甚远。黑山地区穆斯林的离开是逐步的，为时超过一个世纪，但这段并不那么血腥的历史被他描绘成一场英勇残暴的复仇行动。考虑到涅果什的兄弟曾在 1836 年被土耳其人斩首、[②]他所处的那个社会展示残酷刑罚的做法司空见惯，[③]以及塞尔维亚人对土耳其人的残酷迫害的记忆，[④]我们当然不能把这种暴力和复仇主义单方面地归咎于涅果什，但当它被灌输到民族主义的官方政策中时，的确会造成严重的后果。

四、官方对记忆的政治利用

《山地花环》对塞尔维亚民族主义运动意义非凡。经过涅果什的宣扬，对科索沃的殉道和牺牲的记忆转变成一种进取力量，它以根除塞尔维亚人土地上的一切外来统治为目标。19 世纪塞尔维亚的艺术家们大力宣传科索沃精神，1827—1889 年，以米罗什和拉扎尔为主题的戏剧有五部。[⑤] 塞尔维亚公国也注重在新式教育和文化事业中培育民族意识。即便在塞尔维亚于 1878 年获得完全的独立地位之后，大片塞尔维亚人居住区，包括科索沃，仍处于外国统治之下。1864 年一份塞尔维亚人的报纸就在召唤那种进取的英雄主义："我们的成果仍很微小。一半的塞尔维亚人仍在科索沃的锁链中……今天谁是我们的米罗什呢?"[⑥]

在这种背景下，科索沃神话的政治动员能力被进一步加强。塞尔维亚公国成立后，这个神话有了进一步发挥效力的政治平台。将科索沃神话与圣维特纪念日正式结合起来，就是对记忆进行政治操控的一次成功实践。据推测，圣维特（Saint Vitus）可能是从古代斯拉夫的战神

---

① *The Battle of Kosovo*, pp. 40 - 41.
② Paul A. Cohen, "The Battle of Kosovo of 1389 and Serbian Nationalism", p. 17.
③ Branimir Anzulovic, *Heavenly Serbia. From Myth to Genocide*, p. 54.
④ 南斯拉夫作家伊沃·安德里奇的小说《德里纳河上的桥》就再现了对土耳其人可怕暴行的记忆，如对基督徒征收的"血税"和对反抗者施加的棍棒活穿人体（impalement）刑罚。见伊沃·安德里奇《德里纳河上的桥》，周燕、李雄飞译，人民文学出版社，1979 年。
⑤ Thomas A. Emmert, *Serbian Golgotha: Kosovo, 1389*, p. 124.
⑥ Thomas A. Emmert, *Serbian Golgotha: Kosovo, 1389*, p. 125.

(Svetovit)演化而来,这个名字后来与公元3世纪的一位圣徒维特(Vitus或Vit)混同,后者殉教的日子与科索沃战役刚好是同一天。19世纪前期,随着民族意识的发展,人们对一切古老事物都产生了兴趣,在对科索沃神话日益升温的热情中,圣维特日也被越来越频繁地提及,贝尔格莱德主要的政治杂志便以“圣维特日”命名。在塞尔维亚的官方日历中,这一天从1864年起被正式标注为特别节日;1879年,一篇报刊文章认为圣维特日应该成为忏悔、祈祷和斋戒的日子,以“铭记我们的英雄和神灵”。1889年科索沃战役五百周年之际,官方举办了一系列纪念“圣维特日战死在科索沃的英雄”的活动,次年,圣维特日被正式确定为国家纪念日,以缅怀那些“为信仰和祖国而献身的塞尔维亚战士”。①

对圣维特日的推崇,同样展现了科索沃记忆中的暴力和复仇主义倾向。据说当时有一种习俗:在纪念日的前夜,家长会给每个参加聚会的家人一支芍药,并说“我要你们像这花一样鲜红和坚强”,接过花的人回答:“我会像在科索沃原野上抛洒热血的战士一样。”芍药是科索沃原野上常见的小花,民间传说它滴下的汁液是科索沃的战士在哀悼他们失去的帝国。那一天,布谷鸟也停止鸣叫,以悼念在科索沃战死的英雄。另一个传说更具复仇主义色彩:在圣维特日那天,流经科索沃的三条河流会变成血红色,且每年都会如此,直到“洗雪科索沃的冤仇,将它完全从土耳其的奴役下解放”②。

民间记忆与官方的立场遥相呼应。1889年6月28日,塞尔维亚政府在拉扎尔当年的都城举行了科索沃英雄纪念碑的奠基仪式,国王在那一天加冕,政府决定资助出版新的科索沃史诗版本……科索沃俨然成为塞尔维亚公共生活的中心了。6月11日,塞尔维亚外长就科索沃战役的意义发表演讲:

> 科索沃是我们民族骄傲的永不枯竭的源泉。这种骄傲比语言更重要,比教会更强大,它将所有塞尔维亚人凝聚成一个统一的民族……五百年来,科索沃英雄们的光荣就像暗夜里闪耀的恒星……我们的人民……以无数次起义来争取重获自由。没有哪一次争取自由的战争——哪有没有战争的岁月呢?——科索沃的英灵不曾参与。塞尔维亚的新历史从科索沃开始,这是……长期的苦难、无休止的战争以及永不熄灭的光荣的历史……③

艺术界和学术界人士也在为官方的科索沃记忆提供支持。19—20世纪之交塞尔维亚最著名的画家乌罗什·普列蒂奇(Uroš Predić)和派雅·约万诺维奇(Paja Jovanović),都创作了大量与科索沃记忆相关的名作,这些作品“印在了每一个塞尔维亚人的脑海中”④。在历史学界,米罗什·米洛耶维奇(Miloš S. Milojević)和潘特里亚-潘塔·斯列科维奇(Pantelija-Panta

① Olga Zirojević, “Kosovo in the Collective Memory”, pp. 199 - 200.

② Paul A. Cohen, “The Battle of Kosovo of 1389 and Serbian Nationalism”, p. 6; Olga Zirojević, “Kosovo in the Collective Memory”, p. 199.

③ Thomas A. Emmert, *Serbian Golgotha: Kosovo, 1389*, pp. 126 - 129.

④ Tim Judah, “The Serbs: The Sweet and Rotten Smell of History”, p. 31.

Srecković)纷纷发表弘扬爱国精神的作品。但他们对科索沃传说的宣扬引发了当时正在兴起的批判历史学的驳斥。

当时塞尔维亚批判历史学的主要代表是伊拉里昂·卢瓦拉奇(Ilarion Ruvarac),他在维也纳接受史学训练,主张从原始史料而不是诗歌和传说来重建科索沃战役的历史。1887年,他撰文指出了当时集体记忆中的一个错误:拉扎尔的头衔不是皇帝,而只是个地方诸侯(prince);塞尔维亚帝国在1371年就告终了,科索沃战役与帝国的终结没有直接关系。他还指责米洛耶维奇和斯列科维奇对中世纪塞尔维亚历史的歌颂缺乏依据,尤其是夸大了塞尔维亚的领土范围。[①] 与此同时,另一位学者柳博米尔·卡瓦切维奇(Ljubomir Kavačević)在认真研究后提出,武科·布朗科维奇不是叛徒。[②] 但他们的结论危及科索沃传说的核心和民族主义者的政治诉求的历史依据,也激怒了为民族主义背书的学者,他们指责卢瓦拉奇是塞尔维亚民族的叛徒,摧毁了塞尔维亚的"民族性",甚至应该被处决;军队也指责他危害了塞尔维亚的民族利益。[③]

这场争吵鲜明地反映出,批判历史学试图重建的历史,与"第二层次的历史"或"记忆"之间的冲突。笔者曾指出,塑造民族身份的集体记忆,其特征是要国民去相信,但记忆本身是缺乏反思性的;而作为科学研究的历史学具有怀疑和批判的特征,因此两者之间会存在矛盾,这也是皮埃尔·诺拉所谓"历史与记忆之间"会产生各种纠结的一大根源。[④] 对塞尔维亚民族主义者来说,科索沃战役的真相究竟如何并不重要,重要的是他们记忆中的科索沃、经过长期加工并适应当下需求的"第二层次"的科索沃,百年之后米洛舍维奇不是还说科索沃战役的真相和传说之分并不重要吗?而19—20世纪之交的塞尔维亚政治家们更是需要民族历史的辉煌叙事和科索沃的创伤记忆来动员民众,因此由斯列科维奇掌管历史教育就不足为奇了。[⑤] 这种教育取得了如期的效果。1912年,当塞尔维亚终于迎来了解放科索沃的伟大日子时,一个士兵记录下了他们战前动员的场景:

> 当我们到达科索沃,部队待命出发时,军官向我们发表演说:"兄弟们,我的孩子,我的儿子们!"他停顿了一下,"我们现在就站在埋葬着我们光荣的地方。我们向牺牲的祖先的英灵致敬……"他的声音哽咽了,眼泪像流水一样顺着脸颊和灰白的胡须落在地上……拉扎尔、米罗什,所有科索沃殉道者的亡魂都注视着我们。我们感到强大而骄傲……我们这一代人将实现整个民族好几个世纪以来的梦想:用我们的剑夺回失去的自由。[⑥]

---

① Michael Antolovic, "Modern Serbian Historiography between Nation-Building and Critical Scholarship: The Case of Ilarion Ruvarac (1832 - 1905)", pp. 341 - 346.

② Olga Zirojević, "Kosovo in the Collective Memory", p. 205.

③ Michael Antolovic, "Modern Serbian Historiography between Nation-Building and Critical Scholarship: The Case of Ilarion Ruvarac (1832 - 1905)", pp. 346 - 349.

④ 参阅拙文《"记忆之场"与皮埃尔·诺拉的法国史书写》,《历史研究》2017年第6期,第140—157页。

⑤ Michael Antolovic, "Modern Serbian Historiography between Nation-Building and Critical Scholarship: The Case of Ilarion Ruvarac (1832 - 1905)", pp. 347 - 348.

⑥ Thomas A. Emmert, *Serbian Golgotha: Kosovo, 1389*, pp. 133 - 134.

这个场景见证了科索沃记忆所蕴含的情感力量。有评论者说,进入科索沃的塞尔维亚士兵相信这次进军是与过去英灵的重逢,他们仿佛是追随中世纪的骑士一起复仇。1912—1913 年的两次巴尔干战争被塞尔维亚人视为一场圣战,参战的士兵荣膺一种特别的奖章,上面的铭文是:"献给科索沃的复仇者,1912—1913"。[1] 1912 年 10 月,塞军在今马其顿北部的库马诺沃击败土军,科索沃被交给塞尔维亚,于是一个新的口号被创造出来:"库马诺沃为科索沃复仇了。"[2]对塞尔维亚来说,收复科索沃是一次复仇行动,但复仇的对象不仅是奥斯曼统治者,还有科索沃当地的阿尔巴尼亚族穆斯林,这是近代巴尔干历史上一个影响深远的悲剧性事件。

在奥斯曼统治科索沃的四个半世纪里,该地居民的民族构成发生了重大转变。1455 年奥斯曼吞并科索沃时,当地居民中塞尔维亚人占压倒多数。16 世纪初,阿尔巴尼亚人大量迁入,这一趋势贯穿整个 17 世纪。17—18 世纪之交,由于哈布斯堡和奥斯曼两大帝国之间战事的蔓延,很多塞尔维亚人逃往北方的哈布斯堡领地,1690 年的大迁徙就发生在这种背景下。这时迁入科索沃的阿尔巴尼亚人越来越多,19 世纪中叶,他们很可能已经占据了人口的多数。[3] 到 1900 年前后,科索沃的穆斯林已占总人口的 70%强,大部分是阿尔巴尼亚族。[4]

阿尔巴尼亚人是在奥斯曼的压力下成为穆斯林的,关键时期是在 17 世纪。由于阿尔巴尼亚基督徒大多信奉天主教,承认罗马的权威,因而遭受奥斯曼当局更大的敌意和压力,他们负担的人头税急剧增长,很多阿族人开始改宗伊斯兰教。[5] 学者认为,在 19 世纪之前,巴尔干地区阿族和塞族的关系复杂微妙,但绝不是后来双方的民族主义者构建起来的那种简单的对抗关系。双方的关系是在 19 世纪明显恶化的。[6] 在这一变化中,科索沃神话起到了催化剂的作用。在科索沃战役中,塞尔维亚的对手是穆斯林,《山地花环》则宣扬对改宗伊斯兰教的基督徒复仇。1912—1913 年塞尔维亚军队对科索沃穆斯林的报复,就发生在这样的记忆氛围中。[7] 塞军在科索沃的行动骇人听闻,当时在巴尔干担任军事记者的列昂·托洛茨基留下了相关的记录。[8] 两次巴尔干战争暴行还促使卡内基和平基金会设立一个国际调查委员会,该委员会后来就两次巴尔干战争发表了报告。[9]

《山地花环》构想的复仇终于在科索沃上演,但这只是一场更大规模的暴行的序幕。在 1914 年圣维特日的萨拉热窝,普林西普带着对这部史诗的记忆射出了仇恨的子弹。五十年前

---

① Dejan Djokic, "Whose Myth? Which Nation? The Serbian Kosovo Myth Revisited", pp. 219 - 228.

② Marko Šuica, "The Image of the Battle of Kosovo (1389) Today: a Historical Event, a Moral Pattern, or the Tool of Political Manipulation", p. 163.

③ Miranda Vickers, *Between Serb and Albanian. A History of Kosovo*, Columbia University Press, 1998, pp. 12 - 34.

④ Paul A. Cohen, "The Battle of Kosovo of 1389 and Serbian Nationalism", p. 7.

⑤ Miranda Vickers, *Between Serb and Albanian. A History of Kosovo*, pp. 19 - 23.

⑥ Paul A. Cohen, "The Battle of Kosovo of 1389 and Serbian Nationalism", p. 9.

⑦ Philip J. Cohen, "The Ideology and Historical Continuity of Serbia's Anti-islamic Policy", *Islamic Studies*, Vol. 36, No. 2/3 (Summer/Autumn, 1997), pp. 361 - 382.

⑧ *The War Correspondence of Leon Trotsky: The Balkan Wars 1912 - 13*, Pathfinder Press, 1981.

⑨ *Report of the International Commission to Inquire into the Causes and Conduct of the Balkan Wars*, Washington, 1914.

塞尔维亚人曾追问谁是他们的奥比利奇,普林西普认为他可以担当这个角色,他将以刺杀暴君的壮举,实现塞尔维亚人最终的解放。[①] 对于这群塞尔维亚爱国青年,不少学者都认为应该回到他们赖以生长的"狄纳里克"(Dinaric)文化—记忆环境中去理解。狄纳里克是巴尔干西端靠近亚得里亚海的山地地带,黑山是其中的一部分。在这片贫瘠山区的家长制社会中,暴力和血腥复仇是一种文化,当这种文化与 19 世纪的民族主义结合在一起时,便产生了孕育普林西普式爱国青年的环境。[②] 他们崇拜科索沃传说,相信政治暗杀有助于恢复五个世纪前在科索沃失去的自由,普林西普就是狄纳里克人格的典型:

> 狄纳里克人有一股为科索沃复仇的怒火……他们要复兴古老的塞尔维亚帝国……他们认为自己是神选定来执行民族使命的……每个狄纳里克人都认为民族英雄是他们的祖先……他们在头脑中回味着祖先的伟业和他们无尽的苦难……他们……甚至对科索沃英雄们的伤口感同身受。[③]

这个瘦弱的少年大概不会想到,在他射杀费迪南大公一年多之后,塞尔维亚军队就不得不经科索沃向科孚岛撤退。不过他一定会理解当时塞军元帅米西奇(Zivojin Misic)的请求:他要求部队在科索沃对占压倒优势的敌国军队做最后的抵抗,以效仿拉扎尔宁愿战死也不愿忍辱偷生的殉道精神。[④] 但这个请求没有得到政治当局的批准。三年前他们带着科索沃的记忆解放这块圣地,如今却不得不黯然离开。显然,科索沃神话的影响远没有在 1915 年终结。

总结与评论

两次世界大战期间,科索沃地区数次经历外部大国的占领,这样的经历,尤其是二战期间纳粹的占领,使得当地的族群关系进一步复杂化。铁托去世后,南斯拉夫地区一度稳定的族群关系又开始逐步恶化。在科索沃战役 600 周年之际,塞尔维亚官方的纪念活动再次触动了这个地区敏感的政治神经,1999 年的科索沃战争又再次使这里成为世界瞩目的焦点。对于第一次世界大战后的科索沃记忆,另须专文探讨。这里只就几个带有普遍意义的问题作几点评论。

21 世纪初,塞尔维亚外长武科·耶利米奇(Vuk Jeremic)说,塞尔维亚不能接受科索沃的独立,因为它是"我们的耶路撒冷"[⑤]。在科索沃史诗中,佩奇的名字是与耶路撒冷放在一起的。[⑥]

---

① Dejan Djokic, "Whose Myth? Which Nation? The Serbian Kosovo Myth Revisited", pp. 222 – 224.
② Branimir Anzulovic, *Heavenly Serbia. From Myth to Genocide*, pp. 45 – 67.
③ Thomas A. Emmert, *Serbian Golgotha: Kosovo, 1389*, pp. 134 – 135.
④ Dejan Djokic, "Whose Myth? Which Nation? The Serbian Kosovo Myth Revisited", p. 223.
⑤ Paul A. Cohen, "The Battle of Kosovo of 1389 and Serbian Nationalism", p. 30.
⑥ *The Battle of Kosovo*, p. 76.

1690 年的大迁徙之所以在塞尔维亚人的记忆中占有重要地位,[①]是因为牧首在土耳其的威胁和勒索之下,被迫率领大批塞尔维亚人离开科索沃。这就可以解释,为什么人们经常把塞尔维亚人与犹太人作类比。

西方学者对 20 世纪塞尔维亚的民族主义有很多批评,其中当然有其合理乃至必要之处。但应该思考的是,20 世纪巴尔干的暴行是世界瞩目的焦点,但土耳其在巴尔干五个世纪的统治是否受到过这样的关注? 武科·卡拉季奇的科索沃史诗、涅果什的《山地花环》最初都是在境外出版的,加拉塞宁和卢瓦拉奇主要是在哈布斯堡领地内接受教育,这些事实,连同小说《德里纳河上的桥》和约万诺维奇的绘画所再现的集体记忆,足以说明外来统治和帝国扩张给一个弱小民族带来的不幸及留下的创伤。

但同样需要反思的是塞尔维亚人应对这种创伤记忆的方式。20 世纪末南斯拉夫内战后,一些学者已经意识到《山地花环》带来的负面后果。[②] 本文想谈一下科索沃记忆与当下政治的关系。科索沃神话把中世纪塞尔维亚帝国的灭亡简单地归咎于布朗科维奇的背叛,这对后来塞尔维亚人的历史观产生了影响。可以说,科索沃神话给塞尔维亚的历史提供了一个具有解释效力的"元叙事",这尤其表现在每个重大历史关头对于分裂和背叛的憎恨和警惕中。直到 1989 年,米洛舍维奇还在演讲中强调:

> 几个世纪以来可以确信的是,600 年前科索沃的战败是分裂造成的……科索沃战场上的不统一和背叛将像恶魔一样继续贯穿塞尔维亚人民的整个历史……塞尔维亚人的分裂导致国家的落后和屈辱,科索沃比任何地方都更有意义,因为这里是分裂和背叛的象征。[③]

这是对布朗科维奇这一母题的发挥,它突出地反映了科索沃记忆的"超时间性": 不管当下的局面与 1389 年差别有多大,背叛这样的主题永远具有强大的解释力。因此有学者再次将塞尔维亚人和犹太人进行类比,并认为科索沃传奇具有某些民族神话的共同特征: 这些奠基性神话为此后的历史提供了类比的原型和基本的解释框架,后世的历史仿佛只是对这个神话的反复再现。加布列尔·斯皮格尔说:"对于犹太人,历史经验已被融入犹太圣礼中反复述及的典范性事件(paradigmatic events)中",最近或当代的经验只有类比于这类事件才能得到解释并获得意义。[④] 在这种仪式性的记忆中,过去通过背诵和记忆融入当下。[⑤] 科索沃神话与此相似,它不仅与当下的处境产生共鸣,还为后者提供解释,给各种角色和行为贴上标签或提供参照: 普林西

---

① 塞尔维亚画家帕雅·约万诺维奇于 1896 年创作的作品《塞尔维亚人的迁徙》再现的就是这一事件:"Migration of the Serbs (painting)", https://en.wikipedia.org/wiki/Migration_of_the_Serbs, 2018 年 6 月 22 日。

② Branimir Anzulovic, *Heavenly Serbia. From Myth to Genocide*, pp. 61 – 67.

③ "Slobodan Milosevic's 1989 St. Vitus Day Speech", http://www.slobodan-milosevic.org/spch-kosovo1989.htm, 2018 年 6 月 20 日。

④ 斯皮格尔参考了关于犹太记忆的著名研究: Yosef H. Yerushalmi, *Zakhor: Jewish History and Jewish Memory*, Washingtong University Press, 1996, pp. 34 – 36。

⑤ Gabrielle M. Spiegel, "Memory and History: Liturgical Time and Historical Time", *History and Theory*, Vol. 41, No. 2 (May 2002), pp. 149 – 202.

普自比米罗什，查布里诺维奇不想背负布朗科维奇的恶名。从这个意义上说，科索沃记忆从历史中剥离了出来，进入了无时间的领域。

科索沃传奇的无时间性与塞尔维亚教会的立场有关：它不顾现代史学的成就，将科索沃神话确立为一种永恒的、循环的、至今仍可感知的真理。① 正是由于无时间性，塞尔维亚人在调动和利用科索沃传奇时，便会忽视当下的处境与记忆中的科索沃战役的巨大差别。例如对科索沃的权利要求。1389 年的科索沃的确可以视为塞尔维亚人的土地和宗教中心，但五百年后的情况已经大不相同。因此科索沃记忆所产生的权利要求牵涉 1389 年所不曾遇到的局面，尤其是牵涉其他民族的权利。这是超时间性的民族神话带来的困境。

强调科索沃记忆的超时间性，绝不意味着记忆本身没有变化。这个神话的关键要素组合成完整的叙事，经历了相当长的时间，它真正成为全体塞尔维亚人的民族神话，则是 19 世纪的事；而在 19 世纪，神话诉说的重点从宗教救赎转向了英雄主义和复仇主义。另外需要强调的是，科索沃传奇作为一种元叙事具有高度的涵盖性，正如学者指出的，土耳其人实际上是一种“他者”形象，它在 19 世纪可以用来指改宗伊斯兰教的斯拉夫人，在 20 世纪又替换为克罗地亚人或阿尔巴尼亚人。②

上述变化反映的正是科索沃战役的第二层次的历史。卢瓦拉奇也许会感到失望的是，一百多年后，很多塞尔维亚人仍然没有接受他的批判性研究成果。③ 这或许是批判性历史研究在面对政治对记忆的利用时无能为力的一个例证。与此相应的是，科索沃传奇中的民族和宗教对抗主题遮蔽了历史中建设性的方面。今天的学者认为，塞尔维亚人和阿尔巴尼亚人的祖先曾有过和谐共处的日子，他们崇拜同样的圣徒、在同样的教堂里祈祷，④甚至还在 1389 年科索沃的战场上并肩战斗。⑤ 这就意味着，塞尔维亚关于科索沃的记忆有某种依据历史实际进行再造的可能。但这种可能究竟在多大程度上能兑现，笔者认为恐怕主要取决于各方政治当局的意愿。

（本文原刊于《世界历史》2019 年第 5 期）

作者简介：

黄艳红，现任上海师范大学人文学院世界史系研究员、博士生导师。主要研究领域为法国近代史和中世纪史。2006 年在北京大学获历史学博士学位。

2006—2019 年在中国社会科学院世界历史研究所工作。曾在索邦法国大革命史研究所、法

---

① Marko Šuica, “The Image of the Battle of Kosovo (1389) Today: a Historical Event, a Moral Pattern, or the Tool of Political Manipulation”, p. 172.

② Tim Judah, “The Serbs: The Sweet and Rotten Smell of History”, p. 42; Milica Bakić-Hayden, “National Memory as Narrative Memory: The Case of Kosovo”, pp. 25 – 40.

③ Tamara Pavosovic Trost, *Dealing with the Past: History and Identity in Serbia and Croatia*, pp. 219 – 222.

④ Miranda Vickers, *Between Serb and Albanian. A History of Kosovo*, pp. 19 – 23.

⑤ Paul A. Cohen, “The Battle of Kosovo of 1389 and Serbian Nationalism”, p. 9.

国普瓦提埃大学中世纪文明高等研究中心(CESCM)等学术机构访学;2011 年 11 月到 2012 年 8 月,受“布罗代尔奖学金”资助,在法国人文之家从事博士后研究。

出版专著《法国旧制度末期的税收、特权和政治》(2016 年),并在《历史研究》《世界历史》等期刊发表论文 20 余篇;译有《法国革命的思想起源》《记忆之场》《历史性的体制》《近代德国及其历史学家》等著作十余部。

近代日本农本主义与亚洲主义的关联性
——以“中国通”长野朗的思想为中心

刘　峰

摘　要：近代日本的资本主义带有不少“封建残余”，在思想层面上尤其包括了反西方的、要求“回归”东方封建传统的农本主义与亚洲主义思想。通过考察分析近代“中国通”长野朗的思想言论可以发现，实际上两者不仅共同作用，对日本的资本主义近代化产生了深刻而消极的影响，而且还存在着一定的相互关联。一方面，作为日本精神主义“扩大版本”的亚洲主义与作为“变种版本”的农本主义存在紧密联系；另一方面，两者在阶级意识、中国观和社会运动观、对秘密结社的共鸣三个方面存在紧密联系。可以说，长野朗的思想乃是谋求以“东洋社会传统”来改造国家，要求反近代、反西方，对内主张农本主义，对外主张亚洲主义的一种消极思想的混合体。

关键词：日本　农本主义　亚洲主义　长野朗

近代日本是一个后进型资本主义国家。在其近代化过程中，存在着不少缺陷和误区，尤其带有很多“封建残余”的影响，在思想层面上亦是如此。比如，近代日本的农本主义与亚洲主义，它们反对“西化”，追求对东方传统的“回归”，但却各自在理论逻辑上与日本法西斯主义保持着紧密的联系。同时，两者相互之间也存在着某种微妙的关联性。对这些思想及其关联性加以考察，有助于我们对近代日本资本主义及其侵略性进行更为系统、准确、深刻的把握。

一、研究前提

近代日本的亚洲主义①起源于19世纪中叶。尽管它在发展过程中先后产生了兴亚论、中国

① 目前国内学界关于近代日本亚洲主义的研究成果不少，主要包括：盛邦和《19世纪与20世纪之交的日本亚洲主义》，《历史研究》2000年第3期；戚其章《日本大亚细亚主义探析——兼与盛邦和先生商榷》，《历史研究》2004年第3期；王屏《近代日本的亚细亚主义》，商务印书馆，2004年；盛邦和《日本亚洲主义与右翼思潮源流——兼对戚其章先生的回应》，《历史研究》2005年第3期；杨栋梁、王美平《日本“早期”亚洲主义思潮辨析——兼与盛邦和、戚其章先生商榷》，《日本学刊》2009年第3期；等等。但集中论述它与农本主义关系研究却寥寥无几。

保全主义、大亚洲主义、亚洲门罗主义、东亚联盟论、东亚协同体论、东亚新秩序、大东亚共荣圈思想等众多具体的表现形态或“理论变种”。但其本质却始终万变不离其宗，乃是以“日本≥亚洲”为价值判断核心，将日本一国利益等同或凌驾于亚洲整体利益，宣扬以日本为盟主“指导”并“联合”亚洲，排斥西方，反对近代的东西。它在国家利益最大化的目标之下与军国主义、法西斯主义相结合，试图欺骗中国等亚洲国家，假借其力量以抵御、驱除欧美势力在东方的扩张，以实现其野心。从兴亚会的兴亚论、樽井藤吉的“大东合邦论”，到小寺谦吉的大亚洲主义论、德富苏峰的亚洲门罗主义，再到近卫文麿的东亚新秩序论、东条英机和大川周明等人的“大东亚共荣圈”理论，其本质均一以贯之。事实上，战后以来日本试图否定侵略战争的“大东亚战争解放论”等论调，即是以此为理论基础的。

那么，农本主义又是什么呢？顾名思义，农本主义①，即是“以农为本”的意思。然而，它又因时代不同而在意义上有所区别。可以说在日本的江户时期、近代的明治、大正、昭和时期，其特征各异，并非完全相同。因此，作为前提在此需要明确的是，虽说都被称为“农本”，但绝非一义，有必要首先把握其多义性。

日本的农本主义思想具有鲜明的时代特征。早在江户时期，就普遍存在着重农抑商的情况。荻生徂徕当时称：“重本抑末，是古圣人之法也。本，农也。末，工商也。”②即是反对舍本逐末、本末倒置，强调安守本分、以农为本。到了江户后期，为了限制土地领主的过分剥削，又有不少农本思想家开始主张“分度”③，并致力于促进农民的劳动积极性。在此过程中，农本思想逐渐开始具备逻辑性和理论性。比如，二宫尊德就曾在《报德论》的第12章《论国本在农》中称：“夫国之本在民，民之本在食，食之本在农。是以农业盛而民优，民优则国家盛。……农衰则民困，民困而成国之大患。国之大本，应重农业。”④而大原幽学则不仅在《微味幽玄考》等经典著作中论述农本与修身齐家之道，而且还具体深入到了农业技术指导、整理耕地、奖励节约等具体生产实践上去。⑤ 可以说，在日本的“前近代”时期，农本主义以中国的儒家思想为基础，强调“国本在农”，与近代西方工业文明保持绝缘。

然而到了近代，这一思想却发生了重大变化。明治维新之后，随着“殖产兴业”“地租改正”等近代化政策的迅速推进，日本农民的生活苦不堪言，反抗意识大为滋生。具体来说，当时“半

① 单就日本的农本主义而言，以往学界的研究成果并不少。主要包括：樱井武雄《日本农本主义》，白扬社，1935年；安达生恒《农本主义的再探讨》，《思想》1959年第423号；纲泽满昭《日本的农本主义》，纪伊园屋书店，1971年；泷泽诚《权藤成卿》，纪伊园屋书店，1971年；松泽哲成《橘孝三郎——日本法西斯主义原始回归论派》，三一书房，1972年；齐藤之男《日本农本主义研究——橘孝三郎的思想》，农山渔村文化协会出版，1976年；岩崎正弥《农本思想的社会史——生活与国体的交错》，京都大学学术出版会，1997年；等等。

② 荻生徂徕：《政论》，吉川幸次郎等编《日本思想大系36　荻生徂徕》，岩波书店，1973年，第48页。

③ 简单地说，就是勤俭节约、“守分立度”。

④ 二宫尊德：《论国本在农》，富田高庆编《报德论》，兴复社，1896年，第39页。

⑤ 详细内容参照大原幽学《微味幽学考》，奈良本辰也、中井信彦校注《日本思想大系52　二宫尊德　大原幽学》，岩波书店，1973年。

封建土地所有制关系”构成了日本资本主义发展的基础。[①] 尤其是寄生地主制，作为近代日本农村的显著特性，在明治维新的诸项经济改革之下逐渐形成。由于土地可以自由买卖，贫穷的农民开始将手中土地变卖给地主，向佃农转化；反过来，地主则将大部分土地租给佃农，从而形成了一种地主与佃农之间的封建性生产关系。佃农为了缴纳高额地租而不得不外出充当临时工，或兼做家庭手工业，而地主则将获得的地租投资到工商业和金融业中去，使地主制与资本制的相互联系得以确立。在这种情况下，某些在工商业中获得成功的地主开始向近代资本家蜕变，而占人口极大比例的农民则承受着沉重的经济负担，生活愈发贫困，贫富差距陡然增大。结果导致反近代、反西方的意识开始获得强大的社会基础。从这一背景来看，显然，近代农本主义势必会展现出与“前近代”农本主义截然不同的特征，带有浓厚的“反近代、反西方、反都市、反大工业、反中央集权”倾向，甚至可能与日本法西斯主义思想意识发生关联。

可以想象，既然近代的农本主义带有“反近代、反西方”的显著特性，那么，它必然会在当时与重视工商业的西洋文明，抑或是日本社会的西方化、近代化发生摩擦和冲突。同时亦可以考虑，它将与作为东洋传统社会核心的中国发生关联。故以此为纽带，分析日本昭和时期农本主义思想与宣扬所谓“联合亚洲、排斥西方”的亚洲主义思想之关联性也就成为可能。

二、问题所在

1947 年，日本政治思想学泰斗丸山真男先生曾在研究中考察了日本法西斯主义运动的思想特质。他认为，近代日本的法西斯主义与德、意的法西斯主义是不同的。它带有一定的特殊性，尤其包含了农本主义、亚洲主义等思想特征。[②] 在 20 世纪 30 年代日本的法西斯运动中，也确实能够看到不少农本主义者和亚洲主义者参与其中。可以认为，亚洲主义与农本主义本身就可以通过“日本法西斯主义”这一思想意识来发生关联。

事实上，关于“日本昭和初期的农本主义与亚洲主义之间究竟是否存在关联性，若存在，又是如何发生关联的”这一问题，早在战前的 1935 年，户坂润先生就已在其著作《日本思想意识论》中以一节的篇幅展开过先驱性的研究。

从其研究来看，显然两者的关系可以从“间接”和“直接”两个层面来加以解释。首先，在前者中，亚洲主义与农本主义的间接关系是通过“日本精神主义、日本主义”为媒介形成的。即“以生物为对象的农业，与以非生物为对象的工业不同……其生产活动中，精神要素颇为重要”。故可以概括出“工业、都市（物质的）对农业、农村（精神的）”这样一组对立模式。基于此，

① 围绕“农村地主、佃农关系是否属于封建关系”“日本资本主义中的封建残余究竟是本质要素，还是单纯的遗制而已”等问题，日本的“讲座派”和“劳农派”之间曾有过激烈的争论，即“日本资本主义论争”。此处内容可参见山田盛太郎《日本资本主义分析》，内田穰吉《日本资本主义论争》，清和书店，1937 年，第 97 页。

② 关于其具体内容，可参见丸山真男《现代政治的思想与行动》，未来社，1964 年，第 57 页。

户坂先生主张：农本主义“不过是强调精神的日本精神主义的一变种而已”。[①]

同时，日本精神主义和日本主义本身又“绝非仅仅停留在日本主义层面。日本主义最终发展成为东洋主义或亚洲主义……因日本终究并非等同于亚洲全体”，此发展乃是以“将日本扩大为东洋、亚洲”的“日本盟主论”为手段实现的。故可以主张“亚洲主义完全是日本精神主义的扩大版本”。[②]

如此看来，作为“变种版本”的农本主义与作为“扩大版本”的亚洲主义，是通过“日本精神主义、日本主义”为媒介，至少在“精神”这一层面构成了间接关系。抑或者说，在分析两者关系时，有必要首先考虑“日本精神主义”的问题。

进而以此为前提，户坂先生又指出了两者的直接关系。即，“日本亚洲主义是日本精神主义的侵略性扩大版本，是亚洲精神主义。若承认此点，那么它又与日本农本主义存在怎样的关系呢？似乎在亚洲主义看来，亚洲的现实正是带有农本主义性格的东西”。且，农本主义中的“合作运动既否定了资本主义，也否定了马克思主义，显然是依据‘王道’而成立的东西……故其具有所有亚洲主义的、所有日本主义的灵魂”。那么，这里所说的“亚洲的现实”又具体是指什么呢？文中进一步解释，它无非就是“经济上采取协同组合或合作运动的形式，政治上要求自治，文化上带有精神主义特征”的东西。显然，这符合了当时日本“自治农本主义”的诸项特征。而且在当时的亚洲主义者看来，亚洲主义理应从带有农本主义性格的“亚洲的现实”出发，“若脱离此现实，就无法正确理解东洋社会的经济、政治、文化及其运动模式”。[③]

可以说，户坂先生在其研究中找到了“工业、都市、欧美(物质的、物质主义)vs 农业、农村、亚洲(精神的、精神主义)”这样一组对立模式。由此对立模式来看，昭和初期的亚洲主义与农本主义至少在反西方化、反都市化、反近代化，乃至以“农村”为象征的乡土性、精神性“亚洲固有传统”，抑或是回归亚洲的“本源”等诸多问题上存在着紧密关联。这无疑为相关研究提供了巨大启示，发挥了先驱性的作用。

若以这一关联性为根据进一步思考，则势必可以断定，日本昭和初期的法西斯主义意识形态中与其说偶然，不如说是必然地将出现亚洲主义与农本主义的倾向。那么，究竟是否有具体的人物案例来佐证这一结论呢？在该人物身上，又能够体现出哪些具体而特殊的联系呢？对此，拙稿拟将近代“中国通”长野朗的思想作为一例，来尝试展开详细考察。

三、长野朗的三重身份及其思想状况

长野朗，1888 年出生于日本福冈县。1909 年 5 月，他从陆军士官学校(第 21 期)毕业之后，

① 户坂润：《日本思想意识论》，户坂润《户坂润全集》第 2 卷，劲草书房，1966 年，第 292—293 页。
② 户坂润：《日本思想意识论》，第 295—297 页。
③ 户坂润：《日本思想意识论》，第 297—298 页。

由陆军少尉晋升大尉，并先后在日本国内、中国武汉（华中派遣队）、北京与天津（中国驻屯军）等地驻防。1921年，其转为预备役，从军人变为文人，开始专心研究中国问题。据称，此后他一共完成了介绍、评论中国和中日关系的论文五十余篇、著作八十余部。

与此同时，长野还先后加入了犹存社、行地社等右翼团体，又与大川周明、满川龟太郎等人一道兼任拓殖大学教授，甚至在以大川为理事长的“满铁”东亚经济调查局担任理事，积极参与了当时日本法西斯分子的“国家改造运动”。进而在1927年，他又通过行地社友人千仓武夫的介绍，拜农本主义者权藤成卿为师。以此为契机，长野又开始作为权藤的继任者大力宣扬农本主义，并与橘孝三郎等激进派共同行动，于1931年创办了《农村新闻》，继而作为发起人和执行委员加入了日本村治派同盟。然而，这一组织实际上作为思想复杂的松散团体，原本分裂化倾向就颇为明显，故在此后不久旋即解散。结果，长野不得不在第二年与权藤、橘、加藤一夫等人另行创办农本联盟，共同主导日本农本自治运动。

仅凭借以上略历，就可以看到长野身上显著的三重身份。即，A. 在对外问题上，熟知近代中国的形势，对中日关系颇为关注的“中国通”乃至亚洲主义者身份；B. 在日本国内问题上，主张与“国家改造运动”相互挂钩的“农本自治论”，带有农本主义者的身份；C. 没有达到大川周明那样的“顶级精英”层次，而是以民众为视角，介于“顶级精英”与一般民众之间的“中下级社会精英”身份。而这种三重身份，恰恰意味着在研究其思想时至少要考虑以下三个问题：长野的亚洲主义思想与农本主义思想各自具有怎样的特征？两者之间存在怎样的关联性？作为“中下级社会精英”，他怎样发挥了联系“顶级精英”与一般民众的作用？

以往学界的研究，对于长野作为“中国通”的中国观、中日问题观，乃至亚洲主义观，以及作为农本主义者的社会认识、农本自治论等展开了具体考察。① 但遗憾的是，将其亚洲主义与农本主义关联起来展开专题论述的学术成果，在目前笔者所知范围内尚不存在。故，以下将基于先行研究的成果，首先对上述长野思想的两个侧面分别进行梳理分析，而后具体考察其关联性，以期揭示近代日本资本主义中“封建残余”的一种具体形态。

首先来看长野的亚洲主义思想。先行研究曾对此有过分析总结，指出：“他对中国的民众抱有钦佩之情，非常崇拜中国的传统文化，对新生的中国（当时的中华民国——笔者注）致以赞美之辞，热切期望中国的发展与进步。在长野朗的对华观中，包含了不少良好的思想成分，但另一方面，长野朗又是个主张国权的中国通，在他的中日问题观里面，蕴藏着许多偏激狭隘的思想要素。”②

---

① 例如，刘家鑫：《中国通长野朗的中日关系观》，《东亚：历史与文化》1998年第7期；刘家鑫：《关于长野朗的中国观》，《新潟史学》1999年第43期；刘家鑫，王瑛：《中国通长野朗的中日合作联盟论辨析》，《长春师范学院学报》2008年第3期；西谷纪子：《长野朗的中国革命观与社会认识》，《大东法政论集》2001年第9号；西谷纪子：《长野朗的农本自治论》，《大东法政论集》2002年第10号；西谷纪子：《1920年代长野朗的中国认识》，《大东法政论集》2003年第11号；等等。

② 刘家鑫：《长野朗的中日问题观——以其“英美离间论”为中心》，《敬和学园大学研究纪要》2002年第11期。

例如,长野曾在20世纪30年初《中国大系列丛书》的财政经济篇中贬低中国称:“混乱不堪,极不统一的状况随处可见,这是中国财政的特点。……现在国民政府的财政计划等,从表面上看倒也顺理成章,但实际几乎全部是照抄外国的东西,不符合中国的实情,因此徒具虚名的计划势必落空。……要想进行建设的话,必须先进行一次极端地治理。”①而关于具体的治理办法,他在此前的著述《被白祸困扰的中国——走向亚洲联盟》中,就早已有过涉及。即,“日本与中国若能团结,则可以增进物质之幸福,与欧美势力对抗”。同时,因为“英美在欧洲大战中难堪嫉妒之火,对日本独自在华搭建舞台白眼相向,率先在巴黎和会上挑拨离间了中日关系”②,更有必要相互“团结”,予以反击。这套理论,显然与当时要求“联合亚洲、排斥西方”的日本亚洲主义者步调完全一致。更何况,他始终对日本的“满洲利益”、盟主地位持拥护态度,其亚洲主义终究不过是侵略性的东西、偏离现实的架空思想而已。

对于这种富含欺骗性的思想,先行研究曾给予了严厉的批判:“无视中国的主权和中国人民的感情,他与日本帝国主义的侵略扩张行径同流合污,默认日本把中国变成日本的附属国、殖民地……为了日本的所谓自存和生命线,强调日本在中国的经济地位,坚持对日本单方面有利的中日合作联盟……蕴涵了日本的傲慢与霸道,其中日合作联盟论并非是平等的合作与联盟,而是在日本主导之下的、符合日本侵略扩张意志的合作与联盟。”③

故从以上分析来看,在长野的亚洲主义言论中实际上很难看到“(对中国的)钦佩之情”。他所主张的,由日本给中国提供技术,由中国向日本提供资源的“日中合作”具体办法,④显然与1916年小寺谦吉在《大亚洲主义论》中的理论如出一辙。其中包含了“日本盟主论”、对日本帝国主义利益的承认,以及对西方的敌视等消极要素,带有近代日本亚洲主义的普遍特征。

那么,长野的农本主义思想又具有怎样的特征呢?

长野曾在1932年的《自治日本的建设》中,将自己主张农本主义的理由归纳为以下四点。即,“第一,农业是唯一不剥削剩余价值的产业;第二,农业是产业的根本,生产包括粮食在内的所有原材料;第三,农业在本质上说无法依靠个体性成立,而必须是协同性的、共存性的东西;第四,农业的骨干是依靠土地从事生产的劳动者,他们构成了国家组织的基础”。⑤ 对此,有评价称:“第一点到第三点是农本主义者之间的共识,第四点将国家推向了前台,是特殊的、长野专属的东西,故可以说与国本农本主义存在连接点。”⑥

如此看来,首先可以判断,长野的农本主义思想应该定位于“自治农本主义”的范畴,并带有向鼓吹国权的“国本农本主义”过渡的性格。而且,若分析其农本主义的具体特征,至少还可

---

① 长野朗著,王晓华译:《中国的财政》,《民国档案》1993年第3期。
② 长野朗:《被白祸困扰的中国——走向亚洲联盟》,燕尘社,1924年,第26—27页。
③ 刘家鑫,王瑛:《中国通长野朗的“中日合作联盟论”辨析》,《长春师范学院学报》2008年第3期。
④ 关于具体内容,可参见长野朗《中国未来记》,东亚公论社,1939年,第134页。
⑤ 长野朗:《自治日本的建设》,高桥正卫编《现代史资料23 国家主义运动3》,美铃书房,1974年,第23页。
⑥ 岩崎正弥:《大正、昭和前期农本思想的社会史研究》,京都大学课程博士学位论文,1994年,第103页。

以看到以下三点内容。

1. 强调农村与都市的绝对对立。在长野看来,农业是唯一不剥削剩余价值的产业,农村是不带有"剥削与反抗剥削"等西方特征的传统社会形态。相反,在都市中,即便存在劳动组合与工会等组织,抑或是对官僚的自卫行为,但"作为基础的农村若不确立民众自治,传统社会的基本构造就将完全走向瓦解……反而让人民饱受痛苦"①。

姑且不论此观点是否正确,我们至少从这里可以明确看到,长野的农本主义将原本实际情况颇为复杂的农村和都市的性质进行了单纯化处理。他甚至还进一步断定:"引进工商立国、都市中心的西欧文化实乃谬误,资本主义和马克思主义皆出自都市。在都市中产生的所有东西无论如何冠以日本主义之名称,也仍是西方式的,仅有农本之物才属于日本。"②由此,描绘出了"西方、都市对日本(东方)、农村"这样一组单一、绝对的对立模式。

可以说,这种无任何前提地在都市与西方之间画上等号,抑或是以此为背景构筑的都市与农村的绝对对立图式,恰恰符合了当时日本农本主义思想意识的特质。

2. 主张农村自治,进而期待这种自治"由下而上"扩大开去,以形成全国性的社会组织。这同时也是"自治农本主义"的代表性特征。

作为长野的老师,权藤成卿曾始终坚持"自然而治"的理论。他在《成俗之渐化与立制之起源》中强调:"自然而治,并非意味着由智者治理,也非由强者治理,更与鬼神惩罚、佛陀保佑无任何关系。而在于各人各所、禀其天性、启发本能,以一身自制走向一家自治,进而邻里共治、乡村共治、由郡国遍及天下,绝非凭借他者治理也。……自然而治,抑或称为原始自治,其凭借自然进行治理,应该作为自治的主体。"③从这种主张中,无疑能够读出将"格物、致知、诚意、正心、修身、齐家、治国、平天下"作为普遍核心价值的中国儒学之影响,以及与西方的"利己"意识相反,强调"治己、自修"的东方传统思维。

长野的农本主义虽然继承了权藤的理论,但显然更为注重社会、政治的自治问题。他认为:"我古来之政治一贯凭借自治而发展……以自治为主旨。自治意味着各人治理自己。再由这种自治的独立个人共同经营生活。故我极力反对以人治人的官治行为"④,主张"回归"古代传统,实现政治组织的自治。也许正因为如此,长野总是反复强调:"虽说是农本,但绝非狭隘地意味着种地,而是包括了生产国民生活必要品的所有行为。即是生产大众之意。"⑤换言之,在他看来,农本主义的目的绝不仅仅是单纯的农业立国或个人自修,而应该是在政治上废除"官治",实现民众自治,并使其扩大为全社会的新政治组织,进而以此确立经济上"生产大众"的自立形

---

① 西谷纪子:《长野朗的中国革命观与社会认识》,《大东法政论集》2001 年第 9 号。

② 日本《农村新闻》1931 年 12 月号。

③ 权藤成卿:《成俗之渐化与立制之起源》,高桥正卫编《现代史资料 23 国家主义运动 3》,第 24 页。

④ 长野朗:《自治日本的建设》,第 24—25 页。

⑤ 日本《农村新闻》1931 年 12 月号。

态。他始终确信:“经济上,人剥削人而生活是不合理的。同样在政治上,人治理人也绝不合理。”①故为了打破这两个“不合理”,他主张经济上实现“农本”,政治上确立“自治”。显然,这成为其农本主义思想的又一重要特色。

3. 带有国权主义的性格,与“国本农本主义”发生连接。关于此点,已经在前述涉及。毋庸置疑,长野亚洲主义思想中所富含的国权主义要素,亦存在于其农本主义思想中。可以说,国权主义的要素是一直潜在于长野的思想理论之中、持续发挥作用的重要思想特质。

四、近代日本农本主义与亚洲主义的关联性

以上基于先行研究的成果,对长野朗亚洲主义思想与农本主义思想的特征分别进行了梳理分析。接下来将探讨的是,两者之间“是否存在关联性,若存在,是如何关联的”这一核心问题。若按前述丸山、户坂先生的观点来看,侧重对内问题的农本主义与侧重对外问题的亚洲主义,是通过日本法西斯主义、日本精神主义这些媒介发生相互联系的。而从长野朗的情况来看,两者之间似乎还具备了以下三点具体的关联。

(一)阶级意识

首先,长野受到了马克思主义的深刻影响,其思想中存在着浓厚的阶级意识。若以此角度来看,其亚洲主义显然处在农本主义的延长线上。

从当时的时局背景来看,自 1918 年“米骚动”以来,伴随着一战后的慢性经济萧条,日本国内局势持续动荡,阶级矛盾迅速激化。再加上外部左翼思想的作用,劳动阶级对资本家剥削行为的反感、农村对都市“剥削”行为的反感日趋增强。在此背景之下,不仅是社会各界精英分子及传统右翼团体,就连一般民众也开始将视线集中在国内问题之上,阶级意识骤然升高。故可以认为,当时日本社会的焦点与战争时期不同,并不在于对外问题,而显然在于与自己日常生活密切相关的国内社会问题。

以民众为出发点的长野也不例外。他在此时期对国内问题兴趣浓厚,不仅参与了犹存社和行地社的“国家改造运动”,而且也极为关心农本主义,里面自然包含不少独自的特性。有研究曾认为:长野“受到了马克思主义的影响,可以说以资本主义的‘不均衡发展论’为基础,描绘了‘先进资本主义国家(都市〈资本家 vs 劳动者〉vs 农村)vs 后进国家’的三重剥削构造(斗争构造)。也就是说,第一,都市中存在资本家与劳动者的斗争;第二,先进资本主义国家内部存在都市与农村的斗争;第三,存在先进资本主义国家与后进国家的斗争。因为后进国家(有色人种)一般都是农业国,故第三种斗争实际上是都市与农村对立的延续,故其追求全世界农民的连带,

① 长野朗:《自治日本的建设》,第 24 页。

尤其是与中国农民的连带”[①]。

从这一“三重剥削构造（斗争构造）”来看，显然所有的斗争都是以马克思主义中“剥削与反抗剥削”的对立为核心问题而展开的。其中，第一点与第二点斗争属于国内问题，与当时日本的农本主义思想相互贯通，第三点斗争属于对外问题，与亚洲主义思想发生关联。可以说在长野身上，“剥削与反抗剥削”的对立并未仅仅停留在国内问题上，而是进而扩大成为对外问题。

同时在该构造中，日本似乎被放在了双重立场之上。即，在国内问题上，作为先进资本主义国家不得不面对都市内部资本家与劳动者的斗争、都市与农村的斗争；而在对外问题上，又摇身一变成为有色人种的后进国家，有着与白人先进资本主义国家相互斗争的必然宿命。这一双重立场看似相互矛盾，但实际上与当时日本遭到“白祸论”与“黄祸论”双重夹击，即被视作白人集团一员受到亚洲各国抵抗的同时，又作为有色人种国家不被列强承认的窘境恰好一致。

据此拙稿认为，长野从阶级意识出发，对内主张“剥削之都市 vs 反抗剥削之农村”的农本主义，对外主张“剥削之欧美先进国家（白色人种）vs 反抗剥削之亚洲后进国家（有色人种）”的亚洲主义。且因为当时亚洲的后进国家大多属于农业国，故后者实际上处在前者的延长线上。换句话说，在长野的思想中，正是凭借阶级意识“从内向外”的扩大，直接导致了其农本主义向亚洲主义的“扩大”。

（二）中国观与社会运动观

另一方面，长野作为中国通，不仅对近代的中国社会及政治情况颇为了解，而且还对中国的民众抱有钦佩之情，非常崇拜中国的传统文化。这一特征，虽然在其亚洲主义言论中不甚明确，但却可以从其农本主义思想中看出来。

前面提到，长野曾发表过大量论述中国问题的文章著作。从中势必可以全面地把握其中国观乃至社会运动观。例如，他曾在 1926 年出版了《中国社会组织》[②]一书，其中详细介绍并解说了中国的血缘团体、地缘团体、职业团体、政党、军阀、秘密结社、阶级等状况。其中论述称：“（在中国，）地缘团体与血缘团体一样在社会中占据极为重要的位置”，甚至“对政治产生影响。……集合同乡人构筑势力的特性尤为显著。毋需详细说明，直隶派、安徽派、交通派等同乡团体已经形成中心政治势力并展开了争霸”。这种军阀间的斗争，“皆是乡土主义的发展形态”。[③] 据此长野认为，中国社会组织的基础必定是地缘团体及其发展而来的乡土关系、职业团体。然而，即便这造成了近代中国的军阀割据局面，他却依旧认为长期以来省民自治、连省自治的发展过程“并非仅仅是军阀为了争夺地盘而展开的反抗运动，实际上是传统的中国民众行

---

① 岩崎正弥：《大正、昭和前期农本思想的社会史研究》，第 132 页。
② 该书曾于 1930 年被译为中文，由当时的光明书局出版。
③ 长野朗：《中国社会组织》，行地社出版部，1926 年，第 36、63 页。

为”[1],应该受到尊重。

进而,他通过高度评价这种由历史传统发展而来的中国民众运动,逐渐形成了自己的社会运动理想。即,将乡土、地缘关系等传统社会组织作为基础,要求确立民众自身的生存权,解决生活问题,并借此展开积极的自治运动,以形成新的社会组织。可以说,这种将中国传统的民众运动和社会组织视为“理想”,乃至“亚洲共通的原理”,期待在日本予以实现的构想,其本身或许就是长野写作此书的动机之一。

同年,长野还发表了译作《三民主义》。显然,对中国三民主义的看法,与其对中国社会组织的理解分析相辅相成,对其日后的思想理论及实践活动产生了重大影响。在长野看来,中国的三民主义即是从中国社会传统中萌生的,能够克服“剥削”与“官治”等西方影响的,要求经济层面的“农本”与政治层面“自治”的,甚至符合东洋社会的一种“完美理想”。

但尽管如此,他也遗憾地表示,此后随着中国国民革命的展开,这种“理想”与现实之间产生了“悬隔”。进而又批判称:“中国本来就缺乏国家观念,将自己视为天下。……若接受汉族文化则成中华,不接受则为夷狄。”[2]故,即便国民党势力取得了北伐的胜利,实现了中国在形式上的统一,但实际上却早已抛弃了民众自治的理想,延续了华夷秩序观,走向了中央集权的独裁体制。结果,中国的现实不过是停留在“共和政体及议会的表面形式”上而已。[3] 也就是说,在他看来,孙中山的救国主义最终堕落成了蒋介石的“救党主义”,中国的现实早已偏离了当初的“理想”。据此他宣扬,中国应该基于自己的传统和理想,去开拓“新路”。

具体来说,即长野认为,在以往的中国充斥着严酷的专制政治、政治腐败,“政治太过恶化,官僚四处剥削,判定案件时又贿赂横行、擅自决断,导致无辜人民无处倾诉内心不平。不得已才依靠秘密结社(自卫运动)与之对抗”[4]。中国的历史传统,正是这种“官僚阶级及人民自卫运动的持续”,故“官僚阶级剥削越厉害,人民的自卫运动也就会越激烈”。[5] 以此为出发点,他指出所谓的“新路”在于:不采取任何水土不服的外来革命,找出一种符合中国传统及环境的,能够与现代国际环境接轨的“进步形态”来付诸实践。具体来说,就是“站在乡土观上,扬善俗而抑恶俗,基于此整备法制,团结全国并使之作为民众生活安全的基础,保障乡村生活之安全,进而由各省走向全国,再与国际社会磨合调齐”[6]。

可以说,长野的社会运动观,乃至“亚洲的共通原理”,实际上是从对中国社会传统及现实的观察中产生的。同时,它并没有仅仅止步于中国问题,而是进一步与其农村自治论结合,反过来向日本社会引进。在这一视角下,日本与中国的共生关系得以在“与西方的对抗、对西方式剥

---

① 长野朗:《新兴中国之将来》,《我等》1927年7月号。
② 长野朗:《中国三十年》,大和书店,1942年,第131—132页。
③ 长野朗:《中国革命史》,改造社,1930年,第121页。
④ 长野朗:《中国社会组织》,第154—155页。
⑤ 长野朗:《中国革命史》,第51页。
⑥ 长野朗:《国民革命全史》,坂上书院,1937年,第290—291页。

削的排斥、向东方式传统社会形态回归”的农本主义问题上被重新构筑，并作为一种“原理”来支撑所谓“中日团结”的亚洲主义理论构造。而且也可以认为，长野或许正是期待日本率先实现这一“理想”，以巩固其“指导”中国的“盟主”地位。

虽然长野对中国的民众运动表达了一定程度的理解，甚至将其高评为反帝国主义、反阶级剥削、要求生存权的义举，但其思想中依然能够看到不少问题。尤其是他批判中国排日情绪及抵制日货的言论，与其他亚洲主义者并无任何区别。例如，他同样将排日运动的原因归结为英美的煽动，认为：“英美人煽动排日的主要目的有二。一是妄图借排日势力打倒亲日派，让亲英美派掌权；二是为了恢复那些被日本所侵蚀的经济地位。”[①]显然，长野并没有看到当时在日本帝国主义侵略行径的刺激下迅速发展的中国民族主义。更没有认识到，作为日本民族主义“扩大版本”的、强调国权主义的亚洲主义将与中国民族主义发生必然冲突。结果，他的亚洲主义不过是一种以农本主义为原理基础的、要求重构东洋传统社会的幻想而已。

（三）对秘密结社的共鸣

接下来，本节将要重点关注《中国社会组织》的第九章，即关于秘密结社的问题。

长野在这里，将以往中国民间秘密结社的原因归结为专制政治、政治腐败、“地方政治太过恶化，官僚四处剥削，判定案件时又贿赂横行、擅自决断，导致无辜人民无处倾诉内心不平。不得已才依靠秘密结社（自卫运动）与之对抗”。进而又将其组织特征描述为：“因遍布全国范围，故若成为其成员，无论前往何地均可受到同伴食宿招待，抑或是做了坏事被捕时，因捕吏中有其同伴而得以脱逃。为图此方便，参加结社之人大批增加，范围也随之越发扩大。”[②]

基于此，他又按地域类别逐一介绍了秘密结社的具体情况、与官府的关系、传播方法、教义、团结要素、对外行动基准、起源、组织、保密方法、社会地位，等等。

那么，长野在考察中国的社会组织时，为何要对秘密结社的情况作如此详细的介绍分析呢？拙文看来，或许理由是颇为简单明了的：对他来说，秘密结社运动乃是中国传统社会中民众自治运动的“原点”。其活动样式及遭遇的各种问题，势必将为日本国内正在进行的农本自治运动提供直接的参考。尤其是，农本自治论中曾提及的“村内自卫……与其他村镇合作，在衣食住等物质及交通灌溉方面相互协作”等内容，[③]显然是以中国秘密结社的组织形态为原型的。

此外，书中还从多个角度对中国的秘密结社进行了分类。例如，从结社性质看，包括利益团体、劳动组合团体、纯匪贼团体、政治团体等；从起因看，包括受官厅压迫、因职业利益、有政治目的等；从组织结构上看，包括“在牢固统制下共同从事集团生活（农业、贩卖盐铁、运粮等）”和“平时分散于各地从事各种职业，仅以一定之帮规互通联络、彼此联结”；等等。其中最值得关

---

① 长野朗：《被白祸困扰的中国——走向亚洲联盟》，第 27 页。
② 长野朗：《中国社会组织》，第 154—156 页。
③ 长野朗：《自治日本的建设》，第 169—170 页。

注的是最后一项分类。长野认为,这两种“组织内部的阶级观念,均颇为稀薄”[①]。这似乎与其“农业是唯一不剥削剩余价值的产业”的主张存在着微妙关联。也就是说,“农村自治”本身就类似于阶级观念稀薄、共同从事集团生活的中国民间结社。而在他看来,正是这种以东洋传统社会的特征为基础,与西方近代完全相异的,阶级观念薄弱的,带有“东洋性、精神性、农村性、乡土性、协同性、共存性”的民众自治运动,应该成为农本主义的核心,进而作为“中日团结”、亚洲主义的原理与根据。

然而,在这里必须要特别强调的是,长野思想中的国权主义要素绝不可能在中国古代秘密结社的思想理论中找到。而且作为事实,中国与日本原本在社会文化传统上就存在差异,故其农村社会构造组织也好,秘密结社的具体情况也好,都必然是大不相同的。

总之,从上述分析可以看到,长野的农本主义思想实际上是从对中国传统与现实的观察中发源的,将民众作为出发点又包含了国权主义思想要素的,与“国本农本主义”紧密关联的“自治农本主义”;而他的亚洲主义思想,则无疑是富含近代日本亚洲主义消极特征的东西。它之所以带有消极性格,一方面是因为亚洲主义本身就是日本精神主义的侵略扩大版本,另一方面亦是因为长野内心根深蒂固的国权主义思想在作祟。两者至少可以从阶级意识、中国观和社会运动观、对秘密结社的共鸣这三个方面来加以具体把握。由此,作为日本精神主义“扩大版本”的亚洲主义与作为“变种版本”的日本农本主义,在长野身上体现出了更为紧密融合的关联性。

可以说,长野的思想无非就是反对模仿西方近代国家路线,谋求以“东洋社会传统”来改造国家的,要求反近代、反西方的,对内主张农本主义、对外主张亚洲主义的一种思想混合体而已。它是近代日本资本主义中“封建残余”的一种具体表现形态。

(本文原刊于《世界历史》2015 年第 2 期,略作调整)

作者简介:

刘峰,上海师范大学人文学院世界史系副主任、教授,亚洲文明研究中心副主任。兼任中华日本学会理事、中国日本史学会理事、上海市日本学会理事。博士毕业于日本千叶大学、博士后出站于上海交通大学。研究方向为日本近代史、东亚关系史。

① 长野朗:《中国社会组织》,第 201 页。

美国外交中的“扩张”与“帝国主义”话语(1898—1914)*

刘义勇

摘　要：在19世纪末，随着美国占领菲律宾、波多黎各等殖民地，“扩张”与“帝国主义”的语义和情感冲突凸显出来。在当时不少美国政治精英的认知体系中，“帝国主义”只是“扩张”的一种特殊形式，在情感上他们厌恶“帝国主义”而相对宽容“扩张”，不希望“扩张”走入“帝国主义”的歧途。支撑他们占领夏威夷、波多黎各与菲律宾等地的主导性话语也是“扩张”而非“帝国主义”话语。通过分析历史当事人的言论可知，这一时期的“扩张”话语主要包含同质性、共和主义、联邦主义和非军国主义四个特点。倘若政策与其相违背，便有坠入“帝国主义”陷阱的危险。尽管占领菲律宾的支持者也试图用“扩张”话语界定其政策性质，但由于此话语背后隐含着一种反国家主义的、去中心化的对外侵略方式和意义价值系统，一定程度也塑造了美国在菲律宾及其此后的“帝国”构建路径。

关键词：扩张　帝国主义　菲律宾　美国外交

1898年美西战争爆发后，随着美国从西班牙手中夺取菲律宾群岛，其国内也出现了“反帝主义”和“帝国主义”的激烈争论。值得注意的是，“帝国主义”一方大多不接受“帝国”或“帝国主义”的称谓，而将其政策定义为“扩张”，如西奥多·罗斯福、约翰·卡波特·洛奇和《展望周刊》等；与此同时，“反帝主义”阵营中亦有不少公然宣称支持“扩张”的人，如安德鲁·卡内基、詹姆斯·唐宁·布赖恩等。而尽管美国此后对菲律宾维持了长达近半个世纪的统治，但吞并前后的这场“语义之争”一定程度也映射出“帝国主义”本身的多重性和复杂性。这也提醒我们，需要回到历史人物的集体观念中去辨明其中的一些重要差异和症结所在，并进一步理清思想与行动之间的关系。

那么，“扩张”与“帝国主义”这一对历史政治词汇的差别究竟体现在什么地方，又意味着什

*　本文系上海高校高峰高原学科建设计划资助项目和上海市哲学社会科学规划一般课题“文化观念与美利坚帝国的构建(1870s—1914)”(课题批准号：2017BLS006)的阶段性研究成果。

么呢？总体而言，国内外学界普遍注意到今天美国人对“帝国主义”的厌恶，对“扩张”和“帝国主义”的不同内涵也有所区分。但这些研究往往主要是源自对当下语境而非历史语义的敏感，[①]或论述缺乏系统性和深度，甚至未加详细考辨，因此仍不乏剩义可供探讨。[②] 笔者将借鉴语境主义和概念史的研究路径，[③]对两者的语义和情感差别进行“深描”式的分析，并阐述其对美国“帝国构建”的影响。

一、“扩张”与“帝国主义”的语义分析

在 19 世纪末 20 世纪初的美国，“帝国”“帝国主义”“扩张”和“扩张主义”等政治词汇在语义上有不少重叠纠缠之处，需进一步廓清。[④] 由于“扩张”和“帝国主义”在语境中成对出现的频率更高，为简化起见，本文主要选择两者进行比较（也会偶尔出现另外两个词）。大致说来，它们之间可能存在三种关系，分别是同义、互斥与包含关系，具体往往取决于使用者的政治立场、社会身份和个人习惯等。

首先，“扩张”与“帝国主义”的语义存在基本相同、可互换使用的情形。今天，随着传统帝国主义和殖民主义的消亡，随着“新殖民主义”“新帝国主义”“非正式帝国”等术语的发明，两个词并没有大的分别；在本文所涉及的时期，这种互换使用的情况也颇为常见。有的人使用较为随意，例如在西奥多·马尔伯格《扩张》这本小册子中，“扩张”与“帝国主义”的使用便没有多大

---

① 例如美国著名新左派外交史家沃尔特·拉菲伯声称他不愿使用“帝国主义”一词，直言冷战开始后的争论“让它变得几乎没有意义”，而更愿意使用“扩张”——“在那些美国不愿实施直接政治控制的地区寻找商业与投资机会”；埃米莉·罗森博格也感觉“帝国”和“帝国主义”是一个“诟詈之词”（a term of opprobrium），“没有任何‘有自尊心’的自由国家会如此自称”，因此特意使用“扩张”的表述。Walter LaFeber, *The New Empire: An Interpretation of American Expansion, 1860－1898*, Cornell University Press, 1963, p. viii; Emily S. Rosenberg, “The ‘Empire’ Strikes Back”, *Review in American History*, vol. 16, no. 4 (December 1988), p. 585。

② 一些美国外交史学者如伊恩·蒂勒尔、沃伦·齐默尔曼等称，“扩张”是“帝国主义”的“委婉用语”（euphemism），“民主党和共和党人都乐于采用此种说辞”。沃尔特·纳金特注意到，历史上的“帝国”会衰落，而与使命、边疆等词相关联的“扩张”是恒久的，因此美国人更愿意使用扩张一词。英国学者米尔恩在评价马汉时曾说道：“他是一个扩张主义者而非帝国主义者——这在当时是一个很重要的区别。”但他没有对此作进一步的解释。此外后面将要介绍到，马汉赞同并呼吁美国公众支持“帝国主义”，说明米尔恩可能欠考证。我国学者对此也有研究。王晓德写道，“美国白人认为扩张并不是一个贬义词，而是反映出美利坚民族生气勃勃的开拓与冒险精神，实现盎格鲁—撒克逊人传播基督文明、征服野蛮民族和落后文明的神圣使命”。见 Richard Immerman, *Empire for Liberty: A History of American Imperialism from Benjamin Franklin to Paul Wolfowitz*, Princeton University Press, 2010; Ian Tyrrell and Jay Sexton, “Introduction”, Ian Tyrrell and Jay Sexton, eds., *Empire's Twin: U. S. Anti-Imperialism from the Founding Era to the Age of Terrorism*, Cornell University Press, 2015, p. 2; Warren Zimmermann, *First Great Triumph: How Five Americans Made Their Country a World Power*, Farrar, Straus and Giroux, 2002, p. 13; David Milne, *The Art and Science of American Diplomacy*, Farrar, Straus and Giroux, 2015, p. 43；王晓德《美国外交的奠基时代（1776—1860）》，中国社会科学出版社，2013 年，第 18 页。

③ 一般来说，剑桥学派和德国的概念史学派均较为注重对历史词汇的“考古”，注重概念使用的社会历史情境。可参见 Melvin Richet, *The History of Political and Social Concepts: A Critical Introduction*, Oxford University Press, 1995。

④ 对“帝国主义”的词义分析可见 Richard Koebner, *Imperialism: the Story and Significance of a Political Word, 1840－1960*, Cambridge University Press, 1964; J. I. (Hans) Bakker, “Imperialism”, in Bryan S. Turner ed., *The Wiley-Blackwell Encyclopedia of Social History*, John Wiley & Sons, Ltd., 2018；雷蒙·威廉斯著，刘建基译《关键词：文化与社会的词汇》，生活·读书·新知三联书店，2005 年，第 226 页。

差别;狂热的“帝国主义者”,如年轻的印第安纳州参议员阿尔伯特·贝弗里奇,以崇尚中世纪武士精神著称的布鲁克斯·亚当斯等也都不太区分“扩张”与“帝国主义”。①

第二,在某些特殊的政治文化语境下,“扩张”与“帝国主义”在语义上会存在明显的差别,出现互相排斥的情形。这种用法往往出现在反对占领菲律宾,或使用“扩张”为占领作辩护的人那里。他们希望美国在“扩张”时仍保留“美国例外”的形象,以免与欧洲变得相似。许多例子都能反映这一点。例如,哈佛大学政治学家阿伯特·洛威尔在《美国的殖民扩张》一文中,提到 9 次“扩张”(不包含标题与 expansive 等相关的词),并对其进行肯定和赞扬,却没有提到“帝国”和“帝国主义”,②而且在其他地方抨击过“帝国主义”。③ 亨利·洛奇 1900 年在参议院支持“保留菲律宾”的演说中,提到了“中华帝国”“俄罗斯帝国”“罗马帝国”等,却并未有“美利坚帝国”的说法,同时有 26 次提到“扩张”。④ 西奥多·罗斯福也很少使用“帝国主义”一词,更从未承认美国的外交政策是“帝国主义”的,但“扩张”一词却用得十分频繁,并曾撰文大谈“扩张与和平”的关系;1900 年,他在接受副总统提名的信中信誓旦旦地说道,

> 一个简单的事实是,从我们建国起,扩张政策(policy of expansion)就是美国历史的一部分。而在它当前的发展中,与帝国主义或军国主义没有一点相似之处。将这个词用到我们目前对菲律宾的政策上是毫无意义的……我在我们国家从来没有发现过有谁是帝国主义者。⑤

又如《公开法庭季刊》在 1900 年 2 月社论的标题便是《扩张,而非帝国主义》(expansion, but not imperialism);英国许多“帝国主义”的辩护者也强调这种互斥关系,他们相信,英帝国更接近美国式的“扩张”,而非欧洲式的“帝国主义”。如牛津大学著名的历史学教授约翰·希利说道,

> 尽管历史上大多数伟大的帝国并无光荣可言,因为它们大多是通过武力建立,而且政治生活的水平很低,我们观察到,大不列颠绝不能归类为普通意义上的帝国。在它的殖民地中,我们看到了一种自然生长,一种英吉利种族向其他土地的自然扩展,它们大多数情形下人口如此地稀薄,以至于我们的拓荒者不用征服就能占据。倘若在这样的扩张中,没有什么荣耀可以值得称颂,它们也并非强制或不自然的。它所创造的不是一个帝国,而只是一个幅员辽阔的国家。⑥

---

① Theodore Marburg, *Expansion*, John Murphy Company, 1900, p. 13; Brooks Adams, *The New Empire*, The Macmillan Company, 1902.

② Abbot Lawrence Lowell, “The Colonial Expansion of the United States”, *Atlantic Monthly*, vol. 83, no. 396 (February 1899), pp. 145 - 154.

③ 见 Henry Cabot Lodge and A. Lawrence Lowell, *The Lodge-Lowell Debate on the Proposed League of Nations between Henry Cabot Lodge and A. Lawrence Lowell*, Boston: Old Colony Trust Company, 1919, p. 42。

④ Henry Cabot Lodge, *The Retention of the Philippine Islands*, Government Printing Office, 1900.

⑤ David H. Burton, *Theodore Roosevelt: Confident Imperialist*, University of Pennsylvania Press, 1968, p. 30.

⑥ J. R. Seeley M. A, *The Expansion of England: Two Courses of Lectures*, Macmillan and Co. , 1888, p. 296.

这种语义的相互对立和排斥主要反映着美国与欧洲不同的扩张方式。有学者谈到，在征服菲律宾前，美国人往往将“帝国主义”视为欧洲式的，将“扩张”视作美国式的，是“在空旷（或被清空）的空间中施展自己的种族禀赋”，两者截然相反。① 美国著名历史学家弗雷德里克·特纳则说，“在将近300年里，美国生活中占主导性的事实就是扩张”，但他也警告：“不要被帝国主义的洪流所淹没，它将导致民主的死亡，让自由人戴上枷锁。”②

第三，“帝国主义”为“扩张”所包含。由于美国自身的土地扩张史极其引人注目，且与“帝国主义”有不少明显的相似之处，因此在美国精英的认知体系中，出于美国例外的优越感，两者大概既非简单的互斥关系，也非完全同义，而更多地是包含关系。加之“扩张”含义宽泛，既包含领土扩张，又包括商业扩张和文化扩张，这种包含关系也更合乎逻辑与常识。其中，商业和文化扩张在当时的语境下与“帝国主义”关系不大，而领土扩张中，也只有某些特定类型才属于此类。

这种包含关系在史料中也较常见。例如1899年，耶鲁大学社会学家查尔斯·格雷沙姆·萨姆纳在《西班牙对美国的征服》一文中，称美国历史上的西进运动为“理性扩张”（rational expansion）。③ 1904年，一位名叫霍雷肖·西摩的民主党人在《北美评论》上撰文，鼓吹“民主的扩张”（democratic expansion），并将其与“帝国主义”区别开来。法学家约翰·比奇要求美国实行“符合宪政的扩张”（constitutional expansion）。④ 1899年，美国著名社会学家富兰克林·吉丁斯在《帝国主义?》一文中，称美国侵占菲律宾是在延续领土扩张传统，但因为它的目的是“商业扩张”，因此要远好过专制排外的东方“帝国”。⑤ 这些言下之意都是将“帝国主义”视作是某种特殊类型的扩张，而与自己所鼓吹的扩张类型划清界限。⑥

从上可知，在当时的语境下，“帝国主义”可被视为与“扩张”同义，可被视作相互排斥，也可被视为被包含在“扩张”当中。这三种情形各自比例很难量化，但从一些重要政治人物的发言，以及报纸期刊的文本看，后两种情形并不少见。而从逻辑上讲，不论支持或反对占领菲律宾，只要深入讨论这一问题，又不愿放弃美国例外的信念，势必要将两者区分或处理为包含关系，否则便无法解释美国自建国初以来的土地扩张传统。这种认知体系相应地也会导向如下现象，即对两个“名相”产生出不同的强烈情感。

---

① 见 Paul A. Kramer, *The Blood of Government: Race, Empire the United States, and the Philippines*, North Carolina Press, 2006, pp. 15, 162；当代也有不少美国史学家，如朱利叶斯·普拉特（Julius Pratt）、朱尔斯·本杰明（Jules Benjamin）等对美国的扩张持赞许态度。见王晓德《美国外交的奠基时代》，第18—19页。

② Frederick Jackson Turner, "The Problem of the West", *Atlantic Monthly*, vol. 78, no. 367 (September 1896), p. 296; Frederick Jackson Turner, *The Frontier in American History*, Henry Holt and Company, 1920, p. 336.

③ William G. Sumner, *The Conquest of United States by Spain*, Dana Estes & Company, 1899, p. 10.

④ John Beach, "Constitutional Expansion", *Yale Law Journal*, vol. 8, no. 5 (1899), pp. 225-234.

⑤ Franklin H. Giddings, "Imperialism?" *Political Science Quarterly*, vol. 13, no. 4 (December 1898), p. 589.

⑥ 今天仍有人这样界定两者。如研究国际政治的著名学者法里德·扎卡利亚所说：“扩张当然包括帝国主义，但它更宽泛地指涉某种积极的外交政策，从关注国际事务到增派外交使节，到参与大国外交。从这个定义上来说，70年代的苏联可以称作扩张主义的，尽管苏联当时并没有兼并非洲和中亚的领土。”参见 Fareed Zakaria, *From Wealth to Power: The Unusual Origins of America's World Role*, Princeton University Press, 1999, p. 12。

二、“帝国主义”与“扩张”的情感史

美国人对“帝国”的情感有一个演变过程。殖民地时期和美国早期的领导人对“帝国”颇多赞美之词，一度为身处英帝国而骄傲。建国后，华盛顿有“崛起的帝国”（rising empire）、杰斐逊有“自由的帝国”（empire of liberty）和“为自由的帝国”（empire for liberty）等语，《联邦党人文集》中多次称新生的美国为“帝国”。[①] 此传统一直延续到内战，著名政治家威廉·西沃德对“帝国”的向往亦广为人知。内战后，“帝国”一词的贬义色彩增加，将美国视为“帝国”的话语频率也大为降低，但并未消失。[②] 例如富兰克林·吉丁斯称，与“俄—中帝国”（Russian-Chinese empire）和拿破仑帝国不一样，“盎格鲁—萨克逊人”联合起来建立的“帝国”将有助于民主共和体制的扩展。[③] 布鲁克斯·亚当斯也主张英美应结成同盟，建立一个“新帝国”，像罗马帝国一样，把印度洋、太平洋和大西洋都变成其“内湖”。[④]

相比可追溯到古罗马的“帝国”一词，“帝国主义”出现于19世纪中期，它的贬义更加强烈。但在19世纪末列强瓜分世界狂潮的阶段，它甚至也得到了一些人的支持。马汉早年反对扩张，但在思想转变后，又毫不避讳“帝国主义”。1885年，他便把自己定义为“帝国主义者而非孤立主义者”，1907年，在给《纽约太阳报》编辑的信中，他呼吁美国人不应“羞于说出帝国主义一词”，而应大胆地推行“帝国主义”政策，他还希望美国下一代年轻人能名正言顺地贯彻“帝国主义”。[⑤] 在回忆录中，他又声称自己是一个“坦率的帝国主义者”（frankly imperialist）。[⑥]

美西战争爆发后，随着美国政府打算吞并菲律宾的消息传出，美国众多的知名人士、民间团体组建了“反帝主义联盟”，对“帝国主义”的反感集中爆发。但他们所反对的并非经过霍布森和列宁等重新定义的“帝国主义”，即金融资本对他国直接或间接的控制。它主要源自历史上“帝国”和“共和国”的不相容。[⑦] 正如萨姆纳所说，美国的伟大源自“对个人自由、限权政府和经济大致平等的追求”，而为了“满足征服欲与野心”的政策将会使这个“民主的共和国……变成另外一个帝国，同历史上的帝国没有什么两样”。[⑧] 布赖恩在民主党全国大会上也讲道，吞并菲

---

① 在美国建国初期，美国政治家们有称美国为“帝国”的习惯，但它的语义跟19世纪末有所不同，更接近“大国”，或类似于今天“商业帝国”“帝国大厦”（纽约州因面积大而被称为帝国州）的说法，而非对外征服和掠夺的含义。见 Arthur Schlesinger, Jr., "The American Empire? Not so Fast", *World Policy Journal*, vol. 22, no. 1 (Spring 2005), p. 43。

② Richard Immerman, *Empire for Liberty: A History of American Imperialism from Benjamin Franklin to Paul Wolfowitz*, pp. 6, 17.

③ Franklin H. Giddings, "Imperialism?" *Political Science Quarterly*, vol. 13, no. 4 (December 1898), p. 604.

④ Brooks Adams, *America's Economic Supremacy*, The Macmillan Company, 1900, p. 25.

⑤ Alfred Mahan, "To the Editor of the New York Sun, January 28, 1907", in Robert Seager II and Doris D. Maguire, eds., *Letters and Papers of Alfred Thayer Mahan*, vol. 3, Naval Institute Press, 1975, p. 206.

⑥ Warren Zimmermann, *First Great Triumph: How Five Americans Made Their Country a World Power*, pp. 120 – 121.

⑦ David Armitage, "Empire and Liberty: A Republican Dilemma", in Martin Van Gelderen and Quentin Skinner, eds., *Republicanism and Political Values*, Cambridge University Press, 2002, p. 33.

⑧ William G. Sumner, *The Conquest of United States by Spain*, p. 30.

律宾"将会危及我们的文明,将我们的共和国变成一个帝国"。他还仿效林肯的话强调,美国不能维持"一半是帝国,一半是共和国"的状态。[1]

"反帝主义者"依据的是西方的历史经验,尤其是古罗马由共和国转变成帝国的历史。由于频繁地对外征服,古罗马共和国阶级矛盾激化,以庞培、恺撒等为代表的殖民地(行省)总督掌握军权,进而推翻共和体制,这是精英们都熟知的历史。这种历史记忆也相应导致对"帝国"强烈的憎恶,因为"帝国"的建立意味着"共和国"身份的毁灭。相比之下,此时美国人对"扩张"一词并不十分排斥,甚至时常流露出好感。其中一个重要原因是,一般的"扩张"不会对共和国构成致命威胁,而且可能有益。

倘若考察其弦外之音,"扩张"常带有"自然生长"(natural growth)、"自然延伸"(natural extension)等中性乃至褒扬之意,它符合自然法则(natural law),与"进步"意思相近。《冈顿杂志》在评论菲律宾委员会主席雅各布·舒曼(舒曼本人自称是"反帝主义者")的"扩张"观点时说道,"所有的进步都是扩张,但并非所有扩张都导向进步"[2]。特纳也赞许地写道,美国人的国民性和美德是在扩张中形成的。[3] 可以说,expansion 一词的历史含义、情感色彩均与今天有较大的差别;将 expansion 翻译为"扩张"也不太准确,它更接近英文中的 extension、enlargement 和中文中的"扩展"。

"扩张"还带有种族优越论的内涵。它往往与"盎格鲁—萨克逊"种族代表的所谓"文明""自由""和平""商业""开拓"等相联系,而"帝国"则接近其他种族所代表的"专制""军国主义"等不好的意象(在欧洲,"帝国"常意味着伟大、强盛、财富、父权和力量等)。阿伯特·洛威尔就曾夸耀道,"我们不要忘了,盎格鲁—萨克逊种族是扩张性的"。他声称欧洲大陆的种族都过分依赖政府,因此只会往美国等生活条件更好的地方移民,而不像"盎格鲁—萨克逊人"那样往条件艰苦的地区移民。[4] 希利在《英格兰的扩张》一书中说,

> "殖民帝国"的表述我们都很熟悉,但两个词并列有些奇怪。帝国一词太过军国主义,太过专制,以至于不适合描述殖民地与母国之间的关系。[5]

因此,希利此书的标题也采用的是"扩张"而非"帝国",似乎一个不那么"军国主义"、不那么"专制"的对外征服行为就能避免"帝国"的恶名。

"反帝主义者"指责支持兼并菲律宾的群体为"帝国主义者",但对方很少接受这一称谓。西奥多·罗斯福就拒绝"帝国主义"而明确主张对外扩张,并加之以"文明"与和平的名义。1899 年,他在《扩张与和平》一文中说道,"文明的每一次扩张都带来和平。换言之,每一个文明

① "The Democratic Platform", *Outlook*, vol. 65, no. 11 (July 14, 1900), p. 635.
② Editor, "Dr. Schurman's Expansionist Views", *Gunton's Magazine* (July 1900), p. 85.
③ Lawrence Kaplan, "Frederick Jackson Turner and Imperialism", *Social Science*, vol. 27, no. 1 (January 1952), p. 14.
④ Abbot Lawrence Lowell, "The Colonial Expansion of the United States", p. 148.
⑤ J. R. Seeley M. A, *The Expansion of England: Two Courses of Lectures*, p. 37.

大国的扩张都意味着法律、秩序和正义的胜利”。他宣称美国在菲律宾所做的正是这样的事情。他还警告说，倘若“文明”国家放弃扩张，便会让“野蛮”国家得利，进而危害世界和平。[①] 他的国务卿鲁特也将美国的“扩张”美化为“文明的扩张”。[②]

罗斯福还将扩张与社会达尔文主义式的尚武精神、男子汉气概相联系：

> 每一次扩张所以发生，是因为其民族是伟大的民族。这是扩张民族优异的标志和证明，而且要记住，每次扩张都为人类带来不可估量的利益……当一个伟大的民族害怕扩张，不再进行扩张时，那是因为这个民族已不再是个优异的民族。在我们仍处于血气旺盛的青壮年阶段，仍处于辉煌灿烂的盛年的开始时期，能够和那些疲惫不堪的人们坐在一起，和那些羸弱的懦夫们掺和在一块吗？一千个不！[③]

不论是为了实现“文明国家”间的和平，还是为了证明美利坚民族的男子气概，这些显然都赋予了“扩张”一词以积极的情感。

在“扩张”与自由和商业的联系方面，特纳的“边疆论”颇具代表性：没有扩张所带来的广袤领土与巨大机会，美国的自由精神、制度与社会可能会停滞不前，甚至会萎缩。他意识到，美国在世纪之交面临两难处境：如果不扩张，会走向停滞；进一步的领土扩张又会增加联邦政府的负担，带来政府集权或无政府状态。因此他建议用商业扩张取代领土扩张，继续维持美国的活力。[④] 美国总统威尔逊是特纳的朋友，深受“边疆”和扩张理论影响，[⑤]他一方面对“帝国主义”深恶痛绝，并毫不犹豫地称“德、奥、土耳其、同盟国集团”等为“帝国”，但却将“扩张”一词保留给同属“盎格鲁—萨克逊文明”的英美。他因此被威廉·威廉斯称为“边疆—扩张主义者”(frontier-expansionist)。[⑥]

因此，基于不同的语义和情感，在美国赞成“扩张”的远远多于赞成“美利坚帝国”的。甚至不少“反帝主义者”也不反对“扩张”。他们主要担心的是在“扩张”过程中掉入“帝国”陷阱，正如古罗马共和国一直在扩张，但变成帝国则从设立行省开始一样，美国在海外兼并了无法转化为州的领土后，也在走向“帝国”的噩梦。

最典型的是持反帝立场的美国民主党。1900年，它在竞选纲领中声称反对“攫取或购买遥远的岛屿，将其置于宪法管辖之外，而当地人绝无可能变成公民”，但它并非反对所有领土扩张：“当那些领土能变为州，当地人愿意并适合成为美国公民时，我们不反对领土扩张”，并且赞成

---

① Theodore Roosevelt, “Expansion and Peace”, *Outlook*, vol. 4, no. 101 (January 6, 1900), pp. 736 – 737.

② Sandra R. Helman, *Eleven against War: Studies in American Internationalists Thought*, *1898 – 1921*, Hoover Institution Press, 1969, p. 34.

③ 转引自理查德·霍夫斯塔特著，崔永禄、王忠和译《美国政治传统及其缔造者》，商务印书馆，1994年，第211页。

④ Walter LaFeber, *The New Empire: An Interpretation of American Expansion*, *1860 – 1898*, pp. 68 – 69.

⑤ William Appleman Williams, “The Frontier Thesis and American Foreign Policy”, *Pacific Historical Review*, vol. 24, no. 4 (November 1955), pp. 387 – 388.

⑥ William Appleman Williams, *The Tragedy of American Diplomacy*, W. W. Norton Company, 2009, p. 114.

"任何和平与合法的商业扩张"。[①] 另一位著名的"反帝主义者"——钢铁大王安德鲁·卡内基也是如此。他虽极力反对兼并菲律宾(他曾打算以2千万美元的价格买下菲律宾,然后让它独立),但他并不反对合并夏威夷与波多黎各。他在1898年曾提及夏威夷说:"我并不是一个害怕扩张、提倡'小国寡民'的美国人……只要新的领土始终属于美国人",只要"不危害到共和国";[②]而波多黎各则"有着众多的白人,当地人生性和平,并愿意与美国联合"[③]。他还认为,波多黎各人虽是"异族",但最终会变成美国人,而不会威胁共和体制。[④] 他甚至赞成吞并古巴:"古巴不会给我们带来多少麻烦。这里没有'帝国主义'——没有战争的危险。"[⑤]

归根结底,"帝国"是与君主制、专制、武力征服或"封建贵族残余""返祖"[⑥]等意象联系在一起,而一般性的"扩张"则暗示着充满美德的共和国、自由、和平等,与美国走向强大的历史有关。无怪乎美国人大多厌恶前者而宽容后者,毕竟扩张并不总是会掉入"帝国陷阱"当中、引发共和国的危机。一个表现是,在将"帝国"一词加诸英法德奥俄等欧洲列强,或土耳其、中国与日本时他们毫不迟疑,但加诸美国时则往往思量再三,往往以"扩张"来代替。这无疑也体现了情感的差别。换言之,它们不仅是描述性的词汇,同时也是规范性的词汇。因此如下一现象也更好理解:在19世纪末20世纪初,在支撑美国占领菲律宾等对外征服行为中占主导地位的是"扩张"话语而非"帝国主义"话语,他们主要以"扩张"而非"帝国主义"来界定兼并菲律宾的政策,并且声称反对"帝国主义"。

三、避开"帝国陷阱":"扩张"的主要标准

那么,作为主导性话语的"扩张"究竟有哪些特点呢? 怎样才算作是掉入了"帝国陷阱"当中呢? "帝国主义者"马汉为我们提供了一个线索。他在与著名的国际法学家约翰·巴赛特·穆尔的通信中,一方面公然表达了对帝国主义的赞赏,同时也特地区分了"帝国主义"与"扩张"。

穆尔在1913年出版了题为《美国发展的四个阶段》的著述,将美国历史概括为"联邦—民主—帝国主义—扩张"四个阶段,将美国的大陆扩张界定为"帝国主义"时期,而将海外扩张命

① "The Democratic Platform", p. 635; Ian Tyrrell and Jay Sexton, "Introduction", p. 2.

② Walter LaFeber, *The American Search for Opportunity*, *1865 – 1963*, Cambridge University Press, 1993, p. 36.

③ Pedro A Cabán, *Constructing a Colonial People: Puerto Rico and The United States*, *1898 – 1932*, Westview Press, 1999, p. 39.

④ Pedro A Cabán, *Constructing a Colonial People: Puerto Rico and The United States*, *1898 – 1932*, p. 39.

⑤ Robert L. Beisner, *Twelve against Empire: The Anti-Imperialists*, *1898 – 1899*, McGraw-Hill Book Company, 1968, pp. 176 – 177.

⑥ 熊彼特提出,"帝国主义"的核心意思在于没有意义的"扩张":真正的帝国主义只是"为了侵略而侵略","为了扩张而扩张,为了胜利而胜利,为了支配而支配",它"是国家没有确定目标的、无休止的武力扩张"。这里显然将"帝国主义"视为一种特殊的、病态的扩张形式。他进一步认为,"帝国主义"是欧洲封建社会遗留下来的传统,而没有封建残余的美国自然也就不存在"帝国主义"。见 Joseph Schumpeter, *Imperialism and Social Classes*, Meridian Books, 1974, pp. 5 – 6。

名为“扩张”时期。马汉在信中对此提出质疑。他说,根据《韦伯斯特国际词典》对“帝国主义”的定义,它源于“帝国”,指的是“拥有多种民族,或多种形式政府的领地……原本有军事含义,意味着某种人为的统一体,由外来的权威或政府所强加”,因此美国的大陆扩张时期并不算是“帝国”,而只是民族主义时期。在“民族主义”时期,通过征服所建立的是“殖民地”(colonies),因为这些地方后来都为白人移民所占据,成为美国的新州;而在帝国主义时期,所建立的是“附属领地”(dependencies),因为这些地方不可能有太多白人移民。①

如果我们采用马汉的说法,那么有益的“扩张”只要避免上述“帝国陷阱”即可,例如拥有“多种民族”的“附属领地”、“人为的统一体”、“从外部强加权威”等。置于当时的历史语境,马汉对“帝国”和“帝国主义”的认识是较为准确的。在美国的“扩张”支持者那里,可以被接受的扩张的确大致上有四个特点,笔者暂且将之命名为同质化、去中心化、非任意专断化以及“和平”的“扩张”。

首先是同质性(homogeneity),这一特点与“白人共和国”的说法异曲同工。它意味着被扩张兼并地区的人民在种族构成上不能过分多元化,也不能与美国国内占主体的“盎格鲁—萨克逊”人有过大差别,从而威胁到“白人共和国”的存续。

“帝国”被赫尔德称作“胡拼乱凑的政治体”,首要特征是种族的多元化。例如英国派往印度的“副王”利顿说道,如果谁想知道帝国称号的含义,那么他只需“环顾四周”就会看到这样一个帝国:“其传统多种多样,其居民也是多种多样,居于其中的种族几乎有无穷多个,形成他们特性的信仰也是数不胜数。”②在这样一个政治体中,难以维系公民团体的稳定和团结,有分裂的危险。而“扩张”之所以比“帝国”更受欢迎,除共和制度的因素外,还有一个潜在假设是,“帝国”往往只是控制而无法取代新获得领土上的异族,无法为美国白人争取生存空间。

正是基于这一点,许多赞成一般性“扩张”的人将占领菲律宾视为是“帝国主义”的。著名的美国德裔共和党人卡尔·舒尔茨曾指出,菲律宾地处热带,“民主的制度无法兴盛”;与美国不相毗邻,且人口稠密,白人无法大规模移民,无法造就适宜共和体制的民众。因此无论从地理位置还是从人口构成上来说,菲律宾都不可能“作为自治的州”加入联邦。另一位反帝主义领袖、马萨诸塞州参议员乔治·霍尔在与贝弗里奇的辩论中也认为,菲律宾人是“单独、特别而且人数众多的人民,他们的领土以后不会被美国人所殖民,或形成美国式的州”③。此类对种族文化不相容性的担忧,对它们损害共和国公民团体同质性与再次引发类似南北分裂的恐惧,是美国在帝国主义问题上瞻前顾后的重要原因。

---

① John Bassett Moore, *Four Phases of American Development*, The Johns Hopkins Press, 1912; Alfred Mahan, “To John Bassett Moore, June 1, 1912”, in Robert Seager II and Doris D. Maguire, eds., *Letters and Papers of Alfred Thayer Mahan*, vol. 3, p. 462.

② 转引自博纳德·科恩《维多利亚时期印度的权威表象之确立》,埃里克·霍布斯鲍姆等编,顾杭,庞冠群译《传统的发明》,译林出版社,2019 年,第 246 页。

③ Warren Zimmermann, *First Great Triumph: How Five Americans Made Their Country a World Power*, p. 344.

第二是非“任意专断”(arbitrary)的特性,可概括为“共和主义”。它涉及权力的来源,也就是统治者与人民的关系。对殖民地人民来说,专断的殖民统治违背了《独立宣言》的政治原则,即统治未征得当地人的同意;对母国来说,由于殖民地人不同意其统治,那么势必要走向武力征服,最终这种“帝国主义”会反噬,危害国内的共和体制。为了保证美国的共和政体和民主制度,只有抑制其领土野心,放弃海外扩张的愿望,而将注意力集中在管理国内“文明程度”相当的一群人身上。当然按此逻辑,当满足“被统治者同意”的条件时,“扩张”阻力当然就会相应减少。正如前文中卡内基赞成兼并波多黎各的理由:由于当地人欢迎美国的兼并,视美国为“解放者”。

第三是“去中心化”的政治秩序和控制,类似“联邦主义”。在种族构成完全类似的、同质化的政治体中,也存在“帝国”的可能性。这涉及中央与地方的权力关系。历史上的帝国基本都存在马汉所说的、“帝国中心”与“附属领地”间的地位差别。在西班牙帝国、英帝国等统治的广袤地区,即便主要由白人占据的领地,也缺乏地方自治权力,地位无法与母国相提并论。因此才会有北美人“无代表权不征税”的口号,以及拉美克里奥人对母国统治的反抗。

不过,美国联邦这样“去帝国中心化”的联邦主义扩张模式有可能摆脱“帝国”的名号。[①] 在建国初的一系列《土地法案》中,建国之父们也正是以此有意识地来区分美国的扩张,强调各州之间的平等地位,与英帝国不平等的权力结构形成对比。英帝国的辩护者也不同程度地以“联邦主义”来为自己开脱。约翰·密尔说英帝国是一个“不平等的联邦”(unequal federation);里奥纳德·霍布豪斯称之为“松散的、非正式的和半联邦主义的英殖民帝国”[②]。英国在19世纪80年代还出现了一场“英帝国联邦化”的运动,试图效法美国的联邦模式,将帝国“联邦化”,来协调“自由与帝国”(*libertas et imperium*)之间的矛盾。[③] 在兼并菲律宾问题上,舒尔茨、乔治·霍尔等“反帝主义者”均认为,要保留征服的领土,除国家安全所必须外,需以建州为前提条件,以避开“帝国”陷阱。[④] 这也是此“联邦主义”原则的体现。

第四是和平与非军国主义的原则。正如西奥多·罗斯福和希利极力强调的,帝国的主要特征是专制和军国主义,而扩张则不是如此。若是统治不经当地人同意,种族成分多样,且缺乏地方自治,便唯有在武力征服后再用武力进行专制统治,将陷入恶性循环。而许多美国人认为,美国在北美大陆上的扩张多是通过和平谈判、领土购买等方式实现的,且这些地方最终都变成了联邦平等的成员而非永久殖民地,因此是和平的扩张。

这四个特点是在理想状况下,区分“帝国主义”与一般性“扩张”的重要标准,也是不少“扩

---

① 直到今天,美国西部仍然认为自己与联邦存在殖民与被殖民的关系,他们指出“联邦拥有西部的大量土地,并且西部的发展依赖东部投资”;而西部平民主义大多加入反帝主义阵营,也与他们的“被殖民心态”有关。参见 Eric Foner, *Give me Liberty: An American History*, vol. 2, W. W. Norton & Company, 2017, p. 1056。

② Duncan Bell, *Reordering the World: Essays on Liberalism and Empire*, Princeton University Press, 2016, p. 144.

③ Walter LaFeber, *The American Search for Opportunity, 1865-1963*, p. 34.

④ Warren Zimmermann, *First Great Triumph: How Five Americans Made Their Country a World Power*, p. 345.

张”支持者能接受的或有益的“扩张”。它表明,美国人大多不仅支持经济和文化的扩张,还普遍能接受某种形式的领土扩张,只要它大致符合这四个条件。

但倘若作进一步的分析,就不难发现这四个条件并非严格的“充分必要条件”。如杰斐逊、门罗等梦想着吞并古巴,卡内基支持兼并波多黎各和夏威夷,可能满足其余 3 个条件,但显然不满足种族同质性;舒尔茨和霍尔的言论似乎也表明,倘若菲律宾有可能成为美国的州,那么种族差异可以接受。此外,美国一直以来对本土印第安人和黑人的统治也没有得到他们的“同意”,更谈不上“和平”的扩张。在论辩期间,那些反对占领菲律宾的“扩张主义者”为了将对方钉上“帝国主义”的耻辱柱,还往往会不自觉地“美化”对外征服的历史,而丑化眼下对外征服的现实。这更说明“扩张”只是一种权力话语,而非前后一致、逻辑严密的思想理论。

四、“扩张”话语对美利坚帝国的塑造

“扩张”作为权力话语的模糊性带来这样一个问题:既然吞并印第安人居住的西部领地、夏威夷和波多黎各都可以被视为“扩张”而非“帝国主义”,那么占领菲律宾同样也有可能被归类为“扩张”,以摆脱“帝国主义”的污名。因此占领菲律宾的支持者常见的一个话语策略是,将布赖恩、卡内基等心目中的“反帝主义”偶像——杰斐逊进行重新的解读,进而重塑乃至“发明”美国的扩张传统。值得注意的是,他们大多并不是将杰斐逊鼓吹为“帝国主义者”,而是声称,杰斐逊不仅是一位反对暴政的共和主义者,更是美国历史上最重要的“扩张主义者”之一,将其打扮为“扩张之父”(father of expansion)。购买路易斯安那便是他在“扩张”方面的伟大功绩。他们声称,自己不仅没有违背杰斐逊定下的立国原则,而且还继承了自他以来美国向外扩张的事业。[①] 威尔逊也是如此。1896 年,他也曾哀叹“愉快扩张的时代已经过去”,但随后又为美国“意外获得”菲律宾和波多黎各等“新边疆”而振奋不已。1903 年,他发表题为“美国的扩张与性格”的演说,赞扬美国的殖民扩张,将其与英格兰在北美的扩张相提并论。[②] 1916 年,威尔逊还批准从丹麦手里买下维京群岛,在他看来,这一行为也属于“扩张”而非“帝国主义”。

但此种对传统的“发明”有其限度。“扩张”话语毕竟主要代表一种反国家主义的、去中心化的对外侵略形式。不论占领菲律宾的支持者使用这一话语时是否真诚,其实际政策的选择至少受到“扩张”核心含义的限制,更常见的是,使用者、话语与政策之间往往形成一种相互塑造和建构的关系。大致说来,有以下三个方面:

首先,“扩张”话语意味着美国应采取与欧洲殖民统治不一样的政策。既然欧洲是“帝国主

① Morris M. Estee, “Jeffersonian Principles: An Examination into Colonel Bryan’s Statement of them”, *Overland Monthly and Out West Magazine*, vol. 34, no. 1999 (July 1899), p. 50.

② August Heckscher, ed., *The Politics of Woodrow Wilson: Selections from his Speeches and Writings*, Harper & Brothers, 1956, pp. 49 – 50.

义”，而美国是“扩张”，那么如何体现在殖民政策上呢？美国殖民者宣扬最多的莫过于对菲律宾人“自治”能力的培养，及其利他的意图。即便是后来宣扬“民族自决”的威尔逊，也以此为由来支持美国对菲律宾的占领。正如此前所说，他多次称菲律宾为美国继续“扩张”的“新边疆”。① 马雪松评价说，这也意味着美国在菲律宾的统治需要某种合法性，其政策需尽可能地获得菲律宾人的支持和“理解”，向菲律宾人证明美国仅仅将他们的“福利放在心里”，而非谋取私利。② 为此，美国殖民统治者不仅特别迷恋于对菲律宾人的政治“教育”，而且还顺理成章地在菲律宾一步步推行代议制政府。以至于在亚洲人民争取民族独立的“威尔逊时刻”，印度的民族主义者公开赞扬美国在菲律宾的“自治”试验，并以此向英国政府施压。③

第二，在声称支持“扩张”的群体中，布莱恩、卡内基等反对占领者大多认为，菲律宾不适合建州、成为联邦的成员，其结果只能导致美国拥有永久殖民地；而支持者则一度相信它可以成为联邦成员。他们考虑像对待过去的西部领地一样，在菲律宾建立新州，试图通过这种方式来避免“帝国”。他们称，这种方式只是“循旧例”(*ex proprio vigore*)，让宪法“追随国旗”，让联邦“自然生长”。④

由于在菲律宾进行殖民统治的人当中，更多地是“扩张”话语而非像贝弗里奇一样的“帝国主义”话语的信奉者，这套政策一度曾被认真付诸实施。早在1900年12月，美国大选尘埃落定之时，在菲律宾总督塔夫脱的帮助下，倾向于与侵略者合作的菲律宾上层人物便成立了联邦党(*Federalistas*)，在其纲领中，表示要“让自己美国化”，接受美国的“原则、政治习惯和特殊的文明”，并最终成为“美利坚联盟”的一个州。⑤ 波多黎各也有类似的“联邦党”。在“海岛判例”中，菲律宾、关岛和波多黎各被作为非合并领地(unincorporated territory)而与夏威夷、阿拉斯加等合并领地区分开来。后者是明确以建州为目标，而前者则否。⑥ 但这并未彻底断绝菲律宾加入美国联邦的希望。直至1904年，声称支持“扩张”而反对“帝国主义”的民主党人霍雷肖·西摩仍在问道，“倘若我们获得菲律宾不是为了建立美国式的领地和州，又是为了什么呢？”⑦他相信，这是美国的“扩张”区别于英国“帝国主义”的重要标志。

第三，“扩张”话语并不排斥菲律宾的独立，它还试图将其纳入美国的松散“邦联”或“同盟”体系，维持特殊关系。

由于菲律宾人并不像波多黎各、夏威夷那样“顺从”，而更类似桀骜难驯的古巴人，加之当

---

① William Appleman Williams, *The Tragedy of American Diplomacy*, p. 72.
② Erez Manela, *The Wilsonian Moment: Self-Determination and the International Origins of Anticolonial Nationalism*, Oxford University Press, 2007, p. 30.
③ 见徐国琦著，尤卫群译《亚洲与大战：一部共有的历史》，四川人民出版社，2020年，第96—104页。
④ Paul A. Kramer, *The Blood of Government: Race, Empire the United States, and the Philippines*, p. 162.
⑤ Michael Hunt, Steven Levine, *Arc of Empire: America's Wars in Asia from the Philippine to Vietnam*, The University of North Carolina Press, 2012, p. 49.
⑥ 值得注意的是，这两种不同的海外殖民地都用了意味着将走向独立自治的 territory，而非与帝国含义更密切的 colony 一词。
⑦ Horatio W. Seymour, "Democratic Expansion", *The North American Review*, vol. 179, no. 572 (July 1904), p. 100.

地炎热的气候地理条件，一些占领菲律宾的支持者也很快意识到，菲律宾很难被并入联邦，菲律宾人也很难成为“美国公民”。在此情形下，他们事实上逐渐与布赖恩与卡内基这两位“反帝主义者”的主张趋于一致。威尔逊起初以“新边疆”为由，支持长期保留菲律宾，但后来态度发生了转变。他在1912年的一次演说中宣称，我们兼并了一个“太平洋上7 000英里之遥的新边疆”，“菲律宾令人沮丧的气候”让“寻求减压阀”的任务变得无比艰巨，要“耗费年轻人的大量精力”，因此“我们认识到了美国人无法自由地释放自己。我们不得不满足于愉快地待在自己的家里……”。① 自此之后，威尔逊开始支持菲律宾独立，并宣称“美国将不会再通过征服占领哪怕一寸土地”，罗斯福和塔夫脱此前也有类似表态。②

菲律宾不是美国进行领土兼并的合适对象，但却给美国提供了另一种扩张的机会，即“盟友”或“文明”的“扩张”。早在1900年，就参议院中乔治·霍尔为代表的“反帝主义者”和贝弗里奇为代表的“帝国主义者”之争，《公开法庭季刊》发表了题为“扩张，而非帝国主义”的社论，试图用“扩张”去调和两者之间的观点。该杂志反对霍尔彻底放弃菲律宾的意见，主张保留菲律宾，但它同时声称，不应让菲律宾作为美国的附属领地而存在，也不应让菲律宾人成为美国的“臣民”（subjects），而是应给予其自治权，让他们成为美国的“独立盟友”（independent allies）。“尽管我们给予古巴、波多黎各和菲律宾独立，我们却无须放弃在这些岛屿上的要塞和港口”。它希望菲律宾建立若干个“联邦共和国”，然后再与美国组成一个松散的“邦联”，与美国拥有一个共同的法院，裁决相互之间的争端。这样一来，“通过赐予群岛上的居民以独立和自治，甚至是主权，但保留这里的要塞，我们可以是好的扩张主义者，同时又是彻底的反帝主义者”。文中说道，它所说的“扩张”是“工商业的扩张”，“是占据一些有重要战略价值的要塞，以在战争情况下保护我们的利益，而不是领土扩张，干预他国的内部事务”。它虽然也对菲律宾的自治能力持怀疑态度，但仍然相信菲律宾可以在美国家长制的管理之下，通过传授自治的原则而使之最终建立起名副其实的“共和国”。

该杂志在结尾的“扩张主义”话语也颇值得体味：

> 真正的扩张将是依据着美国自身历史发展的原则，将地方自治的责任和福佑扩大至我们影响之下的人群。帝国主义只是炫耀，而得不到任何实利。帝国主义将损害我们在世界上的地位。但是，我们不允许自己的国家走向帝国主义，也不应反对扩张……如果我们孩子的脚长大了，我们不应当让他们穿大一号的靴子吗？③

由于对“帝国主义”甚为敏感，该杂志甚至不接受对菲律宾“保护国”的称谓。1901年3月，

---

① August Heckscher, ed., *The Politics of Woodrow Wilson: Selections from his Speeches and Writings*, p. 176.

② Woodrow Wilson, *Address of President Woodrow Wilson, Delivered Before the Southern Commercial Congress Held at Mobile, Ala., October 27, 1913*, Government Printing Office, 1913, p. 5; Thomas G. Patterson, J. Garry Clifford, eds., *American Foreign Policy: A History since 1900*, D. C. Heath and Company, p. 231.

③ The Editor, "Expansion, but not Imperialism", *The Open Court*, vol. 14, no. 531 (February 1900), p. 93.

它再次发表题为“不是保护国，而是盟友”的社论，在保留菲律宾群岛上的重要战略据点、不允许菲律宾完全独立的前提下，希望改变对菲律宾的称呼，不声称对其享有主权，也不再称之为保护国，而是称之为“盟友”，官方的正式名称为“结盟的诸共和国”(allied republics)，以让美国“既能更容易地在群岛上立足，但又获得当地人的善意和友谊”。①

这段话可以说对“扩张”的政策意涵，即建立美国与菲律宾之间的“盟友”或特殊关系进行了很好的阐释。这种设想越来越常见。例如塔夫脱称，“将为促进菲律宾人民的自治能力和繁荣，无限期地保有菲律宾群岛”，菲律宾是否独立，取决于具备了自治能力的菲律宾人民的选择。同时他认为，随着菲律宾人民享受到了关税的好处，即便是具备自治能力之后，与美国的关系也将类似于澳大利亚、加拿大与英国的关系，而非完全独立。② 尼古拉斯·巴特勒对菲律宾未来的定位也是与美国同处于一个松散的“邦联”(commonwealth)之下。③ 从今天美国全球同盟体系的现状来看，这段话更是颇具预见性的。

这些都似乎与贝弗里奇等所主张的“帝国主义”渐行渐远。在贝弗里奇那里，“扩张”与“帝国”是不分的，两者意思基本一样。他丝毫不避讳称美国为“帝国”。相比其他以“扩张”而非“帝国主义”来界定美国对菲政策的辩护者，他对美国的传统进行了一个更为大胆而激进的“发明”，即以“美利坚帝国”来定义美国的政策性质和目标。

在其最为著名的演说中，他将杰斐逊称作是“共和国的第一个帝国主义者”，宣称，正是从杰斐逊起，美国不断地在扩展自己的“帝国”，开始了“星条旗的征途”。而美国人要做的，便是以“伟大共和国和自由制度的名义，建立起从地峡运河到夏威夷、古巴和南海(southern seas)的美利坚帝国”④。他对《泰勒修正案》痛心疾首，时刻想要推翻它，将古巴纳入美国的直接统治。在詹姆斯·布赖恩接受民主党提名，并且公开声明“反帝主义”立场后，贝弗里奇 1900 年 9 月 25 日在芝加哥共和党的竞选大会上发表了题为“帝国之星”的演说，与布赖恩针锋相对。他在这篇文章中使用了 20 次“帝国”，并将华盛顿、杰斐逊都列入“帝国主义者”的行列。⑤

但对多数支持占领菲律宾的美国政治精英来说，杰斐逊不是“帝国主义者”，而只是“扩张主义者”。尽管贝弗里奇一度颇受欢迎，但很快其“帝国主义”话语就遇到质疑。质疑之声不仅来自反对占领菲律宾的群体，而且来自支持占领的“扩张主义者”。此时美国影响较大的两个“扩张主义”刊物——《展望周刊》与《独立周刊》成为其代表。它们主张占领菲律宾，但也不满地写道，当贝弗里奇在国会中大谈永久保留菲律宾时，感兴趣的并不是菲律宾的人民，而是菲律宾的矿产和农业资源，主张在菲律宾建立一个“简单而强有力的政府”，尽量少地给予菲律宾人

① The Editor, “No Protectorate but An Alliance”, *The Open Court*, vol. 15, no. 538 (March 1901), p. 153.
② “To Retain the Philippines for Many Years”, *The Independent*, vol. 58, no. 2938 (March 23, 1905), p. 635.
③ Sandra R. Helman, *Eleven against War: Studies in American Internationalists Thought, 1898 - 1921*, p. 34.
④ Albert Beveridge, “The March of the Flag”, in Albert Beveridge, *The Meaning of the Times*, The Bobbs-Merrill Company Publisher, 1908, p. 50.
⑤ Albert Beveridge, “The Star of Empire”, in Albert Beveridge, *The Meaning of the Times*, pp. 118 - 143.

自治权利，目的只是像英国在香港一样获取经济利益，将菲律宾打造成“美国的香港”。[①]《展望周刊》直言，贝弗里奇的演说“让那些希望通过支持扩张，来扩展美国制度而非贸易的人感到失望……只有通过权利、正义、责任和自由，美国才能扩张；将我们主权的扩展建立在别的基础之上，将会是放弃而非扩张美国的理念”。最终美国在菲律宾的政策也可以证明贝弗里奇的设想并未成为主流。[②] 即便是洛奇，也声称美国不会传播英法式的“粗糙物质主义”（crass materialism）。[③] 贝弗里奇建议重新考虑吞并古巴、多米尼加，反对在菲律宾建立“代议制”的政策均未被采纳，只好将其主要精力转向鼓吹进步主义改革方面。[④] 可见，即便贝弗里奇等“帝国主义者”在推动兼并菲律宾上起到了重要作用，但负责接手统治的却大多是如舒曼、塔夫脱、威尔逊等“扩张主义者”，他们在将菲律宾视为美国扩张的对象时，也试图对其进行“共和主义”的改造，甚至允诺、推动其独立。

结　语

总的说来，“扩张”与“帝国主义”的语义差别有其历史原因。它主要源于美国从大陆向海外扩张的转变。此时，美国以“天定命运”为口号的大陆扩张取得了很大成功，反对派的声音也已被遗忘殆尽。尽管大陆扩张也间接导致内战，但总体说来给美国带来了巨大的利益，因此被美国人视为是与欧洲“帝国主义”相似但又有着本质差别的方式，尤其在“同质性”“去中心化”“共和主义”以及和平而非军国主义等特性方面形成鲜明对比。而美国吞并菲律宾的政策似乎与这些标准完全相左，美国作为“共和国”的身份遇到危机，“帝国主义”与“扩张”的差别也变得尖锐化起来。

这些特性事实上很难经得起推敲。有学者指出，美国在西部所谓“扩张”的对象并非无主之地，而是属于印第安人的领土，因此从人口构成来看是“异质性”而非同质性的，所谓大陆扩张是“扩张而非帝国主义”不过是一种神话；贝弗里奇等“帝国主义者”也曾多次提及，美国的统治并没有征得当地印第安人，以及国内众多黑人和奴隶的同意。[⑤] 美国对墨西哥的侵略也是其难以抹去的污点。它虽然后来允许菲律宾独立，允许夏威夷建州，但今天也仍然残存着“传统帝国”的痕迹，如关岛、波多黎各、维京群岛等便属此类。而即便是像一些“反帝主义者”所期待的那样，前殖民地以平等州的身份加入了联邦，是否就能轻描淡写地说它是“扩张”而否定其“帝

① Editor, “Congress: Senator Beveridge’s Speech”, *Outlook*, vol. 64, no. 3 (January 20, 1900), p. 139.

② Editor, “Congress: Senator Beveridge’s Speech”, p. 139.

③ Michael Mann, *The Sources of Social Power, vol. 3: Global Empires and Revolution, 1890 – 1945*, Cambridge University Press, 2012, p. 85.

④ A. Cheree Carlson, “Albert J. Beveridge as Imperialist and Progressive: The Means Justify the End”, *Western Journal of Communication*, vol. 52, no. 1 (Winter 1988), pp. 46 – 62.

⑤ Walter Williams, “United States Indian Policy and the Debate over Philippine Annexation: Implications for the Origins of American Imperialism”, *The Journal of American History*, vol. 66, no. 4 (2008), pp. 819 – 820.

国主义”的性质呢？这无疑是一种掩耳盗铃的做法。

当然，这种语义差别也的确折射着美国一直根深蒂固的种族主义、“反国家主义”等价值观念，这些观念源自美国的政治社会结构，但反过来又塑造着美国的“帝国构建”路径。[①] 可以看到，出于各种原因，美国多数支持帝国扩张的支持者并没有像马汉和贝弗里奇那样宣扬“坦率的帝国主义”，美国的年轻一代也没有像马汉期待的那样，拥抱“帝国主义”这一名称；他们主要还是以“扩张”作为主导话语，尽量将海外扩张粉饰为传统之内而非传统之外的变化。这种策略可能有助于短期的对外征服狂热或内部妥协，但对长期占领有色人口稠密的殖民地，构建与欧洲并驾齐驱的“美利坚帝国”并无太大助益，无法提供持续的、强有力的观念支撑。换言之，欧洲式的“帝国荣耀”观念对构建种族多元化、军国主义和权力集中化的“帝国”也许是必要的，而在美国式“扩张”话语的优先次序（preference rank）中，此种传统帝国似乎缺少先天的合法性，菲律宾最终只是美国的一个“临时殖民地”，它某种程度也预示着美国此后在古巴、海地、墨西哥乃至德国、日本、伊拉克和阿富汗等地的“帝国构建”模式。[②] 这一“帝国”往往藏匿于“盟友”“合作”和“秩序”等较少等级制色彩的名称之下，主要依靠的也是较为“去中心化”的海上霸权，而非更加集中的陆上权力。因此诚如查尔斯 · 梅尔所言，相比古“罗马帝国”，美国在海外的“帝国构建”与古代雅典的“帝国主义”（如提洛同盟）更为类似。[③]

还需注意的是，美国历史上不仅有“扩张”传统，而且有否认“帝国”和“帝国主义”的传统，或所谓的“帝国健忘症”。自 19 世纪末的反帝主义运动以来，每当外交政策出现重大分歧与争议的时候，例如冷战、伊拉克战争等，往往会有美国人大声指责“帝国主义”，而在风平浪静的时期，又会出现“健忘”的情形。例如，美国学者沃尔特 · 纳金特、小约瑟夫 · 奈以及尼尔 · 弗格森等都注意到，美国人厌恶称自己为“帝国”或“帝国主义”国家，是一个“不敢自承其名的帝国”。[④] 小布什、拉姆斯菲尔德等政治人物也公开否认美国有“帝国”的野心。[⑤] 另外有学者发现，“美利坚帝国”本来在新闻中是冷门术语，在伊拉克战争后却频繁出现。[⑥] 而我们也很容易

---

① “反国家主义”观念对外交的影响可参见 Aaron Friedberg, *In the Shadow of the Garrison State: America's Anti-Statism and Its Cold War Strategy*, Princeton University Press, 2000。

② “临时殖民地”的说法参见迈克尔 · 曼著，郭台辉等译《社会权力的来源（第三卷）》，上海人民出版社，2015 年，第 126 页。

③ 梅尔曾这样描述“美利坚帝国”：“在大陆边界之外，美国在海外获取影响的过程与早期罗马、俄罗斯或英国的情况有所不同——但与历史学家们所说的雅典‘帝国’所建立的联盟结构并没有多大差别。”Charles S. Maier, *Among Empires: American Ascendancy and Its Predecessors*, Harvard University Press, 2007, pp. 32, 63。

④ 沃尔特 · 纳金特在谈论美国公众的反帝情结时说道，“美国是一个帝国主义国家，但美国人厌恶承认这个事实”；国际关系学者小约瑟夫 · 奈说，“美国人与英国人不同，他们对帝国主义的经历感到不舒服。民意测验表明，美国人不希望自己成为帝国”。Walter Nugent, *Habits of Empire: A History of American Expansion*, Alfred A. Knopf, 2008, p. xiii；小约瑟夫 · 奈，戴维 · 韦尔奇著，张小明译《理解全球冲突与合作：理论与历史》，上海人民出版社，2012 年，第 390 页。

⑤ 2003 年，在入侵阿富汗与伊拉克后，美国前国防部长拉姆斯菲尔德就辩称，“我们不想建立帝国。我们不是帝国主义的。我们也从来都不是如此”；小布什说，“我们没有支配的欲望，没有帝国的野心”。Ian Tyrrell and Jay Sexton, “Introduction”, p. 3; Jennifer Pitts, “Political Theory of Empire and Imperialism”, *The Annual Review of Political Science*, vol. 13, no. 211 (2010), p. 220.

⑥ Richard Immerman, *Empire for Liberty: A History of American Imperialism from Benjamin Franklin to Paul Wolfowitz*, p. 3.

看到，伴随着对战争的关注退潮，这个词的热度亦大大消退，“帝国”似乎仍是其他国家的事，而与美国距离遥远。甚至那些曾经大声疾呼的美国人可能内心也并不真的认为美国是一个“帝国”，而只是敲响警钟、借题发挥而已。

倘若将“扩张”与“帝国主义”继续视作包含关系的话，可以认为，美国的“扩张”往往是和风细雨式的，而“帝国主义”则类似狂风骤雨。但“帝国主义”这种状态却又经常是由日积月累的、看似“去中心化”或“非集权化”的“扩张”所带来的：当“和平”的扩张受到强烈阻碍与反抗时，又会出现“替罪羊”，刺激美国政府的武力干涉，而令美国人自己也感到恐惧的“帝国”阴影亦在这一过程中愈益接近。因此今天看来，比政府主导的、夸耀帝国权势的“帝国主义”更值得警惕的，也许是非政府行为体为主（如跨国公司、历史上的白人移民等）的对外扩张。英美的“盎格鲁—萨克逊模式”更近于后者。这一带有欺骗性和自欺性的战略文化可能导致更加剧烈的冲突。正如威廉·威廉斯和戴高乐等所注意到的，比美国本质上是一个“帝国”更危险的是，它始终不愿承认，或根本没有意识到这一事实。① 如果美国的权力精英和公众能够更深刻认识到这一点，也许世界会更少纷争。

（本文原刊于《世界历史》2022 年第 2 期）

作者简介：

刘义勇，1982 年生，湖北荆门人，现任上海师范大学人文学院副教授，硕士生导师。主要研究方向为美国对外关系史和国际关系史。2012 年毕业于北京大学历史学系，获博士学位，曾到美国耶鲁大学历史系、密苏里大学东亚中心交流访学。在《历史研究》《世界历史》等国内知名刊物上发表论文多篇，主持在研国家社科基金后期资助项目一项。

① William Appleman Williams, *Empire as a Way of Life*, Oxford University Press, 1980, p. 174.

非洲水权的祛魅与旁落：19 世纪欧洲殖民扩张与非洲资源控制权的易手*

张　瑾

摘　要： 非洲水权是自然、资源和政权的超级链接，在传统非洲的文化景观、宗教信仰、政权合法性和象征体系中，水权都有自己的表达形式，这些表达构成了“水—人—神”三位一体的非洲水权之魅。19 世纪中叶，随着西方陆续完成工业革命，非洲成为殖民地争夺的热点区域。西方在非洲的殖民化运动，使非洲水权逐渐祛魅并旁落。即使非洲各地都努力控制本土水权，仍然没有办法阻止殖民扩张的步伐。战略要道苏伊士运河最终成为国际航道，标志着非洲在争取独立水权的斗争中完败，沦为殖民体系边缘的一环。以水权的流转为视角，可以审视非洲等第三世界地区在沦为殖民地的过程中，思维方式、价值观念、意识形态、宗教信仰等多维度的变迁和形塑。

关键词： 非洲水权　殖民主义　科萨战争　苏伊士运河

人类是在对自然认识和利用的不断深化过程中逐渐了解到水，并与之产生互动联系的。在人类早期的历史中，人们普遍生活在各种水域周边，以满足生存、健康、灌溉和排污等生产生活所需，交通多利用水道。控制水权，等于控制了整个社会生产生活的根本。在地表水分布不均的非洲，尤其如此。随着西方科学主义和实证主义的发展，“征服自然”的思想传播到世界各地，对水利用的需求进一步提升，具有自然之魅的水逐渐从人类经验中抽象出来，之后水权被更多地放在国际政治中谈论。当然，因为水文化兼具的物质形态、制度形态和精神形态，故也不乏从文化层面对水权加以诠释的。

目前，学术界尚无关于水权的权威性定义，本文将其界定为历史发展过程中形成的拥有和使用水资源的各种权力的总称，其主要内容包括水的所有权、取水权及与水利有关的权力和权益。水的基本属性决定了水权的特征，主要表现为水权设立的有限性、水权客体的不确定性和

---

* 本文系上海师范大学 2021 年校人文社会科学研究项目“全球史视野中的中国共产党影响与传播研究专项”（项目编号：310 - AC7031 - 21 - 005011）的阶段性成果。

不稳定性、水权原理的公共性等。水权与人类对于自然资源的掌控愿望和能力有密切的相关性,是“所有权”“使用权”和“交易权”在水资源领域的集中表现,即以国家、个人、公司和组织等主体对水资源占有、使用、收益和处置的权力和界定交易方式和交易期限的权力。因此,以“水权”为抓手,分析其演进的过程,对历史进行回溯,对于理解人与自然、人与社会的关系,具有重要价值。

不少研究利用各自的模型和理论方式对水权的历史进展进行分析。其中,“水—耕地—粮食关联模型”(Water-Energy-Food Nexus, WEF-Nexus)是近年来在可持续发展领域的新兴课题。如通过对特定的历程与背景分析,确定水、能源和粮食系统的权衡与协同作用,将社会和环境的影响内在化,并指导制定当下的跨部门政策。① 美国兰德公司(RAND)为此设计了安全系统指标;美国粮农组织(FAO)也建立了关于能源和粮食产出的关联核算体系(WEF)及评价方法。比如莫哈他(Mohatar)团队的不少学者采用耦合系统分析水权在实际运用中的作用。② 从主题来看,国内研究注重对我国本土水权和美国水权的应用型研究。比如,对水权“所有权”的研究注重从不同的权利主体出发,对中央与地方的权责范围、管理体制和税费收益等方面进行分析比较,水权使用权主要从各国的水权分配方式、确权登记方式、登记机构、期限等方面进行研究,水权交易流转主要是从对比交易方式和交易期限等方面加强研究。③ 从水资源的所有权、使用权、交易流转三方面对水权制度进行全面梳理与比较分析,并对中国的水权制度建设提供有益建议,是水利部最新的研究成果。④ 不过,这些研究中,对水权的历史进展研究较少,更多关注的是水权的实效。

从水的视角观察中国历史的案例非常丰富,涉及社会史、经济史、历史地理学、环境史等多个领域,研究地域广泛,研究主题包括“水利社会史”“水上人群”等,相关研究普遍都涉及水权问题。⑤ 从水观察世界史,也有新兴之势。《光明日报(理论版)》分别在 2014 年 1 月 8 日和 2018 年开辟“水与历史”专题,对世界水(文明)历史,古希腊、古罗马、印度和非洲的水历史进行介绍;湖北大学郑晓云教授主编的《水历史与水文明研究(第 1 辑)》与其发表的一系列关于水历史的文章,引领了国内研究水历史的进展;⑥张琎从水政治的角度,梳理了各历史阶段尼罗河

① Tamee R. Albrecht, Arica Crootof and Christopher A. Scott, “The Water-Energy-Food Nexus: A Systematic Review of Methods for Nexus Assessment”, *Environmental Research Letters*, Vol. 13, No. 4(2018).

② M. Bazilian, H. Rogner, M. Howells, et al. “Considering the Energy, Water and Food Nexus: Towards an Integrated Modelling Approach”, *Energy Policy*, Vol. 39, No. 12(2011), pp. 7896 – 7906; Anne Owen, Kate Scott, John Barrett, “Identifying Critical Supply Chains and Final Products: An Input-output Approach to Exploring the Energy-water-food Nexus”, *Applied Energy*, Vol. 210, No. 15(2018), pp. 632 – 642; Tira Foran, “Node and Regime: Interdisciplinary Analysis of Water-Energy Food Nexus in the Mekong Region”, *Water Alternatives*, Vol. 8, No. 1(2015), pp. 655 – 674.

③ 截至 2020 年 12 月 30 日,在“中国知网”的查询信息中,关于“水权”的主题查询,有 8 358 篇学术期刊文章,1 528 篇学位论文,会议和报纸等分别为 516 次、245 篇。可见国内对相关主题的研究状况。

④ 伊璇、金海、胡文俊:《国外水权制度多维度对比分析及启示》,《中国水利》2020 年第 5 期。

⑤ 王正华:《清代华北乡村田宅交易中的“水”》,《重庆大学学报》2021 年第 1 期。

⑥ 包括郑晓云《权力、认同与国家治理: 水在罗马帝国兴盛中的角色》,《社会科学战线》2019 年第 7 期;《国际水历史科学的进展及其在中国的发展探讨》,《清华大学学报》2017 年第 6 期。

流域的政治情况。[①] 从水权的角度着眼,D. D. 特瓦里、孔祥林简要地回顾了南非水权近300余年来的发展历史,尤其追溯到1652年荷兰公司在南非时期的水权历史;[②]笔者《非洲水问题及其治理》及在《中国水利报》之《他山之石　非洲》专栏上所发论文,也对非洲水历史及其中的部分水权予以一定程度的关注。[③]

综上所述,国内外学术界关于水权的研究大多建立在对水权的内涵和现实应用上,主要针对水权的制度、分配、管理、定价、转让、市场、优先权、生态水权等进行概括,较少强调水权与历史的相关性,尤其是在历史的进程中分析水权的流变。在非洲水历史和非洲水权领域,暂无专项研究。

一、非洲传统水权之"魅"

自人猿揖别开始,由于与外在对象处于物我不分的状态,人类发展初期往往借助神话等手段诠释自然,形成了原始的自然观。这种自然观最典型和鲜明的特征是赋予自然以神圣和高贵,认为自然中的万物充满生机与活力。[④] 与自然沟通是人类至高的尊荣。传统非洲的土地所有制是一种相对粗放的生产模式,主要通过人力和物力的生产要素投入来提升产量,水则是最重要的指标之一,也是传统部落定居和迁徙的决定因素。对水的掌控和使用是至高无上的权力,彰显的是以酋长为代表的领导阶层的合法性。

水润万物,利民生,与人类发展息息相关。是否将水视为附属于人的资源,是否将水视为可利用的一个客体以脱离传统神性,是人类向自然资源(水)宣誓"主权"的一个现代性的转变。从全球史的视角来看,非西方区域本土居民常遇到这样的水权旁落过程,并大都发生在19世纪中叶。在这个时段,西方逐渐主导、利用世界潮流,他们不仅希望了解世界更多的信息,更希望成为"大自然的主宰"。中世纪以降的古代自然观念在机械的自然观中逐渐瓦解。[⑤] "十五、十六世纪的自然主义哲学赋予自然以理性和感性、爱和恨、欢乐和痛苦,并在这些能力和激情中找到了自然过程的原因。"[⑥]随着科学革命的快速推进,以水为代表的自然,成为可以被征服和控制的对象。水的社会属性、精神属性(神秘属性)逐渐失去,对水和其他自然秘密的揭示"不可避免"。[⑦] 波义耳(Boyle)等人更是公然指出:"敬畏自然会妨碍人类帝国统治低等生灵。"[⑧]全

---

① 张瑛:《尼罗河流域的水政治:历史与现实》,《阿拉伯世界研究》2019年第2期。
② D. D. 特瓦里:《南非水权发展历程》,孔祥林译,《水利水电快报》2006年第22期。
③ 张瑾:《非洲水问题及其治理》,《现代国际关系》2018年第12期;《非洲国际河流的前世今生》,《中国水利报》2020年3月5日;《复兴大坝:"坝权"之下的水权之争》《中国水利报》2020年9月10日。
④ 王云霞:《附魅、祛魅与返魅:人与自然关系之逻辑演进及其生态启示》,《自然辩证法通讯》2020年第6期。
⑤ 刘易斯·芒福德:《机器神话(下卷)权力五边形》,宋俊岭译,上海三联书店,2017年,第72页。
⑥ 罗宾·柯林伍德:《自然的观念》(第2版),吴国盛、柯映红译,华夏出版社,1998年,第106页。
⑦ M. Bidhendi, etc., "The Role and Stance of Francis Bacon in Initiating Environmental Crisis Occurrences", *Review of European Studies*, Vol. 6, No. 4(2014), pp. 42-49.
⑧ 基思·托马斯:《人类与自然世界——1500—1800年间英国观念的变化》,宋丽丽译,译林出版社,2009年,第12页。

球航线开拓后，非西方区域的本土居民们被西方视为没有开化的“低等生灵”，对他们既有的自然资源和环境的掌控，以及对其已有水权的剥夺，成为殖民的必要前提。

从传统史学的角度来看，非洲历史没有连续的书面史学传统。15世纪开始，葡萄牙人、荷兰人、法国人、英国人、德国人先后以多种方式接近非洲，并从多种视角记录非洲。因为长期以来对非洲大陆的无知，他们一直觉得非洲黑暗且落后，对非洲大陆充满了征服和拯救的幻想。19世纪后，随着探险、传教、商贸、殖民等活动的持续开展，欧洲人的脚步从东西南北各方面向非洲内陆进发。① 与之相伴，丰富的日记和笔记等素材大大扩展了19世纪非洲档案。约翰·怀特(John Wright)进一步认为，通过这些记录，口头材料和书面资料变得可供相互参照并加深了对历史的理解，或者可以说，1850年之后，不存在传统的“历史”和“考古学”之间的传统鸿沟。② 19世纪中叶，非洲内陆姆菲卡尼运动③持续，非洲传统社区的记述者巫师角色的功能不保，基督教传播者和探险家们对非洲河流的勘察开始深入非洲内陆。非洲近代史由此掀开序幕。

然而在非洲，“人—水—神”体系的传统水权渗透在日常生活的方方面面，还意味着在公共事务中需要进行合法性建构，这些构成了非洲“人—水—神”体系的传统水权之魅。

从生活的哲理层面来看，传统非洲人把时间与生命的关系看得非常密切，认为人类的生命就是一条川流不息的长河，一代代延续和传承。④ 非洲历史与水的相互作用发生在文化景观⑤中，因为河水本身是“活着的”，因此具有治疗作用。⑥ 基于这种“水万物有灵论”，即自然物体(例如河水、湖泊和泉水)是活的，非洲个体的疾病被整体概念化为身体与社会、文化和自然宇宙之间的不平衡。这时，只要到河边祈祷并受洗，就可以得到“赐福”，从而解决自身面临的问题。“当一个人从河里回来时，凭着自己的信念而不是其他的信念，他们就康复了。因为我们相信，当一个人浸入水中时，痛苦将离开他们——水中的生命将吸收它。”⑦

水仪式是非洲民众日常祈福的重要内容，因此，非洲人的传统生活兼具了精神、伦理、时间和美学意义。非洲最常见的水仪式通常发生在河边的某个固定地点，通过点蜡烛或者干草，可以用烟雾和祖先沟通，并祈求祖先的保佑；人们通常会把相应的物品献祭到河流中——比如大公鸡或者硬币之类的物品以获得更好的赐福。对瓦尔河(Vaal River)周边的巴索托人来说，入

---

① 刘伟才：《非行者言——19世纪英国人非洲行居记录的史料价值及其利用》，上海社会科学院出版社，2018年，第28页。

② John Wright, Simon Hall, Amanda Esterhuysen, *Southern Africa to c. 1850*, DOI: 10.1093/OBO/9780199846733-0003. https://www.oxfordbibliographies.com/view/document/obo-9780199846733/obo-9780199846733-0003.xml.

③ 姆菲卡尼运动(Mfecane movement)发生在19世纪前半叶，是南部非洲以冲突、战争、人口流动重组、族群国家废兴为主要内容的变革，它初步塑造了当今的东部和南部非洲的格局。

④ 张宏明：《非洲传统时间观念》，《西亚非洲》2004年第6期。

⑤ 文化景观是特定的社会、空间、经济和政治安排、宇宙学和宗教信仰、知识和物质文化以及生态约束和机遇的产物。

⑥ E. M. Rinne, "Water and Healing Experiences from the Traditional Healers in Ile-Ife, Nigeria", *Nordic Journal of African Studies*, Vol. 10, No. 1(2001), pp. 52, 53.

⑦ E. M. Rinne, "Water and Healing Experiences from the Traditional Healers in Ile-Ife, Nigeria", *Nordic Journal of African Studies*, Vol. 10, No. 1(2001), pp. 52, 53.

河之前，必须将银币（当地叫作“ho kantsha”，意为“发光”）扔进河里进行祈祷。[①] 然后，人们可以在瓦尔河里取水，之后把水洒在自家屋子周围，以消除不良情绪，这被称为净化（Tokoloshe）仪式。通过扔硬币到河里的方式，人们向水神祈祷，这时，水神的称谓是非洲“祖母”。和亲属体系的融合，让水又具备了沟通自然与伦理的社会属性。与水沟通，变得亲切而自然，在与水的这种自然经验联系中，非洲人获得了重要的意义来源。[②] 关于意义来源的研究发现，那些与自然紧密联系的人，可以从与自然的亲密关系中获得有意义的存在感，进而促进幸福感。[③] 或许这也是非洲个性中天然乐观的一个依据。

水权与王权的关系密切。非洲传统政权的获得，并不只是拥有宝藏或者财富，而是在经历一系列仪式的认定后才确立的。王权并不是一系列的象征，而是一种社会感知。[④] 是不是具有祈雨的能力，或者与“雨神”沟通的能力，是考察酋长是不是具备资格的重要标准。酋长应该为他的人民代祷祖先，如果酋长疏忽大意，就会发生干旱。在这样的仪式中，酋长国得到了降雨，而酋长则得到了合法性的认可。尽管每个村落的水仪式可能不同，但雨水总是连接社区的重要元素。一个村庄的干旱可能是由该村庄居民之间，甚至是不同酋长或领导人内部的冲突引起的，因此，为了确保下雨，领导人和民众们必须解决矛盾，以齐心协力举行仪式，祭祀祖先。[⑤]

与宗教活动连接在一起时，非洲水权更兼具了“水—神—人”合一的神秘色彩和魅影。尽管社会内部存在着很大的文化差异，很难一概而论，但是许多以水作为灵性中介的实践，确立了水作为可以净化和再生的“赋予生命”物质的含义。[⑥] 非洲常见的水仪式通常发生在河流周边的特定地点。非洲的酋长、巫师或者治疗师（Shingangas）是主持这些仪式的主要人选，他们按照自己的信念，灌输不同的“祖先预见”。基于这些解释，酋长、巫师和治疗师通过掌握“祈雨”等与整个部族未来生计密切相关的公共大事，让所属阶层得以稳固，并获得执政的合法性。[⑦]

非洲大陆的传统文化中还有无数的象征意义与水联系在一起。在热带草原，常常用经过多少雨季来计算人的年龄。[⑧] 干旱（水太少）、洪水（水太多）、气象改变（水的必要性）、超自然作用（水的占卜）和迷信（水蛇的故事）等不一而足。但毫无疑问，水在非洲的传统生活中，具有举

---

① Tribute J. Mboweni, Engela P. de Crom, *Impressions on Water of the Communities along the Vaal River*, *Parys*, *Free State*, 31 Oct., 2016. AOSIS. https://td-sa.net/index.php/td/article/view/345/334.

② K. O'Connor, K. Chamberlain, “Dimensions of Life Meaning: A Qualitative Investigation at Mid-life”, *British Journal of Psychology*, Vol. 87, No. 3(1996), pp. 461, 477.

③ A. J. Howell, H. A. Passmore, K. Buro, “Meaning in Nature: Meaning in Life as a Mediator of the Relationships between Nature Connectedness and Well-being”, *Journal of Happiness Studies*, Vol. 14(2012), pp. 1681, 1696.

④ F.-X. 福维勒-艾玛尔：《金犀牛：中世纪非洲史》，刘成富、梁潇月、陈茗钰译，中国社会科学出版社，2019 年，第 245 页。

⑤ C. Vijfhuizen, “Rain-Making, Political Conflicts and Gender Images: A Case from Mutema Chieftaincy in Zimbabwe”, *Zambezia*, 1997, XXIV(1).

⑥ N. W. Verouden, F. J. Meijman, “Water, Health and the Body: The Tide, Undercurrent and Surge of Meanings”, *Water History*, Vol. 2, No. 1(2010), pp. 19, 33.

⑦ 酋长等人借此也需要做出维护公共秩序的努力，比如，保持社区清洁卫生，管理学校和医院，解决当地纠纷，分配土地，维护法律和秩序以及保护河流和森林等。

⑧ 张宏明：《非洲传统时间观念》，《西亚非洲》2004 年第 6 期。

足轻重的地位、作用，掌握水权，就是掌握非洲传统社会的命脉。

二、殖民扩张与非洲水权的被动“祛魅”

工业革命后，世界格局发生了改变，率先完成工业革命的西方资本主义国家逐步确立起对侵占地区的殖民统治。随着19世纪50年代西方因素更多地进入非洲，非洲传统自然水权观念让位于理性实用的观念，水成了纯粹的、可利用的客体对象，非洲水权的观念和象征体系随之也被动“祛魅”，原有的“人—水—神”三位一体传统之魅逐渐衰落。

首先，随着工业革命推动非洲内陆探险相伴而来的是水运的祛魅。以18世纪60年代英国工业革命棉纺织业的技术革新为始，以瓦特蒸汽机的改良和广泛使用为标志，到19世纪30—40年代制造业基本实现机械化，工业浪潮在英国的社会和生产关系中发生重大变化，生产力迅速提高，新技术为进一步实现海外航行提供了先决条件。蒸汽技术完善让航程更长、更安全，加之船体尺寸、结构和载重量的变化，轮船技术的提升，掌握了所有这些技术优势的西方逐渐成为殖民世界的主导力量。1845年，弗朗西斯·罗纳兹(Francis Ronalds)成功发明了第一台摄像机，用于连续记录随时间变化的气象参数，这不仅可以科学地预测水文信息，海上测绘的导航图还可以将风速与海流的信息统一到航船上来，进一步促进外向型航运的开展。[①] 在工业革命的影响下，蒸汽机逐渐小型化，并被应用在日常的动力装置中，这是探险家们更便捷地抵达非洲内陆的技术保障。1842年，探险者中最著名的代表戴维·利文斯敦(David Livingstone)决定继续向南非以北探险；1849年，利文斯敦穿越卡拉哈里沙漠，并发现了恩加贝湖。1858年3月10日，他与探险队员们搭乘了来自英国利物浦的航船，再次向赞比亚以北不为人知的广大区域进发。在到达赞比西河的港口时，利文斯敦乘坐了“罗伯特号”。[②] “罗伯特号”属于单引擎铁壳船，动力来自燃烧汽油产生的蒸汽压力，最多可以承载38人，代表了当时英国的造船工艺，并被应用于探险领域。3个月后，利文斯敦掌控了船只运行，并认为“操纵船只就像在街头驾驭马车一样，已经得心应手”。[③] “罗伯特号”一开始就能够轻松滑过红树林丛生的海边和河口，这让探险队员不仅找到了赞比西河的四个出海口，还在船上测量了水深、河口断面涨落潮的水流速度与红树林侵入河口的距离，这就在未来决定了英国设置赞比西河港口的位置。

其次，随着探险者不断传播理性实用知识，非洲传统巫师逐步失去了原有的神秘色彩。西方启蒙思想和企图征服自然的科学主义随着交通工具的提升，在世界扩展了影响力。19世纪前后，传教士将基督教的教义传播到非洲内地，连同灌溉技术的推广和野生动植物资源的开发、

---

① B. F. Ronalds, *Sir Francis Ronalds: Father of the Electric Telegraph*, London: Imperial College Press, 2016, p. 15.
② 罗伯特是玛丽的贝专纳语的读音，用以纪念利文斯敦的妻子。
③ 张文亮：《深入非洲三万里———李文斯顿传》，敦煌文艺出版社，2006年，第140页。

以现金为基础的商业模式的推行，让非洲土地制度发生了彻底的革命。[①]

传教士是深入非洲内陆的先锋，因其掌握实用技术，使非洲水权引领者的权威和合法性受到了空前挑战。1795 年，伦敦宣教会（LMS）成立，开始对世界派出传教士，非洲概莫能外。1816 年，詹姆斯·雷德（James Read）和约翰内斯·范德·肯普（Johannes Van der Kemp）在南非北开普省的库鲁曼地区建立了地区的传教站。1830 年左右，“非洲黑人（Kaffir）”“本地人（Native）”等词汇纷纷出现。欧洲影响力不仅局限于此，新的文化、语言和人类的物质形态和生产方法，在潜移默化中改变了非洲。[②]

1842 年，利文斯敦在日记中写道：“2 月 10 日，巫师们跳了很久的祈雨舞，还献祭了几只牛，但是天上并没有下雨。酋长气得想要杀掉巫师，这时我拿出一把铲子，告诉他们我会引水来。”[③]之后，利文斯敦带着当地人从高处的一个小丘开始往下挖渠道，然后用黏土搅拌草根、灌木、动物枯骨、乌龟壳等，在渠道的下游筑成了一道 150 公尺长、两公尺深的挡水坝。大坝底上有大石头做基础，灌木枝干扎在坝周围防止风蚀，水坝逐渐蓄满了从高处沙丘上流下来的水。尽管之后这个水坝两次因为季节性降雨被冲垮了，但通过利文斯敦的两次重修而恢复，当地人也掌握了修筑大坝的技术。在这个过程中，一开始，巫师在利文斯敦的引水渠附近用石头排出大蟒蛇形状，以象征着部落神明的保佑，但等当地人也学会筑坝之后，这个大蟒蛇的图案就不再出现了。后来，在大巫师的人工降雨[④]宣告失败后，贝专纳大酋长西比让（Chief Sechele）宣布，从此不再吃大巫师的任何草药，只相信“真正的上帝”。[⑤] 对非洲而言，水权不仅与传统耕作相关，还与传统的价值观及政权合法性相关，实用技术让非洲土著逐渐从对自然和神话的崇拜中摆脱出来，原有的人与自然的关系、人与社会的关系随之改变，非洲农牧阶级也从原有的等级权力中被分散出去，非洲水权被动地进入了“祛魅”的进程。

再次，随着人与自然关系的改变，非洲传统贸易和水权象征体系瓦解。在长期的生存环境相互适应中，非洲人与环境、动物之间形成了相互依存、相互影响的关系。由于社会普遍遵从较为一致的水权象征体系，尽管灌溉活动和狩猎对所有人几乎都是开放的，但传统社会和经济生活仍保持着其有序性。非洲水权中象征体系里的重要物种——大象，长期以来不仅是非洲与世界外贸的重要交换物（如基于正常死亡而获取的象牙），是生物多样性的标杆动物，是非洲生态的“基石物种”（Keystone Species），也是非洲的重要图腾。大象在肯尼亚创世神话中是“降雨”

---

① Colin Campbell, *Second Journey: The Architecture of Colen Campbell*, South Africa: Howard E. Stutchbury, 1967, p. 60; 参见南希·J. 雅各布斯《环境、权力与不公——一部南部非洲的历史》，王富银译，江苏人民出版社，2020 年，第 36、76 页。

② Martin Hall, *Farmers, Kings and Traders: The People of Southern Africa, 200 - 1860*, Chicago: University of Chicago Press, 1990, pp. 32 - 45.

③ 张文亮：《深入非洲三万里——李文斯顿传》，第 208 页。

④ 传统的非洲祈雨仪式通常发生在自然云已经具备降水的条件下，通过燃烧“阳极泥”（可分解出银离子）或含氯化钙的植被，形成烟雾，凝结水珠，形成原始人工降雨。

⑤ 张文亮：《深入非洲三万里——李文斯顿传》，第 47—48、75 页。

与“和谐”的代名词，在祖鲁国和斯威士兰兼有“国王权威”和“国家力量”的象征。① 即使普通百姓建设家宅的时候，也时常出现大象的象征，以祈祷享有更好的雨水，进一步激发生命力和繁殖力。大象的生物特性与非洲传统崇尚的精神品质类型较为契合，如耐力足，智商高，富有团队精神。在达荷美王国(Dahomey Kingdom, 1818—1888 年)，大象即是国王的图腾和旗帜，代表着王室的权威。② 象牙在非洲传统社会中普遍代表着智慧、节制和永恒的美德。③ 另外，由于独特的社会生物特性，大象还具备家谱等级设定的意义，这是由于大象的族群序位与非洲家庭传统中的序位关系相似，都有稳定的家庭、宗族、领袖(等级结构)和社交网络。

15 世纪欧洲的技术尚未领先于世界其他地方，非洲是重要的贸易输出地和中间出口商，象牙是欧亚珠宝、钢琴键，或者是无价的宗教艺术品产业所需的重要商品。摩洛哥、毛里塔尼亚、塞内加尔等非洲多地的物资都很丰富，欧洲只能通过在非洲和亚洲转售枪支和布匹盈利。随着奴隶贸易在非洲的延展，商人们在贩卖奴隶的过程中连带贩卖象牙赚取高额利润。19 世纪初，商队已经有专项的象牙搜集任务；④19 世纪中叶，商队驶入更远的内陆地区，继续扩大猎象范围，那时殖民商人们都在寻找象牙，他们用枪支与当地酋长们进行交易，短期内象牙贸易量大大增加；到 1880 年左右，中部、东部乃至南部非洲的大象几近灭绝。⑤ 大象数量的持续减少以及贸易网络的扩展引发了重大的生态和社会经济变化，一方面，象牙贸易所带来的巨额利润滋养着殖民当局；⑥另一方面，专业猎人群体、搬运工和中间商出现，非洲社会阶层格局发生改变。⑦ 另外，非洲长途贸易的重心从萨赫勒(Sahel)地区转移到大西洋沿岸地区，随着沿岸城镇兴起，非洲内陆贸易联系最终中断。最终，对大象的精神需求完全让位于金钱和枪支的诱惑，非洲本土部族之间纷争不断。

与此同时，欧洲和非洲间的经济平衡被打破，加快了传统的象牙贸易体系的瓦解。进入殖民时代后，来自西方的枪支、纺织品、金属和烈酒，逐渐成为贸易中占据压倒性优势的西部非洲进口商品，其中，纺织品成为贸易中心的商品。1750—1807 年期间，纺织品约占进口总量的

① Helena Williams, “Four Depictions of Elephants as They Appear in Religion and Myth: Elephants are Culturally Important across the Globe”, *Independent*, Dec. 19, 2013.

② “Elephant Figure, Fon Peoples, The Met”, The Metropolitan Museum of Art. , Folder 318417, Metmuseum.

③ “Elephant: The Animal and Its Ivory in African Culture”, Fowler Museum at UCLA. “National Coat of Arms”, South African Government Information, 2013.

④ Ashley N. Coutu, Julia Lee-Thorp, Matthew J. Collins and Paul J. Lane, “Mapping the Elephants of the 19th Century East African Ivory Trade with a Multi-Isotope Approach”, *PMC5070863*, *PLoS Onev*, Vol. 11, No. 11(2016).

⑤ 后来，一些非洲殖民地通过了限制狩猎法律，只对那些负担得起昂贵的狩猎执照的人开放狩猎。Hughes, Donald, “Europe as Consumer of Exotic Biodiversity: Greek and Roman times”, *Landscape Research*, Vol. 28, No. 1(2003), pp. 21 - 31.

⑥ 康拉德(Joseph Conrad)等：《黑暗之心》，李倩等译，江苏凤凰文艺出版社，2018 年。

⑦ R. Rempel, “Trade and Transformation: Participation in the Ivory Trade in Late 19th-century East and Central Africa”, *Rev Can Etudes*, Vol. 19(1998), pp. 529, 552; Steinhart E. I. , “Elephant Hunting in 19th-century Kenya: Kamba Society and Ecology in Transformation”, *The International Journal of African Historical Studies*, Vol. 10, Oct. , 2016, pp. 33, 335, 349.

66%;1827—1850 年间,进口的棉纺织品则是 1751—1774 年可比时期的 4 倍。[①]

非洲对自然的认知,与水权一同构建的传统价值观,在强有力的新生产力面前逐步瓦解。大部分非洲地区都开始用有价值的原材料,换取大量的非生产性产品,加之生态、社会、经济的大变革,非洲本土已无自己发展的可能。即使后来非洲人曾尝试使用武装起义等激进的方式,希望再次掌控发展的主动权,但仍无力为抗。非洲从洲际贸易网的主动角色,变为欧洲人跨大西洋贸易的被动角色。

三、非洲水资源控制权的丧失

随着 19 世纪 50 年代西方因素更多地进入非洲,非洲的水权在观念、象征体系和政治上被动地“祛魅”。与此同时,国际社会格局中的失衡力量也在不断增长,世界各地此起彼伏的革命、殖民运动进程等,都加速了殖民当局在非洲的争夺。为保障经济利益,殖民国家开始武力介入,以苏伊士运河的主权沦落为标志,非洲水权最终旁落。非洲独立国家在本国领土上控制本土水权的努力宣告彻底失败。

(一) 扩张与战争褫夺水权

1856 年前的国际法以习惯法为主要特征,尚未形成对领土公共主权的现代概念。[②] 在传统非洲,以水权为中心的权力体系多以酋长为尊,以王国的所有资源作为统治内容。当西方殖民者进驻非洲后,他们与当地酋长达成某种共识,试图改变既有体系,通过掌控资源来进行殖民构建,如通过枪支、火药、塑胶、纺织品这样的工业品与非洲的黄金和可可果等经济作物进行不等价交换。结果是交易和利润分配完全掌控在西方手中,非洲大部分地区经济结构的矛盾日趋突出。

1818—1850 年间,法国很多企业派遣教会团体进入苏丹西部,和许多小政体协商建立“防御性贸易站”,他们向当地的统治者支付地盘费,并以枪支和火药推动这些小政体形成图库洛尔帝国(Tukulor)。当图库洛尔帝国日益强大,提出不能再出让领土及其上的利益,要把贸易主导权收归国王时,法国遂即认为只有军事征服才可以再次保障法国的商业利益。为了达成控制非洲王国的目标,甚至考虑可以和英国一起联合“贸易”,来对抗非洲本土的强大帝国。西非开始成为殖民者们扩展商业版图的必然战场。

南部非洲的情况更为复杂。19 世纪初,对已经开始在南部非洲游牧生活的畜牧布尔人

---

① Paul TiyambeZeleza, *A Modern Economic History of Africa*, *Vol. 1: The Nineteenth Century*, London: Codesria, pp. 376 - 396.

② 目前对于国际法历史的传承还有争议,对于殖民前期西方与非洲当地居民签订的“合约”,普遍被认为是通过欺骗而获得的。

(Trekboeren)来说,探索和征服新的领地意味着更多的生存发展空间。然而,对姆非卡尼(Mefacane)时代的非洲本土人而言,这是比粮食饥荒更让人不安的消息,旅居的布尔人(Voortrekker)被视为"邪恶的巫师"而遭到当地人的抵制。① 在炭疽病和牛肉毒杆菌病肆虐的19世纪初,②草场和水源地已不再可靠,用军事强权暴力抢夺牲畜和粮食,比轮耕和放牧来得更快。这让当时的欧洲人认为非洲人"原始而野蛮",需要"教化"。③ 看到布尔人的扩张后,欧洲人更加坚定,要通过扩散欧洲观念、"文明"(基督教)和利益推进"开化":"我们只能得出这样的结论:这个国家并不知道如何确定土地所有权。这类财产要么是归为自主领地或酋长属地,要么,就如我所认为的:不管属于酋长还是他的臣民,土地是一种财产。"④

1860年后,现马拉维(Malawi)南部地区广大的肥沃土地被废弃,一些天真的酋长们希望可以通过引入外来贸易来打击奴隶贸易并改变现状;同时,酋长们主动寻求与进入该地区的欧洲公司和定居者合作的机会,希望从他们那里获得"保护"。酋长们赋予欧洲公司和定居者耕种土地的权利,并陆续签署了一些看不懂的英文版土地所有权转移合同。1877年,"非洲湖泊公司"(African Lakes Corporation: PCL)成立,逐渐垄断了中非湖泊和河流区的土地所有权和水上运输,同时开展批零贸易。1878年"柏林会议"之后,非洲几乎所有的地区都开始被迫遵循欧洲的"法律"强权,土地权益和水权一并被剥夺,之前属于酋长国的本地土地(Native Reserves)几乎被殖民当局掠夺殆尽,殖民当局用"信托"(the native trust land)的名义管理、使用和维护原先酋长国的土地,水权随之一并被褫夺。

(二)本土力量无力逆转水权旁落

根据现有的资料,"小冰河时代"持续时间约为公元1350—1850年,其特征是世界大部分地区的冰川不断发展,对非洲而言,则是干旱和饥荒。⑤ 尤其到1830年左右,天气异常多变,冬季的生活条件严峻,粮食收成普遍不好,成千上万的人挨饿、流离失所,冲突不断。⑥ 对非洲人而言,土地不再是理想的固定财产,水源和牧场的价值才是追求所在。轮耕既是传统知识,也是应对饥荒的一种方式。但是,冲突和战争让轮耕的可能性进一步丧失,加之进入南部非洲的传教士、商人、欧洲移民不断深入内地,本土居民之间、本土居民与外族之间,开始了血与火的征战。

在1700—1850年之间,作为恩格鲁人(Nguni)分支的科萨人,一直在南部非洲逐水草而居,

---

① 祖鲁与布尔战争中,有一场著名的战役被称为"Bulalaniabathakathi!"祖鲁语意为"杀死巫师"行动,可见当时的敌对形势已日渐白热化。

② Snyman, *Die Bydrae van Drooftes and Veesiektes to die Vwearmingf van die Landboubevolking in Noord-Kaapland, 1880-1920*, Tydsrif vir Geesteswetenskappe 29, 1989, pp. 32-49.

③ 此时期的文字资料以纳塔尔地区的商人记载和传教士记载为主,对非洲本土发生的一切都充满了偏见。

④ William Burchell, *Travels in the Interior of South Africa*, Vol. 2, London: Longman, Hurst, Rees, Brown and Green, 1822-1824; reprint ed., London: Batchworth, 1953, p. 362.

⑤ 18世纪,葡萄牙商人将玉米带到非洲,玉米取代了其他谷物,成为大多数人的主食。由于玉米种植需要更多的水,非洲传统的耕作形式发生较大变化,传统的粮食收成受到影响。

⑥ 从全球同一时期的情况看,爱尔兰大饥荒也属于这一时期。

处于游牧的生活状态。[1] 但在英国开普殖民地的边界开拓中,以科萨人为主的本土居民与英国人就土地和牛的归属问题产生了矛盾。科萨战争(Cape Frontier Wars,1779—1879 年)时期,[2]欧洲人与科萨人的关系,成为地区紧张形势的重要因素。尽管不同的群体之间都有紧张的关系,但科萨等本土酋长们的相互竞争,却成为欧洲人借机干预科萨政治,并最终掌控南部非洲的契机。

1840 年,在英国牧师罗伯特·莫法特(Robert Moffat)的引导下,对"本土代理人"(native agency)的诉求越来越多。[3] 通过教育,本地人也可以成为"绅士",这逐渐成为传统社会所接纳的新常态。在科萨战争行进至第七次战争时期(1846—1847 年),英国人、布尔人和当地人都参与到对战中,枪支替代了传统冷兵器,成为焦土战争的制胜法宝。多个酋长和领导层得到枪支的加持,卷入征战中。欧洲越发觉得应该掌控地方行政,殖民统治被越来越多地提上殖民国家的议事日程。1847 年的一场洪水后,科萨人被征服,并丧失了其辖的凯斯卡马(Keiskamma)和凯河(Kei)这两条河流的所有权。1848 年,奥兰治河主权战(Orange River Sovereignty)和吉特河战(Kat River)相继爆发,战争非常惨烈,被称为"轰炸机之战"(Boomplaas)。哈里·史密斯(HarrySmith)领导的英军战胜了布尔人,并开始倡导对整个南部非洲进行殖民统治。

1850 年 6 月,在"小冰河时代"最后的这个异常寒冷且极端干旱的冬天,英国当局都督史密斯下令从吉特河地区驱逐大量科萨人。与此同时,随着开普殖民地"定罪点"(convict station)和"定居点"(free settlement)双重身份的构建完成,南非的英国殖民政府也完成了所谓的合法性构建。之后,无论当地先知姆拉涅尼(Mlanjeni)如何预言科萨将不受殖民者子弹的影响,先知农卡组(Nongqawuse)如何预言只要杀牛、烧毁庄稼就可以战胜白人,非洲本土武装都已无力扭转世纪末汹涌而来的殖民浪潮。科萨人(本土)的权威日薄西山,对于当地资源的控制力已是强弩之末,水权的旁落也是大势所趋。

(三)"战略要道"无奈变为"国际河道"

苏伊士运河不但航运条件优越,而且战略地位重要,历来是兵家必争之地。作为连接欧、亚、非三大洲的世界航道的"十字路口",苏伊士运河北通地中海,南接红海,进而连接大西洋和印度洋,是东西方海运的捷径。船只通过苏伊士运河的航道,比绕道非洲好望角缩短 5 500—8 000 千米航程。因此,其不仅对国际贸易和世界航运业有着极为重要的意义,在军事上也有重要的战略地位。

据考证,苏伊士古运河的最早开凿可追溯到公元前 18 世纪的古埃及法老苏努苏尔特。当

---

① Jeff Peires, *The House of Phalo*, Johannesburg and Cape Town: Jonathan Ball Publishers, 1981, p. 28.

② 九次科萨战争又称非洲的"百年战争",这是非洲殖民历史上时间最长的军事行动。

③ Robert Godlonton, *Introductory Remarks to a Narrative of the Irruption of the Kafir Hordes, into the Eastern Province of the Cape of Good Hope, A. D. 1834 - 35.* British Library, Historical Print Editions, 2011, p. 103.

时的运河宽 60 米、深 2.3 米，可供 2 艘三段桅船并驶。法老运河先后使用两三千年之久，中间曾经过几次大规模的疏浚，但后来因为无法掌控水权而废止使用。

1798 年拿破仑占领埃及后，亲自带领工程师勘察古苏伊士运河遗址，想要重新开通，但因为当时的勘定计算出红海的海平面比地中海高，迫使拿破仑放弃了该计划。法国建立第二殖民帝国后，重点向东方发展，希望弥补与英国在美洲争夺殖民地的失败，因此打通苏伊士运河对法国的意义重大。时机出现在 19 世纪 20 年代，埃及帕夏穆罕默德・阿里（Mohammed Ali）上台。阿里有着强烈的中兴埃及的意识，他接受西方的理念和思想，用巨大的开支打造埃及海军，推动埃及的经济和行政改革，大量增加灌溉土地面积，同时引进经济作物棉花和蔗糖，扩大谷物种植面积。不少探险家们借阿里兴建水利之时再次到达埃及，通过实地考察对之前的判断做出知识更新。

路易・莫里斯（Louis Maurice）从 1818 年开始在埃及探险，并前往白尼罗河溯源。1822 年，他在西奈半岛（Sinai）注意到图拉真（Trajan）运河，并探访了苏伊士半岛及其湖泊，他曾在日记中写道："之后，我花了一年多的时间在图书馆里阅读和学习，以配得上我作为埃及政府工程师的身份。"①

1833 年，20 多名自称为圣-西蒙尼德斯社团（Saint-Simoniens）的法国知识分子抵达开罗，重新勘察拿破仑时期留下的海平面问题。受 1835 年瘟疫影响，大多数工程师返回法国，但他们的材料引发了当时法国驻亚历山大的副领事费迪南德・德莱塞普斯（Ferdinand de Lesseps）等政府官员的兴趣。1847 年，布尔达卢（Bourdaloue）研究发现，地中海和红海之间的水位没有真正的区别，林纳特（Linant de Bellefonds）随后撰写了技术报告，引发了法国当局的高度重视。

但埃及帕夏阿里始终拒绝批准苏伊士运河的修建，因为他准确地预知到，其会使埃及陷入被欧洲各国的强大海军摆布的境地。② 但他的雄心在债务面前捉襟见肘。1844 年，阿里获悉埃及的债务高达 8 000 万法郎后非常气恼，但其既无法扭转已被"科学"驱动的现实，也无法抵制开始高速发展的殖民帝国的野心。1849 年阿里去世，他的孙子伊斯梅尔（Ismael）继位，更欢迎西方对埃及的"帮助"。1851 年，英国获得埃及的许可后，开始修筑铁路。法国也不甘落后，1854 年与埃及签订关于修建和使用苏伊士运河的租让合同，并按照奥地利工程师奥洛斯・奈格里（Alois Negrelli）制定的计划建造向所有国家船只开放的海运运河。

1856 年，埃及第二次法令通过，苏伊士运河公司获得在工程完成后经营运河 99 年的许可权；1858 年，"万国苏伊士海运运河公司"（Compagnie Universelle du Canal Maritime de Suez）成立，起初，法国私人投资者是该公司的大多数股东，埃及也有该公司的大量股份。但埃及的财政支撑不起更多虚幻的现代化愿景，苏伊士运河工程耗时将近 11 年，最终花费高达 1 860 万磅，多

---

① Linant de Bellefonds Bey, *Mémoires sur les principaux travaux d'utilité publique exécutés en Egypte depuis les temps de la plus haute antiquité jusqu'à nos jours, 1872 – 1873*, Paris: Arthus Bertrand Editeur, 1873.

② 罗兰・奥利弗、安东尼・阿特英尔：《1800 年以后的非洲》，李广一等译，商务印书馆，1992 年，第 58 页。

于最初预算的两倍。东海岸的远征队军费、铁路、电报、苏伊士运河搭建的"现代"交通网络所需费用都远超预期。

1869 年 11 月 17 日,苏伊士运河通航。1875 年,一场金融危机迫使伊斯梅尔以 3 976 582 英镑(相当于 2016 年的 3.79 亿英镑)的价格将苏伊士运河公司股份卖给了英国政府,其他的财政主权也纷纷出让给了外国资本。1882 年,英国凭借强大的军事实力,武装占领埃及,完全控制了苏伊士运河,并在运河地区建立起海外最大的军事基地,驻扎了近 10 万军队。

苏伊士运河正式投入使用不到 6 年,埃及丧失运河股份;不到 13 年,运河控制权再次转手。埃及作为原运河拥有者不仅失去了话语权,更失去了运营权、收益权和主权。自此,非洲几个世纪以来坚守的国内水权彻底失守,苏伊士运河成为殖民强权者们的"国际航道"。从世界史更大的视域来看,英国的统治以君士坦丁堡作为堡垒,将战略意图通过苏伊士运河直接延伸到地中海。英国实际上垄断了海上道路及军事权力,亚洲的生意变得触手可及,殖民贸易也更加深入。

结　论

19 世纪中叶,在非洲完全被殖民瓜分之前,非洲与世界的交汇日益加深。随着工业革命在全球的扩展,以丧失水权为首,非洲人的传统价值观形成了以欧洲殖民者为中间层的断层,不断失去对资源的掌控权。从水权观念到战争对抗,最后到苏伊士运河战略要道主权的丧失,非洲最终失去把控本土发展方向盘的可能性。

非洲水权的祛魅与旁落是一个渐进的过程,这个过程与非洲殖民化的深入是一致的。西方殖民势力利用宗教在思想上进行渗透,利用实用技术上的优势改变当地人对自然的认知,逐步掀翻、摧毁了根深蒂固的水权文化根基,并重塑了水权观念。此外,西方势力还通过侵占土地、垄断外贸、武力占领等方式摧毁非洲的经济基础,以获得更多的殖民特权。在 19 世纪中叶,非洲在经济、技术、军事上都处于劣势,新兴资本主义国家从水权开始的价值重塑,为其在非洲政治和经济的全面殖民打下了基础。

(本文原刊于《历史教学》2021 年第 24 期)

作者简介:

张瑾,非洲经济史博士,现任上海师范大学非洲研究中心副教授,硕士生导师,中国非洲史研究会理事,世界水协会水文明专家组成员(IWA/IWHA-SG on WAC),主要从事非洲资源环境史研究,著作包括《非洲区域经济一体化探索》、《津巴布韦史》(译著)等。

再造天竺：东亚视域下的日本中世王权与“佛国土”的建构

康　昊

摘　要：再造天竺，是印度佛教衰落背景下日本中世王权神圣性建构的一种形态。即以“转轮王”观念为核心，通过大规模的造寺建塔、抄经埋经、搜集佛教重宝等活动，将平安京及日本列岛塑造为“转轮王”治下的“佛国土”即佛教理想国。再造天竺的意识在东亚具有普遍性，是各政权寻求作为“想象异域”的天竺，谋求吸收天竺圣地性的宗教和政治实践。再造天竺也是促使日本中世王权与显密佛教密切结合，使中世王权佛教化转型的背景之一。日本中世王权的“再造天竺”实践虽呈现对外的自中心意识的特征，却更多地以对内统治为目的，缺乏国际竞争或文化竞赛的意识，其首要目的是借用显密佛教思想塑造中世王权的超越性权威，获取在中世主从秩序和权门体制中的更高影响力，构建神圣化的王权。

关键词：东亚　日本中世王权　再造天竺　佛国土　转轮王

本文所关注的是日本的中世特别是中世初期王权（11 世纪末至 12 世纪），在印度佛教衰落的刺激下，通过对“想象异域”中天竺的寻求，在其宗教和政治实践中“再造天竺”，建造“佛国土”。这也是中世王权正统性、神圣性建构的重要背景。这里所指的天竺，并非指作为地理空间和政治实体的印度，而是佛经记述的“佛生国”，被视为在印度存在过的典范佛教国。所谓“再造天竺”，指通过物质或思想建设等方式，重现佛经所构想的佛教理想国，即“佛国土”。

日本中世出现上述宗教与政治活动的背景之一是印度佛教的衰落。一般将 1203 年东北印度最后的佛教学术中心超戒寺的被毁视作印度佛教衰亡的标志之一。实际上自 9 世纪以后，受到全面兴起的印度教与步步紧逼的伊斯兰教的打压，印度佛教的生存空间越来越小，主要限于东印度、北印度与西北印度的特定区域。[①] 10 世纪末，伽色尼的马哈茂德劫掠北印度大部并占领旁遮普。此后护持佛教的波罗王朝被崇奉印度教的塞那王朝取代，12 世纪末塞那王朝遭到

① 周广荣：《世界佛教通史第 2 卷　印度佛教　公元 7 世纪至 20 世纪》，中国社会科学出版社，2015 年，第 206、297—298 页。

穆斯林的毁灭性打击,佛教寺院大多被毁,13 世纪以后印度佛教基本衰亡。①

印度佛教衰落的情报通过四散的印度佛教僧侣传到中国。中印度那烂陀寺僧人法天与兄法护携带梵本经典来到汉地,宋太宗命其与天竺僧天息灾、施护等共同翻译佛经,北宋初期一度成为佛经汉译的又一个高潮;同时期的青藏高原也不断出现赴尼泊尔、印度求法并迎请印度高僧者,藏地赴印度求法的僧人络绎不绝,特别是 11 世纪超戒寺僧阿底峡入藏产生了极大的影响。这些情况也因日本僧的入宋活动而多为日本所知。

在日本史的分期中,学界通常认为日本中世国家开始于 11 世纪末后的院政时期,院权力对显密佛教的崇信使得显密佛教在院政时代迎来了最为强盛的时期。中世王权的统治理念高度佛教化,天皇以"金轮圣王"自称,王权甚至自视佛法之主、释尊使者、佛的分身。② 可以说,将显密佛教奉为政治意识形态的核心内容,是中世王权最为突出的特征。对于这一状况出现的背景,绝大多数研究均从内政角度展开讨论,但也有多位学者试图寻找其外部因素。平雅行认为周边各政权的佛教兴盛与天竺的衰落是日本国家主体意识形成的缘由。③ 上岛享认为唐朝的衰退是日本王权重构的契机;④上川通夫指出宋辽灭亡是中世王权产生"独善佛教国"理念的外在背景;⑤末木文美士则认为日本僧侣在与宋朝的对照中发展了"圆机已熟"的佛教世界认识。⑥ 上述研究虽已对外部因素的存在提起了关注,但对中世日本所面临的外部环境的分析仍不够深入,且对日本与周边政权的一致性与差异性未作充分考察。在此基础上,本文试图探讨显密佛教成为中世王权神圣性、正统性建构核心内容的外在契机,并通过与同时期东亚部分政权出现的类似活动的比较,分析东亚"再造天竺"意识的普遍性与日本的特殊性,进而探讨该意识背后宋辽等对日本王权的影响。

一、日本中世的天竺认识

中世日本人奉行"三国"世界观,即以印度、震旦、日本三者为中心的世界认识。《沙石集》称"天竺、汉朝、和国,言语虽异,其意却同"⑦。黑田俊雄指出,三国世界观体现的是 10 世纪前后日本独立性相对上升背景下试图寻求与中国平等地位的认知;⑧上川通夫则认为这一世界认

① 周广荣:《世界佛教通史第 2 卷　印度佛教　公元 7 世纪至 20 世纪》,第 317—318 页。
② 平雅行:《鎌倉仏教と専修念仏》,法藏馆,2017 年,第 431—508 页;平雅行:《日本中世の社会と仏教》,塙书房,1992 年,第 470 页。
③ 平雅行:《鎌倉仏教と専修念仏》,第 31 页。
④ 上島享:《日本中世社会の形成と王権》,名古屋大学出版会,2010 年,第 54 页。
⑤ 上川通夫:《平安京と中世仏教》,吉川弘文馆,2015 年,第 86—101 页。
⑥ 末木文美士:《日本仏教思想史論考》,大藏出版,1993 年,第 109 页。
⑦ 無住道暁著,小島孝之校注:《沙石集》,小学馆,2001 年,第 253 页。
⑧ 黒田俊雄:《中世における顕密体制の展開》,岩波书店,1975 年,第 534 页。

识使中国的地位相对化,反映了日本谋求提升自身地位的愿望。① 在三国世界中,处于佛教地理中心的天竺居于核心,这使得中世日本普遍存在对天竺的憧憬。

由于地理空间的区隔,古代至中世日本几乎没有人成功抵达天竺。9 世纪的高丘亲王真如在出家为僧后于 861 年入唐,在广州由海路出发前往天竺,最终客死东南亚。中世以后,在印度佛教衰落的情报传入日本的同时,仍有一些日本僧侣试图前往天竺。如后世视为日本禅宗初传的荣西,早年"唯求西天八塔,必建达印度,重令渡海"。文治三年(1187)抵达杭州,向南宋当地官府申请前往中印度后,得到"西胡有三道,皆属鲁(虏)国不得通"的答复之后才放弃。② 大约与荣西同时的高山寺明惠也"殊恋慕西天遗迹,深厌恶东土旧居"③,于 1201 年决心前往印度,最终在纪伊遭到一位被春日大神"附身"的"橘氏女"的制止。虽然在交通上去往印度十分困难,但中世日本人对天竺的憧憬长盛不衰。

当时,日本僧俗社会实际上流行着普遍的天竺佛教衰亡认识。天竺佛法衰亡论的来源有三:1. 末法思想的影响;2. 玄奘《大唐西域记》对天竺的描绘;3. 来自入宋僧侣的直接情报。首先是末法思想。中世日本普遍流行 1052 年入末法的观念,奉行佛教的下降史观,认为佛教自正法、象法以后向末法逐渐衰亡。其中,佛教发源地天竺将率先衰亡。《源平盛衰记》说,"天竺位于南瞻部洲的中央,是佛出世之国。在象法时代末期,诸天的庇护日渐衰微,佛法有如灭亡。然而我国(日本)自伊奘诺尊、伊奘冉尊后,至今百王之世始终是神国,神明的加护与之前无异……即便是五浊乱漫的今日,也依然盛行大乘佛教"④。这一叙述认为天竺佛法衰亡后唯有日本不受末法影响,佛教仍盛行。这种天竺佛法衰亡论与末法的时代思潮是相适应的。⑤ 类似地,《表白集》所收治承四年(1180)《东寺安居供养法表白》也说:"爰西天之法灯已消,震旦之余辉渐尽,教迹独留于东夏(日本)。"⑥《兴禅护国论》则记载当时日本盛行"天竺唐土佛法已灭,我国独盛也"的传言。⑦ 这些表述实际上都是基于末法思想,认为末法以后天竺佛法灭亡,日本成为最后的佛教兴盛之地。

第二是受玄奘《大唐西域记》天竺记载的影响。⑧ 玄奘西行至印度时,印度佛教已经处于衰落期。因而《大唐西域记》对印度僧院和圣地的颓败多有记述。譬如,"给孤独园,胜军王大臣善施为佛建精舍,昔为伽蓝,今已荒废……室宇倾圮,唯余故基",或者"竹林精舍北行二百余

---

① 上川通夫:《日本中世仏教と東アジア世界》,塙书房,2012 年,第 67—90 页;上川通夫:《日本中世仏教形成史論》,校仓书房,2007 年,第 271—286 页。
② 栄西:《入唐縁起》,榎本涉编《南宋・元代日中渡航僧伝記集成》,勉诚出版,2013 年,第 476 页。
③ 奥田正造编:《漢文明慧上人行状記》,森江书店,1933 年,第 29 页。
④ 國民文庫刊行會编:《源平盛衰記》,国民文库刊行会,2010 年,第 215 页。
⑤ 平雅行:《神仏と中世文化》,歴史学研究会、日本史研究会编《日本史講座　第 4 巻　中世社会の構造》,东京大学出版会,2004 年,第 183 页。
⑥ 定範等:《表白集》,塙保己一编《続群書類従》第 28 辑上,续群书类丛完成会,1926 年,第 460 页。
⑦ 栄西:《興禅護国論》,市川白弦、入矢義高、柳田聖山校注《日本思想大系 16　中世禪家の思想》,岩波书店,1972 年,第 119 页。
⑧ 平雅行:《神仏と中世文化》,第 183 页。

步，至迦兰陀池，如来在昔多此说法。水既清澄，具八功德，佛涅槃后，枯涸无余”。[①] 这样的记载对日本产生了直接的影响。《源平盛衰记》记述，“玄奘为兴隆佛法而跨越流沙葱岭前往佛生国，经十七个春秋寒暑，耳闻目见360余国，但其中弘扬大乘佛教的不过15个国家。佛陀说法处的祇园精舍、竹林精舍已经是孤狼栖息处，鹫峰山、孤独园也只剩下柱础了”[②]。13世纪说话文学集《撰集抄》记载三井寺庆祚阿阇梨在出航前参拜宇佐神宫时，神明告之以“祇园精舍是虎狼的卧所，白鹭池仅余荒草，流沙遍地，葱岭也不似从前，佛法已全无其形”[③]。12世纪的《宝物集》则说：“寻毗沙里国佛迹，大林精舍只存其名。访给孤独园之伽蓝，祇园精舍只余柱础。白鹭池已干涸，仅余杂草。菩提树离根，片叶不存。除摩诃陀国外无国王。”[④]以上文本受到了《大唐西域记》的影响。

除上述两者外，更为直接的则是来自入宋僧传回的最新情报。北宋时期奝然、寂照、成寻等日本僧入宋巡礼，适逢天竺僧在开封译经，于是获得了与天竺的直接接触。手岛崇裕指出，奝然、成寻入宋时天竺佛法衰微已成为其周边的共识，而日本僧赴天竺的失败，更加剧了天竺的虚像化、观念化。[⑤] 这一判断是正确的。成寻在开封期间与天竺僧交往较多，从广梵大师天吉祥处，听闻“王舍城为外道婆罗门家，今无王舍城”[⑥]，获得了佛教圣地衰败的情报。戒觉的《渡宋记》则记载他与“天竺往还僧”交谈后，得知“菩提树者拂根而不，见祇园精舍只础石遗，除摩竭提国之外，余国国无王”[⑦]。摩竭提国（摩揭陀国）是印度佛教核心地区，往还僧所指的应是在此崛起的支持佛教的波罗王朝。入宋僧们通过在宋朝与天竺僧的直接接触，获得了有关印度佛教衰亡的直接情报。这无疑加深了他们关于天竺衰亡的认识。

当然，入宋留学僧也曾传回过关于天竺的相反的情报。荣西就曾记载“在唐所闻之口传”，说“大那兰陀寺有五千僧，对诵三藏典。又佛钵，和修衣，今俱在”。[⑧] 但荣西所传的信息与实际情况有一定的出入。总之，中世日本人对天竺的认识呈现两个相反的面相。其一，是对佛教世界中心天竺的憧憬；其二，则是通过末法思想、入宋僧的直接情报及《大唐西域记》的记载传递的“天竺佛法衰亡”印象。后者的大肆流行，则使得两个相反的面相出现了结合的趋势：因对天竺憧憬而带来的“寻求天竺”的努力逐渐虚像化，演化成为对日本本土“想象异域”之中的天竺的寻求。这就是中世王权“再造天竺”的思想背景。

---

① 玄奘著，季羡林等校注：《大唐西域记校注》，中华书局，2000年，第489、742页。
② 國民文庫刊行會编：《源平盛衰記》，第206页。
③ 编者未详：《撰集抄》，岩波书店，1970年，第127—128页。
④ 小泉弘、山田昭全、小島孝之、木下資之校注：《宝物集　閑居友　比良山古人霊託》，岩波书店，1993年，第153页。
⑤ 手島崇裕：《平安時代の対外関係と仏教》，校仓书房，2014年，第294—331页。
⑥ 成寻著，王丽萍校点：《新校参天台五台山记》，上海古籍出版社，2009年，第475页。
⑦ 小野勝年：《戒覚の〈渡宋記〉》，《龍谷大学論集》第400号，1973年，第529页。
⑧ 荣西：《興禅護国論》，第119页。

二、在日本再造天竺：以转轮王为中心的“佛国土”与“佛都”

11世纪末，中世王权有意识地将平安京打造成为“佛都”，将日本视为“佛国土”。平安时代中期以后，显密佛教将天皇称作“金轮圣王”的情况日益普遍。天皇被视作“轮王之姓，金刚之种”①。南宋初期入宋僧觉阿在回答杭州灵隐寺住持瞎堂慧远的提问时，称“国主无姓氏，号金轮王，以嘉应改元，舍位出家，名行真”②。这里的“金轮王”指12世纪后半叶的后白河天皇。所谓金轮圣王，来自佛教转轮王信仰。转轮王分金银铜铁四种，是佛教理想国的统治者。转轮王以七宝化现，以正法统治人民。其中，转轮王中的金轮王是天下最尊贵者。印度孔雀王朝的阿育王是佛经中转轮王的代表。一般来说，统治四天下的君主才可以称作金轮圣王。但实际上，在受佛教影响的各国的政治传统中，是否被称作金轮圣王，与其政治功绩或统治范围并无关系，而是一种出于佛教语境的政治修辞。

比如，南传佛教盛行的斯里兰卡、缅甸、泰国、老挝、柬埔寨等君主自称转轮王。受大乘佛教影响的中国也盛行转轮王的观念。③ 日本在佛教影响下也出现了金轮圣王观念。这是天皇祭司王观念佛教化的产物。④ 史料中的最早出现可追溯至平安前期的《日本三代实录》。⑤ 据上岛享对真言宗《护持僧作法》的研究，三宝院胜觉（1057—1129）所作的这一护持天皇修法仪轨文本所表现的密法，将平安京观想为胎藏界，将宫城观想为金刚界，居于宫城中心的“当代国主金轮圣王”即天皇被视为与大日如来、天照大神同体者。⑥ 同源流的成尊《真言付法纂要抄》（1060）称天皇为金轮圣王，将日本国名解释为“大日如来之本国”。⑦ 此后，“金轮圣王”的称号在史料中广泛出现，成为中世人对天皇的一般称呼，赖瑜《秘抄问答》所记载的1145年的修法记录称“奉为金轮圣王天长地久，禅定仙院太上天皇……昼夜长时恒受快乐”⑧。仁和寺圣教《绀表纸小双纸》收录法胜寺修正会次第祈愿“金轮圣王天长地久”⑨。中世以来转轮王认识在日本逐步普遍化。转轮王即佛教理想国之王，被转轮王观念美化的中世王权即以此思想为基础，试图在日本构建天竺式的“佛国土”。

在学界对日本史的分期中，通常认为中世的开端是白河院执政（1073—1129）时期，该时期

① 《表諷讃雑集》上，《続真言宗全書》第31卷，高野山大学出版部，2008年，第286页。
② 正受著，秦瑜点校：《嘉泰普灯录》，上海古籍出版社，2014年，第539页。
③ 孙英刚：《转轮王与皇帝：佛教对中古君主概念的影响》，《社会科学战线》2013年第11期，第78—88页。
④ 康昊：《政治神学视域下的日本中世王权——祭司王与德治君主的属性复合》，《古代文明》2022年第3期，第120—130页。
⑤ 源能有、藤原時平等：《日本三代実録》，经济杂志社，1897年，第43页；上島享：《日本中世社会の形成と王権》，第51页。
⑥ 上島享：《日本中世社会の形成と王権》，第370—411页。
⑦ 成尊：《真言付法纂要抄》，《大正新脩大蔵経》第77卷，第421页。
⑧ 賴瑜：《秘抄問答》，《大正新脩大蔵經》，第530页。
⑨ 仁和寺紺表紙小双紙研究会编：《守覚法親王の儀礼世界　本文篇2》，勉诚社，1995年，第943页。

也是中世国家宗教体制显密体制的形成时期，还是显密佛教的思想意识成为中世王权的基本政治意识形态的时期、王权佛教化的完成时期。这一时期，白河院举行了大规模的造寺建塔、埋经活动，在平安京鸭川以东构筑了以法胜寺为中心的“宗教都市”——一座以王权和佛教为中心的巨大卫星城。①

对白河院时期营建佛寺，目前已有较多研究。上岛享将10世纪中叶至12世纪后半叶称作“大规模营造时代”，认为院政期营造活动给社会整体带来了很大影响，都市京都的向心力大为增强，中世王权随之确立。② 远藤基郎则认为院政期王权试图通过大规模营造和佛事法会仪礼活动宣示其“显密佛教之王”的身份。③ 上川通夫着重分析了白河院时期的平安京造塔热。上川指出，白河院时期修造的塔有法胜寺塔、尊胜寺东西塔、白河泉殿三重塔、最胜寺塔、圆胜寺三重塔和五重塔、上贺茂东西塔等木塔共14座，12世纪后半叶平安京塔接近100座，七分之一建于白河院时代。此外还有各种形态的泥塔、石塔等，动辄以十万以上的规模铸造（譬如保安三年四月二十三日在法胜寺一次性“供养五寸塔三十万基”），其中法胜寺的小塔统计超过100万个。佛塔的修造配合舍利、如意宝珠等圣物的搜集，体现了白河院将释迦牟尼佛遗迹再现于日本的意愿。④ 空前规模的造寺建塔使京都成为“百塔之城”，在外观上成了名副其实的“佛都”。

这一规模浩大的造寺建塔工程的核心，是法胜寺与法胜寺八角九重塔。高81米的法胜寺八角九重塔是该时期日本最高的建筑、中世王权的象征。中世王权将此塔视作“镇护国家之道场，海内无双之宝塔”⑤，永保五年（1085）落成时，大江匡房所作《法胜寺御塔供养咒愿文》称之为“新造雁塔，层级龛室，取法栖灵，八角九重”⑥，指出此塔取法隋文帝为供奉佛骨而创建的栖灵塔。而其他一些文本则指出了法胜寺与天竺的关系，弘安九年（1286）后宇多天皇在法胜寺的供养愿文中说：“夫以法胜寺者……孰与六帝附属之那兰陀园花池宝树之究庄严也？不异十劫经历之须摩提国”⑦，将法胜寺与天竺的那烂陀寺相较，比之为须摩提国，即西方净土。《太平记》则记载法胜寺塔为“三国无双之雁塔也。此塔始造之时，天竺的无热池，震旦的昆明池，本朝的难波浦，都可见到塔影”⑧。这一记述将天竺、中国、日本三国通过法胜寺塔联系起来，通过塔影转移强调了九重塔“三国无双”的独特地位。此外，白河院以来的中世王权、幕府还数次铸造数万小塔，常“寻阿育王之旧迹”，效仿“阿育大王八万四千之基”及“波斯匿王之志”，以“八万

---

① 上島享：《日本中世社会の形成と王権》，第480页。
② 上島享：《日本中世社会の形成と王権》，第295、365页。
③ 遠藤基郎：《中世王権と王朝儀礼》，东京大学出版会，2008年，第261页。
④ 上川通夫：《平安京と中世仏教》，第139—158页；《百练抄》，東京大学史料編纂所编《大日本史料》第3编29册，东京大学出版会，2014年，第396页。
⑤ 藤原定家：《明月记》，《大日本史料》第4编10册，第105页。
⑥ 近藤瓶城编：《歷代皇紀・朝野群載》，近藤出版部，1906年，第31页。
⑦ 《後宇多天皇法勝寺供養御願文》，黑板勝美编《新訂增補国史大系　第30卷　本朝文集》，吉川弘文馆，2000年，第410—412页。
⑧ 兵藤裕己校注：《太平記》第3卷，岩波书店，2015年，第417页。

四千"为数,[①]显然受到了印度阿育王造八万四千塔传说的影响。另外,塔中金刚界大日如来塑像与金堂毗卢遮那如来相辉映,是象征天皇统辖佛教世界的空间。[②] 这正是体现转轮王正法治国理念的空间。

除造寺建塔外,白河院以降的中世王权还在两个方面积极打造"佛都""佛国土"。其一是搜集舍利、宝珠、法器,将其纳入最新修筑的宝藏建筑内。白河院之后的鸟羽院建设胜光明院宝藏,后白河院则重视舍利、如意宝珠,援助南宋明州阿育王寺舍利殿的重建;[③]其二则是大规模地输入、抄写、安置一切经。自奝然请回 5048 卷宋版一切经后,又输入高丽续藏经并纳入皇家收藏。[④] 白河院在法胜寺营造过程中安置金泥一切经,在法胜寺和尊胜寺供养一切经 2 000 卷;鸟羽院也积极推动一切经抄写,使得日本迎来了一切经制作鼎盛期,并开展了各种形式的埋经活动。阿部泰郎指出,抄经和埋经实际上是将"法宝"一切经藏于灵地奉献神佛,目的是建立王权理想中的佛国土。[⑤] 搜集重宝、抄经埋经、造寺建塔,是院政时期中世王权建造"佛国土"最直接的举措,当时人称之为"是佛法之中兴也"[⑥]。

中世时期,日本存在佛教化的神国思想或佛国思想。[⑦] 在这一思想作用下,中世王权积极地将平安京打造为"佛都",并将日本打造为"佛国土",而这一被构建出的"佛国土"的核心,实际上是中世王权自身,即以正法治国,缔造佛教理想国的转轮王。六胜寺的创建是"佛国土"意图的体现。这就是中世王权"再造天竺"的核心内容。

当然,实际上积极打造"佛都""佛国土",推动以转轮王为中心的"再造天竺"的是院权力(治天),而非天皇。这是因为中世天皇是非人化、国家机关化的祭司王,[⑧]承担国家祭祀的职责,具有较多的禁忌。但须注意的是,天皇与院权力虽具有二元性,但两者并非对立,而是相互补充,形成一体的关系。[⑨] 在 13 世纪后半叶的"蒙古袭来"后,即位灌顶仪礼确立,天皇亲身参与佛教实践如舍利奉请、密教修法、传法灌顶的例子显著增多,至 14 世纪初也成为自视"金轮圣王"的佛教理想国形象塑造者。

接下来,我们再对中世社会的天竺与"佛国土"意识作一个简要的考察。再造天竺、打造"佛国土"的观念并非局限于中世王权,而是见于中世丰富的寺社史料,实际上反映了跨越僧俗的社会普遍认识。这具体体现在两个方面,其一是对天竺圣物的追逐;其二是各种天竺祖师、圣

---

① 藤原定家:《明月记》,《大日本史料》第 4 编 7 册,第 839 页;《進美寺文書》,《大日本史料》第 4 编 5 册,第 437 页;《願文集》,《大日本史料》第 4 编 14 册,第 36 页。

② 冨島義幸:《密教空間史論》,法藏馆,2017 年,第 385、430 页。

③ 美川圭:《後白河院政と文化・外交》,《立命館文学》第 624 号,2012 年,第 510—522 页;渡邊誠:《後白河法皇の阿育王山舎利殿建立と重源・栄西》,《日本史研究》第 579 号,2010 年,第 1—27 页。

④ 横内裕人:《日本中世の仏教と東アジア》,第 388—395 页。

⑤ 阿部泰郎:《中世日本の宗教テクスト体系》,名古屋大学出版会,2013 年,第 190—196 页。

⑥ 大江匡房:《法勝寺大乗会結御願文》,黑板勝美编《新訂增補国史大系　第 30 卷　本朝文集》,第 223 页。

⑦ 佐藤弘夫:《神国思想考》,《日本史研究》第 390 号,1995 年;平雅行:《神仏と中世文化》,第 176—177 页。

⑧ 井原今朝男:《中世の国家と天皇・儀礼》,校仓书房,2012 年,第 169 页。

⑨ 上島享:《日本中世社会の形成と王権》,第 44 页。

地飞来传说的出现。关于前者，比如空海传自长安青龙寺惠果的犍陀谷子袈裟，在中世已被视作“金刚智三藏从南天持来”的天竺袈裟。① 而到了14世纪天台宗的《溪岚拾叶集》中，犍陀谷子袈裟已经升格为大日如来袈裟，认为是大日如来授予金刚萨埵灌顶时所授。② 犍陀谷子袈裟受到了世俗统治者的追逐，14世纪的后醍醐天皇在受瑜祇灌顶时亲身穿着，甚至对这件袈裟加以敕封。③ 同样荒诞的是，京都泉涌寺来历十分明确的南宋造杨柳观音像，在15世纪的传闻中也成了“自天竺所奉渡之佛”④。此外，近江园城寺的梵钟在1344年的《寺德集》中变成了“天竺祇园精舍艮角钟”⑤，京都因幡堂的药师像在1299年的《一遍圣绘》里则成了“释迦如来自作的旃檀佛像，天竺祇园精舍疗病院的本尊”⑥。这样的记述虽是寺社为获取宗教上的优越性、争取信众而传播，实际上反映的是中世社会对天竺佛像、圣物的热衷。比如《宝物集》记载，京都清凉寺的释迦像因为被视为仿自天竺旃檀瑞像的圣物，在当时就备受京都人的欢迎，参拜者云集。⑦ 佛像或物品若能增添一层天竺背景，将使其更能吸引信众，这体现了中世日本人对天竺圣物的热衷和追逐。于是，通过种种附会、伪托及传闻、传说的创造，日本成了遍地天竺宝物的“佛国土”。

关于后者，即天竺祖师、圣地飞来传说，奈良的吉野大峰被视作“灵鹫山飞来”⑧。通过伪托，印度的神圣空间发生位移，在日本再现。从未涉足日本土地的天竺祖师也在各种传说中飞到了日本。如“开元三大士”之一的善无畏，在《和州久米寺流记》的记载中，曾“依东土边州利益之愿”飞到日本。⑨ 该史料被引用于《我慢抄》《东大寺缘起》《神明镜》等多种史料中，⑩在中世时期流传极广。更有甚者，《溪岚拾叶集》认为善无畏入灭于日本，上总有善无畏坟。⑪ 禅宗的祖师达摩也被视作入灭于日本，奈良片冈山还有达摩坟，14世纪在坟上建起了达摩寺。⑫ 这些民间传说实际上是另一种形式的“再造天竺”。

以上考察了中世王权“再造天竺”的实践及其背景。首先，中世王权试图在京都创立“佛都”，以转轮王为中心打造“佛教理想国”，创建“佛国土”；其次，再造天竺过程中，佛教理想国的核心是天皇，实际打造者则是院权力；第三，“再造天竺”的背后存在普遍的天竺意识，中世各种文本实际上以另一种形式加强了日本与天竺的联系，塑造着日本作为“佛国土”的形象。这种

① 《東要記》，《続群書類従》第26辑下，第398页。
② 光宗：《渓嵐拾葉集》，《大正新脩大藏經》第76卷，第671页。
③ 坂口太郎：《鎌倉後期宮廷の密教儀礼と王家重宝》，《日本史研究》第620号，2014年，第1—29页。
④ 中山定親：《薩戒記》第2卷，岩波书店，2003年，第180页。
⑤ 水心：《寺徳集》，《続群書類従》第28辑上，第5页。
⑥ 聖戒、円伊：《一遍聖絵》，《続群書類従》第9辑上，第157页。
⑦ 小泉弘、山田昭全、小島孝之、木下資之校注：《宝物集　閑居友　比良山古人霊託》，第4页。
⑧ 光宗：《渓嵐拾葉集》，《大正新脩大藏經》第76卷，第789页。
⑨ 《和州久米寺流記》，《大日本佛教全書》第119卷，佛书刊行会，1915年，第34—37页。
⑩ 《東大寺縁起》，《続群書類従》第27辑上，第523页；杲宝：《我慢抄》，《続群書類従》第28辑下，第265页。
⑪ 光宗：《渓嵐拾葉集》，《大正新脩大藏經》第76卷，第671、675页。
⑫ 追塩千尋：《片岡山飢人説話と大和達磨寺》，《年報新人文学》第9号，2012年，第8—45页；《達磨寺中興記》，《大日本佛教全書》第119卷，第32—33页。

被“再造”的天竺，是日本对佛教日益衰落、日益虚像化的天竺的替代，是中世王权和中世日本人在日本自身寻找到的想象中的天竺，其结果是通过想象的天竺改变了其自我认识。①

三、东亚的“再造天竺”与日本的特殊性

由于印度佛教走向衰落，佛教失去了一个固定的中心，这使得受佛教影响的唐朝、北宋、辽、吐蕃、高丽、西夏、大理、安南等，具有了向周边宣扬其佛教世界正统性的机会，其中唐朝已经在教义上、思想上与印度并驾齐驱，并在超越东亚的范围内确立了五台山这一佛教圣地。② 上川通夫指出，白河院曾试图模仿北宋和辽。③ 他认为院政期王权在与宋辽高丽的交往中，产生了佛教事业的竞争意识，萌生出建设新的佛教传播中心的理念。④ 本节从比较的视野入手，并结合该时期日本与宋辽、高丽等交流的史实考察，试图在更大的空间范围探讨“再造天竺”的普遍性和特殊性。

与日本类似的“再造天竺”观念，首先是藏传佛教的例子。藏传佛教与日本有类似的空间比附、伪托观念，将印度纳入神圣空间和宗教地理的建构。《胜乐》文献背景中的二十四圣地从南亚次大陆逐渐转移到西北印度、尼泊尔、西藏西部，最终到西藏东部地区。⑤ 此外，藏传佛教的历史学家也作了大量的伪托工作，元代布顿著《布顿佛教史》记载藏王世系之一为中印度憍萨罗国波斯匿王之子，或摩竭陀国坚影王幼子小力之子，⑥《贤者喜宴 · 吐蕃史》将观音视作吐蕃的开创者，并视聂墀赞普为释迦同族。⑦《汉藏史集》则记载吐蕃王统是印度众敬王后裔之分支，释迦族分出的日札巴一支猛光王后裔护狮王之子为吐蕃之王。⑧ 其他则有视松赞干布为观音化身、赤松德赞为文殊化身等诸多叙述。沈卫荣指出，西藏佛教史家至迟在 12 世纪已经重新建构起整个佛教世界的历史，确立西藏作为世界佛教中心的历史地位，并努力将西藏历史与印度联系起来。⑨ 11 世纪藏文文献的特点是印度的变形，是藏人寻找想象中世界的异域，可以概括为“在印度寻找自己”和“在自己身上寻找印度”。⑩ 11—14 世纪藏传佛教沉浸在对印度的寻找中，新译密咒远赴印度寻找法本或迎请印度班智达，宁玛派则创造出“伏藏”文本系统，在有

---

① 平雅行：《鎌倉仏教と専修念仏》，第 31 页。
② 荒川正晴：《展望　中華世界の再編とユーラシア東部》，《岩波講座世界歴史 6》，岩波书店，2022 年，第 68 页。
③ 上川通夫：《日本中世仏教形成史論》，第 262—263 页。
④ 上川通夫：《平安京と中世仏教》，第 86—101 页。
⑤ 萨尔吉：《从金刚座到乌斯藏——文化交融视角下的藏传佛教》，《青海民族研究》2019 年第 2 期，第 16—22 页。
⑥ 布顿：《布顿佛教史》，青海人民出版社，2016 年，第 168 页。
⑦ 巴卧 · 祖拉陈瓦：《贤者喜宴 · 吐蕃史》，青海人民出版社，2017 年，第 6—13 页。
⑧ 达仓宗巴 · 班觉桑布：《汉藏史集》，青海人民出版社，2016 年，第 66 页。
⑨ 沈卫荣：《世界佛教视野中藏传佛教的多重认同》，《中央社会主义学院学报》2020 年第 4 期，第 186—204 页。
⑩ Matthew T. Kapstein, “The Indian Literary Identity in Tibet”, in Sheldon Pollocked., *Literary Cultures in History: Reconstructions from South Asia*, Berkeley: University of California Press, 2003, pp. 747 - 802.

关吐蕃黄金时代的记忆中寻找印度。[1]

这种类似“再造天竺”的观念实际上在北宋政权初期也能看到。北宋初期接受了大量印度来的僧侣。从965年于阗国僧善名、善法等抵达宋朝开始，到1053年天竺沙门智吉祥为止，北宋将天竺新译佛经的出版和大藏经刊印视为其树立佛教中心地位的手段。[2] 天竺僧抵达开封时，宋朝皇帝对其赐紫，则有将外国来朝僧纳入以皇帝为中心的佛教秩序的意图。[3] 当周边国家的使节来朝时，北宋将其吸收天竺最新成果后缔造的大藏经、佛像等下赐出去。[4] 这一举动在北宋以前就能见到，譬如以崇佛闻名的隋文帝曾颁赐《舍利瑞图经》给天竺等西域国家，并赐百济、新罗舍利。[5] 这是统治者有意识地对周边信奉佛教的政权展示其“再造天竺”的成果，以求换取周边对其佛教世界中心地位的承认。

日僧奝然入宋时，宋太宗赐其装有佛舍利的七宝合成塔、版本一切经、释迦像等。[6] 奝然与宋太宗会面后，太宗赐其紫衣、新译佛经41卷、御制回文偈颂等。[7] 其中，一切经及新译佛经、模造旃檀瑞像的赐予，均可视为太宗对“再造天竺”成果的宣扬，前者代表北宋构建佛教学术文化中心的杰出成就，后者则代表宋朝对天竺圣物的吸收替代。奝然之后的寂照、戒觉、成寻等，也无一不从北宋皇帝手中获得了丰厚的佛教器物赏赐。

以崇佛著称的辽朝同样存在类似的情况。辽朝与天竺僧有直接交往，西印度摩揭陀国三藏法师慈贤，曾译《妙吉祥平等瑜伽秘密观身成佛仪轨》等多部经论。慈贤在辽朝被尊为“大契丹国师”。[8] 辽朝与日本一样具有转轮王信仰，视辽道宗耶律洪基为转轮王，认为“今居末法之中，得值天佑皇帝菩萨国王率土之内，流通二教”，以菩萨国王来刻画辽道宗，将其喻为转轮王。[9] 辽道宗亲撰《发菩提心戒本》下赐，间接获得传戒者的立场，实现“皇帝与菩萨的相即”[10]。并且，辽朝的转轮王观念与日本一样和末法思想有关，末法思想表现在护法思想行为当中，护法思想多以转轮王思想体现出来。[11] 辽朝也大肆造寺建塔，举办多种形式的佛教法会仪式，造塔总数超过100，堪称“造塔时代”。[12] 可以说，辽朝的大规模造塔也是一种构建“佛国土”的实践。此外，辽朝也向周边国家赐予大藏经，展示其佛教学术的成果，如辽兴宗时期的《契丹藏》就曾赏

---

① 沈卫荣、侯浩然：《文本与历史：藏传佛教历史叙事的形成与汉藏佛学研究的建构》，北京大学出版社、中国藏学出版社，2016年，第171—173页。
② 上川通夫：《日本中世仏教形成史論》，第241—262页；上川通夫：《平安京と中世仏教》，第55页。
③ 手島崇裕：《平安時代の対外関係と仏教》，第80、146页。
④ 雷玉华、李春华：《宋代文化自信的重建：蜀版大藏经的刊刻及影响》，《中华文化论坛》2022年第6期，第72—83页。
⑤ 道宣：《续高僧传》，《大正新修大藏经》第50卷，第437页；道宣：《广弘明集》，《大正新修大藏经》第52卷，第217页。
⑥ 藤原実資：《小右記》第1卷，岩波书店，1959年，第119页。
⑦ 《奝然入瑞像五臟記》，竹内理三编《平安遺文》古文书编第9卷，东京堂出版，1980年，第3481页。
⑧ 鞠贺：《辽朝佛教渊源考》，《赤峰学院学报（汉文哲学社会科学版）》2021年第7期，第8—11页。
⑨ 道㲀：《顯密圓通成佛心要集》，《大正新修大藏经》第46卷，第1005页；杨军、鞠贺：《辽朝佛教信徒“兼奉诸宗”考论》，《古代文明》2020年第4期，第73—79页。
⑩ 藤原崇人：《契丹仏教史の研究》，法藏馆，2015年，第89—117页。
⑪ 沙武田：《敦煌藏经洞封闭原因再探》，《中国史研究》2006年第3期，第61—73页；杨富学、杜斗城：《辽鎏金双龙银冠之佛学旨趣》，《北方文物》1999年第2期，第21—25页。
⑫ 藤原崇人：《契丹仏教史の研究》，第176—207页。

赐高丽，第一次是在清宁九年（1063），“契丹送《大藏经》。王备法驾，迎于西郊”[①]。此外，辽道宗大安七年（1091）、八年（1092），日本僧应范（明范）等出使辽朝。[②] 明范表面上虽为大宰权帅藤原伊房派遣，但也有研究指出其背后的支持者是白河上皇。[③] 辽道宗极可能借机将《显密圆通成佛心要集》等辽朝佛教典籍赐予日本，该书的院政时期写本至今仍存于京都高山寺。[④]

深受宋辽两国影响的高丽王朝也是建立佛教化王权的典型。王权仪礼高度佛教化，国王受菩萨戒，扮演“菩萨国王”的角色，其统治也被佛教理论美化为菩萨行。[⑤] 佛教还在其对外意识中扮演了重要的角色。高丽每年举行盛大的佛教仪式，同时也是奉祀太祖王建的仪式八关会时，会邀请在高丽的宋商人、女真人、耽罗人、日本人参加，这实际上是高丽试图通过佛事法会构建出一种以高丽国王为中心的国际秩序，构拟出一种想象的“万国来朝”的局面。[⑥] 高丽大觉国师义天则搜集、总括宋辽两国的佛教章疏，完成义天版《续藏经》，后赠予日本。[⑦] 高丽的佛教化王权与其对外意识、对外关系密不可分。日本来的商客也时常迎合高丽王朝构建佛国的意欲，主动进献法螺、佛像等佛教器物。[⑧]

处于河西走廊咽喉之地，为汉藏交汇之所的西夏政权崇奉佛教，国主李元昊建政后大肆建寺、赎经、译经，举办佛事法会。李元昊建舍利塔时，“东土名流，西天达士”纷纷进献舍利，[⑨]这实际上反映出西夏佛教针对东土（宋辽）、西天（印度）中心意识的萌芽。西夏还与天竺有着直接的接触，不但迎请印度僧人来境译经说法，还有僧人去印度求取佛法。[⑩] 11 世纪末西夏王室重修凉州感通塔时，将其叙述为阿育王八万四千塔之一。[⑪] 在崇尚佛教的背景下，西夏也出现了转轮王的观念，[⑫]在佛教图像中皇帝被赋予神性，列于菩萨、佛弟子中，使皇帝变成了主宰世界的神圣之物。[⑬] 可以说，西夏的造寺建塔活动同样是以其王权为中心的。另外，大理政权也强调与天竺的联系，历史传说、附会称大理佛教从印度直接传入云南，《白古通记》说大理是印度妙香城，指点苍山为灵鹫山，将鸡足山打造为佛教圣地，有意识地突出与天竺的联系。[⑭]

---

① 郑麟趾：《高丽史》卷第八，西南大学出版社，2014 年，第 225 页。

② 脱脱：《辽史》卷第二十五，中华书局，1974 年，第 300 页。

③ 上川通夫：《日本中世仏教と東アジア世界》，第 105 页。

④ 上川通夫：《日本中世仏教形成史論》，第 265 页。

⑤ 강호선(2015),“고려시대 국가의례로서의 불교의례 설행과 그 정치적 의미”,동국사학, 59, 35－74 쪽;김철웅(2015),“고려시대 국왕의 즉위의례”,한국학,38(2),8－32 쪽.

⑥ 奥村周司：《高麗における八関会的秩序と国際環境》，《朝鲜史研究会論文集》第 16 号，1979 年，第 71—99 页；郑麟趾：《高丽史》卷第九，第 248 页。

⑦ 横内裕人：《日本中世の仏教と東アジア》，第 388—395 页；崔光弼、李春：《〈高丽大藏经〉与东亚地区文化交流》，《图书馆理论与实践》2013 年第 9 期；張東翼(2014),“불전(佛典)의 유통(流通)을 통해 본 고려시대(高麗時代)의 한(韓)·일관계(日關係)”,석당논총,58,123—194 쪽。

⑧ 郑麟趾：《高丽史》卷第九，第 252、260 页。

⑨ 史金波：《西夏佛教史略》，宁夏人民出版社，1988 年，第 30—32、111 页。

⑩ 陈爱峰、杨富学：《西夏印度佛教关系考》，《宁夏社会科学》2009 年第 2 期，第 104—108 页。

⑪ 史金波：《西夏佛教史略》，第 114 页。

⑫ 张映晖：《西夏文佛经款题中所冠帝、后尊号与西夏政制建构》，《北方民族大学学报》2021 年第 2 期，第 135—141 页。

⑬ 王胜泽：《西夏佛教图像中的皇权意识》，《敦煌学辑刊》2018 年第 1 期，第 107—116 页。

⑭ 侯冲：《如何理解大理地区的阿吒力教》，《宗教学研究》2015 年第 3 期，第 106—112 页。

可以看到，在印度佛教衰落背景下的“再造天竺”和“佛国土”意识具有相当的普遍性，各政权的实践和意识存在诸多相似性。比如，与天竺佛教衰亡认识互为表里的末法思想，强调与天竺直接或间接的联系及王权的主导性。但在上述普遍性之外，该时期的日本也呈现出一些特殊性。首先，日本与天竺缺乏直接的联系，日本既无人赴印度求法，也没有印度译经僧的活动，在地理空间上更是与印度相去甚远。这使得日本的“再造天竺”具有更为突出的虚像性，无法直接讲述天竺与日本的联系，而只能通过附会、伪托、编造，在想象中寻求天竺的圣地性。其次，由于与周边国家外交活动较少，日本的“再造天竺”比较缺乏宋、辽、高丽这样的国际竞争的意识，其圣地构筑更多以内部统治为目的。

如前所述，在11世纪末以后的日本“再造天竺”，推动“佛国土”“佛都”塑造的实践者是以白河上皇为代表的院权力。白河院时期并未大肆接待外国使节，也未有高丽王朝这样将大型佛事法会打造为体现国际秩序的场所的意图，这使得白河院的“再造天竺”与宋辽、高丽等有着本质的区别。院权力的直接目的是在诸权门势家势力不断发展、庄园公领制社会急剧转型的国家政权中提升天皇家的权威。

实际上，中世初期尚处于天皇、院权力、摄关激烈竞争政治主导权的时期，白河上皇退位之初，政务仍掌握在摄关手中，[①]直到关白藤原师通、师实死后(1101)，院的影响力急速上升，逐步成为政务的主导者。[②] 此后，居于中世国家秩序顶峰的院权力成了中世寺社势力的统辖者，掌握僧位僧官的任免权，国家佛教仪式以王权为中心重新组合。[③] 院权力主导的“再造天竺”实践，使法胜寺九重塔所象征的天皇家权威通过“王法佛法相依”的观念被粉饰，天皇家建造的六胜寺建筑群替代了摄关家创建的法成寺，天皇家相对于摄关家、权门大寺社等居于中世主从秩序顶点的认识得到进一步确认。

院权力在中世初期“再造天竺”中取得的政治成果在镰仓幕府崛起后仍长期维持。直到南北朝动乱期间的历应五年(1342)，代表天皇家权威的法胜寺九重塔在洛东大火中焚毁，“数体伽蓝、九重塔婆，空成灰烬”，这一“天下之重事”也象征着院权力及天皇家作为“再造天竺”主体的衰落，[④]此后法胜寺九重塔未再建，院权力主导的中世王权“再造天竺”实践才宣告停止。

结　语

通过以上分析可知，“再造天竺”的意识与实践实际上为受佛教影响的东亚诸政权、地区共有。这是印度佛教衰落后各政权争夺佛教正统性、吸收天竺圣地性，在自身内部寻求作为“想象

① 美川圭：《院政の研究》，临川书店，1996年，第71页。
② 元木泰雄：《院政期政治史研究》，思文阁，1996年，第102页。
③ 平雅行：《日本中世の社会と仏教》，第95、471页。
④ 中院通冬：《中院一品記》卷上，岩波书店，2018年，第211页；豊仁：“京都御所東山御文庫記録　光明院宸記”，東京大学史料編纂所编《大日本史料》6编7册，第70—71页。

异域”的天竺的结果。中世日本王权是一个比较突出的例子。在 11 世纪末 12 时期初以后的日本,“再造天竺”的认识所诱发的中世王权大规模造寺建塔、抄经埋经等宗教实践,带来了显密佛教的兴盛。但日本也存在显著的特殊性,即国际竞争意识缺乏,其“再造天竺”更多以内部统治为目的。

日本中世国家是多元分权的。这意味着在拥有最高权威的“国王”即天皇之下,存在多个权力主体。公家王权与贵族、武家、寺社势力处在互相协作而又相互制约的状态,这使得王权必须利用佛教这一普遍性宗教手段塑造超越性权威,成为“再造天竺”、缔造“佛国土”的主体,获取在中世主从秩序和权门体制中更高的影响力。在以院权力为代表的公家王权攫取中世国家超越性权威的过程中,显密佛教的思想和观念发挥了关键作用。

此外,在国际秩序相对孤立的日本中世国家,其自中心的“再造天竺”也多少具有对外展现优越性的一面。体现日本自中心意识的诸多中世显密佛教文本,鲜明地以中国、朝鲜半岛、天竺等为参照对象,有意识地在对周边国家的差别意识中突出自身的中心地位。这种观念随着日本中世国家在东亚海域的密切交流中与周边国家交往的增多而逐渐暴露在外国的使节、商人、漂流民等面前。室町时代日本在对朝鲜王朝交往中展现出来的“朝鲜蔑视观”与神国意识即是如此。[①] 但是,日本的中世国家,特别是本文所关注的中世初期,王权从未在“再造天竺”的进程中建立一种针对外国的竞争性秩序或礼仪体系,譬如近世江户幕府在朝鲜通信使、荷兰商馆的江户参府活动中设立的礼仪体系。“再造天竺”的实践本身,缺乏来自域外的观众。这使得在中世初期,王权的“再造天竺”虽呈现出一定的对外中心认识的样貌,但对内才是其真正目标,因而具有“外虚内实”的特征。

(本文原刊于《世界历史》2023 年第 6 期)

作者简介:

康昊,现任上海师范大学人文学院世界史系副教授。复旦大学学士,日本大阪大学硕士、博士,曾任日本学术振兴会特别研究员。主要研究方向为日本中世史,侧重 14—15 世纪日本政教关系史、东亚海域交流史、日本宗教史·寺社史、南北朝·室町时代史、战后史学史。

① 村井章介著,康昊译:《中世日本的内与外》,社会科学文献出版社,2021 年,第 128 页。

兄弟之盟：新中国同社会主义国家间的动物外交

刘晓晨

摘　要：在国际关系的舞台上，动物作为特殊的外交礼物发挥着重要的作用。新中国动物外交的推行受到当时中国向苏联学习热潮的影响。在中苏关系的蜜月期，无论是动物园的设计、动物的饲养方法、动物外交的模式都受到苏联的影响。两国之间有频繁的动物交流活动。但中国向朝鲜赠送的熊猫和其他珍稀动物数量更多、质量更优。这种对外交往是高度政治化的，有浓厚的意识形态色彩。动物外交可视为中国对外交往的晴雨表，这一模式时至今日依然存在。

关键词：冷战　中国　动物外交　动物园　北京动物园

"嘤其鸣矣，求其友声。古往今来，世界各种人民都有以互赠花鸟鱼虫增进友谊的传统。"①在冷战的大背景下，新中国开展了以熊猫等珍稀动物为标志的"动物外交"。这种外交活动以开展对外动物交换、开展学术交流、合作保护野生动物等活动来展开。中国动物外交政策的实施，发端于新中国成立初期向苏联学习的热潮。对于朝鲜、越南等社会主义国家，中国又成为它们在这一领域的"引路人"。冷战时期特别是80年代以前，中国的动物外交活动都带有浓厚的政治意味和意识形态色彩，某种程度上可以被看作是官方外交的补充，更多地被赋予了官方性质。

关于中国动物外交的研究，在国内和国际（主要是美国和日本）上，主要针对的是"熊猫外交"。② 近

---

① 《长颈鹿与中非友谊》，《人民日报》1983年1月16日，第7版。

② 目前在学术界就动物外交这一问题尚未有完整而系统的相关研究。"熊猫外交"的研究，一类是基于生物学的考量；其余多是从民间交流、民间外交的角度来展开研究和论述。生物学角度的代表作是《卧龙的大熊猫》（胡锦矗、夏勒著，四川科学技术出版社，1985年）和《大熊猫研究》（胡锦矗著，上海科技教育出版社，2001年）；科学史类工具参考书如《大熊猫》（朱靖、李扬文主编，科学出版社，1981年）系统地回顾了大熊猫作为对外交往的历程。国外学者对熊猫及其对中国政治、外交影响的研究，代表作有G B. Schaller《最后的熊猫》（*The Last Panda*, University of Chicago Press, 1994）以及H. Nicholls《熊猫之路》（*The Way of the Panda: the Curious History of China's Political Anima*, Open Road Media, 2011）。日本学者家永真幸的著作《熊猫外交》（パンダ，外交株式會社メディアファクトリー，2011年）系统考察了熊猫在中国从害兽到国礼的演变过程。日本学者金子将史和北野充在其编写的《公共外交：舆论时代的外交战略》（[日] 金子将史、北野充编，《公共外交》翻译组译，外语教学与研究出版社，2010年）中，亦用大量的笔墨描写熊猫作为公共外交的载体，对美国产生的政治和社会影响。

年来也逐渐有国内学者开始利用解密档案研究中国的对外动物交流。① 本文立足于北京、上海市档案馆的相关档案文献和相关著作,②以新中国政治环境和外交活动的演变为脉络,从国内国际双向互动的视角探讨冷战背景下新中国的动物外交与苏联式的动物园建设理念对中国社会发展所产生的影响。考察在跨国意识形态的背景中,原先用于观赏、教育大众的各种动物,如何成为对外交往的一种媒介和手段。

一、社会主义动物园的建设与动物外交的肇始

动物外交的前提,是该国有数量充足、种类繁多的动物以及动物们栖居的场所——动物园或类似机构。法国学者埃里克·巴拉泰在《动物园的历史》一书中认为,近代以来,动物园的功能和定位出现了显著的变化。他指出,动物园的历史一直以来都是人类满足欲望的历史。到了20世纪,动物园是公众对自然向往的寄托,也是窥探陌生世界的窗口。③ 这股变革之风在20世纪初吹到了北京城。北京动物园的前身是清朝末年筹办的京师农事试验场,其功能一方面试播试种国内外的花卉、果蔬和五谷,另一方面也开始逐渐对游人开放,展览园中有从德国购买的雄狮等动物。民国时期,上海等地也逐渐有了小型的私人动物园,但是规模都难以满足游人休憩观光的需要。

1949年10月新政权建立之后,在"一边倒"外交方针的指导下,中国率先和苏东国家建立了外交关系,并在政治、经济、军事、外交和文化各个领域加强向苏联的学习,在接受大量援华顾问和专家的同时,中国也积极外派人员到苏联等社会主义国家学习、交流。④ 动物园的建设以及各社会主义兄弟国家之间进行动物交换一事也被提上了日程。50年代初,按照中央的指示,北京决定按照苏联模式兴建动物园,派出人员出访苏东国家学习先进经验,在此基础上开始对外进行动物交流。这些活动以北京动物园为主,上海、广州动物园等一线城市动物园为辅。

北京动物园作为国家级的公立动物园,主导了国与国之间的动物交换。新中国成立后中国政府向国外赠送的18只大熊猫均为北京动物园提供。⑤ 新中国成立初期,作为中国的国家级动物园,北京动物园率先进行了社会主义改造。在动物园的具体建设过程中,设计方案、指导思

---

① 有部分记者和学者利用外交部公开的70年代中国对外赠送熊猫的档案,撰写了相关文章。如孙桂华、夏俊的《"熊猫外交"的秘密往事》(《新一代》2007年第3期)。近来,亦有中国学者开始利用国外解密档案,研究中外之间的动物交换。张民军的《中英"麋鹿外交"》(《中国浦东干部学院学报》2013年第3期)一文使用了英国外交部的解密档案(FO),详尽地还原了50年代中英两国试图通过麋鹿打破两国关系坚冰的过程。

② 各地方档案馆编辑的一些资料选编中偶尔也会发现一些珍贵的史料,如北京市档案局、莫斯科市档案管理总局编《北京与莫斯科的传统友谊——档案中的记忆》(中国档案出版社,2006年)中,就保留了50年代中苏两国关于互换动物的一些珍贵的原档影印件。此外,北京动物园管理处编的《北京动物园志》(中国林业出版社,2002年)一书中也保存了一些珍贵的史料。

③ 埃里克·巴拉泰:《动物园的历史》"序言",乔洪涛译,中信出版社,2006年。

④ 沈志华:《苏联专家在中国:1948—1960年》,中国国际广播出版社,2003年,第1页。

⑤ 乔轶伦:《北京动物园还是一个接受和派出外交"使节"的地方》,《人与生物圈》2006年第4期。

想、宣传方针乃至饲养方法均深受苏联的影响。为使动物园能具“社会主义”特质，北京动物园接受了苏联专家的技术指导，对馆舍进行了改造和建设。动物园的性质是一个集中饲养大量野生动物的地方，但社会主义国家的动物园长期以来都强调自身的独特性——动物园的任务是要进行文化教育科学普及和科学研究工作，同时它亦是一个给游人休息的很好的场所。①

作为社会主义“老大哥”的苏联，在动物园角色定位上，和西方世界出现了观点分歧。在当时的苏联生物学界，科学家们批判摩尔根的遗传学说，着力宣扬米丘林向大自然索取的观点。米丘林的学说，当时在中国接受度很高，博物馆的展厅里会挂起米丘林的画像和语录，②比如那句最著名的“我们不能等待自然的青睐。从自然那里拿过来，这是我们的要求”。这些观点对自然史博物馆（包括动物园）有一定程度的负面影响。苏联式的动物园要积极宣传进化论、宣传米丘林征服自然改造自然的学说，更好地为群众服务。东欧社会主义国家，中国、朝鲜、越南等社会主义国家的动物园建设无一不深受苏联的影响。

苏联式的博物馆和动物园不仅强调要贯彻和宣扬达尔文的进化论、米丘林的征服自然的学说，还要进一步加强博物馆和动物园科研、科普和教育群众的功能。③ 上海市人民政府工务局园场管理处提供的一份总结报告中，详细介绍了对动物作用和动物园任务的理解：“动物园的任务不仅是满足游人的好奇，观赏和乐趣；更重要的动物园是一个进行文化教育科学普及的场所和进行科学研究的机关；资本主义国家的动物园单纯为了游人的观赏休息而无任何科学教育意义或者虽然有科学研究工作，但仅仅限于少数科学家而不能普及于广大人民之中。”④宣传中明确提出动物园的任务是：

1. 要使广大人民知道祖国以及世界上有多少动物及其分布；

2. 宣传动物对人类的利害关系，以及如何保护有益的动物和防止有害的动物；

3. 让群众认识动物的发展演化过程，说明动物与人的来源。动物园负有责任说明动物是由低等演化到高等，而由于环境的影响所有生物是不断发展着的，有力地驳斥那种所谓人是神创造永远不变的荒谬理论；

4. 让群众知道自古以来人类就注意了驯养动物把野生动物驯养成为家畜而且逐步改变了品种，使人们获得了更大的利益，说明人类能够征服自然，改造自然。宣传米丘林的学说，使动物对生产和人类财富作更多的贡献；

5. 帮助群众特别是学生了解其他有关动物科学的各种知识，如动物生活习性、病理、繁殖等。⑤

① 《上海市人民政府工务局园场管理处关于苏联专家规划动物园的总结》，1954 年 8 月 24 日，第 5 页，B326—5—16，上海市档案馆藏。

② 甄朔南：《半个世纪的中国大陆自然科学类博物馆》，《海峡两岸博物馆学人与全球化的对话论文集》，第 9 页。

③ 《上海市人民政府工务局园场管理处关于苏联专家规划动物园的总结》，1954 年 8 月 24 日，第 2—5 页。

④ 《上海市人民政府工务局园场管理处关于苏联专家规划动物园的总结》，1954 年 8 月 24 日，第 3 页。

⑤ 《上海市人民政府工务局园场管理处关于苏联专家规划动物园的总结》，1954 年 8 月 24 日，第 3 页。

我们可以看到社会主义国家对动物园的定位更多地在强调其社会功能、教育意义以及对强化意识形态宣传的作用。这些观点也直接影响了新中国动物园的建设理念。

向苏联学习的过程中,中国逐步建立起现代化的观赏动物饲养、繁育与展览的管理体系与模式,但苏联动物园建设模式中的一些问题也随之出现。其中比较突出的就是为了在种类数量上求大求全和达到宣传"人定胜天"的要求,加之没有制定相应的种类划分标准,各地动物园在新中国成立初期纷纷派出工作队赴边远地区大肆捕猎珍稀动物。如为了获得宣传"进化论"必不可少的猩猩,上海动物园曾专门派出工作队前往东南亚和海外。① 1955—1957 年,北京动物园野生动物搜集站分别搜集到 530、659 和 1 106 只动物。② 频繁的捕猎和落后的运输技术造成的高死亡率导致一部分珍稀动物数量急剧减少。"50 年代缺乏经验,造成肉食动物咬坏笼箱险些逃逸;大型草食动物及走禽、雉鸡等鸟类撞伤、撞死;爬行动物钻出笼箱;通风不良造成动物中途死亡。"③

随着动物园的扩展和完善,同时也为了宣扬社会主义制度的优越性,尽可能地搜罗各大洲的标志性动物,社会主义国家间的动物交换也紧锣密鼓地开展起来。但由于动物地域种类的差别,无法在划定动物交换类别上直接照搬苏联,因此中国最初自行制定的标准并不科学。④ 在实际操作过程中,外交部礼宾司和地方部门对划分标准提出了意见,经过一系列讨论,于 1963 年重新制定了一份新的划分标准,对原有的分类进行了进一步调整。⑤ 这份标准对此后的动物保护和交换产生了深远影响。受创最重的是一些不在一类保护名册中的动物。在出口创汇的指令下,这些动物难逃被捕猎的命运。如被划入第三类的华北金钱豹,由于大量捕猎,目前已处于濒危等级,为国家一级保护动物。"据皮张收购记录,20 世纪 60 年代捕获 1 750 只,70 年代捕获了 1 224 只,80 年代种群继续严重下降。"⑥命运相似的还有小熊猫。从 1953 年开始,截至 1998 年,野外捕捉 2 000 余只,其中有 100 余只被运往国外用于动物交流。这些行为已经严重

---

① 《上海市革命委员会关于园林处申请外汇从国外进口动物的批复》,1973 年,第 137 页,B326—1—57—136,上海市档案馆藏。

② 杨小燕主编,北京动物园管理处编:《北京动物园志》,中国林业出版社,2002 年,第 171—172 页。

③ 《北京动物园志》,第 172 页。

④ 《关于我国珍贵动物出口问题的规定》,1959 年 4 月 1 日,第 40 页,117—01117—11,中国外交部档案馆藏。国务院制定的这份报告,是按照动物种群数量来确定动物出口种类的划分原则。其中第一类为我国独有的最珍贵的品种,只在必要时可由中央控制对外赠送,此外一律不得出口,包括大熊猫、小熊猫、东北虎、雪豹、蒙古野马、白唇鹿、金丝猴、丹顶鹤、扭角羚 9 种珍稀动物;第二类是比较珍贵的动物,只供动物交换和送礼等用,不作贸易出口,如蒙古野驴、华南虎、大鲵鱼、扬子鳄等 13 种;第三类是数量较多的我国特产的野生动物,如锦鸡、长尾雉、犀鸟等,数量较多,可以作为商品,限量出口。

⑤ 《北京市园林局关于我国珍贵动物出口问题的请示报告一文的修改补充意见》,《关于我国珍贵动物出口问题的规定》,1963 年 9 月 20 日,第 45—47 页,117—01117—11,中国外交部档案馆藏。原列入第二类中的野牦牛和野骆驼,是我国的特产(仅产于我国),且数量极少,对科学研究和展览都有很高的意义,被重新划入一类。原列入第一类中的东北虎、雪豹和小熊猫,主管部门认为其并非我国的特产动物,不应控制过严,每年少量的输出,既不影响产地数量减少,又不致降低其珍贵性和经济价值,因此应列入第二类。原划入第二类的华南虎、华北金钱豹等动物,被划入第三类中,可适当地外销以换取外汇。

⑥ 周秀佳、徐宏发、顺庆生主编:《中药资源学:中药资源的保护与可持续利用》,上海科学技术文献出版社,2007 年,第 312 页。

威胁到小熊猫的种群数量。①

尽管动物外交对于新生的政权来说是个全新的概念,但中国很快根据实际情况确定了自己的规则。比如要尽可能满足社会主义兄弟国家间的交换要求,交换的品种甚至可以是最高等级的大熊猫、白唇鹿等珍稀动物,尤其是具有“共产主义背景”的大熊猫是只赠予社会主义盟国的最珍贵的礼物;中国和亚非拉新兴的第三世界国家之间也进行着频繁的动物交流。形成鲜明对比的是对资本主义国家的态度,以防范为主,对于他们提出的交换动物的要求,能推则推,能拒则拒。在交换原则上,尽量保持动物价值的相当,多是接受国外赠送的大型动物,中方回赠以中小型动物。从根本上来说,就是要秉着“平等互惠、互通有无、友好往来的精神,配合当前国家的政治任务进行”②。

二、中国和苏联、东欧社会主义国家的动物外交

中国官方很早就认识到要向苏联、东欧社会主义国家学习先进经验,积极发挥动物园的作用。50 年代初期,北京动物园的前身西郊公园和苏联方面已经建立了通讯联系。1951 年 5 月 28 日,北京市人民政府秘书长薛子正对西郊公园的工作作出指示:“西郊公园有发展前途,宜建成大规模的动物园,作长远打算,如虎豹山、猴山等建设及研究动物的管理方法,有机会可能派人去苏联及东欧各民主国家参观动物园,吸取经验,以扩充首都动物园。”③

苏联专家对中国建设动物园的指导源于当时中国在动物馆舍方面的建设经验不足。1953 年,印度总理尼赫鲁赠送给中国少年儿童一头大象,由于中国当时缺乏建造“象房”的技术,只得向苏联求助。加之西郊公园内原有动物园的兽舍大部分为新中国成立前修建,已不适合游览观赏。1954 年 3 月北京市园林处决定改建并新建兽舍和动物活动所。同年 6 月,经北京市政府批准,北京市园林处决定举办动物管理人员训练班,聘请苏联莫斯科动物园主任萨斯诺夫斯基和兽医奥列安德诺娃来华在西郊公园讲学,传授经验。他们来到中国的另一项任务是帮助中国规划设计新型动物园。萨斯诺夫斯基和兽医奥列安德诺娃先后前往北京和上海培训人员,指导动物园的建造和设计工作。苏联专家举办的“动物管理人员训练班”,历时 33 天,各地共有 50 余人参加,仅北京动物园就有 14 人参加。④ 苏联专家的主张和建议得到了最大程度的贯彻,在座谈会上“讨论苏联专家等提出的动物名单;要增加鱼类的饲养,搞好将来的水族馆;增加杜鹃、丹顶鹤等有文化性的动物;增加展览无脊椎动物;目前动物园动物不全,可用图案与动物分布图

---

① 汪松主编:《中国濒危动物红皮书　兽类》,科学出版社,1998 年,第 167 页。

② 《市人委关于国际交换动物的情况和建设主管这项工作的中央机构的请示和市人委与各有关机关的来往文书及园林局交换动物的请示报告》,19560101—19571130,第 59 页,002—009—00135,北京市档案馆藏。

③ 《北京动物园志》,第 13 页。

④ 《北京动物园志》,第 277、291 页。

作补充，进行动物知识的普及；科学院与动物园应更多地联系”。专家还建议动物园不能作为文化休息公园，晚上不能开放，等等。①

上海动物园的情况和北京比较类似，在选址、建设的过程中也颇费了一番曲折。1954 年 6 月，国务院办公厅通知上海市人民政府，将云南西双版纳傣族人民献给毛泽东主席的一头大象“南娇”交给上海饲养展出。上海当时只有几家私营的小型动物园，“南娇”的到来推动了在上海建设新型动物园的构想。在得知苏联专家在北京访问的情况下，1954 年 7 月，上海市工务局派出一批工程技术人员和动物园管理人员到北京动物园学习，并约请在京的莫斯科动物园主任萨斯诺夫斯基商议建园事宜。② 8 月，萨斯诺夫斯基与奥列安德诺娃访沪，先参观了中山公园、复兴公园的小型动物园，随后又协助实地踏勘了西郊公园（原外侨高尔夫球场）、龙华苗圃、华泾长桥镇等三地，最后决定将西郊公园扩建为动物园。两位苏联专家在沪期间，还和上海市动物学方面的科学工作者进行了座谈，谈了他们对于动物园的看法。③

动物园建设完工后，随之面临如何为园中添置以供展览的各类动物的问题。对于本国没有的一些品种，只能通过购买和交流的方式向他国获取。在冷战对抗的背景下，新中国同大多数资本主义国家没有建立外交关系。作为社会主义阵营中的一员，同社会主义阵营的国家进行动物交换成了仅有的选择。1960 年 5 月 6 日，北京市园林局向市外办、中央对外文委作了《赴苏联商谈交换动物工作的总结报告》，报告中指出：“我们对社会主义国家交换动物的工作，首先的目的是加强以苏联为首的社会主义阵营的团结，通过交换动物以互通有无、交流文化，力求社会主义国家在动物园文化科学事业方面的繁荣和发展；对资本主义国家的交换动物的工作，我们将交换动物工作看成是争取和平和文化交流及阶级斗争的工具。”④作为学习和效仿的对象，动物交流首选国家自然是苏联和东欧各社会主义兄弟国家。

1951 年 6 月 9 日，苏联中央动物园园长写信给北京西郊公园，表示愿意用苏联的特产动物如白熊、棕熊、雪豹等换取中国特有的各种兽类如猴子、大象、虎、豹和爬虫类。⑤ 中方应对缓慢，8 月苏联中央动物园园长再度写信给中方，催促中方尽快解决交换动物所需要的官方手续并尽量在当年完成动物交换。⑥ 但是，由于动物交换一事涉及林业部门、外事部门和文化部门，行政审批繁琐，直到 1952 年，西郊公园（今北京动物园）才有所动作。西郊公园在 2 月先交换给

---

① 《北京动物园志》，第 291 页。

② 上海市地方志办公室、上海市绿化管理局编著：《上海名园志》，上海画报出版社，2007 年，第 386—389 页。这批人员为工务局园场管理处的程绪珂、吴振千、虞颂华、顾正和上海市市政建设委员会的徐景猷。

③ 《上海市人民政府工务局园场管理处关于苏联专家规划动物园的总结》，1954 年 8 月 24 日，第 2 页，B326—5—16，上海市档案馆藏。

④ 《国林局关于国际国内动物交换工作意见、印尼动物园代表团来华访问接待计划、动物园大熊猫、犀牛死亡的报告》，第 11 页，19600201—19601130，002—012—00143，北京市档案馆藏。

⑤ 《苏联中央动物园长就交换野生动物及交换动物种类等事宜致北京动物园的信》，1951 年 6 月 9 日，北京市档案局、莫斯科市档案管理总局编《北京与莫斯科的传统友谊——档案中的记忆》，第 41—42 页。

⑥ 《苏联中央动物园园长阿乐吉鲁就请求解决交换野生动物及办理官方正式手续事宜致北京市人民政府的函》，1951 年 8 月 6 日，《北京与莫斯科的传统友谊——档案中的记忆》，第 43 页。

捷克斯洛伐克动物园17种59只动物，[①]后在11月根据中央交办的关于国际交换动物的指示以及国外提出的要求，派出由柳林溪等6人组成的代表团携带动物访问了苏联、捷克、民主德国、匈牙利等国家的动物园，初步建立了国际间交换动物的关系。柳林溪等人随团带去了华南虎、棕熊、恒河猴等数十只动物以备交换。[②] 随后，根据波兰的要求，中国与波兰也建立了交换关系。其后与民主国家交换动物的关系就逐年发展，特别是与苏联，每年均有4至10批动物的往来。[③] 1953年2月，中方接受了第一批来自苏联的交换动物。苏联中央动物处运送过来的动物包括"非洲狮1对，北极熊1对，白狐2对，鸸鹋1对，小鸟20只"。[④] 同年，中方派出了以北京市动物园陈列室主任黄海为首的相关人员再次前往苏联开展动物交换工作。[⑤]

随着对外动物交流活动的扩大，1954年5月1日，北京市西郊公园成立了专门负责该活动的机构"动物交换科"。同年，中央文化部报请邓小平副总理，先行拨款115亿元（旧币）的经费用于国际交换动物。[⑥] 苏联和中国的动物交换主要集中在1954—1959年，在此期间，北京动物园和苏联莫斯科中央动物园之间交换频繁，"每年2—3次，每次数种几十只，双方均通过铁路运至满洲里，交换后各自运回，满洲里成了中苏国际动物交换的重要口岸"[⑦]。总体说来，从50年代初期一直到"文革"前夜，中国同社会主义国家交换动物是很频繁的，但大多都是以二类、三类动物为主。中共对于赠送一类珍稀动物特别是大熊猫一事表现得异常谨慎。这段时期内，只有苏联和朝鲜接收过中方赠送的大熊猫。

1957年5月，苏联最高苏维埃主席团主席伏罗希洛夫访华，作为苏共的元老级人物，伏罗希洛夫在中国得到了超规格的接待。他在访华期间表示希望中国能赠送一对大熊猫给苏联。应其要求，经研究决定，以北京市市长彭真的名义挑选两只大熊猫"平平"（Ping-Ping）和"碛碛"（Qi-Qi）作为"国礼"赠送给苏联政府和人民。[⑧] 平平和碛碛是1956年在四川宝兴由北京园林局四川搜集动物组猎取的。[⑨] 50年代初期捕捉大熊猫极为不易，常常需要动物搜集队和当地村民在崇山峻岭中奔波数月才能捕获。"大熊猫是一种非常名贵的动物，极为罕见，很不易捕获，几年只捕到几只雌的……平平是北京动物园现有大熊猫中最好的一只。"[⑩]彭真在草拟的信中

---

① 《北京动物园志》，第181页。

② 根据现有资料，这批动物中有14种39只交换给匈牙利布达佩斯动物园，5种10只交换给民主德国莱比锡动物园。

③ 《市人委关于国际交换动物的情况和建设主管这项工作的中央机构的请示和市人委与各有关机关的来往文书及园林局交换动物的请示报告》，第59页，19560101—19571130，002—009—00135，北京市档案馆藏。原文中的民主国家均是社会主义阵营的国家，主要指苏联和东欧社会主义国家。

④ 《北京动物园志》，第13页。

⑤ 《对外文化联络事务局派黄海等人赴苏联交换动物》，1953年6月8日至7月10日，第2—3页，118—00204—04，中国外交部档案馆藏。

⑥ 1955年3月，中央政府进行了币制改革，新旧币兑换比率是1∶10 000。115亿元旧币折合为115万新币。

⑦ 《北京动物园志》，第181页。

⑧ 杨家声主编，四川省地方志编纂委员会编纂：《四川省志·外事志》，巴蜀书社，2001年，第560页。又见四川省宝兴县政协文史委编《宝兴文史资料·第4辑》，1994年，第33页。

⑨ 《猎获三只熊猫》，《人民日报》1956年5月9日，第3版。

⑩ 《北京市市长彭真就北京市人民向莫斯科人民赠送大熊猫平平事致莫斯科市苏维埃执行委员会主席波布罗夫尼科夫的信》，1957年4月10日，参见《北京与莫斯科的传统友谊》，第44页。另，捕捉到的平平实为雄性，碛碛为雌性。

这样说道。“为了聊以表示北京市人民对莫斯科市人民的兄弟问候,现谨将我们捕获到的中国产的一只大熊猫赠给你们。……愿我们两市人民的友谊世世代代地繁荣和发展。”①但向苏联赠送熊猫一事波折不断。中方在1959年又赠送了一只雄性大熊猫“安安”(An-An)给苏联换回“碛碛”。盖因苏联当时的科研水平无法判断这两只幼年大熊猫的性别,他们怀疑中方赠送的两只大熊猫都是雄性,所以苏方要求调换一只雌性大熊猫到莫斯科。但是,后来发现被送往苏联的安安也是雄兽,无法进行配种,而1958年被送回国内的碛碛确是雌兽无疑。碛碛的命运后来发生了天翻地覆的变化,它成了1949年以后唯一一只以交换的名义被“出售”的大熊猫——它以一个新的名字和形象出现在世人的面前——世界自然基金会(WWF)的标志大熊猫“姬姬”(Chi-Chi)。1957年也是俄国十月革命胜利40周年,平平抵达莫斯科中央动物园不久,苏联于7月28日举行第六届世界青年联欢节,作为特殊国礼的平平被看作是中苏两国青年友谊的象征。②

苏联在收到中方赠送的大熊猫后,1958年9月向中国回赠动物的清单如下：斑蝾螈、黑天鹅、绒鼠。这些动物的级别并不高。此后不久,中苏两国的关系从蜜月期急速冷冻,走向分裂。北京动物园和莫斯科中央动物园之间的动物交换关系也开始变缓,从一年几十次交换变成了一年一次再到彻底消失。1960年苏联中央动物处交换2只黑猩猩、里加动物园赠送给北京动物园3只幼棕熊;1961年中方交换给苏联中央动物处10种139只,1962年6种50只。③ 此后两国间的动物交换关系停滞不前,直到1984年由莫斯科动物园输入一对普氏野马,这才与苏联恢复动物交换关系。

中国和东欧社会主义国家在50年代初期也经历了一段蜜月期。民主德国莱比锡动物园在1953年赠送给北京动物园“非洲狮1对、美洲狮1对、斑鬣狗1对、棕熊1对、瘤牛1对、设特兰小马1对、黇鹿1对、孔雀1对、黄秃鹫1对”④。很多动物如白狐、北极熊、美洲狮、斑鬣狗等都是首次在中国展览的珍稀动物。1958年6月18日,北京动物园建园50周年之际,收到了来自苏联、捷克斯洛伐克、匈牙利、波兰、民主德国、缅甸、比利时、英国等15个国家动物园的贺电和贺信。⑤ 但随着中苏分裂日益严重,中国同东欧社会主义国家之间的动物交换也越来越少。在中苏关系彻底破裂之后,和中国保持有限度的动物交换关系的,只有民主德国、保加利亚等少数国家。

值得注意的是同罗马尼亚和阿尔巴尼亚的动物交换。1960年从罗马尼亚布加勒斯特动物园交换来“鹈鹕6只,天鹅2只”⑥。1965年,中国以周恩来总理的名义赠送给罗马尼亚总理毛

---

① 《市人委关于国际交换动物的情况和建设主管这项工作的中央机构的请示和市人委与各有关机关的来往文书及园林局交换动物的请示报告》,第7页,19560101—19571130,002—009—00135,北京市档案馆藏。

② 王文轩:《大熊猫在海外的生活》,《科学之友》(A版)2009年9月。

③ 《北京动物园志》,第183、184、218页。

④ 《北京动物园志》,第14页。

⑤ 《北京动物园志》,第17页。

⑥ 《北京动物园志》,第19页。

雷尔两只东北虎作为礼物。[1] 究其原因,中方主要是考虑到毛雷尔曾公开呼吁中苏两党停止公开论战,维护社会主义阵营的团结。[2] 1964 年,毛雷尔两次访问苏联、中国,就中苏矛盾进行调停。而中国同阿尔巴尼亚之间关系紧密显然也是中国政府在 1962 年主动赠送给阿尔巴尼亚大量珍禽的原因。[3] "从 60 年代起,中国在自己还很困难的情况下,大大增加了对阿尔巴尼亚的经济和军事援助。中国为履行中阿双方签订的协议,要花费人民币 100 多亿元。"[4]在这种背景下,为阿尔巴尼亚提供珍禽异兽作为礼物并不稀奇。

三、朝鲜、越南与柬埔寨:特殊的盟友

中国与苏联集团之外的社会主义国家进行的动物交往,随着中苏关系的破裂,呈现逐渐上升的势头,其中,与朝鲜之间的频繁交流最为引人注目。

在整个冷战阶段,中国向朝鲜赠送的动物,品种之珍稀、数量之庞大、次数之频繁,在社会主义阵营内部稳居榜首。中国对朝鲜的重视程度,从赠送大熊猫的数量可见一斑。1965 年至 1980 年,中方先后共赠送给朝鲜 5 只大熊猫。[5] 对朝赠送动物,主要以北京动物园为主,时间跨度主要从 1959 年至 1965 年以及"文革"时期。

朝鲜战争停战以后,中朝关系一度陷入停滞。中国政府在 1952 年召回驻朝大使后,直到 1955 年 1 月没有再派新大使。[6] 1956 年,朝鲜发生了针对金日成的"八月事件",此后"延安派"干部遭到大批清洗,造成中朝两党上层关系非常紧张。金日成曾向中国请求经济援助,但被中方婉拒。[7] 到 1957 年,随着中苏同盟之间分歧日益明显,中国需要加强同朝鲜之间的关系,中朝关系也逐渐发生了微妙的变化。中国在 1957 年 9 月接待了金一率领的朝鲜劳动党中央经济代表团,满足了朝鲜提出的经济援助要求——此前这一要求曾经被中方拒绝。[8]

中朝之间的动物交流始于 1959 年 7 月。中国方面先以北京市市长彭真的名义向朝鲜赠送了一批珍禽异兽,共计 26 种 105 只,分别为非洲狮、华南虎、鹈鹕、天鹅、珍珠鸡等。朝鲜方面回赠了 12 种 40 只动物。1960 年中方再交换给平壤动物园 6 种 126 只(尾)动物,[9]1961 年 5 月中方又赠送给朝鲜一只华南虎。朝鲜方面回赠以"斑羚 1 对,青鼬 1 只,野鸽、斑鸠、隼各 2 只"[10]。

---

① 《北京动物园志》,第 239 页。
② 华东师范大学国际冷战史研究中心编:《冷战国际史研究 第 2 辑》,世界知识出版社,2006 年,第 241 页。
③ 这批珍禽包括,绿孔雀、天鹅、灰鹤、长尾雉、大天鹅、海南鹦鹉、绿斑鸠、斑犀鸟、灰果鸠等。
④ 石志夫主编:《中华人民共和国对外关系史:1949. 10—1989. 10》,北京大学出版社,1994 年,第 298 页。
⑤ 胡锦矗:《大熊猫研究》,第 205 页。
⑥ 沈志华:《朝鲜清洗"延安派"揭秘——中朝关系历史真相》,《凤凰周刊》2011 年第 7 期。
⑦ 沈志华、董洁:《中苏援助与朝鲜战后经济重建》,《炎黄春秋》2011 年第 6 期。
⑧ 《关于朝鲜劳动党中央经济代表团访华活动的文件》,1957 年 8 月 24 日至 9 月 19 日,第 5 页,117—00665—03,中国外交部档案馆藏。
⑨ 《北京动物园志》,第 183 页。
⑩ 《北京动物园志》,第 19 页。

同年底平壤动物园再度致函北京动物园请求中方交换大批动物。[①] 因朝鲜方面提供的动物数量过多，北京动物园直到 1962 年 8 月才准备妥当。中方为朝鲜提供了“金钱豹、食蟹猴、美洲野牛、猩猩、鸸鹋、鹈鹕等，共计 14 种 375 只(尾)”，由时任北京市人委外事处办公室主任田路和北京市动物园技术员李扬文二人(均为党员)护送至朝鲜。

面对中国方面的慷慨，朝鲜方面对此也给予了分量十足的回应。朝鲜平壤中央动物园在 1963 年 7 月和 1964 年 7 月先后以平壤市市长姜希源的名义回赠给彭真市长两批珍稀动物。[②] 这两批动物也是 1949 年以来北京动物园接受的最大规模的赠送。作为对朝鲜方面慷慨馈赠的回礼，中方在 1965 年首次决定赠送给朝鲜两只大熊猫，还赠送了河马、扬子鳄等 15 种 56 只动物。

“文化大革命”开始后，中共内部受“极左”思潮的影响，对朝鲜劳动党进行了尖锐的批评，朝鲜劳动党也不甘示弱，中朝两国两党的关系再度破裂。1969 年珍宝岛冲突引发的中苏对立，迫使中共调整了外交政策，积极缓和同周边国家的关系，中朝关系开始逐渐恢复。金日成 1971 年 11 月 1 日秘密访华之前，经国务院 7 月 17 日(办字 1867)批准，中国外交部决定以北京市革委会名义赠给朝鲜一批珍稀野生动物。[③] 但是因为北京动物园无法凑足计划赠送的动物，因而决定由北京市秘密派人前往云南、四川、江西、青海、广东、上海等地搜捕。按照 1963 年修改的《关于我国珍贵动物出口问题》的规定，这次计划赠送朝鲜的珍稀动物等级颇高，其中野牦牛为一类保护动物，岩羊、野驴、云豹、大鲵、长尾雉属于国家二类保护动物。[④] 这批赠送给朝鲜的动物经过了精挑细选，以赠送给朝鲜的哑天鹅为例，上海动物园从当时园内 16 只哑天鹅中，挑选了大小各一对供北京来沪人员挑选。因担心小的一对天鹅不分雌雄不便于饲养，又决定将小的留在北京，将北京动物园的一对大的替换给朝鲜送去。[⑤] 由于捕捉不易，各省市并没有完成预定计划。因此中方决定以北京市革委会的名义再次送给朝鲜两只大熊猫(凌凌、三星)以及黑天鹅、云豹等共计 19 种 26 只珍稀动物以示中朝友好。[⑥] 因之前赠送的熊猫死亡，1979 年中国

---

① 《北京市长彭真向朝鲜平壤市赠送动物事》，1962 年 8 月 7 日，第 43 页，117—1340—06，中国外交部档案馆藏。朝鲜方面提供的名单有：“猩猩 1 对，美洲野牛 1 只，爪哇黑鹿 1 对，鸸鹋 2 只，孔雀 2 只，华南豹 1 只，牦牛 1 只，黄猄 1 对，长尾雉 4 只，银鸡 2 只，鹈鹕 2 只，虎皮鹦鹉 50 只，食蟹猴 1 对，金鱼 300 尾。”

② 《北京动物园志》，第 236 页。第一批为“朝鲜豹、丹顶鹤、红海龟等”，共计 14 种 26 只；第二批为“朝鲜豹、豹猫、丹顶鹤、白尾海鹞、猞猁、黑秃鹫等”，共计 31 种 142 只。

③ 中华人民共和国外交部(71)部新字第 60 号文件，《上海市园林处理处革命委员会关于赠送朝鲜一批动物中的哑天鹅问题的汇报》，1971 年 8 月 30 日，第 52、53 页，B326—1—49—50，上海市档案馆藏。在文件后附录的表单中，要求云南昆明支援红面猴 2 对、四川鹦鹉 3 对、海南鹦鹉 3 对；四川重庆、江西南昌支援云豹 2 对；四川成都支援石羊(岩羊)1 对、长尾雉 3 对；青海玉树支援牦牛 2 对、野驴 1 对；广州支援眼镜蛇 10 条、黑尾蟒 4 对、大鲵(娃娃鱼)10 条、鹩哥 8 对；上海支援哑天鹅 2 对。

④ 按照目前的保护等级，这批赠送朝鲜的动物如大熊猫、岩羊、野驴、云豹、长尾雉等大部分都属于一类濒危物种。大鲵、海南鹦鹉、红面猴属国家二类保护动物。青海支援的牦牛如果按照这次赠送的等级推测，很有可能是野牦牛。野牦牛在 1963 年的意见稿中被认定为一类动物，非国家特殊对外任务，不准输出。

⑤ 中华人民共和国外交部(71)部新字第 60 号文件，《上海市园林处理处革命委员会关于赠送朝鲜一批动物中的哑天鹅问题的汇报》，1971 年 8 月 15 日至 1971 年 9 月 8 日，第 52、54 页，B326—1—49—50，上海市档案馆。

⑥ 《北京动物园志》，第 240 页。

又赠送了一只雄性大熊猫丹丹给朝鲜。

除了赠送动物，中方还积极帮助朝鲜培养相关方面的专业技术人员，并接待了来自平壤的动物实习团，安排其在中国进行考察。① 朝鲜中央动物园是根据金日成的要求于1959年创办的，位于平壤郊区，占地约100公顷。金日成要求要在1959年“八一五”之前建成平壤动物园，当年3月，朝鲜平壤动物园派园长郑明述一行先后前往北京、上海、广州等地学习动物园建设经验。② 他们前往上海，主要是学习动物园设计、兽舍兽馆建造以及动物饲养繁殖等课题，而中国在馆舍设计、饲料配制、繁殖技术方面得到了来自苏联的指导。到了20世纪八九十年代，朝鲜在繁育黑熊、活熊取胆、活取麝香方面的技术有了长足的进步。据统计，90年代初，朝鲜中央动物园共有动物650种，其中国外赠送的有294种。③ 这里面，相当大的部分是中国赠送给朝鲜的。

与朝鲜相比，尽管中国同越南之间进行的动物交流起步较早，但两国的动物外交关系并不密切。究其原因，主要是越南国内长期战乱，没有一个相对稳定的饲养环境。1953年6月（印度赠送给中国大象一个月之后），北京西郊动物园收到了胡志明赠送给毛泽东的两只亚洲象阿壮（雄）和阿邦（雌）。这两只大象由越南驻华大使黄文欢代表赠礼，中央人民政府办公厅主任齐燕铭代表毛泽东主席接受，在北京动物园内举行交接仪式。在此之后，由于长期战争，动物交流并不是越南最迫切的需要，河内动物园的饲养条件也比较有限。1960年中方以彭真的名义赠送给河内市市长陈维兴一批动物，有非洲狮、马鹿、天鹅、鸳鸯各2只。中方派出堵宏章、李扬文亲自护送到河内，“并在河内停留4个月，帮助越南在百草公园修建兽舍”④。越南方面则在1962年通过总政外事处转来了回礼，是黑熊和豹猫各1只。⑤ 在此之后，中越之间的动物外交基本归于沉寂。⑥

除了朝、越，柬埔寨共产党在其执政时期也曾与中国方面有过动物交换，但柬方主要是赠送而非进行交换。1975年至1977年间，柬共赠送给北京市动物园大批爬行动物，包括暹罗鳄、泰国鳄、黑尾蟒、黄纹水龟，1978年8月又赠送了一只名叫“赞兰”的雌性亚洲象和两只雄性孟加拉虎。⑦ 在如此短的时间里频频赠予中国动物，凸显出柬共急切向中国靠拢、表达忠诚和友好的意图。

---

① 《中国人民对外文化友好协会上海分会关于接待朝鲜动物实习团的计划、简报》，1959年3月20日—1959年3月24日，第1—16页，C37—2—495，上海市档案馆藏。这四人分别是平壤市人民委员会建设委员会建筑监督部指导员姜龙海、平壤都市设计研究所建筑设计室设计员郑仁贤、平壤动物园园长郑明述和平壤动物园饲料部长金东哲。

② 《上海市外联办关于朝鲜动物实习团外宾接待计划》，1959年3月23日，第1—16页，C37—2—495，上海市档案馆藏。

③ 肖岩、辛建军：《关于朝鲜野生动物保护和利用的考察报告》，《天津农林科技》1994年第4期。

④ 《北京动物园志》，第19页。

⑤ 《北京动物园志》，第218页。

⑥ 1975年7月，越南以范文同总理的名义赠送给北京动物园一只名叫“坎占”的雄象。

⑦ 《北京动物园志》，第237页。

结 论

作为近代西方工业文明的产物,现代意义上的动物园在西方国家中延续了自形成以来一贯强调展览、休闲功能的传统,并偏重在人工环境下模拟“自然环境”对动物进行保护,自20世纪60年代以来,西方国家动物园更是将弥合“人”与“动物”的对立关系放在首要位置,并对所谓的动物交换持十分谨慎的态度。

相比之下,源于苏联模式形成的中国的动物园管理及动物交流制度在冷战时期则被深深地打上了政治的烙印,动物园既是社会主义公民游玩娱乐的场所,也是辅助官方意识形态教育的机构。同动物园紧密相关的动物外交在这一时期也被赋予了较多的意识形态色彩。党与党之间的意识形态的亲疏远近决定着包括动物交流在内的一切外事交往活动的方向。从这个角度来说,社会主义国家间政治化的动物外交实际上已经背离了其原有的价值和意义。一个不可否认的事实是,中国的动物外交仅仅是中国对外政策的附属品,动物外交的成功与否更多地是取决于中国外交政策的成败与国际关系格局的变动,而不在于动物本身。

(本文原刊于《史林》2015年第2期)

作者简介:

刘晓晨,现任上海师范大学世界史系助理研究员,华东师范大学周边国家研究院兼职研究员,主要研究方向为冷战国际史。2016年7月在华东师范大学历史学系取得博士学位,曾在华东师范大学历史学系、周边国家研究院从事博士后工作,在美国伍德罗·威尔逊中心任访问学者。在《党史研究与教学》《史林》《边疆与周边问题研究》等刊物发表论文多篇。主持博士后科学基金“印度支那战争期间日本对越南政策研究”。

How Chinese *Materia Medica* Informed 19th-Century British Pharmaceutical Knowledge: The Case of Daniel Hanbury's Reception and Translation of *Bencao* Literature

[韩] 安洙英

Abstract: Focusing on the figure of Daniel Hanbury and his research on the subject of Chinese *materia medica*, this essay sheds light on the reception of Chinese *bencao* knowledge by British naturalists in the context of the development of pharmaceutical knowledge during the mid-19th century. While Hanbury and his collaborators extensively consulted diverse Chinese texts, most noticeably the *Bencao gangmu*, they relegated to history much Chinese *bencao* and medical knowledge. Hanbury's collection of local knowledge through collaboration with Sinologists, as well as his process of selecting, omitting and editing highlights the complex roles that Chinese knowledge played in the formation of 19th-century British pharmaceutical knowledge — not just in terms of new Chinese *materia medica* and Hanbury's own empirical research but also as a foil against which he helped formulate what constituted a new body of scientific pharmaceutical knowledge.

Keywords: *materia medica*　Daniel Hanbury　*Bencao* literature　history of medicinal plants　intercultural transfer of knowledge

1. Introduction

This essay discusses the academic career and studies of Daniel Hanbury (1825 - 1875), a leading researcher and writer whose research focused on Chinese materia medica in the mid-19th century. ① The son of Quaker pharmacist Daniel Bell Hanbury, the young Daniel's career began

① The largest archive of Hanbury papers is likely a personal archive in Thomas Hanbury's Italian home in La Mortola, but this is currently not open for public access. Meanwhile, many letters, manuscripts and papers by Daniel Hanbury can be also found at the Wellcome Collection's library, the Royal Pharmaceutical Society Library and the Botanical Garden (转下页)

with an apprenticeship in the family business, the Plough Court pharmacy. Hanbury's father was a co-owner of the pharmacy, along with the Pharmaceutical Society's first president, William Allen, as well as John Thomas Barry. The younger Daniel joined the pharmaceutical manufacturing industry in 1841 and continued to work as a pharmacist-cum-businessman until 1870.① At the same time, as a self-styled 'pharmacologist', he seriously engaged in the scientific study of materia medica, beginning part-time study at the School of Pharmacy — which opened soon after the establishment of the Pharmaceutical Society (1841) — and becoming a member of the Society in 1857.②

Pharmacographia (1874), which Hanbury wrote in collaboration with the Swiss pharmacist and botanist Friedrich Flückiger (1828–1894), remained one of the most valuable references on current and historical materia medica for many decades.③ Apart from this book, Hanbury's research articles were later collected and edited by Joseph Ince and published under the auspices of Hanbury's brother, Thomas Hanbury.④

It deserves utmost attention that, as the present article highlights, Hanbury was arguably one of the rare instigators in the field of Chinese materia medica, publishing a series of articles and later collating his studies on the subject in a separate publication titled *Notes on Chinese Materia Medica*.⑤ Set against the backdrop of the mid-19th century, when the increasing number of Europeans with a command of the Chinese language rendered a vast number of Chinese books legible, Hanbury scoured local Chinese texts and knowledge with great interest and frequently consulted them. While the vast correspondence network that connected him to many Sinologists as

---

(接上页) at Kew. The Wellcome Library holds sixteen of Hanbury's notebooks for the years between 1842 and 1875. Most are entitled *Notebook Containing Notes on Materia Medica*, and their content largely consists of Hanbury's transcriptions of every letter he had written and sent to others: MSS. 5304, 8353–8367, the Library at Wellcome Collection, London (henceforth WL). Many of his incoming letters can be found in the ACC 2001.045, Hanbury Collection Manuscripts, Royal Pharmaceutical Society Museum, London (hereafter RPS). These manuscripts at two institutions form the basis of this study.

① On their family business, notably including 'Allen & Hanburys LTD.', see Lesley Richmond, Julie Stevenson and Alison Turton, *The Pharmaceutical Industry: A Guide to Historical Records* (London: Ashgate, 2003), 77–79; and Geoffrey Tweedale, *At the Sign of the Plough: 275 Years of Allen & Hanburys and the British Pharmaceutical Industry, 1715–1990* (London: Murray, 1990).

② The Royal Pharmaceutical Society, established in 1841, clearly recognised tackling drug adulteration as one of the most important issues that it was charged with. The subject '*materia medica*' was considered to be one of the most critical fields of knowledge, and dealt with: the identification of commercial crude drugs, the detection of adulteration and substitution and the determination of the botanical and geographical sources of each specimen. Briony Hudson and Maureen Boylan, *The School of Pharmacy, University of London: Medicines, Science and Society, 1842–2012* (London: Academic Press/Elsevier, 2013), 8–16.

③ Friedrich Flückiger and Daniel Hanbury, *Pharmacographia: A History of the Principal Drugs of Vegetable Origin, Met with in Great Britain and British India* (London: Macmillan, 1874), v.

④ Daniel Hanbury, *Science Papers, Chiefly Pharmacological and Botanical* (London: Macmillan, 1876).

⑤ Daniel Hanbury, *Notes on Chinese Materia Medica* (London: John E Taylor, 1862).

well as other expatriates in China (including his brother) made it possible for Hanbury to deal with Chinese literature, the detailed process in which he translated and consulted the texts was distinctive in that it epitomises how a 19th-century researcher tried and succeeded in formulating what was recognised as 'scientific' knowledge. ①

The previous studies dealing with Hanbury have tended towards a more general approach, seeing him in the context of the history of drugs and pharmacology. ② Little attention, however, has been paid to his devotion to Chinese materia medica, apart from a short reference to it by Fa-ti Fan and a brief introduction of him by his contemporary, Emil Bretschneider. ③

The author's two recent articles have opened up the possibility of using Hanbury as a case to demonstrate the nature of materia medica research in 19th-century Britain. These articles have highlighted the collaborative nature of his work, relying on the correspondence network that he built to transfer specimens and information in the context of British commercial and geographical expansion, as well as his scientific practices, which entailed a vast amount of effort in studying and translating names in Chinese materia medica. However, the present study intends to delve further into how Hanbury managed to construct what he perceived as 'scientific knowledge' by utilising various historical texts and Chinese literature. ④

With regard to the British natural-historical project in late 18th- and 19th-century China, Fan's work sheds light on British naturalists — including merchants, diplomats, and missionaries — engaged in collecting and classifying the sources of flora and fauna in China. The present study builds on Fan's work to underscore the role of Chinese materia medica knowledge in the development of British pharmaceutical knowledge in the 19th century. Agreeing with Hanbury that we still 'need to examine the nuts and bolts of their reading of Chinese works for natural historical research and to unpack the working of textual practice as a research method', I intend to look in

---

① In the present article, I employ 'science' and 'scientific' to denote 'science' in the modern sense, which only emerged in the early 19th century. See Andrew Cunningham and Perry Williams, 'De-Centring the "Big Picture": "The Origins of Modern Science" and the Modern Origins of Science', *The British Journal for the History of Science,* 1993, 26, 407–32, 420–21; Sydney Ross, 'Scientist: The Story of a Word', *Annals of Science.* 1962, 18, 65–85.

② Edward Joseph Shellard, 'A History of British Pharmacognosy. Part 6. The Life and Work of Daniel Hanbury (1825–1875)', *Pharmaceutical Journal,* 1981, 227, 774–77; Harkishan Singh, 'A Vegetable Drugs Historian: Daniel Hanbury, 1825–1875', *Pharmaceutical Historian,* 2019, 49, 61–64.

③ Fa-ti Fan, *British Naturalists in Qing China: Science, Empire, and Cultural Encounter* (Cambridge, Mass.: Harvard University Press, 2004), 102; Emil Bretschneider, *History of European Botanical Discoveries in China* (London: Sampson Low, Marston and Company, 1898), II, 815.

④ Anonymous, 2020; Sooyoung An, 'Daniel Hanbury's Study of Chinese Materia Medica: A British Network of Letters and Specimens during the Nineteenth Century', *Notes and Records,* 2021, 75, 359–80; Sooyoung An, 'Bringing Order from the Chaos of Names, Texts and Nature: Collection and Translation of Chinese Materia Medica in Nineteenth-Century Britain', *Frontiers of History in China,* 2020, 15, pp. 34–65.

detail into his research practice of learning, reading and adapting Chinese texts (with assistance provided by Sinologists), as well as his collaboration with many other colleagues. ①

On the cross-cultural medical history of the European translation of Chinese sources, Hanson and Pomata have discussed how 17th-century European translators rewrote Chinese pharmacology in Latin for a European audience, which was facilitated by the common textual format. ② However, as this essay highlights, during the 19th century, translation of information from Chinese literature both hinged upon the Linnaean transformation of the classification of plants and was characterized by a highly selective process in which the pursuit of making a new body of modern science acted as a guiding principle. Thus, the reception was conditioned not only by the British professionalisation of pharmaceutical knowledge — with a further emphasis on experimental rather than textual practice — but also by changing Western views and the imagination toward Chinese knowledge in general. Concomitantly, how to evaluate and accommodate previous European writings on the subject of Chinese materia medica and natural history continued to be a matter of negotiation. My intention is thus to present a less-studied aspect of the story of the development of pharmaceutical knowledge and pharmacology (as the latter became a more distinct profession during the 19th century), by shedding light on how British researchers engaged with foreign textual sources.

2. Reception of *Bencao* Books and the Inception of Sinology

The opening of the treaty ports in the wake of the Opium Wars offered Westerners greater access to different parts of China and more intimate contact with the Chinese. ③ Successive events in the 1840s opened up new areas of research, one of the most prominent of which was economic botany. Emerging institutions — among others, the British Consular Service in China, the Chinese Imperial Maritime Customs, and Protestant missionaries — played instrumental roles in natural-historical research by providing the 'informal empire' with a network that circulated living plants, specimens and other relevant information. ④ While Hanbury had never visited China himself, he

① Fan, *British Naturalists in Qing China*, 115.

② Marta Hanson and Gianna Pomata, 'Medicinal Formulas and Experiential Knowledge in the Seventeenth-Century Epistemic Exchange between China and Europe', *Isis*, 2017, 108, 1–25. See also Harold J. Cook, 'Conveying Chinese Medicine to Seventeenth-Century Europe', in F. Günergun and D. Raina, eds, *Science between Europe and Asia* (Dordrecht: Springer, 2011), 209–32.

③ The Qing Emperor closed all Chinese harbours to the Europeans in 1757, with the exception of Canton, and permitted contact between European and Chinese merchants only to the so-called 'Hong' merchants. Such regulated modes of encounter between China and Britain under the 'Canton system' lasted until 1842, with the Chinese defeat in the Opium War, when certain access for the Westerners was allowed to the Chinese interior.

④ Fan, *British Naturalists in Qing China*, 62–64.

exchanged numerous letters with people residing in various parts of the country, including his brother Thomas Hanbury (1832–1907). ①

Thomas arrived in Shanghai in 1853 and stayed there for 18 years as a businessman with various commercial interests, such as trade in Chinese tea, silk and cotton. ② While he was not able to speak the Chinese language when he first arrived in Shanghai, it is nevertheless clear from Daniel's letters and books that Thomas committed himself to assisting his brother's research by all means possible. ③ For instance, regarding the vibrant commerce of a medicinal product called 'Pe-foo-ling' [*Bai fu ling*] — to which they referred as Wolfiporia extensa, a kind of edible and medicinal mushroom widely used in China — he reported that it was being 'commonly sold in the streets of Shanghai, and that the cry of the itinerant vendors "A Hoo Ka Foo-ling Ka!" [was] one of the first of the many strange sounds to salute the ear of the newly-arrived foreigner.' ④

It is telling that Thomas later established the Giardini Botanici Hanbury at La Mortola in Italy, collecting and growing a great number of pleasing exotic botanical species, which he did in close collaboration with Daniel. In a nutshell, both Daniel's career, and the two brothers' collaboration are clear examples of how scholarly and scientific pursuits were not demarcated by professional needs, but rather by commercial pursuits and personal interest. ⑤

As both scholars and laypeople became more engaged in botanical and natural-historical pursuits, this burgeoning cultural phenomenon coincided not only with the influx of new materials into Europe but also with the increasing availability of Chinese medical and botanical treatises in London. The increasing communication between China and Europe in the mid-19th century provided naturalists with a wealth of artefacts from foreign lands, not only in the form of commercial products but also in the form of books. This was reflected by the rapidly-expanding collection of 'Chinese printed books, manuscripts and drawings' of the British Museum, whose possession of Chinese books accumulated gradually from 1825 and reached over 20,000 volumes by 1877. ⑥ The collection

---

① Daniel, however, travelled extensively elsewhere throughout Europe and Asia to advance his research.

② Anita McConnell, 'Hanbury, Sir Thomas (1832–1907), merchant and gardener', in *Oxford Dictionary of National Biography* (Oxford University Press, 2009). https://www.oxforddnb.com/view/10.1093/ref:odnb/9780198614128.001.0001/odnb-9780198614128-e-54055; Lucio Russo, 'A Mission in Life: Thomas Hanbury and His Garden at La Mortola, Italy', *Bradleya,* 2001, 19, 67–74.

③ See WL, MS.8355, 269; WL, MS.8356, 83, 181–82, 244.

④ WL, MS.8357, 202; this was later quoted in an article published in: M. J. Berkeley, 'IV. On Some Tuberiform Vegetable Productions from China', *Journal of the Proceedings of the Linnean Society of London. Botany,* 1858, 3, 103.

⑤ On the significance of 'amateurs' in the form of government officials and missionaries, among others, as well as the development of scientific thinking during the 19th century, see Richard H. Drayton, *Nature's Government: Science, Imperial Britain, and the 'Improvement' of the World* (New Haven: Yale University Press, 2000), ch. 5.

⑥ Robert Douglas, *Catalogue of Chinese Printed Books, Manuscripts and Drawings in the Library of the British Museum* (London: Longmans&Company, 1877), v.

included a number of books relevant to materia medica (*bencao*) and natural history[①] — for example, *Maoshi caomu niaoshou chongyu shu* 毛诗草木鸟兽虫鱼疏(*Commentary on Herbs, Trees, Birds, Beasts, Worms/Bugs, and Fish in the Mao Book of Songs*), from the 3rd century;[②] *Daguan bencao* 大观本草(*The Daguan Reign Period Materia Medica*) (1108); and two editions of *Bencao beiyao* 本草备要 (*Essentials of Materia Medica*) (1694).[③]

The Chinese had produced an enormous amount of literature that dealt with plants, animals and minerals. Thus the British interest in China's natural history converged with their interest in Chinese literature in many ways. Myriad texts and encyclopaedias in *bencao* studies that had been accumulated over centuries offered seemingly endless lists of natural materials in remarkable detail, and the Chinese earned credit for having 'far surpassed all the other Asiatics in completeness, accuracy, and the discrimination of objects'.[④] Emil Bretschneider (1833–1901), an expert in Chinese botanical knowledge, regarded Chinese works of natural history highly, recommending that the Chinese works be thoroughly 'translated into European languages' and commented upon.[⑤]

Given such overwhelming interest, it was regrettable both that the general conditions for learning the Chinese language were largely limited in London and that the population with any ability in the language was small during the first half of the 19th century. This meant that exploiting the expanding possession of Chinese books remained beyond the capacity of most British naturalists, who were largely illiterate in the language. Besides, materials such as dictionaries started to appear only after the early 19th century, following the first English-Chinese and Chinese-English dictionary published by Robert Morrison (1782–1834) in 1815. However, the availability of this dictionary was exceedingly limited in London, and dictionaries were still scarce in the 1840s and 1850s. As such, Hanbury was able to come into possession of a dictionary — one written by Samuel Williams and published in Canton in 1844 — only through the help of Robert Fortune, who was residing in China at the time.[⑥]

---

① The genre of books that record the sources and applications of medicinal materials are commonly identified as *bencao* 本草 in China. Zhongzhen Zhao, Ping Guo and Eric Brand, 'A Concise Classification of *Bencao (Materia Medica)*', *Chinese Medicine*, 2018, 13, 18.

② The commentary focuses on names of animals and plants in the *Shijing* and constitutes one of China's first works with an emphasis on nature studies.

③ This is a revised and expanded edition of the *Zhenglei bencao* based in part upon the *Bencao bieshuo*. Full name of the text is *Zhenglei daguan bencao* 证类大观本草(*The Daguan Reign Period Verified and Categorised Materia Medica, Based on Classics and Histories*).

④ M. Schott, 'On the Natural-Historical Writings of the Chinese', *The Edinburgh New Philosophical Journal*, 1843, 153–55.

⑤ Emil Bretschneider, *Botanicon Sinicum: Notes on Chinese Botany from Native and Western Sources,* 3 vols (Shanghai: North-China Branch of the Royal Asiatic Society, 1882), I, 66; Joseph Needham, Lu Gwei-Djen and Huang Hsing-Tsung, *Science and Civilisation in China: Volume 6, Biology and Biological Technology, Part 1, Botany* (Cambridge: Cambridge University Press, 1986), 22–23.

⑥ WL, MS. 8355, 47. The book is: Samuel Wells Williams, *An English and Chinese Vocabulary, in the Court Dialect* (Canton: Office of the Chinese Repository, 1844). Later, like other contemporaries, Hanbury mostly used: Robert Morrison, *A Dictionary of the Chinese Language: In Three Parts and Six Volumes* (Macao: East India company's press, by P. P. Thoms, 1815).

Meanwhile, the rare Chinese instructors that Hanbury could approach notably included Mrs. Lockhart — the wife of William Lockhart (1811–1896), a Protestant Christian missionary in Shanghai who frequently corresponded with Hanbury — who provided basic language teaching for Hanbury, writing down certain Chinese words during her visits to his house.① Indeed, there are a few signs that Hanbury attempted to acquaint himself with the language. He could at least recognise certain characters that frequently appeared in herbal drug names such as *ren* 仁(kernel), *pi* 皮(peel) and *zi* 子(seed) — knowledge which was apparently self-taught (figure 1). He made a separate index for himself in which he wrote down the Chinese characters and their corresponding transliteration in the Roman alphabet (figure 2).② Nevertheless, this was nothing like a formal education.

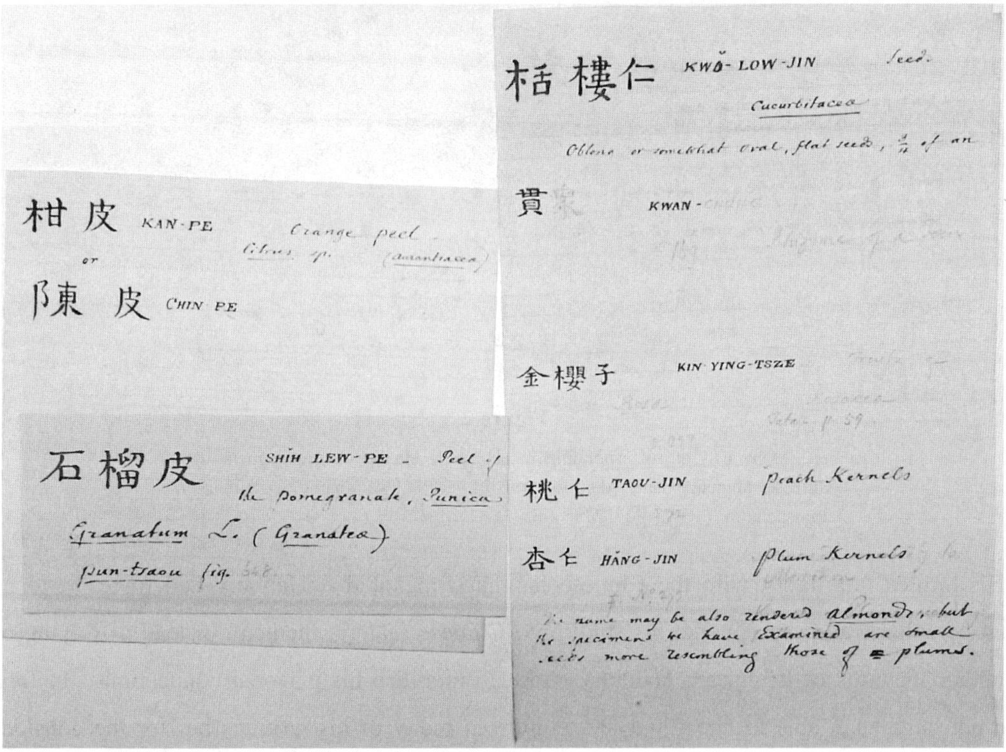

Figure 1

As numerous notes of this kind show, Hanbury could recognize some of the Chinese characters that repeatedly appeared in the names of materia medica. In addition, he wrote out the characters by himself — although in clumsy calligraphy, demonstrating that this was a difficult task for him due to his unfamiliarity with the Chinese language. Along with transliteration of the characters, he occasionally made entries of their English translations as well as some additional notes (RPS, P273MS, fol. 53).

① WL, MS. 8355, 267; Catherine Lockhart to Daniel Hanbury, 30 January 1862, RPS, P273MS, fol. 45.

② See RPS, P273MS, fols. 4, 16, 45. See also Daniel Hanbury, 'Some Rare Kinds of Cardamom', in *Science Papers*, 93–109, on 102.

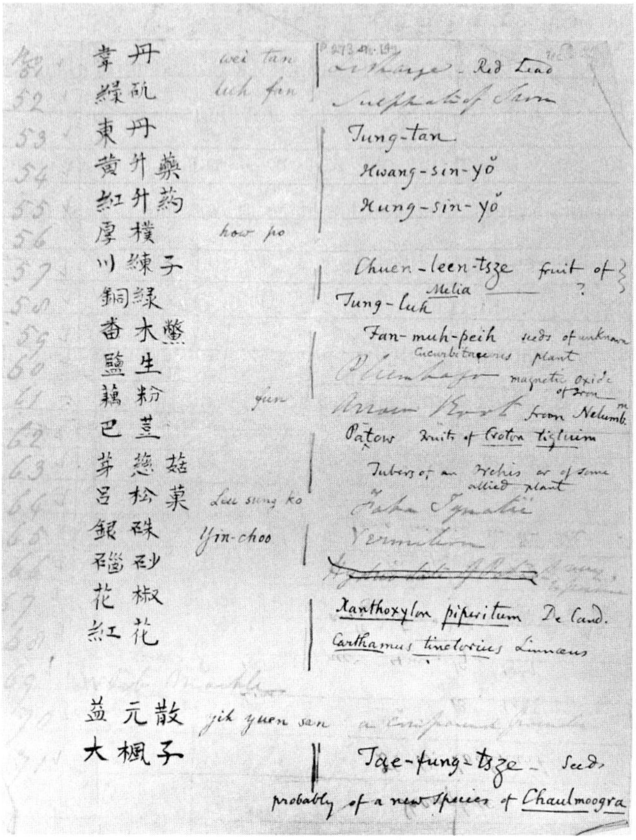

Figure 2

Many lists of corresponding names show Hanbury's engagement with Chinese language and identification of each local name in Linnaean nomenclature (RPS, P273MS, fol. 4).

His limited familiarity with the Chinese language meant that Hanbury had to resort to a vast amount of collaboration to conduct his study into Chinese materia medica. Instead of relying on his own ability in terms of language, Hanbury chose to mobilise his personal connections. In fact, he would not have been able to cite Chinese literature in many of his writings but for the considerable assistance of others. Hanbury exchanged many letters with individuals who were able to comprehend Chinese texts — such as Natalis Rondot, a French economist who by then was specialising in textile manufacturing, especially in the Chinese silk industry.① Rondot was of great help, not only in the

① Natalis Rondot (1821–1900) was an economist, art historian, and trade representative for the Lyon Chamber of Commerce. As an expert in silk manufacturing, he was attached to the Embassy to China from 1873 to 1875. See Léon Galle, *Natalis Rondot, Sa Vie et Ses Travaux* (Lyon, Bernoux, Cumin et Masson, 1902). His publications that concern China are manifold, including: Natalis Rondot, *Notice du Vert de Chine: et de la Teinture en Vert Ches les Chinois* (Paris: Chamber de Commerce de Lyon, 1858).

interpretation of some words and characters but also in communicating what Chinese authors had written on such subjects as cardamom, various dye plants, *Jianghuang* 姜黄(Curcuma longa; Turmeric) and *Yujin* 郁金(Curcuma aromatica).① In 1871, Hanbury approached Bretschneider, a Botanist in Beijing, after reading the article Bretschneider had written ('On the study and value of Chinese botanical works') in *The Chinese Recorder and Missionary Journal.* Following on from this, Hanbury frequently consulted with him for help in translation or for a brief explanation about what was written in Chinese books.②

However it was from the expanding pool of British expatriates, who moved to China to work in various government institutions or as missionaries, from whom Hanbury solicited most consultations and translations. Behind the accomplishment of Hanbury's work on Chinese materia medica were thus his close ties — although from a distance — with the community of Protestant missionaries, British Consuls, and staff to the Maritime Customs Service in China, who were by then fluent enough in Chinese to read and translate its texts. Among Hanbury's most notable correspondents, William Lockhart, Alexander Wylie③ and William Milne④ were all missionaries serving in China, while many others, including William Mayers and Henry Hance, had been government officials.⑤ It is worth noticing that many among this pool of correspondents constituted the emerging field of British Sinology, which developed primarily outside British universities — in China, to be more precise — as an academic discipline after 1807 following the arrival of the first British Protestant missionary, Robert Morrison, in China.⑥

---

① Rondot to Hanbury, RPS, P304MS, esp. fols. 4, 6, 7.

② The article was published in five parts, every month from November 1870 until March 1871. Emil Bretschneider, 'The Study and Value of Chinese Botanical Works', *The Chinese Recorder and Missionary Journal*, 1870–1871, 3, 157–63, 218–27, 241–49, 264–72, 281–94. See also WL, MS. 8362, 45–46; WL, MS. 8361, 246; WL, MS. 8362, 267.

③ Alexander Wylie (1815–1887) was a British Protestant Christian missionary to China, Shanghai, known for his translation work and Sinology scholarship. His publications include: Alexander Wylie, Henri Cordier, and James Thomas, *Chinese Researches* (Shanghai, 1897). See Benjamin Elman, *On Their Own Terms* (Cambridge, MA and London: Harvard University Press, 2009), 4.

④ William Charles Milne (1815–1863) was a missionary to China, who later served as a tutor for the interpreters in the British civil service. See Alexander Wylie, *Memorials of Protestant Missionaries to the Chinese: Giving a List of Their Publications, and Obituary Notices of the Deceased. With Copious Indexes* (Shanghai: American Presbyterian Mission Press, 1867), 122–24.

⑤ William Frederick Mayers (1839–1878), a vice consul in Canton and later Chinese Secretary to the British Legation at Beijing, was also an eminent Sinologist. See RPS, P313MS, fol. 3. His works include: William Mayers, *The Chinese Reader's Manual: A Handbook of Biographical, Historical, Mythological, and General Literary Reference* (Shanghai: American Presbyterian Mission Press, 1874). Henry Fletcher Hance (1827–1886) was working as British Vice Consulate in Huangpu District, Canton, during most of his correspondence with Hanbury, before which he had been positioned at Hong Kong as a superintendent of trade.

⑥ The beginning of the academic discipline of 'Sinology' is often attributed to the appointment of Jean-Pierre Abel-Rémusat (1788–1832) as the first professor of Chinese at the Collège de France in 1814. Knud Lundbæk, 'The Establishment of European Sinology 1801–1815', in S. Clausen, R. Starrs, and A. Wedell-Wedellsborg, eds, *Cultural Encounters: China, Japan and the West* (Aarhus: Aarhus University Press, 1995), 15.

These individuals engaged themselves seriously in providing Hanbury with help, often displaying extensive knowledge of ancient Chinese literature of diverse genres. For example, Mayers, who was able to read Chinese and was introduced to Hanbury by Hance, was later to become one of the most frequently-consulted experts — 'though not a Botanist'.[①] He made rich reference to a wide range of Chinese literature.[②] This included not only the classics of natural history and materia medica such as *Erya* 尔雅, the oldest surviving Chinese dictionary or encyclopaedia, dating from the second or third century B. C.;[③] *Shennong bencao jing* 神农本草经 (*Canonical Materia Medica of Emperor Shennong*), the earliest extant *bencao* (materia medica) text, compiled in the Eastern Han Dynasty (25–220 AD); and lastly, *Nanfang caomu zhuang* 南方草木状(*Records of Plants and Trees in the Southern Region*) (c. 304 AD). Other Chinese texts also included dictionaries such as *Shuowen jiezi* 说文解字, the oldest comprehensive Chinese character dictionary compiled in the 1st or 2nd century CE, and *Kangxi zidian* 康熙字典(1716), as well as a Qing encyclopaedia on broader subjects, *Gezhi jingyuan* 格致镜原(*Mirror Origins of Investigating Things and Extending Knowledge*).[④]

3. Translation and Selection of Information from *Bencao Gangmu*

Among the numerous Chinese herbals, Li Shizhen's *Bencao gangmu* (*Systematic Materia Medica*, first published in 1596) was the most widely-cited Chinese work among British naturalists, including Hanbury. Successive scholars have praised the work positively; its advocates have notably included Joseph Needham (1900–1995), who used *Bencao gangmu* as an exemplar of pre-modern Chinese achievements in the study of nature. Much scholarly research on the text has come to regard it as a masterpiece that synthesised and surpassed previous works in the genre.[⑤] It reclassified the

---

① Hance to Hanbury, 13 April 1872, RPS, P313MS, fol. 23. See also Hance to Hanbury, RPS, P313MS, fols. 4, 17.

② WL, MS. 8362, 53.

③ Joseph Needham, Gwei-djen Lu and Hsing-Tsung Huang, *Science and Civilisation in China, Vol. 6 Biology and Biological Technology, Part 1 Botany* (Cambridge: Cambridge University Press, 1986), 190–92.

④ See Hance to Hanbury, 7 December 1871, RPS, P313MS, fol. 21.

⑤ See Paul Unschuld, *Medicine in China: A History of Pharmaceutics. Comparative Studies of Health Systems and Medical Care* (Berkeley: University of California Press, 1986), 145–64; Needham, Lu and Huang, *Science and Civilisation in China: Volume 6, Part 1*, 308–21; Zhongguo zhiwu xuehui ed, *Zhongguo zhiwuxue shi* 中国植物学史(*History of Chinese Botany*) (Beijing: Kexue chubanshe, 1994), 69–81; Zhongguo yaoxuehui, *Li Shizhen yanjiu lunwen ji* 李时珍研究论文集 (*Collection of Li Shizhen's Research Papers*) (Wuhan: Hubei kexue chubanshe, 1985); Georges Métailié, 'Des Mots et Des Plantes Dans Le *Bencao gangmu* de Li Shizhen', *Extrême-Orient Extrême-Occident*, 1988, 10, 27–43. For Li Shizhen, see Georges Métailié, 'The *Bencao gangmu* of Li Shizhen: An Innovation in Natural History', in Elizabeth Hsu ed, *Innovation in Chinese Medicine* (Cambridge, New York: Cambridge University Press, 2001), 221–61; Gwei-Djen Lu, 'China's Greatest Naturalist: A Brief Biography of Li Shih-Chen', *The American Journal of Chinese Medicine,* 1976, 4, 209–18.

entire list of materia medica — which had come to constitute a tremendously rich, but at the same time confusing, corpus — according to a new framework, which revealed Li's concern with the 'investigation of things' (*gewu*). ①

Bencao gangmu was recognised in Europe as early as the early 18th century, with the first major translation of certain sections from the work published in *Description de la Chine* (1735), a French book edited by Jean-Baptiste Du Halde (1674–1743) which was then translated into English and published in 1741. ② The translations published in this volume — which was an encyclopedic compilation of entries written by hundreds of other Jesuits — were substantial for the period, especially on the *Bencao gangmu*. ③ Despite the fact that the existing European translations (including those in *Description de la Chine*) were highly selective and never covered the entire book, by the early 19th century, *Bencao gangmu* had been widely adopted in Europe as a 'text book for every student of Chinese natural history', with several copies of it available in Britain. ④ That the book would be commonly translated as the 'Great Materia Medica' reflects the high regard in which the work was held by the British at the time. ⑤

Its organisation and categorisation seemed relatively clear, and the scope of the subjects covered was extensive, in the eyes of contemporary European natural historians. In the book, each animal or plant is described in reasonable detail — including synonyms, medicinal qualities and places of production — as in other substantive Chinese works on materia medica. However, the *Bencao gangmu* seemed to be unparalleled for its 'completeness and criticism'. ⑥ Li Shizhen was regarded highly by European natural historians, who considered him a distinguished 'doctor', and often contrasted him to other Chinese commentators, whom they considered to be unreliable. Part of the reason for their higher regard of Li was his rejection of many popular opinions — considered superstitious — as to the medical efficacy of different ingredients. ⑦

---

① In *Bencao gangmu*, the botanical classification followed the order of '*bu*', '*lei*' and '*zhong*'. For the book's organisation of information and its characteristics, epistemological practices and significance in the scholarly world of pre-modern China, see Carla Nappi, *The Monkey and the Inkpot: Natural History and Its Transformations in Early Modern China* (Harvard University Press, 2010); Elman, *On Their Own Terms*, 29–34.

② Jean-Baptiste Du Halde, *The General History of China: Containing a Geographical, Historical, Chronological, Political and Physical Description of the Empire of China, Chinese-Tartary, Corea and Thibet*, Richard Brookes (trans), 4 vols (London: J. Watts, 1741). See Hanbury, *Notes on Chinese Materia Medica*, 2; Nappi, *The Monkey and the Inkpot*, 144.

③ See Hanson and Pomata, 'Medicinal Formulas and Experiential Knowledge', 7n38.

④ See Jixing Pan, *Zhongwai kexue zhi jiaoliu* 中外科学之交流(*Exchanges of Scientific Knowledge between China and Foreign Countries*) (Hong Kong: Xianggang zhongwen daxue chubanshe, 1993), 206–14.

⑤ O. F. von Möllendorff, 'The Vertebrata of the Province of Chili with Notes on Chinese Zoological Nomenclature', *Journal of the North China Branch of the Royal Asiatic Society*, 1877, 11, 41–111, 44.

⑥ Schott, 'On the Natural-Historical Writings of the Chinese'.

⑦ E. C. Bridgman and S. W. Williams, 'ART III. Notices of natural history 1. the peen fuh or flying rat and 2. the luy shoo or flying squirrel taken from Chinese authors', *The Chinese Repository*, 1838, 7, 90–92, 90.

In 1852, Hanbury managed to obtain for his own use a copy of an excerpt from *Bencao gangmu*, which he received from Lockhart with great excitement after years of waiting. ① He was immediately overwhelmed by this 'treasure' of immense size, which was in fact so esoteric that he could not even work out 'how one is to refer to any particular part of such a book'. ② In any case, he was unable to read the words on his own, and a full translation in any European language did not even exist during the 1860s. ③ Nevertheless, Hanbury marvelled at the book, writing:

> The Chinese have numberless books upon medicine, and no nation at present can boast of any so ancient. The works published by different physicians, upon the same subjects, have been incorporated, and formed into separate tracts; their prescriptions, their ideas, and their opinions have been compared, and what would afford matter of surprise, even in Europe, is, that much order, precision and perspicuity, appear in all these collections. ④

The language barrier mentioned above may explain, at least partially, why the attention of Hanbury and his contemporary researchers was limited almost exclusively to the visual images in *Bencao gangmu* and Chinese books in general. ⑤ Hanbury's overwhelming interest in the illustrations in the book is reflected well by the following quote:

> [I]t is questionable whether the labour of translating so voluminous a work in its integrity would be repaid by the value of the information acquired. It is much to be desired, however, that a list of the wood-cuts should be drawn up and printed, together with the Latin names of such minerals, plants, or animals as can be identified: such a list would form a convenient key to the *Pun-tsaou* [*Bencao gangmu*], and although but a comparatively small number of the names might at first be determined, a basis would be laid for future labours. ⑥

Other than the above words, in which he appears sceptical of the need to translate the entire book, Hanbury's ambivalence regarding the work stands out in many instances. It was particularly work's apparent exaggerations that puzzled Hanbury, who often found *Bencao gangmu*'s descriptions dubious. Many of the British writers during the period would quote only selectively from Chinese *bencao* books, since what was considered irrelevant and unintelligent to scientific

---

① WL, MS. 8354, 107. Hanbury's copy of *Bencao gangmu* is currently held at Royal Pharmaceutical Society Library. Chinese Plant Illustrations by Daniel Hanbury, ACC 1997. 109, Royal Pharmaceutical Society Library.

② WL, MS. 8354, 139-41.

③ Hanbury, *Notes on Chinese Materia Medica*, 2. See James Henderson, 'The Medicine and Medical Practice of the Chinese', *Journal of the North China Branch of the Royal Asiatic Society*, 1864, 1, 21-69, 71-72.

④ WL, MS. 8354, 120.

⑤ See WL, MS. 8355, 50.

⑥ Hanbury, *Notes on Chinese Materia Medica*, 2.

knowledge was often left out in the process of translation, communication and editing. Thus, the description of a fruit 'being the size of a duck's egg' was rejected by one reader as 'doubtless an oriental exaggeration'.① One was expected to be wary of uncritically accepting even the accounts of the respectable Li Shizhen since, in the words of Hanbury, the contents as presented in the book were often found to be an 'admixture of the absurd and fabulous'.②

Therefore, while Hanbury was particularly keen to have his Sinologist correspondents translate selected parts of *Bencao gangmu's* account, much of the information offered therein was omitted in the process of selecting and editing carried out by Hanbury himself, by the translators or by mediators such as Hance. Finally, in Hanbury's published articles in *Pharmaceutical Journal and Transactions, Bencao gangmu* often went unmentioned, despite much collaborative effort by Hanbury and his interlocutors to comprehend its words. What therefore deserves our attention is what was actually happening in the process of selection and rejection — that is, how Hanbury relegated much Chinese knowledge to history and cherry-picked what was deemed useful within the new paradigm of pharmaceutical science.

The case of study on Cubeb, or *Bichengjia* 荜澄茄 in Chinese, illustrates well how Hanbury and his collaborators carried out 'pick and choose' translation strategies based on the new Linnaean system. A translated excerpt of *Bencao gangmu* was prepared by Mayers and communicated through Hance to Hanbury. However, when compared with the original text in *Bencao gangmu*, about half of the words were omitted. It is not clear if it was Hance who decided to hand over only a part of Mayers's translation. In any case, only the front part of the entire article — *Shiming* 释名 (Explanation of Names) and *Jijie* 集解 (Collected Interpretations) — was communicated to Hanbury and it was still incomplete, littered with many omissions and a few misinterpretations.③

Some of the problems in Mayers's translation were inevitable, in the sense that there was no proper corresponding word for some scientific terms. For example, the words *yin* 阴 and *yang* 阳 apparently perplexed the interpreter. In the sentence in *Bencao gangmu*, 'what faces toward shade is *Chengjia*④ and what faces light is *Hujiao*⑤(向阴者为澄茄,向阳者为胡椒)', *yin* and *yang* here in fact had been intended by the original author to indicate their literal meanings.⑥ However, the

---

① Theophilus Sampson, *Botanical and Other Writings on China, 1867-1870* (Hamburg: C. Bell Verlag, 1984), 17.

② Hanbury, *Notes on Chinese Materia Medica*, 2; WL, MS. 8356, 35-36.

③ On the organisation of these headings, see Nappi, *The Monkey and the Inkpot,* 55-57, 85.

④ The abbreviation for *Bichengjia*-Cubeb.

⑤ Black pepper in English. It is fruits of *Piper nigrum*.

⑥ Shizhen Li, *Bencao gangmu: Jinlingban paiyinben* 本草纲目(金陵版排印本), 2 vols (Beijing: Renmin weisheng chunbanshe, 2005), I, 1527.

two characters were omitted in Mayers's translation, which reads, 'those which ~ are called Ching-ke and those which~are called Hu tsiao.' The omission was probably intentional. In other words, ironically, Mayers was misled by being already aware of certain concepts of Chinese medicine, whose connotations he probably preferred not to allude to. ①

What deserves more attention is how Hanbury decided not to take into account the above information and *Bencao gangmu's* words later in his published articles. Hance, as he was passing Mayers's translation to Hanbury, added that *Bichengjia*, according to the extract from *Bencao gangmu* and also the figures therein, clearly belonged to a Piperaceae — not a Lauracea. ② Hanbury agreed with this opinion, concluding that 'the Chinese name appears to be also applied to cubebs' by the common Chinese people, 'if one may judge from the wood-cut in the *Pun-tsaou* [*Bencao gangmu*]'. ③ The problem was that, as Hance wrote, the name *Bichengjia* was found to be used by druggists in Canton to refer to the berries of 'Laurus Cubeba Lour'. Therefore, taking the 'Chinese cubebs' in Chinese markets as 'officinal cubebs' in European markets had to be pointed out by Hanbury as a widespread error, since he was convinced the botanical origin of true cubebs was a single shrub indigenous to Java, Southern Borneo and Sumatra — 'Piper Cubeba Linn. f.'. ④

In other words, the British observers, who preferred to anchor themselves in the Linnaean convention of scientific botany, approved only one of the two species that had been familiar in European markets as 'officinal' cubeb. Even if what Li described in *Bencao gangmu* must have been the Piper cubeba, the book's account of *Bichengjia* was unconvincing and therefore neglected, mostly because the same Chinese name was observed in practice to be used for a different species, as confirmed by the specimens obtained in Chinese markets.

However, one should be mindful that, even today, the name 'Cubeba', or '*Bichengjia*' in Chinese, are shared by the berries both of Piper cubeba and of Litsea cubeba — the tree later identified as producing Laurus Cubeba. ⑤ Even today, the berries of the two species are indistinguishable, and one could substitute each for the other due to their many similarities. Therefore, it is reasonable that the Chinese name *Bichengjia* is designated for either of them in the

---

① Hance to Hanbury, Feburary 1867, RPS, P313MS, fol. 3.

② *Ibid.* See also Hance to Hanbury, 10 June 1867, RPS, P313MS, fol. 5.

③ Hanbury, *Notes on Chinese Materia Medica,* 24–25.

④ Flückiger and Hanbury, *Pharmacographia*, 584–89.

⑤ Yang Min, Chen Yong, Zhang Tingmou, Xiao Wu, and Zhang Zhongli, 'Dui Zhongguo yaodian bichengjia mingcheng de sikao 对中国药典荜澄茄名称的思考(Thoughts on the name of the Chinese Pharmacopoeia)', *Zhongyao yu linchuang*, 2010, 1(2): 52–53.

definition and practice of modern Chinese pharmacopoeia.[1] However, since the botanical taxonomy of the Linnaean system distinguishes each by paying exclusive attention to the species of their mother plants — which is determined by flowers — such similar properties as the appearance, flavour, taste or medicinal qualities of their berries are rightfully neglected.

The above example of Hanbury's selection of information shows his distinctive mode of bringing out 'scientific knowledge' by triangulating historical texts, contemporary pharmaceutical identifications and material knowledge of the time to identify a specific product. During the mid-19th century, while many medicinal practices were still reliant on the use of crude forms of medicinal plants, the Linnaean system of nomenclature had extensive ramifications on the intellectual tradition of drug knowledge. The reformation of the Pharmacopoeia proceeded concomitantly to the developments in new botanical classification, and the scientific knowledge of materia medica by definition became equated with a piece of knowledge that dovetailed nicely within the system defining a standardised language of modern science.[2]

Accordingly, ways of distinguishing and understanding each drug material transferred from the less rigorous framework of unordered names — which counted on the simple characters or market preferences — to a new framework of modern botany formulated by Linnaean taxonomy. Therefore, determining the authenticity as well as the efficacy of a certain medicinal product started to count on the confirmation of the plant that yields each medicinal product within a Linnaean taxonomy. In this respect, it deserves attention that the transfer of drug studies (materia medica) into the taxonomic format of modern botany was motivated by the urgent need to tackle flourishing drug adulteration — to single out among many 'false' drugs that flooded the market the 'true' drugs that derived from the 'correct' mother plant.

Hanbury's consultation of *Bencao gangmu* in terms of identifying Chinese materia medica should therefore be understood in the context wherein Linnaean classification allowed for a new kind of certainty across linguistic realms as well as commercial ones. The Linnaean system provided a new way to classify medicinal products by their flowers or sexual attributes — which were also expected to be applied when engaging with Chinese *bencao* and pre-Linnaean European materia medica knowledge.

---

① Baby P. Skaria, *Aromatic Plants*, 2 vols (New Delhi, India: New India Publishing, 2007), I, 194.

② David L. Cowen, *Pharmacopoeias and Related Literature in Britain and America, 1618–1847* (Brookfield, VT: Ashgate, 2001), 40–41; Antonio Lafuente and Nuria Valverde, 'Linnaean Botany and Spanish Imperial Biopolitics', in L. Schiebinger and C. Swan eds, *Colonial Botany: Science, Commerce, and Politics in the Early Modern World* (Philadelphia: University of Pennsylvania Press, 2005), 134–47.

4. The 19th-century Reading of Previous Literature on Chinese Materia Medica

The emergence of new Linnaean taxonomy had a broader influence on how 19th-century researchers evaluated and received the accounts of previous — i. e. pre-Linnaean — authors. For example, while the Jesuit Juan de Loureiro (1717–1791)① had left a great amount of information on the plants of East Asia, his work was underrated precisely because, for the most part, his descriptions were only provided verbally, with no specimen or drawing preserved. Above all, the fact that the writer had not seen the 'fresh flowers' of a plant — a point of utmost significance in Linnaean taxonomy — rendered his work unconvincing to Hanbury and others. ②

A close reading of how 'scientific knowledge' on a curious insect wax was produced and presented by Hanbury reveals a more complex interplay of rejection and reception in 19th-century naturalists' engagement with the previous intellectual legacy of Jesuit writings on Chinese materia medica knowledge.

In 1851, Hanbury received 'a kind of wax, much esteemed' by the Chinese, under the name of 'Pe-la' in a box of Chinese materia medica sent from Shanghai by Lockhart. ③ While searching for previous literature to have commented upon the item, Hanbury paid particular attention to the books of two reputable Jesuit writers, which provided 'an excellent account of the production and cultivation' of the Chinese insect wax. ④

Nevertheless, Hanbury entirely omitted the lengthy details on the medical application of the

---

① As a Portuguese Jesuit missionary serving in Goa and Macau, Loureiro travelled to Cochin China in 1742, where he worked as a mathematician and naturalist for 35 years. Based on the experience, he wrote the monumental work: *Flora Cochinchinensis*, 2 vols (Ulyssipone: Typis, et expensis Academicis, 1790). See Georges Métailié, *Science and Civilisation in China: Volume 6, Biology and Biological Technology, Part 4, Traditional Botany: An Ethnobotanical Approach* (Cambridge: Cambridge University Press, 2015), 538–39; Elmer Merrill, 'Loureiro and His Botanical Work', *Proceedings of the American Philosophical Society,* 1933, 72, 229–39.

② Hanbury, 'Some Rare Kinds of Cardamom', 105–6.

③ WL, MS. 8354, 115; WL, MS. 8354, 172.

④ In his notebook, Hanbury transcribed all the relevant texts regarding this subject, which are scattered over a number of pages in WL, MS. 8354, especially on 126–30. The texts consulted by Hanbury include: Sir George Staunton. *An Authentic Account of an Embassy from the King of Great Britain to the Emperor of China,* 3 vols (London: G. Nicol., 1797), I, 352–53; George Pearson, 'Observations and Experiments on a Wax-like Substance', *Philosophical Transactions of the Royal Society of London,* 1794, 84, 383–401; Thomas Hutton, 'Note on the 'Flata Limbata', and the White Wax of China', *Journal of the Asiatic Society of Bengal,* 1843, 12, 898–903; John O. Westwood, *An Introduction to the Modern Classification of Insects,* 8 vols (London: Longman, Orme, Brown, Green, and Longmans, Paternoster-Row, 1839); Jean-Baptiste Grosier, *A General Description of China: Containing the Topography of the Fifteen Provinces Which Compose This Vast Empire, That of Tartary, the Isles, and Other Tributary Countries,* 2 vols (London: G. G. J. and J. Robinson, 1788), I, 439–41; Du Halde, *The General History of China*, I, 11.

same substance recounted by previous writings. The one Jesuit author had reported that in China, the wax was applied to wounds and, to Hanbury's surprise, 'sometimes swallowed to the extent of an ounce at a time as a stimulant (!) by those about to speak in public'.① The original author, Jean-Baptiste Grosier (1743–1823), had probably derived this information from observing or interviewing the indigenous people in person, since it apparently differs from what is written in *Bencao gangmu*, where it is only explained that the wax is applied externally.② Li did not mention internal consumption, only writing that the wax had 'a novel effect if put in a plaster' for helping flesh to grow and added that it had in fact not yet been vetted for internal consumption.③

By contrast, Du Halde, whose work Hanbury took as another reference, was more faithful in communicating the words of Li Shizhen. Hence, such accounts as those in *The General History of China* — that 'the insect-wax is used by the Chinese both externally and internally for a variety of ailments' and that 'it makes flesh grow, stops bleeding, eases pain, restores strength, braces the nerves, and joins broken bones together' — were entirely what had been translated from *Bencao gangmu*.④ In his article 'On the Insect-white-wax of China (1853)', Hanbury quoted Du Halde in briefly mentioning that an ointment of 'Chang pe la i. e. white wax of insects' was supposed to be of 'wonderful virtue' to the Chinese.⑤ Hanbury was well aware of the fact that the Du Halde quotation came from the latter's translation of *Bencao gangmu*, given that Hanbury mentioned it was 'through the kind assistance of Mrs. Lockhart' that he could 'compare with [*The General History of China*] one of the accounts in the original Chinese contained in the herbal called *Pun-tsaou-kang-muh* [*Bencao gangmu*]'.⑥

Importantly, reading about the wax insect's production and the growth of 'a certain capsular excrescence', Hanbury found the description of its growth from the insect ultimately as large as a 'fowl's head(!!)' so it is unlikely that he suspected it was 'all an imagination of the Chinese naturalist'.⑦ The Chinese account seemed 'very extraordinary, in fact almost inexplicable'.⑧ The question remained unsolved, while Hanbury took back most of his unsympathetic denunciation in his later article, writing:

What, then, can the Chinese author mean by this monstrous aftergrowth? Can he have

① Daniel Hanbury, 'On the Insect-white-wax of China', in *Science Papers*, 60–72, 71. Exclamation mark in original.
② Grosier, *A General Description of China*, I, 442.
③ Li, *Bencao gangmu*, III, 1832.
④ Du Halde, *The General History of China*, II, 230.
⑤ See also WL, MS. 8354, 172.
⑥ Hanbury, 'On the Insect-white-wax of China', 64.
⑦ WL, MS. 8355, 56–57. exclamation mark in original.
⑧ WL, MS. 8356, 102.

confused with it the packets of eggs suspended to the tree for the propagation of the insect?[①]

Yet, what is actually written by the original author definitely does not deserve such astonishment, nor such suspicion, since it was Du Halde who had misinterpreted the words of *Bencao gangmu*. What was actually meant by Li in the book was the name of a particular seed from a certain plant (Euryale ferox Salisb.), '*Jitouzi* 鸡头子' — which is indeed translated literally as 'fowl's head seed'.[②] This reveals how misunderstandings of indigenous knowledge and mistranslations of language could easily slip into doubt over Chinese knowledge. Here Hanbury makes a rather hasty move from his misinterpretation of historical texts to his reinforcement of a prevailing prejudice — namely that Chinese accounts are prone to exaggeration and fabrication.

Finally, later in his compilation *Notes on Chinese Materia Medica* (1862), Hanbury condensed the long accounts and descriptions of the curious insect wax into only a few lines, leaving out the accounts by the Jesuits and therefore the Chinese:

> 虫白蜡: Chung-pĭh-lah; Chinese Insect Wax; *Pun-tsaou* [*Bencao gangmu*], fig. 837. Secreted by Coccus Pe-la Westw., upon the branches of Fraxinus chinensis Roxb., [...]. Some account of the habits of the insect by a competent observer are much required, the Chinese statements on the subject being extremely obscure.[③]

After all, while there had been no European to have 'yet had the opportunity of examining the living wax insect in its native localities', Hanbury justified himself in nullifying the accounts of Du Halde and many subsequent authors, who had in fact merely cited the words from *Bencao gangmu*.[④]

More importantly, the fact that the previous European accounts mostly repeated Chinese accounts, by the early 19th century, called the reliability of the former into question. Hence, while authors like Loureiro provided detailed information about the economic uses and medicinal virtues of each plant in East Asia, and enumerated many virtues ascribed to such things as cobra lilies, or the fruits of Rangoon creepers, the accounts did not attract much attention since they were considered

---

① Hanbury, 'On the Insect-white-wax of China', 66n2.

② Li, *Bencao gangmu*, III, 1830.

③ Hanbury, *Notes on Chinese Materia Medica*, 40. The insect was identified in 1848 with the scientific name '*Ericerus pela* Chavannes'. Another name, '*Coccus sinensis*', was also suggested for the same species by Westwood, J. O. in {Coccus} {sinensis} sp. n., *Proceedings of the Royal Entomological Society of London* (1853). See *ScaleNet: Systematic Database of the Scale Insects of the World,* s. v. 'Ericerus pela', accessed 2 February 2021, http://scalenet.info/catalogue/Ericerus%20pela/.

④ Hanbury, 'On the Insect-white-wax of China', 64.

'too indefinite to merit much attention'.[1]

Hanbury's reception of the writings from the preceding centuries reveals the irony that arose from the situation of materia medica researchers seeking a compromise between the previous intellectual traditions of natural history and the scientific pharmaceutical knowledge that intersected with them. While the long tradition of 'knowing about medicinal materials' represented an important building block for 19th-century naturalists, it was at the same time regarded as fallible for being overly-sympathetic to Chinese knowledge and practice.

In fact, from the writings of the British naturalists in the early 19th century, it is not difficult to find allusions that relate the unreliable Chinese to the Jesuit fathers, with the latter being described as easily deceived and often 'so much biased by eastern prejudice' that they were 'uncritically buying the claims of those "popular opinions" of most eminent physicians in China'.[2] An American botanist, William Barton, also condemned a Jesuit writer for taking seriously 'the imagination of a Chinese' regarding ginseng, since the Chinese were 'remarkable for their prejudices, civil, moral and religious', and because the Jesuit 'could not withhold his credence from their extravagant tales' seemed exceedingly unwise.[3] With their greater emphasis on the experimental mode of inquiry, 19th-century researchers tended to differentiate themselves from, rather than empathise with, the earlier natural-historical writers and Jesuit scholars.[4]

Jesuit writers before the 18th century differed from Hanbury's contemporary colleagues in that they were motivated to engage in a thorough understanding of Chinese knowledge itself through reading and translation. Authors like Grosier believed that the Chinese deserved to hold 'the greatest confidence in' their knowledge of the medicinal virtues of specific herbs, and he argued that Chinese pharmacy practice was 'reasonably advanced'.[5]

However, the scientific validity of such accounts based on foreign texts was not reassuring enough for 19th-century observers, even while they might have welcomed any information on local medical uses that the former provided.[6] Therefore, even while Hanbury and others had no choice but to rely heavily on the accounts of Jesuit writers as rare sources of information regarding Chinese

---

① The cobra lily (*Nanxing*) is a plant of the *Arisaema* genus in contemporary taxonomy. See Hanbury, *Notes on Chinese Materia Medica*, 34. For the latter, *Shijunzi* 使君子, see Hanbury, *Notes on Chinese Materia Medica*, 15.

② William Woodville, *Medical Botany,* 3 vols (London, 1792), I, 151.

③ William Barton, *Vegetable Materia Medica of the United States*, 2 vols (M. Carey & Sons, 1818), II, 198–200.

④ See Shunhong Zhang, 'British Views on China during the Time of the Embassies of Lord Macartney and Lord Amherst (1790–1820)' (PhD thesis, University of London, 1990), 8–9.

⑤ Grosier, *A General Description of China*, II, 484. For the writer's attitude on the Chinese medicine, see also page 7 in the same book.

⑥ Emil Bretschneider, *Early European Researches into the Flora of China* (Shanghai: American Presbyterian Mission Press, 1881), 132.

materia medica, the texts were persistently denounced in connection with the unreliable Chinese tradition of knowledge.

5. Dividing the Scientific and the Historical: Chinese Knowledge in *Pharmacographia*

One of the most conspicuous changes to Europe's knowledge on drugs during the 19th century was the solidifying boundaries between fractionalising disciplines, marking a significant departure from the comprehensiveness that had characterised the study of 'materia medica' or 'natural history' in the preceding century. During the early 19th century, the 'separation and dismemberment' of science resulted in the replacement of universalists by specialists indifferent to each other's research. ① Subsequently, the entries on such general terms as 'natural history' or 'natural philosophy' in major encyclopaedias were displaced by detailed articles on modern scientific disciplines and specific subjects. ②

However, it should not be overlooked that, even during the mid-19th century, the most characteristic feature of the plethora of contemporary research surrounding 'materia medica' — whose definition varied among different authors and constantly evolved over the years — remained its extensive and blurry scope. The comprehensive, eclectic nature of the subject is well reflected by the conspicuous subject of 'Pharmacognosy' and the academic career of the co-author of *Pharmacographia*, Friedrich Flückiger, a professor of Pharmacognosy at Bern (later Strasbourg) University, whose Lehrbuch der Pharmakognosie des Pflunzenreich earned him the title of 'father of modern Pharmacognosy'. It is worth noticing that Flückiger defined his academic pursuit as 'the simultaneous application of various scientific disciplines with the object of acquiring knowledge of drugs from every point of view'. ③

In 1867, Flückiger made contact with Hanbury and offered to collaborate for a book, which led to their co-authorship of *Pharmacographia*. ④ Both shared the belief that the study of drugs must not be limited only to morphological studies, but must also follow the drugs' history, geographical

---

① Richard Yeo, *Defining Science: William Whewell, Natural Knowledge, and Public Debate in Early Victorian Britain* (Cambridge: Cambridge University Press, 2003), 110-11.

② Richard Yeo, 'Reading Encyclopedias: Science and the Organization of Knowledge in British Dictionaries of Arts and Sciences, 1730-1850', *Isis*, 1991, 82, 24-49, 40-44. See also Simon Schaffer, 'Scientific Discoveries and the End of Natural Philosophy', *Social Studies of Science*, 1986, 16, 387-420, 406-8.

③ Simone McCreath and Rupika Delgoda, *Pharmacognosy: Fundamentals, Applications and Strategies* (Elsevier Science, 2017), 4. See also Fr. Hoffmann, 'Fluckiger', *The American Journal of Pharmacy*. 1895, 67, 65-71.

④ See WL, MS. 8360, 133-34.

origin, place of origin and commercial varieties, and their characteristics and chemical composition.[①] Thus, their joint-masterpiece *Pharmacographia* was itself a vivid representation of the syncretic approach by which materia medica — as a changing field of study — was characterised at the time. In the book, the scope that Flückiger and Hanbury assumed fell under the term 'knowledge of drugs' was actually much more loosely defined, as witnessed also by their own term 'Pharmacographia', which they defined vaguely as 'writing about drugs'.[②]

At the same time, however, many textbooks relating to drugs during the 19th century — *Pharmacographia* as well as Jonathan Pereira's influential *The Elements of Materia Medica and Therapeutics* — recognised and perhaps reinforced the primacy of specialist disciplines.[③] In other words, the organisation of the information under each article as presented in *Pharmacographia* not only reflects the comprehensive nature of materia medica studies during the period, but also epitomises the state of fractionalisation within the field by this time. In the book, diverse aspects of each plant material are discussed under separate headings, in the order of 'Synonyms', 'Botanical Origin', 'History', 'Production', 'Description', 'Microscopic Structure', 'Chemical Composition', 'Uses' and 'Substitutes'.

It is notable that 'History' is still listed ahead of most other subjects that prioritised experimental and observational means of inquiry, and is provided at length for most of the drugs. The order itself was decided only after a substantial amount of consideration and negotiation by the two authors, as Hanbury insisted 'that the history ought not to come last but nearly first'.[④] Besides, while mentioning that their work would not be totally 'independent of collateral publications on Botany and Chemistry', the authors made a clear distinction between their own focus and the other methodologies. Similarly, they distinguished themselves from the scientists of therapeutics and pharmacy and stated that investigations lying 'within the province of the physician' should 'be wisely relinquished to his care'.[⑤]

While this reflects the fact that historical inquiry dominated their scholarship concerning materia medica, Hanbury and Flückiger stated that the writing under the 'History' heading had necessitated 'the consultation of many works of general literature', as well as 'the co-operation in various

---

① See Anna De Pasquale, 'Pharmacognosy: The Oldest Modern Science', *Journal of Ethnopharmacology*, 1984, 11, 1–16, 10.

② Flückiger and Hanbury, *Pharmacographia*, v.

③ Jonathan Pereira, *The Elements of Materia Medica and Therapeutics,* 2 vols. (Cambridge: Cambridge University Press, 1857). In this book, each subject was organised into sub-headings in the following order: history, botany, description, composition, uses and physiological effects.

④ WL, MS. 8360, 135–36.

⑤ Flückiger and Hanbury, *Pharmacographia*, v–vii.

directions of many other friends'. Notably, among the information gained from 'the assistance kindly given' by other experts, the authors mentioned in particular that the 'subjects connected with China' required them to consult A. Wylie and Dr. Bretschneider. ① The Sinologists and their works continued to play crucial roles in completing this *Pharmacographia*, informing Hanbury on various topics ranging from the Chinese tradition of botanical or medical knowledge to the history of materia medica. ②

Meanwhile, it is notable that the attention Hanbury gave to Chinese books during the later years in his career, when he was working on *Pharmacographia*, was focused further on asking 'how early' a certain drug had been mentioned in Chinese books. ③ That is, while Hanbury assumed that useful information to 'trace the introduction of each substance into medicine' could be unearthed from ancient Chinese literature, the contents of those books relevant to medicinal or botanical knowledge were overlooked. ④ That is, in *Pharmacographia* he apparently chose not to cite them, and if mentioned, the information appeared without stating the Chinese authors' respective sources. All the information gained from Chinese sources was contracted to a few words, and this was then combined with past reports by other Western observers on the Chinese use of certain natural materials. ⑤ Consequently, despite his ample reading of old and new Chinese texts, these same works of literature were only to be regarded as historical or ethnological artefacts, treated side-by-side with the ancient texts. ⑥ Such conflations may be seen as an act of rendering the foreign texts and other observations made in various localities comparable to the early Western works, including the ancient herbals. ⑦

In other words, while the authors engaged in a thorough process of collecting, translating and comprehending the wealth of texts that ranged from the Chinese to the ancient Greeks, this mode of study was confined only to the section of history among the many branches of drug knowledge. Such exceptionality implies that the pieces of knowledge obtained from a geographical and temporal distance were further detached from what was deemed as the march towards more modern — and

① Flückiger and Hanbury, *Pharmacographia*, vi.

② See e. g. WL, MS. 8354, 118–19. One of his primary reference materials was: Walter H. Medhurst, *China: Its State and Prospects* (London: John Snow, 1838). To understand the intellectual tradition of *Bencao*, Hanbury extensively exchanged letters with many French scholars in particular, including Rondot, Parish, Oliver, Dorat and Nicolas Guibourt (1790–1867) — a most prominent French pharmacist. See, for example, Rondot to Hanbury, 1860, RPS, P273MS, fol. 69 — which includes a lengthy explanation on *bencao* discipline.

③ WL, MS. 8362, 335–37, where Hanbury made inquiry on 'Gamboge (藤黄)'. On Rhubarb, see WL, MS. 8363, 111.

④ See e. g. Flückiger and Hanbury, *Pharmacographia*, 167, 510–13.

⑤ See Flückiger and Hanbury, *Pharmacographia*, 510–12. The cited works include the accounts of Kaempfer, Du Halde, Marco Polo, Garcia de Orta and Joan Nieuhof among others, while the Arabian accounts are also much consulted.

⑥ See Hance to Hanbury, 13 April 1872, RPS, P313MS, fol. 23.

⑦ See Fan, *British Naturalists in Qing China*, 112.

thus scientific — inquiry. Meanwhile, as for other individual scientific disciplines, researchers professionalised different methods of knowing, in accordance with the fast accumulation of new facts in chemistry, biology, pharmacology, and botanical taxonomy. Thus, the history section in *Pharmacographia* assumed the role of a sort of burial ground for artefacts of the past and exotic knowledge. There, much of the old literature by prolific natural historians, as well as the old writers of materia medica — Chinese, Indian, Arabian, along with European travellers from the past — was dissected, sifted and collated.

Thus, by materialising increasingly impassable boundaries, the 19th-century authors of materia medica laid the groundwork for preventing the knowledge of others from interfering with the certified knowledge that was justifiably scientific. Amidst the diversification of individual disciplines, the segregation of the scientific and the historical became conspicuous. The partitioning of the information presented in *Pharmacographia* thus reflects a process of separation whereby the predecessors' writings are detached from the study of medicinal items according to the narrow sense of modern science.

6. The Imagination of China and Evaluation of Chinese Knowledge

It is within a similar context that many British commentators such as James Henderson (1829–1865) frequently made rhetorical moves to 'historicise' Chinese medical knowledge and practices. As a physician and medical missionary in Shanghai between 1859 and 1862, Henderson would argue that the Chinese were obstinately attached to old medical practices, 'quite unable to distinguish between truth and falsehood'.① He viewed Chinese knowledge as equivalent to 'medical art in the West during the Early and Middle ages'.② In the pursuit of progress towards modernity, the rhetorical strategy at play was often to put Chinese medicine and its system of knowledge on a temporal scale of the pre-modern (as opposed to the modern).

Therefore, while the perception of Chinese knowledge as backward and unreliable overwhelmed British naturalists in the 19th century, we need to discern a much more complex process involved in their relationship with Chinese *bencao* literature. The question of how to engage with the Chinese texts was intricately connected with how to relate to the knowledge of the past. In other words, knowledge from foreign sources, as much as those from the past, was historicised.

Importantly, this turned out to be a subtle, yet effective, narrative of othering. In other words,

① Henderson, 'The Medicine and Medical Practice of the Chinese', 82.
② *Ibid.*, 68.

concomitant to the rhetorical strategy of relegating China and Chinese knowledge to history was another dynamic process of carving out the self — that is, what was deemed as 'scientific' against the foil of the 'Chinese'. Hence, Henderson, who firmly believed that 'every consideration, opinion and system must bend and break down before the force of truth', on the one hand urged for 'a love of truth' to 'ever form the integral element' in every branch of scientific pursuit and, on the other, condemned the Chinese as being trapped in their 'utter disregard for truth'.① As for mineral drugs, Hanbury took special note of the fact that the Chinese seemed to base their usage on no substantive grounds — that is, not on chemical principles — as they held 'no scientific acquaintance with chemistry'.② Such concern of Hanbury should be understood in the context of a preference for chemical analysis and idealisation of experimental science in the 19th-century Britain.

In the words of Livingstone, the emergence of 'the Orient' as a geographical region was largely a product of science being zealously prosecuted during and after the European Enlightenment.③ It was the fact-fiction fusion in the mind of European thinkers that established 'the East' as the alter ego of 'the West' and used the Chinese as a rhetorical contrast to European practices.④ It is also worthwhile to reflect on Clarke's point: what is important is not the meanings of Asian ideas themselves, but their diverse interpretation for the sake of multiple agendas and projects in the West.⑤ The naturalists at the turn of the 19th century grew less concerned with 'appreciation of others' than with their rather passionate will to endorse and concretise boundaries of scientific truth. Therefore, we should discern the multiple rhetorical functions of China and the 'Orient' in close connection to the development of modern science, or discursive formation of what was perceived as 'scientific'.

A number of historians have discussed how China and Chinese knowledge was imagined in the West and Britain, highlighting the evolving ideas and attitudes during the 18th and 19th centuries. As Osterhammel and Clarke have demonstrated, the set of ideas about Asia was largely complex in 18th-century European intellectual life, with some commentators even viewing Chinese culture as a superior alternative to Christian civilisation. However, by the beginning of the 19th century, a combination of factors — including political instability in India and China and the development of

---

① Henderson, 'The Medicine and Medical Practice of the Chinese', 69, 82.

② Hanbury, *Notes on Chinese Materia Medica*, 216.

③ David N. Livingstone, *Putting Science in Its Place: Geographies of Scientific Knowledge* (Chicago: University of Chicago press, 2010), 10.

④ David E. Mungello, *Curious Land: Jesuit Accommodation and the Origins of Sinology* (Honolulu: University of Hawaii Press, 1985).

⑤ John J. Clarke, *Oriental Enlightenment: The Encounter Between Asian and Western Thought* (London and New York: Routledge, 1997).

so-called scientific racism — led to a fundamental reassessment of European attitudes toward Asia. During the 19th century, predominant European discourses on the supposed superiority of the 'West' led to the marginalisation of China in terms of educational knowledge. ①

The Western reception of Chinese medical ideas was inseparable from the West's perceptions and imagination of China more generally. As Barnes has highlighted, overall, Western attitudes were deeply ambivalent, admiring Chinese pulse diagnostics, for example, but deploring the Chinese 'ignorance' of anatomy. However, European concepts of progress and modernity developed since the Enlightenment further conditioned Western observers to see Western culture as superior and Chinese culture and its healing traditions as primitive. ②

It is evident that, by the mid-19th century, several champions of so-called 'modern' medicine among the British increasingly showed their disregard towards the contemporary medicinal practices of the Chinese. Henderson, an enthusiastic advocate of modern science, stood on the most pessimistic side and scathingly denounced the value of Chinese science, natural history, pharmaceuticals, and medicine. However, it should be also emphasised that even among his contemporaries, there existed a range of differing opinions towards the Chinese regarding diet, medicine, drugs, etc. ③ Osterhammel has argued that, in the long 18th century, Europe hardly always viewed Asian cultures from the perspective of a superior Us versus an inferior Them. ④ British images of Asia were seldom uniform, always dynamic, and usually contested — even in the 19th century. For example, a Scottish physician based in Tianjin, John Dudgeon, argued that Europeans could learn much from Chinese diet and other practices. ⑤

In fact, Hanbury is the exemplary figure among those who remained open-minded to foreign knowledge, which is evident in many of his letters where he would write that he always 'hope[s]

---

① Jürgen Osterhammel, *Unfabling the East: The Enlightenment's Encounter with Asia*, R. Savage (trans) (Princeton, N. J.: Princeton University Press, 2018); Clarke, *Oriental Enlightenment.*

② Linda Barnes, *Needles, Herbs, Gods, and Ghosts: China, Healing, and the West to 1848* (Harvard University Press, 2005), 2-3. See also William Poole, 'The Letters of Shen Fuzong to Thomas Hyde, 1687-88', *Electronic British Library Journal*, 2015, 9, 1-28, 10; Georg Lehner, *China in European Encyclopaedias, 1700-1850* (Brill, 2011), 327-31.

③ Meanwhile, such presence of mixed opinions on Chinese medicine is observed as early as the 17th century. See Marta Hanson and Gianna Pomata, 'Travels of a Chinese Pulse Treatise: The Latin and French Translations of the *Tuzhu maijue bianzhen* 图注脉诀辨真 (1650s-1730s)', in H. Cook ed, *Translation at Work* (Brill Rodopi, 2020), 23-57, 55.

④ Jürgen Osterhammel, *Unfabling the East: The Enlightenment's Encounter with Asia.*

⑤ Sheng-Jen Li, 'Eating Well in China: Diet and Hygiene in 19th-Century Treaty Ports', A. Leung and C. Furth, eds, *Health & Hygiene in Chinese East Asia: Policies and Publics in the Long Twentieth Century* (Durham: Duke University Press, 2010), 25-50. See also Ruth Rogaski, *Hygienic Modernity: Meanings of Health and Disease in Treaty — Port China* (Berkeley: University of California Press, 2004), 22-47. On the national level, the neglect of multicultural and historical texts in Britain may be contrasted with the academic eclecticism of contemporary French pharmacologists, who would still quote the *Bencao gangmu* for recipes of cures. See François Dorvault, *Iodognosie: Ou, Monographie Chimique, Médicale et Pharmaceutique Des Iodiques En Général et En Particulier de l' iode et de l' iodure de Potassium* (Paris: Labé, 1850), xxv-xxvi; WL, MS. 8354, 142.

to receive in the form of some written account of the uses, real or imaginary, of the several drugs sent, as well as [...] the mode of preparation' of the Chinese. ① Yet, as shown from the above discussion of his selective mode of translation, such cultural flexibility did come with certain suspicions:

> 'Any notes upon the native medicines I should be pleased to receive. Though I dare say superstition and ignorance have a fair share in the selection of [foreign] materia medica, still it is sometimes interesting to note upon the supposed uses of plants and at all time one must be too hasty to condemn.' ②

Nevertheless, Hanbury's struggle with figuring out what to do with the Chinese text or how to read it displays his passion towards the pursuit of learning from other cultures of knowledge. Indeed, his heartfelt curiosity toward Chinese medical practices furthermore endows him with a remarkable status in the 19th-century development of pharmaceutical knowledge.

7. Conclusion

Faced with a diverse range of texts, the 19th-century generation of scientists took on the daunting task of consolidating these texts of diverse temporal and regional scope into a coherent body of knowledge. Importantly, instead of being about accommodating the textual sources with discretion, this process required one to answer a fundamental question regarding what should be meant by 'scientific knowledge'.

Hanbury adopted, adapted and negotiated different sources of information and different means of understanding with respect to Chinese drug materials; these efforts reflect his desire to present his works as proper science. Therefore, the role that Hanbury's engagement with Chinese materia medica played in the formation of 19th-century British pharmaceutical knowledge should be discerned from the selective writing process through which he used the texts as a foil against what constituted the 'British scientific pharmaceutical' knowledge that he helped formulate.

As a careful investigation of Hanbury's research practices also reveals, the making of modern pharmaceutical science by the British during the 19th century was intimately linked to the perplexing interplay of cultural encounter and identity-making, involving the subtle process of historicising other knowledge as irrelevant to the present and selecting that which fit into what at the time was

① WL, MS. 8354, 116.
② WL, MS. 8356, 35-36.

considered present science. In other words, Hanbury represents the move to relegate to history much Chinese *bencao* knowledge — thus 'othering' — in a 'self' pursuit of criteria that constituted the newly-forming scientific pharmaceutical knowledge of which he was a part.

The 19th-century materia medica scholarship demonstrates its historicity insofar as the evolving imagination of 'China', the exclusion of non-Western knowledge, the pursuit of scientific pharmaceutical knowledge and the continuing tradition of textual practice co-existed — often in a state of tension. By showing how researchers muddled through these multiple tensions, the present article has endeavoured to contextualise how Chinese *bencao* literature and accounts from the past were recognised, framed, and leapt over within a broader historical context in which 19th-century naturalists were trying to demarcate clear distinctions between science and other areas of human activity. It thus allows us to revisit how the relationship between texts and materials (e. g., specimens) was re-conceived and re-negotiated during the mid-19th century, when the definition of modern science was still not something that was taken for granted and was yet to be confirmed. ①

（本文原刊于 *Social History of Medicine* 2022 年第 3 期）

作者简介：

安洙英，现任上海师范大学人文学院世界史系副教授。于韩国首尔大学获经济学学士学位和国际学硕士学位。2020 年毕业于复旦大学文史研究院，获历史学博士学位。主要研究方向为科学史、史学史和文化交流史，侧重近代科学知识的跨文化传播和互动，同时关注韩国现代史学史和近现代东亚社会科学和历史学的转变。2021 年获国际科学技术史与哲学联合会科学技术史司（IUHPST/DHST）优秀博士论文奖（DHST Dissertation Prize）。2018 年赴英国剑桥李约瑟研究所及华威大学访问。2023 年赴美国哥伦比亚大学东亚研究所进行访问研究。在《史学理论研究》、《复旦学报（社会科学版）》、*Social History of Medicine*、*Notes and Records*、*Frontiers of History in China*、《明清史研究》（韩国）等国内外学术刊物发表论文多篇。

① For the early modern context of the transition of natural philosophy from a largely textual and bookish culture to a tactile culture, and of the fluctuating relationship between textual tradition and experiential practice in natural history, see Paula Findlen, *Possessing Nature: Museums, Collecting, and Scientific Culture in Early Modern Italy* (Berkeley: University of California Press, 1994), 4–5, 205–7.

超越"象征"：中美贸易的解冻与博弈（1969—1976）

丁夏阳

摘　要：1969—1976 年，中美两国围绕贸易解冻与发展问题进行了深入的思考与博弈。1969—1972 年，尼克松政府对华实施"经济接触"政策，但未获中国的积极回应，双方最终决定建立一种政治上相对安全的"象征性贸易"。1973—1974 年，中国大规模进口美国粮食致使中美贸易突破了"象征性"的贸易框架，证明了彼此之间的贸易需求与潜力。1975—1976 年，中美贸易陷入危机，双方提出了不同的解决方案。中方认为应当将贸易议题提升至战略高度，但美国却因担忧中国政局不稳而提出回到"象征性贸易"，从而推迟了中美贸易的全面突破。经济联系由此成为中美国家战略的潜在契合点。这也深远影响了 1977 年以后的中美关系。

关键词：中美关系　中美贸易　"象征性贸易"　外交战略

经贸关系始终是探讨中美关系的一个重要议题。总体上，1949 年后的中美贸易被划分为三个阶段：以 1950 年 11 月美国实施对华全面禁运为标志的全面隔绝阶段（1950—1969），以 1969 年 7 月尼克松政府宣布部分解禁对华贸易为转折的有限恢复阶段（1969—1976），以及以 1977 年中国走向改革开放为契机并持续至今的全面发展阶段。传统研究倾向于以政治、经济相互决定的模式来解释中美贸易关系的转变，例如第一阶段的全面隔绝可以视为美国全球冷战战略压制了对华贸易的经济需求；[①]第三阶段的全面发展则是在中国追求现代化的经济需求推动下，中美部分搁置了政治难题，从而推动了包括经贸关系在内的双边关系全面正常化。[②]

显然，这套政治、经济相互决定的模板不足以充分解释第二阶段的中美贸易。一些早期研究认为，鉴于中国处于特殊时代背景中，此时中美贸易必然遵循着"政治决定经济"的范式，只

① 尤建设：《20 世纪 50 年代美中之间禁运与反禁运的较量》，《史学月刊》2021 年第 8 期。
② 刘磊、于婷婷：《1979 年〈中美贸易关系协定〉与中美经贸关系正常化》，《外国问题研究》2021 年第 3 期。

作为政治议题的从属议题而被动发展,受制于两国的内政外交局势。[①] 然而近十年来,一些学者愈发强烈地感到中美贸易的意义"被严重低估了"。[②] 一方面,双边贸易的发展并不完全是政治的衍生品,两国内部也存在着推进贸易联结的经济动力:1969 年尼克松政府推出了"贸易自由化"政策,中国和苏联都成为美国扩展国际市场的重要目标;中国也在 1973 年 1 月正式提出了"四三方案",[③]决意更进一步地走向世界市场。[④] 另一方面,中美双方也均有意将贸易打造为政治对话的"备用渠道",以便在外交关系冷淡时转而让"商人"们传递有价值的战略信号。[⑤] 鉴于中美领导人在 1969—1976 年间很少就贸易问题展开讨论,研究者们并无系统性的资料可以利用。这就造成了两个倾向,一部分研究的视角可能过于宏观,以致这段缺乏外交关系的贸易交往史更像是一种机缘巧合;而另一部分研究又过于关注诸如波音飞机、化肥工厂等具体贸易内容,对其意义过分升华。总之,这些研究都没有触及中美两国对贸易议题的总体认知与安排,也就无法从总体上把握贸易在此时期中美关系缓和中发挥的作用。

中美高层看似并不重视贸易议题的一大原因在于,毛泽东、周恩来与美国的实际外交主管亨利·基辛格(Henry Kissinger)为这一时期的中美贸易设置了一个"象征性"的总体框架,即双边贸易无需追求经济利益,而只是为政治议题制造良好氛围。这一框架始于 1969 年,成型于 1973 年,最终于 1976 年彻底破灭。

本文将通过考察和比对中美双边文献,探索"象征性贸易"的缘起与发展,以及中美双方围绕"象征性贸易"的博弈过程,以期重新为这一时期的中美贸易发展勾勒出一个大致脉络,并重思商业在中美总体关系中扮演的角色。

一、1969 年"经济接触"的开始

1969 年 7 月 21 日,尼克松政府突然宣布放宽对中国的贸易、旅游限制,为美国自 1950 年以后就奉行的对华全面禁运政策松绑。这一决定对当时纷繁复杂的国际局势不啻为一声惊雷,也

---

① 如陈从阳《二十世纪七十年代中美贸易关系》,《广西梧州师范高等专科学校学报》2002 年第 1 期;李金亮《七十年代的中美贸易关系》,《暨南大学学报(哲学社会科学版)》1980 年第 4 期等。

② Mao Lin, "More Than a Tacit Alliance: Trade, Soft Power, and U. S. -Chinese Rapprochement Reconsidered," *Journal of American-East Asian Relations*, Vol. 24, 2017.

③ 指中国 1973 年决定在 3—5 年内以 43 亿美元引进大型机械设备的计划,参见陈东林《开放的前奏:"四三方案"及其对改革开放的影响》,《中国国家博物馆馆刊》2019 年第 1 期。

④ 戴超武:《美国"贸易自由化"政策与中国"改革开放"(1969~1975)》,《史学月刊》2010 年第 2 期。宋旻在其未出版的博士论文中亦高度强调中国在处理对美贸易问题上的经济动力,参见 Min Song, "Economic Normalization: Sino-American Trade Relations from 1969 to 1980," PhD, Georgia University, 2009。反之,一些特定的贸易也为中美缓和注入了活力,如粮食贸易,参见 Min Song, "A Dissonance in Mao's Revolution: Chinese Agricultural Imports from the United States, 1972-1978," *Diplomatic History*, Vol. 38, 2014;再比如石油贸易,参见 Kazushi Minami, "Oil for the Lamps of America? Sino-American Oil Diplomacy, 1973-1979," *Diplomatic History*, Vol. 41, 2016.

⑤ 关于中美民间贸易交往,可参见 Christian Talley, *Forgotten Vanguard: Informal Diplomacy and the Rise of United States-China Trade, 1972-1980*, Nortre Dame, Indiana: University of Nortre Dame Press, 2018。类似的观点可参见张曙光《接触外交:尼克松政府与解冻中美关系》,世界知识出版社,2009 年,第 202—220 页。

对日后的冷战走向产生了深远影响。从更长远的历史趋势来看，尼克松政府之所以选择以"经济触手"试探中国，存在着一定的历史根源。20世纪初，商人、传教士与政客共同推动美国形成了第一个实质意义上的对华政策——"门户开放"，在华商业利益正式成为美国对华决策的一个重要基石。[①] 在重商传统与传教热情的双重影响下，美国商人很快就对中国市场产生了某种狂热。在他们看来，地域辽阔而民众却一穷二白的中国既是财富的聚宝盆，也是美国现代化道路优越性的试金石。这奠定了长期以来美国的对华贸易热情。

然而，这种幻想迅速受到了冷战的冲击。1948—1949年，面对中国共产党即将革命成功的前景，美国国务院开始认真反思中国市场在美国战略中的地位。1948年9月，著名的政策研究办公室发布了39号文件(PPS－39)，将此前的对华贸易政策贬斥为"幻想"，并建议美国着手准备针对新中国的禁运封锁手段。[②] 1949年2月，国家安全文件41号(NSC－41)制定了禁运方案，但仍提出美国的最佳方案是通过与新中国保留一定的贸易联系来挑拨中苏关系。[③] 由于美国与新中国建立贸易关系的尝试大都脱离实际且混乱不堪，中国共产党方面对此并未积极响应。

1950年11月，美国宣布对华执行全面禁运，中美贸易陷入彻底隔绝之中。不过，即便美国国力强盛，要维持一项针对6亿人的贸易禁令也绝非易事。整个1950年代，美国的两大盟友英国、日本就因屡次突破对华贸易禁令而与美国龃龉不断，至1950年代末，巴黎统筹委员会的"中国差别"宣告废除，东西方贸易也得到一定程度的恢复。[④] 与此同时，美国社会的对华贸易热情也再度复燃。杜鲁门与艾森豪威尔政府都曾明确表示，"对华贸易禁运"只是一个短期政策，一旦政府达到战略目标就会解除。然而实际情况是，美国政府每每与目标渐行渐远，美国商人只能眼看着英、日、法、德等商业对手突破禁令开拓中国市场。到了1960年代，无论是肯尼迪政府包含恢复贸易提议的对华"微开门"政策，还是林登·约翰逊(Lyndon Jonson)政府在"遏制但不孤立"的政策指导下酝酿的对华贸易解禁措施，[⑤]虽均未实施，都足见美国早有恢复对华通商之意。

不少研究认为，尼克松放松对华贸易禁运主要是对1969年3月中苏"珍宝岛"冲突的某种回应，[⑥]但是美国自身恢复对华贸易的长期冲动也不容忽视。实际上，尼克松自竞选时期就顺应着这股由来已久的历史潮流。[⑦] 早在"珍宝岛"冲突之前的2月1日，他就通过"国家安全研

---

① 韩德：《一种特殊关系的形成——1914年前的美国与中国》，项立岭、林勇军译，复旦大学出版社，1993年，第1—5页。

② "The Acting Secretary of State to the Ambassador in China (Stuart)," November 16, 1948, *Foreign Relations of the United States* (hereafter *FRUS*), 1948, Vol. 7, China, p. 575.

③ "Note by the Executive Secretary of the National Security Council (Souers), on United States Policy Regarding Trade with China," February 28, 1949, *FRUS*, 1949, Vol. 9, China, pp. 827－834.

④ 崔丕：《美国的冷战战略与巴黎统筹委员会、中国委员会(1945—1994)》，东北师范大学出版社，2000年，第360—361页。

⑤ 刘子奎：《肯尼迪、约翰逊时期的美国对华政策》，社科文献出版社，2011年，第112、201页。

⑥ 如张静：《尼克松政府放松对华管制政策出台前后》，《中共党史研究》2009年第9期。

⑦ 《尼克松回忆录》(上)，伍任译，世界知识出版社，2001年，第406页。

究备忘录 14 号(NSSM－14)”指示基辛格放手“探索与中国缓和的可能性”。[①] 11 日,基辛格在回文中首先回顾了前几届政府在改善对华关系上可以执行的两个主要选项：要么自上而下,以“联合国代表权”或“外交承认”等核心战略问题吸引中国的兴趣;要么自下而上,先以包括“恢复非战略性贸易”在内的诸多方式“扩大与中国大陆的外交基础”。当然基辛格认为两种方案都不能单独推进,美国应当在讨论战略安全问题的同时,视中国的反应而灵活运用包括贸易手段在内的“接触手段”,拉近与中国的距离。[②] 确定了大致方式之后还需要确定和解的时机。4月,中情局指出美国可以等待下一届中国领导人接班再谋求缓和,也可以与本届领导人和解,当然如果选择后者,则必须走宽松的“减缓冲突、放松孤立”路线,特别要在经济上逐步取消对华贸易限制。[③] 5 月,美国政府内部就 NSSM－14 达成初步共识,正式确定了对华示好的政策,并决定以“贸易”政策作为先锋,“可以立即执行”。[④]

综上,尼克松政府在 1969 年 7 月的解禁巧妙地将美国民间的对华贸易憧憬与谋求全面缓和的冷战战略结合在了一起,先以国内一致支持的贸易议题投石问路,再伺机开启战略对话。然而,这并不意味着尼克松只期待中国在战略层面给予回应,而不希望经济议题有实质性进展。8 月 14 日,尼克松在听取一份关于中国的简报时记下了三条笔记:“中国派遣了贸易代表团到莫斯科进行贸易谈判”;“生产力和对外贸易有所下降,直到 1968 年”;“技术人员正在占据上风”。[⑤] 如果对这些信息作一个合理推断,尼克松可能认为中国 1969 年正在尝试整顿此前的经济局面,恢复生产力,这提升了技术人员的话语权,而技术人员则必然倾向于依靠国际市场,为此中国甚至不惜同敌对的苏联进行贸易谈判。既然苏联都可以在中国扩大对外贸易的进程中分一杯羹,美国为何不可？果然,到了 9 月,尼克松就指示美国政府应当“准备好在贸易问题等具体问题上与中国打交道”。[⑥]

尼克松的判断或许是基于中国 1950 年代末的发展经验,彼时中国的“大跃进”几乎同步辐射到了对外贸易,一时间进出口额都在巨幅增长。[⑦] 然而 1969 年的情况有所不同,鉴于 1966—1968 年中央财政收入大幅缩水,[⑧]中国并不打算进一步依靠世界市场,不到万不得已坚决不许动用外汇进口。[⑨] 尽管 1969 年是“三五计划”的重要冲刺时期,周恩来仍然同意了外贸计划的进一步紧缩,在 3 月底的全国计划工作会议上,他从外交的角度解释了这一决定：中国的发展

---

① “National Security Study Memorandum 14,” February 5, 1969, *FRUS*, 1969－1976, Vol. 17, China, p. 8.

② “Memorandum from the President’s Assistant for National Security Affairs (Kissinger) to President Nixon,” February 11, 1969, *FRUS*, 1969－1976, Vol. 17, China, pp. 11－12.

③ “Summary of the CIA Response to NSSM 14,” undated, *FRUS*, 1969－1976, Vol. 17, China, pp. 30－31.

④ “Minutes of the Senior Review Group Meeting,” May 15, 1969, *FRUS*, 1969－1976, Vol. 17, China, pp. 32－36.

⑤ “President Nixon’s Notes on a National Security Council Meeting,” undated, *FRUS*, 1969－1976, Vol. 17, China, p. 68.

⑥ “Memorandum of Conversation,” September 9, 1969, *FRUS*, 1969－1976, Vol. 17, China, p. 80.

⑦ 关于中国 1958 年“大跃进”与对外贸易的关系,可参见 Jason Kelly, *Market Maoists: The Communist Origins of China’s Capitalist Ascent*, London: Harvard University Press, 2021, pp. 126－157。

⑧ 国家统计局:《中国统计年鉴》,中国统计出版社,1983 年,第 305 页。

⑨ 李先念传编写组、鄂豫边区革命编辑部:《李先念年谱》第 4 卷,中央文献出版社,2011 年,第 556 页。

还是要依靠“八亿人的国内市场”而非“二亿人的国外市场”；如果过分依靠国外资源，则无异于将这份天然的经济优势拱手让于西方国家，“他们还要翘尾巴”；反之，如果中国能在经济上“做到不求他人，让他们求我们”，则不止加拿大、意大利会出于“经济上的原因”寻求同中国建交，“世界上的帝国主义国家”也将因为“看中这市场”而寻求改变对华政策。① 这种经济上“无欲则刚”的策略很快成了中国对美外交的指导思想。6月，时任中国外交部副部长乔冠华对到访的罗马尼亚外宾表示，“既然中华民族不愿在其经济、政治准备不足的时候接受美国的对华政策，那么现在就更不愿意接受”。②

可见，中国对美国伸来的“经济触手”并非毫无预料，甚至认识到对华贸易冲动正是推动美国作出改变的根源之一。然而，中国更多地将“经济接触”理解为示弱，而非美国政府希望表达的示好，因此决定拖延回复。作为中国重要的临时外交参谋机构，由陈毅领导的“四人小组”于7月正式讨论了尼克松在贸易和旅游上的“两个放宽”政策，最终的结论是“美帝憋不住了，苏修也憋不住了”。作为应对之策，陈毅又在8月提出，既然“美急于同我接触，我应该保持高姿态，再憋它一个时候”。③

总体上，周恩来“无欲则刚”的原则以及陈毅延迟回应以等待美苏提高报价的策略，的确促使美国不断增大对华接触的力度，并于1970年1月恢复了华沙会谈，但也基本否定了中国从经济上回应尼克松“经济接触”政策的任何可能性。中国在1972年2月尼克松访华之前的所有正式会谈场合都拒绝对美国的贸易议题作出正面回应。

二、走向“象征性贸易”（1970—1972）

中国的冷淡回应首先造成了美国内部分歧，在“华沙会谈”恢复之后，基辛格主导的国安会认为，既然中国对贸易议题无动于衷，那么美国就应当采用“自上而下”——先确定战略共识再增进贸易关系——的方式发展两国关系。与之相对，国务卿威廉·罗杰斯（William Rogers）主导的美国国务院则坚持认为采取“自下而上”——先推进贸易项目再上升到战略议题——的策略才最为稳妥。④

中国内部在对美贸易策略上同样产生了一些分歧。尽管中国最初并不希望过度依赖外部

① 《周恩来在全国计划工作会议上的讲话》（1969年3月25日），《周恩来文革讲话集》，第433页，华东师范大学冷战国际中心藏。

② “Telegram from Aurel Duma to Corneliu Manescu Concerning the Information Passed to the PRC Foreign Ministry Regarding the Organization of the 10th RCP Congress and the Intention of Certain American Senators to Visit China,” 3 June 1969, *A. M. A. E.*, *fond Telegrams*, *Beijing*, *Vol. II*, 1969, f. 74 – 77. Published in *Relatiile Romano-Chineze*, *1880 – 1974* [*Sino-Romanian Relations*, *1880 – 1974*], edited by Ioan Romulus Budura, Bucharest, 2005, pp. 921 – 923. Translated for CWIHP by Madalina Cristoloveanu.

③ 熊向晖：《我的情报与外交生涯》，中共党史出版社，2006年，第179—181页。

④ 关于尼克松政府内部关于“经济接触”政策的分歧，可参见丁夏阳：《尼克松政府对华“经济接触”政策与实践——以“美中贸易全国委员会1973年访华”为案例》，《历史教学问题》2021年第6期。

市场,但两个因素还是促使其进出口规模逐步扩大。第一是为了弥补"三五计划"前三年的损失,中央为1969、1970年制订了高于实际生产能力的经济指标,从而导致各地工厂因缺材少料而不断申请"特批"进口;第二是中国银行部门了解到主要西方国家正面临"一场新的金融风暴",法郎、英镑的贬值可能波及中国主要的外汇储备货币,因而提出中国与其坐等货币贬值,不如"减缩"一部分库存外汇,换成重要物资。[①] 于是,周恩来在1970年采用了更为务实的外贸方针,将外贸工作特别是引进工作从政治运动中剥离出来,强调对外贸易还是应当以实用为主要原则,[②]同时要避免对西方资本家的猛烈批判影响中国同西方的贸易:只要"我们国家起来了,得到了好处",就不用在乎西方资本家是否"钻进来做买卖""赚了钱"。[③]

在这样的氛围下,中国的外贸官员们自然希望探索世界市场的一切可能——当然也包括美国在内。1970年1—3月,在香港的特别外贸机构华润公司与中国驻波兰使馆官员分别就有色金属与药品,以及美国农业出口情况向美方提出了"礼貌"的咨询,但又迅速"不明原因"地撤回了请求。[④] 中方的态度反复可能源自周恩来的警觉,显然,更加务实的外贸政策并不意味着周恩来改变了"无欲则刚"的总体方针。4月,周恩来在会见日本商团时表示,中国将不考虑同"在日本的美国子公司"进行贸易。[⑤] 当然,正如日本外务省随后向美方分析的那样,周恩来并非是想彻底断绝中美贸易的可能性,而是提醒美方若想与中方讨论贸易问题,需要特定的场合与政治条件。[⑥]

1970年5月,初见和缓的中美关系又因美国入侵柬埔寨而陷入僵局。[⑦] 此时,备受中方冷落的贸易议题却以一种意想不到的方式促进了中美关系的进展。几乎在与美国陷入新一轮外交战的同时,中国领导人正在为另一件事感到头疼:即便中央已经向地方下放了一部分外汇的使用权,各地工厂的材料与设备短缺仍然得不到缓解。同样是在5月,外贸部决定组建一个采购团去英、法、意大利等国大规模订货。[⑧] 其中一笔订单是向意大利进口8辆自动卸货卡车,这种卡车的柴油发动机及其部分零件来自美国,在美国政府的管控清单上介于军事与民用之间,

---

① 《李先念年谱》第4卷,第578页。

② 《中华人民共和国史稿》编委会:《中华人民共和国史稿》第3卷(1966—1976),内部讨论稿,2007年,第189页。

③ 外贸部档案:《周恩来在审查外贸部核心小组报告时的指示》(1970年10月12日),《中华人民共和国史稿》第3卷(1966—1976),第186页。

④ "Telegrams from American Consulate General in Hong Kong to the Department of State," 15 and 30 January 1970, RG 59, Central Files 1970 - 1973, FT 1 CHICOM-US, NARA-College Park; "Telegram from American Embassy in Warsaw to the Department of State," 31 March 1970, RG 59, Central Files 1970 - 1973, POL CHICOM-US, NARA-College Park; Min Song, "Economic Normalization: Sino-American Trade Relations from 1969 to 1980," pp. 28 - 29.

⑤ 力平、马芷荪主编:《周恩来年谱(1949—1976)》(下),中央文献出版社,1998年,第363页。

⑥ "Telegram from American Consulate General in Hong Kong to the Department of State," '17 April 14, 1970, RG 59, Central Files 1970 - 1973, POL CHICOM-US, NARA-College Park; "Telegrams from American Embassy in Tokyo to the Department of State," 18 and 20 April, 1970, Ibid; Min Song, "Economic Normalization: Sino-American Trade Relations from 1969 to 1980," p. 29.

⑦ 关于中美在柬埔寨问题上的外交争端,参见陶文钊主编《中美关系史(1949—1972)》,上海人民出版社,2016年,第332—333页。

⑧ 《李先念年谱》第5卷,第43页。

于是通用公司于6月底迅速向美国政府作了申报。尽管无法判断中国是否清楚这笔进口需要美国政府的审批,更不知道此举是否是在试探美国的和解意愿,7月24日,尼克松还是亲自批准了这项贸易。[①] 没有证据表明毛泽东在当年10月邀请斯诺登上天安门城楼向美国释放善意的决定正是对这笔卡车交易的回应;相应地,"粗心大意的西方人"同样没有留意到毛泽东"过于拐弯抹角"的示好信号。[②] 然而,无论如何,至少在尼克松看来,"卡车交易"无疑是美方采取下一步行动的正向激励,它不仅暗示了中国对美国的潜在善意,更说明中国对美国无可避免地存在经济上的需求。

正如尼克松所料,中美在贸易领域的接触不可避免,双方领导人对此亦有着清醒的认识。1971年伊始,中美双方都开始为恢复双边贸易作前期准备。美国方面尽管内部分歧已日益显现,但仍一致认为美国政府应当同中国"启动有控制的、直接的经济关系"。[③] 具体而言,美国将在近期继续解除诸如货币、燃料、航运等方面的对华限制措施;作为第二步,美国将进一步扩大对华进出口商品目录,使中国享受与苏联同等贸易待遇;最后,美国将在"粮食出售"和"贸易代表"方面加强对华贸易联系,同时寻求给予中国超越苏联的贸易待遇。[④] 1971年4月,尼克松顶住司法部和国防部压力,批准了国家安全备忘录第105号文件(NSSM-105),象征着存续几十年的对华贸易禁运第一次被大幅度取消。[⑤]

有证据显示,中国方面也在为对美贸易创造环境。比如1971年3月的一份外贸部文件特别提到,对资本主义国家的出口能够"制止可能发生的战争"。由于长期以来对中国构成战争威胁的资本主义国家居首位的就是美国,因此这一新表述很可能是在为对美贸易寻找正当理由。此外,中国驻外商业机构还在各类场合隐晦地表达增进中美贸易之意。[⑥] 5月,华润公司甚至已经直接进口了美国产品,当然为了规避海关审查,还特意将"美国制造"的字样涂掉,再贴上英国、日本的商标,结果还是被海关扣押。有趣的是,外贸部对此采取了"睁一只眼闭一只眼"的态度,一面认定进口美国产品的确会"造成可能为美帝所利用的把柄,产生对我不利的影响",一面又迅速责成海关放行,并未予以追究。[⑦]

当然,这种模棱两可的态度绝非长久之计。1971年4月毛泽东以推动"乒乓外交"的方式,部分回应了美国的"旅游"解禁政策,在贸易领域自然也需要拿出方案。5月26日,周恩来在一

---

① 《白宫岁月:基辛格回忆录》第3卷,方辉盛等译,上海译文出版社,2016年,第873页。

② 《白宫岁月:基辛格回忆录》第3卷,第874页。

③ "Draft Response to National Security Study Memorandum 106," February 16, 1971, *FRUS*, 1969-1976, Vol. 17, China, p. 265.

④ "Memorandum from the President's Assistant for National Security Affairs (Kissinger) to President Nixon," March 25, 1971, *FRUS*, 1969-1976, Vol. 17, China, pp. 284-286.

⑤ "Memorandum from John H. Holdridge of the National Security Council Staff to the President's Assistant for National Security Affairs (Kissinger)," *FRUS*, 1969-1976, Vol. 17, China, p. 297.

⑥ Min Song, "Economic Normalization: Sino-American Trade Relations from 1969 to 1980," pp. 44-45.

⑦ Administrative Files: Stankard and J. V. Reed to Eugene Theroux, July 16, 1973, PRCLO-Correspondence (1)-(7), Achieve Unbound: Records of the National Council for United States-China Trade 1973-1983 Collection, Hereafter AU: NCUSCT, p. 11.

次政治局会议上首次对中美贸易作出了明确指示："我不主动提及贸易，如美方提及此事，在美军从台湾撤走的原则确定后，可进行商谈。"[①]贸易正式进入了中美和解谈判的议程。

然而，中美高层并未立即探讨贸易问题。7月，在基辛格对中国进行震动世界的秘密访问之前，尼克松曾特意嘱咐他要同中方探讨"粮食或其他贸易"的可能性。[②] 但美方档案显示，基辛格在访问期间同周恩来探讨的7个主要议题中并不包含贸易。[③] 对贸易的疏漏似乎是双方不经意的"默契"，正如许多历史学家观察到的，基辛格对贸易议题既不熟悉也不重视，甚至认为贸易谈判"烦人"。[④] 中方也一如既往地不愿在双边场合对此表露丝毫兴趣。但这并不代表中国真的对中美贸易前景无欲无求。9月，基辛格秘密访问仅仅两个月后，作为地方口岸的上海也开始着手应对中美贸易的再度开启，上海市"革委会"要求收集"美帝""新经济政策"的"重要材料，特别是活材料"，并"做出过细分析"。[⑤] 同月，外贸部更是断言"美帝对我长达二十一年的所谓'封锁'、'禁运'已宣告完全彻底地破产"。[⑥] 这意味着，中国对外贸易理应走出以"突破美帝封锁"为主要任务的"反封锁"时期，而进入"与美帝通商"的下一阶段。

1972年2月，作为访华的预热，尼克松在临行前批准并宣布了"最后一个单方面的经济姿态"，[⑦]给予中国与苏联同等的贸易地位。或许是作为回应，毛泽东在同尼克松会谈时也将中国此前对贸易和人员交往的冷淡回应贬斥为"官僚主义"，并赞许美国"要搞人员往来这些事，要搞点小生意"是正确的。[⑧] 此后，共同促进贸易也成为上海公报的重要条款，美国商人受邀参加当年的春季"广交会"，中美贸易也于当年正式恢复。

然而，中美贸易刚刚恢复不久就陷入了新的困局。1972年3月，美国国务院主导出台的两份国家安全研究备忘录148、149号文件（NSSM－148、NSSM－149）显示，中美贸易的短期前景黯淡，两国几乎不可能迅速跨越经济体制差异与长期隔绝造成的贸易嫌隙，取得令人满意的进展。美国国安会在随后的审查报告中进一步指出，只从经济角度追求中美贸易的快速增长有损美国的政治利益：不仅会增加美国政府内部的部门冲突，还会导致美国民间的对华贸易热情失控。更重要的是，过快发展的中美贸易将使美国明显地偏向中国大陆一边，损害美国在三角关系中的灵活性，也危及美国与"台湾当局"的所谓"同盟"关系。当然最为关键的一点在于中国对扩大双边贸易的态度仍不明朗，一旦中美贸易出现巨大失衡，导致美国被中国视为"经济掠夺

---

① 王泰平主编：《中华人民共和国外交史》第3卷（1970—1978），世界知识出版社1999年版，第353页。
② "Memorandum for the President's File," July 1, 1971, *FRUS*, 1969－1976, Vol. 17, China, p. 355.
③ "Memorandum of Conversation," July 9, 1971, *FRUS*, 1969－1976, VOL. 17, China, p. 359.
④ 威廉·伯尔：《给贸易"投下阴影"：美中关系中的私有权利和封存资产问题（1972—1975）》，贺艳青译，李丹慧主编《冷战国际史研究》第10辑，世界知识出版社，2010年，第181—220页。
⑤ 上海市外贸局：《关于参加1971年秋季广交会的请示报告》，1971年9月20日，B170－3－73，上海市档案馆藏。
⑥ 对外贸易部办事组编：《关于美国对外贸易资料》，1971年9月22日，《外贸调研》第9期。
⑦ 《白宫岁月：基辛格回忆录》第3卷，第1306页。
⑧ 逄先知主编：《毛泽东年谱（1949—1976）》第6卷，中央文献出版社，2013年，第428页。

者”,则美国推进贸易的努力将完全得不偿失。① 不久,基辛格就想出了一个折中方案,成立一个由美国商人组成的“对华贸易委员会”,由民间机构去推进双边贸易。

其实此时,中国对扩大中美贸易的态度并不复杂。在进口端,诚如美方所料,中国在禁运期间已与其他西方国家形成了较为完善的供应关系,美国大体被视为其他西方国家的替补供应商。然而在出口端,美国显然是一块处女地。1972 年 4 月,外贸部在一份研究报告中表示美国市场大有可为,症结只在于美国仍对中国商品征收重税,要解决这一问题就必须主动要求美国提供“贸易最惠国”待遇,而此举必然导致中国放弃贸易议题上的外交优势,悖离“无欲则刚”的总体原则。因此,外贸部同样给出了一个折中方案:鉴于有美商“表示要同美政府的歧视关税政策作斗争”,中国应该鼓励这些“美商”在国内产生一定的影响。②

至此,中美都失去了在政府层面推动贸易实质进展的动力,而将主要的问题丢给民间机构去处理。③ 1973 年 2 月,基辛格在同毛泽东会谈时特意将话题引向美国对华贸易歧视,但毛泽东明确表示“中国还很穷”,并不急于破除障碍,扩大双边贸易。于是,基辛格提出,中美贸易应当是“象征性”而不是“商业性”的,旨在“建立一种对双方政治都必要的关系”。毛泽东欣然同意。④ 中美贸易的“象征性”框架正式确立,双方高层将致力于发展一种平衡且规模有限的双边贸易。

三、突破“象征”:中美贸易的新局面(1973—1974)

然而,顶层设计并非历史的全貌。1972—1976 年,在“四三方案”主要聚焦的机械设备领域,中国从美国的进口产品的确只集中在波音飞机、化肥工厂等有限的领域,进口额始终维持在 1 亿美元上下,与总体出口额大致相抵。⑤ 1973 年突然膨胀的中美粮食贸易显然超出了双方原先设计的框架,将两国经济关系推向了未曾设想的新高度。与“四三方案”一样,大规模引进粮食同样是为了应对 1970 年代初严重的经济危机。

1970 年的新一轮经济“跃进”计划造成了中国经济工作的全面被动,其中最为突出的就是粮食供应问题。一方面,中央为了刺激各地的生产热情而不断下放权力,使得各地盲目招工,吃公粮的人口迅速膨胀,布匹、副食品也很快告急;另一方面,农村人口大量涌入城市导致农村的农业劳动力急剧减少,进一步加深了危机。⑥ 雪上加霜的是,中国在 1972 年又遭遇了 1962 年以

① “Memorandum From John H. Holdridge and Robert Hormats of the National Security Council Staff to the President's Assistant for National Security Affairs (Kissinger),” undated, *FRUS*, 1969 - 1976, Vol. 17, China, p. 866.

② 对外贸易部办事组编:《从广交会对美商成交情况看中美贸易问题》,1972 年 5 月 10 日,《外贸调研》第 39 期。

③ 关于 1972—1976 年中美民间贸易机构的交往,可参见 Christian Talley, *Forgotten Vanguard: Informal Diplomacy and the Rise of United States-China Trade, 1972 - 1980*, pp. 45 - 104。

④ “Memorandum of Conversation,” February 17 - 18, 1973, *FRUS*, 1969 - 1976, Vol. 18, 1969 - 1972, China, pp. 130 - 131. 中方记录可参见逄先知主编《毛泽东年谱(1949—1976)》第 6 卷,第 427 页。

⑤ 哈里·马丁:《美中关系的现状与前景》,柯雄等译,新华出版社,1993 年,第 159 页。

⑥ 《中华人民共和国史稿》第 3 卷(1966—1976),第 151—152 页。

来最恶劣的气象灾害，南涝北旱，农业总产值下降 1.04%。[①] 至当年年底，粮食供应缺口已高达 672.5 万吨，约占总供应量的 15%。[②]

毛泽东对供应问题相当关切。据前轻工业部部长陈锦华回忆，1971 年 8 月，毛泽东就在长沙的一次考察中了解到城市供应严重短缺的问题，以至于他在“九一三事件”的第二天就主动询问周恩来是否可以通过引进设备缓解这种矛盾。[③] 这次谈话使得周恩来得以放手解决被他归纳为“三个突破”的经济乱象，[④]并逐步在 1972 年形成了一套以农业生产设备为主的引进方案。[⑤] 当然，远水难解近渴，由于大多数设备需要五年左右投产，中国还必须考虑扩大粮食进口。

自 1971 年底开始，中国明显追加了粮食订单。然而，与机械设备一样，美国最初同样只被视为一个边缘粮食供应商。1972 年中美贸易恢复之际，中国也只是试探性地报价了少量美国小麦，以避免对加拿大、澳大利亚小麦的过度依赖。[⑥] 9 月，当基辛格兴致勃勃地向黄华询问两国粮食贸易前景时，也只得到了“尚不明确”的答复。[⑦]

1972 年底，三个重要因素为中美粮食贸易带来了转机。首先是毛泽东认为中美关系虽然已经升温，但国际格局仍不明朗，中国仍面临着较大的战争风险。[⑧] 1972 年，他参照《明史·朱升传》的故事提出了“广积粮”的策略，并于当年 12 月正式下发。[⑨] 这就意味着中国原本就紧张的粮食工作不仅要保障生产生活供应，还增加了额外的储备任务。其次是当年 11 月，中国原先计划从澳大利亚进口的粮食因外交纠纷而被迫取消，[⑩]从而失去了第二大粮食供应国。当然最为关键的因素是，苏联借美国放宽粮食出口限制之机，于当年 7—10 月疯狂购入近 1 750 万吨美国粮食，导致全球粮食市场供应吃紧。[⑪] 中国外贸部于 10 月底才发现这一情况。[⑫] 作为应对，1973 年中国粮食总进口量高达 812.79 万吨，为 1972 年的 1.7 倍，也是新中国成立之后的最高水平。[⑬] 而美国则一跃成为中国的第一大粮食进口来源国，提供了 420 万吨粮食，占中国粮食进

---

① 《中华人民共和国史稿》第 3 卷（1966—1976），第 173 页。

② 《中华人民共和国史稿》第 3 卷（1966—1976），第 152 页。

③ 陈锦华：《国事忆述》，中共党史出版社，2005 年，第 8—9 页。

④ “三个突破”指中国的职工人数突破五千万，工资支出突破三百亿元，粮食销售突破八百亿斤（约 4 000 万吨）”，见《周恩来年谱（1949—1976）》（下），第 500 页。

⑤ 阎放鸣：《论我国第二次成套设备的大引进》，《中国经济史研究》1988 年第 1 期。

⑥ 《李先念年谱》第 5 卷，第 212 页。另据《李强传》记载，1972 年 4 月中国粮油进出口公司就已经与美国大陆谷物公司开展试探性谈判，但美方“并无诚意，十分傲慢，并且报价偏高”，参见紫丁《李强传》，人民出版社，2004 年，第 308—309 页。

⑦ “Memorandum of Conversation,” September 8, 1972, *FRUS*, 1969 - 1976, Vol. 17, China, p. 1070.

⑧ 杨奎松：《中美和解过程中的中方变奏——“三个世界”理论提出背景探析》，华东师范大学国际冷战史研究中心编著《冷战国际史研究》第 4 辑，世界知识出版社，2007 年，第 1—24 页。

⑨ 中共中央文献研究室编：《毛泽东思想年编（1921—1975）》，中央文献出版社，2011 年，第 948 页。

⑩ 《李先念年谱》第 5 卷，第 234—235 页。

⑪ 丹·摩根：《粮食巨人——一件比石油更强大的武器：国际粮食贸易》，张存节译，农业出版社，1983 年，第 105 页。

⑫ 《李先念年谱》第 5 卷，第 229—230 页。

⑬ 中国对外经济贸易编写委员会编：《中国对外贸易经济年鉴 1984》，中国对外经济贸易出版社，1984 年，第Ⅳ—118 页。

口总额的 51.2%。[①]

中美此前基于悲观预期而设计的“象征性贸易”框架显然受到了严重挑战。作为对比，1973 年 2 月在与基辛格确立“象征性”原则的过程中，周恩来曾对两国 1972 年产生的 3 000 万美元贸易逆差表示不满。[②] 然而，1973 年双边贸易逆差已达到了惊人的 6.16 亿美元，其中约 76.9%是由中国进口美国粮食造成的，而中美贸易总额也从 1972 年的约 1 亿美元飙升至超过 8 亿美元。[③] 这显然严重违背了中国 1972 年坚持双边贸易“一定要出口大于进口”的原则。[④] 更重要的是，美国这个西方国家的“替补”贸易对象在这一年已经成为了中国的第五大贸易国。

对这一预期之外的突破，中美双方几乎都采取了默许的态度。总体上，美国政府乐见中国参与国际市场，因为这基本必然会导致中美经济产生更多交集。[⑤] 问题只在于这一趋势是否稳定。中情局在 1973 年 7 月的一份报告中表示，此次中国大规模进口设备与粮食并非此前那样的小修小补，而是说明中国正在尝试将“接受外国帮助”纳入经济发展规划，实属“重大进展”。[⑥] 这一转变是“对 60 年代错失时间的弥补”，[⑦]也是对 1970 年代初激进发展路线的某种纠偏。[⑧] 从短期来看，美国纵然更希望中美贸易在政府的严密控制下发展，但美国自 20 世纪初就对参与中国现代化充满兴趣，只是苦于始终未逢良机。此时，中国在农产品和化肥设备方面的急迫需求无疑正是美国的强项所在，[⑨]美国没有理由不参与其中。对中方而言，美国粮食与贸易赤字纵然刺激着中国的敏感神经，但中国同样没有出手干预的意思。在 1973 年 11 月的一次民间贸易谈判中，中方表示注意到了中美贸易的巨大逆差，但中方并不强求双边贸易的“绝对平衡”。[⑩]

不过在 1974 年，刚刚突破“象征”的中美贸易迎来了两个主要挑战。首先是由于“批周风波”，中国单方面中断了为未来贸易扫清法律障碍的“私有权利”谈判，[⑪]之后又以在美方看来

---

① Chad J. Mitcham, *China's Economic Relations with the West and Japan, 1949 - 79: Grain, Trade and Diplomacy*, London and New York: Taylor & Francis Group, 2005, p. 213.

② “Memorandum of Conversation,” February 15, 1973, *FRUS*, 1969 - 1976, Vol. 18, China, p. 29.

③ “Chinese Affairs,” 30 October, 1973, https://www.cia.gov/readingroom/document/cia-rdp85t00875r000700020019-9, 访问时间：2021 年 7 月 19 日。

④ 《李先念年谱》第 5 卷，第 175 页。

⑤ Cable from the American Consulate, Hong Kong to the Secretary of State, Access to Archival Databases (hereafter AAD), 12 December 1973, 1973HONHKONG03071.

⑥ “Chinese Affairs,” July 23, 1973, https://www.cia.gov/readingroom/document/cia-rdp85t00875r000700020012-6, 访问时间：2021 年 7 月 19 日。

⑦ Cable from U. S. Mission, NATO to the Secretary of State, AAD, 30 July 1974, 1974NATO04147.

⑧ “Implications of China's Current Economic Problems”, August 1, 1973, https://www.cia.gov/readingroom/document/cia-rdp85t00875r001500190010-1, 访问时间：2021 年 7 月 19 日。

⑨ Cable from the U. S. Liaison office, Peking, to the Secretary of State, AAD, 31 March 1974, 1974PEKING00544.

⑩ Administrative Files: Subject File, Final Report, Summary of Meeting with Li Chiang, Minister of Foriegn Trade, at the Ministry of Trade, November 8, 1973, PRC, NCUSCT, pp. 85.

⑪ 威廉·伯尔：《给贸易“投下阴影”：美中关系的私有权利和封存资产问题》，贺艳青译，《冷战史国际研究》2010 年第 2 期。

"极为敷衍"的理由暂停了两国民间贸易机构的进一步交流。① 其次,作为两国贸易的绝对核心,粮食贸易也受到一种名为"小麦矮腥黑穗病"的病害侵扰:中国自1973年8月发现进口的美麦大量带有此病后,就坚持要求美国确保出口的小麦做到"零感染",否则就退货退款;②美国则认为中国过于严苛,拒绝接受中方的"零容忍"政策。③ 这一纠纷甚至造成了双边粮食贸易近两个月的中断。

虽然美国担心两国脆弱的经济联系受到当时复杂的政治形势干扰,④但仍对贸易前景感到安心。首先,中国对具有官方背景的美国贸易代表与普通美国商人采取了明显的区别政策,后者仍能访问多数开放城市。⑤ 这说明中国无意改变中美贸易的进程,而只是希望美国政府可以置身事外,⑥以免后者利用贸易绕开中国领导人眼中更为紧要的政治议题。针对美国官方的访问禁令也于1974年底基本解除。⑦ 此外,通过简单地协调检疫标准,中美出人意料地在1974年6月迅速达成了解决"黑穗病问题"的"君子协议",⑧不仅先前暂停的小麦贸易得以恢复,中国又在7月追加了美国粮食订单,⑨中美贸易突破"象征"的趋势得到了进一步确认。中方档案也表明,中国之所以愿意顶住国内国际的舆论压力,无视贸易逆差和各类纠纷,容忍甚至不断扩大美国粮食进口,并不是出于任何政治、外交目的,而是单纯因为美麦量大且价格便宜。⑩ 这一点足以证明中国也可以从纯粹经济角度思考中美贸易问题,而忽略它会产生的政治影响。反推之,如果近两年的贸易进展仍在很大程度上受制于政治议题,那么1974年的两次风波应该可以轻松破坏这一脆弱的贸易连接。事实上,1974年中美贸易额一度有望突破10亿美元,单单中国签下的美国粮食订单就已接近7亿美元。⑪ 由此,中情局甚至预言中国将"很快轻松超过苏联,成为美国主要的共产主义客户"。⑫

总之,1973—1974年中美贸易突破"象征",可以看作是中国或有意、或无意地向美国发出了1949年以来的第一个"现代化请柬","邀请"美国在"四三方案"引进的农业设备投产之前,

---

① 有关此类冷遇的讨论还可参见丁夏阳:《和解时期的中美贸易——以美中贸易全国委员会为核心考察(1973—1976)》,东北师范大学硕士学位论文,2017年,第21—24页。

② Cable from the U. S. Liaison office, Peking, to the Secretary of State, AAD, 10 October 1973, 1973PEKING01179.

③ Cable from the U. S. Liaison office, Peking, to the Secretary of State, AAD, 15 March 1974, 1974PEKING00444.

④ "Implications of China's Current Economic Problems," August 1, 1973, https://www.cia.gov/readingroom/document/cia-rdp85t00875r001500190010-1,访问时间:2021年7月19日。

⑤ Cable from the U. S. Liaison office, Peking, to the Secretary of State, AAD, 18 March 1975, 1974PEKING00273.

⑥ Cable from the Secretary of State to the U. S. Liaison office, Peking, AAD, 16 March 1975, 1974STATE003450.

⑦ Cable from the Secretary of State to the U. S. Liaison office, Peking, AAD, 15 November 1974, 1974STATE252410.

⑧ Cable from the U. S. Liaison office, Peking, to the Secretary of State, AAD, 11 June 1974, 1974PEKING00967.

⑨ "Orders on U. S. Corn Canceled by China," *New York Times*, 15 June 1974, p. 45.

⑩ 陆良伟:《上海市革委会电话询问商业部粮食局有关市接受美国带病(黑穗病)小麦问题情况的汇报》(上),1974年6月17日,B135-4-649-27,上海市档案馆藏。

⑪ Cable from the U. S. Liaison office, Peking, to the Secretary of State, AAD, 27 September 1974, 1974PEKING01683.

⑫ "Economic Intelligence Weekly," July 31, 1973, https://www.cia.gov/readingroom/document/cia-rdp85t00875r001500150033-0,访问时间:2021年7月19日。

在粮食问题上对中国施以特别帮助；而作为回报，中国将在未来与美国讨论经济上的“长期需求”。[①]

四、中美对贸易危机的不同应对(1975—1976)

好景不长，1975年，中美贸易并未继续飞跃，而是从9.2亿美元巨幅跌落至4.6亿美元。[②]美国有充分的理由对此感到恐慌，其驻北京联络处1月的报告比较代表性地反映了美国对贸易危机的初步反应：双边贸易额的巨幅下跌不仅可能预示着此前的种种危机尚未得到完全解决，还可能是中国关闭国门的前兆。[③]

然而，正如一些研究所指出的，此次贸易额下跌的主要原因是中国在1974年底爆发了严重的外汇危机，从而不得不大幅削减美国粮食订单。[④] 有充分的证据表明，中国直到1974年第四季度才突然意识到本国的进出口之间存在着近12亿美元的巨额逆差，[⑤]这个规模甚至超过了新中国建国以来历年贸易逆差的总和。在主要的进口项目中，机械与工业原材料进口与“四五计划”“五五计划”指标密切挂钩；相比之下，主要用于补充库存且额度巨大的粮食进口自然成为了缩减逆差的突破口，遭到了大幅削减。而在中国的主要供粮国中，美国是唯一一个尚未与中国签署《每年最低认购协议》的国家，取消美国粮食订单不会使中国面临巨大的经济、政治压力，加之此前的黑穗病以及由此引发的港口延误问题进一步降低了违约成本，因此中国在1975年初宣布全面取消美国的粮食合同。[⑥] 如此看来，与其说1975年的中美贸易下降反映了中美关系的种种矛盾，不如说反映了中国外贸体制的弊病——本该严丝合缝的计划经济竟然对如此巨大的外汇赤字毫无察觉。一些中方档案显示，问题出在出口产品的定价上。长期以来，中国进出口模式大体上是国家根据生产情况预估出口额，并向各地下达出口指标；之后再根据预估的出口情况安排进口。然而1970年之后中国进出口不断扩大，外贸系统的内部矛盾也日益加剧。可想而知，在固定的出口指标下，工业较为发达的地区(如上海)产品质量高、销路好，自然倾向于以“厚利少销”的方式降低生产负担；反之，工业基础较差的地区不得不采用“薄利多销”的方式才能勉强完成任务。[⑦] 而在“统制外贸”的体制下，类似产品必须统一定价，否则就会造成各

---

① “Memorandum from the President’s Assistant for National Security Affairs (Kissinger) to President Nixon,” July 5, 1973, *FRUS*, 1969 – 1976, VOL. 18, China, p. 286.

② John W. De Pauw, U. S. *-Chinese Trade Negotiations*, New York: Praeger, 1982, p. 5.

③ Cable from the U. S. Liaison office, Peking, to the Secretary of State, AAD, 18 January 1975, 1975PEKING00082.

④ Min Song, “A Dissonance in Mao’s Revolution: Chinese Agricultural Imports from the United States, 1972 – 1978,” *Diplomatic History*, Vol. 38 (2014).

⑤ 《李先念年谱》第5卷，第368—369页。

⑥ 关于中国1975年取消美国订单的过程及原因，可参见 Xiayang Ding, “Economics vs. Diplomacy: Examining the Roots of Decline in Sino-U. S. Trade in 1975,” *The Journal of American-East Asian Relations*, (28) 2021。

⑦ 上海市外贸局：《1970年春季中国出口商品交易会工作报告》，1971年5月31日，B170 – 3 – 2 – 1，上海市档案馆藏。

口岸的“抬价抢购、低价竞销”的乱象。[①]于是，如何定价就成为了一个老难题。虽然李先念曾在1972年底明确指示出口价格要“随行就市”，灵活掌握，[②]但各部委真正掌握的国际市场的资料极其有限，“搞行情的工作人员”也是少之又少。[③] 1974年初，中国最大的几个外部市场急剧萎缩，出口疲软，[④]而中国却在广交会上“狠批降价风”，坚持高价销售，[⑤]最终也只能在外商的困惑中坐看出口换汇产品在仓库中堆积如山。[⑥]

有失必有得，堆积如山的外贸商品的确限制了中国购买美国粮食的能力，但也凸显了美国作为中国新兴外部市场的重要性。在巨大的库存压力下，1974年8月，一向将“中间商”与“佣金”贬斥为“资产阶级黑心商人”的上海口岸，竟然主动提出要向中美贸易的“中间商”支付10%—20%的佣金，以便“抢占美国市场”，“买卖做大了，还可给他更大折扣”。[⑦] 1975年，中国更是与美国一同安排了20多个贸易代表团奔走于两国之间，以期深入考察美国市场，[⑧]并着力改善中国在价格与市场需求方面的信息漏洞。在一些场合，中国外贸机构甚至会放下此前的“高姿态”，“以政府的名义”对美国的对华贸易壁垒表示不满。[⑨]

然而，“象征性”贸易又严重束缚了中国开发美国市场的能力。从逻辑上讲，既然贸易只是政治关系的陪衬，中国就不应在双边贸易中提出任何“我有求于美帝”的议题，但是如果中国不放下“身段”，主动同美国协商扫清诸如关税壁垒在内的贸易障碍，外汇危机将再次重演。在更大的战略格局上，维持“象征性”贸易也并非明智之选，1974年的外汇危机足以说明，中国无力同时承担以“四三方案”为标志的快速现代化，以及以大量进口粮食为代表的大规模战备任务。因此中国对美国的需求不应只停留在粮食供应上，而应当寻求美国在战略上帮助中国减轻战备压力，这样中国就能更加集中精力从事现代化建设。反之，倘若两国贸易只停留在某种“象征”意义，而不真正上升至战略层面，则一切都无从谈起。

毛泽东、邓小平显然对此有着清醒的认识。中美贸易固然遇到了危机，但无论是退回“象征性”贸易还是以取消“象征性”贸易来威胁美国，都不是解决之道。唯有在1973—1974年中美贸易突破“象征”的基础上，主动谋求超越“象征”，才能进一步推动双边关系发展。或许是由于1975年中国国内关于“洋奴”的争论甚嚣尘上，中国领导人并未明确提出要推进两国贸易，但的

---

① 沈觉人主编：《当代中国对外贸易》（上），当代中国出版社，1992年，第22页。

② 《李先念年谱》第5卷，第235页。

③ 上海市革委会财贸组报告：《关于当前外贸工作中一些问题的情况汇报》，1972年6月28日，B248－2－478－26，上海市档案馆藏。

④ Alexander Eckstein, “China’s Trade Policy and Sino-American Relations,” *Foreign Affairs*, Vol. 54, 1975.

⑤ 上海市外贸局革命委员会：《关于1974年上海口岸参加春交会情况汇报》，1974年5月25日，B170－3－273－25，上海市档案馆藏。

⑥ 上海市外贸局革命委员会：《关于请求帮助解决外贸仓库困难的紧急报告》，1974年5月10日，B248－1－550－77，上海市档案馆藏。

⑦ 上海市外贸局革命委员会：《关于参加1974年广交会的请示报告》，1974年10月8日，B170－3－273－58，上海市档案馆藏。

⑧ 邓峥云：《二十世纪七十年代中美经贸关系研究》，中共中央党校博士学位论文，2016年，第82页。

⑨ Cable from the American Consulate, Hong Kong to the Secretary of State, AAD, 27 June 1975, 1975HONGK07226.

确表露出希望超越“象征”之意。与毛泽东1973年2月同基辛格的对话中一样，邓小平也在1975年几次接见美国客人时或多或少坦承了中国的经济窘境，不同的是他并未由此得出中美贸易“前景黯淡”的结论，而是强调双边贸易未来可期。① 这再次确认了中国邀请美国参与本国现代化，并且其身份不再是“紧急供货商”，而是未来的长期贸易伙伴。当然，这份“请柬”也是有条件的，毛泽东在1975年10月同基辛格的会谈中，暗示美国应当给予苏联足够的战略压力，以减轻中国“广积粮”的战略负担，倘若美国对苏联“软弱”“不可靠”，则中国只能继续埋头挖洞积粮，而无暇从事现代化建设。② 这一表态显然有批判美国之意，但也是希冀美国转换思路，从战略的高度为中国现代化提供帮助。此举虽然会在短期内导致中国不再需要美国粮食，但正如邓小平所言，两国如果能够在战略层面将中美关系推入下一个阶段，则“中美贸易的前景就会更加宽广”。③

与中国的长远规划相比，美国政府似乎忽然变得“短视”起来。尽管美国并不怀疑中国的现代化决心，也不怀疑中国将继续努力“从美国获得某些技能和材料来增强本国实力”，④但从中国领导人的健康状况来看，中国存在政权交接的可能性，⑤新一届中国领导人会为两国关系带来怎样的变化也仍是未知数。故而杰拉德·福特(Gerald Ford)总统与基辛格均不愿与中国立即就战略问题达成一致。⑥ 相反，基辛格认为，既然两国没有粮食贸易提供动力，就应当回到此前的“象征性”贸易模式，美国应当寻求与中国达成更灵活的贸易协议作为“全面正常化的替代性步骤”，从而使两国人民“感受到关系的加强和走向正常化的持续势头”。⑦ 可想而知，在10月的会谈中，邓小平对基辛格陈旧的贸易提案毫无兴趣，表示这类问题“一百年不解决也没关系”。⑧

进入1976年，中美两国都忙于内政问题，对双边关系均是力不从心。美国国安会于当年3月的一份报告中建议，鉴于中国当前的局势已超出了美国可以施加影响的范畴，美国最好成为“被动的观察者，就像中国人看待水门事件一样”。除非美国政府“重新启动一个更加坚定和一致”的外交政策，否则中美关系将难以恢复1972—1973年的活力。⑨ 当然在混乱之中，美国在8

① Cable from the U. S. Liaison office, Peking, to the Secretary of State, AAD, 2 April 1975, 1975PEKING00586; Cable From the U. S. Liaison office, Peking, to the Secretary of State, AAD, 1 January 1976, 1976PEKING00019.

② "Paper Prepared by the Director of the Policy Planning Staff (Lord)," undated, *FRUS*, 1969-1976, Vol. 18, China, p. 831.

③ Cable from the U. S. Liaison office, Peking, to the Secretary of State, AAD, 25 August 1975, 1975PEKING01623.

④ "Cia Analysis of China in 1980-85, and in the Year 2000," August 20, 1974, https://www.cia.gov/readingroom/document/loc-hak-541-1-8-1,访问时间：2021年7月19日。

⑤ "Memorandum from the President's Assistant for National Security Affairs (Scowcroft) to President Ford," March 12, "Memorandum of Conversation," March 19, 1976, *FRUS*, 1969-1976, Vol. 18, China, p. 921.

⑥ "Research Study: Chinese Politics and the Sino-Soviet-US Triangle," August 1, 1975, https://www.cia.gov/readingroom/document/cia-rdp84b00506r000100070009-9,访问时间：2021年7月19日。

⑦ "Memorandum of Conversation," October 20, 1975, *FRUS*, 1969-1973, 1969-1976, VOL. 18, China, p. 761.

⑧ "Memorandum of Conversation," October 22, 1975, *FRUS*, 1969-1973, 1969-1976, VOL. 18, China, p. 802.

⑨ "Copies of My China Analysis for the President and Secretary Kissinger," March 8, 1976, https://www.cia.gov/readingroom/document/loc-hak-113-1-5-9,访问时间：2021年7月19日。

月得出了两个重要判断。其一，无论未来的中国政局如何变更，或者新一届中国领导人又将把中美关系推向何方，中苏都几乎再无重修旧好的可能性；其二，从长远来看，以“意识形态”为主的激进路线已“不适合（完成）中国落后经济和传统社会现代化这一复杂任务”，因此“更加温和、务实”经济政策的“胜利只是一个时间问题”。① 这就意味着中国必然会与世界市场发生更大的联结，而在这场“公平竞争”中，美国将必然比苏联更深入地参与其中。这也正是 1977 年之后所发生的历史。

结　论

对上述历史进程的梳理表明，1969—1976 年，中美围绕贸易解冻与发展的问题进行了深刻的思考与博弈。第一阶段是 1969—1972 年，尼克松政府成功结合对华贸易冲动与缓和战略需求，对中国实施了“经济接触”政策，希望从中获得战略、经济双重利益；但中国希望将贸易打造成“美帝有求于我，而我无求于美帝”的外交筹码，因此双方最终只得各退一步，将贸易限制在“象征性”框架内。第二阶段是 1973—1974 年，中国为了解决粮食供应危机而向美国大规模进口，致使中美贸易突破了“象征性”的框架；随后，中美又成功解决了两起贸易纠纷，证明了彼此之间的贸易需求与潜力。第三阶段是 1975—1976 年，中美贸易陷入危机，但中国主张通过超越“象征”，即将贸易议题提升至战略高度的方式来推进两国关系，但美国却因担忧中国政局不稳而提出回到“象征性贸易”，从而将中美贸易的全面发展推延到了下一个时期。

由此可见，贸易议题并非被中美领导人所忽视，而是双方意识到贸易的巨大潜力后选择暂且搁置，以免损害战略利益。因此与传统研究经济、政治相互决定的认识不同，商业在 1969—1976 年的中美和解中所扮演的角色既不是无足轻重的“晴雨表”，也不是两国关系的重要“压舱石”，而是在不断的博弈中逐渐成为中美国家战略的一个潜在契合点——中国对于现代化的渴望逐渐与美国参与中国现代化的长期愿景相重合，并表现出了加入而非取代两国战略议题的趋势。从另一个角度看，尽管冷战格局为中美和解提供了重要的契机与动力，但中美关系的长远发展还是取决于两国自身的历史愿景以及对对方愿景的认同。中国日益加深的开放决心不断获得美国认可，增强了美国参与中国现代化的热情，而这种热情又使中国不断提高美国在外贸政策中的地位，从 1969 年的拒之门外到 1975 年主动在中国的现代化蓝图中为美国的参与划出一席之地。正是这种良性互动最终推动中美贸易由隔绝走向“象征”，继而又超越“象征”，并深远影响了 1977 年至今的中美关系。

---

① “Mao’s Last Hurrah: the Campaign Against Teng Hsiao-Ping,” August 1, 1976, https://www.cia.gov/readingroom/document/cia-rdp79t00889a000800030001-8，访问时间：2021 年 7 月 19 日。

作者简介：

丁夏阳，历史学博士，博士毕业于华东师范大学历史学系，现为上海师范大学博士后。主要研究方向为冷战国际史、中美关系史。在《史林》、*The Journal of American-East Asian Relations* 等刊物发表文章4篇，并被《人大报刊复印资料》、H-Diplo 转载，出版译著1部。获得上海市超级博士后资助。

14 世纪早期英格兰寡妇产请愿探究

黄嘉欣

摘　要： 中世纪时代，英格兰与寡妇产相关的诉讼均由普通法庭按照既定程序予以处置，然 14 世纪早期，英格兰社会出现了向议会提交大量寡妇产请愿的现象，究其根源有二：法庭诉讼注重程序，诉讼周期长、经济成本高，严苛的法律规定限制了寡妇产的恢复；议会请愿程序简便、书写较灵活，多种文本修辞策略的采用可提升寡妇产恢复的几率。文本分析展现出寡妇产请愿多运用具有女性特质的策略，塑造符合社会文化规范的"好母亲"形象，善用叙事手法表达冤屈，并以"第一人称叙述手法"发出女性声音。寡妇产请愿样本的量化研究表明国王侵占是造成请愿大批涌现的最大原因，侵占则源于男爵叛乱和王权更替背后政治权力的争夺，王室借助寡妇产实现对地方和贵族的控制，寡妇则通过请愿参与公共政治生活。据统计近 72%的寡妇产请愿得到积极回复，议会请愿的确为寡妇产权益的维护提供了另一种有效途径。

关键词： 寡妇产　议会请愿　普通法庭诉讼　文本策略　女性政治参与

寡妇产(Dower)是中世纪英国乃至西欧社会土地产权体系中一种特殊类型。12 世纪末英格兰大法官、法学家格兰维尔(Ranulf de Glanvill)便已对寡妇产予以权威界定："婚姻订立之时(结婚时)丈夫在教堂门口赠予新娘的财产，若未具体指明何块地产，则表示结婚时丈夫保有的全部自由地产的 1/3 作为合理的寡妇地产；而在指明的情况下，寡妇产也不得超过全部自由地产的 1/3。"[①]及至 14 世纪初，英格兰普通法对寡妇产的规范也非常明确，其意义在于更好地保护妇女在守寡期间的经济生活，鼓励其继续承担家庭责任、抚育子女，或为年迈的寡妇提供养老金。在社会变迁、王朝鼎革的过程中，寡妇产这种源远流长、功能别致的土地产权也时常受到冲击。英格兰统治阶层通常多以普通法的程序体系来解决社会上大量涌现的寡妇产诉讼，但在

① G. D. G. Hall ed., and trans., *The Treatise on the Laws and Customs of the Realm of England Commonly Called Glanvill*, London: Nelson, 1965, pp. 58–59.

13 世纪末一种新的申诉方式大为流行，为寡妇提供了另一维权途径，这就是议会请愿。[①]

英王爱德华一世（1272—1307 年在位）在议会中设立特别委员会专门处理地方请愿事宜，允许个人或群体向王室提出申诉，意在解决前朝男爵叛乱危机遗留的问题，疏导因地方司法不公积累的民怨，从而向臣民施行王室政治权威。英格兰寡妇群体也借此机遇试图获得国王恩典。14 世纪初寡妇向议会提交了大量请愿，1300—1330 年间共有 321 份，[②]其中涉及侵占寡妇产的请愿就有 117 份，占所有寡妇请愿总量的 36.4%。这种数量之多、占比之高的现象自然引起了学界关注。

当代史家在中世纪欧洲女性历史的研究中，可以说与寡妇产相关的研究是一个重要领域。以往国内外相关研究多侧重寡妇产的历史发展和法律局限、[③]经济吸引力[④]等方面，较少关注寡妇产潜存的政治意涵，即便在论及与寡妇产相关的议会请愿时也往往侧重贵族妇女、赋予其传奇色彩和丰富的叙事性，[⑤]抑或突出寡妇作为政治冲突牺牲品的形象。[⑥] 新近学术研究则出现新的取向，即试图从大量通过议会请愿来求取维护自身权益的活动，来探析寡妇参与政治活动

---

① 英国学界关于议会请愿的早期研究状况，请参见 A. R. Myers, "Parliamentary Petitions in the Fifteenth Century, Part I: Petitions from Individuals or Groups", *The English Historical Review*, Vol. 52, No. 207, 1937, pp. 385 - 404; A. R. Myers, "Parliamentary Petitions in the Fifteenth Century, Part II: Petitions of Commons and Common Petitions", *The English Historical Review*, Vol. 52, No. 208, 1937, pp. 590 - 613; S. B. Chrimes, *English Constitutional Ideas in the Fifteenth Century*, Cambridge: Cambridge University Press, 1936, pp. 236 - 249; H. L. Gray, "The Influence of the Commons on Early Legislation: A Study of the Fourteenth and Fifteenth Centuriesm", Master Dissertation, University of Cambridge, 1932。七八十年代以后的发展趋势，请参见 H. G. Richardson and G. O. Sayles, eds., *The English Parliament in the Middle Ages*, London: Hambledon Press, 1981; R. G. Davies and J. H. Denton, eds., *The English Parliament in the Middle Ages*, Philadelphia: University of Pennsylvania Press, 1981。21 世纪初出版文献集《中世纪英国议会档案》，Chris Given-Wilson, Paul Brand, Seymour Phillips, W. Mark Ormrod, Geoffrey Martin, Anne Curry and Rosemary Horrox, eds., *The Parliament Rolls of Medieval England, 1275 - 1504*, 16 Volumes, Woodbridge: The Boydell Press, 2005.（下文简称 *PROME*）。2006 年，英国一批学者对国家档案馆保存的"古代请愿书"（Special Collection 8: Ancient Petitions，简称 SC 8）进行了编辑、整理，并上传至国家档案馆官方网站，见：https://discovery.nationalarchives.gov.uk/browse/r/h/C13526, 2020.12.09。目前对议会请愿最为全面的专著是 Gwilym Dodd, *Justice and Grace: Private Petitioning and the English Parliament in the Middle Ages*, New York: Oxford University Press, 2007。国内相关研究成果，请参见刘鹏《英国议会请愿的起源》，《世界历史》2020 年第 1 期。

② 本文研究样本是 SC 8 中请愿人社会身份识别为寡妇的请愿书，选定时段大体为：1300—1330 年，其中也含有 1275—1300 年和 1327—1340 年的少数请愿书。

③ 俞金尧：《中世纪欧洲寡妇产的起源和演变》，《世界历史》2001 年第 5 期，第 50—59 页；George L. Haskins, "The Development of Common Law Dower", *Harvard Law Review*, Vol. 62, No. 1, 1948, pp. 53 - 54; Janet S. Loengard, "'Of the Gift of Her Husband': English Dower and its Consequences in the Year 1200", in Julius Kirshner and Suzanne F. Wemple, eds., *Women of the Medieval World: Essays in Honor of John H. Mundy*, Oxford: Basil Blackwell, 1985, pp. 215 - 255; Michael Hicks, "Crossing Generations: Dower, Jointure and Courtesy", in Michael Hicks, ed., *The Fifteen-Century Inquisitions Post Mortem: A Companion*, Woodbridge: The Boydell Press, 2012。

④ Rowena E. Archer, "Rich Old Ladies: The Problem of Medieval Dowagers", in Alan J. Pollard, ed., *Property and Politics: Essays in Later Medieval History*, Sutton: Palgrave Macmillan, 1984, pp. 15 - 31; Rhoda L. Friedrichs, "The Remarriage of Elite Widows in the Later Middle Ages", *Florilegium*, Vol. 23, No. 1, 2006, pp. 69 - 83.

⑤ Linda E. Mitchell, *Portraits of Medieval Women: Family, Marriage and Politics in England, 1225 - 1350*, New York: Palgrave Macmillan, 2003; W. Mark Ormrod, "Needy Knights and Wealthy Widows: The Encounters of John Cornewall and Lettice Kirriel, 1378 - 1382", in R. F. Yeager and Toshiyui Takamiya, eds., *The Medieval Python the Purposive and Provicative Works of Terry Jones*, New York: Palgrave Macmillan, 2012, pp. 137 - 150.

⑥ Natalie Fryde, *The Tyranny and Fall of Edward II*, Cambridge: Cambridge University Press, 2003.

的程度,重新认识英格兰女性在政治生活中的角色。①

有关英格兰女性与政治关系的研究源自20世纪70年代创立的公共和私人领域二元论,该理论强调男性处于公共领域,拥有政治和法律权力,女性则被限制在家庭内部主导私人领域。②其支持者认为中世纪晚期的英格兰女性被隔离在政治参与之外。③ 直到20世纪80年代末,史家开始质疑二元论的合理性,试图将女性作为积极或消极参与者纳入法律诉讼和政治辩论的世界,考察两性权力的现实状况以突破公共和私人领域二元性的简单对立,关注妇女在家庭内外发挥影响和掌握权力的方式。④ 而英国学界一些最新研究成果突破了二元论下女性权力行使仅是"例外"的基调,将女性纳入中世纪历史主流叙事,通过探究西欧各国精英女性的政治参与和影响彰显女性参与政治活动的普遍性。⑤

本文将以古代请愿书和议会档案为原始资料,从普通法对寡妇产维权的限制切入,分析14世纪早期寡妇产诉讼存在的内在困难,进而探究当时寡妇广泛使用议会请愿存在的客观必要性;并对请愿书书写的灵活性策略进行分析,以评估其对提升寡妇产恢复几率的作用。在定性分析基础上辅以定量研究,揭示14世纪早期寡妇产问题的性质和特点,探究议会请愿机制与英格兰寡妇产诉讼之间的关联,在更广阔的社会、法律和政治语境下理解寡妇产与王室政治的内在关联,从而构建起中世纪英格兰女性与中央政治权力的联系。

一、法律与局限:寡妇产诉讼

14世纪下半叶英国文学家乔叟在《坎特伯雷故事集》中描绘出了寡妇的三个经典形象,即巴斯妇人、修女和修女院教士故事里的寡妇。而贫穷是其共同的显著特点。当不怀好意的差役来到寡妇门前准备敲诈一笔十二便士的赎罪金,她说:"十二便士!我的圣母,千万保佑我脱离烦恼和罪过!哪怕有这钱整个世界就归我,我家也没法凑出十二个便士。"⑥修女院教士描述了一位年迈的贫苦寡妇,"话说这妇人自从死掉丈夫,过的日子就非常节俭和简朴,因为资产少,收入自然有限;她凭着量入为出和精打细算,维持自己和两个女儿的生活……她吃得很少,只吃一

① W. Mark Ormrod, *Women and Parliament in Later Medieval England*, Palgrave Macmillan & Cham, 2020, https://doi.org/10.1007/978-3-030-45220-9, 2020.12.09.

② Jo Ann McNamara and S. F. Wemple, "Medieval Women: Their Gain and Loss of Power", *Barnard Alumnae*, Vol. 63, 1974, pp. 8-11.

③ Barbara Hanawalt, *The Ties that Bound: Peasant Families in Medieval England*, New York: Oxford University Press, 1986, p. 145; Judith Bennett, *Women in the Medieval English Countryside: Gender and Household in Brigstock Before the Plague*, New York: Oxford University Press, 1987, p. 126.

④ Mary C. Erler and Maryanne Kowaleski, eds, *Women and Power in the Middle Ages*, Athens and London: University of Georgia Press, 1988; Mary C. Erler and Maryanne Kowaleski, eds, *Gendering the Master Narrative: Women and Power in the Middle Ages*, Ithaca and London: Cornell University Press, 2003.

⑤ Heather J. Tanner, ed., *Medieval Elite Women and the Exercise of Power, 1100-1400: Moving beyond the Exceptionalist Debate*, Palgrave Macmillan and Cham, 2019, https://doi.org/10.1007/978-3-030-01346-2, 2020.11.15.

⑥ 杰弗雷·乔叟:《坎特伯雷故事集》,黄杲炘译,陕西师范大学出版社,2016年,第280页。

点食物;她不用什么香油辣酱来调味……从没有美味食品沾过她嘴唇……”[①]乔叟描绘的是下层阶级的寡妇,但贫困潦倒的守寡生活正是英国妇女亟待改变的状态。为保障妻子未来的生活,丈夫会为妻子安排一份寡妇产,正如乔叟笔下商人谈起一月爵士迎娶五月女士的婚礼细节,就包括赠予新娘地产的契约,爵士对妻子说,“忠实于我,准得到三样东西:这就是基督的爱和你的贞操,还有我的产业、集镇和城堡。我把这些赠予你,按你的心愿立下特许状”[②]。用特许状指定寡妇产的情况在12世纪较为常见,例如,一位名为阿德拉德(Adelard)的丈夫在特许状中赠送三条半土地、家宅以及其他房屋给妻子伊索德(Isolde)作为寡妇产,若未来生育了继承人,上述财产归继承人所有。[③]

就整个中世纪晚期而言,寡妇产授予是个非常普遍的社会经济现象。首先寡妇人群数量较多,学者们发现,15世纪贝德福郡成年男性的遗嘱表明其中72%有孀妻,1271—1300年间,伦敦有61%的男性留有孀妻,14—15世纪伦敦最高法庭霍斯汀法庭保存的3 000份已婚男性的遗嘱中有53%提及仍在世的妻子。[④] 其次,寡妇产授予在乡村和城市都较为普遍,贝德福德郡的乡村遗嘱表明63%的丈夫授予妻子家宅供其余生居住,5%授予妻子家宅外一处房屋,2%的丈夫授予妻子1/3全部财产,还有15%的丈夫授予妻子特定土地;霍斯汀法庭遗嘱表明86%的成年男性去世时给妻子留下财产,如土地、店铺、花园、住房、地租、客栈和酿酒屋。[⑤] 然而按照习俗授予寡妇产是一回事,真正占有寡妇产是另一回事。寡妇产经常被继承人忽略,因而寡妇需采取必要手段才能维护其合法权利,到普通法庭诉讼是最为重要的途径之一。

格兰维尔撰写的《论英格兰王国的法律与习惯》奠定了英国普通法的基调,他对寡妇产的论述反映了亨利二世时期(1154—1189年在位)英格兰的法律生态,同时为寡妇产律法在中世纪的发展开辟道路。后世的法律专著,如《论英格兰的法律和习惯》《弗拉塔》《布里顿》[⑥]均在此基础上不断完善寡妇产的法律规范。笔者认为到14世纪初普通法对寡妇产的完善集中体现在三方面。

第一,寡妇产占有丈夫自由土地的份额为1/3。格兰维尔坚持在任何情况下都不超过亡夫地产的1/3。13世纪上半叶的布莱克顿则认为,若继承人同意可稍增加寡妇产的份额;1295年

---

① 杰弗雷·乔叟:《坎特伯雷故事集》,第610页。

② 杰弗雷·乔叟:《坎特伯雷故事集》,第389页。

③ P. R. O., Ancient Deeds, C 146/6360. 转引自 Joseph Biancalana, “Widows at Common Law: The Development of Common Law Dower”, *The Irish Jurist*, new series, Vol. 23, No. 2, 1988, pp. 262, 267。

④ Barbara A. Hanawalt, “Widows”, in Carolyn Dinshaw and David Wallace, eds., *The Cambridge Companion to Medieval Women's Writing*, 2nd edition, Cambridge: Cambridge University Press, 2003, p. 58; Maryanne Kowaleski, “The History of Urban Families in England”, *Journal of Medieval History*, Vol. 14, Issue 1, 1988, p. 55; Barbara A. Hanawalt, “Remarriage as an Option for Urban and Rural Widows in Late Medieval England”, in Sue Sheridan Walker, ed., *Wife and Widow in Medieval England*, Ann Arbor: University of Michigan Press, 1993, p. 146.

⑤ Barbara A. Hanawalt, “Remarriage as an Option for Urban and Rural Widows”, p. 147.

⑥ 《论英格兰的法律和习俗》(*De legibus et consuetudinibus Angliae*)由13世纪法学家亨利·布莱克顿(Henry de Bracton)撰写,他对亨利三世及其之前时期的普通法进行了概括。《布里顿》(Britton)、《弗莱塔》(Fleta)成书于1290年前后,一般认为这两部著述是对布莱克顿作品的重新概括和删减。

颁布的《威斯敏斯特条例 III》规定自由民有支配、买卖土地的权利，为保护寡妇权益，王国法律将寡妇产规定为婚姻存续期间丈夫占有地产的 1/3。[①]《布里顿》描述道："由于寡妇产的使用成为法律，即便丈夫没有任何示意她依然能得到足够的赠予……寡妇产由人们的共同法律规定，不能为任何个人所颠覆。"[②]

第二，寡妇产不受丈夫让渡土地的影响。1215 年《大宪章》第 11 条则规定不得将寡妇产用于偿还债务，[③]1285 年颁布的《威斯敏斯特条例 II》第四条法案保护寡妇产不受丈夫生前分割土地的影响，[④]再次明确寡妇产不可让渡的原则。

第三，寡妇产的诉讼程序逐渐规范化。14 世纪早期普通法根据寡妇产不同的占有情况规定了三种诉讼程序：（一）无人占有，寡妇在丈夫继承人同意后可直接进入并持有土地；（二）部分占有，无争议地产经继承人同意后持有，剩余地产的诉讼需购买权利令状（writ of right of dower），郡长通过令状传唤寡妇指定的担保人（常为丈夫的继承人）到庭为寡妇产提供担保，若无故缺席则没收其地产、恢复寡妇产。担保人到庭后需说明地产归属，若承认争议地产为寡妇产，就有责任交付地产；若持中立不介入诉讼，则为寡妇提供等价补偿；若否定其为寡妇产，诉讼将在寡妇和担保人之间进行。后由法庭查证，若争议地产确为寡妇产，那么被告需归还土地或支付等额赔偿，其损失由担保人补偿，若无力补偿，寡妇在有生之年占有该土地待其去世后归还被告；若证实寡妇产尚未指定，被告可继续持有土地，由担保人支付寡妇产。[⑤]（三）完全占有，诉讼将送交国王法庭审理，占有人将受"取得亡夫遗留地产令状"（writ of dower unde nihil habet）传唤到庭听审，诉讼程序同上。[⑥]

综上所述，及至 14 世纪早期寡妇产的份额和不可让渡的原则已确定，国王法庭上的诉讼程序也已十分明确，因此当寡妇产遭受侵犯时，寡妇通常可采取普通法庭诉讼维护权益，但普通法下寡妇产诉讼有两大内在缺陷。

首先，令状制度的复杂性限制了寡妇产诉讼的成功几率。上诉人必须从文秘署购买一份合适的令状作为起始令状（original writ）开启诉讼程序，为确保诉讼顺利进行，还需购买其他司法

---

① Sir William Holdsworth, *A History of English Law*, Vol. 3, 7th edition, London: Methuen & Co. LTD, 1977, pp. 189 - 193. 霍尔兹沃斯总结了 4 类寡妇产，教堂门口授予的寡妇产（dower ad ostium eccelesiae），以父亲地产授予的寡妇产（ex assensu patris）是 12—13 世纪的古老传统，它们与按习俗授予的寡妇产（dower by custom）在 13 世纪末逐渐让位于普通法规定的寡妇产（dower by the common law）。

② Francis Morgan Nichols, *Britton: The French Text Carefully Revised with an English Translation, Introduction and Notes*, Vol. II, Oxford: Clarendon Press, 1865, pp. 236 - 237.

③ 霍尔特著：《大宪章》，毕竞悦、李红梅、苗文龙译，北京大学出版社，2010 年，第 503—504 页。霍尔特使用的 1215 年大宪章为 1892 年编辑本。笔者在引用时，尚参考了另一版本：George Burton Adams and H. Morse Stephens, eds., *Select Documents of English Constitutional History*, New York: The Macmillan Company, 1901, pp. 43 - 46。

④ John Raithby, ed., *The Statutes of the Realm*, Vol. 1: 1101 - 1377, London, 1810, pp. 74 - 75.

⑤ 三大诉讼程序由格兰维尔奠基后经布雷克顿完善，参见 George E. Woodbine, ed., Samuel E. Thorne, trans., *Bracton on the Laws and Customs of England*, Vol. 3, Cambridge, Massachusetts: The Belknap Press of Harvard University, 1977, pp. 358 - 360, 364 - 365；《布里顿》也对诉讼程序有相似表述，参见 Francis Morgan Nichols, *Britton*, Vol. II, p. 269。

⑥ G. D. G. Hall ed., *The Treatise on the Laws and Customs of the Realm of England Commonly Called Glanvill*, pp. 60 - 68.

辅助令状,且不同的寡妇产诉讼案件所选取的令状不同。[①] 为正确填写令状、使用正确的陈述词,起诉人要聘请精通法语和拉丁文的事务律师(solicitor),法庭上的辩护与举证也需出庭律师(barrister)的协助与辩护,其经济成本较高,并且申领令状者所受法律规范之严格束缚了诉讼的主题和补救的范围。[②] 此外令状从文秘署派出送到特定法庭,经审判后再从郡长或法官处将签注送回,此过程耗时甚长,加之庭审和调查过程难免出现延误或差池,因此一桩看似简单的寡妇产诉讼可能进展缓慢。[③] 更重要的是,若无法在 40 天内结束诉讼,尚未恢复地产或权益的寡妇很可能从丈夫的屋宅中被驱逐。[④]

其次,普通法对寡妇产获取条件的规定非常严格。寡妇通常在诉讼过程中因被告提出的"例外"而丧失寡妇产的获取资格,这些例外主要包括:寡妇的丈夫未真正死亡,若原告方不能拿出确切证据证明丈夫死亡,将可能导致败诉;原告与亡夫之间不存在合法的婚姻关系,或因离婚、秘密婚姻丧失对亡夫遗产的继承权;即便证实为合法妻子,若未在教堂门前庄严地举行婚礼便意味着寡妇产赠予契约尚未达成;寡妇主张的地产并非合理寡妇产,她们传唤的证人无法证实寡妇产指定的情况,或寡妇产份额超过 1/3;原告在诉讼中指定的担保人并非丈夫继承人。[⑤]

随着寡妇产诉讼的普遍化,"例外"情况的具体细节愈加丰富:购买令状前寡妇曾接受部分遗产或曾表示满意而导致令状失效;结婚之日起丈夫从未占有该寡妇地产或婚前已出售该地产,又或丈夫对该地产的占有仅供其个人终身承租,再或这份地产属于丈夫前妻;丈夫生前被判为重罪犯,包括寡妇产在内的一切地产充公;妻子缺少为婚姻服务的能力(年龄小于 9 岁)。[⑥] 即便寡妇产恢复后,也可能因继承人无力偿还债务或因法官判决丧失另外 2/3 的地产,或因寡妇再嫁生子、明知错误占有地产却沉默不言等理由被再度剥夺寡妇产。[⑦] 最后普通法还明确规定寡妇产所有权归继承人所有,寡妇无权让渡和出售,仅供余生使用且杜绝浪费和破坏地产,否

---

① 有关寡妇产的令状类型见:George E. Woodbine, ed., *Bracton on the Laws and Customs of England*, Vol. 3, pp. 357 – 359。

② Gwilym Dodd, *Justice and Grace*, p. 30.

③ Theodore F. T. Plucknett, *A Concise History of the Common Law*, 5th edition, London: Little, Brown and Company, 1956, p. 380.

④ 伦敦妇女的寡妇产比较特殊,分为两个部分,一部分与普通法相同,婚姻中丈夫土地和房屋的 1/3;另一部分是"free bench",意为寡妇可继续住在两人曾经生活的住宅,直到再婚甚至去世,这比普通法规定的 40 天期限慷慨得多。参见 Caroline M. Barron and Anne F. Sutton, eds., *Medieval London Widows, 1300 – 1500*, London and Rio Grande: Hambledon Press, 1994, p. xvii。有关 free bench 的讨论,参见俞金尧《中世纪欧洲寡妇产的起源和演变》,第 54 页。

⑤ Francis Morgan Nichols, *Britton*, Vol. II, pp. 260 – 262, 263 – 267, 270, 283; George E. Woodbine, ed., *Bracton on the Laws and Customs of England*, Vol. 3, pp. 362, 364, 370 – 372.

⑥ Francis Morgan Nichols, *Britton*, Vol. II, pp. 250, 277, 283; 278; 280 – 281; George E. Woodbine, ed., *Bracton on the Laws and Customs of England*, Vol. 3, pp. 360, 372 – 375, 378 – 379, 387, 391 – 392, 394. 有关婚姻与寡妇产关系的论述同时参见 Paul Brand, "'Deserving' and 'Undeserving' Wives: Earning and Forfeiting Dower in Medieval England", *Journal of Legal History*, Vol. 22, No. 1, 2001, pp. 3 – 6。

⑦ Francis Morgan Nichols, *Britton*, Vol. II, p. 253, 291; George E. Woodbine, ed., *Bracton on the Laws and Customs of England*, Vol. 3, pp. 399 – 400.

则继承人可提起诉讼。[①] 寡妇产诉讼常常因上述例外情况而被中止，胜诉之机受制于此。[②]

尽管普通法对寡妇产有明确且完备的规定，但其对寡妇财产的保护受限于强调程序和规则的司法制度本身，从而致使中世纪晚期寡妇产诉讼的实践在当时的语境下无法得到与法律的规定有效融合。令状制度的复杂性和普通法下获取寡妇产的严苛条件限制了寡妇产诉讼的成功几率，寡妇产诉讼的成本和结果难成正比，一定程度降低了普通法庭维护寡妇权益的公信力。

二、议会请愿：优势与女性策略

在本质上，议会请愿是将国王的最高司法特权赋予大法官、男爵和司库等大臣，后者以自由裁量权处理请愿，借助议会作为施行"恩典"的场域，国王的司法权威通过对请愿书的行政化处理遍及全国。与普通法庭诉讼相比较，议会请愿在机制上有更大优势，可有效节省时间精力、降低经济成本。尽管请愿的处理程序包含书写、递交、接受和审理等环节，但一般而言请愿人只需提交文书，或在审理过程中按要求提供辅助文件如土地令状等，无须全程投入；然在普通法庭诉讼过程中，当事人要亲自出席或派专业法律代理人参加，从而耗费大量时间精力。从成本而言，在普通法庭诉讼过程中，除申诉者须到文秘署花费 6 便士购买一份令状上呈法庭之外，还须支付额外律师费用；请愿则经济实用，起草一份请愿书仅需 4 便士，此外无需支付其他费用。[③]

相较于普通法庭诉讼，除了程序简便、经济实用之外，请愿的另一优势是在请愿文本中运用适当语言策略以引起王室关注、争取更多机会恢复寡妇产。普通法庭诉讼强调司法程序的正当性，诉讼文本对判决影响不大，主要根据诉讼当事人提供的证据作出最终判决。请愿书写虽有一定规范，审查者对请愿书涉及令状、地契等的调查也十分严格，但在表达事实的基础上，适当运用语言策略则有助于引起审理者的关注。概括而论，中世纪英格兰的议会请愿文本有三大基本策略：一是强调请愿者面临着巨大的折磨和苦难，强化国王补救臣民的道德义务，敦促王室予以合理请求；二是对那些有权有势的侵权者对无助脆弱的请愿者的肆无忌惮的非法行为予以血泪控诉，凸显二者之间强弱对比；三是强调请愿者的申诉与国王、王室私人利益的联系，甚至与公共利益的联系。[④]

---

① George E. Woodbine, ed., *Bracton on the Laws and Customs of England*, Vol. 3, pp. 405 - 412. 这里论述一般情况，伦敦的特殊情况例外，伦敦的商业化环境导致动产的支配非常重要，根据城市习俗寡妇可获得丈夫动产的 1/3 至 1/2，且这部分动产可由寡妇的意愿支配，不必在死后归还给丈夫继承人。参见 Caroline M. Barron and Anne F. Sutton, eds., *Medieval London Widows, 1300 - 1500*, p. xvii。

② 有关寡妇产恢复受阻的具体诉讼案例参见 Sue Sheridan Walker, "Ligitation as Personal Quest: Suing for Dower in the Royal Courts, circa 1272 - 1350", in Sue Sheridan Walker, ed., *Wife and Widow in Medieval England*, pp. 86 - 97。

③ Paul Brand, "Petitions and Parliament in the Reign of Edward I", in Linda Clark, ed., *Parchment and People: Parliament in the Middle Ages*, Edinburgh: Edinburgh University Press, 2004, p. 31; Anthony Musson, *Medieval Law in Context: The Growth of Legal Consciousness from Magna Carta to the Peasants' Revolt*, Manchester and New York: Manchester University Press, 2001, pp. 165 - 166.

④ Gwilym Dodd, *Justice and Grace*, pp. 297 - 301.

寡妇的请愿也采取了相似的文本策略。首先,她们善于描述个人面临的穷困和无依无靠的处境以博取王室同情。例如1318—1319年议会收到的一系列贫困人群请愿中有几份来自寡妇,宣称丈夫为国王尽忠战死在前线,因地产遭受苏格兰人破坏而无依无靠,故寻求国王保护;或请求国王安排救济院的食宿,为其贫困的生活提供帮助;或因苏格兰人劫掠失去寡妇产而请求国王恩赐给她修道院或寺院的食宿。[①] 寡妇希望强调亡夫的忠诚和个人一无所有的悲惨处境以获得王室同情。尽管所有请愿书不一定由寡妇亲自书写,有时由地方书记员帮助撰写,但书写时也要听从请愿人的口头陈述,请愿内容在绝大程度上能反映请愿人的真实诉求,即便文中分析的这些具有女性特色的策略不直接出自寡妇之口,但也是根据寡妇这一特定社会身份制定的有助于寡妇产恢复的文本策略。

其次,通过对地方法制缺失、侵占者目无法纪恃强凌弱,而自己则饱受压迫状况的描述和控诉,寡妇向国王反映王室司法权威遭受挑战和破坏的状况。例如,1330年伊莎贝拉[②](Isabella de Clinton)控诉詹姆斯(James Coterel)及其同党残忍谋杀其夫一案就是如此。这位寡妇曾就詹姆斯所犯罪行向诺丁汉郡巡回法庭提起诉讼。但詹姆斯出庭接受询问之后,便由四名武装扈从护送公然离去,气焰极为嚣张。当在法庭调查、取证等一系列程序无法进行的情境之下,伊莎贝拉只得向国王求助,请求公正之裁决。[③] 女性在普通法下的劣势地位使她们刑事案件的诉讼难以在较短时间内胜诉,但在国王司法权威遭遇挑战的语境下,寡妇的请愿得到较快回应。在接受伊莎贝拉的请愿书之后,1331年召集的即审即决法庭便作出了"所有作恶者应到国王面前回应,该寡妇可到大法官法庭登记罪犯姓名,随后将相关记录送交王室法官审理,同时传唤12名陪审员听取申诉、伸张正义"的裁决,[④]表明伊莎贝拉以议会请愿方式,借助王室权威,达成了申冤报仇之目的。

再者,寡妇非常擅长在请愿书文本中建立某种个人与国王或王室利益的联系。例如,1302年康沃尔伯爵夫人(Margaret of Almaine)请求国王恢复其寡妇产一案。此前她在普通法庭提起诉讼,然因国王是其丈夫财产的继承人,涉及国王财产纠纷而导致案件被搁置。可在接到康沃尔伯爵夫人向议会提交的请愿书之后,国王回应道:"让法官们聚集商议,避免以国王为借口造成任何伤害,有任何疑问应向国王求证,命令伯爵的另几位继承人将所有特许状、文件和房契送至财政署,并将保存在司库中的特许状抄本递送至财政署。"[⑤]1305年伦敦平民妇女琼(Joan de Wyrhale)向雷金纳德(Reginald de Thurderle)索要寡妇产的诉讼被普通法庭所推迟,因争议地产由康沃尔伯爵占有,国王是地产继承人,被告拒绝回应。[⑥] 同样她也采取议会请愿方式,并得到

---

① SC 8/319/E356, SC 8/319/E360, SC 8/319/E362.

② 本文使用女性人名的名字部分,相比婚后使用的夫姓,名字更能代表女性。

③ SC 8/257/12808.

④ SC 8/257/12808; *Calendar of the Patent Rolls Preserved in the Public Record Office*, Edward III, A. D. 1330 - 1334, London: Her Majesty's Stationery Office (HMSO), 1893, p. 61, 205.

⑤ SC 8/313/E62.

⑥ SC 8/148/7381.

积极回应。琼获取令状后伦敦市长开启调查并证实该地为寡妇产，判处被告赔偿 9 马克 9 先令 2 便士给请愿人。[①] 请愿人不论出身，只要在请愿书中表达与王室和国王的私人利益联系，都有助于促成寡妇产的恢复。

如果寡妇在请愿中仅采用上述策略，那么她们的文本策略只是一种广泛且普遍的策略，与男性使用的策略别无二致，但寡妇产请愿书文本的独到之处在于寡妇巧妙利用自身身份，即失去丈夫的妻子和年幼孩童的母亲，渲染其作为母亲所需承担的抚养孩子的职责，为自己塑造符合社会文化规范的“好母亲”形象，赢得国王和其他审判者的同情与支持。“好母亲”的形象符合中世纪社会文化对寡妇的要求，谁又能拒绝一位忍饥挨饿、无力抚养孩子的单身母亲？1315 年克莉斯缇娜(Christina de Woderington)的丈夫在斯特林战死，她继承的所有领地被烧毁、动产也被偷走，只留下她和三个年幼无助的孩子。她上书国王，请求给予帮助以维系生计，直到能从寡妇产中收益。国王对此回应是拨款 100 马克，请愿目的达成。[②] 同年议会上，埃莉诺(Eleanor de Percy)请求为未成年的儿子持有丈夫遗产。[③] 尽管这则请愿没有得到直接的肯定答复，但国王要求大法官法庭核对死者身后财产清册以便作出正义判决。

寡妇不仅善于控诉施害者压迫性的权势，更充分运用女性写作的传统，在请愿书中用叙事方式讲述戏剧性的故事。柔弱的寡妇在人身和财产安全遭受侵犯时镇定自若、坚贞不屈、勇敢反抗，无助的受害者和残忍的暴徒形成巨大的戏剧对比，从而激发出国王、咨议会、普通法庭法官、大法官、司库和男爵等审判员的同情之心。1310 年皮尔斯(Piers Burre)的寡妻琼(Joan Burre)控诉威廉(William Estwode)伙同多人[④]闯进她家，不仅暴力夺走其财产，而且强迫她结婚。琼曾到法官前控诉自己被威廉强奸，可不敢正式起诉，因为这伙人正住在伦敦并占据着她的寡妇产土地。琼的家人以为她已亡故，便申领令状，土地随之被国王没收，后由汉弗莱(Humphrey Walden)购得，此人是前述犯罪团伙的一员。无奈之下，琼只得以请愿方式求得到国王援助，让那些恶徒到国王面前去回应“迫害和蔑视”的罪行。[⑤] 这份请愿特别注重细节和逻辑关系，通过描述侵害者的强势，琼把自己塑造成彻底无助的受害者，面对暴行英勇捍卫其寡妇产权利。这份请愿的回应可能遗失，但《死后财产清册》记录了其夫的财产调查结果，至少说明请愿吸引了当权者的关注并可能采取有益举措。[⑥] 另一案例中，约翰(John Snard)的孀妻奥利

---

① SC 8/144/7196; *Calendar of the Patent Rolls Preserved in the Public Record Office*, Edward I. A. D. 1301 - 1307, London: HMSO, 1898, pp. 411 - 412;

② SC 8/147/7319.

③ SC 8/2/93.

④ John Geffrey, Roger Hadlegh, John de Hengham, Robert le C and Richard le Rede.

⑤ SC 8/327/E852.

⑥ *Calendar of Inquisitions Post Mortem and Other Analogous Documents Preserved in the Public Record Office*, Vol. V, Edward II, London: HMSO, 1908, p. 112.

芙(Oliver Snard)的寡妇产由国王授予,1330 年圣卢克节[①]后的第一个星期六她住在兰开斯特公爵的切维斯顿庄园(Manor of Chelveston),这天夜里皮尔斯(Piers de Nevill)带着一些姓名不详的"武装人员"进入庄园,"强奸、侵害并拘禁"了奥利芙,使她没有机会到法庭上诉。[②] 这份请愿书在动词的运用上,准确而生动地描述了被告的不法行径,强化了请愿内容的可信度,结果是咨议会让治安官带着骑士和事务官到事故发生地展开调查并取证。

此外,"第一人称叙述手法"是寡妇在请愿中使用的最为独特的策略。中世纪法律文本习惯使用第三人称记录案件,但少数寡妇产请愿不同寻常地使用了第一人称描述冤屈,展现女性的真实声音从而引起立法者的关注。洛蕾塔伯爵夫人(Countess of Loretta)给我们提供了一个经典案例,她的丈夫罗杰(Roger de Clifford)是国王爱德华一世年轻时的密友,作为旅居英格兰的法国人,她的财产在战争时期易受侵犯。1290 年她提交的请愿书开头使用第三人称问候国王、表明身份,但随即转换为第一人称:"**我**不是他(丈夫)的继承人,通过我们的领主国王,在**我的**生命期限内祈祷国王的恩典……正是通过他**我**才得到了**我**所拥有的,因为**我**没有土地偿还他的债务,因此**我**祈求**您**,亲爱的国王……恩典。"[③]语气之亲密更像是一份私人信件,[④]这份请愿的签注表明伯爵夫人使用第一人称的策略大获成功,"她的寡妇产不受丈夫债务的影响,除非她就是遗嘱执行人"[⑤]。

国王爱德华一世的寡妻玛格丽特王后在 1315 年向议会提交的请愿书中同样使用第一人称的策略。王后控诉她在赫尔福德市的寡妇产因国王令状而遭到市民拒绝:"**我们**曾通过法警进入该城收取属于**我们**的债务……从**我们**这里夺走所有的罚金、赎金、债券、没收财物以及其他利益,并阻止**我们**的法警进入该城收取债务,他们(市民)在令状生效之前就已这样做,因此**我们**请求**你**的补救。"[⑥]玛格利特王后巧妙地使用第一人称复数"我们",强调她与国王亲密的血缘关系,也暗含两者存在的共同利益:玛格丽特王后去世后,爱德华二世将继承其寡妇产。这则请愿书恰似一份私人信件,同时因涉及国王利益而得到恰当回复:当地派出两名市民代表在某日前觐见国王,王后派代理人参加,进一步协商。[⑦]

有学者认为"第一人称叙述手法"恰好弥补了女性在权力面前的失声状态,[⑧]重建了女性个

---

① St. Luke the Evangelist,圣卢克节是基督教圣徒纪念日,在每年 10 月 18 日,参见 C. R. Cheney, ed., Michael Jones revised, *A Handbook of Dates: For Students of British History*, new edition, New York: Cambridge University Press, 2004, p. 77。

② SC 8/343/16152; John Strachey and Richard Blyke, eds., *Rotuli Parliamentorum: ut et Petitions, et Placita in Parliament*, Vol. II, London: Record Commission, 1767 – 1777, p. 34. 原文为"vint Piers de Nevill, ove gentz discounuz de le dit Manoir, a force et armes entrerent nuytauntre, et la dit Olive **raverent, et augrevement, et detient** uncore contre fa gre"。

③ *PROME*, Parliaments of Edward I, Roll 2, Appendix, item 105.

④ W. Mark Ormrod, *Women and Parliament in Later Medieval England*, p. 131.

⑤ *PROME*, Parliaments of Edward I, Roll 2, Appendix, item 105; SC 8/219/10916.

⑥ *PROME*, Parliament of 1315, item 66.

⑦ *PROME*, Parliament of 1315, item 66; SC 8/2/69.

⑧ Jeremy Goldberg, "Echoes, whispers, ventriloquisms: On Recovering women's voices from the court of York in the Later Middle Ages", in Bronach Kane and Fiona Williamson, eds., *Women, Agency and the Law*, London and New York: Routledge, pp. 31 – 41.

人的声音,第一人称流露的真情实感对审理者产生剧烈震撼。尽管大量底层女性没有与国王的特殊私人关系,她们仍可运用这一策略,强化自己的悲哀处境,以寻求同情和援助。

三、寡妇产请愿书:量化与分析

14 世纪早期,寡妇在请愿书中运用的文本策略更能凸显其身份和性别特质,于主流法律文件格式之外强调性别叙事。这种定性分析可从客观上体现议会请愿的潜在优势。为了进一步展现这一时期寡妇产本身的特点、性质以及议会请愿的本质,笔者以从古代请愿书收录的 321 份寡妇所提交的议会请愿书为基础,从中析出 117 份与寡妇产恢复相关的请愿书作为研究样本,用量化的方式进行继续分析。

首先,笔者按照内容将 117 份寡妇产请愿书进行分类,各类数量及其在寡妇产请愿中的占比如下表 1 所示。第一大类是针对王室官员和国王的投诉,具体包括诉讼王室官员的不法行为(A1)、诉讼国王侵占土地和财产(A2),这类请愿占寡妇产请愿总量达 66.7%,展现出中世纪晚期英格兰寡妇捍卫私有财产的权利意识。人们认为国王有权纠正官员的错误,于是到议会投诉王室官员的不法行为;又由于任何人不得在王室法庭中起诉国王,指控国王侵占财产必须依靠议会请愿。① 第二类是寻求国王的援助与恩典,请求许可的请愿(B1)较少,仅有 3 份,②请求国王采取的行动(B2)主要有任命法官、颁发令状,更为常见的请愿(B3)是寻求补救和干预,通常由内容零碎复杂的请愿组成。③ 此外寡妇请求国王赏赐、控诉法律缺陷的第三、第四类请愿很少涉及寡妇产,仅占 9.3%。

表 1　117 份寡妇产请愿书的类别、数量和比重

大　类	小 类	内　容	数 量	小类比重%	大类比重%
A 针对王室和官员的投诉	A1	诉讼王室官员不法行为	7	6	66.7
	A2	诉讼国王侵占土地和财产	71	60.7	
B 请求国王援助与恩典	B1	请求许可	3	2.6	24
	B2	请求国王采取行动	7	6	
	B3	请求补救	18	15.4	

① Paul Brand, "Understanding Early Petitions: An Analysis of the Content of Petitions to Parliament in the Regine of Edward I", in Mark Ormrod, Gwilym Dodd and Anthony Musson, eds., *Medieval Petitions: Grace and Grievance*, York: York Medieval Press, 2009, p. 107.

② SC 8/346/E1370, SC 8/275/13738, SC 8/1/42.

③ SC 8/36/1791.

续 表

大　类	小 类	内　容	数 量	小类比重%	大类比重%
C 请求王室赏赐	C1	寻求赏赐	6	5.1	6.8
	C2	寻求赦免	2	1.7	
D 王国法律缺陷引发诉讼	D1	法律程序无效	1	0.8	2.5
	D2	法律颠覆	2	1.7	

表 1 凸显了寡妇产请愿最主要涉及的两大内容：诉讼国王侵占土地和财产的请愿(A2)多达 71 份，占比 60.7%；18 份请求得到国王的直接干预和补救(B3)，约占 15.4%。这揭示出 14 世纪早期寡妇产问题的重要特点：一是国王侵占寡妇产是引发请愿的主要原因；二是寻求国王补救是寡妇的最终心愿。理论而言请愿是国王为弥补普通法的缺陷而建立的司法补救机制，但在这里却变成寡妇控诉国王侵权的途径。为更深入地解读这一点，笔者对请愿书分布的时间进行整理，如表 2 所示：

表 2　寡妇产请愿书提交的时间分布

时　间　段	A2&B3/89	全部/117
1300—1314	15	24
1315—1317	5	9
1318—1321	7	7
1322—1325	33	37
1326—1330	29	40

表 2 显示寡妇产请愿提交的数量与时间存在很大关联，请愿书最为密集地出现在 1322—1325 年和 1326—1330 年这两个时段，其间英格兰均发生了重要政治变动。1322 年爱德华二世打败男爵党人平息内战，为彰显权威，国王没收叛乱分子的领地并将其奖励给支持国王的贵族，但未考虑贵族妻子的寡妇产，因此战后汇聚了大量控诉国王侵占寡妇产的请愿书，常见内容是叛乱者孀妻要求归还其夫领地的寡妇产部分。① 1326 年 10 月伊莎贝拉王后与逃亡法国的马奇

① SC 8/74/3658, SC 8/267/13325：伊多尼斯(Idonia de Selling)宣称丈夫自由地产被巴德勒斯摩尔(Bartholomew de Badelesmere)男爵没收，后者因参与叛乱被没收所有地产，其中包括她的寡妇产；SC 8/63/3110：玛格丽特(Margaret Mortemer)被没收官和看守官从她与丈夫共同领有的土地(即寡妇产)上驱逐，因其丈夫参与男爵叛乱，1323 年玛格丽特请求恢复她的权益。

伯爵罗杰·莫提默联合叛变,11 月逮捕国王、处决国王宠臣小德斯潘塞,后者生前侵占的地产均被新的主政者没收。① 人们敏锐地察觉到政治形势的巨变并加以利用,控诉小德斯潘塞的侵害成为摄政时期(1326—1330 年)议会请愿的重要主题,②寡妇也加入其中试图恢复被其侵占的寡妇产。③

控诉德斯潘塞侵占寡妇产最典型的案例当属伊丽莎白(Elizabeth de Burgh)的土地纠纷。作为英格兰最大的女继承人,因其夫罗杰(Roger Damory)参与叛乱被定为叛国罪,1322 年夏,伊丽莎白被胁迫同意以厄斯克(Usk)交换小德斯潘塞在高尔(Gower)的领地(后者价值不到前者一半),“否则将被剥夺在王国内的继承权”。④ 同年 11 月,国王将她关入约克监狱迫使其放弃在威尔士的包括寡妇产在内的所有领地,“未经国王允许不得与他人结婚、不得将领地赠予他人,也不得与他人订立盟约,否则将被没收全部地产”⑤。随后小德斯潘塞操纵原高夫领主威廉(William de Braose)起诉伊丽莎白非法侵占,使她在高夫领地尽失。1326 年 5 月,愤怒不已的伊丽莎白在抗议书中控诉小德斯潘塞侵占寡妇产,她希望“在未来恩典能够更加公正地分配,国王法律得到更好维护、能更好地保护所有人”⑥。次年,她再次提交请愿书,在王后伊莎贝拉支持下使自己的寡妇产得以恢复,正义的审判终于来临。⑦ 在审判小德斯潘塞时,伊莎贝拉王后指控他非法剥夺贵族的继承权、残暴对待寡妇和孤儿,⑧抢夺孤儿寡母的财产成为小德斯潘塞罪行的证据。

内战结束后,英王为打击以兰开斯特伯爵为首的叛乱男爵,一方面归还被他们侵占的寡妇产以彰显国王匡扶正义的司法权威、巩固国王最高司法权的地位;另一方面则由王室继续扣留 2/3 地产加强对贵族的控制,因此 1322—1325 年间绝大部分寡妇产请愿得到了满意答复。此外,摄政者为树立新的统治权威,同时希望借助寡妇产作为打击政治对手的工具,王室对寡妇产请愿的处理也比较积极。寡妇产已然成为王室维护法律秩序、进行斡旋、谋取更广泛政治支持

---

① Seymour Phillips, *Edward II*, New Haven: Yale University Press, 2011, pp. 455 – 465, 488 – 491, 503, 506, 516.

② 有学者认为“德斯潘塞的侵害”可能是此时请愿文本使用的修辞,目的是取悦新的当权者而不能证明德斯潘塞的暴行。参见 Simon J. Harris, “Taking Your Chances: Petitioning in the Last Years of Edward II and the First Years of Edward III”, in Mark Ormrod, Gwilym Dodd and Anthony Musson, eds., *Medieval Petitions*, pp. 186 – 189。但很多控诉其侵占寡妇产的案件得到王室回应,笔者倾向于将请愿书对德斯潘塞的控诉作为实际状况进行考量。

③ SC8/167/8306: 埃莉诺(Elanor de Multon)在请愿书中声称她寻求寡妇产的案件因德斯潘塞的干预而被搁置;SC 8/294/14692: 彭布里克伯爵夫人玛丽(Mary de St. Pol)抱怨她在赫塔福德和哈弗韦斯特的寡妇产也因德斯潘塞和大法官罗伯特(Robert de Baldok)的谋害无从恢复。

④ G. A. Holmes, “A protest against the Despensers, 1326”, *Speculum*, Vol. 30, No. 2, 1955, pp. 207, 211; Natalie Fryde, *The Tyranny and Fall of Edward II*, p. 110.

⑤ G. A. Holmes, “A protest against the Despensers, 1326”, pp. 208, 211; John Strachey and Richard Blyke, eds., *Rotuli Parliamentorum*, Vol. II, pp. 440.

⑥ G. A. Holmes, “A protest against the Despensers, 1326”, pp. 209, 212; Natalie Fryde, *The Tyranny and Fall of Edward II*, p. 117.

⑦ SC 8/134/6697; *Calendar of Patent Rolls Preserved in the Public Record Office*, Edward III 1327 – 1330, London: HMSO, 1891, p. 32; G. A. Holmes, “A protest against the Despensers, 1326”, p. 209.

⑧ Seymour Phillips, *Edward II*, p. 517; G. A. Holmes, “Judgement on the Younger Despenser, 1326”, *The English History Review*, Vol. 70, No. 205, 1955, p. 265.

的工具，寡妇产请愿的处理是14世纪早期政治动荡下王室加强政治统治的重要途径。在此过程中，寡妇作为请愿人直接或间接参与了政治变迁，寡妇作为代表通过议会请愿构建起中世纪英格兰女性与中央政治权力的联系。精英和贵族阶层的妇女通过与王室的私人联系建立双方关系，中产和底层阶级的寡妇亦能借助议会请愿得到司法支持，这一实践打破了女性从属于私人或家庭领域、隔绝于公共政治权力之外的传统论断。

那么请愿在多大程度上满足了寡妇的请求？为评估议会请愿的效果，笔者将117份请愿书背面附着的签注分成三大类别：积极回复、不确定回复和消极回复，如表3所示请愿确实取得了较大成效，得到积极回复的请愿的数量是消极回复的4倍。除11份没有签注的请愿外，其他106份请愿均得到国王、咨议会或专职审判员的慎重回复，其中遭到搁置和直接拒绝的请愿分别仅1份，[①]84份寡妇产请愿得到积极回复，另外20份寡妇产请愿因处于普通法范围内而被婉拒。

表3 请愿书回复的三种类型及其数量和比重

回复的类别		数　量	总　数	比重%
积极回复	直接帮助	8	84	71.8
	进一步调查、下达司法命令、建议国王给予恩典、到国王面前处理	76		
不确定回复	无签注	11	12	10.3
	搁置	1		
消极回复	直接拒绝	1	21	17.9
	转交普通法庭诉讼、购买令状	20		

显而易见，请愿的确在很大程度上促进了寡妇产的恢复。尽管予以直接帮助的请愿数量较少仅为8份，但另76份得到积极回复，或组建即审即决法庭，任命财政署男爵和司库、大法官法庭大法官、普通诉讼法庭的法官和地方行政长官为法官进一步调查，或下达司法命令责令上述官员调查、核对请愿书的具体情况，按照调查结果结合法律作出回应，[②]或由咨议会建议国王予以恩典，且有相当部分请愿被建议到国王面前处理(coram rege)。[③]

寡妇玛格丽特(Margaret de Mortimer)多次提交的寡妇产请愿所获得的答复就展现了积极回复的具体详情。1304年，她请求执掌丈夫生前占有的三座城堡之一作为寡妇产，对此回应是

① SC 8/5/215, SC 8/321/E484.

② SC 8/36/1776, SC 8/74/3674, *PROME*, Parliament of 1316 January, item 41.

③ SC 8/321/E484, SC 8/63/3110, SC 8/112/5596, SC 8/41/2027, SC 8/53/2637, SC 8/257/12805, SC 8/111/5535.

"若其夫死时占有此三座城堡,则同意指派其中一座给她"[①];1322年因其子叛乱、家族地产被没收,她要求得到两个庄园作为寡妇产,得到的回复是"指派官员调查请愿提及的两处地产是否为其寡妇产,在何时、因何为国王没收,没收官是谁,土地租金几何,并责令将调查结果呈递国王",并建议"到国王面前处理这份请愿"。[②] 一年后玛格丽特要求恢复与丈夫共同封授的寡妇地产,被要求"到中书府出示令状和相关文书",其他政府档案记载了要求地方看守官恢复玛格丽特寡妇地产的命令。[③]

不确定回复的寡妇产请愿有11份无签注,但其中有6份可在官府日志中找到应继续调查、命令递交寡妇产的记录。例如1327年寡妇厄梅阿德(Ermeiard Harcla)请求恢复国王没收的亡夫地产中的寡妇产,尽管没有签注,但王室命令没收官调查请愿提及的内容,后责令地方看守官将几处庄园和房产交还请愿人。[④] 1305年,艾玛(Emma de Kent)请求归还她与丈夫共同封授的庄园,签注空白但相关档案记录表明王室政府采取了积极应对措施,国王"命令法官归还寡妇产,若因特殊理由收归国王手中"[⑤]。因此这类"无签注"现象更可能是签注遗失、归档错误等人为失误造成的后果,王室本身对请愿是采取了积极举措的。另仅4份(3.4%)无签注的寡妇产请愿尚未找到相关档案记载,很可能是故意无视,从侧面反映出国王的态度。

此外,国王鲜少直接拒绝请愿人的诉求,对于普通法范畴内的请愿通常转交给普通法庭或领主法庭审理,其比重占寡妇产请愿总数的17%,由此说明议会请愿作为司法体系补充机制的性质,只处理普通法无法解决的问题。另需注意的是议会请愿从本质上取决于国王司法权威对臣民提供道德和法律支持的程度,国王的个人意志决定了司法权的最终践行,因而具有很强的不确定性。部分请愿书时隔多年也未得到肯定回复,耗费请愿人大量心血最终却不了了之。例如1324年邦娜(Bona Fitz Bernard)请愿恢复寡妇产,对此国王命令有信仰之人到大法官法庭调查请愿内容,并质询土地看守官;[⑥]但八年后她再次为同一寡妇产递交请愿,[⑦]目前尚无相关记载证明该案得到司法补救。埃莉诺(Eleanor Fitz John)曾在1328年请求国王恢复寡妇产,因国王已将土地授予肯特伯爵埃德蒙,要求她"到普通法庭起诉埃德蒙",因伯爵意外死亡终止诉讼,两年后她再次请愿,声称自己受到了"被阻止恢复寡妇产八年有余"之不公待遇。[⑧] 在公共

---

① SC 8/156/7775.

② SC 8/127/6346.

③ SC 8/63/3110; *Calendar of Patent Rolls Preserved in the Public Record Office*, Edward II, Vol. IV. A. D. 1321 – 1324, London: HMSO, 1904, p. 266.

④ SC 8/173/8604; *Calendar of Close Rolls Preserved in the Public Record Office*, Edward III, A. D. 1327 – 1330, London: HMSO, 1896, p. 32.

⑤ SC 8/324/E633D; *Calendar of Close Rolls Preserved in the Public Record Office*, Edward I, Vol. V. 1302 – 1307, London: HMSO, 1908, p. 295. 另四份有相关记载的无签注寡妇产请愿:SC 8/241/12024, SC 8/241/12013, SC 8/327/E835, SC 8/61/3044。

⑥ SC 8/112/5575, *Calendar of Inquisitions Post Mortem and Other Analogous Documents Preserved in the Public Record Office*, Vol. VI, Edward II, 1316 – 1327, London: HMSO, 1910, pp. 268 – 269.

⑦ SC 8/240/11958.

⑧ SC 8/172/8578, SC 8/17/812.

请愿（common petitions）成为下院制衡国王特权的时代之前，国王及其顾问班子对请愿的回应展现了王权的独断性，“国王即司法”“王在法上”仍是14世纪早期英格兰政治的重要特点，议会此时仍然是国王施行恩典的场域。

概括而言，大多数递交到议会的寡妇产请愿得到了妥善处理，议会请愿的确为寡妇提供了普通法庭诉讼之外的另一种有效维护寡妇产权益的途径。寡妇产问题无疑是14世纪英格兰妇女最为关注的社会问题，寡妇产请愿受到国王、咨议会或审判员较大程度的积极回应，这也体现出王国最高司法权威对各阶层女性的包容。

结 语

本文从两个方面对14世纪早期英格兰议会涌现大量寡妇产请愿的原因予以探究。一是普通法下寡妇产诉讼存在局限性：以令状制度为依托的普通法庭诉讼注重程序，诉讼周期较长需耗费大量时间和财力；法律对寡妇产获取条件的规定十分苛刻，寡妇面临被告方提出的诸多“例外”情况难以真正恢复地产或权益。二是议会请愿具有诸多优势，不仅程序简便、省时省力、节约资金，请愿的书写更为灵活，能运用文本修辞策略引起审判员的关注和同情，提升请愿的成功几率。笔者还提出寡妇不仅善于在请愿中使用当时广为流行的文本策略，如描述个人的贫困和孤苦无依的处境、描述地方秩序混乱和暴虐横行的状况，以及建立个人与国王或王室利益的私人联系，等等。更重要的是，她们善于运用一些具有性别特征的文本策略：特别强调其作为寡母承担着抚养子女的重任，塑造符合社会文化规范的“好母亲”形象；运用传统女性写作中的叙事手法展现寡妇的冤屈和坚贞品德；最独特的是少数寡妇还在请愿书中用“第一人称叙述手法”发出女性真实的声音。这些正是寡妇产请愿在文本上的突出特征。

寡妇产请愿的量化分析表明，寡妇产是中世纪晚期英格兰寡妇群体，甚至是所有女性最为关注的问题。寡妇产的恢复不仅是家庭经济问题，也是14世纪早期特定社会环境所生发出来的政治问题。透过请愿文书窥见动荡时期中央政治权力的斗争和传递，贵族妇女的寡妇产不只是一份实际存在的土地或财产，更是王室控制朝臣和贵族、拉拢政治阵营的强效武器；对底层妇女而言，寡妇产的恢复则是彰显王室司法正义的最佳典范。寡妇通过议会请愿表达冤屈是这一群体参与政治的实践，她们熟练使用的文本策略将其描述为政治斗争的受害者，虽其真实性难以仅依据请愿文书判断，但文本策略的广泛使用却表明女性同男性一样也遵守着社会惯例下中世纪晚期文化的公认准则。以寡妇为代表的女性请愿者通过议会请愿间接或直接地参与公共政治生活，构建起英格兰妇女与公共权力的联系，打破了传统的私人—公共领域二元论。

14世纪早期的寡妇产请愿约72%取得积极回复，但也有部分请愿失败。特别是有一部分请愿被驳回，重新回归普通法庭审理，充分表明议会请愿是弥补普通法不足的司法补充机制，但在特殊时期，议会请愿也用于处理普通法范畴内的少数问题，这揭示出议会请愿的另一特质，即国王意志凌驾于司法权之上。请愿机制的生命力在于它使得英格兰每个臣民,包括在权力面前失声的那些社会弱势群体,建立起地方与中央的沟通渠道:自下而上地表达冤屈,而后自上而下地施行权威。这一机制建立的初衷是实现中央对地方事务的监视和把控,但投递到议会的海量请愿书需要更为系统化地处理,议会逐渐成为中世纪晚期英格兰王国的最高法庭、最高司法权力的核心。一封薄薄的请愿书承载着下情上达的重任,促使议会司法权威在英格兰社会得到有效实施,议会请愿逐渐发展为中世纪晚期英格兰国家治理最为重要的方式之一。

(本文原刊于《古代文明》2021 年第 4 期)

作者简介:

黄嘉欣,上海师范大学世界史流动站博士后,2023 年荣获上海市"超级博士后"。师从著名史家向荣教授,研究方向为中世纪晚期英国史,于 2023 年在复旦大学历史学系取得博士学位。目前在《古代文明》《经济社会史评论》《历史教学》(高校版)、《妇女与性别史研究》《新史学》等刊物发表论文数篇,与许明杰副教授合作翻译《中世纪的模型:英格兰经济发展的历史与理论》一书。

外国史学史与史学理论

赓续与创新：在反思中成长的外国史学史学科

陈　恒

摘　要：史学史不仅是有关历史学家、历史著作、史学流派、史学思潮的研究，而且是一种特定含义的知识史、学术史、思想史的再现，值得从不同的角度加以审视。学习和研究史学史，可以养成搜集、整理和编纂史料的能力，也可以提升历史思辨能力，更可以了解历史编纂与史学思想的变迁及其对时代的反映，进而可以体验人类文明发展与社会进步。近几十年来，中国外国史学史已经取得长足进展，尤其是对西方主要国家史学史的研究已有一定深度，教材也多有编撰，但对非西方国家的研究还未引起足够的重视，原始文献的翻译、整理与研究还远远满足不了学术发展的需求，相关的工具书编纂几乎是一个空白。这一切都在促使我们思考如何进一步促使中国的外国史学史研究进一步深入下去。

关键词：比较史学史　语境史学史　总体史学史　全球史学史

史学史是近代兴起的历史学基础性分支学科，研究历史学的产生、发展、演变及其规律与特征，涵盖历史编纂学、史学思想、历史认识与历史哲学等方面的内容。从本质上讲，史学史是一个对历史学自身演进进行反思性研究的专门学科，重点是通过对历史书写的回溯，呈现史家及其作品在历史解释与历史表述中的异同，从而促成我们对于历史过程本身更加深入的理解。就研究对象而言，史学史家往往通过分析史学各种信息来源，确认诸种文献的真实性、客观性与权威性，并加以比较；尝试揭示各个时期主要历史学家个体或者群体的价值取向和历史意识，从而反映历史学科的进步与变化，展现一个时代对于历史与过去的主要看法。史学史家还会关注社会环境与历史学之间的相互作用，考察政治、经济、军事、宗教、文化、社会等因素对史家的作用，辨析历史学家及其写作对社会未来进程的影响。研究史学史会经常遇到诸如此类的问题：现代历史观的兴起是不是一种西方现象？或者是受西方影响产生的一种全球现象？在近代以前，东方世界的历史写作可以用古典希腊意义上的历史写作来描述吗？认为历史本身是特殊的，却可以表现普遍的人性，并试图根据“因果”来解释历史是西方独有的特征吗？东西方史学发展有何异同？历史在其他文明传统中会像在西方文明或中国文明中这么重要吗？凡此种种，都属于史学史的研究和寄望回答的范围,但其价值与意义早已超越了史学史本身,自然而然地形成了种种对于诸文明与文化的追问。

一、作为历史学基础的史学史

近代历史学在19世纪欧洲的学科建制内取得其合法性,史学史也在19世纪萌生,自20世纪以来不断丰富发展、绽放异彩。19世纪的西方史学,以兰克及其门生为代表的德国史学,聚焦精英人物的社会活动,强调政治军事史研究,他们也可代表这个时期欧洲史学的最高水平。19世纪列国诸多历史著作中,也体现出极为强烈的民族主义色彩,构成了早期史学史研究中的民族国家倾向。但自20世纪初期以来,这种研究范式遭到越来越多史家的反对,一些富有前瞻性的史家更加关注史学在认识上与研究方法上的特征,例如美国历史学家鲁滨逊在《新史学》(1912)中呼吁把社会科学应用到历史研究之中,强调研究过去的目的主要在于服务和改善现在。美国的新史学对19世纪传统史学进行反思,提出了新的研究方向和方法,推动了美国、欧洲乃至世界史学的发展。法国年鉴学派的兴起、发展和持续影响,就是这波史学反思的重大成果。思辨的历史哲学、批判的和分析的历史哲学、英国马克思主义史学、中国马克思主义史学、后现代主义历史哲学、近年来方兴未艾的全球史学,等等,纷纷登场、发光发热、绽放异彩,它们都在推动史学发展的进程中占据一席之地。

尽管马克思主义史学的科学性日益凸显,但不可否认的是,非马克思主义史学的影响依然强劲,甚至在某些史学研究领域具有很强的生命力。史学研究范式的多元化,是科学历史学发展进步的正常表现,也是史学史推动历史学发展的深度呈现。在推动历史学自身发展的过程中,史学史的内涵和外延也不断得到扩展。一方面,随着社会变迁深度、广度的延展,人们越来越关注经济、社会、文化、思想、城市、性别、疾病、环境等人类过往生活的各个方面,这引发了历史学分类模式下各种三、四级史学学科的兴起,这也促成了史学史思考范围的不断扩展,推动了主题研究史学史的兴起。另一方面,各门现代社会科学的长足进步,也对历史学发展产生了越来越大的影响,与历史学汇合交融,历史社会学、历史地理学、历史人类学和经济史等分支学科迅速发展。这既反映了社会科学如何影响历史,也反映了它们如何深受历史学的影响而努力通过历史叙述来定位学科的现实。社会科学与历史学的交互作用,成为20世纪以来人文与社会学科的一个重要特征。此外,史学史在对书写历史的实践进行反思中,探究主观历史叙事与客观历史事实的相互关系,展望和明确历史学的发展方向,不断塑造历史学的新使命,不断彰显历史学知古鉴今的治世功能,不断推动历史学的科学化、时代化、大众化。这一切都是史学史作为一门学科的魅力所在。

历史学是典型的人文学科,是一切人文社会科学的基础,而史学史又是历史学的基础,史学史一个很重要的功能是加速人才培养,为初学者提供经验和途径。学习和研究史学史,我们可以养成搜集、整理和编纂史料的能力，也可以提升历史思辨能力，更可以了解历史编纂与史学思想的变迁及其对时代的反映，进而可以体验人类文明发展与社会进步。

我国史学史研究具有良好而悠久的历史传统。我国古代史家在编纂史书的过程中，对史学的功能进行过深入思考，如司马迁称编写《史记》的目的是“述往事，思来者”“原始察终，见盛观衰”“究天人之际，通古今之变，成一家之言”，司马光编写《资治通鉴》的宗旨是“鉴前世之盛衰，考当今之得失”。我国古代史家面对浩瀚的史书，发展出了整理、校勘、注疏史书的传统，也形成了研究各类历史编纂的学术。唐代刘知幾的《史通》超越了对客观史实和史学功用的探讨，把史书的体裁、体例、史料采辑、表述要求和撰史原则等内容纳入思考范围，形成了我国历史上第一部以史学本身作为研究对象的专门理论著作。清代史学家章学诚的《文史通义》对清初以前的史学从理论上进行了比较全面的总结，提出了许多理论性的认识，标志着中国古代史学理论方面的最高成就，与《史通》一样成为古代史学理论研究的宝贵材料。[①] 从这个意义上讲，中国对历史写作的系统性反思毫不逊色于西方史学中的同类研究。我国史家对于中国史学史往往比较熟悉，而外国史学史在中国的传播则是相对新鲜的事物，严格说来只有不到 60 年左右的历史。正是受这种历史传统的影响，在很长一段时间里，我国高等历史学教育体系侧重于“中国史学史”课程，“外国史学史”要么在一些学校根本不开设，要么只占有很少的课时，几乎是边缘化的点缀。这种局面势必导致人们无法正确认识“外国史学史”与“中国史学史”对人类历史的总体贡献，不利于养成更加丰富而全面的世界观、历史观。当然，近些年，这种局面正在发生变化，很多高校已经把“外国史学史”作为与“中国史学史”同等重要的历史学系必修课程来开设，很多高校还设立了外国史学史与史学理论专业的学位点，培养这方面的专门人才。值得一提的是，2019 年 1 月，中国社会科学院中国历史研究院成立以后，专门组建了历史理论研究所，设立了中国史学理论与史学史研究室和外国史学理论与史学史研究室，把外国史学史置于与中国史学史平等的地位，与中国社会科学院大学开展科教融合，着力培养外国史学史方面的本科生、硕士生、博士生。这从学科发展和人才培养上为外国史学史研究注入了新机制。

改革开放以来，教育部派遣大批学子到国外学习深造，我国很多高校历史系也加强了外国语言文字教育，与 40 多年来蓬勃发展的外语专门系科教育一起，为各类史学人才的培养做出了重大贡献。一大批掌握多种外国语言的学生投入到历史学的研究中，成为研究“外国史学”的合适人才。诸如古埃及象形文字、古代两河流域的赫梯文字、古代印度的梵文、古代希腊的希腊文、古代罗马的拉丁文、古代日本的古日语等，都是一度制约我国史学研究者开展原创性研究的巨大障碍。如今，掌握这些语言的学者已不在少数。英文、法文、德文、日文、阿拉伯文、意大利文、西班牙文等，也已经为我国从事国别研究的史学工作者所熟练掌握。从研究外国历史到研究外国史学史，应该说，语言文字已经不再是我国学者研究中的根本障碍，用原始文献研究目的

---

① 张越：《中国史学史研究入门》，北京大学出版社，2019 年，第 72—73 页。

国的史学史已经成为可能。

当今世界你中有我、我中有你，中国的发展离不开世界，世界的进步也不能离开中国。面对当今世界百年未有之大变局，站在中华民族伟大复兴的战略高度，习近平总书记提出了“构建人类命运共同体”的伟大思想，希望与世界人民共享繁荣。在中华民族伟大复兴的伟大进程中，在构建人类命运共同体的伟大事业中，我国的哲学社会科学必须发挥重要作用。2016 年 5 月 17 日，习近平总书记在全国哲学社会科学工作座谈会上做出了“构建中国特色哲学社会科学学科体系、学术体系、话语体系”的伟大号令。2019 年 1 月 2 日，在致中国社会科学院中国历史研究院成立的贺信中，习近平总书记做出了“构建中国特色历史学学科体系、学术体系、话语体系”的明确指示。我国要构建起兼具中国特色和普遍意义的历史学学科体系、学术体系、话语体系，要成为世界性的知识生产强国，要为实现中华民族伟大复兴、构建人类命运共同体做出历史学的智慧和贡献，外国史学是不可或缺的重要研究领域。外国史学研究不仅是我国全面了解世界各国历史的重要途径，也是我国深入理解当今世界变局的重要切入口；是吸收外国史学优秀传统和先进思想的核心途径，也是当代中国文化建设的重要内容；是我们真正体会世界各文明发展及其人民对未来期待的重要抓手，也是构建我们的历史学、历史观的基本前提。没有视野广阔的史学史研究作为基础，也就无法形成正确的历史观，因此，系统全面的外国史学史研究是实现这些目标的关键一环。

二、中国大陆外国史学史研究的“一长三短”与可能的四种书写路径

明清之际，传教士东来，带进了西学。欧洲文化中所蕴含的宗教话语、学术概念、理论方法逐渐散布到中国社会的各层面，亦影响了中国传统史学，中国史学逐渐与域外史学互动发展，成为世界史学的组成部分。20 世纪初期，经梁启超等人的积极推动，加之近代教育改革所导致的史学专门化，使中国史学进入了新的发展阶段。中国共产党创始人之一李大钊是研究西方历史哲学、马克思主义历史哲学的前驱，他论述了圣西门、孔多塞、博丹、孟德斯鸠、维科、马克思等人的历史思想，[①]西方新史学的观念和方法在中国流行起来，并占据了主导地位。虽然西方新史学在不同时期范式不同，但无疑对中国史学都产生了不同程度的影响，最后都融入中国的本土文化。与此同时，经过一个世纪的学术流变，诸如“西方史学史”“外国史学史”这样的文化概念，已经进入中国学术体系，并形成了特定的学术传统。纵览国内外学术史，可以清晰地看到，经过长期发展，目前中国大陆的外国史学史研究呈现出“一长三短”的特征。

所谓“一长”，是指我国史学界从早期的译介到后来的专题研究，不断深化着对以欧美为重点的西方史学史研究，从而加深了从古典史学、中世纪史学到现当代西方新史学总体发展情况

① 于沛：《近代中国世界历史编纂（1840—1949）》，中国社会科学出版社，2021 年，第 330—333 页。

的了解、研究与认识。近年来不仅出版了多个版本的“西方史学史”教材，而且出版了张广智教授主编的六卷本《西方史学通史》(复旦大学出版社，2011年)，体量庞大，多有新见。可以说，经过长期艰苦努力，国内学界基本上理清了西方史学史发展的基本脉络和框架。同时，我国学者对西方史学不同时期的史学流派、思潮、代表人物等也进行了专题研究，取得了丰硕成果。

所谓“三短”主要是指如下三方面。

一是国内学者的外国史学史研究，长期以来侧重于自古典时期以来欧美主要国家或地区的史学发展情况，尤其集中在美国、英国、法国、德国、意大利、荷兰等几个重要的西方国家的史学发展情况上，而对北欧、东欧、伊比利亚半岛的史学很少涉及，拉美史学鲜见论述，澳洲史学付之阙如，苏俄史学研究近四十年几乎停滞不前。除中国、日本、韩国外，对广大亚非地区其他国家的史学史研究，基本上属于空白，比如基本未见有关印度史学史的研究性文章。亚、非、拉、澳等地区的史学史研究，在当前我国学术界更是名副其实的“冷门绝学”。

二是虽然近些年来国内学术界有关西方史学史的教材和著作相对较多，但真正从纵向维度梳理和研究西方史学史发展情况的区域史学史、国别史学史依然不多，主要国家史学发展中自古迄今的学术传承问题以及各个史学传统彼此促进相互影响的问题，长期以来没有得到很好解决。譬如就日本史学史研究而言，存在以下这样一些问题：首先，存在时段研究不均衡的现象，研究近代史学史的论著比较多，但关于现代史学史(20世纪70年代)的研究很稀少，当代史学史(21世纪)更是没有。其次，关注日本的中国史研究的史学史，以及本国史的史学史的比较多，至于日本的古代中世纪史、西洋史(欧美史)、非洲史、拉美史等领域的史学史，几乎没有人关注，但实际上日本史学界在这些方面也涌现过一些重要的研究者。这是普遍的不均衡现象。

三是缺乏相应的工具书、百科全书类著述，史学史的文献汇编也非常少见。究其根源，在于此类工作需要长时间的学术积累，投入大、周期长、见效慢，又不易给出版社带来经济效益，属于学术生产的“良心产品”，这就不利于初学者迅速获得更有效的文献资源，进入外国史学与史学史的研究领域，也妨碍了中国的外国史学史学科的总体发展和人才培养。

由此看来，上述“三个短处”无疑限制了我们外国史学史研究的广度，制约了我们外国史学史研究的深度，成为当前我国外国史学史研究领域亟待突破的三个瓶颈。在加快构建中国特色哲学社会科学，建构中国自主的知识体系时代背景下，如何构建新时代的历史书写方式已成为我们必须回答的时代之问。

古往今来，世事变迁，各种文化与文明交流互鉴，构成了世界历史发展的多彩图景，其中史学文化是最能代表一个民族、一个国家文化底蕴的。从某种意义上看，不了解一个国家或地区的史学流传，便无法很好地理解其文化内涵和文明特质。在当今全球化浪潮蓬勃发展的进程中，各种文化和文明亦更值得我们去关注和研究。作为认知的客观基础，史学成为我们认识这些文化和文明最重要的视角之一。事实上,除西方以外的亚非拉等地区或国家也有着十分悠久的史学传统。黑格尔所谓“使我们人人所惊诧不置的,就是当我们开始领略印度文献无数宝藏的时候,我们发现这一个地方这样富于精神的、富于深湛的思想的产物,但是却没有历史”①的观念已经过时,这是典型的文化傲慢语调,是有色的意识形态,正如资本主义、个人主义、理性主义、东方主义、殖民主义和西方化一样,这种观念是西方现代性的重要组成部分,需要我们认真吸收、批判和扬弃。随着全球化深入人类生活的各个方面,全球史和全球史学的兴起和发展,以及国内非西方史学研究的起步与发展,“东方史学复兴”已成为可能。

由上观之,我们认为,从史学史书写的角度思考当代中国外国史学史研究已成为可能,也非常必要,更具备了成熟的时机。史学史看似学术史的回顾与总结,实则是思想史、观念史、知识史的根基,现代学术是西方合法性的重要支撑,这就需要我们既要做好学术考古,也要做好学术接力,更要做好学术规划。中国世界史学科体系的建设同样要立足于中国现实,要以中国走向世界舞台中央进程中遇到的重大问题为导向,进行系统比较研究。中国在世界上的影响力与日俱增,逐渐跻身国际舞台中央,这是当下中国世界史研究最大的时代背景。史学研究离不开时代需要,这种需要是思想迸发之母,中国走向世界舞台中央时遇到的重大问题为世界史研究提供了源源不竭的动力。理论创新从问题开始,话语体系是社会实践的结晶,更无法与时代相脱离。

我们可从通史、专题史学史、工具书、发展报告四个角度构建当代中国的外国史学史研究。这里的“通史”是指国别史学史、地域史学史,我们希望在不久的将来看到德国史学史、法国史学史、英国史学史、意大利史学史、日本史学史、印度史学史等专著的出版;看到亚洲史学史、非洲史学史、欧洲史学史、北美史学史、拉美史学史等专著的出版;看到中东史学史、东亚史学史、东南亚史学史乃至文艺复兴史学史、冷战史学史等各个重要时期的断代史学史专著的出版。

“专题史学史”是指纵向维度的史学史研究。“二战”后国际史学日新月异,史学界在公众史、情感史、身体史、城市史、海洋史、动物史、环境史、记忆史、医疗史、全球史、大历史等领域已经取得丰硕成果。同时,战后平等主义情绪、思潮催生了一种新的社会历史认知,认为生活的各个方面和每个社会群体都值得研究,诸如教堂、医院、精神病院、监狱、流动性、亲属关系系统、社会结构、公共场所、私人场所、性行为、食物、卧室、托儿所等等主题与对象,都应纳入史学家的研究范围,这也是法国年鉴学派所积极倡导的,而数字时代的到来则使这些领域的定量调查成为可能。因之,我们也非常期待国内学术界在这些领域深耕,更期待这方面的学术性反思,从而丰富国际史学史的内容。

20 世纪 80 年代中国非常重视工具书、百科全书的编纂与出版,这是中国学术界“工具书的

---

① [德] 黑格尔:《历史哲学》,王造时译,上海书店出版社,2001 年,第 62 页。

黄金时代”。史学史方面的工具书出版过吴泽、杨翼骧两位教授主编的《中国历史大辞典·史学史》(上海辞书出版社,1983 年),蒋大椿、陈启能两位教授主编的《史学理论大辞典》(安徽教育出版社,2000 年)。也许是由于互联网的兴起使得人们可以即时便捷地获得知讯,也许是知识生产领域的评估体系与指标发生了重要变化,工具书和百科全书似乎越来越不受重视。百科全书的字面意思是“普通教育”,它可以为民众提供一幅结构简明扼要的知识图谱,是普及民众教育的重要路径。百科全书是对当代知识全面、系统的呈现,最能反映出一个学科的成熟度,亦能反映出这个学科的国际地位。百科全书提供各种主题的信息,便于检索,有利于知识的纵深发展。因此编纂史学史的相关工具书也显得非常必要,而中国学术界经过几十年的积累,确实具备了编纂相关史学史工具书的能力。这个领域的突破点应该在“20 世纪世界史学”,可以编纂“20 世纪全球历史学与历史学家百科全书”,出版诸如“20 世纪亚洲历史学与历史学家百科全书”“20 世纪非洲历史学与历史学家百科全书”“20 世纪美洲、澳洲历史学与历史学家百科全书”“20 世纪欧洲历史学与历史学家百科全书”等工具书,这可以为中国哲学社会科学的概念提升、理论构建、体系梳理提供借鉴。同时,我们也希望能出版“兰克史学辞典”“马克思主义史学辞典”“全球史辞典”“环境史辞典”之类的工具书,使我们的外国史学史研究更加全面、立体、多彩。这是一项耗时的基础性工作,为未来网络版的维基模式“史学史百科全书”奠定基础。

“发展报告”可依据世界史知识生产现状,按研究领域进行深度研究,盘点每个领域的具体数据、发展路径。分国外、国内两部分进行梳理,以期在比较中看发展、找差距、补不足,世界史学发展报告总的名称是“知识世界与世界知识:世界史学术/学科发展报告”,如有可能,希望每年出版一本,从不同角度深入挖掘全球各地的世界史研究发展。

知识的生产、传播与接受是一门科学,更是一门艺术,能否坚持不懈地欣赏、学习、吸收世界其他民族的知识成就,是检验一种文明是否成熟、是否先进的一个标志。中国具有世界性的历史学学科体系、学术体系、话语体系建设能取得多大成效,能有多大的号召力、影响力,归根结底都是由我国史学界知识生产的基础、规模、品质决定的,取决于我们的知识产品是否有人类共同体的意识,即我们的知识产品在世界范围的可流动性、可持续性、可连接性以及审美接受性,等等。世界是由一个广袤的社会化空间构成的,其中流动不息的不仅是看得见的人与物,但更重要的流动是那些看不见的表现为技术、思想、观念、想象力以及美的各种知识,日益复杂的生活产生了各种类型知识的流动,知识流动是造就人类集体意识的重要路径。知识的生命力在于开放性、包容性、适应性,知识之间的碰撞是升华的必要条件,不顾环境变化刻舟求剑式的墨守成规必然没有出路,复古并不意味着可以复兴,再生才是出路。这个世界不是由国家边界塑造的,而是由各种无形的知识连接塑造的,最有连接意识、连接力量的知识才会获得人心,才能塑造人类命运共同体的意识。知识之美在于细节,在于能反映事物的秩序、对称性、奇特性、确定性,大自然的存在似乎只是为了满足人类对美的渴求,知识之美是有普世性的,具有普遍价值,是由人性决定的。

学术话语权的争夺，其实是知识策源地的竞争，取决于所产生的知识是否具有普世性。没有强大的知识生产能力，就不会产生强大的学术磁场，也没有真正的文化引领力。然而，近世以来，伴随着西方霸权的兴起，西学昌盛一时，一部近现代世界历史，某种意义上可以被视为权力与知识不断跨越边界的历史，也是边缘与中心彼此影响、呼应、相互转换的历史。面临百年未有之大变局，在不平等的国际政治经济秩序日益受到质疑、反思既往文化/知识霸权渐成潮流的当今世界，如何理顺权力与知识之间的关系，努力构建公平正义的知识生产格局，无疑值得进一步思考。

如果上面所述已经把史学史的内涵和功能、为什么并如何开展这项工作等事项基本讲清楚了，那么接下来怎么做才是关键。统而言之，编史的方法很多，任何一种理论都是对时代的反映，就 21 世纪史学而言，我们认为需要关注以下四条路径。

比较史学史 历史研究不仅是叙述事情的来龙去脉，更重要的是研究事件的各种逻辑关系，比较事物之间的相似性和差异性，从背景、宏观、理论等角度更好地理解历史。例如封建主义起源、资本主义起源的研究一定会涉及比较的方法；没有比较的方法，洛伦·佐瓦拉（Lorenzo Valla，约 1407—1457）就无法证伪《君士坦丁赠礼》；没有比较的方法，商博良（Jean Champollion，1790—1832）就无法破解古代埃及的象形文字。马恩经典作家经常使用比较法揭示人类的本质和人类历史的发展规律。年鉴学派代表人物、法国历史学家布洛赫（Marc Bloch，1886—1944）认为经济结构和信仰体系对于历史研究来说与法律规范和制度实践一样重要，并率先使用比较历史的方法，被称为"比较史学之父"。由于比较方法是去除先入之见的观念论、中心论的一种有效方式，可以客观看待历史事件，因而越来越被学术界所重视，从各个角度编撰的比较史丛书可谓汗牛充栋，令人目不暇接。美国学术界于 1958 年创办了《社会与历史比较研究》（*Comparative Study in Society and History*），倡导各个领域的专家合作，就文化研究，特别是有关人类学、历史学、政治学和社会学进行跨学科研究。虽然比较史学非常发达，但比较史学史研究滞缓，作为一个研究领域的概念、理论、方法等经验、教训，还没有得到应有的学术史回顾，很值得我们深入研究。

语境史学史 传统史学史关注的焦点是史著分析、史学思想、史学流派、史学方法等方面，按照"科学史"的术语来说，这属于历史学的"内史"，是研究学科本身起源、发展与嬗变的。史学本身发展的历史固然重要，这种重要性是史学本身所具有的道德训诫、民族认同、文化认同等功能所赋予的，但象牙塔中那种纯粹的学术毕竟是一种高贵的"梦想"，史学离不开特定的社会环境，两者之间存在互动关系，这是历史学的"外史"：注重史学形成的社会基础、文化基础，考察史学知识的传播及其与社会组织、学术体制之间的关系，等等。这一研究路径必然会涉及更加广泛的多学科、跨学科研究。因之，先前那些边缘化的研究领域，如移民史、人口史、妇女史、环境史等也就进入历史研究的范围，灾难的民族记忆、劳工与文化等也理应成为历史关注的热点。历史学王朝的疆域在不断扩大,并不会停息。[1]

总体史学史 就全球史学实践来看,历史编纂至今仍无法摆脱"由胜利者书写"的窠臼,近代西方五百年的强势扩张使得世界很多地方都在使用欧洲编纂历史的概念工具与研究方法;英语独霸一时,很多文献都是以英语呈现出来的;美洲原住民几乎被消灭殆尽,文明发展彻底中断,已无书写自身历史的能力;等等。如何消除这种非自然状态或学术失衡,再现较为客观的真实学术,这是学术共同体需要面对的迫切问题。我们要避免那些先入为主的观念,如认为欧美是史学的中心与主流,其他地方的历史写作方式都是低级的、落后的、野蛮的。我们要提出合理解释历史的概念与方法;需要关注非西方世界的历史写作,关注它们的史料、关注它们的非文字材料、关注它们的传播方式;强调非西方历史传统的重要性以及西方史学和这些非西方史学之间的相互作用。我们需要继续发扬多角度、全方位展现人类不同的史学传统,研究这些史学传统的特征,寻找各自的优势与不足。

全球史学史 近代史学学科化的重要推手是民族主义。民族主义充斥于 19 世纪的历史书写,在 20 世纪上半叶仍在持续,直到"二战"结束才开始在西方退潮。"二战"后,随着各殖民地的独立,民族主义历史书写越来越遭受怀疑,社会达尔文主义、纳粹种族主义等各种极端民族主义已被唾弃。英国历史学家戴维森(Basil Davidson, 1914—2010)强调泛非主义就是对西方民族主义历史叙事的批驳,赛义德(Edward Said, 1935—2003)认为"东方"的概念和整个"东方研究"学科是由西方学者在他们自己的民族意识成长时代构建起来的。今天人们普遍认为,"民族主义叙事"已经基本瓦解,不仅失去了它的权威性,而且失去了将过去、现在和未来编织在一起的能力,它不再能给国家认同或文化认同带来积极意义。与此同时,一种"自下而上看历史"的新视角,通常被称作"庶民研究",也就由此出现了。从表面看,这是一个非常重要的"历史性时刻",因为它标志着一批历史学家的全球史编纂首次深入到前殖民地人民的生活领域。[2] 自 20 世纪 70 年代以来,史学研究的重点正逐渐从民族—国家史向比较史、跨国史、全球史、大历史转移,史学史自然不能置身事外。历史学家一旦有了世界性的历史结构和叙事眼光,就会更加注意到与往昔不同的行动者、参与者,会更加重视各种不同的历史经验,会更加欣赏不同的文化体验,会更加包容多元化的视角,史学史研究自然会更加精彩纷呈。

---

① 万物皆史。在最广泛的意义上,历史是人类过去的故事,历史记录涵盖了人、自然、社会的方方面面,铭文、雕刻、艺术品、书籍、报纸、文件、口述以及档案等文字和非文字方面的记录都是历史学家的取材范围。大多数历史学家喜欢连贯的叙述,关注的是事件的因果关系,并试图发现过去事件中的联系顺序和模式。这就是历史学家跟政治学家、经济学家等领域的专家不一样的地方,历史学家更愿意全面系统地来看待人类问题。"历史学是一切社会科学的基础"这一提法因此产生,也因此造成人类知识的分野,且有越来越细化的趋势。科学史、艺术史、宗教史、政治史、经济史等领域的史学与史著根本不在传统意义历史学所包含的范围,它们的学科发展史更不属于史学史的范畴,人类在数千年间编制的复杂的知识网络越来越支离破碎了。我们可以纠正人类知识史研究中这一不平衡的、割裂的现象吗?亦即我们可以不断延展历史学的领域吗?把科学史、艺术史、宗教史、政治史、经济史等等领域纳入传统历史学的考量范围,从而形成综合的、整体的、全面的审视人类历史的方式。在此意义上,我们期待历史学不断扩展,从研究的必然王国过渡到学术的自由王国。

② Ulinka Rublack, ed., *A Concise Companion to History*, Oxford, 2011, p. 10.

容易展现事物本质的“比较史学史”，重视边缘地区、发展中国家、非英语文献的“总体史学史”，凸显史学与社会彼此作用的“语境史学史”，强调世界各地史学传统相互作用的“全球史学史”，这种四位一体的史学史研究范式是外国史学史研究的立足点，也是指导思想，更是我们的学术理想。社会在不断发展、不断前进，学术理想的雄心抱负也随之进步。人类不同于其他生物的地方就在于他可以像英雄一样为理想而战，至于能否战胜、能否做到、能做到什么程度，则是另一个问题。新理想、新思想、新观念的诞生总是痛苦的，但我们相信理想远比枪炮更加富有力量。

三、外国史学史是当代中国文化建设的重要组成部分

所有知识的进步、所有历史认知的发展，其最终目标都是为了提升整个民族的素质，这也是学术界最为崇高的责任。四位一体的思路将在一定意义上弥补国内外国史学史研究领域的“三个短处”，形成多方位史学史研究的基本轮廓。我想，其意义至少有两点。一方面，可以丰富国内学术界对外国史学史的研究，让我们更加全面认识丰富多样的人类史学遗产，打开更多世界窗口，进一步丰富我们的历史文化，在比较认识中增强历史自觉、文化自信。另一方面，通过梳理外国主要史学理论与史学史的发展情况，可以满足国内相关专业硕士研究生、博士研究生及相关研究者进行外国史学史研究时的基本需要，从而促进国内外国史学理论与史学史专业人才的培养，提升我国外国史学史研究水平和教学水平，为国家培养更多具有世界眼光的思想型学者。

赓续传统，守正创新，放眼未来。在著述实践中总结史学史的成就，在批判中追求史学史的创新，在反思中提升史学史学科的地位，丰富史学史学科的内涵，激活中国史学史的优秀遗产。将亚非拉地区国家的史学史纳入其中，必将打破原先以欧美国家史学为研究重点的基本格局，从而有效扭转我国外国史学史研究领域中长期存在的史家视野有限、内容结构偏颇、东西方史学研究失衡的局面，最终在理论和实践上突破外国史学史研究领域中的“西方中心主义”。从比较的、语境的、总体的、全球的四个维度，构想与编纂外国史学史本身就是一个学术创新，可以全面反映当代中国学者的史学史观点，助推我国学者立时代之潮头、通古今之变化、发思想之先声，推动我国史学史学者在史学史领域获取国际话语权。

老一代外国史学史研究者筚路蓝缕，艰苦探索，他们的付出奠定了发展的可能，成就了今天的研究队伍。改革开放后所培养的外国史研究队伍基本上是中青年学者，他们在开辟新道路的朝气和精神力量方面占据着优势，他们是中国学术的未来和希望。我们恳请学术界广大同仁一起努力、积极参与，携手构建中国特色、中国风格、中国气派的世界性的史学史大厦。

（本文原刊于《中国社会科学评价》2022 年第 4 期）

作者简介：

陈恒，上海师范大学人文学院世界史教授、博士生导师。复旦大学历史学博士，现任上海师范大学副校长。四个一批文化名人、马工程首席专家、教育部高等学校教学指导委员会委员历史学副主任、上海市社联副主席，中国世界古代史学会副理事长、上海市世界史学会副会长、中国社会科学院史学理论研究中心理事，《中国大百科全书·世界历史》（第三版）编委等。主要从事外国史学史与史学理论、城市史研究。在《中国社会科学》《历史研究》《世界历史》《读书》等中文核心期刊发表数十篇论文，其中多篇被《新华文摘》《高等学校文科学术文摘》等报刊文摘全文转载。主持完成多种国家级项目，目前主持国家社科基金重大项目一项。

爱德华·汤普森和英国马克思主义新社会史学的“文化转向”*

梁民愫

摘　要： 20世纪五六十年代是英国马克思主义理论传统延续和战后英国社会文化转型的重要时期，也是英国新左派运动和社会激进变革的重要时代。汤普森既是在这种社会背景和历史语境中成长的新左派思想家和社会活动家，更是英国马克思主义新社会史学的重要开拓者，其史学观念和社会思想的形塑，标志着英国马克思主义新社会史学的“文化转向”，对战后英国社会文化史及国际整体社会史研究的“文化转向”产生了积极影响。汤普森马克思主义新社会史学研究有着深厚的社会历史渊源及丰富的学术思想传承，置身英国马克思主义史学理论传统、当代西方史学碎片化和历史解释结构主义化的学术语境，汤普森在反思“经济基础—上层建筑”模式的基础上，通过文化唯物主义的史学路径，借助对斯大林主义历史阐释和资产阶级史学思潮的辨析批判，塑造其社会主义人道主义史观，重构工人阶级历史“经验”，构建英国工人阶级理论，阐释平民文化学说和英国马克思主义的理论命题。汤普森赓续了马克思主义史学理论谱系，引领了“华威学派”新社会史学取向，促进了英国新社会史学取向的“文化转向”与英国本土化进程。在战后全球新社会史与新文化史视域中，汤普森和英国马克思主义新社会史学的“文化转向”、学术谱系及理论成就，对国际新社会史学具有学术效用与实践影响。

关键词： 爱德华·汤普森　英国马克思主义新社会史学　文化转向

在当代西方马克思主义史学史上，在英国马克思主义理论传统及其发展过程中，英国马克思主义史学群体逐渐获得中外学界的关注、研究与认同。作为学派群体的典型代表与英国马克思主义新社会史家，爱德华·汤普森的学术成就与史学研究的“文化转向”尤为值得讨论。在马克思主义史学思想史上，汤普森与该群体同时代史家诸如雷蒙德·威廉斯、克里斯托弗·希

---

*　基金项目：国家社科基金一般项目“新左派历史语境中 E. P. 汤普森史学研究的文化史转向”（17BSS006）和重大项目“20世纪的历史学和历史学家”（19ZDA235）的阶段性成果。

尔、罗德尼·希尔顿、埃里克·霍布斯鲍姆等人协同构筑了第一代英国马克思主义史家群体的学术理念和激进形象，汤普森在其中发挥了关键作用，学术影响超越了史学范畴，横跨哲学、经济学、文学批评、社会学等领域，堪称国际学界跨学科的大师级人物。

20世纪80年代以来，中国学界有关汤普森的史学研究经历了初步性评价、专题性分析与整体性论述等不断深化的学术历程。① 就以往代表成果看，有关历史分析与理论考察聚焦两个维度：一是在历史理论上挖掘汤普森"文化即历史"的形成方式，或从反思经济决定论和批评斯大林主义的角度，或从拓展文化视域中"经验"的范畴，切入考察汤普森基于底层社会史观的文化政治学与历史理论构建。二是在史学理论上探讨汤普森史学思想与英国文化研究的范式转型，强调"宏大叙事"与"微观叙事"对英国社会史学演化的意义，涉及唯物史观范式的理论意义与实践价值。相比而言，国外学界对汤普森的史学研究则更为深入系统，呈现多维度、综合性和跨学科的特点，颇为关注汤普森史学研究的"文化唯物主义"及方法论价值。② 理查德·约翰逊认为，汤普森与希尔顿、霍布斯鲍姆和威廉斯等倡导基于"文化马克思主义"或"文化主义"的"文化唯物主义"取向，迥然有别于早期马克思主义者莫里斯·多布等人推崇的经济社会史取向。中外学界特别强调20世纪70年代新社会史学内部"文化转向"的反响，汤普森作为先驱奠基者秉承这种社会文化史转型的理念及视域，具有开拓性贡献。③ 本文围绕汤普森新社会史研究的"文化转向"及其学理视域，在特定历史情境及思想语境中，结合20世纪六七十年代英国马克思主义史学思潮内部的社会史范式前提，反思史学认识主体的"文化主义"史学观念，重新梳理汤普森新社会史学理论体系，分析以历史文本与史学阐释为观念载体的汤普森马克思主义新社会史学特征。在激进历史与史学观念的变化中，汤普森马克思主义新社会史学的"文化转向"在推动70年代末从西方新社会史到新文化史的范式转换中具有一定理论贡献及实践意义，彰显了在战后英国马克思主义史学思潮嬗变和国际史学现代化进程中的独特价值及学术影响。

---

① 主要成果有：刘军《E. P. 汤普森阶级理论述评》，《世界历史》1996年第2期；沈汉《爱德华·汤普逊的史学思想》，《历史研究》1987年第6期；姜芃《E. P. 汤普森史学思想研究》，《史学理论研究》1992年第2期；张文涛《E. P. 汤普森阶级冲突观念的变化》，《山东社会科学》2007年第12期；张亮《阶级、文化与民族传统：爱德华·P. 汤普森的历史唯物主义思想研究》，江苏人民出版，2019年；乔瑞金《英国的新马克思主义》，人民出版社，2013年。

② See, Richard Johnson et al ed., *Making Histories: Studies in History-writing and Politics*, Hutchinson, 1982, pp. 153 – 201; Raphael Samuel, *People's History and Socialist Theory*, Routledge and Kegan Paul Ltd, 1981, pp. 386 – 396; Simon Clarke, "Socialist Humanism and the Critique of Economism", *History Workshop*, No. 8, Autumn, 1979, pp. 138 – 156; Keith McClelland, "Towards a Socialist History: Some Comments on Richard Johnson, 'Edward Thompson, Eugene Genovese, and Socialist-Humanist History'", *History Workshop*, No. 7, Spring, 1979, pp. 101 – 115. Also see, Bryan D. Palmer, *The Making of E. P. Thompson: Marxism, Humanism, and History*, New Hogtown Press, 1981, pp. 13 – 14.

③ 参见彼得·伯克《什么是文化史》，蔡玉辉译，北京大学出版社，2009年，第25—26页。Also see, Geoff Eley, "Dilemmas and Challenges of Social History since the 1960s: What Comes after the Cultural Turn?", *South African Historical Journal*, 2008, Vol. 60, No. 3, p. 310; Victoria E. Bonnell & Lynn Hunt ed., *Beyond the Cultural Turn: New Directions in the Study of Society and Culture*, Berkeley: University of California Press, 1999, p. 4; Ronald G. Suny, "Back and Beyond: Reversing the Cultural Turn?", *American Historical Review*, Vol. 107, No. 5, Dec., 2002, pp. 1476 – 1499.

一、激进历史与汤普森马克思主义新社会史学观念的生成机制

在文化发生学和史学理论渊源的角度上，一种史学研究取向与文化实践行为有其历史性的学术渊源与结构性的原生机制。20 世纪 30 年代到 1956 年左右，尤其经由二战期间到战后初期，英国社会的政治变动与英国史学的社会历史条件、思想文化渊源和学术传统转向，成为汤普森史学取向及其“文化转向”的内生机制因素和史学外部情境。

第一，时代政治文化中的“思想渊源”和学术理论语境中的“社会史观”。

战后英国马克思主义史学传统的滋养萌生与观念兴起具有特定的时代背景和学术语境。在世界范围的红色革命浪潮与英国国内的政治文化风暴中，20 世纪三十年代以降，虽然英国马克思主义从未像西欧大陆马克思主义一般形成强大的理论传统，但是西方知识分子的政治左倾化与意识激进化成为一种普遍现象与社会思潮，深刻影响了历史学科的理论方法、价值取向及史学实践，有助于学科范式的转变。虽然英国共产党自 1920 年成立，政治上依附于英国工党，组织上听命于共产国际，始终未能发展壮大和独立领导英国工人运动与社会主义运动，特别是 30 年代党内“阶级对抗”路线导致的错误政策，始终未能在纳粹法西斯主义不断扩张的非常时期担负责任，领导英国人民反抗张伯伦政府的绥靖政策。然而 20 世纪 30 年代危机时代的局势则催生了党内路线的策略调整，建立由左派主导的广泛统一战线呼声高涨。随着联合了英国其他小左派和中间偏左势力的民主联盟与人民阵线应运而生，英国共产党与左派势力联盟则为英国马克思主义学术在战后的发展提供了条件。借助人民阵线的社会运动实践，共产党组织形象在 30 年代晚期至 40 年代获得了英国民众的广泛认可，英国社会主义运动与共产主义信仰彰显了其政治声誉与道德影响，为激进主义者或社会进步人士反抗现行资本主义体制提供了方案。同时新左派运动也顺势兴起，经典马克思主义理论在英国得到传播，为战后文化马克思主义理论传统和英国马克思主义史学形成夯实了根基。[①] 尽管“1943 和 1944 年‘历史’情境中的英雄意志似乎立刻凝结到了两个非常对立的组织机构中，其中每种力量在相应有效领域中只允许具有最小范围的活动自由”[②]。依然可见汤普森激进政治观点及历史理论与这种激进主义传统及政治文化环境的密切关联。[③] 激进历史传统与人民阵线运动在客观上深刻塑造了汤普森和霍布斯鲍姆等第一代英国马克思主义史家群体的社会史观及史学观念：关注底层社会及其生活经验的历史书写。同时，人民阵线运动使得许多马克思主义者陷入了历史必然性和意志主义的理论批判与社会关怀的两难困境：一是英国马克思主义者相信马克思主义理论能够引领英国

---

① 参见丹尼斯·德沃金《文化马克思主义在战后英国——历史学、新左派和文化研究的起源》，李凤丹译，人民出版社，2008 年，第 13—21 页。

② E. P. Thompson ed., *The Poverty of Theory and Other Essays*, Merlin Press, 1978, p. 160.

③ David Howell, “Creativities in Contexts: E. P. Thompson's The Making of the English Working Class”, *Contemporary British History*, Volume 28, Issue 4, 2014, pp. 517 - 533.

社会走向社会主义，实现无产阶级专政；二是面临法西斯极权主义试图控制整个世界的冷峻现实与战争危机，马克思主义者必须崇尚牺牲，积极参与社会实践活动。这种历史必然与社会行动、历史结构与社会动力之间的冲突与缓和，反映了蕴含于英国马克思主义历史理论内部的结构性矛盾，或约束了战后文化马克思主义的理论视野，或促进了战后马克思主义史学的发展趋向，也影响了 1956 年后汤普森的著史精神和学术路向。

自 20 世纪 40 年代始，随着战后反法西斯同盟体系日趋弱化和冷战时代到来，东西方意识形态领域的对立加剧，这既孕育了战后英国马克思主义史学的政治语境和学术文化环境，也制约了其理论立场与研究路径。战后英国工党政府执政，共产党左翼原本期望工党政府实现社会改良的诺言，促进社会公平正义，建设真正的"福利国家"，从而平稳地过渡到社会主义阶段。然而工党的"修正主义"戳破了左翼的政治迷梦，凯恩斯主义和各种形式的新费边主义成为工党的指导思想，1957 年工党新右派修改了政治纲领，试图寻求体制内的"公平分配"理论与社会目标。同时共产党左派缺乏足够的理论思想与策略准备以应对右派反攻，甚至整个战后英国左派陷入了集体性危机，都无力独立地领导英国社会主义运动。在社会史领域，"受到政治思想的激励，从 1960 年代延续到 1980 年代初期，几乎所有社会史家……都渴望获得更大的民主包容性，无论是从征聘该专业职位，质疑较早的研究成果与研究体制，还是获得学术认可等方面，都涉及民主的普及"①。然而随着唯意志主义撞上了冷战思维的围墙，英国学术界全然在政治、组织或思想上面临东西两极格局的困境与政治文化观念的挑战。

在激进政治的时代与史学观念的变动中，汤普森早期学术生涯也深受现实社会激进主义、马克思主义与新左派思潮及社会运动的影响：其一，如前所述，从人民阵线运动到冷战时代背景中的汤普森及其思想变化。这段时期首先是反法西斯主义人民阵线的确立，其后是左派普遍出现政治的"自由主义共产主义"、文化的"红色科学运动"，②主要试图破除思想上对苏联模式的依赖。其间汤普森从积极活跃于人民阵线运动始，逐渐完成了史学观念上从自由主义向马克思主义的转向。其二，由于受到马克思主义的熏陶，30 年代共产党历史学家小组的创立和英国马克思主义史学形成时期的汤普森思想产生的变化，汤普森与其他史家一道共同奠定了早期马克思主义史学理论传统。③ 史家小组以遵循历史唯物主义为圭臬，在坚持"人民的历史"理论和"自下而上"的史学理念上，发掘英国激进人民历史与社会主义运动历史的内在联系，书写底层民众的历史成为汤普森研究史学的基本信条。汤普森在这十年间继承的主要观念及思想成果则是来自莫顿的"人民的历史"和"自下而上的"观念、多布的"阶级斗争分析法"以及多尔的关

① Geoff Eley, "Dilemmas and Challenges of Social History since the 1960s: What Comes after the Cultural Turn?", *South African Historical Journal*, 2008, Vol. 60, No. 3, p. 310.

② See, Gerard McCann, *Theory and History: The Political Thought of E. P. Thompson*, Ashgate, 1997, p. 16; Lin Chun, *The British New Left*, Edinburgh University Press, 1993, p. 3; Madeleine Davis, The Marxism of the British New Left, *Journal of Political Ideologies*, Volume 11, Issue 3, 2006, pp. 335 – 358.

③ See, Bryan D. Palmer, *The Making of E. P. Thompson: Marxism, Humanism, and History*, p. 35; Maurice Cornforth, ed., *Rebels and Their Causes: Essays in Honor of A. L. Mortom*, Lawrence & Wishart, 1978, p. 28.

注底层文化的思想。[1]

社会主义人道主义史观是汤普森史学研究“文化转向”的史观依据。冷战时期的政治文化转向与新左派运动兴盛，是汤普森社会主义人道主义史观最终形成的历史语境和前提条件。[2] 社会主义人道主义史观作为一种底层社会史观的核心内容，在汤普森的历史政治思想及史学思想中占据非常重要的地位。[3] 苏共二十大引发的左派政治气候激变、苏伊士运河风波、匈牙利事件与冷战核裁军运动的兴起、“冷战”加剧与“丰裕社会”来临以及工党政治右倾化等诸多征象，既标志着英国新左派运动序幕拉开，也为1956年汤普森联合约翰·萨维尔创立《新理性者》杂志和协同佩里·安德森等人创立《大学与左派评论》创造了条件，促成了其史学实践路径的内在转向。同时，汤普森重新思考斯大林模式的僵化弊端与社会主义的本质问题，在反对机械历史唯物论的基础上最终形成社会主义人道主义史观。随后这种人道主义历史观向马克思主义历史观的过渡则代表着“向人的回归”。当然在汤普森本人看来，社会主义人道主义模式“这样的基础和上层建筑……是用以帮助我们去理解一种存在——行动、体验、思考、再行动的人……它们更像一个隐喻，它们为了帮助我们理解真正存在的——‘人’而存在”[4]。汤普森实际上继承发展了传统马克思主义“经济基础—上层建筑”的理论隐喻，为其继续独立且全面考察文化意识与历史形态等问题奠定了坚实基础。

第二，自由主义家学渊源与浪漫主义史学实践和英国新社会史学的“文化转向”。

汤普森的早期学术既受特定的时代背景与20世纪30年代以来英国政治文化与学术文化环境的影响，更来自深厚的家学渊源，其父亲爱德华·约翰·汤普森是卫理公会传教士、自由主义诗人和印度史学者，其史学观念表现出强烈的自由主义色彩，兄长弗兰克·汤普森拥有极高的古典学素养与语言天赋，大学时代思想左倾并加入英国共产党。家学渊源及其观念相通性则源自作为自由主义者的思想认识与身份认同，汤普森在明确马克思主义立场的同时，并非决然与自由主义决裂，正是深受20世纪政治自由主义思想的影响，汤普森的学术思想蕴含着对19世纪英国传统文化中自由主义与浪漫主义的精神诉求，表现为史学取向上崇尚自由意志主义。[5] 汤普森的政治意识与史学思想，受惠于自由主义熏陶与人民阵线思想影响，更浸润于共产主义信念和马克思主义新社会史观。[6] 这种文化信念寄托于信任超越阶级界限的政治共同

---

① E. P. Thompson, *Making History: Writings on History and Culture*, The New Press, 1994, pp. 8 - 13.

② Bryan D. Palmer, *The Making of E. P. Thompson: Marxism, Humanism, and History*, p. 45; John Saville, E. P. Thompson, "Why are we publishing?", *Reasoner*, July, No. 1, 1956, p. 2; John Saville, "Edward Thompson, The Communist Party and 1956", *The Socialist Register*, Vol. 30, 1994, p. 27.

③ See, Gerard McCann, *Theory and History: The Political Thought of E. P. Thompson*, pp. 145 - 176.

④ E. P. Thompson, "Socialist Humanism: An Epistle to the Philistines", *The New Reasoner*, Summer, No. 1, 1957, p. 113.

⑤ Scott Hamilton, *The Crisis of Theory: E. P. Thompson, the New Left and Postwar British Politics*, Manchester University Press, 2011, pp. 39 - 42.

⑥ Christopher Pawling, "British Communism and the Politics of Literature: 1928 - 1939, by Philip Bounds", *Rethinking Marxism*, Vol. 26, Issue 4, October, 2014, pp. 607 - 610.

体，其史学观念则渗透在《英国工人阶级的形成》《辉格党与狩猎者》《理论的贫困》《共有的习惯》等史学本文中。《英国工人阶级的形成》既热衷对"生而自由"的英国人这种激进传统的历史描述，对激进主义与卢德运动多有赞许，从雅各宾激进主义与道德价值断裂的社会批判和宏大叙事中，汤普森也探究了 1831 年后的英国历史进程为何未发生社会革命及其深刻原因。① 这部经典著作植根于人民群众的底层视野，恰与汤普森早期实践经历密切相关，著作创作源泉与史学思想动机就得益于汤普森所经历十六年的工人教育工作和丰富的社会实践，这种实践经历为历史写作提供了社会感知与现实养料。正如汤普森所言，恰是在成人教育实践中，"我……也从学生那里学到许多东西，这本书中提到的那些问题，有许多就曾和他们讨论过"②。而"我之所以参加成人教育工作，是因为对我而言这是一个能够了解工业化的英格兰、能够与学生教学相长的领域"③。这种个体化历史经验和群体性史学书写的最大特色，就是注重描述底层历史经验的演进逻辑，其史学情境和社会结构的内在关系，蕴含着汤普森史学研究取径是从自由主义社会政治领域出发，借助传统经济社会史学叙事，走向更为宽泛的整体社会史学的"文化转向"叙事模式。

从威廉·莫里斯到威廉·布莱克的研究路向，成就了汤普森史学思想的浪漫主义色彩。19 世纪英国浪漫主义艺术家莫里斯将前工业社会的道德元素重新注入马克思主义美学体系，从历史与现实的角度批判工业社会。汤普森早年研究和讲授莫里斯，养成了一种"从底层看待一切事物的乐趣"和热衷对浪漫主义思想家研究的态度，继承了莫里斯对于当权者的审慎态度和底层人物的关怀意识。④ 汤普森的创作目标是找寻在英国本土文化中，浪漫主义元素对英国资本主义与工业化批判的有利文化资源。他将莫里斯对资本主义的道德批判称为"道德现实主义"，并在揭示有关阶级斗争及其总体表现的历史叙述基础上，充分构建工人阶级道德现实主义影响下的阶级文化史观念，这影响了汤普森的"阶级结盟"观点，暗含了有关工人阶级"乌托邦"的历史构想与文化政治学的理论诉求。⑤

随后汤普森史学思想的浪漫主义历史维度和浪漫主义史家的现实关怀，在晚年对于布莱克的研究中得到延续。汤普森的首部史学著作《威廉·莫里斯：从浪漫主义到革命》于 1995 年出版，标志着其史学观念初步从斯大林主义马克思主义的教条理论模式中解放出来，开始独立思考在英国历史语境中的社会主义运动及其历史问题。布莱克是 18 世纪中后期的英国画家、英国文学史上的伟大诗人和浪漫主义作家，其生活的年代正值英国社会家长制面临倾覆危机、处于共有权利的丧失和商业资本主义侵入村庄的工业社会前夜。伴随着理性主义的激进历史与

---

① 参见 E. P. 汤普森：《英国工人阶级的形成》（上、下），钱乘旦等译，译林出版社，2013 年，第 73—201、555—702 页。

② E. P. 汤普森：《英国工人阶级的形成》（上），第 6 页。

③ Henry Abelove, et al. eds., *Visions of History: Interviews with Radical Historians*, Pantheon Books, 1983, p. 13.

④ E. P. Thompson, *William Morris: From Romanticism to Revolution*, Lawrence & Wishart, 1955, p. 59.

⑤ See, E. P. Thompson, *Making History: Writings on History and Culture*, p. 70; Gerard McCann, *Theory and History: The Political Thought of E. P. Thompson*, p. 44.

社会结构的剧烈变动，英国古老的“价值规范”正在衰落，平民权利遭受践踏。作为唯信仰论者，布莱克以浪漫主义的态度去挑战启蒙理性及其工业资本主义家长制，汤普森对此尤为赞赏：“唯信仰论，特别是马格莱顿宗，可以被视为对被社会排除在外的一种极端的资源。因为他挑战了所有作为意识形态的知识、教育和教养体系的上层建筑，主导社会思想的家长制特征都被受世俗压迫的虔信伟人所挑战。”①根据史料可知，首先，两位作家和诗人前辈及其浪漫主义思想，曾经成为汤普森的人生榜样及价值追求，与成为历史学家相比，汤普森的最初夙愿是成为诗人和作家。其次，汤普森经历了从卫理公会家庭背景到虔信派马格莱顿宗的身份转变，就受惠于两位浪漫主义大家尤其是布莱克的影响，马格莱顿宗强调意志主义的唯信仰论，使得汤普森在后来的社会主义道路上，选择了新左派与和平运动，倾向关注人类历史与社会人道主义立场。再次，汤普森的史学研究不论聚焦18—19世纪英国工人运动与工人阶级的历史形成，还是关注18世纪法律权利与公民关系，或者讨论18世纪工业化前夕的贵族与平民，甚至重视平民道德经济问题及对工业社会的批判，都是从浪漫主义出发对于激进社会历史、人民抵抗传统及其社会底层经验的历史书写与史学阐释，反映了汤普森史学著述中的“自下而上”史学观念及价值取向，其史料来源的丰富性与文学性实质植根于英国民族本土性的深刻影响。汤普森坦承正是“莫里斯与布莱克的研究表现了我有多么具有英国人的特征”②。对于莫里斯与布莱克浪漫主义的史学实践，则是英国马克思主义史家对于英国马克思主义本土传统的历史基因及价值赓续的重要表现，这些对于汤普森促进20世纪六七十年代英国新社会史学的范式转变产生了积极作用。

第三，英国马克思主义理论属性与汤普森史学研究的“文化转向”。

汤普森史学思想的理论渊源较为复杂，最重要的因素是他从马克思主义理论立场出发，坚决抵制庸俗僵化的马克思主义是其主要理论诉求与历史属性。作为英国最具影响力的理论创作者与社会活动家之一，汤普森更热衷于以历史为武器、以史学为手段，参加社会运动与政治实践。无论是作为二战后积极参与南斯拉夫和保加利亚社会重建者，还是七八十年代欧洲核裁军运动的重要组织者，汤普森都试图将马克思主义理论与实践结合起来，被称为“第一代英国新左派的理论旗手”和“行动的马克思主义史学家”。

英国马克思主义理论传统渊源与1864年国际工人协会（“第一国际”）、1881年“社会民主联盟”和1885年“社会主义同盟”关系紧密，英国早期马克思主义者威廉·莫里斯和亨利·海德曼等人在19世纪末英国工人运动与社会主义运动中发挥了重要作用。在19世纪末20世纪初的英国政治领域中，资产阶级改良主义“费边社”和英国独立工党组织主导了社会主义运动，马克思主义理论传统并无重大发展。在1917年十月革命后到30年代纳粹主义势力扩张时期，英国马克思主义在学界获得了广泛的传播与认同，英国马克思主义在自然科学界和社会科学界

① E. P. Thompson, *Witness against the Beast: William Blake and the Moral Law*, Cambridge University Press, 1993, p. 13.
② E. P. Thompson, *Witness against the Beast: William Blake and the Moral Law*, p. 18.

都备受关注。20 世纪 30 年代诸如海曼·利维和乔瑟芬·李约瑟等马克思主义自然科学家借助苏联马克思主义理论和科学成就,倡导在自然科学研究中自觉运用辩证唯物主义和历史唯物主义原理。同时文学艺术领域则出现了具有马克思主义理论倾向的斯蒂芬·斯彭德和乔治·奥威尔等著名知识分子。人文社会科学领域也涌现了明确运用历史唯物主义方法的学者,举其要者有古典学者本杰明·法林顿和考古学家戈登·柴尔德。历史学领域则涌现了早期马克思主义史家代表人物,包括约翰·斯特里奇对法西斯主义与资本主义的研究,莫里斯·多布对资本主义经济的研究,道娜·托尔对经典理论的研究等都卓有成就。

正在剑桥、牛津和伦敦经济学院求学的许多青年学生逐渐接受了共产主义信仰,大都在 30 年代加入英国共产党,其中包括汤普森、霍布斯鲍姆、希尔、希尔顿、基尔南等战后新社会史学派的著名史家。他们与 30 年代英国思想文化界其他激进左派知识分子一道,秉承马克思主义理论传统,宣扬激进社会变革观念,筹集出版《左派评论》《现代季刊》等刊物,并在各地建有 1 500 多个讨论小组,汇集成庞大激进的人民阵线运动,在英国获得社会瞩目。[①] 从激进历史与史学观念的角度来看,发轫于 20 世纪 30 年代的英国马克思主义史学正是在这种学术语境与政治文化氛围中蓬勃发展的,虽然其间许多历史著作并非全部来自马克思主义者,但是恰逢其时的社会渊源却为二战后共产党史学家小组和五六十年代马克思主义新社会史学派的兴盛奠定了坚实基础。

这种时代要求反映在马克思主义史学文化及其实践效应上,无疑是 1946 年共产党史学家小组的机构创立和英国马克思主义史学派的初步形成。史家小组的初始目标是“使马克思主义历史学家在相近的领域中工作,从而讨论基本的历史学问题……小组的第二个功能是使历史学工作变得‘政治上有用’”[②]。从莫尔顿到托尔再到多布,作为英国共产党创始人、社会活动家和早期马克思主义史学家,他们为 20 世纪初英国马克思主义史学传统的形成起了奠基性的作用。在英国马克思主义史学派的形成与发展过程中,三四十年代的汤普森和霍布斯鲍姆等诸多史学家构成了第一代马克思主义史家群体,五六十年代的安德森和罗博瑟姆等多位史学家则组成了第二代马克思主义史家群体。[③] 他们都不断增强了对文化研究的关注,并在史学实践中强调从“人民的历史”到大众文化史的历史书写。约翰逊据此认为,这在马克思主义史学研究和劳工史学研究中都代表了一种史学观念的转向,即对研究经济结构与组织关系的反叛。[④] 随后从多布到汤普森再到安德森,在总体性的范畴内关注阶级关系和阶级斗争的话题成为其代际传承与观念延续之所在。[⑤] 应该说“继承与发展”是英国马克思主义史学派史观的常态,表明两代英国

---

① Lin Chun, *The British New Left*, Edinburgh University Press, 1993, p. 3.

② 丹尼斯·德沃金:《文化马克思主义在战后英国——历史学、新左派和文化研究的起源》,第 32 页。

③ 参见拙作《马克思主义在英国的史学源流:史家思潮、代际传承及历史进程》,《史学理论研究》2018 年第 1 期,第 22 页。

④ Harvey Kaye, *The British Marxist Historians: An Introductory Analysis*, Polity Press, 1984, pp. 19 – 20.

⑤ Harvey Kaye, *The British Marxist Historians: An Introductory Analysis*, p. 21.

马克思主义史学家群体的互动关系促进了英国马克思主义史学观念的连续性。

20 世纪 50 年代后，霍尔如同霍加特和威廉斯那样，是英国文化研究或伯明翰文化学派的奠基者、英国文化马克思主义史学理论继承人和实践者。在英国新左派运动和文化马克思主义传统的双重背景下，20 世纪 60 年代英国马克思主义史学派的文化史取向推动了战后英国文化研究的学术繁荣。60 年代文化研究强调文化具有普遍性的特征，注重探索普通民众的情感、生活方式、价值观等日常生活的经验。随着世界范围内社会文化运动的风起云涌，和英国文化研究传统的应运而生，尤其是 1964 年霍加特创办伯明翰大学当代文化研究中心与英国伯明翰文化学派的建立，一种基于马克思主义传统的大众文化与社会变动研究的新范式从此确立于英国学术舞台。普遍认为五六十年代堪为文化研究奠基的代表作是：霍加特的《识字的用途》、威廉斯的《文化与社会》《漫长的革命》和汤普森的《英国工人阶级的形成》。汤普森同霍加特、威廉斯和霍尔等诸位文化学者一起，共同推进大众历史书写，起到了传播大众文化的先锋作用，通过对于后者的思想批判，汤普森创立了考察底层文化的历史解释及认识论模式。

汤普森关注工人阶级文化研究并不同于霍加特关于工人阶级文化传统的历时性比较分析，也迥异于威廉斯基于总体性的社会性格观念与价值体系冲突的历史考察。汤普森认为他们缺乏主动认识那些工人阶级历史和全面阶级斗争历史背景的态度，批评其文化理论略带悲观主义成分，忽视当下工人的“创造性潜能”，认为他们的著作文本越发囿于理论象牙塔，脱离了新左派的政治实际，不能与工人运动有机结合。汤普森强调，霍加特和威廉斯对文化的批判太过注重文化独立性的单向度，实际上缺乏历史维度。汤普森重视历史事实，认为 19 世纪英国工业化之后，工人阶级转变为受统治阶级意识形态控制的消费者，在劳工生产运动与激进历史运动的斗争中，工人阶级知识分子起到了实践的先锋作用，从自觉抵制统治阶级的文化操纵与思想控制，转向争取社会民主与权力斗争的政治实践，认为“强迫的力量……必须一直与组织化的工人同时并存，不过知识分子可以带给他们希望，使他们意识到自己的文化实力和潜在的生活方式”①。相比而言，汤普森在 1961 年对于威廉斯《漫长的革命》进行评议的系列文章中认为，威廉斯太过传统而漠视工人阶级与激进知识分子的社会作用，侧重在总体性上理解一种未经批判审思的工人阶级生活方式，忽视了社会文化在深层意义上的阶级冲突与权力关系。汤普森强调“劳工运动有时候被认为创造了新的体制：但是它从来不被认为是有精神的，一方面是‘较古老的人类体系’，另一方面是‘扩张’‘成长’和新体制，以及居于中间地位的传统，在回应‘工业’和‘民主’时，冷静地体验这种复杂性，并试图设想能做的正确事情”②。其有关人民激进主义的历史描述，旨在将社会历史总体性与阶级斗争理论相结合，可视为对威廉斯“系列空洞声音”的合理扬弃，体现了汤普森的阶级文化史观：文化是阶级整体的斗争方式。汤普森通过批判霍加特与威廉斯的文化分析路径，在系列著作中展现了独特的文化实践方式，构筑了新文化史观，其历

① E. P. Thompson, “Commitment and Politics”, *Universities and Left Review*, Spring, No. 6, 1959, pp. 51 – 55.
② E. P. Thompson, “The Long Revolution”, *Universities and Left Review*, Summer, No. 9, 1961, p. 30.

史书写让文化变成历史，让历史成为文化，将历史还给大众，在历史唯物主义的解释框架下，“试图从总体性、多因素、互动论的角度深入‘一条生活之道’，在大众文化政治中重构 1780—1832 年的英格兰工人阶级形成史”①。

在史学实践中，无论两代马克思主义史家群体，还是马克思主义者与结构主义者，都未能走出结构主义与文化主义的时代困境，最终都退回到抽象的观念领域和本质主义的策略中对“文化转向”和经验立场进行持续论辩。汤普森与威廉斯的论争实质彰显了新左派内部文化理论传统的两种倾向：一是强调文化独立性与社会“总体性”变迁，关注社会文化的连续性和缓慢性“革命”历程；二是强调阶级及阶级意识的文化形成，关注马克思主义阶级斗争理论与社会整体斗争方式的文化构造。譬如有关 18 世纪 90 年代底层民众暴动、19 世纪工人阶级生活质量和新千年历史愿景的大辩论，均可归结为关注社会阶层和阶级“情感结构的变化”的文化理论取向及文化解释路径。② 在当时工党修正主义兴起、保守主义来袭、冷战意识形态加剧、军备竞赛猖獗、英国新左派运动的交织背景中，两代马克思主义者及新左派知识分子关于社会主义理论、思想路线和社会策略问题的争论也必然波及史学领域，论争过程也是英国马克思主义史学理论传统重新涤荡与“文化转向”研究理念拓展影响的过程。

二、“文化转向”的理论诉求与史学实践：重构阶级“经验”与平民文化

汤普森的“文化转向”历史理论、新社会史学文化史观和著史成就，是他投身 20 世纪 30 年代国际反法西斯人民阵线的历史产物，也是战后英国马克思主义史家小组黄金十年的理论形态，反映了他参与工人阶级教育的社会效应。作为历史认识主体和马克思主义史学家，在史学实践中，汤普森主要聚焦英国历史上的底层群体生活状态、社会行为意识及“阶级经验”等因素，运用独特的史学表现形态与历史叙述方式，系统展现特定历史的社会文化价值和社会行动结构体系，从而连续性地阐释英国工人阶级的时间性存在、文化意识结构和历史形成问题。汤普森立足以“关系—过程”论为重心的唯物主义历史解释模式基础上，研究 1780—1832 年英国工人阶级由“自在”阶级转向“自为”阶级的发展过程，创造性地发展了马克思主义阶级意识及分析理论，逐渐奠定了战后英国新社会史学的“文化转向”历史书写格局。③

第一，“主体性”历史书写与“文化转向”史学阐释。

在社会主义人道主义史观和马克思主义整体史观指导下，汤普森“自下而上”的史学观念与“阶级经验”的文化解释首先突出两方面：一是汤普森的“主体性”史学著作文本既呈现了对

---

① 李曦：《E. P. 汤普森的文化史观探讨——以〈英国工人阶级的形成〉为例》，《合肥工业大学学报》2014 年第 5 期，第 53—59 页。

② E. P. 汤普森：《英国工人阶级的形成》（上），第 314—403 页。

③ Richard Johnson, “Edward Thompson, Eugene Genovese, and Socialist-Humanist History”, *History Workshop*, No. 6, Autumn, 1978, pp. 84 - 100.

苏联斯大林主义历史解释模式的反思批判，也表现了对于以哈蒙德夫妇与韦伯夫妇为代表的英国传统自由主义和以克拉潘与艾什顿为主将的战后计量史学派英国工人阶级历史书写的批判分析。认为苏联唯物主义的阶级解释模式及其静止社会结构分析，是极其简单的“基础—上层建筑”与“物质—社会关系”理论，形成了大量有关革命精英意识形态取代底层阶级觉悟的史学现象叙事及简单的历史还原论。二是汤普森的“文化转向”史学阐释鲜明地反对工业革命后无产阶级的出现是简单的“生产力—生产关系”的历史论说，主张从共同的阶级剥削经历出发阐释当时工人阶级的共有“情感结构”。[1] 同时，汤普森批判了英国传统自由主义与社会科学学派的史学解释模式，认为假设在特定社会历史模式中存在着在静态社会结构中承担“社会功能”的“无产阶级”主体，或是用“激愤的情感……将历史道德化”，[2]那么无疑忽视了在具体与真实的历史过程中“人”的丰富经历。[3] 最后汤普森有力批判了以孔德为代表的实证主义史学及其两大缺陷：“首先，实证主义者把一些事件从这个过程中孤立出来进行考察。……然而，实证主义者还有第二个研究步骤，他们可以把这些支离的研究成果组合在一起，又放回去重现一个由许多个相互关联的‘必然’所构成的历史过程模式，亦即用零碎拼凑起来的整体。”[4]实际上在与战后英国计量史学派关于工业革命后英国工人阶级生活质量的大辩论中，汤普森基于有力的定量数据和凭借“生活方式、传统关系和道德约束”等质性分析，否定了后者有关工人阶级“生活水平大幅提高”的史学解释。[5] 汤普森在对于种种阶级史观辨析与理论批判的基础上，实践了“自下而上”的“人民的历史”叙事，形塑了关于工人阶级历史经验的理论立场和“文化转向”的史学书写取向。

在具象化“阶级”的基础上，汤普森尊奉社会主义人道主义历史观和“自下而上”的史学观念，以阶级经验为基础，以共同的实践经历为导向，围绕英国工人阶级阶级意识和工人阶级形成的问题，发展了马克思主义阶级意识和阶级理论。在历史唯物主义的指导下，汤普森突出“经验”与“主体性”，构建了“文化转向”的基础概念和解释模式，揭示了两个层次的关系：一方面，他着力阐释“阶级经验”与“文化转向”的关系，认为经验是“一批人的共同经历”和“主要由生产关系决定”，是连接生产关系与阶级意识的中间变量，共同的经验就是对剥削经历的共同感知。[6] “经验”历史的提出使得汤普森在处理阶级形成这个复杂问题时有了宽阔的参照视域。这些“经验与关系”从多个维度涉及社会生活，包含所有工人对其所受剥削的主观回应，不仅存在于实际斗争活动中，而且也存在于众多家庭与团体活动中，存在于其闲暇活动、宗教信仰及社会实践场所中。汤普森“通过在遵循特定阶段的文化参照系与历史逻辑背景下的解码行为……

① 参见 E. P. 汤普森《英国工人阶级的形成》(上)，第 205—222 页。
② E. P. 汤普森：《英国工人阶级的形成》(上)，第 213 页。
③ E. P. 汤普森：《英国工人阶级的形成》(上)，前言第 3 页。
④ E. P. 汤普森：《英国工人阶级的形成》(上)，第 223—224 页。
⑤ 参见 E. P. 汤普森《英国工人阶级的形成》(上)，第 226—232 页。
⑥ E. P. Thompson, *The Making of the English Working Class*, Victor Gollancz, 1963, p. 11.

通过分析这些事件的方式，不仅阐明了行为者的经验表达，而且揭示他们的潜在意义”①。就著史动机与史学解释的效果看，这不仅对英国马克思主义史学，而且对60年代以后新劳工史学、新女性主义史学和社会政治史学而言，都在研究范畴与史料来源上获得极大拓展。此外这种把“文化视为必不可少的，而又非完全自主”的历史解释模式，②实质是在尊重唯物史观生产方式决定性的基础上，将事件“文化编码”进行经验解释的“文化转向”叙事研究。凭借重新反思研究工会、工人运动、工人政党政策、工会精英等各种“组织”“机构”和“事件”为主要内容的传统劳工史主题，英国马克思主义史学实践了范式的创新。在《英国工人阶级的形成》中，宏大历史语境不再是社会历史分析的核心对象，诸如无产阶级男女工人群体的生活经历与基于英国本土文化的激进反抗传统的不断融合，经汤普森“意义化”的处理，共有的“阶级经验”与“阶级意识”成为英国工人阶级史学阐释的重要论域。汤普森以叙述英国工业革命时期工人阶级的群体状况为基点，从传统道德、现实价值及心理意识等文化因素的角度出发，提出了关于阶级意识和阶级理论的历史分析模式。既反映了英国马克思主义新社会史家对马克思阶级理论的批判态度与承续能力，也凸显了阶级文化或阶级经历不但是涵盖底层阶级整体的生活斗争方式，而且是不同利益集团或社会力量的相互冲突与整合形态。汤普森断言：“我强调阶级是一种历史现象，而不把它看成一种‘结构’，更不是一个‘范畴’，我把它看成是在人与人的相互关系中确实发生（而且可以证明已经发生）的某种东西。”③而“汤普森文化分析方法的关键在于他对阶级意识发展的错综复杂性的敏锐感受，导致他对阶级意识的态度既非仅把它作为一种因循守旧的关于‘客观’压迫的认识，也非把它作为一系列最接近的或为人接受或为人反对的观念看待”④。因此“阶级是社会与文化的形成，其产生的过程只有当它在相当长的历史时期中自我形成时才能考察，若非如此看待阶级，就不可能理解阶级”⑤。《英国工人阶级的形成》的历史叙事方式及其文化研究魅力，强化了汤普森把工人阶级经历视为历史叙述的核心对象，这种文化分析与史学阐释是一种阶级分析理论及文化史研究的新范式，可称为马克思主义新社会史学及其群众史观的新形态。

另一方面，汤普森重在明晰历史主体性与“文化转向”的关联，其关于阶级构成的文化解释和历史认识，有益于理解英国马克思主义新社会史家如何运用阶级分析方法和文化理论，促进构建“自下而上”大众历史的史学阐释。在反经济主义机械论的基础上，汤普森坚持历史唯物主义原则，充分立足于无产阶级“主体性”立场，侧重叙述工人阶级自我意识的建构：“在文化中，历史‘经验’中的人们怎样获取一种‘细微的’‘复杂的’‘丰富的’‘表征的’‘表演的’，并在

---

① Gábor Vermes, *Hungarian Culture and Politics in the Habsburg Monarchy 1711－1848*, Central European University Press, 2014, pp. 1－2.

② Victoria E. Bonnell & Lynn Hunt ed., *Beyond the Cultural Turn: New Directions in the Study of Society and Culture*, University of California Press, 1999, p. 9.

③ E. P. 汤普森：《英国工人阶级的形成》（上），前言第1页。

④ Tim Patterson, "Notes on the Historical Application of Marxist Cultural Theory", *Science & Society*, Volume xxxix, Number 3, Fall 1975, p. 258.

⑤ E. P. 汤普森：《英国工人阶级的形成》（上），前言第4页。

特定场合下形成相对稳定的阶级特征的表达方式,从而建构一种工人阶级的文化生活方式。”[①] 阐释强调工人阶级在文化中形成,同时也在塑造自身文化。在相关著作里,汤普森描绘了工厂制度下工人经历被剥削的客观事实和工人对剥削的激烈感知与抗争态度,同时也伴随着工人阶级自我意识组织机构的建立——工会组织的出现及其与特定思想传统和工人群体意识的结合,创造一种“工人阶级的情感结构”,即“在 1790 至 1830 年之间这段时期内最明显的事实仍然是‘工人阶级’(单数)的形成。……到 1832 年,已经成立了基础雄厚的、自觉的工人阶级的社会事业机构……形成了工人阶级的知识传统、各种工人阶级群体社交的形式和工人阶级的感情”[②]。由此工人阶级历史的进步和民主化的进程,恰是通过这种情感结构走向“不断被发掘的暴力抗争和反抗剥削的结果”[③]。从社会史观的角度看,这是一种还原历史主体性的史学叙事,即“从行动中推断出文化与意识的本质,或确立‘共同期望和意义’的体系”[④]。汤普森的工人阶级阶级史观在 20 世纪 60 年代劳工史学内部的“文化转向”中产生了重要影响,导致劳工史学研究主题及内涵意义的转变:“通过对英国历史进行如此雄辩的反叙述来反对阶级形成的论断,从而激发了所有人的灵感……从劳动机构研究到劳动者社会历史的转变获得了巨大动力。”[⑤]汤普森建构了工人阶级的文化身份,在社会主义人道主义史观“向人的回归”的历史书写中,为“文化转向”提供了理论依据与方法论基础,体现了马克思主义新社会史学的实践价值。20 世纪八九十年代,汤普森成为新文化史领域和文化理论突破的关键人物。[⑥]

第二,文化“霸权”视野下的“贵族—平民”史学解释模式与“文化转向”。

汤普森的阶级史观与文化史观是紧密相关的,其有关 18 世纪社会文化史的研究则是阶级形成及理论诉求的实践表现。伴随着战后“丰裕社会”的到来和新型社会管理方式的出现,资本主义社会进入高度繁荣时期,英国社会主义马克思主义者面对资本社会的历史情景,选择采用西方马克思主义的理论工具,在特定历史与社会语境中,进行理论反思与史学解释。意大利葛兰西“文化霸权”理论获得了左派知识分子,特别是马克思主义史家的普遍关注。[⑦] 汤普森在

---

① Pnina Werbner, “Rethinking class and culture in Africa: between E. P. Thompson and Pierre Bourdieu”, *Review of African Political Economy*, Vol. 155, No. 45, 2018, p. 16.

② E. P. 汤普森:《英国工人阶级的形成》(上),第 211 页。

③ Geoff Eley, “Dilemmas and Challenges of Social History since the 1960s: What Comes after the Cultural Turn?”, *South African Historical Journal*, 2008, Vol. 60, No. 3, p. 322.

④ Inga Clendinnen, “Understanding the Heathen at Home: E. P. Thompson and His School”, *Historical Studies: Australia and New Zealand*, Vol. 18, No. 72, 1979, p. 436.

⑤ Geoff Eley, “Dilemmas and Challenges of Social History since the 1960s: What Comes after the Cultural Turn?”, *South African Historical Journal*, 2008, Vol. 60, No. 3, p. 322.

⑥ Susan Dermody, John Docker, & Drusilla Modjeska, eds., *Nellie Melba, Ginger Meggs, and Friends: essays in Australian Cultural History*, Kibble Books, 1982, pp. 1 - 8.

⑦ 关于战后英国资本主义发展和丰裕社会来临导致的左派思想界风向转变的论述,参见 Gwyn A. Williams, “The Concept of ‘Egemonia’ in the Thought of Antonio Gramsci: Some Notes on Interpretation”, *Journal of the History of Ideas*, Vol. 21, No. 4 (Oct. - Dec., 1960), pp. 586 - 599。关于英国马克思主义史学家群体在何种程度上受到了葛兰西“文化霸权”思想的影响,参见 Harvey Kaye, *The Education of Desire*, *Marxists and the Writing of History*, Routledge, 1992, p. 19; Christopher Hill, “Antonio Gramsci”, *The New Reasoner*, No. 1, Spring, 1958, pp. 107 - 108; Harvey Kaye eds., *History*, *Classes and Nation-States*, Polity Press, 1988, pp. 66 - 101; E. J. Hobsbawm, “‘The Great Gramsci’ and ‘Gramsci and Political Theory’”, *Marxism Today*, No. 21, 1977, pp. 205 - 213。

批判性继承“文化霸权”理论的基础上，形成了18世纪英国文化研究中“贵族—平民”的史学解释模式，撰写了《英格兰的特性》《时间、工作纪律和工业资本主义》《18世英国民众的道德经济》《贵族社会与平民文化》《18世纪的英国社会：没有阶级的阶级斗争》和《共有的习惯：18世纪英国的平民文化》等论著，系统表达了“文化转向”的理论观念及其史学实践的知识形态。

虽然汤普森承认葛兰西的话语霸权思想可以更新其对国家专政意义的理解，并找到工人阶级获取霸权意识的某种途径，[①]但在史学实践中他摒弃了传统西方马克思主义霸权理论中“有机知识分子的决定作用”论说：一方面，《英格兰的特性》阐述了汤普森批判安德森将遭受霸权统治的英国工人阶级简单视为“共同的阶级”的观点，反对安德森将资本主义描述为拥有“不可变动的、共同的阶级意识和几乎不具有任何霸权思想的意识形态特征”[②]。按照安德森的阶级与社会结构分析，唯有统治阶级拥有霸权意识，被统治阶级只有共同服从意识。汤普森指责安德森忽视底层阶级意识也可表现为秩序许可范围内的有限霸权。[③] 当然汤普森认为霸权并非葛兰西宣称的一种顺从与一致，至少在18世纪的英国社会，比如“服从变得可以协商了……很大一部分劳动力实际上在日常工作中变得更加不受纪律约束，在雇主之间以及在工作与休闲之间有更大的选择自由，而在整个工作过程中却较少处于一种依赖的位置”[④]。然而对于后世来说，关键不再是从政治学角度探讨霸权行使控制作用的机制，而是探究这种不服从在“大众心态中权力与权威的复杂图景”。实际上，汤普森积极地吸纳了葛兰西霸权思想中的“斗争秩序”，认为18世纪英国社会有一种日渐增长的平民文化和另一种社会秩序的复杂构想，它与贵族文化相距很远，甚至表现出或强烈或温顺的抗争特征，但从来没有超越它的边界，霸权并不意味着那幅诸如平民只会接受任何贵族家长制所赋予其称谓语词或者贵族认可的平民肖像图景，因为在18世纪的英国，霸权秩序的维持并非一个简单过程，“这是一种堪比‘家长制及其递延性’模式下通常能够想到的更为活跃的交互关系……”[⑤]它始终关涉伴随着17世纪反复不断的政治动乱与社会变迁之后，社会关系保持的相对平衡。另一方面，汤普森讨论了持续不断的“贵族与平民”的社会秩序与关系变迁，强调18世纪表现为“旧的控制着劳动群众全部生活的家长制正在衰退……穷人拒绝服从是一种困境而不仅仅是一种威胁。半自由形式劳动力正在削减，包括佃农数量的减少、劳务服务的最终灭绝和自由移动的工薪劳动力的不断增长。然而政治文化与建筑风格、贵族装饰及其艺术修辞却似乎宣告着一种稳定和自信，一种成功应对任何威胁其霸权的传统习惯”[⑥]。这些历史事实意味着劳动力比过往享有更多的自由，而贵族依靠商业税收或者庄园劳动力剩余价值维持生存，并试图采用以往家长制时代借以宣传贵族形象与自我意识

① E. P. Thompson ed., *The Poverty of Theory and Other Essays*, pp. 283 - 284.
② E. P. Thompson ed., *The Poverty of Theory and Other Essays*, p. 283.
③ E. P. Thompson ed., *The Poverty of Theory and Other Essays*, pp. 283 - 284.
④ E. P. Thompson, “Patrician Society, Plebeian Culture”, *Journal of Social History*, Volume 7, Issue 4, Summer, 1974, pp. 384 - 387.
⑤ E. P. Thompson, “Patrician Society, Plebeian Culture”, p. 395.
⑥ E. P. Thompson, “Patrician Society, Plebeian Culture”, pp. 382 - 389.

的一些戏剧化仪式：烤牛行为、比赛颁奖、慈善捐献等活动，宣示贵族与平民的差异区隔。在汤普森看来，正是在这种劳动人民与贵族生活的文化差异和巨大分野中，塑造了底层社会与平民文化的基本样态。

汤普森最终选择运用社会活动的"力场"模式来取代看似非常松散的"家长制"霸权，"直到18世纪末，群众站在一端，统治者和贵族站在另一端，职业人员和商人像吸铁石一样与统治者的生活相连，或偶尔沉醉于群众的日常活动中"①。在社会生活与历史结构的关系中，既然贵族和平民都不敢逾雷池半步，那么众多商业、小商贩及手工业作坊性质的资本主义经济形式就悄然兴起。这种平民文化的力量与历史影响是显而易见的，"平民也许不是工人阶级。他们的意识可能缺乏自我定义的一致性，也没有明确目标和阶级组织的结构。但是，群众运动或'暴民'或'人群'的政治存在是显而易见的……它在许多关键时刻影响了高级的政治活动"②。故而有关平民文化的研究就体现了"文化转向"的大众文化历史书写及其历史解释的固有力度与高度。虽然在分析由平民、商人和贵族之间构成的"力场"结构关系时，汤普森忽视了统治阶级与被统治阶级内部因有财产分化而呈现的不同政治态度，但是"力场"作为一种"道德经济学"模式的社会调整与秩序恢复的功能却得到了重视。③ 至此，汤普森关于18世纪英国社会"平民—贵族"的历史解释范式得以基本形成。

汤普森随后探究了14至18世纪英国人民的时间观变化及话语权问题，认为一种新的时间定制、纪律规范及其执行过程，也是维持一种剥削与抵抗剥削的关系过程。其间，底层民众的情感结构与社会价值观随之产生深刻的变化，实质上是对剥削的抵抗即对于时间控制的反抗与对话语霸权的诉求："一种新的辩证法将会产生，其中某些旧有的进攻性的精力和纪律迁移到新的工业化国家里去，同时旧的工业化国家企图重新发现在工业化历史前就已经开始被忘却的经验模式：……任何文化都不会以同样的方式再现。如果人们要同时适应高度同步性的自动化工业和极大地扩大了的'自由时间'领域这两种需要，他们必须以某种方式使旧的和新的成分达成一种新的综合，找到一种既不基于季节也不基于市场而是基于人类需要的意象。严守工作时间应是尊敬一个人的工作伙伴的表示；漫无目的地消磨时间应是文化赞许的行为。"④在《18世纪英国民众的道德经济》中，他强调社会规范与社会义务、共同体内各方经济职责相关的传统观念。在资本主义家长制伦理下，道德经济学强调"道德"的历史因素是民众反对商人投机倒把、寻求一种满足他们经济生存条件的合法解释。⑤ 在18世纪英国资本主义扩张的历史时代，法律也成为统治者在局部范围内建立有限文化霸权的有效手段。汤普森认为法律可反映与调节社

① E. P. Thompson, "Eighteenth-Century English Society: Class Struggle without Class?", *Social History*, Vol. 3, No. 2, May, 1978, pp. 133 - 165.

② E. P. Thompson, "Patrician Society, Plebeian Culture", p. 396.

③ Peter King, "Edward Thompson's Contribution to Eighteenth-Century Studies. The Patrician: Plebeian Model Re-Examined", *Social History*, Vol. 21, No. 2, May, 1996, pp. 219 - 228.

④ E. P. 汤普森：《共有的习惯：18世纪英国的平民文化》，沈汉、王加丰译，上海人民出版社，2020年，第484—485页。

⑤ E. P. Thompson, *Customs in Custom: Studies in Traditional Popular Culture*, New Press, 1991, p. 188.

会关系,“法律是生产关系的体现,它不仅仅是上层建筑的一部分。它反映法律制定者的利益并且有其自身演变发展的历史”①。由此“法律准则”成为贵族与平民借助阶级斗争的文化习惯与合法产物。这里不能把汤普森简单理解为单纯的文化唯物主义者,他并没有提出“文化决定论”的观点,在分析阶级形成时并未忽视对客观决定因素的批判考察。本质上它标志了汤普森在18世纪英国社会史研究中“霸权”思想的实践运用及“平民—贵族”文化解释模式的最终形成。

20世纪六七十年代后,汤普森史学研究“文化转向”的经典著作《英国工人阶级的形成》突出了“阶级经验”和“主体性”等推动“文化转向”的基础概念。汤普森开创了有关“贵族—平民”的文化解释模式,创造性推进了“文化主义”的研究方法,赓续英国马克思主义史学派的“人民历史”与“自下而上”的史学观念,成为70年代后期新社会文化史思潮从“潜流”到“主流”的理论先驱。汤普森倡导了英国新社会史的历史叙述框架与史学解释范式,其“文化转向”的研究成为英国马克思主义史学系谱中一种主流示范的历史叙述方式,对西方新社会史学繁荣具有桥梁纽带的价值功效,成为八九十年代西方新史学实践转向新文化史领域的内在动因之一。

三、“文化转向”与英国马克思主义新社会史学的国际社会史学意义

英国马克思主义史学派的新社会史学取向,在理论与实践上,为国际史学贡献了独特的思想遗产与理论思维,20世纪80年代西方新史学再次转向之后,英国新社会史研究的“文化转向”产生了域外回响与社会效应,国际史学越发关注历史底层书写与普遍人物、非主流区域“他者”文化的历史阐释。汤普森史学实践的“文化转向”对英国社会史学更新与国际史学演进都产生了重要影响。甚至颇受后现代主义思潮影响的新文化史转向研究,也同样离不开英国马克思主义史学群体的史学观念及历史思维。

第一,维护了英国马克思主义史学理论传统,拓展理论界的广泛反响。

20世纪60年代,伴随着第一波新左派运动和第一次核裁军运动逐渐衰落,英国政治经济形势恶化,社会结构与阶层集团变动不居,工党屡遭挫败,保守党连续执政并不断调整“福利国家”政策,包括降低工人工资标准和保险待遇,从根本上触及底层社会利益。1961年《新左派评论》主编斯图亚特·霍尔辞职,安德森1963年掌握机构财政和改组权力中心,将汤普森、萨维尔和威廉斯等从编委会机构中清除,调整刊物思想宗旨,标志着第一代马克思主义者及新左派理论陷入困境与社会实践终结。以安德森为代表的第二代新左派知识分子和马克思主义者攻击第一代新左派知识群体和马克思主义者面对时局形势缺乏针对社会主义运动的有效策略,实际脱离了马克思主义理论指导。安德森提倡新政策略,主张借鉴欧陆马克思主义理论资源,改变

① E. P. Thompson, *Whigs and Hunters: The Origin of The Black Act*, Allen Lane, 1975, p. 24.

英国本土马克思主义“理论的贫困”。两代新左派知识分子与马克思主义者分别从人道主义立场与结构主义角度,围绕社会主义理论和英国民族性问题,从1964到1980年进行了持续论战。在社会史领域,主要是围绕英国革命后果、“文化主义”理论方法与社会历史结构关系等方面展开。[①]

其一,关于17世纪英国革命后果的批判及其价值意义的论争。安德森认为,起源于17世纪的英国革命具有其不彻底性,英国社会主义运动自19世纪末后,就迥异于马克思主义理论指导的普遍道路,导致革命后果只是“改变了英格兰的社会结构而不是上层建筑”,英国商业新贵族特权更为巩固。[②] 安德森抛弃了“17世纪革命……是英国历史发展中的决定性转折点”的积极评价,否定了希尔有关清教徒意志在英国革命与变迁中起到积极作用的历史认识。[③] 实际由此否定了英国社会主义运动、进步劳工历史和英国近现代历史。

汤普森则认为,安德森归根结底是以法国大革命为标准来衡量17世纪英国革命及其后英国社会发展道路,因此未能准确把握英国历史的内在性。[④] 汤普森充分肯定英国革命的积极影响在于创造了一种“精巧地适应于当时社会平衡的制度安排”[⑤]。关于革命后果的原因理解与历史解释,汤普森则认为若从英国近代历史变迁的内部规律看,倘若“要理解这些真正的社会力量之间的平衡(结构主义观点),却不援引萨特‘去总体化的总体性’理论,就会比参考其有关帝国主义鼎盛时期的伦敦社会整体模式的解释效果更为糟糕”[⑥]。汤普森坚信,英国本土并非缺乏革命的意识形态,它确实存在于“生而自由的”英国人的权利意识和清教主义的叛逆传统之中,存在于长期以来人民群众和工人阶级的持续斗争生活中,存在于革命的激进主义知识分子对本土反抗文化的理论贡献之中,然而这些都被安德森从理论到实践漠视了。汤普森正是在坚持历史运动中真正的“人”的能动性及社会主义人道主义史观基础上,基于英国文化特殊性的文化理论和文化史观,运用其文化唯物主义研究方法,阐明了英国本土历史经验的特殊意义。

其二,“文化转向”与结构主义的论争症结:体现了理论与历史的关系。20世纪70年代是阿尔都塞结构主义风靡欧洲大陆学术思想界的重要年代。在社会历史观上,阿尔都塞主义强调社会结构不同层次的相对自主性,属于历史发展的多元决定论。这与“文化转向”所强调的“自下而上”与“人民历史”、“经验”与“意识”理论路径判然有别。在社会史领域,安德森于1974年出版了《绝对主义国家的系谱》《从古代到封建主义的过渡》两部史著,强调历史唯物主义的基

---

① P. Anderson, “The Origins of The Present Crisis”, *New Left Review*, 23 (January-February 1964), p. 30; Tom Nairn, “The Anatomy of Labour Party-1&2”, *New Left Review*, 28 (November-December 1964), pp. 33 - 62; Tom Nairn, “The English Working Class”, *New Left Review*, 24 (March-April 1964), p. 48; E. P. Thompson ed., , *The Poverty of Theory and Other Essays*; Perry Anderson, *Arguments within English Marxism*, Verso, 1980, etc.

② Perry Anderson, “The Origins of The Present Crisis”, *New Left Review*, No. 23, January-February, 1964, p. 39.

③ Christopher Hill, *The English Revolution 1640* (3rd), Lawrence & Wishart, 1955, p. 61.

④ E. P. Thompson ed. , *The Poverty of Theory and Other Essays*, pp. 312 - 313.

⑤ E. P. Thompson ed. , *The Poverty of Theory and Other Essays*, p. 252.

⑥ E. P. Thompson ed. , *The Poverty of Theory and Other Essays*, p. 256.

本原理,指出“自下而上”与“自上而下”历史观双重并蓄的解释功能:“阶级间的长期斗争最终是在社会的政治层面——而不是在经济或文化层面——得到解决。……‘自上而下看的历史’——阶级统治的复杂机制的历史,其重要性不亚于‘自下向上看的历史’。”[①]安德森坚持在多元决定论基础上分析政权与国家的优先性,着眼国际主义的历史分析立场,借助欧洲的视角看英国与借助世界的视角看欧洲,重视历史理论的分析模式,运用结构主义视域看待阶级斗争与社会结构变迁。比如安德森认为“要想揭开资本主义生产方式在欧洲出现的秘密,就必须坚决抛弃任何简单的进化概念,即认为一种较低的生产方式被一种较高的生产方式所包摄,一种生产方式完全是通过一种有机的内在连续过程而自发地产生并取代另一种生产方式”[②]。比较而言,经典马克思主义者准确认识到生产方式的起源与社会结构的变化之间的差别,强调任何生产方式的内在结构性危机的解决主要依赖于阶级斗争的直接参与,从而把所有来自不同社会层面的阶级纳入历史总体结构之内。在历史上的欧洲社会,“这些重大结构在时间上的巨大差异必然呼应着它们的构成和演变的深刻差异”[③]。“其原因应该从国家与阶级的互动关系以及各国在欧洲的‘国际国家体系’中的地位来寻找”[④]。因为“在历史转变时期,从未有一个阶级能够立即领悟到其自身历史地位的逻辑:为了解自身主权的必要规律,必须经过长期的失落与混乱”[⑤]。在这场有关绝对主义与专制主义制度、古代社会到封建主义形态理论的争论中,伯明翰文化中心的理查德·约翰逊则以调和态度自居,极力主张阿尔都塞主义与英国马克思主义二者对话,促进史学研究结合理论与叙述,在不同抽象层面上碰撞与运动。[⑥] 与此相应,英国马克思主义阵营内部,特别是第二代新左派及马克思主义者与第一代新左派及支持“文化转向”的马克思主义者则以伯明翰文化中心和历史工作坊运动为阵地展开激烈辩论,并在实践中推进了相关研究。[⑦]

1978年汤普森在《理论的贫困和错误的太阳系仪》中,对“文化转向”与结构主义的争论、阿尔都塞哲学本质、理论与历史关系和史家原则等问题持续发表见解,宣称“阿尔都塞主义是恶魔,本书所采取策略的目的是从马克思主义传统中将阿尔都塞体系清除出去”[⑧]。极力阐释了阿尔都塞主义在理论实践上都是唯心主义的、自我确证的和理论化的,本质上是反历史的。尤其在理论与历史的关系问题上,汤普森认为历史研究是客观真实的解释体系,“历史学并不是一

① 佩里·安德森:《绝对主义国家的系谱》,刘北成等译,上海人民出版社,2016年,前言第4页。
② 佩里·安德森:《绝对主义国家的系谱》,第314—315页。
③ 佩里·安德森:《绝对主义国家的系谱》,前言第3页。
④ 佩里·安德森:《绝对主义国家的系谱》,中译者序言第5页。
⑤ 佩里·安德森:《绝对主义国家的系谱》,第31—32页。
⑥ Richard Johnson et al. eds., *Making Histories: Studies in History Writing and Politics*, University of Minneapolis Press, 1982, pp. 79 - 82.
⑦ 参见拙作《英国马克思主义史家希拉·罗博瑟姆的女性主义史学叙事》,《史学理论研究》2019年第4期,第23—36页。
⑧ E. P. Thompson ed., *The Poverty of Theory and Other Essays*, p. 197.

个生产伟大理论的工场。历史学的任务是要发现、解释和理解它的客体：真实的历史”①。汤普森试图维护历史唯物主义和“人民历史”的观念，旨在揭示阿尔都塞主义理论体系反人道、反历史、反民主和“唯理论”的本质缺陷。

就英国社会史学的“文化转向”及其书写范式而言，结构主义（强调理论与体系）和“文化转向”（强调经验与解释）二者各有优劣，应是辩证统一。就学科的发展趋势而论，“文化转向”更能体现20世纪60到80年代新社会史学要求关注普通民众、研究日常经验和追求学术民主的体制化趋势。总体上，结构主义与文化唯物论的理论争论及其意义：一是在维护英国马克思主义理论传统的基础上，引领了20世纪60年代以后英国新社会史学的“文化转向”；二是从史学观念与著作实践上，有利于学界内部广泛讨论“文化转向”理论及其研究方式，“就社会史和新文化史而言，关于‘结构’与‘经验’及其相互关系的论题及其争论，在1980年代以后到达了高峰”②。由此英国马克思主义新社史学的“文化转向”在英国文化研究与域外文化史领域得到了传播及认可。

第二，催生了英国马克思主义新社会史学取向的内在转变和实践效应。

在英国史学史上，作为英国现代史学劲旅的马克思主义新社会史学派在60年代的发展勃兴预示着一种史学研究范式的新突破。③ 在社会经济史领域，“这一主题在1963年爱德华·汤普森《英国工人阶级的形成》之中显示了其强大影响力”④。在社会文化史领域，《英国工人阶级的形成》作为战后马克思主义史学著作的经典之作和文化理论研究的先驱文本，极大地影响了新社会史学取向的实践转型：汤普森“文化主义”的阐释模式在推动战后“华威学派”的形成和发展中发挥了重要作用。伴随第一波新左派运动衰落和1963年辞去《新左派评论》编委职务，汤普森社会活动及政治诉求的热情衰退，随后担任华威大学社会史研究中心主任。从1965到1973年，汤普森倡导了“华威学派”对18世纪英国劳工史、犯罪与社会史、文化史等主题领域的系列研究，1973年出版的有关18世纪的法律社会史论文集《阿尔比安的致命之树》是典型代表作，前述有关18世纪英国平民文化研究的“没有阶级的阶级斗争”“贵族社会与平民文化”“阶级经验”和“力场”关系等诸多理论观念，深刻影响到后世学者的学术理念及研究路径。

首先，“去政治干扰”的学术理念和华威学派的“文化转向”，使得社会史研究主题得以扩大，学术培育机制不断成熟。面对当时风起云涌的学生运动和华威大学社会主义社团的纷纷建立，对青年文化一度保持谨慎态度的汤普森，强调青年学生不能“与那些政治积极分子和放任自

---

① E. P. Thompson ed., *The Poverty of Theory and Other Essays*, p. 46.

② Ann Curthorys, “History from Down Under: E. P. Thompson's The Making of the English Working Class and Australia”, *Historical Reflections*, Vol. 41, No. 1, 2015, p. 19.

③ Michael Bentley, *Modernizing England's Past English Historiography in the Age of Modernism, 1870 – 1970*, Cambridge University Press, 2006, p. 133.

④ Micheal Bentley, *Modernizing England's Past English Historiography in the Age of Modernism, 1870 – 1970*, p. 191.

流的学生们(纠缠)不清以至于忽略了研究工作"①。华威社会史研究中心奉行严格管理的原则,汤普森及其同事"不太喜欢学生具有太多自决性、冒险性和自恋性"②。在历史教育与教学方式上,汤普森向后学讲述文化主义路径的最新动态,旨在改变他们对早期工业化世界的看法,激发其"积极性与进取心"③。并且激励他们从英国传统文学文化中发现历史研究问题的无限灵感。④ 汤普森的课堂氛围轻松幽默、内容灵活有趣以及史学受众的广泛,⑤这些都有助于中心学员不受外界干扰,保持办学理念的稳定性,提升年经学者的史学素养。华威社会史研究中心的学术群体逐渐从传统劳工史领域扩大到包括犯罪学、治安学、医学史、文化休闲、工业化及其对家庭和社区影响等社会史领域。中心人才培养体系相对成熟,研究生班第一学期课程课时占据十二个月,在第二学期学生要写一篇中期论文,论文主题通常择选以第一手史料为基础的英国社会文化研究。每个学生配备两名指导导师,要求积极与相关专业同学保持交流。在学术人才与培养机制方面,社会史研究中心奉行集体主义原则,汤普森及同事们遵行学术规则,提倡合作探究精神。⑥ 反对不经集体讨论发表作品,论文专著都要经过师生共同的批判讨论,⑦以确保学术成果证据充足、观点全面、正反平衡、逻辑完善和结论合理。⑧ 完善的学术制度与良好的研究风气使得"华威学派"及英国新社会史研究呈现深入发展的势头与文化转向的路径。

其次,18 世纪英国法律犯罪史的研究实践,促进了劳工史学的新进展和新社会史研究范式的确立。汤普森参与和指导了"华威学派"的首本研究文集《阿尔比安的致命之树》的出版,其学生及追随者由此自觉运用"文化主义"的研究方法,在史学实践中创造了大量的学术成果。⑨这本著作与同期的《辉格党与狩猎者》一道,冲破了资产阶级自由主义史学的陈词滥调和马克思主义僵化教条,在更广泛的理论与实践层面上,通过探讨犯罪心理、文化理论及史学观念的变迁问题,重构了 18 世纪英国社会文化中"阶级斗争"的历史记忆。⑩ 华威学派开创了战后英国的法律社会史,涉及 18 世纪英国犯罪史、历史主体权利与群体正义价值观的拓展研究,对后世

---

① Neville Kirk, "From Warwick to Pittsburgh: Shaping the New Labor Historians", *International Labor and Working-Class History*, No. 82, Fortieth Anniversary Issue, Fall 2012, p. 34.

② Neville Kirk, "From Warwick to Pittsburgh: Shaping the New Labor Historians", p. 35.

③ Neville Kirk, "From Warwick to Pittsburgh: Shaping the New Labor Historians", p. 34.

④ June Hannam, "Individual Statements on E. P. Thompson", *Labour/Le Travail*, Vol. 72(1), Dec., 4, 2013, pp. 250 - 252.

⑤ John Rule & Robert Malcolmson eds., *Protest and Survival: The Historical Experience — Essays for E. P. Thompson*, Merlin Press, 1993, p. 1.

⑥ John Rule & Robert Malcolmson eds., *Protest and Survival: The Historical Experience — Essays for E. P. Thompson*, p. 34.

⑦ See, W. H. Fraser, "Labour History at the Centre for the Study of Social History", *Bulletin*, Vol. 68, No. 2, 1984, pp. 22 - 23; Inga Clendinnen, "Understanding thc Heathen in Home: E. P. Thompson and His School", *Historical Studies*, Volume 18, Issue 72, 1979, pp. 435 - 441.

⑧ Neville Kirk, "From Warwick to Pittsburgh: Shaping the New Labor Historians", pp. 35 - 36.

⑨ See, Linebaugh Peter, *The London Hanged: Crime and Civil Society in the Eighteenth Century*, Cambridge University Press, 1992; John Rule, *The Experience of Labour in Eighteenth-Century Industry*, St. Martin's Press, 1981; Robert W. Malcolmson, *Life and Labour in England 1700 - 1780*, St. Martin's Press, 1981.

⑩ Douglas Hay et al ed., *Albion's Fatal Tree: Crime and Society in Eighteenth Century England*, Verso, 2011, pp. 17 - 33.

法律史领域的贡献,甚至法学研究领域的意义都较为深远。[①] 与此同时,社会史机构中心的劳工史学研究非常注重考察工业革命期间底层劳工与工会运动对政治、文化与社会关系及其能动性的问题。[②] 同样的研究成果集中在关于工会工联的历史反思与实践探究中。[③] 中心还广泛与国际合作,开设有美国白人劳工史专业的硕士点,吸引了诸如大卫·蒙哥马利等美国、澳洲、日本社会史学家到英国访学交流。汤普森领导下的社会史研究中心及"华威学派"始终延续着20世纪60年代以来"文化转向"的研究路径,使得"文化马克思主义史学"在战后英国社会史学领域占据一席之地,推进了英国马克思主义新社会史学取向的现代转型和国际新社会史学的未来进展。

第三,推动国际新社会史学研究领域的不断发展。

汤普森是英国马克思主义史家群体中的著名社会思想家、激进新左派知识分子与马克思主义新社会史家,其人生境遇和学术路向主要经历了由早期社会主义活动、中期新左派政治与晚期马克思主义史学领域的"文化转向",其中史学观念的"文化转向"更是对域外社会史学与国际史学产生了重要影响。就整个国际社会史学而言,"在1960—1980年代之间,我们学科(这里指社会史)中最显著的变化之一,是越来越多的职业史学家开始将自己定位为'新社会史学家',然后从1980年代始,声称与'新文化史'相关的史学家比例开始显著增长"[④]。这种新社会史"文化转向"的研究理念逐渐被欧陆、北美、澳洲、亚洲、非洲等地区与国家的史家广泛认可,有助于他们在国际劳工史、大众行为与大众文化、移民史和日常生活史等领域取得丰硕成就。当然在不同地域的历史语境中,"文化转向"的研究理念及影响范围,在时间、主题和程度等方面稍有差异。

在美国,在强大的社会科学史学派的理论传统中,基于对战后美国"一致论史学"的实践反叛,汤普森文化主义研究方式依然能够从60年代开始产生巨大影响。美国著名新社会史学家查尔斯·蒂利、大卫·蒙哥马利、赫伯特·古特曼和尤金·吉诺维斯等都不同程度地受到汤普森文化主义阐释方式的影响。[⑤] 特别是"文化转向"研究拓宽了美国新社会史视域,在从传统劳工社群逐渐扩展至社区、移民、日常生活及大众文化领域中形成了许多重要主题,彼时美国史学的发展情境正如20世纪英国牛津历史学术史系列著作的评论所言:"新的社会学意义上的劳工史扩展了该领域的主题,超越了政党与工会的旧制度史和社会主义意识形态的历史叙述,注重

---

① Matt Neale, "Research in Urban History: Recent Theses on Crime in the City, 1750 – 1900", *Urban History*, Vol. 40, No. 3, 2013, p. 567.

② John Rule, "The Labouring Miner In Cornwall, 1740 – 1870", *Doctoral Dissertation in Social Sciences, University of Warwick*, 1971, p. ii.

③ Tony Mason & Jim Obelkevich, "Labour History at the Centre for the Study of Social History, Warwick", *Bulletin — Society for the Study of Labour History*, No. 48, 1984, pp. 22 – 23.

④ Dominick LaCapra, *History in Transit: Experience, Identity, Critical Theory*, Cornell University Press, 2004, p. 256.

⑤ Alan Dawley, "E. P. Thompson and the Peculiarities of Americans", *Radical Historical Review*, Winter, 1978 – 1979, p. 57.

研究普通社会生活中可衡量的事实。"[1]如美国新社会史家不再借助传统的工会组织等中介因素考察工人阶级,而是直接研究工人群体的生活经验,涉猎工作时间、闲暇活动、邻里关系和消费文化等内容。[2] 美国移民史家也重视美国社会黑人、波多黎各人、犹太人、意大利人和爱尔兰移民的生活经历研究。[3] 政治史家侧重在借鉴"霸权"理论的基础上,在传统家长制解体、阶级间竞技妥协、国家政权形成和多元种族文化语境中,考察19世纪美国大众文化对美国"白人例外论"的价值影响及话语批判。[4] 在理论观点与方法论视野上,围绕着汤普森"经验"与"阶级形成"先后关系的问题、是否有"能动的"工人阶级经验问题,学术界形成了以蒂利为代表的"经验派"与"能动派"和以帕特里克·乔伊斯为代表的"后发论"与"经验差异派"。比如后者更加强调工厂体制之下如何使工人预先处于从属地位,认为他们只有关于在此地位上的"共同经验",而不同工作场所的工人群体之间的经验并不相同。[5] 同时,利昂·芬克主编了新杂志《劳工史:美国工人阶级研究》,其主题涵括美国、加拿大、拉丁美洲和加勒比地区劳工史研究领域,创刊宗旨是在"文化研究"视野下为劳工史的历史分析和史学评论提供新场所,这都为理解当代劳工史的困境及根源提供了历史解释新框架。[6] 20世纪六七十年代是美国新社会史学的勃兴时期,而美国新社会史研究的瞩目成就,特别是劳工史、日常生活和新政治史等领域,都离不开"文化转向"理念的影响。

汤普森对加拿大新社会史学的影响,集中表现为20世纪70年代中期以后加拿大劳工与工人阶级史学领域的迅猛发展。最具代表性的有布莱恩·帕尔默在80年代出版的系列著作,如《工人的梦想》《E. P. 汤普森的形成:马克思主义、人道主义与历史》《工人阶级的经历》等。当然加拿大社会史学界不乏对汤普森的批评,包括对其浪漫主义、唯意志论、阶级定义和误用其他学科理论方法的批判,强调劳工史研究转向普通工人群众的生产关系及文化生活,特别是研究移民劳工在工人运动中的不同作用。[7] 在法国、德国和澳洲,"文化转向"研究理念则延至八九十年代才发挥影响,比如《英国工人阶级的形成》在民主德国广受赞誉,直到1988年联邦德国学者才对汤普森的"经验"理论反思作了评述,因为汤普森对机器生产的突破性研究可有效地与

---

① Geoff Eley & Keith Nield, *The Future of Class in History: What's Left of the Social*? University of Michigan Press, 2007, p. 88.

② See, David Montgomery, *The Fall of the House of Labor: The Workplace, the State and American Labor Activism 1865–1925*, Cambridge University Press, 1987; Daniel T. Rodgers, *The Work Ethic in Industrial America, 1850–1920*, University of Chicago Press, 1978.

③ See, Nathan Glazer & Daniel Patrick Moynihan, *Beyond the Melting Pot: The Negroes, Puerto Ricans, Jews, Italians, and Irish of New York City*, M. I. T. Press & Harvard University Press, 1963; Oscar Handlin, *The Uprooted: The Epic Story of the Great Migrations that Made the American People*, University of Pennsylvania Press, 2002.

④ Alan Dawley, "E. P. Thompson and the Peculiarities of Americans", pp. 58–59.

⑤ Geoff Eley & Keith Nield, *The Future of Class in History: What's Left of the Social*?, p. 98.

⑥ Leon Fink ed., *Labor: Studies in Working-Class History of the Americas*, 13(1), Feb., 2016, Duke University Press, 2016, pp. 166–170.

⑦ Gregory S. Kealey, "Labour and Working-Class History in Canada: Prospects in the 1980s", *Labour/Le Travail*, Vol. 7, Spring, 1981, pp. 67–94.

共产主义史学叙述结合起来，德国学界最终被“18 世纪英国社会文化”的历史叙述吸引。法国的伊丽莎白·马可尼特借用汤普森发展的“文化霸权”概念，系统分析了第三共和国时期贵族维持霸权的各种努力，运用大量贵族家庭私人档案，关注家庭内部主仆之间言语、仪式和姿势交流在不同场合的表现与意义，提出了在第三共和国时期，不同类型的家庭服务形态已然逐渐消失的结论。① 在澳洲，罗伯特·伯拉德研究了 1917 年维多利亚大罢工时期占据罢工人数 13%的底层民众及其文化活动，运用“自下而上”的阶级视角，让旧时代隐藏于历史背后的底层人物发声。② 总体上，在欧美地区及域外新社会史对“文化转向”研究方式的合理继承与实践运用，主要表现在关注工业化时期家长制等传统秩序与价值体系崩溃的社会中，如何对工人阶级经验、底层大众文化和社会生活变迁等领域进行历史叙事及史学解释。

20 世纪 70 年代后，汤普森“文化转向”的研究路径还传播到了亚非地区。与欧美新社会史学的景象不同，亚非地区新社会史领域的“文化转向”更多地表现为挖掘殖民地地区“工人阶级”整体的群体历史经历，重视在复杂历史语境下更具交织性的社会群体的身份认同分析，同时拓展特定底层大众文化与历史经验的研究。比如七八十年代成为非洲劳工史学勃兴的年代，汤普森的史学范式首先在南非产生了重要影响。③ “文化转向”凸显了在阶级分析中“从结构转变为后结构的机制”④。在南非工人阶级史领域，汤普森对阿尔都塞主义的批判“开辟了一种非洲工人阶级的新思路与新方法”⑤。其中汤普森的“阶级经验”范畴对 80 年代以后南非新社会史学界有着突出作用。⑥ 这个时期非洲新社会史家群体注重研究底层劳动义务、工人运动、工人通信网络和工人身份认同，包括与民族、性别、种族相关的身份交织与认同问题。应该说，非洲史家擅长在吸纳人类学民族志、文化研究、社会学相关方法的基础上，探索处于不同宗教文化背景中的工人阶级生活方式，书写并展现“工人阶级”身份意识的总体性与群体性特征。⑦

在亚洲，20 世纪 80 年代中期后，中国学者对汤普森史学著作进行了持续关注与研究。但凡关注中国历史上的阶级斗争与社会关系问题，都会关注到汤普森《英国工人阶级的形成》，甚至

---

① Elizabeth C. Macknight, "A 'theatre of rule'? Domestic service in aristocratic households under the Third Republic", *French History*, Vol. 2, No. 3, 2008, pp. 316 – 336.

② Robert Bollard & Rob Bollard, "'The Active Chorus': The Great Strike of 1917 in Victoria", *Labour History*, No. 90, May, 2006, pp. 77 – 94; Ann Curthoys, "History from Down Under: E. P. Thompson's The Making of the English Working Class and Australia", *Historical Reflections*, Vol. 41, No. 1, 2015.

③ See, Richard Sandbrook & Robin Cohen, eds., *The Development of an African Working Class: Studies in Class Formation and Action*, University of Toronto Press, 1975; Crisp Jeff, *The Story of an African Working Class: Ghanaian Miners' Struggles, 1870 – 1980*, Totowa, N. J. 1984.

④ Pnina Werbner, "Rethinking Class and Culture in Africa: between E. P. Thompson and Pierre Bourdieu", *Review of African Political Economy*, Volume 45, Issue 155, 2018, p. 7.

⑤ Jonathan Hyslop, "E. P. Thompson in South Africa: The Practice and Politics of Social History in an Era of Revolt and Transition, 1976 – 2012", *International Review of Social History*, Volume 61, Issue 1, Apr., 2016, pp. 95 – 116.

⑥ Jonathan Hyslop, "E. P. Thompson in South Africa: The Practice and Politics of Social History in an Era of Revolt and Transition, 1976 – 2012", p. 105.

⑦ Jonathan Hyslop, "E. P. Thompson in South Africa: The Practice and Politics of Social History in an Era of Revolt and Transition, 1976 – 2012", p. 116.

国外学者盖尔·贺肖特在撰写《天津的工人：1900—1949》这本著作时，当涉及从20世纪初到新中国成立以来天津工人群体经历的问题时，也采用了“阶级意识”的理论方法，得出了天津工人阶级阶级意识并不成熟的观点。[①] 汤普森曾于1985年来华访问并在上海、北京和南京等地讲学，在改革开放伊始，中国史学界已在直接与间接两种渠道上广泛接受了英国马克思主义史学群体的影响，非常重视英国马克思主义新社会史学的“文化转向”研究对中国文化史和社会史发展的影响。[②] 国内学界面临的主要问题是如何将诸如汤普森新社会史学的“文化转向”那样的外国史学思想资源与中国社会史学实证研究相结合，如何使重要的域外理论本土化的问题。从传统革命史、政治史、文化史等到类型繁多的新专题史领域，从传统社会史到服饰史、节日史、习俗史等底层社会史领域，国内学者强调问题意识与跨学科研究的同时，越发关注文化生活与意识形态，重视普通人群的历史研究，这些都能在其中找到汤普森及外域学术思想的共有理念。除了中国社会史学界的丰富成果外，20世纪70年代晚期的印度新社会史家也开始转向了大众政治运动、大众经济生活和大众文化研究。[③] 主要表现为《庶民研究》杂志创办及其对汤普森史学观念及其理论方法的大量吸纳，这本由堪培拉、苏塞克斯和牛津学者共同主编的社会史研究杂志，出版了大量有关印度底层研究的专论。[④] 2011年沙什·阿帕德海耶的《普列姆昌德和北印度殖民地的农民的道德经济学》认为，在亚洲的历史语境中，由汤普森提出的道德经济学概念，可有效分析北印度乌尔都语作家普列姆昌德对北印度农民的历史叙述，认为普列姆昌德提出的农民自身的文化资源观念可用道德经济概念加以阐释。[⑤] 同时，日本学界也开始关注汤普森的研究，反映了由社会经济史转向大众文化史的变化。[⑥] 20世纪60年代以来汤普森在日本的多重形象包括新左派辩论家、劳工与社会史家、社会文化史学家和和平主义者，七八十年代汤普森作为一个道德经济学的社会史家而被广泛关注，虽然《英国工人阶级的形成》直到2003年才首次以日文翻译出版。

在新社会文化史的发展历程中对汤普森史学思想及意义进行考察，无疑佐证了“文化转向”是20世纪60年代以来普遍发生在中外史学界诸领域的研究路径及范式转换：“新社会史的

① See, Josephine Fox, "The Workers of Tianjin, 1900 - 1949 by Gail Hershatter", *The Australian Journal of Chinese Affairs*, No. 21, Jan., 1989, pp. 213 - 216; Gail Hershatter, *The Workers of Tianjin, 1900 - 1949*, Stanford University Press, 1986.

② 鲍照霖等：《西方史学的东方回响》，社会科学文献出版社，2001年，第126—174页。

③ See, Rajnarayan Chandavarkar, "The Making of the Working Class: E. P. Thompson and Indian History", *History Workshop Journal*, Vol. 43, 1997, p. 181.

④ Dipesh Chakrabarty, "Subaltern Studies and Postcolonial Historiography", *Nepantla: Views from South, Duke University Press*, Volume 1, Issue 1, 2000, pp. 9 - 32; Dipesh Chakrabarty, "Fifty Years of E. P. Thompson's 'The Making of the English Working Class'", *Economic and Political Weekly*, Vol. 48, No. 51, Dec., 21, 2013, pp. 24 - 26.

⑤ Shashi Bhushan Upadhyay, "Premchand and the Moral Economy of Peasantry in Colonial North India", *Modern Asian Studies*, Vol. 45, No. 5, 2011, p. 1227.

⑥ Hideo Ichihashi, "The Reception of E. P. Thompson in Japan: The New Left, The Making, and 'Moral Economy'", *International Review of Social History*, Volume 61, Issue 1, Apr., 2016, pp. 51 - 73; Bryan D. Palmer, "*Panel of Fifty Years of E. P. Thompson's The Making of the English Working Class*", *Labour/Le Travail*, Vol. 71, 2013, p. 6.

主要理论来源都强调历史发展的社会和经济根源，这种理论被应用到历史研究，就造成文化方面的内容和个人的活动不受重视，其历史作用被轻描淡写，而文化转向则挑战了上述史学倾向。"①世界各地的社会史学群体积极促进了国际新社会史学内部的交流与共鸣，在积极批判、借鉴和吸收汤普森马克思主义新社会史学思想与区域国别社会史研究的结合方面，共同促进了20世纪后半期国际新社会史学的繁荣。②

从激进历史与史学观念的角度上，在汤普森的时代际遇、历史传承与文化语境之中，考察和梳理其史学研究的"文化转向"及其内在逻辑，既关注与研究汤普森史学思想的形成机制、激进内涵与基本特征，又兼顾其史学著作形态的新社会文化史意义、传播途径和域外影响，具有重要意义。就文本解读与价值彰显的角度看，揭示汤普森史学研究的"文化转向"何以发生、如何表现及其对战后英国马克思主义史学走向和国际新史学思潮变动产生了哪些影响，有益于为深入理解汤普森与英国马克思主义史家群体的史学认识及史学实践提供一种视角或借鉴。汤普森重视历史进程中社会文化的引领与道德因素的调节作用，在20世纪六七十年代的英国新社会史学界独树一帜，引来了大批追随者与实践者，促进了新社会史研究取向转型，将战后英国新社会史"文化转向"传统发扬光大。③ 当前全球史学是个不平衡且相互交织的领域，它"由特定历史和在全球经济中地位各异的社会决定性地塑造"④。汤普森史学研究的"文化转向"促进了国际新社会史和文化研究的发展，置身全球语境中的汤普森马克思主义整体社会史学的"文化转向"则呈现了不同的地域特色，凝聚着全球新社会史"文化转向"的史学书写范式和历史主体经验的"人民"历史内涵也必然异彩纷呈，英国马克主义新社会史学理应具有"文化转向"与理论本土化的独特境遇。

（本文原刊于《上海师范大学学报》2020年第6期，有所修改）

作者简介：

梁民愫，上海师范大学人文学院世界史系教授、博士生导师。复旦大学历史学博士，华东师范大学历史学博士后，2012—2013年在剑桥大学"剑桥历史人口与社会结构研究中心"任访问

① 俞金尧：《书写人民大众的历史——社会史学的研究传统及其范式转换》，《中国社会科学》2011年第3期，第212页。

② Madeleine Davis & Kevin Morgan, "'Causes That Were Lost'? Fifty Years of E. P. Thompson's The Making of the English Working Class as Contemporary History", *Contemporary British History*, Volume 28, Issue 4, 2014, pp. 374－381; Rudi Batzell, Sven Beckert, Andrew Gordon, & Gabriel Winant, "E. P. Thompson, Politics and History: Writing Social History Fifty Years after The Making of the English Working Class", *Journal of Social History*, Volume 48, Issue 4, Summer, 2015, pp. 753－758.

③ See, Stuart Middleton, "E. P. Thompson and the Cultural Politics of Literary Modernism", *Conflict, Security and Development*, Vol. 28, No. 4, 2014, pp. 422－437; Paul Buhle, "E. P. Thompson and His Critics", *Telos*, No. 49, 1981, pp. 127－137; Michael D. Bess, "E. P. Thompson: The Historian as Activist", *The American Historical Review*, Volume 98, Issue 1, February 1993, pp. 19－38.

④ R. Batzell, G. Winant, A. Gordon, &S. Beckert, "Introduction: The Global E. P. Thompson", *International Review of Social History*, Vol. 61, Issue 1, 2016, p. 2.

学者。享受国务院政府特殊津贴专家，中国史学理论研究会常务理事兼副秘书长，中国世界近代史研究会理事，中国英国史研究会理事。学科领域为世界史，学术方向为外国史学理论及史学史、学科教学（历史），侧重英国史学与英国史、史学理论与中学历史教学。先后主持完成三项国家社科基金项目和多项省级社会科学规划项目，目前主持国家社科基金重大项目和承担国家社科基金重大项目·子课题各一项。在CSSCI核心期刊发表论文四十余篇，独立撰写及合作出版《英国学派与历史学家：霍布斯鲍姆的马克思主义史学》等著作5部。曾获省社科优秀成果奖励二、三等奖多项。参与撰写的国家出版基金项目《马克思主义史学思想史》（6卷本）获第四届中国出版政府奖“图书奖提名奖”。

论历史时间的空间化及其与隐喻、叙事的关系

陈慧本

摘　要：历史学研究的是有关过去的知识，这意味着探究历史学中时间的本质是极为重要的。一般历史学家们根据日常生活经验，往往习惯以空间化的思维来表现时间。历史时间与空间的关系体现在历史研究对象的空间性、对时间的空间性指称、时间的可分割性等层面。柯林武德则将时间设想为永远变化着的现在，过去和未来作为观念存在于现在之中，从而保证了历史时间的历史性，确立了历史学中普遍性和特殊性的互动关系。柯林武德的历史时间观也没有彻底否定空间化的时间。通过分析这种言说时间的“惯性思维”，历史时间与隐喻的关系得以展现。隐喻不仅是一种修辞手法，它更是人们认知世界的方式。布罗代尔通过设置整体的情节串联起地中海叙事中的三重时间，从而统一结构、局势和事件，充分展现了隐喻和叙事在表现历史时间经验方面的重要性。总而言之，历史时间总是表现为人类思维中过去、现在与未来之间的变动张力。

关键词：历史时间　空间化　隐喻　叙事　布罗代尔

在实践的历史学家中，年鉴学派对于历史时间的研究备受瞩目。马克·布洛赫早已指出，历史学是“关于时间中的人”的科学。[①] 布罗代尔在《菲利普二世时代的地中海和地中海世界》（以下简称《地中海》）中初步阐明了时段理论，并在之后的学术研究中不断深化和拓展这一思考。勒高夫进一步开拓了历史时间的研究范畴，在其中世纪史研究中，他区分了教会时间、商人时间、劳动时间等不同的时间形态和时间观，此外他还思考了“过去”与“现在”等与时间有关的概念及其历史演进过程。[②] 诚然，这些有关历史时间的研究打破了以往单一线性时间的观念，

---

① 马克·布洛赫著，黄艳红译：《历史学家的技艺》，中国人民大学出版社，2011 年，第 47 页。

② 俞金尧从勒高夫的时间观出发，探讨了历史学中的时间尺度、历史时间与意义、历史中的不同时间观等问题，参见俞金尧《历史学：时间的科学》，《江海学刊》2013 年第 1 期，第 149—154 页。陈群志比较了布罗代尔和勒高夫的历史时间观，参见陈群志《历史时间与时间历史——基于雅克·勒高夫史学时间观的双重视角》，《世界历史》2015 年第 6 期，第 123—135 页。洛伦茨探讨了近三十年来西方历史时间研究的状况，并在文末提供了一个极为有益的书单，参见克里斯·洛伦茨《时代正在改变：论历史中的时间、空间和分期》（Chris Lorenz, “‘The Times They Are a-Changin’. On Time, Space and Periodization in History”），M. 卡雷特罗等编《帕尔格雷夫历史文化和教育研究手册》（M. Carretero et al. ed., *Palgrave Handbook of Research in Historical Culture and Education*），帕尔格雷夫·麦克米伦出版社，2017 年，第 109—131 页。

颇具启发意义。

布罗代尔的时段理论彰显了时间在历史学中的方法论内涵，作为一种认识和分析的方法（形式），复数的时间使得我们对于历史的认识更加立体化。勒高夫将时间观念作为历史学研究的对象（内容），展现中世纪社会心态与文化的多样性。伴随着历史学家们思考历史时间的深入，在历史时间的新视域上也出现了一些新的问题和困惑。我们看到，时间不仅充当着历史学研究的形式，同时也充当着历史学研究的内容。这是何以可能的呢？历史时间的含义究竟是什么呢？

本文旨在讨论我们（包括历史学家）是如何思考历史时间的？时间在历史中是以什么形态存在和展现的？我们将从柯林武德的历史时间观开始论述，柯林武德不仅是一位出色的史学理论家，同时也是一位优秀的实践历史学家，我们可以通过他更好地衔接起实践的历史学与史学理论之间的统一性。布罗代尔的《地中海》和时段理论则提供了极好的分析素材，有助于我们揭示历史时间与空间、隐喻，乃至叙事之间的关系。

一、有关时间的思维模式

一般而言，历史学研究的是有关过去的知识。在柯林武德看来，为了理解历史学的特性，我们首先必须询问作为历史学研究对象的过去是什么，“这意味着要探究时间的本质”①。

柯林武德曾总结过人们在思考时间问题时的困境，他将这些困境总结为：“人们通常所作的一切有关时间的陈述，似乎表明时间是某种我们知道它所不是的东西，并且我们知道这些陈述对时间所作的假设是不真实的。”②也就是说，当我们在思考时间是什么时，往往将它比作某种其他的东西，而无法直接言说时间本身。正如奥古斯丁的箴言：“时间究竟是什么？没有人问我，我倒清楚，有人问我，我想说明，便茫然不了解。”③

为了解决人们通常思考时间所遭遇的困难，柯林武德对时间作了一些限定。首先，他所讨论的时间并非是抽象空洞的时间，而是“充实的”（full）时间，所谓的“充实”即与经验有关，质言之，有关时间的困境都是在时间的经验和被经验的时间中产生的。其次，应当在事件之内（within）去追寻时间，而非在诸事件的关系之间（between），除非这些关系隶属于更大范畴的事件，比如刺杀恺撒和亚克兴海战这两个事件是罗马共和国之衰落的组成部分。柯林武德之所以

---

① R. G. 柯林武德：《历史哲学讲稿［1926］》（R. G. Collingwood, “Lectures on the Philosophy of History［1926］”），扬·冯德·杜森编《历史的观念》（增补版）（Jan van der Dussen ed., *The Idea of History*, *Revised edited with Lectures 1926–1928*），牛津大学出版社，1993 年，第 363 页。本文中对《历史的观念》的引用，大多参考中译本，即柯林武德著，杜森编，何兆武、张文杰、陈新译《历史的观念》（增补版），北京大学出版社，2010 年，第 359 页。

② R. G. 柯林武德：《关于时间的困惑：一个尝试性解答》（R. G. Collingwood, “Some Perplexities about Time: With an Attempted Solution”），《亚里士多德学会公报》（*Proceedings of the Aristotelian Society*）新系列第 26 卷（1925—1926 年），第 138 页。

③ 奥古斯丁著，周士良译：《忏悔录》，商务印书馆，1963 年，第 242 页。

做出这一限定，主要是针对逻辑原子主义而发的。逻辑原子主义将世界看成是由众多相互独立的事件或事实所构成，并沿用了数学家们将时间看作一个紧凑系列的观点，以此来解决有关时间的问题。柯林武德对这种观点作了反驳。①

随后他将有关时间的谬误(fallacy)具体分为以下四种"惯性思维"：(一）我们常说时间飞逝；(二）时间可以被测量；(三）时间是连续的；(四）时间是无限的。总体而言，这些谬误往往是预设了一个时间参考系，并且在时间中来判定时间的运动和测量时间。因此，我们不得不继续追问这个作为参照的时间，从而又设定一个新的时间来说明它，以致无限(ad infinitum)。②那么这些谬误推理的根源是什么呢？这或许与人们将时间"空间化"(spatializing)的思维定式有关。

近代数学和物理学先驱们的研究成果，系统性地赋予空间化的时间认知以理论基础，同时也巩固了人们对于时间的线性和空间化认知。伽利略创造了匀速运动和匀加速运动等概念，试图建立一个截然不同于亚里士多德的对运动的理解体系。笛卡尔发明了直角坐标系，在代数和几何之间架设了一座桥梁，使得几何概念可用以数来表示，几何图形也可以用代数的形式来表示，为运动的几何和数学的描述提供了便捷的工具，这也提供了人们在描述世界时的一种新的视角，从此人们可以把世界看作是时间和空间中的存在。数学家巴罗构想了一种数学时间，并将其比喻成一条直线或一个圆，以此来表明时间固有的几何特征，时间"作为一条直线，可以被看成一个点向前运动的轨迹，在长度方面，它可以被一个点也可以被一个运动划分；所以时间可以被构想成一个时刻的持续流逝轨迹，它可以被一个瞬间或一段时间流所划分"③。

对时间作空间化处理的思维，与近代科学中的量化和精确化倾向密切相关。"为着量化和相关的概念化的目的，我们将时间图像化为一种一维的连续空间。在科学文献中，这种空间化的时间观随处可见。"④为了谈论时间的间隔和持续，或者时间的秩序和序列，我们就需要预先设想出一个时间长轴，间隔、持续和序列等词汇总是与空间想象产生关联的，我们通过这种想象来思考并且测量时间。

柯林武德认为，澄清时间概念的首要条件便是放弃把时间视作一维空间的看法。将时间空间化就是陷入了思维的幻觉之中，认为过去和未来是存在的。实际上，它们在当下对我们而言是不在场的。一个事件是由其过去、现在和未来的三部分构成的，我们可以说作为整体的事件是正在发生(happening)，但是其中的过去和未来的部分并不是正在发生的。因此，柯林武德论

---

① R. G. 柯林武德：《关于时间的困惑：一个尝试性解答》，第 136—137 页。柯林武德的论述主要是针对当时在英国思想界盛行的罗素哲学，有关罗素的时间概念，可参见伯特兰·罗素著，陈启伟译《我们关于外间世界的知识——哲学上科学方法应用的一个领域》，上海译文出版社，1990 年，第 77—95 页。

② R. G. 柯林武德：《关于时间的困惑：一个尝试性解答》，第 138—143 页。

③ 伊萨克·巴罗著，J. M. 柴尔德译：《伊萨克·巴罗的几何学讲稿》(Isaac Barrow, *The Geometrical Lectures of Isaac Barrow*, translated by J. M. Child)，公开法庭出版公司，1916 年，第 37—39 页。

④ 罗杰·S. 琼斯：《作为隐喻的物理学》(Roger S. Jones, *Physics as Metaphor*)，明尼苏达大学出版社，1982 年，第 79 页。另参见吴国盛《时间的观念》，中国社会科学出版社，1996 年，第 128—131 页。

述道,“这并不意味着作为过去的过去继续存在。真正继续存在的是过去对现在所产生的作用”①。

在消除了空间化思维所导致的时间谬误后,柯林武德道出了自己对于时间的理解,时间“是一个永远持续变化的现在,它以某种方式连接着一个不存在的将来和一个不存在的过去”②。“只有现在是实际存在的:过去和未来都是观念的,并且只能是一种观念”③。柯林武德对于时间的界定是以现在为基点的,现在是一个具体且持续变化的实在,而非一个空洞抽象的数学点,因为现在包含了观念性的过去和未来。说过去和未来是观念的,是针对心灵而言的,并且这两者只能作为心灵的对象而存在。“如果没有心灵,那么在任何给定的时刻都没有过去和未来”,通过我们心灵的记忆和历史性思维,我们才使过去存在。作为现在之不断变化的时间,乃是“先验实在的”(transcendentally real),④它是任何其他思想的逻辑预设。

问题在于,现在是如何与过去和未来产生关联的呢?按照流俗的生理或心理学的记忆理论,过去的事情能够在人们的生理或心理机体上留下持续的印迹,因而人们能够记住过去的事情,如同数据储存在电脑的储存器中那样,记忆也会留存在人的大脑中。

柯林武德认为,这样的解释是无法令人信服的。他指出,这样的说法大多源自一种认识论的教条,即宣称意识的对象必然是不依赖于意识本身的客观实在。该教条忽略了以下事实:过去的事情必须“首先不再存在,这样才第一次处在被记住的位置”。记忆是主观的和直接的,其主观性在于,记忆的对象总是某种我们亲身经历过的事物,它无法超越我们自身的经验范畴,比如,出生于 1991 年的我必然无法记得抗日战争,但是我确实记得伊拉克战争;其直接性在于,记忆是一种直觉,除了它本身之外人们无法提供任何的证据来证明它。⑤ 因此,对于那些其年代超越了我们的个人生命区间的事情,记忆是无能为力的,而且记忆往往是具有特殊性的。⑥ 我们所记得的不是普遍的过去(the past),而是我们自己的过去(our past);同理,我们所期待的不是普遍的未来(the future),而是我们自己的未来(our future)。

相比于记忆,历史判断(historical judgment)能够真正确保作为观念之过去在现在的存在。虽然历史与记忆的对象都是过去,但是这两者有着截然不同的认识机制。相比于记忆的主观性和直接性,历史是客观的和间接的。其客观性在于,历史超越了我们自身的经验范畴,它探求的

① R. G. 柯林武德:《关于时间的困惑:一个尝试性解答》,第 144 页。
② R. G. 柯林武德:《关于时间的困惑:一个尝试性解答》,第 145 页。
③ R. G. 柯林武德:《历史哲学讲稿[1926]》,第 364 页。
④ R. G. 柯林武德:《关于时间的困惑:一个尝试性解答》,第 150 页。柯林武德这里使用的“先验”概念,是康德意义上的,即指某种虽先于经验,但除了使经验成为可能以外还没有得到更进一步规定的东西,参见康德著,邓晓芒译《纯粹理性批判》,《康德三大批判合集》(上),人民出版社,2009 年,第 16 页。
⑤ R. G. 柯林武德:《历史哲学讲稿[1926]》,第 366—367 页。
⑥ 记忆与历史是当代史学理论中的一个热点话题,相较于柯林武德从主观—客观以及特殊—普遍的视角分析记忆与历史的差异,当代史学理论在讨论记忆时呈现出更多样的路径。如鲁尼亚从心理分析的视角探讨记忆、过去与在场之间的关系,参见艾尔柯·鲁尼亚《被过去所感动:非连续性与历史转变》(Eelco Runia, *Moved by the Past: Discontinuity and Historical Mutation*),哥伦比亚大学出版社,2014 年。

是普遍的和一般的过去。比如一个研究中国近代史的年轻学者，他对于自己没有记忆的抗日战争的了解，很有可能胜过他对于伊拉克战争的了解，因为他可以研读史料和相关专著，并通过合乎逻辑的推理来建构起自己对于抗日战争的认识。历史的间接性在于，历史判断或叙述必须有所依据，历史学家要凭证据和推理(inference)来证明自己的陈述。“历史比记忆更像真正的知识，”柯林武德总结道，“因为它具有一种自我批判的因素，而这是记忆所缺乏的。”①就此而言，历史乃是一切心灵的共同财产。需要指出的是，柯林武德并没有在历史学中排斥记忆，“我们对过去的态度不是记忆而是历史判断；而这也是我们对于我们所记得的事物的态度，只要我们相信我们的记忆是值得信赖的”②。

柯林武德对历史时间的设想确保了历史学中普遍性和特殊性的互动关系。他将一切历史看作理解现在的努力，这是一项“永无止尽”的任务，因为现在是一种具体的实在，它是变动不居的，永远变化着的。然而，因为“一切历史都是一种尽可能完整地叙述现在世界的努力，从这个意义上说，一切历史因而都是普遍史”③。正基于此，柯林武德宣称历史学是为了“人类的自我认识”④。

尽管柯林武德认为将时间看作一条直线的空间化思维是一种幻想或抽象，但是他并没有因此完全否定这种思维存在的合理性。历史学将过去的事件视作观念性的过去，从现在中分解出这种观念的成分，并且通过这些观念的和想象的过去来理解实际的现在，然而“具体的事物是不可能因为被分解为抽象的事物而被耗尽的”，因此，无论历史学研究的进展有多么地深入，“它总是留下直观性的残余，留下未经分析、未被理解的现实性的残余”⑤。换言之，历史学所固有的经验性及其研究对象的特殊性决定了历史学无法克服一切的抽象。正如历史判断未消除记忆的合理性，柯林武德的历史时间观也没有彻底否定时间的空间化思维，后者只是不足以道尽人们对历史时间的认知形式。更确切地说，“作为过去、现在与未来之连续的时间，对于一个旁观者的思想而言是真正永恒的存在”，这样的时间观能够证明时间之空间化呈现的合理性。⑥

---

① R. G. 柯林武德：《历史哲学纲要[1928]》(R. G. Collingwood，“Outline of A Philosophy of History [1928]”)，扬·冯德·杜森编《历史的观念》(增补版)(Jan van der Dussen ed.，*The Idea of History*，*Revised edited with Lectures 1926 - 1928*)，牛津大学出版社，1993 年，第 435 页。

② R. G. 柯林武德：《关于时间的困惑：一个尝试性解答》，第 146 页。柯林武德将记忆和历史判断归入历史学研究的不同阶段，后者是可以包容前者的，参见 R. G. 柯林武德《作为过去经验之重演的历史学》(R. G. Collingwood，“History as Re-enactment of Past Experience”)，《历史的观念》(增补版)(*The Idea of History*，*Revised edited with Lectures 1926 - 1928*)，第 292—297 页。国内学者的相关研究可参见顾晓伟《从常识的历史学到构造的历史学——以柯林武德的历史哲学为中心》，《史学史研究》2013 年第 3 期，第 65—73 页。

③ 柯林伍德接着说道，“因为过去是观念的，我们尽最大可能研究的历史就是所存在的一切的历史”。参见 R. G. 柯林武德《历史哲学讲稿[1926]》，第 420—422 页。

④ R. G. 柯林武德：《历史的观念》(增补版)，第 10 页。柯林武德主要是在 1926 年的诸多作品中重点思考了历史时间的问题，在这本文稿和论文集中，对时间问题的讨论是年代上最早的，并且在写于 1926 年的《历史哲学讲稿》中，时间话题集中在篇首和篇尾，其他各篇文稿中也基本承袭了该时期他对于时间的见解。我们或许可以就此推断，对时间问题的思考乃是柯林武德史学理论的重点，他后来对历史学其他问题的思考都是以其时间的观念为基石的。

⑤ R. G. 柯林武德：《历史哲学讲稿[1926]》，第 424 页。

⑥ R. G. 柯林武德：《关于时间的困惑：一个尝试性解答》，第 150 页。

柯林武德所谓“空间化的时间”在历史学中是以什么形式呈现出来的呢？这值得我们进一步探讨。

二、空间化的历史时间

布罗代尔在《地中海》中初步阐明了他的时段理论，并在之后的学术研究中不断深化和拓展这一思考。一般认为，布罗代尔的时段理论打破了以往历史学中单一线性时间的观念，“它激发了人们将时间多元化的意识”①，堪称历史学对于现当代人文社会科学的重要贡献之一。布罗代尔本人也宣称，长时段和多元的时间观能够堪当历史学和其他社会科学的共同方法论基础。② 对于像布罗代尔这样的实践的历史学家而言，历史实在的存在与否并不是一个需要反思的问题，历史学家的使命在于，通过揭示历史时间的多元性，从而使我们更好地理解历史实在的复杂性和多样性。③

当历史学家意识到时间的多元性，并以此为基础来思考过去和历史事件与现在的关系时，他已经在一定程度上摆脱了那种实在论的感知理论，即认为所有的思维对象是独立于认识它的主体或心灵而存在的。然而根据柯林武德的看法，这种对时间多元性的认识仍是模糊并且不彻底的，如果我们深入剖析布罗代尔的历史时间观，就会发现其中仍保留着不少柯林武德所说的时间的空间化倾向。

布罗代尔采用三种不同的时间单位来构筑他的地中海叙述，一方面，这三种时间对应着不同的空间范畴，另一方面，三种时间和空间的层次是相互关联的。长时段（longue durée）用以论述人与其所处环境的历史，涉及变化缓慢且不断重演的地理环境、气候、交通等，它勾勒出地中海历史的深层结构，其空间范围是最大、最广博的。中时段即“社会时间”，以十几年乃至数十年为周期，布罗代尔在此论述的是经济、国家、社会、文明等方面的历史状况，这种时间节奏平缓，构成了地中海的局势（conjunture）。短时段则对应“传统历史的部分”，叙述个人的历史或事件史，这种“表面的骚动”是“所有历史中最动人心弦、最富有人情味、也最危险的历史”。④ 短时

---

① 陈新：《近10年西方史学理论界有关历史时间的讨论——兼评〈关于时间的新形而上学〉》，《江海学刊》2013年第1期，第156页。

② 费尔南·布罗代尔著，刘北成、周立红译：《论历史》，北京大学出版社，2008年，第27—60页。布罗代尔的时段理论与他个人试图捍卫历史学的合法性、维护历史学在人文社会科学领域的核心地位的学术抱负是有关的，参见克里斯蒂昂·德拉克鲁瓦、弗朗索瓦·多斯、帕特里克·加西亚著，顾杭、吕一民、高毅译《19—20世纪法国史学思潮》，商务印书馆，2016年，第286—302页。

③ 正是在预设了历史实在之存在的前提下，布罗代尔才会在《地中海》的结论中写道：“把历史事实按照三种具有连续性的记载来写，或者说按照三种不同的‘楼梯平台’来写。我更愿意说是按照三种不同的时间计量单位来写。这样写的目的在于抓住过去所有不同的、彼此之间有巨大差别的节奏；在于提出它们的共存、互扰、矛盾以及多种深广丰富的内容。在我的意愿中，历史应该是一首能够用多种声部唱出的、听得见的歌曲。”参见费尔南·布罗代尔著，吴模信译《地中海与菲利普二世时代的地中海世界》第二卷，商务印书馆，2013年，第975—976页。

④ 费尔南·布罗代尔著，唐家龙、曾培耿等译：《地中海与菲利普二世时代的地中海世界》第一卷，商务印书馆，2013年，第8—10页。

段以月和日，甚至小时为时间计量单位，而其空间范围也是三个时段中相对最狭小的。

这三种时段并非相互对立的，它们共同构成了布罗代尔对地中海的"整体史"(histoire totale)叙述。结构和局势不仅是历史的基础，同时也是历史的障碍，它们设定了人类及其自身经验的可活动空间和难以逾越的界限。历史时间因此具有了空间性的特征。短时段和事件中的个人，便要在由时间的结构和局势构成的命运之"囚笼"中，在有自知之明的前提下做出力所能及的选择。而事件史的意义也要在长时段的衬托下才能真正显现，正如布罗代尔对勒班陀战役的评价："声称勒班陀战役单独产生了这多种后果，未免言过其实。但是，这一战役的确促成了这些后果的产生。作为历史经验，它的重要意义或许在于以明显例证表明了单纯叙述事件史的种种局限性。"①

如果将布罗代尔自己对时间理论的阐释加以整理和归纳，或许可以更好地突出各时段与不同空间的对应关系：

表一　布罗代尔的历史时间层次

	时间层次	研究对象	特性	隐喻
长时段结构	地理时间	人与其周围环境的关系史，地理环境，气候，道路，城市	变化缓慢 不断重演 反复再现	潜流 宽阔的命运 长节拍
中时段局势	社会时间	局势，社会史 群体和集团史，经济，国家，社会，文明	节奏平缓 周期性	潮波 长波 宣叙调
短时段事件	个人时间	个人的历史，事件史，政治史，战役	短暂局促 极端敏感 激情躁动	浪涛(浪花) 醉舟 单个的音符

姑且抛开时段理论不论，根据历史叙事之对象的差异而采取不同的历史时间单位的做法，其实并不少见。社会经济史广泛借鉴了相关学科中的模型和计量研究方法，经济状况的变化往往以数十年为一个周期，布罗代尔便充分吸取了经济史的概念和研究方法，这也是他注重长时段的原因之一。而政治事件史则聚焦于短期内事件的发展脉络，事件的情形在局促的空间内往往瞬息万变，故而采用以小时或天的时间单位便不足为奇了。② 在历史学家们的研究中，有时并不是历史学家主动选择叙述时应该选择何种时间计量单位，而是研究的对象和聚焦点之特性

① 费尔南·布罗代尔：《地中海与菲利普二世时代的地中海世界》第二卷，第725页。"无数的层面和无数次历史时间的剧变都能根据这些深层结构、这种半停滞的基础得到解释。所有事物都围绕这个基础转。"参见费尔南·布罗代尔《论历史》，第36页。

② 阿莱特·茹阿纳对圣巴托洛谬大屠杀的叙述便是一个政治史叙事的典型例子，参见阿莱特·茹阿纳著，梁爽译《圣巴托洛谬大屠杀》，北京大学出版社，2015年。

使得历史学家下意识地采用相应的时间。研究对象和聚焦点的特性之一,便是它们的时空范围之大小,选择恰当的时空尺度有助于历史叙述的展开和意义的呈现,这方面的考量是历史学所必然面对的。

历史时间与空间的关系不仅体现在研究对象的层面,还彰显于对时间的空间性指称上。布罗代尔在阐释自己的历史时间观时,运用了大量的空间性术语。比如他借用建筑学中的术语,把历史划分成“几层平面”,时段乃是时间“台阶”或“楼梯平台”等。[①] 此外,“运动”“流逝”“结构”“局势”等词汇,都可以被归纳入“空间”的范畴中。布罗代尔对此是有自觉性的,当他谈到社会科学内部应当如何实现跨学科交流时,他把数学化、空间还原和长时段并举为可能的交流方式。[②]

相较于布罗代尔,另一位致力于探索历史时间问题的历史学家科泽勒克,进一步发展了多元时间的理论,同时也运用了更加丰富的空间性术语,如“层次”“视域”“空间”“速率”,等等。而在他对历史概念的分析中,当下的环境和背景作为一种经验性的决定因素也影响着人们对于过去、现在和未来的看法,人们所作出的筹划、预测和期待也离不开所处社会空间给他们带来的限定。[③]

以空间性术语来言说时间并非历史学家的专利,许多哲学家也难以挣脱这种帐幔。我们可以考察胡塞尔的时间观。[④] 胡塞尔的现象学致力于“回到事情本身”,抛开传统哲学中的主客二分,探索人们纯粹意识与现象的直接遭遇,这种遭遇是前逻辑的和前因果性的。将感觉经验还原至对纯粹现象的思考,现象学便是将这些“原初的”(primäre)纯粹现象当作材料。因此对于胡塞尔的现象学来说,发生问题便显得至关重要,发生并非经验感觉中的发生,而是先验构造性中的发生。[⑤] 所谓发生和原初,皆是有时间性的,由此,时间问题的重要性便凸显了出来。然而胡塞尔所要探讨的不是经验中的时间表象,因为其中包含了对客观时间存在的信念和态度。他试图“使时间自身显现”[⑥],对时间意识的现象学分析“必须完全排除任何与客观时间有关的设

---

① 费尔南·布罗代尔:《地中海与菲利普二世时代的地中海世界》第一卷,第10、15页;费尔南·布罗代尔:《地中海与菲利普二世时代的地中海世界》第二卷,第975页。

② 费尔南·布罗代尔:《论历史》,第57页。

③ 科泽勒克的历史时间研究主要参见莱茵哈特·科泽勒克《过去的未来:历史时间语义学》(Reinhart Koselleck, *Vergangene Zukunft: Zur Semantik geschichtlicher Zeiten*),苏尔坎普出版社,1979年;莱茵哈特·科泽勒克:《时间层次:历史知识理论研究》(*Zeitschichten: Studien zur Historik*),苏尔坎普出版社,2000年。国内学者对科泽勒克历史时间观的直接研究刚起步,参见黄艳红《欧洲历史中的过去和未来——简析科泽勒克和阿尔托格的历史时间研究》,《史学理论研究》2014年第4期,第79—88页。

④ 此处以胡塞尔为例,无意于详细阐述胡塞尔的时间性,而是为了说明空间化思维在日常生活和语言中的影响极为深远。关于现象学与史学理论的结合,美国学者大卫·卡尔的思想颇值得借鉴,参见大卫·卡尔《经验与历史:现象学视角下的历史世界》(David Carr, *Experience and History: Phenomenological Perspectives on the Historical World*),牛津大学出版社,2014年。国内学者的相关研究可参见卓立《历史性的历史:现象学的新理性主义》,《学术研究》2018年第4期,第26—34页。

⑤ 德里达对此作了详尽论述,胡塞尔现象学也是德里达思想的源头之一,参见雅克·德里达著,于奇智译《胡塞尔哲学中的发生问题》,商务印书馆,2009年。

⑥ 保罗·利科著,卡斯林·布拉梅、大卫·佩劳尔译:《时间与叙事》第1卷(Paul Ricoeur, *Time and Narative*, vol. 1, translated by Kathleen Blamey and David Pellauer),芝加哥大学出版社,1988年,第23页。

想、确定、信念(排除所有对实存之物的超越预设)"[①]。胡塞尔能够顺利地完成内时间意识的还原吗?

胡塞尔对内时间意识的直接描述似乎还是要借助经验性的空间思维的帮助,尽管他声称自己所借助的仅仅是先验的"空间直观"。[②] 在胡塞尔看来,我们对于时间的意识并不仅仅是记忆,这与空间是类似的,正如我们通过空间中的物体意识到空间的存在,我们也是通过占据时间的事物或事件而意识到时间的存在。胡塞尔进而引入了滞留(Retention)的概念,并分析了滞留与记忆的区别。为了更加详尽具体地阐述他的时间观和相关术语,他特意绘制了几副著名的时间图式,[③]该图示毫无疑问乃是一种对时间的空间性表现,并且这种表现形式也实实在在地落入了客观时间的范畴之中,这是一种符合人们日常经验的表现。

在论述内时间意识的过程中,胡塞尔或许极不情愿地使用了大量空间性的词汇,例如"连绵的河流"(beständigen Flusse)、"相位"(Phase)、"下坠"(Herabsinken)、"过去视域"(Vergangenheitshorizont),等等。乍看之下,这似乎与他最初的意图相违背。而在描述内时间意识作为一条"持续变化的河流"之特性时,胡塞尔向读者表露了自己的无助和失望感,他找不到真正恰当的词汇来描述它,便只好借用空间性术语作同义反复式的解释,"对所有这一切我们都还缺少名称"[④]。日常语言中缺乏不带有空间意识的时间词汇,这正说明了空间性思维对人们的影响极为深远。如果说连现象学也无法完全将时间和空间割裂开来的话,那么在更加具体和经验性的历史世界和日常生活中,我们就更应该注重作为经验之两个维度的时间与空间的相互关联了。

布罗代尔历史时段理论的空间性也体现在以下方面:布罗代尔对历史时间的划分预设了这样一个前提,即将时间看作一个占有空间的可分割物体(在布罗代尔这里,时间或许不只是一条直线了)。通过采用不同的历史时间单位,我们可以获得不同的历史截面,这些截面间有着横向的和纵向的关联。在布罗代尔看来,历史学中并非仅仅有两三种时间计量单位,而是有几十种,每一种都涉及某种特殊的历史,"只有被人类的科学汇集在一起的这些对时间的计量的总和,才能构成人们很难恢复其整个丰富纷繁的图像的总体历史"[⑤]。通过研究这数十种历史时间,就能够穷尽历史的全貌吗?无论答案是肯定抑或否定,这样的说法本身预设了时间作为空间性物体的可分割性。

这种预设在历史分期问题中也有所体现,要划分某物,必然要先将其当作是可分割的。但

---

① 埃德蒙德·胡塞尔著,倪梁康译:《内时间意识现象学》,商务印书馆,2010年,第38页。

② 埃德蒙德·胡塞尔:《内时间意识现象学》,第39—41页。

③ 埃德蒙德·胡塞尔:《内时间意识现象学》,第67、142页。

④ 埃德蒙德·胡塞尔:《内时间意识现象学》,第122页。

⑤ 费尔南·布罗代尔:《地中海与菲利普二世时代的地中海世界》第二卷,第976页。布罗代尔在另外一处也表达过类似的观点:"历史学有不同的层次。我曾经说有三种层次,但这只是一种简单化的说法。有上十种、上百种层次,有上十种、上百种时段,需要人们加以研究。"参见费尔南·布罗代尔《论历史》,第82页。

单凭这一预设无法将历史分期的问题解释清楚,因为人们对历史时期的划分并不是无限的,它总是有个确定的数目,比如将历史分成古代、近代、现代三个时期。这说明历史分期还涉及人们思考历史时间的另一个向度,即相似性、意义和价值的向度。

柯林武德认为,历史分期是与人们当下所处的情境和赋予过去的意义有关的。在柯林武德那里,现在是历史的现实性,而过去是历史的观念性。为了合乎逻辑地思考过去,我们必须赋予它某种确定的结构,这种结构是先验的(a priori),因为它是由我们现在的处境和认知状况所决定的,赋予过去以结构便是确定过去与现在的关系,便是确定过去的意义。[①]

奥古斯丁从一个虔诚的基督徒的视角出发,按照《圣经》和基督教教义为人类历史分期,同时也赋予各历史时期以其特殊的意义。他将历史划分为六个时期,分别对应人生的六个阶段:婴儿期、儿童期、青春期、青年期、成年期、老年期。这种对应关系不是随意划定的,奥古斯丁确立了人类历史各时期与人生各阶段之间的相似性。[②] 比如人类一般从青春期(adolescentia)开始才有生育能力,奥古斯丁将从亚伯拉罕到大卫的时期归为青春期,因为亚伯拉罕乃是"万国的父",是传说中希伯来族和阿拉伯族的祖先。而自耶稣诞生直至时间的终结是奥古斯丁眼中的第六个时期,它对应人生的老年(senectus),这个时代的箴言是"世界衰老"(mundus senescit),人们等待着末日的审判,他们普遍相信世界将在这个时代解体。正如勒高夫所认为的,"通过历史分期,我们可以表达出对已经发生事情的重视,一种价值判断"[③]。

实际上,前文所列举的空间化的时间思维,也可以通过这种人们在认识活动中追求事物间相似性的思维获得解释。伯格森便指出,人们往往"满足于被投射到同质(homogeneous)空间中去的那个自我之影子。意识要把事物分开的愿望是永远不能满足的",在这种愿望的驱动下,人们用象征来代替实体,或者径直地通过象征来感知实体。"这种被折射了的,因而被切成片段的自我更加符合一般的社会需要,尤其符合语言的需要"。[④]

三、历史时间与隐喻和叙事的关系

科泽勒克敏锐地指出了历史时间与空间和隐喻的内在关联:当我们谈论时间时,必定要依靠隐喻。因为只有把时间看作在特定空间单位中的运动,才能形象地清楚说明时间。时间的前进,乃至进步或发展本身便"包含了用于形象地说明的图像(veranschaulichende Bilder)",通过

① R. G. 柯林武德:《关于时间的困惑:一个尝试性解答》,第 416 页。

② 奥古斯丁著,吴飞译:《上帝之城:驳异教徒》中,上海三联书店,2008 年,第 328—329 页;奥古斯丁著,周伟驰译:《论三位一体》,上海人民出版社,2005 年,第 133 页。

③ 雅克·勒高夫著,杨嘉彦译:《我们必须要给历史分期吗?》,华东师范大学出版社,2018 年,第 16 页。

④ 柏格森著,吴士栋译:《时间与自由意志》,商务印书馆,1958 年,第 95 页。此处对《时间与自由意志》的征引,部分参考了英译本,与中译本略有不同之处,参见亨利·柏格森著,F. L. 波格森译《时间与自由意志:论意识的感官材料》(Henri Bergson, *Time and Free Will: An Essay on the Immediate Data of Consicousness*, translated by F. L. Pogson),G. 阿伦出版社,1913 年第 3 版,第 128 页。

这些图像人们能够获得对时间的认识。而在历史中,时间和空间的问题"总是相互交织的,即便时间图像的隐喻性力量最初是源自空间性思维的"。[①]

人们日常感知时间的方式——钟表、数字的跳动、天体如太阳的位置变动等,这些日常生活中惯常的体验和知晓时间的方式,无外乎是某种空间内的运动或最终可以被归为运动。数字也是如此,我们所接受的算数启蒙教育所教给我们的,是一种将构成数目的各单位还原至不可再分的最小单位的思维,"常识十分倾心于用不可分的东西来构成数目",当我们算数时,心灵中出现一副数字由不可再分的单位(如数字 1)并排置列所构成的图景。这说明在人们的心灵中有一种先于经验的把数目放在空间的思维,科学只是更能引发人们对这种思维的注意,"我们一开始就必定以把数目设想为一种在空间中的并排置列"[②]。钟表上指针的运动、数字的跳动以及太阳的位移,这些都是日常生活中时间的表象方式,但不是时间本身。或许它们与时间有着某种相似性,更确切地说,是人们赋予了它们相似性,将两种原本相距甚远的事物或范畴变得亲近,而相似性便是隐喻的一大特征。

布罗代尔曾以音乐为喻来说明历史时间的层次,长时段是长节拍,局势是宣叙调,事件是单个的音符,而在历史学的分析解释中,"最后终于取得胜利的总是长节拍"[③]。历史时间与旋律的相似性是什么呢?它们都是连续的、稍纵即逝的、可以分割的。因此当布罗代尔以音乐来隐喻历史时间时,他便是要突出后者的这些特性了。柏格森、胡塞尔、布罗代尔和德里达等思想家都曾以声音、音符和旋律为例来说明他们各自对时间的看法,虽然他们各自的意图并不相同。就此而言,即便他们不是在运用空间的思维来构想时间,这仍然是在用某种隐喻和表现(representation)的方式来言说时间,正是因为他们认为声音与时间之间是有关联和相似性的,他们才会如此言说。

隐喻不仅是一种修辞手法,它更是人们的一种"惯性思维",一种认知世界的方式。维柯早已指出,人们往往是从熟悉的事物来推想陌生的事物,用已知事物来比较未知事物。[④] 当我们确立起两者之间的相似性和彼此的关联,我们便宣称自己认识了那原本陌生的事物。这种"以己度物"或"由近知远"的思维模式似乎是不可逆的,比如我们说"时间是一条河流",而几乎很少说"河流是一条时间",后者会显得很荒谬,而前者则理所当然。抽象的时间是难以言说的,我们唯有通过对时间的经验感知来认识它,并以此来确定时间的特性。因而空间化的时间便不足为奇了,它符合我们的认知习惯。就此而言,隐喻的思维早已渗透到我们日常生活的每个角落,不仅是语言和概念体系,就连"我们思考和行为的方式",在本质上也是"以隐喻为根

---

① 莱茵哈特·科泽勒克:《时间层次:历史知识理论研究》,第 9 页。
② 柏格森:《时间与自由意志》,第 77 页。
③ 费尔南·布罗代尔:《地中海与菲利普二世时代的地中海世界》第二卷,第 984 页。
④ 维柯著,朱光潜译:《新科学》,人民文学出版社,1986 年,第 122 页。

基的”。[1]

事物之间相似性与隐喻的构成是跟人们所处的文化背景和特定情境有关的，质言之，隐喻是有其历史性的，历史时间的隐喻也是如此。布罗代尔注重历史中的长时段，强调人类个体之自由在预先注定之命运中的有限性展开，这样的观点难道与他在二战时期的战俘经历，以及他当时对法国乃至人类命运的沉思不无关系吗？布罗代尔的历史时间观是他个人历史性经历的表现，是他的个人生命过程的彰显。因此他将历史上的个体比喻成诗人兰波笔下的“醉舟”，在长时段“宽阔的命运”中不停打转。[2] 此外，他还在叙述地中海历史时屡次采用了“牢笼”“囚禁”等隐喻便是明证。

在我们生活的社会和时代，“时间就是金钱”乃是至理名言。随着生产力的突飞猛进，时间已经被大规模地量化，如工资支付中的时薪、周薪、月薪，各种经济图表与数据，证券市场中股票价格随着时间每秒的变动等。在这样的历史语境中，时间—金钱的隐喻关系是根深蒂固的。若是在另一种文化中，“时间就是金钱”的观念仍能被普遍接受吗？

在勒高夫的欧洲中世纪历史研究中，时间观念和意识是他重点探讨的主题之一。他甄别出了中世纪的多种时间样态，比如教会时间、商人时间、劳动时间、自然时间、钟表时间等。[3] 每种时间观念都有其特定的存在基础，在时间与不同的事物之间建立起关联和相似性。勒华拉杜里则为我们展现了 14 世纪初蒙塔尤地区的独特时间心态，人们对时间的表述与职业（如牧羊人）、植物、古代历法以及宗教等皆有关系，“农民的时间观念总是游移不定的”[4]，在蒙塔尤的乡村文化中，人们缺乏追求精确性的现代历史尺度。[5] 由此可见，人们的时间意识是以特定历史语境为根基的，而探索历史时间的隐喻也是理解承载该语境的文化或社会的方式之一。

当我们把隐喻看作一种认识世界的形式时，隐喻就不再仅仅是传统修辞学范畴中的语言的修饰了，通过在不同的事物之间建立某种相似性，它有能力产生新的意义和实在。这也是现代诠释学的观点，隐喻可以创造新的意义，它可以提供有关实在的知识。诗歌语言不从字面上说

---

① 乔治·拉考夫、马克·约翰逊：《我们赖以生存的隐喻》（George Lakoff and Mark Johnsen, *Metaphors We Live By*），芝加哥大学出版社，2003 年，第 3 页。

② 费尔南·布罗代尔：《地中海与菲利普二世时代的地中海世界》第一卷，第 10 页。

③ 雅克·勒高夫著，周莽译：《试谈另一个中世纪：西方的时间、劳动和文化》，商务印书馆，2014 年，第 53—94 页。

④ 埃玛纽埃尔·勒华拉杜里著，许明龙、马胜利译：《蒙塔尤：1294—1324 年奥格西坦尼的一个山村》，商务印书馆，1997 年，第 429—442 页。

⑤ 以上是在历时性的（diachronic）层面对历史时间与隐喻关系的探讨，在共时性的（synchronic）层面上这一问题也值得关注。尤其是在全球化的时代大背景下，如何更好地撰写全球史成为人们关注的焦点，全球史的书写需要注重历史时间的问题吗？以往惯用的西历公制时间足以表现不同民族和文化的历史性吗？相关研究可参见克里斯·洛伦茨、贝尔巴·贝弗纳奇编《打破时间：沟通现在、过去和未来之间的界限》（Chris Lorenz and Berber Bevernage ed., *Breaking Up Time: Negotiating the Borders between Present, Past, and Future*），范登赫克和鲁普雷希特出版社，2013 年，第 199—273 页；哈根·舒尔茨-福尔贝格《全球史的空间和时间层次：通过将莱茵哈特·科泽勒克的‘时间层次’拓展到全球空间来反思全球概念史》（Hagen Schulz-Forberg, “The Spatial and Temporal Layers of Global History: A Reflection on Global Conceptual History through Expanding Reinhart Koselleck's ‘Zeitschichten’ into Global Spaces”），《历史社会研究》（*Historical Social Research/Historisches Sozialforschung*）第 38 卷第 3 期（2013 年秋季），第 40—58 页。

事物是什么，而是说它们像什么，通过迂回的方式，它表现了隐喻式的“真理”和实在。[①] 而在叙事主义史学理论家们看来，我们所用的日常语言本身便充满了隐喻，[②]隐喻是我们赖以追求历史真理的形式。人们对于世界的体验中最复杂且最难理解的方面，是要通过隐喻性的表达来描绘的，正是在此意义上，怀特指出：“没有隐喻，就没有任何东西可以在简单陈述句中得到表达。”[③]

在柯林武德看来，历史时间是由作为实际存在的现在与作为观念的过去和未来构成的，现在是持续变化的，每个时刻呈现为过去、现在和未来的综合体。因此每当我们确定现在与过去之间的关联时，如此被确定的历史时间便是独一无二的，它是我们在当下对时间的重构。如果我们把隐喻的思维融入其中，那么对历史时间的隐喻表达也就具有了历史性，隐喻的意义是在每次书写和理解的过程中绽出的，这样的隐喻便是“活的隐喻”。受胡塞尔现象学影响的思想家们，不少都走向了从叙事（利科和大卫·卡尔）或书写（德里达）来解决时间难题的路径。为什么是叙事或书写，而不是单纯的语言呢？因为叙事和书写都是动态的过程，意义在这个行为的过程中绽出，时间性便是这种过程，时间在叙事中开展，时间通过人们体验叙事而被认识和感知。

叙事和隐喻如何创造出更加丰富的时间境界？让我们再次回到布罗代尔和他的《地中海》。布罗代尔在序言中说道：“本书共分三部分。每部分自成整体，单独阐明一个问题。”[④]事实真是如此吗？结构、周期与事件之间难道是毫无干系的吗？答案当然是否定的。如果在整体上把《地中海》看作一个故事的话，那么这个故事的主旨便是以地中海这个拟人化的“集体性英雄”为主角，叙述它在16世纪逐步衰落并最终退出全球史的舞台，而这一进程是在菲利普二世时期的西班牙与土耳其两大文明之冲突中展现的。在《地中海》中，布罗代尔设置了一个整体性的情节，从而使得三个部分能够融合为一体。利科指出，“如果说情节总是在某种程度上是异质性的综合”，那么布罗代尔著作的虚拟情节教给我们的是：“通过结合异质的时间性”，即三种时间层次，“统一结构、周期和事件”。[⑤]

布罗代尔拒绝落入传统地理决定论史观的窠臼，“历史的创造者不是地理区域，而是人，是主宰或发现这些地理区域的人”。他要用人类活动的尺度来衡量地中海的地理环境，唯其如此

---

① 保罗·利科著，J. B. 汤普森编译，孔明安、张剑、李西祥译：《诠释学与人文科学：语言、行为、解释文集》，中国人民大学出版社，2012年，第132—133页。英国语言哲学家吉尔伯特·赖尔持相反的观点，他将隐喻视作“范畴谬误”（category mistakes），认为日常语言中存在着大量因文法问题导致的意义混乱，而隐喻便是其中的一种谬误，参见吉尔伯特·赖尔著，徐大建译《心的概念》，商务印书馆，1992年，第12—17页。

② 拉考夫极好地揭示了日常英语中隐喻的普遍存在，参见乔治·拉考夫、马克·约翰逊《我们赖以生存的隐喻》，第3—34页。

③ 埃娃·多曼斯卡编，彭刚译：《邂逅：后现代主义之后的历史哲学》，北京大学出版社，2007年，第29页。

④ 费尔南·布罗代尔：《地中海与菲利普二世时代的地中海世界》第一卷，第8页。

⑤ 保罗·利科：《时间与叙事》第1卷，第216页。在某种程度上，利科接续了怀特在《元史学》中的研究，他把叙事分析运用于20世纪历史学家的作品，指出了这些声称自己是非叙事的著作中所隐含的叙事结构。

才能建立起看似无时间性的环境和结构的历史性,“否则它们的历史就难以理解,甚至不可思议”。[①] 因此在《地中海》第一部分,即人与其周围环境的关系史中,我们看到大量的事件在作为地理环境的地中海上出现,事件在这里充当了长时段结构的证据。

布罗代尔的事件史也有其独特内涵。他没有简单地用分期的方式来编排各事件,而是在充当背景的结构和局势中,重新定位事件及其意义。地中海的结构和局势深刻地影响着个体的行为和选择,因此布罗代尔说:“菲利普二世本身一个人就是这个帝国、这个帝国的力量和它的衰弱的总和。”[②]也就是说,布罗代尔笔下的菲利普二世成了结构和局势的具象化实体。而第二部分的经济、帝国和文明的局势承担起了衔接地中海和菲利普二世的作用,局势是结构和人类活动之合力的体现。通过布罗代尔的精巧建构,《地中海》犹如一出戏剧,舞台布景、道具、情节和人物一应俱全。历史的叙事性不仅仅存在于《地中海》的第三部分,前两部分也被纳入情节和叙事之中,从而使得地中海的历史作为一个整体被理解。

布罗代尔的三重时间最终汇聚到一起,构成了《地中海》整体上的时间性和叙事性。就此而言,布罗代尔的地中海历史也体现了科泽勒克所说的“不同时代事物的同时代性”(Gleichzeitigkeit des Ungleichzeitigen)。[③] 地中海的故事糅合了历时性和共时性,过去的各种层面以不同的速率汇聚到当下(在《地中海》中即指菲利普二世时期),在当下的体验和叙事中,结构与事件、持续与变化之间的二元对立被消解了,它们“被捆绑在一起”[④]。由此,我们看到了隐喻和叙事在表现历史时间经验方面的重要性。

历史学以有关过去的知识为研究对象,它往往与人们的经验相关。相比于其他学科(尤其是自然科学),历史学并没有一套自己的特殊语言,而是以日常生活的语言来展开叙述。在日常生活中,人们总是通过赋予某事物以意义来达成理解,对于时间也是如此。时间本是看不见、摸不着且难以言说的,为了理解时间和有关时间的经验,我们需要凭借更加具体和可言说的东西来构想时间,从而为时间赋义,使其变得可以言说,而这正是将客观或自然的时间转化为人类或历史的时间的过程。“历史的开始就是人类对时间的经历并对自然时间做出回应的过程。”[⑤]

时间的空间化便是人们为了理解时间而采取的惯常做法,它符合隐喻的思维方式。经过隐喻思维处理的时间经验以语言的形式表现出来,从而可能获得更多人的认同,扩大其主体间性,这是其普遍性的维度。另一方面,历史时间的隐喻也具有特殊性和历史性,因为人们的认知状

① 费尔南·布罗代尔:《地中海与菲利普二世时代的地中海世界》第一卷,第 328、142 页。
② 费尔南·布罗代尔:《地中海与菲利普二世时代的地中海世界》第二卷,第 600 页。
③ 莱茵哈特·科泽勒克:“概念史与社会史”(Reinhart Koselleck,“Begriffsgeschichte und Sozialgeschichte”),氏著《过去的未来:历史时间语义学》,第 125—126 页。赖国栋也指出了《地中海》包含的共时叙事和阶层叙事,参见赖国栋《时间的等级游戏:长时段与微观史》,《江海学刊》2013 年第 1 期,第 164 页。
④ 保罗·诺尔特:《不同时代的同时代性》,斯特凡·约尔丹主编,孟钟捷译《历史科学基本概念辞典》,北京大学出版社,2012 年,第 110 页。
⑤ 约恩·吕森、尉佩云:《历史叙事、历史研究与历史伦理——访约恩·吕森》,《历史教学问题》2016 年第 1 期,第 25 页。

况总是由特定的社会历史情境所限定的，它构成了我们理解的前结构。

连贯性和因果关联几乎是所有叙事的共同特征，这是我们组织言说的内容和对象的一种策略，其目的是为了他人能够理解我们的想法。在历史叙事中，如何有效地组织关于过去的经验是一个重要的问题，历史学家（如布罗代尔）所面对的乃是一个复杂的综合体，它是由具有不同历史性和时间性的事物所构成的。为了达成历史叙事的连贯性，历史学家需要从日常生活中汲取力量，进而在叙事中展现过去经验的不同时间层次，并且将它们汇聚为一个整体。质言之，历史时间总是表现为过去、现在与未来之间的变动张力。

（本文原载于《史学月刊》2019 年第 4 期）

作者简介：

陈慧本，浙江大学历史学博士，现任上海师范大学人文学院世界史系青年教师。主要从事 19—20 世纪德国史学理论及史学史研究，尤其是科泽勒克史学思想和历史时间理论的研究。近年来发表的史学史方向论文有《当前国内史学理论研究的若干前沿问题》（《学术研究》2017 年第 12 期）、《论历史时间的空间化及其与隐喻、叙事的关系》（《史学月刊》2019 年第 4 期）。参与《牛津历史著作史》（第三卷）的翻译工作（2023 年由上海三联书店出版），参与科泽勒克著《过去的未来》的翻译校对工作，预计 2020 年由商务印书馆出版。

布罗代尔的地中海叙事诗学

成威华

摘　要：叙事主义历史哲学认为，一切历史都是叙事，但是布罗代尔的《地中海与菲利普二世时代的地中海世界》作为非事件史学的代表对此构成了严峻的挑战。本文在梳理综合不同学者观点的基础上，试图证明《地中海》亦属于叙事的范畴。首先，《地中海》在采用多种辞格的情况下呈现出一种圆形叙事结构，但是由于这种叙事风格的解读未能与内容分析相结合，所以挑战仍然存在；其次，《地中海》凭借新式历史话语大体上实现了总体史学、结构史学和问题史学的主张。最后，利科的历史叙事理论可以将以上两种分析结合起来，并且在该书中梳理出一条清晰的情节线索。它有助于打破将叙事等同于讲故事或事件史学的成见，颠覆以往对历史叙事的理解，拓展叙事主义历史哲学的解释空间。

关键词：布罗代尔　地中海　叙事结构　史学运作　历史叙事

费弗尔在1949年发表的《新史学》一文中提出，当今史学最主要的问题就是作品的组织形式问题，而布罗代尔的《地中海与菲利普二世时代的地中海世界》（以下简称《地中海》）在此方面标志着一场划时代革命的到来，它是新时代的"宣言书"和"里程碑"。[①] 然而，在贝林（Bernard Bailyn）看来情况却并非如此，相反他认为，布罗代尔的结构、局势和事件三分法存在将诗学修辞与历史问题相混淆的缺陷，换句话说，布罗代尔没有能够提出一个核心问题并且围绕此问题来组织自己的材料，所以导致此书的三个部分彼此分立而缺乏有机地整合。[②] 对《地中海》组织结构的这种批评很快被赞扬所淹没，甚至连布罗代尔本人也在此书第二版的结论中忍不住抱怨，恭维太多而批评太少。众所周知，布罗代尔倡导总体史学、结构史学和问题史学，它们与叙事史学都形成一定的对立，如果《地中海》真正贯彻了这些主张的话，它作为一部非事

① 参见费弗尔《新史学》（Lucien Febvre，"A new kind of history"），彼得·伯克编，孚勒卡译《新史学：费弗尔文集》（Peter Burke，ed.，*A New Kind of History: From the Writings of Febvre*，trans. K. Folca），劳特里奇出版社，1973年，第35—38页。

② 参见贝林《布罗代尔的地理历史学：再思考》（Bernard Bailyn，"Braudel's Geohistory：A Reconsideration"），《经济史杂志》（*The Journal of Economic History*）第11卷第3期第1部分（1951年夏季），第277—282页。

件史学作品则很难再被看作是叙事。当然，学界就《地中海》是否真正地践行了这些主张仍然存在争议，但是这些主张的存在本身就对以怀特和安克斯密特所代表的叙事主义历史哲学构成一定的挑战，因为如果不能证明一切历史都是叙事，那么其解释力势必大打折扣，由此就产生一个重要的理论问题，即在证明《地中海》实现了这些主张的同时，它又如何属于叙事范畴呢？本文认为，从语言修辞角度虽然可以对《地中海》作后现代式解读从而将其看作叙事，但是这种纯粹的形式分析无法与内容分析有效地结合并协调起来，它由于自身的缺陷而存在理论空场，所以该任务只能完成一半，而利科的历史叙事理论作为叙事实在论的代表为此问题的完满解决提供了可能。

一、作为言辞制品的《地中海》

布罗代尔的《地中海》到底属于叙事的范畴吗？在贝林之后，陆续有学者对《地中海》的修辞问题进行了辨识和指认，但是却很少有人对该著作进行整体的解读，甚至在历史哲学的叙事转向之后，怀特与安克斯密特两人也都没有进行这项工作。不过，怀特的学生凯尔纳（Hans Kellner）曾经尝试从语言和形式的角度对《地中海》进行分析，他这种后现代式解读为我们回答该问题提供了一种方案。凯尔纳认为，"尽管布罗代尔已经被从不同角度考察分析，但是根本问题仍然尚未提出"。因为先前的研究都将语言看作是透明的，修辞看作是装饰，文本的语言和形式问题不是被忽视就是被当作潜在的危险，所以这些解读工作只能说是进行了一半，关键的形式问题尚待提出。而这些尝试失败的症结就在于没能清晰地识别出该作品所属的文类，因为这一作品所属的梅尼普讽刺体或者剖析体对于那个年代而言比较陌生。[①]

梅尼普讽刺体（Menippean satire）是一种起源于罗马后期由诗歌和散文结合而形成的文体。这一文体的讽刺对象并非特定的人群或者职业而是抽象的观念和精神态度；主要特点表现为通过堆砌大量行话和知识显耀作者的博学；在风格上体现为混合饱满，将对立的两极集于一体，情节怪诞，亦梦亦幻，亦庄亦谐。剖析（Anatomy）本义为"切割，解剖"，是一种为了讨论的方便，将问题分解成其组成部分的分析技术，该技术包含大量传统的区分和枚举性辞格。弗莱曾经评论道，"剖析体尤其让评论家们感到困惑，任何深受其影响的小说作者无不被指控组织混乱"[②]。布罗代尔似乎对此指控有所预感并且辩称，"尽管我断言并进而证明，我所划分的这些层面仅仅是阐述方法，本书在这些层次间的转换过程也相当得宜，然而我无意再进行申辩。如果我由于

① 参见凯尔纳《混乱的组织：布罗代尔的地中海讽刺体》（Hans Kellner, "Disorderly Conduct: Braudel's Mediterranean Satire"），《历史与理论》（*History and Theory*）第 18 卷第 2 期（1979 年 5 月），第 204、217 页。

② 参见凯尔纳《混乱的组织：布罗代尔的地中海讽刺体》，第 204 页。

此书的组织方式而招致批评的话，我希望这些组成部分将被认为是符合学术规范的”①。

（一）修辞大师布罗代尔

《地中海》严格来说，是梅尼普讽刺体或者剖析体的史学式变体，其独特的组织形式就是该文体的最佳体现。该书除了内容上表现出百科全书式的博学之外，在语言上还使用了各种各样的辞格，所以它在很多方面表现出一种似是而非的矛盾特点，从而给史学界造成了各种困扰。下面本文将从语言修辞方面对这些困扰进行具体解析。

首先，组织结构问题。《地中海》的组织结构整体而言到底是秩序井然还是混乱无序，是有机总体还是彼此分立，是历史问题还是诗学修辞，历来学者们从不同的角度出发会得出不同的结论，但是在明确了其所属文类以后，我们会发现这种集两个极端于一身的特点恰好是梅尼普讽刺体的表现。布罗代尔对结构、局势和事件的三分，以及相应的地理、社会和个人三种时段的划分都属于剖析技术，同时也诚如贝林所言属于修辞中的分种。分种（Divisio）可以说是该书的根辞格，整部书围绕这一辞格而展开，它也最集中地体现了该书混合饱满、组织混乱的特征。

其次，主题缺失问题。通常认为地中海作为主题在该作品中相对缺席，我们只能通过大量似是而非的细节描写间接把握它，因此学者们倾向于将此识别为离题（Digressio）或反讽，但是，如果将其看作是拟人（Personification）的话，似乎更能很好地解释此问题。布罗代尔在第一版序言中曾指出，历史学家的地中海概念比较特殊，它是一个复合体，不仅包括多片海域，而且与周围的陆地世界紧密地结合在一起。换言之，地中海并非仅指其所属的海域，它还向陆地延伸并且没有一个清晰的边界，在此意义上地中海即地中海世界。在《地中海》的第一部分虽然几乎没有人类个体身影的出现，但是却存在一种“大写的人”，因为地中海被人格化之后，它就像人类个体一样是自治的，“大写的人”作为一个类概念就承担了驱动力的角色，同时也在一定程度上抵制了地中海世界和布罗代尔叙事的碎片化现象。

最后，性质定位问题。《地中海》的组织结构到底是围绕着一个核心问题而展开的吗？布罗代尔曾在面对质疑的情况下，毫不迟疑地答道，“我的宏大问题，我不得不解决的唯一问题，即表明时间是以不同的节奏运动的”②。以此来看，《地中海》似乎不是一部实证史学作品，而更应该称为一部历史哲学著作，但若从书名、主题和篇幅等来看，这又难以让人接受。借用凯尔纳的话说，“该书在间接性意义上才属于水文地理学，但是它在论述时间的人格化形式以及描述它们彼此间的对话时却确切无疑地属于时间学说（chronographic）”③。总之，该书在性质的界定问题

---

① 布罗代尔著，雷诺兹译：《地中海与菲利普二世时代的地中海世界》第一卷（Fernand Braudel, *The Mediterranean and The Mediterranean World in The Age of Philip* Ⅱ, vol. Ⅰ, trans. Siân Reynolds），中国社会科学出版社，1999 年影印版，第 21 页。

② 转引自彼得·伯克著，刘永华译《法国史学革命：年鉴学派 1929—2014》第二版，北京大学出版社，2016 年，第 63 页。译文对照英文版稍有改动。

③ 凯尔纳：《混乱的组织：布罗代尔的地中海讽刺体》，第 206 页。

上表现出强烈的反讽(Irony)意味。

尽管布罗代尔本人没有兴趣涉及历史书写层面,甚至在某些场合下,他还曾经反对拟人辞格的使用,[①]但是,这丝毫不影响我们在他的作品中发现多种辞格,除了上面提到的分种、拟人和反讽三种主要辞格之外,布罗代尔还使用了大量的隐喻(Metaphor)、逆喻(Oxymoron)和误用(Catahresis)等辅助辞格,他完全称得上是一位杰出的修辞大师。既然布罗代尔非常重视作品的表达问题并且自身又足以跻身顶级作家的行列,那么,他为什么没有像其他史学理论家们那样关注到历史书写问题呢?夏蒂埃认为,可能存在三个方面的原因:首先,对言辞维度的强调会影响到史学的学科地位并进而将其等同于神话或者小说;其次,与历史书写的言辞维度相比,布罗代尔可能更关注作品传达给读者的意象(image)问题,因而他的作品表现出了强烈的画面感。意大利导演菲利普·科雷利(Filippo Corelli)在制作与地中海相关的纪录片时,曾对布罗代尔讲道,"我很乐意与一位以意象的方式思考的史家合作"[②]。最后,布罗代尔认为,"对过去社会实在进行严格把握的知识本身就是一种诗意的经验形式"[③]。他在一次讲座中曾经提到,"将史学确立为科学,我们知道这是一项冒险的事业,同时我们也知道它会减少人的空间,它会增加我们犯错的风险。有人甚至说,尽管我不确定,它就是要减少诗意的空间。但是何为诗意呢?我认为在任何情况下它都不是忘却生活,更不是剥夺自身理解生活的强烈快感,而是要比通常更好地生活"[④]。

(二)圆形叙事结构

布罗代尔的《地中海》作为梅尼普讽刺体或者剖析体的史学式变体在形式上也具有重要的学术意义。在凯尔纳看来,"正是这一形式让此文本从年鉴学派的著作中脱颖而出,并且与它们形成了鲜明的对比。也正是这一形式让此文本与自身相区别开来,造就了一种模糊性,而模糊性恰是该作品最重要的特征"[⑤]。但令人遗憾的是,长期以来学术界似乎对这一作品的形式问题并没有给予太多关注,"很少有文本这样竭力地呐喊,不顾一切地渴望在形式上得到注意和理解,而评论家们在形式方面研究和洞察的缺乏,本身就展现了一种对近代批判性解读的持续的历史的抵抗"[⑥]。

---

① 布罗代尔认为,史家应当在语言的使用上作必要的牺牲,不应该再将地中海或文明拟人化,因为这样会赋予它们一种简单线性的类似于人类从出生、发展到死亡的命运。布罗代尔在《地中海》第三版序言中曾经提到,地中海在世界贸易中心转移到大西洋后仍然相对繁荣地持续存在着。具体参见赖建诚译著《年鉴学派管窥》,左岸文化出版社,2003年,第156页。布罗代尔著,刘北成、周立红译《论历史》,北京大学出版社,2008年,第224页;或者卡哈尔《新史学的诗学》(Philippe Carrard, *Poetics of the New History*),约翰·霍普金斯大学出版社,1992年,第199页。

② 转引自夏蒂埃著,科克伦译《作者手笔与书商匠心》(Roger Chartier, *The Author's Hand and Printer's Mind*, trans. Lydia Cochrane),政体出版社,2014年,第55页。此处的纪录片拍摄于1976年秋,共12集,以布罗代尔另一部著作《地中海:空间与历史》为脚本。

③ 夏蒂埃:《作者手笔与书商匠心》,第55页。

④ 转引自夏蒂埃《作者手笔与书商匠心》,第55页。

⑤ 凯尔纳:《混乱的组织:布罗代尔的地中海讽刺体》,第218页。

⑥ 凯尔纳:《混乱的组织:布罗代尔的地中海讽刺体》,第217页。

安德烈·皮加尼奥尔(André Piganiol)曾写信建议布罗代尔对《地中海》的写作顺序进行调整,将结构与事件两个部分进行调换,虽然布罗代尔没有采纳这一意见,并且称可以将自己的作品恰当地比作无尽翻转(eternally reversible)的沙漏,[①]但是,他却在第二版中对第二部分的文明章和社会章进行了调换,社会章中资产阶级和封建贵族的顺序也相应作了调整,而沙漏的细腰部位恰好就在此处,如此一来,该作品在整体上就形成了一个圆形的叙事结构,而且其各个部分也都呈现出大量的圆形意象。正所谓"真学问、大艺术皆可以圆形象之,无起无讫,如蛇自嘬其尾……谋篇布局之佳者,其情事线索,皆作圆形"[②]。下面本文就沙漏隐喻中的圆形叙事结构和国王之死隐喻中的叙事回环展开具体分析。

表 1 《地中海》第一和第二部分的目录

第一部分　环境的作用	第二部分　集体命运和总的趋势
一　半岛:山脉、高原、平原	一　经济:16 世纪的尺度
二　地中海的中心:海域和沿海地带	二　经济:贵金属、货币和价格
1. 浩瀚的大海　2. 海边的陆地　3. 岛屿	三　经济:贸易和运输
三　边界:更大范围的地中海	四　各个帝国
图 12　世界范围的地中海	五　各个社会
1. 撒哈拉沙漠　2. 欧洲和地中海　3. 大西洋	六　各个文明
四　作为一个自然单位的地中海:气候与历史	七　战争的各种形式
五　共同的人文条件:道路与城市,城市与道路	八　代结论:一种和几种结论

首先,沙漏上半部分的圆形意象。布罗代尔主张将地中海比作"光源",光源的亮度不断降低,但是却无法划出一条清晰的界限。"人员往来,以及物质财富和精神财富的交流,在地中海周围划出一条条连续的边界线和一个个同心圆。这样的边界线或者同心圆数以百计。其中有的以政治为尺度;有的以经济或者文化为尺度。"[③]在对地中海边界同心圆象喻的基础上,《地中海》沙漏上半部分的叙事呈现出一个个圆形意象。从目录(见表 1)可以看出,布罗代尔在第一部分前两章的叙述顺序从山脉开始,依次为高原、丘陵、平原、海边陆地和岛屿,而第三章的撒哈拉沙漠、伊斯兰世界、欧洲和大西洋也呈现出一个逆时针行进的圆形意象。随后经过对自然地

① 参见布罗代尔著,雷诺兹译《地中海与菲利普二世时代的地中海世界》第二卷(Fernand Braudel, *The Mediterranean and The Mediterranean World in The Age of Philip* Ⅱ, vol. Ⅱ, trans. Siân Reynolds),中国社会科学院出版社,1999 年影印版,第 903 页。或者布罗代尔著,吴模信译《地中海与菲利普二世时代的地中海世界》第二卷,商务印书馆,2017 年,第 418 页。法文版此处的原文为"Le sablier peut assurément se retourner."中文版译为"沙漏肯定可以翻转,正反两方面都可以使用"似乎不妥,准确的直译应为"沙漏本身当然可以翻转"。沙漏隐喻亦可见于《历史学和社会科学:长时段》一文,"沙漏可以在两种主张的方向间翻转",该处布罗代尔认为,短时段的研究需要从事件到结构,再从结构和模式返回到事件。法语原文为"le sablier était renversé dans les deux sens."由此可见,英文版最贴近布罗代尔的原义。

② 参见钱钟书《说圆》,《谈艺录》上卷,生活·读书·新知三联书店,2001 年,第 332 页。

③ 参见布罗代尔著,唐家龙、曾培耿等译,吴模信校《地中海与菲利普二世时代的地中海世界》第一卷,商务印书馆,2017 年,第 247 页。

理和人文环境的介绍，叙述进入第二部分，地理方面的圆形意象相应转变为更加微妙的人文社会方面的圆形意象，当然“这一类意象，根本无法被知觉所证实，它们也不能够被当作隐喻来看”，只能在最纯粹的现象学沉思当中直接真实地把握。[①] 布罗代尔在第二部分的“第一个问题是找出 16 世纪的尺度和经济范围”[②]，所以他由地中海空间距离的跨越（第一章）开始，从经济制度逐渐过渡到社会制度，叙述主题依次为跨越媒介（第二章）、跨越本身（第三章），以及跨越的参与者（第四、五、六章），最后经过战争的形式（第七章）过渡到政治事件部分。以上大致呈现为一个由外向内、由大到小做向心运动的圆形叙事结构。[③]

其次，沙漏下半部分圆形意象的打破与还原。《地中海》沙漏下半部分反讽地转向混乱。“这种对作品方向性的适当打断为环状形式增加了不稳定的特性，将意义投入了弥漫文本的不可判定的混沌当中。”[④]如果说社会发展的趋势因相互抵消而变得不再显著的话，那么文明的性质在日常生活方面就像沙丘中的砂砾一样表现为不规则的“布朗运动”，混乱的战争则作为“万物之父、万物之子、万源之河和无岸之海”像“转瞬即散的尘埃”一样，在穿越历史之后旋即归于沉寂。[⑤] 前半部分与周期性变化相适应的稳定的圆态运动到第三部分转变为激烈的波浪运动。伴随着西班牙和土耳其之间战争的进行，布罗代尔的叙述也在东西地中海之间来回波动，而两个世界间因为生活水平上电压差的存在又形成了环形电流。换言之，圆形意象虽然被打破，但是在第三部分却又被重新还原到了琐碎的事件层面。

最后，国王之死的隐喻与叙事回环的实现。《地中海》第三部分以“1598 年 9 月 13 日菲利普二世去世”这一节结束，但是，这却仅仅是一个形式上的而非传统史学意义上的结尾。布罗代尔笔下的菲利普二世缄默而盲目，“在他的笔下从来没有过总体思想和宏图大略。我不认为地中海这个词曾经以我们赋予它的内容在他的思想中浮现过或者以我们脑海里惯有的那种充满阳光和蓝色海水的地中海形象在他的思想里出现过”[⑥]。国王之死事件在地中海的历史上毫无意义。菲利普二世在圆形叙事结构尽头的湮灭，作为一个叙事事件隐喻了人类事件在历史意义领域的消失。布罗代尔在此没有再现国王之死这个历史事件，而是通过话语表明传记史学与结构史学和区域史学的差距，从而达到解构传统史学的目的。但需要注意的是，就像布罗代尔所强调的，他绝不是事件的敌人，“每个历史事件不管历时多么短暂，都带来证据……没有这些证据，就往往不可能看清事物”[⑦]。若从卷尾重新回到卷首，我们会发现个人时间和地理时间或事件和结构在此重新构成了交汇，“我极其热爱地中海，这无疑因为我随许多其他人之后，同他们

---

① 参见巴什拉著，龚卓军、王静慧译《圆的现象学》，《空间诗学》，世界图书出版公司，2017 年，第 281 页。
② 布罗代尔：《地中海与菲利普二世时代的地中海世界》第一卷，中文版第 531 页。
③ 该部分圆形意象的论述具体参见凯尔纳《混乱的组织：布罗代尔的地中海讽刺体》，第 210—211 页。
④ 参见凯尔纳《混乱的组织：布罗代尔的地中海讽刺体》，第 211 页。
⑤ 参见布罗代尔《地中海与菲利普二世时代的地中海世界》第二卷，中文版第 76—77、166、381、416 页。
⑥ 参见布罗代尔《地中海与菲利普二世时代的地中海世界》第二卷，中文版第 958 页。
⑦ 参见布罗代尔《地中海与菲利普二世时代的地中海世界》第二卷，中文版第 416 页。

一样从北方来到这里”[①]。该书首尾通过“我”这一叙事声音的联结形成了一个叙事回环，无起无讫。

（三）叙事风格理论的有效性

在凯尔纳看来，学界对布罗代尔《地中海》的持续兴趣并不在于它的主题、技艺或者其元史学的性质，尽管这些都很重要，该著作之所以能够保持几十年的学术声誉，其核心魅力就在于它自身所具有的模糊性或者不确定性，而这一形式上的疑难本质使得布罗代尔所倡导的总体史学、结构史学和问题史学等主张是否实现的问题不可判定，《地中海》也因此可以归入反讽这种风格类型。[②] 此外，《地中海》的组织结构是否如某些学者所言应该作出调整呢？从整个叙事结构看，第三部分不仅作为总体史学的政治事件部分不可或缺，而且也无法随意与第一部分调换，否则该著作就无法称为总体史学作品，也无法实现解构兰克史学的任务，第三部分对于该著作形式的完整和叙事的浑圆具有重要的意义。那么，这种后现代式解读是一种过度诠释吗？可能并不是，因为布罗代尔本人就提出了地中海同心圆边界的说法，他一再提到的不同层面或时段之间的对话也符合梅尼普讽刺体中的对话体形式，更重要的是，布罗代尔在第二版中的形式调整正好处于沙漏隐喻的细腰部位，而且圆形叙事结构也正好于此发生转变，这一切都绝非偶然。弗莱就曾指出，梅尼普讽刺体的故事结构本身以打破通常的叙事逻辑而著称，那些认为这只不过是无意识结果的读者不是粗心就是带有成见。[③]

《地中海》的叙事结构整体上可以看作是从有序到无序的向心运动，在此意义上其情节化模式就属于但丁式悲剧，若将沙漏翻转，叙事结构则呈现为从无序到有序的离心运动，情节化模式就相应地转变为但丁式喜剧，[④]所以《地中海》秩序和混乱并存，既是悲剧也是喜剧，符合梅尼普讽刺体混合饱满组织混乱的风格。安克斯密特认为，“在梅尼普讽刺体中，读者被大量的信息所淹没而且他们也不采取任何实质性努力去建立某种秩序以便切实地把握它。由此来看，这种当代历史书写中的‘新的迷茫’不应该被看作是令人遗憾的缺陷，相反它应该被理解为证据，证明我们时代的特征已经获得理解，以及我们抛弃了达致可靠地摹仿过去的天真幻想”[⑤]。那些膺服后现代主义史学理论的读者对这种类似文学式的解读大概会感到满意，布罗代尔此书简直堪称一件完美的圆而神的艺术作品，他们也能够接受其所表现出的史学碎片化现象，关于《地中海》所构成的理论挑战也就给予了必要的回应。

但是，那些拒绝后现代主义史学理论的读者对此则可能完全难以接受，或许甚至还会斥其

---

① 布罗代尔：《地中海与菲利普二世时代的地中海世界》第一卷，中文版第3页。

② 参见凯尔纳《混乱的组织：布罗代尔的地中海讽刺体》，第217—218页。

③ 参见弗莱著，陈慧、袁宪军、吴伟仁译《批评的剖析》，百花文艺出版社，2002年，第408页。

④ 凯尔纳认为，但丁的《神曲》讲述了从地狱经炼狱最后到天堂的游历，叙述是从无序到有序，而《神曲》的原名为*Divine Comedy*，即《神圣喜剧》，布罗代尔的《地中海》正好与此相反，因此是一出但丁式悲剧。

⑤ 安克斯密特：《历史再现》（Frank Ankersmit, *Historical Representation*），斯坦福大学出版社，2001年，第3页。

为一剂毒药，当然他们也具有反对和质疑的理由，因为这一语言学方案明显是继承自怀特，而怀特的历史哲学是一种叙事风格理论，该理论的缺陷同样存在于这种语言和形式的分析当中，甚至是从另一位重要的后现代主义代表人物安克斯密特的立场出发，它也存在有效性的问题。首先，该分析是基于修订过的第二版作出的，不同版本的《地中海》作为不同的文本整体也即不同的叙事实体或者历史再现具有同一性吗？如果不具有的话，这一分析就不适用于第一版，而且按照安克斯密特的说法，历史著作只是为我们提供一个看待过去的视角或提议，以此来看，《地中海》是否实现了总体史学也仍然是一个问题。其次，该分析丝毫没有涉及《地中海》当中相关的社会科学化的解释论证。凯尔纳认为，"只要存在叙事声音或者任何信息的接收者，理解性叙事就不可避免"①。理解当然是解释的基础，但理解性叙事与因果性解释之间还是存在一定差距和断裂的，如果不能将论证纳入叙事的范畴，叙事史学与结构史学和问题史学的对立就仍然存在。最后，该分析对于其他非事件史学作品而言也是不充分的。诚如凯尔纳本人所言，《地中海》在语言和形式上比较特殊，完全不同于年鉴学派的其他作品，比如在布罗代尔指导下的很多博士论文就抛弃了传统的事件部分，而只保留结构和局势，②这样的作品又当如何解释呢？总之，这种将《地中海》看作是言辞制品的后现代式解读只能说是完成了部分任务，如果回避对《地中海》内容方面的分析，回避总体史学、结构史学和问题史学的主张，这种解读的有效性就非常有限，因此非事件史学所构成的挑战仍然存在。

二、作为史学运作的《地中海》

以怀特和安克斯密特为代表的叙事主义历史哲学局限于历史书写层面，所以总是遭受回避历史研究的指责，而且他们认为，历史叙事作为文本整体只指涉自身而不指涉历史实在，不同的叙事实体或者历史再现只存在优劣的区别而毫无真假可言，虽然有些学者对其进行了漫画化的理解，但是他们确实陷入了相对主义的泥沼。尽管他们提出了一些重要的理论问题并且颇有创获，不过，因为在历史研究和历史实在上存在的理论空场或者缺陷导致其解释力相对有限。它就布罗代尔的《地中海》所能够作出的形式分析，对于《地中海》的解读本身，以及对非事件史学挑战的回应这两个任务而言，都只是完成了一半而已。在没有对《地中海》的具体内容进行分析的情况下，或者在对布罗代尔是否真正实现了总体史学、结构史学和问题史学的主张予以讨论之前，《地中海》作为非事件史学的挑战仍然存在。

我们能否从既定的文本出发在历史的真与文学的诗之间开辟出一条道路呢？法国史家米歇尔·德·塞托(Michel de Certeau)就做了这样一种尝试，他虽然也承认史学最终归于叙事形

① 凯尔纳：《语言与历史再现：曲笔故事》(Hans Kellner, *Language and Historical Representation: Getting the Story Crooked*)，威斯康辛大学出版社，1989 年，第 186 页。

② 参见卡哈尔《新史学的诗学》，第 54—62 页。

式，但是却不认为其仅仅是一种言辞制品，[①]相反在他看来，史学也是将过去转化为历史的一种科学实践，这一史学运作（The Historiographical Operation）处理的是社会场位（un lieu social）、历史实践与历史书写三者之间的关系。[②] 塞托认为，史家的成果最终以历史叙事的形式表现出来，但是在进行历史书写的文本建构之前或者至少同时存在一个历史实践的过程，在此过程中史家必须按照一定的学科规范和分析程序，通过理解解释对相关的史料作出解读，而历史实践作为研究的中介又将最终的叙事文本与既定的社会场位，也即其所产生的社会背景和史学思潮联系起来。塞托所谓的社会场位，即是史家言说的原点和研究的领域，无论史家的解读和推理如何拓展延伸，它在文本当中所留下的印记都不可磨灭。史家言说的方式与使用的术语都呈现出他与既定社会场位的关系。[③] 现在的问题在于，当史学作品成为我们的研究对象时我们能否反转这一过程，也就是说，从《地中海》这一历史书写当中，我们能否还原布罗代尔整个史学运作的过程呢？下面本文将尝试从社会场位、历史实践和历史书写三个方面对《地中海》进行分析。

（一）社会场位

自20世纪30年代开始，西方学界陆续有学者对兰克史学的哲学预设提出批判，历史客观性遭到质疑，史学从此进入了一个怀疑时代。这些学者指出，史家个人的哲学观念贯穿事实的选择、史料的解读，以及阐释的组织等整个的历史研究过程。现在怀特和安克斯密特无疑是这种相对主义观点最著名的代表，但是历史客观性真的只是一个无法实现的崇高梦想吗，人人都只是他自身的历史学家吗，不同叙事实体或者历史再现真的不指涉历史实在无法通约从而不具有同一性吗？如果真是这样的话，那么又是什么使不同的史家在保持多样化的同时又形成和谐的呢，叙事实体或者历史再现作为莱布尼兹式的“单子”难道只能依靠上帝来保证它们彼此之间的“预定和谐”吗？塞托认为，这种对个人主观性的强调使史家个人与社会观念之间发生了“短路”，它先将史家个人与历史实践隔离，进而又将史学群体与整个社会隔离，这样就导致史家的观念似乎是形成于历史研究之外，似乎是对哲学观念的一种随意援引，同时它对史学作品所产生的既定社会场位保持了沉默，将社会空间完全排除在外，两者的结合“使史家们成了理论的梦游症患者，使他们屈服于一套意识形态的托辞”。“当阐释系统瓦解为个人理解和个人抉择的尘埃时，维持下来的就只剩下作为融贯的文类规则和作为参照的史家偏好了。”[④]

正如布罗代尔所强调的，“史学是其所属时代之子”[⑤]，所有的历史研究都与一定的经济政

---

① 参见冈恩《历史学与文化理论》（Simon Gunn, *History and Cultural Theory*），劳特里奇出版社，2014年，第44页。

② 利科在塞托的基础上将史学运作重新划分为档案化、解释理解与历史再现三个环节。

③ 参见塞托著，康利译《历史书写》（Michel de Certeau, *The Writing of History*, trans. Tom Conley），哥伦比亚大学出版社，1988年，第56页。或者塞托《历史书写》（Michel de Certeau, *L'écriture de l'histoire*），伽利玛出版社，1975年，第77页。

④ 参见塞托《历史书写》，英文版第57—60页，或者法文版第78—82页。

⑤ 布罗代尔著，马修译：《论历史》（Fernand Braudel, *On History*, trans. Sarah Matthews），芝加哥大学出版社，1980年，第6页。

治或者文化场位相联系。这些场位包括社会和历史两个层次，涉及场所（大学、图书馆或者档案馆等）、职业、立场、学说，以及团体等不同方面，它们决定了或者限定了历史研究的方式和历史话语的类型，诸如文献的定义和使用、兴趣版图的划定、问题和方法的确立，以及文本的组织方式等都是社会场位的产物。历史话语不只是史家个人风格的体现，它通过学科规范或者传统确立起来，然后再由史家作为群体的一员表达出来，换句话说，历史话语是由史学群体所造就并且由历史制度（the historical institution）所组织的。“在发挥作用的既定情境不转变的情况下，梦想仅仅通过概念的修改来实现学科的革新是不可能的。”[①]而社会情境的每次转变又在史家和过去之间拉开了必要的时间距离，从而为场位的重新分配创造了条件。年鉴学派就恰好处于这样一个时代变迁和场位转换的背景之下。

布罗代尔在《地中海》的第一版序言中曾指出，兰克的叙事史学不是客观方法，而是一种历史哲学，《地中海》亦是如此。布罗代尔的这部作品或者他的这种新式历史哲学之所以能够被认可和接受，就是因为它迎合并占据了年鉴学派开辟的社会场位，进而又利用该场位所提供的历史话语表达并肯定了一种新的历史实践。它一方面向当时的社会场位保持了敞开，另一方面又将新式的历史制度予以了贯彻，利用史学既定的学术规范对历史实践的分析程序进行了组织。该作品就像海上的浮标一样追随着广阔的社会运动和高涨的史学潮流。布罗代尔所倡导的总体史学和结构史学主张就与他集中营的战俘经历和他保持的信念有关，[②]而且它又属于年鉴学派的范畴，就像乐队一样只有在所有成员齐备之后才最终成型。[③]“不管它多么出色多么新颖，他与他所反对的史学一样都携带着同样多的社会印记。如果说他超越了它们，那也只是因为它们符合了过去的情境，但是他却因为在现时冲突中所占据的场位而套上了另一件现成的僧袍。”[④]当然，有些史学作品确实可以超越时代，在其所属时代之外得到解释，但借用布罗代尔的话说，它不止是时段函项，也是时代函项。[⑤]

（二）历史实践

塞托认为，历史研究是一种实践，但是只要这种实践对习业者而言是“陌生的”，其技艺仅仅被看作是“辅助性学科”，“那么历史就只能由阐释这一高贵的言语开始，最终变成一门谨慎地抹除所有研究痕迹的话语艺术”。所以历史技艺至关重要，它不仅充当着历史书写与社会场位之间的联结，而且决定着史学到底是指向科学还是艺术的方向。[⑥] 社会场位的重新分配往往

---

① 塞托：《历史书写》，英文版第 63 页，或者法文版第 86 页。

② 参见布罗代尔《个人证词》（Fernand Braudel，“Personal Testimony”），《近代史杂志》（*The Journal of Modern History*）第 44 卷第 4 期（1972 年 12 月），第 453—454 页。

③ 参见布罗代尔《论历史》，中文版第 85、33 页。

④ 塞托：《历史书写》，英文版第 67 页，或者法文版第 93 页。

⑤ 参见布罗代尔《论历史》，英文版第 76 页。或者布罗代尔《论历史》（Fernand Braudel，*Ecrits sur L'histoire*），弗拉马里翁出版社，1969 年，第 115 页。

⑥ 参见塞托《历史书写》，英文版第 69 页，或者法文版第 95—96 页。

造成史料的重新确定，因而历史技艺首先就表现为档案化运作。史学的研究对象来自社会现实领域，其归根结底是伴随着社会发展的辩证运动在自然和文化的变动边界之间进行确定的。在此确定对象和初步形成文本的档案化运作中，史学并非被动地接受这些象征性的历史话语，它本身也参与到了话语的形成过程当中。① 史家通过这些技艺操作和必要转变改变了文化的外部边界和内部形貌，使得社会情境同时也发生了变形。“同其他学科一样，史学的科学性就在于这种运作，它改变了社会情境，或者通过社会和文学等的组织安排为文化的转变提供了条件和场位。”若是历史著作越来越聚焦于语言、越来越致力于文本的重组，那么它也就不再会产生这种文化领域的转变，它也就逐渐脱离了历史实在和历史研究的羁绊，所以史学将不再是科学，而越来越趋向于小说或者传奇，最终蜕变成“一种方生方死的太平间循环”，一种只会玩弄死尸的文字游戏。②

随着20世纪初社会场位的重新分配，史家所确定的史料范围也突破了政治外交档案的文献界限，并且向邻近的民族学、地理学、植物学、地质学和工艺学等学科拓展，集中营时期的布罗代尔彻底与兰克史学决裂，其博士论文也由原先的《菲利普二世的地中海外交政策》变为《地中海与菲利普二世时代的地中海世界》，而地中海这一独特的历史人物在对他的研究构成严峻挑战的同时也极大地拓宽了他的研究视野，为他创立一种新史学提供了绝佳的机会。③ 正如我们前面在主题缺失问题那里所提到的，历史学家的地中海概念已经不再是地理学意义上的第一自然，而是经过史家们档案化运作的人化自然，是不存在清晰边界的地中海世界。布罗代尔将地中海作为一个无法被完全理解的事物纳入预先准备好了的空格子里，从而将其锻造成一个综合概念，一个历史专名。该专名又与小说不同，因为其本身是充实的不需要史家逐步去填充，所以它本身就具有指涉实在的效果。④ 虽然地中海作为历史专名并不具有清晰的边界，但是它却为布罗代尔的研究划定了界限。此外，地中海与菲利普二世时代的地中海世界也不是一种单纯的概念重复，而是多种时段的象征，它们所代表的分别是一个大写的人的地中海世界和一个小写的人的地中海世界。⑤ 所以，当1977年布罗代尔在伯克的访谈中提到他的问题是时间问题的时候，并非事后的追加和辩解。这部作品本质上就是一部历史哲学著作，而且它也是史家们在讨论历史时间问题和历史再现问题时所一再提及的。

---

① 参见塞托《历史书写》，英文版第70页，或者法文版第97页。

② 参见塞托《历史书写》，英文版第72页，或者法文版第99—100页。

③ 参见布罗代尔《地中海与菲利普二世时代的地中海世界》第一卷，中文版第4—5、8页。

④ 参见塞托《历史书写》，英文版第95页，或者法文版第132页。

⑤ 关于这部著作的书名，中文版曾译为《菲利普二世时代的地中海与地中海世界》，有种说法认为这是一种误译，因为费弗尔在1927年曾提议将选题由“菲利普二世与地中海”改为“地中海与菲利普二世”，而布罗代尔正是接受了这一建议。虽然这一理由有一定的合理性，但是却并不充分。首先，费弗尔的建议对布罗代尔选题的调整有重要影响，但是在最终的书名中菲利普二世只具有象征意义而非研究对象。其次，据布罗代尔事后的多次回忆，他所理解的建议是在地中海与菲利普二世间二选一，而他是经过20年的思考直至40年代形成时段理论，才最终决定写一部地中海史的。再次，布罗代尔史观的形成可能受年鉴学派创始人的影响并不大，至少在70年代之前的文章中是没有特别强调的，这种影响关系是他在专门回答该问题时才提及的，年鉴学派两代学人的研究兴趣存在着区域和时段的代际差异。最后，该书的时间跨度其实就限于16世纪，它是一部菲利普二世时代的地中海史。所以此书的书名应该从时段而非选题的角度来理解。关于年鉴学派创始人与布罗代尔具体思想关系的研究可参见夏蒂埃《作者手笔与书商匠心》，第46—49页。

20世纪50年代布罗代尔提出一种综合史学的观点,他认为史学不仅是复合科学,而且是所有人文科学的综合科学。[①] 塞托也持同样的看法,他认为史学就是各种人文社会科学解释模型的检验场,就是一门所有人文社会科学的批判性异质学(Heterology),它处理的是不同学科的分析系统,或者这些分析系统以及系统解释界限彼此之间的关系问题。[②] 地中海作为布罗代尔的研究对象某种程度上就是根据他的时段理论确定的。如果说地中海组织了历史研究内部分析程序的话,那么时段理论则处理了历史研究外部史学与其他学科的联系。前者涉及历史真实问题,后者则涉及历史真理问题。历史技艺在史料分析方面表现为解释理解运作,而历史解释依赖于史家所建构的模型和使用的语言。布罗代尔在《地中海》的三个部分分别使用了地理学、经济学、社会学和政治学等不同人文社会学科的解释模型,但是最重要的是时段模型,因为各个层面的事实和不同学科的模型都是通过它统合起来的。"历史分析的重要性并不是先前孤立的重要的点在预构模型中所取得的系列结合,而是模型与其系统性使用显现的界限之间的关系,以及将这些界限通过技艺转变为问题的能力。"[③]布罗代尔就曾将历史模型比喻为"小船",尽管它比较粗糙不够严密,但是重要的是要看它在水中什么时候不再漂浮转而下沉,也就是说需要确定它的功能和界限,而解释模型凸显的偏差往往就是通向知识的路径。[④] 尽管学者们批评社会科学化的史学在分析历史事件时存在缺陷,但是布罗代尔《地中海》的价值恰好就体现于此,恰好就体现在其时段模型在使用中所凸显的差异、界限和问题当中。

(三)历史书写

"历史叙事无不明确地表达着与社会实体和知识制度的关系。尽管它必须以一种再现形式来表达,必须建构一个形构空间。严格来讲,即使我们将关于历史话语结构分析的一切都弃置一旁,我们仍然需要考虑将研究实践转变为书写的运作。"[⑤]历史书写运作将开启"一段神秘旅程",它将给历史实践造成一定程度的失真,它将使历史研究遭受历史叙事的"奴役",而这种奴役在塞托看来存在以下三个标志性尺度:首先,时间倒置。历史研究始于社会现实中的某个场位和某种历史制度,它的时间矢量是由现在指向过去,而历史书写开始于在现实中规定的某个点,很多时候甚至就是历史研究的终点,历史叙事则需遵循一定的年代顺序,它改变并颠倒了历史研究时间矢量的方向,由某个作为写作零度的过去参照点开始指向读者(见表2)。其次,结构闭合。历史研究在解释模型和偏差之间存在的差异使其没有止境,而历史书写则通过历史专名将各种文本要素建构为一个具有开头结尾的封闭性的稳定构造。最后,叙事融贯。历史研究

① 参见布罗代尔《论历史》,中文版第28、37、61、71、77页;或者赖建诚译著《年鉴学派管窥》,第161—162页;或者夏蒂埃《作者手笔与书商匠心》,第49页。
② 参见塞托《历史书写》,英文版第81页,或者法文版第113页。
③ 塞托《历史书写》,英文版第77—78页,或者法文版第107—108页。
④ 参见布罗代尔《论历史》,中文版第43—51页。
⑤ 塞托:《历史书写》,英文版第86页,或者法文版第119—120页。

总是呈现出一定的空隙并且因此取得不断的进步，历史书写则通过意义的统握充实或者遗忘了这些研究的空隙，从而达到一种不和谐的和谐。尽管历史书写运作使历史研究发生了变形，但是作为历史研究成果的历史叙事却同时具有一种求真的镜像价值，而且它通过象征指涉空间的重新分配强制性地为读者规定了一个位置（place），因而它也具有一种社会实践的致用价值，所以历史书写既是针对过去逝者的镜像书写（mirror writing），也是针对未来读者的行演书写（performative writing），它在对现实强加束缚的同时也为其提供了脱困之计。[①] 布罗代尔《地中海》的圆形叙事结构使其无论是在叙述时间还是叙事首尾上均表现出一种不同于传统史学的非渐进性特征，它似乎在历史书写的这几个方面均遭受着指责，其历史书写保留了太多历史研究的痕迹。为什么它会表现出这样的现象呢？这一切与它所占据的社会场位提供的历史话语有关。

表 2 《地中海》历史叙事的时间矢量方向

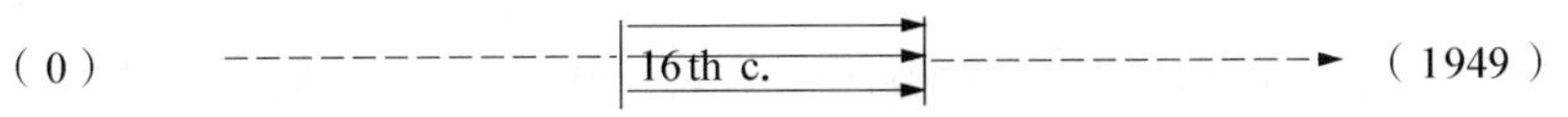

年鉴学派号称实现了科学史学的目的，但是我们究竟应该如何看待它所发起的这场史学革命，以及它所提供的这套历史话语呢？历史到底是科学还是艺术，学者们历来对此争论不休。正如朗西埃在《历史之名》一开篇就指出的，“一个多世纪以来，那些对历史感兴趣且为数众多的人始终与文字进行着抗争”[②]。因为在“历史”这个名字之下就包含着鲜活的经验、忠实的叙事、伪造的虚构，以及科学的解释等不同甚至相反的内容。尽管“历史”与“史学”这种字词上的细致区分填补了某些漏洞，但是史家仍然不可避免地陷入同名异义的陷阱。历史事件通过历史专名归结于同一个历史主体，而历史事件和历史专名又都具有不确定性，布罗代尔提出长时段的概念希望以此能够取消历史事件和历史专名的优先性，但是他的研究对象地中海却指涉更加不确定，他的研究方法也使史学面临着沦为社会科学附庸的危险，社会科学医生所提供的统计语言“并非回春妙药，而是安乐死的手段”。[③] 所以在朗西埃看来，这场史学革命其实是在语言实践中玩弄了一场同名异义的游戏，它通过“新史学”这个名字将科学与文学的对立转变为二者的结合，其本质只有透过叙述时态才能真正予以揭露，因为在新史学中现在时占据着主导位置，叙述者作为第一人称的大量出现就是该特征的体现。当然这种结合并非科学严密和文学魅力的简单调和，而是创造了一种介于科学语言和日常语言之间的新式历史语言。

朗西埃将这种对历史语言构造的研究称为“知识诗学”。“它是对一整套书写程序的研究，话语凭借这套程序规避了文学，赋予自身一种科学地位并且标记着这一地位。知识诗学的兴趣

---

① 参见塞托《历史书写》，英文版第 86—88 页，或者法文版第 120—122 页。

② 朗西埃著，梅勒赫译：《历史之名》（Jacques Rancière, *The Names of History*, trans. Hassan Melehy），明尼苏达大学出版社，1994 年，第 1 页；或者朗西埃《历史之名》（Jacques Rancière, *Les noms de l'histoire*），瑟伊出版社，1992 年，第 7 页。

③ 参见朗西埃《历史之名》，英文版第 3、6 页，或者法文版第 11、17 页。

在于知识被读写被建构为特定话语类型所依据的各种规则。”具体而言,它研究的问题就是历史语言是如何通过语法部署进行持续的运作从而将词与物整合为叙事情节的,历史话语是如何将言说者、历史名词和历史对象等文本要素统握起来的。[①] 如果说《地中海》确实是梅尼普讽刺体的史学式变体的话,那么传统的梅尼普讽刺体的语言则相应地由诗歌和散文变为散文和图表,而图表这种反语言的语言占据了天平更客观的一端。此外,布罗代尔所使用的大量隐喻、逆喻和误用等辅助辞格也不是一个简单的修辞学问题,而是诗学问题。更准确地说,他书写所使用的“点画法”(pointillism)是通过大量熟悉化或者陌生化的理解方式组织起来的,比如他称勒班陀战役为“一场无足轻重的胜利”,攻占突尼斯为“另一场无足轻重的胜利”,他称波罗的海和北海为“北方的地中海”,撒哈拉沙漠为“地中海的第二副面孔”,“葡萄牙、安达卢西亚、巴伦西亚和加泰罗尼亚就像一系列外围岛屿,通过卡斯蒂利亚同伊比利亚结合在一起”,此外还有“流动的平原”“多水的撒哈拉”“无海环绕的岛屿”等,最为著名的则属那幅倒转的地中海地图(第246页图12),恰如凯尔纳所言,整部《地中海》简直就是“一场陌生化的狂欢”。[②] 安克斯密特则进一步指出,布罗代尔无尽翻转的沙漏隐喻更是解构了史学通常处理过去的隐喻方式,因为无尽翻转这一形式打破了我们固有的史学观念,该隐喻作为一个陌生化的隐喻也是一个象征了隐喻之死的隐喻。[③]

朗西埃指出,从知识诗学的角度讲,《地中海》书名中将地中海与菲利普二世结合在一起的“与”字,不再像通常所理解的是对新史学研究兴趣与旧史学研究对象的简单调和,菲利普二世的出现不是出于谨慎或者敬意的考虑,而是一种在新旧史学间作二选一的特殊回应。[④] 该书第三部分也不再是传统意义上的事件史学。结尾的菲利普二世之死没有出现在“恰当的位置”[⑤],它作为一个历史事件并不指涉世界中心从地中海到大西洋的转移。相反布罗代尔作为叙事声音“我”或“我们”出现在文本当中,这一叙述者像使臣一样得到菲利普二世的接见,进而窥视书桌上的公牍文件,而此叙事声音所使用的时态全部都是现在时,此话语所描述的菲利普二世由晦涩难懂的低语逐渐变成画家笔下双唇紧闭的肖像。菲利普二世之死在此其实并非肉体的消亡而是归于了沉默,布罗代尔通过这一隐喻完成了对传统史学的消解。在通过“我”这一叙事声音所联系起来的叙事回环中,与此形成鲜明对照的则是大众的发声。大众的发声也成了一个话语事件,但是由于他们在传统史学中不具有自身的语言和位置,所以他们的声音是盲目的。“在16世纪,随着真正的文艺复兴而来的,是穷人和卑贱者的文艺复兴。他们渴望写作,渴望叙述自己,渴望谈论别人。这种珍贵的文字材料却往往歪曲事实真相,侵占业已流逝的时间,并在

---

① 参见朗西埃《历史之名》,英文版第8页,或者法文版第20—21页。
② 参见凯尔纳《混乱的组织:布罗代尔的地中海讽刺体》,第208—209页。
③ 参见安克斯密特《历史学与比喻学:隐喻的兴衰》(Frank Ankersmit, *History and Tropology: The Rise and Fall of Metaphor*),加利福尼亚大学出版社,1994年,第226页。
④ 参见朗西埃《历史之名》,英文版第7页,或者法文版第19页。
⑤ 参见布罗代尔《地中海与菲利普二世时代的地中海世界》第二卷,英文版第1234页。

其中据有不真实的重要位置。”[1]布罗代尔在新史学中发现了统计数字作为他们的语言并且通过大写的人这一方式为他们找到了恰当的位置。在此无起无讫的叙事回环中，菲利普二世、叙述者、地中海与大众四者交汇于两个现在的相遇之处，而大众对菲利普二世的替代也就宣告了传统史学的死亡与结构史学的诞生。

综上所述，历史书写在其前后均向历史实在或者社会现实领域保持敞开，而且其本身就是历史研究结果的呈现，虽然它会造成一定程度的失真，但是它同时也承受着场位和研究的锚定与束缚，整个史学运作过程涉及社会场位、历史实践与历史书写三者之间的关系问题。那么，布罗代尔在内容上到底实现了总体史学、结构史学和问题史学的主张吗？布罗代尔在第二版序言中曾提醒读者，该书已经成为“昨天的论战”，也就是说，他所反对的兰克史学已经成为明日黄花，此处的总体应该理解为从政治经济社会甚至地理等多个层面和多个时段出发研究历史，并且布罗代尔的《地中海》确实如其所言是围绕时间变动的节奏依据其时段模型而编排展开的，它的三个部分也是借助年鉴学派史学革命所提供的历史话语组织起来的，因为这一话语在形构维度上的论证说服特征又使其对读者开放，从而表现出了强烈的行演书写趋向，所以可以说它基本上实现了总体史学、结构史学和问题史学的主张。但是，如果《地中海》属于这种新式的历史话语，那么它还能否被归入历史叙事的范畴，或者历史叙事是否需要重新定义呢？

三、作为历史叙事的《地中海》

若将《地中海》看作言辞制品，仅从语言和形式角度分析，那么这基本等于抛弃了对其非事件史学挑战的讨论，而且该分析对其他此类作品是否适用仍然是个问题；若将《地中海》看作史学运作，从历史书写角度分析，虽然讨论并证实了总体史学、结构史学与问题史学的主张，但是，由于其历史话语偏向论证而非叙述，这样《地中海》是否仍然能够被当作叙事则是个问题，我们应该如何认识这种断裂，并在这种断裂基础上证明一切历史都是叙事呢？根据梅吉尔的考证，叙事史学和问题史学的区分正是布罗代尔本人于 1949 年首先提出来的。他认为前者通常不关心历史事实的经济社会和文化背景，而后者则探究事件与人物背后更加深远的层面，它通过明确的问题将过去的生活与逝者重新复活。[2] 梅吉尔提出，叙事包含行为、冲击(happening)、人物和背景四个要素，大致可分为事件叙事和存在(Existents)叙事两大类型，不同的叙事聚焦于不同的要素，《地中海》本质上不属于问题史学，其组织结构并非围绕一个因果问题而展开，相反它的叙事焦点是人格化的地中海，它是对地中海这个存在的细致剖析。但是，这种观点仍然存在以下问题：首先，它对历史问题的理解太过片面。历史问题并不必然是因果关系问题，如果

---

① 布罗代尔：《地中海与菲利普二世时代的地中海世界》第一卷，中文版第 9—10 页。

② 参见梅吉尔《历史知识与历史谬误：当代实践指南》(Allan Megill, *Historical Knowledge, Historical Error: A Contemporary Guide to Practice*)，芝加哥大学出版社，2007 年，第 92 页。

诚如布罗代尔所言，他所关注的是时间变动节奏的问题，那么这就不是一个“为何”（Why）而是“如何”（How）的问题，而且《地中海》作为实证史学作品，未必就不能够被看作是关于世界中心转移的因果问题；其次，布罗代尔似乎既反对地中海的人格化又反对事件，若按这一标准，《地中海》不属于上述任何一种叙事类型，所以在布罗代尔反对对象不明确的情况下，这一问题似乎很难圆满解决；最后，如果说叙事是史学母体的话，那么叙事和解释之间的断裂仍然存在，我们究竟应该如何看待这种断裂，具体到《地中海》又应该如何理解，它还能够被看作是历史叙事吗？下面我们尝试从利科的历史叙事理论出发对这些问题加以解决。

（一）历史的意向性

布罗代尔曾经提到：“研究框架不是区域而是问题。”①在朗西埃看来，年鉴学派史学革命所提供的新式历史话语在综合了科学与文学之后更加注重论证，当然这并非意味着叙事无法承担因果解释，但是，即使它具有一定的解释价值，叙事解释与历史解释仍然存在一定距离，历史研究在理解和解释之间存在截然的认识论断裂。“通过讲述解释是一回事，提出问题解释则是另一回事。因为问题是提交给读者进行讨论并作出判断的，如果说普通大众无法胜任，那么读者起码至少是由史家同行所构成的。”②利科指出，历史解释相对于叙事的这种分析批判的独立性首先在程序上表现为三个方面：第一，概念化（conceptualization）。史学的首要准则也许就是概念化，因为史家总是处于某个话题或批判的争论当中，任何分析论证都必须在一般概念或者普遍原则立场上作二选一的抉择，而叙述者则与此无关，他们不会有意识地进行这样的选择。第二，历史客观性追求。历史研究本身具有排他性，历史的真也就意味着否定了其对立面同时为真的可能性，但历史客观性的隐秘梦想却总默认不同史家的成果是彼此联系且互补的。第三，历史研究的批判性反思。历史客观性存在局限性，批判性读者总是试图在论证模式中辨识出其背后的意识形态蕴涵，而叙述者却总期望读者搁置怀疑。除历史研究程序之外，历史解释的独立性还表现在历史实体和历史时间两个方面。传统叙事总是通过历史专名将一系列行为事件赋予个人，但是布罗代尔的历史主体已由英雄人物变为无名大众，没有历史人物的史学似乎无法再被称为叙事。历史时间方面，历史解释在预设均质时间的同时又区分出多元时段，而史家们在选择了不同的历史主体之后必然采用不同的尺度，布罗代尔之后的年鉴学派似乎在很长一段时间内就抛弃了短时段。③ 这些断裂对一切历史都是叙事的观点均构成挑战。

“尽管存在认识论上三个方面的断裂，但是历史又尚且无法在不失去其特性的情况下切断

---

① 转引自彼得·伯克《法国史学革命：年鉴学派 1929—2014》第二版，第 63 页。译文对照英文版稍有改动。

② 利科著，迈克劳林、佩勒译：《时间与叙事》第一卷（Paul Ricoeur, *Time and Narrative*, vol. Ⅰ, trans. Kathleen McLaughlin and David Pellauer），芝加哥大学出版社，1984 年，第 175 页。

③ 关于叙事与解释之间断裂的具体论述参见利科《时间与叙事》第一卷，第 175—177 页。

与叙事的任意一个联系。反之,该联系也不是直接的,以便历史可以被简单地归为故事属中的一个种。”[①]利科认为,历史叙事存在片段(episodic)和形构(configurational)两个维度,它是事件陈述(statement)与话语表达(utterance)的混合,叙事理解和历史解释的断裂其实就是历史研究本身,历史研究与历史书写的交互关系使像怀特和安克斯密特等所谓后现代主义者们在实在问题上的主张显得过于简单。为了解决这一问题,利科提出一种历史的意向性(Historical Intentionality)理论。该理论试图通过对叙事形构运作的回溯性考察,揭示实在结构向叙事结构的转变过程,以便在此两重形构运作的过渡路径中寻找中介性的“中继站”(relay stations)。与认识论断裂相适应,利科在研究程序和历史实体方面分别找到了单一因果归因和历史一阶实体作为历史叙事的“准情节”(quasi-plot)和“准人物”(quasi-characters)。前者是历史当中各种解释的联结,它构成了情节解释和法则解释或者历史理解和历史解释之间必要的中介;后者则是指所有历史某种程度上都必然指涉的民族、国家和文明等历史对象,它们介于实在和叙事两大领域之间。凭借这些一阶实体具有引领性质的意向性回指功能(intentional reference back),历史解释的无名二三阶实体经由叙事层面最终指涉着现实中的历史人物。历史一阶实体回指的“共享属性”(participatory belonging)原则上又是单一因果归因建构而产生的,其间无论史家叠加多少重的历史时间,它们最终都铭刻在实在领域的客观线性时间之上。

地中海与菲利普二世分别是布罗代尔的历史实体与叙事实体(entity),布罗代尔通过在不同实体阶序间的跨越将地中海世界的各个社会(如西班牙)确立为一阶实体,凭借着这些一阶实体的可理解性,地中海与菲利普二世在史学运作的上升运动中就呈现出不断加大的断裂趋势,在下降运动中则呈现出逐步收缩的间接回指。地中海这一概念由此就不再仅仅是一个叙事主语,而是成了具有指涉实在功能的历史专名,它在经过布罗代尔的人格化和一阶实体的中介之后也就间接指涉着地中海世界作为个人的社会大众了。地中海世界各个社会所具有的共享属性又是由单一因果归因建构起来的,菲利普二世的西班牙或者地中海为何没能抓住世界中心转移的关键机遇而最终衰落,这一历史问题在此就扮演了“准情节”的作用。在对该问题的探讨中,布罗代尔既有社会经济方面的考察又有菲利普二世外交政策的分析,该因果关系的论证结构,一方面将必然性和可能性结合在一起,另一方面又将长时段和点状事件结合了起来,在此同样起到了黏合剂的作用。在布罗代尔的史学运作当中,地理时间、社会时间和个人时间尽管可能存在关于通约的融贯性问题,但是它们又都必须铭刻在16世纪这一客观物理时间之上。从历史意向性立场来看,布罗代尔从结构、局势到事件这一叙事顺序的选择本身就具有一种融贯性效果,《地中海》的圆形叙事结构在整体上因此就呈现为向心运动而非离心运动(见表3)。

---

① 利科:《时间与叙事》第一卷,第177页。

表 3 《地中海》不同实体间的意向性回指(实箭头)与伸展性断裂(虚箭头)

历史实体	一阶实体	叙事实体
地——→	诸社会——→	大众个人
中		
海←-----	西班牙←-----	菲利普二世

(二)历史叙事的新模式

安克斯密特认为,政治史学是历史意识的源头,是各类史学的母体,布罗代尔的《地中海》若去掉“菲利普二世”会变得不可理解。① 布罗代尔则认为“菲利普二世”作为事件只能在地中海的结构和局势中获得理解,事件究竟在史学当中处于何种地位?对史家们而言,政治史学、事件史学和叙事史学三者之间似乎基本可以画上等号,布罗代尔就试图通过对事件和人物的贬抑达到与兰克史学断绝关系的目的,但是他本人真的反对事件吗?严格来说,时间间隔和时间速率并非同一回事,事件并不一定就是所谓的短促的闪光,它的印记充斥于历史的所有领域,它同时汇聚了不同起源和不同节奏的运动。布罗代尔已经意识到了这些问题,他曾经提出经济事件的概念,并认为政治史学也不必然就是事件史学,他甚至还主张用短时段来代替事件史学,所以他真正反对的其实是短时段,而且是只有短时段视角的史学。② 他所主张的总体史学就是“不同职业与过去、现在和未来各种视角的组合。唯一的错误即是在各种史学中选择某种而摒弃其他”③。事件之于长时段而言也是至关重要的,因为正是它的作用史学才与其他的人文社会科学区分开来,所以布罗代尔其实是在与短时段和超长时段同时进行着双线作战。④

“事件其实就是两种时间的必要分离和偶然遭遇而建构起来的。”⑤事件只有在情节当中才能获得理解。梅吉尔认为《地中海》的焦点是作为人物的地中海,但是他却没能在《地中海》整体叙事中发现三个部分间的有机联系,也没能进一步辨识人物与背景、行为和冲击其他三个因素的形构关系,从而揭示出布罗代尔该书的情节化运作,所以最终他没能触及并解决叙事和历史的断裂问题。一切历史都是叙事,这一观点的证明尚有一步需要完成,即通过对《地中海》的

① 参见安克斯密特《历史再现中的意义、真理与指涉》(Frank Ankersmit, *Meaning*, *Truth*, *and Reference in Historical Representation*),康奈尔大学出版社,2012 年,第 250 页。

② 布罗代尔曾经提出有两类事件是重要事件:一是有助于说明问题指引我们远离事件本身的事件;二是与其他事件相互联系构成链条中一个环节的事件。“每个历史事件不管历时多么短暂,都带来证据,照亮历史的某个角落,有时甚至照亮历史的某个广阔的深景。这些广阔的深景不仅仅是政治历史方面的,因为每个历史的所有领域的景观都印满事件的标记,都被事件的断断续续的闪光照亮。”“始终存在两条而不是一条链条。”相关论述具体参见布罗代尔《地中海与菲利普二世时代的地中海世界》第二卷,中文版第 416—418 页;以及布罗代尔《论历史》,中文版第 30—38 页。

③ 参见布罗代尔《论历史》,英文版第 34 页,或者法文版第 55 页。

④ 布罗代尔认为史学与其他人文社会科学的真正区别不是任务和问题而是与时间的关系和方法的严格性。时间是史学真正的特性所在,其他学科要么专注于超短时段,要么专注于超长时段从而回避了时间,所以史学与它们不可能真正一致或者完全协调,而这种回避正是史家与他们甚至是史家之间的根本分歧。具体参见布罗代尔《论历史》,中文版第 72、87—88 页。

⑤ 利科:《时间与叙事》第一卷,第 218 页。

内容分析，揭示其三个部分之间的相互联系并辨识其整体一贯的情节。尽管可以说《地中海》的情节化模式属于讽刺，但是它在某种程度上又突破了传统的叙事模型并产生了一定的偏差，因此它同时既属于又不属于叙事，有些学者认为它是史料的枯燥堆积，有些学者则在其中读出了文学的味道。《地中海》的组织编排存在类似情节的特征，其三个部分之间也存在必要的过渡转换结构，下面我们将尝试对此展开具体分析。

该书第一部分虽然聚焦于地理结构方面，但是借用布罗代尔的话说，它却“以人类活动的尺度来衡量”，人类生产生活和社会交往事件影响着地中海政治势力的消长与霸权的更迭，“这台硕大无朋的天平两侧的交替起落”又进而决定着地中海的命运。① 正如利科所言，“在讲述这些的时候不可能不提及经济和政治的统治关系。西班牙与土耳其帝国间的强烈冲突早已在这片海域投下了它们的阴影。事件伴随着这些权力争斗早已开始成型”②。地中海世界东西两大区域之间在政治、经济和文化方面存在的巨大“电势差”，反过来又决定了地中海的整体性，“贸易构成了整个地中海世界的统一性，同时也构成本书的统一性”。地中海衰落的原因“丧失了对大西洋的控制”甚至在此也得到了部分的揭示。③ “值得重复强调的是，历史的创造者不是地理面貌，而是主宰或发现它们的人。”④因此该部分的主角仍然可以说是人，它的作用就是为后面部分搭建活动的舞台场景，而戏景本身就是诗学的成分之一。⑤ 它也预示了局势和事件两个部分，布罗代尔对东西区域对峙的确立使地理历史学急剧地转变为地缘政治学，地中海从一开始就是政治角逐的舞台，它的边界一再被重新划定，从撒哈拉一直扩展到北欧地峡。⑥ 结尾由自然过渡到人文，城市作为“发动机”时快时慢，停转后再重新发动，“发动机的彻底停转将引领我们进入运动的世界，而这将是本书第二部分的内容”⑦。

该书第二部分是“一部社会史”，它将结构和局势、静止和运动、缓慢和快速结合起来，但是它的主角仍是“人”而非“物”。布罗代尔通过物质生活各个方面的研究试图厘清它们究竟“对菲利普二世时代的人来说意味着什么”。菲利普二世待在西班牙这张“蜘蛛网的中心”寸步不离，但是作为世界政治经济大国，国家机器却未能适应这一需要，“西班牙心脏跳动的节奏比其他各国要慢”。⑧ 经济的增长和随后的倒转又左右着奥斯曼帝国和哈布斯堡家族这些庞大政治集团所面临的一系列困难。“史家在沿着普遍经济学或者世界经济的动因方向前进时从来不会将事件抛诸脑后，这是分派给他在此层面解释事件的一项任务。”⑨地中海世界东西两大利维坦

---

① 参见布罗代尔《地中海与菲利普二世时代的地中海世界》第一卷，中文版第 142、179 页。
② 利科：《时间与叙事》第一卷，第 209 页。
③ 参见布罗代尔《地中海与菲利普二世时代的地中海世界》第一卷，中文版第 185、181、317 页。
④ 布罗代尔：《地中海与菲利普二世时代的地中海世界》第一卷，英文版第 225 页。
⑤ 亚里士多德在《诗学》中提出，悲剧（喜剧和史诗）是对行动的摹仿，它包括情节、人物、思想、言语、唱段和戏景六个成分，其中情节是根本灵魂，因为悲剧摹仿的是行动和生活而非人物。
⑥ 参见利科《时间与叙事》第一卷，第 209—210 页。
⑦ 参见布罗代尔《地中海与菲利普二世时代的地中海世界》第一卷，英文版第 352 页。
⑧ 参见布罗代尔《地中海与菲利普二世时代的地中海世界》第一卷，中文版第 529、538、552、555 页。
⑨ 利科：《时间与叙事》第一卷，第 211 页。

的崛起也就意味着主角已经就位，使臣将随之粉墨登场。布罗代尔丝毫没有浪费此种组织统握的机会。“我们在此面临一种历史叙事观，周期、危机、阶段和转折这些富于情节的内容诱使着史家转向剧烈的解释或者方便但有时却虚妄的解释。”这种波浪潮汐中蕴含着多种纷繁复杂的运动，最好添加到“钟表的机制中去”，结尾章战争则“以其节奏标示着年份，开启并关闭时间的大门”。①

该书第三部分在经济衰落的塞壬召唤之下最终进入了西班牙与土耳其长达半个世纪的战争，但是它又不仅仅是传统史学的复归，因为事件带来见证或者证据。“布罗代尔在此的技艺不是像其他史家那样对它们进行分期，而是将它们重新锚定到了结构和局势当中，正如他先前所主张的事件就是为了证实结构和局势。”②该书结尾西班牙和土耳其在长期战争之后分别将目光转向大西洋和亚洲。“西班牙的西摆与土耳其的东摆构成了一种平衡，而这种巨大的摆动是事件史学由于其性质所无法解释的。”③菲利普二世没有将首都由马德里改迁里斯本从而最终完成这种西摆，这一决策失误实现了一次诗学的情节突转。大规模战争在地中海的消失也就预示了地中海本身的衰落，世界历史的中心随之转移到了大西洋。该部分结尾菲利普二世之死作为一个历史事件象征了地中海衰落的历史命运，作为一个话语事件则将结构史学封印在了人类的范围之内。在不同的尺度之下，这一事件也就呈现出不同的意义。布罗代尔该著作的价值就体现在对传统既定叙事模型的突破，它所凸显的差异和问题则为我们带来一种对情节和事件的全新理解。

（三）利科历史叙事理论的解释力

如果说《地中海》属于梅尼普讽刺体的史学式变体，它混合饱满组织混乱，而利科的历史叙事理论对该作品的解读可以帮助我们从中梳理出一条清晰的情节线索和秩序，那么这种解读有什么不同，它能否与叙事风格理论的形式分析相协调，它的优势或者解释力又体现在哪里呢？首先，既然《地中海》的情节可以看作是地中海在世界历史当中地位的衰落，那么该作品的情节化模式就不再仅仅是但丁式悲剧，而是普遍意义上的悲剧。其次，国王之死隐喻的解读不同。菲利普二世之死作为第三部分的结尾隐喻了世界历史中心的转移，作为整部书的结尾则隐喻了传统政治史学的消亡，所以该书第三部分无论是从形式还是内容上讲都无法删去更无法调换。再次，沙漏隐喻的解读不同。就《地中海》的历史书写而言，布罗代尔所谓的沙漏隐喻其实也不能随意地翻转，因为沙漏的细腰部位正好就是具有统合过渡作用的关于历史一阶实体的部分，同时也即作者所不断修订的社会部分。如若翻转的话，它的历史叙事整体就呈现为松散的离心运动，其依据时段理论对时间经验的组织和统握就属于时间伸展而非时间意向的范畴，因此也

---

① 参见布罗代尔《地中海与菲利普二世时代的地中海世界》第二卷，英文版第 892、893、836 页。

② 利科：《时间与叙事》第一卷，第 213 页。

③ 布罗代尔：《地中海与菲利普二世时代的地中海世界》第二卷，英文版第 1185 页。

就更加碎片化从而导致严重的融贯性问题。最后，叙事回环的理解也存在细微的差别。就《地中海》的阅读而言，读者当然可以根据自身的口味和需要选择不同的顺序，但是最佳选择则是布罗代尔理想的在正反方向间进行翻转性阅读，这也恰好符合该作品无起无讫叙事回环的特征。综上所述，利科的历史叙事理论既包括形式方面的分析也包括内容方面的解读，并且二者可以很好地协调起来。它既可以是一种史学理论，也可以是一种历史理论。

库克楠（Jouni-Matti Kuukkanen）将叙事主义历史哲学划分为语言学叙事主义和现象学叙事主义两大类型，前者代表人物有怀特和安克斯密特，后者有利科和大卫·卡尔（David Carr），[①] 两大流派存在叙事唯心论和叙事实在论的本质区别。语言学叙事主义虽然关注作为文本整体的叙事，但是其叙事概念是与事件，或者更确切地说，是与讲故事联系在一起的，论证并非它的组成部分，叙事在不同文本中存在程度和比例的差异，所以在面对非事件史学作品时其解释力相对有限：首先，即使它可以对《地中海》作形式分析并得出一些颇具启发性的后现代式解读，但是对其他史学作品却未必适用。其次，《地中海》并非仅第三部分具有情节，而且这一部分也并非传统意义上的叙事。最后，它在面对结构史学和问题史学这两种主张时尤其难以从内容上作恰当的分析。而现象学叙事主义将叙事看作是对时间经验的组织，是对不同异质性因素的统握和综合，叙事的本质即情节化，它的成分不仅仅是情节，人物或背景等都可以占主导位置，由此它不仅能够将作为片段的编年和作为形构的论证纳入叙事范畴，而且能够更好地解决叙事解释和历史解释在认识论上的断裂，从而在面对非事件史学作品时表现出更强的解释力。至于近几年来史学理论界对于超越叙事的广泛吁求，其实只是长时段复归的征兆和对论证的偏向而已。对利科的历史叙事理论而言，一切历史都是叙事。

（本文原刊于《史学月刊》2020 年第 3 期）

作者简介：

成威华，上海师范大学人文学院世界史系讲师、上海市“世界文学多样性与文明互鉴”创新团队成员。研究领域为西方史学理论与史学史。

① 参见库克楠《后叙事主义史学理论》（Jouni-Matti Kuukkanen, *Postnarrativist Philosophy of Historiography*），帕尔格雷夫·麦克米兰出版社，2015 年，第 25 页。

“一切真历史都是当代史”与“一切历史都是思想史”
——克罗齐对柯林武德的影响

姚汉昌

摘　要：“一切真历史都是当代史”与“一切历史都是思想史”分别是克罗齐与柯林武德的名言。这两句名言具有一定的相似性，这种相似性表明柯林武德在一定程度上分享着克罗齐的某些信念，包括历史学与自然科学之间的区别、历史知识认识论以及史学的现实价值，等等。事实上，克罗齐确实在历史哲学方面对柯林武德产生了一定的影响。然而，从更深层面来看，克罗齐的“一切真历史都是当代史”与柯林武德的“一切历史都是思想史”在某些方面又存在着不同，这种不同表明柯林武德对克罗齐历史哲学的继承与发展。本文拟从柯林武德与克罗齐如何在学术上发生交集、“一切真历史都是当代史”与“一切历史都是思想史”分享着哪些共同信念以及存在哪些不同等方面着手，对克罗齐与柯林武德历史观念的异同作一番辨析。

关键词：克罗齐　柯林武德　历史观念　异同

克罗齐（Benedetto Croce, 1866—1952）和柯林武德（Robin George Collingwood, 1889—1943）都是著名的哲学家和历史学家，尤其是两人在历史哲学领域均做出了重要的贡献。其中，克罗齐的“一切真历史都是当代史”与柯林武德的“一切历史都是思想史”的经典命题均对后世产生了深远的影响。在历史哲学方面，克罗齐和柯林武德都强调历史学与自然科学的不同以及思想在历史学中的重要性，他们的历史观念是19世纪以来观念论者反对实证主义史学的重要组成部分。事实上，以克罗齐为代表的意大利哲学家，在柯林武德哲学体系形成的过程中发挥了关键作用。克罗齐在20世纪初期就为牛津大学的观念论者所熟悉，柯林武德出版的第一本著作就是克罗齐著作的英译本。在历史哲学与美学方面，一些研究者把柯林武德当作克罗齐的追随者。柯林武德在整个学术生涯中都与克罗齐保持着紧密的联系，直到1943年的早逝。①

---

① Amedeo Vigorelli, “Lettere di Robin George Collingwood a Benedetto Croce (1912 - 1939)”, *Rivista di Storia della Filosofia (1984-)*, Vol. 46, No. 3, 1991, pp. 545 - 563.

克罗齐对柯林武德的影响一直是学术界研究的重要主题,具体到历史哲学领域,克罗齐对柯林武德的影响更是研究者关注的重点。例如,诺克斯认为柯林武德的哲学立场在后期转向历史主义是由于克罗齐的影响。① 沃尔什在《历史哲学导论》中把柯林武德描述为克罗齐的追随者,并认为两者为历史知识提供了观念论者论述的典范。② 丹图在《叙述与认识》中认为狄尔泰、克罗齐和柯林武德都是历史哲学观念论者的主要人物。③ 阿特金森认为柯林武德的历史哲学明显来源于克罗齐。④ 虽然诺克斯认为柯林武德后期哲学立场转向历史主义是由于克罗齐影响的这种观点引起众多研究者的关注,⑤然而,关于克罗齐与柯林武德之间的历史哲学具体存在何种联系,两者的历史哲学是否存在差异,却鲜有研究者涉及。彼得斯是目前为数不多的对克罗齐与柯林武德之间的历史哲学联系进行深入分析的研究者。⑥ 本文拟在结合前人尤其是彼得斯研究的基础上,就"一切真历史都是当代史"与"一切历史都是思想史"的异同进行辨析,展现柯林武德在历史哲学方面对克罗齐的继承与发展。

一、克罗齐思想传入英国以及对柯林武德的影响

1908 年柯林武德进入牛津大学读书的时候,实在主义(Realism)已经取代观念论(Idealism)成为牛津大学哲学界的主流,由 T. H. 格林(Thomas Hill Green, 1836—1882)所开创的观念论学派已经走向衰落。⑦ 柯林武德师从实在主义代表人物卡里特(Edgar Frederick Carritt, 1876—1964),故而柯林武德早期的思想明显带有实在主义影响的痕迹。⑧ 然而,柯林武德却逐渐对实在主义产生不满并最终走向实在主义的反面,这源于柯林武德与实在主义者在某些观点上存在着不同。

---

① 柯林武德:《历史的观念》,何兆武、张文杰译,商务印书馆,1997 年,原编者序,第 6 页。

② W. H. 沃尔什:《历史哲学导论》,何兆武、张文杰译,北京大学出版社,2008 年,第 34 页。

③ 阿瑟·丹图:《叙述与认识》,周建漳译,上海译文出版社,2007 年,第 258 页。

④ R. F. Atkinson, *Knowledge and Explanation in History: An Introduction to the Philosophy of History*, London: Macmillan, 1978, p. 25.

⑤ Alan Donagan, *The Later Philosophy of R. G. Collingwood*, Oxford: Oxford University Press, 1962, pp. 6 - 12; Nathan Rotenstreich, *Philosophy, History and Politics: Studies in Contemporary English Philosophy of History*, The Hague: Martinus Nijhoff, 1976, pp. 22 - 26; Louis O. Mink, *Mind, History, and Dialectic: The Philosophy of R. G. Collingwood*, Bloomington, Indiana: Indiana University Press, 1969, pp. 12 - 16; Lionel Rubinoff, *Collingwood and The Reform of Metaphysics: A Study in the Philosophy of Mind*, Toronto: University of Toronto Press, 1970, pp. 16 - 19; W. H. Dray and W. J. van der Dussen, "Editors' Introduction", in R. G. Collingwood, *The Principles of History*, Oxford: Oxford University Press, 1999, pp. xv - xvi, xxii - xxiv.

⑥ Rik Peters, "Croce, Gentile and Collingwood on the Relation between History and Philosophy", in David Boucher, James Connelly and Tariq Modood, eds., *Philosophy, History and Civilization: Interdisciplinary Perspectives on R. G. Collingwood*, Cardiff: University of Wales Press, 1995, pp. 152 - 167; Rik Peters, *History as Thought and Action: The Philosophies of Croce, Gentile, de Ruggiero, and Collingwood*, Exeter: Imprint Academic, 2013.

⑦ R. G. Collingwood, *An Autobiography*, reprinted with an introduction by Stephen Toulmin, Oxford: Clarendon Press, 1978, pp. 15 - 19.

⑧ R. G. Collingwood, "The Devil", in B. H. Streeter and Lily Dougall, eds., *Concerning Prayer*, London: Macmillan, 1916, pp. 449 - 475; R. G. Collingwood, *Religion and Philosophy*, London: Macmillan, 1916, p. 49.

首先,实在主义者缺乏历史思维和忽视哲学问题的历史维度。实在主义者对过去哲学家观点的批判缺乏历史依据,因为他们所批判的论点往往并不是他们所批判的对象所拥有的。[①] 柯林武德认为在缺乏历史思维的实在主义者看来,哲学问题是永恒的。虽然实在主义者也认为哲学存在历史,但在实在主义者看来哲学史就是众多哲学家对同一个问题回答的历史。[②] 然而,哲学史仅仅是不同的哲学家尝试对同一个哲学问题回答的历史吗? 柯林武德否定哲学问题是不变的。柯林武德认为柏拉图的《理想国》和霍布斯的《利维坦》虽然都是政治理论著作,但两者讨论的"国家"(State)却具有不同的内涵。对柏拉图来说,"国家"一词的内涵是"城邦",而霍布斯笔下的"国家"是 17 世纪的专制国家。柯林武德认为柏拉图和霍布斯两者都使用"国家"一词,但他们各自笔下"国家"的内涵却不相同。[③] 实在主义者对历史维度的忽视,对柯林武德来说是不可理喻的。因此,柯林武德认为实在主义者对历史维度的忽视导致他们无法理解哲学问题的本质。

其次,柯林武德在方法论上与实在主义者存在着不同。长期的史学研究和考古实践使柯林武德意识到获得知识的方法是通过问答。柯林武德通过考古实践重新认识培根和笛卡尔的科学方法,即"知识只有通过回答问题获得,必须以正确的顺序提出正确的问题"[④]。而实在主义者却认为知识能够通过"直觉"所获得:"牛津大学的'实在主义者'认为似乎认知是一种对某些'实在'的简单'直觉'(intuiting)或'理解'(apprehending)。"[⑤]虽然实在主义者没有否认心灵在认知过程中的作用,但也没有认识到心灵在认知过程中的重要性。柯林武德认为在认知过程中心灵处于一种能动的状态,心灵本身参与到认知过程中。

最后,实在主义者认为认知活动与认知者的实践无关。认知活动仅是一种纯学术活动,本身不能对实践产生影响:"道德哲学仅仅是以纯粹理论精神研究的一个主题,主题研究完全不受其研究的影响。"[⑥]认知者在认知过程中并不能改变认识对象,认识对象是以一种客观独立的状态呈现在认知者面前,因此实在主义者认为认知活动并不能改变认知者的活动,强调理论与实践之间没有关系。与此相反,柯林武德却认为认知活动与日常活动息息相关,历史与哲学"融通"的最终目的是为了理论与实践的"融通"。[⑦]

柯林武德在驳斥实在主义与构建历史哲学的过程中,克罗齐的历史哲学起到了关键的作用。柯林武德在拉格比公学(Rugby School)读书期间自学了意大利语,这为柯林武德日后接触

① R. G. Collingwood, *An Autobiography*, p. 22.
② R. G. Collingwood, *An Autobiography*, p. 59.
③ R. G. Collingwood, *An Autobiography*, p. 61.
④ R. G. Collingwood, *An Autobiography*, p. 25.
⑤ R. G. Collingwood, *An Autobiography*, p. 25.
⑥ R. G. Collingwood, *An Autobiography*, p. 147.
⑦ R. G. Collingwood, *An Autobiography*, p. 147.

克罗齐著作奠定了语言基础，因为克罗齐只懂得一点点英语。[①] 1908—1909 年间的假期，柯林武德曾到威尼斯、佛罗伦萨、锡耶纳、罗马和那不勒斯等地方旅行，其间获得维柯的《自传》和《新科学》。[②] 虽然目前还没有证据表明柯林武德认真阅读了《新科学》一书，但我们从柯林武德在 1913 年翻译出版克罗齐的《詹巴蒂斯塔·维柯的哲学》一书中表现出来的水平，可以确认柯林武德至少通过克罗齐很好地把握了维柯的哲学思想。[③] 柯林武德曾说过柏拉图是他最喜欢的哲学家，而维柯对他的影响最大。[④] 柯林武德的翻译成果不仅得到评论家的高度评价，[⑤]而且对柯林武德思想的发展具有深远的影响。[⑥]

柯林武德进入牛津大学的 1908 年恰好是克罗齐在国际上获得声望的时候。哲学家拉斯达尔（H. Rashdall, 1858—1924）、席勒（F. C. S. Schiller, 1864—1937）和贝利（J. B. Baillie, 1872—1940）对克罗齐在海德堡举行的第三届国际哲学大会上的发言留下了深刻的印象，这是英国哲学界首次了解到克罗齐的哲学思想。[⑦] 然而，要等到克罗齐的思想被引进英国，牛津大学哲学家对克罗齐等意大利哲学家思想的兴趣才日渐浓厚。其中，史密斯（John Alexander Smith, 1863—1939）是把意大利哲学家思想引进英国，尤其是引进牛津大学的中心人物。

1909 年史密斯在意大利旅行的途中无意间发现了克罗齐的著作，并立刻对克罗齐的思想产生了兴趣："我在度假回来的途中发现自己在那不勒斯深受震惊，那里的书店展现当地对哲学有一种广泛性的兴趣，并且我买了两到三卷贝内戴托·克罗齐的著作，克罗齐这个名字我之前只是略有耳闻。我的意大利语并不是特别好，但我能够为自己翻译而获得一种新鲜和独立的观点而感到高兴，并且它们以学术的形式呈现。这些印象随着我深入对克罗齐的了解而加深。自此我成了克罗齐所有著作的一个勤勉的学生，并且在这里我希望就我从它们那里得到的启发和指导表示感激之情。"[⑧]通过史密斯，克罗齐的思想——尤其是历史哲学，开始在牛津大学产生

---

① 1923 年克罗齐受邀在牛津大学演讲时用的是法语，这对未掌握法语的听众理解克罗齐的思想造成了很大的障碍，参见 James Patrick, *The Magdalen Metaphysicals: Idealism and Orthodoxy at Oxford, 1901 - 1945*, Macon, GA: Mercer University Press, 1985, p. xxiii。

② Fred Inglis, *History Man: The Life of R. G. Collingwood*, Princeton and Oxford: Princeton University Press, 2009, p. 76.

③ 某种程度上柯林武德接受克罗齐对维柯的解读。参见 Admir Skodo, "Review of *History Man: The Life of R. G. Collingwood*, by Fred Inglis", *European Review of History: Revue européenne d'histoire*, Vol. 17, No. 6, 2010, p. 920。

④ 柯林武德：《历史的观念》，原编者序，第 5—6 页。

⑤ Harold Chapman Brown, "Reviewed Work(s): *The Philosophy of Giambattista Vico* by Benedetto Croce and R. G. Collingwood", *The Journal of Philosophy, Psychology and Scientific Methods*, Vol. 12, No. 21, 1915, p. 581.

⑥ Rik Peters, *History as Thought and Action: The Philosophies of Croce, Gentile, de Ruggiero, and Collingwood*, p. 129.

⑦ 克罗齐通过参加第三届世界哲学大会（World Congress of Philosophy）而获得国际声望。第三届世界哲学大会有超过 300 位哲学家参加，文德尔班（Wilhelm Windelband, 1848—1915）作为大会主席发表致辞，柏格森（Henri Bergson, 1859—1941）当时虽然疾病缠身，但也到场。克罗齐以意大利语演讲题为"艺术和纯粹直觉的抒情特征"（"The Lyrical Character of Art and Pure Intuition"）的论文。参见 George Stuart Fullerton, "The Meeting of the Third International Congress of Philosophy, at Heidelberg, August 31 to September 5, 1908", *The Journal of Philosophy, Psychology and Scientific Methods*, Vol. 5, No. 21, 1908, pp. 573 - 577。

⑧ J. A. Smith, "Philosophy as the Development of the Notion and Reality of Self-Consciousness", in J. H. Muirhead, ed., *Contemporary British Philosophy: Personal Statements* (Second Series), London: George Allen & Unwin Ltd., 1925, pp. 230 - 231.

广泛的影响。而在这前后，克罗齐的著作也开始被翻译成英文。[①]

史密斯的"韦恩弗利特伦理学和形而上学哲学教席"就职演说是一篇深受克罗齐哲学思想影响的论文，[②]这是史密斯第一篇公开发表的论文。[③] 史密斯明显成为克罗齐等意大利哲学家在牛津大学最热情的拥趸，并兴起一场新的哲学运动——新观念论(New Idealism)。史密斯等通过关注康德、热情研究克罗齐等哲学家以及对历史学产生深厚的兴趣，与以格林等为代表的观念论者区别开来。[④] 史密斯促成了牛津大学在1923年授予克罗齐荣誉博士头衔，克罗齐在晚年说起这件往事时，称史密斯为他的老朋友。[⑤] 虽然史密斯一生没有出版专著，但是史密斯作为一位优秀的教师，成功地在牛津大学向英国的听众介绍了克罗齐的思想。[⑥]

总体上，史密斯对克罗齐哲学著作持一种积极的评价，认为当代任何优秀的哲学著作都是来自意大利，尤其是意大利的南部。[⑦] 史密斯对克罗齐等人著作的详细评论和全面理解表明他一直保持着对意大利哲学家思想的兴趣。而这种兴趣也能够在柯林武德的学术生涯中发现。佩勒认为，柯林武德至少在两个地方同意史密斯对克罗齐的理解：第一，历史学应该关注物理事件背后的认知事件。第二，人类的意识是历史的以及历史通过哲学思维构成一个连续的整体。[⑧] 正是通过接受克罗齐等人的历史哲学，柯林武德获得了构建自己历史哲学体系的思想源泉，尤其是在关于历史学与自然科学在本质上是不同的这一点上，柯林武德与克罗齐保持着高度的一致性。

在这种背景下，史密斯成了把克罗齐引进牛津大学并使柯林武德对克罗齐思想产生兴趣并深受克罗齐影响的哲学家。[⑨] 1908到1912年柯林武德在牛津大学读书期间，正是史密斯处于从实在主义转向观念论的关键时期，再加上柯林武德钦佩史密斯，必然使柯林武德和史密斯一

---

① Benedetto Croce, *Esthetic as Science of Expression and General Linguistic*, Douglas Ainslie trans., London: Macmillan, 1909; Benedetto Croce, *Philosophy of the Practical: Economic and Ethic*, Douglas Ainslie trans., London: Macmillan, 1913; Benedetto Croce, *The Philosophy of Giambattista Vico*, R. G. Collingwood trans., London: Howard Latimer, 1913; Benedetto Croce, *What is Living and What is Dead of the Philosophy of Hegel*, Douglas Ainslie trans., London: Macmillan, 1915; Benedetto Croce, *Logic As The Science of The Pure Concept*, Douglas Ainslie trans., London: Macmillan, 1917; *Theory and History of Historiography*, Douglas Ainslie trans., London: George G. Harrap & Co. Ltd., 1921. 在把克罗齐著作翻译成英文的过程中，道格拉斯·安斯利(Douglas Ainslie, 1865—1948)起到了关键性的作用。安斯利是第一个注意到克罗齐的英国人，并且安斯利获得了克罗齐所有著作的独家翻译权。柯林武德在1913年翻译出版的《詹巴蒂斯塔·维柯的哲学》侵犯了安斯利的权利，为了避免被起诉，柯林武德再次翻译了安斯利翻译过的《美学》，并以安斯利的名义出版。参见 T. M. Knox, "*The Formative Years of R. G. Collingwood*, By William M. Johnston", *The Philosophical Quarterly*, Vol. 19, No. 75, 1969, p. 165。

② Adrian Paylor, "Hidden Footnotes: J. A. Smith, R. G. Collingwood and Croce's Conception of History", *European Review of History: Revue européenne d'histoire*, Vol. 24, No. 5, 2017, p. 8.

③ J. A. Smith, *Knowing and Acting: An Inaugural Lecture Delivered before the University of Oxford*, 26th November 1910 (1st ed.), Oxford: Clarendon Press, 1910.

④ James Patrick, *The Magdalen Metaphysicals: Idealism and Orthodoxy at Oxford, 1901 – 1945*, p. xxii.

⑤ G. R. G. Mure, "Benedetto Croce and Oxford", *The Philosophical Quarterly*, Vol. 4, No. 17, 1954, p. 327.

⑥ James Patrick, *The Magdalen Metaphysicals: Idealism and Orthodoxy at Oxford, 1901 – 1945*, pp. 52 – 53.

⑦ Rik Peters, *History as Thought and Action: The Philosophies of Croce, Gentile, de Ruggiero, and Collingwood*, p. 126.

⑧ Adrian Paylor, "Hidden Footnotes: J. A. Smith, R. G. Collingwood and Croce's Conception of History", pp. 10 – 11.

⑨ Jan van der Dussen, *History as a Science: The Philosophy of R. G. Collingwood*, Dordrecht: Springer, 2012, p. 14.

样分享着克罗齐的哲学思想:“柯林武德在 1912 年被任命为彭布罗克的讲师之后,他无疑是知道史密斯的,史密斯是一位在学院居领袖地位和在牛津大学有影响力的人,并且从这年开始柯林武德的日记(现在由特蕾莎·柯林武德·史密斯所保存)表明了一种友谊,即柯林武德成为史密斯在莫德林学院的客人,柯林武德带着史密斯与他的学生去伦敦用晚餐和上剧院,使柯林武德对史密斯的演讲和观点产生兴趣……”①正是通过史密斯,一方面,柯林武德增加了接触克罗齐哲学思想的渠道;另一方面,柯林武德最终与克罗齐建立起终生的友谊,直至前者在 1943 年早逝。对柯林武德来说,克罗齐对历史思想的重视是克罗齐哲学最大的特色,“简而言之,如果哲学家要理解哲学史,他就必须研究人类的一般历史,而一种忽视其自身历史的哲学只是一种费力重寻逝去已久的错误的哲学”②。而把历史学与哲学结合起来的,正是克罗齐的优点:“他本人既是一位卓有建树的哲学家,又是一位成就斐然的历史学家,在他的每一次研究中,他本人都深切地感受到哲学与历史彼此之间先后从对方那里获得的益处。”③同样,柯林武德是一位卓有建树的哲学家,同时也是一位成就斐然的历史学家,柯林武德既从哲学与历史学的联系中得到益处,也从克罗齐那里获得思想源泉。

二、“一切真历史都是当代史”与“一切历史都是思想史”

克罗齐在 50 岁那年回顾往事时认为自己做了三件重要的事情:“(1) 在认识论中,提出哲学是方法论,而不是别的,但正因为它是方法论,它就是一切,它赋予了一切;(2) 在历史理论中,一切真历史都是当代史;(3) 在美学中,艺术是抒情的直觉(和产生个人主义或个人化的文学和艺术史观念)。”④而“一切真历史都是当代史”是克罗齐《历史学的理论和历史》一书的核心思想。该书是克罗齐精神哲学四部曲的最后一部,⑤是克罗齐史学理论成熟的标志性著作。克罗齐写作该书的目的是为“人文历史”辩护,即“思想就把历史理解为人类的作品,看作人类智慧和意志的产物”⑥。

“一切真历史都是当代史”蕴含了丰富的思想内涵,是克罗齐关于历史学自律的完整表达。克罗齐历史哲学包括了把哲学规定为历史学的方法论,同时也表明自然科学是建立在历史学的基础上。因此,克罗齐认为历史学是一门真正的科学,即历史学是一门能够获得知识或真理的

---

① James Patrick, “Is ‘The Theory of History’ (1914) Collingwood’s First Essay on the Philosophy of History?” *History and Theory*, Vol. 29, No. 4, Beiheft 29: Reassessing Collingwood, 1990, p. 2.

② 柯林武德著,余伟译:《克罗齐的历史哲学》,载陈恒、耿相新主编《柯林武德的历史思想》,《新史学》第三辑,大象出版社,2004 年,第 87 页。

③ 柯林武德:《克罗齐的历史哲学》,第 87 页。

④ Giuseppe Galasso, *Croce e lo spirito del suo tempo*, Mondadori: Milano, 1990, 201,转引自 Rik Peters, *History as Thought and Action: The Philosophies of Croce, Gentile, de Ruggiero, and Collingwood*, p. 41。

⑤ *Estetica come scienza dell’espressione e linguistica generale* (1902); *Logica come scienza del concetto puro* (1909); *Filosofia della Pratica, Economica ed Etica* (1909); *Teoria e storia della storiografia* (1917).

⑥ 克罗齐:《历史学的理论和历史》,田时纲译,中国社会科学出版社,2018 年,第 54 页。

科学，这种规定使历史学高于自然科学，而自然科学自近代以来一直被当作一切学科的典范。为了使历史学成为真正的知识类型，历史必须与编年史区别开来，而“当代史”相对于编年史而言就是真历史：“当我正撰写这一著作时，我为自己写的历史，就是我的写作思想，它必然与写作活动相联系。在此种情况下，称之为‘当代’极为恰当，恰因它同任何精神活动一样，是在时间之外（不分先后）、是与其相联系的行动‘同时’形成的，并凭借非编年史的而是观念的差异，而与行动相区分。相反，‘非当代史’‘过去史’是面对已成历史，因此是作为对此历史的评论而产生的历史，至于是几千年的古代史，还是刚刚一小时的悠远史，则无关紧要。”[①]因此，历史知识就是一种思想活动，即历史学家的自我认识，该种认识是主客观的同一，即“历史学家意识到自己的思想及其所依据的概念”[②]。而编年史本身不是历史，他们是“死”的历史，或是历史的“尸体”。

然而，克罗齐断言编年史是“死”的历史并不意味着编年史是无用的，而只是表明编年史不是历史。但编年史对历史学却是重要的，因为编年史作为沉默的文献，在历史学家手里——通过复活，能够再次成为历史。历史学家的任务，是通过把“死”的过去，通过当下的活动把它们复活：“罗马人和希腊人躺在墓穴中，直到文艺复兴欧洲精神重新成熟时，才把它们唤醒。文明的原始形式既粗陋又野蛮，它们静卧着，被忘却了，很少被人关注，或被人误解，直到称作浪漫主义和王朝复辟的欧洲精神的新阶段才获得‘同情’，即是说，才承认它们是自己现在的兴趣。因此，现在被我们视为编年史的大部分历史，现在对我们沉默不语的文献，将依次被新生活的光辉所照耀，将重新开口说话。”[③]因此，在“死”的过去如何重新变为历史的问题上，克罗齐认为通过历史学家对过去的复活，也就是说是历史学家使有用的编年史变成真实的历史。如果历史学家手上没有能够用来复活的文献，那么历史学家将无法进行工作，因此编年史对历史学是有存在的必要的：“编年史不是真历史但有用；我们保存编年史以备将来使用，当一些历史学家为了让过去复活而理解这些编年史。”[④]

历史学家为何要复活过去呢？或者说，历史知识对当下具有什么价值？克罗齐认为是生活或实践的需要：“若当代史直接从生活中显现，甚至习惯称作的当代史也直接从生活中显现，因为显然只有现在生活的兴趣才能促使我们探究一个过去的事实；由于过去的事实同现在生活的兴趣相联系，因此，它不符合过去的兴趣而适应现在的兴趣。”[⑤]复活过去以满足于当下的兴趣是历史学的归宿，克罗齐把历史知识提升为一种真的知识的地位，这与克罗齐认为自然科学知识只是有用的概念形成了鲜明的对比。历史学家从当下出发，通过复活过去来满足当下的兴趣，使历史成为当下的组成部分，这意味着历史知识成了实践的前提。克罗齐强调当下兴趣作

① 克罗齐：《历史学的理论和历史》，第 3 页。

② Rik Peters, *History as Thought and Action: The Philosophies of Croce, Gentile, de Ruggiero, and Collingwood*, p. 65.

③ 克罗齐：《历史学的理论和历史》，第 11 页。

④ Rik Peters, *History as Thought and Action: The Philosophies of Croce, Gentile, de Ruggiero, and Collingwood*, p. 65.

⑤ 克罗齐：《历史学的理论和历史》，第 4 页。

为历史知识的归宿正好说明历史知识对人类生活的重要性。

“一切真历史都是当代史”是克罗齐《历史学的理论和历史》一书的核心。柯林武德认为《历史学的理论和历史》是克罗齐对历史学的最后立场,即“历史学的自律”阐述的完成。克罗齐认为历史知识不仅仅为真,而且与生活或实践紧密相连。因为“一切真历史都是当代史”这一定义不但使历史学与自然科学区别开来,同时也使历史知识与生活实践相联系。因此,柯林武德认为“一切真历史都是当代史”是克罗齐为“历史学的自律”辩护最终完成的体现,是意大利历史哲学的重大成就。[①] 事实上,克罗齐“一切真历史都是当代史”对柯林武德的“一切历史都是思想史”具有深远的影响。

柯林武德在《历史学的理论和历史》刚一出版时就买下了该书,不难想象,该书所阐述的历史观念对柯林武德产生了巨大的影响。柯林武德在一封给克罗齐的信中写道:“这篇文章是为英国读者而写的,英国读者都知道我是你的朋友和哲学的信徒: 由此我没有提到你的历史观点中有一百个我同意的观点,相反我集中于第一百零一个我不同意你的或者至少我相信是你思想的地方……我没有时间就一本我感到敌意满满的著作去写一篇文章;我只会写那些我无比同意的人。”[②]柯林武德在信件中提到的文章便是《克罗齐的历史哲学》[③],虽然柯林武德在该篇文章中主要是批判克罗齐的自然主义和克罗齐关于历史与哲学之间关系的看法,[④]但正如信件所表明,柯林武德另一方面也同意克罗齐的大部分观点,具体体现在柯林武德关于历史学的定义中。

作为心灵科学的历史学的研究对象是什么?柯林武德给出的答案是“一切历史都是思想史”:“除了思想之外,没有其他东西可以成为历史知识的对象。”[⑤]该定义表明历史学的研究对象是思想,同时也表明历史研究的特性,即作为一种思想活动,历史研究是一种作为主体思想与作为客体思想相结合的活动。思想是正确的历史学所探讨的主题,是与伪历史相区别的地方。柯林武德认为伪历史具有历史的外貌,但从本质上看却不是正确的历史,因为伪历史所处理的对象不是思想,使正确的历史与伪历史所区别开来的正是研究对象的不同:“历史和伪历史都包括叙述: 但在历史中,这些叙述是有目的活动的叙述,其证据包括他们留下的遗物(书籍或陶器,原则是一样的),确切地说,就是历史学家在一定程度上依据目的来思考它们,也就是说,理解他们的目的;在伪历史中,没有目的的概念,它们是各种各样的遗迹,它们种类不同必须被解释为能够按时间尺度排列的不同历史时期的遗迹。”[⑥]显然,历史学研究的对象是一种人类根据

---

① 柯林武德:《历史的观念》,扬·冯·德·杜森编,何兆武、张文杰、陈新译,北京大学出版社,2010 年,第 200 页(以下对该书的引用都出自该版本)。

② Amedeo Vigorelli, “Lettere di Robin George Collingwood a Benedetto Croce (1912 - 1939)”, p. 551.

③ R. G. Collingwood, “Croce's Philosophy of History”, *Hibbert Journal*, Vol. 19, 1921, pp. 263 - 278.

④ 柯林武德声明撰写《克罗齐的历史哲学》一文的任务是“与其说是阐述不如说是批判,那么我们将要挑选出他的某些观点,并以它们作为全部思想的典型加以检验”(柯林武德:《克罗齐的历史哲学》,第 88 页)。而对《历史学的理论和历史》的阐述则在《历史的观念》一书中体现,参见第 199—202 页。

⑤ R. G. Collingwood, *An Autobiography*, p. 110.

⑥ R. G. Collingwood, *An Autobiography*, p. 109.

某种目的而做出的活动，这种研究与自然科学研究明显不同。自然史不属于历史学，因为自然事物不是由人类所创造，历史学所研究的对象是带有人类意图的活动。因此，虽然自然事物不是历史学研究的对象，但自然科学史却能够成为历史学的组成部分，因为自然科学是人类思想的产物："不管有没有像自然这样一种与精神截然不同的东西，至少它不能够作为一种因素而进入精神世界。当人们认为它确实是能够，并且谈到（例如，我们看到孟德斯鸠就谈过）地理和气候对历史的影响时，他们是把某个人的或者人们的自然概念对他们行动的影响，误认为是自然本身的影响了。"①

柯林武德认为历史学研究的对象是人类思想的观点与克罗齐的观点类似，两者也认同历史学不同于自然科学研究。那么，紧接"一切历史都是思想史"而来的问题是，历史学家如何使获得过去的思想成为可能？柯林武德的回答是重演："历史知识是历史学家在心灵中重演他正在研究的历史思想。"②柯林武德认为，重演过去的思想需要满足以下两个条件。首先，思想必须被表达出来，不管是以书面的形式还是以其他人类活动的形式。③ 思想必须被表达出来还有另一层意思，即被表达出来的思想必须被保留下来。另外，柯林武德强调思想表达并不仅仅限于书面形式，这大大拓宽了历史学研究范围而摆脱了历史学研究仅限于文献的局限，这与柯林武德长期从事考古研究密切相关，尤其是在史前史领域里，这种观念的重要性愈加明显。其次，历史学家必须拥有重演其所研究思想的能力，"历史学家必须能够再次思考自己试图解释的思想"④。柯林武德认为如果历史学家不能够完成这一任务，则意味着该工作需要等待有能力的历史学家来完成。而且柯林武德还着重指出，历史学家所重演的思想是客观的，这样柯林武德就确保相对主义被阻挡在历史学的大门之外。思想被表达出来以及思想能够被重演，是历史学家获得历史知识的条件。该条件使历史学与自然科学区别开来，自然科学家不需要获得自然事物背后的思想，自然科学家不关心自然界被创造出来的目的，因为那与自然科学研究不存在必然的联系。自然科学与历史学不一样，自然科学所研究的经验不存在时间上的限定，即自然科学所研究的经验没有过去和现在之分，过去与现在的经验都是一样的，因为它们都是同一个规律的例子："各种观察和实验的科学在这一点上都是相同的，即它们的目的都是要在某一种类的所有事件中探测出永恒的或反复出现的特征。"⑤因此，柯林武德认为自然科学由于存在普遍规律而使自然科学知识成为可能，而使历史知识成为可能则是历史学家能够重演其所研究的这个或那个思想。

显然，柯林武德认为"重演"是历史知识成为可能的条件。在沃尔什笔下，存在两种历史学家用来证明历史知识成为可能的理论：符合论和融合论。拥护符合论的历史学家认为历史事

① 柯林武德：《历史的观念》，第 198 页。
② R. G. Collingwood, *An Autobiography*, p. 112.
③ R. G. Collingwood, *An Autobiography*, p. 111.
④ R. G. Collingwood, *An Autobiography*, p. 111.
⑤ 柯林武德：《历史的观念》，第 247 页。

实独立于历史学家之外,历史学家能够如实重建过去发生的事件:“在历史学中(假如能在任何地方的话)我们所涉及的都是事实,这些事实恰恰因为它们是过去的,所以就是固定的和确定的;这些事实是不能被任何夸张的想象力看作是以我们目前所思维着的东西为转移的。”[①]显然,柯林武德的“重演论”不属于符合论的范畴,正如柯林武德写道:“过去绝不是一件历史学家通过知觉就可以从经验上加以领会的给定事实。”[②]由于历史学家所面对的事实不能通过直觉加以领会,因此柯林武德认为历史事实“不能由验证来实现”[③]。那么历史学家依据什么条件才能够知道过去呢?柯林武德的答案是“历史学家必须在他自己的心灵中重演过去”[④]。同时,柯林武德否认“重演”对象是独立心灵的客观存在:“思想永远不可能是单纯的客体。要了解另一个人的思维活动,只有根据这同一个活动在一个人自己的心灵里可以重演这一假定,才是可能的。”[⑤]

然而,如果思想仅仅只是主观的,就无法保证其真理性,因此思想必须是主观与客观的组合体:“它不能被置于思维着的心灵之前作为一种现成的客体,被认作是独立于那种心灵之外并且能就它的自身、就它的那种独立性而加以研究的某种东西。就‘客观地’便排斥‘主观地’这种意义而言,它永远也不可能被‘客观地’加以研究。它必须像它所实际存在的那样,也就是说作为一种行动,而加以研究。而且因为这种行动乃是主观性(尽管不单纯是主观性)或者经验它就只能以其自身的主观存在而加以研究,也就是说只能被思想者加以研究,而它就是思想者的活动或经验。”因此,拥护真理符合论者认为研究者与被研究对象是主客观的关系、历史事实能够独立历史学家的心灵之外的观点完全没有考虑到历史学家并不能如实复述过去。

那么,历史学家为何要重演过去的思想呢,其意图何在?柯林武德认为是为了当前的实践需要。柯林武德认为历史学家所重演的思想具有两层含义。第一,历史学家当下所进行重演的思想与过去产生的思想是同一的,前面已经提到过,这避免历史学滑向相对主义。第二,历史学家所重演的思想在另一层面上又存在着不同,即语境的不同。指出这一点很重要,因为这保证你在重演纳尔逊的思想时不会变成纳尔逊(当然即使变成纳尔逊也不是坏事,但是你一旦重演的是希特勒的思想呢?)。因此重演不是复述:“历史知识所重演的过去思想在当前思想语境下囊缩,使其与过去思想相区别。”[⑥]那么,如何区别这种不同呢?柯林武德的回答是通过历史问题的产生方式,即历史问题是不是由实践问题所引起,因为历史研究的最终目的是为了认识自身:“我们学习历史是为了更清楚地了解我们被要求采取行动的处境。”[⑦]如果历史学家只是单单重演过去的思想,那么在柯林武德看来只是“剪刀加糨糊”的形式,此类历史学未能对生活提

---

① W. H. 沃尔什:《历史哲学导论》,第 75 页。
② 柯林武德:《历史的观念》,第 278 页。
③ 柯林武德:《历史的观念》,第 278 页。
④ 柯林武德:《历史的观念》,第 278 页。
⑤ 柯林武德:《历史的观念》,第 284 页。
⑥ R. G. Collingwood, *An Autobiography*, p. 114.
⑦ R. G. Collingwood, *An Autobiography*, p. 114.

供借鉴作用,从而印证了黑格尔的警示:“从历史中学到的唯一教训是,没有人能从历史中学到任何教训。”[①]唯有从当前的实践问题出发,把过去的思想纳入当下的思想中,才能实现历史研究的目的:“重新想他人之所想,他自己也就思想了他人的思想。知道了他人思想过的那一思想,他因此知道自己能够思想那一思想。发现自己能做什么就是发现自己是一个什么样的人。如果他通过重新思想而懂得了许多不同类型的人的思想,那么他必定是具有多种类型特征的人。他实际上就是他所了解的那些历史的缩影。因此,他的自知同时也就是对人类事务的认识。”[②]这段话表明柯林武德笔下历史学与哲学之间的“融通”宣告完成,完成了“历史学自律”的建设工作,从而为理论与实践之间的“融通”奠定了理论基础,为历史学成为心灵科学奠定了基础。

不难看出,柯林武德的“一切历史都是思想史”明显受到克罗齐的“一切真历史都是当代史”的影响。克罗齐和柯林武德都同意历史研究是一种精神活动,都认为理解过去的前提是能够复活/重演过去,也同意史学研究的出发点是当下实践的需要。然而,虽然柯林武德与克罗齐分享着某些共同的信念,但是也存在某些不同。这些不同体现在柯林武德不同意克罗齐对历史与编年史之间的划分,也无法认可克罗齐在复活过去的限度上超出了人类世界的范围。究其原因,柯林武德认为是克罗齐自身所造成的,“存在着两个克罗齐,一个是实在主义者、二元论者、经验主义者或自然主义者的……;另一个是理想主义者的……”[③]柯林武德认为克罗齐的二元论,是他与克罗齐分歧的根基。

三、“历史学的自律”——从克罗齐到柯林武德

柯林武德和克罗齐都认为对过去的复活/重演是历史知识成为可能的条件。但是,关于被复活对象的性质,柯林武德和克罗齐却存在着明显的不同。柯林武德认为被复活的对象是思想,只是该思想被囊缩在当下的思想中。然而,克罗齐却认为被复活的对象不是思想,在它们被复活之前,它们只是编年史或者思想的骸骨,这种区分引起了柯林武德的困惑:“历史是思想,思想的尸骨是编年史。但是,思想有尸骨吗?如果有,它像什么?有机体的尸骸是一些不同于有机体本身的东西:对于像克罗齐那样的理想主义哲学家,这些不同于思想的东西是什么呢?依据它们我们能够给思想的尸骨下一个令人满意的哲学定义吗?”[④]对于克罗齐来说,把历史与编年史区别开来的理论基础在于,精神具有两个组成部分:思想和意志。因为历史是思想,那么与编年史对应的就是意志:“编年史和历史不是作为两种互补或隶属的历史形式,而是作为两种

---

① R. G. Collingwood, *An Autobiography*, p. 96.
② R. G. Collingwood, *An Autobiography*, pp. 114 – 115.
③ 柯林武德:《克罗齐的历史哲学》,第 90 页。
④ 柯林武德:《克罗齐的历史哲学》,第 89 页。

不同的精神态度，得以区分。历史是活的历史，编年史是死的历史；历史是当代史，编年史是过去史；历史主要是思想行动，编年史主要是意志行动。”[①]因此，为何在克罗齐看来历史和编年史是属于两种不同的事物，原因在于克罗齐把精神划分为思想与意志两个部分。

克罗齐把精神和意志对立、把历史与编年史对立，把历史视为思想活动和把编年史视为意志活动。柯林武德认为克罗齐把精神区分为思想和意志是因为存在两个克罗齐：“存在着两个克罗齐，一个是实在主义者、二元论者、经验主义者或自然主义者的，感兴趣于形式的差异且惯于引进二元论的或超验的术语；另一个是理想主义者的，他的整个生活是一场对超验和任何形式的自然主义者的战争，他清除了二元论，并且在一个具体或内在的统一体内重新结合了差异。克罗齐所著述的绝大部分是由二者之间的论争构成的，一方建立二元论，另一方取消它们，有时未必会取消。”[②]然而，柯林武德认为在哲学层面上并不存在历史与编年史之分，也不存在思想与意志之分，更不存在物质与心灵之分，作为历史研究对象的行动是外在和内在的综合体。[③]等待被历史学家重演的过去不是思想的骸骨，过去存活在当下，过去与现在并不存在泾渭分明的界限：“构成历史的并不是‘事件’而是‘历程’；‘历程’无始无终而只有历程的转化；如果历程 P1 转化为历程 P2，两者之间并没有一条明确的界线标志着 P1 的结束和 P2 的开始；P1 并没有结束，它改变形式成为 P2 继续存在着，P2 也没有开端，它以前就以 P1 的形式存在着了。”[④]因此，克罗齐对历史与编年史、思想与意志、心灵与物质的划分，在柯林武德的笔下被取消了，而柯林武德则完成了克罗齐未竟的任务——“历史自律性”的最终形成。

复活/重演过去的对象是什么？柯林武德认为是被表达并保存下来的思想。克罗齐同样认为能够复活过去，使这种复活的对象变成思想。然而，正如柯林武德告诉我们的那样，事实上存在两个克罗齐，因此克罗齐认为除了能够复活人类社会的事物外，还能够复活自然界的事物：“你们想理解新石器时代的利古里亚人或西西里人的真正历史吗？若可能的话，首先竭力使自己在精神上成为新石器时代的利古里亚人和西西里人；若无可能，或你们掉以轻心，你们就应乐于把那些属于新石器时代人的头骨、用具、石刻加以描述、分类并排成系列。你们理解一根草的真正历史吗？你们首先竭力使自己成为一根草，若办不到，就应乐于分析其各个部分，甚至乐于把它置于一种观念的想象的历史中。”[⑤]柯林武德认为克罗齐以上的表述简单地取消了历史与自然的区别，而这是黑格尔坚持的区别。[⑥] 为何一根草能够被复活？一根草拥有思想吗？一根草是怎么思想的？当柯林武德写作《历史的观念》再次回到这个观点时，抱着对克罗齐的敬意，柯林武德的反驳坚定但略显温和：“一根草的成形和生长也是它本身精神生活的一种表现吗？

---

① 克罗齐：《历史学的理论和历史》，第 8 页。
② 柯林武德：《克罗齐的历史哲学》，第 90 页。
③ 柯林武德：《历史的观念》，第 211—212 页。
④ R. G. Collingwood, *An Autobiography*, pp. 97 - 98.
⑤ 克罗齐：《历史学的理论和历史》，第 76—77 页。
⑥ 柯林武德：《克罗齐的历史哲学》，第 97 页。

我并不那么很肯定。而当我们接触到一块水晶或者一块钟乳石的时候,我的怀疑就达到反抗的地步了。这些东西自身形成的过程在我看来就是一个过程,但我们要在这个过程中——并非是由于我们自己缺乏历史同情心——寻找出任何的思想表现来都是枉然的。"[①]

为什么克罗齐认为一根草能够被复活?这时候再次回到柯林武德先前对我们的提示是有益的,即存在两个不同的克罗齐,因此也就存在克罗齐对自然界的两种观念:"因此,对于克罗齐,自然就在一种意义上是真实的,而在另一种意义上又是不真实的。如果自然是指个别事件,像它们所发生的而且被人观察到是在发生的那样,那么它就是真实的;但是在上述意义上,自然就仅仅是历史的一部分。如果自然是指抽象的一般规律的体系,那么它就是不真实的;因为这些规律仅仅是我们用以整理我们所观察和记忆和期待的那些历史事实的伪概念。"[②]对克罗齐来说,重要的区别不存在于自然与历史之间,而在于普遍与个别之间,如果自然被以个别的视角看待,那么与历史无异。相反,如果历史学家宣称要在历史中寻找规律,则是一个伪真理。因此,一根草能够被复活,一块水晶石也能够被复活,只要它们被以个别的形式对待。

柯林武德批判克罗齐把哲学降级为历史学的方法论。诺克斯认为柯林武德后期的哲学立场转向历史主义是由于克罗齐的影响引起众多研究者的关注。[③] 阿兰·多纳根(Alan Harry Donagan, 1925—1991)、N. 罗滕施特赖希(Nathan Rotenstreich, 1914—1993)等哲学家认为柯林武德后期哲学立场存在剧烈的转变。而L. O. 明克(Louis O. Mink, 1921—1983)、L. 鲁比诺夫(Lionel Rubinoff, 1930—)、W. H. 德雷(William Herbert Dray, 1921—2009)和扬·冯·德·杜森(Jan van der Dussen)等人断然否认柯林武德后期的著作与前期(1924年开始)存在断裂。柯林武德在后期的哲学立场是否转向历史主义目前尚有争议,但柯林武德在1921年的哲学立场倒是肯定的,即哲学与历史学依然是两门不同的学科,拥有各自的方法与研究对象。克罗齐在《历史学的理论与方法》中把哲学当作历史学的方法论:"总之,一种图解的和简约的哲学是符合'基本问题'的哲学;一种更丰富、更多样、更灵活的哲学应当符合作为方法论的哲学。后种哲学认为,不仅把握内在、超验、世界和另一世界的问题的是哲学,而且一切有益于增加指导性概念的遗产和对真实历史的理解,利于构建我们生活其中的思想实在的也都是哲学。"[④]柯林武德对此的反应则是"自然主义者克罗齐对理想主义者克罗齐的寓哲学于其内的胜利,和克罗齐自身兴趣中心从哲学向历史的转移"[⑤]。柯林武德断然拒绝克罗齐的做法。在1927年写给鲁杰罗的信中柯林武德还在抱怨自己越来越疏离哲学工作,"四个月来,我一直深入历史研究,在那里我发现自己身边都是朋友和愿意合作的人;回归哲学意味着做一种在那里我越来越

---

① 柯林武德:《历史的观念》,第198页。
② 柯林武德:《历史的观念》,第196—197页。
③ 该转变具体表现为柯林武德在《形而上学论》中把哲学溶解为历史学,即形而上学是一门历史学科,参见R. G. Collingwood, *An Essay on Metaphysics*, Oxford: Clarendon Press, 1940, p. 49。
④ 克罗齐:《历史学的理论和历史》,第94页。
⑤ 柯林武德:《克罗齐的历史哲学》,第98页。

意识到自己是一个逃犯的工作"①。

综上所述,虽然柯林武德对克罗齐在《历史学的理论和历史》中所表达的观点没有完全赞同,甚至某些观点还相互对立。但是,不可否认,柯林武德接受克罗齐在《历史学的理论和历史》一书中的多数观点。例如历史学的研究性质与研究对象、历史学如何成为可能以及历史学的价值。当然,影响不是被影响者对影响者思想原封不动地接受,如果是这样,柯林武德就称不上是一个具有原创性的哲学家。柯林武德是站在批判的立场上,或者借用柯林武德的术语,把克罗齐的哲学思想囊缩在柯林武德的哲学思想里。这个囊缩在柯林武德哲学思想里的克罗齐,事实上是柯林武德所重演并囊缩在柯林武德哲学思想里的克罗齐,只有做到了这一步,柯林武德才能宣称历史学与实践之间存在关联。

结　论

柯林武德客观上受到克罗齐的影响与柯林武德在《自传》中没有对克罗齐点名致谢显得不合情理,是否可以认为这是柯林武德为了显示自己的原创性而隐藏克罗齐的影响?答案显然不是。因为在柯林武德与克罗齐之间,我们无法采用影响与被影响这种单向联系来定义柯林武德与克罗齐在思想联系上的关系,正如克罗齐所写道:"对于思想世界来说,不存在你我的区分;这里仅有好想法和坏想法之分,并且好想法会取胜且不属于个人而是属于普遍。"②如果克罗齐此言非虚,那么作为仅比克罗齐晚一代且熟悉克罗齐著作与思想的柯林武德来说,势必也会同意克罗齐的观点并以此为实践指南。

虽然柯林武德在出版的著作中没有直言克罗齐对其所产生的影响,但克罗齐在牛津大学所受到的欢迎并以史密斯为首形成研究意大利哲学家的哲学团体,无疑为柯林武德历史哲学的形成提供了一个学术氛围,为其反抗实在主义提供某种理论依据。在实在主义占据牛津大学哲学界主流的背景下,克罗齐作为国际上著名的哲学家,除了受到观念论者的欢迎,实在主义者也表现出某种兴趣。克罗齐等意大利的哲学家对把英国哲学家引向历史哲学这一领域起到了关键的作用。意大利哲学家的著作在英国的传播是柯林武德成为英国 20 世纪最重要的历史哲学家的关键,诸多证据表明柯林武德的历史哲学确实与意大利哲学家的历史哲学存在密切的联系。

积极吸收欧洲大陆的思想是英国在近代以来思想文化取得繁荣的要素之一。克罗齐传入英国并对柯林武德产生深刻的影响只是众多实例中的一例。兰克促使英国史学科学化、法国实

① 转引自 Jan Van der Dussen, *History as a Science: The Philosophy of R. G. Collingwood*, p. 192。直到 1935 年柯林武德还在持这种观点,参见转引自 James Connelly, "Was R. G. Collingwood the Author of 'The Theory of History'?" *History and Theory*, Vol. 29, No. 4, Beiheft 29: Reassessing Collingwood, 1990, p. 19。

② L. M. Palmer and H. S. Harris eds., *Thought, Action and Intuition: As A Symposium on the Philosophy of Benedetto Croce*, Hildesheim, New York: Georg Olms, 1975, p. 58.

证主义影响英国史学研究、黑格尔在英国观念论兴起过程中的作用、康德和克罗齐推动新观念论的发展，都是英国积极吸取欧洲大陆优秀思想的例子。柯林武德的哲学思想深受欧洲大量哲学家的影响，康德、黑格尔和克罗齐等都是对柯林武德产生影响的代表。伽达默尔曾经这样写道："柯林武德是一个'脱离'英国本土环境的人；德文版下的柯林武德，'他对我们来说不是陌生人'，像是一个从国外回到'精神家园'的人"①，同样，一位熟悉克罗齐和柯林武德哲学思想的意大利学者也可以得出与伽达默尔一样的结论。

（本文原刊于《学术研究》2023 年第 10 期）

作者简介：

姚汉昌，历史学博士，现为上海师范大学人文学院世界史系讲师。研究方向为外国史学史与史学理论、中外史学交流史。在《复旦学报》《史林》《史学史研究》《史学理论研究》《新史学》《史学月刊》《学术研究》等刊物发表文章多篇。

① Hans-Georg Gadamer, "Einleitung", to Collingwood, *Denken: Eine Autobiographie*, transl. Hans-Joachim Finkeldei (Stuttgart, 1955), p. vii，转引自 David Bates, "Rediscovering Collingwood's Spiritual History", *History and Theory*, Vol. 35, No. 1, 1996, p. 33。